古文字詁林編纂委員會編纂

古文字詁林

修訂本

上海教育出版社

第一冊

第一版出版工作人員

責任編輯　韓煥昌　夏　軍
封面設計　郭偉星
版式設計　侯雪康
責任校對　葛元駒
出版統籌　王爲松　談德生
出版指導　陳　和
印刷監製　周鎔鋼
總 監 製　包南麟

修訂本出版工作人員

責任編輯　徐川山　毛　浩
封面設計　陸　弦
責任校對　馬　蕾　魯　妤　陳　萍　何懿璐
　　　　　丁志洋　方文琳　任換迎　宋海云
印刷監製　葉　剛
技術支持　楊鉷應

封面題簽　王元化

上海市古籍整理出版規劃重點項目

古文字詁林學術顧問

以姓氏筆劃爲序

朱德熙　李學勤　胡厚宣　馬承源

張政烺　裘錫圭　戴家祥　顧廷龍

古文字詁林編纂委員會

主編　李圃

副主編　汪壽明

編委　以姓氏筆劃爲序，有*號者爲常務編委

*王元鹿　王文耀　*王世偉　王鐵　史舒薇　吳平

吳振武　*李圃　李露蕾　何崝　*汪壽明　徐時儀

*徐莉莉　*傅傑　華學誠　董琨　*詹鄞鑫　*臧克和

*劉志基　*鄭明

資料工作人員

張春華

張友榮

袁根娣

凌玉泰

目録

前言

《古文字詁林》是一部彙録歷代學者關於古文字形音義考釋成果的大型工具書。

古文字包括甲骨文、金文、古陶文、貨幣文、簡牘文、帛書、璽印文和石刻文，是中國古代歷史文化的載體。漢代以降，尤其是近百年來，衆多學者對古文字進行了卓有成效的研究，取得了豐碩的成果。但是這些考釋成果迄今尚未全面彙集。爲了填補這一空白，促進學術發展，上海市古籍整理出版規劃小組在八十年代後期便着手籌劃《古文字詁林》的編纂工作。一九九一年下半年，《古文字詁林》作爲上海市古籍整理出版規劃重點項目立項，委托華東師範大學承擔編纂工作，遴選了近二十位學有專長的中青年學術骨幹組建了《古文字詁林》編纂委員會；設立了《古文字詁林》編纂室，還吸收漢語言文字學專業和中國古典文獻學專業的訪問學者、進修教師及在讀的博士研究生和碩士研究生共七十餘人參加了資料整理工作。

《古文字詁林》的編纂是一項艱鉅的工作。全體編纂委員會成員數易寒暑，歷時八年，將萬餘古文字單字所涉及的近五千萬字的考釋資料整理完畢。在上海市古籍整理出版規劃小組以及上海教育出版社的支持下，我們又與上海傑申電腦排版有限公司合作開發古文字字形庫，現已初步建成並投入本書的排版使用。

《古文字詁林》學術顧問對本書的編纂發揮了重要作用，從考釋資料的蒐集到編纂體例的確定，都傾注了大量的心血。尤其是幾位老前輩，以耄耋之年，衰病之軀，奔波于京滬之間，不辭辛勞，精心指導，令全體編纂人員深受感動。遺憾的是，朱德熙、胡厚宣、戴家祥、顧廷龍四位先生不幸先後逝世，未能見到本書的出版，但他們爲本書所作的貢獻是永遠值得我們懷念的。

《古文字詁林》在編纂過程中，曾得到國家有關部委負責人，特別是上海市領導的親切關懷和指導；也得到北京、天津、上海、廣州、成都和長春等地數十個單位近百位同行專家學者的鼓勵和幫助。我們謹向他們致以衷心的感謝。

由於古文字資料浩繁，考釋紛紜，雖經黽勉從事，但見聞未周、去取失當之處在所難免，歡迎讀者批評指正，以便我們修訂補充。

《古文字詁林》編纂委員會

一九九九年八月

凡例

一、本書是一部彙録上自殷商下迄秦漢的甲骨文、金文、古陶文、貨幣文、簡牘文、帛書、璽印文和石刻文八類古文字考釋成果的工具書。

二、本書每册前設楷篆對照部首表、部首檢字表和筆劃檢字表。

三、本書參照《説文解字》部首順序排列字頭。《説文》所無字之考釋資料則依部首筆劃順序另行分册排列。

四、本書首列單字篆書古楷定字頭，字頭旁加注篆書，字頭下依次收録字形和考釋資料。

五、本書字形部分録自八大類有代表性的古文字字形彙編著作，一經採録，不加取捨，以存原貌。

六、本書考釋部分所録以各家關於古文字本體形音義考釋内容爲主，兼及用法的闡釋。有些考釋資料其結論雖承繼前人，但在論據論證方面有所發明的，則酌加收録。凡超出本書範圍，或僅重複前人結論的考釋資料，則不予收録。

七、所録考釋資料原則上依出版時間先後排列，各家考釋資料之前冠以作者姓名，並用◉標示，文末注明出處。

八、所録考釋資料，凡自然段中間有删節者，於删節處用⊘標示；凡自然段整段删節或自然段首尾有删節，不加任何標記。

九、所録考釋資料，如涉及兩個以上的古文字且無法分割者，則視具體情況，或只歸於重點考釋的字或歸於出現在前的字。

十、所録考釋資料遇有雙行夾注、面下注、文末注等文字，一律採用隨文單行楷體排印，以示區别。

十一、所録考釋資料如係白文，則酌予句讀。已標點者，一仍其舊。如發現排印或書寫錯誤，則予改正。

十二、所録考釋資料截至一九九七年底，凡此前撰寫的古文字考釋論著，均在收録之列。

十三、鑒于本書的性質特點，考釋文字採用繁體通用字排印，並視需要，酌用多種規格的字體，如古隸定字、舊字形字、異體字等。

十四、本書共分十二册。第一册至第十一册爲正文，第十二册爲附録和檢字表。

第一册檢字表

部首表

部首檢字表

珛	珛	二五五
璿	璿	二五七
球	球	二五七
琳	琳	二五八
璧	璧	二五八
瑗	瑗	二五九
環	環	二六〇
璜	璜	二六二
琮	琮	二六二
琥	琥	二六三
瓏	瓏	二六四
琬	琬	二六四
璋	璋	二六四
琰	琰	二六五
玠	玠	二六六
瑒	瑒	二六六
瓛	瓛	二六七
珽	珽	二六七
瑁	瑁	二六七
璬	璬	二六八
珩	珩	二六九
玦	玦	二六九
瑞	瑞	二六九
珥	珥	二七〇
瑱	瑱	二七一
琫	琫	二七一
珌	珌	二七一
璣	璣	二七二
瑵	瑵	二七三
瑑	瑑	二七三
珇	珇	二七三
璏	璏	二七四
璪	璪	二七四
瑬	瑬	二七四
璹	璹	二七四
瓃	瓃	二七四
瑳	瑳	二七五
玼	玼	二七五
璱	璱	二七六
瑮	瑮	二七六
瑩	瑩	二七六
璊	璊	二七六
瑕	瑕	二七七
琢	琢	二七八
琱	琱	二七八
理	理	二八〇
珍	珍	二八〇
玩	玩	二八一
玲	玲	二八一
瑲	瑲	二八一
玎	玎	二八一
琤	琤	二八二
瑣	瑣	二八二
瑝	瑝	二八二
瑀	瑀	二八二
玤	玤	二八二
玪	玪	二八三
⿱埶玉	⿱埶玉	二八三
琚	琚	二八三
璓	璓	二八三

字頭	隸定	頁碼
玖	玖	二八三
瑿	瑿	二八四
現	珢	二八四
𤦡	𤦡	二八四
璅	璅	二八五
璡	璡	二八五
璔	璔	二八五
璁	璁	二八五
琥	琥	二八五
瑋	瑋	二八五
𤩝	𤩝	二八六
𤫩	𤫩	二八六
玽	玽	二八六
琣	琣	二八六
璶	璶	二八七

字頭	隸定	頁碼
琟	琟	二八七
瑪	瑪	二八七
瑁	瑁	二八七
璒	璒	二八七
玜	玜	二八八
玗	玗	二八八
瑕	玫	二八八
瑎	瑎	二八九
碧	碧	二八九
琨	琨	二八九
珉	珉	二九〇
瑤	瑤	二九〇
珠	珠	二九一
玓	玓	二九二
瓅	瓅	二九二

字頭	隸定	頁碼
玭	玭	二九二
珕	珕	二九三
珧	珧	二九三
玟	玟	二九三
瑰	瑰	二九四
璣	璣	二九四
琅	琅	二九五
玕	玕	二九五
珊	珊	二九六
瑚	瑚	二九六
珋	珋	二九六
琀	琀	二九七
𤪗	𤪗	二九七
璗	璗	二九八
靈	靈	二九八

字頭	隸定	頁碼
珈	珈	二九九
璩	璩	三〇〇
琖	琖	三〇〇
琛	琛	三〇〇
璫	璫	三〇〇
琲	琲	三〇〇
珂	珂	三〇〇
玘	玘	三〇〇
珝	珝	三〇一
璀	璀	三〇一
璨	璨	三〇一
琡	琡	三〇一
瑄	瑄	三〇一
珙	珙	三〇二

蘘	三九二
菁	三九三
蘆	三九三
菔	三九四
苹	三九五
茞	三九五
薲	三九六
藍	三九六
藼	三九六
营	三九七
藭	三九七
蘭	三九八
葌	三九八
葰	三九八
芄	三九九
虈	三九九
蘺	三九九
茝	四〇〇
蘪	四〇〇
薰	四〇〇
⿱艹⿰氵毒	四〇〇
萹	四〇一
茿	四〇一
藒	四〇一
芞	四〇二
苺	四〇二
茖	四〇二
苷	四〇二
芧	四〇三
藎	四〇三
蒁	四〇三
荵	四〇三
萇	四〇四
薊	四〇四
荲	四〇四
藋	四〇五
芨	四〇五
葥	四〇五
⿱艹稜	四〇六
蓩	四〇六
⿱艹瀀	四〇六
⿱艹攣	四〇七
⿱艹⿸厂夭	四〇七
⿱艹⿰丬支	四〇七
⿱艹毗	四〇七
萭	四〇七
萸	四〇八
薛	四〇八
苦	四一〇
菩	四一二
薏	四一二
茅	四一二
菅	四一三
蘄	四一三
莞	四一四
藺	四一五
蒢	四一五
蒲	四一五
蒻	四一六
⿱艹深	四一六

蓷 四一六
萑 四一七
茥 四一七
莙 四一八
⿱艹睆 四一九
蒚 四一九
苢 四一九
蕁 四二〇
蔜 四二〇
蓲 四二〇
⿱艹固 四二〇
蘇 四二〇
藷 四二一
蔗 四二一
⿱艹鼓 四二一

⿱艹睗 四二二
⿱艹中 四二二
萯 四二三
芺 四二三
⿱艹弦 四二三
⿱艹⿴囗㸚 四二三
莩 四二三
蕢 四二三
荓 四二三
蕕 四二三
荌 四二三
藄 四二三
莃 四二四
⿱艹夢 四二四
蕧 四二五

苓 四二五
蘱 四二五
藑 四二五
⿱艹當 四二六
葍 四二六
蓨 四二六
苗 四二六
⿱艹易 四二七
薁 四二七
葴 四二七
⿱艹舊 四二七
蔽 四二八
蔞 四二八
蕌 四二八
菟 四二八

茈 四二八
藐 四二九
葥 四三〇
蒐 四三〇
茜 四三一
蕼 四三三
薜 四三三
⿱艹怘 四三三
苞 四三三
艾 四三三
蔁 四三七
芹 四三七
⿱艹甄 四三七
蔦 四三八
芸 四三八

蔌 四三九	葎 四四〇	茦 四四〇	苦 四四〇	葑 四四〇	薺 四四一	莿 四四一	蓳 四四一	蘻 四四三	⿱艹嫂 四四三	苄 四四三	薟 四四三	荃 四四三	芩 四四四	蔗 四四四
蔦 四四五	蔆 四四五	芰 四四五	薢 四四六	茩 四四六	芡 四四六	蘜 四四六	蘥 四四七	藗 四四七	䒤 四四七	蒹 四四七	薍 四四七	⿱艹剡 四四八	薕 四四八	薠 四四八
茚 四四九	⿱艹⿰鬼卩 四四九	芀 四四九	茢 四四九	菡 四五〇	萏 四五〇	蓮 四五〇	茄 四五二	荷 四五二	蔤 四五二	蕅 四五二	蘢 四五二	蓍 四五二	菣 四五三	莪 四五三
蘿 四五四	菻 四五四	蔚 四五四	蕭 四五五	萩 四五五	芍 四五六	蕍 四五六	蔿 四五六	芄 四五六	蘜 四五七	蘠 四五七	芪 四五七	菀 四五七	茵 四五八	⿱艹豕 四五八

字	頁
蓂	四五八
菋	四五八
荎	四五八
藸	四五九
葛	四五九
蔓	四六〇
菶	四六〇
莕	四六〇
萎	四六〇
藚	四六一
芫	四六一
蘦	四六一
蕛	四六一
芺	四六二
芓	四六二
蔣	四六二
苽	四六二
菁	四六三
蘢	四六三
蘺	四六三
莨	四六四
葽	四六四
薖	四六四
菌	四六四
蕈	四六四
莄	四六五
葚	四六五
⿱艹竘	四六六
芘	四六六
蕣	四六六
萸	四六六
茱	四六七
茮	四六七
菉	四六七
荆	四六七
萿	四七一
芽	四七二
萌	四七二
茁	四七三
莖	四七三
莛	四七四
葉	四七四
蔚	四七五
芣	四七五
葩	四七六
芛	四七六
蘳	四七六
蕢	四七七
英	四七七
薾	四七八
萋	四七八
蓁	四七八
薿	四七九
蕤	四七九
蔆	四七九
⿱艹移	四七九
蒝	四八〇
莢	四八〇
芒	四八〇
⿱艹陏	四八〇

蔕	四八一
荄	四八一
荺	四八一
茇	四八一
芃	四八三
蒪	四八三
蓻	四八三
菥	四八五
茂	四八五
⿱艹暘	四八六
蔭	四八六
⿱艹語	四八六
茲	四八六
薇	四八八
⿱艹歊	四八八

⿱艹既	四八九
薋	四八九
蓁	四八九
⿱艹肙	四八九
芮	四八九
茬	四九〇
薈	四九〇
菽	四九〇
芼	四九一
蒼	四九一
葻	四九二
萃	四九二
蒔	四九三
苗	四九四
苛	四九四

蕪	四九五
薉	四九六
荒	四九六
⿱艹盧	四九七
⿱艹爭	四九七
落	四九七
蔽	四九七
蘀	四九八
薀	四九八
蔫	四九八
菸	四九九
蘗	四九九
蔡	四九九
茷	五〇三
菜	五〇三

荋	五〇四
芝	五〇四
薄	五〇四
苑	五〇六
藪	五〇六
菑	五〇七
蘨	五〇九
蓷	五一〇
茉	五一〇
蓺	五一〇
蔪	五一〇
茀	五一一
苾	五一一
蔎	五一二
芳	五一二

古文字詁林

蕈	五六三
苟	五六三
蕨	五六三
莎	五六三
蓱	五六四
菫	五六四
菲	五六四
芴	五六五
⿱艹鷬	五六五
萑	五六五
葦	五六五
葭	五六五
萊	五六六
荔	五六六
蒙	五六六

藻	五六八
菉	五六八
蓸	五六八
⿱艹逌	五六八
菬	五六八
菩	五六九
范	五六九
艻	五六九
⿱艹益	五七二
萄	五七二
芑	五七二
蕢	五七二
苳	五七二
薔	五七三
苕	五七三

菻	五七三
萺	五七三
茆	五七三
荼	五七四
蘇	五七五
蒿	五七五
蓬	五七六
藜	五七七
蘬	五七七
葆	五七八
蕃	五七八
茸	五七八
葎	五七九
䕺	五七九
草	五七九

菆	五七九
蓄	五八〇
春	五八〇
菰	五八六
菿	五八七
芙	五八七
蓉	五八七
蘧	五八七
荀	五八七
莋	五八七
蓀	五八七
蔬	五八八
芊	五八八
茗	五八八
薌	五八八

一三

藏	藏	五八八
蕆	蕆	五八九
蘸	蘸	五八九
【蓐部】		
蓐	蓐	五八九
薅	薅	五九一
【茻部】		
茻	茻	五九二
莫	莫	五九三
莽	莽	六〇六
葬	葬	六〇八
【小部】		
小	小	六一二
少	少	六一六
尐	尐	六一九

【八部】		
八	八	六二〇
分	分	六二三
尒	尒	六二六
曾	曾	六二六
尚	尚	六三六
㒸	㒸	六四〇
詹	詹	六四三
介	介	六四四
𠔁	𠔁	六五〇
公	公	六五二
必	必	六五八
余	余	六六三
【釆部】		
釆	釆	六七五

番	番	六七八
寀	寀	六八〇
悉	悉	六八二
釋	釋	六八二
【半部】		
半	半	六八三
胖	胖	六八五
叛	叛	六八五
【牛部】		
牛	牛	六八六
牡	牡	六八九
犅	犅	六九六
特	特	六九八
牝	牝	六九九
犢	犢	七〇四

𤘽	𤘽	七〇七
犙	犙	七一〇
牭	牭	七一〇
犗	犗	七一一
牻	牻	七一一
㹀	㹀	七一二
犡	犡	七一二
𤘲	𤘲	七一二
犖	犖	七一二
𤙭	𤙭	七一三
𤙬	𤙬	七一三
犥	犥	七一三
犉	犉	七一四
㸧	㸧	七一四
𤛫	𤛫	七一四

牧 七一四
犨 七一五
牟 七一五
⿰牛産 七一六
牲 七一六
牷 七一七
牽 七一七
牿 七二〇
牢 七二〇
犓 七三六
犪 七三六
犕 七三六
犂 七三七
輩 七四一
⿰牛壽 七四一

牴 七四一
衛 七四一
⿱臤牛 七四二
牼 七四二
⿰牛今 七四三
犀 七四三
牣 七四四
物 七四四
犧 七五〇
犍 七五〇
犝 七五一

【犛部】

犛 七五一
氂 七五一
斄 七五二

【告部】

告 七五三
嚳 七六〇

筆劃檢字表

字頭	楷定	頁碼
芁	芁	三九
芨	芨	四〇五
芐	芐	四四三
芍	芍	四五六
芒	芒	四八〇
芃	芃	四八三
芑	芑	五七二
芊	芊	五八八
釆	釆	六七五
半	半	六八三
牝	牝	六九九
牟	牟	七一五

【七劃】

字頭	楷定	頁碼
祀	祀	一二八
礿	礿	一五一
社	社	一八六
玒	玒	二四六
玎	玎	二八一
玖	玖	二八三
玗	玗	二八八
玓	玓	二九二
玕	玕	二九五
玘	玘	三〇〇
氛	氛	三一一
壯	壯	三一九
斺	斺	三四三
每	每	三六八
𡴞	𡴞	三七三
𡴆	𡴆	三七三
芓	芓	四〇三
芇	芇	四二一
芺	芺	四三三
芹	芹	四三七
芸	芸	四三八
芩	芩	四四四
芰	芰	四四五
芡	芡	四四六
茚	茚	四四九
芜	芜	四五六
芪	芪	四五七
芫	芫	四六一
芘	芘	四六六
芽	芽	四七三
芣	芣	四七五
芛	芛	四七六
芮	芮	四八九
芼	芼	四九一
芝	芝	五〇四
芳	芳	五一二
芟	芟	五一四
苣	苣	五四八
折	斱	五五四
芥	芥	五六一
芴	芴	五六五
芙	芙	五八七
余	余	六六三
采	采	六七五
牡	牡	六八九
牢	牢	七二〇
牣	牣	七四四

字頭	隸定	頁碼
告	告	七五三

【八劃】

字頭	隸定	頁碼
旁	旁	五七
祉	祉	九五
祇	祇	一一六
祀	祀	一二八
⿰礻比	⿰礻比	一四九
礿	礿	一五一
祈	祈	一七〇
社	社	一八六
祅	祅	二〇〇
玠	玠	二六六
玦	玦	二六九
珥	珥	二七〇
玩	玩	二八一
玤	玤	二八二
玪	玪	二八三
⿰王殳	⿰王叟	二八八
玭	玭	二九二
玟	玟	二九三
珏	珏	三〇二
氛	氛	三一一
毒	毒	三六八
芺	芺	三八七
苹	苹	三九五
芞	芞	四〇二
苺	苺	四〇二
苷	苷	四〇二
苦	苦	四一〇
茅	茅	四一三
苜	苜	四一九
苓	苓	四二五
苗	苗	四二六
苞	苞	四三三
艾	艾	四三三
芀	芀	四四九
茄	茄	四五二
茉	茉	四五八
芙	芙	四六二
苽	苽	四六二
茁	茁	四七三
英	英	四七七
茇	茇	四八一
茂	茂	四八五
苗	苗	四九四
苛	苛	四九四
苑	苑	五〇六
茀	茀	五一一
苾	苾	五一一
苫	苫	五二一
若	若	五二五
苴	苴	五三七
艽	艽	五六〇
苟	苟	五六三
范	范	五六九
⿱艹丂	⿱艹丂	五六九
苳	苳	五七二
苕	苕	五七三
茆	茆	五七三
尙	尚	六三六

芎 芎 四五六
莖 莖 四五八
芣 芋 四六二
茱 茱 四六七
茉 茉 四六七
荆 荆 四六七
莛 莛 四七四
芒 芒 四八〇
荄 荄 四八一
芃 芃 四八三
茲 茲 四八六
荏 荏 四九〇
荒 荒 四九六
茷 茷 五〇三
芾 芾 五〇四

莱 莱 五一〇
荐 荐 五一六
茨 茨 五一九
荃 荃 五二三
茜 茜 五三四
茵 茵 五三九
茭 茭 五四六
茹 茹 五四七
芔 卉 五五九
荔 荔 五六六
𦬆 𦬆 五七二
芑 芑 五七二
茸 茸 五七八
草 草 五七九
春 萅 五八〇

荀 荀 五八七
芊 芊 五八八
茗 茗 五八八
家 家 六四〇
宷 宷 六八〇
胖 胖 六八五
叛 叛 六八五
𤘍 𤘍 七〇七
牭 牭 七一〇
牬 牬 七一三
牧 牧 七一四
牲 牲 七一六
牴 牴 七四一

【十劃】

旁 旁 五七

祜 祜 八六
祥 祥 九二
祐 祐 一〇五
祗 祗 一〇八
祕 祕 一一七
祪 祪 一三八
祔 祔 一三八
祖 祖 一三九
祏 祏 一四七
祠 祠 一五〇
祫 祫 一五七
祝 祝 一六五
祓 祓 一六八
祰 祰 一八三
祟 祟 一九五

字頭	隸定	頁碼
荚	莢	四八〇
菂	菂	四八一
菥	菥	四八五
萷	萷	四八九
芮	芮	四八九
芝	芝	五〇四
芳	芳	五一二
芟	芟	五一四
莜	莜	五三五
蔓	蔓	五三九
芻	芻	五四〇
荹	荹	五四六
莖	莖	五四七
𦯀	折	五五四
芥	芥	五六一
莎	莎	五六三
芴	芴	五六五
菩	菩	五六九
荼	荼	五七四
茸	茸	五七八
芙	芙	五八七
莋	莋	五八七
莫	莫	五九三
莽	莽	六〇六
宋	宋	六八〇
𤘺	叛	六八五
特	特	六九八
牷	牷	七一七

【十一劃】

字頭	隸定	頁碼
祭	祭	一二
祡	祡	一三四
祪	祪	一三八
祰	祰	一四六
祫	祫	一五七
祳	祳	一八三
祴	祴	一八四
祲	祲	一九一
祟	祟	一九五
䄎	䄎	一九五
祧	祧	一九九
球	球	二五七
琢	琢	二七八
理	理	二八〇
瑀	瑀	二八二
𤦡	𤦡	二八四
琨	琨	二八四
琣	琣	二八六
琅	琅	二九五
珊	珊	二九六
珋	珋	二九六
玲	玲	二九七
芏	芝	三七九
𦬻	菫	三八〇
萁	萁	三八二
蓈	蓈	三八三
萉	萉	三八四
芺	芺	三八七
菊	菊	三九二
菁	菁	三九三
菔	菔	三九四

芌	苹	三九五
苺	苺	四〇二
昔	昔	四〇二
蒁	蘇	四〇三
萇	萇	四〇四
莀	蔵	四〇七
苦	苦	四一〇
菩	菩	四一二
茅	茅	四一二
菅	菅	四一三
萑	藋	四一七
菖	菖	四一九
菌	蕳	四二〇
菸	蓀	四二三
苓	苓	四二五

苗	苗	四二六
苞	苞	四三三
莿	莿	四四一
荃	荃	四四三
芠	芠	四四五
苂	苂	四四六
菡	菡	四五〇
萏	蘭	四五〇
茄	茄	四五二
鼓	鼓	四五三
菻	菻	四五四
菀	菀	四五七
茉	茉	四五八
菋	菋	四五八
萎	萎	四六〇

苽	苽	四六二
菁	菁	四六三
菌	菌	四六四
萸	萸	四六六
菭	菭	四七一
萌	萌	四七二
英	英	四七七
萋	萋	四七八
蓁	蓁	四七八
茇	茇	四八一
茷	茷	四八五
芼	芼	四九一
萃	萃	四九二
苗	苗	四九四
苛	苛	四九四

蕚	蕚	四九七
菸	菸	四九九
菜	菜	五〇三
菑	菑	五〇七
茀	茀	五一一
苾	苾	五一一
苫	苫	五一一
蓎	蓎	五一一
菹	菹	五二三
菧	菧	五二三
若	若	五二五
莫	莫	五三六
茸	茸	五三七
萎	萎	五四七
苣	苣	五四八

茍 苟 五六三
菲 菲 五六四
萊 萊 五六六
蒃 蒃 五六八
菬 菬 五六八
萄 萄 五七二
苕 苕 五七三
菆 菆 五七九
菰 菰 五八六
菿 菿 五八七
番 番 六七八
悉 悉 六八二
牻 牻 七一一
牛余 牛余 七一三
牛寽 牛寽 七一三

牽 牽 七一七
牿 牿 七二〇
牼 牼 七四二

【十二劃】

祿 祿 九一
祥 祥 九二
祺 祺 一〇七
祰 祰 一四六
祼 祼 一五八
祮 祮 一八三
祳 祳 一八三
禂 禂 一八五
禍 禍 一九一
閏 閏 二二三
琠 琠 二四三

瑛 瑛 二五五
珛 珛 二五五
琳 琳 二五八
琮 琮 二六二
琥 琥 二六三
琬 琬 二六四
琰 琰 二六五
琫 琫 二七一
琢 琢 二七八
琱 琱 二七八
琤 琤 二八二
琚 琚 二八三
琟 琟 二八七
琨 琨 二八九
琖 琖 三〇〇

琛 琛 三〇〇
琲 琲 三〇〇
珝 珝 三〇一
琡 琡 三〇一
珙 珙 三〇二
壻 壻 三一九
荅 荅 三八一
莠 莠 三八四
荏 荏 三八六
葵 葵 三八七
蒩 蒩 三八八
葦 葦 三九二
茞 茞 三九五
营 营 三九七
葌 葌 三九八

字	隸定	頁
葰	葰	三九八
茝	茝	四〇〇
萹	萹	四〇一
茖	茖	四〇二
葥	葥	四〇五
⿱艹砓	⿱艹砓	四〇七
⿱艹毗	⿱艹毗	四〇七
萬	萬	四〇七
萸	萸	四〇八
蒢	蒢	四一五
茥	茥	四一七
萯	萯	四二三
⿱艹妟	⿱艹妟	四二三
⿱艹畕	⿱艹畕	四二六
⿱艹易	⿱艹易	四二七

字	隸定	頁
葳	葳	四二七
蔽	蔽	四二八
茈	茈	四二八
⿱艹前	⿱艹前	四三〇
蒐	蒐	四三〇
葎	葎	四四〇
茦	茦	四四〇
葑	葑	四四〇
⿱艹启	⿱艹启	四四六
⿱艹私	⿱艹私	四四七
萩	萩	四五五
蔿	蔿	四五六
莖	莖	四五八
葛	葛	四五九
芺	芺	四六二

字	隸定	頁
葽	葽	四六四
萸	萸	四六五
葚	葚	四六五
茉	茉	四六七
苿	苿	四六七
蒃	蒃	四六七
茁	茁	四七三
莛	莛	四七四
葉	葉	四七四
葩	葩	四七六
菱	菱	四七九
茲	茲	四八六
蔇	蔇	四八九
荏	荏	四九〇
⿱艹救	⿱艹救	四九〇

字	隸定	頁
⿱艹風	⿱艹風	四九二
荒	荒	四九六
落	落	四九七
茷	茷	五〇三
荋	荋	五〇四
⿱艹孖	⿱艹孖	五一六
葺	葺	五一九
荃	荃	五二三
茜	茜	五三四
⿱艹是	⿱艹是	五三六
茵	茵	五三九
茭	茭	五四六
茹	茹	五四七
⿱艹囪	⿱艹囪	五五一
⿱艹侵	⿱艹侵	五五四

莊 莊 三七七
蓏 蓏 三七九
莆 莆 三八〇
荳 荳 三八七
莧 莧 三八九
莒 莒 三九一
菫 菫 四〇四
蓩 蓩 四〇六
蓡 蓡 四〇六
萬 萬 四〇七
莞 莞 四一四
蒲 蒲 四一五
蒻 蒻 四一六
莙 莙 四一八
萳 萳 四一九

莩 莩 四二三
莃 莃 四二四
蓨 蓨 四二六
蒬 蒬 四二八
⿱艹昏 苦 四四〇
蒹 蒹 四四七
⿱艹刻 葪 四四八
蓮 蓮 四五〇
荷 荷 四五二
著 著 四五二
莪 莪 四五三
莔 莔 四五八
蓂 蓂 四五八
⿱艹𠦪 ⿱艹𠦪 四六〇
莕 莕 四六〇

菌 菌 四六四
⿱艹玽 ⿱艹玽 四六六
莖 莖 四七三
蒝 蒝 四八〇
莢 莢 四八〇
荄 荄 四八一
⿱艹玓 ⿱艹玓 四八一
⿱艹造 ⿱艹誥 四八六
薇 薇 四八八
蓁 蓁 四八九
蒼 蒼 四九一
蒔 蒔 四九三
苑 苑 五〇六
蓺 蓺 五一〇
蓆 蓆 五一三

⿱艹租 ⿱艹租 五一九
茨 茨 五一九
葺 葺 五一九
蓋 蓋 五二〇
⿱艹幸 ⿱艹幸 五二四
⿱艹彼 ⿱艹彼 五三五
荹 荹 五四六
萎 萎 五四七
⿱艹敕 ⿱艹敕 五四七
蒸 蒸 五四九
蒜 蒜 五六〇
萑 萑 五六二
蒙 蒙 五六六
⿱艹逌 ⿱艹逌 五六八
⿱艹吾 ⿱艹吾 五六九

蕢	蕢	四三三
荓	荓	四三三
蔞	蔞	四二八
⿱艹⿺辶云	⿱艹⿱云心	四三三
蓳	蓳	四三七
蔦	蔦	四三八
莿	莿	四四一
荃	荃	四四三
蔆	蔆	四四五
莂	茢	四四九
⿱艹⿱必缶	⿱艹⿱必缶	四五二
⿱艹鼓	⿱艹鼓	四五三
蔚	蔚	四五四
菻	菻	四五四
⿱艹⿰火朱	萩	四五五

菋	菋	四五八
蔓	蔓	四六〇
萎	萎	四六〇
蔣	蔣	四六二
薖	薖	四六四
⿱艹刑	荆	四六七
蔈	蔈	四七七
⿱艹移	⿱艹移	四七九
蔕	蔕	四八一
⿱艹執	⿱艹執	四八三
菥	菥	四八五
蔭	蔭	四八六
葻	葻	四九二
萃	萃	四九二
⿱艹爭	⿱艹爭	四九七

蔽	蔽	四九七
蔫	蔫	四九八
⿱艹⿰夗⿱亼二	菸	四九九
蔡	蔡	四九九
菜	菜	五〇三
菑	菑	五〇七
⿱艹⿱业未	茉	五一〇
蔪	蔪	五一〇
蔎	蔎	五一二
蒪	蒪	五三四
⿱艹⿱𠂉尃	草	五三六
⿱艹畺	⿱艹畺	五四七
蔟	蔟	五四八
蒽	蒽	五六二
菫	菫	五六四

菲	菲	五六四
萑	萑	五六五
萊	萊	五六六
蓸	蓸	五六八
萄	萄	五七二
⿱艹⿱夂貝	苳	五七二
茆	茆	五七三
葆	葆	五七八
萅	春	五八〇
葝	葝	五八七
薌	薌	五八八
犗	犗	七一一
犖	犖	七一三
⿰牜萑	⿰牜萑	七一四
犓	犓	七三六

字頭	頁碼
壿	三二〇
蓏	三七九
蓳	三八〇
萉	三八四
荳	三八七
葵	三八七
蒩	三八八
蒙	三八八
薇	三八九
菔	三九四
營	三九七
薊	四〇四
葥	四〇五
薛	四〇八
薑	四一二
蒿	四一九
蔎	四二〇
蒐	四二〇
蕼	四二三
薜	四二三
[艹甄]	四三七
葑	四四〇
蓌	四四三
薢	四四六
[艹亂]	四四七
葝	四四八
薕	四四八
薠	四四八
菡	四五〇
蕭	四五五
菀	四五七
蓂	四五八
菶	四六〇
蕛	四六一
菁	四六三
莨	四六四
蒟	四六六
葩	四七六
[艹移]	四七九
蒝	四八〇
蔋	四八八
薋	四八九
薈	四九〇
蒼	四九一
薉	四九六
薄	五〇四
薙	五一〇
蓺	五一〇
蓆	五一三
菹	五一三
菧	五一三
莘	五二四
蔓	五三九
蔌	五四七
薪	五四九
蒜	五六〇
萑	五六二
蓾	五六八
菬	五六八
薔	五七三

蒐 蒐 四二八
蔦 蔦 四三八
薺 薺 四四一
藗 藗 四四七
萉 茒 四四九
蓥 蓥 四五二
蔚 蔚 四五四
蔓 蔓 四六〇
蔣 蔣 四六二
蔞 蔞 四六四
萌 萌 四七二
葉 葉 四七四
薾 薾 四七八
薿 薿 四七九
蕤 蕤 四七九

蔕 蔕 四八一
蕩 蕩 四八六
藃 藃 四八八
蔇 蔇 四八九
落 落 四九七
蔽 蔽 四九七
蘂 蘂 四九九
蔡 蔡 四九九
蔪 蔪 五一〇
藉 藉 五一七
莝 莝 五四七
蔟 蔟 五四八
䕻 䕻 五五一
藻 藻 五六八
蕃 蕃 五七八

蔬 蔬 五八八
藏 藏 五八八
蟺 蟺 七一四

【十八劃】

禱 禱 一七五
禬 禬 一七九
禰 禰 一九九
璬 璬 二四四
璵 璵 二四五
瑾 瑾 二四五
瓊 瓊 二四六
璯 璯 二五七
璧 璧 二五八
璂 璂 二七四
璹 瑀 二七四

瑳 瑳 二七五
璪 璪 二八五
璶 璶 二八七
璒 璒 二八七
蕒 蕒 三八四
蒙 蒙 三八八
蘢 蘢 三九七
藗 遬 四〇三
蘡 蘡 四〇六
薑 薑 四一二
蒲 蒲 四一五
蒻 蒻 四一六
藐 藐 四一九
蕁 蕁 四二〇
藷 藷 四二一

蕩 蕩 四二一
蕌 蕌 四二六
[illegible] 四二七
藟 藟 四二八
葦 葦 四三七
[illegible] 四四三
薦 薦 四四四
蒹 蒹 四四七
蔿 蔿 四五六
藸 藸 四五九
蘢 蘢 四六三
蘛 蘛 四七五
[illegible] 四八三
[illegible] 四八九
蒔 蒔 四九三

藪 藪 五〇六
藥 藥 五一二
蕝 蕝 五一九
藩 藩 五二一
[illegible] 五二三
蕁 蕁 五三四
蕘 蕘 五四八
蕉 蕉 五五〇
[illegible] 五五四
蔥 蔥 五六二
蕇 蕇 五六三
萑 萑 五六五
蕢 蕢 五七二
藜 藜 五七七
蕆 蕆 五八九

犡 犡 七二二
犁 犁 七三七
[illegible] 七四一

【十九劃】

禰 禰 一九九
[illegible] 二四四
瓊 瓊 二四六
璧 璧 二五八
瓃 瓃 二七四
璡 璡 二八五
璶 璶 二八七
瓅 瓅 二九二
鏧 鏧 二九七
[illegible] 二九八
藿 藿 三八二

蘇 蘇 三八五
蘁 蘁 三八七
蓼 蓼 三八八
薇 薇 三八九
蘧 蘧 三九一
蘆 蘆 三九三
蕙 蕙 三九六
藒 藒 四〇一
蘄 蘄 四一三
蘭 蘭 四一五
蓶 蓶 四一六
薣 薣 四二一
[illegible] 四二三
蕕 蕕 四二三
[illegible] 四二六

【二十劃】

【二十三劃】

【二十四劃】

【二十五劃】

瓚 瓚 二四九
蘧 蘧 三九一
蘺 蘺 三九九
蘥 蘥 四四七
[illegible] 四四七
[illegible] 四八〇
蕪 蕪 四九五
蘫 蘫 五二三
蘱 蘱 五二四
藻 藻 五六八
蘸 蘸 五八九

【二十六劃】

[illegible] 一七八
禫 禫 一九八

蘆 蘆 三九三
[illegible] 四〇七
蘻 蘻 四四三
[illegible] 四四五
蘿 蘿 四五四
蘠 蘠 四五七
[illegible] 五〇九
[illegible] 五六八
[illegible] 五七二
薌 薌 五八八

【二十七劃】

[illegible] 三八九
蘘 蘘 三九二
[illegible] 三九九
[illegible] 四二三

[illegible] 四二五
蘢 蘢 四六三
蕈 蕈 四六四
[illegible] 五一三

【二十八劃】

[illegible] 四六三

【二十九劃】

虋 虋 三八一

【三十劃】

[illegible] 三八二
[illegible] 四二五

【三十一劃】

虋 虋 三八一
[illegible] 五六五

【三十二劃】

[illegible] 四〇七

【三十四劃】

[illegible] 三八九

【三十六劃】

[illegible] 五三七

鐵一四八·一 前四·四七·八 佚四三四 甲二八六三 一人 見合文一八 後一·二六·一〇 一羌 見合文一八 粹三八〇 一鄭 見合文一八 佚一一四 一兕 見合文一九 甲一九六 一牛 見合文一九 甲一九七 一羊 見合文一九 甲二八五 一豕 見合文二〇 甲五七一 一牢 見合文二〇 粹二五二 一物 見合文二一 甲二四八 一牝 見合文二一 明七五七 一鬯 見合文二二 後二·七·五 一卣 見合文二二 珠八七九 乙一牛 見合文二二 甲二四七五 一告 見合文二六 前一·一七·五 又一 見合文二七 甲二一一一 一月 見合文二七 坊間四·一五·八 一旬 見合文二九 乙四七二三 一喙 見合文二二 【甲骨文編】

乙7036 7061 7731 7795 卜9 佚28 徵2·56 佚43 續1·40·5 徵3·4 【續甲骨文編】

一 我鼎 肄簋 盂鼎 史獸鼎 舀鼎 舀壺 㒼簋 師遽方彝 段簋 毛公㫃鼎 散盤 不嬰簋 師嫠簋 秦公簋 眉脒鼎 【金文編】

2·23獨字 5·501十一 5·505四十一 5·485獨字 【古陶文字徵】

〔三六〕 〔三六〕 〔四〕 〔四二〕 〔一九〕 〔三六〕 【先秦貨幣文編】

布空 晉矦 布尖 大陰背 晉高 布尖 閃斗背 晉高 布方 安邑一釿 晉芮 布尖 平宮背 晉盂 布方 郟背 晉朔 布尖 膚俿斗背 晉高 布尖 北茲釿背 晉高 布方 郟背 晉高 布方 郟背 晉高 布方 鑄一 晉高 布方 平陰背 晉祁 布方 同是背 晉祁 布方 同是背 晉祁 同上 布方

一 安邑二釿 鄂天　一 刀弧背 左大一 冀靈　一 刀弧 背·古一 冀靈　一 刀直 甘丹背 冀靈　一 刀折 背 右一 典一

一〇八　一 圜 桼垣一釿 展肆壹7 【古幣文編】

一 一六：三 四例 宗盟類序篇十有一月敢用一元 宗盟類參盟人名一釿 【侯馬盟書字表】

一 243　一 277 【包山楚簡文字編】

一 一 法四 一百五十一例　一 秦五一 一百三十五例　一 爲三〇 六例　一 秦四七 十九例　一 日甲一三一背 二例

【睡虎地秦簡文字編】

一 1069 【古璽文編】

一 揚州理軍一印 【漢印文字徵】

一 吳天璽紀功碑一□萬方　一 春秋秦石碣 霝雨 □于水一方　一 漢開母廟石闕守一不歇　一 漢袁安碑 十一月　弌 吳禪

國山碑 弌十有弌 說文之古文同　一 戰國博塞 【石刻篆文編】

一 弌 【汗簡】

一 古孝經　弌 壹 弌 竝古老子　弌 古尚書　一 汗簡　壹 同上　壹 崔希裕纂古 【古文四聲韻】

◉許　慎　一惟初太始。道立於一。造分天地。化成萬物。凡一之屬皆从一。於悉切。弌古文一。【說文解字卷一】

◉孫詒讓　說文竹部「篆，引書也」。形學之始，由散點引而成線，故古文自一至三，咸以積畫成形，鄭君六藝論云：「伏羲垂十言之教。」十言即八卦消息，爲書契之初祖，亦積畫也。皆爲平行線。至五爲天地之中數，則從二而午交其中，然亦四直線也。至六則龜甲文皆作六，又由緐而反於簡，故由平線變爲弧曲線，穹隆下覆，略爲半圜之形。此殆倉沮初制，最簡古文之僅存者。至七甲文作七或作七，則以平線與曲線互相拘絞，實承五而小變之。八之爲八，則以曲線分列爲二，又承六而小變之。九金文作九，盂鼎。或作九，散氏盤。甲文作九略同。則以兩曲線詰詘糾互，又承七而小變之。蓋六之與八，七之與九，皆閒一數，相對爲形。說文四古文𠃢，與六字亦似閒一數相對，例同。遝數究於九，進而爲十，甲文皆作丨，金文同，或作↓則中多一點。則又以平線直書之，與後世筭式同，亦與一始終從横相對。然則此十文者，實立形數之原，總分理之要，造字之耑恉，可寀繹而知者也。【名原卷上】

◉羅振玉　古金文一二三字均與此同。說文解字一二三之古文作弌弍弎。乃晚周字。錢先生大昕汗簡跋云。作字必先簡而後繁。有一二三。然後有從弋之弌弍弎。而叔重注古文於弌弍弎之下。以是知許所言古文之別字。非弌古於一也。【增訂殷虚書契考釋】

◉劉　復　說文一。惟初太始。道立於一。造分天地。化成萬物。造語之始。僅以一表一數。漢書叙傳。元元本本。數始於一。禮記目録疏。一者。數之始。列子天瑞。一者。形變之始也。此均能得一之真義者。然古書中往往作玄語。易繫辭。天一地二。老子。道生一。一生二。許氏因之。誠道在邇而求諸遠矣。老子。抱一爲天下式。王弼註曰。一。少之極也。又。昔之得一者。天得一以清。地得一以寧。⊘註曰。一。數之始而物之極也。夫既曰少之極。又曰物之極。是自相矛盾矣。而就事理言之。少之極當爲無有。物之極當爲無量。均不可以當一。可以當一者惟數之始。而後世廣韻等書每以數之始物之極釋一。蓋直抄陳說。未加深思耳。

今定一字之的義曰。一者。數之始也。最小的整數也。【釋一　國學集刊第三卷第一期】

◉丁　山　數惡乎始，曰始於一，「一奇二偶，一二不可以爲數，二乘一則爲三；故三者數之成也。積而至十則復歸於一」（汪中述學釋三九上）；我國紀十之法實豎一爲之。自丨（殷虚書契三，葉廿三），變而爲◆（盂鼎），再變而爲十（克鐘），三變而爲十（秦公敦），四變而爲十（簷鼎）爲十（詛楚文），于是象東西南北中央五方俱備矣。積一爲二，積一二爲三，二與三積畫而成，巴比倫羅馬及若干民族之初文無不如是，所謂此心同，此理同也。許君乃蔽於老子「道生一，一生二，二生三，三生萬物」，復蔽於董仲舒「古之造文者三畫而連其中謂之王，——三者天地人也」，種種玄談，而謂「二象地數，三象天地人」；即夫人皆知之「扁擔長一字」（安徽方言），亦且謂象馮馮翼翼，洞洞屬屬，陰陽未判，天地未形之「大極」，其詞雖淵源有自，其理殊玄之又玄，崇讖諱而棄顯義，雖漢儒結習使爾，然文字自爲文字，究不可竄以方士誕說。雨不上固從一以象天，然旦㞢之下從一則象地，田巛之中從一則象物，是一不盡象渾然一體之「大極」也。土，殷契作𠀆（殷虚書契七，葉十二），金文作⊥（盂鼎），皆象地上土由狀，非如許君云「從二，象地之下地之中」也。王殷契作王（殷虚書契一，葉七），金文作王（格仲尊），從火從上，皆象火焰上騰其氣盛也，不知所以象天地人如許君所云者。就許君所稱孳乳諸字之古文考之，皆不合方士「大極兩儀三才」之道；然則二三諸文，成於積畫，一丨諸文，縱橫成象，蓋至古之文，至簡之理；此古誼失傳後儒皆不得其解者一也。【數名古誼 歷史語言研究所集刊一本一分册】

◉王國維 段注一於悉切。段用大徐本。大徐反切用唐韻。

金文中用弌爲一者。始見於戰國時器。若二作貳三作參則見於召伯敔。【劉盼遂記説文練習筆記 國學論叢第二卷第二號】

◉郭沫若 數生於手。古文一二三四字作一二三亖，此手指之象形也。手指何以横書？曰，請以手作數，於無心間必先出右掌，倒其拇指爲一，次指爲二，中指爲三，無名指爲四，一拳爲五；六則伸其拇指，輪次至小指，即以一掌爲十。一二三四均倒指，故横書也。

以手作數之法，依民俗而不同。中國以右掌者，西人則先出左拳，伸其小指爲一，無名指爲二，中指爲三，次指爲四，以一掌爲五。六復循環，以二掌爲十。故羅馬數字之一二三豎書作Ⅰ Ⅱ Ⅲ，巴比侖印度亦然。五作Ⅴ即掌之象形文。中國以一掌爲十，故金文十字作◆，甲骨文作丨，以不易作肥筆而省之。一豎而鼓其腹，亦掌之象形也。此掌與彼掌之異，在拇指之併與不併而已。【釋五十 甲骨文字研究】

◉商承祚 説文。弌。古文一。案一二三即古文。甲骨文金文魏三字石經之古文皆作一二三。隹晚周金文緻𠅱君壺二作弍。從戈。與此近。則弌或乃當時之别體。非古文之正也。吳禪國山碑。一亦作弌。可知漢晉間弌字猶盛行。

一二三筆畫簡略。書寫之時。不能與它字相稱。至晚周遂增弋戈以填密之。漢開母廟石闕及袁安袁敞碑。一二皆作乁二乁。末筆垂腳。取姿態與它字等齊之一證。【説文中之古文攷】

◉強運開 一 張德容云。此最初古文也。運開按。金文中一字亦多作一。如盂鼎作一。畢仲敔作一。皆可證一爲古文無疑。【石鼓釋文】

◉郭沫若 「庚午卜王，在𢑚山卜。一 庚午卜王，在十二月。二 庚午卜王，在十二月。三 庚午卜王，在十二月。四 庚午卜王。五 庚午卜王，在十二月。六 庚午卜王，在十二月。七 庚午卜王。八」此一事共八卜，只紀卜者爲王，未紀所卜何事。然有可注意者爲紀卜數字之一至八。此中五六七八諸字横刻，則是一二三亖諸字實作Ⅰ Ⅱ Ⅲ ⅠⅠⅠⅠ，與羅馬數字等無殊矣。【殷契粹編】

◉馬叙倫 鄭樵曰。一數名。又象地之形。嚴可均曰。宋本太作大。鈕樹玉曰。玉篇引同。韻會始作極。成作生。莊有可曰。一舉形見數也。象形。許説向精深。反欠親切。古以籌紀數。從横皆始於一。專屬於横。後人分析也。古或以爲天。

或以爲地。郭沫若曰。數生於手。古文一二三亖。此手指之形也。⊘倫按本書二下曰。地之數也。三下曰。數名。詳三字下。此亦當曰數名。今乃曰惟初太極云云者。蓋許慎據周易繫辭傳易有太極是生兩儀之義。乃從其哲學之見解而爲說。王筠所謂此論道也。非一字之本義。然亦由古數名之一與天之本字作一地之初文作一者同形。詳天字地字下故許混之也。或許書大例止曰數也。象形。呂忱加惟初太極四句。蓋今本許書。實非許慎原本。而爲與呂忱字林和合之本。忱於慎之說解外。更增異訓。後有明證。許作此書。亦爲教學童。自無緐詞衍義。而江式請書吏表言。字林依託說文。偶按章句。此四句者非所謂偶按章句者乎。唐人刪削。乃如今文耳。今此姑定爲數名之一。則象初民屈指記數。如郭所說先屈拇指之形。後以籌代指。籌。形亦然。惟圖畫性之象形一字。當橫畫一指。或本畫一手。屈其拇指。實屬指事。後簡省橫作一指。變爲篆文。遂如今形。許遂以爲象形。始。當依徐鍇本作極。與一物爲韻。餘詳十下。盂鼎作一。毛公鼎作一。

弌　錢大昕曰。作字必先簡而後繁有一二三然後有從弋之弌弍弎。而叔重注古文於弌弍弎之下。以是知許所言乃古文之別字。非弌古於一也。標出古文籀文者。乃古籀之別體。非古文祇此數字。段玉裁曰凡言古文者。謂倉頡所造古文也。一二三之本古文明矣。何以更出弌弍弎。蓋所謂即古文而異者。錢坫曰。許君言古文。皆言尚書。非別有所謂古字之書也。王紹蘭曰。此古文弌。蓋自叙所謂甄豐等改定之古文。非孔子壁中書也。孫吳禪國山碑弌十有弌弌十有九用此字。莊有可曰。此非真古文也。蓋古者取木槩。刻一以識之。以爲某一事。猶結繩遺意。俗乃加弋字。許不能別白。概云古若籀耳。嚴章福曰。疑校者所加。許書重文皆附見於說解中。不出篆體。或見於本篆下。或見於他部所據之偏傍下。校者輒以增補篆文。而又廣搜古籀。今俗雜出。皆非許舊。李燾謂籀古文皆後人依字林補。校議謂亦古文卅一皆出續添。尚非定論。古布古欵識石鼓文皆無弌弍弎字。孫皓天册元年所刻孫吳禪國山碑有弌字。其非古文可知。夏炘曰。史籀作大篆謂之籀文。李斯作小篆謂之篆文。而自史籀以前倉頡以後統謂之古文。說文中所稱古文籀文篆文是也。自叙云。今叙篆文合以古籀。然則篆之不合於籀。籀之不合於古。皆許所不收也。古文每字不止一體。如旁之作□□。正之作□□。良之作□□□。有一字而重至兩字三字者。皆古文也。許書中別出古文之字。其本字雖係篆文。實即古文。故一二三者。篆之與古文合者也。弌弍弎者。古文之重者也。不云亦古文者。一二三之篆文本與古文合。不得專屬之古文。故不云亦也。而段玉裁以爲古文奇字。亦非也。古文奇字如□如□。許氏固明言之矣。吳錦章曰。一之籀古當與篆無異。弌弍弎或晚周所增。意原書未必采錄。于鬯曰。錢說是也。書中古文。太半見於尚書。蓋古文謂古文諸經中字。如及之古文作□。□明是逮字。會之古文作□。□明是迨字。蓋必古文經作□。今文經作及。故以□爲及之古文而不繫於逮下也。古文經作𠔃。今文經作會。故以𠔃爲會之古文而不繫於亼下也。朱孔彰曰。汗簡引尚書有弌字。黎庶昌曰。許書篆文即古文。六朝以降誤以爲小篆。孫星衍已悉其非。至篆文而外別出古籀者。即所謂與古或異者也。別出小篆者。所謂頗省改者也。王國維曰。金文中用弌爲一者。始見於戰國時器。若二作弍三作參。則見於召伯毁。商承祚曰。甲骨金文魏三字石經之古文皆作一二三。惟晚周金文緻𡩜君壺二作𢎥。從戈。與此近。則弌弍乃當時之別體。倫按古文者。詳自叙下。弋於六書爲象形。詳弋字下。弌弍弎皆從弋無所見義。王煦鄭知同以爲弌從弋得聲。弍弎則因弌而遞加。許瀚非之。檢弌字見代大夫人家壺。弎字見緻𡩜君壺。則其字晚周已有。倫謂弌弍皆地之異文。一非數名之一。而爲地之初文。二非數名之二。而爲地之初文或作二者。地從土也聲。也弋音同喻四。是地與弌弍爲轉注字。古金器中借爲數名之一二。一二聲同脂類也。弍字不見於金甲文及古書中。則因弌弍而妄加。然此文非許書原有。魏三體石經其古文往往有本。且多湊合偏傍而成字。則非妄作矣。而其數名之字作一不作弌。五經文字貳下曰。案字書古文一二三字皆從弋。不言說文。可證也。汗簡引尚書有弌字。則某氏僞書。許所不及見矣。本書重文中古籀諸文。林罕謂是呂忱所增。其說甚塙。江式請書吏表言。呂忱字林六卷。附託說文。而按偶章句。隱別古籀奇或之字。史記正義。衛宏官書數體。呂忱或字多奇。是其證也。玄應一切經音義引衛宏古文官書。㝵得同體。而本書得之重文作㝵。說解曰。古文省彳。其餘古籀得之官書者。後亦可檢。亦其證也。水經注。許氏字說專釋於篆。而不本古文。又許書本無古文之證矣。檢許沖表言許嘗教小黄門孟生等。倫意許作是書。本是所以教人。故所錄僅數千字。經傳百家書中文字許不錄者甚衆。蓋所據者爲漢之倉頡篇及楊雄之訓纂篇。此二篇固教學童書也。二篇中無復字。則本書列重文至千餘。何自而得。明由後人以其所見於古籍者增之耳。或謂古籀篆文皆爲後人所增。則癸爲籀文而揆闋从之得聲。圞爲籀文而藺从之得聲。㝱爲籀文而寢㝱从之得聲。而𡥈昜𠔾同𢆶皆古文。而麗从而得聲。𡥈从𡥈得聲。孟从𡥈得義。𡥈从昜得聲。冬从𠔾得聲。扃从同得聲。斷繼𢇍並从𢆶得聲。學爲篆文。而覺斆皆从學得聲。將何以解之耶。倫謂癸爲𤼾之譌文。葵字仍从𤼾可證。而亦丽之譌文。丽則比之異文。而旅字所从得聲者也。同當爲冂。與㒼下之冋。喬下之冋皆爲冂之緐體。從金甲文中證之。則反正緐簡作書者隨意爲之。固仍爲一字而非異體。作麗字者偶作𠂿頭。作扃字㒼字喬字者偶下从冂从冋从冋。猶單𡅕車一字。而斬从車。蔪从斲得聲。斲即斬字而从單矣。獸則从𡅕也。許書所錄本於倉訓。彼有比無丽。而扃从冂㒼从冋。喬从冋。不作冂。許不得而變也。此外諸文誠爲本書正文所無。然今許書非許原本。有捝有增。或本有而失之。後人轉拾而補之。固未可必。許書錄字既悉有本。則倉訓之所有。許不得而去。故寢保諸文見錄。彼之所無。許不得而增。故㝱𡥈諸文見棄。亦未可知也。【說文解

字六書疏證卷一】

◉李孝定　説文云。惟初太極。道立於一。造分天地。化成萬物。凡一之屬皆从一。弌古文一。金文作一孟鼎一毛公鼎一散盤一不嬰簋諸形。所見頗多。皆作一。與甲文同。無作弌者。容氏金文續編一字條下有戈。代大夫人家壺字從戈從一。與許書古文略近。丁氏謂弌字從弋者爲從戈之譌。一戈猶言一个。得此似可爲證。然竊謂一之作弌或戈者。僅係秦漢間金文續編所收均秦漢時器紀數字之别體。本無義理可求。所以從弋或戈者。乃故增其點畫。免致變易增損以爲姦利耳。誠如丁氏之言。則當有四个五个之弎弌。然而未之見者。蓋自四以上已有假借字之四五六七八九。非復積畫爲數。不慮淆亂。無煩更增點畫。後世由一至十之紀數字多用别體作壹貳叁肆伍陸柒捌玖拾者。亦此意也。甲文一二三四均積畫爲之。於六書爲指事。自五以至於九則爲假借。至十則復歸於一。于郭之説是也。一二三四或豎書作丨‖‖‖‖‖‖‖。惟如同片更有十字。則必横書作一以爲别。此卜辭紀數字之通例也。友人周君法高中國古代語法稱代篇257—366頁有稱數一章。於數字古誼别體計數法序數分數倍數諸點論議精審。徵引美備。説長不能具録也。【甲骨文字集釋第一】

◉田倩君　「一」的意義極其簡單,「一」就是「一」,就是數目字的一個數字而已。至於那些玄奥哲理,乃是後世文化進步,人們思想發達,一些知識高的人,就宇宙現象設想出來的一些道理,這些道理雖然有它高深價值,但是不能附會於造字之初意,只能説那是「一」字的引伸意或假借意,是用來證明太極是怎麽一回事,令人容易瞭解。當先民始造「一」字,並不會預先想到這麽多的道理。那時人們知識簡單,生活純樸,唯迫於生活上的需要,所發生的數字觀念,一椿事物畫一横,兩椿事物畫二横,如此一横二横三横和三横。就象結繩記事一樣,一件事記一個結,兩件事記兩個結……可以説最初只創造了這簡單的四個數字。這三横畫平擺在那裏,正如兒童開始學數數,用自己的手指一個二個……好像並排的四根手指一樣。過了一段時期才又創造出代表多數數目字的符號,如果一味的一畫又一畫的累積下去,似乎太笨拙了。從五至十,其數目雖然加多,但字的筆畫反倒簡單化了,這是人的知識又進了一步。甲骨文中數目字由五至十如下:

「一」字的創造相當早,正如徐氏説的造字之初,先有數而後有文。乾鑿度所謂一者,天也。至大莫如天,故一大爲天,由是生之爲偶,以象地。所謂天、大、地,這都是人們由「一」字想象出來的,「一」可以做爲天,「一」可以做爲地。它是一個指事字,一大爲天,「大」是正立的人(大)把「一」放在人的頭上,即成爲天了;把「一」放在人的脚下,又成爲地了。如立(立),這是人立

在地上。總之只是這「一」畫的任意安排，也可以説是人的直感反應。按照文字的定義，一個字只有一義，但這個「一」字的一義，就是一。即是表示它所指的只是一，是用來記憶數目的「一」字罷了。【許氏説文部首字詮釋——釋一 中國文字第二十九册】

◉于省吾 以一爲首之一二三亖積畫紀數字。説文：「一，惟初太極，道立於一，造分天地，化成萬物。」王筠説文句讀引周易之「易有太極」、「天下之動貞夫一」、「太極生兩儀」、「乾道變化，坤作成物」等語，以爲注釋。又説文釋例：「此即卦畫之單，乃一畫開天之意。」此外，自來説文學家，多引用周易、易緯、老子等書之説以附會説文。其實，説文所釋一字，具有神秘性，並非造字本義。六書次序以指事象形爲首，但原始指事字一與二三亖積畫之出現，自當先於象形字，以其簡便易爲也。此類積畫字，本無任何神秘性之可言。淮南子本經：「昔者蒼頡作書，天雨粟，鬼夜哭。」此乃荒誕之神話，不值一駁。實則原始人類社會，由于生産與生活之需要，由于語言與知識之日漸進展，因而才創造出一與二三亖之積畫字，以代結繩而備記憶。雖然幾個積畫字極其簡單，但又極其重要。因爲它是我國文字之創始，後來才逐漸發達到文字紀事以代表語言。于是既突破空間與時間之限制，同時亦促進人類文化之發展。【釋一至十之紀數字 甲骨文字釋林】

◉黃錫全 [弌] 一 內、觀、薛本一作弌，豐本作戈。出土的古文字中還未見戈字，但晚周金文二字或作[弍]（纕窓君缾），[弍]（信陽楚簡）。古從弋之字每從戈作，如蔡侯鐘的「不貹」當讀爲「不貳（忒）」，信陽楚簡的「三伐之子孫」的伐即代，長沙楚帛書的「四神相戈」、「敬之母戈」，當讀爲「四神相代」、「敬之毋忒」，古璽「[弋]易君鉨」之「郲陽」即弋陽，趙國[字]布之郲即邙等（詳李家浩《戰國邙布考》古研3）。因此，戈與弌並當古文一。《説文》古文一、二、三作弌、弍、弎，郭氏所録弌、弍、弎，均注出《尚書》，是郭見本作弌、弍、弎，仿《説文》古文以隸作古。【汗簡注釋卷一】

◉何琳儀 《陶彙》著録兩件辭例相同的齊國陶文：

a. 杏（大）坊（市）九月 3.656

b. 杏（大）坊（市）[咸]=月 3.658

互相比照可知b條第三字應是數目字。檢春秋齊國國差𦉜銘「國差立事歲，[咸]丁亥。」「丁亥」前之字舊釋「咸」。王國維云「咸下奪一月字」，觀堂集林齊國差𦉜跋。楊樹達云「咸字從日從戌，疑即戌亥之戌也。以表時日，故字從日耳。」積微居金文説41。據𦉜銘辭例，此字後「奪一月字」可信。但古文字「咸」均從「口」，不從「日」，故此字定非「咸」字。雖然齊國銘文有「飯者月」、「槐月」等專用月名，但是由上揭陶文可知，此字與「九」應爲普通數詞，而與專用月名並非同類。楊樹達釋此字爲「戌」非是，但以爲其「日」旁「以表時日」，則不無道理，對照陶文□可知，此字或從「弌」，疑即「弌」之繁文，與「弎」適可對比：

弎：□召伯簋　□中山王方壺　□襄安君鉼　□《説文》古文

弌：□國差𦉜　□《陶彙》3.1177　□《陶彙》3.658　□《説文》古文

這種平行的演變關係説明：

一、「戉」演變爲「戈」，演變爲「弋」。

二、「弎」加「貝」孳乳爲「貳」。

三、「弌」加「日」，猶「期」作「□」（《璽彙》250），「冬」作「□」（楚帛書）等，表示時日。

四、「弌」右下或加「二」爲裝飾部件。

五、加「肉」不詳，或「月」之譌。信陽簡「□」從「月」，與陶文「□」相同。

總之，國差𦉜銘「戚」疑爲「一月」之省。陶文「戚」應釋「弌」，即「一」之古文。陶文「一月」與「九月」對文見義，辭例相同。迄今戰國文字中尚未發現「弎」，據《説文》古文知戰國文字肯定有「弎」，我等拭目以待。【古陶雜識　考古與文物一九九二年第四期】

◉戴家祥　静安先生嘗謂「卜辭金文一二三三等基數字，起源於算籌，合籌數以紀物，其形最簡易，其義亦最易曉」。加旁從弋爲後起字。吴禪國山碑，一十又一，作弌十有弌，一十又九作弌十有九，同聲通假，亦或作壹。儀禮公食大夫禮「一以授賓」。鄭玄注「古文一爲壹」。是一之作弌或壹，皆在文勝之後，飾僞萌生，爲此以資防檢，用大寫紀數之濫觴也。至於古文從一，而其形義不隸一部者，就卜辭金文觀之，多數爲指示性符號，如「本」「末」兩字，則木爲主，一爲附加符號，由象形而加指示性符號，其抽象詞義始能顯現，即所謂指事字也。許氏「惟初太始，道立於一，造分天地，化成萬物」之説，本諸老子「一生二，二生三，三生萬物」，乃道家哲學之宇宙觀，不可以六書之略例推也。戴家祥説文練習筆記。【金文大字典上】

◉戴家祥　□鼠从鼠从一，字書不見，銘文「故邦亡身死，曾亡鼠夫之救」鼠即一字繁體，一夫爲古書恆語。【金文大字典上】

甲七五二二元殷　乙二六一　乙一三七六　乙三四一六　乙五九〇四　乙八一〇一　河二五六

前三・二二・五　前三・二二・六元示　前四・三二・四　前四・三二・五元臣　前六・三二・六　後一・一・

九・七　續五・一九・一　燕四七二　掇一・二三五　掇二・一三　佚六六七　佚七二五　粹一三〇三　粹一五七一　輔仁七一　京津一〇八六　存下・二六五　林二・二八・一一　明一三七〇　明一九〇五　金五四四　地名田元　庫七二〇　鐵二五・五　陳二八　京都七一六　京都一一五七　【甲骨文編】

甲752　乙1376　3416　佚667　725　續1・39・9　掇235　凡22・3　録256

存續713　粹1303　新2180　【續甲骨文編】

元　説文始也从一从兀高景成云乃元字初文與兀爲一字　兀作父戊卣　兀字重見　𦉢鼎　曆鼎　元德　師虎簋

師酉簋　師兑簋　虢弔鐘　穆=秉元明德　番生簋　不忎元德　番匊生壺　元子　多友鼎　元士　曾伯霥匿　陳伯元匜　天尹鐘　𠑇兒鐘　晉公𥂴　欒書缶　黄韋俞父盤　邾公華鐘

王孫鐘　沇兒鐘　陳肪簋　厚氏圃　蔡侯𩁹鐘　秦公簋　魯左司徒元鼎　虢大子元戈　元戟　王孫真鐘　秦子矛　楚屈弔沱戈　脽公劍　吉日壬午劍　朐簋　邛季戈

𦪉公劍　吳季子之子劍　【金文編】

一六：三　宗盟類序篇敢用一元　【侯馬盟書字表】

元　編五　三例　編八　【睡虎地秦簡文字編】

袁安碑　孝和皇帝加元服　漢祀三公山碑　元氏令　天璽紀功碑　天璽元年　禪國山碑　月正革元　魏三字石

經　僖公　元年春　僖公　衛元咺出奔晉【石刻篆文編】

並雲臺碑　汗簡　雲臺碑　同上　並王存乂切韻　【古文四聲韻】

◉許　慎　始也。从一从兀。徐鍇曰。元者善之長也。故从一。愚袁切。【説文解字卷一】

◉孫詒讓　似兀字。即元字之省。説文一部：元，从一，兀聲。前司寇良父壺〔攗古〕二之二後揚敨〔攗古〕三之二曶鼎〔攗古〕三之三寇字皆作，作。偏旁元，亦作兀，是其證。【古籀餘論卷三】

◉柯昌濟　元字卜詞及金文皆作。其字从上二即古上字从人。誼謂人之首在上也。尚書曰元首。可證説文从一兀之非。【殷虚書契補釋】

◉陳　柱　説文一部。。始也。从一。兀聲。徐鍇云。不當有聲字。段玉裁云。以髡从兀聲。軏从元聲例之。徐説非。古音元兀相爲平入也。柱按元龜甲文作。或作。虢叔鐘作。曾伯霥簠作。據此則元字當云从二會意字也。攷龜甲文人字作。或作。而龜甲文元下或从或从。正與人字作或作同。曾伯霥簠作。則二與相離頗遠。明爲从二从也。小篆从二从者。二古文上字。二部帝下云。古文諸丄字皆從一。篆文皆从二。二古文上字。是也。。古文奇字人也。元从人二。人之上爲元。元者。首也。僖三十三年左傳。狄人歸其元。孟子滕文公下。勇士不忘喪其元。是也。攷部下云。高而上平也。从一在上。今以古文丄皆作一篆文皆作二例之。則元兀當爲一字。猶與爲一字。與爲一字也。高而上平之訓。斯未然矣。然則元當列入二部。元兀不當分爲二字矣。段氏云。元兀古音相爲平入。其説固勝於徐氏矣。然古音豈特相爲平入而已哉。【守玄閣字説　華國月刊一卷九期】

◉陳邦懷　卜辭有元臣之辭。按元臣之名經傳無考。卜辭又有小臣。則元臣當爲大臣。亦殷之官制也。詩采芑「方叔元老」。毛傳。「元大也」。國語魯語「元侯作師」。韋注。「元侯。大國之君也。」皆訓大。故知元臣即大臣矣。【殷虚書契考釋小箋】

◉高田忠周　疑元字從人從二。二亦古文上字。人首在上之意。在上即始之義也。左襄九年傳。元體之長也。長者首也。在最高之謂也。此爲字之本義也。

説文。高而上平也。從一在人上。一者平也。讀若敻。茂陵有兀桑里。葢許解非是。高而上平者。阢字轉義。而兀實元古文也。説文。凡从上即二字。古文从一。皆是也。元之从二爲上。其古文作兀。固爲至當。爾雅釋詁。元良首也。書益稷。元首起哉。其元在上。其字當从上也。説文元訓始也。易乾元。九家注元者氣之始也。夫乾者陽也天也。於人男也。即知男之始謂元。女之始謂始。初造元字。或取義於此乎。抑元兀同字。故説文髡髨同字。又説文軏字經傳作軏。皆可以爲證。又説文虫部。蚖。榮蚖。蛇醫也。以注鳴者。从虫元聲。而同部。虺。以注鳴者。从虫兀聲。詩正月。胡爲虺蜥。陸疏一名蠑螈。螈即蚖字。亦同虺。當證兀元同字也。然云突兀者。叚借以兀爲阢也。又訓無髮義者叚借爲髡。髡亦作髨。【古籀篇三十一】

◉強運開　□　黃韋俞父盤。隹元月初吉。【説文古籀三補第一】

◉馬叙倫　徐鍇曰。俗本有聲字。人妄加之也。戴侗曰。一本作从一兀聲。兀聲爲是。鈕樹玉曰。韻會無一下从字。姚文田曰。九經字樣亦云从一兀聲。兀讀若夐。故髡从兀聲。軏从元聲。有聲者是。錢大昭曰。髡从兀或从元。軏。論語作軏。皆可證兀聲。王鳴盛曰。元兀疑母字。聲相近。高田忠周曰。左襄元年傳。元。體之長也，長者。首也，在最高之謂也。此爲字之本義。左僖三十三年傳。狄人歸其元。孟子。勇士不忘喪其元。亦同意。从人从二。二。古文上字。會人首在上之意。元兀一字。故髡髨同字。兀爲古文。王國維曰。兀从□。古文奇字人也。一指其首。元則兀上有一。一亦以指事。猶金文天字作□字矣。故天元古或同意。唐蘭曰。□字或作□。後來把□讀做兀。變做元。當人首的意義。倫按或謂元兀一字。本書。兀。高而上平也。从一在儿上。讀若夐。儿爲古文奇字人也。古文奇字人之形。以本書欠字頁字及金文頁字所从者證之。當作□。兀似从□而以一指其高平處。於六書爲指事。人之高平處即是頭頂。左僖三十三年傳。敵人歸其元。孟子公孫丑，勇士不忘喪其元。元謂首也。此元字本義之僅存者。春秋書元年。猶曰頭年。古號民曰元元。猶言人人耳。亦用元字本義。今訓始也者。始者。女之初也。實□之後起字。即胎之異文。胎爲人之最初形。而人生頭頂先見。故以始釋元耳。然則元兀之義無殊。元兀之音又一。其爲一字明矣。錢舉髡軏以證兀聲。猶未悟元兀之爲一字。故从元者亦或从兀。本書麗之重文作□□。孔廣居謂□从二元。元。首也。即伉儷字。倫謂□爲伉儷之儷初文。儷下曰。棽儷也。非本義。詳儷字下。亦即伴侶之侶本字。鹿部。麗。旅行也。即□字義。麗从鹿□聲。爲鹿之轉注字。□从二元。猶从二人。而□从二兀。亦可證元兀之爲一字。兀變爲元者。猶金甲文天字或作□也。金文天字多作□。甲文則作□□。變省遂爲□爲□。唐説人兀元是一字。於義爲長。初文人爲圖畫性象形之□□。或簡省作□□。音變則讀□爲兀爲元。讀□爲天爲大。人音日紐。古讀歸泥。元兀音同疑紐。泥疑同爲鼻音也。人天聲皆真類。兀元聲皆脂類。脂真對轉也。大音定紐。天音透紐。人音泥紐。透定泥同爲舌尖前音。大與元兀聲皆脂類。則音變之蹟甚明。象形。當入儿部爲兀重文。字見急就

篇。甲文有□字。師酉毁同。秦公毁作□。曶鼎作□。【說文解字六書疏證卷一】

◉楊樹達　說文一篇上一部云：「元，始也，从一，从兀。」按許君以元爲會意字，然一兀義無可說，許說殊不可通。宋戴侗六書故云：「元，首也，从儿，从二。儿，古文人；二，古文上。人上爲首，會意。」近人徐灝撰說文段注箋述戴氏之說，且引左氏僖公三十三年傳「狄人歸其元」，哀公十一年傳「歸國子之元」，孟子滕文公篇「勇士不忘喪其元」，以證明其義，可謂信而有徵矣。愚謂：徐氏所舉古書謂首爲元，用字之例也，愚今更以造字之例證之。說文七篇下冖部云：「冠，豢也，所以豢髮，弁冕之總名也。从冖，从元，元亦聲。冠有法制，从寸。」今按許君冠有法制之說非是。余謂：寸者，手也；冖者，覆也。冠从寸，从冖，从元，謂人以手持覆加於首也。冠加於首，其字从元，此造字時以元爲首之證也。人之去母體也，首先出，故凡首義之字，引申之皆有始義。爾雅釋詁首訓始，今通語謂始爲頭，皆其證也。元本義爲首，引申之亦有始義。許君以引申之義爲造字之初義，故其說不能愜當矣。【釋元　積微居小學述林卷二】

◉周名煇　說文一部云。元。始也。從一兀聲。□从□。與兀形不近。且徵之金文。如邾公華鐘銘云。唯王正月初吉乙亥。郘鐘銘云。唯王正月初吉丁亥。師酉毁銘云。唯王元年正月。彔伯戜毁銘云。唯王正月辰在庚寅。格伯毁銘云。唯正月初吉癸巳。虢季子白盤銘云。唯十又二年正月初吉丁亥。皆署正月。而未見署元月者。此以金文署月字律繩之者一事也。經傳中署年月日最詳者莫若春秋。而春秋年稱元年。月稱正月者。未曾淆亂。如隱公經云。元年春王正月。桓公經云。元年春王正月公即位。莊公經云。元年春王正月。閔公經云。元年春王正月。僖公經云。元年春王正月。文公經云。元年春王正月公即位。宣公經云。元年春王正月公即位。以及成公襄公昭公定公哀公。皆如此例。即其他年數。亦從無署元月者。此以春秋經文署月字例繩之者二事也。正月。或稱一月。則見於殷虛卜辭。董作賓據書契前編所載。稱正月一月者。各四見。正月見一卷一九葉、四二葉、四四葉，又四卷四葉；一月見一卷三九葉，四卷四葉，又三十葉，七卷三一葉。亦未見有署元月者。此以卜辭署月字律繩之者三事也。即此三事。可知強氏定□月爲元月之不合律度者如此。故余以□即正字古文。□月即正月。何以言之。尋說文正部云□是也。从一。一以止。□。古文正。从二。二古文上字。此文作□从二。與正字古文合。而□即止字古文省也。止古金文作□。母卣銘。或作□。寏夫鼎銘。與殷虛卜辭作□□詳見甲骨文編緝録相符。惟虛實之形稍異耳。吴清卿出反字說可參證。此文從□。乃□形之省。故說文此字。左从止。而居後彝銘此字作□。左从□。蓋□□俱止字古文省。反正其形。猶□□與□□爾。【新定說文古籀考卷下】

◉高鴻縉　元兀一字。意爲人之首也。名詞。从人。而以●或二指明其部位。正指其處。故爲指事字。左傳僖公三十三年。狄人歸其元。孟子滕文公下。勇士不忘喪其元。兩元字皆用本意。訓首。後世元兀二字分化。其叚借之意亦相差異矣。高而上平爲兀之叚借意。始也亦元之叚借意。兀不從一在人上。元亦不從一從兀。【中國字例三篇】

◉容　庚　吳季子之子逞之劍

著録：程瑤田《通藝録·桃氏爲劍考》(頁八)、《積古齋鐘鼎彝器款識》(八：二十作吳季子之子劍)、《攈古録金文》(二之一：五七作吳季子劍)、《綴遺齋彝器考釋》(二九：九)、《周金文存》(六：九四全形拓本)、《小校經閣金文拓本》(十：九九作吳季子之子逞劍)、孫承澤舊藏劍長一尺五寸九分(據《周金文存》拓本)。銘「吳季子之子逞之元用劍」，兩行十字，在劍身上，錯金，鳥書者三字。各家著録不盡相同，皆出於摹本。

「元」舊釋「永」，余據攻敔王夫差劍「攻敔王夫差自乍其元用」，秦子戈及秦子矛「公族元用」，吉日壬午劍「乍爲元用」，皆有「元用」之文。而彝公劍「爲用元劍」，元字鳥書與此略同，故定爲元字。【鳥書考　中山大學學報一九六四年第一期】

◉李裕民　[glyph]《侯馬盟書》宗盟類四之九八：一。

此與盟書序篇之[glyph](元)實爲一字，只是在人形下附加了女形。附加女形之例，金文、盟書常見。如執字《兮甲盤》作[glyph]，《不㠱𣪘》作[glyph]，盟書作[glyph](六七：六)、[glyph](六七：五四)。這附加的女形是由足形變來的，如侄字《伯侄尊》作[glyph]，《伯侄𣪘》作[glyph]。人是有足的，所以附加足形仍然是人字，推其本意，在於強調走着的人。這裏的元是參盟人名。【侯馬盟書疑難字考　古文字研究第五輯】

◉林清源　「元用」一詞，兵器銘文習見。易乾：「元者，善之長也。」用者，器用之謂也。茲將金文所見「元用」一詞臚列如下：

①春秋　吳季子劍(邱集8630)　「吳季子甫元用之鐱」
②春秋　吳季子之子逞劍(邱集8639)　「吳季子之子逞之元用鐱」
③春秋　邗王是埜戈(邱集8370；考釋029)　「邗王是埜乍其□元用」
④春秋　工𫊸大子姑發聑反劍(邱集8663)　「工𫊸大子姑發聑反自乍元用……」
⑤春秋　攻敔王夫差劍(同銘三器，邱集8635—8637)　「攻敔王夫差自乍其元用」
⑥春秋　梁伯戈(邱集8412；考釋144)　「梁白(伯)乍宮行元用」
⑦春秋　郤王之子戈(邱集8379；考釋037)　「郤王之子□之元用之」
⑧春秋　周王孫季怠戈(邱集8399；考釋053)　「周王孫季怠孔臧元武元用戈」

⑨春秋　秦子戈(邱集8421;考釋191)「秦子乍遣(造)公族元用……」

⑩春秋　秦子矛(邱集8554)「秦子乍遣(造)公族元用……」

⑪春秋　吉爲劍(邱集8592)「吉爲乍元用」吴鎮烽、尚志儒:「陜西鳳翔八旗屯秦國墓葬發掘簡報」文物資料叢刊,第三輯,頁72、84。

⑫春秋　子孔戈(邱集8388;考釋262)「子孔擇其吉金鑄其元用」

⑬春秋　虎𠤎丘君戈(邱集8377;考釋261)「虎𠤎丘君□之元用」

⑭戰國　吉日壬午劍(邱集8655)「吉日壬午乍爲元用……」郭沫若:兩周金文辭大系考釋,頁240—241。

⑮不詳　周王𢦏戈(邱集8344;考釋023)「周王𢦏之元用戈」

歸納上列十五例,結論如下:

一、「元用」一詞行用之時代,以春秋中、晚期爲主,戰國早期日漸式微。春秋早期以前、戰國中期以降,迄今未之一見。

二、「元用」一詞行用之地域,以長江流域爲主,吴(例①—⑤)、梁(例⑥)、徐(例⑦)、曾(例⑧)均見此例,尤以吴器最多見。秦(例⑨—⑪)、東周(例⑫)、晉(例⑭)亦有此例;北燕與山東各國迄今未見。

三、「元用」一詞僅見於兵器銘文,彝器銘文未之一見。

四、銘文有「元用」一詞之器,器主或爲王、或爲君、或爲伯、或爲子,皆王室貴族。

例⑮「周王𢦏戈」之時代、器主,時賢各抒己見,或謂西周早期之周昭王,或謂春秋中期之周定王庶兄王子札,或謂戰國早期之周威烈王,原報告則定該墓之年代於戰國晚期(詳考釋023)。「元用」一詞之時代特徵,或可爲探索此問題之線索也。

【兩周青銅句兵銘文匯考】

◉朱歧祥　从人从上,隸作元,始也、上也。示人之顛首。《易》:「元者,氣之始也。」字由亻而兀而元而元。卜辭元的用意有:

①　地名

《金544》己未王卜在☑貞:田元,往來亡災。

《粹1571》☑𩰫☑王步☑在元。

《佚725》癸巳☑王途☑元☑。

元爲殷王田狩地名,見於晚期卜辭。

② 元示

元示，與下示對稱，即後之言大示、小示；大宗，小宗。

《前3.22.6》辛巳卜大貞：㞢自報甲元示三牛，下示二牛。十二月。

㞢，讀如祐。言大宗用祭三牛，小宗二牛。

《後上19.7》己未貞：叀元示又升歲。

元有始、大之意，引申爲始祖。

《存1.713》☐致㞢元臣☐允執☐。

《續5.19.1》☐亥卜貞：[illegible]其受元又。

元臣，即先世重臣。受元祐，即受先王大宗之佑護，元爲元示之省。【殷虚甲骨文字通釋稿】

◉戴家祥　爾雅釋詁「元，首也」。左傳僖公三十三年「狄人歸其元」，孟子滕文公下「勇士不忘喪其元」，兩元字皆訓首。金文元作[illegible]、元、兀。[illegible]爲象形，特重頭部的刻畫。元爲會意，从二从人，人體之上者首也。兀爲指事，指事符號一特指人首之所在，元爲人體之首，故引申有始義，說文一篇「元，始也」。金文元年元日之元即此義。物之始又被看作是大。金文「元鳴孔皇」、「元子」、「元德」之元皆爲大義。【金文大字典上】

◉王人聰　「元用」，系春秋戰國時期一些兵器銘文中習用的詞語，如：

邗王是埜戈：邗王是埜乍爲元用。　（《商周金文録遺》569）

攻敔王夫差劍：攻敔王夫差自乍其元用。　（《文物》1976年11期）

姑發䎽反劍：工𫉬大子姑發䎽反自乍元用……（《考古》1963年4期）

吳季子之子逞劍：吳季子之子逞之元用劍。　（《中山大學學報》1964年1期）

根據目前所見的資料，由於「元用」一詞多見於吳國的兵器銘文，于是有的學者便認爲「元用，是吳國兵器銘文常用語」，「兵器銘『元用』二字，是吳國的特點。」董楚平：《吳越徐舒金文集釋》p.88、p.103，浙江古籍出版社1992年12月出版。這個說法，其實是不對的，因爲其他國家的兵器銘文中，同樣也出現有「元用」一詞。如

越王大子勼[illegible]矛：於戉（越）☐王弋郘之大子勼[illegible]自乍元用矛。　（《商周青銅器銘文選》561）

徐王之子☐戈：徐王之子☐之元用戈。　（《商周青銅器銘文選》576）

秦子戈：秦子乍遣公族元用左右市□用□□。（《秦銅器銘文編年集釋》p.7）

吉日壬午劍：吉日壬午，乍爲元用……（《商周青銅器銘文選》893）

以上所舉各器，其所屬的國家，分別爲越、徐、秦及晉國，由此可知使用「元用」一詞，並不是吳國兵器銘文的特點。

「元用」，究竟是什麼意義呢？郭沫若解釋説：「『元用』這兩個字在兵器銘文裏面多見，普通的彝器作『寶用』，武器則多作『元用』。元者善之長也，是頂好的意思，『元用』大約就是説頂好的武器吧。」郭沫若：《奴隸制時代》P130—131，科學出版社1956年11月第一版。郭氏的這個解釋，並不正確。因「元」雖可訓「善」，但把「用」解釋爲武器，卻於訓詁無據。

我們認爲「元用」一詞中的「元」字應解釋爲「寶」。《呂氏春秋·召類》：「愛惡循義，文武有常，聖人之元也。」高誘注云：「元，寶。」邾公華鐘：「元器其舊哉」，「元器」即「寶器」，如聾鼎：「聾作寶器。」羅振玉：《三代吉金文存》卷二·四十五。又，大師子大孟姜匜：「大師子大孟姜乍盤匜，用享用孝，用旟眉壽，子子孫孫用爲元寶。」于省吾：《商周金文録遺》P88，科學出版社1957年第一版。此匜銘之「元寶」爲同義並列複合詞，是「元」可訓「寶」的佳證。

「用」，《戰國策·魏策》：「吾用多」，高注云：「用，資也。」《廣雅·釋詁》：「資，用也。」《詩·大雅·板》：「喪亂蔑資」，毛傳：「資，財也。」《説文》：「財，人所寶也。」由此可知「用」與「寶」意義相因。「元」訓「寶」，「用」與「寶」義近，是知「元用」係由兩個近義的詞素構成的同義並列複合詞，與「元寶」、「寶用」一樣，都是表示「寶」或寶重的意思。【釋元用與元弄　考古與文物一九九六年第三期】

天

甲三六九〇義與大同天邑商　前二·三·七　前四·一五·二　林一·二七·八　金六二一　拾一〇·一八　京都三一六五　乙三〇〇八　乙六八五七　存下九四〇地名　前二·二〇·四　前二·二七·八　乙一五三八　乙四五〇五　乙五三八四　乙六三九〇　乙六六九〇　拾五·一四　前四·一六·四　天戊即大戊　前八·九·二　天五〇　京二九六三　乙六六九〇天癸　【甲骨文編】

甲3690　乙1538　4505　6390　9067　佚640凡20·1　續5·13·6　天50　新

2963【續甲骨文編】

天 象人形鼎文 天作從尊 禾作父乙簋 天父辛卣 天父乙觶 天棘爵 天畾卣尊

天亡簋 盂鼎 井侯簋 禰伯簋 剌鼎 趙曹鼎 彔伯簋 大簋 咢壺

虘鐘 休盤 同簋 追簋 克鼎 守簋 師酉簋 禹鼎 㝬簋

㝬鐘 師嫠簋 番生簋 毛公厝鼎 豆閉簋 𦣞伯簋 寰盤 無曩簋 牆盤

頌壺 頌鼎 頌簋 史頌鼎 史頌簋 虢弔鐘 秦公簋 畯疐在天秦公鐘作在立

洹子孟姜壺 厵羌鐘 蔡侯𪒠鐘 蔡侯𪒠盤 中山王𠫑鼎 中山侯𢼄鉞天子建邦【金文編】

5·384瓦書「四年周天子使卿大夫……」共一百十八字 5·398秦詔版「廿六年皇帝盡并兼天下諸侯……」共四十字 5·388秦詔版殘存「帝盡并兼天下諸侯」八字 秦1605秦詔版殘存「廿六年□□□兼天下諸」七字 秦1573秦詔版殘存「□□并兼天下□□」四字

【古陶文字徵】

〔六七〕【先秦貨幣文編】

刀弧背 冀滄 同上【古幣文編】

213 215 219 243【包山楚簡文字編】

天 日甲一四五背 三例 日甲七九 八例【睡虎地秦簡文字編】

—陛乍兼(甲2-5)、—梠柶乍湯(甲2-9)、—雨☐☐□☐(甲3-14)、呂嬰—尚(甲8-33)、隹—乍福(甲10-6)、隹—乍宎(甲10-14)·—像是㥯(甲

10-25)、咸隹—☒(甲 10-31)、是襄—垮(乙 2-17)、襄咎—步(乙 2-34)、—旁逭(乙 5-18)、奠三—(乙 6-13)、非九—之大欰(乙 6-23)、則毋敢叡—雷(乙 6-31)【长沙子彈庫帛書文字編】

5271【古璽文編】

黄神越章天帝神之印　天帝殺鬼之印　天下大明【漢印文字徵】

天璽紀功碑　上天宣命　禪國山碑　紀號天璽　石碣　而師天子囗來　秦詔權　皇帝盡并兼天下諸侯　秦泰山刻石　既平天下　石經君奭　天惟純右命　僖公　天王狩于河陽【石刻篆文編】

天竝尚書　天華岳碑　天　天　天出義雲章　天出華岳碑【汗簡】

華嶽碑　雲臺碑　同上　汗簡　古孝經　雲臺碑　竝古老子　古尚書

華嶽碑　碧落文　同上　義雲章　竝崔希裕纂古【古文四聲韻】

◉許慎　天顛也。至高無上。从一大。他前切。【説文解字卷一】

◉吳大澂　人所戴也。天體圜。故从●。許氏説天大地大人亦大。故大象人形。盂鼎。彔伯㦤敦。頌鼎。頌敦。从一大。歸夆敦。無㠱敦。蓋天字古文奇字也。【説文古籀補第一】

◉羅振玉　説文解字天從一大。卜辭中有从二者。二即上字。大象人形。人所戴爲天。天在人上也。許書从一。猶帝示諸字从二。亦从一矣。【增訂殷虚書契考釋】

◉王國維　古文天字。本象人形。殷虚卜辭或作。盂鼎大豐敦作。其首獨巨。案説文。天。顛也。易睽六三。其人天且劓。馬融亦釋天爲鑿顛之刑。是天本謂人顛頂。故象人形。卜辭盂鼎之二字所以獨墳其首者。正特著其所象之處也。殷虚卜辭及齊侯壺又作。則别以一畫記其所象之處。古文字多有如此者。如二二字。二字之上畫與二字之下畫。皆所以記其位置也。又如本字。説文注云。木下曰本。从木。一在其下。朱字注云。赤心木。从木。一在其中。末字注云。

木上曰末。从木。一在其上。蓋本末均不能離木而見。故畫木之全形。而以一識其所象之處。餘如叉字之乀。亦字之八。皆所以識其所象之處者也。又以古文言之。如帝者。蒂也。不者。柎也。古文或作末末。但象花萼全形。未爲審諦。故多於其首加一作末末諸形以別之。天字於大上加一。正以識其在人之首。與上諸字同例。此蓋古六書中之指事也。近儒説象形指事之別曰形。謂一物事晐衆物。其説本於徐楚金。然楚金於指事本無定説。刃與本末諸字。楚金均謂之指事。元楊桓諸人尚用其説。蓋此數字正與上下二字同例。許君所謂視而可識察而可見者。惟此類字足以當之。而數目干支等字。今所公認爲指事者。許君往往謂之象形。不謂之指事。竊謂楚金此説頗勝於其又一説。今日古文大明。指事之解。恐復將歸於此矣。故天天爲象形字。天爲指事字。篆文之从一大者爲會意字。文字因其作法之不同。而所屬之六書亦異。知此可與言小學矣。【釋天　觀堂集林】

◉陳　柱　蓋天本訓顛。易曰。其人天且劓。即其人顛且劓。本章太炎説。顛。頂也。天爲人頂。故龜甲文之天。金文之天皆象人形。□與●皆象人首。大字本象人形。而所重不在頂。故首形不顯。天字則所重在頂。故首形特大也。龜甲文有從二作天者。當即天之或體。前者象形字。後者會意字也。天从二从大。二古文上字。大。人也。亦示人最上之處。人最上處則頂也。龜甲文之天與小篆之天。殆即一字。亦猶元與兀爲一字也。天與元聲義均相近。【釋天　守玄閣字説　華國月刊】

◉王　襄　説文解字：「天，顛也，至高無上，从一大。」又大字「天大地大人亦大焉。象人形。」又底字「至也，本也。从氏下箸一，一，地也。」(依段氏本)意天所從口、凵、○。皆象天圓之形。又衍變從一者，亦爲天之形，與從一之地同誼。至於亠、亠，疑是口形有闕筆，或是從古文上，有天在人上之誼。金文中之天，天尊作天，盂鼎作天，象人之戴天，從●，有天圓之誼。■形填滿，乃由口、凵、○之形衍進。契文是刻畫，非漆書，故祇作邊匡。齊侯壺作天，屭羌鐘作天，其源亦出於殷契，無曩敦作天，則譌變之體。【古文流變臆説】

◉孫海波　天亦訓大。卜辭大邑商作天邑商。大戊作天戊。其證也。後變爲二。示額在大上。指事。再省从一，即篆文之天。會意。【甲骨金文研究】

◉商承祚　説文天。「顛也。至高無上。从一大。」此字自許君而降。皆謂爲會意。實指事也。考金文天作天天(盂鼎)。天(毛公鼎彔伯毀)。天(齊侯壺)。天(頌鼎)。皆與此同。金文作●。甲骨文作□者。刀筆易空難實。其爲渾然之天則同。天在人上。故繪人形後。作一注或兩畫一畫以指其處。祇求表見其意。故不拘於一形。指事字與會意別者。以所指之表識

無定形。似會意而實非也。【甲骨文字研究下編】

◉吳其昌　「大乙」者，殷始有天下之先王成湯也。史記殷本紀及三代世表作「天乙」，云「主祭卒子天乙立，是爲成湯。」荀子成相篇亦云：「契，玄王……十有四世乃有天乙是成湯。」其源蓋似皆出於世本帝繫篇也。書湯誓辭文引。卜辭作「大乙」，而世本史記作「天」者，羅振玉曰：「天與大形近而譌……以大丁大甲諸名列之，知作『大』者爲是。」今按「天」與「大」在金文中字本相近。周公彝「天子」之「天」作[?]，而大保鼎、大祝鼎之「大」作[?][?]，皆狀人正立之形，但「天」字畧較注重其「顛」，釋名「天，顛也。」故繪首略圓耳。窮究其源，實出於一象。故「天乙」「大乙」，初未殊也。繪人正立而記「乙」於其旁其下，示此爲乙日所生之人，是「大乙」矣。准此例推，注「丁」注「甲」於此人形之旁，示此人爲丁日甲日所生，是「大丁」「大甲」矣。大乙本誼，如此而已。但求肖人形耳，「大乙」可，「天乙」亦可，固不必齗齗辨析爲也。即在後世，固亦「天」「大」互用。「大時」與「天時」無分，禮記學記「大時不齊」正是「大時謂天時也」。「大了」與「天子」未異。尚書大傳無逸周傳「登之天子」鄭玄注「天子當爲大子」。「大道」與「天道」不違，詩逸周書周祝「維彼大道」注「大道，天道也」。「大功」與「天功」非貳，詩執競傳「其成大功」釋文「本或作天功」。乃至「獨成其天」。莊子德充符。實爲「獨成其大」。釋文引翟本。斯並「大乙」「天乙」之儔矣。先師王先生又曰：「卜辭之『大邑商』，周書多士作『天邑商』……又卜辭曰：『癸巳貞，又[?]伐于伊。其☐大乙，肜。』後・一・二二・一。又曰：『癸酉卜貞大乙，伊，其……』後一・二二・二。『伊』即伊尹。以大乙與伊尹並言，尤大乙即天乙之證矣。」觀・九・一一。其昌按：先師之說，致碻而未盡。卜辭又云：「☐☐，卜貞，王宾亩，大乙。」商・五五七。又有亩與大乙同片者，商・九・六。以上甲，大乙，爲遞次，此大乙非成湯乎。卜辭又云：「☐亥卜貞，三示：御大乙、大甲、且乙，五牢。」商・九一七。又有大乙與大丁同片者。後一・一・一三新三三六凡二次。大乙與祖乙同片者。戩一・八。以大乙、大丁、大甲、祖乙爲遞次，此大乙非成湯乎。其最主要最顯著之文獻，則爲中央研究院所藏之絜文三骨，與美人施密司教授所藏之絜文一角，四者所綴成之系譜。其文曰：「☐[?]卜求：方甲，大乙，大丁，大甲，大庚，大戊，中丁，且乙，且辛，且丁，十示，率牡。」其帝繫次序，除且乙爲中丁子，非河亶甲子，足以證先師之懸解達識外，餘與史記殷記悉合，而卜辭某人之即爲史記某人，胥可以對覈而定矣。湯所以名者，皇甫謐帝王世紀及宋書符瑞志等書並以謂「主癸妃扶都以乙日生湯，故號天乙。」出詩緯含神霧等。按商俗僞以生日爲名，此在昔時已爲經典所證明，而在今日又爲卜辭及金文商三勾兵之屬所證明矣。【殷虛書絜解詁】

◉葉玉森　大邑商　羅振玉氏曰。史稱盤庚以後商改稱殷。而偏檢卜辭既不見殷字。又屢言入商。田游所至曰往。曰出。商獨言入。可知文丁帝乙之世雖居河北。國尚號商。殷虛書契考釋序。王國維氏曰。羅說是也。始以地名爲國號。繼以爲有天下之號。其後雖不常厥居。而王都所在仍稱大邑商。訖於失天下而不改。周書多士云。肆予敢求爾於天邑商。是帝辛武庚之居猶稱商也。說商 觀堂集林卷十二。森按。大邑商即天邑商。古文大天形近易譌。猶卜辭之大乙史記殷本紀作天乙。卜辭之大戊亦作天戊也。【殷虛書契前編集釋卷三】

◉強運開 說文。天顛也。至高無上。从一大。天至高無上。君亦至高無上。故偁爲天子。盂鼎作。毛公唐鼎作。均象人形。齊侯壺作。無㠱敨作。則皆天之變體也。頌鼎虢叔鐘均作。與鼓文同。【石鼓釋文】

◉顧立雅 天字之來源如何？請詳言之：雖然，吾人於此時期，並無多量資料可供參考。其可信爲周代開國以前之周人史料者，或於周易卦爻詞中可以求之而已。若考此字之線索，以大字與天字通用之點求之，是爲捷徑。前言甲骨文字中有十二似天字之文；其中一半爲大字之別體，其中更有四字爲「大邑商」，在周書多士作「天邑商」。在甲骨文字中「大戊」作「天戊」。甲骨文字中「商湯」亦名「大乙」，而於世本，荀子，史記中皆作「天乙」。古宗廟作「太室」，在甲骨文字中作「大室」。前編一，三十六，二。周金中常見「太室」之文，例如師奎父鼎「格於大室」之類，而大豐𣪘則曰「天室」。同器中有二大字與天字皆異體，足見在𣪘中天字與大字已不同。王國維羅振玉二氏皆言天作大字用者，因其體相近也。據作者之意，理猶未盡。在甲骨文字中，大字作，前編三，十九，三。其下二象人之膝蓋，故知爲人形。再以「立」字及「亦」字互證，更可知大字確象人形，其時已有大字之本義。在甲骨文字人字作，前編六，二十五，二。此有一顯著之現象，其字代表一般人側立俯身之形。他如俘虜女奴之屬，則象跽形。以此觀之，立體正面之人形，非一般之人，其初即有大人之義。然後用之日久，僅存大字之義矣。大字之下加一即立字，如。前編七，二十二，一。此字在甲骨文字中頗難斷定本義爲何，而其體與金文之立字相似。在此處可以作立字解，而不能作王字用，因本句中已有王字而字體不同也。立字在金文中每作位字用，可知此大人即有地位之人。其後加以人旁字，則二字亦分用矣。尚有一字與此二字形似者，即「王」字在甲骨文字中作，前編七，三十八，二。王亦大人，乃有地位不可侵犯之人也。據作者就其字體言之，「王」之與「立」本爲一字。然在初期之甲骨文字中已有分別。其最常見之區別，王字上畫象兩臂平放，立字上畫象兩臂稍垂。雖然，此種區別亦並不十分顯明，故晚期之字於兩臂上又加一橫，以代人頭之形，如。據作者考查之結果，立字位字在古文字中，其上並無一畫如王字之形。商代之時，字體本未一定，可以隨便改動，例如矢字，後下四，十四。奴字，前四，二十六，五又後下三十四，四。卿字，前四，二十二，六。又殷卜第五八八。有時添一頭在上，有時則無之。蓋平常之字可添可不添，至兩字分別之時，則添上一畫，如王之與立。其後添一畫之體成爲普通之字矣。

據上數例觀之，然後得知天字之來源：在周人克商以前，其民族有一習慣，凡王及有地位之人，皆名之曰大。及至王死之後，即爲神，可以操民命；其威權猶勝於在世之時，因此亦可名先王爲大。迨周人接受商人用字之習慣時，即以大字代大神之意。然其時大字已引申作大小之義，故於大神之大，其上添一畫如頭形，以分別之。其字與王字之上添一畫之意義相同。天字上一畫在金文中作圓形，如；與甲骨文字中作□，如，其義相同。例如子字在保字之邊旁，甲骨文字中作□頭，見龜甲獸骨文字一，二十四，十七；在金文中則作○形。人字普通皆不作頭狀，而亦有作者，見攗古録金文卷二之一頁十一虎父戊卣。自此以後，大字作大小之義，其上添一畫之天字，則作大神之義。王國維氏用説文解字「天，顛也」之誼，以天爲至高之意；在甲骨金文中作或，而獨墳其首者，正特著其所象之處也。其義猶有未盡。蓋墳首之義，不必特取諸人，亦可取諸物。其取諸人者，應又有他故在。即如前所言數點，天字可代大字用。以王氏之説解之，亦有未盡。其最要者，又因經籍及銅器中所用天字之處，有非王氏之義所能解決者。

總而言之：天之本誼爲大人之象形字，即有地位之貴人。其後即以此名祖先大神，而此天字乃代表多數之祖先大神，執掌生民之事。其後用之既久，因多數之神所造成之集團，亦名之爲天，而忘其本有多數之義矣。在上之神名之曰天，因是名其所居之地亦曰天：此皆周人克商以前所用之義。及與商人文化相接之後，上帝之於商人，其性質如天之於周人。其後兩民族日漸同化，以爲上帝與天乃一神之異名。故周人之文字中同言一神，或名爲天，或名爲上帝：其意義之沿革如是。【釋天　燕京學報十八期】

◉馬叙倫　王廷鼎曰。天地皆後出之形意字。古文天當作。本書。雨。古文作。象雨形。即天也。鄭知同曰。古唐類範引玉篇。天。顛也。至高無一。一當作二。於从一大之義尤切。章炳麟曰。天即顛也。易曰。其人天且劓。刑法志説。秦刑有鑿顛。高田忠周曰。即古文顛字。大即人也。大上注一筆以指顛頂所在。此從大指事也。陳柱曰。天爲人頂。⊘林義光曰。一大非義。天之本義爲顛。盂鼎作。從大象人正立形。●以示人之顛。借爲天地之天。遂爲借義所專。復製顛字。唐蘭曰本是一字。卜辭之邑商。即大邑商也。後將別讀爲天。天是人首。引申爲蒼蒼者天。倫按顛也者。實首字義。首音審紐。古讀歸透。天音透紐。故古以天爲首。天邑商猶今言首都。昔言首府首縣矣。天大實一字。故大邑即是天邑。而史記殷本紀之天乙。卜辭作大乙。大戊則作天戊也。亦與元爲一字。卜辭大示亦作元示。是塙證。元大聲同脂類。天聲則入真類。脂真對轉也。釋名曰。天。豫司兗冀以舌腹言之。天。顯也。青徐以舌頭言之。天。坦也。易謂之乾。又謂之玄。尋元顯元玄皆舌根音。元坦元乾。聲皆元類。可知音以地異耳。又元爲引申之義所專。天爲假借之義所據。遂譌遷爲二字。若天之本字。當如王説。形變爲一。則與數名之一無殊。本書不下曰。一猶天也非許文。許雖不知一即天之本字。然辛字從二從□。甲文作□。父辛爵作□。皆從一從干。干爲㬎大。人㬎向天。乃爲逆理。故辛義爲辠。此本於初民畏天之威之觀念。則天之本字作一也。又古文下作二。甲文亦然。虢叔鐘毛公鼎番生𣪘亦皆然。二者。一在一下。上畫爲天。下畫爲標識以指其在天之下耳。示下有古文示作𠀐。示下曰。天垂象見吉凶。三𠂹。日月星也。然則古文示從天之本字作一者也。以形掍於數名之一。故假借同音之天爲之。本字遂廢矣。天當入大部。至高無上四字疑庾儼默注語。所以釋顛也。或後之校者所加。天字出蒼頡篇。見顏氏家訓引。象形。盂鼎作□。虢叔鐘作□。齊侯壺作□。無㠱𣪘作□□。【説文解字六書疏證卷一】

◉邵笠農　天土皆人體之名。禮坊記。則下天上施。吳麥雲云。説文。天顛也。顛頂戴皆雙聲。顛即頂。頂即戴。以戴注天。將顛字引伸活用。竊謂頂題顛頌亦皆雙聲。爾雅釋言。頌題也。説文。題頌也。小爾雅廣服。題頭也。顯然是顛即頭頟也。故易睽卦其人天且劓。山海經刑天與帝争神。帝斷其首。皆指頂言。人之頂爲天。因以名上戴之天。人之根爲土。因以名下坐之土。土杜也。杜根也。土篆象人下體之土。牡字旁從之。甲骨文作□。亦作□。天字金文作□。甲骨文作□。同一例也。吳麥雲説。經傳多以土對天。易離卦。日月麗乎天。百穀草木麗乎土。詩小雅。溥天之下。率土之濱。公羊僖三十一年傳。天子祭天。諸侯祭土。皆是。今連類引之。則如易繫辭傳。樂天知命故不憂。安土敦乎仁。故能愛。禮坊記。天無二日。土無二王。表記。土之於民也。親而不尊。天尊而不親。意最初語言稱乾坤曰天土。或曰天也。皆因所戴所坐而立言。故借人體託名而標識之。後因也字聲轉爲地音。又增制地字。則合男土女也兩象形以明會意矣。古人天真漫爛。不諱言私處。如此即柴之本字。而以爲彼此之稱。厶如也之象形。而以爲公厶之目。言土也亦如言顛頂。無所用其避忌也。推廣言之。吞從口天聲。言在頭有孔。物所填入也。吐從口土聲。言在根有孔。物所瀉出也。釋名。土吐也。能吐生萬物也。可比對言之。天吞也。能吞納萬物也。吐以發育言。吞以斂畜言。吞者自有而之無。吐者自無而之有。天土爲人體之乾坤。吞吐乃人身之造化也。【説天土　圓闇字説卷二　文風學報卷二、三期合刊】

◉楊樹達　説文一篇上一部云：「天，顛也。至高無上，从一大。他前切。」按九篇上頁部云：「顛，頂也，从頁，真聲。都年切。」近人皆以天爲顛之初文，是也。章太炎先生云：「易曰：『其人天且劓。』馬融曰：『黥鑿其頟曰天。』鑿頟稱天，天即顛爾。顛爲頂，亦爲頟。樹達按頟今作額。爾雅釋畜：「馰顙，白顛。」詩周南麟之定傳曰：「定，題也。」一本題作顛，明題顙得稱顛矣。去耳曰刵，去鼻曰劓，去而曰耏，去涿曰斀，皆从其聲類造文。去髕直曰髕，鑿顛直曰天，不造他文，直由本誼引而申之。」小學答問。亡友林義光文源云：「天本義爲顛，古作□，盂鼎。从大，象人正立形，●以示人之顛。或作□，虢叔鐘。變●爲一。穹蒼之天，類人頂之至高無上，故借天字爲之。天既爲借義所專，始復制顛字，顛天古同音。」樹達按天从大，●與一指事，許君云从一大，以爲會意字，故知其以顛訓天，僅是聲訓，非謂天是顛頂也。天爲初文，顛頂是其初義，今顛頂之義不屬於天，乃爲後起形聲字之顛所專有，而天則專謂穹蒼之天也。【積微居小學述林卷五】

◉嚴一萍　卜辭之天多作，其用與大字常相混，天邑商即大邑商，天乙即大乙，至第五期有作形者，見於前編二二七八曰：

丁卯卜貞王田天往來亡巛。

乃田獵所至之地名。在第四五期有作若形者，亦天字，羅振玉曰：

說文解字「从一大」，卜辭中有从二者，二即上字，大象人形，人所戴爲天，天在人上也。許書从一，猶帝示諸字，从二亦从一矣（殷虛文字）。

案卜辭作者有天戊（前四十六·四）天庚天癸（乙六六九〇），蓋猶大乙稱天乙之比天戊即大戊天庚即大庚，天癸或指示癸。據此可知卜辭於天大並未鑿分。乙編九〇六七版之乃貞人所寫天之別體也。【釋天　中國文字第二卷第五册】

◉嚴一萍　甲骨作。繒書之天與金文齊侯壺鷹羌鐘蔡侯盤相近。【楚繒書新考　中國文字第二十六册】

◉于省吾　第一期早期𠂤組甲骨文，有「弗疒朕天」（乙九〇六七）之貞，天字作。此外，第一期甲骨文從天的字，如子𡘋世譜的𡘋字（影印拓本，也見庫一五〇六），右從天作。又奌字（乙三八四三）下從天作。第一期晚期的天字也有作或者。甲骨文晚期天字習見，均作，爲了便於鍥刻，故上部化圓爲方。商代金文天字，一般作。天字構形的起源，是一個懸而未決的問題。說文：「天，顛也，至高無上，从一大。」後世說文學家和近年來古文字學家對天字的說法，聚訟分歧，甚至在六書歸屬問題上，也有指事會意象形之不同。令人困惑莫解。說文據已譌的小篆，而又割裂一與大爲二字，其荒謬自不待言。又說文既訓天爲顛，又訓顛爲頂。按顛頂雙聲，真耕通諧，但以聲爲訓，也解決不了它的造字本義。甲骨文早期的天字不多見，形下部作夫，夫與大古通用，故甲骨文大甲也作夫甲。天字上部作〇或●，即古丁字，也即人之顛頂之頂字的初文。前文的弗疒朕天，是占卜人之顛頂之有無疾病。天本爲獨體象形字，由於天體高廣，無以爲象，故用人之顛頂以表示至上之義，但天字上部以丁爲頂，也表示着天字的音讀。【甲骨文字釋林】

◉陳煒湛　甲骨文大、天、元三字均與人形有關。大作，象人正面而立之形，本義當爲「大人」，引申之爲大小之大。天作，亦象人正面而立之狀，但突出其頭部。元作，則象人側立而突出其首，寓意與天同。說文：「天，顛也，从一、大。」段注：「顛者人之頂也，以爲凡高之稱。」王國維說：「天本象人顛頂，故象人形。卜辭、盂鼎之□□二字所以獨墳其首者正特著其所象之處。」「□□爲象形字，□爲指事字，篆文之從一大者爲會意字。文字因其作法之不同而所屬之六書亦異，知此可與言小學矣。」將天字的結構解釋爲象形、指事、會意三種，這是王氏勝過段氏之處。近來有人因天字與大字相似，亦釋爲大，遂謂甲骨文本無天字，只有大字，理由是殷代無「天」的觀念。殊不知字形相似不等於即是一字，殷代的「天」本不同於後世之「天」。天之本義爲「人之頂顛」，許、段、王所論極是，這在甲骨文中也可得到證明。乙九〇六七云：「弗疾朕天？」朕爲殷王自稱，天，即頭頂之「顛」。此謂疾天，即疾顛，乃頭頂之疾也。惜此類文例不多見。更多的文例說明，其時「天」已引申爲高大，因而與「大」實同義。卜辭中凡稱「大」者多可作天，如大雨作天雨（甲三九一六「貞：辛天雨」屈萬里氏考釋釋爲「辛不雨」，殆偶誤），大邑商作天邑商（甲三六九〇，粹一三〇二），大牢可作天牢（前四・一六・四：「辛天牢」），大戊可作天戊（前四・一六・四），大庚可作天庚（乙五三八四，六六九〇），等等，均是其例，孫海波謂天「義與大同」是也。天大同義之例後世亦偶見，如史記殷本記：「主癸辛，子天乙立，是爲成湯。」此天即大也，天乙即卜辭之大乙。

甲骨文「元」之本義當爲首，卜辭有「元卜」（續一・三九・九），即首卜；引申之則爲始，爲高，且具大義。甲骨文屢見之大示即可作元示，如：

貞：□元示？（前三・二二・五）

辛巳卜，大貞：㞢自上甲元示三牛，二示二牛？十三月。（前三・二二・六）

此元示與二示對稱，二示即小示，指旁系先王，元示即大示，指直系先王。又如：

甲子卜，争貞：來乙亥告𠂤其西於六元示？（零拾二八）

□元示三□（京都七一六）

己未貞：叀元示又升歲？（後上一九・七）

諸例元示均指大示。卜辭又有元臣（前四・三二・五，續存一・七一三），即後世所謂大臣；元𣪘（甲七五二），亦即大簋。卜辭中元字的這些用法與傳世文獻亦相吻合。如孟子滕文公下「勇士不忘喪其元」，元，首也，是用其本義。詩采芑「方叔元老」，毛傳：元，大也。國語魯語「元侯作師」，韋注：元侯，大國之君也。是爲元、大同義之證。【甲骨文同義詞研究　古文字學論集初編】

◉李孝定　王國維氏以象形、指事、會意分說□、□、□、□諸形，說失之泥。唐蘭氏以「●」衍爲「一」，又曰「凡字首爲橫畫，又往往於其上加短橫畫」。始爲達論。聞一多氏讀秦公簋「畯疐在天」之天爲「在位」，可從。簋文「天」或係範誤。【金文詁林讀

後記】

◉張桂光　天字在甲骨文中的字形，或象人正立之形而特大其頂，或在人正立之形上加短畫以標明頭頂所在之處，都與説文解字「天，顛也」的訓詁基本相合。天的本義是指人的頭顛頂，即所謂的「天靈蓋」，這向來都是没有多大分歧的。天字之引申爲蒼穹之天，主要是因爲天體圓，且居人體之至高無上處，與蒼穹之天的形象和崇高都是頗相類似的。而至上神的天，則又是從蒼天再引申出來的。周人所尊的天，當是自然界中那浩浩蒼天上的神靈。【殷周「帝」、「天」觀念考索　華南師範大學學報社會科學版一九八四年第二期】

◉黄錫全　▯天並尚書　敦本作▯，内本作▯，與▯（無極山碑）、▯、▯（吴天紀塼・千甓亭）等形類同，並由▯（天鼎）、▯（天棘爵）、▯（曾侯乙墓匫器）、▯（三體石經）等形譌變。

▯天華嶽碑　三體石經天作▯，漢印作▯（漢印徵1・1），新嘉量作▯。此形下部有異，可能是因碑文不清而誤摹，原蓋作▯或▯，而形似「而」字正篆▯。

▯天　从艸从曳，是莄字。《説文》曳字正篆作▯。思泊師指出：「天字作莄即莄字，喻母。古讀喻母如定母。从曳之字如㯐亦作枻。古讀世如大，故世子亦作大子。天、莄並舌頭音，乃雙聲假借字也。」（《碧落碑跋》）鄭珍認爲此是用忝字草書爲篆，當屬臆測。【汗簡注釋卷一】

◉黄錫全　▯天　鄭珍云：「『昊』見《玉篇》，音臺，日光也。認昊爲天，不知出何書，而碧落本之。」《篇海》昊音影，大也。石鼓文《田車》有▯字，形與此類同。此形若是流傳至後世之古「天」字，蓋由▯（甲3690）、▯（禾作父乙𣪘）、▯（克鼎）等形譌變。

▯天出義雲章　夏韻先韻録此文作▯，録《華嶽碑》作▯即後▯，録《雲臺碑》作▯等，均▯形譌。戰國行氣玉銘之▯（三代20・49），思泊師釋爲天（《雙劍誃吉金文選》附録刀珌銘）。陳邦懷先生認爲玉銘「从宀　天聲」，「疑此即吞字的假借字，宎、吞同諧天聲」（古研7・187）。古璽有▯（璽彙5339　5340）字，如依此，則應隸作宎，釋爲天。蔡侯盤天作▯，中山王鼎作▯，此字所从之▯即其形譌。【汗簡注釋卷三】

◉徐中舒　《説文》：「天，顛也，至高無上。从一、大。」自羅振玉、王國維以來皆據《説文》釋卜辭之▯▯▯爲天，謂▯象人形，二即上字，□象人之顛頂，人之上即所戴之天，或以□突出人之顛頂以表天。卜辭中僅個别辭例用爲顛頂之義，其餘各處皆當讀爲大。【甲骨文字典卷一】

◉袁國華　「▯」字見《包山楚簡》第95簡，原《釋文》與《字表》皆隸定爲「而」字。「而」字，簡文作▯、▯、▯等形，與「▯」近似而實有不同。《釋文》簡85「而」字，作□，就與簡95的「□」字一樣，也不是「而」字。以上誤釋的兩字應同是「天」字。《包山楚簡》「天」字分別見簡213、215、219、237、243，字形或作□或作□或作□，戰國金文《屬羌鐘》「天」作□；《楚帛書》作□可以爲證。或許有人認爲，《侯馬盟書》的「而」字有作□□的，亦可以證明「□」「□」可能是「而」字。《包山楚簡》「而」「天」二字字形固然相近，要分別二字，就只須了解二字書寫筆畫的差別。「而」字簡文字形作：□、□、□；「天」字作□、□、□，比較兩類字形，「而」字字形最裏面兩筆的左一筆必作「レ」，作右上鈎之勢，無一例外；而「天」的這一筆向左下撇，作一「丿」之勢，這就是辨認《包山楚簡》「而」「天」二字的關鍵一筆。據此標準，簡85□與簡95□兩字，皆宜改隸作「天」，才符合事實。【包山楚簡文字考釋　第二屆國際中國文字學研討會論文集】

◉戴家祥　説文一篇「天，顛也。至高無上，从大一。」此説有誤。天字金文作□□或□。□象人形，其首獨巨。□爲指事字，以一指大之頂顛，例同末字从木一指其上。□字从二古文上从大，會意人之上。靜安先生曰：説文「天，顛也。」易・睽六三「其人天且劓」，馬融亦釋天爲鑿顛之刑，是天本謂人顛頂，故象人形。觀堂集林卷六釋天。天借爲天地之天後，復制顛字，顛天古音同。

靜安先生云，湯名天乙見於世本書湯誓釋文引及荀子成相篇，而史記仍之。卜辭有大乙無天乙，羅參事謂天乙爲大乙之譌。觀於大戊卜辭亦作天戊，前編卷四第二十六葉。卜辭之大邑商，周書多士作天邑商，蓋天大二字形近，故互譌也。觀堂集林卷九殷卜辭中所見先公先王考。按唐韻天讀「他前切」，透母元部，大讀「徒蓋切」，定母祭部。祭元陰陽對轉，透定舌音相爲清濁，集韻去聲十四泰音他蓋切透母故金文卜辭每多混用。天君鼎云「天君賓厥征人斤貝」，天作□。左傳襄公二十一年欒盈辭於行人曰：「大君若不棄書之力，亡臣猶有所逃。」杜注「大君謂天子也。」孔穎達疏「大君，君之大者，故以爲天子。易師之上六云：大君有命，亦謂天子也。」毛公鼎「□堇大命」，商書般庚上云「先生有服，恪謹天命」，禮記祭統載孔悝鼎銘曰「勤大命，施于烝彝鼎」。大命者，天命也。毛公鼎「雁受大命，率褱不廷方」，逸周書祭公篇云「膺受天命」，受大命，亦謂受天命也。大豐殷云「王祀於天室」天作□，其他器銘多作大室，望殷「旦王各格大室」，宂彝「丁亥，王各大室」，君夫殷蓋「王在康宮大室」，豆閉殷「王各于師戲大室」，考左氏春秋經文公十三年「大室之屋壞」，穀梁傳云：「大室猶世室也。」公羊傳云：「世室者何？魯公之廟也，周公稱大廟，魯公稱世室，羣公稱宫。此魯公之廟也，曷爲謂之世室，世室，猶世室也，世世不毁也。」以是而知金文大室爲天子之大廟。亦稱天室。莊子德充符篇云「獨成其大」，陸德明釋文云「崔本作天」。通校鐘鼎欵識及經傳資料，知天大二字不但形近，而且聲同，非後人轉寫之失，固無可疑也。羅氏知其一不知其二，亦其疏也。【金文大字典上】

丕

丕 不从一 頌鼎 不字重見 【金文編】

3·651 丕巷坤鑒 古不丕同字 3·649 同上 3·406 塙閔不敢 【古陶文字徵】

六七：六 九例 内室類丕顯晋公大冢 六七：一 十七例 六七：一三 二例 【侯馬盟書字表】

作丕私印 作丕 【漢印文字徵】

秦詛楚文 親仰不顯 古文丕不从一 金文同 【石刻篆文編】

並王存乂切韻 【古文四聲韻】

◉許 慎 丕 大也。从一不聲。敷悲切。【説文解字卷一】

◉吳大澂 古丕字。不字重文。盂鼎。宋公佐戈。丕陽。【説文古籀補第一】

◉陳 柱 柱按丕盂鼎作。宋公佐戈作。吳氏説文古籀補於丕字下引宋公佐戈作。引盂鼎作。注云古丕字。不字重文。於不字下復引盂鼎作。引聃敦作。不引宋公佐之。是吳氏以爲丕之本字。而意丕之一畫古文置在上也。今按即字。字或从一或从二。正猶帝旁等字或从一或从二也。龜甲文中不字亦有作者。蓋即之變。移字上一畫於下而爲。猶字龜甲文作而變爲之例也。【守玄閣字説 華國月刊卷一】

◉丁佛言 聃敢。不顯考文王。原書以爲帝字。愚案。當是丕。不丕帝三字形義皆近。不謂鄂跗。詩言鄂不丕帝即從鄂不處以次拓張。故古或以不爲丕。譌丕爲帝也。或謂丕即今所謂蓓蕾。又云丕胚古今字。姚華云。古文丕上下兩注皆象形。中兼指事。明示鄂不之所起止。許書説不丕皆後起。非造文初意。丕隆矛原名帝降矛。古鉢。敬當釋爲母不敬。古匋。蔓陽南里人丕卣。【説文古籀補補第一】

◉王國維 尚書中多丕字。且多作語辭用。疑本爲不字。後人誤釋爲大。因加一其下。改爲丕字耳。【劉盼遂記説文練習筆記 國學論叢卷二第二號】

◉郭沫若 「不秠丮皇公」與秦公毁及鐘「不顯朕皇祖」同例。不秠字於它器尚有之，用例均與不顯同，舊即釋秠爲顯。許瀚云「書大誥『弼我丕丕基』，立政『以並受此丕丕基』，傳，並訓爲『大大基』。爾雅釋訓『丕丕，大也』，謂此。疑此『不秠』即丕丕，上丕借不，下丕作秠以見重意。」據三之二師虎毁引。今案許説得之。近出守宫尊不否字作「不嚭」，「否」可作嚭，則「不」可作秠矣。【班簋　兩周金文辭大系考釋】

◉馬叙倫　不大也者。爾雅釋詁文。然从數名之一無大義。疑从天之本字作一者。又疑丕爲坏之初文。坏从土不聲。此从一者。一爲地之初文。本書二下曰。此古文上。二者。一在一上。下畫爲地。上畫爲標識以指其爲在上者耳。又屯下曰。一。地也。之下曰。一者。地也。旦下曰。一。地也。至下曰。一猶地也。或下曰。一。地也。此皆地之初文作一之證。以形掍於數名之一。故造从土也聲之地。而初文遂廢。丕從一猶坏从土矣。大也者。引申之義。形聲。後凡形聲字皆不復明也。【説文解字六書疏證卷一】

◉高鴻縉　丕丕隆矛　按丕即今所謂蓓蕾也。从不（不。蕚跗也。詩言鄂不）而以●指明其部位。正指其處。故爲指事字。名詞。不從一。蓓蕾碩特。故引申而有大意。後世又造胚字。與丕同意。在植物曰丕。在動物曰胚。皆種子始生之處。經典以丕爲不以不爲丕者甚多。皆因同音通叚。【中國字例三篇】

◉張日昇　説文云。「丕。大也。从一。不聲。」丕金文並作丕。不降矛作丕。鄘厌毁作丕。高鴻縉謂●乃指明蕚跗下蓓蕾之部位。而丕即今所謂蓓蕾。其説似有可商。古文字通例●可變一。則丕當可作丕。但不可作丕。此可疑者一也。金文中丕字少見。中畫所帶之點疑爲裝飾之虚文。與年之本作年封毁後作年鄘厌毁作年曾伯簠帀本作帀師寰毁變作帀酓忎鼎同例。且於同一（鄘厌毁）銘中。不作丕。年作年。可見筥國其時對文字形體潤飾之風尚。丕金文俱作不。重見1482不字條。【金文詁林卷一】

◉商承祚　秦詛楚文「親仰不顯」。案古無丕字。金文中凡「丕顯」字皆作「不顯」。《詩·周頌·清廟》「不顯不承」，《維天之命》「於乎不顯」，以及其它的「不顯」皆應讀爲丕；鄭玄箋謂「讀如字」，如果他見到漢劉熊碑中的「相繼不顯」則當作何解邪？丕字在古文字有于書寫時注其中筆作丕，如金文筥侯少子簋及古文匋文之例，後人隸作丕，如日本唐寫本《書·盤庚上》「丕乃敢大言」之例，再變而爲丕矣。【石刻篆文編字説　古文字研究第五輯】

◉戴家祥　吴式芬曰：許印林説……「阮吴並釋秠爲顯，不知何據。瀚案書大誥『弼我丕丕基』，立政『以並受此丕丕基』，傳並訓爲『大大基』。爾雅釋訓『丕丕，大也』。謂此，疑此『不秠』即『丕丕』。上『丕』借『不』，下『丕』作『秠』以見重意。」或當時自有此書法，故轉相仿效耳。據古録金文卷三之二六十五葉虎敦。按吴釋有理。古並重字通常都是單體字意義的加重，如説文九篇「豩，二豕也。」説文四篇「皕，二百也。」等等，都是原字的加倍義，秠當爲二丕，爲丕之加重。【金文大字典中】

◉葛英會　「不譞」一語見於包山文書簡受期簡文，是該類司法文書的一種習慣用語。下面先録出兩條簡文，然後予以説明。

八月戊寅之日，邵司馬之州，加公，孚㣋，里公隨得受期，辛巳之日不譞陳雎之傷。以告阩門有敗。（《包山》三〇）

九月辛亥之日，喜君司敗𠙖善受期，丙辰之日，不譞長陵邑之死。阩門有敗。（《包山》五四）

這種受期文書乃是約以期日審理，裁定訟事者。這種公文的行文程式是：某月某日，某地官員受期，某月某日不譞某人（或某地）的訟案。上録簡文將在約定期日對案情的處置稱作「不譞」。不譞一語應作如何解釋？假使將這個不字讀解如其字，則是約以期日而又不予弊斷，顯然是大悖於事理的。可以肯定，簡文不字不應是否定字。據簡文，我認爲這個不字應讀作丕，不譞即丕譞。不，古多假爲丕，典籍，彝銘「丕顯」作不顯即其例。《説文》「丕，大也。」《正韻》「丕，音胚，大也。」《書·康誥》「要囚，服念五六日，至於旬時，丕蔽要囚。」僞孔傳「要囚，謂察其要辭以斷獄。既得其辭，服膺思念五六日，至於十日，至於三月，乃大斷之。言必反覆思念，重刑之至也。」如孔傳，丕蔽即大斷，就是不敷衍獄訟，草率決裁。要參酌詳議，慎之又慎，以求弊斷允當。使囚不反覆，羣臣、羣吏、庶衆無疑議者。因此，二二、二四、三〇號簡「不譞陳主之傷」，四二號簡「不譞公孫氏之死」，五四號簡「不譞長陵邑之死」，乃丕譞即丕蔽亦即大斷其死傷之獄訟。

【包山楚簡釋詞三則　于省吾教授百年誕辰紀念文集】

甲四〇武丁時貞人　甲二一二一　丁巳卜㝐貞令𥜡錫壴食乃令西史　甲二八四六　鐵二五〇·一　前五·二三·三　乎雀立史　乙七七六四　師友二·二八　林二·一一·一六　立大史于西奠　戬三六·一二　京都二一一五　甲六八史用為使　乙七一七九其乎使人　輔仁二八　福三六　佚四一　京津二二二〇　戬二六·九　乙二七六六　史用爲事其山王事　河六二二　鐵一二三·三　佚八七〇　京都九二三　【甲骨文編】

史　與事爲一字　盂鼎　在雩御事　事字重見　【金文編】

史　效二一　九十三例　秦一六二　二十一例　編五三　九例　【睡虎地秦簡文字編】

4292與事爲一字，事字重見。　4167　4295　4153　1773　4151　4155　4272

4192 4296 5186 4158 0289 2530 【古璽文編】

 宣曲喪吏  長生左吏 【漢印文字徵】

 祀三公山碑 吏民禱祀  天璽紀功碑  漢鄭季宣碑陰額  吏從竝共觀視 碣石靁雨  漢韓仁銘額  漢孔宙碑陰額 【石刻篆文編】

◉許 慎 治人者也。从一从史。史亦聲。徐鍇曰。吏之治人。心主於一。故从一。力置切。【説文解字卷一】

◉孫詒讓 吏讀爲使。魏三體石經春秋左氏桓十五年經。天王使家伯來求車。使古文作。見隸續。鬲攸从鼎。卤使攸衛。牧誓。使作。見阮款識。周使夷敦。王使小臣守使于夷。使作。見吴録。並以吏爲使。是其證也。【古籀拾遺】

◉劉心源 吏讀爲事。説文一部。吏。治人者也。从一史。史亦聲。史部。从史。㞢省聲。古文作。从㞢不省。古刻吏作二形。用爲事。爲使。爲史。小篆以爲吏。以中直筆下貫之爲事。始分爲二。如守敢王小臣守於夷。竝讀爲使。頌鼎用讀爲事。趩尊王呼内讀爲史。毛公鼎卿寮用事爲士。師寰敢卹厥穡。即事之古文。从㞢不省者也。古刻吏从。即𣥂。非从㞢也。又古刻吏从凵無从一者。隸省从一。許收入一部。非也。當入史部。云从中史亦聲。案。大徐解省字云。中通識也。是中即徹字。通徹文史謂之吏。史記所謂以文無害爲吏也。【奇觚室吉金文述】

◉王國維 龜板金文不見吏字。吏即事字。事古作事。即由史字中之直畫引長而成事形。史作吏。故譌爲吏。尋字之孳乳次序則一二三四也。之孳乳爲毓育后後等字則軌道亦猶是也。【劉盼遂記説文練習筆記 國學論叢第二卷第二號】

◉馬叙倫 桂馥曰。史亦聲當爲史聲。凡以部首字爲聲者。爲某亦聲。吏在一部。史非部首也。嚴章福曰。桂説是也。此本作从一史聲。後人改之也。王國維曰。説文。事。職也。吏。治人者也。史。記事者也。然殷人卜辭皆以史爲事。是尚無事字。周初之器如毛公鼎番生𣪘二器。卿事作事。太史作史。始別爲二字。然毛公鼎之事作。小子師𣪘之卿事作。師寰𣪘之嗇事作。从中。上有斿。又以持之。亦史之緐文。或省作。皆所以微與史之本字相別。其實猶是一字也。古之官名多由史出，殷周閒王室執政之官。經傳作卿士。而毛公鼎小子師𣪘番生𣪘作卿事。殷虚卜辭作卿史。是卿事本名史也。又天子諸侯之執政通稱御事。而卜辭則稱御史。是御事亦名史也。又古之六卿。書甘誓謂之六事。司徒司馬司空詩小雅謂之三事。春秋左氏傳謂之二吏。此皆史吏事一字之證。史之本義爲持書之人。引申而爲官稱。又引申而爲職事之稱。其後三者各需專字。於是史吏事三字於小篆中截然有別。此蓋出於秦漢之際。而詩書之文尚不甚區別也。倫按吏事一字爲史之轉注字。漢書不習爲吏。賈誼書作不習爲史。又漢書藝文志。能諷書九千字以上乃得爲史。本書自叙作乃得爲吏。兩漢縣吏即諸曹史。周禮條狼氏。誓邦之大史曰殺。小史曰墨。王引之謂二史字皆古文事之譌。似可爲王説左證。然史爲事之初文。而事物之事。則六書之叚借也。倫疑史增之聲爲事。猶𦥑增止聲爲齒。事省則爲吏。金甲文有事史而無吏。其變晚矣。金文事字如小子師𣪘作[glyph]。毛公鼎作[glyph]者。蓋从㫃史聲。爲旂或旗之轉注字。而借爲事。或從史而㫃或旗聲爲史之轉注字。吏當入史部爲事之重文。説解治人者也。疑爲校者所注以釋本訓者。許蓋本以同聲之字爲訓。賈誼書大政。吏之爲言理也。風俗通。吏者。治也。孟子公孫丑。天吏者。天使也。許本訓治也。故校者以治人者也釋之。本書説解中凡言者也者類爲校語。後有明證。則此亦然。古注多小字居中直書。故傳寫易譌入正文。桂謂亦聲者當以本部之部首字爲聲。吏不在史部。故不得言史亦聲。然則吏入史部當以史爲聲耶。史爲事之到文。即書之初文。會意。聲由自然。凡從某得聲必先有其得義之部。其加一於史。直是俗筆妄爲。或事之省。無關於義。故仍非亦聲。且凡曰亦聲者。必爲會意字。而其中一部分既任其義。亦任其聲。故曰某亦聲。固無關其字之爲本部部首或他部部首也。然會意字而其一部分兼任本字之聲者。若禮之從示從豊。似會以豊事神意。而聲即得於豊。神之從示從申。似會電爲神奇而以爲神意。而聲即得於申。然禮實形聲字。詳禮字下。申爲電之初文。先借申爲神。後加示旁。蓋由叚借而造專字者也。及爲神字。即与一切形聲字無以異。故雖謂無亦聲之字可也。若籀文[glyph]三字。似從示從[glyph]。會拜神禱祈之意。齋𠭁出則爲其聲。齋𠭁出於[glyph]三字止任爲聲。而不兼意。庶可謂會意兼聲耳。非亦聲也。然此三字實乃从䙺从齋𠭁出得聲。䙺爲祝之異文。是[glyph]仍爲形聲字也。餘詳史下事下。【説文解字六書疏證卷一】

◉徐中舒　卜辭史吏一字。【甲骨文字典卷一】

[glyph] 甲一一六四上帝　[glyph] 乙三九　[glyph] 乙二二四三反　[glyph] 前七・三二・四　[glyph] 後二・八・七　[glyph] 後一・二八・一四　上帝見合文一　[glyph] 河二五八　上甲見合文二　[glyph] 後二・三五・九上紒見合文一二　[glyph] 前二・三・五　上[glyph]見合文一六　[glyph] 甲二四一六上

下見合文二三 甲五六二上下乇見合文二三 甲三五九八 上乙見合文二 【甲骨文編】

甲1164 2339 卜368 續1·36·5 續5·5·6徵3·10 掇420 續存168 【續甲骨文編】

上 說文段氏注云古文上作二故帝下旁下示下皆云從古文二可以證古文本作二 天亡簋 文王德在上 臣辰盉 啟卣 至于上侯 不䁐方鼎 王在上侯应 癲鐘 剌嚴在上 士父鐘 㝬鐘 弔向簋 虢弔鐘 孟上父壺 洹子孟姜壺 弔上匜 秦公鎛 不家于上 蔡侯䌛盤 上官鼎 廿年距悍 上樂鼎 中山王嚳壺 以饗上帝 蚉壺 中山王嚳壺 又从尚 則堂逆於天下不巡於人也 上下對擧是知堂爲上 鄂君啟舟節 從辵 让灘让江 義爲溯流而上 井侯簋 上下二字合文 𪒠盤 甫有上下 克鼎 毛公厝鼎 【金文編】

3·329 蒦圖上𣏟里郐吉 3·814 迎上 4·93 匋攻上 5·382 上官 5·380 同上 6·9 上□ 【古陶文字徵】

〔二五〕〔二〕〔六七〕〔二一〕〔二一〕〔一九〕〔二三〕〔三九〕〔七四〕〔六七〕〔一四〕〔二二〕〔四二〕〔五〇〕〔六七〕〔一九〕【先秦貨幣文編】

刀大齊厺化背⊦上魯廣 仝上 魯掖 仝上 刀尖 魯臨 刀大齊之厺化背⊦上 刀弧背8上冀靈 刀大安易之厺化背⊦上 魯海 布空大豫伊 仝上 刀大齊厺化背⊦上 魯掖 刀弧背左上冀靈 刀大齊厺化背⊦上 魯掖 刀弧背8上反書冀靈 刀大齊厺化背⊦上魯濟 仝上 魯掖 仝上魯濟 刀弧背8上反書冀靈 刀弧背 冀滄 刀弧背左上典一〇九六 布圜上専展貳叁 刀大安易之厺化背。上 典一〇四三

【古幣文編】

10 273 【包山楚簡文字編】

上 效三 六十七例 語九 三十九例 法六三 二十二例 效四九 爲七 十四例 封九五 二例

【睡虎地秦簡文字編】

☐☐—宎(甲6-4)【長沙子彈庫帛書文字編】

4495 大豐𣪘上字同此 2068 0146 4130 4633 4377 4219 4207 4821

4582 4636 4724 4723 4848 4394 0099 0100 0008 【古璽文編】

泰𡛷寢上 上祿丞印 上久農長 上官建印 公上翁叔 上善 上東陽鄉 上官翁孫

【漢印文字徵】

漢上谷府卿墳壇題字 石經君奭大弗克龔上下 漢羣臣上醻題字 魏上尊號奏領陽識 禪國山碑 遂

受上天玉璽 天璽紀功碑 上天宣命 【石刻篆文編】

上 上出王庶子碑 【汗簡】

古孝經 古老子 汗簡 同上 古老子 【古文四聲韻】

◉許　慎　丄高也。此古文上。指事也。凡丄之屬皆从丄。時掌切。𠄞篆文丄。【說文解字卷一】

◉羅振玉　卜辭中上字下横畫上仰者。以示别於一二之二也。【增訂殷虚書契考釋】

◉王國維　魯語。上甲微能帥契者也。商人報焉。是商人祭上甲微。而卜辭不見上甲。郭璞大荒東經注引竹書作主甲微。而卜辭亦不見主甲。余由卜辭有⿷匚乙⿷匚丙⿷匚丁三人名。其乙丙丁三字皆在匚或⊐中。而悟卜辭中凡數十見之⿴囗十或作⿱一田即上甲也。卜辭中凡田狩之田字。其口中横直二筆皆與其四旁相接。而人名之⿴囗十。則其中横直二筆或其直筆必與四旁不接。與田字區別較然。⿴囗十中十字。即古甲字。卜辭與古金文皆同。甲在□中。與⿷匚乙⿷匚丙⿷匚丁之乙丙丁三字在匚或⊐中同意。亦有□中横直二筆與四旁接而與田狩字無別者。則上加一作⿱一田以別之。上加一者。古六書中指事之法。一在⿴囗十上。與二字古文上字之一在一上同意。去上甲之義尤近。細觀卜辭中記⿴囗十或⿱一田者數十條。亦惟上甲微始足當之。卜辭中云自⿴囗十或作⿱一田至於多后衣者五。書契前編卷二第二十五葉三見又卷三第二十七葉後編卷上第二十葉各一見。其斷片云自田至於多后者三。前編卷二第二十五葉兩見又卷三第二十八葉一見。云自田至於武乙衣者一。後編卷上第二十葉。衣者。古殷祭之名。又卜辭曰丁卯貞來乙亥告自田。後編卷上第二十八葉。又曰乙亥卜賓貞□大御自⿴囗十。同上卷下第六葉。又曰上闕貞翌甲□㞢自⿴囗十。同上第三十四葉。凡祭告皆曰自⿴囗十。是⿴囗十實居先公先王之首也。又曰辛巳卜大貞之自⿴囗十元示三牛二示一牛十三月。前編卷三第二十二葉。又云乙未貞其求自⿴囗十十又三示牛小示羊。後編卷上第二十八葉。是⿴囗十爲元示及十有三示之首。殷之先公稱示。主壬主癸。卜辭稱示壬示癸。則⿴囗十又居先公之首也。商之先人王亥始以辰名。上甲以降皆以日名。是商人數先公當自上甲始。且⿴囗十之爲上甲。又有可徵證者。殷之祭先。率以其所名之日祭之。祭名甲者用甲日。祭名乙者用乙日。此卜辭之通例也。今卜辭中凡專祭⿴囗十者皆用甲日。如曰在三月甲子□祭⿱一田。前編卷四第十八葉。又曰在十月又一即十有一月甲申□彰祭⿴囗十。後編卷下第二十葉。又曰癸卯卜翌甲辰之⿴囗十牛吉。同上第二十七葉。又曰甲辰卜貞來甲寅又伐⿴囗十羊五卯牛一。同上第二十一葉。此四事。祭⿴囗十有日者。皆用甲日。又云在正月□□此二字闕祭大甲㞢⿱一田。同上第二十一葉。此條雖無祭日。然與大甲同日祭。則亦用甲日矣。即與諸先王先公合祭時。其有日可考者。亦用甲日。如曰貞翌甲□㞢自⿴囗十。同上。又曰癸巳卜貞彰彡日自⿱一田至於多后衣亡它自□在四月惟王二祀。前編卷三第二十七葉。又曰癸卯王卜貞彰翌日自⿱一田至多后衣亡它在□在九月惟王五祀。後編卷上第二十葉。此二條以癸巳及癸卯卜。則其所云之彡日翌日。皆甲日也。是故⿴囗十之名甲。可以祭日用甲證之。⿴囗十字爲十古甲字在□中。可以⿷匚乙⿷匚丙⿷匚丁三名乙丙丁在匚中證之。而此甲之即上甲。又可以其居先公先王之首證之。此説雖若穿鑿。然恐殷人復起。亦無易之矣。魯語稱商人報上甲微。孔叢子引逸書惟高宗報上甲微。此魏晉間僞書之未采入梅本者今本竹書紀年武丁十二年報祀上甲微即本諸此。報者蓋非常祭。今卜辭於上甲。有合祭。有專祭。皆常祭也。又商人於先公皆祭。非獨上甲。可知周人言殷禮已多失實。此孔子所以有文獻不足之歎與。【殷卜辭中所見先公先王考　觀堂集林】

◉羅振玉　⿴囗十或作⿱一田者。弟以爲即上甲二字合文。許書。帝。古文作⿵冂米。注。古文諸丄字皆从一。篆文皆从二。二。

古文上字。考之卜辭及古金文。帝示諸文。或从二。或从一。知古文二亦省作一。田者。上甲也。許君之注。當改正爲古文諸丄字。或从一。或从二。一與二皆古文上。或汶長原文本如此。後人轉寫失之耳。前書與公論田即上甲二字合書。想公必謂然。今日補拓以前未選入之龜甲獸骨。得一骨上有田字。則竟作上田。爲之狂喜。已而檢書契後編。見卷下第四十二葉上甲字已有作田者。英人明義士所摹殷虚卜辭第二十九葉並一百十八葉亦兩見田字。又爲之失笑。不獨弟忽之。公亦忽之。何耶。卜辭上字多作二。下字作二。下字無所嫌。二作二者。所以別於數名之二也。此田字兩見皆作二。又上帝字作二帝。其爲上字無疑。田爲田字之省。亦無可疑。【殷卜辭中所見先公先王續考　附羅振玉二書　觀堂集林】

◉王國維　六國銅器有上字。春秋時器有下字。【劉盼遂記説文練習筆記　國學論叢第二卷第二號】

◉葉玉森　森桉。田之異體作田。卷三第廿三葉。田同上　田徵文帝系第十一版　田之異體作田　徵文帝系第十三版田。鐵雲藏龜拾遺第一葉後省言拾遺。　繫一及丿于□內或□隅者。求別於田而已。因疑作田者其始亦不過繫一標識於田上以別於田。並無上字之誼。殷人稱上甲仍曰甲耳。殷虚書契前後編中上甲凡三十餘見。無一作二田者。羅氏云後編卷下第四十二葉之二田第十五版塙爲上甲之證。余諦察影本。一田之間有一蝕痕向右斜折且長如田。羅氏誤認作二田。實則仍作田。是繫一及丿塙爲求別於田。絶非上字。否則□內及□隅之一與丿亦斷無讀上之理也。明義士氏殷虚卜辭內有作田二田者。王氏援入古史新證。余細核氏之寫本第九百六十七版之田。一下之丿筆畫較肥。疑爲蝕痕。其第百九十二版及第三百七版兩辭。依其行列録左

壱
于毓亡　□□□卜貞
自二田衣至　□甲子三彡
巳三彡彡抔　第百九十二版　□自二田衣　第三百七版
貞翼辛　至于毓
庚辰卜卜　□□

右二辭文例畧同。卜辭彡上或彡上从未見有繫三字者。則兩辭中之二三兩字疑並爲紀數字。本編同卷第十九葉第三版有于三祖庚二𠂤𠂤一辭。𠂤上之二祖上之三並爲紀數字。觀影本自知王國維氏釋三祖庚亦誤。又殷虚卜辭亦有作田二者。第千四百九十七版。田下之二當亦爲紀數字。更不能讀爲下甲也。後人認从一爲古文上字。魯語乃曰上甲微耳。又卜辭

有云王田者。如「庚子卜王田妣甲妣己妣癸」。同卷第三十八葉。王甲即上甲。猶言王亥王恒。後人誤王爲主。竹書乃曰主甲歟。【殷墟書契前編集釋卷一】

◉商承祚　說文丄。「高也。此古文上。指事也。上。篆文丄。」案段玉裁改古文丄爲二。篆文上爲丄。謂「古文上作二。故帝下旁下示下皆云从古文上。可以證古文本作二。篆作丄。各本誤以丄爲古文。則不得不改篆文之上爲上。而用上爲部首。使下文從二之字皆無所統。示次於二之恉亦晦矣。」「段改丄爲二是也。甲骨文金文皆同。或仰其末筆作二。象大物承小物在上。与下之作二。象大物覆小物在下。義一也。所以曲之者。殆因其易与紀數字之二相混。故曲之以示別也。豎其短畫爲丄。亦此意。明白於曲筆。乃思想之進步。篆文之上。是合二丄二字爲之。有人在地上爲上。人在天下，爲下之意。徐鍇謂「屈曲象陽氣。」非是。段氏改篆文爲丄。一得一失。吳天璽紀功碑上作丄。石經古文則與篆文不殊。【說文中之古文攷】

◉馬叙倫　段玉裁曰，古文上作二。故帝下旁下示下皆云从古文上。可以證古文本作二。篆作丄。各本誤以丄爲古文。則不得不改篆文之上爲上。使下文从二之字皆無所統。示次於二之恉亦晦矣。今當正丄爲二，上爲丄。徐灝曰。段氏訂正古文上作二。宋張有復古篇季從周字通皆如此作。蓋說文舊本如是。商承祚曰。段改丄爲二是也。甲骨文金文皆同。或仰其末筆作二。象大物承小物在上。與下之作二象大物覆小物在下同。倫按說解疑有譌。但曰。此古文上指事也。不言所从。本書凡古文籀文之出於重文者。止曰古文。或曰古文某。止曰籀文。或曰籀文某。其更有說解者非正例。或爲校者所加。此重文作上。說解曰。篆文上。與本書古文籀文之見於重文者例同。則於本字下。例當明其所从也。倫謂許據倉頡訓纂爲書。說解明其形義與聲。本書原例。惟象形之文無可說解。故於明其形者止曰象形。其於指事。則曰。从某象形。或曰。从某某象形。或曰从某象某形。會意則曰。从某某。或曰。从某从某。形聲則曰。从某。某聲。皆不復申明其爲指事爲會意爲形聲矣。以自叙中已明之也。今往往有指事會意之見於說解者。蓋校者辭也。此曰指事也。於也字已可明其爲校語矣。然則二下說解明有奪譌。校者不明所从。故據自叙旁注指事也以釋之。傳寫譌入正文。丅字下亦然。而鍇本無指事二字。有反上爲丅四字。亦足明此下說解之有奪譌也。說解當曰。高也。从一。初文地字。指事。一象在地上之物也。金甲文上字皆作二。虢叔旅鐘。皇考嚴在二。異在二。毛公鼎。虩許上下若否。合文作三。尤其明證也。甲文作二。下畫兩端仰者。羅振玉謂所以別於一二之二也。二於六書爲指事者。從地之初文作一者。而以一識於地上。初文地爲視而可識。一識地上爲察而見意。故曰指事也。當立一部。初文地字。而屬之。急就篇作上。疑傳寫易之。故書當作二。宗周鐘作二。古匋作丄。上官登作上。甲文作二 二。

上吳潁芳曰。篆文是李斯作小篆以前通行之字。桂馥曰。篆文即小篆。本書自叙。今叙篆文合以古籀。又云。三曰篆書。即小篆是也。徐灝曰。篆文上秦繹山刻石有之。今摹本尚存。段玉裁以丄爲小篆。誤。王國維曰。六國時銅器有上字。倫按新郪兵符魏正始石經篆文上同此。然未詳其形。于鬯謂此摹印體也。賈公彦以爲从人。則与立字何殊。且爲會意非指事。蓋此乃後起字也。自叙言今叙篆文合以古籀。蓋許書所録九千餘文。本於漢之倉頡篇及楊雄訓纂篇。而體皆篆文。許復以古文經傳中篆體及許時尚存之籀篇中字體參正之。則不得復出重文之篆文。昔林罕謂本書中古籀爲吕忱所增。倫謂重文盡爲後人所加。新唐書百官志。書學石經説文字林爲顓業。山堂考索。唐有明字科。書學石經説文字林。又曰。龍朔二年東西都復置石經説文字林爲顓業。然則或吕忱所增。或唐人所加。要之此篆蓋校者增之。且如巺之篆文作巽。詳審之。直是傳寫之譌體。而譱之篆文作善。五經文字直謂出石經。鬻之篆文作羹。而五經文字謂經典相承隸省。斲之篆文作折。九經字樣謂説文作斲。隸省作折。𥿂之篆文作肄。五經文字謂出字林。更爲後加之證。故至以甽爲巜之篆文。𠅘爲亯之篆文。玉篇作籀文尤其謬矣。餘詳𠬤下及自叙。古鉨作上。【説文解字六書疏證卷一】

◉孫海波　説文云：「高也，此古文上，指事也。上篆文上。」段玉裁曰：「古文上作二，故帝下，旁下，示下皆云從古文上，可證古文本作二，篆作丄。各本誤以丄爲古文，則不得不改篆文之上爲上，而用丄爲部首，使下文从二之字皆無所統，示次於二之恉亦晦矣。」按段説是也，甲骨金文正作二，象一在一上。【甲骨金文研究・中國大學講義】

◉于省吾　後上八・六。貞。上子不我其受授又。八・七。貞。上子受授我又。上子疑即今所稱之上巳也。【雙劍誃殷契駢枝續編校補】

◉于省吾　其稱辻者有三：一稱上漢，兩稱上江，辻即上，从辵表示行動之義，凡稱辻者，既專指干流的江漢，又爲逆流而上。【鄂君啟節考釋　考古一九六三年第八期】

◉温少峰　袁庭棟　卜辭中有作爲祭祀、求雨對象的上火、上火和小火，乃是二(上)火和小火二字之合文，可釋爲「上火」和「小火」。卜辭云：

(87)其𤎩取上火(上火)，又(有)大雨？　(《後》下二三・一〇)

(88)……其𤎩上火(上火)，又(有)大雨？　(《京》三八六六)

(89)其桒年，上火(上火)，上火於小火(小火)𠭯豚？上火(上火)眔(暨)上火、叀(惟)小牢，又(有)大雨？　(《前》四・四二・六)

(90)敕⿱上火(上火)即宗酒……于之(茲)又(有)大雨？（《人》一九四五）

上列卜辭中，⿱屮⿰口火字不識，從其在卜辭中的用法看來，是一種祭名。「取」在卜辭中的用法之一也是祭名。敕字舊不釋，當是敕，《玉篇》：「陳，或作敕」，故知此字即陳字，在卜辭中亦用爲祭名。⿱二火、⿱上火、⿱小火、⿱屮火皆爲祭祀、求雨之對象。郭老曾謂：「灭、𤆍二字不識，在此與雨同例，疑是星名」（《卜辭通纂》）。又謂「此言小火，不知是否与大火爲對，而别爲一星名。」「𤆍亦殷代所祀之神名，字既不識，性質亦不可考」（《殷契粹编》）。⿱二火、⿱上火都是「上火」連文，上火即天上之火，當即卜辭中「火」之異稱。郭老定爲星名。丁山謂「心爲大火，是灭（⿱上火）字之本誼」（《中國古代宗教與神話考》）。都是正確的，可從。【殷墟卜辭研究——科學技術篇】

◉黄錫全　二上　出王庶子碑　丄上　平安君鼎上作丄，古貨幣或作丄。《説文》「丄，高也。此古文上」。【汗簡注釋卷一】

◉劉彬徽等　走，讀如上，《周禮·天官·疾醫》「冬時有咳上氣疾」，注：「逆喘也。」既，讀如氣。【包山楚簡】

◉陳勝長　按商氏對上下字作二二之論點，學者或從之，筆者以爲尚可商榷。若謂甲骨文二二之字乃所以與紀數字之二示區别，而甲骨文第一期多作二二，作二二者反較後出，二字與紀數字之二反更易混淆。由二二演變爲二二，弧線改爲長畫，蓋取刻寫較易而已，而早期作弧線者，當别有命意。今推方位詞内外之構形以龜甲之卜與鑿表意，方位詞上下之表意方法殆亦相近，二二均取象龜甲之形，弧線蓋表背甲，直短畫蓋表腹甲。貞卜以用腹甲爲常，故字之構形以腹甲在上表上字，腹甲在下表下字。通過具體事物以表抽象概念，合乎指事字「視而可識，察而見意」之旨。【釋内外上下　第二届國際中國文字學研討會論文集】

◉戴家祥　説文一篇「丄，高也，此古文上，指事也。上，篆文丄。」段注改古文丄爲二，篆文上爲丄，謂「古文上作二，故帝下旁下示下皆云從古文上，可以證古文本作二，篆作丄。各本誤以上爲古文，則不得不改篆文之上爲上，而用上爲部首，使下文从二之字皆無所統，示次於二之恉亦晦矣。」説文解字注。甲骨文和金文上皆作二，羅振玉讚段改「冥與古合，精思可驚。」按二字底下的長横象物體之面，上面的短横爲指事符號，特指在物體之上。篆文丄字豎寫指事符號，可能是爲了示别數詞一二之二也。蔡侯盤作上，集二丄之兩形。壺銘「則堂逆於天」堂即上，从尚爲添加聲符之例。【金文大字典上】

◉劉信芳　包山簡一〇「鄴戲上連囂」，七九「上臨邑公」，一〇二「上新都」，一八八「上郢邑」，二四六「水上」，二六九、二七三「其上載」，信陽楚簡一·〇二「戔（賤）人各上則刑勠至」，諸例「上」均用作方位詞。而二三六、二三九、二四二等「走懸」，信陽簡一·〇二「走賢」，「走」用作動詞。鄂君啓節「让灘」，又「让江」；「让」用作動詞。上與走、让各自用例不同。【包山楚簡近似之字

辨析　考古與文物一九九六年第二期】

◉蕭良瓊　殷墟卜辭中「下、上」和「上、下」常常連用，並構成「下、上若」或「下、上弗若」等詞。若，表示順與祥。不若則反之。「下、上」在這類詞組中顯然不是指方向或位置，而是指能決定人間吉凶禍福的神靈。那麼，「下、上」究竟指那些神靈呢？

我們先介紹一下前人的解説，胡厚宣先生説：「言『下上若』下必隨『受我又』，言『下上弗若』必隨言『不我其受又』，以廩辛、康丁時卜辭言『上帝若，王受又又』，又言『下上亡又』。帝乙帝辛時卜辭『自下上受又』，『自下上余受又』，又《天問》言『何獻蒸之膏，而后帝不若』，《泰誓》言『上帝弗順，祀祝降時喪』證之，知『下上』之上必爲上帝。」胡厚宣《殷代之天神崇拜》（《甲骨學商史論集》·初集，第二册，一九四四年）陳夢家先生認爲：「上」指上帝神明先祖，「下」或指地祇，《周禮·小宗伯》「禱祠於上下神示」，《論語·述而》子路引誄曰：「禱爾於上下神祇。」陳夢家《殷墟卜辭綜述》第五六七—五六八頁（科學出版社一九五六年六月）在他的解釋中「上」包括至上神——帝和宗祖神。「下」是指什麼神靈，他含糊地説「或指地祇」。是不太肯定的。胡厚宣先生用小字在前段文字下寫道：「而下者，或指地祇百神而言。」同樣是不肯定的。

在查閲了目前已發現的「下上」或「上下」連用的各類卜辭後，感到對於「下上」的理解，尚需再探。「下上若」和「下上弗若」這一對有正反兩面含義的詞組，最常用於貞卜商王將要征伐敵方時，向「下上」神靈祈求保佑的卜辭中。如：

（一）辛未卜，㱿，貞王勿逆伐𢀛方，下上弗若，不我其受又。六月。《合集》六二〇四正

（二）貞勿惟王往伐𢀛方，下上弗若，不我其受又。《合集》六二二〇

（三）己酉卜，貞王征𢀛方，下上若，受我又，一月。

貞勿征𢀛方，下上弗若，不我其受又。《合集》六三二二

（四）……沚或爯册𢀛方……王比，下上若，受我……《合集》六一六〇

（五）貞今𡆥王勿作比望乘伐下危，下上勿若，不我其受又。二告。《合集》六五〇六

（六）辛巳卜，㱿，貞今𡆥王惟比伐土方，下上若，受……《合集》六四一八

以上各例都與戰爭有關。征伐用詞有逆伐、往伐、征、比×人、爯册×方、比伐等。征伐對象有𢀛方、下危、土方。

此類征伐卜辭，除祈求「下上若」及「受又」外，還有單獨向帝祈求「若」與「受又」的，如：

（一）伐𢀛方，帝受我又。《合集》六二七三

（二）貞勿伐𢀛方，帝不我其受又。《合集》六二七二

（三）丙辰卜，爭，貞沚戓啓，王比，帝若，受我又。二告。

貞沚戓啓，王勿比，帝勿若，不我其受又。《合集》七四四〇正

「帝」在卜辭中是至上神，已爲學術界公認。他的威力施及自然現象和人間禍福。在時代較晚的卜辭中，帝也被稱爲上帝。正如郭沫若先生所説：「『上下』本是相對的文字，有『上帝』一定已有『下帝』，殷末二王稱帝乙、帝辛，卜辭有『文武帝』的稱號，大約是帝乙對於其父文丁的追稱。可見帝的稱號在殷末年已由天帝兼攝到人王上來了。」郭沫若《郭沫若全集・歷史編 一》第三一頁（人民出版社一九八二年九月）。胡厚宣先生説：「廩辛、康丁時稱祖甲爲帝甲。」「因人王亦可名帝，故於天神之帝遂加『上』字以別之。故廩辛、康丁時卜辭言『貞叀五鼓，上帝若，王□又又。』」（《甲》一一六四）胡厚宣《殷代之天神崇拜》（《甲骨學商史論集》初集第二册，一九四四年）帝乙，帝辛時卜辭也有「上帝」（《後下》二八・二四）這一稱謂。他們都認爲「帝」後來又稱「上帝」，是因爲人王去世後也稱帝×的原故。陳夢家先生將「下上」里的「上」解釋爲「上帝神明祖先」，把至上神和祖先都歸在「上」的名下。根據我們前面所引的卜辭，可以看出「下上」和「帝」是分别被祈求的。用廩辛、康丁卜辭里的「上帝」不能説明武丁時期爲什麼簡稱「上」。也不能説明「下」爲什麼要在「上」的前面，稱「下上」。

至於「下」是否指地祇，也是需要考慮的。在卜辭中，應是地祇類的神靈是土（社）、四方，河、岳等，没有發現把它們集合在一起的統稱。所以胡、陳二先生都是用不肯定的語氣説「下」或指地祇百神。既然「下上」一詞多出現於征伐類的卜辭中，只有「帝」和「下上」是被祈求賜予「若」和「受又」的對象。我們還是在這方面尋找線索。除了上述類型的卜辭外，還有大量告某方於某祖先的卜辭，例如：

（一）貞告土方于上甲　《合集》六三八四

（二）貞告土方于唐　《合集》六三八七

是告土方于上甲和唐的。至於告𢀛方於某祖先的就更多了，如上甲（《合集》五五二一）、匚乙（《合集》六一三二）、唐（《合集》六一三八）、大丁（《合集》六一三九）、大甲（《合集》六一四一）、祖乙（《合集》六一四五）、示壬（《英藏》五四七正）等。也有告某方於舊臣的，如黄尹（《合集》六一四二）。其中比較特殊的是告某方于河，或匄于河的。如：

（一）貞𢀛方于河匄。《合集》六一五二

（二）壬申卜，㱿，貞于河匄𢀛方。《合集》六二〇三

（三）于河告𢀛方。《合集》六一三三

(四)甲申于河告方來。《合集》三三〇五二

河的身份是一個有爭議的問題。或者因爲有「高祖河」三字相連接(《攈續》二)認河是高祖之一，或者因爲同一塊卜骨有分别向高祖、河、岳求年的好幾條卜辭，而認爲河不應與高祖連讀，河應是自然神而不是祖先。陳夢家《殷墟卜辭綜述》第三三九頁，第三四三頁。或採取折衷的處理方法，認河是由自然神轉化祖先神的。姚孝遂 蕭丁《小屯南地甲骨考釋》第一六頁(中華書局·一九八五年·八月)。通常的理解，屬於地祇的，主要是「土」，也就是社神。而不是河神。河不可能成爲地祇的代表。但在這類卜辭中，還没有找到告某方於土、於岳的。所以，河的身份在這里只能是祖先神一類。

从上面列舉的材料，商王在征伐敵方前，祈求的對象共有三種，一是至上神——帝，二是祖先，三就是我們要討論的「下上」。要弄清楚「下上」究竟何所指，下面的材料，也許能給我們一點啓發。

卜辭中有上示(《合集》一〇七)，下示(《合集》一一六六甲)，又有單稱上或下的。上、下都指的是祖先。如：

求其上。

求其下。

求其上自祖乙。

求其下自小乙。《合集》三二六一六

這裏的上是指自祖乙以下的祖先，下是指自小乙以下的祖先。「下、上」所指，應是由近及遠的一系列祖先。具體名稱省畧了。爲什麽「下」在先而「上」在後，這就不能不提到逆祀。

逆祀，是裘錫圭同志首先揭示的。裘錫圭《古文字論集》第二二七—二三〇頁。例如：

(一)乙丑卜，貞王賓武乙歲，延至于上甲，卯，亡尤。《合集》三五四四〇

是自武乙起，依次上溯到上甲進行歲祭。最明顯的是下面這條卜辭：

(二)乙丑卜，大，貞于五示告：丁、祖乙、祖丁，羌甲，祖辛。《合集》二二九一二

告祭五示的序列是自武丁始，依次上溯到祖乙(小乙)、祖丁、羌甲、祖辛。此外還有自上至下的順祀與逆祀出現在同一條卜辭中，如：

(一)戊戌卜，壴，貞告自丁陟。

貞告自唐降。《合集》二二七四七

即告祭是從丁(武丁)開始逆祀呢,還是自唐(大乙)開始順祀。

(二)庚寅卜,逆自毓求年,王□。

自上甲求年。《屯南》三七

也是問由後面的先王逆推至上甲,還是自「上甲至於多毓」即由上甲順序往下,依次向先王求年。這兩條卜辭所祭先王都是一致的。只是逆祀在先,順祀在後。「下、上」很可能也是這樣。只是下从哪位先王開始,上溯到哪位先王爲止沒有列出。也許同《合集》三二六一六一樣,上是从某位祖先開始,順序到某位先王爲止,下是緊接着上面的某位先王,直到時王的父輩。整個的系列是從上到下的順序。但從某王開始稱作下,或下示。「下、上」是將一系列近祖置於前,遠祖置於後。「下、上」內的世次都是順序的,二者有此區別。無論是前者或後者,「下、上」指的都是祖先,而不是天神地祇。這就是我們所要說明的。

【「下、上」考辨 于省吾教授百年誕辰紀念文集】

 帝

甲七七九帝臣 甲一一四八方帝 甲一一六四上帝 乙六六六六 乙七四五六 河三八三 鐵一〇

九・三 鐵一五九・三 前三・二一・三 前四・一七・四 戩五・一三 後一・二六・一五 掇二・一

二六・ 後一・四・一七帝甲 京津二五六六 粹一二 後一・二六・五倒書 前四・一七・五 乙六五

三 乙一七三 後一・一九・一 明藏五二〇 師友二・五 掇二・三四。 粹一三一一 京都二

一四二【甲骨文編】

甲216 430 779 949 1148 1157 1164 1785 3432 3634

乙42 173 400 570 575 653 683 700 982 1947 1962

4534 5296 5327 5786 6406 6407 6718 6750 6809 6951 7124

7171 7197 7304 7307 7434 7549 7793 7826 7913 8896

珠84 402 612 620 647 722 791 846 935 1110 ㄙ398

佚36 40 508 935 續1·21·2 2·4·11 2·7·1 2·18·7 2·18·8

3·3·1 續3·3·3徵9·34 續3·12·4 3·40·1 3·42·7 5·2·1 續5·144徵10·1

續6·7·2 徵8·28 9·23 11·75 京1·33·2 録118 383 543 鄴45·

14新1129 天24 47 誠286 中六175 存續72 168 219 470 479

626 1594 1831 1859 2295 2354 外44 214 428 續摭78 145

167 273 粹12 13 431 811 895 1036 1073 1113 1128

1268 1311 新2566 4363 【續甲骨文編】

帝 井侯簋 寡子卣 斁狄鐘 仲師父鼎 㝬簋 秦公簋 邲其卣三 𡨦鼎

商尊 中山王譽壺 邲其卣二 上帝二字合文 天亡簋 事喜上帝 牆盤 𤼈鐘 上帝降懿德

㝬鐘 【金文編】

5·398 秦詔版「廿六年皇帝盡并兼天下諸侯…」共四十字 5·392 秦詔版殘存「為皇帝乃詔丞相」七字 5·386 秦詔版殘存「廿六年皇帝盡并兼」八字 秦1555 秦詔版殘存「年□帝盡」三字 秦1567 秦詔版殘存「帝盡并兼天」五字 秦1563 秦詔版殘存「廿□年皇帝盡并兼」七字 秦1569 秦詔版殘存「帝盡并兼天」五字 秦1570 秦詔版殘存「年皇帝盡并兼天下」八字 【古陶文字

徵】

□ 一曰(甲9-29)・一酒讕吕鬭遊(?)之行(甲11-27)、炎一乃命祝融吕四神降(乙6-2)、一夋乃爲冐:之行(乙6-33) 【長沙子彈庫帛書文字編】

□ 皇帝信璽 □ 天帝殺鬼之印 【漢印文字徵】

□ 秦郎邪刻石 盡始皇帝所爲也 □ 詔權 皇帝盡并兼天下諸侯 □ □ 魏品式石經 咎繇謨帝予何言 □ 天璽紀功碑 帝曰大吳 □ 袁安碑 孝和皇帝加元服 □ □ 石經僖公 帝遷于帝丘 □ 泰山刻石 皇帝曰 【石刻篆文編】

□ 帝見尚書 【汗簡】

□ 古孝經 □ 古尚書 □ 崔希裕纂古 【古文四聲韻】

◉許 慎 □諦也。王天下之號也。从丄朿聲。都計切。□古文帝。古文諸丄字皆从一。篆文皆从二。二古文上字。辛示辰龍童音章皆从古文丄。【説文解字卷一】

◉吳大澂 白虎通説文解字孝經援神契書堯典序疏皆曰。帝。諦也。大澂竊疑諦爲後起字。上古造字之始。不當先有諦字。以帝之大與上帝天帝竝稱。何獨取義於審諦。此不可解也。嘗見潘伯寅師所藏舊拓本有一卣。蓋文曰。▽己□□□。又甘泉毛子静所藏鼎文曰。▼己□●□□。古器多稱且某父某。未見祖父之上更有尊於祖父之稱。推其祖之所自出。其爲帝字無疑。許書帝古文作□。與鄂不之□同意。象華蔕之形。周愙鼎作□。聃敢作□。狄鐘作□。皆▽之緐文。惟▽▼二字最古最簡。蔕落而成果。即艸木之所由生。枝葉之所由發。生物之始與天合德。故帝足以配天。虞夏禘黄帝。殷周禘嚳。禘其祖之所從出。故禘字從帝也。吕覽下賢注。帝也者。天下之適也。古嫡字通作適。廣雅釋詁。適君也。詩江有汜序。適能悔過。釋文。適正夫人也。公羊傳。立適以長不以賢。注。適謂適夫人之子。古文適作□。從帝從口。適妻適子。如果之有蔕。一本之所生也,説文。擿。拓果樹實也。桂氏云。當作拓樹果實也。从手从啻。啻即果之有蔕者。自帝字之本義晦。而後人别出疐蔕柢三字。爾雅釋木。棗李曰疐之。孫注。疐之去柢也。禮記士疐之疏。疐謂脱華處。說文。蔕瓜當也。文選吴都賦注。蔕花本也。西京賦注引聲類。蔕。果鼻也。音帝。爾雅釋言。柢。本也。老子。是謂深根固柢。釋文。柢亦作蔕。疐蔕柢蒂同音。皆帝之孳生字也。【帝字說　字說】

◉吴大澂　[glyph]周䆶鼎帝字如此　[glyph]聃敦喜帝文王　[glyph]寡子卣　[glyph]斁狄鐘　▼▼己且丁父癸鼎。諸侯不祖天子。此器獨於祖父上加▼字。其爲帝字無疑。如花之有蒂。果之所自出也。▽▽己且丁父癸卣　[glyph]帝降矛　【說文古籀補第一】

◉孫詒讓　《周禮》大宗伯掌建邦之天神、人鬼、地示之禮。通謂之吉禮。龜文亦三者咸有。天神則有「帝」，地示則有「方[glyph]」，人鬼則有「田正」及「祖、父、母、兄」等皆是也。或爲就其神而卜事之吉凶，或因祭其神而卜其牲日之等，文意簡略不能盡詳，要其爲有事於鬼神，則義固昭較可攷也。

「丝口不隹帝曰」、二之一。「庚戌𢦏貝雨帝不我□」、卅五之三。「丙申卜𢦏貝帝弗[glyph]」、六十一之四。「隹帝㫚甾」、八十七之四。「盟帝鹵□」、八十九之三。「二月帝不令雨」、百廿三之一。「曰帝墓我」、百五十九之三。「帝歅於豕二羊□」、百七十八之四。「立召於二帝弗□」、百九十一之四。「庚申卜貝帝□」、二百十七之四。「□貝立□邑帝䓝」、二百廿之三。「貝帝从」二百五十七之三。「丁亥□𣪕貝隹帝來」，二百六十七之一。「帝」字皆作「[glyph]」。《說文・二部》：「帝，諦也，王天下之號，从二，[glyph]聲。古文作[glyph]。」此以二爲一，與彼略同。下从[glyph]，朿形亦較葡。此並謂卜於帝也。《論語・堯曰篇》云：「予小子履，敢用玄牡，敢昭告於皇皇后帝。」孔安國注以爲伐桀告天之文，帝謂天帝。《周禮》大宗伯職，天神有昊天上帝及五帝。《書・舜典》亦云：「肆類於上帝。」皆是也。【契文舉例卷上】

◉羅振玉　說文解字帝古文作[glyph]注。古文諸丄字皆从一。篆文皆从二。二古文上字。辛示辰龍童音章皆从古文上。今觀卜辭。或从一或从二。殆無定形。古金文亦多从二。不如許說也。又。卜辭中帝字亦用爲禘祭之禘。說詳禮制篇。【增訂殷虚書契考釋】

◉葉玉森　殷禮迎氣四方之祭或曰帝方。帝叚作禘。或曰[glyph]方。[glyph]疑即㝵。如卜辭云「貞方帝卯一牛之南」。前編卷七第一葉。「㐱方帝」。甲骨文字卷一第十一葉。「甲寅卜其帝方一羊一牛九犬」。殷虛卜辭第七百十八版。則卜帝方也。又「缺用丝[glyph]缺我[glyph]方缺从雨」。後編卷下第二十葉。「貞[glyph]方于丁」。藏龜第五十二葉。「丙子貞[glyph]方于岳」。又第九十葉。「缺卜㦰貞翼辛巳屮[glyph]酌[glyph]於方缺」。則卜[glyph]方也。惟卜辭多渾言方。即指四方。詩甫田云，以社以方。方亦指四方。或析言某方。如前辭云之南。則專指南方矣。【說契　學衡三十一期】

◉高田忠周　漢書律歷志曰。太昊帝。易曰。炮犧氏之王天下也。言炮犧繼天而王。爲百王先首。德始於木。故爲帝云云。

夫朿爲木芒也。木芒者。木之先耑也。帝字從朿聲。疑亦兼意。果然。帝字之作取於伏犧受命爲王之義也。或謂帝字从二从木从冂。冂國境界也。故或代冂以口。口即□字，四方之意。受命於天。以木德守國之意。是會意而非形聲。後人譌形作朿。遂變爲從木朿字者。而謂形聲。未可遽定。存疑云。朱氏又云。帝叚借爲諦。廣雅。帝諟也。又爲定。周禮瞽曚。世帝繫。小史。帝繫世。杜注。書亦或爲奠。讀爲定。按帝奠定一聲之轉。又爲臺。吕覽過理。宋王築爲蘗帝。注當作臺。此形近而誤。又按一説云帝即花蒂本字。最古文作丅非。花蒂之蒂爲蔕字俗體。蔕本義瓜當也。轉爲花本。吳都賦。扤白蔕。劉注花本也。即用本字可證。班固荅賓戲有蔕字。恐係後之改竄。【古籀篇九】

◉王國維　帝字段注古文以一爲二。六書之假借也。師云。古文作一者由二省也。【劉盼遂記　説文練習筆記　國學論叢第二卷第二號】

◉葉玉森　孫詒讓氏曰。説文二部。帝諦也。王天下之號。从二朿聲。古文作帝。此與彼畧同。栔文舉例上十八羅振玉氏曰。説文解字帝古文作帝。注古文丄字皆从一。篆文皆从二。二古文上字。辛示辰龍童音章皆从古文丄。今觀卜辭或从一或从二。殆無定形。古金文亦多从二。不如許説也。又卜辭中帝字亦用爲禘祭之禘。增訂書契考釋中第十四葉。王國維氏曰。帝者蒂也。不者柎也。古文作帝。但象花萼全形未爲審諦。故多於首加一作帝帝諸形以別。釋天觀堂集林卷六森桉。卜辭帝作帝帝帝帝帝等形。从木與米省同。即卜辭寮字。風字亦从此。象一人跽而秉寮則風向自見也。冂象架形。⋈冂象束薪形。唐書引禮盧注。禘帝也。卜辭之帝亦多叚作禘。禮大傳不王不禘。是惟王者宜禘。禘與寮竝祭天之禮。殷人亦以祭祖禘必用寮。故帝从寮。帝爲王者宜寮祭天。故帝从一象天。从二爲譌變。非古文上。卜辭帝字示有到書者。如後編卷上第二十六葉之帝。下从一。或象地。米仍象積薪置架形。聃敦帝作帝。从二从米。象誼彌顯。觀此則許書从二朿聲之説爲不然矣。殷契鉤沈。王氏帝蒂之説根於吳大澂氏之説。丅己且丁父癸鼎吳氏釋丅己爲帝己。疑古帝字本作丅。如花之有蒂。果之所自出也。後人增益之作帝。象根枝形。从艸。俗字也。説文古籀補第一第一葉。予桉。丅乃肥筆丅示字。即丅示卣之丅。卜辭於父之上稱祖。或稱示。如示丁示壬示癸。是示神也。稱示某猶後世稱神農神堯神禹也。容庚氏以鼎卣二文之丅丅不列入金文編帝字下。而存於坿録。洵爲卓識。殆因卜辭中帝字恆見。無一作此形者。鼎卣竝爲殷器。自不能獨異也。【殷墟書契前編集釋　卷一】

◉商承祚　説文「帝。古文帝。諸丄字皆从一。篆文皆从二。二。古文上字。辛示辰龍童音章皆从古文丄。」王筠謂二古文上以下十三字。乃後人所增。甲骨文帝字變體甚多。其作帝帝。則與篆文同。又或作帝帝帝。蓋帝乃蒂之初字。故象蒂及不鄂

也。蒂爲花之主。故引申而爲人之主。金文帝皆同篆文。石經古文作帝。品式石經與此同。【說文中之古文攷】

◉明義士　吳大澂謂象花蒂之形，蒂爲花之本，故引伸以爲人主之稱，近人皆宗其説。按吳説未確，帝从一从木从冂，木爲朿省，冂象束形，一即古文上，賁束柴於上者帝也。故帝引伸爲禘。【柏根氏舊藏甲骨文字考釋】

◉馬叙倫　鈕樹玉曰。韻會朿下無聲字。王筠曰。朿篆作朿。而帝字中直不上出。既無所取義。何以變形。恐字形失傳。許君以意爲之也。翟云升曰。朿中畫不當上出。當作朿省聲。沈濤壽曰。帝。華帝也。别作蔕蒂皆非。借爲帝王字。倫按鄭樵謂帝象華蒂之形。今觀甲文帝字有十餘形。大氐不出帝帝二類。金文惟秦公毁同此。仲師父鼎作帝。餘皆與甲文相似。而此下有古文帝字作帝。更無朿形。且帝王字不可專作。王皇字皆叚借。則帝字亦然。鄭説是矣。帝當從甲文作帝。象華蒂之形。變而爲帝。又變而爲帝。篆文作帝。則如兀之作元天之作兲。特由篆勢茂密。或由爲帝王之義所據。故改從古文上與。然許據倉頡訓纂爲書。篆既从二。説解亦當言从二。此作从丄。非許不知帝爲華帝字。故以疊韻之諦訓之。則缺其本義矣。或許書之例本皆以聲訓也。王天下之號也校語。當自爲部。

帝嚴可均曰。古文諸丄字以下疑皆後人校語。許槤曰。齊侯鎛鐘。又敢在帝所。帝作帝。商承祚曰。甲骨文帝字變體甚多。其作帝帝與篆文同。又或作帝帝帝。魏石經古文作帝。倫按涵芬樓影北宋本無辛示辰三字。自龍字以下九字空格書。不連上文。與示注从二。下二古文上字同例。明非許文。【説文解字六書疏證卷一】

◉楊樹達　《前編》七卷一葉之二云「丙戌，卜，貞，甶犬犬又豕帝。」葉玉森讀帝爲禘。集釋七之一下。余按葉説誤。果如葉説，則此辭有祭名，有祭牲，而無見祭之神，於文爲不備矣。且卜辭恆云：「帝其降堇？帝不令雨？」殷人於帝之尊事如此，而獨無祀帝之禮，此於理又決不可通也。余謂帝即詩書之上帝，犬豕記牲，祭名不具，則卜辭中恆見之例也。同卷一葉之一云：「貞，方帝，卯一牛牛又南。」方帝羅振玉疑五方帝之祀，是也，此即卜辭中之四方神，後來禮記月令所記亦是此。葉亦讀帝爲諦，集釋七之一。亦非也。【卜辭求義】

◉朱芳圃　説文丄部：「帝，諦也。王天下之號也。從丄，朿聲。帝，古文帝。」吳大澂曰：「許書帝古文作帝，與鄂不之不同意，象華蒂之形。」字説一。明義士曰：「吳大澂謂象花蒂之形。蒂爲花之本，故引伸以爲人主之稱。近人皆宗其説。桉吳説未確。帝从一，从木，从冂。木爲朿省，冂象束形，一即古文上。賁束柴於上者帝也，故引伸爲禘。」柏根氏舊藏甲骨文字考釋四四。葉玉森曰：「帝……从木大，竝米湝即賁字。冂、冂象架薪，又、口象束薪。舊唐書引禮盧注『禘，帝也。』卜辭之帝，亦多假用作禘。禮大傳『不王不禘』，是爲王者宜禘。禘與賁竝祭天之禮。禘必用賁，故帝从賁。帝爲王者，宜賁祭天，故帝从一或二，竝象天也。」殷契鉤沈五。桉明、葉二説是，吳説非也。米若米象積柴，丨若冂象植柴之架，ㄨ所以束之。古者祭天，燔柴爲禮。禮記祭法：「燔柴於泰壇，祭天也。」郊特牲「天子適四方，先柴」，鄭注：「所到必先燔柴，有事於上帝也。」爾雅釋天「祭天曰燔柴」，郭注：「既祭，積薪燒之。」説文示部：「祡，燒柴燎以祭天神。从示，此聲。」蓋以火光之熊熊，象徵天神之威靈。詩大雅皇矣「既受帝祉」，鄭箋：「帝，天也」；荀子彊國篇「百姓貴之如帝，高之如天」，楊注：「帝，天神也」。此本義也。周書謚法「德象天地曰帝」；爾雅釋詁「帝，君也」，移天神之號以尊人王，蓋王權擴張，階級森嚴之反映。

天神謂之帝，因之祭祀天神謂之禘。詩序：「長發，大禘也。」鄭箋：「大禘，郊祭天也。」爾雅釋天：「禘，大祭也。」禘爲王者之大祭，王者推其始祖所自出，以爲天帝所生，即天帝之子，故大祭時以其祖配之。禮記大傳，喪服小記皆曰：「王者禘其祖之所自出，以其祖配之。」詩序：「雝，禘太祖也」。鄭箋：「禘，大祭也……太祖謂文王。」蓋王者爲欲鞏固其統治地位，故尊崇其祖與天相配，以示其權力之有所授，使臣民懾服，毋敢作非分之思。觀射父謂「寵神其祖以取威於民」，國語楚語下正道出其隱衷矣。【殷周文字釋叢卷上】

◉裘錫圭　日本學者島邦男从卜辭裏發現，商王有時「附帝號於父名而稱之」，如第一期稱父小乙爲「父乙帝」，第二期稱父武丁爲「帝丁」，第三期稱父祖甲爲「帝甲」，第四期稱父康丁爲「帝丁」，第五期稱父文武丁爲「文武帝」。他認爲這跟西周金文稱「帝考」（仲師父鼎、寎鼎）、「啻考」（買簋）同性質，「帝」是「對父的尊稱」（《研究》183—184頁）。島氏的發現很重要，但是他對稱父爲「帝」這一現象的意義并没有充分理解。嫡庶的「嫡」，經典多作「適」。不論是「嫡」或「適」，都是从「啻」聲的，「啻」又是从「帝」聲的。稱父爲「帝」跟區分嫡庶的觀念顯然是有聯繫的。

《大戴禮記・誥志》：「天子……卒葬曰帝。」《禮記・曲禮下》：「君天下曰天子……措之廟立之主曰帝。」按照這種説法，凡是天子，死後都可稱帝。所以《史記》的夏、殷二本紀，在每個王名上都加「帝」字。但是從卜辭看，商王只把死去的父王稱爲帝，旁系先王從不稱爲帝。例如第三期卜辭裏屢見「帝甲」之稱，但是稱祖庚爲「帝庚」之列卻從未見過。所以《誥志》和《曲禮下》的説法並不完全可信。《史記》不管直系，旁系，在每個王名前都加「帝」字，是不正確的。商代最後二王是帝乙、帝辛。這兩個稱號不見於卜辭，但是屢見於古籍，帝乙還見於商末銅器邲其卣。他們所以稱帝，也都是由於具有直系先王的身分（帝辛是武庚之父）。

卜辭屢見「王帝」之稱：

①□□王卜曰：兹下□若兹莽於王帝。存上1594

②☐再王帝今日☐　寧1·515

③貞：唯王帝人(？)不若。續4·34·7

「王帝」大概就指時王之考。有一塊三、四期的肋骨，刻有卜問「帝」的日名的卜辭：

④乙巳卜：帝日惠(音義與「唯」相近)丁。庫985＋1106

李學勤同志認爲「是武乙爲康丁選擇日名」，「帝」是武乙對其父康丁的稱呼。同骨還有卜問是否「示帝」的卜辭：

⑤乙巳卜：其示帝。

「示」的本義是神主，「示帝」可能是給康丁立神主的意思。

商人所謂上帝(卜辭多稱「帝」)，既是至上神，也是宗祖神。按照上古的宗教、政治理論，王正是由於他是上帝的嫡系後代，所以才有統治天下的權力。《尚書·召誥》說「皇天上帝改厥元子茲大國殷之命」，可見商王本來是被大家承認爲上帝的嫡系後代的。周王稱天子，也就是天之元子的意思。上帝的「帝」跟用來稱嫡考的「帝」，顯然是由一語分化的。

從以上所說的來看，商王用來稱呼死去的父王的「帝」這個詞，跟見於金文的「帝(啻)考」的「帝」(啻)和見於典籍的「嫡庶」的「嫡」，顯然是關係極爲密切的親屬詞。也可以說，這種「帝」字就是「嫡」字的前身。【關於商代的宗族組織與貴族和平民兩個階級的初步研究　文史第十七輯】

◉張桂光　「帝」字在甲骨文中的字形，主要有象花蒂之形、象女性生殖器之形、象尞柴祭天之形、象草制偶象之形等幾種解釋。這幾種解釋，實際上牽涉到一個殷人尊帝是出於生殖崇拜(如第一、二說)，抑或天神崇拜(第三說)，或者偶象崇拜(第四說)的問題。如按偶象說，則備受殷人崇拜的帝而用「上裝人頭形的假頭，下又紮結草把以代人身的偶象」來表示，就有些大不敬了；如按尞天說，則不僅殷人的天字未有蒼天或至上神的觀念，而且尞祭或禘祭的卜辭屢見，卻無一是以帝爲對象的，更談不上爲帝所專有了。因此，「束柴尞於上者帝也」的理由顯然也欠充分；而生殖崇拜說則與甲骨文中殷人對祖(甲骨文象男性生殖器之形)、妣(甲骨文象女性生殖器之形)、后(甲骨文象婦女生小孩之形)的崇拜相一致。再聯繫到甲骨文中殺牲祭祀先祖神靈的卜辭不計其數，卻沒有一條是祭祀那權威比祖、妣、后更大的帝的，這些都完全可以和《易·睽》注的「帝者，生物之主，興益之宗」、《禮記·郊特牲》疏的「因其生育之功謂之帝」以及《公羊傳·宣公三年》的「帝牲不吉」等記述相印證，證明殷人所尊的帝的初意即爲宇宙萬物的始祖，是宇宙萬物的生殖之神。【殷周「帝」「天」觀念考索　華南師大學報社科版一九八四年第二期】

◉連劭名　卜辭中的帝臣，可能是指五方的神祇。

《禮記・月令・季冬》：「乃畢山川之祀及帝之大臣，天之神祇。」鄭玄注：「帝之大臣，句芒之屬。」《禮記・曲禮》：「天子祭天地，祭四方，祭五祀，歲徧。諸侯方祀，祭山川，祭五祀，歲徧。」鄭玄注：「祭四方，謂祭五官之神於四郊也，句芒在東，祝融在南，蓐收在西，玄冥在北。詩云：來方禋祀。方祀者，各祭其方之官也。」殷人已經有了五方觀念，他們以大邑商爲天下之中，稱爲中商：

「戊寅卜，王貞：受中商年？一月。」《前》8.10.3

「□巳卜，王貞：於中商乎禦方？」《佚》348

商王曾同時卜問五方的年成：

「己巳王卜貞：(今)歲商受(年)？王占曰，吉。東土受年？南土受年？西土受年？北土受年？」《粹》907

「四土」即指「四方」，以「商」與四方相對，「商」即等於天下之中。

以句芒等神名配四方，其説後起，商代的四方神各有其名，曾記載於著名的善齋舊藏四方風名大骨。商王還曾向這幾位神祈年：

「辛亥、内貞：今一月帝令雨？四日甲寅夕(允雨)。一、二、三、四。

辛亥卜，内貞：今一月(帝)不其令雨？一、二、三、四。

辛亥卜，内貞：帝於北方曰勹，(鳳)曰[阝殳]，𠦪(年)？一、二、三、四。

辛亥卜，内貞：帝於南方曰[山儿]，鳳曰[illegible]，𠦪年？一月。一、二、三、四。

貞：帝於東方曰析，鳳曰劦，𠦪年？一、二、三、(四)。

貞：帝於西方曰彝，鳳曰[illegible]，𠦪年？一、二、三、四。」

《國語・越語》：「皇天后土四鄉地主正之。」韋昭注：「鄉，方也。」卜辭中的四方神也就是四方的地主。中央的地示就是立於國中的大社。《逸周書・作雒》：「乃建大社於國中。」《禮記・祭法》：「王爲羣姓立社，曰大社，王自爲立社，曰王社。」殷人的大社就是亳社。

古代常同時祭祀社神與方神：

《詩經・小雅・甫田》：「以我齊明，與我犧羊，以社以方。」《毛傳》：「社，后土也。方，迎四方氣於郊也。」

《左傳・昭公十八年》：「大爲社，祓禳於四方。」

殷人也常同時祭祀社與方，見於卜辭中的記載：

「燎於社宰，方帝？」《合》211

「燎於社，方帝？」《存》1.595

「戊申卜，殻貞：方帝，燎於社……？」《乙》5272

從前引《甲》779、《粹》13二版中知商王祭祀帝五臣是爲了求雨，而祭社與方也是爲了祈年與求雨。

「□午卜：方帝，三豕𡆥犬，卯於社宰，𠦪雨？四月。」《佚》40

所以，四方的神加上大邑商的社神可能就是卜辭中的帝五臣。　【甲骨文「玉」及相關問題　出土文獻研究】

◉朱歧祥　帝帝隸作帝。象花蒂形。説始於鄭樵《六書略》、吳大徵《説文古籀補》，唯形殊似未恰；字或从㚇，┃象架形，□象束薪形，示禘祭鬼神，從一象天；據葉玉森《殷栔鉤沈》釋帝字。其説可從。《説文》：「王天下之號。」卜辭借爲天神之總稱；又作「上帝」。帝管轄一切天上人間事物，力能呼風喚雨降吉兇，爲殷人對自然神秘力量崇拜的總根源。

《乙2452》翌癸卯帝不令風。夕𩃰(霧)。

《合115》丙子卜，𣪘：翌丁丑帝其令雨。

《金496》貞，方𢦏圍，唯帝令作我禍。三月。

《林1.25.13》〼丑卜貞：不雨。帝唯莫(艱)我。

《乙700》貞：帝弗疾唐邑。

《乙7456》貞：唯帝壱我年。二月。

《乙5408》甲辰卜，爭貞：我伐馬方，帝受我又(佑)。一月。

卜辭中有四方神祇，而諸氏族方國均有「帝」在上天管治看顧，亦爲殷人祭拜對象，顯見殷代已有祭祀多神的觀念。

《存1.595》㚇於土方帝。

《乙2639》貞：方帝：一羌、二犬，卯一牛。

《佚508》今丁酉夕㚇𤕫方帝。

《合261》貞：帝於東方曰：析；風曰：劦□。

貞：帝於西方，曰：彝；風〼。

辛亥卜，丙貞，帝於南方，曰：長☐。

辛亥卜，丙貞，帝於北方，曰：[glyph]；風曰：[glyph]。

四方風稱謂不同，四方帝名亦各異，曰：柯、彝、長、[glyph]。風即風神，又稱「帝風」，爲上帝使臣，與「帝雲」等協助帝管治人間大自然氣候，合稱「帝五臣」。

《佚227》辛未卜，帝風不用雨。

《前4.17.5》貞：帝風三羊三豕三犬。

《甲779》☐於帝臣又(佑)雨。

《粹13》☐又(佑)於帝五臣，又(佑)大雨。

《續2.4.10》貞：尞於帝雲。

帝字又用爲動詞，叚作禘，《說文》：「諦祭也。」

《遺846》丙辰卜，[glyph]貞：帝於岳。

《乙5707》☐帝於河。

岳，河，均屬自然神。

《後上19.1》貞：帝於王亥。

《乙4549》癸未卜，帝下乙。

第三期卜辭以後，殷王多以「帝」代「王」的稱號，如帝甲、文武帝，可見殷人主喜好誇耀權力，上比於天的心態。【殷墟甲骨文字通釋稿】

◉朱德熙 [glyph] b_2 [glyph] f [glyph] g [glyph] h [glyph] i [glyph] j [glyph] k [glyph] l

現在我們來討論b_2。這個字在節銘中一共出現了20次，都用在地名之前。下邊舉車節銘爲例：

自鄂市。b_2陽丘，b_2方城，b_2兔(菟)禾(和)，b_2栖(柳)焚(棼)，「栖」字「木」旁原文寫在「酉」字裡頭。姚漢源《鄂君啓節釋文》《古文字研究》第十輯)讀「栖焚」爲「柳棼」，甚是。b_2緐(繁)陽，b_2高丘，b_2下蔡，b_2居巢，b_2郢。

b_2與b_1同形，我們把a釋爲「賁」，那末b_2自然也應釋爲「商」字所从的「內」。由於古文字裡一個字往往可以隨意添加「口」旁，所以「內」和「商」實際是同一個字。不過把b_2釋爲「商」，跟過去釋「庚」一樣，還是無法讀通銘文。因此我們必須從另外一個角度來考慮這個問題。

望山一號墓竹簡有一個从「辵」从b_2的字，我們在字表中記爲f。簡文說：

☒「爲」悼固貞，出內(入)寺(侍)王，自刑(原文从「田」从「刑」，下同)(尸)以f集歲之刑(尸)。

「刑尸」是楚國月名，相當於夏曆的正月。「集歲」應從裘錫圭同志讀爲「匝歲」，就是週歲。「自刑尸以f集歲之刑尸」，是說自今年刑尸之月到次年刑尸之月。湖北荊門包山2號楚墓出土的竹簡有類似的文字：「王自夏柰之月以庚集歲之夏柰之月……」。(《包山2號墓竹簡概述》，《文物》1988年第5期)簡文「庚」字的寫法可能與鄂君啓節b_2略近。天星觀一號楚墓竹簡有與此類似的文字：

義懌以□長剌爲邸陽君番乘(原文从「乘」从「力」)貞，從七月以至來歲之七月，集歲尚自利訓(順)。

望山簡用f的地方，天星觀簡用「至」字。可見f與「至」同義，f從b_2得聲，所以鄂君啓節的b_2也應該是「至」的意思。由此我們懷疑節銘的b_2雖然與「啇」字同形，實際上代表「帝」字，在銘文中讀爲「適」。「適」从「啻」聲，「啻」从「帝」聲，所以二字相通。複姓「馬適」，古璽寫作「馬帝」可證。望山簡的f从「辵」从b_2，乃「適」字異體。這種寫法的「適」字又見於魏三體石經古文、商承祚《石刻篆文編》2.21，科學出版社，1959。馬王堆漢墓帛書《馬王堆漢墓帛書(壹)》《老子甲本及卷後佚書》圖版四〇九，文物出版社，1980。和漢印。羅福頤《漢印文字徵》2.11下「馬適平印」，文物出版社，1978。

把b_2釋爲「帝」，字形上似有兩點不合。第一，「帝」字豎筆左右應有兩斜筆，b_2沒有；第二，「帝」字上端應該是橫畫，而b_2是鋭首。把b_2跟見於古印的g(複姓「馬帝(適)」合文，古璽362)和h(从日从帝，古璽476)相比較，這兩點可以看得清楚。不過第一點是有例外的。i(古璽476)跟h是同一個字，而i的豎筆兩旁就省去了斜筆。j(从林从帝，古璽131)也是如此。至於第二點，應該指出，橫畫有可能演變爲鋭首。k(瘖，古璽191)和l(皐，古璽463)所从的「音」和「辛」就是例證。(編按：《古文四聲韻》卷五錫韻引《古老子》「歒」字作[glyph]，从「欠」从「帝」，「帝」之上端正作鋭角。)

從西漢開始，「商」和「啻」兩個字就經常發生混淆。例如《六韜·武韜·發啓》「商王虐極」之「商」，銀雀山漢墓竹簡本作「啻」。《銀雀山漢墓竹簡(壹)》圖版六七。漢印「適」字所从「啻」旁有寫成「商」的。《漢印文字徵》2.11上。由於「啻」字从「帝」，所以「商」有時又與「帝」字相混。例如銀雀山漢墓竹簡《孫臏兵法·見威王》「帝奄反，故周公淺(踐)之」，「帝」當是「商」字之誤(《左傳·昭公九年》「蒲姑、商奄，吾東土也」)。

總括上文(壹)和本篇所述，我們認爲在鄂君啓節銘文裡，偏旁「啇」(b_1)和獨用的「帝」字(b_2)同形。由於二者出現的地方不同，不會混同。正如「買賣」的「賣」與「讀、續、瀆、櫝」等字的偏旁「賣」在楷書裡同形，其實是兩個不同的字。這當然不是說在鄂君啓時代的楚文字裡，不管在什麼場合，「丙」和「帝」的寫法都沒有區別。我們可以設想，當「丙」和「帝」分別跟「口」字組合成「商」字和「啻」字的時候，兩個偏旁的寫法大概不會完全一樣，否則就會發生混淆。由於「商」和「帝」都是常用字，這種分化就尤爲必要。

把b_2釋作「帝」，讀爲「適」，節銘可以得到十分合理的解釋。《方言一》「適，往也」，古書多言「適某地」。《左傳・成公二年》「適郢」，與節銘「適郢」之語正同。【鄂君啓節考釋（八篇）紀念陳寅恪先生誕辰百年學術論文集】

◉黄錫全　帝帝見尚書　敦釋、神本、内本帝作帝，薛本作帝、帝，三體石經《堯典》古文作帝，《君奭》作帝。古帝字作帝（後1.26.15）、帝（京都2142）、帝（斁狄鐘）、帝（牛侯殷）、帝《説文》古文，也作帝（乙6666）、帝（邾其卣）、帝（𥧑鼎）、帝（大豊殷）等，此形類同。【汗簡注釋卷一】

◉徐中舒　象架木或束木燔以祭天之形，爲禘之初文，後由祭天引申爲天帝之帝及商王稱號。【甲骨文字典卷一】

◉戴家祥　吳大澂曰：嘗見潘伯寅師所藏舊拓本，有一卣蓋文曰：「▽己日●父癸」。又甘泉毛子静所藏鼎文曰：「▼己日・父癸」。古器多稱且某父某，未見祖父之上，更有尊於祖父之稱。推其祖之所自出，其爲帝字無疑。許書帝古文作帝，與「鄂不」之不同意，象華蔕之形。周𥧑鼎作帝，聃敢作帝，斁狄鐘作帝，皆▽之緐文。惟▽▼二字最古最簡。蔕落而成果，即艸木之所由生，枝葉之所由發。生物之始，與天合德，故帝足以配天，虞夏禘黄帝，殷周禘嚳，禘其祖之所從出，故禘字从帝也。字説　按吳説是也。禮記喪服小記「王者禘其祖所自出，以其祖配之」。鄭玄注：「禘，大祭也。始祖感天神靈而生，祭天則以始祖配之。」是帝更尊於祖之證。人之有始祖，猶植物子實之有華蔕也。古文禘止作帝，加旁從示乃後起字。卜辭「貞帝於王亥」，帝當訓禘，禮記・曲禮下言國王身故，「告喪曰：天子登假。措之廟，立之主曰帝」。謂現實政權之代表，死後提升爲靈魂世界之最高主宰，讓其權力於嗣王，嗣王得稱爲天子，惟天子才有資格祭天，喪服小記云：「不王不禘。」鄭玄注：「禘，謂祭天。」商、周社會所有祭祀活動，無非昭示其世襲君權出諸神授而已。唐韻帝讀「都計切」端母至部，蔕或作蔕，不但同部而且同母。禘讀「特計切」定母至部。【金文大字典上】

◉高　智　包山楚簡有字作「帝」（201）形，原《包山楚簡》釋爲「央」。按從形體分析，此字與「央」作「央」（《虢季子白盤》），包山楚簡「紻」作「紻」（67）所從相去甚遠，當與《古文四聲韻》中之「帝」作「帝」形，與《汗簡》中「適」作「適」所從亦同。包山楚簡作「帝」下增一短横爲慣用性飾筆，如「羊」（181）又作「羊」（275）、「東」（156）又作「東」（202）「豕」字作「豕」（46），又作「豕」（227）等，故此字當釋爲「帝」字。【《包山楚簡》文字校釋十四則　于省吾教授百年誕辰紀念文集】

甲二四六四　説文旁溥也从上闕方聲　卜辭旁字从凡方聲　河六三一　旁方　拾五・一〇　前二・三・二　後二・三七・二　誠三五五　林一・一七・一五　庫一五九六　【甲骨文編】

録631　【續甲骨文編】

旁　周旁尊　旁鼎　妣𩰫母簋　【金文編】

旁　秦一二〇　六例　通方　四一日乙二〇　封二二　法一〇一　日乙一四七　【睡虎地秦簡文字編】

讀爲方　天一遺(乙5-19)　【長沙子彈庫帛書文字編】

梁旁家丞　旁賞　旁臨　旁敞之印　【漢印文字徵】

㫄　出林罕集字　【汗簡】

林罕集　義雲章　雲臺碑　並崔希裕纂古　並説文　【古文四聲韻】

◉許　慎　溥也。从二。闕。方聲。步光切。古文旁。亦古文旁。籀文。【説文解字卷一】

◉羅振玉　説文解字。旁。溥也。从二。闕。方聲。古文作。籀文作雱。古金文作。旁肇鼎。。旁尊。並从从。此从。即省。【增訂殷虚書契考釋】

◉王國維　説文解字二部。旁。溥也。从二方聲。闕。雱。籀文。按。魚部魴下重文鰟。大徐本云。魴或从旁。小徐本云。籀文魴从旁。如小徐本是。則籀文固有旁字。而以雱爲旁者。假借字也。雱之本義爲雨盛。詩曰。雨雪其雱。毛傳。雱。盛皃。从雨方聲。【史籀篇疏證　王國維遺書第六册】

◉丁　山　説文：「，溥也，從二(古文上)，闕，方聲，，古文旁，，亦古文旁，，籀文」。鈕氏(樹玉)校録曰：「繫傳『方聲』在『闕』上，宋本『闕』字模糊，韻會無『聲』字『闕』字，蓋黄公紹删之也。説文無『』，故云闕也。」徐鍇「按許慎解叙云：『於其所不知，蓋闕如也』；此旁字雖知從『上』，不知其所從，故闕，鍇以爲自上而下，旁達四方也。李陽冰曰『旁達之形』，此言得矣。」因上下旁達之説，而謂「古文下別作□，□乃上下並省成文」者，吴穎芳説文理董（王紹蘭説文段注訂補引）是已，然下説文作丅云「□篆文下」，華嶽碑則作□，金文多作二，卜辭多作□；吴氏所謂「古文下別作□」者，既無所據；則「□乃上下並省成文」者，自不足信。嚴氏（可均）校議云：「凡言『闕』者，轉寫斷爛，校者加『闕』字記之；小徐指爲許語，皆承李陽冰之誤也。今此當闕『從人』二字。冂部『央』從大在冂之內，大，人也，央旁同意，許君既言『央旁同意』，則旁從『人』字古文，旁從奇字『儿』無疑矣。」錢坫斠詮，亦同其説。張君文虎（舒藝室隨筆卷二）復綜「從人」「從上下省」之説而申之曰：「旁字在上下二文間從方者，四方也；從人者，天上地下，人在中也。」不知「□」釋爲人之古文，則「□」不得謂爲「上下並省成文」，況人籀文作□，古文奇字作□，金文多作□，卜辭多作□；「□」釋爲人，於古又無據乎？此人在天地中説，又未可執以爲信矣。王氏（筠）釋例云：「旁下云『闕』，謂『□』也。按此以會意定指事字也；許君專以方爲聲，亦有遺義。從上從方，乃上下四方，旁薄充塞之意；□則狀其無不到之形也。」又云：「以會意定指事，……字義重事而不重意也。旁下云『溥也』，則溥乃其本義，而從上從方，不足表明其意，惟□乃足發揮之。」竊王氏之意，似以「□」爲指事之符號，較諸吴嚴輩強不知以爲知者，誠高明矣；然謂溥爲旁之本訓，則又千慮之一失。旁之語根，實起於方，廣雅曰：「旁，方也。」東京賦「旁震八鄙」，薛注云：「旁四方也。」由四方之誼，引而申之，爲廣爲大，更就廣大誼演繹之爲旁魄，爲旁薄，此旁之所以訓「溥」歟？溥者旁聲之轉，誼故相通，爾雅「溥，大也」，詩「溥彼韓城」，箋「溥，廣也。」旁與溥聲同而誼通，許君知之；許君所不知者，央旁何以同意耳。「央旁同意」，非特許君所未聞，即段桂諸大師亦所未曉，何以故？旁殷墟甲骨文字或作□，或作□，羅氏（振玉）考釋曰：「旁，古金文作□（旁肇鼎）□（旁尊），並從□從□；或從冂，即□之省；或從□，又□之變也。」余竊以爲□者旁之初文：其下從方，四方誼也；其上從冂，即「邑外謂之郊，郊外謂之野，野外謂之林，林外謂之冂」之冂也。冂説文「象遠界也」，畫野外州，界各有四；故古文又從□；□蓋金文□之變；□又冂所繁衍而成也。央從冂，旁亦從冂；故其意同，旁之本訓爲「四方」，央之本訓爲「中央」；中央四方，亦謂之「五方」，禮曰「五方之人，言語不通」，西都賦「都人士女，殊異乎五方」是也；然則旁之與央，亦疊均而同指矣。旁，㚤𩰫母敦亦作□，央，王庶子碑亦作□（□汗簡中卷冂部釋爲「而」）。按該書別有而部作□，而下又出□字者，必後人依冂部，□誤爲而補也）。其同錯□□於冂內，猶可察見。旁之從冂，一變而爲作□，再變而爲從□，小篆更變而爲從□；於是「從人」「從上下省」之説紛起，而「央旁同意」漸荒，冂或「從土從冋」，詩「在坰之野，」傳：「坰，遠野也。」遠野者，邊邑也。爾雅「二達謂之岐旁，三達謂之劇旁」，釋名「物兩爲岐，在邊曰旁；」旁冂同意，古猶足徵，是旁之形，當爲「□從冂，從方，方亦聲」，會意兼聲字云。王氏所謂「以會意定指事」者，蓋亦誤也。□□二古文及籀文□，以形審之；

旁上從𠀠，𠀠之省形，旁上從冂，冂之別體；𠀠孫詒讓曰：「當爲軶原始象形字，上從一，以象衡；中從卜，以象軏；下從冂，以象軶。」說文「軶，轅前也」，大車之軶謂之槅，釋名「槅，扼也，所以扼牛頸也」，並無旁意。兀，說文云：「高而上平也。」亦無旁意；豈李燾所謂「籀古文皆後人依字林補」耶？（旁，汗簡云「出林罕集字」，不云出說文，甚可疑也。）雱，詩「雨雪其雱」，傳「盛皃」，廣雅從旁云：「雱雱，雨也。」雱之本訓，當爲「雨盛」。盛與大，意相近；旁與雱，聲又同。史籀篇遂借雱爲旁歟？非然者，雱亦必後人依字林補也。【釋旁　北京大學研究所國學門週刊十八期二卷】

◉王國維　尚書中旁字有四面八方之意。銅器中作旁。其上體之凡。爲古凡字。見散氏盤。說文以凡入二部非是。同字亦由凡受形義作同。【劉盼遂記　說文練習筆記　國學論叢第二卷第二號】

◉商承祚　旁旁說文「旁。古文旁。旁。亦古文旁。」案甲骨文作旁旁旁。金文旁尊作旁。說文所从之𠀠冂。即凡冂之變。【說文中之古文攷】

◉楊樹達　說文一篇上上部云：「旁，溥也。从二，闕；方聲。」按旁字龜甲文作旁，又作旁；古金文旁肇鼎作旁，旁尊作旁；字並从凡从方。羅振玉云：或从冂，即凡之省；或从井，又凡之變也。樹達按羅説近是，而不言字所以从凡之故。愚謂：旁者，今言四方之方之本字也。凡井皆象東西南北四方之形，方則加聲旁也。方龜甲文作方。省形作H，四方缺其一，猶受物之器作匚，亦四方缺其一也。說文八篇下方部云：「方，併船也；象兩舟省總頭形。」字無四方之義。其用爲四方之義者，實假作旁字用耳。周髀算經下云：「天之中央亦高，四旁六萬里。」四旁即四方，此古書之用本字不用假字者也。僞古文尚書太甲上篇云：「旁求俊彥。」史記五帝紀云：「旁羅日月星辰。」某氏傳及索隱並云：「旁非一方。」禮記聘義篇云：「孚尹旁達。」疏云：「旁者，四面之謂也。」此本義之猶可考見於傳注者也。

甲文韋字从□，而衛字偏旁之韋或从方。金文衛字之偏旁或从□，或从方；此□方同字之確證也。□爲古城字，又爲古方字者，古文同形不嫌異字也。旁之義爲四面而非一方，故引伸之義爲溥。許君以溥爲訓，既失其初義，篆文从⼆古文上。从冂，亦失其真形矣。

古字有於象形之外兼注聲旁者．說文七篇下网部云：「网，庖犧所結繩以漁。从冂，下象网交文。」按冂象網之綱，或體作罔，則於象形之外注聲旁亡矣。九篇下厂部云：「厂，山石之厓巖人可居。象形。」籀文作厈，則於象形之外注聲旁干矣。十篇下尣部云：「尣，尲曲脛也。从大，象偏曲之形。」或體古文作尩，則於象形之外注聲旁㞷矣。此許君知其爲一字者也。又十一篇下永部云：「永，長也。象水巠理之長。」引詩曰：「江之永矣。」又云：「羕，水長也。从永，羊聲。」引詩曰：「江之羕矣。」

按羕與永同字，異者，羕加注聲旁羊耳。許君引詩，爲同句之異文，理宜知永羕之爲一字，而許竟列爲二文，不審何故。又十一篇下雨部云：「雨，水从雲下也。一象天，冂象雲，水霝其閒也。」又云：「䨞，雨貌。从雨，禹聲。」按雨䨞同字，異者，䨞於象形之外注聲旁禹耳。十二篇下曲部云：「曲，象器曲受物之形。」又云：「𠚏，骩曲也。从曲，玉聲。」按二文亦一字，異者，𠚏注聲旁玉耳。十四篇下午部云：「午，啎也。五月陰氣午逆陽冒地而出。」又云：「啎，逆也。从午，吾聲。」按午即杵臼之杵之初文，亦象形字。啎午同字，異者，啎於象形之外注聲旁吾耳。此許君認爲二字而今可推知其爲一字者也。旁字古从凡从共，象四方之形，以形表義，明白無餘，復加注聲旁之方，與上述諸文同例。

四方之方最初作凡作共，純象形字也。繼加聲旁作旁作旁，象形加聲旁字也。今則止用聲旁之方，蓋其變化之次第如此。向非龜甲金文，方之本字竟不可得見矣。【釋旁　增訂積微居小學金石論叢卷第一】

◉馬叙倫　鈕樹玉曰。宋本闕字模糊。韻會無聲字闕字。蓋黄公紹删之。説文無冂。故云闕也。桂馥曰。闕者謂所承之本闕也。若使許君創作。何言闕乎。嚴可均曰。凡言闕者。轉寫斷爛。校者加闕字記之。小徐等指爲許語。皆承李陽冰之誤也。今二徐本云闕者凡四十六見。余詳考之。斷非許語。翟云升曰。从方方亦聲。王國維曰。銅器中旁字作旁。其上之凡即凡字。見散氏盤。説文以凡入二部。非是。倫按此下有亦古文旁作旁。籀文旁作雱。則旁似即詩俾滂沱矣之滂初文。故此訓溥也。从天之本字作一者。冂八非字。王筠以爲象旁達之狀。蕭道管以爲象雨滂沱普及形。然謂冂八爲象雨滂沱形。終屬附會牽強。且雨下有古文雨作雨。不更自然耶。雨滂沱自以雱字爲安。蓋雱爲溥也之本字。旁旁旁皆金文作旁旁甲文作旁旁者之變譌。而爲凡之轉注異文。即今謂帆曰風篷之篷本字。从凡。央聲。借爲邊旁字。當入凡部。翟謂从方方亦聲。不悟方爲并船。與溥義何涉。旁尊作旁。旁鼎作旁。

旁　商承祚曰。甲骨文作旁旁旁。金文旁尊作旁。此冂八即凡八之變。倫按嚴可均疑此出説文續添。丁山以汗簡注云出林罕集字。疑許書本無此字。是亦重文爲後人增入之證也。

雱　倫按从雨方聲。爲形聲字。本書自叙曰。秦始皇帝初兼天下。丞相李斯作倉頡篇。中車府令趙高作爰歷篇。太史令胡毋敬作博學篇。皆取史籀大篆。或頗省改。所謂小篆者也。又曰。今叙篆文合以古籀。然則篆籀之異。徒筆畫繁簡之分。許書雖録小篆。而已合以古籀。既不得有重文。況此籀文乃與篆文異字。又如牭之籀文作樲。話之籀文作譮。子之籀文作𢀇。明非繁簡之殊。直是二字。安得列爲重文。視爲一字。許豈如此夢夢者耶。其爲後加又何疑焉。若出呂忱。則晉世籀篇尚有存者。籀篇有雱字。呂忱詳其詞義是旁溥字。故以爲籀文旁。許不録者。倉訓中無其字也。他亦例此矣。籀文

下依大例當有旁字。餘詳自叙。【説文解字六書疏證卷一】

◉陳　直　二五四四B條　商人淳于次孺王充鄭少卿古酒旁二升皆飲之。

「商人」當爲「旁人」之誤釋，「二升」當爲「二斗」之誤釋，原簡文字不甚清楚。旁人即後代俗稱之中人，與沽酒二斗皆爲兩漢券約中之極普通名詞。【居延漢簡中編釋文校正　考古一九六〇年第四期】

◉李孝定　説文旁下説解云：「闕」，嚴可均説文校議謂爲轉寫斷爛，校者加「闕」字記之，説殊未安；不知蓋闕，許書叙已明言之，旁字篆文从𠘨，實不可解，故注云「闕」，蓋慎之也。核之古文，从𠘨，實爲𠀠之形譌，惟冂𠀠共亦無義可説，丁氏謂旁字以㫄爲最古，从冂乃坰字古文，並云央旁同義，説雖較「上下並省成文」者爲長，然亦乏確證。楊氏謂旁乃四方之「方」之本字，方則當以許訓併船爲本義，用爲四方者乃借字；又引金文衛字偏旁或从□或从方，以證□方同字，其説自爲矛盾。並宜存疑。

【金文詁林讀後記卷一】

◉李仲操　莽京即旁京。儘管學者對莽京地望有不同説法，但對莽字的解釋基本上是相同的。阮元在《繼彝》(應爲静𣪘)考釋中謂：「此旁之繁文，古邦字異文也。」王國維在《周莽京考》中謂：「其字从茻从㫄。㫄字雖不可識，然與旁鼎之㫄，旁尊之㫄，皆極相似，當是从茻旁聲之字。」郭沫若在《臣辰盉》考釋中謂：「莽字从茻㫄聲。㫄當从亼方聲。當即旁之古字。莽則旁之繁文也。」徐同柏、吳式芬也都釋旁。《高卣》銘文「王初饗旁」就直作旁字。可知此字釋旁是可信的。

金文裏的旁京爲周王所居之地，似與國都有着一定聯繫，因此一般把它同豐、鎬京城相比。但傳世文獻没有旁京的記載。而文獻裏的豐京、鎬京在西周銅器銘文裏都稱豐、鎬。至今在西周金文裏找不到豐京、鎬京的字樣。這就證明金文旁京並不是京城，不能把它與豐、鎬京城相混。

旁京一詞僅見於西周金文，殷商未見，東周以後亦無記載。這就證明此詞的使用，只限於西周時期，隨西周的存亡而興廢。

依據上述，我認爲可以斷定，旁京是周王活動的一個重要場地，之所以叫旁京，當從字義求之。旁字，《釋名》謂：「在邊曰旁。」京字，既非京城，當與西周地名京師的京字含義相同。《詩·公劉》「京師」下〔傳〕謂：「京，高丘也。」從字面看，旁京是旁邊高丘地的意思。再從銅器銘文看，旁京建有王宮，是周王的一個布政地點，則其必與都城臨近。因此旁京應是旁於都城旁邊並建有王宮的高丘地的意思，經歷日久便成西周君臣對這塊特定地方的特有稱謂。

旁京的性質，可從金文所記旁京的建築設置和周王在旁京活動的內容來分析。

建築設置方面，《卯毁》載：周王「命卯死𤔲(司)旁宮旁人」，「旁人」不是一個人的名字，「旁宮」當然也不是一個宮名，它是旁京王宮的總稱，是看不出其性質的。《師察毁》載「王在旁各於大室」，大室是大的宮室的意思。室字，《説文》謂：「實也。」孔穎達謂：「宮室通名，因其四面穹隆曰宮，因其財物充實曰室，室之言實也。」旁京有大室，僅説明旁京有財物充實的宮室，也不能説明其性質。《史懋壺》載「王在旁京溼宮」，溼即濕字，近水的意思。《石鼓文》有「原溼陰陽」，其濕正是指原下近水之處。旁京濕宮應即旁京近水之宮。《觽匜》載「王在旁上宮」，以近水之濕宮推之，上宮當指原上之宮。這樣，則旁京最少有兩個宮，一在原上，一在原下近水處。但濕、上二宮也反映不出它的性質。《静毁》載：「王在旁京，丁卯，王令静𤔲(司)射學宮。」學宮，天子習射之宮。這正指明了「旁京」的性質是周王學宮的所在地。

旁京既非鎬，非蒲，非豐，亦非「不遠的某個地方」，那麼它的地望應在何處？我認爲它在岐周漆水東岸的台原地上，是周王在岐周的學宮。

《臣辰盉》載：「隹王大龠(禴)於宗周，徃(出)饔旁京年。」《麥尊》載：「侯見於宗周，亡𧿳。迨(會)王客(各)旁京酓祀。」二銘都把旁京與宗周聯繫起來，證明旁京不是宗周。同時也説明旁京在宗周附近(絶不會在成周)。《詩·正月》「赫赫宗周」下，〔傳〕謂：「宗周，鎬京也。」宗周既是鎬京，則旁京不是宗周，也即不是鎬京。那麼在鎬京(宗周)附近的西周都城就剩豐和周(甲骨文和金文裏的周指岐周)兩處了。

再從西周禮制來看，祖廟與學宮的建置是互相聯繫的。旁京是郊鄙學宮，而據西周銅器銘文，岐周建有周宮、周廟、成宮、成大室、康宮、康廟、康寢、邵宮、穆王大室、大廟及康宮中諸王宮廟等，這些宮廟，除周宮外全都是周王的祖廟，旁京作爲學宮當與它們聯成一體，故其位置應是旁於岐周的　【莽京考　人文雜誌一九八三年第三期】

丅 下

甲六三六下　祖辛　甲九四二下　甲三三四二下乙　乙六六六四　乙六六七二　鐵二一二・二　戩一三・二　前四・六・八　粹七九　下示　無想四四　燕八四　佚九七九　乙二四五五　下乙　見合文三　佚九七九　下　見合文一六　乙一〇五一　下上　見合文二三　存下九一九　下酉　見合文一二　【甲骨文編】

乙745　2662　6700　6888　7348　7741　佚323　佚979　徵9・26　續1・36・5

續3·9·1 徵9·24 續3·㇐·2 續3·11·3 續3·11·4 徵9·28 續3·11·5 續3·12·1 徵9·27 續3·12·2 3·12·3 掇 420 徵9·25 10·124 【續甲骨文編】

下長由盉 虢弔鐘 番生簋 哀成弔鼎 下土 蔡侯𪐆盤 魚顛匕 中山王嚳鼎 曾侯乙鐘 鄂君啟車節 下鄴 地名 【金文編】

5·398 秦詔版「廿六年皇帝盡并兼天下諸矦……」共四十字 5·388 秦詔版殘存「帝盡并兼天下諸矦」八字 秦1557 秦詔版殘存「并兼天下諸矦」六字 秦1605 秦詔版殘存「廿六年□□□兼天下諸」七字 秦1255 下邽 【古陶文字徵】

〔六七〕 〔七九〕 〔六七〕 〔五一〕 〔一三〕 〔一〕 〔六七〕 〔一九〕 〔六七〕 〔四〕 〔七〕 〔一九〕 〔六七〕 【先秦貨幣文編】

刀弧背ㄣ下冀灵 仝上 刀弧背 左下京朝 布囩下邙陽展貳貳 仝上 布囩下専展貳叁 刀弧背右下典一一二〇 刀折背左ㄈ下典一一〇三 【古幣文編】

62 220 【包山楚簡文字編】

下 效二二 三十一例 秦六一 二十六例 法二 五例 【睡虎地秦簡文字編】

乍亓—凶(甲7-21)、—民之戒(甲10-33)、取于—(丙1：目3) 【長沙子彈庫帛書文字編】

4911 4857 4400 4856 4855 4529 3077 4853 0309 0097 4864 璽文「正下可私」下字如此。 4860 吉語璽「正下可私」下字如此。 【古璽文編】

下邽之印　下密丞印　下邳丞印　下東　帳下行事　下密馬丞印　下邳中尉司馬　下江將軍章　下良私印　下密丞印　天下大明　韓下　下池始昌　【漢印文字徵】

泰山刻石　既平天下　天璽紀功碑　下步于日月　禪國山碑　副尉天下喁喁之望焉　漢素下殘石　開母廟石闕　下民震驚　詔權　皇帝盡并兼天下諸侯　石經君奭　大弗克龔上下　【石刻篆文編】

下　見說文篆文　下出華嶽碑　下見石經　【汗簡】

古孝經　又說文　古老子　同上　又華嶽碑　石經　籀韻　竝籀韻　【古文四聲韻】

◉許　慎　丅底也。指事。胡雅切。𠄟篆文丅。【說文解字卷一】

◉羅振玉　段先生注說文解字改正古文之丄丅二字爲二二。段君未嘗肆力於古金文而冥與古合。其精思至可驚矣。又卜辭中上下及下上二字連文者。皆合書之。古金文亦然。【增訂殷虛書契考釋】

◉孫海波　下二藏一五十·三二二四九·二二番生𣪕　說文云：「底也，指事。𠄟篆文下。」段玉裁改丅爲二，改注云：「底也，从反二爲二。」桉段說是也，甲骨金文正爲二，象一在一下。【甲骨金文研究】

◉商承祚　金文番生𣪕作二。說文丅。「底也。𠄟篆文下。」段氏改正文丄丅爲二二。謂以「帝旁示諸字皆从二。可證古文上之爲二也」。以說文建類一首之例繩之。段氏所改甚當，至改篆文𠄞𠄟爲丄丅則非。丄丅亦古文也，何以知之！二二爲最初之古文，後因其易與一二之二字相亂，乃仰俯其下上筆作二二，然所別仍甚微，後遂竪其短畫爲丄丅，于是形誼乃顯著，至秦整齊古文以爲小篆，乃參采二體而作𠄞𠄟矣。段氏不明此，故有此誤，所謂千慮一失也。【甲骨文字研究下編】

◉郭沫若　「下上不若」乃卜辭恆語，蓋謂上天下民均不順應也。天心民意，兩不可知，故以卜定之。【殷契粹編】

◉馬叙倫　鈕樹玉曰。韻會無指事。有從反上爲下五字。桂馥曰。指事者。後人加之。丄字言明。無煩複綴。徐鍇本無之。段玉裁曰。丅當作二。丙從古文下可證。商承祚曰。段謂丅當作二。是也。天璽紀功碑与此同。倫按底當作氐。广部。

底。山居也。一曰下也。下也即氏之引申義。鍇本無指事二字。有從反丄爲丅五字。然〓從天之本字作一者。下畫爲標識以指其爲在一之下者耳。非反上爲下也。指事。當入一部。天之本字。説解中指事二字是校語。故鍇本無之也。〓字出倉頡篇。見顔氏家訓引。虢叔鐘作〓。毛公鼎作〓。甲文作〓〓。

〓王國維曰。春秋時銅器有下字。倫按秦始皇廿六年詔版及新嘉量魏石經下字如此。此葢呂忱或後人據石經或詔版增之。魚匕作〓。【説文解字六書疏證卷二】

◉郭沫若　天子對上帝而言亦謂之下帝

周公㲃「拜頶首魯嘉也天子寍造厥瀁福，克奔走上下帝無冬終命于有周追孝。」【周彝中之傳統思想考　金文叢考】

◉陳煒湛　甲骨文入字多作〓，下通常作〓，然亦可省作〓，遂與入字同形而易相混。《甲骨文編》將〓一律釋入(見該書卷五第十八頁，合文卷第二至三頁)。

卜辭人名有下乙，或作〓，或作〓。作〓者有的同志釋爲入乙，也有的釋爲内乙，均有未安。案《乙》四五四九片云「乙酉卜，〓歲于下乙」。另一辭同。兩辭對貞，下乙兩見，而一作〓，一作〓，此爲下可作〓之有力佐證。《京津》七〇一片亦「又于〓」與「又〓」共見一版，足證〓爲下而〓非入乙。再如《乙》一七八三片「甲子卜㞢羊于(案此字首畫適殘，不可誤認爲「匕」)下乙又用」，三四七八片「乙卯卜又歲于下乙牢用」，七五一二片「癸酉卜〓午下乙牢」，八六七〇片「牢又㞢于下乙」，諸辭之下乙亦均作〓。此下乙，胡厚宣先生謂即祖乙，或以爲乃小乙。案上述諸辭皆武丁時所卜，而武丁稱小乙爲父乙，安得呼爲下乙，當以胡氏之説爲是。又據《丙》三九片，下乙的地位和大甲與咸一樣的崇高，也可「賓于帝」，可知下乙決非小乙。《丙》四一片云：「翌乙酉〓伐于五示：上甲、成、大丁、大甲、祖乙。」而《乙》五三〇三片則曰：「〓上甲、成、大丁、大甲、下乙。」二辭對比，亦可證明下乙即祖乙也。

卜辭又有下己之名，作〓，見《殷綴》一四九片：「丙辰卜，歲牛于祖己〓？」

作爲下的〓與六亦相似而有别，不可混爲一談。《佚》七六片(《粹》四〇〇片重出)云：「癸未貞：〓又𠦪，不于妣囚？」〓，商承祚、郭沫若先生均釋六旬，無説，《甲骨文編》亦從之。案卜辭中六字多作〓〓〓諸形，如六示作〓，六祀作〓，六日作〓，六人作〓，六牛作〓，六百作〓，六牢作〓，六字都不作〓，〓之〓釋六似有未安，實亦當釋下，與下乙之下作〓者同。下旬猶來旬也，與今旬相對。《乙》三〇四片「今旬雨」，《粹》七四七片「自今旬雨」，《粹》七五一片「自今旬壬子雨」，《鐵》一四七·四片「癸酉卜自今旬不其〓(雨)」，其餘如《金》七〇三，《續存》上三四〇，《南北、坊間》四·四二，《京都》二一〇九，

《續》四・二三・八，《乙》二六二九諸片亦均稱「今旬」。此稱「下旬又希」與「旬亡囚」意同，乃于癸日即一旬之末日貞卜下旬是否有災禍，若釋六旬則了無意義矣。

∧作爲下字畢竟是少數，在大多數甲骨文中，∧則是入字，其辭例或稱入日，入商，王入，王勿入，義均爲出入之入，如《佚》四〇七片即入日(∧日)與出日(㞢日)共見一版；或稱某入若干，見于甲橋刻辭者不下數百例，義同入貢。而作爲入的∧，亦有誤認爲六字者。如《粹》七五七片(新版爲八八八之乙)有㐭一語，郭沫若釋爲六百，謂「唯六百不合書，爲一異例」。案此實「入百」二字，「百」左下側之亘則爲史官簽名，「入」上一字剛好殘失，補足之，當讀爲「□入百・亘」。餘外「雨、易、日」三字則爲另一辭之殘，與本辭無涉。甲橋刻辭稱「入百」之例亦屢見。如《乙》七七六及一〇二三片均稱「𢦏入百」。又如《佚》三七〇片之背，商先生釋爲「□六百」，案此片第一字實妻，雖微蝕，尚可辨，二、三兩字作㐭，亦宜釋入百，連讀之則爲「妻入百」。妻入若干的記載亦見于《乙》五三二〇片，「妻入十」；六八二五片「妻入二」；七六五二片「妻入三十」(朱書)。

要之，甲骨文∧既是出入之入，又是上下之下，二者同形，但與六作∧ ∧ ∧者則仍有別。【甲骨文異字同形例　古文字研究第六輯】

◉黄錫全　下下見石經　三體石經古文作下，《隸續》録作下，夏韻馬韻録石經作下。此形原應作下，寫誤。東周文字「下」已作下(蔡侯盤)、下(中山王鼎)。

二下出華嶽碑　甲骨文上下作二 二，金文作二 二，均爲指事字。此兩形不異商周古文。大約春秋以後纔出現上下，戰國時期出現丄丅。

丅下見說文　《說文》正篆丅，别出「下」，篆文「丅」，則丅爲「古文」。古寫本《尚書》下多作丅。古陶文下或作丅(陶1.2)，古貨幣亦有丅(貨文編1.1)。【汗簡注釋卷一】

◉戴家祥　說文一篇「丅，底也，指事。下，篆文丅。」段注改下作二。金文下正作二，上面長横象物體之面，下面短横爲指事符號，指其在物體之下。篆文丅字乃指事符號的豎寫，可能是爲了示别數詞一二之二也。蔡侯盤作下，集二丅之兩形。【金文大字典上】

甲二八二 鐵二·二八·三 佚四一二 前一·一·一 前二·三八·二 乙三四〇〇朱書 乙九
七二反 後一·一·二 輔仁四 林一·一八·一〇 戩一·九 後一·一·五 寧滬一·一二三
鄴三下·四一·一二 後一·一〇·六 二示見合文一 佚九一七三示見合文一 庫一一四四六示見合文一 甲二六
七九示見合文一 甲七一二小示見合文一 後一·一·二 示丁見合文一 甲二七六四示辛見合文一 甲八二示壬見合
文一 河二六三示癸見合文一 前六·六一·一 示彈見合文一二 【甲骨文編】

甲192 392 460 658 712 803 861 2416 2815 2905
3423 3659 乙282 2298 2684 3468 4725 4983 6291 6549
6686 6929 6967 7041 7127 7131 7617 7819 7894 8462 8642
8696 8956 9087 珠308 328 402 513 654 1182 佚23
99 114 160 161 211 266 412 418 535 536 561 697
866 882 884 892 917 986 998 續1·2·4 續1·4·1徵3·13
續1·6·1 1·6·2 續1·6·3徵3·20 續1·43·1 2·9·9 3·14·4 4·28·1 5·
1·4 續5·9·2徵8·36 續5·11·3 5·20·1 掇120 177 428 463 徵3·21
8·30 8·40 8·41 8·42 8·43 8·44 8·45 8·46 8·48
8·49 京3·20·1 4·9·4 凡8·1 14·1 14·3 録256 602 639 649

存續65　80　1785　2356　外3　11　粹195　464　536　854
1317　新419　2497　【續甲骨文編】

秦1086獨字　5·469同上　3·1236同上　秦425同上　【古陶文字徵】

〔三六〕　〔四二〕　〔二五〕　〔四〕　〔六八〕　〔三二〕　【先秦貨幣文編】

布空大豫孟　布空大典六〇四　仝上典六〇五　【古幣文編】

天璽紀功碑　示于山川　【石刻篆文編】

示　【汗簡】

古孝經　天臺經幢　汗簡　崔希裕纂古　【古文四聲韻】

◉許　慎　示天垂象。見吉凶。所以示人也。从二。二。古文上字。三垂。日月星也。觀乎天文以察時變。示神事也。凡示之屬皆从示。神至切。⿱一川古文示。【說文解字卷一】

◉劉心源　示古文示。見說文。此當祁省。昭二十八年傳賈辛爲祁大夫注。太原祁縣。方肩尖足祁字布正作[illegible]。【奇觚室吉金文述】

◉羅振玉　說文解字示古文作⿱一川。卜辭諸示字亦或从一或从二。宗字所从之示亦然。其省小作丨。或丨下增一。則古金文亦未之見矣。【增訂殷虛書契考釋】

◉王國維　自田廿示者。謂自上甲以下先公先王共二十人。他辭云。辛巳卜大貞之(應爲虫)自田元示三牛二示一牛(前三·二二)。又云乙未貞其[illegible]自田十有三示牛。小示羊(後上二八)。與此正同。又云[illegible]亥卜貞三示御大乙大甲祖乙五牢(見羅氏拓本。)以大乙大甲祖乙爲三示。是先王與先公皆稱示。又云癸酉卜右伊五示(亦見羅氏拓本)。伊謂伊尹。是先臣亦稱示。故有元示二示三示四示小示之差等矣。【戩壽堂所藏殷墟文字考釋】

◉葉玉森　按契文作丅。乃最初之文。上从一,象天,从丨,意謂恍惚有神自天而下,乃以丨爲象徵。變作I,下从一,象地。亦謂神自天下地也。又變作亍 工，上从二，乃从一之譌，凡契文从二之字。如帝 文等，並爲一之譌變。非古文上，更變作示示。與小篆合。即許三垂日月星之説所由來。亦即近儒漢族崇拜三光之説所由推演。實則初民崇拜大自然。惟覺有神自天下降而已。示本繁變之字。許君及近儒之説，並不免傅會。又許君釋三，謂象天地人之道，不知古文四作亖，五作〓，又謂之何，是亦臆斷之失。【説契　學衡第三十一期】

◉葉玉森　卜辭中匚丙匚丁。羅振玉參事釋報乙報丙報丁。乃殷先公名。至塙。森疑繫匚或コ爲分别標識。或示敬標識。與上甲之甲繫□同。説詳揅契枝譚。今觀本辭示字亦繫コ。乃僅見者。示爲先王先公之通稱。是繫コ非分别義。乃示敬義也。殷虚書契前編卷四第十七葉「王貞於三示」。三示左側繫一—之標識。當亦示敬之例。【鐵雲藏龜拾遺考釋】

◉王國維　卜辭屢見示壬示癸。羅參事謂即史記之主壬主癸。其説至確。而證之至難。今既知田爲上甲。則示壬示癸之即主壬主癸。亦可證之。卜辭曰辛巳卜大貞之自田元示三牛二示一牛。前編卷三第二十二葉。又曰乙未貞其求自田十又三示牛小示羊。後編卷上第二十八葉。是自上甲以降均謂之示。則主壬主癸宜稱示壬示癸。又卜辭有示丁。殷虚書契菁華第九葉。蓋亦即報丁。報丁既作口。又作示丁。則自上甲至示癸。皆卜辭所謂元示也。又卜辭稱自田十有三示。而史記諸書自上甲至主癸。歷六世而僅得六君。疑其間當有兄弟相及而史失其名者。如王亥與王恒疑亦兄弟相及。而史記諸書皆不載。蓋商之先公。其世數雖傳。而君數已不可考。又商人於先王先公之未立者。祀之與已立者同。見後。故多至十有三示也。

戩壽堂所藏殷虚文字中有一條。其文曰癸卯卜彡求貞乙巳自田廿示一牛二示羊人㚔三示彘牢四示犬。前考以示爲先公之專稱。故因卜辭十有三示一語。疑商先公之數不止如史記所紀。今此條稱自田廿示。又與彼云十有三示不同。蓋示者。先公先王之通稱。卜辭云□亥卜貞三示御大乙大甲祖乙五牢。見前。以大乙大甲祖乙爲三示。是先王亦稱示矣。其有大示亦云元示二示三示四示之别者。蓋商人祀其先自有差等。上甲之祀與報乙以下不同。大乙大甲祖乙之祀又與他先王不同。又諸臣亦稱示。卜辭云癸酉卜右伊五示。羅氏拓本。伊謂伊尹。故有大示二示三示四示之名。卜辭又有小示。蓋即謂二示以下。小者。對大示言之也。【殷卜辭中所見先公先王考　觀堂集林卷九】

◉王國維　段謂示在第十五部。然周禮以示爲祇。則在第十六部。詩經示我周行。箋云示當爲寘之河之干之寘。中庸示諸掌乎。鄭注示當爲寘。

龜板文示爲亍示示諸形。然則示之三垂不可知。【劉盼遂記説文練習筆記　國學論叢第一卷第二號】

◉商承祚　金文與小篆同，或作示(國差鐺福字偏旁)。亓(陳肪毁神字偏旁)。丅(伯其父甗祜字偏旁。段爲甗)。説文示。

「天坐象，見吉凶。所以示人也。从二。三坐。日月星也：觀乎天文。以察時變。示神事也。𥘠古文示。」案許君此說于示之形誼不相符。必非初誼。考甲骨文祝字有作𥛛者。其示字作𥘠。从丅从ハ。又宗字作𡧊𡧊。从宀从丅丅。宗者宗廟也。宗廟所祀皆栗主也。籀此知宗字所从之丅與丅。皆栗主之象。再參以祝字之形誼觀之。禱於神前者巫祝之事。故象禱祝時于神前灌酒；丅神主也，ハ酒形也。是示之獨體本作丅丅形。加ハハ乃示有事於神前之意。（ハ與ハ誼同。乃體之緐簡也。）能明ハ與丅非一體，則示之初誼可知，而許君附會之說之不足信矣。【甲骨文字研究下編】

◉葉玉森　示胡光煒氏曰。丅蓋象木表。所以代神。與𣎵同意。古祭人鬼則立尸。祭天神地祇無尸。則植表以象神之所在。此立主之始於𣎵。皆爲表形也。說文古文考。森桉。卜辭示作丅丅丅丅𥘠示丅等形。丅爲最初文。从一象天。从丨意謂怳惚有神自天而下。乃以丨爲象徵。變作丅。亦神自天下地也。又變作丅丅。上从二。乃从一之譌。凡契文从二之字如𣎵𣎵等。並爲一之譌變。非古文上。更變𥘠示。與許書古篆文合。即許君三垂日月星之說所由來。亦即近儒漢族崇拜三光之說所由推演。實則初民崇拜大自然。惟覺有神自天下降而已。說契。又桉。商氏類編第一第三葉示字下出示王二體，核之影本。本辭示下之左側似有一淡丨痕。應仍作示。又後編卷上第十葉十三版第二辭癸下王下並有缺文。商氏殆因王癸二字平列。乃認爲示癸合文。實則其辭左行。以第一辭證之。即知其誤。王固當釋王也。【殷虛書契前編集釋卷一】

◉商承祚　說文示。「天垂象。見吉凶。所以示人也。从二。三垂日月星也。觀乎天文以察時變。示神事也。𥘠。古文示。」案許說迂回牽強。非示初義。考甲骨文祝字作𥛛𥛛。其示作𥘠。从丅从ハ。又宗字作𡧊𡧊。从宀从示丅。宗。宗廟也。宗廟所祀。皆栗主也。則宗與祝所从之丅。皆象栗主。有事則禱於神前。祝祭必灌酒。故作𥛛以象之。是丅與ハ乃兩體而非一形。觀其又作𥛛。酒水才傾。未傍栗主。其意固與𥘠不殊也。後世祇見省文之𥘠。復引而長之。與中筆相等。不得其解。遂附會其說。甲骨文示作丅丅丅𥘠。或有酒或無酒。金文作𥘠𥘠。福字偏旁。石經古文作𥘠。祥字偏旁。此折其三筆。形義都乖。【說文中之古文考】

◉明義士　丅說文解字一上三示部一字「示天垂象，見吉凶，所以示人也。从二，三垂日月星也。觀乎天文，以察時變，示神事也」。按丅象祭壇之几，一豎一橫之石片構成之形。𢍏前編一・三六・三𢍏林一・二・七𢍏前編六・十八・六𢍏前編八・六・三等字皆从之。𣎵象積木，𠙵象貝，𢍏象手持倒鳥，𢍏象手持嘉禾，𣎵也𠙵也𢍏也𢍏也，皆爲祭品，置於丅上，則成𢍏𢍏𢍏𢍏等字，而有不同之祭義。丅象祭壇，或作丅，則示祭壇上之祭物；或作示，則象几上祭物所流下酒水之滴。許氏之訓，乃晚周及漢之思想，殊非溯誼。郭沫若謂丅乃丄之倒置，乃生殖神之偶像，卜辭有𡆥字，乃謂爲生殖器之崇拜，可謂妄誕不經矣。

「缺帚井示二[𠬝]」，與殷虚卜辭二二三一片「帚井示七𠬝賓」，戩壽第三五葉六片重見續編四·二六·七「帚井示七𠬝賓」，句法正同。但一爲獸骨，契文於骨臼，一爲龜甲，契文於甲背，其地位爲不同耳。予意此種契辭，爲當時典藏者所刻，蓋庋藏甲骨，皆疊積成堆，爲求翻檢整理之便，故於骨之臼，甲之背刻識之，猶今書之有書根脊字者然。【柏根氏舊藏甲骨文字考釋】

◉唐　蘭　余夙疑示與主爲一字，於殷契卜辭考釋四十一葉曾論之曰：「左襄二十四年傳『以守宗祊』，宗即卜辭示壬示癸之示，而在室內者，亦即史記主壬主癸之主也。」其後，陳夢家氏謂余示即主字，説殊新穎，因促其發表。旋在文學年報見其文曰「祖廟與神主之起源」，所舉示主一字之證凡六，而以一、三、六之三證爲至確。其第一證亦以史記卜辭互證。第三證據室即主字，主祏即宗祏，謂室宗一字而主即示也。第六證則以字形言之，謂卜辭示壬示癸之示或作[工]，可變爲主，尤屬神悟。示主一字，於此可成定讞。

古示字讀若寘，易「寘於叢棘」，寘或作示，是也。然則宗本從宀示聲，而示之與主，宗之與室，皆一聲之轉也。左傳昭十八年云「主祏」，自即説文之「室祏」，而莊十四年謂之「宗祏」，金文作册卣謂之「石宗」，襄二十四年又謂之「宗祊」，明「主」「室」即「宗」，而「祏」「石」即「祊」也。按商時典祀，有祖與宗之别，自上甲以下，咸在宗廟，故卜辭均可稱示，如云：「自上甲廿示是也。」然上甲至報丁四人，所報祀者，乃祭於門內之祊，别爲石室以盛主，與其他之主異，故謂之祊，亦謂之祏。所謂石室者，猶云劍室，乃石龕也。卜辭祊字作[匚]若匚，即古方字，亦即石室之形，鐵雲藏龜拾遺一葉六片云「貞㞢出自匰二匚」，匚象神主在石室中之狀，以象意字聲化之例推之，當爲从示匚聲，即祊字也。然則祊祏屬於主宗，而又微别，故左傳每以兩者兼舉矣。

按商人所宗祀者，不僅先公先王也。卜辭所習見者婦稱示，如云「帚好示」，「帚妌示」之類，則宗婦也。羣臣亦稱示，如「邑示」，「羌陟示」，「小臣中示」之類，此如令簋云「用障史于皇宗」，召伯虎簋云「用亯於宗」，臣下之宗廟也。諸神祇亦稱示，如「雩示」，當即祭水旱之「雩宗」，而簠室殷契徵文地望三九片云「汅宗」者，即穆天子傳之河宗也。其於經傳，又有祭星之幽宗，有瞽宗，死爲樂祖而祭於瞽宗，殷學也。有宗布，淮南氾論訓「羿即天下之害，死爲宗布」。又書有岱宗。山海經有嶽崇之山，嶽崇者岳宗也。左傳魯地有庚宗，當如金文之丁宗，變爲地名耳。書曰「禋於六宗」，則天神之屬也。然則古人所宗祀者甚繁，其祀典有專人司之，漢書郊祀志所謂「能知四時犧牲，壇場上下氏姓所出者，以爲宗」。故書有秩宗，後世有「大宗」，「宗伯」，「宗正」等官矣。

蓋示及宗者，其先爲鬼神之總名，其後因人死之稱鬼，而别爲神字，神人，神鬼，俱相偶也。書微子以神祇對稱，祇即示也。

周禮則分爲天神，地示，人鬼矣。蓋神字爲示字所孳乳，示聲轉爲神，即於示旁增注申聲而爲神字耳。故封禪書云「八神，一曰天主，二曰地主，三曰兵主，四曰陰主，五曰陽主，六曰月主，七曰日主，八曰四時主」，猶以主爲神，主即示也。禮記祭法言禘郊祖宗及天，地，時，寒暑，日，月，星，水旱，四方之祭，而繼之曰：「山林，川谷，邱陵，能出雲爲風雨見怪物皆曰神，有天下者祭百神，諸侯在其地則祭之，亡其地則不祭。」又山海經及其他古書，所載山川之神甚多，皆地示也，而稱曰神，更可證神之即示也。

又按示與主者，本用木或石以擬鬼神而祭之，藏於廟謂之宗。引申之則謂同所祭之人爲宗，言其同一廟也。又謂主祭之人爲宗，亦謂爲主。呂刑「禹平水土，主名山川」，史記「禹爲山川神主」，詩云「百神爾主矣」，均謂爲山川之神之主也。魯語「禹致羣神於會稽之山，……山川之靈，足以紀綱天下者，其守爲神，社稷之守者爲公侯，皆屬於王者」，韋昭注：「羣神謂主山川之君，爲羣神之主，故謂之神也。」蓋古者宗教與政治不分，國君祭其民人所崇信之神，往往自命爲神之子孫，如穆天子傳所載河宗氏爲河伯馮夷之裔而主其祭，是其例也。魯語以防風氏爲神，蓋汪芒氏之君而守封嵎之山，而論語記顓臾，先王以爲東蒙主，東蒙亦山名。明神即主，亦即宗也。引申之則如穆天子傳「封膜晝於河水之陽，以爲殷人主」，「赤烏氏先出自周宗，大王亶父之始作西土，……封丌璧臣長季綽於春山之虱，……以爲周室主」，「天子乃封長肱於黑水之西河，……以爲周室主」，第以稱山川之君矣。

主在春秋以後，爲君人者之通稱，而陪臣之稱大夫亦曰主。如桓主，簡主之屬是也。童書業氏謂屬羌鐘「厥辟韓宗」，語爲可疑，以爲春秋時大夫稱主，而辟似只可用於王與國君也(見禹貢七卷第一二三合期齊長城考所附致張維華書)。不知宗即主，韓宗猶云韓主也。夫宗主本國君之稱，如云河宗，東蒙主是也，萬乘主，社稷主，既可移之於大夫，則韓宗之可稱厥辟，可無疑已。【釋示宗及主　懷鉛隨録　考古社刊六期】

◉郭沫若　右自一四八〇片以下凡骨臼共二十四片，其骨之表或裏有文字者，亦附入。又前五〇八片及八七六片均附有骨臼，合計共二十又六。凡此均董作賓帚矛説一文所未收。此等刻辭自爲一例，與其它貞卜之辭不同。余曩曾加以考察，謂「其性質實如後人之署書頭或標牙籤。蓋骨既卜，必集若干骨爲一組，裹而藏之。由肩甲骨之性質而言，勢必平放。平放，則骨臼露於外，故恰好利用其地位以作標識」。故余釋其中常見之「示」字爲眎，謂骨經某人檢視。

「貞令從祉戠示左，七月。」(右行)

古人以東爲左，西爲右，「示左」蓋謂巡視東方也。示讀爲視。卜辭有「大示」與「小示」，又有「大宗」與「小宗」，有辭云「丁亥卜在大宗又彡伐芍十小宰，自上甲。己丑卜在小宗，又彡歲，自大乙。」(見拓片)大宗自上甲，小宗自大乙，則是以先公之祠

爲大宗，先王之祠爲小宗矣。大示與小示蓋亦如是。【殷契粹編】

◉馬叙倫　沈濤曰。匡謬正俗曰。許氏説文解字云。天垂象見吉凶。所以示人也。从二。三垂。日月星也。蓋觀天文以察時變。示。神事也。所以禍福機祥神祇之字皆從於示。云云。蓋字以下當是師古演説垂象示人之義。下有所以字相應。可見非許君原文。玉篇諸書所引皆無此數語。則古本未必有也。王筠曰。示字以觀示爲義。似祇得引申之義。非本義也。周官以示爲地祇之祇。當是古義。以大司樂天神皆降地示皆出推之。古文作巛。所从之一。即地形也。巛與气同意。乃流動充滿湊地而出之狀也。小篆上半之二。非古上字。仍當是地。土部云。二象地之下地之中。是也。又作祇者。則以借爲表示既久。加氏聲以爲區别耳。徐灝曰。从上而三垂象日月星。是以意爲之耳。鄭樵謂示音祈。象旗斿之形。周伯琦謂巛即今旗字。象飛斿之形。借爲神祇字。古者號令於民。以旗招集。又取義爲昭示字。此二説皆新異。然神祇字周禮皆作示。是其音本與旗同。阮氏鐘鼎欵識。古文祈作旜。則从示之字義通乎㫃。㫃者。旗斿也。古者畫三辰於旗。神明之象在焉。此三垂象日月星之説所由昉乎。林義光曰。三垂。象垂示之多。非日月星也。郭沫若曰。據説解則所謂光明崇拜之説也。然卜辭示字多作丅形。或作𠕁。丅實丄之倒縣。其旁垂者乃毛也。丄即牡器之象形。金文示字其中垂更有肥筆作者。如過伯毁宗字作𡧊。仲追父毁作𡧊。戎者鼎有𥙊字。殷彝有祝。即祝字。可證也。據此則示之初意。本即生殖神之偶象也。宗即祀此生殖神之地也。倫按郭説與古代社會情狀誠相應。然郭謂且士皆象男生殖器形。而丅爲丄之倒縣。丄爲土之省。祀於内爲祖。於外爲社。尋本書也爲女陰。則男生殖器古亦必有其象形之文。蓋本作𠃌。或爲●。篆變爲土。今牡字所從者是也。詳牡字下。其字倒之爲𠄏。篆變爲了。詳了字下。其爲表示崇拜生殖神之字爲祏。而非示與祖與社也。祖社義復不同。詳祖字社字下。示則實爲崇拜光明之義。此下有古文作巛。從天之本字作一者。三垂蓋本作∴。篆變爲∴。又變爲小也。觀日字甲文率作日　日形而不作⊙形。可證也。∴即七篇之∴。知非日月星而但爲星者。日見則星月並隱。初民之觀念。固三辰並尊。古亦日月並有祭祀。然上古巢居穴處。所患者風雨不能安居。亦無所得食。若星見則無風雨可期。故以爲神示其吉凶。以無星爲凶有星爲吉也。是示之本義實爲表示。因而崇拜之而有祭祀之報焉。故即借示爲祭祀之字。卜辭所以每言某示。如雩示之類。而此禘𥜽禋祭諸文所以皆從示。乃從假借之字爲義。所謂本無其字依聲託事。此六書之假借也。及從又持肉於𠕁前之祭字作。遂爲祭祀之本字。而祭祀乃有專名矣。本部所屬。如神祇禍祟。乃從示爲表示之義者也。文從一從∴。會意。甲文或作丅。蓋本作一。則僅以一星表之。或作工。則從天之本字及地之初文作一者。或作𠕁。則示星有大小。作亍。則變體。作王盖又工之變也。若金文作丅。從一十聲。十音禪紐。示音牀紐三等。牀之與禪同爲舌面前音。蓋本作示。從示而加十爲聲。乃示之轉注字。省之爲丅耳。説解疑本作神也。神示音同牀三。周禮天神地示。本書地示字作祇。神祇實轉注字。或本訓視也。説解中示神事也。或本在天垂象上。示字爲隸書複舉字之未删者。神事也當作神也事也。一訓亦校者加之。華嚴經音義引倉頡篇。示。視也。蓋出倉頡訓纂或倉頡故。許書本倉頡或用其義。今古書所引倉頡篇，實皆杜林倉頡訓纂倉頡故及揚雄倉頡訓纂。倉頡篇原書體例，與急就凡將同，本書自叙引倉頡有幼子承詔語，則或與今千字文同，皆無注釋，故揚雄爲作訓纂，杜林亦作之又有倉頡故也。此曰。天垂象見吉凶所以示人也。乃校者注以釋本訓者也。從二三垂日月星也亦校者改之。非原文矣。觀乎以下十二字。校者據顔説加之。據此。可證説解中凡此類者均非許文。餘詳社下。

𠀀 鈕樹玉曰。韵會作𠕁。商承祚曰。甲骨文作丅工亍示示。金文福字偏傍作示示。石經祥字偏傍作丅。以甲文祝字作𥘅𥘅證之。其丨丨丨丨乃灌酒也。倫按𠀀當依鍇本作𠕁。金甲文無如此作者也。魏石經古文祖字祥字偏傍亦作𠕁。【説文解字六書疏證卷一】

◉楊樹達 戩壽一葉之九云：「癸卯，卜，貞，酒𠦪乙，自上甲廿示，一牛；二示，羊Δ尞；三示，𢾊牢；四示，犬。」王國維云：殷人於人鬼亦稱示，自上甲廿示者，謂自上甲以下先公先王共廿人。卜辭云：「Δ亥卜，貞三示御，大乙，大甲，祖乙，五牢。」羅氏拓本。以大乙大甲祖乙爲三示，是先王亦稱示矣。又云：「癸酉，卜，右伊五示。」羅氏拓本。伊謂伊尹，是先臣亦稱示，故有大示二示三示四示之名。卜辭又有小示，蓋即謂二示以下。小者，對大示言之也。集林九之十八下。【卜辭求義】

◉丁　山 余謂丅即示之别體。示字本誼，《説文》云：「天垂象見吉凶，所以示人也。三垂，日月星也。觀乎天文以察時變，示，神事也。」按从示之字，誠然多與神事有關，但在卜辭裏，有的示字固从三垂，有的僅從一垂，可見垂象之説，決非造字時之本誼。我們知道宗教進化的程序，多數是由自然神進步到圖騰的崇拜，然後纔進步到象徵的上帝崇拜。在氏族社會，以圖騰爲宗神，每個家族的閭里之口都立有圖騰柱(Totempole)，以保護他們的氏族。所謂圖騰柱，大抵雕刻爲鳥獸怪物形。《清史稿·禮志》四説：「清初起自遼瀋，有設桿祭天禮。桿木以松，長三丈，圍徑五寸。若帝親祭，司俎掛淨紙。於柱上，諸王護衛，依次掛之。」……根據圖騰祭的遺跡來説明示字的本誼，示字所从之二或一，是上帝的象徵。其所从丨，正象祭天桿，桿旁之八，蓋象所掛的彩帛，示字本誼就是設桿祭天的象征。但由示聲孳乳的視字。其古文作眎，一作眂。……大體説氏、是、示三個字在古代是音同字通的。再從卜辭看：「姳乀」(《後》下二·二一·六)、「壬申卜，𡧊甬正。」(《前》七·三九·二)這兩個氏字的寫法，與卜辭所習見的丅字，形體正復相似。因此，我認爲丅雖是示字的簡筆，也正是氏字的初形，其分化之跡，約爲：

丅→亍—示—示—示。
↓亻—亻—氏。

即從字形看。也可證明示氏本來即是一個字。隱公八年《左傳》説：「天子建德，因生以賜姓，胙之土而命之氏，諸侯以字爲謚，因以爲族。」論氏族的初誼，正是佔有大量土地的大地主，語所謂「食土之君」。食土之君，祭其氏族的宗神，在定公四年《左傳》謂之「帥其宗氏」。嚴格的説，同一圖騰，即同一宗氏，氏族社會的組織，即以圖騰祭的神示爲中心。所以卜辭所見的丅字，應讀爲氏族的氏，不作神示解。【甲骨文所見氏族及其制度】

◉嚴一萍　中央研究院第十三次發掘安陽所得牛胛骨中，有一版正背皆契一「[glyph]」奇字，現此骨拓本已著録於小屯乙編七六七〇與八六七一號，其辭爲：

（面）丙戌卜，𠦪于四[glyph]。

　　☐牢又[illegible]于亼。

（背）乙酉卜，𠦪于四[glyph]。

　　乙酉卜，☐[illegible]。

此[glyph]字亦見於殷契遺珠六二八版，卜冠數字「二」，與前片之「四」不同：

（戊）子卜，☐雪。二

丙申卜，又丁酉三丁二[glyph]。三

甲辰卜，丁未雨，允。四

……余謂此「[glyph]」字乃「且丁」合文，而「且」字爲倒書……雖然據常情而論，「且」字倒書對先祖爲大不敬，似不應見之卜辭，惟細審兩版皆武乙時代之刻辭，正殷之衰世，綱紀失墜，頗表見於卜辭之風格；自康丁以來，史臣貞卜契刻，漸失前代典型，倒書之例，今亦可見。小屯甲編二七六四版「王賓」之王，即爲倒書。此對威權在握之時王且如此，則先祖更無論矣。【釋四日丁　大陸雜志第十八卷八期】

◉姜亮夫　考甲文中表示有宗教「靈感」一類的字，都是以示爲偏旁，爲人先精靈所寄，則「示」字當即原始神字。示音與神爲雙聲，此字乃大石文化時期的大石紀念物(Menhir)，與古代歐洲塞爾特民族(Celtie)之墓標(Dolmen)，或古英格蘭人之Cromlech相同。現在四川、遼寧等省還有遺存。其製在地上立一塊(或幾塊)大石，上面蓋一塊大石，其基本式樣如[glyph]。甲文

「示」字作丅(《前》一)或工(同上)、亍亍示，金文作示示，正與之相同。大概是立這樣一塊石(或樹木)爲祖先靈魂托居之所，子孫各輸血其上(即兩側之點形)，則祖先靈魂即依憑之矣。

按美洲達果他人(Dokotas)稱塗血之石爲祖，撒摸邪特人(Samoyĕdes)以塗血之石圍以紅布，名爲祖先，皆其遺制。中土製字，當即依此種實物而爲之。這就是《禮記》所謂「天子建國，左廟右社，以石爲主」之主。《呂氏春秋》也説：殷人之社用石(又或用木《論語》所謂「夏后氏以松，殷人以柏，周人以栗」，《左氏傳》所謂「使祝史徙主祏於周廟」，亦指木主)。不管是宗廟或社，都有「主」，都即是這個「示」字(甲文之「主壬」「主癸」即《殷本紀》之「示壬」「示癸」，是字形亦相混矣)。當有事於祖先之時，則置祭品於其上，子孫向之拜祝。中國墓上之立石，廟中之所謂主，家堂中之所謂栗主(靈牌子)，皆即此一事之衍化。【漢字結構的基本精神 浙江學刊一九六一年一期】

◉朱芳圃 示从一，从丨，會意。一，古文上字。丨爲梲之初文，武器也。先民用以象徵權威，意與古代埃及以槌矛mace代表權威相似，合之謂至上之權威。商人崇拜祖先，稱之爲示，蓋取斯義。或增八，附加之形符也。

周禮天官大宰：「祀大神示亦如之。」釋文：「示，本又作祇。音織。」又春官：「大宗伯之職，掌建邦之天神、人鬼、地示之禮。」釋文：「示，音祇。本或作祇。」按示爲初文，祇爲後起字。古讀定聲支韻。今音祇爲巨支切，後世之變音也。

説文示部：「祇，地祇，提出萬物者也。从示，氏聲。」按周禮春官大宗伯以社稷、五祀、五嶽、山林、川澤、四方百物爲示，與許君地祇之説相合。卜辭稱先祖爲示，與周禮異。蓋時代推移，稱謂有變遷也。【殷周文字釋叢卷下】

◉勞 榦 丁山先生曰：「清史稿禮志：『清初起自遼瀋，有設桿祭天禮。桿木以松長三丈，圓徑五寸。若帝親祭，司俎掛淨紙於柱上，諸王護衛漸次掛之。』……示所从二或一，是上帝的象徵，其所从丨，正象祭天杆，桿旁之八，蓋象所掛之采帛。」見丁山：甲骨文所見氏族及其制度，按除滿洲人有天桿而外，美洲印第安諸族亦有圖騰竿爲氏族之代表。但商人之示，或主，係分別屬於各祖，不僅一竿，似不可以比附。

今案示有神所主之義，以神桿爲釋，自屬可言。但神桿之義，僅係一種假設，必需在甲骨文中或商代實物中，證明此種假設之合理與其存在，方能取信。但丁山先生並未能供給此項證明，僅能以清代禮節以爲比較。東北民族與商人關係究竟如何，迄今未能論定，因之其所舉例殊有證據不足之嫌。

葉玉森曰：「示從一象天，丨謂恍惚有神自天而下。一、地也，後蜕變作示……變作工亦神至自天下地也。又變作丁，亍，上從二，乃從一之譌。更變爲示，示，與許書古篆文合，即許君三垂日月星説所由來。」見葉玉森殷虛書契前編集釋。

今案葉説未能有所實據，李孝定謂其「徙涉玄想，可毋深辯」，者也。見李孝定甲骨文字集釋第一冊第四十四頁。

胡光煒曰：「丅蓋象木表所以代神，與帝(帝)同意，古祭人鬼，祭天神地祇無尸，則植表以象神所在，此立主之始，於帝皆爲表形也。」見胡光煒説文古文考。

今案帝字依吳大澂所釋爲花蒂，假爲上帝，其説實不可易。胡氏以帝表植木，未爲允當。且卜辭中示壬與示癸顯屬祖先，不屬天神，謂其表天帝者無據。因此其説亦不足取。其中最堪參考者當推唐蘭及陳夢家之説。

唐蘭釋示宗及主曰：「卜辭示，宗，主實爲一字。示之與主，示與主石可通見此篇後文，宗據董同龢表爲tsông，而室爲siet，相去甚遠，故不可通。又有關示字者尚有他説，其尤牽強者不引。宗之與室，皆一聲之轉也。左昭十八年傳曰：『主祏』自即説文之『宔祏』，而莊十四年謂之『宗祏』，金文作冊卣謂之『石宗』。襄廿四又謂之『宗祊』。明主，宔即宗，而祏石，即祊也」。

陳夢家卜辭綜述曰：「卜辭的示字，我們舊以爲即後世的主字所從來，今述其證：(1)卜辭的示壬示癸即殷本紀的主壬主癸。(2)卜辭云『上甲三匚』(拾一，六)三匚即報乙，報丙，報丁三先王匚，匚字象示在匚中，匚爲盛主之形。(3)説文曰『祏宗廟主』，而卜辭祏字象示在石下，示即丰。(4)説文曰：『宔宗廟宔祏』，左傳昭十八年，『使祝史徙主祏於周廟，告於先君』，主祏即宔祏。左傳莊十四年『先君桓公命我先人典司宗祏』，宗祏即宔祏，卜辭的宗字亦即是宔字。(5)古音宗主示祏皆一聲之轉。(6)武丁卜辭示王示癸作丅，武丁以後作丅，即主字所從來。金文作王，中間加一横畫，則爲文字發展的常例。卜辭的示字，應是石主的象形。乙，七三五九(又八六七〇，八六七一)，和珠六二八，示作⊠哲庵二〇三作丅，較爲原始。」

以上唐陳二氏闡明示，主，宗，祏，室諸字之關係，允稱詳贍，但亦有不可信據者，如謂宗主示祏室諸字皆一音之轉一事，則古音宗在冬部，主在侯部，示在脂部，祏在魚部，除示與室同在脂部以外，其餘無一可以相通。若能可通，則古音無不可通矣。蓋音自音，義自義，義之相通，原不必音之互轉也。誠然古音中亦有不盡可以切韻系統衡量者，但此類究屬少數，原不可以偏概全。今宗主示祏各字俱不相互通，是所謂一音之轉者，純屬揣測之辭。而專以義推求始爲正理。如以義推求，諸字皆與祏字相關，故示之以石爲之，固亦事實也。

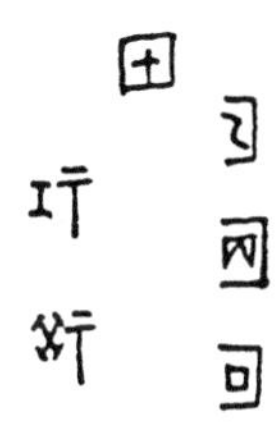

雖然，殷之宗祏若爲石製，而列在廟中，其事難信。是合理推論，亦必非唐陳二氏所論在廟中之石主，而當認爲在廟外之石室，始能符合契文之實況。若爲石室，則其石室之排列則當如左圖形式。即上甲，報乙，報丙，報丁爲同形式之石室，而主壬，主癸則爲別一形式。以契文形似而論，上甲以至報丁之石室當爲三面有牆上面有頂之石室，上甲之石室向前，而報乙，報丙，報丁之石室。則同在上甲石室之左方，面向右方。其主壬及主癸則非石室而爲石几形之巨石，亦即示字之形，上蓋一石，下支一石或數石，其有點者則祭時酒醴也。其實石室及几形之石，皆屬於多爾門之一種。但大小之規模相異耳。商人祀祖自有差等，本不足異。其制度沿襲而成爲宗祠及石主以及木主，甚至於演變成漢人之畫像石室，亦相承有自。獨惜丁氏僅就圖騰文化立説而未思及於巨石文化，見胡光煒説文古文考。唐陳兩氏過於注意音轉而未思及石室之排列與差等耳。【古文字試釋　歷史語言研究所集刊第四十卷】

◉田倩君　在原始社會，人民昧於自然之奧秘，於驚異之下，而生起虔敬之心，以爲一切不可知之事物，均爲想象中至高無上之神而製作之；此則自然崇拜之初期，人人所共信，所敬畏之神深藏於人人心中，無從表現出其法象，于是以之寄託於庶物，此則庶物崇拜之因，亦即圖騰崇拜之初步也。

由於悠久歷史之演進，社會日漸開展，文化日漸進步，部落生活日漸繁榮，人民互相交接往還，然日用記載事物之符號（諸如結繩、刻契）已不敷應用，於焉文字興起，人人在創造表達自己意念中之文字。如日實月缺，均甚貼切，象形文字易於創造，所謂畫成其物，隨體詰屈即可。然則意符文字實難制造，如神示之示字，意符文字也。古人慧力甚高，其首先設「一」爲天，神居天上；如何使之降臨人間？于是設祭典，虔誠膜拜，神，心慈博愛，不致使人失望，定從天上飄然下降，如「丅」、「〒」「[illegible]」（示）此則示之初文耳。雖然無人親見神自天上走來，但日月星辰三光垂照，已足令人信服矣！若無此信念，則人不致繼續千年、萬年而膜拜之，祭祀之！一位不言怪力亂神之孔夫子曾曰：「祭神如神在。」即此意也。

祭神之事自古及今並無二致；戰國時楚大夫屈原被放逐湘、沅，見土人祭神之歌曲，不堪入耳，遂爲之改作成九歌，如「東皇太一」中有句：「吉日兮辰良，穆將愉兮上皇」，「五音紛兮繁會，君欣欣兮樂康。」「雲中君」云：「靈皇皇兮既降，猋遠舉兮雲中。」東皇太一，天帝也；雲中君，月神也。此均天神大帝，竟爲接受人間之祭祀而降臨下界，忽而從天下降，倏然返回雲中，此等奇跡，何人見來？乃祭祀者心中所希求者，抑未嘗不是屈子心中所存有之觀念也。

著者以爲葉玉森氏解釋示字頗切合創造丅（示）字之初義，雖幼稚，則甚貼合人民對於神祇之虔誠之祈求，與設想神自天而降之景象與順序也。【釋示　中國文字五〇卷】

◉嚴一萍　周禮春官宗伯太卜：「眡高作龜。」鄭注：視高，以龜骨高者可灼處。示宗伯也。又曰：「作龜，謂鑿龜令可爇也。」鄭氏以「眡高作龜」分作兩事解，衡以殷商甲骨之鑽鑿多寡不一，分布各别，恐未必是；我意當作一句解，即「眡高」以後繼之「作龜」即鑿龜，「眡高」，等於相龜之何處可以鑽鑿。眡，古文視，視即示字，古字通用，……示字在甲橋刻辭、背甲刻辭和骨臼刻辭中都有出現。最足以證明「示」爲「眡高」者，莫過於三種刻辭既書「入」「三自」「來」多少以後，更寫上「某示」多少。

一、丁亥，三自雫十屯。㝵示。率　征典三八續五・二二・五同

二、丁亥，三自雫十屯。㝵示。　金五二二

三、甲辰，三自雫十屯。㝵示。　粹一五〇三

四、丁亥，三自雫十二屯。㝵示。　珠三二八

五、己丑，三自缶五屯。[illegible]示三屯。嶽　善齋藏一

以上爲骨臼刻辭。

一、上自[illegible]廿屯。小臣中示。[illegible]　前七・七・二

以上爲骨面刻辭

一、㿥入三。帚示。　十三次（據胡厚宣引）

二、徵入七。帚井示。　十三次（據胡厚宣引）

三、我入六，在□。丙寅[illegible]示四屯。　甲二九九五

四、（□入）十，在𦎧。乙巳（帚□示）五（屯）。　甲三三二八

五、壬午三自[illegible]十屯出一屯。伐示廿。　甲三四〇四反（按此版甲面拓本未發表，甲編考釋，亦未載補釋，此據胡厚宣武丁時五種記事刻辭考三三一所引）

以上爲龜背甲背面之刻辭。

一、奠來廿。𡆥示。　乙二二四五

二、吳入五十。

帚良示十。争。　乙七一二七

三、良子弖入五。

(帚)好示五。㝑。 丙二〇六

四、永入。

帚㒼示。㝑。 丙三七八

五、永入十。

帚㒼示。㝑。 丙三七八

六、戠入。

帚㒼示十。㱿。 乙七〇四一

七、癸木。𣏟入十。

帚㒼示。亘。 乙四六〇五

八、我氏千。

帚㒼示一百。㱿。 乙二六八四

九、我氏千。

帚井示四十。 乙三四三二

十、我氏千。

帚井示卅。争。 乙一〇五三

十一、我氏千。

帚井示一百。㱿。 乙六六八六

十二、我氏千。

帚井示四十。㝑。 乙六九六七

十三、我氏千。

帚井示一百。㱿。 丙二六八

十四、我來四十。

帚井示三。㝑。 乙六七四七

以上爲甲橋刻辭，每一條都是刻在左右兩邊，是表示兩件事情。奠、吳、良子弖、永、我，都是貢龜的人。尤其第八條至十三條，記載我一次貢龜一千，而分作幾次由帚嬰帚井「示」之，現在所見的六次計共四百一十版，其他當然還沒有發現。因爲要「作龜」，所以「示」下有數字。這可以證明王襄葉玉森胡厚宣釋祭名爲不碻，彥堂先生釋置，郭氏釋眎，唐立廠釋爲「地示」，也都不對，衹有解釋作「眂高作龜」的「示」，才算合理，才可以講通這現象。【甲骨學】

◉姚孝遂　肖丁　卜辭的「示」，指先王的廟主而言，與「宗」有區別，「宗」指藏主之所，即宗廟建築。

陳夢家先生認爲：「集合的廟主即某些先王相集合成爲若干示。」這個意見是對的，但他又認爲：「同一個先王可以屬於小示，這一集合的廟主羣，可以同時也屬於大示這一集合的廟主羣，如大乙之例。」（綜述460頁）這個意見就使我們感到困惑了。

卜辭的直係先王屬於「大示」，旁係的先王屬於「小示」，大示與小示是相對的。某一個先王只能是屬於「大示」，或屬於「小示」，而不可能「同時」既屬於「大示」，又屬於「小示」。

僅僅有這種可能：某一時王，由於某種原因，將某一通常屬於「小示」的先王，以之歸屬於「大示」之列。例如我們前面曾經提到過的屯南2342以「羌甲」與武丁、小乙、祖丁、祖辛并列，粹112、111「小甲」與囲、匚乙、匚丙、匚丁、示壬，示癸、大乙、大丁、大甲、大庚並列。

而據其它卜辭及典籍記載，「小甲」和「羌甲」是旁係而不是直係，只能屬於「小示」而不能屬於「大示」。當然，並沒有卜辭的直接材料證明，「小甲」和「羌甲」是歸屬於「大示」。

「大乙」在卜辭中一直屬於「大示」，還沒見到有任何材料將「大乙」歸之於「小示」的例子。

陳夢家先生可能是由於混同了大宗、小宗與大示、小示之間的關係。他認爲：「以大乙爲首的小宗，可能包括了有旁係的小示或下示。」（綜述473）卜辭的「示」與「宗」是有區別的，陳先生明明知道「大宗、小宗都是宗廟」，這個認識是正確的。至於他認爲「大宗的廟主自大甲起，小宗的廟主自大乙起」，這也是可能的。但他同時又説「大乙當然是大宗中的大示」，這樣一來，就只能證明陳先生還是把「示」與「宗」混同起來（參見綜述473）。

可能的情況是：自上甲至示癸六世屬於大宗，自大乙以下各世均在小宗，既有大小示，也有大小宗。大宗、小宗與大示、小示的概念無關。

完全不能由於在小宗祭祀大乙以下諸先王，就從而得出「同一個先王可以屬於小示這一集合的廟主羣，可以同時也屬於大示這一集合的廟主羣」這一錯誤的結論。

1115(2)「己亥貞，卯于大其十牢，下示五牢，小示，三牢」

(3)「庚子貞，伐卯于大示五牢，下示三牢……」

此兩段刻辭節録自1115。其中第(1)辭「卯于大其十牢」，「大」下敚二「示」字。「大示」、「下示」、「小示」同見於一辭，爲前所未見。此可以糾正過去之誤解。過去一般均認爲卜辭「大示」與「小示」相對，「上示」與「下示」相對。「大示」即「上示」，「小示」即「下示」(參見綜述407頁)。

「大示」在此指自「上甲」至「示癸」的六大示。「下示」在此指「大乙」至「仲丁」六示。這些都是直係。「小示」則是指除此之外的諸旁係先王。下列卜辭可證明這一點：

存1.1786：「庚寅貞，以伐自囲六示三羌三牛，六示二羌二牛，小示一羌一牛」

録255：「大示三宰，六示二宰，小(示)…宰」

上甲六示加上大乙六示，亦可稱之爲「自囲十示又二」。【小屯南地甲骨考釋】

◉晁福林　「大亓」多被視爲「直係」先王的集合稱謂，如陳夢家先生說：「大亓自上甲起，終於父王，與直係同。」這種說法是有問題的。

首先，一般所理解的直系是有直接血統關係的親屬。按照這種理解，從帝辛上溯至大乙，共有直係先王十六人，上溯至上甲則有二十二人，然而，卜辭所載大亓，最多者僅稱「六大係」，從數量上看與直係先王甚懸殊，而不是「與直係同」。其實，殷代並没有直係與旁係的嚴格區别，陳夢家先生曾經提出三條判斷是否直係的標準，但均難成立。他提出的第一條是「在帝乙帝辛的周祭卜辭中凡直係的配偶皆入祀典」。之所以限定「帝乙帝辛的周祭卜辭」，是因爲祖甲時的周祭卜辭裏有羌甲配偶進入祀典的記載(合集二三三二四)，而按陳先生的標準，羌甲屬旁係，而非直係。陳先生的這個限定首先就爲判定標準是否有普遍意義添了疑問。卜辭材料表明，先王配偶若能進入祀典，並不因爲該先王爲「直係」，而在於此配偶有子爲王。鄭慧生同志說：「入祀配偶，均係登位兒王的生母。」這是很正確的説法。陳先生所指出的「直係」先王配偶有子爲王者可入祀典，但並非「凡直係的配偶皆入祀典」。第二條標準是「在某些選祭卜辭中，一世一王，只有直係入選」。然而，有些先王，按照陳先生的劃分並不屬於直係。也可被合祭，如小甲(合集三二三八四)、羌甲(合集二二二六・二二九一一)、河亶甲(合集二二四二一)、南庚(合集二七二〇七)、盤庚和小辛(屯南七三八)等。陳先生雖然以「某些選祭卜辭」加以限制，但實際上模棱兩可，所以是很難成立的。

第三條是「在文獻上（據殷本紀），凡某王之子繼爲王者，此王爲直係」。按，依殷本紀，河亶甲子爲祖乙，沃甲子爲南庚，但按照陳說，河亶甲和沃甲卻均屬旁係。這也説明其判斷標準並不可信。總而言之，在殷商史的研究中不應當把殷人所沒有的「直係」「旁係」的概念強加給他們。更不必把這概念引入「係」和「宗」問題的探討。

第二，「大示」在卜辭中和若干示並列的情況説明它不可能指從上甲到父王的所有「直係」先王。卜辭中有這樣一例：

大示三牢，六示二牢，小[示]……牢。（合集一四八九八）

這是一期卜辭，其中「大示」和「六示」、「小示」並列。如果「大示」指所有「直係」先王，那麼，這條卜辭裏的「六示」的範圍將無法確定。「六示」在「大示」和「小示」之間，按照舊的理解，則其歸屬將有不可逾越的障礙。另外，如果這條卜辭裏的「大示」指所有先王，那麼，「小示」的範圍也將無法確定。過去以爲卜辭中的若干示皆指直係先王，後來李學勤先生發現載有「二十示」（合集三四一二〇——三四一二二）的卜辭與出於早期地層屬合集一期卜辭附録的甲組的屯南四五一六片爲同時同事所卜，所以，載有「二十示」的幾片甲骨「肯定是武丁時代的東西」。由此看來，「二十示」就不會是上甲至武丁的「直係」先王，因爲其數量不足二十，而應當是上甲之後以繼位先後爲序的二十位先王。總之，「大示」、「小示」和若干示一樣，都不應當是從上甲開始的所有先王的世係排列，而只可能是部分先王的組合。

另外，「大示」曾和「多后」並列於一辭。謂「大示至于多后」（合集一四八五一）。關於「后」，文獻和卜辭均不乏記載。尚書盤庚云「古我前后」、「我先神后」、「高后」，詩經商頌云「商之先后」，卜辭云「后祖丁」、「后祖乙」。所以，「多后」即多位先王。若「大示」指所有直係先王，那麼若謂「大示至于多后」則不詞矣。在卜辭中除了「多后」之外，和「大示」並列於一辭的還有「父丁」（屯南一一〇四）、「下乙」（乙編六二八一）等，分別指康丁和祖乙。康丁、祖乙皆陳夢家先生所斷定的「直係」先王，他們與「大示」並列，可見「大示」不是「直係」先王的集合稱謂。

分析卜辭中的相關材料，可以説，「大示」只能是一部分先王的集合稱謂。「大示」在卜辭中的特點是，其一，數量最多者只有「六大示」；其二，和其它集合稱謂，如小示，若干示等，在卜辭中並列時，「大示」總排列在前，可見其時代應當是比較早的；其三，對於「大示」的祭品豐盛，遠過於小示、若干示等。根據這些特點，我以爲「大示」的範圍一般包括大乙、大丁、大甲、大庚、大戊五位冠以「大」字的先王，若包括上甲在內，便稱爲「六大示」。請看以下三例：

庚午貞，今來……御自上甲至于大示。（屯南一一〇四）

乙酉貞，禽以牛其[用]自上甲五牢……，大示五宰。（屯南九）

甲午貞，大御自上甲六大示，燎六小牢，卯九牛。(屯南一一三八)

這三例都是四期卜辭。所謂「自上甲至于大示」、「上甲五牢，大示五牢」，顯然是將上甲與大示分述的；而云「自上甲六大示」，顯然是將上甲包括在了大示之內。卜辭單稱「大示」者，如「登于大示」(合集一四八三一)、「其祈於大示」(合集三四〇九三)、「於大示告方」(屯南六三)等，應指大乙至大戊五位冠以「大」字的先王而言。曹錦炎同志曾經精辟地指出，「大示專指某一固定的廟主羣」，甚有創見。自上甲至示癸恰有六位先王，與習見的「六大示」數量相同，能否說「大示」即指自上甲至示癸六位先王呢？這是值得探討的問題。從卜辭裏上甲和大示分述，以及報乙、報丙、報丁、示壬、示癸等的祭祀規格遠較大乙至大戊等先王爲低的情況看，很受殷人尊崇的「大示」似不當指上甲至示癸六位先王。……

卜辭裏面與「大示」相同的稱謂有「元示」，請看以下兩例：

甲子卜爭貞，來乙亥告禽其西于六元示。(合集一四八二九)

……于六元示。五月。(合集一四八三〇)

「元示」的最大數量是六，並且卜辭裏有「自上甲元示」(合集二五〇二五)的記載，所以說元示和大示相同，很可能是大示的別稱。

無獨有偶，與大示相同的卜辭中的稱謂還有「上示」，如謂「禽見百牛……，用自上示」(合集一〇二)，酒祭於「上示」(合集一四八六六)等。卜辭中的「上示」，過去多被誤爲「二示」。甲骨文「二」、「上」、「下」這三個字雖易混淆，但若仔細審視，仍能將其區別。契刻者一般將「二」字刻得兩筆長度一樣；將「上」字刻得上一筆稍短；將「下」字刻得下一筆稍短。卜辭裏面，上示從來不和大示、元示並列於一辭。從上引合集一〇二片可以看到，上示享用「百牛」之豐盛祭品，其數量之多只有大示與之相當。因此，上示也和元示一樣是大示的別稱。【關於殷墟卜辭中的「示」和「宗」的探討　社會科學戰線一九八九年第三期】

◉張亞初　□《綜類》418頁)▼(《金文編》854頁)

在商代卜辭中，示與主二字是經常通用的，例如宗字亦作□(宔)(《新》2189)，示壬也作「□(主)壬」(《寧》1.122)，在文獻記載中，示壬、示癸或稱主壬、主癸。雖然通用，示與主這兩個字還是應該加以區分的。但目前所見到的有關古文字的工具書，一般都把主字收入示字內。這就會給人一個錯覺，好象在商代壓根兒就沒有主這個字。這對於我們弄清主字發展演變情況，無疑是不利的。

一般講，示與主字的區別，在於主字下部多一橫。但在卜辭中也保存了較早的肥筆型的示字。例如上面所舉主壬之□就是如此。除了這種寫法以外，主字還可寫作示。甲骨文「又三匚二示」、「𡆥於四示」、「三示𡆥雨」(《綜類》418頁)，二示、三示、四示是卜辭中常見的對祖先的稱呼，所以示應與示字同意。示也作示，舊釋爲示(《甲骨文字集釋》37—48頁)。這個字把雙綫的肥筆簡化爲單綫筆劃，就是丅字，我們認爲應該釋爲主字。釋爲示字是不確切的。瞭解卜辭主字的這種肥筆形字體，爲解決金文之▼字的釋讀問題提供了條件。▼字無疑是示字的肥筆初文。示、示之作主，▼之作示，猶古、呂之作工，都是由肥筆簡化爲單綫的例子。銘文「㫃、示己、且丁、父癸」之示己爲對祖先的稱謂。示己清人釋帝己，柯昌濟、葉玉森、陳夢家先生釋示己。容庚先生在《金文編》中把它入於沒有認識的附録。李孝定先生在《金文詁林附録》中還沿襲清代舊説釋爲帝己，我們通過「三匚二主」的肥筆字形體的考察，有理由可以充分肯定，這確是示字。【古文字分類考釋論稿　古文字研究第十七輯】

◉徐中舒　丅、示象以木表或石柱爲神主之形，丅之上或其左右之點劃爲增飾符號。卜辭祭祀占卜中，示爲天神、地祇、先公、先王之通稱。

凡大示、元示、上示均爲自上甲始廟至示癸六位直係廟主之統稱。與此相對應的小示、它示、下示則是包括旁係先王之集合廟主之統稱。但亦有某一時王將某一屬於小示之先王歸於大示之列。

先公、先王、舊臣及四方神主均稱示。【甲骨文字典卷一】

◉丁　驌　殷制大宗也者，只是父子相傳的示。小宗才包括旁係(王的兄弟)在內。稱爲「外」的王一概不入。【商殷王室的婚姻制度　中國文字新十六期】

◉王恩田　示字有三類寫法，如下：

一、丅後上1.2　丅後上1.3　示前2.38.2

二、示合集28272　示合集23087　示綜。圖版貳壹

三、示合集32392　示乙8670　示乙8671

關於示字造字初誼，各家衆説紛紜。葉玉森曰：「示，从一象王，謂恍惚有神自天而下。」胡光煒曰：「丅差象木表，所以代神，與帝同意。」郭沫若謂「丅實丄之倒懸，其旁小乃毛形也」。唐蘭曰：「卜辭示、宗、主實爲一字。」陳夢家同意唐説，曰：「卜辭的示字，我們舊以爲即後世的主字所从來。」丁山謂「示所从二或一是上帝的象征，其所从—正象祭天桿，桿旁之八，蓋象所掛的采帛。示字本誼就是設桿祭天的象徵」。「丅雖是示字的簡筆，也正是氏字的初形」。上引諸説，均不可信。

祜

示作丅，與氏字初文支字甲骨文的第二種寫法全同。示也是抽象名詞，也無形可象。由于示、支音同，借支爲示，爲了與借支爲氏的氏字相區別，在横劃上加短横，五期又在豎劃兩側各加一點。

金文中有一部分從丅旁的字，豎筆中間加圓點或作肥筆如下：

過白簋　或者鼎　戈祝盉

郭氏即以此作爲男性生殖神之偶象，其實這正是借支爲示的鐵證。

示字的第二類寫法，其造字初誼另有來源，唐蘭、陳夢家二位先生謂示爲神主象形，可信。但不能以此爲根據，謂示字的第一類寫法丅、亍、示等也是神主象形。所謂「卜辭示、宗、主實爲一字」之説，亦非是。【釋匕氏示　第二屆國際中國文字學研討會論文集】

◉戴家祥　甲骨刻辭示有作丅者。金文示旁字均作亓不。故丅在金文是否就是丅有待商榷。【金文大字典中】

祜　癲鐘　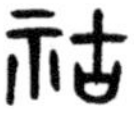　曾子匠　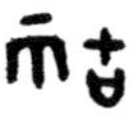伯其父匠　叚爲匠　【金文編】

◉許　慎　祜上諱。臣鉉等曰。此漢安帝名也。福也。當从示。古聲。侯古切。【説文解字卷一】

◉楊樹達　貞松堂集古遺文陸卷廿伍葉下載曾子Δ簠，銘文云：「曾子Δ自乍作行器，鼎則永祜福。」余按古音則與載同，則永祜福即載永祜福也。祜通訓爲福，祜福同義連文，義自可通。然賈子新書禮篇云：「祜，大福也。」然則祜福蓋謂大福也。儀禮士冠禮加冠祝辭云：「眉壽萬年，永受胡福。」胡福亦謂大福也。周書謚法解及廣雅釋詁一並云：「胡，大也。」祜與胡同從古聲，並有大義，銘文之「則永祜福」，即儀禮之「永受胡福」也。鄭注士冠禮云：「胡猶遐也，遠也，遠無窮。」遠與大義亦相近，惟經既云永受，不必復言無窮之福，胡仍以訓大爲較切矣。【曾子Δ簠跋　積微居金文説】

◉馬叙倫　徐鍇曰。此漢安帝名也。臣不可議君父之名。故曰上諱。按爾雅。祜。福也。鍇以爲從示古聲。桂馥曰。許沖表上説文在安帝建光元年。是時許公尚在。自此以降。諸帝名不諱。倫按以上諱故列於前也。祜音匣紐。祐音喻紐三等。同爲摩擦次濁音。轉注字也。伯其父匠作。【説文解字六書疏證卷一】

□ 豊之重文 【續甲骨文編】

□ 禮 不从示而从口 中山王譽壺 不用禮宜 豊字重見 【金文編】

□ 審禮都印 □ 禮給私印 □ 禮讓 【漢印文字徵】

□ 祀三公山碑 慶牲納禮 □ 禪國山碑 宜先行禪禮 □ 詛楚文 禮使介老 □ □ 石經君奭 故殷禮陟配天 禮古文不从示 【石刻篆文編】

□ 礼 【汗簡】

□ 汗簡 □ 古孝經 □ 古老子 □ 同上 礼 古文 □ 古孝經 □ 古尚書 【古文四聲韻】

◉許 慎 禮履也。所以事神致福也。从示。从豊。豊亦聲。靈啟切。□古文禮。【説文解字卷一】

◉王國維 説文示部云。禮。履也。所以事神致福也。从示从豊。豊亦聲。又豊部。豊。行禮之器也。从豆。象形。案殷虚卜辭有□字。其文曰癸未卜貞醴□。殷虚書契後編卷下第八葉。古□玨同字。卜辭玨字作□□□三體。則□即豊矣。又有□字書契前編卷六第三十九葉及□字。後編卷下第二十九葉。□□又一字。卜辭□字後編卷下第四葉或作□。鐵雲藏龜第一百四十三葉。其證也。此二字即小篆豐字所從之曲。古凵口一字。卜辭出。或作□。或作□。知曲可作□□矣。豊又其繁文。此諸字皆象二玉在器之形。古者行禮以玉。故説文曰。豊。行禮之器。其説古矣。惟許君不知□字即玨字。故但以從豆象形解之。實則豊從玨在凵中。從豆乃會意字而非象形字也。盛玉以奉神人之器謂之曲若豊。推之而奉神人之酒醴亦謂之醴。又推之而奉神人之事通謂之禮。其初當皆用曲若豊二字。卜辭之醴豊醴字从酒則豊當假爲酒醴字。其分化爲醴禮二字。蓋稍後矣。【釋禮 觀堂集林】

◉王國維 丰古金文玉字有如此作者。□龜板文玨字如此作。則豊字實爲玨在凵中之形。龜板文豊醴禮三爲一字。【劉盼遂記説文練習筆記 國學論叢第二卷第二號】

◉商承祚 □ 説文「□。古文禮。」案石經古文作□。即豊。不从示。【説文中之古文考】

◉郭沫若　〓象器中盛雙玉之形，亦見辛鼎，云「虔用〓氒剌」。剌有朋儕義。叔夷鐘「遘爾朋剌」。卜辭亦有此字，作〓若〓。彼字王國維釋爲豊之初文。本銘及辛鼎文説爲禮字正適。禮者謂儐礼之也。【臣辰盉　兩周金文辭大系考釋】

◉馬叙倫　周伯琦曰。豊即禮字。後人以其疑於豊。故加示以别之。莊有可曰。本止作豊。以事神故加示。徐灝曰。凡言从某某亦聲者。皆會意兼聲。若此禮字。又當别論。蓋豊本古禮字。相承增示旁。⊘倫按禮履以疊韻爲訓。許止訓履也。所以事神致福也者。乃校者所注以明其義爲事神致福也。傳寫譌入正文。許書中若此者皆然。或謂許亦如釋名之例。先以聲同之字爲訓。復釋其義耳。倫謂不然。二書體例不同。劉書恉在通俗。而許書恉在糾俗。且詳味許書此類。亦與劉書先釋以聲後釋以義者不同。彼釋義者即隨其所釋之聲爲説。許豈然耶。許例於本篆之下直釋其義。今此若本訓所以事神致福也。則何須先有履也之訓。許以履釋禮者。本之古書。禮記祭義荀子大略白虎通皆以履釋禮也。禮之爲義。乃人神交際之道。在當時通俗皆知。故但以履也訓之。許書以同聲爲訓者。固有此例。抑亦非許創之。或曰。自叙曰。厥誼不昭。爰明以諭。此止訓履也。是禮之誼仍未昭也。故復以所以事神致福也諭之。倫謂自叙曰。分别部居。不相雜厠。萬物咸覩。靡不兼載。厥誼不昭。爰明以諭。乃許明其書之體與史籀倉頡諸篇不同。諸篇體例有倉頡急就凡將可徵。並不分别形體。而使各有部居。復無詮解。故讀習其書。未必能昭其義。而許則字各説其意義。解其組織。以見義所由生。故曰爰明以諭也。不可引以爲證。且許書説解中凡言所以也者。每爲校者所增。後多明證。故知此亦然也。禮爲祭之轉注字。故禮莫大於祭。後世别之。祭不通於人。非初誼也。祭禮聲同脂類。從示。豊聲。今作從示豊豊亦聲者。校者以豊下曰。行禮之器也。謬加之。本書説解中如此者亦甚多。王筠據鍇本篆作禮。説解豊字作豐。餘見豊下。字見急就篇。秦詛楚文作〓。

〓　鈕樹玉曰。繫傳作礼。嚴可均曰。乙聲。商承祚曰。石經古文作〓。即禮。不從示。倫按礼爲禮之轉注字。聲同脂類。此蓋出僞古文尚書。汗簡引尚書作〓。【説文解字六書疏證卷一】

◉李孝定　説文「禮履也。所以事神致福也。從示從豊豊亦聲。〓古文禮。」此不从示。豊字重文。説詳卷三豊字下。先秦金文未見禮字。秦漢時器銘所見禮字與小篆同。見金文續編。【甲骨文字集釋第一】

◉銀雀山漢墓竹簡整理小組　安和之禮存焉未可攻也　明本作「伯禽之治存焉，故不可攻」。簡文「禮」借爲「理」，「禮」「理」雙聲。《禮記·仲尼燕居》：「禮也者，理也。」下文「未免乎危亂之禮」，明本正作「理」。【銀雀山漢墓竹簡(壹)第六條注五】

◉谷霽光　「〓」形究爲何意，乃「礼」字本義的關鍵所在，不可不加以考究。

古文「礼」亦作「〓」，見《字匯補》。余疑「爪」爲「示」之訛，正如「〓」字之「〓」，亦爲「示」之訛，均「示」字也。从爪、肉爲

「礼」，以示祀神或贈人之意，固亦可通。但从「祭」字的立意、造形來相類比，「吕」在「示」旁，以表示祀神之禮，則更允當。礼，古从示从吕，又可變化从示从乚，吕作「[glyph]」或「[glyph]」，省去或損去右旁筆劃，也就成爲「乚」了。同樣，「[glyph]」或「[glyph]」亦可繁寫，有如「祭」字可以加「[glyph]」，「祇」字可以加「[glyph]」，因而由「祒」演化爲「禮」，其淵源關係，殊亦易於揣度。【有關軍事的若干古文字釋例（二）　江西大學學報一九八八年第三期】

◉黄錫全　[glyph]礼　敦釋、豐、内本禮並作[glyph]，薛本作礼，敦、豐本又作礼，《説文》古文作[glyph]。此形同《説文》古文。鄭珍認爲「注當作禮」。【汗簡注釋卷一】

◉戴家祥　張政烺曰：「豊，從口，豊聲，禮之異體。」古文字研究第一輯二一八頁中山王𩰫壺及鼎銘考釋。按豊釋禮之説可從。然从ㄩ未必从口，疑ㄩ爲禮器象形，爲豊的形符重複。【金文大字典中】

禧

魯禧印信　[glyph]　張禧【漢印文字徵】

◉許　慎　禧禮吉也。从示。喜聲。許其切。【説文解字卷一】

◉王國維　嚴氏據爾雅禧告也之文。訂吉爲告之誤。段不從者。以禧不與祰連文故也。【劉盼遂記　説文練習筆記　國學論叢第二卷第二號】

◉馬叙倫　桂馥曰。鍇本吉作告。戚學標曰。説文單言禮吉。吉爲福。爾雅兼言吉也福也。告不得爲吉也。王筠曰。嚴可均曰。吉當作告。釋詁。禧。告也。筠按大宗伯注。故書吉或作告。禮記表記注。吉當爲告。告古文誥。字之譌也。此告吉互譌之證。朱駿聲曰。或謂吉當作告。非。陸曉春曰。禧。爾雅釋詁。一云。告也。一云。福也。禧之訓告。義無可尋。説文。禧。禮吉也。廣韵則云。禧。福也。吉也。蓋本之許氏。而禮吉之禮。必因上文禮字而誤。又脱一也字也。玉篇及顔注漢書賈誼楊雄等傳亦云。禧。福也。此皆本之雅訓。無可疑者。嘗見諸通人校説文。改吉爲告。謂據爾雅。並無他證。及讀許氏祰告祭也之訓。始悟爾雅訓告之禧。當爲祰。以形近致譌。倫按陸謂誤衍禮字是也。廣韵。禧。福也。本之爾雅。吉也本之本書。爾雅。禧。告也。郭注曰。未聞。使説文有告也之訓。郭不得謂未聞也。段玉裁謂郭注爾雅偶及字林。絶未引説文。則段未悟郭所引之字林。即説文之有字林而題爲字林者也。又郭於禧福也亦不作注。則本書但訓吉也。而爾雅則吉也福也兼訓。吉譌爲告耳。錢大昕據爾雅釋詁。禧。告也。禧與畛祈連文。謂畛爲致告。祈爲求告。禧爲禮告。嚴章福非之而未盡。由錢不悟禧爲禮告。經記無徵。而雅之眕即此之禛。参真聲同真類。本書参之重文作𩔗。是其證。則雅借眕爲禛耳。禛下曰。以真受福也。然非許訓。即如所言。受福正俗所謂吉也。祈下曰。求福也。亦非本訓。祈爲祭名。禧禛則爲福之假借義之轉注字。造字之始。義不相同。而雅通其詁。且雅列吉福二訓。吉之爲義。即福之引申。彼兩列之。其例甚多。無所嫌也。然倫又疑禮字涉上文禮字下隸書複舉字而譌衍。吉爲本字下隸書複舉字之譌文。許本以同聲之字爲訓。或以福訓禧。與爾雅同傳寫爛捝。【説文解字六書疏證卷一】

禛

禛　禛　竝見碧落文　【汗簡】

◉許　慎　禛以真受福也。从示。真聲。側鄰切。【説文解字卷一】

◉高田忠周　𡖊朱公華鐘⊘按銘意以爲慎字。説文慎古文作𡖊是也。然此篆从火。鐘銘灸字作𤆍可證。㊀亦肉字古文。从火肉會意者。爲禛古文。説文禛以真受福也。从示真聲。然真誠字元當以慎爲本字。禛之从真。从慎省聲以兼會意。此亦字初會意後變爲形聲之例。因謂禛祭之事當有焚𤊾燔肉之禮。故从火又从肉。與炙𦽶字相類而自別形也。焚尞禛祭必相關聯。故𡖊字古文作𡖊。以木沓會意也。又沓慎音義相通。故壁中古文以沓爲慎。與此銘相合。【古籀篇】

◉馬叙倫　段玉裁曰。此當云。从示。从真。真亦聲。不言者省也。諧聲之偏傍多與字義相近。此會意形聲兩兼之字致多也。倫按翟云升亦謂从真真亦聲。本書。真。僊人變形而登天也。然實県之異文。詳真字下。非真假本字。古言真假即是誠假。然則以真受福非許文。校者不明真字之義而妄改之。許止訓福也耳。段説非也。翟於祥祐祺神齋禋祀祡禷祖祰祠祫禜禳禬禚禡社諸文及玉部瓚瑗琬玠艸部蒼莿萊荗等文。均以爲从某某亦聲。其他各部中形聲字而以爲从某某亦聲者不可勝數。實未於所从之字明其本義。故不復列其説。【説文解字六書疏證卷一】

◉黄錫全　禛　禛並見碧落文　今存碑文作禛，此形示旁同部首。真字古本作真（寧滬1.1）、真（季真鬲）、真（真盤），从匕从鼎，後來變作真（石鼓文）。此形真旁譌从止，與漢印顛作顛，譙敏碑真作真類同，匕之變化乃由匕而匕、再變作止、止。如雲夢秦簡真作真，馬王堆帛書《老子》甲本作真、《易》作真。鄭珍認爲「禛字增止作止，大悖六書」，是他不明真字的前後變化。【汗簡注釋卷一】

 粹五〇一　卜辭用彔爲祿重見彔下　【甲骨文編】

 彔之重文　【續甲骨文編】

 祿　不从示　頌鼎　彔字重見　【金文編】

 5·9咸亭□里祿器　【古陶文字徵】

 祿　爲六　二例　 日甲七五背　【睡虎地秦簡文字編】

 5423　【古璽文編】

 上祿丞印　 傅祿　 李承祿印　 史祿之印　 陳祿　 尹祿之印　 熊祿私印　 適祿私印

 司馬承祿之印　 楊承祿印　 張祿　【漢印文字徵】

 開母廟石闕　福祿來仮　 漢式祿殘石　【石刻篆文編】

 祿　 □竝碧落文　【汗簡】

 古孝經　【古文四聲韻】

●許　慎　祿福也。从示。彔聲。盧谷切。【説文解字卷一】

●羅振玉　説文解字祿从示彔聲。古文皆不从示。彔敢作。頌敢作。卜辭中褮字从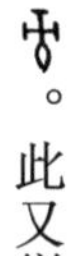。此又變作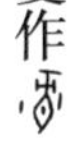。與古金文略同。【增訂殷虚書契考釋】

●徐中舒　彔經典通作祿，詩多以福祿並稱，而金文則否。説文以福釋祿，福爲一切幸福之總稱，故祿得釋福。此通義也。析言之，祿之本義，當爲俸祿。周禮大宰「四曰祿以馭其士，」注「若今月俸也」。韓非解老云：「祿也者，人之所以持生也。」蓋有祿則足以持支持生，無祿則不足以持生，故人死則曰不祿，曰無祿。【金文嘏辭釋例　歷史語言研究所集刊六本一分】

褫 禎 祥

◉馬叙倫 禄爲禮之音同來紐轉注字。然此乃禮之假借義之轉注字。蓋祭福一字而禮爲祭之轉注字。古書言福禄。亦用福之假借義也。餘詳福下。字見急就篇。古鉩作[glyph]。【說文解字六書疏證卷一】

◉李孝定 按說文「禄福也从示彔聲」。此不从示。彔字重文金文作[glyph]頌鼎。亦不從示。與卜辭同。頌鼎辭云「通彔禄永令命。」戓都鼎辭云。「用綏眉彔禄。」字均作彔。【甲骨文字集釋第一】

[glyph] 褫 【汗簡】

◉許 慎 [glyph]福也。从示。虒聲。息移切。【說文解字卷一】

◉劉心源 [glyph]舊釋虔。吕爲健字。或又釋嗣釋爵。皆不合篆形。心源吕爲从𤔔。蓋𤔲省。从虎。即虒省。當是褫字。𤔲其聲也。康褫者。安福之謂。【奇觚室吉金文述】

◉馬叙倫 桂馥曰。字林音弋爾反。倫按褫音心紐。福音非紐。祐音喻四。同爲摩擦次清音轉注字。褫禮聲同脂類轉注字。禎褫脂真對轉轉注字。【說文解字六書疏證卷一】

[glyph] 開母廟石闕 貞祥符瑞 禎不从示貞字重文 【石刻篆文編】

◉許 慎 [glyph]祥也。从示。貞聲。陟盈切。【說文解字卷一】

◉馬叙倫 桂馥曰。字林。禎。祥也。朱駿聲曰。字林。禎。福也。倉頡篇。禎。善也。倫按禎祺二字亦轉注字也。祺音羣紐。古讀歸見。禎音知紐。知見皆破裂清音也。詩維周。維周之禎。釋文。禎作祺。是其證。禎祉亦轉注字。祉音徹紐。同爲舌面前破裂音也。字林兼列衆訓。其一蓋許文也。【說文解字六書疏證卷一】

[glyph] 羊之重文 【續甲骨文編】

[glyph] 祥 不从示 中山王嚳壺 不祥莫大焉 羊字重見 【金文編】

開母廟石闕　貞祥符瑞　石經君奭其崇出於不祥　【石刻篆文編】

古老子　同上　【古文四聲韻】

◉許　慎　祥福也。从示。羊聲。一云善。似羊切。【説文解字卷一】

◉金祖同　金文常有著一羊頭的器，如周金文存的羊鼎，金文編引的羊卣也有二字的，如集古遺文的羊鼎，殷文存的丁羊鼎，諸家多釋作羊，義都不可解。我以爲就是吉祥的祥字。其單有一羊字的固然是吉意，就是羊鼎上象房屋之形，或者是家廟落成之後鑄器以寓吉祥的意思。去年我在濟南山東圖書館漢畫堂見到幾個墓額，上面多刻一個陽文的羊頭，可以同這羊字相證的。因爲釋爲羊字有兩個疑問：一，如果釋作羊字，則金文石刻所著的一個羊頭意義不可解。二，金文有羊字而没有祥字，難道古就没有祥字嗎？要知這多是誤于説文的。説文祥字下説：「祥，福也，从示，羊聲。一曰善也。」以爲祥字多从示，無示羊也，那裡知道漢磚吉祥連文，祥多作羊呢！他又以爲羊鼎等的羊字作，祇一個羊頭，還不是全羊，他不知卜辭的祥字都作羊頭形呢！如前四·二七·一、鐵·一九四·四、鐵·九七·二、前·四·四九·三等形，也有如金文作者。前·四·五四。蓋古人以羊爲美味，善美等皆从之，故羊即有祥意。許慎以羊爲聲其誤太甚。【殷虚卜辭講話】

◉馬叙倫　桂馥曰。福也者。字林同。釋詁。祥。善也。王念孫曰。一云善三字説文無此例。後人所加也。田吳炤曰。玉篇廣韵皆有善也之訓。當本説文。小徐本寫者譌敓。韻會引作一曰善也。是其真本。則有者是。周雲青曰。慧琳一切經音義四十三引字林。福也。善也。蓋本説文。倫按字林以許書爲本。而復兼録異詁。慧琳所引其明證也。福也之訓即許書本訓。善也則本之爾雅。此一云善。校者記異本。蓋即字林訓。唐人爲字科學者。期於簡便。以時俗皆以祥爲善。遂復删去一訓。一本止有福也。故校者據彼本記此也。本書箸别義者。大率言一曰。或言或曰。或言一説。或言一云。皆先後校者之詞。故爲例不純。且二徐前後説文猶存多本。故或有或無也。倫謂祥爲福之轉注字。福音非紐。祥從羊得聲。羊音喻四。同爲摩擦次清音也。故訓福也。然福與祭一字。故祥亦爲祭名。禮之小祥大祥是也。陳逆簠。作□□亯孝季姜之祥器。祥器謂祀器也。或曰。禮之祥乃祀之音同邪紐轉注字。祥之本義爲福禄。故今恆言吉祥也。祥禳祊皆聲同陽類轉注字。【説文解字六書疏證卷一】

◉李孝定　説文。「祥福也。从示羊聲。一云善。」此不从示。羊字重文。漢洗銘云「大吉羊」積古卷九、二十三頁亦不从示。【甲骨文字集釋第一】

◉丁驌　祥。契文羊字作□□□等形。其異於此者如□乃是獵取之義，象以繩套頸，殆今日所謂Rodeo式也，此尚與本字相同，只多繩套而已。但爲説文所無。此種獵取方式，雖盛行於畜牧社會，業農之人，未必便有，因之字亦見廢也。另一羊字，角成曲線，頭部之狀如三角形，或則加目，甚至變爲臣，實皆用爲祥字(引例九六—一一三)。此結論前人早已言之。所不同者認借羊字爲祥也(引例七三—八三)。

金祖同分析用「祥」字之辭爲三類：一曰勿祥，二曰不祥，三曰其祥。勿祥包括弗祥。卜辭用此辭者最多，約佔百分之八十有奇。稱不祥者，如貞帚姘□雨等事約有百分之十五，其祥之用甚少。亦有弜祥，乃允辭耳。金氏謂各辭用法不同。想卜辭既多爲祭祀之辭，所見各辭十九皆見於祭事辭中，未必便專用於祭祀也。「不祥」亦並非專爲征伐，如「帚姘不祥」。勿祥亦非限於祭事，如「子戌弗其凡，勿祥」(乙二五七五)。又有數字亦應釋祥，如乙九〇九六之「甲申卜扶□」，後下二八·五之「卜貞勿□今于」，皆是祥字(前字在李集釋存疑篇，後字在眉字條下，見後説)。□乙九〇九六　甲申卜扶：祥　□後下一二·一六　王殺羊(此以繩套擒羊之狀，周官敿人爲魚官。此字隸應作殺或敹也。敹古養字，豈非王養羊乎！當時只用作禽羊之狀，亦所謂游田之一類而已)。

□後下二八·五　卜貞勿祥。今(令?)

□祥之讀祥與□之讀羌理同。皆從羊字得聲，亦得義也。祥字原狀羊形，乃野羊之類，近似地中海之monflon羊。今日中國新疆之𦍩或羬Quis ammon或mus.mon亦復類似。山海經注月氏之羊，曰羬羊，説文之䍲也，讀音訛爲「針」字，本音咸。疑即此類巨彎角之野羊也。當殷之世而在甘肅境内見西山經故可能出自羌方。

□字爲祥，無誤。但□字亦爲祥，則未有前説也(引例八五—八六)。李集釋置此字於眉字條下。按眉字目上之毛應向一方彎折如□，其中分背向彎折者不是眉形。前六·五〇·六之字，余所有之拓本不清，但據葉氏釋文及李氏書抄録作□當不致誤。此形均是祥字，見附録卜辭例中，何以不識。想必葉氏誤將前六·五〇·六之辭讀錯也。葉氏讀此辭由右而左，横讀，猶倒讀英文也，甚爲奇怪。此辭仍是上下讀，辭云「囗丑内貞祥庚氏王鮪」，見另文釋魚。鮝乃鮪。鱣科(Sciuenidae)之Scirena schlegdi也。又稱石首魚，俗名黄魚。黄字乃鰉字之訛。此魚與美洲之Mentianhus同屬鱣魚一類。英名謂之皇魚(King-fish)何其巧合耶！周官天官漁人於春獻鮪於王，辭爲「春獻王鮪」，與卜辭「庚氏王鮪」如出一轍。(辭中王字下横漫患，故形如大字，勿誤爲大也。)卜日想必是己丑也。後下二八·五之□，辭爲「勿眉」不甚可解，反之「勿祥」則司空見慣者也。由此類推，契文中□、□形之字尚有，多不識其碻釋，殆因認其爲眉形，而未知其乃羊形也。

金文器物上之饕餮有二基本形態即從□從目是也。饕餮殆是羊形。嘗見目上之彎形，有角上之紋□，知是角而非眉也。又此二角亦作□進而簡易成□形。沚戠之戠字所出在此，乃是戠，宜乎覆訟至今，未得碻釋也。前人咸認𦣻爲首，遂有馘首之釋。今知𦣻乃祥字或饕餮之符號，此人名又當别釋矣，日人林太輔釋此字爲馘，字从首，或亦从耳。此戠字明是从目，非一字也。且或契文作弍，此只作干不能驟謂爲即弍字也。謂之爲𢦏或尚勉強可通。又沚字所从之□在□字中作□與作□同義(□)，此亦甚饒興味，待考者也。辭例如爭貞叀白□出□丘□眔(□殘)(前六・三五・五)多沚□(前六・三六・一)。玆乎，乎吹□□(前六・三五・六)。或即𢦏字亦未可知。

祉 祉

□ 5·374雝祉里 【古陶文字徵】

□ □祉□附城　□ 郭允祉印 【漢印文字徵】

□ 碧落文 【古文四聲韻】

◉許　慎　祉福也。从示。止聲。敕里切。【説文解字卷一】

◉李孝定　屈翼鵬云。「隸定之當作祉。於此當是祭名。」見甲釋三八一頁二九四七片。按説文「祉。福也。从示。止聲。」甲二九四七辭云。「貞祉□大□三□三牛。」字與篆文同。屈君云當是祭名。可從。【甲骨文字集釋第一】

◉黄錫全　甲骨文中有□(京都2357)、□(粹60)等字，《甲骨文編》與□混爲一字，並認爲：「从止从冂，《説文》所無。」

按□字，上部□象房屋形，如家作□(前7.38.1)，安作□(甲283)，宗作□(佚927)等；下面□即止，應隸作定。字書不見定字，唯《汗簡》宀部録碧落文祉作□。甲骨文之□與《汗簡》之□形體完全相合，無疑是一字，應當釋爲祉。

定祉均从止聲(《説文》正篆祉作祉)，僅从宀从示之别。□象宫室房屋之形，可指宗廟祭祀求福之地。如宗字从□从示，《説文》謂「尊祖廟也」。示指神示，凡宗、祐、社、祭、神、祀等字皆从示。因而从宀與从示有時義近，从示之字每每又增从宀，如邾太宰鐘福作□，牆盤禋作□等。定字當是祉字之古體或别體。【利用《汗簡》考釋古文字　古文字研究第十五輯】

◉徐中舒　从示从止，示下止上，應即祉字。卜辭又有□字，示上止下，疑與此同。《説文》：「祉，福也。」【甲骨文字典卷一】

◉劉樂賢　《漢印文字徵》卷七・十四定字所收最後一形爲□。按此字从宀从之，不得釋爲定。古璽文中有一□字(《古璽匯編》5344)，黄錫全認爲□，□古音相同有時可以通用，並依據《汗簡》祉作定釋爲祉(《古文字研究》第十五輯147頁)。黄説可

福 福

从，漢印此字當釋爲祉。【秦漢文字釋叢 考古與文物一九九一年第六期】

鐵三四·四 乙二一〇三 乙二二九六 乙二七〇七 河四一七 戬四一·九 前四·二·八
前四·二三·二 存下二二四 佚三六九 佚五二四 佚七九四 林一·二一·一四 林
一·一九·一四 金三〇 誠明一九 燕七三〇 甲三〇七二卜辭用畐爲福重見畐下 甲三一二三或从廾
甲一七二·六 甲二六八四 甲二六九五 甲二六九八 甲二八八〇 甲二八八一 甲三一八九
河四〇〇 河四〇一 河四〇二 河四〇四 河四一三 拾三·一七 戬一九·九 戬一九·一〇
前四·二三·三 前四·二三·四 前四·二三·五 前四·二三·七 前五·四三·一 後
二·一七·一二 佚三六二 無想四六四 佚三八一 京都七三七 戬一九·一或不从示 河四〇八
佚四〇一 佚四一三【甲骨文編】

甲243 323 571 600 613 657 884 1564 1726 1850
2082 2268 2322 2391 2418 2675 2684 2692 2697 2698 2813
2880 2881 2707 3289 3915 乙854 1971 2103 2296 2707
2862 2964 3108 3111 3198 3468 4749 5399 6235 6927
7170 7438 7975 8584 8585 8698 8816 8897 9078 珠53

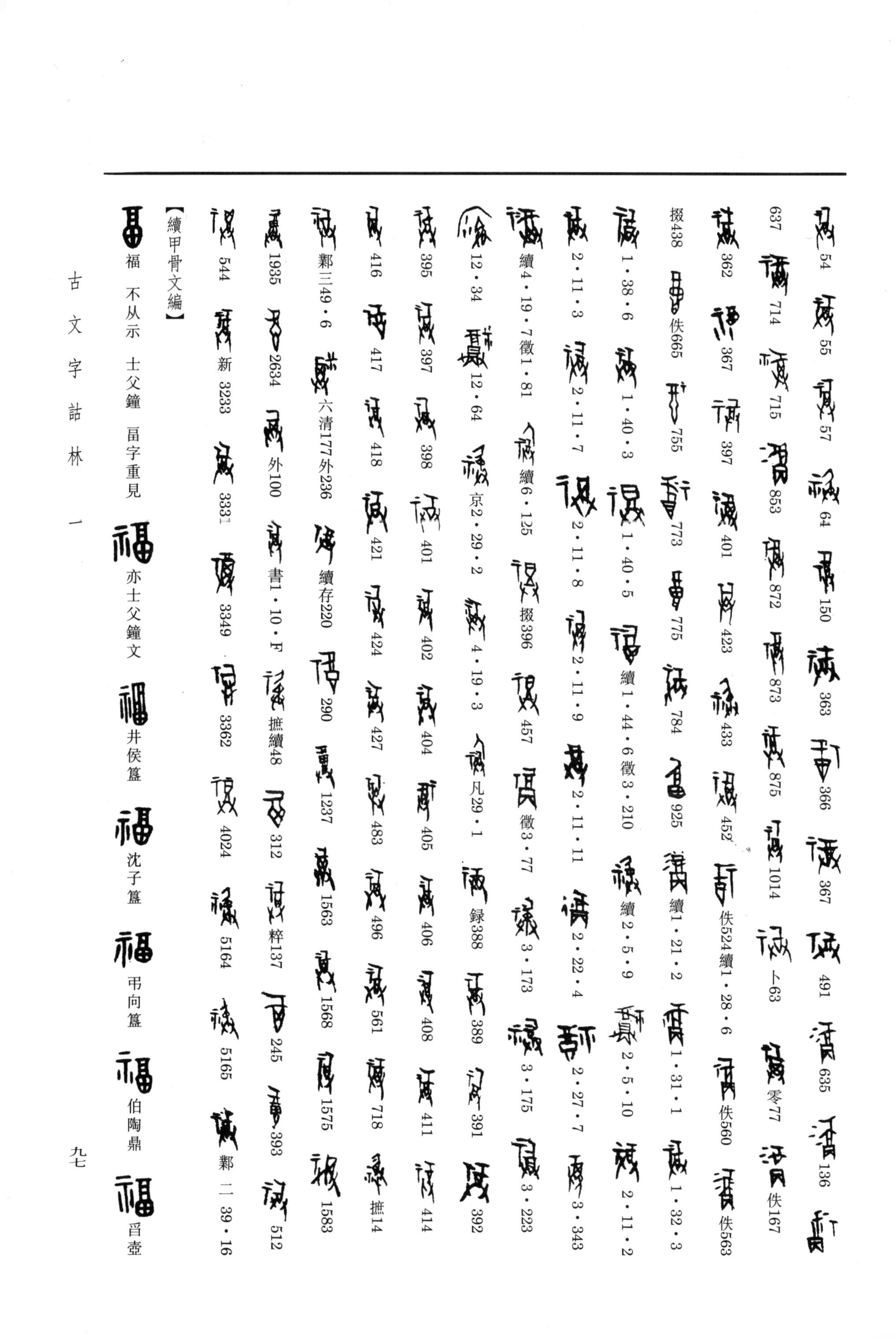

54 55 57 64 150 363 366 367 491 635 136

637 714 715 853 872 873 875 1014 ㄥ63 零77 佚167

362 367 397 401 423 433 452 佚524續1·28·6 佚560 佚563

掇438 佚665 755 773 775 784 925 續1·21·2 1·31·1 1·32·3

1·38·6 1·40·3 1·40·5 續1·44·6徵3·210 續2·5·9 2·5·10 2·11·2

2·11·3 2·11·7 2·11·8 2·11·9 2·11·11 2·22·4 2·27·7 3·343

續4·19·7徵1·81 續6·125 掇396 457 徵3·77 3·173 3·175 3·223

12·34 12·64 京2·29·2 4·19·3 凡29·1 録388 389 391 392

395 397 398 401 402 404 405 406 408 411 414

416 417 418 421 424 427 483 496 561 718 摭14

鄴三49·6 六清177外236 續存220 290 1237 1563 1568 1575 1583

1935 2634 外100 書1·10·F 摭續48 312 粹137 245 393 512

544 新3233 3331 3349 3362 4024 5164 5165 鄴二39·16

【續甲骨文編】

福 不从示 士父鐘 畐字重見

亦士父鐘文 井侯簋 沈子簋 弔向簋 伯陶鼎 晉壺

虢弔鐘 蔡姞簋 寧簋 善鼎 㝬鐘 猶鐘 井人妄鐘 克盨 不𡢁簋二

齊弔姬盤 曾伯匿 曾伯陭壺 𨟻嬰簋 𨟻嬰盤 秦公鎛 國差罎 林氏壺

中山王譻壺 王子午鼎 王孫真鐘 曾子匿 大師虘豆 伯沙其盨

伯沙其盨二 𤔲弔多父盤 不𡢁簋 伯公父匿 邾大宰鐘 从富 𡨥鼎 用匄永福 周乎卣

【金文編】

37 206 【包山楚簡文字編】

福 秦六六 通幅 布袤八尺—廣二尺五寸 秦六六 日乙一四六 三例 【睡虎地秦簡文字編】

隹天乍—（甲10-8）【長沙子彈庫帛書文字編】

4685 4684 與長沙楚帛書福字同。 4559 4560 【古璽文編】

鄴福之印 和福 羊福之印 杜福之印 丁福 皇福印信 騖福之印 吳福 董

福 程福 趙福 秦福 李福之印 【漢印文字徵】

開母廟石闕 福禄來仮 佐左福 祀三公山碑 户曹史翟福 【石刻篆文編】

古老子 竝崔希裕纂古 【古文四聲韻】

◉許 慎 福。祐也。从示。畐聲。方六切。【説文解字卷一】

◉羅振玉 从两手奉尊於示前。或省廾。或並省示。即後世之福字。在商則爲祭名。祭象持肉。福象奉尊。周禮膳夫。凡祭祀之致福者。注。福謂諸臣祭祀進其餘肉。歸胙於王。晉語。必速祠而歸福。注。福。胙肉也。今以字形觀之。福爲奉尊之祭。致福乃致福酒。歸胙則致祭肉。故福字从酉。胙字从肉矣。胙亦作祚。詩既醉釋文。胙本一作祚。許君謂福畐聲。非也。

古金文中父辛爵福作畐。弭仲簠福字亦从畐。均象尊形。【增訂殷虚書契考釋】

◉王　襄　契文之福，象兩手奉尊于示前，或从點滴，爲灌酒之形，或省廾，祇作尊形，皆福字省變之異，且爲祭名，與許書「福備也」之説不合。所从之尊，有種種別構，與小篆亦異，髮鐘作福，曾子簠作福、𤔲，其偏旁畐、畐、酉，可爲契文之尊形漸變爲从畐左證。是爲會意字，而許氏从示畐聲之説，于契文福是有未諦。福之變體，𩰲鼎作𩰲，周乎卣作𩰲，从宀有在屋下祭而受福之誼，从玉，玉亦祭時薦神之品，《周禮大宗伯》：「以玉作六瑞，以禮天地四方」，《典瑞》：「圭璧以祀日月星辰。」，或从二人相背，乃受福後人去之誼，與既作既或既爲食既，象人掉頭欲去之形相同，亦福字漸衍爲繁縟之體。【古文流變臆説】

◉葉玉森　福羅振玉氏曰。从兩手奉尊於示前。或省廾。或竝省示。即後世之福字。在商則爲祭名。祭象持肉。福象奉尊。周禮膳夫凡祭祀之致福者注。謂諸臣祭祀進其餘肉。歸胙于王。晉語必速祠而歸福注。福。胙肉也。今以字形觀之。福爲奉尊之祭。致福乃致福酒。歸胙則致祭肉。故福字从酉。胙字從肉矣。許君謂福畐聲。非也。古金文中父辛爵福作畐。弭仲簠福字亦从畐。周公彝福作福。从畐。均象尊形。增訂考釋中十七葉。森按。福之異體作福福福福福等形。説文。標。積火燎也。古文作禉。卜辭从示从酉。疑即禉字。禑爲繁文。酉爲省文。殷契鉤沈。【殷虚書契前編集釋卷四】

◉商承祚　福當是福字，如鼓之增宀作𡪢也。【殷契佚存】

◉商承祚　金文皆不从廾。作福（虢叔鐘），福（周公𣪘），福（國差𦉜），𤔲（曾子𠤳）。或並省示作畐（叔氏鐘），與此同。【甲骨文字研究下編】

◉馬叙倫　鈕樹玉曰。韻會作備也。嚴章福曰。祐也今本作祜也。小徐本作備也。許書説解不避上諱。秀下秃下兼下㨗下皆有秀。嫌下武下皆有莊。此其證。祜下不言字義。於此發明之。可轉相訓。小徐訓備。則於从示之義未合。但可解經而不可解字。桂馥曰。小字本及玉篇廣韵類篇集韻增韻並作祐。漢諱祜。不應爲訓。朱駿聲曰。福祐見爾雅。福備見禮記。皆古訓也。然許君避上諱。必不敢明書祜爲注義。小徐本得真。福備以同音作解。翟云升曰。祜也是。祜福也又見爾雅釋詁。訓備者禮祭統文也。非許書之義。徐灝曰。古福字作畗。鐘鼎文福多作畐。畐者。戴侗以爲即复字。是也。祭祀之餘謂之福胙。以其出自畐中而名之也。古音方墨切。今安徽人讀若弗。尚近古音。田吳炤曰。小徐作備也。雖以聲訓。然福下直次祐文。則作祐者是舊本。羅振玉曰。甲文有福福福諸文。从兩手奉尊於示前。或省廾。或並省示。即後世之福字。許謂从示畐聲。非也。古金文中父辛爵福作畐。弭仲簠福字亦從畐。均象尊形。葉玉森曰。説文。標。積火燎也。古文作禉。卜辭从示从酉。疑即禉字。禑爲緐文。酉爲省文。倫按甲文祭字作祭祭祭祭諸形。月即肉字。八以象酒。

𠶷爲持酒肉於示前。𠶷則僅持酒於示前。小篆作祭。則僅持肉於示前。許石枏謂⺌爲血亦通。福从畐即釜也。所以熟物。以所熟肉示神。故福从畐會意。从畐猶从肉矣。甲文作𥘿。从示。从酉。會意。作祴者。从𠬞持酉於示前。金文曾子□簠。則永祜福。即則永祜福。字亦从酉。从酉者。皆从酒省也。然則福與祭無別也。且祭者慴於神之威。乃以所飲食者先奉之。又以神之貺不可不詶也。故以酒肉祭之。下文。祐助也。易謙卦。鬼神害盈而福謙。鄭玄注禮記祭統。世所謂福者。謂受鬼神之祐助。然則福祐也者。實叚借之義。而福𠶷實一字。福聲之類。祭聲脂類。之脂固通轉也。叚借福爲祐助之義。而祐祜禧祺禎褫祥諸文皆從叚借之義而轉注。祜祐諸文皆當從福省。當立福部而祐祜諸文屬之。周禮膳夫。凡祭祀之致福者。注。謂諸臣祭祀進其餘肉歸胙於王。國語晉語。必速祠而歸福。注。福。胙肉也。本書。胙。祭福肉也。今杭縣之俗。歲終祭神。祭已。分食祭之牲酒。名曰賞福。或謂散福。即周禮之致福。晉語之歸福矣。於是福與祭遂判爲兩字。福爲叚借之義所專有矣。鍇本備也。以聲訓。祐也或字林義。字林每有重義也。急就篇有福字。顏師古本作輻。叀中鐘作𥛱。周乎卣作𥛱。國差鑰作𥛱。宗周鐘作福。【說文解字六書疏證卷一】

◉楊樹達　戩壽十八葉之十三云：「癸未，卜，行貞，王賓夕禫，亾囚？」王國維云：禫象兩手奉酒尊於示前，與祭字同意，羅參事釋爲福。　弡樹達按：當作弜。中簠福字从𠷎，正象酒尊，此第加廾耳。戩釋三五。　【卜辭求義】

◉金祥恒　甲骨文有祀字，如殷契佚存八六九片：

勿夕祀？

商承祚無考釋。殷虛書契續編卷五，第二十頁第三片：

貞：囚乙巳囚，其祀，亡它？

祀，葉玉森釋爲䙰云：「从示从龍，乃古䙰字，或龍祭之專名也。」（見鉤沈十一頁）孫海波以爲不可信，故其甲骨文編入附録（見六三八頁），待考。葉氏釋爲䙰，因其所从之𢀋似甲文龍，其實非龍。甲骨文龍作𢀋，或𢀋𢀋諸形，與𢀋不類。今以卜辭文例言之，如小屯甲編六一二一片：

丙寅貞：王其福？

屈萬里先生考釋福爲祼，从吳其昌說。孫海波从羅振玉說釋爲福。甲編八八四片：

庚子貞：夕福，酉羌，卯牛一？

「夕福」「其福」與「其祀」「夕祀」例同。而其所从之「𠷎」「𢀋」，形雖異，殆爲一字之繁簡而已。

甲骨文之福或釋爲祼之福，所从之畐，其形繁多，繁者如𥛱、𥛱、𥛱、𥛱，簡者如祼、祼、祼、祼，或省示，作畐、畐、畐、畐、畐、畐（詳見續甲骨文編福字）其形體變化，不一而足。佚存八六九片之夕祼，殆由祼之簡省而來。如小屯甲編二三九一與二四〇九片（見甲編考釋圖九九）：

貞：夕祼，其蓳雨？

屈萬里先生考釋云：「畐字之異體甚多，常見者有畐畐福福福福等形。羅振玉以爲即後世之福字，葉玉森隸定作禉禕，謂即槱之古文。郭某釋祼，尋釋卜辭，以釋祼之說爲長。此處爲名詞，蓋祼酒之器，吳其昌所謂「古禮器中有流之尊壺」者，是也。」（見考釋二六八）

吳氏以畐畐畐爲禮器中有流之尊壺，其說甚是，余疑或爲無柱之斝爵之屬。如簠室殷契徵文第十二文字之六四片：

貞：夕祼。

其畐，腹下有欵足二，猶甲骨文斝（斝），爵（爵），金文魯侯爵作爵（三代吉金文存一六・四六・六），總之所从之畐或畐，必爲盛酒之器無疑。如小屯甲編二六八片：

己丑卜，乙未六畐，奉攴？

畐，屈萬里先生釋爲祼。「六祼」無釋，尋譯其義，畐殆爲尊壺爵斝之屬。因畐之省簡或作勺，或作勺。如簠室殷契徵文帝系第一七五片：

貞：王（宖）祼。

「王宖祼」，卜辭成語，如明義士殷虛卜辭第七八片：

□□卜，行□，□宖祼。

殷虛書契前編卷一第四頁第八片：

貞：王宖祼，亡尤？

簠室殷契徵文帝系第一七五片之祼，所从勺，殆即戩壽堂殷契文字第二五頁第十片：

其祼新鬯二勺一卣，王□□？

勺，王國維考釋疑古勺字，云：「勺象勺形，一其實也。」晉敦云：隹四月初吉丁卯王蔑晉曆，錫牛三，晉既拜稽首，勺于厥文祖考。彼勺字與此勺字正同，彼爲夏祭，當假借爲礿祭之礿，此云鬯二勺一卣，二則當爲挹鬯之勺，卣所以盛鬯勺所以挹之故，二者相將。」于省吾釋爲必，云：「〼即必，當爲柲之初文。〼字作〼〼〼〼等形。金文必字休盤作〼，袁盤作〼，無叀鼎作〼，其遞衍之跡，爲由〼而〼而〼而〼。……〼字本義疑爲柲之初文，廣雅釋器，柲柄也。柲無以爲象，須假器物以明之，从〼象某種量器，米點散落。下象斜柄，从丿所以示其柄之所在，蓋指事字也。」葉玉森釋爲升，云：「友敢升作〼，漢臨菑鼎作〼，與篆文異，前編卷四第二十葉之〼與鼎文同，異體作〼〼，丷疑象溢米散落形（鉤沈六）。葉氏據後世金文升之字形與甲文相似而釋之，于省吾亦然。唯釋爲柲，以爲指事而已。王國維釋爲勺，説文勺「枓」也，所以挹取也，象形，中有實，與包同意。」段注：勺枓爲轉注字，異字同義。斗與升，傳世量器如楚鍾「十斗九升十一」（貞松堂集古遺文十四卷第四頁），作〼與〼，所異者升多一，猶勺之一。余疑升斗古同，僅容量有大小而已。加一爲以區別之。説文小篆之升斗亦然，斗作〼，「十升也，象形，有柄。」升作〼，「十合也，從斗，象形。合龠爲合，龠容千二百黍。」三家之説大同小異而已。王國維據晉敦「〼于厥文祖考」而釋爲勺，假借爲礿祭字。然毓且丁卣（貞松堂遺文續編中二十二頁）：

辛亥王在廙，降令曰：歸〼于我多高〼〼，錫𧶜，用乍毓且丁隮。其「〼于我多高〼〼」，與「〼于厥文祖考」，文例相同。〼即〼，金文亦然。甲骨文〼或〼，以「其禕新鬯二〼一卣，王受右」言，〼爲盛酒之器，與卣相同無疑。説文「斝，玉爵也。夏曰醆，殷曰斝，周曰爵。」係同物而異名。故釋爲斝爵之屬，則卜辭「二〼一卣」，辭暢意順，一無杆格。卜辭二〼，除上例外，尚有戰後京津新獲甲骨集第四二四四片：

其禕□二〼⊠

殷虛書契前編卷四第二十頁第六片：

癸卯卜，貞：王宊，二〼〼。

陳夢家卜辭綜述廟號下云：「登新鬯一卣於二升（廟），二升並非量名，與王賓二升之升皆爲廟名。」陳氏从于省吾説。于氏據殷契粹編第五四一片：

弜鄉宧，䵼隮〼

釋宧「从宀耶聲，耶古聽字，聽從壬聲，乃後世所加之聲符，與廷庭之从壬聲聲符同。聽與廷庭爲雙聲疊韵字……爲宗廟之廣庭，即太室中央，在重屋之下也。」又云「『弜鄉宧，䵼隮必』，廷與必爲對文，必即宓，言弗鄉于廷，而䵼隮于宓也。廷謂太室中央，宓謂室內也。」今案〼釋爲必，已辨正如前。卜辭「弗鄉宧，䵼，隮〼」，並非對文。䵼，王國維釋爲「詩小雅『或肆或將』；周頌『我將我享』之將，匕肉於鼎，有進奉之義。」〼，金文甲文釋與尊同，然亦古奠字。如儀禮士喪禮「幂奠用功布」。鄭玄注「奠，古文尊」。甲骨文「[甲骨文]」之[甲骨文]，乃奠字。「[甲骨文]」者「奠斝」也。詩大雅行葦「洗爵奠斝」。儀禮「奠爵」（特牲禮）「奠觶」（士虞禮、特牲禮）「奠豆」（既夕禮）等，皆其證也。金文「作某寶[甲骨文]彝」或寶障爵等，亦其例也。卜辭有殘片，殷契佚存第一六三片：

今□[甲骨文]（[甲骨文]）□奠□[甲骨文]□

奠下有缺文，疑爲[甲骨文]字。總之[甲骨文]，由甲骨文字演變言之，非升斗之字，乃斝爵之屬。[甲骨文]，羅振玉釋爲福，說文「福，从示畐聲」，案畐說文「滿也，從高省，象高厚之形」。段注「方言悀偪，滿也。凡以器盛而滿謂之悀，注言誦出也。腹滿曰偪，注言勅偪也」。畐，原爲盛器，故王筠說文釋例畐下補古文[甲骨文]，則畐原爲盛鬯酒之屬，天干之「酉」。故凡甲[甲骨文]、[甲骨文]、[甲骨文]、[甲骨文]之字，釋爲福，形義較爲近似，蓋求福之祭也。小屯甲編三九一五片：

癸卯卜，貞：叀[甲骨文]（福）

癸卯卜，貞：叀歲。

歲與福爲對文，歲爲祭名，猶尚書洛誥「戊辰，王在新邑，烝，祭，歲，文王騂牛一，武王騂牛一」，則福亦爲祭名無疑。卜辭福歲合祭之例，如：

□大乙[甲骨文]，歲　粹編一五三

[甲骨文]、歲，王[甲骨文]囷　甲編五五〇

癸亥卜，其又夕歲於父甲，[甲骨文]，王受右　粹編三三七

卜辭有夕歲，也有夕福。如戰後寧滬新獲甲骨集第一〇七片：

己卯卜，□

[甲骨文][甲骨文]

□卯卜，叀□

[甲骨文][甲骨文]即莫福也（詳見中國文字第十一冊釋[甲骨文]）。甲骨文福作[甲骨文]者乃第四期文武丁卜辭。如：

叀[甲骨文]，鄉。　拾掇四三四

甲寅卜，叀翌日，[甲骨文][甲骨文]。摭續二〇一

第五期帝乙帝辛卜辭作[甲骨文]或[甲骨文]，如：

戊戌王蒿田□文武丁[甲骨文]，□王來正人方。　甲編三九四〇

丙午卜，貞：文武丁𥘅，丁其牢。　前編一・一八・一

屈萬里先生甲編考釋云：「𥘅當與𥘅同，謂爲宗廟藏主之所，可信，然是否禰廟，則尚難確定。」𥘅當與𥘅同，其説甚是。惟以陳氏説爲宗廟藏主之所，或謂禰廟，由其字之演進言，非宗廟或禰廟，乃爲求福之祭之福。【釋𥘅　中國文字第二十二册】

◉郭沫若　[glyph]殆福字之未刻全者。卜辭福字有作[glyph]前四・廿三・四・若[glyph]同六者。其草率之處與此同。羅云「从兩手奉尊於示前，或省収，或並省示，即後世之福字」。福字古訓胙肉，羅云「今以字形觀之，福爲奉尊之祭，『致福』乃致福酒」。【卜辭通纂】

◉張日昇　説文云：「福。祐也。从示。畐聲。」甲骨文或从廾。象兩手奉尊于示前。羅振玉謂「福爲奉尊之祭。致福乃致福酒。歸胙則致祭肉。故福字从酉。胙字从肉矣。許君謂福畐聲非也。」甲骨文字集釋頁五七引。李孝定云：「説文。福。祐也。从示。畐聲。又畐。滿也。从高省。象高厚之形。畐金文作[glyph][glyph]。此所从偏旁作[glyph][glyph][glyph]並象器形。訓滿其引申義也。其形與酉之作[glyph]者相近而形製有別。……許書福下説解當云。佑也。或作祐也備也。从示。从畐。畐亦聲。」同上頁五八。按金文無从廾之福。我鼎云「遣[glyph]。」𩛥且丁卣云「歸[glyph]於我多高口。」郭沫若並釋福。容庚收入附録。下見3004條及3003條。雖謂福爲奉尊之祭。然不可謂畐非聲。李氏之説爲優。容庚謂士父鐘福字或不从示。據三代吉金文存該畐字左旁似尚有殘畫痕跡。容氏所舉不从示之福字。存疑可也。或者鼎云「用勾偁魯[glyph]。」阮元釋以豚祠司命之祉。馬叙倫非之。謂金器文用勾下率爲所乞之旨。釋以嘉祭。於義未安。且文从示北聲。疑當讀爲蔭芘之芘。馬氏从示北聲之説是也。然讀爲蔭芘之芘則非。古音北與畐同在之部入聲合口。並爲唇音。北pwək畐p'iwək。祟實乃福之異體形聲字。而周乎卣「用勾永[glyph]」之[glyph]字。乃纍加聲符之福字。【金文詁林卷一】

◉徐中舒　从示从酉，或又从𠬞 𠬞，或省示，並同。酉爲有流之酒器，其形多有譌變，金文譌爲[glyph]士父鐘，爲《説文》福字篆文所从之畐所本。《説文》：「畐，滿也。」甲骨文福字象以酉灌酒於神前之形。古人以酒象徵生活之豐富完備，故灌酒於神爲報神之福或求福之祭。《説文》：「福，備也。从示，畐聲。」【甲骨文字典卷一】

◉徐中舒　[glyph]一期　甲二四一八從水從酉福，疑即福之異體。【甲骨文字典卷十一】

◉劉彬徽等　福，簡文作[glyph]，與長沙子彈庫帛書「隹天乍福」之福字同。《儀記・少儀》：「爲人祭曰致福。」【包山楚簡】

◉曾憲通　[glyph]隹天乍福　古璽文福字作[glyph]，與帛文同。乙一〇・八【長沙楚帛書文字編】

◉戴家祥　[glyph]張政烺釋福，張日昇曰：古音北與畐同在之部，入聲，合口，並爲唇音，北Puək畐Piwək，祟實福之異體形聲字，而周乎卣「用勾永[glyph]」之[glyph]乃纍加聲符之福字。按張説是也。説文八篇「偁，揚也。」爾雅釋訓偁舉也，「用匄偁魯祟」，猶叔氏鐘曰

祐

「降余魯多福。」

按金文福字从等，皆酉尊之譌。羅振玉曰：福爲奉尊之祭，致福乃致福酒，歸胙則致祭肉，故福字从酉，胙字从肉矣，甲骨文字集釋葉五七引。金文祭祠之字常加上表示宗廟意義的宀旁，如禋作，奠作窴等，故邾大宰鐘作富。古人以玉事神，靈字或从玉作靈，故福字金文或又从玉作。徐中舒曰：福爲一切幸福之總名，禮記祭統云「福者備也，備者百順之名也，無所不順者謂之備。」洪範分一切幸福爲五類，富、壽、康、寧、攸好德、考終命。而總名之曰福。故祝嘏之辭，稱福必置於並列諸仂語之首或末，以示總挈總束之意。中央研究院歷史語言研究所集刊第六本一分二七葉金文嘏辭釋例。富，即福之繁構。金文加宀字往往與本字同。如殷之作𡪉，康之作㝩等。【金文大字典中】

戩一三·九 卜辭祐从又　後二·二·四　菁一〇·一〇　乙八七五六　乙八八〇一　佚一四〇　乙粹三八一　京都一八五一　甲二四〇祐或从ナ　乙三七〇　乙三九三　乙四〇二　乙八七〇三　乙八七七六　乙八八八八　簠帝二三五　續五·五·六　清暉八二　清暉九七　佚六六七　佚六六七　前三·二八·五或从又　後二·一九·一一　林一·三〇·一一　鐵七·四 卜辭用又爲祐 重見又下 【甲骨文編】

雲瘦38·2獨字 說文所無玉篇閟古文祐 【古陶文字徵】

吳祐私印　臣祐 【漢印文字徵】

祀三公山碑 五官掾閟祐 【石刻篆文編】

祐 【汗簡】

◉許 慎 祐助也。从示。右聲。于救切。【說文解字卷一】

◉羅振玉　王氏國維曰。説文解字差籒文从二作𢀩。此作𠂇二。以差例之。乃左右之右字。其説甚確。文曰。王受又。即許書之祐。彼爲後起字矣。卜辭中左右之右。福祐之祐。有亾之有。皆同字。𠂇二。又爲又之異體也。【增訂殷虚書契考釋】

◉王　襄　古祐字，从示从𠂇，𠂇古右字省口，反文。【簠室殷契類纂】

◉葉玉森　𠂇二郭沫若氏曰。王氏以爲古左字必作𠂇。因以𠂇二爲古右字。余案。差。許書訓貳。此即籒文从二之意。籒文𢀩字。仍以𠂇爲左。非以𠂇爲左也。王受𠂇二者。當讀王受有祐。又作重文。甲骨文字研究釋作。森按。王受又祐三字爲卜辭習語。羅氏謂𠂇二爲𠂇之異體。可信。郭氏讀𠂇二爲𠂇之重文。考𠂇之變體仍有作𠂇卷二第二十二葉之六作𠂇後上第十八葉之三類編誤注後下者。所从之一與丨似不類重文。又卜辭于重出之文亦連書之。如「丁丁」後下第十三葉之二「子子」徵文人名第十版「用用」藏龜第三葉之四「矦矦」卷八第十葉之三「卌卌」卷四第八葉之二「辰辰申申」卷五第十六葉之三胥是竝未作重文幖識。且「又又」二字卜辭亦復連書。見後編卷上第七葉。何以「王受又有又祐」誼且不同必作重文幖識而不連書之。他辭有云。「王𠂇𠂇二」卷五第三十九葉之五者。似不能讀爲「王有有祐」或「王又有祐」也。再本版共二辭。甲辭讀「王受祐」。乙辭讀「王受有祐。」讀法兩歧。恐無其事。郭氏之説尚待商。【殷虚書契前編集釋卷一】

◉孫海波　前編卷三第二十五葉二版「癸丑卜貞王賓𠂇自上甲至于多毓衣亡尤」，龜甲獸骨文字卷一第三十葉十一版「𠂇𠂇」後編卷下第十九葉十一版「口王𠂇口其𠂇」，諸家釋𠂇爲祐不誤，然又下加幺，於誼無居，製作之義，殊費説解。竊疑其從幺之由，恐乃因幼字致誤。説文「祐助也」，孟子「老吾老，以及人之老，幼吾幼，以及人之幼」，是幼亦有提攜扶助之意。幼，卜辭作𠂇幺，𠂇字下从之幺即幺字，𠂇與𠂇形亦近似，就形音義三者言之，以幼爲祐，理固所宜。且卜辭錯簡甚多，如㞢之作虫，藏龜四十六葉二版「隹虫」乃隹㞢之譌。此義近而譌者也。又之作𠂇，藏龜二百五十五葉二版「丁卯卜𠂇貞王㞢于𠂇不𠂇，」𠂇乃祐之譌。用之作巛，後編卷上第四葉五版「□卜貞」𠂇□牢□巛」巛乃用之譌。此形近而譌者也。由是言之，祐之作𠂇，亦其例矣。不然作𠂇而助祐之意已明，加幺豈非其義反晦乎。姑記之以俟達者。【卜辭文字小記　考古社刊四期】

◉馬叙倫　桂馥曰。字林。祐。助也。天之所助也。王筠曰。永樂大典中玉篇無祐字。詩。保右命之。秖作右。疑説文祐字亦後增。心部忧女部婟皆讀若祐。又似説文本有。朱駿聲曰。凡助爲右。神助爲祐。其實即右之變體。加示耳。倫按本書。右。助也。則祐似从右會意。右亦聲。然甲文止作祐祐。則从示又聲。倫謂右聲也。凡助爲右。神助爲祐。以物交易爲友。蓋由語原同也。語原同者。其字義必相近。故段玉裁王筠有形聲包會意聲義兼備之説。其實純形聲字不兼會意。如鯉蘭芝桂猝特沁嵬之類。是也。其有聲而似兼意者。如此从右得聲。而右義亦爲助也。垚從三土。義爲高也。而堯從兀垚聲。爲顤之初文。訓高長頭也。土之高豈能與人頭比類合誼耶。而堯從垚得聲訓高頭。有高義者。即由語原同故也。使堯變而从兀敫聲作嶢。其義仍爲高頭也。本書。泛。浮也。而芝訓艸浮水中皃。然从乏得聲。而乏無浮義也。語原同耳。使以莩爲芝亦可也。故黑从鹵得聲。(詳黑字下)轉注字爲黸。而馬深黑色爲驪。不必從黑或黸得聲。以麗盧音同來紐也。明乎語原之故。則王安石謂字聲皆有義。段玉裁謂諧聲之偏傍多與字義相近。王筠謂凡同音者義即相近。梁啟超謂中國字不獨音同義似。即同一發音。其展轉引申之字可以無窮者。即以此也。亦訓詁之原也。明乎語原之故。則凡从某得聲之字。不必盡同義也。如祐旁之右。與厷中之右。皆以爲聲。而義絶不同。蓋由同一右聲。而其語原不同也。明乎語原之故。則會意形聲之界。仍不可漫滅。若祐字之類者。不必以爲兼意矣。然此字自如王説。本字林中字。經傳祐字少見。易繫詞。自天祐之。詩小明箋。神明若祐而聽之。釋文本皆作佑。則祐字後人改也。【説文解字六書疏證卷一】

◉饒宗頤　乙酉卜，何貞：且丁祐，其僼於日。屯甲二六五五骨按祐字作，从𠬛从皿。【殷代貞卜人物通考卷十六】

◉饒宗頤　甲申卜，貞：𠬛雨，九月。京津三二一五

按「𠬛雨」語亦見粹編八一四，或言「𠬛中母豕。𠬛妣庚豕。」屯乙八八一四。知𠬛即祐字，與「侑」同。故「𠬛雨」即「㞢雨」也。他辭言「戎我雨」簠天二六亦祐助之義。【殷代貞卜人物通考卷八】

◉張日昇　蔡矦盤云：「受母已。」容庚釋祭，郭沫若釋祐，文史論集葉三百。陳夢家釋，金文論文選葉三三一。郭説是也。造字曹公子戈從金作。𨟻字陳猷釜从缶作。諸家从部份皆多一畫。乃晚周文字增繁之變體。「祐受母已」，即受祐母已也。【金文詁林一册】

◉黄錫全　祐《一切經音義九》祐，古文閐。鄭珍云：「蓋漢後字書有之，此碑所本。按字从門於『保祐』無義，當别一文，借作祐字，夏無。」漢印閎字作、等，漢印徵12.2。與此形同字别。此假閎爲祐，與中山王墓兆域圖假爲狹類似。【汗簡注釋卷五】

陳祺　【漢印文字徵】

開母廟石闕　釐格我后于萬祺　【石刻篆文編】

◉許　慎　禥吉也。从示。其聲。渠之切。禥籒文从基。【説文解字卷一】

◉王國維　禥　説文解字示部。祺。吉也。从示其聲。禥。籒文从基。案。籒文禥从基。知基亦籒文。許君於基下不云籒文者。與篆文同。説文本叙篆文合以古籒。古籒與篆異者出之。同則不復出也。不言古籒與篆同者。古人質故也。凡籒文所从之字倣此。【史籒篇疏證　王國維遺書第六册】

◉馬叙倫　吉也非本訓。或此字出字林也。

禥徐鍇曰。基聲也。倫按本書大例。重文爲古文或篆文或籒文者。説解止曰古文某篆文某籒文某而已。故□下曰。古文旁。□下曰。古文示。礼下曰。古文禮。□下曰。古文莊。□下曰。古文玕。□下曰。古文荊。□下曰。古文悉。□下曰。古文谷。丄下曰。篆文上。丅下曰。篆文下。□下曰。籒文旁。□下曰。籒文中。□下曰。籒文毀。今復有説解其形聲者。蓋其字本先之校者所增。而後之校者又增从某某。如此下从基二字是也。亦有其字及説解皆爲後之校者所增也。禥从示基聲。依形聲大例。亦不得言从也。依大例當作籒文祺。【説文解字六書疏證卷一】

祗

祗　魏三字石經古文作□　郾侯簋　祗敬禱祀　召伯簋　又祗又成　牆盤　祗䫉穆王　蔡侯𩰫鐘　爲命祗祗　蔡侯𩰫盤　祗盟嘗啇　者沪鐘　中山王礜壺　祗祗翼翼　𧊒壺【金文編】

檀祗白箋【漢印文字徵】

禪國山碑　捧受祗䢙　石經君奭　祗若兹　石碣乍邍　寓寓鳴□【石刻篆文編】

王存乂切韻【古文四聲韻】

◉許　慎　祗敬也。从示。氐聲。旨移切。【説文解字卷一】

◉郭沫若　「有□有成」□即祗字，三字石經君奭殘字「祗若兹」祗之古文作□，即此字之稍稍詭變者。郾侯庫毁有「□敬禱祀」語，亦是祗敬，古每以祗敬連文，如書皋陶謨「祗敬六德」、月令「祗敬必飭」、離騷「禹湯嚴而祗敬」、荀子非十二子篇「案飾其説而祗敬之」，均是。唯此「有祗」與「有成」對文，則字又當讀爲底，底者定也。【召伯虎毁其二　兩周金文辭大系攷釋】

◉強運開　〓。石鼓〓〓鳴□。舊釋爲庸。爲菁。均誤。按。魏三體石經祗之古文作〓。蓋同音叚借。如以〓爲叀〓爲迷之例。非即祇之本字也。攷薛欵識齊侯鎛鐘師于淄陲作〓。齊侯鐘作〓。説文無淄字。禹貢濰淄其道。漢書地理志作惟甾其道。甾淄古通用。説文甾爲甾之或體。又按。甾部篆作〓。云。東楚名缶曰甾。凡甾之屬皆从甾。古文作〓。是〓甾似爲一字矣。〓篆與〓〓之上半均相同。竊謂〓之古文當係作〓。从顛倒二〓。致與从一雝川之甾字相混。是知〓〓〓〓形雖小異。實皆〓之古文。並爲祗甾淄之叚借字也。〓召伯虎敢爲伯父〓父成。舊釋爲庸。非是。亦古文〓字也。【説文古籀三補卷十二】

◉馬叙倫　任大椿曰。字林。祇。敬也。李賡芸曰。易。祇既平。説文作禔。無祇悔。王肅作禔。古是与氏通。凡从氏之字或亦从多。如左傳。祇見疏也。即論語之多見其不知量也。又如爾雅恀恀。漢書孟康注作恀。説文女部。姼。重文作㚩。是凡与是通者。似皆當作氏。不當作氐。迮鶴壽曰。易。禔既平。京房作禔。而虞翻作祇者。是與氏得相假借也。若康成改祇爲坻。是與氐不得相假借。則非矣。章敦彝曰。祇訓當與祇訓互易。易。祇既平。禔下引作禔。釋文曰。祇。京作禔。虞翻作祇。訓安也。詩。俾我祇也。注。是使我心安。亦以安訓祇。糸部。緹。或作祇。又易。无祇悔。王弼作禔。皆可爲證。倫按下文。祇。地祇。提出萬物者也。以易无祇悔王弼作禔例之。地祇字自當作祇。从示。氏聲。氏是音皆禪紐。儀禮聘禮記。大史是右。注。古文是爲氏。此亦氏是通假之證。故此以提出萬物訓祇。地祇。周禮作地示。示音牀三。與禪同爲舌面前音。亦可證也。書皋陶謨。日夜祇敬六德。史記夏本紀祇作振。無逸。治民祇懼。魯世家祇作震。禮記内則。祇見孺子。鄭注。祇或爲振。本書蚔之或體作蝷。書盤庚。曷震動萬民以遷。漢石經震作祇。則祇敬字作祇。从示。氏聲。祇音照紐三等。振音亦照三。振从辰得聲。辰音禪紐。皆舌面前音。是則音皆可通。證事亦明。然氏亦从氏得聲。詳氏字下。故史記孔子世家。余祇回留之。索隱本亦作低回。氏氐形音易掍。故古書中每亂之。而金鶚乃致疑於地祇字之本作示矣。敬也者引申義。此字林訓。或字出字林也。祇爲禔之轉注字。【説文解字六書疏證卷一】

◉郭沫若　杜伯鬲「杜伯乍作叔〓隮鬲，其萬年子子孫孫永寶用」。叔下一字王國維釋嫞，云「庸姓之庸金文作嫞，原注「杜伯鬲」。今詩『美孟庸矣』作庸字」。「觀堂集林」卷十三。「玁狁考」第四葉。羅振玉躂之，云「毛詩『庸女姓』，正義『列國姓庸弋者無文以言之』，今乃得之古金文中矣」。「貞松堂集古遺文」卷四第十四葉。

今案釋〓爲嫞者，乃沿吳大澂釋〓爲庸。石鼓己鼓有此字。曰「〓〓鳴□」。吳大澂舉此与虢季子白盤〓字，毛公鼎〓字，召伯虎𣪘〓字，並釋爲庸。「説文古籀補」第十七葉。其根據僅在與庸字形近而已。均非確釋也。虢盤之〓与曶鼎之〓，余釋爲説文「𤔔古文𦉼」之異體，从甶由爿聲，盤假爲壯，鼎假爲將。召伯虎𣪘之𤰈字，則祇字也。正始石經尚書君奭篇殘字「祇（若茲）」，祇之古文作，即是此字。郾侯軍𣪘有「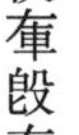敬禱祀」語。以祇敬連文，正合古人辭例。故胄、𦉼、甫均非庸字。𤰈與甫結構相似，當是一字，亦斷非庸字也。知𤰈非庸，則𢼸字自不得爲𡢃。

𢼸字于金文尚有一例，宋人書中之劉公鋪是也。今據宋刊嘯堂集古録涵芬樓景印本，撫之如次。

□公作杜𡢃
𨻰鋪永寶用

杜下一字宋人釋嬬。案其字右旁當是𤰈字，与杜伯鬲之𢼸爲一字，僅下體稍泐耳，非嬬字也。此言「□公作杜𡢃𨻰鋪」，以「奄伯御戎作媵姬寶鼎」及「杞伯每刅作鼄婖寶鼎」文例之，二鼎箸录出處詳見「大系」索引。則𡢃乃杜之姓。杜伯鬲乃杜伯爲其女叔𢼸作媵器也。媵器亦閒有不著媵字者，如「魯大𤔲徒子仲白作其庶女厲孟姬𨻰匜」与「鄧孟作監嫚𨻰壺」具詳「大系」即其例。

攺杜乃陶唐氏之後，左傳襄二十四年晉士匄曰：「昔匄之祖，自虞以上爲陶唐氏……在周爲唐杜氏。」其姓爲祁，晉襄公第四妃曰杜祁。左傳文六年：「杜祁以君故，讓偪姞而上之，以狄故，讓季隗而己次之，故班在四。」是則𡢃若𢼸乃祁之本字矣。以字例而言，𡢃當爲从女𤰈聲之字，是則𤰈聲當讀如祁。石鼓文之𤰈𤰈即詩所屢見之祁祁矣。召南采蘩「被之祁祁」，豳風七月又小雅出車「采蘩祁祁」，小雅大田「興雨祁祁」，大雅韓奕「祁祁如雲」，商頌玄鳥「來假祁祁」。爾雅釋訓「祁祁徐也」。毛傳於采蘩訓舒遲，於七月訓衆多，於大田訓徐，於韓奕訓徐靚。鄭箋於采蘩亦訓安舒，於玄鳥亦訓衆多。是則祁祁有舒徐与衆多二義。石鼓文之「𤰈𤰈鳴□」，所缺一字疑是烏字，与上文之「𢦏𢦏𠀠𡆧」、下文之「亞箬其華」爲韵。似以舒徐義爲長也。

更有進者，古音祁与祇通。左傳宣二年之提彌明，釋文「提本又作祇」，公羊宣六年則作祁彌明；史記晉世家作示眯明，索隱云「鄒誕生音示眯爲祁彌，即左傳之提彌明也。」此爲祇与祁通用之證。又爾雅釋地昭余祁，釋文引孫本祁作底；説文視古文作眡，又作眂；眡底与祇同从氏聲，眡視与祁同从示聲。古音示聲氏聲同在脂部，而祁古或讀上之反，見「詩七月」及「玄鳥」「釋文」。之音誤，當作上脂。与祇旨夷反同屬舌聲。是則祇与祁古乃疊韵而兼雙聲之字也。曩由石經知甫爲祇，今由石鼓復知𤰈爲祁，則𤰈与甫確係一字矣。由形而言甫象兩甶相抵，甶、缶也。説文「東楚名缶曰甶。」𤰈象兩甶之閒更墊以它物。余意乃氏若底之初文，氐与底古當爲一字。召伯虎毁文正當爲底，底者定也，故「又有𤔲」与「又有成」對文。

知𤔲甫同是一字，音在脂部，尤知𡛷當爲祁。劉公鋪之杜𡛷蓋即晉襄公第四妃之杜祁也。鋪銘首一字宋人均釋劉。「西清續鑑甲編」及「寧壽鑑古」各录一僞器，亦釋爲劉。案其字雖稍泐損。斷非劉字。諦宗之，當是𣪘字之泐。説文𣪘籀文作□，金文則脺侯盤作□，散氏盤作□。象人戴笠而耕，小篆字形譌變。襄垣幣作□若□。穌甫人匜有𧞻字作□。劉心源釋此字有獨到處，云許書之籀文乃形誤。「□爲□譌。工爲土譌。□爲□譌。」「奇觚室」卷八第二十七葉。徵諸漢鉩，蘇襄作□，又有呂穰作□，所从𣪘字，較之金文僅从雙又微異。而如「定襄太守章」襄字作□，又一作□，「穰左尉印」穰字作□，所从𣪘字則又變土作工。更進則爲許書之□，而譌爲「从爻工交吅」矣。得此等鉩印文字，益足證劉説之不可易，而金文諸字決爲𣪘若襄字無疑。今鋪銘作□，右下从寸从土，甚顯著，左側當是□形之泐，全字足之，當成□形，即𣪘字也。𣪘公者襄公，襄公与杜𡛷同見一器，非晉襄公与其第四妃杜祁而何耶？

𡛷爲祁姓之本字而非嫞，已如上述，而嫞在金文亦有之，寧壽鑑古之「周行尊」是也。其銘云「□□孟□作爲行□」，行下一字半泐，僅餘一缶字，疑是寶或匋段爲寶，之泐文，猶辛鼎銘云「辛作寶」也。觀其形制，當是壺，不得爲尊。孟婷作器者名，婷字舊釋婛，近人容庚復釋婷，見「燕京學報」第五期八四七頁。均非是。案此即庸姓之庸之本字也。字从女𦎫聲，𦎫即説文「𩫖古文墉」，毛公鼎「余非𦎫庸又□昏」。正假𦎫爲昏庸字，召伯虎毁「土田僕□。」即土田附庸。毁銘𦎫字下體稍譌變，又説文「□用也，讀若庸同」之所自出。許書又收𦎫爲郭字。郭墉義同而音近對轉，古蓋一字也。今婷字从女𦎫聲，其爲庸姓之本字無疑。【金文餘釋之餘　金文叢考】

◉郭沫若　字亦見石鼓文。三體石經。尚書君奭篇。祗若茲。祗字古文作□。匽侯毁銘祗敬橋祀。作□。字象兩缶相抵。石鼓文作□。則象在兩缶之間有物以墊之。原文當即抵或底之本字。石經與匽侯毁假爲祗。石鼓文則假爲祈。字在此以音韵言亦當以讀祁爲適。祁祁。舒徐也。【由壽縣蔡器論到蔡墓的年代　蔡侯鐘銘考釋　文史論集】

◉張日昇　説文云。「祗。敬也。从示氐聲。」強運開謂□爲□之古文。郭沫若謂象兩缶相抵。原即抵或底之本字。字从顛倒二□。當與一□取義不同。強氏之説非也。郭氏以兩缶相抵爲説。於字形得之。然□爲竹器。詳1633甾字條。非瓦器也。説文云。「抵。擠也。从手氐聲。」又「底。山居也。一曰下也。从广。氐聲。」抵底兩字與兩甾相抵之象無涉。章炳麟小學答問謂相抵之正字當爲⿰扌貳。⿰扌貳。説文云「當也。从手貳聲。」氐與貳古音並在脂部。同爲舌音。故可通叚。⿰扌貳爲後起形聲字。本字當作□。金文古籍並叚□爲祗。説文云。「祗。敬也。」又詩何人斯「俾我祗也」。鄭箋云。「祗。安也。」【金

禔 禔

文詁林卷一】

◉徐中舒 伍仕謙 [glyph]，金文酈侯𣪘作[glyph]；魏《三字石經》祇，古文作[glyph]；皆与此形同。《詩・商頌・長發》：「上帝是祇。」祇，敬也。翼翼，重言其敬，鄭重其詞。【中山三器釋文及宮室圖説明 中國史研究第四期】

◉許 慎 禔安福也。从示。是聲。易曰。禔既平。市支切。【説文解字卷一】

◉馬叙倫 鈕樹玉曰。易坎卦釋文引作安也。玉篇訓福也。安也。當本説文。廣韻訓福也。亦安也。明是二義。沈濤曰。史記司馬相如傳索隱易坎卦釋文文選難蜀父老弔魏武帝文注皆引。禔。安也。是古本無福字。易復卦釋文引陸續曰。禔。安也。顔氏家訓書證篇引倉頡篇曰。禔。安也。是禔本訓安。陸与許皆用孟氏易。孟氏亦必訓安。廣雅方言皆云。禔。福也。玉篇廣韵皆云。禔。安也。福也。乃一本説文。一本廣雅耳。淺人見篇韵兼有福訓。遂於許書妄增福字。陳詩庭曰。安也福也二義。翟云升曰。安也是。見李氏易傳引虞翻。倫按以慧琳音義引字林祥福也善也例此。則玉篇訓福也安也蓋本字林。字林安也之訓則本倉頡。顔謂禔安也見蒼雅方言。不引本書。明本書止訓福。無安也一義。今有者。呂忱加也。顔不引本書福也之訓者。以漢書之義當訓安耳。禔蓋祇之轉注字。或祇之轉注字。引經校者加之。或字林如此。字林如此者後文有證。倫疑許書表上以後。即便行世。讀者即有附記。及呂忱本許書爲字林。自所增入之字以外。皆先著許訓。而後益以蒼雅傳注之訓。如慧琳所引是也。忱復加詮釋。或引經傳載記以發明而證明之。此於後文亦有可證。其書實合許書與己作爲一。故唐人所引説文往往爲字林。亦有引字林而轉是説文者。即據此本故也。至唐人以説文字林設科課士。學者爲便於誦習。又將許呂兩書輒加刊落。專以通俗應用之義爲主。故或删許訓。或删呂訓。或則兼存。於是字林亡而説文亦等於亡矣。知許必不引經者。許書所以教學童。特与倉籀異製。然亦止是説文解字。不須引經證明經有此字。如許本然。則當字字有之。且當盡用古文諸經傳。今皆不然。故知或出字林。或讀者就所記及之耳。餘詳自叙下。【説文解字六書疏證卷一】

◉白玉崢 [glyph]：續編列示部後，爲説文所無字。卷一頁七。據其在卜辭中之爲用，與作[glyph]或[glyph]同，仍當釋禔。【殷虚第十五次發掘所得甲骨校釋 中國文字十三期】

神 不从示 克鼎 中字重見 伯𢦔簋 㝬鐘 寧簋 𤼈簋 陳肪簋 𤼈鐘 【金文編】

神 日甲一三三背 七例 日甲三 四例 【睡虎地秦簡文字編】

羣—五正(甲9-2)、百—是亯(甲9-18)、羣—乃悳(甲9-26)、—則各之(甲10-9)、—則惪之(甲10-17)、民勿用𢓊𢓊百—(甲11-14)、四—相戈(乙3-36)、四—乃(?)乍(?)至于𡕒(乙5-12)、炎帝乃命祝融𠂤四—降(乙6-9)、☒□—則閏四☒(乙7-15)、毋思百—(乙7-23) 【長沙子彈庫帛書文字編】

黃神之印 巨神季明 黃神越章 黃神之印 神通印 李神 【漢印文字徵】

禪國山碑 夏祝神𩛰 魏蘇君神道闕 漢少室石闕頷 漢楊震碑頷 開母廟石闕 於兹馮神 漢白石神君碑頷陽識 天璽紀功碑 天發神讖 祀三公山碑 以寧其神 詛楚文 大神巫咸 魏霍公神道闕陽識 祀三公山碑 神熹其位 晉王君神道闕 魏謝君神道闕陽識 【石刻篆文編】

神竝出林罕集字 神亦坤字出華岳碑 【汗簡】

古孝經 古老子 竝古尚書 豫讓文 華嶽碑 雲臺碑 竝崔希裕纂古 王存乂切韻 林罕集 【古文四聲韻】

◉許　慎　𥙹天神。引出萬物者也。从示申。食鄰切。【說文解字卷一】

◉高田忠周　按說文。𥙹天神。引出萬物者也。从示申聲。大戴曾子天圓篇陽之精氣曰神。風俗通怪神篇。神者申也。禮含文嘉。神者信也。申信同意。申亦作伸。易繫辭傳引而伸之。即知申神同意。即古今字也。許氏申下云。神也。以後世字解古文也。神與電葢亦同意。電訓陰陽激燿也。从雨申聲。其古文唯當作申。實象形也，電與雷亦一理。雷訓陰陽薄動。雷雨生物者也。从雨。畾象回轉形。即雷電與神皆有引出成物之意也。古唯當以申爲神又爲電也。今日學理開明。電

氣效力。顯著如神。古聖人謂電神爲一義。真然矣。【古籀篇九】

◉馬叙倫　王筠曰。申聲。鉉本無聲字。用鍇説删之也。按以下凡有不當言聲及當言亦聲者。鍇皆有辨。鉉即用以增删許書。吴國傑曰。申電一字。申篆作□。正象電形。申爲干支義專。乃加示爲神。倫按申爲電之初文。詳申字下。春則電發。而物生於春。初民以電爲陰陽激燿。不可測度。而物隨電發以生。故以爲神。始即借申爲神。後乃加示旁爲神鬼之本字。則以示主義。而申止以爲聲矣。當從鍇本作从示申聲。不爲會意者。始以申爲神。乃六書之假借。而申爲電之初文。固無神鬼之義也。亦非會意兼聲者。始借申爲神。今但加示爲義耳。本書凡如此者頗多。舉此爲例。天神引出萬物者也乃校語。許本訓引也。神引疊韻。神字見急就篇。宗周鐘作□。【説文解字六書疏證卷一】

◉楊樹達　説文一篇上示部云：「神，天神，引出萬物者也。从示，申。」又云：「祇，地祇，提出萬物者也。从示，氏聲。」按許君以引提説神祇之語源，頗嫌牽附，殆非造文之初義也。考神字宗周鐘作□，陳肪段作□，説文十三篇上虫部虹字或體作□，許君云：「籀文虹从申，申，電也。」又十一篇下雨部云：「電，陰陽激燿也。从雨，从申。」據此諸證，知古申電同文，文作□作□作□，皆象陰陽激燿之形，説文十四篇下申部云：申古文作□。而龜甲有□□諸文，與金文許書所載大同。其諸點散見者，亦象電光散出閃爍不定之形，亦卽電字也。葉玉森釋爲雹字，非矣。蓋天象之可異者莫神於電，故在古文，申也，電也，神也，實一字也。其加雨於申而爲電，加示於申而爲神，皆後起分別之事矣。説文十四篇下申部云：「申，神也。」正謂申爲神之初文矣。祇者，説文十二篇下氏部云：「巴蜀名山岸脅之旁箸欲落墒者曰氏。氏崩，聞數百里。象形，乀聲。」按□爲山脅旁箸欲墒之形，有落墒之勢而不墒，此初民所視爲神異者一也。崩而聲聞數百里，初民所視爲神異者二也。電爲天上至神之象，氏爲地上至神之象，故天神謂之神，地神謂之祇矣。【釋神祇　增訂積微居小學金石論叢】

◉楊樹達　□字羅氏及劉氏小校經閣金文並釋祀，劉氏善齋圖録釋神。樹達按右旁□爲古文申之省變形，劉釋神者，是也，此假爲申，重也。緊羅氏及小校經閣並釋叔，羅氏云「殷虚文以爲祭名」，是也。【我作父己甗跋　積微居金文説】

◉田倩君　説文示部□天神引出萬物者也。从示申。左傳謂陰陽風雨晦明六氣生金木水火土五行之味。是五帝與日月星辰皆能引出萬物。許氏叔重治字學。喜以陰陽五行之説附會字義。然緯書後出。造字之初。尚在古樸。既無文字。何得陰陽五行之説作爲造字根據。按字學原則。一字僅有一義。申之本義。即神靈也。此乃古人見天象變化。於敬畏之下造成此字。作爲膜拜之徵象。禮記禮運注。山林川谷邱陵。能出雲爲風雨皆曰神。易繫辭。陰陽不測之謂神。易説卦。神也者。妙萬物而爲言者也。孟子曰。聖而不可知之謂神。説苑修文篇。神靈者。天地之本。而萬物之始也。神从示申。申。電也。電變化莫測。故稱之曰神。神之示旁亦爲周時所加。見宗周鐘神䄓。電字周以前無雨旁。祇作申。此乃申電神三位一體之明證。【釋申電神　中國文字叢釋】

◉張日昇　説文云。「神。天神引出萬物者也。从示申。」葉玉森云。「□象電燿屈折。説文虹下出古文蚺。許君曰。申。電也。與訓申神也異。」余謂象電形爲朔誼。神乃引申誼。甲骨文字集釋頁四三八六引。申爲電。高田忠周與田倩君説並同。然田氏謂申之本義爲神靈。乃古人見天象變化。於敬畏之下造成。則不及葉氏謂象電形之可信。蓋先見天象。然後感悟其支配天地之神靈也。甲骨文雷作□。金文作□。其中所从。並即象電燿屈折。電爲雷之形。雷爲電之聲。故雷从點象雨滴形以別於電。金文孳乳爲从申畾聲之形聲字。然則申爲電形。蓋無可疑。雷電使空氣產生氮化物。足以肥田。利於植物生長。故説文云。「神。天神引出萬物者也。」蓋亦有據。先民不知其故。以爲雷電後植物茂盛。乃天神之力。故以申電爲神。神从示旁。乃周人所加。【金文詁林卷一】

◉銀雀山漢墓竹簡整理小組　動如雷神起如蜚鳥往如風雨　《爲兵之數》作「故舉之如飛鳥，動之如雷電，發之如風雨」。「神」、「電」二字皆從「申」聲，疑簡文「雷神」當讀爲「雷電」。上注所引《幼官》「有天下之稱材」句下，有「説(？)行若風雨，發如雷電」句，亦與此文相近。【銀雀山漢墓竹簡(壹)】

◉黄錫全　□神　鄭珍云：「薛本䄓神互見。《禮記·郊特牲》『旦明』，注『旦當爲神，篆字之誤』。按《説文》神从申，無從誤爲旦。唐李遜北嶽神廟之碑篆額神字作䄓。顧炎武云，《莊子》『旦宅』亦讀爲神，蓋轉寫遺其上半，因誤爲旦，知康成云篆誤者據此體而言。此字《禮記》已有從篆誤者，知是秦漢間别體，而許君不取。字从旬古文旬爲聲，又从重日，當作䄓。薛本與北嶽碑竝誤寫，與秦詛楚文宣作亶一例。」《集韻》神字古作䄓，「類篇」作䄓，來源相同。

□神並出林罕集字　此鼎神作□，克鼎作□，不从示。㝬鐘作□，𤼈鐘作□，詛楚文作□，楊震碑作□。此從彡作，鄭珍認爲「仿彫字加彡」。頗疑此形原當作□，彡爲川誤。

□神亦坤字出華嶽碑　鄭珍云：「魋字也，从古申『更篆』。《説文》魋，神也。義蓋鬼之神者，故从鬼。《山海經》青要之山『魋武羅司之』，郭注『魋即神也』，云『坤』非。」馬王堆漢墓帛書神作申。《説文》申字古文作□。【汗簡注釋卷一】

□ 汗簡 【古文四聲韻】

◉許 慎祇地祇。提出萬物者也。从示。氏聲。巨支切。【説文解字卷一】

◉王國維 詩經何人斯一者之來俾我祇也。鄭箋訓祇爲安。謂祇爲禔之借。毛傳訓病謂祇爲疷之借。【劉盼遂記説文練習筆記 國學論叢第二卷第二號】

◉馬叙倫 鈕樹玉曰。韵會地祇作地神。誤。倫按玉篇。祇。地之神也。則作神亦通。神祇爲轉注字。神音牀三。祇从氏得聲。氏音禪紐。禪与牀三同爲舌面前音也。天神地祇後所分别。許本作提也。以聲訓。校者據周禮於神下注天神。又釋以引出萬物者也。於此注地祇。釋以提出萬物者也。【説文解字六書疏證卷一】

◉徐中舒 □同祇,《尚書·君奭》「祇若兹」之祇,《三體石經》古文作□,與此形同。祇,地神也,天曰神,地曰祇。對言則别,單言祇亦神也。【西周牆盤銘文箋釋 考古學報2期】

◉李學勤 □,據正始石經係古文祇字。祇,《易·繫辭下》注:「大也。」【論史牆盤及其意義 考古學報2期】

◉張亞初 □字孫詒讓釋求,陳邦懷釋□。郭沫若把杜國之姓□根據文獻推定爲祁,召伯虎簋之□推定爲祇,並从石鼓文中找到了這個字的對應關係(《金文叢考》二〇五頁《釋□》)。這是很正確的。但對此字發生發展的脈絡還是不夠清楚的。

在甲骨文中,祇字第一二期作□(《林》二六·十—十二),第三期在其上部或者上下同時加甾作聲符,變爲□《戩》三七·十一,或簡化爲□《粹》九四五偏旁,由「叀□桒」(《戩》三七·十一)等材料可證,此字係名詞,是商人祈祝求雨的對象。《粹》九四五此字从示旁,更説明它確爲神祇之祇。祇祇古本同字。三體石經《君奭》以甾爲祇,説明甾、祇、祇是同音字,故□字加甾作聲符。這一條卜辭是貞問,是否向神祇祷求。早期文字由象形或會意演變爲形聲字,這是較爲普遍的現象。□變爲□、□就是一例。祇字也是如此。□字与金文之□(杜伯鬲祁字偏旁)完全一致,差别只是金文之祇略爲簡化,中間的□省的爲□,与甲骨文中的簡體寫法相同。召伯虎簋之祇進一步省□而寫作□。此字演變過程可圖示如下:

郭氏首釋之功不可磨滅。但是，由于對該字發生發展的全過程不清楚，在對造字本意的解説上，就不無可商之處。郭氏認爲此字象兩缶相抵，中間的（）則象兩缶間有物以墊之，原文當爲抵或底之本字（此説亦見《文史論集》三〇〇頁《由壽縣蔡器論到蔡墓的年代·蔡侯鐘銘考釋》）。甲骨文之（），根本没有兩缶之形，又當如何解釋？可見認爲此字爲抵或底之本字的説法是靠不住的。《説文》「祇，地祇，提出萬物者也」，許慎解此字，用的是聲訓，祇提音近，故云「提出萬物者」，亦非此字之本意。祇在石鼓文中的用法爲祁祁，文獻上祁祁訓盛、多、大和舒徐參郭氏《釋𦀚》一文。从甲骨文看，此字爲樹木枝葉茂盛、舒展狀。所以它應是祁字的本字，祁、祇則都是借字、後起字。【甲骨文金文零釋　古文字研究第六輯】

◉黄錫全　（）祇　夏韻支韻録《汗簡》祇作（），今本無祇字。此形與今本當作部首的（）（禾）形類似《説文》正篆禾作（）。夏韻有祇（）無禾（），今本《汗簡》有禾無祇，二形可能是一字。《汗簡》部内每重出與部首形同之字，此形蓋是郭采它書以禾爲祇者。禾屬見母支部，祇屬羣母支部，二字聲近韻同。此形也有可能是戰國文字師，（參見璽文6.7）假爲祇。【汗簡注釋補遺】

祕

祕子游印　【漢印文字徵】

開母廟石闕　少室石闕　丞漢陽冀祕俊　禪國山碑　祕記讖文　【石刻篆文編】

◉許　慎　神也。从示。必聲。兵媚切。【説文解字卷一】

◉馬叙倫　神聲真類。祕聲脂類。神祕爲脂真對轉轉注字。【説文解字六書疏證卷一】

齋

齋　蔡侯[illegible]盤　【金文編】

朱齋私印　【漢印文字徵】

詛楚文　袗以齋盟　【石刻篆文編】

王存乂切韻　【古文四聲韻】

◉許　慎　齋戒潔也。从示。齊省聲。側皆切。齋籀文齋。从𩓾省。𩓾音禱。【說文解字卷一】

◉王國維　齋　說文解字示部。齋。戒潔也。从示齊聲。齋籀文齋。从𩓾省。又𩓾下云。籀文禱。𩓾下云。籀文祟。从𩓾省。案此三字齊𠱬出皆聲。則疑从襣。意古當有襣字。而襣从示从𡖍。是又當有𡖍字。襣古文字中未之見。𡖍則項肆簋之□。番生敦之□。考古圖所載秦盄龢鐘之□。其所从之□若□與篆文𡖍字均爲近之。其字上首下止。夊亦止也。實象人形。古之史篇與後之說文屢經傳寫。遂譌爲𡖍矣。襣字象人事神之形。疑即古禱字。後世復加𠱬以爲聲。又案。殷虛卜辭祝作□。殷虛書契卷七第三十一葉。作□。大祝禽鼎作□。皆象人跪而事神之形。古禱祝二字同誼同聲。疑本一字。樂記及史記周本紀封黄帝之後於祝。呂氏春秋慎大覽祝作鑄。鄭注樂記亦云。祝或爲鑄。禱與鑄皆壽聲。祝之爲𩓾。猶祝之爲鑄矣。然則許君於齋𩓾二字下皆云从𩓾省。形雖失之。而誼則古矣。【史籀篇疏證　王國維遺書第六册】

◉馬叙倫　鈕樹玉曰。繫傳潔作絜。潔當作絜。說文無潔。韻會無省字。任大椿曰。字林。齋。戒潔也。王筠曰。韻會引作□聲。□古齊字。案齊部無此古文。三體石經作□。倫按齊字金甲文皆作□形。然□齊非一字。本書作齊。故此曰齊省聲。戒潔也字林訓。齋祝音同照紐。古讀歸端。實本轉注字。祝者須戒絜。故引申爲齋戒。

齋王鳴盛曰。从示。从𩓾省齋省聲。王國維曰。祟下籀文祟作𩓾。从𩓾省。是齋𩓾𩓾三字齊𠱬出皆聲。則疑从襣。意古當有襣字。而襣从示从𡖍。又當有𡖍字。襣字古文中未之見。𡖍則項肆簋之□。番生殷之□。考古圖所載秦盄龢鐘之□。其所从之□若□。与篆文𡖍字均爲近之。其字上首下止。實象人形。古文史籀与後之說文屢經傳寫。遂譌爲𡖍矣。襣字象人事神之形。疑即古禱字。後世復加𠱬以爲聲。倫按甲文祝字从示。象一人跽而拜神。詳祝字下。此从示旁□。□象人拜形。即拜跽之拜本字或初文也。傳寫譌爲𡖍耳。襣即祝字也。此从襣□聲。从𩓾省者。校者不知而妄加也。彼見下文禱之籀文作□。故言从𩓾省耳。當立祝部而屬之。【說文解字六書疏證卷一】

禋

□　垔之重文【續甲骨文編】

□禋　蔡侯𩰫盤　□說文籀文从宀　𩰫盤義其禋祀　□哀成弔鼎　永用禋祀【金文編】

◉許　慎　禋潔祀也。一曰精意以享爲禋。从示。垔聲。於真切。𡩟籀文从宀。【說文解字卷一】

◉王國維　𡩟　說文解字示部。禋潔祀也。一曰精意以享爲禋。从示垔聲。𡩟。籀文从宀。案。火部。𡩟。古文煙。則𡩟乃从示㚔聲。許言从宀者。謂比篆文禋增一宀。非謂其字从宀也。周禮大宗伯。以禋祀祀昊天上帝。鄭注。禋之言煙。較潔祀之訓爲得其本義矣。【史籀篇疏證　王國維遺書第六册】

◉王國維　許説誤。此从示㚔聲。【劉盼遂記説文練習筆記　國學論叢第二卷第二號】

◉葉玉森　□孫詒讓氏釋□爲豊省。契文舉例。商承祚氏曰。□食爲食物之象形。□而缺其上爲□。則當爲飵矣。故□即飵之初字。从皀省會意。作食者。乃叚借。飵則後起。从人虫形。已複而又複。甲骨文字研究釋飵。森桉。□之異體作□等形。予舊釋亜。乃禋之古文。禋之言煙。虞書禋于六宗。大傳作煙于六宗。□正象煙氣上升形。月亜乃殷代祭禮之一。殷契鉤沈孫氏釋豊。羅氏釋匣。似均未塙。郭氏釋飵。亦覺未安。考卜辭月食之文四見。王氏徵文天象第一二版辭云。「癸丑貞日月又有□若。」「癸酉貞日月又有□隹若。」「旬壬申月夕之□。」食字作□□。郭氏竝未援引。殆因王氏書未盡可信也。然藏龜第二百三十九葉一版辭云。「卜月□我其□。」食字作□。郭氏亦未援引。如郭氏説□爲食而缺其上。然無一□字作□形者。而□上之□竝左右外嚮。其非□之缺上。已可瞭然。且□之別體或省作□□。不能謂□器之下亦食缺也。【殷墟書契前編集釋卷一】

◉馬叙倫　沈濤曰。玉篇引同。惟潔作絜。依許書自作絜。蓋六朝本未誤也。藝文類聚卅八初學記十三皆引作潔意以享爲禋。精意以享其説出自馬融。見尚書音義堯典下。而實本國語。許君用之。自來無潔意之説。歐徐二家所引當亦與今本同。傳寫脱祀也一曰精五字。非古本作潔意也。嚴可均曰。釋詁疏引亦作絜。段玉裁曰。凡義有兩歧者。出一曰之例。然説文多有淺人疑其不備而竄入者。精意以享國語文。絜祀二字已包之。何必更耑稱引乎。任大椿曰。字林。禋。潔祀也。王筠曰。潔祀乃王肅説。倫按許書凡一曰者。皆校者所增。或記異本。或箸別義也。然亦有一曰之義與本義無異者。如緣下曰。亂也。一曰。治也。亂當作𤔔。𤔔也與治也實一義。𤔔下曰。治也。一曰。理也。理下曰。治玉也。則治理亦一義也。蓋所據本與一本不同。復據一本記其異文也。如𤔔下治也是本訓。唐人避高宗諱。改治爲理。而校者所得本作治也。故加一曰理也。此甚明也。此一曰精意以享爲禋。精借爲誠。精意謂誠意。齋下曰。戒也。古言齋者。致誠素無他思。故曰戒也。是潔祀與精意以享非異義。蓋校者之辭。或曰，一當作春秋國語曰。傳寫致譌耳。亦乃校語也。許本作祀也。潔祀也乃字林據王肅説加之。或此字出字林。爾雅釋詁。禋。祭也。禋爲祭之脂真對轉注字。禋聲真類祭聲脂類也。

□沈濤曰。玉篇云。𥛻同上。則是或體。非籀文矣。玉篇凡或體字皆曰同上。王筠曰。从示。从㚔。㚔者。煙之古文。大宗伯注。禋之言煙。周人尚臭。煙。氣之臭聞者。王國維曰。从示。㚔聲。倫按此蓋校者據玉篇加之。或字林文也。玉篇不言籀文。則此由後人以其體校篆文繁而謂之籀文耳。字从古文煙。王説是也。然王據鄭説以爲从古文煙會意。非也。王肅據春秋國語駁鄭曰。外傳曰。精意以享曰禋。禋非燔燎之謂也。袁準雖申鄭義。然鄭曰周人尚臭。此據郊特牲文。特牲所指宗廟祼鬯。而穆天子傳曰。天子具蠲齊牲以禋昆侖之丘。則禋爲牲祭。非僅燔燎矣。古來説禋禮皆曰精誠絜敬。則鄭説不可依也。从示。垔聲。此言从宀者。校語也。依大例當作籀文禋。【説文解字六書疏證卷一】

◉周法高　□　這個不詳的字，「垔」，而且迤出現羊、牛、豕等字之前。那麼，在這種情況下，垔，必然很肯定地被解釋爲一種祭祀的典禮。偶而它也可以用作一個普通名詞，原載殷虛文字丙編上輯第二冊一三四至一三五片。因此，德氏在通報四十期(TP VOL, 40, 1951. P.325)之中説：「這個垔字，看來似乎只出現在兩個干支日的中間。」顯然是錯誤的。

至於這個字的辨讀，我想葉玉森已經很準確地讀爲「垔」—Yin。而高本漢在修正漢文字典(Grammta Scrica Reccnsa)第四八三之(a-b)及(g)兩節之中，採葉氏的説法道：

「483(a-b) * i̭cn/icn/Yin(垔)(a)湮没(書經・見説文)(b)□(甲骨文，與□同意)，很可能是□之初文，像一個高腳器皿。……(□)禋(詩經・Gl 690)。(譯者按Gl 690 者Glosses on the Book of Odes 690，參見董同龢譯高本漢詩經註釋第六九〇條，中華叢書本。)」

我認爲，當這個字被用作「祭祀」之時，與「禋」字同意；當它被用在兩個干支日的中間，它是「因」的音借字。【論商代月蝕的記日法　大陸雜誌卷三十五】

◉張日昇　按説文云。「禋。潔祀也。一曰精意以享爲禋。从示垔聲。𥛟。籀文从宀。」精意者潔也。以享者祀也。兩義一也。周禮大宗伯。「以禋祀祀昊天上帝。」鄭注「禋之言煙。周人尚臭。煙。氣之臭聞者。」王肅駁云。「外傳曰。精意以享曰禋。禋非燔燎之謂也。」鄭氏立説。乃據禋籀文從煙之古文𡨦。此又另爲一義。【金文詁林卷一】

◉唐　蘭　𥛟就是《説文》禋字、籀文𥛟字，但垔旁不从土而从火，略異。烟字籀文作𡨦，禋用烟氣，所以从火。《書・洛誥》：「則禋於文王武王。」【略論西周微史家族窖藏銅器羣的重要意義　文物一九七八年第三期】

◉徐中舒　𥛟當釋爲禋，《國語・周語》：「精意以享，禋也。」此字从□，象卣形，从火，象以火温酒之形，籀文禋作𥛟與此形同，惟譌卣爲西，易火爲土，略異。【西周牆盤銘文箋釋　考古學報二期】

◉戴家祥　説文一篇禋，籀文作𥛟，祭祀名。書洛誥「則禋於文王武王」。周禮大宗伯「以禋祀昊天上帝」，鄭玄注「禋之言煙，周人尚臭，煙氣之臭聞也」。周禮大宗伯又云「以實柴祀日月星辰」。鄭注：「積柴實牲體有玉帛，燔燎而陞煙，所以報陽也。」史牆

盤「義其㝧祀」，即「宜其禋祀」，猶大雅生民「克禋克祀」也。【金文大字典中】

前二・三八・二　後一・二〇・九　甲二四一六　甲二七〇〇　甲三六五九　河六〇二　甲一五九六　或不从示　甲三三一九　乙五三一七　乙六四三三　河三一九　前一・五・四　前一・四一・七　前四・一九・五　後一・八・一一　後一・二〇・一三　續一・五・一　續一・二二・九　鄴三下・四一・一〇　佚三一八　明藏六六五　林二・二五・二　燕一一一　掇一・四六三　陳六七地名　在祭

【甲骨文編】

甲1596　3659　乙5317　5321　掇463　珠49　51　52　245　247　佚172續1・32・4　佚179續1・11・10　佚318　續1・5・1　1・11・6　續1・22・9徵3・85　續1・50・3　續3・19・2徵3・117　徵3・42　京4・1・4　4・18・3　録299　306　319　358　532　六束140　存續372　1486　粹137　179　280　422　新3233　新4029外461　新4389　5008

【續甲骨文編】

祭史喜鼎　邾公華鐘　義楚耑　邻王義楚耑　欒書缶　鄦侯簋　陳侯午錞　陳侯因資錞　中山王譻壺　蔡侯𪈖盤　祭受無已

【金文編】

3・839範祭　3・840㝵祭　3・837劦祭　3・836壺祭　3・835獨字　3・841同上　3・842同上　3・843乘祭　3・845獨字　3・846𨃵祭　3・844獨字

【古陶文字徵】

225　237【包山楚簡文字編】

祭　日乙一五五　十一例　【睡虎地秦簡文字編】

則無觮—(甲12-25)【長沙子彈庫帛書文字編】

孝子單祭尊　新成左祭酒　步昌祭酒　祭它私印　外里祭尊　祭尊私印　祭長壽印　祭

敬　杜祭尊印　祭睢　【漢印文字徵】

禪國山碑　郊天祭地　【石刻篆文編】

祭出王庶子碑　【汗簡】

王庶子碑　古老子　王庶子碑　古老子　【古文四聲韻】

◉許　慎　祭祀也。从示。以手持肉。子例切。【說文解字卷一】

◉吳大澂　亦古陶器文。从手从示。置肉于豆閒。以祭前代始爲飲食之人也。【說文古籀補第一】

◉羅振玉　此字變形至夥。然皆象持酒肉於示前之形。象肉。持之。點形不一。皆象酒也。或省示。或並省又。篆文从手持肉而無酒。古金文亦然。【增訂殷虛書契考釋】

◉葉玉森　王國維徵君曰。殷人祭先。率以所名之日祭之。名甲者用甲日。名乙者用乙日。故專祭上甲皆用甲日。爲通例。森稽之卜辭。亦有變例。如本辭之用庚日祭上甲。殷虛文字第一葉亦載「庚□貞□ㄔ旺于上甲」一辭。及癸日祭示壬。殷虛書契前編卷一第一葉。乙日祭卜丙。又第五葉。己日祭大庚。又第六葉。般庚。又第十六葉。胥是。又殷人祭王賓某夾妣某。率以妣所名之日祭。徵君謂爲妣之專祭。良信。如癸日祭王賓中丁夾妣癸。又第八葉。庚日祭王賓小乙夾妣庚。辛日祭王賓武乙夾妣辛。又第十七葉是爲通例。然亦有變例。如丁日祭王賓祖乙夾妣己。又第三十四葉。是也。他辭不言王賓夾而惟言妣某母某。不以所名之日祭者。亦屢見。如丁日祭母庚。又第二十九葉。癸日祭高妣丙。又第三十三葉。乙日祭妣庚。又第三十四葉。辛日祭母庚。壬日祭母癸。龜甲獸骨文字卷一第十三葉。丁日庚日祭母辛。殷虛文字第七葉。乙日祭妣庚。又第八葉。胥是。徵君未言

及。故附志之以補殷禮。【鐵雲藏龜拾遺考釋】

◉孫海波　説文云：「祭祀也。从示，以手持肉。」按甲骨文象人以手持肉祭于示前，金文與小篆相近。【甲骨金文研究　中國大學講義】

◉商承祚　甲骨文祭字變體至夥，然皆象持酒肉而祭；其从示者，與篆文近。金文祭仲爵作。史喜鼎作。鄦侯毁作。陳侯午毁作，皆同小篆。義楚耑作。郗王義楚耑作。則又緐从攴。【甲骨文字研究下編】

◉葉玉森　羅振玉氏曰。卜辭祭字象持酒肉于示前之形。象肉。持之。點形不一。皆象酒也。或省示。或並省又。篆文从手持肉而無酒。古金文亦然。又云。祭亦羣祀之一。非若後世爲祀之總名也。書契考釋森按。祭之異體至多。如等形。疑並象酒器。酉字亦有作者。酉固象酒器也。表示酒點從器出狀則作。表示歃器灌酒狀則作。似祭字。竝象持器灌酒形。不从肉。金文篆文並譌變也。又疑象挹水盥手形。祭必先盥。故祭字即取盥手之誼。【殷墟書契前編集釋】

◉強運開　叀中鐘。灰祭洛亯。从肉从示。省去又字。陳侯因資敢。用乍孝武趠公祭器鐔。祭字如此。義楚耑祭字。从攴。與从又同意。【説文古籀三補第一】

◉吴其昌　「祭」者，説文解字：「祭，祭祀也。从示，以手，持肉。」卜辭中「祭」作……諸形，均前·卷一甚且有省作前·四·一六·五·前·一·二二·七·諸形者，並省去所從之「示」，其象手，或象肉。或則象所祭之醬湆，脯醢，切肺，刌肝，折胾……等之末粒狀也。

羅振玉氏以爲象酒形，非也。所以知等狀之決爲肉形者，按絜文雖無獨立之「肉」字，然從「肉」之字，則有「膏」「羶」「俎」三字。其「膏」字有前·一·一九·四　前·二·一五·一　後·二·五·一……諸狀。與祭字所從之「肉」相同，惟移易其上下向耳。其「俎」有前·一·二七·一二　後·二·二五·一　前·七·三一·三　前·七·二〇·三　前·七·一七·四　後·一·二一·六　商·一四六　續·二·二五·一　前·五·三七·二　後·一·二〇·一　後·一·二二·七　商·四〇七　續·一·五二·二　商·四二七……諸狀，亦與祭字所從之「肉」相同，惟移易其所向之方耳。其「羶」字有前·一·二二·一　前·五·三·六　後·二·七·五　續·五·三〇·一五……諸狀，其「肉」字亦悉與祭字所從者相同，但移易其上下向耳。而有一羶字作前·五·三·七　則不特其所從之「」與祭字所從者，並其上向亦同；且附着于肉質之湇汁亦具，尤與字無别。以斯證之，知祭字手所持者爲肉形矣。按鄭玄周禮膳夫「授祭」注云：「禮，飲食必祭，示有所先。」是祭禮之在周代，乃爲極輕易、普遍、煩數之事，而在殷代則如云：「祭于中丁。」後・一・一・二・一〇。「祭于且乙。」後・一・一九・一一。其事似較隆重。但其動作儀式，則周因殷禮，無甚易革，此可與周代三禮所述「祭」之狀況，與殷虚卜辭所栔「祭」字之形體相參證而説明之也。　其一：卜辭「祭」字，無論其變狀何如，而手形必在右，肉形必在左。此厤考萬餘甲骨中其「祭」字無不如此。詳索引表。只有一片反書作□後・一・二・一〇耳。　按之儀禮，則云：「左執爵，右祭脯醢。」「左執觶右祭脯醢。」「左執觚，右祭脯醢。」錯見士冠、士昏、鄉射、燕、大射等禮。云：「左執爵，右取肝，擩于俎鹽，振祭。」士虞，少牢饋食，畧同。「左執角，右取肝，換于鹽，振祭。」特牲饋食。「右取肺，坐祭之。」有司徹。「右取韭菹，換于三豆，祭于豆間。」有司徹，士虞畧同。「右受佐食，坐祭之。」少牢饋食。云：「右手取肺，左手執本（肺本）……絶末以祭。」鄉飲酒。是左手執爵、觶、觚、角……等，而右手乃取脯醢、韭菹、佐食、肺、肝……等換鹽醢而祭也。鄭注。擩，換，染也。或以右手取肺，傳之左手執其本，而右手乃摘絶肺末以祭也。　是古者祭尚右手，實爲固定習慣，儀禮所叙述，與栔文所摹繪者相膺證矣。　其二，所祭之物，必爲小塊末粒。此在卜辭，祭字作□，正象右手摘絶左旁肉上小塊末粒以祭之形。　按之儀禮，則無論何種牲俎，皆預備有小塊可祭之品。　如少牢饋食禮之羹鼎，每鼎皆預備有「……舉肺一，祭肺三。……」　特牲饋食禮之尸俎，即預備有「……離肺一，刌肺三……」刌肺，即切肺，即祭肺。又有司徹云：「尸俎五魚，……横載之皆加膴祭于其上。」鄉射禮及記云：「設折俎，俎與薦，皆三祭。……釋獲者之俎，折脊、脅、肺，皆有祭。」又云：「薦脯用籩，五膱。祭半膱，横于上。」聘禮畧同。鄭注「古文膱爲胾」。又周禮春官太祝九祭：「七曰絶祭，八曰繚祭。」鄭司農注：「繚祭，以手從肺本循之至手，末乃絶，以祭也。」絶祭，即鄉酒禮之「絶末以祭」也。是三禮所述祭品，亦皆爲小塊末胾或先已備具，或臨祭摘絶矣。此又栔文與禮經相證膺者矣。【殷虚書栔解詁　武大文哲季刊第五卷】

◉郭沫若　示乃牡神，亦有以牝爲神者，其事當在祀牡之前。卜辭祭字于从示之外，亦从匕作□□「後上」八葉五片□□同下卅三葉一片諸形。从匕與从示同意，然𠤎廢而祭行矣。【釋祖妣　甲骨文字研究】

◉馬叙倫　鈕樹玉曰。爾雅釋詁疏引作从示从又从肉。顧廣圻曰。當作从又持肉。又部从又持凡四見。可證。桂馥曰。以手持肉。集韻引以作從。王筠曰。祭祀也當作察祀也。白虎通。祭者。察也。尚書大傳。察者至也。廣韻。祭。至也。翟云升曰。爾雅釋詁疏引作从示从又从肉。又手也。从手持肉。示神所以祭也。韻會引作又。右手也。夕。肉也。从示。右手持肉。倫按會意。祭祀也者。祭字是隸書複舉字之未删者。或如王説。祭當爲察。察也以聲訓。一訓校者加之。然如爾雅疏及韻會引觀之。可證此説解本止作祀也。从示从又从肉。餘乃校者所加。今此作以手持肉者。乃校者之詞。後凡會意字說觪類此者皆可以例推也。餘見福下。字見急就篇。史喜鼎作□。陳侯午𣪕作□。祭仲爵作□。義楚耑作□。【說文解字六書疏證卷一】

◉沈兼士　呂氏春秋。孟春之月。獺祭魚。高誘注。獺獱。水禽也。取鯉魚置水邊四面陳之。世謂之祭魚。孟秋之月。鷹乃祭鳥。始用行戮。注。是月鷹摯殺鳥於大澤之中。四面陳之。世謂之祭鳥。於是時乃行戮。刑罰順秋氣。季秋之月。豺乃祭獸戮禽。注。於是月殺獸四圍陳之。世所謂祭獸。戮者。殺也。

高注最爲客觀合理。夫以禽獸之冥蚩。安知追遠之義。體物準情。殆不盡然。考周官大宗伯大祝辨九祭。鄭玄謂皆祭食。又膳夫授祭注。禮。飲食必祭。示有所先。故孔疏云與人之祭食相似。相似云者。非真之謂。殆如今貓之捕鼠。先搏而噬殺之。置不即食。必徐徐待其氣絶然後食之也。蓋古代血食。祭之事必資於殺。故祭之語亦當原於殺。卜辭說文祭字均從又持肉。即告殺之義。此處祭字有殺義。兼有肆義。肆之與殺。通言則一。廣雅釋詁肆訓殺。釋言。肆訓噬。夏小正貍子肇肆。淮南脩務奮翼攫肆是也。别言有殊。周官司冠士師受中。協日刑殺。肆之三日。疏云。殺訖陳尸也。又宗伯以肆獻祼享先王。注云。進所解牲體也。段玉裁朱駿聲本鄭玄注禮謂訓殺者借爲鬄。猶未爲探原之論。高誘以圍陳之說解祭魚祭鳥。實爲得之。注家狃於常詁。又涉二月祭鮪之文。一切以祭祀之狹義釋之。似是而實非。或謂祭獸戮禽爲初得皆殺而祭之。後得者殺而不祭。或謂獸祭爲祭非其類。大之也。以春秋内外褒貶之辭。施於禽獸。自然無所謂之舉。竟若古者禮教。居然化及豺鷹。恐爲夸飾。無當事理。實則祭獸與戮禽對言。祭戮即是殺戮。特上下文錯易其語以修辭耳。獸祭云者。狩而殺之也。獸狩古字通。詩車攻。搏獸于敖。箋。獸。田獵搏獸也。後漢書安帝紀注引作薄狩于敖。公羊桓公四年傳注。狩猶獸也。獸之猶狩。如禽之猶擒。獸祭即狩殺。何大之有哉。

說文。祭。祭祀也。从示。以手持肉。血祭之義。視而可識。春秋繁露祭義篇。祭者。察也。以善逮鬼神之謂也。善乃逮不可聞見者。故謂之察。廣雅釋言。祭。際也。又薦也。廣韻。祭。至也。察也。雖皆以音理推求古訓。要不得謂之原始意義。桂馥說文義證竟欲改許書祭祀之訓爲詧祀。引子入太廟每事問爲之說。尤爲顛倒傅會之談。竊謂祭之語出於肆殺。其義上文已言之矣。且古者祭之音讀。亦通於殺。左傳昭公元年蔡蔡叔。釋文。上蔡字音素葛反。定公四年釋文素達反。說文作𥺅。𥺅𥺅。散之也。下蔡叔如字。案𥺅散猶肆解也。說苑權謀篇。祭之言索也。水經注渠水篇。新溝又東北注渠。即沙水也。音蔡。許慎正作沙音。言水散石也。廣韻去聲祭韻。幓與鎩蔱同屬所例切。幓。說文。殘帛也。廣雅。餘也。亦殺之孳乳語。入聲黠韻初八切。𩴾亦作魜。从杀。杀即殺省。此皆從讀音方面補充祭殺可通之證也。【𢑚殺祭古語同原考　輔

仁學誌八卷二期】

◉楊樹達　𡧊字羅劉二氏皆無釋，郭沫若釋作禮。金文叢考壹册周彝中之傳統思想考伍葉。樹達按甲文有𡧊字，書契前編陸卷拾肆葉。下象皿，上象血，羅氏釋作血，是也。此字所从之𡧊，與甲文血字意同，𡧊从血从示，示薦血於神前，蓋祭字也。甲文有𥛆字，書契後編上卷弍拾葉玖版。羅氏釋祭，是矣，但點形象血，羅氏不知，以爲象酒形，則爲誤説耳。𡧊正𥛆字之省也。羅氏能釋甲文之𥛆，而不能釋此鼎之𡧊，人言羅氏著書多不出己手，殆可信矣。

余釋𡧊爲祭，第據字形言之，無類例也。一九五一年二月，偶讀于思泊吉金文選載史喜鼎銘云：「史喜乍朕文考翟祭」，於三日既爲之跋，讀翟爲禴矣。五日適校此銘，「史喜乍翟祭」與「我乍禦祭」恰足相證。【我作父已甗跋　積微居金文説卷六】

◉陳夢家　雀𢦏祭方　誠明30

雀𢦏祭—雀弗其𢦏祭　乙5317

胡厚宣以爲祭是管城之祭國殷代農業36—37。左傳成四晉「伐鄭取氾祭」，杜注云「鄭地」；周本紀正義引「括地志云故祭城在鄭州管城縣東北十五里，鄭大夫祭仲邑也」；釋例云祭城在河南，上有敖倉，周公後所封也」；路史國名紀「祭，伯爵，商代國，後爲周圻內，今管城東北十五里有古祭城也」；春秋地名考略「隱元年祭伯來……後漢志中牟有蔡亭，蔡與祭通，今在開封府鄭州東北十五里。」而後漢書郡國志「長垣有祭城」，屬於衛地。卜辭之祭至少在殷代晚期似屬殷國範圍以內，武乙卜辭云

辛未貞今日告其步于父丁一牛，才祭卜　寧滬1.346　【殷虛卜辭綜述第八章】

◉饒宗頤　壬辰卜，㱿貞：雀𢦏奴祭。　貞：雀弗其𢦏𡖄？壬辰卜㱿：雀弗其𢦏𡖄？三月。屯乙五三一七。又南北誠明三〇云：「貞：雀𢦏𡖄方。」

按「𡖄」亦稱「𡖄方，」即祭。説文作郄。云：「周邑也。」穆天子傳「郄父」，字同許氏。春秋隱元年：「祭伯來。」僖二十四年傳謂：「祭，周公之胤。」然殷已有其國，而字作「𡖄。」春秋釋例：「祭在陳留長垣縣北祭城。」【殷代貞卜人物通考卷四】

◉張日昇　按説文云。祭。祭祀也。从示从手持肉。沈兼士謂祭从又持肉。即告殺之義。按古代血食。其始祭亦當爲血祭。甲骨文作𥛆。點形乃象血滴。解牲體而後獻於示前。李孝定謂卜辭务作𡖄。徂作𡖄。所从肉形均作夕。與此同。甲骨文字集釋頁六四。其説正是。沈氏據呂氏春秋豺乃祭獸戮禽一語。祭戮對文。遂謂祭戮即殺戮。獸祭即狩殺。其言大有可商。呂氏春秋「孟春之月。獺祭魚。孟秋之月。鷹乃祭鳥。季秋之月。豺乃祭獸戮禽。」高誘注並皆以四面陳之釋祭。蓋陳魚陳鳥陳獸於四周。猶祭祀時品物紛陳。故曰祭。告殺之義。似未可从。李孝定謂後世祭爲通名。殷則爲五種祭祀系統中一種

祀典之專名。同上頁六四此五種祭祀是彡翌祭壹脅。乃依其祖妣神主之名。按日按次祭祀。亦未見有告殺之消息。【金文詁林卷一】

◉何琳儀　陳侯午錞銘「乍作皇妣孝大妃器鉠錞」《三代》八・四二・一。「」，如果根據偏旁分析，只能隸定爲「禎」。然而根據陳侯因資錞銘「用乍作孝武超桓公器」的辭例，兩相比勘，知「」即「」，應釋「祭」。以「又」持「肉」于「示」前，會「祭」之意。錞銘「」將「肉」置於「又」下，遂使其形與「禎」字混淆。類似「上下無別」的現象，詳第四章第四節。如果没有陳侯二器明確無疑的辭例做爲參照，是不能輕易讀「」爲「祭」的。下面一個例子就很能説明問題。

蔡侯盤銘「受母已」（《壽縣》圖版叁捌）。首字容庚讀「祭」，容庚《金文編》〇〇一七。郭沫若讀「祐」。郭沫若《由壽縣蔡器到蔡墓的年代》，《文史論集》三〇一頁。按，釋「祭」脱離明確辭例的限制，且「」與「」亦不同，故不可信。釋「祐」于字形吻合，「」爲裝飾部件。而且「祐受」即「受祐」，卜辭習見。故可信。

總之，「」與「」分別釋「祭」和「祐」，字形似同而非，用辭例也可檢驗之。【釋祭　戰國文字通論】

◉黄錫全　祭出王庶子碑　祭字古作乙6432、前2.382、邾公華鐘、楚帛書、陶文，《説文》正篆作，不見省又作者。鄭珍云：「去又義不完。」【汗簡注釋卷一】

◉張光裕　甲骨文中已有祭字，早期書作或，晚期益示作或等形。本銘祭字，从肉从示从丑又，乃目前金文中出現最早之祭字，所从肉形書作「」，仍見承襲所自。至如晚出之史喜鼎、郤王義楚耑及陳侯因資錞諸器所見祭字已轉爲从「」肉，蔡侯盤祭字作則更訛「」爲「日」；「」丑即「又」，金文祭字多从「又」或「支」，「丑」、「又」形音俱似，故金文得現互用之例，如大豐毁、貉子卣之「丁丑」皆書作「丁又」，拍敦蓋之「乙丑」亦書作「乙又」，此其最著者也。至若作偏旁使用時亦然，如「叔」字多从「又」作，然西周早期之叔卣録遺161，其叔字即書作「」，且「丑」形偏旁之體勢作法與本銘差若相似，準乎此，或可視之爲西周早期銘文書寫特色之一。要之，「丑」、「又」互通，當非偶然之現象。金文祭字多从「又」或作「支」，从「丑」作則僅見本銘，然無論从「又」、从「支」，或从「丑」，皆無礙從手執肉以祭之義，故《説文》云：「祭，祭祀也，从示，以手持肉。」許氏固當有所見也。【吕壺蓋銘淺釋　第二届國際中國文字學研究討論會論文集】

祀

甲六六八 說文云祀祭無已也此辭云令婦好祀 甲二〇〇六 甲三三五三 甲三六八七 乙六四一九 乙六五二六 乙六八八一 祀𢍏來歲受年 戩三三・一 甲二九七 商代稱年曰祀 隹王八祀 甲三九三九 牛頭骨刻辭 前三・二七・六 隹十祀 前三・二八・二 隹王五祀 前三・二八・五 王廿祀 佚五一八背 隹王六祀 佚八〇七 地名 佚八六〇 其祀多先祖 金八八 佚九〇〇 隹十祀 燕一二八 燕四六二 掇一・三七五 京津九四六 鄴三下五〇・一三 師友一・五四 鐵二六三・四 卜辭用巳爲祀 重見巳下 【甲骨文編】

甲297 2006 3687 3939 珠391 佚518 900 續1・5・1 續23・5徵3・150 續1・51・2 續2・6・2徵8・23 續2・31・7 6・21・9 續3・29・6徵2・28 續6・7・6 掇375 京1・23・1 2・18・3 鄴三50・13 甲668 乙1714 2465 2587 5535 5834 6419 6526 6881 7258 7609 佚807 991 京1・19・2 粹428 429 新946 【續甲骨文編】

祀 卲卣 小臣邑斝 觪尊 宰椃角 天亡簋 乍册睘卣 保卣 肄簋 段簋 盂鼎 子卣 缶鼎 牆盤 趩簋 王鑄觶 秦公簋 秦公鎛 訇簋 哀成弔鼎 邾公華鐘 鄲侯簋 郜伯祀鼎 拍敦蓋 沇兒鐘 惠于明祀 郘公子鐘 王子午鼎 會章作曾侯乙鎛 驫羌鐘 師遽簋 邾公釛鐘 中山王譻壺 蛮壺 曶鼎 吳方

禩　説文祀或从異作禩此復不从示　作册大鼎　公來鑄武王成王祀鼎　【金文編】

1·110獨字　【古陶文字徵】

祀　日甲六　三例　日乙一五五　六例　【睡虎地秦簡文字編】

民—不㫐(甲11-24)、不可吕亯—(丙5:3—1)　【長沙子彈庫帛書文字編】

齋祠祀印　沛祠祀長　【漢印文字徵】

開母廟石闕　祀聖母虖山隅　祀三公山碑　吏民禱祀　【石刻篆文編】

祀　【汗簡】

古孝經　古尚書　天臺經幢　【古文四聲韻】

◉許　慎　祀祭無已也。从示。巳聲。詳里切。禩祀或从異。【説文解字卷一】

◉羅振玉　《爾雅·釋天》:「商曰祀。」卜辭稱祀者四,稱司者三,曰「惟王二祀」、曰「惟王五祀」、曰「其惟今九祀」、曰「王廿祀」,曰「王廿司」,是商稱年曰祀,又曰司也,……商時殆以祠與祀爲祭之總名,周始以祠爲春祭之名。故孫炎釋商之稱祀,謂取四時祭祀一訖,其説殆得之矣。【殷虚書契考釋】

◉商承祚　文曰。隹王二祀。隹王五祀。卷三第二十七第二十八葉。作巳者。與上文同。故知即祀之省。【殷虚文字類編第一】

◉高田忠周　説文。祀祭無已也。从示巳聲。或作禩从異聲。釋名釋天。殷曰祀。祀。巳也。新气升。故氣巳也。公羊定八年傳。公順祀。注言祀者無巳。長久之辭。然字从巳。取于無巳。此爲反義。會意之字。往往有此例。要取于反義者。其意殊重。然祀字形聲兼會意。祀字義極廣。經傳多用。左文二年傳。祀。國之大事也。禮記月令。臘先祖五祀。周禮牧人。陽祀。注天與宗廟。陰祀。注地與社稷。望祀。注五嶽四瀆。其一耑也。轉義。書洪範。三曰祀。鄭注掌祭祀之官。如宗伯者也。又釋天。商曰祀。孫注取四時祭祀一訖也。洪範惟十有三祀。【古籀篇九】

◉楊樹達　説文一篇上示部。祀。祭無已也。从示。巳聲。按十四篇下巳部云。巳。巳也。四月陽氣巳出。陰氣巳藏。萬物見。成文章。故巳爲蛇。象形。論衡物勢篇云。巳。蛇也。又言毒篇云。巳爲蛇。與許説合。楚辭天問篇云。一蛇食象。厥大何如。山海經海内南經亦云。巴蛇食象。三歲而出其骨。說文十三篇下巴部。巴。蟲也。一曰食象蛇。蛇類之碩大可驚。既有然矣。説文十四下它部云。上古草居患它。故相問無它。它爲蛇之初文。其與人接近又如此。荀子勸學篇云。螣蛇無足而飛。説苑云。騰蛇遊於霧露乘於風雨而行。非千里不止。故説文十三篇虫部云。螣。神蛇也。又古人以龍爲神物。易雜卦。乾爲天爲君。乾卦六爻。其五爻皆受象於龍。而繫辭傳則云。龍蛇之蟄。以存身也。以蛇與龍並論。左氏傳莊三十二年記内蛇與外蛇鬥於鄭南門中。内蛇死。六年而鄭厲公入。又文十六年記有蛇自泉宫出。入于國。如先君之數。皆以蛇爲國君之象。降及秦漢之際。猶有蛇爲白帝子之傳説。並與易象之擬龍爲君者適同。故儀禮鄉射禮記注曰。蛇龍。君子之類也。是其義也。韓非子説林上篇云。澤涸。蛇將徙。有小蛇謂大蛇曰。子行而我隨之。人以爲蛇之行者耳。必有殺子者。子不如相銜負我以行。人必以我爲神君也。乃相銜負以越公道而行。人皆避之。曰。神君也。夫必蛇本有神君之目。故此傳説云爾。否則馬牛豕犬之類。雖以大負小。人將稱爲神君而避之乎。必不然矣。綜合諸證。先民之於蛇畏而神之。殆無疑義。愚疑古代必有祭蛇之俗。故文从示从巳。而後乃泛用爲一般祭祀之稱耳。

史記封禪書云。秦文公夢黄蛇自天下屬地。其口止於鄜衍。文公問史敦。敦曰。此上帝之徵。君其祠之。於是作鄜時。用三牲郊祭白帝焉。此則古人祀蛇之明證矣。白帝爲秦漢時白帝子傳説之所出。【語源學論文七篇　師大月刊第十四期】

◉馬叙倫　桂馥曰。一切經音義二。祀。祭無已也。謂年常祭祀潔敬無已也。翟云升曰。當作从巳已亦聲。祭無已而从巳。蓋禮祭義祭不欲數之意。張文虎曰。祭無已語未達。定八年公羊傳解詁。言祀者。無已久長之辭。蓋漢儒相傳之訓。謂子孫世祀不絶也。徐灝曰。辰巳之巳即已然之已。古無二音。倫按篆从辰巳之巳。而解曰巳聲。篆解不宜有異。甲文祀字有作[glyph][glyph]者。皆从辰巳之巳。則巳聲當作巳聲。祀爲祭之轉注字。祭音精紐。祀音邪紐。皆舌尖前音也。説解當曰祭也。今作祭無已者。校者謬解爲从已然之已。因而改之。玄應引者蓋字林説。或虞注也。然巳已一字。爲胎之最初文。古亦無二音。字見急就篇。沇兒鐘作[glyph]。拍盤作[glyph]。

禩徐鍇曰。異聲。段玉裁曰。周禮大宗伯小祝注。皆云。故書祀作禩。按禩字已見於故書。是古文也。篆隸有祀無禩。是以漢儒杜子春鄭司農不識。但云當爲祀。讀爲祀而不敢直言古文祀。蓋其慎也。至許乃定爲一字。至魏時乃入三體石經古文。已聲異聲同在一部。故異形而同字也。倫按許書例不當有或體。凡此類皆呂忱據經傳故書增之。廣韻引字林。璬玉名。而禮記聘義正義引字林作琈。詩旄丘釋文引字林作堥。又作嵍。爾雅釋文引字林作嵍。又作堥。是其證也。餘詳

巳下及自叙。祀或从異者。祀禩音同之類轉注字。汗簡引尚書作禩。【説文解字六書疏證卷二】

◉董作賓　殷代紀王年者。今所見於卜辭中惟一祀字。如稱「隹王二祀」「王廿祀」是也。亦有稱年爲「歲」者。以數字記「年」然者不見「隹王若干歲」或「若干年」之載記也。據余考定。殷人稱一年爲一祀。乃帝乙帝辛時之事。此與祀典有密切關係。説見下章。其前不稱「祀」或稱「年」。以不入卜辭。末由徵之矣。

彡翌祭壹劦五種祀系之續連關係既得。吾人乃名此五「祀系」爲一「祀統」。即一年中先祖妣五種祭之一週。亦即所謂一祀也。見同上九頁。「祀典」不與「王年」相始終。且又前後游移。故代表「王年」之「祀」僅借「祀」以名「年」。不與三十六旬而一週之「祀典」有直接之關係。此吾人當注意之點也。【殷曆譜上編】

◉饒宗頤　丁酉卜，大貞：小𢏚老，隹丁叶。拾掇二、一五一，南北坊一、七三重。以上兩辭，一正一反，可以綴合。

……大貞：乍朐孽，小𢏚亡㭍。　……大貞：乍喪，小𢏚……　前編七、二八、一

按林一、二六、七卜大貞，董氏甲骨五十年誤「大」爲「而」，因別列舉一貞人名「而」者，非是。他辭云：「貞：其……嬉。二日……小𢏚𡿧，八月。」拾掇一、二一〇。「(癸)未……(貞旬)亡𡆥丁丑小𢏚，……八月。」明義士一九八三。丁丑在癸未前六日。出之卜辭云：「丙申卜，出貞：乍小𢏚，日叀癸，八月。」丙申卽丁酉之前一日，「日叀癸」乃卜祭日，應卽簠室𡿧小朐之癸未日。李學勤謂殷人日名乃死後選卜，援此爲證，讀爲「作小𢏚日」，不知作小𢏚者，蓋卽「作小祀」。𢏚與祀爲一字，知者：(一)三司亦作三𢏚，説已見前。(二)龏司亦作龏𢏚綴合一五是其證。契文「王廿祀」亦作王廿司，前編二、一四、三。「𢏚」「司」互用，其字亦通作祀，故知小𢏚乃小祀矣。周禮肆師：「立大祀、次祀、小祀，小祀用牲。」鄭司農云：「小祀，司命以下」是也。右辭祭小𢏚，用二宰一牛，小𢏚爲司命之類，司人生死，故卜問死事，及有作喪作孽等語。小𢏚亦省作「小号」，佚存七〇九。如「龏𢏚」之作「龏号」也。南北明三六二。丁酉卜「小𢏚老」，有釋爲宮廟初成之祭考，春秋隱五年。按讀老爲考，是。説文：「老，考也。」詩山有樞：「弗鼓弗考」，考爲擊鼓。「小𢏚考」句：考爲動詞，言小祀時，拊鼓以祭，猶「彡鼓」前編四、一、三者矣。【殷代貞卜人物通考卷十三】

◉張政烺　《説文》巳部：「巳，已也。」「弜巳」，卜辭常見，構成一個詞，常在動詞前，當是副詞。如：

癸卯卜，犾，貞：其兄(祝)？

癸卯卜，犾，貞：弜巳兄(祝)？《甲》三九一五

其𢦏日？

弜巳𢦏日，吉？《前》四・四・四

其御？
弜巳御？　戩三三・一七
其桒，王受又？
弜巳桒，于之若？　《粹》三三五

在一些卜辭里「弜巳」和「其」對言，其是該，表示一種試問的語氣，和其簡單地相對的是「弜」，是否定的語氣。「弜巳」和「弜」不同，它處于另一個極端，是全面肯定的語氣，這個詞在古書上可以找到一些痕跡，老子德經（第三十七章）「天元以清將恐裂」以下數句，馬王堆帛書老子據甲本，缺字用乙本補作：

謂天毋巳清將恐裂。謂地毋巳寧將恐發。謂神毋巳靈將恐歇。謂谷毋巳盈將恐渴。謂侯王毋巳貴以高將恐蹶。

這裏一連串出現五個毋巳，義爲「無休止地」，用普通話來説就是「没完没了地」參考老子河上公章句，卜辭「弜巳」義正相同，第五期卜辭常見「弜改」，疑即「弜巳」之演變。改字从攴，巳聲，見于公元前五世紀的侯馬盟書和前四世紀的詛楚文，文義明白，就是今天通行的改字。卜辭如：

弜改，其唯小臣臨令：王弗悔？《前》四、二七、二

「弜巳」、「弜改」都是不停、不變的意思，大約是同一個詞。【殷契瞀田解　甲骨文與殷商史】

◉張日昇　説文云。「祀。祭無巳也。从示巳聲。禩。祀或从異。」郭沫若云。「祀象人跪於生殖神象之前。」甲骨文字集釋頁六七引。李孝定然其説云。「象一人跪於示前。有所祈禱之狀。殷代祀統自彦堂師殷歷譜出而大明。五種祀統週而復始。許訓祭無巳也。猶存殷禮遺意。孫炎謂取四時祭祀一訖之説。得此乃益足徵信矣。」仝上頁六九。然巳下又云。「契文祀爲後起形聲字。郭氏以會意説之微誤。巳象子未成形。非象人跪形也。」同上頁四三六八。李氏後説勝前説遠矣。人跽之形古文字皆作卩。與巳之作巳不同。若果爲跪形。則祝與祀何别。巳爲胎兒。高鴻縉亦有此説。中國字例篇二頁九八。當無可疑。説文巳下云。「故巳爲蛇。象形。」按金文它作它。甲骨文㞢作㞢。與巳字下半部柔順捲屈之形相肖。然蛇頭成角形。虫字亦然。而人頭作圓形見金文或方形見契文。此其大别也。説文祀下云。「祀。祭無巳也。」高田忠周謂字从巳。取於無巳。此用反義爲會意字。高説牽強。祀从子或爲子孫對其先祖妣所行之祭。有别於對山川鬼神之祭也。故殷人對先祖妣五種祭之一週亦謂一祀。【金文詁林卷一】

◉朱德熙　平山中山王器𥙐字凡三十餘見。此字或釋年或釋莘，均不可信。今案是祀字。《説文》祀字或體作禩。碧落碑「有唐

五十二祀」祀字亦从異作𥜿，中山器𦰩字顯然即此字所从異字的下半部。𦰩字或寫作𦰩，字形尤爲近似。中山器𦰩字可能是異字的簡體，假借爲祀，也可能本來就是祀字的或體。

禩字除《説文》之外，還見於《汗簡》及《古文四聲韻》等書。碧落碑之可貴在於異字偏旁有一下垂的豎筆。如果没有中山器的印證，我們很可能認爲這種寫法是晚見的譌體，絶對不會想到它可以追溯到先秦。後世古文字資料之不可一概輕視，於此可見。【中山王器的祀字　文物一九八七年十一期】

◉朱歧祥　𥛄　𥛄

从示巳，巳亦聲，象人跪於示前，張口以禱。亦祀字，祭也。字與𥛄同。

《續5.20.3》貞：翌乙巳其𥛄亡𡆥。

《佚869》勿夕𥛄。

𢀜

亦巳字之異構，即祀字，殷人跪祀以求雨，或求免災。

《乙404》丁亥卜，舞𢀜☐今夕雨。

《乙2285》貞：𢀜，亦不致艱。【殷虚甲骨文字通釋稿】

◉黄錫全　𥜿祀　内、巖本祀作𥘸，薛本作禩。《説文》祀字或體作禩。古璽異作異璽彙3254，雲夢秦簡作異，漢印作異，此形異旁類同。三體石經殘石異字古文作異。作册大鼎「公束鑄武王成王異鼎」，郭沫若、容庚先生讀異爲禩參見金詁卷三上。

【汗簡注釋卷一】

◉徐中舒　从示从㔾，㔾之初形當爲子，子爲祭祀時象徵神主之小兒，亦即後世譌變之「尸」字。古代祭禮「祝迎尸」時爲「立尸」，即舉尸於成人頸上，𡗜、𡗜字即舉子（尸）於人頸表祭祀之義，乃最初之祀字。𡗜又譌變爲異異等形，或又省大形，只用子或子代𡗜。後又爲區别小兒之子與祭祀之子，乃將子之省形子下畫稍彎似人跽跪之形作㔾，以專用爲祭祀之字。

【甲骨文字典卷一】

◉陳初生　甲骨文作㔾、子，金文作㔾、㔾、㔾象胎兒之形，小篆作㔾，地支之「巳」，甲、金文皆以「子」（子、子、子）爲之。又金文中「巳」與「已」同形。【商周古文字讀本】

◉劉興隆　祀合集二〇二七八从工，从巳，《説文》所無。疑爲祀字。【新編甲骨文字典】

◉曾憲通 𥛵下民之𥛵 乙一一・二 此字从示从戈,字書未見。諸家釋文多歧異,安志敏先生釋祴、商先生釋祴、嚴一萍氏釋祓。釋祴者讀法,亦復有不同,李學勤先生讀式,李零讀戒,選堂先生讀翼。選堂先生云:「𥛵字从示戈,戈即弋,亦借作翼。《書・多士》『敢翼殷命』,《釋文》馬本作『翼』,鄭玄訓翼爲敬。與弋同音字有廙,敬也。見《廣韻》。以弋、異、翼互通例之,𥛵殆即禩字。《説文》則以禩爲祀之或體,此處弋、惻等協韻,宜讀爲翼。」【長沙楚帛書文字編】

柴 祡

祡 祡【汗簡】

◉許 慎 祡。燒柴燓燎以祭天神。从示。此聲。虞書曰至于岱宗。祡。仕皆切。𥛈古文祡。从隋省。【説文解字卷一】

◉王國維 寘牛羊於柴中。燔燎之以祭天。 又古歌段十七部支段十六部二部幾於不分。【劉盼遂記説文練習筆記 國學論叢 第二卷第二號】

◉吳其昌 二四五 庚辰卜,大貞。來丁亥,其𥛉□䄇于太室。 㐱□䄇西,既。……頁三六,片三

己丑囚因貞。圂庚圓,囯𥛉 屮于妣庚,五宰。

解詁曰:𥛉者,柴衜束以祀也。从𣏟省,柴衜束形。从示,祀事也。餘詳上第二〇二片疏。但在卜辭中,則「𥛉□䄇」亦爲一專詞:本片以外,他辭又云:「丁亥卜,出貞,來𢀛,王其𥛉□䄇……」續・二・九・八・又續・三・三六・三・重出。又云:「……出貞,來𢀛,王其𥛉□䄇……」燕・二九。可以證其爲習見之成文矣。【殷虚書契解詁 武大文哲季刊第四卷】

◉馬叙倫 鈕樹玉曰。韻會作燒柴燎以祭天神。列子釋文引作燒柴焚燎以祭天神。王念孫曰。玉篇引燒祡作燒柴。當從之。沈濤曰。爾雅釋天釋文引作燒柴燎祭天也。蓋古本如此。爾雅。祭天曰。燔柴。許以燒代燔。言燒則不得更言焚。言天亦不必更言神矣。嚴可均曰。燒柴焚燎當依小徐及釋天釋文引作燒柴燎。舜典釋文引馬融云。祭時積柴其上而燔之。今此依篆作燒祡。將所燒者何物乎。焚亦燒也。無焚字是。説文舊本引書偁尚書。或但偁書。六朝唐初引皆如此。其唐虞夏商周等字。皆校者所加。亦有未盡加者。如圉下堣下垔下偁尚書。蘄下韶下卟下䅣下但偁書也。此類雖無害於義。惟周書與七十一篇之周書無別。故於彼不得不加逸字矣。桂馥曰。閻若璩曰。虞書夏書之分。實自孔安國傳始。馬融鄭玄王肅別録題皆曰虞夏書。無別而偁之者。孔穎達所謂以虞夏同科。雖虞事亦達夏。是也。即伏生虞傳夏傳外仍有虞夏一傳。鄭玄序又以虞夏書二十篇商書四十篇周書四十篇。贊曰。三科之條。五家之教。是虞夏同科也。及余觀揚子法言亦曰。虞夏之書渾

渾爾。商書灝灝爾。周書噩噩爾。則可證西漢時未有別虞書夏書爲二者。杜預左僖廿七年傳注引夏書賦納以言三句。注曰。尚書虞夏書也。則西晉時亦未有別虞書夏書爲二者。逮東晉梅傳出。然後書題卷數篇名盡亂其舊矣。馥案本書分虞書夏書。後人妄改。嚴章福曰。韻會九佳引亦作燒柴燎。當依改。柴字後人依篆改。今書作柴。許當同。引此者謂所引之書義當以本篆爲正。經典借某爲之。校者不達。依篆改經。大非許意。尚有漏改者。如玠下引稱奉介珪。八下引上下有別。𠱠下引叫然而哭。鞶下引舟輿鞶互。是其證矣。吳錦章曰。此解有譌脱。燒祡之祡書作柴。此聲當作柴省聲。王筠曰。當云。尞。燒柴以祭天也。知者。火部。尞。祡祭天也。彼説尞以祡。此即當説祡以尞。廣二名也。倫按唐寫尚書釋文殘卷引作燎天祭也。从此木。段玉裁謂祡尞轉注字。王筠謂廣二名。非也。然王謂説解當作尞燒柴以祭天也則是。然疑許止訓祭也。知者。周禮大宗伯以實祡祀日月星辰。依書堯典正義引。書堯典。至於岱宗。柴。馬鄭本並作祡。釋文引馬注。祡者。祭時積柴加牲其上而焚之。然則祀日月星辰之祡。与祡於岱宗同。而祡非止以祭天。惟爾雅釋天謂祭天曰燔柴。故校者加焚尞柴以祭天以釋之。一本焚或作燒。傳寫譌如今文。祡者。祭名。爲禘之轉注字。書之祡即禮之禘也。祡音牀紐。古讀歸定。禘音亦定紐也。祡禘亦聲亦同支類。古文經傳中祡作𥛚。亦祡之轉注字。𥛚从隋得聲。隋音亦定紐。是𥛚禘亦轉注字。祡从此得聲。祭此音同精紐。祭聲脂類。此从匕得聲。匕聲亦脂類。是祡亦祭之轉注字。然則祡不从柴省會意益明。古書或以柴爲祡耳。引經本爲校者所增。後多明證。本書大例引經止偁大名。如詩止偁詩。不舉周南召南或大雅小雅也。而此偁虞書於例已乖。又所引止以證字。故率引一句。明斷章而不嫌也。此引書至於岱宗祡。書實以岱宗爲句。祡一字亦爲句。則是兩句也。何不引周禮大宗伯之以實祡祀日月星辰乎。書堯典正義引作祡。今本作柴。明是校者既加焚柴燎以祭天。乃引此證其義耳。且引經爲校者所加者。後固有明白徵據也。余以閻説考之。疑此字出字林。字林呂忱所爲。忱蓋及見僞古文尚書真本者也。故所作字林引之作祡不作柴。諸祭義之字初皆以方言轉注。後乃分別爲義。甲文有□□□。羅振玉以□爲叙。蓋據□字从収也。葉玉森以□爲𡨦字。倫以爲□蓋柴之初文。柴爲小木散材。故从木而束之。指事。□則从示□聲。□則从収□聲。即叙字。借爲祡也。

𥛚 桂馥曰。从隋省者。本書。隋。裂肉也。裂當爲烈。謂加牲燔柴之上。宋保曰。隋省聲。此在脂部。隋在歌部。兩部古相關通。詩屢舞傞傞。説文引作𡝐𡝐。此其證矣。李杲曰。此祭之古文。非祡之古文。陳侯午𣪘祭作□。从又与从□同。此从左亦同也。倫按周禮大宗伯。以實柴祀日月星辰。鄭司農曰。實柴。實牛柴上也。大祝辨九祭之名。三曰炮祭。鄭司農曰。炮祭。燔柴也。本書。炮。毛炙肉也。似桂謂从隋省會意。可也。然𥛚實祡之轉注字。一字異文。率以音轉。且隋爲烈肉。桂説無證。本書次隋於朓胙之下。段玉裁據守祧既祭則臧其隋。注。隋。尸所祭肺脊黍稷之屬。謂裂肉爲尸所祭之餘。是也。裂。六書故引唐本作列。後人以列爲行列之列。不知其爲分裂本字。妄增衣爲裂。然列又爲𣦼之譌字。𣦼。篆文作〼。爛脱則月旁似篆文刀字。因譌爲列。本書。𣦼。禽獸所食餘也。即殘缺本字。𣦼肉謂餘肉。與禮注正合。或曰。裂訓繒餘。裂肉亦謂餘肉。然皆與燔柴加牲之義無涉。褿自从隋省得聲。此言从隋省者校語。唐寫本經典釋文殘卷尚書釋文有此字。汗簡引尚書作〼。【説文解字六書疏證卷一】

◉嚴一萍　卜辭有〼〼字，向未論定。以字形考之，殆即祡與柴之初文。説文示部

祡，燒柴焚燎以祭天神，从示此聲。虞書曰：至于岱宗祡。

今書作柴。説文木部柴訓「小木散材」。契文〼木形加0者正象散材之需要束縛。然則紮束小木散材置于示前而燔燒之，正〼字之所取象，其爲祡與柴之初文可無疑也。其後加此聲，省示作柴，省木作祡，遂衍分爲二。漢世諸引尚書者率作柴。敦煌唐寫本尚書釋文殘卷舜典篇柴下云：「説文作柴從此木，云燎天祭也。」馬宗霍引經考以爲：「正文既是柴字，从此木，則下引説文必是作祡，从此示，若亦作柴，與正文無別，何爲引之。此乃寫本筆誤。」案漢書揚雄傳甘泉賦「欽祡宗祈」。樊毅修華嶽碑「祡燎湮埋」，皆作祡。或正文作祡，亦有可能。唐寫本説文與今本多有不同，不必因與今本不同而謂寫本引説文爲筆誤。蓋漢以前祡與柴無所別也。徐灝説文注箋亦曰：「柴爲本字本義，後因其屬祭禮而易示旁。」其認一字甚是，而不知造字之初，原爲从木从示耳。

説文别於火部㶱字，亦訓「柴祭天」曰：

㶱，柴祭天也，从火从昚，昚乃古文慎字，祭天所以慎也。

此字从木在火上，木旁諸點象火餤上騰之狀，許君云：从火从昚者，非也。

㶱字，卜辭作〼。羅雪堂曰：

从昚之非，俞樾兒笘録已辨之。曰：

許説从昚之義，甚爲迂曲，凡祭無不當慎，何獨㶱字从昚乎？經傳皆以燎爲之。火部燎放火也，从火㶱聲。㶱既从火，而燎又从火，重複無理。今按㶱燎一字，燎乃㶱之俗體也。師古注漢書禮樂志郊祀志並曰㶱古燎字。是其明證。

契文〼之繁體，亦有加火作〼者，是燎㶱本一字之明證也。説文訓燎爲「放火也」，非其朔誼。燎即㶱字。呂氏春秋季冬紀高氏注曰：

燎者，積聚柴薪，置璧與牲於上而燎之，升其煙氣。

舜典釋文引馬融曰：

祭時積薪加牲其上而燔之。

卜辭所見，尞祭確爲加牲於上。舉例言之，如：

乙卯卜貞：求禾于高，尞九牛？　甲七八五

尞于河，三小宰，沈三牛？　後上二五・三

舉行尞祭之時，有置「九牛」「三宰」之多，其積薪甚廣火勢必大，則説文訓燎爲「放火也」乃引申之義。王筠釋文句讀云：

祡當云尞，燒柴以祭天也。

究其實祡不當云尞，蓋同是燒柴，其範圍有大小之異，所燔亦有用牲不用牲之殊。禮記月令鄭注曰：

大者可析謂之薪，小者合束謂之柴。

馬融謂燎爲積薪加牲其上，故卜辭之米，未有與尞之加束者，是尞用大木之薪，祡用小木散材，二者有殊，可以想見也。卜辭曰：

丁亥卜出貞：來春王其祡丁？　續二・九・八

☐母辛宗祡？　續二・九・九

甲午卜，☐祡☐辛？　續二・二・一

貞：勿祡且乙？十月　録二八八

諸辭皆祭先祖妣，而未見有祭天者。呂氏春秋季冬紀曰：

乃命四監收秩薪柴，以供寢廟及百祀之薪燎。

是古人祭祀皆可以燔柴，不專行於祭天，殷禮固如是也。説文木部槱下之重文禉，亦訓「祡祭天神。」暇當別論之。【釋尞　中國文字十二册】

◉黄錫全　禉祡　《説文》正篆祡下引《虞書》曰「至於岱宗祡」，古文作禉，「从隋省」。此形同「古文」。薛本作祡。段玉裁、孫星衍等均認爲禉爲壁中古文。鄭珍認爲此形是郭氏「易以古，不合僞本」。【汗簡注釋卷一】

◉徐中舒　象以木或束木架於丅前焚燎之以祭天神之意，或從[illegible]、[illegible]、[illegible]。《説文》：「祡，燒祡樊燎以祭天神。」祡柴一字，故

燎柴祭曰祡。卜辭或用※束爲祡。【甲骨文字典卷一】

禷 禷

◉許　慎　禷。以事類祭天神。从示。類聲。力遂切。【説文解字卷一】

◉馬叙倫　段玉裁曰。當曰从示類。類亦聲。省文也。王筠曰。禷。以事類祭天神。此以字形説字義。類爲右半。神則左半之示也。不屬會意者。从類之借義也。翟云升曰。初學記引無事字天字。倫按五經異義。夏侯歐陽説。以類祭天者。以事類祭之。古尚書説。非時祭天謂之類。謹按周禮郊天無言類者。知類非常祭。是許從古尚書説。非時祭天謂之類。而此似從夏侯歐陽尚書説。蓋非本訓。錢大昭謂類祭之事。見於經典者有五。小宗伯。凡天地之大烖。類社稷宗廟。則爲位禱祈之類也。王制。天子將出。類乎上帝。巡守之類也。大雅皇矣。是類是禡。釋天。禷。師祭也。行師之類也。肆師。類造上帝。戰勝之類也。舜典。肆類于上帝。攝位之類也。皆非常祭。依正禮而行之。故云。以事類祭。然則以事類祭之類。即此祭名之禷。但異義中從經典通用之類字。不作禷字耳。或曰。本書。類。種之相似。唯犬爲甚。禷祭者。類於正禮常祭。故名禷。然此則王所謂用類字引申之義。造字無此例。从示。類聲。許蓋作祭也。或作類也。以聲訓。今捝。但存校者所引尚書今文家説。蓋校者治尚書今文者也。禷蓋禮祭之轉注字。禮禷音同來紐。禷祭聲同脂類。【説文解字六書疏證卷一】

祪 祪

◉許　慎　祪。祔祪祖也。从示。危聲。過委切。【説文解字卷一】

◉馬叙倫　祔祪祖也者。爾雅釋詁文。彼於祪祔二字皆釋爲祖也。此不當然。盖本訓祔也。校者以雅文加之。祪音見紐。祔从付得聲。付音非紐。古無輕脣音。故當入封紐。封見皆破裂清音。是轉注字也。祪祡禘聲同支類。盖亦轉注字也。【説文解字六書疏證卷一】

祔 祔

◉許　慎　祔。後死者合食於先祖。从示。付聲。符遇切。【説文解字卷一】

◉馬叙倫　後死者合食於先祖校語也。盖本訓祖也。今捝。但存校語耳。又疑上文祪本訓祔也。祪字乃隸書複舉字也。祖也則祔字下訓。傳寫譌乙祪字於祔下。又捝也字。又譌入祔字之訓也。祪祔實爲祭名。祔从付得聲。付福音同非紐。轉注字也。【説文解字六書疏證卷一】

祖 祖

鐵四八・四 拾一・一四 沮丁卜辭用沮爲祖 重見沮下 前一・九・六 卜辭用且爲祖 重見且下 【甲骨文編】

且之重文 【續甲骨文編】

祖 不从示 盂鼎 且字重見 [黍侖]鎛 欒書缶 陳逆簋 中山王嚳鼎 中山王嚳壺 【金文編】

考古1974:1彭祖 【古陶文字徵】

祖 日甲四九背 【睡虎地秦簡文字編】

胡彭祖印 樊彭祖印 【漢印文字徵】

祀三公山碑 本祖其原  石經無逸及祖甲 【石刻篆文編】

祖 【汗簡】

古孝經 石經 籀韻 【古文四聲韻】

◉許　慎　始廟也。从示。且聲。則古切。【説文解字卷一】

◉劉心源　祖作。叚助爲之。呂伯敢考。師虎𣪕考。都公諴簠皇。皆如此。陳逆𣪕祖字从示从助。詳娩子𣪕。可互證。叔弓鎛余既經乃先。从𠂆。蓋俎字也。【奇觚室吉金文述】

◉孫詒讓　龜文偁「祖甲」、「祖乙」之等「祖」皆借「且」爲之，詳《釋鬼神篇》。字多作「」、卅三之一。或作「」、廿四之四。或作「」、三之三。或作「」。十四之三。「且東」及「且方」字兩見，□□則爲兄之叚字，詳《釋地篇》。《説文・且部》：「且，薦也，从几，足有二横，一，其下地也。古文作。」此弟一字正象二横相比之形，弟二字略變之與篆文相近，弟三字省作一横，弟四字無横與許書古文同。【栔文舉例卷下】

◉羅振玉　説文解字祖从示且聲。此與古金文均不从示。惟齊子仲姜鎛始作。【增訂殷虛書契考釋】

◉馬叙倫　沈濤曰。初學記十三引晉稽含祖道賦云。説文。祈請道神謂之祖。藝文類聚十一引稽含社賦序云。説文。祈請道神謂之社。此即初學記所引祖道賦序之文。盖祖社二字形相近而誤。傳寫者即將此文竄入歲時部社條之下耳。是古本祖下有一曰祈請道神云云。詩韓奕。韓侯出祖。箋。將去而犯軷也。烝民。仲山甫出祖。箋。將行犯軷之祭也。後漢書吳祐傳注引五經要義。祖道者。行祭爲道路祈也。是祖爲始廟。亦爲道祭。故許通異義。今本爲淺人所删。似此者不少矣。嚴可均曰。宋書歷志上引稽含序作説者云。非説文。王筠曰。始廟也當始字句。廟也句。祖始也釋詁文。此謂人之先也。高田忠周曰。金文祖字多作且或作且。甲文作且且。皆鋭首。盖祖之初文。一者。地也。且以象廟。最初屋宇之形當如此耳。今存埃及國圭形碑正与此字形合。可證。郭沫若曰。祖妣者。牡牝之初字也。牡牝所从之土匕。即祖妣之省。古文祖不从示。妣不从女。其在卜辭。祖作且且且且。妣作匕匕匕匕。是則且實牡器之象形。故可省爲丄。匕乃匕柶字。牝器似匕。故引申以匕爲妣若牝也。倫按王説是也。首訓後人加之。知者。後人無據而知祖爲始廟也。彼見釋詁訓始。乃加之耳。祖訓廟者。字當作且且。此遊牧時代之屋。从一象形。爲指事字。即帳之初文也。且聲魚類。帳聲陽類。魚陽對轉。故轉注字作帳。且且之爲形。與今行軍所用之營帳相同。而與蒙古包即蒙古所用以居之幄亦同。包音封紐。幄音影紐。皆破裂清音。故音譌變。幄爲屋之後起字。屋之古文作𡉹。其𡉹亦且之異文。冃當爲𠓛。象帳形而丰其上飾也。後加至爲聲。至音照三。帳音知紐。同爲舌面前音。古讀照歸端。端影又同爲破裂清音。此且𡉹亦異文之證。本書。廟。尊先祖皃也。从广。朝聲。广因厂爲屋。錢坫謂广即庵字。倫謂广爲依厂爲屋。則廟已如今之屋宇矣。此訓廟。本謂最初之屋宇。即釋且字也。今謂先人爲祖。盖由已有如今之屋宇後。而祀先猶仍其舊俗。若所謂漢家安知王氏臘者。以其爲祀先之地。因增示旁爲祖。而謂先人爲祖。乃叚廟之且爲先人之偁也。故祖者。且之後起字。雖从示之假借義亦得會意。然金甲文多作且且且且。明初即借且爲先人之偁也。又疑祖从且示聲。爲且之後起轉注字。示音牀三。而爲祖字之音者。本書失且字。祖徂殂詛鴡粗䖑租即租組粗疽罝伹岨宜狙駔狙怚沮担姐坥助鉏阻諸文盡从且。明古音且組且同也。未必此諸文中獨祖字从且也。然且爲俎之異文。實廚之初文。而俎音在照二。廚音在澄紐。示音在牀三。牀三与澄同爲舌面前音。而古讀皆歸於定。是且古音或如徂。音在從紐。從與牀三同爲破裂摩擦濁音也。故其異文作宗。亦从示得聲。今祖宗二字音皆精紐。盖由從轉精。同爲舌尖前破裂摩擦音也。或曰。祖是祭名。故爾雅釋詁曰。祔祪祖也。祖爲祭之音同精紐轉注字。廟也者。宗字義。此説亦通。郭説且爲牡器之象形。而謂牝从匕乃柶匕之匕之引申。以牝形似匕也。古言刀匕者。匕非今飲汁之瓢羹。乃如今西餐所用取食之叉似手形者。後變爲𠆢。譌爲匕。今所用取食之箸又由𠆢剖而爲二耳。然則不亦可謂且亦且帳之引申。以牡器似且乎。夫古有崇拜生殖器之俗。而男女生殖器古皆有其象形之字。以本各有實質可以圖畫。故本書也字即爲女生殖器之象形文。其男生殖器亦有象形之文。其形與金甲文A字作[glyph]且者實相似。詳社字下。特不與A相掍耳。倫又疑父母爲Ω匕之假借字。Ω即十四篇且之重文作Ω者。鍇本有。實十四篇ᑫ之異文。父祖聲同魚類。上古祖父之与父。其偁實無分別。其後乃謂祖父曰大父。强分之耳。猶之生我者與生我者同輩之人古亦本同呼曰父。後乃別之曰世父從父耳。且男皆曰且。女皆曰匕。亦即以其生殖器之異而異之。初固無他偁也。卜辭有[glyph]用百□。[glyph]即且匕之合文。其且亦男生殖器之象形文也。若此說可以助成郭義而不失於鑿矣。蓋A自是帳之初文。Ω自是牡器之名。今A Ω字皆僅存。而其用自古已掍。由圖畫性之象形文變爲篆文故也。類聚所引即出本書。亦是校語。禮記曾子問。諸侯適天子。必告於祖。此祖謂廟也。今俗有遠行。猶祭祖而告之。若今所謂祖道者。俗呼餞行。餞是本字。祖爲假借。餘詳宗下。字見急就篇。齊鎛作祖[glyph]。【說文解字六書疏證卷一】

◉郭沫若　祖妣之朔爲何耶?曰祖妣者牡牝之初字也。卜辭牡牝字無定形,牛羊犬豕馬鹿均隨類賦形,而不盡从牛作。其字之存者今表列之如次:

備考:鹿之牝爲麀,《石鼓文》丙鼓有此字作[glyph],亦从匕,乃僅存之古字而卜辭適缺,則所缺之牡馬、牡犬字亦所應有者矣。

統觀上表所列,均从⊥匕象形。⊥匕爲何?⊥匕即祖妣之省也。古文祖不从示,妣不从女。其在卜辭祖妣字有下列諸形:

祖[glyph]　「前」一卷一葉。[glyph]同九葉。[glyph]同葉。A同十一葉。

妣[glyph]　「前」一卷卅七葉。[glyph]同卅二葉。[glyph]同葉。[glyph]同八葉。

是則且實牡器之象形,故可省爲⊥;匕乃匕柶字之引伸,蓋以牝器似匕,故以匕为妣若牝也。【釋祖妣　甲骨文字研究】

◉郭沫若　遠祖謂之高祖。

叔夷鐘「夷典其先舊及其高祖，虜虜成唐，有嚴在帝所。尃受天命，剫伐頣夏司，敱氒靈師，伊少臣隹輔。咸有九州，處禹之堵都。」

此鐘乃齊靈公時器，銘中已明言之。成唐卽成湯，叔夷乃春秋中葉人，而稱成湯爲其高祖，可知高祖卽遠祖之謂。卜辭有高祖。此字王國維初釋夋，後改釋爲夒，謂即帝嚳。高祖王亥、高祖乙、即大乙，詳見觀堂集林九。「卜辭中所見先公先王考」及「續考」。均稱其先公先王爲高祖，與此鐘合。釋親「曾祖王父之考爲高祖王父，曾祖王父之妣爲高祖王母」，亦非古語。【周彝中之傳統思想考　金文叢考】

◉强運開　祖　祖癸角。運開按。此祖字之最古者。蓋象木主形。从示乃後起字。王孫鐘。皇祖文考。不从示。師𩛥父敨。令女𤔲乃祖舊官且子鼎。冊敨。王鄉大祖。叚俎爲祖。師虎敨。更乃祖考啇官。叚助爲祖。呂伯敨【說文古籀三補第一】

◉李學勤　（一）高祖：殷王系中稱高祖者，只有高祖夒萃1、高祖王亥宁1,241兩人。高祖這一稱謂，祇見於康丁武乙兩朝，其他時代雖也祭祀夒和王亥，但並不稱之爲高祖。王亥是上甲的父，可由下列卜辭証明：

□□卜王〔貞〕，其燎〔于〕上□甲父夒？　明738

辛巳卜貞，王夒□甲卽於河？　佚888

燎於河王亥□甲十牛？卯十宰？五月。　羅复堪舊藏

夒距上甲的世次則不能考知。據小屯三次發掘所得的一塊胛骨未印入「甲編」上「夒」字所象身体形狀，他是男性的；同時他常和河岳等並卜，又有一定的自然神性。顧炎武說：「漢儒以曾祖之父爲高祖。考之于傳，高祖者遠祖之名爾。」「日知録」卷二十四。殷代所稱高祖合於遠祖之義。

（二）祖：殷代的「祖」指距舉稱者二世以上的男性親長。如：

祖乙、祖丁、祖甲　遺1,11

祖乙、祖丁、祖甲、康祖丁、武乙　後上20,5

前一辭舉稱者是武乙或文武丁，後一辭舉稱者是帝乙或帝辛。祖乙、祖丁、祖甲皆指小乙、武丁、祖甲。由此可見，距舉稱者二至六世以上的男性親長均可稱爲祖，同時舉稱者世次改變，祖這一稱謂可以不變。殷代諸祖可合稱爲「先祖」前2,18,2或「多先祖」佚860。【論殷代親族制度　文史哲一九五七年第十一期】

◉李孝定　説文「祖。始廟也。从示。且聲。」卜辭金文祖宗字僅有一二从示作祖者。餘但作且。又許書十四卷且下云「薦也。从几。足有二横。一其下地也。」小徐本此下有「𠀃古文以爲且。又以爲几字。」是許以几説且。其下俎篆解云「禮俎也。从半肉。在且上。」俎字金文作□□□□□諸形。。从半肉。在且中。誠如許書且下説解。则俎之半肉是在几足二横之間殆無是理。然則□盖俎之俯視象形文。至甲文金文祖宗字作且者則神主之象形。且即主也。主之與示説詳上示字條。今吾湘民間所祀祖宗神主猶作此形。至俎豆字从且者以其形近音同故也。郭某之説殊覺誕妄。牝器寧有作□形者乎。祖字篆文从示作祖。其義已複。卜辭但作且。孫海波文編一卷五頁祖下收藏四八・四。一文作□。按乃且辛合文。孫氏誤收。或作詛。偶用假字也。金文亦多作且。與卜辭同。惟齊鎛作祖。爲小篆所本。陳逆簋作□。其變體也。【甲骨文字集釋第一】

◉楊聯陞　祖妣(且匕)二字，本與生殖器(靈根)崇拜有關。郭沫若在約半世紀之前，早有專文，當時没有多少響應。但如聞一多、陳夢家、孫作秀等，似皆附議，約略同時，瑞典的高本漢(Karlgren)先生有Feeundity Symbols一文在BMFEA(卽其博物館刊)舉出兩個大約是商代的石刻男根上有花紋，以證此點。(他似未提郭説)近來史語所有劉淵臨先生相告，説甲編中有可釋夔(高祖)之字，有男根突出，他曾請屈萬里(翼鵬)先生查證，可惜甲編印刷不清楚未便引用。

所以要廣義，因字之形、音、義皆可能引申改變。祖妣(且匕)兩字之音義，皆可能與後代所用之字相近或相同，語言學家可以舉證。字形寫定時，又未必是原象之形，如木、石、陶泥，(武王載主伐紂行，後世有人遠行，多立神主或先人像)均有所象名物之可能。故祖字兼象木主或俎(祭器)之説，均應保留，以待後證。舉一廢百，不是好辦法。

從音而論，學者多用「説文通訓定聲」一類的辦法，同音的字，義多可通。我想試从此路一探，略談祖妣(且匕)。(象生育收獲，各民族多有，不特定論)

祖字可指祖餞，卽作别，又同音之阻指阻止，似乎矛盾。但人類學者對鬼神之可迎可拒，早已指出。孔子曰：「敬鬼神而遠之」。禮書則已有異説。事有兩面，有人説喪服爲令鬼歸來前難以辨認，可備一説。民俗之證較明確者是顔氏家訓(風操第六)「喪出之日，門前然火，户外列灰。祓送家鬼，章斷注連」顯然是怕新鬼回家作祟，謝絶往來，且要斷絶關係。注連之義與太平經之承負相通。日本也有注連，以繩爲界。【古史劄記兩條　中國文字新卷十二期】

◉黄錫全　□祖　敦釋、內、巖本作□，三體石經古文作祖，鰜鎛作祖，均與此形類同。鄭珍以爲此形是「篆」，又以爲「石經有畧變篆文筆迹以爲古文者如此」，是鄭氏不知祖字古本有如此作者。【汗简注释卷一】

䰃 䰃

◉徐中舒　□□□□諸形均象盛肉之俎。本爲斷木，用作切肉之薦，後世或謂之「梡俎」。□象斷木側視之形，爲增繪其横斷面之全形，乃作□形或□形，甲骨文爲契刻之便，將橢圓形斷面改作□或□形。其後，俎由切肉之器逐漸演變爲祭神時載肉之禮器，因其形近「几」，故《説文》誤謂□從几。又連俎上所薦之肉作□□形，進而誤析□□□爲且、俎、宜三字，涵義亦隨之分化。參見唐蘭《殷虛文字二記》，《古文字研究》第一輯。【甲骨文字典卷一】

◉戴家祥　銘文「皇旻」或作「皇祖」「皇且」。且祖旻實爲一字。加示旁表示祭祖，加又旁表示獻祭。旻，祖之别構。祖别體有作禓者。見禓字條。此改从示爲从木，如社之爲杜，史記秦本紀「寧公二年，遣兵伐蕩社。」集解引徐廣曰：「社一作杜。」陳逆段旻仍作禓，爲旻禓同字的有力證據。⊘銘文「皇且」「皇祖」「皇旻」，且祖旻爲異體字。此作禓乃集大成形體最繁複者。【金文大字典中】

口 匚

匚之重文【續甲骨文編】

◉許　慎　䰃門内祭。先祖所以徬徨。从示。彭聲。詩曰。祝祭於䰃。補盲切。祊。䰃或从方。【説文解字卷一】

◉馬叙倫　鈕樹玉曰。韻會及釋宫釋文引。徨下有也字。徬作彷。玉篇引作徬。下亦有也字。説文無彷徨。沈濤曰。詩楚茨爾雅釋宫釋文皆引作門内祭先祖所徬徨也。是古本無以字。有也字。桂馥曰。詩爾雅釋文並引作彷徨。無以字。廣雅。禓。祭也。葉玉森曰。卜辭有彡彡彡祭。羅振玉釋肜。是也。䰃乃彡日祭禮之一。彡日用鼓樂祭先祖。故从彭。許因䰃一作祊。故訓徬徨。似迂。倫按本訓祭也。今捝。所存者校語。陳詩庭以䰃爲高宗肜日之肜。是也。彭从彡得聲。故甲文即以彡爲䰃。今書作肜。借字。䰃即彡日祭名。非彡祭之一。䰃者，祭之明日又祭之名。左春秋宣八年。辛己。有事于大廟。仲遂卒於垂。壬午猶繹。繹亦䰃之借字。詳尋字下。唐寫本玉篇有襗字。故爾雅釋天。繹。又祭也。國語魯語韋注引唐固曰。祭之明日也。公羊宣八年傳何注亦然。此或體作祊。經傳亦皆作祊。此訓門内祭。本詩楚茨毛傳。然詩言祝祭於祊。傳曰。祊。門内。則祊非門内祭名。而爲門内。禮記郊特牲。索祭祝于祊。鄭注。廟門曰祊。盖祊即爾雅釋宫閍謂之門之閍。李巡曰。祊。故廟中門名。孫炎曰。詩云。祝祭於祊。謂廟門也。國語周語。今將大泯其宗祊。韋注。廟門謂之祊。本書無閍字。房即閍也。房在門内。且在旁。故有房名。語原然也。祝祭於祊。索祭祝於祊。皆謂祭於房。非祊爲祭名。甚明。至禮記禮器。爲祊乎外，郊特牲。祊之于東方。則爲祭名。此二祊字盖皆䰃之轉注字。故郊特牲鄭注。祊。祭明日之繹祭也。謂之祊者。於廟門之旁。因名焉。禮器注亦謂祊爲明日之繹祭。然繹祭是否在門之旁或廟門外之西室。郊特牲鄭注。今不可深考。詩絲衣序。繹。賓尸也。左宣八年傳注。繹。又祭。陳昨日之禮。所以賓尸。穀梁宣八年傳。繹者。祭之旦日之享賓也。家語曲禮。公西赤問。宗老不具則不繹。參以春秋宣八年書猶繹。明仲遂卒於垂爲不當繹也。然則繹所以賓尸。故宗老不具則不繹。明非祭死者。蓋祭禮本一字。禮通神人也。門內以下九字。校者據詩楚茨傳及禮記郊特牲文加之。

祊 段玉裁曰。彭聲方聲同部。倫按禮記禮器鄭注曰。謂之祊者。於廟門之旁。因名焉。爾雅釋宮曰。閍謂之門。李巡曰。故廟中門名也。如鄭說則祊从方會意兼聲。如李說則从閍省兼聲。然許書無閍字。房即閍也。若祊爲祭於廟門之旁者。經傳無證。金鶚據爲祊乎外及出於祊。謂祊祭在門外。以許鄭爲失。朱大韶謂出於祊与爲祊乎外義同。對堂而言故曰外。對室而言故曰出。皆在廟門內。二說不同。以朱說爲正。今杭縣俗。四時之祭。皆於設奠之初。祝於大門之內。意若迎神。豈即出於祊爲祊乎外之遺俗耶。然則鄭所謂於廟門之旁者因以名祊者。恐鄭肊度耳。且方爲依傍之傍本字。於祊無關。祊自得聲於方。鬃从彭得聲。彭从彡得聲。彡音審紐。祊从方得聲。方音非紐。同爲摩擦次清音。故鬃轉注爲祊。

【說文解字六書疏證卷一】

◉朱歧祥 ᄀ 讀如方，即祊字；乃放置宗廟主之處。《說文》鬃字：「門內祭，先祖所旁皇也。从示彭聲。」或體作祊。卜辭泛指藏神主之廟。祭於廟門之旁謂祊，祭於宗廟之內謂示。世系近者祭於門內，遠者祭於門外，卜辭「匸示」連用。

《乙2101》貞：其入㞢匸示。若。

由合文⊐示亦可見ᄀ示二字意義及其彼此關係。

《拾1.6》貞：勿☐㞢自上甲☐⊐示。

卜辭亦有求佑宗廟於鬼神。

《乙8310》庚戌卜，㱿貞：于河㞢ᄀ。

《後上6.7》庚子卜，㱿貞：王㞢匸于高妣己、妣庚、母☐。

單言ᄀ，乃泛稱諸神主；連言「某ᄀ」，則爲該祖先神主之獨稱。

《南明478》癸巳貞：于乙未彡高祖亥ᄀ，卯于上甲。

高祖亥ᄀ，即殷先祖王亥廟主。

⊐ 與ᄀ同，亦祊字。唯⊐、ᄀ形構乃單筆、複筆之別。ᄀ多屬廟主的泛稱，而⊐則用爲專有名詞，乃殷先報乙

祰 祰

(乙)、報丙(丙)、報丁(丁)之省稱，合謂三コ。三コ與二示(示壬、示癸)對言，《甲388》言三コ至河亶甲(戔甲)共十示。由河亶甲上推十世，亦可見三コ當爲乙、丙、丁之合文總稱。

《粹118》☐祝三匚，叀羊。

《遺628》丙申卜，又三コ二示。

《甲388》己卯卜，奠三コ至戔甲十示。

是知甲文祊正視之形則爲報甲(甲)之□，側觀乃象報乙等之コ。　【殷墟甲骨文字通釋稿】

◉許　慎　祰告祭也。从示。从告聲。苦浩切。　【説文解字卷一】

◉强運開　禞禞祀敢。吳書入坿録。依吳中丞釋乍禞。運開按。集韻祰或从高。祰爲告祭。禞祀即告祭。告高音近。故或从高。此从高。當即高之變體。　【説文古籀三補第一】

◉馬叙倫　朱駿聲曰。从示从告會意。告亦聲。倫按告祭也當爲祭也。告字乃讀者旁注以釋祰音。傳寫誤入正文也。或以聲訓。傳寫捝也字。祭也後人加之。周禮六祈。二曰造。杜子春曰。造。祭於祖也。造即祰之借字。杜不言告祭於祖。明祰祇是祭名。或據禮記王制。天子諸侯將出。造乎禰。而曾子問言。諸侯適天子。必告於祖。奠於禰。諸侯相見。必告於禰。反必親告於祖禰。以明祰之爲祭有所告。倫謂此諸告字皆祭名。即祰之省。不然。周禮何不徑用告字。而必用造字乎。且祭皆有告。何獨於祰言告乎。況告爲𠀤之後起字乎。是知祰但爲祭名。　【説文解字六書疏證卷一】

◉陝西周原考古隊、周原岐山文管所

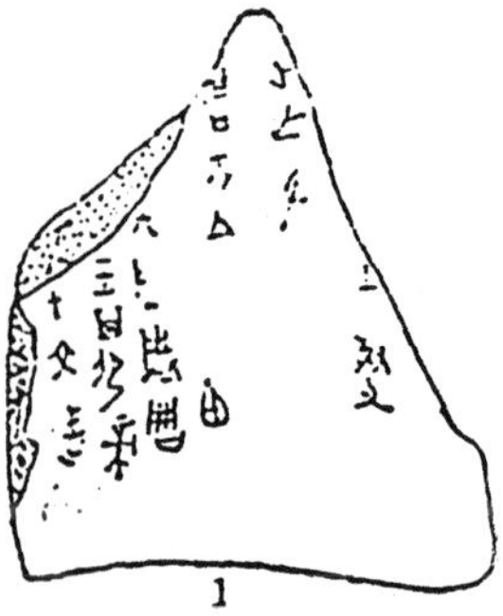

1

祏

才在文武

……，王其卯祰帝禘

□□，卜典𠕋册

周方白伯，……甶惟

正，亡ナ左。

王受又佑。

以全辭文意推求，第二行王字上，當有升或宗字。文武，即文丁。胡厚宣先生説：「帝乙帝辛時卜辭稱文丁爲文武丁，亦單稱文武。」卯，當讀爲祰。《説文》：「祰告祭也。从示，告聲。」帝，假爲禘。殷禮，夏祭曰禘。典𠕋(册)，即策命之意。甶，語詞，讀若惟(見《甲骨文編》382頁)。正，《説文》云：「是也」，譯爲今語，猶言正確。ナ(左)，《説文》云：「ナ手也。」段注：「反又爲ナ，故相戾曰ナ。」可引伸爲乖舛、不順遂之意。「亡ナ」猶今語「没錯」。又讀爲祐，《説文》云：「祐，助也。」「王受又」，卜辭習用語，意爲王得佑助。全辭大意，反映殷王在文丁廟舉行禘祭，卜問策命周方伯之事，得到「甶(惟)正，亡(無)ナ，王受又(佑)」之吉兆。【岐山鳳雛村兩次發現周祖甲骨文　考古與文物一九八二年第三期】

甲九四五　鐵一二二・一　前六・三・六　前六・三・七　後二・一七・一七　戩八・三　粹一三〇六　摭續四九　摭續九九　珠八六四　林一・一〇・六　庫一〇六【甲骨文編】

珠864　續摭49　99　粹1306【續甲骨文編】

◉許　慎　祏。宗廟主也。周禮有郊宗石室。一曰大夫以石爲主。从示。从石。石亦聲。常隻切。【説文解字卷一】

◉王國維　㡌。卜辭作，从示从，即石字所从之厂字也。《説文》：「厂，山石之厓巖。人可居，象形。」又厂部，有字，即卜辭殸字所从之、，故知、一也。㡌疑祏之省。【戩壽堂所藏甲骨文字考釋】

◉王國維　龜板文有字。从示从石省。卽説文祏字。【劉盼遂記説文練習筆記　國學論叢第二卷第二號】

◉孫海波　《説文》「祏，宗廟主也。」《周禮》有郊宗石室，從示從石，古文石省。【甲骨文編一卷】

◉馬叙倫　鈕樹玉曰。廣韵引爲主作爲祏。沈濤曰。初學記十三藝文類聚卅八皆引宗廟之木主名曰祏。是古本主上有木字。又御覽五百卅一引禮郊宗石室。是古本無周有二字。摯虞決疑要録注曰。凡廟之主藏於户外北牖下。有石函。故名宗祏。石函即石室。字之从石以此。故許君引禮以明之。郊宗石室見五經異義所引春秋左氏説。其不得有周字可知。嚴可均曰。周禮無郊宗石室之語。御覽五百卅一引作禮郊宗石室無周有二字。通典祫禘上卷作春秋左氏傳。傳字誤。新唐書陳京傳舊唐書禮儀志御覽五百廿八作春秋左氏説。蓋此禮緯文。又見春秋緯也。當依御覽删周字。説文大例引禮緯。則單謂之禮也。大夫以石爲主。經傳無文。公羊文二年解詁曰。主狀正方。穿中央。達四方。天子長尺二寸。諸侯長一尺。疏曰。皆孝經説也。大夫以下。正禮無主。故不言之。新唐書張齊賢傳曰。社稷主用石。引崔靈恩曰。社主用石。呂氏春秋言。殷人社用石。後魏天平中。遷太社石主。若然。大夫無廟主。其以石爲之者社主耳。説文當言社以石爲主。然不敢定也。嚴章福曰。大夫疑當作大社。新唐書張齊賢傳。社稷主用石。引崔靈恩曰。社主用石。呂氏春秋言。殷人社用石。後魏天平中。遷太社石主。祭法。王爲羣姓立社曰大社。字作大。則此大夫二字乃大社之誤。但攷公羊文二年傳何休注引禮士虞記。桑主不文。吉主皆刻而謚之。魏書禮志清河王懌引饋食設主。見於逸禮。通典。徐邈云。左傳稱孔悝反主。又公羊大夫問君之喪。攝主而往。皆大夫有主之明文也。然大夫即有主。必非用石耳。惠棟曰。管子山至篇。君人之主。弟兄三世則昭穆同祖。十世則爲祏。此大夫以石爲主之説也。王筠曰。此一曰蓋附益之語。五經異義既云大夫無主。於此何又云大夫有主。即云有主。何異於天子諸侯之用木。而獨以石。且杜元凱謂祏爲盛主石函。與郊宗石室語意合。亦不得以石爲主也。初學記引作宗廟之木主名曰祏。其不以石尤彰彰也。宀部宔下曰。宗廟宔祏。或此主字爲宔之殘字。則可通也。翟云升曰。六書故引郊宗作郊宫。譌。王國維曰。龜版文有厈字。从示。从石省。即説文祏字。倫按史記周本紀。武王載木主。號爲文王。是古宗廟主用木也。豈所謂桑主與。然倫謂宗廟之主。蓋原於古代崇拜生殖器之俗。今發地所得。有古之石型生殖器。其男器形爲□。穿中央而達四方。與左昭十八年傳正義引衛次仲説合。今之木主不穿而形猶似之。倫意古未有畫象。男死則爲男型生殖器而祀之。女死則爲女型生殖器而祀之。號之爲祏。祏即主也。左莊十四年傳。命我先人典司宗祏。宗祏謂廟主也。昭十八年傳。徙主祏於周廟。主祏連用。然吳玉搢説文引經考引作石祏。則石字即祏省。與墨子中以石爲祏同。古左傳亦或如此。而後人悉加示旁。獨此漏之。校者因注祏字以釋之。傳寫譌爲正文。此亦古書通有之事。後之校者以石祏爲譌而改石爲主。是徙石即徙主也。迮鶴壽引五經異義引春秋左氏曰。徙主於周廟。無祏字。則或一本作主。一本作祏。校者記異本。因譌連之。亦古書通有之事。益足以明祏即主矣。哀十六年傳。得祏於橐中。謂得主於橐中

 祉

也。而杜預於諸祏字皆解爲藏主石函。則得祏於橐中爲尤不可通矣。七篇。宔。宗廟宔祏。此雖後起字。然爲祏之轉注字。祏音禪紐。宔音照三。同爲舌面前音。故古即借主爲祏。而後乃造宔字。祏始用石。而後易以木。且專以男生殖器形爲主。蓋爲父系中心社會之制矣。然祏从示从石。若因以石爲主而从石者。倫疑此亦後起字。初文失而作从示石聲之祏。其从石得聲。以古借主爲石推之。蓋古謂祏主音如主。其義猶今之謂父爲家主耳。而石音禪紐。主音照三。同爲舌面前音。故祏从石得聲。非从石會意也。社主用石。今小邨落中無社廟者。往往以石爲𠆢。而𠆢一石祀之。或即置一石於地之高處而祀之。蓋猶古之遺俗矣。陳善損齋文集書哈什河經石後云嘉慶己卯秋徐星伯從伊犁將軍晉昌獵於哈什河得諸吉里白虎嶺。嶺下舊多石璞。上鐫蒙古及唐古忒字佛經。蓋其先壘石爲主以祀神謂之鄂博。宗廟以下十九字校語。本訓亡矣。郊宗石室謂郊及宗之祏室。非謂以石爲室而藏栗主。石亦祏之省借也。大夫當依嚴説作大社。石亦二字亦校者加之。【説文解字六書疏證卷一】

 祉 通妣 𩰫鎛 皇祉聖姜  祉又从北 或者鼎 用匄㑆魯祉 【金文編】

◉許 慎 祉以豚祠司命。从示。比聲。漢律曰。祠祉司命。卑履切。【説文解字卷一】

◉潘祖蔭 祉即妣。説文。祉。司命也。此特漢人祭名。許君習見漢禮。故以漢事説之。按六書之例，合以祉爲祖妣本字也。【攀古樓彝器款識一册】

◉高田忠周 按説文。祉以豚祠司命也。从示比聲是也。又説文妣字籀文作㚰。知礼亦籀文祉字。銘本叚借用爲妣字。【古籀篇九】

◉王國維 司命。小司命也。與竈原無關。段注非。【劉盼遂記説文練習筆記 國學論叢第二卷第二號】

◉馬叙倫 鈕樹玉曰。玉篇引同。韵會引祠作祀。又無祉上祠字。嚴可均曰。藝文類聚卅八初學記十三引作祭司命。桂馥曰。律疑當爲令。祠令漢書文帝紀注引之。又有祀令續漢書祭祀志引之。倫按以豚祠司命校語也。許本訓祠也。祠祉轉注字。祉从比得聲。音在封紐。轉脣齒音入非。祠从司得聲。司音心紐。非心同爲摩擦次清音也。祉亦祭之聲同脂類轉注字。此字見或者鼎作。从示。北聲。北音亦封紐也。或此爲之轉注字。或其譌字。字不見經傳而漢律有之。蓋晚作者。許書體例並不引經傳以證其字。以引不勝引也。今本書引漢律春秋國語明堂月令及諸緯文並今文經傳與禨書皆非許書

祠 祠

原有。而爲校者所引。校者見漢律獨有祉字。故表而出之。此字或出字林。齊鎛作⿰示人。【說文解字六書疏證卷一】

◉殷滌非　羅長銘　𥘅，从示，古無舌上音，長銘讀如禘。滌非以爲可釋祉。【壽縣出土的「鄂君啟金節」　文物一九五八年第四期】

◉張日昇　說文云。「祉。目豚祠司命也。从示比聲。漢律曰。祠祉司命。」鄂君啟節「夏⿰示人之月。」與齊鎛「皇⿰示人聖姜。」⿰示人⿰示人兩字類似。惟偏旁左右互易而已。于省吾謂⿰示人或⿰人示。从人示。象人跪於神主之前以祈福。典籍代以从示斤聲的祈字。于說可以釋⿰人示字。然人全不象跪形。據齊鎛文知⿰示人當釋祉。讀作妣。同音通叚也。【金文詁林卷一】

 司之重文【續甲骨文編】

 祠　趙孟壺　 盗壺【金文編】

 祠　日乙三三　四十例　通伺　人毋故而鬼—其宮　日甲四九背　 日甲四二　三十三例　 封九二　二例【睡虎地秦簡文字編】

 齊祠祀印　 成紀子典祠令　 祠廚【漢印文字徵】

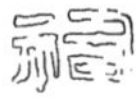 祀三公山碑　醮祠希罕【石刻篆文編】

◉許　慎　祠春祭曰祠。品物少多文詞也。从示。司聲。仲春之月。祠不用犧牲。用圭璧及皮幣。似茲切。【說文解字卷一】

◉羅振玉　爾雅釋天「商曰祀」。徵之卜辭。稱祀者四。稱司者三。曰「惟王二祀」。曰「惟王五祀」。曰「其惟今九祀」。曰「王廿祀」。曰「王廿司」。是商稱年曰祀。又曰司也。司即祠字。爾雅「春祭曰祠」郭注。「祠之言食」也。詩正義引孫炎云。「祠之言食音賜。」爲郭注所本。是祠與祀音義俱相近。在商時殆以祠與祀爲祭之總名。周始以祠爲春祭之名。故孫炎釋商之稱祀謂取四時祭祀一訖。其說殆得之矣。【增訂殷虛書契考釋下】

◉商承祚　此即祠祀之祠字。省示耳。與祖之作且意同。【殷虛文字類編第一】

礿

◉馬敘倫　爾雅釋天。商曰祀。而甲文偁祀亦偁司。司即祠也。是祠爲祀之音同邪紐聲同之類轉注字。爾雅釋詁。祠。祭也。疑此本訓司也或祭也。今捝。但存校語。春祭以下十一字仲春以下十一字皆校語。仲春十一字禮記月令文。本書引經證字。所引止當一句。大例可證。此引四句。又不言禮。尤明其爲後校者所加。字見急就篇。【説文解字六書疏證卷一】

粹153【續甲骨文編】

礿　我鼎【金文編】

頓礿印信【漢印文字徵】

◉許　慎　礿夏祭也。从示。勺聲。以灼切。【説文解字卷一】

◉葉玉森　甲右行　丙申卜貞。王賓。大丁彡。亡尤。

乙右行　卜□□貞王賓。亡尤。

森桉。此爲祭名。或作。同卷第五葉之一左缺示旁。徵文帝系之百七十三。王氏考釋誤認爲示合文。疑與示壬示癸爲同時之人名。又百七十五等形。予疑爲勺形。｜即柄。古之勺柄或别有飾。故前三形作。从者乃木製之識。兩手奉勺于示前。殆即古文礿字。【殷墟書契前編集釋】

◉吴其昌　此片乃反覆卜祭武且乙一人之辭。「勺」字卜文中作……諸狀，戩壽堂所藏卜辭有云：「其禣，鬯二，一，卣二。」二五·一〇。又見續一·四〇·五。先師王先生據此而爲之釋曰：「，疑古『勺』字。，象勺形；ノ，其實也。晉毁云：『隹四月初吉丁卯，王蔑晉曆，錫牛三，晉既拜稽首，於厥文祖考。……』其昌按見西清二七·一。善齋八·八三。彼字與此字正同。彼爲夏祭，當假借爲礿祭之『礿』。此云：『鬯二，一，卣二』，則當爲挹鬯之勺。卣，所以盛鬯；勺，所以挹之，故二者相將。」戩釋四五。按先師之説，至是不易。但有須補充審訂者，「礿」祭之期，周時爲夏祭，此一，可以金文晉毁證之；二，在經典中則如爾雅釋天云：「夏祭曰礿。」春秋桓公八年公羊傳云：「夏曰礿。」春秋繁露深察名號篇同。説文：「礿，夏祭也。」又小雅天保魯詩説：「夏祭曰礿。」又周禮大司馬「獻禽以享礿」鄭注：「礿，宗廟之夏祭也。」又禮記明堂位：「夏礿」……等證之。　又其字，秦漢以後人書之，嘗與「禴」字溷淆不分，其實在甲骨金文中，「礿」「禴」分别甚明，絶不相蒙。故天保之詩，本作「礿祠烝嘗」，王制鄭注所引甚明，而今毛詩則作「禴祠烝嘗」矣。又桓八年公羊傳之「礿」釋文：「本又作禴。」而易萃六二「乃利用禴。」虞翻注：「禴，夏祭也。」 桓公八年穀梁傳亦云：「夏祭曰禴。」 此亦周代「礿」祭在夏季之旁證。而在殷代則不然。前編有獸骨卜辭兩端，其一闕下段，一·二〇·七。其一闕上段。四·四四·五。合而足之，其文云：「……王其又侑[glyph]于武乙，[glyph]□之，王受右祐。在正月。」是於正月舉行礿祭也。故禮記王制又有「春曰礿」，祭統又有「春祭曰礿」之異義。考王弼萃六二注：「禴，殷春祭名也。」 釋文同。

又既濟九五正義：「禴，殷春祭之名。」而王制「天子犆礿」鄭注則云：「周改夏祭曰礿。」綜觀所述，乃「礿」在殷時本爲春祭，至周而改爲夏祭：與卜辭及習𣪕委曲悉合，其説必端有所受，而非構自胷肊矣。又，易既濟九五：「東鄰殺牛，不如西鄰禴祭實受其福。」其意目禴祭爲至薄儉之祭甚明。今「礿」本義爲勺，一勺之獻，故非豐裕。易爻所述，不背卜辭，知其可任矣。

【殷虚書契解詁　武大文史季刊四卷二號】

◉陳夢家　礿作[glyph]，从示从[glyph]，[glyph]即説文「勺，挹取也，象形，中有實，與包同意」之勺。【古文字中之商周祭祀　燕京學報第十九期】

◉唐　蘭　我鼎(貞松補遺上十三葉)有[glyph]字，爲祭名，舊或釋爲神，或釋爲祀，皆非也。余讀説文，乃悟爲礿字，句實象勺形也。又鉨文有[glyph]字(古鉨文字徵附録十二)舊亦不識，余謂當是犳字。【釋礿犳　考古社刊第六期】

◉唐　蘭　魯語：「商人禘舜而祖契，郊冥而宗湯」，又云：「上甲微能帥契者也，商人報焉。」按此禘郊祖宗報五事，於卜辭蓋俱可徵。禘者禘其所自出之帝也，魯語禘舜爲禘嚳之誤，卜辭無嚳，王國維氏以夒當之，余謂夒於卜辭爲高祖，蓋即曹圉而非嚳也。卜辭於嚳蓋但稱帝，不稱其名。卜辭別有上帝，明帝爲嚳矣。卜辭亦無契，余謂當即太祖，蓋殷禮之宗既以太宗中宗高宗爲次，於祖自當以太祖，中祖，高祖爲次矣。後編上二十一葉六片云：「癸卯，貞酌大[glyph]于砓亯，伐……」砓亯地名，即戩壽十葉一片之「殸京」，大[glyph]即太祖也。大豐𣪕云「王鄉大[glyph]」，以大俎爲大祖，正與此合。近見楚王酓肯鎬，祖字作祟，尤可爲證。冥於卜辭，蓋當作𡚧，即夒字，余所得一骨與唐並列，昔作古史新証序據以爲上甲微之別名，今知不然，夒冥一聲之轉，天問云「昏微遵跡」，昏亦當是冥也。郊冥宗湯，故𡚧唐並列。又簠室殷契徵文天象四四片：「貞烄𡚧[glyph]从雨。」烄𡚧當即郊冥也。宗湯者，卜辭之示壬，示癸，示即宗也，在湯之前，而太甲稱太宗，在湯之後，則湯之用宗典可知也。余疑卜辭之大乙，大丁，大甲，大庚，大戊，皆大宗也，中丁，中宗也。尚書家説及史記以大戊爲中宗，而卜辭有中宗祖乙，王國維氏據御覽引竹書紀年亦以祖乙爲中宗，因謂太戊説爲誤。余謂兩説似並不誤。商時祖宗之祀，當有升遷之制，如卜辭有高祖夒及高祖王亥，然又有高祖乙，説者或謂爲報乙，或謂爲大乙，要之爲由宗祊升爲高祖者也。然則商時之中宗當不只一人，初以大戊爲中宗，其後升爲大宗，則改稱大戊矣。中丁之稱中，自以繼爲中宗之故，而祖乙殆又繼中丁爲中宗者也。至於報即祊祭，則余於殷契卜辭考釋及上釋示宗及主篇內已詳之矣。【禘郊祖宗報　考古社刊第六期】

◉馬叙倫　邵瑛曰。今經典參用禴字。玉篇廣韵並以礿爲正字。禴爲異文。丁福保曰。慧琳一切經音義九十五引説文。夏祭名也。从示。勺聲。亦作禴。此奪名字。又奪亦作禴三字。宜補。倫按爾雅釋詁。禴。祭也。釋文。字又作礿。同夏祭名。易萃既濟詩天保周禮大宗伯皆用禴字。是禴爲礿疊韵轉注字。然許書重文無亦作某之例。慧琳蓋據易詩爾雅及玉篇言之。未必本許書。似不宜依補。爾雅釋文不及本書。疑此本訓祭也。夏祭名也蓋字林訓。以祠爲祀之轉注字。而秋冬之祭無專字。知礿止是祭名耳。甲文有報爲祭名。報礿聲古同宵類。疑報爲礿之借字。祰聲幽類。礿聲宵類。古讀宵歸幽。蓋轉注字。祫聲談類。宵談對轉。礿祫亦轉注字。【説文解字六書疏證卷一】

◉張日昇　按説文云。「礿。夏祭也。从示勺聲。」諸家釋祀釋神皆不可信。容庚釋礿。是也。説文云。「勺。挹取也。象形。中有實。與包同意。凡勺之屬皆从勺。」段玉裁據玄應一切經音義卷四於挹字上補枓也二字。今礿字偏旁正象勺形。中有實。與許説同。礿説文云。「夏祭也。从示勺聲。」【金文詁林一】

◉連劭名　礿，字又作禴。《爾雅・釋詁》：「禴，祭也。」文獻中説礿祭是一種形式比較簡單的祭祀。《周易・既濟》：「東鄰殺牛，不如西鄰之禴祭，實受其福。」王註：「牛，祭之盛者也。禴祭之薄者也。」《爾雅・釋天》：「夏祭曰礿。」孫炎注：「禴，薄也。」

礿本來是商代春天舉行的祭祀。《周易・既濟》九三虞翻注：「礿，殷春祭之名。」《禮記・祭統》：「凡祭有四時，春祭曰礿，夏祭曰禘，秋祭曰嘗，冬祭曰烝。」鄭玄注：「謂夏殷時禮也。」周代把礿祭改爲夏天的祭祀。《禮記・王制》：「天子植礿。」鄭玄注：「周改夏祭曰礿。」如果平時舉行簡便的祭祀，也可稱爲礿。《周易・萃》六二：「孚乃利用禴。」王弼注：「禴，殷春祭名也。四時祭之省者也。」《周易・升》：「孚乃利用禴。」干寶注：「非時而祭曰禴。」《我簋》銘文開始説：「惟十月又一月。」説明禴祭的確並非必定於春季或夏季舉行。

礿祭使用采集野生菜蔬做爲祭品。《爾雅・釋天》：「夏祭曰礿。」郭璞注：「新菜可汋。」《漢書・郊祀志》下：「杜鄴説商曰：東鄰殺牛，不如西鄰之礿祭。」顔師古注：「淪祭，謂淪煮新菜以祭。言祭祀之道莫盛修德，故紂之牛牲，不如文王之蘋藻也。」《詩經・采蘩》：「于以采蘩，于沼于沚。于以用之，公侯之事。」毛傳：「之事，祭事也。」《詩經・采蘋》：「于以采蘋，南澗之濱。于以采藻，于彼行潦。于以盛之，維筐及筥。于以湘之，維錡及釜。于以奠之，宗室牖下。」可見礿祭所用祭品，是采自山澗水濱的蘋藻。《左傳・隱公三年》：「苟有明信，澗谿沼沚之毛，蘋蘩蘊藻之菜，筐筥錡釜之器，潢汙行潦之水，可薦於鬼神，可羞於王公。」古人提倡以敬事神，如果誠心誠意，並不在乎祭品的多寡。另外，文獻中還有礿祭以新麥爲祭品的說法，這可能是周改礿爲夏祭之後的事情。【我簋銘文新考　殷都學刊一九八七年第一期】

禘 禘

 前四・一七・五　卜辭用帝爲禘　重見帝下　【甲骨文編】

 帝之重文　【續甲骨文編】

 禘　不从示帝或從口作啻　剌鼎　啻邵王　啻字重見　【金文編】

◉許　慎　禘諦祭也。从示。帝聲。周禮曰。五歲一禘。特計切　【說文解字卷一】

◉王國維　鄭康成謂禘爲祭員丘。郊爲郊祭。王肅非之。【劉盼遂記說文練習筆記　國學論叢第二卷第二號】

◉馬叙倫　鈕樹玉曰。韵會引諦作禘。玉篇。大祭也。諦也。王筠曰。諦字當絶句。白虎通。禘之爲言諦也。盧植曰。事尊明諦。皇侃曰。審諦昭穆也。均以聲解可證。沈濤曰。今周禮無五歲一禘之文。南齊書禮志引禮緯稽命徵云。三年一祫。五年一禘。公羊文二年疏引春秋記亦如此。又初學記十三引五經異義云。三歲一祫。周禮也。五歲一禘。疑先王之禮也。是許君並不以五歲一禘爲周時之禮。此周曰二字二徐妄加也。丁福保曰。慧琳音義八十五引亦歲一祭也。存疑備考。倫按諦祭也當作祭也。諦字韵會引作禘。則是隸書複舉字也。如此作諦。則校者注以釋音者也。或許本以聲訓。今諦下捝也字。祭也當作祭名也。字林訓。字林每言名也。後文有證。玉篇作大祭也諦也。大祭也本爾雅釋天。諦也本說苑修文。周禮曰七字校者所加耳。【說文解字六書疏證卷一】

◉張日昇　說文云。「禘。諦祭也。从示帝聲。周禮曰。五歲一禘。」諦下云。「審也。从言帝聲。」方言云。「諦。諟也。」爾雅釋詁三云。「諦。諟也。」說文啻下云。「語時不啻也。从口帝聲。一曰。啻。諟也。讀若鞮。」諦啻同訓諟。當爲一字。古文从口與从言同。信之古文說文作㐰可證。金文禘不从示。直用啻。說文句讀謂諦字當絶句。其說可从。李孝定謂卜辭禘爲專祭。與許慎五經異義之五歲一禘先王之禮及鄭駁五年一禘百王通義均不合。甲骨文字集釋頁七九。漢儒說禘有三。郊祭之禘。殷祭之禘。時祭之禘。朱駿聲説文通訓定聲云。「經傳凡禘郊連文者。言祭天之禘。禘祫連文者。言殷祭之禘。禘嘗連文者。言時祭之禘。」禘祭之禮多端。非止於一也。説文段注云。「春秋經言諸侯之禮。僖八年禘于太廟。太廟謂周公廟。魯之太祖也。天子宗廟之禘。亦以尊太祖。此正禮也。其他經言吉禘于莊公。傳之禘于武公。禘于襄公。禘于僖公。皆專祭一公。僭用禘名。非成王賜魯重祭周公。得用禘禮之意也。」大作大仲𣪘云。「用啻于乃考。」此記周王錫大𠦪羊犅。命禘其考大仲之文。然則此亦天子宗廟之禘以尊大之考耶。而大仲之功亦可與周公相比耶。此實可疑。【金文詁林卷一】

◉黄然偉　大𣪘：王在𨟭，蔑大曆，易芻羊犅，曰用啻于乃考。

小盂鼎：☐入寮周廟，……用牲啻周王，成王，武王。

剌鼎：王啻用牡于大室，啻邵王。

啻，卜辭作帝，經傳作禘。禮記王制謂夏祭曰禘。禮記大傳云：「禮，不王不禘。王者禘其祖之所自出，以其祖配之。」據經傳，禘爲一種報本返始之祭典，只行於天子，故曰「不王不禘」。案此爲後世儒者之説，禘之本義於孔子之時已不知其詳，論語八佾云：「或問禘之説，子曰：不知也。」大𣪘爲大記周王賜其芻羊犅，而王囑以此物用禘之禮祭大之先祖，是知於西周中期（陳夢家定此器爲恭懿時之器，斷代六：一一二）之時，禘非王者之專祭。又據上引三器，知西周行禘之禮時用牲，其所禘之對象爲先王與祖考。卜辭之禘祭則不限於先公先王，亦以此禮祭自然神祇，禘秋及禘風等：

禘先公先王

貞：帝于王亥？（後上19.1）

癸未卜，帝下乙？（乙4549）

禘自然神祇

☐帝于河？（乙5707）

丙辰☐，品貞，帝于岳？（遺珠846）

禘☩　于省吾釋巫（雙劍誃釋巫），屈萬里氏从之，以爲「巫蓋神祇名」（甲釋二一六）

☩帝一犬？（甲216）

庚戌卜：☩帝一羊一犬？（寧滬1.76）

禘東西方

貞：帝于東、埋田豕尞三宰卯黄牛？（續2·18·8）

乙亥卜，爭貞：帝于西？二告。（金362）

禘秋

貞：帝秋于ꝏ∇，于土？（殷卜592）

壬子貞：𢍜彡帝秋？（南明466）

禘風

帝風，癸其雨？

丁巳卜，貞：帝風？（前3·21·3）

貞：帝風三羊、三豼、三犬？（前4·17·5）

从上引殷卜辭及西周銘文（大𣪘）知傳統文獻之所謂禘祭乃非禘之本義，「不王不禘」之説，不早於西周中期。【殷周青銅器賞賜銘文研究】

◉斯維至 《説文》云：「帝，諦也。」又説：「禘，諦祭也。」「諦，審也。」其實，帝、禘、諦本是一字。甲骨文帝字作以下諸形：

各家都釋爲帝字，没有異議。最後的帝字已與金文、小篆甚爲接近。帝字之形終竟是什麽呢？自吳大澂、王國維至郭沫若都認爲是象花蒂之形。郭沫若更進一步説：「帝之用爲蒂義者，亦生殖崇拜之一例也。」郭沫若：《釋祖妣》、《甲骨文研究》下。我在上節説過，社本來就是祭祀先妣、上帝和圖騰，可以與禘祭相合。因此禘祀實在就是祭祀上帝（包括先妣和圖騰）之謂。進入階級社會，父系代替了母系，因此禘祭也就漸漸地把先妣配祀上帝變成以父親（祖先）配祀上帝了。《禮記·大傳》説：「不王不禘，王者禘其祖之所自出，以其祖配之。」鄭注：「所自出，謂感生帝也」，這是很正確的。「以其祖配之」，這顯然是屬於父系確立以後的情形，而不是母系時代的情形。

總之，帝象花蒂（生殖）之形，故謂主人類生殖之神（包括先妣、上帝和圖騰）爲帝，祭祀生殖之神的儀禮就是禘。諦，審也，看來很不好解，其實就是俯視之意。《皇矣》詩曰：「皇矣上帝，臨下有赫（臨从目从人品），監觀四方，求民之莫」，具體地描寫了上帝臨下之意。

過去的經學家不知道人類曾經過母系社會，諱言生殖崇拜，因此他們對於禘禮社祭都按照父系社會的禮俗去解釋，這樣就自然衆說紛紜，治絲益紛了。

關於禘說，主要的有兩種意見。一是禘即祫說，王肅、杜預等主之；一是專祭始祖說，朱熹等主之。前說謂審諦昭穆謂之禘，合食羣廟之祫。後說謂禘專祭始祖與祖之所自出，不兼羣廟而以毁廟與未毁廟之主合食太廟，謂之大祫。清顧棟高力主前說，萬斯同兄弟力主後說。參看顧棟高《春秋大事表》卷十七。

甲骨卜辭是商代後期二、三百年的遺物，因此企圖以甲骨卜辭解釋早商、先商（母系社會）的禮儀還是有困難的。不過商代後期對於先妣尚常常舉行「特祭」，對於上甲以前先公的祭祀也常常舉行「求年」、「求雨」的祭祀，故此我以爲朱熹所謂「禘專祭始祖與始祖之所自出」是正確的。但是卜辭所謂「殷祭」（甲骨文「殷」作「衣」）常常「自上甲至於多后」，則與王肅、杜預等人所說相合。在時間上前說指先公時代，後說指先王時代。

本文草稿寫畢後，我才讀到日人島邦男的《禘祀》一文（漢譯）。他發現甲骨文之□祭與帝祭通用，因此認爲□祭就是禘祭。他並且認爲文武帝乙、帝辛都以「帝」稱，是對父的尊稱，又引周初《大豐殷》：「衣祀於王丕顯考父王，事熹上帝」。以父相配于上帝，認爲就是《孝經》所謂「孝莫大於嚴父」。因此結論說：「被稱爲千古聚訟的禘禮乃是殷代的祭禮，其溯義實在是尊嚴其父。……孔子對某人的禘說曾說，知其說者之於天下也，其如示諸斯乎。指的這個掌大概是《孝經》所謂『孝莫大於嚴父』。又子說：禘自既灌而往者，吾不欲觀之矣。大概就是因爲象《大豐殷》的以饗禮爲結束吧。」他的結論跟我們完全相反，其原因就是他没有真正上溯禘的原始意義，以父系制解釋母系制，自然是錯誤的。【湯禱雨桑林之社和桑林之舞　殷都學刊增刊】

◉徐中舒　卜辭禘不從示，象架木或束木以燔，並於其上加橫畫一或＝以表示祭天。禘祭初爲殷人祭天及自然神、四方之祭，其後亦禘祭先公先王。禘由祭天而引伸爲天帝之帝，又引伸爲商王之稱號。帝字多從冖作[字形]，禘則多從□作[字形]，但亦通用。【甲骨文字典卷一】

◉許　慎　祫大合祭先祖親疏遠近也。从示合。周禮曰。三歲一祫。侯夾切。【說文解字卷一】

◉王國維　五年而再殷祭者。謂五年中一祫一禘也。禮記中有大嘗禘之文。則毛傳所謂夏禘則不礿。秋祫則不嘗之說爲可疑。【劉盼遂記說文練習筆記　國學論叢第二卷第二號】

◉馬叙倫　鈕樹玉曰。韵會疏作疎。合下有聲字。王念孫曰。繫傳合下有聲字。鍇以爲誤多聲字。故鉉删之。今考襭字注

祼

曰。从示。類聲。祰字注曰。从示。告聲。皆有聲字。豈得謂之誤乎。削去聲字非是。段玉裁曰。會意。不言合亦聲者。省文。重會意也。嚴可均曰。説文聲兼意者過半。大徐不知聲皆亦聲。擅删聲字二百五十五。周禮無三歲一祫之文。此禮緯説也。議删周字。丁福保曰。慧琳音義九十七引作从示合聲。倫按當依鍇本補聲字。然段嚴皆謂會意兼聲則非也。凡所謂會意兼聲者。類是語原同耳。合爲冓搭之搭本字。詳合字下。實冓之轉注字。搆搭爲合。故凡聚集皆曰合。大祭先祖親疏遠近爲祫。諧計爲詥。冓爲語原矣。此从示合聲。大合祭先祖親疏遠近也者當作合也。大合祭先祖親疏遠近也。合也是許文。以聲訓也。知者。説苑修文。祫者。合也。大合祭於祖廟也。鄭玄注禮記王制箋詩玄鳥亦皆曰。祫。合也。鄭每用許説。此蓋本於許也。大祭先祖親疏遠近校者據周禮太祝加之。以合訓祫。知祫爲大合祭於祖廟矣。劉向申之者。彼書之例。許書之例。皆直箸其説。不復重言以申明之。凡有者皆校者所加。以在全書爲例外也。且祫爲合祭。則不必復言親疏遠近矣。故知此是校語也。周禮七字亦校語。祫祰並得聲於口。蓋轉注字。【説文解字六書疏證卷一】

◉許　愼　祼灌祭也。从示。果聲。古玩切。【説文解字卷一】

◉吳大澂　陳侯因資敦　諸侯祼薦。魯侯角　徐同柏説古祼字。祼之言灌也。或作淉。或作果。攷工記玉人注。【説文古籀補第一】

◉王國維　案此字。書洛誥詩大雅皆作祼。周禮小宰大宗伯小宗伯肆師鬱人鬯人司尊彝典瑞大行人。考工記玉人。皆祼果雜出。康成于大行人注云。故書祼作果。於玉人注云。祼或作果。或作淉。案殷周古文未見从示之祼。以示部諸字言之。如禄。古文作彔。祥。古文作羊。祖。古文作且。鬃。古文作彭。禘。古文作帝。禦。古文作御。社。古文作土。知古祼字即借用果木之果。周禮故書之果。乃其最初之假借字。而祼乃其孳乳之形聲字也。故果字最古。淉字次之。惟論語戴記始有灌字。此灌字果爲先秦以前所用之字歟。抑漢人以詁訓字代本字歟。疑不能明也。此祼灌二字之不同也。祼字之音。陸德明音義以降。皆讀如灌。唐本切韻亦入换韻。孫愐唐韻古玩切亦同。段氏玉裁説文注始正之曰。此字从果爲聲。古音在十七部。即歌戈韻。周禮注兩言祼之言灌。凡云之言者。皆通其音義以爲詁訓。非如讀爲之易其字。讀如之擬其音也。如載師。載之言事。族師。師之言帥。襢衣。襢之言亶。翣柳。柳之言聚。副編次。副之言覆。禋祀。禋之言煙。卝人。卝之言礦。未嘗曰禋即讀煙。副即讀覆也。以是言之。祼之音本讀如果。卝之音本爲卵。讀如鯤。與灌礦爲雙聲。後人竟讀灌讀礦。全失鄭意。段氏此言。自音學上觀之。則祼灌雙聲。又祼在歌部。灌在元部。爲陰陽對轉之字。然與同部之字究未達一問。此祼灌二音之不同也。至祼之字義。毛詩文王傳云。祼。灌鬯也。説文則云。灌。祭也。鄭於周禮小宰大宗伯玉人三注皆云祼之言灌。然祼與灌不過以聲相訓。凡文字。惟指事象形會意三種可得其本義。至形聲之字。則凡同母同韻者。其義多可相訓。而不能以相專。故訓祼爲灌可也。訓以他雙聲之字如嘏畀假等字。亦無不可也。考先秦以前所用祼字。非必有灌地之義。大雅。殷士膚敏。祼將于京。毛以灌鬯鄭以助祭釋之。然祼神之事。除王與小宰大宗伯外。非助祭之殷士所得與。則詩之祼將。果爲祼神抑爲朝事儀中酢王之事。尚不可知也。周語。王耕籍田。祼鬯亨醴乃行。此非祀事。則祼鬯非灌地降神之謂也。左氏襄五年傳。君冠。必以祼亨之禮行之。諸侯冠禮之祼亨。正當士冠禮之醴或醮。則祼亨非灌地降神之謂也。投壺。當飲者皆跪奉觴。曰賜灌。勝者跪曰敬養。注。灌猶飲也。此明明是灌人。非灌地矣。祭統。君執圭瓚灌尸。大宗執璋瓚亞灌。又明明云灌尸。非灌地矣。灌地之意。始見于郊特牲。曰。周人尚臭。灌用鬯臭。鬱合鬯。臭陰達于淵泉。鄭注始以灌地爲説。然灌地之事。不過祼中之一節。凡以酒醴獻者亦無不然。鄭于尚書大傳注皇侃論語集解義疏所引云。灌是獻尸。尸既得獻。乃祭酒以灌地也。夫祼之事。以獻尸爲重。而不以尸之祭酒爲重。此治禮者人人所首肯也。若如説文莤字下説。謂束茅加于祼圭而灌鬯酒。是爲莤。象神歆之也。案周禮甸師。祭紀供蕭茅。鄭大夫云。蕭字或爲莤。莤讀爲縮。束茅立之祭前。沃酒其上。酒滲下去。若神飲之。故謂之縮。許説本此。但鄭大夫不云是祼。許君以莤祼爲一耳。然古説莤縮二字皆與鄭許異。郊特牲云。縮酌。用茅明酌也。醆酒涚于清。汁獻涚于醆酒。皆言泲酒之事。詩小雅。有酒湑我。毛傳。湑。莤之也。以藪曰湑。後鄭於甸師注亦云。縮酒。泲酒也。是古謂泲酒爲莤。與祼事固無涉。且如許君之説。皇侃論語疏所引一説畧同。此乃士喪禮祭苴之禮。士虞禮未迎尸佐食取黍稷祭於苴亦三取膚祭祭如初祝取奠觶祭亦如之。大夫士之吉祭猶未有行之者。況天子宗廟之祭乎。且古天子于賓客皆祼。豈有尸而不祼者。故祼之義。自當取祼尸之説。而不當取灌地之説。故鄭于周禮典瑞注曰爵行曰祼。於禮器注曰。祼。獻也。此祼與灌地二義之不必同者也。祼字形聲義三者皆不必與灌同。則不必釋爲灌地降神之祭。既非降神之祭。則雖在殺牲燔燎之後。固無嫌也。竊謂郊特牲一篇。乃後人言禮意之書。其求陰求陽之説。雖廣大精微。固不可執是以定上古之事實。毛公許鄭之釋祼字。亦後人詁經之法。雖得其一端。未必即其本義。吾儕前後所論。亦多涉理論。此事惟當以事實決之。詩書周禮三經與左傳國語。有祼字。無灌字。事實也。祼。周禮故書作果。事實也。祼从果聲。與灌從雚聲。部類不同。事實也。周禮諸書。祼字兼用於神人。事實也。大宗伯以肆獻祼爲序。與司尊彝之先祼尊而後朝獻再獻之尊。亦皆事實而互相異者也。【再與林博士論洛誥書觀堂集林】

◉郭沫若　「乃偁之」者，王國維云「□字雖不可識，然毛公鼎有□圭與秬鬯相將，蓋卽鬯圭矣。然則鼎所云王乃□之者，謂王裸馭方也。馭方晉王者，謂馭方酢王也。周禮大行人侯伯之禮『王禮一裸而酢』卽此事也。」「觀堂别集」補遺・釋宥。今案王說至確。蓋偁卽尊之緐文。見庚贏鼎。亦卽古裸字，从人从収以奉圭瓚也。舊或釋爲僊，䙴字有舁䙴輿諸形，形音雖相近而實有不同，不可混也。【噩侯鼎　兩周金文辭大系攷釋】

◉馬叙倫　王筠曰。灌字當絶句。周禮大行人注。鄭司農曰。裸讀爲灌。大宗伯裸之言灌。許亦以灌釋裸者。謂裸爲正字。經典之作灌者聲借也。倫按周語。王裸鬯。即郊特牲之灌鬯。特牲借灌爲裸也。韋昭周語注曰。裸。灌也。不言灌祭。廣雅。裸。祭也。亦不言灌祭。祭也乃本義。灌字乃校者注以釋裸字之音。傳寫譌入正文。或灌也以聲訓。祭也當作祭名也。字林文。裸裿聲同歌類。裸祰同爲舌根破裂音。蓋轉注字。魯侯角□字。徐同柏釋裸。倫謂蓋从自□聲。□从水。果聲。金文借爲裸。非即裸字也。陳侯因資敦作□。蓋盥之轉注字。亦借爲裸。【説文解字六書疏證卷一】

◉饒宗頤　□酉卜，爭…勿畧。（簠室雜事一三七，續編一、三六、七重。）

按畧字从果从口，疑裸字。【殷代貞卜人物通考卷六】

◉柯昌濟　卜詞曰妣戊□。又上甲□或作□□□□諸形。此字見諸金文。陳侯因資敢作□。文曰。諸侯裸薦。从盟。从朿。魯侯角作□文曰。作昏鬯□用尊裸盟。昏鬯即毛詩傳訓灌鬯誼。均與此字相類。蓋古罬鱳霥諸字皆从裸之古文。説文鱳从眔聲。霥从衆聲。皆非。霥字見金文。丁師卣作□。後人譌朿爲衆。並其聲亦譌之。【殷虛書契補釋】

◉屈萬里　□疑是裸字之異體。【殷虛文字甲編考釋】

◉馬薇廎　□爲□之譌變，自，鼻也。□象繩索形。□會意穿於牛鼻之貫也，貫卽串繩，貫假爲裸字。另有一字作□，與□相同。魯侯角銘云「魯侯作爵、鬯角、用奠□盟(三代一六、四六)」亦假爲裸，可證。裸不飲而灌於地之祭也。説文解字注「祼，灌祭也，从示果聲」【彝銘中所加於器上的形容字　中國文字第四十三册】

◉黄然偉　鄂圭　郭沫若謂當讀爲「裸圭」，鄂侯駿方鼎「鄂侯駿方納食于王，乃□之。」王國維曰：「王乃□之者，謂王裸駿方也。」此二字爲王説之絶好互證(叢攷一三五頁)。裸圭，周禮春官宗伯典瑞：「裸圭有瓚，以肆先王，以裸賓客。」注引鄭司農云：「於圭頭爲器，可以挹鬯裸祭之謂瓚。」是裸圭可以挹鬯酒以祭先王，亦可供生人作灌飲之器。【殷周青銅器賞賜銘文研究】

◉夏　淥　「灌祭」的「灌」有轉用「裸」的傾向。祭名的「灌」與「裸」，音義完全相同，可以互用。

①主持人爲君長極尊貴者：「貞：王其酘(祼)于𩰫右宗又大雨？」(甲1559)「王入劦酘？」(前4.2.4)卜辭基本上是殷王室專用的，如：「貞：酘(祼)河十牛？」(乙7645)雖然省去主語「王」，但一望而知爲王者所主持的大祭。卜辭也有王命婦好、雀、禽等貴族舉行酘(祼)的，但他們本身爲君主配偶和將相高位的王親，而且受命而爲之。《國語·周語》：「王祼鬯。」和上舉《誥》、《銘》主語爲周王，主持「酘」「祼」者身分極高，是完全相同的。

②祭祀對象主要是祖先：卜辭「來辛酉酘王亥？」(粹761)「酘祭于上甲？」(佚318)等等，《論語注》：「灌者酌鬱鬯，灌于太祖以降神也。」《周禮·大宗伯》：「以肆獻祼享先生。」也是符合的。

③祼祭行于宗廟大室：卜辭「貞：于宗酘卅小宰？九月。」(後1.20.8)「于南室酒？」(佚413)「貞：酘匚于𠫤室？」(鐵50.1)「于庚宗十羌卯廿牛，酘？」(陳48)「貞：勿于妣辛宗酘？八月。」(河371)同「太室祼」。

④祼尸：《禮記·祭統》：「君執圭瓚祼尸。」卜辭：「丙午貞：酘尸册祝？」(粹519)「弜(比)𢦏月其酘尸，牛？」(粹460)「邑、並酘尸，用？」(河257)酘於尸祝的卜辭很多，與文獻舊注祼尸相同。

⑤祼用鬱鬯：鬯本身就反映了以鬯酒奠祭的形義。上舉《周語》：「王祼鬯。」《左襄九年注》：「祼，謂灌鬯酒也。」卜辭也有反映：「酘于妣庚伐廿，鬯卅？」(前1.35.5)「乙亥酘多𡧊于大乙鬯五，卯牛……祖乙鬯五……〔父〕乙鬯三……？」(金365)「酴醴惠有酘用？」(後2.8.2)「其祉鬯小乙，惠翌日酘？」(明藏594)

⑥祼用玉：《明堂位》：「灌用玉瓚大圭。」《考工記·玉人》：「祼圭尺有二寸。」卜辭：「酘禽歲于丁，尊有玉？」(前5.4.7)「王其再于祖乙，燎三牢，卯……乙亥酘？」(鄴3.45)「玉玨酘一」(鐵127.2)「貞：于……申酘……玨？」(存1.397)

⑦祼行于始祭：《禮記·祭統》疏：「天子諸侯之祭禮，先有祼尸之事。」《周禮·大宗伯》注：「祼，謂始獻尸求神時也。」《論語》有「既祼」之語，卜辭文例也有「既酘」之語，也反映了往往行于祭初。卜辭文例：「于既酘父己，翌日劦日彡日，王乃賓？」(明藏629)「貞：既酘……其卯二……？」(庫1287)文例顯然祼行于先的還有「先祼」的卜辭極多：「惠上甲先酘？惠示壬先酘？」(甲3587)「大乙先祼？」(佚417)「其桒年祖丁先酘有雨？」(甲1275)「貞：妣庚歲，惠彙酘先日？」(佚878)「貞：先酘子凡父乙三牢？」(合446)還有從許多文例「酘彡」、「酘劦」、「酘告」、「酘𢆶」、「酘燎」、「酘卯」等連文的順序看，酘多有排列于先的例子。還有不少如：「甲戌，酘祭丁上甲？」(佚318)「癸亥貞：甲子酘𠬝歲于上甲五牛？」(存1.1787)「庚辰卜，祐于上甲，今日庚辰酘？」(鄴3.43.3)……都可以看出酘祭往往先行。

甲骨文「酘」爲文獻的「祼」(灌)，如果以上「祼尸」「既祼」「祼用玉」等等七點僅僅是偶然巧合，還不足證明它們實際的內容，作爲奠酒以祭，是一碼事，僅僅是象形表意字，發展變化爲形聲字，那末再請看另一件古漢語中，作爲宗教領域的祭名作動詞用的詞，又可以用爲人世，社會上酬酢賓客的動詞，較爲罕見的現象。

⑧祼的兩用性，也存在于卜辭文例「酌」的兩用功能上：殷人以嗜酒聞名於世，生活中重宴飲酬酢，才反映在宗教領域祼祭爲先。文獻反映的事例：《周禮・秋官・大行人》：「以同邦國之賓客，而待其賓客。上公之禮，……擯者五人，廟中將幣，三享王禮，再祼而酢。」注：「祼，讀爲灌，再飲公也。」《大宗伯》：「大賓客則攝而載果。」鄭玄注：「果讀祼，代王祼賓客以鬯。」《鬱人》：「凡祭祀，賓客之祼事，和鬱鬯以實彝而陳之。」

卜辭中「祼尸祝」已是活人範圍，今再補充其他文例：「來丁酉，酌太史，易日？」(續2.6.4)「呼子汰酌缶于冥？」(乙7751)「貞：翌乙卯酌伐吕(閭)伐于宜？」(丙44)「勿酌戠，九月在漁？」(寧2.41)「貞：于陎酌？」(河352)可能是酌飲于駐軍之所。甲骨文「酌」與文獻「祼」的「兩用性」上，又相符合。【學習古文字小記 古文字研究第十九輯】

◉藍 野 卜辭彝銘所反映的商周祼祭，與《詩》、《書》及禮經漢儒所説，頗有異同，約略言之，爲：

(一)漢儒謂惟宗廟有祼，天地山川諸神無祼。卜辭彝銘可證其説不誤。惟卜辭祼祭對象除先王先公外尚有先妣先母先兄，彝銘及禮經無之。

(二)禮經及漢儒謂祼祭爲凡宗廟之祭始獻尸之禮，而卜辭彝銘之祼祭或爲獨立之祀典，或與「告」祭，「埶」祭聯祀，或「侑」、「歲」後始祼。(《書・洛誥》與此略同)

(三)禮經及漢儒謂祼祭爲獻尸灌鬱鬯于地以降神，而卜辭彝銘祼祭爲歆神非爲降神。

(四)卜辭祼祭之處所爲宗廟內之大室、血室或褱。彝銘則混言大室或宗廟，與禮經及漢儒説同。

(五)禮經及漢儒謂宗廟祼器有灌尊，圭瓚而無五爵。而卜辭祼字所見之祼器，無圭瓚而有五爵之爵、觚、觶、角及琖(盞)。

【釋祼——兼説祼器 山東古文字研究一九九三年六月】

彝

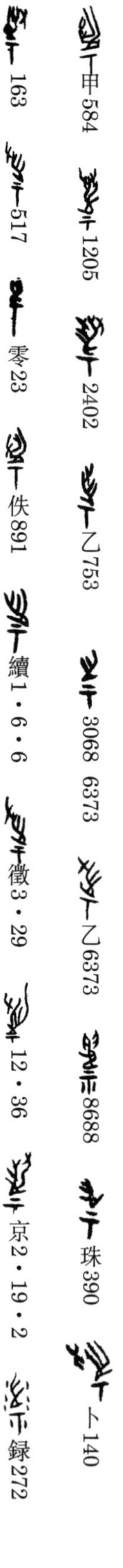

甲584 1205 2402 乙753 3068 6373 乙6373 8688 珠390 卜140

163 517 零23 佚891 續1・6・6 徵3・29 12・36 京2・19・2 録272

281　536　天82　鄴45·4　新692　存續1787　續摭27　36　粹135　521

522　523　4030　4038　5073　【續甲骨文編】

◉許　慎　數祭也。从示。毳聲。讀若春麥爲𥜹之𥜹。臣鉉等曰。春麥爲𥜹。今無此語。且非異文。所未詳也。此芮切。【説文解字卷一】

◉馬叙倫　鈕樹玉曰。繫傳爲𥜹作爲毳。當不誤。凡説文讀若之字。當與本文不同。之𥜹亦當作之毳。嚴可均曰。𥜹當作讀若春麥爲臿之臿。毳臿聲之轉。臼部。臿。春去麥皮也。楊峒曰。凡言讀若。皆舉異文以況其音。無即用本字之例。説文𥜹該𡨄駇戴擊訓文皆有誤。桂馥曰。二𥜹字當作𥜹。王煦曰。春麥爲𥜹即臿也。臿長言之即爲𥜹。其不改文從臿者。漢儒釋經本有此例。如鄭氏春官眂瞭注。眂讀爲虎眂之眂。𥜹字説文不收。未便闌入。錢大昭曰。許書異讀即用本字。該讀若心中滿該。𡨄讀若虞書𡨄三苗之𡨄。鬊讀若江南謂酢母爲鬊。駇讀若爾雅小山駇大山峘。春麥爲𥜹即此爲𥜹字。王筠曰。臿𥜹古雙聲。許書讀若多用同母相諧。倫按𥜹音精紐。祟从此得聲。此音亦精紐。盖轉注字。𥜹祭亦音同精紐轉注字。數祭也者。玉篇訓重祭。然無考。倫謂數下蓋挩也字。數也以聲訓。或數字乃校者注以釋𥜹字之音者。速音心紐。心精同爲舌尖前音。古數速相通假。多有其證。此數字讀如速。且數算本異文。則數音本如算。算音亦心紐也。王筠謂𥜹讀如臿。臿音穿二。數音審二。同爲舌尖後音。則古讀如數。後人以數字已譌入正文。不知其爲先之校者所音。而復以其時之讀音注之耳。凡讀若某者。昔人謂漢時無反切。故許前或許時讀此字音有疑者。用他字之音定之。故言讀若某。然倫謂許書原無讀若某讀與某同之文。蓋九千餘文寧止百餘字音讀有殊而特記之。知其不然矣。此必校者各以其方土之讀記之耳。且讀若某者。往往有許書所無之字。更知其不出于許矣。【説文解字六書疏證卷一】

◉李旦丘　甲骨文中，此字屢見。金文中亦有此字。塱鼎銘云：「唯周公于征伐東夷，豐伯敷古，咸哉。公歸，禦于周廟。戊辰，酓飲秦酓即秦酒之意，公賁塱貝百朋，用作尊鼎。」(據于省吾氏釋文，雙，上三二，第一頁)

塱鼎的拓墨，我没有看見過。郭沫氏的兩周金文辭大系裏面没有收，連羅振玉氏的三代吉金文存裏面也没有著録，而立厂影本又找不到手，因此，禦字的金文到底是怎樣寫的，我不知道。不過，根據隸化的方式説起來，塱鼎的禦字，應即甲骨文的字。

羅振玉氏云：「象兩手奉鷄牲于示前，或从一手。」(羅氏待問篇，第十五頁)羅氏所云，雖非全錯，但是，如果我們把隹字當作整個的鷄看，則此字就無法考釋了。⿳臼冖示是祭名，這是不容疑議的，而⿳臼冖示祭的行事，就是現在我們也還是常常看見，不過大家没有注意罷了。殷人的俗習，能夠一直保存於數千年之後，這在民俗學上應該是多麼有趣的問題！

我們在迷信甚深的人家，常看見有人患病的時候，便去請巫婆道士來禳除厲殃。這些巫道們所作的法事，自然是花樣百出，種類繁多。可是，最習見的是把一隻雄鷄殺掉，撏下幾根毛來，就用鷄血來把它黏貼在神主牌上或符籙上，以禁禦妖魔鬼怪。這雖是近世尚能見到的俗習，卻有很古的起源。現在只要把⿳臼冖示字考釋出來，就可以證明我們的説法之非誣。

考釋⿳臼冖示字的第一步，便是除去它的兩隻手，因爲這是繁縟的部分。散氏盤的農本作農，今已不存兩手。其他要字古文作𡝩，票字古文作㶾，均足證⿳臼冖示所从之臼，可从取去。

第二步，我們須要證明隹字可以變成毛字。我們知道，在古文裏面，鳥隹二字是相通的。如金文的鳧字，便被寫成⿱隹几字去了。又鶴氅衣的氅，本來从鳥作鷩。但此字从鳥，並不合理，因爲用以製成衣服的是鳥的毛而非鳥本身，故字改从毛，作氅，氅行而鷩廢。同樣的，黏貼在神主牌上的是鷄毛而非鷄，故从隹之集，後亦成从毛之⿱毛示了。

今字書有⿱毳示而無⿱毛示，惟以集之古文作雧推之，則⿱毛示亦⿱毳示也。集的古文之所以从三隹作雧者，因爲要有多數的鳥同棲于一木之上，始可謂之集；而⿱毳示之所以从三毛，亦因貼在神主牌上的毛不必一定是一根，而常是兩三根的緣故。

至於甲骨文的⿳臼冖示字所从的隹，通通是倒書，這是有理由的。因爲把鷄毛貼在神主牌上或符籙上，均給人以倒懸的印象，故隹字全是倒書。

⿱毳示，説文云：「數祭也。讀若春麥爲⿱毳示之⿱毳示。」許説毫無根據，徐鉉已言之。徐云：「春麥爲⿱毳示，今無此語。」又博雅云：「⿱毳示，謝也。」這倒保存着⿱毳示字的古誼。蓋古人於禳除疾病之初，所舉行的是⿱毳示祭，而於病癒謝神之際，所舉行的也是⿱毳示祭，⿱毳示字因而得到了謝的意誼。後來字誼愈加擴大，凡一切謝神之祭，皆名之曰⿱毳示。今觀⿳臼冖土鼎之意，乃周公伐東夷，大勝而回，故舉行謝祖之祭于周廟，並饗宴部下，慰勞士卒。

卜辭中的⿱毳示，亦是謝神祭。

貞⿱毳示馬于祖（拾，第三頁，第十一片）

壬子卜㱿貞⿱毳示馬（藏，第二百四十八頁，第二片）

馬應讀禡，正如甲骨文帝之讀爲禘，〓之讀爲祭。説文云：「禡，師行所止，恐有慢其神而祀之曰禡。」禮王制：「禡於所征之地。」又周禮春官：「肆師凡四時之大甸獵祭表貉爲位。」註：「貉，師祭也。莫駕反。」疏：「師祭者，爾雅云『是類是禡』，故知貉爲師祭也。祭先世創首軍法者也。」從周禮的註疏看起來，禡也是一種崇德報功的謝神祭。在卜辭中，櫜禡二字連用，决非偶然。

癸酉卜貞王賓祖甲櫜，亡尤。（前第一卷第二十頁，第一片）

貞勿取（郭讀爲棷）唐湯櫜（甲，第一卷，第十八頁，第八片）

櫜字在此兩片，亦當爲謝祖之祭。【釋櫜 金文研究一册】

甲七四三 甲一一四三 甲二二〇八 甲三九一六 河九〇六 前四·一八·七 前四·一八·八

前七·三一·一 續六·一一·六 明藏五三四 粹五一九 佚六五二 燕六〇七 乙七四五 或从凡 乙二二一四 前六·一六·六 後二·二三·一七 掇一·二五三 燕二 燕六四三 存一五〇七 佚一六六 卜辭用兄爲祝 重見兄下 【甲骨文編】

甲743 1143 3365 乙745 2214 6266 乙7348 8462 佚233 573 652 續6·11·6 徵76 凡7·3 録462 906 鄴33·7 42·12 誠224 存續1596 1798 1853 粹1 261 454 478 519 852 新1041 3375 4262 甲2591 珠193 625 福8 佚166 257 266 426 573 854 續5·29·17 徵11·113 録555 摭23 【續甲骨文編】

祝 太祝禽鼎 盂鼎二 長由盉 申簋 大祝 又九甗祝 甲文以爲祝字 禽簋 周公某禽祝禽又敃祝 【金文編】

一五六：二四　十五例　委質類而敢不巫覡祝史　一五六：二一　七例　一五六：二六　【侯馬盟書字表】

217　237　214　231　【包山楚簡文字編】

祝　日乙一九四　三例　【睡虎地秦簡文字編】

炎帝乃命—𧍒吕四神降(乙6-5)　【長沙子彈庫帛書文字編】

2726　【古璽文編】

祝賞　齊大祝印　祝父盧　祝劉　【漢印文字徵】

禪國山碑　夏祝神彌　石碣吳人　□□大祝　漢祝其卿墳壇題字　詛楚文使其宗祝　【石刻篆文編】

◉許　慎　祝祭主贊詞者。从示。从人口。一曰從兑省。易曰。兑爲口爲巫。之六切。【説文解字卷一】

◉孫詒讓　有云：「兄貞」者，如云：「癸未卜兄貝□父□曰豕犅」四十之四「庚申卜兄貝」八十八之二是也。「兄」疑當爲「祝」之省叚字。故又云「辛丑卜殸貝兄于母庚」，百廿七之一，舊讀兄爲況未碻。蓋貞卜之有祝辭者。【契文舉例卷上】

◉羅振玉　弟一字與大祝禽鼎同。弟二字从丅者殆从川。从川。川象灌酒於神前。非示有示形也。弟三字从。象手下拜形。【增訂殷虚書契考釋】

◉王國維　説文解字示部「齋，戒潔也。从示齊聲。𩐁，籀文齋，从𩏂省」。又𩏂下云：「籀文禱。」𩏂下云：「籀文祟，从𩏂省。」又此三字齊𠃬出皆聲，則疑从禯意古當有禯字。而禯从示从𣪊是又當有𣪊字。禯，古文字中未之見。𣪊則項肆簋之，番生敦之，考古圖所載秦盄龢鐘之，其所从之，若，與篆文字均爲近之。其字上首下止。夊。亦止也。實象人形。古之史篇與後之説文屢經傳寫遂譌爲𣪊矣。禯字象人事神之形，疑即古禱字。後世復加𠃬以爲聲。又案殷虚卜辭祝作殷虚書契卷七第三十一葉作，大祝禽鼎作。皆象人跪而事神之形。古禱祝二字同誼同聲，疑本一字。樂記及史記周本紀「封黄帝之後於祝」。呂氏春秋慎大覽「祝作鑄」。鄭注：「樂記亦云祝或爲鑄。」禱與鑄皆壽聲。祝之爲𩏂，猶祝之爲鑄矣。然則許君於𩐁𩏂二字下皆云从𩏂省形，雖失之，而誼則古矣。【史籀篇疏證　王國維遺書第六册】

◉商承祚　或又省示作□。其作□者殆亦祝字之變體。象跽于神前而灌酒也。【殷虛文字類編第一】

◉葉玉森　説文鬼下出古文䰟。从示。卜辭之□正同。羅氏考釋商氏類編王氏類纂竝録入鬼字下。固宜。惟曰「甶王鬼」似不辭。而其文例則與「甶王祝」同。□象人跽示前形。□亦象鬼跽示前形。人鬼跽於示前竝爲祝詛。則从示从鬼或仍祝之變體。金文陳肪敦鬼作□。亦从示。周人已誤認爲古文鬼矣。【殷虛書契前編集釋四卷】

◉孫海波　卜辭从□从□。象巫者跪跽於示前。所以交神也。【甲骨金文研究　中國大學講義】

◉強運開　□説文。祝。祭主贊詈者。从示。从儿口。段注云。此以三字會意。謂以人口交神也。一曰。从兑省。易曰。兑爲口爲巫。段注云。此字形之別説也。引易者。説卦文。兑爲口。舌爲巫。故祝从兑省。此可證虙羲先倉頡製字矣。凡引經傳。有證義者。有證形者。有證聲者。此引易證形也。按此下有闕文。【石鼓釋文】

◉郭沫若　「叀册用」與「叀祝用」爲對貞，祝與册之別，盖祝以辭告。册以策告也。書洛誥「作册逸祝册」，乃兼用二者，舊解失之。【殷契粹編第一片】

◉馬叙倫　王筠曰。祝字不可以爲从兄。因分爲人口。人口又不成詞。故又以爲从兑省。然兑字从儿㕣聲。省㕣之儿，而留口。既無此省法，且省形聲字以成會意。尤無此法。蓋此字失傳。許君所訪通人。於其説皆不安。故且存之如此。太祝禽鼎作□。乃人跪而向神之形。羅振玉曰。甲文祝字作□□□□。弟三字與太祝禽鼎同。弟一字从□。象手下拜形。弟二字从丅。□象灌酒於神前。非示有□形也。弟四字象跪於神前而灌酒也。倫按甲文作□□□。金文禽毁作□。可明□爲最省之□字。其實□又□之省。□爲拜之最初象形文。與埃及文之作□者同。祝从示。从初文拜會意。甲文之□□从示□。二□，以象所灌之酒。則爲指事。祭主贊詞者非本訓。與一曰以下皆校語。此引易文。明無祝字。乃所以證一曰从兑省之説。其爲校者所加無疑。據此則前人謂引經不出許氏者。見説文疑此書不箸譔人姓名。清乾嘉前人作。信矣。字見急就篇。【説文解字六書疏證卷一】

◉馬叙倫　□爲説文之祝字。从□即拜手之拜本字。甲文祝字作□□□。其□字所從之□與此一字。金文禽鼎□字所从之□亦拜也。其更具體者爲□。與埃及文之□同。説文齋之籀文作□。其所从之□即其譌文也。丅爲示之轉注字。示初文當作□。从天之本字作□者。□即説文之晶字。晶爲星之初文。乃象星之多而非从日也。□變爲□。再變爲□。又譌爲□。故説文示之古文作□矣。徐鍇本作□。知非日月星而但爲星者。初民之觀念固三辰竝尊。亦三辰竝有祭祀。然上古巢居穴處。所患者風雨。有風雨則不能安居也。且亦無所得食。若星見則無風雨可期。故以爲神示其吉凶。

祓祓　䄖䄖

以無星爲凶。有星爲吉。姚鼐以爲星即晴字。是也。是示之本義爲表示。因而崇拜之而有祭祀之報焉。故即借示爲祭祀之字。説文禮祭諸文所以从示也。及从又持肉於示前之祭字作。遂爲祭祀之本字。而祭祀乃有專名。示亦復其本義。説文示部所屬如神祇祖祟諸文。即从表示之義者也。文从一∴會意。甲文或作丅。蓋本作一○。僅以一星表之。或作工。則从天之本字地之初文竝作一者。或作示。則星有大小。作丅則變體。作王蓋又工之變。此作丅者。从一。十聲。十音禪紐。示音牀三。同爲舌面前音。古讀又同歸於定也。蓋本作示。从示而加十爲聲。故金文𨑩伯敢宗字作宗。仲追父敢作宗。戎者鼎有祝字。亦从示而作示也。丅蓋其省耳。祝蓋作器者之名。或曰。我祝人姓名。或曰。我即夏少康所滅之戈國。祝官名。【父丁盉　讀金器刻辭卷下】

◉楊樹達　粹編一片云:「叀高祖夒原作夒。祝用,王受又?叀册用?」郭沫若云:叀册用與叀祝用爲對貞。祝與册之别,蓋祝以辭告,册以策告也。考釋一。【卜辭求義】

◉王恆餘　祝之成字,已可略知,其所从之示,在古代乃標識崇拜象徵,後沿爲神之代表,兄乃祝之省,與禱同意,皆爲祈福祥、求永貞也。然禱、不如祝之專與廣,祝與史巫皆爲祭祀之所司,陳槃庵師曰:「巫祝之上,復有太史。」陳槃秦漢間之所謂「符應」論略、刊史語所集刊第十六本,p.6. 1947.南京。貞一先生曰:「古代祭司應當是三種人掌管的,即是巫、祝和史。」是也。【説祝　歷史語言研究所集刊第三十二本】

◉劉彬徽等　祝,祝字。楚簡中,祝字多作此形。簡文中祝、祭往往混用。【包山楚簡】

◉曾憲通　祝　炎帝乃命祝融。　甲六・五。　帛文與盟書作祝同。【長沙楚帛書文字編】

◉許　慎　䄖祝䄖也。从示留聲。力救切。【説文解字卷一】

◉馬叙倫　祝䄖聲同幽類轉注字。説解當作祝也。䄖字疑隸書複舉字之誤入者。【説文解字六書疏證卷一】

前8・6【續甲骨文編】

◉許　慎　祓除惡祭也。从示。犮聲。敷勿切。【説文解字卷一】

◉于省吾　前八・五・六。己卯卜。我貞。𥛉月又史。八・六・三。癸子卜。于𥛉月又𡧊。按𥛉字从枲从示。舊不識。枲古拔字。象兩手拔木之形。古文四聲韻入聲十五黠引古老子。拔字作□。是其證。𡚸當即祓之初文。祓拔並諧犮聲。祓从示犮聲。與𡚸从示杲聲一也。説文。祓除惡祭也。繫傳。祓之爲言拂也。周禮女巫。掌歲時祓除釁浴。鄭注。歲時祓除。如今三月上巳如水上之類。禦覽八百八十六引韓詩。鄭國之俗。三月上巳之日。於兩水上。招魂續魄。拂除不祥。史記外戚世家。武帝祓霸上還。集解引徐廣曰。三月上巳。臨水祓除謂之禊。漢書五行志。高后八年三月。祓霸上注。祓者除惡之祭也。續漢書禮儀志。是月上巳。官民皆絜於東流水上。曰洗濯祓除。去宿垢疢。爲大絜。絜者言陽氣布暢。萬物訖出。始絜之矣。然則契文稱𡚸月有史。謂祓祭之月有事。猶他辭言今秉臘月又史矣。其言於𡚸月又昏。昏乃敗之古文。言于祓月有災敗也。夏正三月。當於殷之四月。佚二七七・三零一。有□字。粹一五六一有□字。均从杲作。未能輒識。契文奏字作□。亦作□□。𣪠字作□。後上七・十二有□兄癸之辭。□當亦𠬪之異構。如讀爲祓。於祭義不符。金文我彝𠬪作□。可證。葢契文偏旁之从又。每有前後上下無别者。然亦有迥不相混者。如𦥑與𠬪異。伎字作□。伊字作□。敏字作□。婁字从妻作□。此亦研究古文字者所不可不辨。要之。𡚸爲祓之初文。从示杲聲。與从示犮聲一也。商人名四月爲𡚸月。亦猶歲終有臘祭。因而名十二月爲秉月矣。因其稱𡚸月。而知後世祓除之祭。殷代固已行之矣。【雙劍誃殷契駢枝續編】

◉馬叙倫　本訓祭也。除惡祭也校語。或字林訓。祓爲禬之聲同脂類轉注字。失次。詩卷阿。茀禄爾康矣。箋。茀。福也。爾雅釋詁。祓。福也。注引詩祓禄爾康矣。然則祓爲除惡祭音受於福。福音非紐。祓音敷紐。同爲摩擦次清音。是語原然也。【説文解字六書疏證卷一】

◉饒宗頤　……卜，寧（貞：）王宖𠬪，亡尤（明義士一八）。按𠬪字或釋朿之異形，象以手奉木於神前。董氏云：「新派不見朿，而别有𠬪字。」意蓋以𠬪即新派之𡚸字，今考何之卜辭有云：「今來辛丑，亡尞，其酌。」（屯甲二四七六）大之卜辭云：「尞卯……」（庫方一二〇八）是明有「尞」字。又宖𠬪或作宖𡚸，如「……卜，何……王其宖𡚸……」（屯甲二七七四）則又从収作𡚸（我之卜辭云：「𡚸月又事。」見前編八、五、六）。于省吾區𠬪與𡚸爲二字，非也。他辭或省収作𡚸，見於旅之卜辭，云：「其𡚸西子。」（庫方一一七九）「其□四子。」（京都大學六三六）于氏以古文四聲韻引古老子拔字作「□」，謂𡚸是祓之初文，𡚸月即「祓月」。説文：「祓，除惡祭也。」祓除不祥則福至，故爾雅釋詁云：「祓，福也。」郭注引詩「祓禄爾康」，今詩卷阿作「茀禄爾康」。箋云：「茀，福也。」卜辭屢言「土宖禣」，「王宖夕禣」，即謂王賓而奠所以致福也。至云「其祓四子」，「其祓西子」，俱可讀爲福，於義並通。（葉氏于氏釋𠬪爲𡚸，馬氏説文疏證以𠬪即「祟」，不如釋祓更合。）【殷代貞卜人物通考卷九】

祈

◉嚴一萍 祓犮字从犬，金文孚公犾甗之犾作，曾伯簠之狄字作，其犬字偏旁皆與繒書之相近，當卽祓字。周禮大祝設軍社。鄭衆引春秋傳曰：「君以師行，祓社釁鼓，祝奉以從。」此處言「下民之祓」，蓋指軍旅之事。與下段「社事勿從凶」之文義相應。【楚繒書新考 中國文字第二十六册】

戩四七·九祈 卜辭从單即旂之本字頌鼎頌𣪘等作假借爲祈求之祈王國維説 乙二〇四〇或不从㫃 陳一二三 存下五二三 佚九五二 乙八一六五 鐵一四二·四 戩四四·一一 後二·二〇·五 後二·二二·一八 續一·五二·三即旂貞尞于單三豕 鄴初下·四四·一一 粹一〇〇 林二·七·二 佚六七五 明藏四九八【甲骨文編】

續6·23·1【續甲骨文編】

祈 从㫃斵聲 頌鼎 祈匄康𩁹屯右 猶詩行葦以祈黄耇也 旂字重見 頌簋 頌壺 棻伯簋 蔡姞簋 畢鮮簋 祈伯簋 追簋 善夫山鼎 伯公父勺 弔家父匡 伯侯父盤 封仲簋 王仲嬀匜 陳侯匜 卓林父簋 伯梡簋 遲盨 虞司寇壺 𩰬兑簋 太師子大孟姜匜 蔡大師鼎 陳公子甗 陳子=匜 陳公子仲慶匜 王孫鐘 邵鐘 殳 季良父壺 齊侯盤 鑰鎛 喪史賓鉼 齊侯鼎 其次句鑃 白六鼎 歸父盤 番君匜 陳公孫寣父𦉜 師臾鐘 仲枏父簋 仲枏父鬲 邾公釓鐘省單 旂字重見 欒書缶櫨以祈眉壽 大師虘豆 用旂多福 从㫃从言 伯公父匡 用旂眉壽多福無疆 伯簪簋 从旂从言 王子午鼎 用簪眉壽 【金文

編】

3·852獨字　吳大澂云祈或从㫃从言　3·849同上　雲鐵51·4同上　木季1·1獨字　木季1·1同上　滕鄒2·4同上　3·850同上　3·851獨字　雲鐵16·2同上　3·347楚䢅衢蘆里祁　【古陶文字徵】

266　【包山楚簡文字編】

祈連將軍章　【漢印文字徵】

開母廟石闕　【石刻篆文編】

祈　【汗簡】

王存乂切韻　【古文四聲韻】

◉許　慎　祈。求福也。从示。斤聲。渠稀切。【説文解字卷一】

◉孫詒讓　吳釋文云即訪。説文云。汎謀曰訪。爾雅釋詁。訪。謀也。詒讓案。鐘鼎古文凡从者于小篆爲。于隸爲㫃。金刻中旂旅諸字偏旁並如此作。訪則从言方聲。方㫃二字隸體相似。古文則兩形迥別。此⿸㫃言从㫃从言。吳釋爲訪。是以隸體之相似者並例古文。其誤實甚。考金文多云用祈多福。而其祈字多借蘄爲之。又或借旂爲之。如齊侯鎛鐘見上卷齊侯罍師器父鼎並云用旂眉壽是也。並見本書齊侯罍。旂字吳誤釋爲介。今據陳氏齊侯罍銘通釋正之。此⿸㫃言亦即旂字。旂從㫃斤聲。斤言聲近。故古从斤之字或變而从言。説文犬部⿰犭斤。犬吠聲。从犬。斤聲。玉篇犬部⿰犭斤與狺同。楚辭九辯猛犬狺狺而迎吠。狺即⿰犭斤字也。此⿸㫃言亦變斤爲言。吳釋爲訪蓋未達古文形聲變易之例也。【古籀拾遺下】

◉高田忠周　按説文艸部蘄字下曰。艸也。从艸聲。段注云。説文無斲字。當爲从堇斤聲。陸德明曰。蘄即古芹字。因謂鐘鼎文蘄字爲蘄字。假借用爲祈字。此説實非是。又一説。此篆爲旂字。詳見旂字下。此説稍近而未矣。愚私謂古器銘初借旂爲祈。齊侯鎛用眉壽。此字即是也。後有从單⿱旂單字。即爲祈字之異文。其所从單字疑禪之省文。説文禪訓祭天也。祭天者必有所祈也。然則⿱旂單字从單爲形。从旂取聲。猶从示斤聲也。楊南仲説謂單爲車字。延矣扁矣。由此觀之。説文蘄字。當云从艸蘄省聲。蘄古文祈。許解如此者。例所少見。下女穌盤銘。□省作□。與蘄下形同。○後再考。此篆亦旂異文。所从㫃作獸。説文㫃籀文作獸者是也。其實古文而異體者。从單爲聲也。蘄即㫃。故蘄亦旂也。【古籀篇九】

◉高田忠周　按元用爲祈眉壽之祈。而形正爲旂字。愚嘗謂古旂祈通用。後作从旂从禪省蘄字。以爲祈之異文。已見上注。今得王氏廷鼎字義新鏡。其説曰。説文吅部。單篆下云。大也。从吅甲。吅亦聲。闕。案此字。音義久廢。許君明知其必有本義。特訪諸通人。莫得其實。姑从蓋闕。以待來者。非同淺人妄爲。甲从車省或爲非字。以憑肊見也。竊謂單从□卄聲。爲古旂字。鐘鼎單父尊彝屢見。皆作單或作□。且有省作□。古畫三辰于旂。从□者日月星也。从卄旂之竿也。後以其爲旂从㫃。作□作□。復从斤聲作□。見于鼎彝者不少。古从□者亦通作□。如□亦作□之類可證。□在説文。實即□字所从之□。當作□。非□字而何。从□與鐘鼎文正同。篆文省□作□爲□。猶曟曐之省作晨星也。當時雖有此倝𣄰二字。而單即爲單。單爲古旂之義久昧。但存日始出光倝倝之一訓。然古義即由此而得。古人驗日於旂。如日周旂爲朝。日出爲昜。从勿勿亦旂也。曰日始出光倝倝者。倝即旂也。古讀倝旂一聲。後人不會古音。而或从㫃或从斤。字繁而音義亦變矣。蓋日始出時。月星猶未盡泯。故其光尤覺明盛。而即以此表衆觀。故即名旂。部首示字説解曰。天垂象。所以示人。三垂。日月星也。□實亦可通旂。即單从□而爲古旂之義。特□又古於單耳。展旂以一衆望。止詩引伸爲孤單字。而後世傳單知單諭單之義本此。單亶通假。經傳用單。與偏傍从單者。率皆从其假義。以單爲旂者。公劉其軍三單一語。戈部。戰从單之一字耳。尉繚子。大國之軍。三旂。中軍黄旂。左軍青旂。右軍白旂。三單爲三旂。即此戰左旂右戈。旂戈相當。交戰義也。此古義之僅存而可寶者。單既通亶。故从㫃之□。亦通作旜。交龍爲旂。儀禮有龍旜。知旜亦畫龍。通帛曰旃。無畫龍者。是旜非旃之重文可知。學者既昧單之本義。師説相承。並訓爲大。致三單之文亦無確詁。許君明知其義。以無師承。不敢肊説。遂於單下𣄰下並从闕疑。竊謂單非从吅。實爲單之變文。𣄰所从者實即單字。曰从旦聲者。其古音尚存。特單之形義已昧。故強割卄之一畫。爲从旦耳。𣄰實鐘鼎之𣄰。單實𣄰所从之古文也。余依此説。乃悟前説旂字作蘄从旂从禪之誤。王氏云。蘄即旂異文。旂字从𣄰。𣄰字或从單。所見甚佳。然其所説。有未可盡信者。況單與旂同字。祈與示通。穿鑿亦極矣。余再按。□字从曐晨之形。爾雅釋天太歲在卯曰單閼。單有星義無疑。亦从干以爲聲也。説文从吅甲斷非。但如倝字或作𣄰。是从單省。鐘鼎作□是即合旦與單而亦省畫者也。抑干單㫃倝古韻皆同部。故倝从㫃或从單耳。要倝或作𣄰爲籀變。繁筆重文。以取茂美。即爲史籀之恆例也。王氏欲妄謂單倝旂爲同字斷非。王又云。詩其軍三單。説文戰字从單。故單爲旂義。稍似有理。然説文戰从單爲聲。詩箋單無羨卒也。此單爲嬋之假借。未可以爲單即旂之證也。若假从王説。此等單字即簟之省文。説文所引篆文有从省形者。鐘鼎亦多用省文者。霸字作雨。年字作禾是也。然如王此説。遂屬牽強附會。固無足措信而已。然則此篆當解云旂字或體。从倝斤聲。借倝爲㫃。又𠦝爲倝或體。从倝省。單聲。如此而字形系統繹然可尋矣。愚又竊謂倝若作𠦝。日意無見。𠦝實㫃字或體。从㫃單聲。象形變爲形聲。此例甚多。與倝字籒文所从旦作三日者自異。又或倝籒文借簟爲之。果然簟固从㫃或體。與作旂無異也。其後又按。旂是昕字異文。説文。听旦明日將出也。从日斤聲。讀若希。與倝下曰日始出光倝倝也。意義相合。昕字固當以倝爲意也。旂是古文昕字。昕旂同聲。即得通用。昕祈亦同聲。故昕亦以爲祈。例見他器。未敢肊定。姑存於此云。【古籒篇二十七】

◉郭沫若　旝是祈字。大師虘豆「用旝多福」同此。乃从言旂省聲；伯誓毁字則从旂聲不省。爾雅釋詁「祈，告也。」【㫚鼎兩周金文辭大系圖録考釋】

◉徐中舒　祈求之祈，金文作旛，邾公釛鐘作旂，太師虘豆作旝，番君召簠作旂(爲抄寫及印刷之便利，以下引用金文旛，皆作旂，以别于經典之祈)。祈求與希望不同，希望可以自由叙述自己意見，祈求則必限於向對方有所陳訴。金文每言用旂云云，皆假定有一對方。此對方以修辭之慣例言，常被省略(即在請求語句中第二人稱)。此被省略之對方爲誰？卽作器者對其祖先或天而言也。【金文嘏辭釋辭釋例　歷史語言研究所集刊第六本一分】

◉顧廷龍　[illegible]祈。潘按。白誓敨之[illegible]與此同。吳大澂云。祈或从旂从言。又云散般誓字作[illegible][illegible]。[illegible]潘[illegible]潘[illegible]周[illegible]周楚城遷蕈里祈[illegible]潘从心亦誓字。按言與心偏旁相通叚。如詩或作[illegible]。謀或作[illegible]。諄或作[illegible]。謝或作[illegible]。皆是也。【古匋文孴録】

◉馬叙倫　徐鍇曰。斤祈王筠曰。當作斤聲。以斤承培元曰。當作似今。聲韻之家所言傍紐也。桂馥曰。求福也者字林同。孔廣居曰。祈諧斤聲。同母也。王筠曰。求福也當作求福之祭也。蔡邕月令問答。祈者。求之祭也。又春官太祝掌六祈。則祈是祭名。而亦泛爲祈請之詞也。丁福保曰。慧琳音義廿九引求福祭也。此二義也。即求福也祭也。二徐刪去第二義。倫按求福也字林訓。本訓祭也。祈爲祭之轉注字。祭聲脂類。祈聲真類。脂真對轉也。【説文解字六書疏證卷一】

◉楊樹達　頌鼎云：「旛匄康Δ屯右，純佑。通彔禄永令命。」王孫遺諸鐘云：「用旛鬢眉壽。」旛字皆用爲祈求之義。吳大澂因釋爲祈，云：「古祈字从止，从單，从斤。」説文古籒補壹卷弍葉下。近日羅振玉亦釋爲祈，云：「祈从旂从單，蓋戰時禱于軍旂之下，會意。」金文編卷一引。樹達按：吳云从止，其誤顯然。羅云从旂从單，説爲會意，説亦非也。余謂此字乃形聲字，从㫃斷聲，蓋旂之或體也。説文無斸字，然一篇上艸部云：「蘄，艸也，从艸，斸聲。江夏有蘄春縣。」據此知説文本當有斸，而今本無之者，或許君偶失之，或傳寫奪去也。説文㫃部有旂字，从斤聲。復有此从斸聲之字者，此猶言部讕或作諂，禾部稈或作秆之比，形聲字或體之聲類有繁簡之殊，不足異也。頌鼎王孫鐘之用旛爲祈者，以聲類相同之故，假旛爲祈，猶師咢父鼎之「用旂匄壽黄耇吉康」，邾公釛鐘之「旂年匄壽」，假旂爲祈也。按吳羅二君之説文字，時有善言，而於此字皆囿於用義，不能課形求義，使其密合者，蓋于説文讀之未審也。自二氏以旛爲祈，近時治銘刻文字者，大都沿訛襲謬，分旛旂爲二文，莫能是正矣。【釋旛　積微居小學述林卷三】

◉于省吾　㫷字郭釋爲㞙，謂《爾雅·釋天》夏季月名之「余」本當作「㞙」，羅讀㫷爲禘，殷釋爲祧，都不可从。㫷字从人示聲，即商器「祁盉」的「□」字，古文字从人从卩往往無別。《説文》：「示，天垂象，見吉凶，所以示人也。从二(上)，三垂，日月星也。」許解示字系臆爲之説。卜辭示字作「丅」或「亍」，既非从上，也不从三垂。示與主古同字，卜辭示字間或作工，卜辭先公中的示壬、示癸，《史記·殷本紀》作主壬、主癸。天神地示之示經傳通作祇，示與祈、祁音近字通，《史記·晉世家》的「示眯明」，《公羊傳》宣六年作「祁彌明」，《呂氏春秋·開春論》的「祈奚」，《左傳》成八年作「祁奚」，《説文》「祁」从邑「示」聲，是其證。卜辭多以气爲祈求之祈，金文自西周中葉以來，祈求之祈作旛、旛、旂，間或作气。以六書之義求之，㫷或□，从人示，象人跪於神主之前以祈福，示亦聲，係會意兼形聲。㫷字係由□滋化爲㫷，典籍則代以「从示斤聲」的「祈」字。節文稱「夏㫷之月」，即「夏祈之月」。《周禮·大祝》有「六祈」，鄭注以爲「祈，嘄(叫)也，謂有災變，號呼告神以求福」。古代祀典的祭禮與祈禮有别。所以《禮記·禮器》謂「祭祀不祈」。《禮記·月令》稱季夏之月，「以共皇天上帝、名山大川、四方之神，以祠宗廟社稷之靈，以爲民祈福」，這是季夏舉行「祈禮」之證。近年長沙楚墓出土繒書的祀神文，長達六百餘字，係祭祀天帝和羣神以禳災祈福之詞。節文稱「大司馬邵鄢敗晉師于襄陲之歲」，是用戰功以紀年；其稱「夏㫷之月」，是用祈禮以紀月；金文以戰功或祀禮紀時者習見。此節係因楚王於本年季夏六月舉行過「祈禮」，故稱之爲「夏㫷(祈)之月」。【鄂君啟節考釋　考古一九六三年第八期】

◉李孝定　甲骨金文均假斸爲祈，斸字許書失收。按當从單、从斤，會意，與戰戲同意；斤亦聲。單、干、盾實爲一字，詳見甲骨文字集釋單干毌諸條下。高田氏謂單爲旂，説殊支離穿鑿。王筠説單爲車，林義光謂單象旂有衆鈴，並未安。旛字，孫詒讓郭沫若均釋祈，是也，孫説其故尤審諦。楊樹達氏説旛字，最爲通達。【金文詁林讀後記卷一】

◉温少峰　袁庭棟　貞：□祈氏氐之疒齒，鼎龍(寵)？

疒齒，龍(寵)？《丙》一一

禱

「」字是「祈」之異體。「氏」有「致送」之意。「之」訓爲「出」。「鼎龍」讀爲「當寵」，義爲「現在得到寵佑」（見《甲骨文字釋林·釋鼎龍》）。全辭大意爲：祈求送出病齒，會得到鬼神寵祐嗎？所謂「氏之疒齒」，即拔除病齒之意，正因要拔除病齒，才會卜問是否「當寵」？卜問「病齒，寵」？此辭爲殷人已知拔病牙以止痛之又一證。【殷墟卜辭研究——科學技術篇】

◉伍仕謙　：誓，即斲，按此字在金文中，極大多數从，从，从斤。之原字，甲文作、，乃先民的武器，斤亦武器，古代从事戰爭，戰前必禱于旌旂之下，以祈勝利。此字蓋會戰禱于旂下之意。从言乃後起字。西周晚期器白公父簠作，伯誓簋作，蓋禱告祈福，必須用言語表達也。【王子午鼎、王孫誥鐘銘文考釋　古文字研究第九輯】

◉黄錫全　祈　今存碑文作，此形示旁同部首。郝公釛鐘旂（祈）作，欒書缶作，疑爲或形譌誤。【汗簡注釋卷一】

◉陳偉武　陶文誓字所从的斤旁變爲，《汗簡》就有相同的例子，該書卷一旗字寫作，鄭珍《箋正》云：「薛本或作此，又作，形不可説。」其實，作即旗之變，作是旂之訛。前引陶文既是誓祈字省變之形，不省變者作（季木藏陶1.7）（同書1.8）。《文字徵》第172頁釋繁形爲誓祈是，釋省體爲誂則誤。【古陶文字徵訂補　中山大學學報一九九五年第一期】

202　206　206　214　222　237　240　248【包山楚簡文字編】

禱　日甲一〇一【睡虎地秦簡文字編】

祀三公山碑　吏民禱祀【石刻篆文編】

禱竝石经【汗簡】

石經　禂　竝崔希裕纂古　竝説文【古文四聲韻】

◉許　慎　告事求福也。从示。壽聲。都浩切。禱或省。籀文禱。【説文解字卷一】

◉王國維　禱籀文作，疑爲字之誤。即禱之得聲。【劉盼遂記説文練習筆記　國學論叢第二卷第二號】

◉葉玉森　𢼸卜辭或云𢼸亡尤。或云𢼸索亡尤。或云𢼸彤亡尤。殷虛文字第二葉之一。𢼸即古禱字。殷人用爲祭名。𢼸索𢼸彤竝二祭名連文。卜辭中屢見此例。予昔曾疑𠳋爲人名。嗣核之他辭有云。「壬戌卜貞王賓大庚夾妣壬𠳋亡尤」。殷虛卜辭第四百二十四版。則𠳋字在妣壬下。其非人名可知。【殷虛書契前編集釋】

◉楊樹達　説文一篇上示部云：「禱，告事求福也。从示，壽聲。」按示下云：「示，神事也。」八篇上老部云：「壽，久也。从老省，𠷎聲。」愚謂禱从示壽聲，蓋謂求延年之福於神，許君泛訓爲告事求福，殆非始義也。書洪範篇列舉五福，首即曰壽。詩三百篇屢有萬壽眉壽壽考之文，殷周鼎彝殆無一器不言萬壽眉壽者，人類重視久壽，古今固無異致矣。且書金縢篇記武王有疾，周公告於太王王季文王，欲以身代武王，此周公爲武王求延年之事也。論語述而篇載孔子疾病，子路請禱，誄曰：禱爾於上下神祇。此子路爲孔子求延年之事也。韓非子外儲説右下篇曰：「秦昭王有病，百姓里買牛而家爲王禱。」又曰：「秦襄王病，百姓爲之禱。病愈，殺牛塞禱。」此戰國時秦民爲其王求延年之事也。蓋人疾病而後祈禱，非求壽而何也？韓非子顯學篇曰：「今巫祝之祝人曰：『使若千秋萬歲！』」此戰國時巫祝爲人求延年之事也。禮記文王世子篇曰：「文王謂武王曰：『女何夢矣？』武王對曰：『夢帝與我九齡。』文王曰：『女以爲何也？』武王曰：『西方有九國焉，君王其終撫諸！』文王曰：『非也。古者謂年齡，齒亦齡也。我百，爾九十，吾與爾三焉。』文王九十七乃終，武王九十三而終。墨子明鬼下篇曰：「昔者秦穆公當晝日中處乎廟，有神入門而左，鳥身，素服玄純，面狀正方，秦穆公見之，乃恐懼，犇。神曰：『無懼！帝享女明德，使予錫女壽十年有九，使若國家蕃昌，子孫茂，毋失秦。』穆公再拜稽首曰：『敢問神名。』曰：『予爲句芒。』」此古人記明神錫壽之事也。晏子春秋雜篇下曰：「公謂柏常騫曰：『子之道若此其明也，亦能益寡人之壽乎？』對曰：『能。』公曰：『能益幾何？』對曰：『天子九，諸侯七，大夫五。』公曰：『子亦有徵兆之見乎？』對曰：『得壽，地且動。』公喜，令百官趣具騫之所求。」此古人請壽之事也。按此等事信否，不敢質言，然人類年壽之修短，本爲神祕不可知之事，意若别有真宰主持於其閒，可以自爲與奪，古人之信念，以此證之而有餘，宜其有禱神求壽之事矣。又左傳成公十七年記範文子反自鄢陵，使其祝宗祈死。又昭公二十五年十月辛酉，叔孫昭子使祝宗祈死，戊辰，卒。夫視死爲可祈之事，則壽考爲可祈之事亦明矣。且死者人之所不欲也，古人尚有祈之於神者，豈有壽考爲人之所欲，而顧不求之於神者哉？造文者特立一文，非無故矣。至若吕氏春秋順民篇記成湯之禱旱，左傳襄公十八年及哀公二年記荀偃衛蒯聵之禱戰勝，乃禱字引申後起之義，非其朔義也。【語源學論文七篇　師大月刊十四期】

◉吴其昌　「□[glyph]□尹」者，「[glyph]」，疑爲「禱」之本字。其字亦作[glyph]、本片。[glyph]、後・一・七・一二。[glyph]，戩・三九・一四　續・六・二〇・三　佚・九六三。亦省作[glyph]。續・六・二一・五・[glyph]　佚・八八七。蓋即「壽」之本字，亦即「禱」之本字；因説文從「示」之字，栔文往往省「示」也。如栔文云：「庚子卜[glyph]貞，𢼄。其酒于且辛，[glyph]出[glyph]，以戠用。」佚・八八七。此「[glyph]出」之語，殆不容我

人不以「禱之」爲釋也。【殷虚書契解詁　武大文史季刊四卷二號】

◉馬叙倫　沈濤曰。玄應一切經音義十二廿五兩引作告事求請爲禱。廿二引作告事求神曰禱。嚴章福曰。影宋北堂書鈔九十引作告事求福爲禱。倫按祝禱轉注字。祝音照紐。古讀歸端。與禱雙聲。祭必有告。皆祭者自致其辭。後乃以人助之。故祝下曰。祭主贊詞者。此失本訓。但存校語。求福二字疑涉祈下説解而譌羡。然疑本作告也。以聲訓。告事求福也校語。禱亦榴之聲同幽類轉注字。字見急就篇。

𥙉　鈕樹玉曰。韻會作𥙉。嚴可均曰。當作禱或从𠃬。桂馥曰。玉篇類篇集韻以𥙉爲古文。倫按汗簡引石經作𥙉。

𥜽　王國維曰。殷虚卜辭祝作𥙉。太祝禽鼎作𥙉。皆象人跪而事神。籀文禱蓋本作𥙉。亦象人事神之形。古禱祝同聲同誼。疑本一字。樂記及史記周本紀。封黄帝之後於祝。吕氏春秋慎大覽祝作鑄。鄭注樂記亦云。祝或爲鑄。禱鑄皆得壽聲。祝之爲𥜽猶祝之爲鑄矣。倫按从祝𠃬聲。【説文解字六書疏證卷一】

◉黄錫全　𥙉禱並石經　江陵望山楚簡作𥜽、𥙉，天星觀楚簡作𥙉，此形省口。《説文》禱字或體作𥙉，𠃬乃𠷎省。夏韻皓韻録石經作𥙉，寫誤。《隸續》與出土石經中還未見此字。【汗簡注釋卷一】

禜

𥛝　禜　出王存乂切韻【汗簡】

◉許　慎　禜設緜蕝爲營。以禳風雨雪霜水旱癘疫於日月星辰山川也。从示。榮省聲。一曰。禜衛。使災不生。禮記曰。雩禜祭水旱。爲命切。【説文解字卷一】

◉馬叙倫　鈕樹玉曰。韻會榮作營。上有从字。沈濤曰。後漢書順帝紀注引蕝作蕞。禳作祈。嚴可均曰。榮省聲當作熒省聲。小徐作營省聲。涉上有爲營而改耳。説文大例从𤇾者皆熒省。禮記乃小徐所引。議刪。承培元曰。左昭元年傳。子産曰。山川之神。則水旱厲疫之災。於是乎禜之。日月星辰之神。則雪霜風雨之不時。於是乎禜之。賈逵曰。禜。營欑用幣。許之設緜蕝爲營。即用其師説。倫按周禮太祝。四曰禜。注曰。禜如日食以朱絲縈社。然則禜之儀用絲用蕝非一也。以緜蕝縈祭位似營。因謂之禜。此乃語原。當如嚴説作从示熒省聲。説解亦似注釋語。本訓蓋作營也。今捝矣。一曰以下尤是校語之證。與本義無異也。禜聲耕類。支耕對轉。蓋祪祡之轉注字。禜音喻三。禳音日紐。同爲舌前音。亦轉注字也。【説文解字六書疏證卷一】

禳 [glyph]

◉黄錫全　[glyph]禜出王存乂切韻　《説文》禜字「从示、榮省聲」。本書木部榮作[glyph]，也省一火，與古璽營省作[glyph]（璽彙3687）類似（火形作[glyph]，如同鄂君啟節焚作[glyph]，望山楚簡然作[glyph]等）。鄭珍云：「凡从熒省之字作[glyph]者，郭皆以爲古文，實俗省一火也。」【汗簡注釋卷一】

[glyph] 禳　[glyph] 禳衛宏説字【汗簡】

[glyph] 部昭卿字指　[glyph] 衛宏字説【古文四聲韻】

◉許　慎　[glyph]磔禳。祀。除癘殃也。古者燧人禜子所造。从示。襄聲。汝羊切。【説文解字卷一】

◉馬叙倫　嚴可均曰。小徐疑義篇云。[glyph]。説文字體與小篆[glyph]異。據此。則舊本作[glyph]。今輒改就小篆耳。凡偏傍从衣者放此。鈕樹玉曰。説文無燧字。王筠曰。磔禳祀爲句。倫按呂氏春秋季春紀。九門磔禳。高注。磔犬羊以禳也。則此以磔禳訓禳者。本呂文。亦通俗所知也。然疑許本以同聲之字爲訓。或本訓祀也。校者加磔禳除癘殃也。傳寫如今文。尋上文禜爲設緜蕝爲營以禳風雨雪霜水旱癘疫於日月星辰山川。而通典謂漢制。癘殃。祀天地日月星辰四時陰陽之神。則禜與禳實一事。蓋以設緜蕝爲營而禳。故又謂之禜耳。然則此但言除癘殃爲不備矣。故知非許文也。古者以下八字亦後人加之。説文無燧字固其證也。且後凡言古者者。其中字率爲本書所無。蓋校者據世本等書以廣所聞。而彼書固多通用之字也。又世本微作禓。而禓下不言古者微所造。亦明校語。故或舉或不舉也。且凡校者所加之詞。亦每多通用之字而爲本書所無。以此知之矣。禳从襄得聲。襄音心紐。祠從司得聲。司音亦心紐。轉注字也。禳即望於山川之望。【説文解字六書疏證卷一】

◉饒宗頤　丁亥卜，𠱠貞：[glyph]㖖于滴　[glyph]不㖖于滴。（屯乙七三三六）

按右爲整龜。其背云：「王固曰：勿㖖。」（屯乙七三三七）滴讀爲漳，即漳水（詳葛毅卿釋滴）。㖖者，毛公鼎：「亦唯先正㖖辪厥辟。」劉幼丹以㖖即襄，知㖖爲㪿之初文襄字從之。惟此讀爲禳，説文所謂「磔禳祀除癘殃也」，周禮注：「却變異曰禳。禳，攘也。」【殷代貞卜人物通考卷八】

◉陳邦懷　「四五二九號　於南陽西㖖　于鳥日北對」

「南陽」爲地名無疑。「于鳥日北」與「於南陽西」爲對句。可以推知「鳥日」亦爲地名。地以鳥日名者。蓋以其地爲「玄鳥至日祈于郊禖」之故，此地名與歷史有密切之關係者也。

「叟」，説文解字吅部：「嚴，……讀若禳。𠷎，籀文嚴。」叟，疑𠷎字初文，讀若禳。説文解字示部：「禳、磔禳、祀除癘殃也。」【小屯南地甲骨中所發現的若干重要史料 歷史研究一九八二年第二期】

禬 禬

◉許 慎 禬會福祭也。从示。从會。會亦聲。周禮曰。禬之祝號。古外切。【説文解字卷一】

◉王國維 禬會福祭也䄆祀也。禬䄆疑同字。猶檜又作栝。譮又作話矣。盼遂謹案。儀禮括髮亦作髻髮。【劉盼遂記説文練習筆記 國學論叢第二卷第二號】

 禬 工外反並出字指【汗簡】

◉楊樹達 説文一篇下示部云：「禬，會福祭也。从示，會聲。」按五篇下會部云：「會，合也。从亼，从曾省。曾，益也。」禬字从會聲，許以會福祭爲訓，是聲兼義也。考會聲之字多含會合之義。四篇下骨部云：「髖，骨擿之可會髮者。从骨，會聲。」引詩曰：「髖弁如星。」此一事也。五篇下會部云：「䢈，日月合宿爲䢈。从會辰，會亦聲。」此二事也。十三篇上糸部云：「繪，會五采繡也。从糸，會聲。」此三事也。此許君明以會合爲訓，與禬下云會福祭同例者也。又有許雖不明言會合，而其訓解實含有會合之義者：六篇上木部云：「檜，柏葉松身。从木，會聲。」此言柏之葉與松之身相合會也。此四事也。六篇下邑部云：「鄶，祝融之後妘姓所封潧洧之閒，鄭滅之。从邑，會聲。」此言潧洧二水所會流也。此五事也。九篇下广部云：「廥，芻稾之藏也。从广，會聲。」此言芻稾所會聚也。此六事也。一篇下艸部云：「薈，艸多皃。从艸，會聲。」此亦言艸所會聚也。此七事也。又有許雖不言，而漢儒傳注言之足以補許之缺者。四篇下肉部云：「膾，細切肉也。从肉，會聲。」釋名釋飲食云：「膾，會也。細切肉令散，分其赤白異切之，已乃會合和之也。」此八事也。八篇上衣部云：「襘，帶所結也。从衣，會聲。」引春秋傳曰：衣有襘。」按文見左氏昭公十一年傳，杜預注云：「襘，領會。」漢書五行志注亦云：「襘，領之交會也。」此九事也。又有許泛爲訓説今當補正之者：七篇上㫃部云：「旝，旌旗也。从㫃，會聲。引詩曰：其旝如林。」按此言會合士衆也。説詳余釋旝篇。此十事也。其他有許載其字而義訓不同，或許無其字而他説詳其義者：如十一上水部澮訓爲澮水，而釋名釋水云：「注溝曰澮，澮，會也，小溝之所聚會也。」此十一事也。又一切經音義六引聲類云：「儈，合市人也。」後漢書逢萌傳注云：「儈謂平會兩家賣買之價。」此十二事也。昏與會古音近，故昏聲之字亦多含會合之義。八篇上人部云：「佸，會也。从人，昏聲。」此一事也。詩小雅車舝云：「德音來括。」毛傳云：「括，會也。」此二事也。説文三篇上言部云：「話，會合善言也。从言，昏

聲。」此三事也。釋名釋兵云：「矢，其末曰栝。栝，會也，與弦會也。」此四事也。【説禬 增訂積微居小學金石論叢卷第二】

◉馬叙倫 沈濤曰。藝文類聚三十八引除惡之祭曰禬。是古本會福作除惡。周禮女祝。掌以時招梗禬禳之事。注云。除災害曰禬。禬猶刮去也。凡以神仕者注。引杜子春云。禬。除也。庶氏以攻説禬之。注引鄭司農云。禬。除也。是古訓禬字皆爲除惡。無言會福者。今本之誤謬顯然。桂馥曰。古書皆言禬爲除惡祭。會福之祭未聞。倫按玉篇。禬。除災害也。會福祭也。會福祭不可解。會下蓋挩也字。會也以聲訓。或會乃校者注以釋音者也。或會福二字乃隸書複舉禬字之譌。或會字注音者。福字乃隸書複舉禬字之譌。禬爲祭之轉注字。聲同脂類。猶會際之轉注矣。亦祓之聲同脂類轉注字。从示會會亦聲當依鍇本作从示會聲。校者以會福祭而妄改。周禮以下亦校語。【説文解字六書疏證卷一】

◉黄錫全 禬工外切並出字指 甲骨文有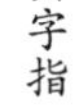(京津2746)、(存1498)、(乙422)等字，高明先生(類編91)、何琳儀同志(碩士論文)均釋爲會；又有(京都2269)、(鄴初下30.2)、(庫413)等字，何又釋作檜或禬。字从止从巾，與此字偏旁形體相合，文義可通，釋會可信。黑部録張揖《集古文》黵作，會部録《尚書》澮作，鄶作等，會均作。部首會亦作。此禬形是原本如此作還是郭氏「改从本書會」，難以遽定。鄭珍誤以爲爲《説文》之譌變形。【汗簡注釋卷一】

禪 禪

魏受禪表額陽識

禪國山碑 宜先行禪禮 【石刻篆文編】

禪见尚书 【汗簡】

義雲章

古史記

竝古尚書 【古文四聲韻】

◉許 慎 禪 祭天也。从示。單聲。時戰切。【説文解字卷一】

◉郭沫若 禪，説文云「祭天也」，舊又多解爲祭地，禮器正義引書説云「禪者除地爲墠」。此則用于人鬼，專是祭義。廣雅释天「禪，祭也」，此其佳例。【虢姜毁 兩周金文辭大系攷釋】

◉郭沫若 弜字羅振玉釋爲彈。在此殆假爲禪，廣雅釋天「禪祭也」。虢姜毁「虢姜作寶隮毁，用禪，追孝于皇考惠仲。」【殷契粹編】

◉馬叙倫 王筠曰。字當與祡禷爲伍。在此非次。或天爲衍字。廣雅釋天。禪。祭也。倫按大戴禮保傅。封泰山而禪梁父。注。除地於梁父之陰。爲墠以祭地也。然則禪非限於祭天也。王以天字爲衍文。是也。倫疑祡禪轉注字。禪音禪紐。古讀歸定。是禪與隋音同定紐也。詩時邁序。巡狩告祭祡望也。箋。巡狩告祭者。天子巡行邦國。至於方岳之下。而封禪也。書舜典。至於岱宗。祡。此上文。祡燒祡焚燎以祭天也。是祡禪一事耳。祡見書而禪見大小戴記及管子。蓋後起字。倫疑此字出字林。許書本無。故次於此。【説文解字六書疏證卷一】

◉黄錫全 禪見尚書 鄭珍云:「部首已載《尚書》七文,此不應複出,且《尚書》無用禪字者,當注《説文》。今《説文》有古視古社無此,或所見本有此古體。亦疑上二字出《説文》,此出別書。」夏韻線韻録《古尚書》禪字作,仙韻録《古史記》作。「尚書」當是「史書」之誤。《漢書·武帝紀》「脩天文襢」,注引晉灼曰:「襢,古禪字。」郭取襢字,仿流傳之古文作古,當作。

【汗簡注釋卷一】

河三一二 鄴三下·三七·四 【甲骨文編】

録312 【續甲骨文編】

禦 説文祀也 我鼎 我作禦宗祖乙妣乙祖己妣癸 禦父辛觶 㝬簋 㝬其萬年鬻實朕多禦 【金文編】

禦竝见豫讓文 【汗簡】

豫讓文 【古文四聲韻】

◉許 慎 禦祀也。从示。御聲。魚舉切。【説文解字卷一】

◉孫海波 河南博物館所藏甲骨文字三一二版云:「甲午卜王其馬其于父甲亞吉。」字从馬从,字書所無,當爲禦,从示从。即御字,卜辭作諸形,並象人持午御馬狀,此作者,土即形之省變。説文「禦,祀也。从示御聲」。金文御且己鼎作,形與此同可證。此云「其禦於父甲」者,言禦祭于父甲也。甲亦訓宫室,父甲亞猶言父甲宫也。

【卜辭文字小記讀 考古社刊五期】

◉馬叙倫　嚴可均曰。大徐論篆文相承小異云。彡。説文作彳。小徐疑義篇云。彡。説文字體與小篆彳異。據此。則舊本作禦。今輒改就小篆耳。凡偏傍从彳者放此。沈濤曰。廣韵引作祠也。祠本有祀訓。而禦之訓詞訓祀。傳注無徵。下文禡字解云。祀也。廣韵亦云祠也。是陸所見本二字皆作祠。倫按禦聲魚類。禓聲陽類。魚陽對轉。盖轉注字。【説文解六書疏證卷一】

◉楊樹達　甲文有禦字，字作禦，或省作卸，爲祭祀之名，卽説文之御字也。説文一篇上示部云：「禦，祀也。从示，御聲。」考甲文用此字爲祭名者，往往有禳除災禍之義寓于其中。如書契前編卷壹廿伍之壹云：「貞疒齒，卸于父乙。」書契後編卷下拾之叁云：「丁巳，卜，Δ有疒言，卸Δ。」庫方二氏殷虛卜辭貳捌叁片云：「Δ疒身，卸于妣己眔妣庚。」又玖貳片云：「貞疒止，卸于妣己。」胡厚宣殷人疾病考引卜辭云：「朕耳鳴，有卸于祖庚。」又云：「卸疒身于父乙。」又云：「卸王目于妣己。」並見原文拾叁葉。此皆以人有疾病行御祀者也。甲骨文録叁壹貳片云：「甲午卜，王馬Δ駛，其禦于父甲亞。」駛字从馬从步，字不可識，余疑字从步聲，殆假爲疒，謂馬病也。此以馬有疾病行御祀者也。殷契佚存壹捌壹甲片云：「丁丑卜，穷貞，子雝其卸王于丁，敏二七己，𣅀羖三，Δ芍十？」戩壽堂殷虛文字柒之拾陸云：「卸帚婦鼠子于妣己。」此蓋王與婦鼠子有疾，或他不幸之事，祀于丁與妣己以禳除之也。

禦訓爲祀，經傳無所見，惟尚書大傳記禦祀六沴，其説頗詳，沴爲災氣，此與甲文所用禦祀之義正相合矣。【釋禦　積微居甲文説】

◉饒宗頤　丙申卜，大：征𥖊馬，大丁用。（屯乙九〇九二巨胛骨，又殷綴五）

按他辭云：「甲子卜，大：𢓊馬至且……」（後編下五、一四，字細小）語可比證。𥖊字从石示，𥖊殆馭字，説文：禦或从馭。故此文隸定可作禦，應卽禦祭「禦」字之别構。辭言用馬于大丁，他辭云：「甲辰貞：其大卸自上甲，𥂕盟用白馬九。」（摭續六四）亦用馬之記載。左襄九年傳：「宋災，祝宗用馬于四墉，祀盤庚于西門之外。」用馬之俗，春秋宋國猶行之，蓋殷禮也。【殷代貞卜人物通考卷十】

◉黃錫全　𢕟御並見豫讓文　甲骨文馭字作馭（表74），盂鼎作馭，禹鼎作馭，好盗壺作馭，象手持鞭以策馬。《説文》御字古文省變作馭。鄭珍云：「此从馭，又更篆，馬从古。」【汗簡注釋卷一】

𥛊　禖　𥜿　祳

◉許　慎　𥛊祀也。从示。昏聲。古末切。【説文解字卷一】

◉馬叙倫　段玉裁曰。周禮女祝注。禬猶刮去也。疑𥛊乃禬之或體。倫按廣韵。𥛊禳祠名。則段説可从。本書話之重文作譮。亦可爲證。禬𥛊音同見紐。聲同脂類。盖轉注字。當在禬下。【説文解字六書疏證卷一】

禖

禖　日甲一五六背　三例　【睡虎地秦簡文字編】

◉許　慎　禖。祭也。从示。某聲。莫桮切。【説文解字卷一】

◉馬叙倫　或曰月令高注曰。周禮媒氏以仲春之月合男女。於時也奔則不禁。因祭其神於郊。謂之郊禖。或云王者后妃以元鳥至日。祈繼嗣於高禖。據其前説。則禖當从媒省亦聲。倫謂商頌傳。春分玄鳥降。湯之先祖有娀氏女簡狄配高辛氏帝。帝率與之祈於郊禖而生契。大雅傳曰。古者必立郊禖焉。玄鳥至之日。以太牢祀於郊禖。天子親往。后妃率九嬪御。乃禮天子所御。帶以弓韣。授以弓矢。於郊媒之前。則禖爲求子祭是古義。玉篇。禖。求子祭。漢書戾太子傳。爲立禖。注。禖。求子之神也。似禖爲求子之祭專名。而禖从某得聲。則語原然也。然禖福聲同支類。福祭一字。則禖爲福之轉注字。求子之祭爲禖。盖方俗之義。【説文解字六書疏證卷一】

◉許　慎　𥜿祭具也。从示。胥聲。私呂切。【説文解字卷一】

◉馬叙倫　徐鍇曰。楚辭。懷椒糈而要之。糈。祭神之精米也。故或从米。祭神故从示。倫按疑字出字林也。【説文解字六書疏證卷一】

◉許　慎　祳社肉。盛以蜃。故謂之祳。天子所以親遺同姓。从示。辰聲。春秋傳曰。石尚來歸祳。時忍切。【説文解字卷一】

◉馬叙倫　沈濤曰。廣韵引至同姓止。惟盛下有之字。嚴可均曰。當作春秋曰。此定十四年經也。漢時經傳別行。不得以傳統經。䂂下箏下無傳字。乃舊本也。餘皆後人輒加。嚴章福曰。親遺二字誤倒。當乙轉。爾雅釋親族。舅弟之子相謂曰爲親同姓。王宗涑曰。左成十三年傳注。脤宜。社肉也。盛以蜃器。故曰脤。竊謂脤器當作蜃器。謂器之飾以蜃灰者。胡仲漂曰。从㕓省。吴錦章曰。社字係胙字之誤。辰聲當爲㕓省聲。倫按周禮掌㕓。祭祀共㕓器之㕓。然則㕓器自如王説也。此从示辰聲。社字吴説是也。盖胙字或改爲祚。譌爲社。然胙肉以下十七字校者所加。春秋以下亦校語。本訓挩矣。或此字出字林也。【説文解字六書疏證卷一】

祴

◉許　慎　祴宗廟奏祴樂。从示。戒聲。古哀切。【説文解字卷一】

◉王國維　九夏皆金奏之樂。儀禮夏皆作陔。天子諸侯于賓入及初酬及賓出皆奏之。又賓禮在路寢段。特言其一端耳。【劉盼遂記説文練習筆記　國學論叢第二卷第二號】

◉馬叙倫　桂馥曰。韻會引鍇本樂作夏。倫按宗廟奏祴樂上疑有奪文。此盖校語也。字或出字林。【説文解字六書疏證卷一】

禡

◉許　慎　禡師行所止。恐有慢其神。下而祀之曰禡。从示。馬聲。周禮曰。禡於所征之地。莫駕切。【説文解字卷一】

◉馬叙倫　嚴可均曰。周禮無此語。王制文。議删周字。桂馥曰。周禮曰云云。疑後人加之。王筠曰。上言所止下不當言下而祀之。下當作表。春官肆師甸祝夏官大司馬皆言表貉。大司馬注。鄭司農云。貉讀爲禡。倫按疑挩本訓。存校語耳。或字出字林也。【説文解字六書疏證卷一】

◉尤仁德　釋文：罵(禡)𣪘(鼎)歲，㐀(丘)陲公伺罠所造。冶己女(如)。

第一字从网馬聲，隸定作罵(駡)，在此讀爲禡，徐鍇《説文系傳》：「禡之言駡也。」可證。《説文解字》：「禡，師所止，恐有慢其神，表而祀之曰禡。从示馬聲。」(據王筠《説文句讀》)《詩・大雅・皇矣》：「是類是禡」傳：「於内曰類，於野曰禡。」《禮記・王制》：「天子將出征。類乎上帝，宜乎社，造乎禰，禡於所征之地。」注：「禡，師祭也，爲兵禱。」《周禮・春官・小宗伯》：「若軍將有事，則與祭。」注：「謂軍祭表禡，軍社之屬。」禡古通貉。《周禮・春官・肆師》：「凡四時之大甸，獵祭表貉，則爲位。」注：「貉，師祭也。」疏：「凡言祭者，祭先明是先世創首造軍法者也。云禱祈使師有氣勢，望得所獲增益十倍。《史記》黄帝與蚩尤戰於涿鹿之野，俱是造兵之首。案《王制》云，天子將出類乎上帝。注云『帝謂五德之帝』，是黄帝以德配類，則貉祭。」據知，禡爲軍師於所征之地，祈禱黄帝，以求征戰兵勝之祭名。《史記・楚世家》：「楚之先祖，出自帝顓頊高陽。高陽者，黄帝之孫，昌意之子。」那麽，戈銘禡係楚人祭先祖黄帝之祀。《北史・隋煬帝紀》：「親御戎服，禡祭黄帝。」殆即晚周禡祭的遺緒。

鼑从鼎从止，是其異形别構。金文中的器名復加「止」者，如爵作㲻（史獸鼎）、鬲字作𩰫（鬲簋），均屬同例。戈銘鼎字增止爲義符，取止足行走之義，即指軍師行旅征伐時所用之鼎。麥鼎銘：「麥錫赤金，用作鼎，用从井（邢）侯征事。」陳公子甗銘：「作旅甗，用征用行。」皆可證。

歲字與楚鄂君啟節等楚器歲字結構相同。

楚人紀年，常以戎事或特殊事件名之。如鄂君啟節銘：「大司馬昭陽敗晉師於襄陲之歲」（陲不釋陵，説詳下）；楚鎬銘「秦客王子齊之歲」等。戈銘「禡鼎歲」，即用征行之鼎作禡祭之年，亦是以事紀時之詞。【楚伺睘戈考釋　考古與文物一九九六年第四期】

禂

◉許　慎　禂禱牲馬祭也。从示。周聲。詩曰。既禡既禂。都皓切。䮞。或从馬。壽省聲。【説文解字卷一】

◉王國維　鄭必易杜者。以牲皆家畜。獵者野畜亦一證也。盼遂謹按。禱字冠下牲馬二事言之。猶言禱牲祭禱馬祭也。古文自有省字之例。而自來解者皆未了此。【劉盼遂記説文練習筆記　國學論叢第二卷第二號】

◉馬叙倫　鈕樹玉曰。鍇本詩曰上有臣鍇按三字。則引詩非説文。沈濤曰。詩吉日釋文爾雅釋天釋文並云。既禱。説文作禂。則不得云許書無引詩語也。小徐本蓋傳寫誤衍臣鍇按三字。王筠曰。禱字絶句。劉盼遂曰。禱字冠下牲馬二事。猶言禱牲祭禱馬祭也。倫按嚴章福謂詩爾雅釋文但證既禱字許書作禂。不謂許引詩語。況許本無引經也。上祭字下引禮記曰。雩祡祭水旱。上亦有臣鍇按三字與此同。亦鉉取鍇引附入而删去臣鍇按三字之證。周壽聲同幽類。故詩以禱爲禂。然周禮甸祝。禂牲禂馬。杜子春訓禂爲禱。謂爲馬禱無疾。爲田禱多獲禽牲。而鄭玄讀禂如伏誅之誅。謂爲牲祭求肥充。爲馬祭求肥健。如杜説禂爲禱之轉注字。如鄭説爲祭名。倫謂廣韵。禂。牲馬祭也。無禱字。則禱下盖捝也字。禱也牲馬祭也二義。一用杜義。一用詩吉日傳義。傳義與鄭同。然二義似皆非本訓。又疑禱字是校者注以釋禂之音者。或此字出字林。

䮞　桂馥曰。篆當作䮞。段玉裁曰。此字从馬則不該。云𠷎聲足矣。不當取省聲。倫按古壽周同聲。則禂或可从壽得聲。然从馬則不晐祭義。盖後人因訓馬祭而詩既禂字又作禱。妄作此字加於禂下也。【説文解字六書疏證卷一】

社 社

社 說文古文作䄯 中山王䁠鼎 【金文編】

210 248 【包山楚簡文字編】

社 日乙一六四 【睡虎地秦簡文字編】

說文社字古文从坴臧—☐(丙8:目2) 【長沙子彈庫帛書文字編】

長社侯相 【漢印文字徵】

漢梧臺里石社碑頟 【石刻篆文編】

社 社 社 【汗簡】

古孝經 古老子 籀韻 並說文 【古文四聲韻】

◉許 慎 社地主也。从示土。春秋傳曰。共工之子句龍爲社神。周禮二十五家爲社。各樹其土所宜之木。常者切。䄯古文社。【說文解字卷一】

◉商承祚 說文「䄯。古文社。」案☐應作☐。論語。「夏后氏以松。殷人以柏。周人以栗。」此从木土。各树其土所宜木也。【說文中之古文攷 金陵大學學報四卷二期】

◉馬叙倫 鈕樹玉曰。繫傳土下有聲字。韻會無。顧廣圻謂韻會引說文頗多改易。並不如近人所說盡用鍇本。此亦其一條矣。周禮無二十五家之文。王念孫曰。鍇本土下有聲字。社古音土。故从土得聲。左傳閔二年。間于兩社。爲公室輔。漢書叙傳。布歷燕齊。叔亦相魯。民思其政。或金或社。白虎通。社不謂之土何。變名爲社。別於衆土也。皆讀社爲土。則社之从土得聲明甚。今鉉本刪去聲字。非是。宋保曰。社从示土。土亦聲。古讀社如處。與土音近。故亦从其聲。今韻轉入馬者。魚歌兩部之轉音。非古音也。胡肇椿曰。甲骨文有☐字。其文曰。貞☐五牛。貞☐十牛。當即原始社字。从木从土。韓非外儲說。君不見夫爲社者乎。樹木而塗之。鼠穿其閒。掘穴託其中。熏之則恐毁木。灌之則恐塗阤。可見社之爲制。即以土塗於木。倫按原始之社。其義乃爲民衆會集交易之地。而以木爲標幟。木非一。則塗其一以喻衆。故其字从木。⼁指所塗也。爲社之樹不得翦伐。故爲社之樹特大。莊子人閒世。匠石至齊。見櫟社。其大蔽數十牛。説苑奉使。楚使問齊大社。樹。淮南説林。侮人之鬼者。過社而伐其枝。並其證也。後則如劉向説。有垣無屋。樹其中以木。今則都會及大鄉鎮率有社廟矣。蓋原始之社。本爲社會之義。而非地主。社主之字當作祏。見祏字下。若社字者。乃祀土之義。五經異義。今孝經説曰。社者。土地之主。土地廣博不可徧敬。封五土以爲社。古左氏説。共工爲后土爲社。謹按春秋偁公社。今人謂社神爲社公。故知社是上公。非地祇。鄭玄駁異義曰。社祭土而主陰氣。又曰。社者。神地之道。謂社神但言上公。失之矣。人亦謂雷曰雷公。天曰天公。豈上公也。宗伯以血祭祭社稷五祀五嶽。社稷之神若是句龍柱棄。不得先五嶽而食。又引司徒五土名及大司樂五變而致介物及土示。土示五土之總神。即社也。然則社乃祀土。故从示从土會意。祀土即从土得聲而謂之社。猶徒亦从⼟得聲。皆由語原然也。後以祀土於會集之地。而木與祀土乃合爲一。今俗邨鄉中公共之事。每於社廟集而議之。猶古之遺俗矣。故古文經傳中社字或作𥘶。殆合木與祀土爲一之字。蓋本作𥘶。變爲𥘶耳。今則𥘶字猶存而木字幾失矣。社字當依鍇本作土聲。爲形聲字。史記周本紀。畢在鎬東杜中。徐廣曰。杜。一作社。詩商頌。宅殷土芒芒。史記三代世表土作社。史記秦本紀伐蕩社。孫詒讓證爲唐杜。公羊僖十一年傳。諸侯祭土。注。土謂社也。蓋社稷字初止作土兒。後增示不耳。並社得土聲之證。春秋以下皆校語。字見急就篇。

𥘶 段玉裁曰。从示非古文也。夏竦古文四聲韻引作𥘶。當從之。王筠曰。汗簡作𥘶。从古文示。是也。倫按汗簡引尚書作𥘶。【説文解字六書疏證卷一】

◉楊樹達　示者，神事也。社从土从示，謂土神也。土爲狀名，示爲本名。國中南北鄉村多有土地祠，即社也。【文字形義學】

◉斯維至　湯禱雨于桑林，據《藝文類聚》一二引《帝王世紀》是「禱于桑林之社」，可見桑林就是桑林之社。這個「社」字很關重要。爲什麼禱雨必須于桑林之社呢？

據《呂氏春秋》高誘注説：「桑林，桑山之林，能興雲作雨也。」《淮南子》高誘注也説：「桑山之林，能興雲作雨，故禱之。」上引《左傳》昭公十六年説：「有事于桑山，斬其木，不雨。」看來桑林和雨確有密切的關係。這固然有科學的道理，但是古人所以把桑林和雨聯繫起來，是社本是祭祀先妣神、上帝和圖騰的地方。

甲骨文已有社字，作〇丨或㐭形，本象巨石。解放前曾在朝鮮半島、遼東半島發現的所謂「巨石文化」，就是用幾塊巨石堆積起來，用以祭祀。解放後，在江蘇銅山丘灣發現一處人祭遺址。據報道，這個遺址有三個時期的堆積：下層爲龍山文化，上層爲西周文化，中層爲殷商文化。人祭遺址屬于殷商文化層。整個遺址是以中部偏西的四塊巨石爲中心，圍繞着巨石發現了人骨二十具和狗骨十二具。這四塊巨石都是未經人工的自然石塊，形狀不規則，豎立土中。中心點的一塊，南北西各一塊，中間的一塊最大，略呈方柱形狀。考古學者認爲就是殷商時期的社祭，是很有理由的。甲骨文的□字正象巨石形，旁邊四點則是人祭的血四濺之形。但是這樣的巨石未必到處都有，所以有的地方只築土爲壇，而其四周或一旁必有林木：或桑林，或松柏，或枌榆，因地而異，未必都是一樣。《論語·八佾》記載：哀公問社于宰我，宰我對曰：「夏后氏以松，殷人以柏，周人以栗，曰：使民戰栗。」這顯然是信口胡說，孔子知其不然，故責備宰我說：「成事不說，遂事不諫，既往不咎。」但是我國古代東方沿海一帶，自燕、齊、魯、鄘、衛、陳、鄭以及楚諸國，都是以桑林爲社，甚至可以説這一區域是桑林文化區域。

社的崇拜起源于母系時代，本來是祭祀先妣、上帝和圖騰的地方。這一點，恐怕商周之際的人們也已經不甚清楚了，而在口耳相傳的詩歌裏卻還保存着朦朧的記憶，如他們「求年」「求雨」于方和社。方和社是略有不同的，甲骨卜辭裏都是分別祭祀的。《詩·小雅·甫田》説「以社以方，我田既臧」，《云漢》説「祈年孔夙，方社不莫」，同樣分別記載。

尚應特别指出：古代的國家就是建立在社的基礎上的。甲骨卜辭屢見唐土（社）、亳土（社）和「冢社」的記載。大概每個「邑」裏都有社，因此卜辭「作大邑于唐土」金116，亦作「帝……唐邑」（乙700），可見邑之所在必定有社，故可通用。《逸周書·作雒》篇記載：

乃建大社于國中，其……：東青土，南赤土，西白土，北驪土，中央釁以黄土。將建諸侯，鑿取其一方之土，燾以黄土，苴以白茅。

這一定是傳自上古的遺制。它可以與甲骨卜辭的「東土、南土、西土、北土」受年的記載互相印證。

因此社的起源可能要比宗廟的起源還早，换句話説，最初只有社，而後父系社會時，父權成了社會的中心，因此祭祀父系祖先的宗廟也就上升于社之上，《尚書·甘誓》説：「用命賞于祖（廟），弗用命戮于社，」《左傳》閔公二年「受命于廟，受脤于社」，已示社與宗廟的分化，因此，社之祭祀先妣、上帝和圖騰的原始意義和作用，也終于漸漸被人們所淡忘。【湯濤雨桑林之社和桑林之舞　殷都學刊增刊一九八五年第二期】

◉王慎行　社神産生以後，爲了避免其依附的外表——社主受風雨侵蝕，人們往往在它的周圍種植樹木；或者選擇樹木叢生的地方，立置社主，以顯示出陰森神密的氣氛，令人敬畏。《戰國策·秦策三》：「應侯謂昭王曰：恒思有神叢與？」高誘《注》云：「蓋木之茂者神所憑，故古之社稷，恒依樹木。」《墨子·明鬼》：「必擇木之修茂者，立以爲叢社。」《白虎通義·社稷》：「社稷所以有樹何？尊而識之，使民望見即敬之。」《獨斷》：「凡樹社者，欲令萬民知肅敬也。」至于社主周圍應栽植何種樹木，或選擇何種樹林以安置社主，典籍中有因地制宜之説：《周禮・地官・大司徒》：「設其社稷之壝，而樹之田主，各以其野之所宜木，遂以名其社與其野。」《論語・八佾》：「魯哀公問社於宰我，宰我對曰：夏后氏以松，殷人以柏，周人以栗。」《太平御覽・禮義》引《五經異義》云：「夏人都河東，地氣宜松；殷人都亳，地氣宜柏；周人都豐鎬，地氣宜栗。」由于社主的場所與樹木結成不解之緣，在文字的構形上也有所表現。「社」作爲形聲字，又可以將其形符「示」易爲「木」，而成爲「杜」字。故社與杜可能是一字的異體，抑或是古今字，有典籍和古文字可證。《詩・大雅・緜》「自土沮漆」，《漢書・地理志》作「自杜沮漆」；又《豳風・鴟鴞》「徹彼桑土」，《經典釋文》引《韓詩》作「桑杜」（郭璞注《方言》引同）。《荀子・解蔽篇》「杜作乘馬」，楊倞注云：「杜與土同。」《史記・秦本紀》「寧公二年，遣兵伐蕩社」，《集解》引徐廣曰：「社，一作杜。」此乃典籍中土、社、杜三字相通之佳證。甲骨文杜字作（七集67），金文作杜（師虎簋），均象社主豎立在木旁之形。《説文》謂「社」之古文作「袿」，既从示、又从木，是爲形聲字之形符重複例，正與「防」之古文作「埅」、「陳」之古文作「塦」者同例。以古文字形體演變規律驗之，亦可證明社、杜，均係「土」之孳乳字。從甲骨金文中未見「社」字，可知「土」字産生最早，繼之是「杜」，而「社」實爲後起字。【殷周社祭考　中國史研究一九八八年第三期】

◉戴家祥　説文「社，地主也，从示土，春秋傳曰：共工之子句龍爲社神。」按社爲土之表義加旁字，「土」讀舌腹透紐，「社」讀正齒禪紐，在形聲字的聲系中，正齒聲每每混入舌聲，以舌腹透紐爲定點，前延則爲舌端，後伸則爲舌面。例如

「是」，《玉篇》一三七「時紙切」，《唐韻》「承旨切」。禪

从糸爲「緹」，《玉篇》四二五「他禮切」，唐韻同。透

从目爲「睼」，《玉篇》四八「土系、徒系二切」。土透，徒定。《説文》作「眂」，从目氏聲。《唐韻》「承旨切」禪

又如

「石」，《玉篇》三五二「時亦切」，《唐韻》「常隻切」。禪

从手爲「拓」，《玉篇》六六「他各切」。透

從以上兩個例子看來，作爲聲原的獨體字「土」，在古代當讀正齒音，後來才分離出舌腹聲。這是漢語發展變化的特殊規律也。因爲人類長期的生産實踐，逐漸意識到土地本身和土地之神不可混爲一談。因而塑造了與本族有血緣關係的特殊人物，作爲土地之神，把自然神人格化了。這是父系氏族社會出現之後，祖先崇拜教的必然産物。這樣下去，不得不把原來的獨體象形字「土」加上表義符號「示」，以區別于土地本身的「土」。于是出現了從示土聲的形聲字，許氏所謂「孳乳而寖多也」。經過若干年

代的自發使用，在社會上約定俗成，已不復知社的聲原字原爲「土」。兩漢時代經典遺文偶然殘存着一個兩個原始字原，但是不得經師翻成俗話，没法以曉學者。經傳史記所以有異文別字，箋注學家所以有所謂文雅淺俗之別，原因就在於此。大雅緜「乃立冢土」，毛傳「冢土，大社也」；商頌玄鳥「宅殷土茫茫」，史記三代世表作「宅殷社」。春官大祝「先告后土」，鄭玄注「后土，社神也」；禮記檀弓「君舉而哭于后土」，鄭玄注「后土，社神也」；公羊傳僖公三十年「天子祭天，諸侯祭土」，何休解詁「土，謂社也。」

社主而以神靈依附的外殼而存在，社主的豎立，等于人們的生存，獲得了有力者的庇護，包括統治階級和被治階級在內，上而國都，鄉，州，遂，縣，公卿采邑，下自人們聚居的自然村落，必須各立社主。張儀説秦王曰：「今荆人收亡國，聚散民，立社主，置宗廟……今魏氏收亡國聚散民立社主置宗廟……」戰國策秦策。這就説明社主宗廟和政權有不可分割的依存關係。統治階級可以憑藉這個關係，有權殘殺戰俘或者罪犯，作爲社主的祭品。一九六五年南京考古工作者發掘丘灣遺址時，在那天然石塊所樹立的四面，共清理出二十具人骨，十二具狗骨，另外還有兩個人頭骨。這些人骨、狗骨的頭，都面向這四塊豎立着的巨石。春官大宗伯「以血祭祭社稷，五祀、五嶽」，鄭玄注「社稷土穀之神，有德者配焉」。秋官大司寇「大軍旅涖戮于社」，鄭玄注「社，謂社主在軍者也。」這就是所謂血祭的物證資料和文獻資料。

六國古文社作袿，從示而又從木，正如防之古文作堕，陳之古文作陾，在形聲字中算是形義符號重複例，從形體發展變化的規律上，進一步證明「社」「杜」「土」古本一字。詳見土、社、杜諸條。【金文大字典中】

禓 禓

◉許　慎　禓道上祭。从示。昜聲。與章切。【説文解字卷一】

◉王國維　郊特牲鄉人禓。孔子朝服立於阼。即論語鄉人難朝服而立於阼階也。注禓或爲獻。或爲儺。昜聲與獻儺音理遠隔。記當是禓从示易。則與獻儺差近。徐仙民讀禓爲儺。當由本是禓字。相傳讀儺也。師云。段説甚佳。古音獻有莎音。儺有那音。以寒部字對轉入歌。與禓之在支部者相會。【劉盼遂記説文練習筆記　國學論叢第二卷第二號】

◉馬叙倫　桂馥曰。韻會引鍇本。強鬼也。又引廣韵。道上祭。玉篇。強鬼也。道上祭也。段玉裁曰。郊特牲。鄉人禓。孔子朝服立於阼。即論語鄉人儺朝服而立於阼階也。注。禓或爲獻。或爲儺。凡云或爲者。必彼此音讀有相通之理。昜聲與獻儺音理遠隔。記當本是易字。从示。易聲。則與獻儺差近。徐仙民音禓爲儺。當由本是禓字。相傳讀儺也。金鶚曰。周官注。衍祭。羡之道中。如今祭殤。則禓字當是殤之或字。郊特牲注。禓或爲儺。此別是一字。蓋儺。索室毆疫。非道上

祲　禍

祭也。考鄭注禓字云。歐強鬼也。今無歐字誤。疑説文本有禓字。訓爲歐強鬼也。傳寫捝去之。禓字本从示易聲。今誤作禓。段先生以道上祭之禓爲索室歐疫之禓。似非。陸心源曰。獻與儺爲聲同。獻與禓爲聲轉。段氏知昜聲與虘聲難聲之不同固矣。乃造一从示易聲之字以牽就之。考昜聲與虘聲難聲亦非同部。況玉篇廣韵有禓而無禓。則其説非也。倫按昜易音同喻四。昜即从易得聲也。詳易字下。則昜聲易聲皆可也。錫从易得聲。而詩有晳釋文。禓。夕清反。又音唐。是其證。獻音曉紐。曉與喻四同爲摩擦次清音。故禓或作獻。獻儺聲同真類。故或作儺。段陸皆不達於此。然道上祭與索室歐疫是二事。則段金説可從。正以音通捉爲一耳。禓禳轉注字。禓音喻四。禳从襄得聲。襄音心紐。心與喻四同爲摩擦次清音。聲又同陽類也。強鬼字當爲魑。此與道上祭皆非本訓。蓋字林文也。字見急就篇。顔師古本。皇象本作觴。【説文解字六書疏證卷一】

◉許　愼　祲精氣感祥。从示。侵省聲。春秋傳曰。見赤黑之祲。子林切。【説文解字卷一】

◉馬叙倫　嚴可均曰。精氣感祥當作精氣成祥。宋祁校漢書匡衡傳引字林作成祥。字林本出説文也。鄭注周禮眂祲亦作成祥。丁福保曰。慧琳音義八十五引氣感不祥也。倫按祲次禍祟祅上。義自爲不祥。如嚴説則祥字當如桂馥説。桂謂祥亦謂祅怪。蓋借祥爲殃也。然精氣感祥字林説。唐人删本訓矣。鍇本引經下有是字。其他亦有加是也二字者。倫謂此類亦校者所加。侵爲祅之轉注字。祲聲侵類。祅聲宵類。古讀歸幽。幽侵對轉也。或此字出字林。【説文解字六書疏證卷一】

 禍　中山王礜壺　【金文編】

 禍　見莊子　【汗簡】

 古孝經　 古老子　  竝崔希裕纂古　【古文四聲韻】

◉許　愼　禍害也。神不福也。从示。咼聲。胡果切。【説文解字卷一】

◉吴其昌　囙者，自王先生以下，其字皆譯寫爲囙，然此字之義訓，始終至今尚無適當之詮釋。惟最近唐蘭云：「囙當讀卟。説文：『卟，卜以問疑也。』是先卜而後問。」燕釋・二。

按唐氏以爲𡆥即說文之卟字，事殆近是。然「旬亡𡆥」之文，絕無先卜後問之義，唐說殊爲奮肊塗附。卜辭所云「旬亡𡆥」「今月亡𡆥」，此「亡𡆥」之誼，自與「亡它」「亡尤」相等，此可斷言。然「它」義爲蛇，「尤」之初義，當亦係蟲類象形，此𡆥字原始之義，又果爲何物耶？今悉索卜辭「貞，旬亡𡆥」之文，蕞萃以觀「𡆥」字種種不同之異狀，則此一字之初形，實賦有下列各種之變態，舉例以概，可分四組。

以上四組各𡆥字，詳加審辯，實乃象一器皿之狀，燦陳目前，不煩詞費，不容瞽諍。其器爲盂，爲缶，爲盦之屬，殆爲上古陶罐陶甕之象形矣。李濟殷商陶器初論，著録殷虛發掘之陶器數事，其中第一圖、第二圖兩瓦罐一作□形，一作□形，正與□……諸相肖。又著録殷虛發掘之陶器殘片其中第五殘片，其剖面作□形，其正面作□形，則其器正與□……諸字相肖。此尤可爲𡆥字之原始初文，乃爲陶缶象形之顯證。又卜辭成語之「往來亡𢀛」亦間有作「往來亡□」，鋏·六·二六一·三。此尤可爲「亡𡆥」之誼，與「亡它」「亡尤」相等之顯證。然而瓦缶之象形，與「亡它」「亡尤」之義，何以相涉？此則未可知矣。惟可委曲隱微以推見者，卜辭又云：「壬午卜，穷貞：禽□……」□而可擒，則□自必爲虺蛇之屬，而「亡□」與「亡它」「亡尤」，宜相等矣。見林·二·二·四。卜辭又云：「貞聶□……」「聶允□……」録·一·五·三。□字與聶字連文，故即疑□字最初之義，殆本爲儲蛇虺之陶缶之媷名歟？故得碻象缶形，而又碻與「亡它」相等矣。易云：「盈缶有它。」比初六爻辭。斯其誼也。【殷虛書契解詁　武大文哲季刊第四卷】

◉陳夢家　卜辭習見一關於占卜之字曰𡆥，或增口作𡆹，甲骨文編以𡆹隸占字下，以𡆥坿於固後，而其坿録十九頁下並出𡆥字。𡆥固二字，諸家所釋皆未嘗解其構形之所從來，故異說紛然，莫衷一是，惟王國維讀𡆥爲咎，差爲得之。余作古文字中之商周祭祀，乃釋𡆥爲冎（燕京學報十八期頁一四五註廿二），本骨肯形，同音叚借爲咎，孳乳爲禍爲過；其後讀唐蘭先生所著古文字學導論下頁廿八釋金文過伯𣪘之過，魚匕之禍，以爲皆从□，與余之冎骨源于𡆥字之說異，曾爲文以辯之；最近獲讀戴蕃豫君釋亾𡆥一文，引篇海龍龕手鑑發現𡆥之音讀爲咎爲其九反，証王氏釋咎之不誤，于是𡆥之音讀乃得確定；惜其于𡆥字字形來源衍變，未有說明，因重整舊稿，作釋冎。

𡆥之最初象形作□，象卜骨上有卜兆形，中央研究院史語所集刊四本二分董作賓釋譚坿繪殷虛卜骨作□縮小形，與卜辭𡆥字相同，故知𡆥者卜骨之形也。

卜辭之𡆥其形類甚多，約而分之，有二大類，甲式作□□，簡作□，乙式作□□，簡作□。

由甲式衍變，爲金文明公𣪘「魯侯有𡆥工」之𡆥，秦刻石泰山刻石「男女體順」之「體」所从之「骨」从𡆥。由乙式之衍變，爲金文過伯㲉之過从ㄎ，魚匕「𥝬入𥝬出」之𥝬从ㄎ，與秦刻石體所从之囚略同，其左右兩直中斷。説文「冎，剔人肉置其骨也，象形，頭隆骨也。」小篆作冎則由卜辭囚譌變而來，且顛倒其上下矣。

過伯㲉从冎不从咼，知古文咼本作冎，口乃後加，猶卜辭商周二字本不从口也。故知説文之過禍皆當从冎，而過禍實冎之孳乳字也。冎爲卜骨之形，引申爲骨，故小篆骨字从冎有肉者亦冎字之孳乳字也，骨之从肉乃其義符。説文又有肯字，作肎，注曰「骨間肉肎肎箸也，从肉咼省」，與冎字註「肉之竅也从冎有肉」相同，莊子養生主「技經肯綮之未嘗」，釋文引字林「作肎，口乃反」，其音與骨亦近，是骨肎實即一字，説文於肯字下別注「一曰骨無肉也」，而古文肯字作肎，肎者亦从冎所譌變，漢華山亭碑綏民校尉熊君碑肯字作冐，從囚乃卜辭作囚之省，是肯骨皆从囚。

篇海「囚音舅」，龍龕手鑑「囚，其九反」，舅與咎聲近相叚，説文「咎，災也」，易繫辭「無咎者善補過也」，洪範「其作汝用咎」疏「咎是過之別名」，詩北山「或慘慘畏咎」，箋「猶罪過也」，是咎與過同義。説文「禍，害也，神不福也」，禍即過也。卜辭凡言「亾囚」皆謂亾咎亾禍亾過也，凡言「鳳不隹冎」（鐵一八八・二）、「今日鳳冎」（上三一・一四）、「今辛未大鳳，不隹冎」（前八・一四・一），皆謂風不隹禍，風禍也。

卜辭冎或从丂作㱙，戩壽堂（四八・八）「子又㱙甫今……」，疑即歺之別構，《説文》「歺，腐也，从𣦵丂聲」而𣦵「从半冎」，是𣦵冎同爲骨類；又習見一術語曰「今冎𠀠九㞢」（前三・廿八・一及四・三七・五），从止冎，疑即過字，卜辭𨑒作豈，與此同例。

卜辭冎又叚作器名，戩（四六・三）「……寅三旬冎三」，明義士藏骨「癸丑三冎一槃一口」，冎即楇也。《説文》「楇，盛膏器，从木咼聲，讀若過」，《方言》九「車釭，齊燕海岱之間謂之鍋，或謂之錕，自關而西謂之釭，盛膏者乃謂之鍋」，《史記・孟荀列傳》「炙轂過髡」，《集解》云「劉向別録過字作輠，輠者車之盛膏器也」，《索隱》云「盛脂之器名過，與鍋字相近」。卜辭謂三楇一槃，與槃對言，必器名無疑，竊疑骨本中空，古或有以之盛膏者猶今人以羊角盛物，故謂之冎也。【釋冎　考古社刊第五期】

◉郭沫若　𡆥當卽咼字，説見下片自明。

第一四二八片　「癸卯…乙…𠀠…癸丑貞旬亡囚。　癸酉貞旬亡火。　癸卯貞旬亡囚。　癸酉貞旬亡囚。」（右行）

囚字余舊釋爲繇，以其字象卜骨呈兆之形。後於骨臼刻辭得「四♀㞢一凸」之一例（林二・卅・一二）。釋凸爲冎謂卽骨窠（古代銘刻彙考續編一〇葉）。凸卽此ㄖㄖ字之草率者，其字簡略出之則爲ㄖㄖ諸形，因疑凡卜辭「亡囚」字均是「亡冎」，讀爲無禍，但苦無確証。今得本片，此疑乃斷然証實矣。卜辭「貞旬亡囚」之辭不計其數，然本片第三辭獨云「貞旬亡火」。火禍同紐，而音亦相近，古音火蓋讀如huai燬，猧蓋讀如hua化，故得通假。是則𡆥之爲冎，爲猧，確不可易矣。𡆥字入帝乙時代則代以□字，其字从一獸形，似犬而實非犬，余初釋爲猷，今案實象形冎聲，乃猓然之猓也。文選吳都賦「狖鼯猓然」，劉注「猓然猿狖之類」。狖之爲物仰鼻長尾，與所从象文形正相當。故□必爲猓，而以同音假借爲猧。如此則字字順適矣。（莊子逍遥遊篇「適莽蒼者三飡而返，腹猶果然」，言腹如猓然之肥滿也，舊未得其解。）【殷契粹編】

◉馬叙倫　田吳炤曰。禍形聲字。小徐本咼上誤衍從字。倫按禍害以雙聲爲訓。神不福也。是本義。然此四字校語。字見急就篇。【説文解字六書疏證卷一】

◉嚴一萍　□冎　此字繒書右下角欠明，細辨之，乃與甲骨成語「亡冎」之□形近。冎爲禍之初文，繒書此字，當即禍字。説文：「禍，害也，神不福也。」論衡：「累害來，不由我，故謂之禍。」災禍所藏非人可得知，繒書當是此義。【楚繒書新考　中國文字第二十六册】

◉于省吾　甲骨文𡆥字作□、□、□等形，晚期作□。𡆥字不見於説文，其造字本義待考。舊釋𡆥爲禍爲冎爲骨爲卟爲戾爲凶，均臆測無據。又舊也讀亡𡆥爲亡咎，可信，但無佐證。晚期甲骨文常見「亡徃才猷」和「亡徃自猷」之貞，郭沫若同志釋繇一文讀猷爲繇（□），頗有道理。𡆥字的音讀，可于周代金文、西漢竹簡和後世字書得到驗證。今特分别加以引述：一、周代金文魯侯簋：「唯王命明公遣三族伐東國，才□，魯侯又（有）𡆥工。」𡆥字金文編誤釋爲卟（稽）。𡆥工郭沫若讀爲猷功（《殷周銘文研究》三九）。這是説，魯侯奉王命率三族以伐東國，既有謀猷又有功勳。二、前年羅福頤同志以所著臨沂漢簡佚書零拾見贈。其中務過篇殘簡，有「堯問許𡆥曰」之詞，許𡆥二字凡三見，其即許由無疑。由此可見，西漢時還借𡆥爲由。三、龍龕手鑑口部上聲有𡆥字，音「其九反」。這是由于古音往往平上不分的緣故。總之，依據以上三項證明，則甲骨文之以𡆥爲咎，以猷爲繇，周代金文之以𡆥爲猷，漢簡之以𡆥爲由，字書之音𡆥爲「其九反」，均屬古韻幽部。其音讀之遞嬗相承，由來已久。然則前文所引各種誤釋，便没有重加辯駁的必要。【釋𡆥　甲骨文字釋林中卷】

◉黄錫全　□禍　《玉篇》、《集韻》殈，並與禍同。戰國文字偏旁每每變換不拘，如侯馬盟書夷字本作□，或从土作□，从彳作□，又从𣦵作□。因此，殈當是禍字别體。典籍禍又作旤。中山王壺禍作□。《説文》正篆作□。

□　禍　馮本作□是，此少一畫。夏韻果韻録《古孝經》禍作□，《古老子》作□。前録林罕《集綴》禍作□，此脱注，參見歺部。

□禍見莊子　説文「猧，屰惡驚詞也。从𠂒，咼聲」。𠂒旁在左在右不别。《史記·賈生傳》「福兮禍所伏」，索隱：「此《老子》之言，然『禍』字古作既。」郭見《莊子》作既，取之以隸作古，今本作禍。甲骨文有𡆥(佚950)字，或釋禍。中山王壺禍作𥚃。【汗簡注釋卷一】

◉戴家祥　說文一篇「禍，害也。神不福也。从示咼聲。」按許慎所釋可从。說文二篇「咼，口戾不正也。从口咼聲」。「口戾不正」即禍害所象。从示，乃禍害來自神的懲罰。論衡累害「來不由我，故謂之禍」，即此之謂。【金文大字典中】

祟

祟 日乙二一六　祟 日乙二〇六　五例【睡虎地秦簡文字編】

◉許　慎　祟神禍也。从示。从出。雖遂切。　𥜎 籀文祟。从𥜎省。【說文解字卷一】

◉陳邦懷　敊即祟之古文，說文解字隸从隶，柰聲，篆文作隸。段註云：「此曰篆文，則上古文也。」段說極是。又欠部「歀意有所欲也，從欠，𥜎省。」或作款。許君曰：「𥜎或从柰。」許君所謂或體款，蓋即古文款也。以此例之，知卜辭敊字實爲𥜎之古文，殆無可疑。羅參事疑出乃木之譌，偶未照耳。【殷墟書契考釋小箋】

◉馬叙倫　鈕樹玉曰。从出篆當作𥘷。韻會出上無从字。王煦曰。當作从示出聲。經傳出字多讀如吹。乃舌音也。王筠曰。一切經音義四引。神禍也。謂鬼神作災禍也。謂字以下庾注。丁福保曰。慧琳音義五十七及七十八皆引作神爲禍也。卅一及五十六及八十二引同此。卅一及七十八引皆作从示。出聲。倫按出音穿紐。古讀歸透。爲舌尖前次清破裂音。祟音心紐。爲舌尖前摩擦次清音。是王說是也。楊雄長楊賦。西厭月𧍪。服虔曰。𧍪音窟穴之窟。顏延年詩。月竁來賓。月竁即月𧍪。則出音與竁同。上文𥜬讀如舂麥爲𥜬之𥜬。𥜬音清紐。與心同爲舌尖前音。舂麥爲𥜬字當作臿。臿音亦穿紐。尤可證也。鍇本盖捝聲字耳。祟爲禍之轉註字。禍从咼得聲。咼音溪紐。出音古讀歸透紐。溪透皆次清破裂音。咼从冎得聲。冎骨一字。骨出聲同脂類。神爲禍也者。本作禍也。謂鬼神爲災禍也。傳寫捝之。謂字以下校語或字林文。字見急就篇。

𥜎　从祝出聲。从𥜎省校語。【說文解字六書疏證卷一】

◉許　慎　祅地反物爲祅也。从示。芺聲。於喬切。【說文解字卷一】

◉馬叙倫　鈕樹玉曰。繫傳作䄏。倫按篆當作祅。二徐本皆譌。地反物爲祅者。本左宣十五年傳文。然疑捝本訓。存校語耳。古書多作妖。漢書作祅。字蓋出字林。【說文解字六書疏證卷一】

祘 祘

◉曾憲通 □ 卉木亡尚是胃宎乙二・四 □ 五宎之行乙五・二三 □ 上宎乙六・五 □ 隹天乍宎乙一〇・一六 此字或釋夷，或釋災，嚴一萍氏引龍宇純始釋作宎而讀爲妖。古璽文「趙宎」字作□，與帛文同。帛文解釋宎的意思是「卉木亡常」，與《説文》訓地反物爲祅同意，因知帛文宎《説文》作祅。吳九龍據銀雀山漢簡和馬王堆帛書之夭字作□，確定此亦夭字。【長沙楚帛書文字編】

◉吳郁芳 包山二號墓墓主昭佗在因病「不甘食」時，常常祭一個名爲「蝕祆」的神，祭品往往是一整頭豬，如簡211號、227號所載。「蝕祆」有時也單稱祆，如簡238號、244號所載。祆字《包山楚簡・考釋》未釋，僅照簡摹寫，筆者據其字形，以爲可隸定爲祆，也可作飫。「蝕祆」之蝕，《考釋404》謂「虧毁爲蝕」。拙見以爲蝕即食，二字通用，如日蝕、月蝕又作日食、月食。「蝕祆」即食祆或飫，是古時主進飲食的神。《禮記・曾子問》「攝主不厭祭」。鄭玄注曰：「厭，厭飫神也。」楚人故有祭禱食神的風俗，如《説文》「膢」下曰：「楚俗以二月祭飲食也」。又如《風俗通・祀典》亦謂：「楚俗常以十二月祭飲食也」。這個職掌進食的飫神，應當就是《包山楚簡》中的「食祆」。【包山楚簡卜禱簡牘釋讀 考古與文物一九九六年第二期】

◉許 慎 祘明視以筭之。从二示。逸周書曰。士分民之祘。均分以祘之也。讀若筭。蘇貫切。【説文解字卷一】

◉林義光 按此與筭同字，六縱四横，象布籌之形。【文源卷一】

◉馬叙倫 黄生曰。算古字作祘。象布算從横之形。偶同二示。其實不然。惠棟曰。士當依墨子作言。況祥麟曰。祘即算字。象籌算縱横之形。魏校説如此。宜自爲部。或附筭下。邵瑛曰。祘筭古今字也。一切經音義三云。筭。古文作祘。同。是也。承培元曰。逸周書本典解。均分以利之。利即祘之譌。倫按明視以祘之校語。許盖作筭也。以今釋古也。今捝。祘爲筭之初文。六書故引蜀本説文筭字古文作祘□。當入竹部。爲筭重文。逸周書以下校語。今之逸周書。漢書藝文志作周書。無逸字。許時其書亦未逸。安得曰逸周書。孫詒讓辨之最塙。段玉裁王聘珍均據此以爲許加逸字。以别於尚書中之周書。嚴可均謂逸字校者所加。皆不悟此引不出許氏也。王部引逸論語亦然。若許引經以證經有此字。所引亦當止一句。凡累至二句以上者。明皆校者所加。亦其證也。此字或出字林。故字失次。【説文解字六書疏證卷一】

◉戴君仁 説文祘字，當本結繩而造，爲象形字，非會意字。爰采許書，旁稽諸家説，草爲説祘。

說文解字示部云：「祘，明視以筭之，从二示。逸周書曰：士分民之祘，均分以祘之也。讀若筭。」又竹部云：「筭長六寸，計歷數者。从竹从弄，言常弄乃不誤也。」又云：「算數也。从竹从具，讀若筭。」按祘筭算三字本一語，實卽一字；祘爲初文，筭算均後起之篆也。謂祘卽筭之古文者，前人已多見及，而未見認筭算亦爲一字者。夫筭算二字經典通用，其詁訓僅名動之異，本是一語，形體小變，當爲同字無疑。蓋筭之解云，長六寸，計歷數者，言其物。祘之解云，明視以筭之；算之解云，數也；則均言其物之用。名動之別，可視爲一義。探本而論，字之初形應作□，乃象所以計歷數之具也。徐灝説文解字注箋曰：「祘疑卽古筭字，蓋象筭籌縱橫排列之形，戴氏侗引蜀本説文作□(見六書詁二十三卷竹部筭字)，卽□之異體。緣古文上字，或从一，或从二，遂書作祘，而與二示相似耳。」徐説是也。古字从一从二，往往無定，不獨古文上字爲然。如卜辭之□或作□，□或作□，□或作□。説文帝之古文作□，旁之古文作□(此二字疑均不从上)，而示字在卜辭中，作亍者固習見，而作丅者尤多。則戴侗六書故引蜀本説文，筭之古文作□，當確然可信其爲本有，而今傳世者奪之。其字本象結繩之形，試取□聯其上畫作□，則較然與上列之圖不異。古之結繩，爲繩與繩相結，非在一繩上作結，詳見余洪範五紀説。繩結於繩，極可能與秘魯結繩之法相同也。其訓當爲筭下之説解「長六寸，計歷數者。」而訓爲明視以筭，則誤以爲从示之故，字義中兼説字形也。蓋結繩之用，初以記歷，繼則兼史。歷數一名，見於洪範，與歲月日星辰而五，其爲表歲時之名無疑。論語天之歷數在爾躬，漢書律歷志引其文，可知義與洪範無別，而何晏謂「列次」，鄭玄謂「有圖録之名」，則以時歷無當於受命，故改爲之訓；不知歷數初與符命有關也。詳余河圖洛書的本質及其原來的功用文中。夫歷法依數而起，漢律歷志所謂「推歷生律，莫不用焉」。又云：「職在太史，羲和掌之。」是二事同官，關繫至密，故歷數相結成詞。古之表數，初當用繩，與秘魯者同；繼則用竹，筭下所云，長六寸者，指竹而言。律歷志云：「數者一十百千萬也，所以算數事物，順性命之理也……其算法，用竹徑一分，長六寸，二百七十一枚，而成六觚，爲一握。」此竹製之物，卽是筭籌。徐灝謂祘象筭籌縱橫排列之狀，乃據竹而言，實則原爲結繩駢比並列之狀。其易繩而竹之故，當由于廟堂之中，几筵之上，可以布籌，而不能引繩。且結繩之數恆固定，可計而不便筭；運籌則可以變化成馬，便于推筭。葉德輝説文讀若考云：「余謂祘卽筭之本字者，蓋卽籌筭也。竹部，籌，壺矢也。禮記投壺，一馬從二馬，此卽籌馬也。示之上爲二馬，下之川則三馬，共爲五數；二示則十數。十部首云，數之具也。數以十爲止。漢新莽布文，九爲□，八爲□，七爲□，六爲丅。蓋上以一爲五，下以川爲四，川爲三，‖爲二，丨爲一。祘爲古字，筭爲今字，故算數之算亦與筭通。」案古泉匯利集卷三，載新莽布，其文「中布六百」，六字作丅；「壯布七百」，七字作□；「第布八百」，八字作□；「次布九百」，九字作□。葉氏謂出于籌馬，實則其初當原於結繩。蓋初民數之觀念，起于手指，自五以上，必兩手相益，如小兒之所爲。以繩代數，乃横綱以代一手五指，垂紀丨‖川川於其下，而成六七八九。其後以竹易繩，而爲籌馬，其用益便。莽布之文，謂象籌固可，若直謂之象繩，當更得其本意。祘本是物，原爲名詞，而可以用爲動詞，故有筭數之訓。猶籌本壺矢，可用爲數計之義，張良借前箸爲漢王籌之，乃數下之八不可，非指畫籌度之謂也。

夫歷爲農業所資，而數又爲歷紀所依，製歷授時，爲古代王者所急。説文序謂「及神農氏結繩爲治，而統其事」，明至農業時代乃始重歷數也。漢書律歷志引書曰：「先其算命。」師古注：「逸書也，言王者統業，先立算數，以命百事。」竊謂顏氏釋算甚當，而解命未允。算與命爲二事，皆古王者所先。算卽數，亦卽歷數；命乃天命，謂符瑞也。王者必承受天命，乃得御宇內，必協用歷數，乃得安百姓。萬務莫急于是二者，故在所先也。余爲五紀説及此篇，溯源結繩，以明先算之意；爲禹錫玄圭解，及河圖洛書之文，歸本符瑞，以明先命之意。二者爲遠古政治上之大事，倘亦爲研究古史者所不廢歟！【説示 中國文字第二十一冊】

禁 禁

 禁 秦一九三 八例 【睡虎地秦簡文字編】

 宜禁春印  陳禁私印  孫禁印  王禁  段禁 【漢印文字徵】

 古老子  古孝經 【古文四聲韻】

◉許　慎　禁吉凶之忌也。从示。林聲。居蔭切。【説文解字卷一】

◉林義光　按本義爲禁令之禁，故从示。【文源卷十一】

◉馬叙倫　吉凶之忌也非許文。凶有忌。吉亦有忌乎。倫疑祓祘禁禫四字皆後人加之。或許書經傳寫到亂。故字失其次而説解多捝。後人拾補如此。禁盖祲之聲同侵類轉注字。忌也者引申義。禁字借爲遮或遏。【説文解字六書疏證卷一】

禫 禫

◉許　慎　禫除服祭也。从示。覃聲。徒感切。【説文解字卷一】

◉馬叙倫　鈕樹玉曰。韵會引也作名。倫按鈕及段玉裁嚴可均許槤並謂此字後人所補。以許書讀若三年導服之導凡三見。而鄭玄注儀禮士虞古文禫或爲導也。黄以周則謂據鄭注作導者古文或體也。古文自作禫耳。倫謂此字呂忱所補。韵會引作除服祭名。即後補之證，字林每言名也。後文多有其證。【説文解字六書疏證卷一】

◉唐　蘭　　前八、八、一片　此字舊僅摹其半，作，非是。　丙午卜，王，余禫女冂匕。己食，弖葡女冂食。

右禓字，即禫。説文：「禫除服祭也。从示，覃聲。」據卜辭則本從𣅀聲，後世改从覃耳。此字昔人失録。【殷虚文字記】

禰

◉徐　鉉　禰親廟也。从示。爾聲。一本云古文禰也。泥米切。【説文解字卷一】

◉王國維　後世藝祖卽禰祖。尚書能邇或作能昵可爲藝通於禰之證。【劉盼遂記説文練習筆記　國學論叢第二卷第二號】

◉柯昌濟　説文無䄫字。䄫或禰之古文。皃爾皆一聲之字。禮記王制假于祖禰。堯典格于藝祖。本或作祖禰。是也。【韓華閣集古録跋尾】

祧

◉徐　鉉　祧遷廟也。从示。兆聲。他彫切。【説文解字卷一新附】

◉吳承仕　春官叙官。守祧。奄八人。女祧。每廟二人。注。遠廟曰祧。周爲文王武王廟。遷主藏焉。守祧職。掌守先王先公之廟祧。注。遷主所藏曰祧。先公之遷主。藏於后稷之廟。先王之遷主。藏於文武之廟。故書祧作濯。鄭司農濯讀爲祧。尋鄭注遠廟曰祧。語本祭法。后稷文武廟。對親廟言之。皆遠廟。又以藏遷主。故云遷主所藏曰祧。遷主所藏何以名祧。祭法注説之曰。祧之言超也。超上去意也。鄭意蓋讀祧如跳。猶漢高帝紀所云漢王跳矣。晉灼注。跳。獨出意也。又索隱引通俗文。超踊爲跳。正與超上去同意。然有不可通者。周七廟通姜嫄爲八。守祧。奄八人者。廟一人。故八人也。七廟中有親廟四。親廟無超上去之義。則名實不相應。又祭法。曰考廟。曰王考廟。曰皇考廟。曰顯考廟。皆月祭之。遠廟爲祧。有二祧。享嘗乃止。誠如鄭義。遷主所藏曰祧。是始祖廟亦當名祧。然經記明文無正言始祖廟爲祧者。又聘禮云。不腆先君之祧。左氏襄九年傳。以先君之祧處之。二十三年傳。失守宗祧。鄭杜皆説爲遠祖廟。猶可言也。若昭元年傳云。其敢愛豐氏之祧。則禰廟耳。禰廟無超上去之義。惠棟讀説文記曰。左傳言祧。皆非遷廟是也。又后稷文武之廟。雖爲遷主所藏。而太祖及文武世室。自爲不遷之廟。今取超上去之義。爲百世不遷之廟名。以所稱能。乖剌尤甚。承仕竊謂鄭君説廟制及祧字之義。皆非也。祭法。親廟曰廟。遠廟爲祧。去祧爲壇。去壇爲墠。廟之言貌也。祧之言兆也。營域曰兆。封土而高曰壇。委土而平曰墠。事鬼之禮。以遠而殺。廟有堂有寢。祧有堂無寢。制簡於廟。壇則似堂。墠僅除地。又簡於兆。四者皆爲質名。則祧之爲兆。灼然無疑。壇墠疏遠。非歲時所有事。故經典多言廟祧。少言壇墠。祭法親廟爲廟。遠廟爲祧。此對文之例也。局言堂室則曰廟。通斥封域則曰祧。廟祧得互言之。故守祧猶云守廟。宗祧猶云宗廟。此散文之例也。廟稱廟祧。讀爲兆。猶宮稱宮兆。墓稱宅兆。此連文之例也。廟兆之字。本爲封域。神其事則孳乳爲祧。猶之設緜蕝爲營。神

祆　祉　三

其事則爲禜。封土除地爲墠。神其事則爲禪。燔柴升煙爲煙爲柴。神其事則爲禋爲祡矣。尋鄭君說祧不了之故。蓋謂周七廟爲權制。以文武充二祧之數。二祧以藏遷主。而二祧又自爲不遷之廟。故能所亂名守漫而莫能理也。今誠依劉子駿王子雍說。后稷爲太祖廟。文武爲世室。猶殷之三宗。此三廟皆百世不遷。高祖之祖高祖之父爲二祧。高祖以下爲四親廟。此六廟皆以時而遷。由是刪定。則二祧爲遠廟者。對四親廟言之也。散文則親廟祧廟始祖廟皆得名祧。祧之字本於兆域。亦無超上去之義。【釋祧　制言半月刊第三期】

◉徐　鉉　祆胡神也。从示。天聲。火千切。【說文解字卷一新附】

◉徐　鉉　祚福也。从示。乍聲。臣鉉等曰。凡祭必受胙。胙即福也。此字後人所加。徂古切。【說文解字卷一新附】

前一·七·二　前六·二·三　菁五·一　粹一一八三匚　見合文二　佚二六〇三祖丁　見合文八　前一·一九·三三祖庚　見合文八　後一·一八·三　三丰　見合文一六　甲三五七六　三百　見合文一七　乙六五八一　三千　見合文一七　粹一一七一　三萬　見合文一七　佚二一八　三人　見合文一八　存一七九四　三羌　見合文一八　甲一八八二　三牛　見合文一九　零一　三豕　見合文二〇　後二·九·四　三豆　見合文二三　甲七四七　三牢　見合文二一　續一·一九·五　三壳　見合文二二　粹二三五　三牡　見合文二二　河七八　三告　見合文二六　乙二三九　三月　見合文二七　乙一九八四　反三旬　見合文二九　後一·二〇·一二　三祀　見合文二九【甲骨文編】

甲1949　乙6672　6732　7445　7731　7797　8658　珠1　402　628

1048　佚40　570　872　882　917　983　989　續1·5·1　續1·23·5徵
3·150　續1·44·6　徵3·8　3·47　3·60　3·70　3·150　4·3　430
8·15　8·16　8·18　8·21　8·46　8·48　8·49　8·50　8·94　11·47
京4·3·3　凡10·3　書1·8·G　粹597　新1597　【續甲骨文編】

三　天亡簋　明公簋　趞尊　中乍且癸鼎　盂鼎　井侯簋　呂鼎　矢方彝　師旂
鼎　舀鼎　免簋二　大鼎　無㠱簋　㝬鐘　史頌簋　頌鼎　散盤　兮甲盤
善夫克鼎　鄂君啟舟節　中山王罌兆域圖　【金文編】

3·1陳補三立事歲右廩釜　3·19陳导三莫昜　4·17廿三年三月左匋君　1·27獨字　2·28同上　5·488
同上　2·29獨字　5·504廿三　【古陶文字徵】

〔一九〕　〔三六〕　〔四〕　〔四七〕　〔四〕　〔六七〕　〔四〕　〔四三〕　〔六三〕
〔二二〕　〔六七〕　〔一九〕　〔六七〕　【先秦貨幣文編】

布尖　武安背晉高　布尖　平州背晉原　布尖　郛背晉高　布尖　西都背晉高　布方　鄺背晉祁　刀弧
背　左三冀靈　布方　鄺背晉高　刀折背8三冀靈　布尖　西都背晉原　布折背　左大三典一〇九三　刀折
背　左三典一〇八三　【古幣文編】

一五六：七　宗盟類不守三宮孤例　疑爲二宮寫誤　【侯馬盟書字表】

116【包山楚簡文字編】

三 效六 五十六例 法七 一百二十一例 編三 八例【睡虎地秦簡文字編】

—月(甲3-28)、—寺是行(甲6-6)、—寺□旨(甲6-15)、—死夔(甲8-25)、—曰習黃難(乙4-21)、奠—天(乙6-12)【長沙子彈庫帛書文字編】

0290 0291【古璽文編】

三封左尉 萬歲單三老【漢印文字徵】

開母廟石闕 三□□入 祀三公山碑 斗米三錢 漢三公山碑額 陽識 袁安碑 永平三年 少室石闕 三月

三日 博塞 漢日晷 天璽紀功碑 吕□月廿三日 禪國山碑 卅有三 石經 僖公三月丙午

漢趙寬碑額【石刻篆文編】

三 三見尚書說文【汗簡】

古孝經 同上又貝丘長碑及古尚書 雲臺碑 同上 汗簡【古文四聲韻】

◉許 慎 二天地人之道也。从三數。凡三之屬皆从三。穌甘切。弎 古文三。从弋。【説文解字卷一】

◉羅振玉 古金文一二三字均與此同。説文解字一二三之古文作弌弍弎。乃晚周文字。錢先生大昕汗簡跋云。作字必先簡而後繁。有一二三。然後有从弋之弌弍弎。而叔重注古文於弌弍弎之下。以是知許所言古文者。古文之別字。非弌古于一也。【增訂殷虚書契考釋】

◉丁 山 夫艸昧之世，人知陋索，凡一二所不能盡者，每每約之以三，易曰「利市三倍」，論語曰「三思而後行」，孟子曰「食李三咽」，史記「三仕三見，三戰三走」，皆以三見其多，蓋猶上世之遺。數目之語雖甚古而上世紀數之術，每以二爲偶進而以三示多；多而無別，則仍不足弭多寡之較也，于是文有四五六七八九十；四承三形積畫爲亖；自五以下非不可積畫也，其事繁，其勢不便，積畫爲𠄡不若借乂之爲簡易也；積畫爲亖不若借八之爲簡易也；七八九準是。故言我國數名，一二三亖皆有專文，□□□□□皆非本字。縱一爲丨，丨之成基于十進之通術；觀數名成形之跡，亦可想見史前人類之進化矣。【數名古誼 歷史語言研究所集刊第一本第一分】

◉商承祚 金文頌鼎作亖。盂鼎作亖。說文三。「天地人之道也，从三數。弎古文三。从弋。」案一二三。金文皆同作，惟二字緻㝨君鉼从戈作獨異。吳禪國山碑一作弌。則與說文之古文同。錢大昕汗簡跋云。「作字必先簡而後繁。有一二三。然後有从弋之弌弍弎。而叔重注古文于弌弍弎之下。以是知許所言古文之別字。非弌古于一也。」其說至當。或說古人弋鳥紀數字。或以爲从弋聲。皆非。殆一二三之字。筆畫太簡。與它字不能相稱。至晚周遂加弋而填密之。是弋乃彡飾也。漢開母廟石闕及袁安袁敞殘碑一二字皆作□□。曲其下筆爲垂脚。取姿媚與配合之一證，其意與从弋同也。【甲骨文字研究下編】

◉郭沫若 第一三二六片：「庚午卜干，在𦍥山卜。一 庚午卜王，在十二月。二 庚午卜王，在十二月。三 庚午卜王，在十二月。四 庚午卜王。五 庚午卜王，在十二月。六 庚午卜王，在十二月。七 庚午卜王。八」

此一事共八卜，只紀卜者爲王。未紀所卜何事。然有可注意者爲紀卜數字之一至八。此中五六七八諸字橫刻，則是一二三亖諸字實作丨||川|||，與羅馬數字等無殊矣。【殷契粹編】

◉馬叙倫 三爲數名。象屈三指之形。當曰數名。象形。疑本作數名。从一从二。天地人之道也。乃校者注於數名之下者也。今有捝譌。頌鼎作亖。盂鼎作亖。甲文作亖。

弎 倫按詳弌字下矣。弌古文下不言从弋。此二字校語。汗簡引尚書及本書作弎。【說文解字六書疏證卷一】

◉張秉權 更有一些字，在字面上，亦卽意義上，根本看不出來任何有關「數」的觀念，但在它們的字體結構中，却蘊含着一些古人對於「數」的觀念在內。例如：□（若），□（長），□（老），□（每），□（首），□（鬥），□（眉），□□□□□（子）等字，大都祇用三根綫條，來代表人身上數不清的頭髮與眉毛，有時也有用四或五或九根的，只是比較少見，又如漁字，有時在水中畫四條魚，這些都是用「三」「四」「五」或「九」的數目來表示「很多」或「全體」的意思。又如：□（左），□（右），□（止），□（正或足）等字，都只用三根綫條來代表一手 足所有的手指和足趾。其實手指和足趾只有五根，畫五根綫條，也並不費事，然而他們只畫三根，那就表示他們已經有了以「三」的數目代表「全體」的觀念了。又如：□（木）字也祇各用三根綫條來表示樹木所有的枝枒與根鬚，□（果）字也只用三個菓實來代表樹上所有的菓子，□（桑）字也只用三片葉子來代表樹上所有的桑葉，凡是草木的枝葉和根莖，大都只取其三作爲代表。又如：□（雨）字只用三垂三點來象徵所有的雨絲和雨點，□（昔）只用三條波浪代表泛濫的洪水，(酒)字只用三斜撇代表罈子裏倒出來的酒。諸如此類的例子，在甲骨文中，不勝枚舉。那些字中所包含的「三」「四」「五」「九」等的「數」目，並非表示它們所描寫的實物，祇有此數，事實上，人的毛髮，樹木的根鬚枝葉和菓實，決不止「三」，而雨水之類也不能用「三」來計數的，所以那些文字中所包含的「數」，也可以說都是一些「虛數」。汪中釋三九説：

先王之禮制，凡一二之所不能盡者，則以三爲之節，三加三推之屬是也。三之所不能盡者，則以九爲之節，九章九命之屬是也。此則制度之實數也。因而生人之措辭，凡一二之所不能盡者，則約之三，以見其多；三之所不能盡者，則約之九，以見其極多，此言語之虛數也。實數可稽也，虛數不可執也。何以知其然也。易近利市三倍，詩如賈三倍，論語焉往而不三黜，春秋傳三折肱爲良醫，此不必限於三也。論語季文子三思而後行，雌雉三臭而作，孟子陳仲子食李三咽，此不可知其爲三也。論語子文三仕三已，史記管仲三仕三見逐，於君三載，三戰三走，田忌三戰三勝，范蠡三致千金，此不必其果爲三也。故知三者虛數也。楚辭雖九死其猶未悔，此不能有九也。詩九十其儀，史記若九牛之亡一毛，又腸一日而九迴，此不必限於九也。孫子善守者藏於九地之下；善攻者動於九天之上，此不可以言九也。故知九者虛數也。推之十百千萬，固亦如此。

這種以「三」或「九」的虛數代表「多」或「極多」的觀念，不但存在於古籍之中，而且在古文字的結構之中，亦已到處流露。可見這種觀念的發生和滋長，實爲源遠而流長，至少在文字的創造或改進的時代中，早已存在。在甲骨文中，凡是以紀數字來表達的那些「數」，大概都是實數，而在字體結構中所表達出來的「數」的觀念，却有實有虛，譬如鼎鬲爵等字中的「三」足，是實數，「二」足，是虛數，象人形的大字，「二」臂和腿都是實數，象人側視形的人字，「一」臂和腿，却是虛數，又如象草木雨水毛髮等形的「三」點、畫、撇等，都是虛數。它們不過代表「多」或「極多」的觀念而已。但章太炎先生的檢論則認爲：

又聞蠻夷人以淡巴菰二本易羊一匹，以淡巴菰十本易犢一頭，然其算數，知五而止，自五以上，無其語言，亦無會計，故見淡巴菰十本者，擴張兩手，以指切近，略知其合於二五之數，而不知其十也。又其嚚頑者，識數知三而止，及澳大利亞人，則三數猶不能憭。夫世無衡量籌算，人之紀數，固以指耳，以五指爲極數，而不能使左右相代以定位，則五以上宜不能知也。汪容甫作釋三九篇，徧徵古籍，凡欲甚言多數者，或則舉三，或者舉九。余以爲舉九者，在文教開明而後，若舉三，則上古之遺言也。當是時，以爲數止於三，無可增矣，且虙羲已有十言之教，而易言天數五，地數五，五位相得而各有合，律歷志言五六天地之中，合其他五行五色五聲五味之屬，大氐以五爲度，蓋當時亦特虙犧知十耳，元元之民，則以爲數至於五，無可增矣，後世雖漸文明，數極三五之説，傳之故老胲頰，故亦相引而弗替乎。

章氏所説的上古時代，「以爲數止於三，無可增矣」，不知他所指的上古可以古到什麼時代？而虙犧又相當於什麼時代？但我們現在已經知道，至少在距今五至六千年以前的半坡時代的人們，已經在彩陶上畫過四條腿的動物，刻過可能是「五」「七」「八」等的紀數字，以及可能是「十三」「十四」「十五」或「三十」「四十」「五十」等合文的三横一直，四横一直，五横一直等的符號或文字，這些都可以證明他們對於「數」的觀念，已經不僅止於三了，而甲骨文的使用時代，顯然比半坡時代要晚得多，我們現在雖然還不知道甲骨文的原始和創造，究竟發生在什麼時代，唐蘭認爲中國的象形文字，至少已有一萬年以上的歷史。象形象意文字的完備，至遲也在五到六千年以前，他的話雖然説得並不過份，但也只是假定而已。至於這批文字的繼續創造和改進，而形成像現在我們所看到的那些甲骨文的樣了，其時代似乎也不會比半坡更早。因此，甲骨文中所顯示出來的那些以虚數「三」或「五」等的觀念，來代表多數的現象，並不是由于創造或改進那些文字的人，對於數的認識，只能到「三」爲止，而是他們已經有了以虚數「三」或「五」等代表「多數或全體」的觀念和知識。况且在金文中，也還保存着一些較爲原始的象形字，如手和足，有時是畫着四或五根手指或足趾的。可見甲骨文中的那些只畫三根手指或足趾的字，是有意的省略，而不是無知的衹懂得畫三根。從甲骨文字的結構中，可以看出以「三」代表「多數」的觀念，已是甚爲普遍的現象。因此，我們可以知道那些文字，曾經在一定的觀念支配之下，經過一番整理和改進，這也許是荀子所謂「古之好書者衆矣，而倉頡獨傳者，一也」的具體事實。【甲骨文中所見的數　歷史語言研究所集刊46期】

◉黄錫全　弎三見尚書説文豐、内、觀、薛本三作弎，敦釋、豐本又作弎。《説文》三字古文作弎，光和斛二作弎。

彡彡思廉切　奇字亦爲三　鄭珍云：「云奇字三無所出，豈从彡之字隸變有作三者，誤言之歟。元注所出書寫脱。」夏韻談韻録《雲臺碑》三作彡，録《汗簡》作彡。古文字中三有斜書者，如彡(乙629)、彡(井侯毁)、彡(衛盉)等，與《説文》訓「毛飾畫文」之彡形，音同。【汗簡注釋卷一】

◉徐中舒　三爲記數名，甲骨文从一至四，作一、二、三、亖，以積畫爲數，當出於古之算籌，甲金文均同，爲指事字。【甲骨文字典卷一】

乙三·二一七 朱書縮印 乙三三八〇 反朱書縮印 乙七〇六四 反朱書 乙七七七·五 朱書縮印 乙七七九五 乙七六七三 反 鐵一三三·一 鐵一九八·四 菁二·一 甲二四一 甲二九一 佚三八六 福六四 掇二·一五五 掇二·二一三 後二·三一·五 甲二四三 甲三三五八 反 甲二九〇八 反 乙八六五八 前一·二·二 前一·四〇·五 佚三八三 佚二〇〇 佚一〇四 佚二六 甲七二二 甲四二六 乙八·三三四 王亥 見合文九 前五·一五·五 前一·二〇·四 前一·二〇·七 甲三九四〇 鹿頭刻辭之一 甲三九四一 鹿頭刻辭 佚四二六 雕骨刻辭 佚五一八 背雕骨刻辭 佚四二七 雕骨刻辭 寧滬一·二五〇 朱書 乙八六八八 牛距骨刻辭 【甲骨文編】

王甲26 27 45 60 102 169 243 297 318 327 354

411 427 460 506 2121 2764 2865 3358 3636 3933

3940 乙412 6310 6370 6396 6400 6408 6419 6549 6638

6666 6669 6702 6727 6743 6750 6751 6878 6964 7142 7161

7163 7183 7190 7246 7289 7304 7308 7311 7312 7348

7357 7367 7377 7386 7482 7490 7520 7575 7576 7661

7731 7736 7741 7745 7750 7762 7767 7773 7774 7782

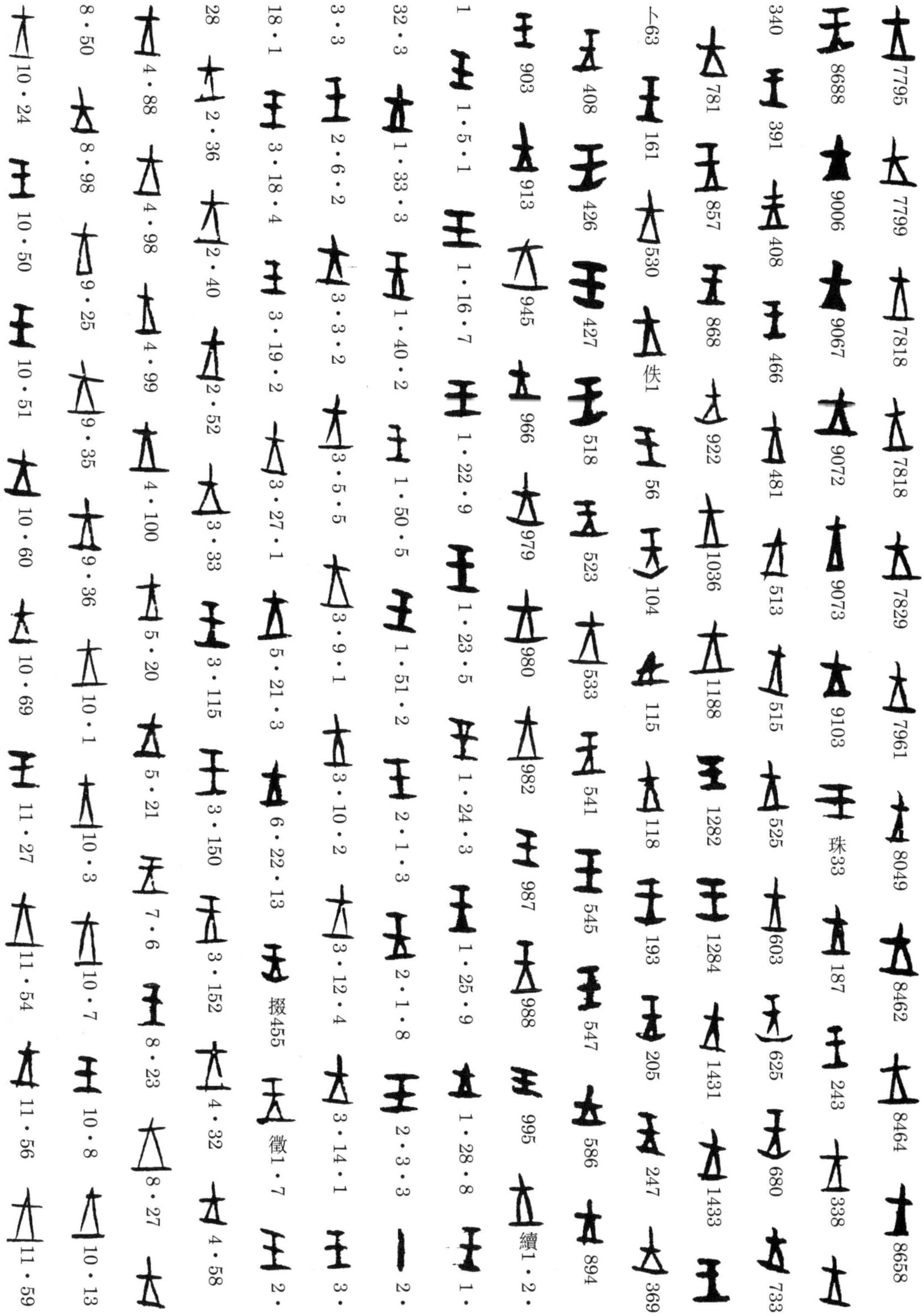
7795 7799 7818 7818 7829 7961 8049 8462 8464 8658
8688 9006 9067 9072 9073 9103 珠33 187 243 338
340 391 408 466 481 513 515 525 603 625 680 733
781 857 868 922 1036 1188 1282 1284 1431 1433
乙63 161 530 佚1 56 104 115 118 193 205 247 369
408 426 427 518 523 533 541 545 547 586 894
903 913 945 966 979 980 982 987 988 995 續1·2·
1 1·5·1 1·16·7 1·22·9 1·23·5 1·24·3 1·25·9 1·28·8 1·
32·3 1·33·3 1·40·2 1·50·5 1·51·2 2·1·3 2·1·8 2·3·3 2·
3·3 2·6·2 3·3·2 3·5·5 3·9·1 3·10·2 3·12·4 3·14·1 3·
18·1 3·18·4 3·19·2 3·27·1 5·21·3 6·22·13 掇455 徵1·7 2·
28 2·36 2·40 2·52 3·33 3·115 3·150 3·152 4·32 4·58
4·88 4·98 4·99 4·100 5·20 5·21 7·6 8·23 8·27
8·50 8·98 9·25 9·35 9·36 10·1 10·3 10·7 10·8 10·13
10·24 10·50 10·51 10·60 10·69 11·27 11·54 11·56 11·59

11·61 11·75 11·80 11·92 京1·23·1 3·11·1 3·14·2 4·13·1

4·15·4 4·17·1 4·18·3 凡6·2 7·1 7·3 10·1 13·1 13·4

17·3 18·3 18·4 22·2 22·3 29·3 古2·8 2·9 録51 72

77 87 113 117 589 天10 63 68 71 摭88 卜龜9

17 123 東方1309 S·11 存續94 續摭3 141 粹728 896 1185

新1864 5366 5392 5444 5550 【續甲骨文編】

王 戍甬鼎 宰峀簋 戍寅鼎 艅尊 小子射鼎 小臣系卣 天亡簋 匽侯鼎 成

王鼎 盂鼎 呂鼎 矢方彝 矢尊 令鼎 小臣遬簋 井侯簋 𢐗伯簋 遹簋

䳡簋 叨孶簋 伯晨鼎 師奎父鼎 宎鼎 師嫠簋 克鼎 趞鼎 不𢉅方鼎

周𡨦鼎 剌鼎 弔䚄方彝 晋壺 般甗 毳簋 㝬鐘 善夫克鼎 散盤

毛公厝鼎 虢季子白盤 不嬰簋 𪒠鎛 王人甗 頌簋 無叀鼎 師寰簋 鄀嬰

簋 王孫鐘 沇兒鐘 陳賄簋 趙孟壺 攻吳王夫差鑑 魚顛匕 禽章作曾侯乙鎛 曾

侯乙鐘 中山王𠑇鼎 中山王𠑇兆域圖 曾姬無卹壺 龍節 大𢊾鎬 禽肯鼎 姑□

句鑃 陳章壺 秦王鐘 王子午鼎 敓戟 者沪鐘 禽肯盤 吳王孫無土鼎 楚王孫漁

戈 楚王禽章戈 攻敔王光戈 吳王光逗戈 越王勾踐劍 越王劍 越王州句劍 越王州句矛

越王者旨於賜矛　王子孜戈　越王者旨於賜劍　【金文編】

2·1器塁設遣成象王　考古1983:5　3·5陳向立事歲㕣之王釜　3·571王釜　3·698圖里王☐　3·24平陵陳寻不𦓵王釜　3·12王孫陳棱再左里的亳區　3·16王孫陳棱右的均亳區　3·302西蒦圖王俦　3·633丘齊匋里王通　3·613丘齊辛里王𢀛　3·637丘齊匋里王𢀛　3·624丘齊平里王閈　3·509王卒左敀甗圖北里☐　3·802王◯　3·755王負　4·20𠬝审市王匚　5·424　獨字　5·372西園王氏缶容十斗　5·425獨字　秦1173同上　3·724王豆　此非主字匋文主作𡈼此陶文上部著一小横乃古時的一種書寫習慣　3·725王料　3·726王區　3·727同上　3·302王豆　3·5陳向立事歲㕣之王釜　3·743王𢼸　古璽文王字或作𡈼與此同　3·679王問貽衢戚里𥿆郡　3·696王胥坤豆　3·503王卒左敀甗圖櫨里定　【古陶文字徵】

〔三六〕〔四〕〔六八〕〔六八〕〔六八〕〔三六〕〔六七〕〔三六〕〔六六〕〔六七〕〔六七〕〔六七〕〔三六〕〔二一〕〔六七〕〔六七〕〔六七〕【先秦貨幣文編】

刀直王刀化　冀灵　布方　王氏晉高　布方　王氏晉芮　刀直王刀晉原　布方　氏王晉浮　布方　王氏晉高　仝上　仝上　仝上　布方　王氏京朝　刀弧背　冀滄　刀弧背　左王冀灵　仝上　右王　布空大豫孟　布方王氏作𡈼晉浮　布方王氏作𡈼晉浮　【古幣文編】

7　15　203　【包山楚簡文字編】

王 日乙一八三 二十一例 編七 三例 編一 二例 【睡虎地秦簡文字編】

囗于亓—(甲5-9) 【長沙子彈庫帛書文字編】

0607 0001 0594 0616 0627 4261 3930 4826 3946 0399

0546 0596 0574 0630 0577 0519 0396 0584 0575 0603

0632 0482 0657 【古璽文編】

淮陽王璽 王博之印 寒壽王 鍾壽王 王嘉 王不識 王武 王悍 王□印信

王獲私印 【漢印文字徵】

開母廟石闕 咸來王而會朝 漢安殘碑 石碣 而師嗣王始□ 王君神道闕 謞王爲玉 漢安殘碑同 玉字重文

祀三公山碑 將作掾王簫 石經 多士 王若曰 【石刻篆文編】

王 王見說文 王出華岳碑 【汗簡】

古孝經 汗簡 竝同上 華嶽碑 雲臺碑 同上 【古文四聲韻】

◉許　慎　王天下所歸往也。董仲舒曰。古之造文者。三畫而連其中謂之王。三者。天地人也。而參通之者。王也。孔子曰。一貫三爲王。凡王之屬皆从王。李陽冰曰。中畫近上。王者則天之義。雨方切。古文王。【說文解字卷一】

◉吳大澂　董仲舒春秋繁露云。古之造文者。三畫而連其中謂之王。三畫者。天地與人也。而連其中者。通其道也。許氏說文解字。王。天下所歸往也。竝引董氏說。又引孔子曰。一貫三爲王。漢儒多依小篆以說經。與古初造字之本義不盡合。大澂按。王字古文作。或作。从二从。不从三畫。爲古文火。然虎敨字堇臤鼎字皆从火。舊釋堇爲堇山非也。王伐鄦侯敨金作。仲偁父鼎作。公違鼎作。知古金字亦从火。象以火鎔金之器也。華嚴經音義引易韓注。

王。盛也。二爲地。地中有火。其氣盛也。火盛曰王德盛。亦曰王。故爲王天下之號。皇。古文作㞷。从日有光。日出土上。則光大。火在地中。則氣盛。皇王二字。取義亦相類。【王字説　字説】

◉羅振玉　説文解字王古文作𤣫。金文作王盂鼎、王格仲尊、𤣫者污鐘。與説文所載古文同。卜辭从丄从亼。亼即丄刀筆僅能成其匡郭耳。並與山同。吳中丞釋爲古火字是也。卜辭或徑作亼。王氏國維謂亦王字。其説甚確。葢王字本象地中有火。故省其上畫義已明白。且據編中所載諸文觀之無不諧也。又皇字从王。古金文或从王。或从土。土非土地字。即王也。又卜辭中或作亼作丄。則亦但存火。亦得示盛大之義矣。【增訂殷虚書契考釋】

◉高田忠周　愚按吳大澂説過穿不足取也。然許説亦固非是。今沈思細攷。王字从工。不从紀數之三。此銘壬母之壬。以工爲之。而其形作工可證。要工字以二爲天地。丨爲人。故人之可尊重者。不从人而从工。巫字壬字是也。況王字固當从工爲至理矣。孔子曰。一貫三爲王者。稱王者之德也。説者牽引以爲字形之證。誤殊甚矣。況董氏布演云。三畫而連其中。可謂它足耳。工字古文作𢀜爲本形。故王亦从之作王爲本形。工或省作工。故王亦或从之作王。下文及説文所收古文是也。工亦作工。故王亦从之。本文即是也。朱駿聲云。按此字爲學者一大疑。謂倉頡所製耶。軒轅承三皇之終。肇五帝之始。爲臣民者偁君爲皇帝。君無工偁。字安用之。稽唐虞之書。未有王字。始見於禹貢王屋。夏諺吾王不遊。則字當起於夏時。然三皇字。堯典閏月字。已从王。似又不始於夏。疑未能憭也。【古籀篇八】

◉顧　實　案謂三畫而連其中謂之王者，猶謂「亥有二首六身」左襄三十二傳，「推十合一爲士」説文。皆古人假象説字。比諸後世江湖測字之流，應機説法之倫，而非其本義也。古文作𤣫，出孔壁古文，與魏正始三體石經出孔壁古文而作王不合。見隸續及清黄縣丁氏所得君奭篇殘字，民國十一年壬戌洛陽所發見尚書春秋殘字，又王國維魏石經考。然説文所録古文重文，多爲古文中之異體。説文叙曰「今叙篆文，合以古籀」，是不啻明言説文所録正篆，皆古籀篆同體，而重文則又皆古籀篆中之異體也。故正始三體石經古文作王，益以説文重文古文作𤣫，則與金文王字，通常作王，亦有特作王盂鼎、王格仲尊、𤣫者沪鐘者，正無不合。故説文正篆作王，古文也。重文作𤣫，亦古文也。但正篆作王，乃後起變形之古文。而重文作𤣫，則最初原形之古文也。其變形之古文，形義難知，故有一貫三之權説。而原形之古文，則形義頗爲顯著，可得揚搉而定也。攷金文又有作王丁子尊、王商方尊者，王从丄，即王从亼之省變。而王从亼，又即𤣫从山之省變。其遞變之跡昭然也。吳大澂曰：「王字古文作𤣫，或作王，从二从火，不从三畫，山爲古文火，然虎敢𢧢字，堇𣪘鼎𦥑字皆从火。王伐鄦侯敢金作金，仲稱父鼎作金，知古金字亦从火。華嚴經音義引易韓注：『王，盛也。』二爲地中，地中有火，其氣盛也。火盛曰王，德盛亦曰王，故爲王天下之號。」字説。

案吳（大徵）説謂王字从火，誠爲塙詁，足發千年未發之蒙。然謂从二象地，則非也。金文又有作王姑馮句鑃者，古鉨復有作𡈼王，此亦俱變形，上且三畫，豈得謂从二象地乎？又龜甲文作王 王 太 太 太 土 丄，倒文作𠀃 𡈼，見殷契類纂殷墟書契考釋。古文正倒不分。羅振玉曰「龜甲文从丄△，△即▲，刀筆僅能成其匡廓，並與山同，吳大澂釋爲古火字，是也。或徑作太，亦王字，蓋王字本象地中有火，故省其上畫，義已明白。又或作△，則但存火，亦得示盛大之義矣。」殷墟書契考釋。案羅氏從吳大澂之説，亦得失參半。林義光文原説同。不悟殷契王字既可省其上畫，則必不取義於地中有火。明矣。如取義於地中有火，則上畫象地，最爲重要，豈可省乎？攷説文正字古文作正，示字古文作𠕁，則可明龜甲文王字作太作太，正即正，正示𠕁之比，其上畫非象地，乃指事也。惟其爲指事，故可一畫而作王太，可二畫而作王太，可三畫而作王王，且可變其二畫之形而作𡈼也。蓋在造字最初原形作王，从山，古火字，復於山上加横畫，以指夫火之炎上而大放光明也。故曰王者皇也，春秋繁露深察名號篇。皇者光也。風俗通皇霸篇。煌也，盛德煌煌無所不照也。獨斷。書曰「文王武王宣重光。」顧命。故盂鼎文王之文作玟，从王，文聲。武王之武作珷，从王，武聲。亦見歸夆敦。明王爲帝王之王專字，而見文王武王之所以宣重光也。古鉨文作𡈼，凡三形，从山亦火字。古耿字从火作火毛公鼎可證，火特大之更省而形變耳，非从土也。且古文偏旁从火之字，往往變作土字形，如金金文从火、堇金文龜甲文俱作火等字皆是。亦復作山字形，如幽叔向父敦伯晨鼎皆从火、剛散氏盤剛爵皆从火等字皆是。此若溯其原來，有古文可據，決不能認作土字山字。顧或又據鉨文坤字變形作坤，謂龜甲古文王字亦同坤以土，則彌失之矣。【釋王皇𡈼　國學輯林一期】

◉王國維　吳清卿説王下爲从火。卽火盛爲王之本字。實則不然。龜板文正同小篆作。【劉盼遂記　説文練習筆記　國學論叢第二卷第二號】

◉孫海波　太　爾雅釋詁「君也」，廣雅釋詁「大也」，象王者肅容而立之形，與立同意。藏七七·一【甲骨金文研究　中國大學講義】

◉葉玉森　卜辭王之異體作太 太 太 太 王 王 王 丄 丄等形。謂△△象火。則卜辭火字及从火之字無作此形者。以前六體填實之。作王 王 王 王 王 王。則▲▲上所加之横畫或一或二或三。可知其非象地或火之炎上。予疑▲▲象古代王者之冠。造字之始。冕旒未作。王者惟冠峻削之冠。上有冊玉之飾。以表異於衆。卜辭玉作丰作王丰。瓊之偏旁。此一从二从土及𡈼。竝象玉飾。或飾一玉。或飾二玉三玉。譌變作王。僅象玉。與玉字同作▲。則猶近冠形。作丄則朔誼全失。汪氏謂金文皇字从㞢。象王冠。予舊釋卜辭𡈼字。謂左即皇之古文。从甘即冠形。从▲即王執事於戴冠者之王前。即對之誼。蓋王本象古冠形。皇爲後起字。仍增一冠形于上。象後制之冕。竝以王爲聲。知古代皇王表異于衆者。惟冠冕爲顯著矣。至卜辭往字作□。爲初文。从之从土。足行土上。本往之朔誼。譌變作□□□□。乃似从王。又顧氏謂王之初文作□。偏檢卜辭未見此體。惟別有□字。異體作□□□。所从之□□□。大類金文及許書古文之王。然卜辭王字固無一作此諸形者。不能援以爲證。近閲郭沫若氏釋祖妣甲骨文字研究篇。謂□與士之或體同。□□即且。若士之變耳。引宗周鐘頌鼎善夫克鼎之皇字从士爲證。按卜辭固未見士之或體作□。變體作□。亦不能據金文省變之體以釋卜辭也。【殷墟書契前編集釋卷一】

◉徐中舒　士王皇三字均象人端拱而坐之形，其不同者：王字所象之人，較之士字，其首特巨，而皇字則更於首上著冠形。此三字舊説均失其解，兹舉四證以明之。

第一證　漢畫象中象士字之人及象皇字之冠　山東濟甯文廟戟門郭泰碑陰畫象之右半刻一室，室中上層，三人端拱而坐，形與士字不殊，此即士之原始象形字。

士象人形，故古代以爲男子之通稱。如詩易多稱士女，士女猶今之男女。又詩稱庶士，易稱士夫，庶士士夫，亦指男子言。

甲骨文王字有下列諸體（據瞿潤緡殷絜卜辭文編選録）：

據董彦堂先生研究，謂□乃甲骨中最早期之書體，□□次之，最晚乃與小篆或今隸同。甲骨中之□字，實與士字形同。甲骨文由刀筆刻畫而成，不便作肥筆，故□兩横畫中間，乃以八筆爲之。如作肥筆，則當如上列第五字例作□，其形即與士字無別。古士字上下兩横，原無長短之別，小篆及今隸士字下一畫略短者，蓋以別於土字；然此種分別，在甲骨文及銅器中則不需，因甲骨文土作□，銅器作□，皆與士截然有別。臣辰盉士作□，下畫且較長，其形尤與甲骨文之□字相似。古代士庶對稱，士爲官長，庶爲編氓；又治獄之官稱士，左氏僖二十年傳「士榮爲大士」，杜注「士，治獄官也」；又獄官之長亦稱士，漢書百官公卿表上「咎繇作士」，注引應劭曰：「士，獄官之長」：蓋王爲帝王，士爲官長，故並象其端拱而坐之形。

晚期甲骨文王作□或王者，上一横乃象其首形。蓋王與士既並象人端拱而坐之形，而後人乃特將王字之首增巨以爲分別。此猶如大之與天，同象人形，而天字所象之首形亦特巨。此種分別，在初造文字時或不甚顯著。如古文中天大二字多互用，如周書之天邑商，甲骨文或作大邑，或作天邑，是。因此吾人亦可推想古代階級觀念，當不如後代之甚，故王與士得同象人端拱而坐之形。

皇象王著冠冕形，甲骨文無皇字，但在銅器中則極常見，兹據金文編選録如次：

毛公鼎　宗周鐘　彔伯𣪘　叔角父𣪘　齊鎛　沇兒鐘　王孫鐘　齊陳曼簠　師𩰫𣪘

小篆皇從自，此全不見有從自之形，據此可正小篆之誤。汪榮寶先生有釋皇一文，載於北京大學季刊第一卷第二期中。其說據禮記王制及內則「有虞氏皇而祭」之文，以爲皇之訓冕（本於鄭註），正其本義，小篆弁作㝸（說文弁冕也），上形作𠙹，與古文皇上形極相似（按尤與師𩰫𣪘形同），明其同出一源。汪氏此說，大致可信。

漢畫中多繪有周公輔成王圖，兹選載其較明晰者一幀（武梁祠左右室畫象），其中成王之冠作山形，正象銅器皇字向上三出之形。汪氏以外國Couronne之狀，比擬皇之形制，似猶不及此處能近取譬之更爲可信也。蓋舊籍所載禮制，天子之冠，就形式言，未必即與臣庶有如何差別。如冕爲大夫以上之冠（見說文），皮弁爲諸侯視朝之常服（見詩鳲鳩正義），即爲王制內則所載冕屬之皇，亦僅爲士之祭服。余意皇與弁，在形制上似無若何差別。說文謂弁從兒（貌）以皇所象之形擬之，其說亦不可信。㝸之上半𠙹，與皇同，下象人形，與士同意。皇與弁之不同者，以王者著之，則爲皇，常人著之，則爲弁矣。

第二證　銅器之花紋及銘文　銅器之鼎簋近口緣處，或近底之圈足上，常環以寬半寸許之帶狀花紋。其花紋中有一種常見之樣式，即中鐫一人端拱而坐，旁著兩獸相立之形。此種樣式，可以武英殿彝器圖録之數簋圈足上花紋爲例，因在其他銅器中，由於冶鑄時銅範接準之關係，此人形多分而爲二，略成非字形，其兩旁之獸亦多變爲圖案形，不如此所圖人與獸，皆易於辨認也。此花紋中之人形，即王之原始象形字。此有一極好之旁證：匋齋吉金録卷一祖甲方鼎之銘文，有王字旁著兩獸形，正與此種花紋相同。比擬而觀，王之象人端拱而坐之形，可以無疑。

銅器銘文及小篆書王字作王，上兩横畫相距近，下一横畫相距遠。此其故，亦可以其所象之形釋之。王字上一横畫象頭，中一横畫象臂，下一横畫象席地時裳之下幅之形。頭與臂相距近，故上兩横畫亦相距近。臂與裳之下幅相距遠，故下一横畫亦相距遠。銅器花紋中有繪人形者，於頭臂與裳之下幅之距離，不啻即爲王字作一極適當之說明（插圖）。

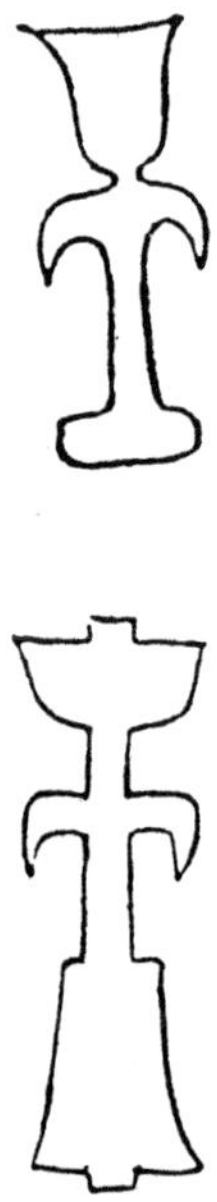

a. 蓮册尊　b. 觥士卿尊

第三證　舊石器時代洞壁之繪畫　法蘭西南部及西班牙北部之山洞中，有舊石器時代人類所遺留之壁畫。其所作人形，有與士或王文字形極相似者。此種壁畫，爲歐洲舊石器時代晚期之物；可見此種作風在人類文明中，實有極悠遠之歷史也。

象士或王字之人形作風，不但可徵之於中舊石器時代之壁畫，亦可徵之於原始民族所作之偶象。歐洲石器時代所遺留之偶像，直與士或王字之形無殊。此種作風，不但石器時代如此，即近代臺灣番族所作之泥偶，亦與此相逼似。

就以上四證觀之，人類文化，其初豈出於一源乎？抑各自創造，不期然而相暗合乎？何其無間東西，無間今古，而相似之若此其甚也！【士王皇三字之探原　歷史語言研究所集刊第四本四分】

◉商承祚　𠙻　説文「𠙻。古文王。」案甲骨文作□□□□。或省作□□。金文觶尊作□。宰甫殷作□。盂鼎作□。者沵鐘作□。即此所本。吳大澂説文古籀補云。「王。大也盛也。从二从□。□。古火字。地中有火。其氣盛也。火盛曰王。德盛亦曰王。」其實王乃旺之本字。王者借字也。石經古文與篆文同。【説文中之古文攷】

◉明義士　許氏之訓，蒙春秋以來學説，殊非溯誼。王字在商盤庚武丁時之卜辭，皆無上一横作□，至祖甲時變作□，至商末武乙受辛時，又變作□作□。吳大澂據金文□字，謂王從□火，有盛大之意，學者宗之。按以甲骨初期□字證之，火象不顯，而□亦非火字也。【柏根氏舊藏甲骨文字考釋】

◉馬叙倫　桂馥曰。董仲舒云云者。樓鑰云。潘景憲春秋繁露本有八十二篇。説文引仲舒在王道通三第四十四篇。吳夌雲曰。説文引孔子曰。多出讖緯。皆不可信。王筠曰。天下所歸往也。易乾鑿度文。引董仲舒説亦約文。樓鑰跋春秋繁露引連作聯。朱士端曰。緯書解字多主會意。許每不主其説。蓋許書師傳主形聲者十之六七。朱駿聲曰。此字爲學者一大疑。謂蒼頡所製耶。軒轅承三皇之終。肇五帝之始。爲臣民者偁其君爲皇帝。君無王偁。字。安用之。稽唐虞之書未有王字。始見於禹貢王屋。夏諺吾王不遊。則字當起於夏時。然三皇字堯典閏月字已从王。疑不能明也。俞先生樾曰。許引不足據。禮記祭法。王宮祭日也。王宮即旺宮。古字止作王。後以爲日之光故作旺。又或變从往聲作暀。旺暀皆後出字。吳大澂曰。王當訓大也盛也。从二从□。□古火字。地中有火。其氣盛也。火盛曰王。商承祚曰，説文王古文作𠙻。金文盂鼎作□。格仲尊作□。者沵鐘作□。均與説文所載古文同。卜辭从□从□。並與□同。吳大澂釋爲火。是也。卜辭或作□。王國維謂亦王字。蓋王字本象地中有火。顧實曰。王字最初原形作□。从□。古火字。復於□上加横畫。以指火之上炎而大放光明也。郭沫若曰。卜辭有作□若□若□。姑馮句鑃作□。可證一貫三爲王之非。□若□省之爲□爲□。□□王並爲牡器之形。母權時代偁母酋爲后。后即𠂰字。亦即毓字。以其最高之屬德爲毓也。轉入父權時代。則偁爲王。倫按从火从初文上作二者得聲。爲光之轉註字。甲文以契刻不便。故⊥變爲△爲⌂。又省爲⊥耳。其訓當如以顛釋天之例作光也。古以火光作王字。後以日光作旺字。从日。王聲。又作皇字。从白。王聲。語原同也。説解本作往也。从三。一以母之。往也以聲訓。今所存者皆校者所加。董仲舒者。史記儒林傳。董仲舒者。廣川人也。以治春秋孝景時爲博士。今上即位爲江都相。中廢爲中大夫。公孫宏言之上。使相膠西王。以疾免。家居。孔子曰一貫三爲王者。本書凡引孔子曰者。王應麟謂未詳所出。然似非孔子之言語或緯書所載也。倫謂董治公羊春秋爲今文學。其春秋繁露即所作經説也。凡諸儒經説許豈勝引乎。廣韵引字林曰。王。三者天地人一貫三爲王。天下所往。然則此字林所引。廣韵又節引之。今本書引此者。字林本附於本書也。且如本書所引孔子説者。皆鄙俗。明是諸緯中文。許既斥馬頭人人持十之説。亦必不取乎此矣。且據此可知凡本書引楚莊王韓非呂不韋説。亦皆非許原文。而爲字林所引耳。若引出讖緯者。尤爲後人所加。朱謂許不用緯書。是也。若許用緯説。則何獨引若干條而不盡用之耶。字見急就篇。善夫克鼎作王。散盤作王。

　王　商承祚曰。甲骨作王王太太。或省作⊥△。金文𩵦尊作王。宰甫毁作王。即此所本。李杲曰。者沪鐘作王。與此同。【説文解字六書疏證卷一】

◉吴其昌　「王」字之本義，斧也。云「天下所歸往」者，漢人不明古義引伸之説也。吴大澂云：「地中有火」「象火奕奕有光」者，倒因爲果之説也。何以知「王」之本義爲斧乎，請就下列八證以明之。

「王」與「壬」本爲一字，已見上述；然證據猶不止此也。春秋文公七年左氏傳：「宋公王臣卒。」釋文：「或本作壬臣。」又定公四年傳「宋王臣」，釋文：「或作壬。」又史記周本紀「頃王壬臣立」。漢書古今人表下上作「頃王王臣」。又襄公五年左氏傳：「楚公子壬夫」，顔師古匡謬正俗謂宜爲「王夫」。皆其證也。又如第二十字之王，（史伯碩父鼎），與父壬爵之「壬」字全同。第十二字之王（小臣𢆶卣），與子形父壬爵之「壬」字全同。第三十四·五之王，又與鬲攸从鼎、湯叔尊之「壬」字全同；但增一畫耳。此又其證也。故知「工」「士」「壬」「王」，本爲一字，蓋成定案。「工」「士」「壬」誼皆爲斧，則其同爲一字之「王」，其本誼亦爲斧，成定讞矣。其證一也。

殷文存卷下頁十九有立中爵，文如甲。

貞松堂集古遺文卷二頁二十六有立中父辛鼎，文如乙。

攈古録卷一之三頁七有立中父辛鼎，文如丙。

積古齋鐘鼎欵識卷一頁，有立矛父辛鼎，文如丁。

陶齋吉金録卷一頁二十三，有立王且甲鼎，文如戊。

(丙)圖之「□」，亦爲兵器。此即「□」字，故其後衍而爲戰，兵器斯可以戰也。以(丙)例推(乙)，則知(乙)之「□」亦「□」字也。以(丙)(乙)例推(甲)，則知(甲)之(□)亦(□)字也。綜(甲)(乙)(丙)而通觀之，則知其中所立者，自□至□，皆搏戰時所用之兵器也。「單」與「矛」皆爲兵器，既如上述；此五器者其意義完全相同，則更以(甲)(乙)(丙)(丁)之例推(戊)，則(戊)器之□，亦爲兵器，又當然也。蓋此五器者皆爲游獵時代，初民佃獵獲獸，爲事可憙，故鑄器以紀念之。中立兵器，所以示武；旁列二獸，所以紀功。則「王」字本爲兵器之義，躍然自顯。故知(甲)(乙)(丙)爲單，(丁)爲矛，則知(戊)爲斧矣。其證二也。

夢鄣草堂吉金圖卷二頁二十五有豐王斧，上銘「豐王」二字，其斧形如下：

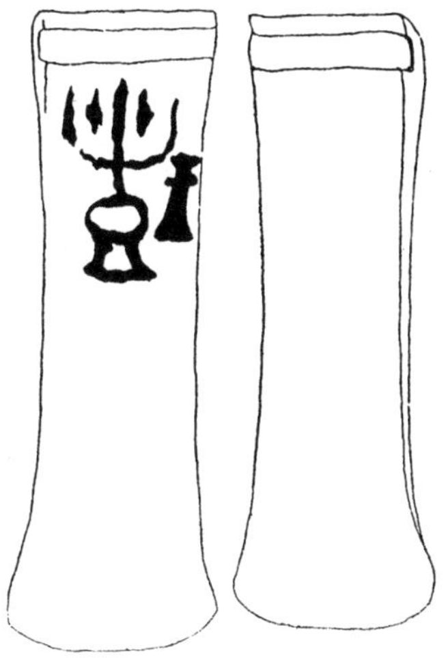

此豐王斧，蓋爲原始之銅斧。其時代當在殷末；蓋「豐王」與「周王」爲殷末關中之二大諸侯。但不久「豐王」爲「周王」所呑併。故在武王周公時，已降而稱「豐白」，詳周公東征鼎。此猶稱「豐王」，則其時在有土以前矣。因爲時甚早，故「王」字尚保存原始之形體。此豐王斧之本身形態，與斧上所銘「王」字之形態，酷肖無異。不煩詮解。而知「王」字之本義矣。

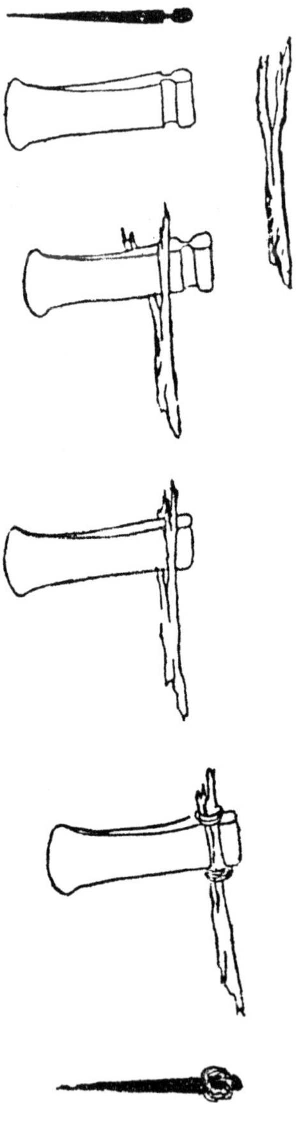

豐王斧近柲處，正反面皆有凹形之刻溝一道，其作用，蓋將以施柯，其施柯之次序及方法，悉如圖。必將柯夾伏於兩面刻溝之內，然後斬伐時可以不致因震動而使柯漸漸向後鬆移也。豐王斧所銘之「王」字，最顯明詔告我儕：「王」字之上兩畫，乃象斧柲上刻溝之兩沿也。故「王」字之上兩畫，相距必其近而作[glyph]，斯其明驗也。若豐王斧之本形如(甲)，其「王」字如(乙)，大豐毁之十二「王」字如(丙)，三形聯列而觀，斯又明驗之易見者也。其證三也。

龜甲獸骨文字，其所作之「王」字，如殷虛書契前編卷一頁二作[glyph]，與第二十五形(作册般甗)第二十六形(白克尊)全合。此外如卷三頁三十作[glyph]，頁三十一作[glyph]，書契菁華頁三作[glyph]，純粹爲斧斵之類之繪形，與金文義合。其證四也。

甲骨文字「王」亦作[glyph]。殷虛書契前編卷二頁十一有[glyph]字。又頁八有[glyph]字。又頁三十四頁三十五有[glyph]字。其意雖爲地名，然其字實從「王」從「又」。「又」，象手以執之。此治小學者所共知。若如說文說：王之義爲「貫通天地人之道」，則此道非可以手執之也。若如吳大澂說：王之義爲「火餤餤之光」，則此光亦非可以手執之也。必王之義爲斧，斧，斯可以執之。其證五也。

更以上所舉例之三十五字考之。除第三十四三十五之字作□，乃古鉨之變文與壬之變文作□者同例不計外；其餘三十三字，又可析爲四類。自第一至第十一，爲甲類。自第十二至第十九，爲乙類。自第二十至第三十，爲丙類。自第三十一至第三十三，爲丁類。其柄與柲之處，並無大異；而其鋒刃之處，則四類顯各不同。第一類自豐王斧式變出，故皆方刃作□□□形。第二類則自□式變出，故皆圓刃作□□□形。第三類則自甲骨文字□式變出，故皆銳刃作□□□形。第四類則摹繪生動，與第十二字(小臣□卣)，第十八字(小子射鼎)，尤爲宛肖斧狀，一望可悟。其證六也。

今更以經籍及典禮證之。爾雅釋器：「斧，謂之黼。」又釋言：「黼黻彰也。」孫炎註：「黼，文如斧。蓋半白半黑，如斧刃白而身黑。」(又書益稷「黼黻」，僞孔傳「黼，如斧形」。又左氏桓公二年傳「火龍黼黻」，杜預註：「白與黑，謂之黼；形如斧。」皆可參證。)蓋「黼」即「斧」之同聲假借後起字耳。今考儀禮覲禮云：「天子設斧依於户牖之間。」此「斧依」，在周禮則作「黼依」。周禮春官司几筵云：「凡大朝覲，大饗射；凡封國，命諸侯；王位設黼依。」(鄭註云：「斧謂之黼。其繡白黑采，以絳帛爲質。『依』，其制如屏風然。」)蓋古之王者皆以威力征服天下，遂驕然自大，以爲在諸侯之上而稱「王」，以「王」之本義爲斧故。斧，武器，用以征服天下；故引伸之，凡征服天下者稱「王」。斧形即「王」字，故繪斧於扆，不啻書「王」字於扆，以表示此爲王者。及至後世，雖王者已不盡恃武力，而祖先厤世相傳之遺制，終不敢忘；故於朝天下，覲諸侯，封藩服，會卿事之時，仍設繪斧之扆以紀念之。既以示王者威德，且告人以此爲王者。惟王者可設斧依，則「王」字之本義爲斧，益彰明矣。其證七也。

戊寅鼎之「王」字實作□，下尚從□，此爲王字中之僅見者。按□爲碪形，故「士」義亦爲斧，而一斧一碪則爲「吉」。如旂鼎，奢毁，「初吉」之「吉」字，及姑䱷(貞松堂集古遺文卷九頁二十四)之「吉」旁，並作□或□或□，皆正象一斧一碪之形，可以爲證。故知此戊寅鼎之「王」字作「□」，亦正象一斧一碪之形；而與「吉」字，正爲同例類同系統之字。其證八也。

其後由(甲)組之□，(丙)組之□，變成小篆之王。由(乙)組之□，變成說文籀文之□。原形毁而本義滅矣。說文云：「王，天下所歸往也。」此本引伸之義，未云甚誤。至引董仲舒說(董說云：「古之造文者三畫而連其中謂之王。三者，天地人也。而參通之者，王也。」)則大謬矣。即以說文攷之，說文明云：「□，古文王。」然則天道人道何以皆直；而地道又何以獨曲詰作□乎。則恐許氏亦不能自答矣。至引孔子之説，則尤爲無稽。（王應麟困學紀聞曰：「説文引孔子曰：『一貫三爲王。』『推十合一爲士。』『粟之言續也。』『黍可爲酒；禾入水也。』『烏盱呼也。』『貉之言惡也。』『牛羊之字，以形舉也。』『几在人下故詰屈。』『狗叩也。』『視犬之字，如畫狗也。』未詳所出。然似非孔子之言。或緯書所載也。」説甚是。）蓋此字本義之不明久矣。至清吳大澂始覺其繆，而欲自創新説以解之，以王之義爲象火，則不自知其適倒因以爲果。至其自謂説曰：「地中有火，其氣盛也。火盛曰王，德盛亦曰王」。則又郢書而燕説矣。（總之，彼等以爲愈古愈文明，愈近愈野蠻，抱此退化見解，便一切首尾倒置。以吾儕今日視之，則殺人多者爲「王」之本義耳。）【金文名象疏證　武大文哲季刊五卷三期】

◉郭沫若　后廼母權時代之遺字，其必遭廢棄廼意料中事。入周以後義轉爲王妃，實猶存其本來面目。周語云「昔昭王娶於房曰房后」，妃后義之見於典籍者疑目此爲最古。其后辟義之繼承者則爲王字。史記殷本紀云：「周武王爲天子，其後世貶帝號號爲王。」按以卜辭，此説殊不確。蓋卜辭天子已稱王，且已稱其先公爲王亥、王恆、王夨矣。然王之當屬後起，由王字本身可以證明。説文云：「王，天下所歸往也。董仲舒曰古之造文者三畫而連其中謂之王，三者天、地、人也，而參通之者，王也。孔子曰『一貫三爲王。』」此廼就後起之字形以爲説，非王字之本義也。王之古文，畫不限於三，中不貫以一。卜辭王字極多，其最常見者作□，與士字之或體相似。繁之則爲□，前六卷卅葉七片。若□。後下十六葉十八片。省之則爲□，前四卷卅葉六片。若□。前三卷廿八葉三片。金文王字多作三畫一連，然中直下端及第三横畫多作肥筆，其第三横畫之兩端尤多上拳，如宰峀毀作□，盂鼎作□，其最顯著者。姑馮句鑃「隹王正月」作□，四畫。貫者非一，所貫非三，據此可知孔仲尼不識古字，每好爲臆説。近人始有新説出焉。吳大澂説文古籀補即據盂鼎王字注爲「盛也，大也，从二从□。□，古火字，地中有火其氣盛也。火盛曰王，德盛亦曰王。」羅氏採其説，謂「卜辭从□从□並與□同。又或作□作□，但存火，亦得示盛大之誼。」余案吳（大澂）氏未見卜辭，以□爲火字，其説自較一貫三之舊解爲長。然卜辭既出，則此説又當更正。□若□實即且若士字之變，羅氏以爲並與□同者，非也。其在母權時代用毓以尊其王母者，轉入父權則當以大王之雄以尊其王公。且已死之示稱之爲祖，則存世之示自當稱之爲王。祖與王。魚陽對轉也。又如後起之皇字，金文中其器之稍晚者如秦公毀作□、鄦侯毀作□、禾毀作□、陳侯因資毀作□，齊陳曼簠作□、齊子仲姜鎛作□。王孫鐘作□。沇兒鐘作□、邾公華鐘作□，皆从王作。而器之較古者如毛公鼎之□、宗周鐘之□、頌鼎之□，善夫克鼎之□則皆从士作。羅氏以爲从土，非也。是則王與士爲同一物之明證矣。余謂士、且、王、土，同係牡器之象形，在初意本尊嚴，並無絲毫猥褻之義。入後文物漸進則字涉於嫌，遂多方變形以爲文飾。故士上變爲一橫筆，而王更多加橫筆以掩其形。且字在金文中器之較古者無變，器之較晚者如都公簠作[glyph]，師虎毁作[glyph]，伯家父毁作[glyph]。益以手形。陳逆簠作[glyph]，子仲姜鎛始从示作[glyph]。土字上肥筆亦變作橫畫，後且从示矣。匕字亦如是。匕之作妣者始見於鄘侯毁之[glyph]字，其它如羲妣鬲作[glyph]，召仲作生妣鬲作[glyph]，陳侯午敦作[glyph]，子仲姜鎛更从示作[glyph]，皆較晚之器，有所文飾者也。【釋祖妣　甲骨文字研究】

◉胡厚宣　王帝即指人王的下帝，與天上的上帝相對而言。祖庚、祖甲時稱王帝，指的是他已死的生父武丁。廩辛、康丁時稱王帝，指的是他已死的生父祖甲。【殷卜辭中的上帝和王帝（下）　歷史研究一九五九年十期】

◉高鴻縉　王字之本意爲旺盛。故从Δ。（Δ爲火炷之古文。甲文具匡郭。金文小篆填實作▲。篆文另作㞢。）而以一或二或三指明其部位。正指其處。言此處最旺盛也。故爲指事字。狀詞。後世借爲帝王之王。久而爲借意所專。乃另造旺字。董仲舒云云。乃呂忱字林所引。並非説文原本。董説與字之初形不合。孔子曰云云。亦後人所臆託。蓋出緯書。王國維曰。當以旺盛爲本意。是也。【中國字例三篇】

◉朱芳圃　説文王部：「王，天下所歸往也。董仲舒曰：『古之造文者，三畫而連其中謂之王。三者，天地人也，而參通之者王也。』孔子曰：『一貫三爲王。』𤣩古文王。」吳大澂曰：「王，大也，盛也。从二，从火。火，古火字。地中有火，其氣盛也。火盛曰王，德盛亦曰王。」説文古籀補一、二。羅振玉曰：「卜辭从[glyph]，从[glyph]，並與[glyph]同。吳中丞釋爲古火字，是也。……又卜辭中或作[glyph]，作[glyph]，則亦但从火，亦得示盛大之義矣。」殷虛書契考釋中一九按吳羅二説是也。甲文作[glyph]，象火炎地上之形。金文作[glyph]，考工記云：「畫繢之事，……火以圜。」鄭注：「形如半環。」此即其形象矣。其上橫畫或一或二，指火之炎上而大放光明也。

祀火爲原始社會普徧之習俗。其始也以火爲神，繼則以熊熊之光，象徵其威嚴，因謂之王。逮進入階級社會後，宰制者之權力無限擴大，前之所以尊崇其神者，今則移以尊崇其首領，此人王名號之所由來也。韓康註易曰：「王，盛也。盛德之至，故曰王天下也。」慧琳音義二二、四引。潤飾以儒家之言，掩蓋王之初形本義矣。【殷周文字釋叢卷上】

◉白玉崢　王：籀廎先生釋立，讀爲埭，誤。羅振玉氏釋王，云：「象中有火，盛大之誼也。」考釋中九。或謂：「羅氏之説非」，故吳其昌氏曰：「王字之本義，斧也；與壬字爲一字。」見兵器篇。葉玉森氏始謂之曰：「象古代王者之冕冠；造字之始，冕旒未作，王者惟冠。峻峭之冠，上有毌玉之飾，以表異於衆；从一从二，並象玉飾。」見集釋一・七。彥堂先生曰：「王字，本象王者正面端坐之形，但頭上無冠」；甲骨學六十年一一五頁。「王，爲武丁至祖庚時之書體，祖甲以後，加橫畫於上作王，此體直寫至武乙之世。帝乙之後，王字中畫相合爲一，變而爲王，以至於帝辛之世」。斷代例字形篇四一二頁。夫子曰：「王字之象人正面端拱而坐之形，至此已成定論矣。」王皇士集解原刊中國文字第七册。【契文舉例校讀 中國文字第三十四册】

◉黄錫全 王王 馮本注「見石經」。三體石經王字古文作王。

王見説文 宰毀王作王，齇毀作王，敓戟作王，王子午鼎作王，者毀鐘作王，《説文》古文作王。【汗簡注釋卷一】

◉徐中舒 象刃部下向之斧形，以主刑殺之斧鉞象徵王者之權威。【甲骨文字典卷一】

◉戴家祥 金文王從火从二，二古文上。周書洪範「火曰炎上」。在六書爲會意，乃暀之本字。説文七篇：「暀光美也。从日，往聲。」集韻十陽暀或作旺。玉篇三零四旺音「王放切」，唐韻「于放切」，喻母，陽部。王音「禹方切」，不但同部而且同母。同聲必然同義，禮記祭法「王宫，祭日也」。俞樾羣經平議曰「王宫，即旺宫」。莊子天地篇「王德之人」。王德即旺德，上世民智未開，以火與日都能産生熱能，在思維活動中，每每將其聯想在一起。淮南子天文訓：「故陽燧見日，則燃而爲火。」易説卦「離爲火，爲日爲電」，即其事也。其於造字，凡偏旁从火表義者，或更旁从日。春官眂祲「掌十煇之法」，陸德明經典釋文「暈音運，本又作煇，音同。鄭玄注春官保章氏「日有薄食暈珥」，釋文「暈本又作煇，亦作運」。玉篇三一三爆或作曝，从日表義者亦或更旁从火。玉篇三零四晞「或作烯」，暵「亦作熯，同暖」，曜「亦作燿」是其證。王本从火，加旁从日，則爲旺字，从火與从日同義，表義重複字也。玉篇訓旺爲日暈，義亦同煌，説文十篇煌煌煇也，旺煌韻同聲近，其爲一語。蓋昭昭然用爲帝王之王，乃引伸義。暀字从往故云：「王者，往也。爲天下所歸往也。」風俗通皇霸引書大傳。祖父又謂之王父。王，暀也。家中所歸暀也。王母亦如之。釋名釋親屬。吴羅之説大體可通，故爲綜合形聲，以求其至當，勿使學者疑而已矣。【金文大字典中】

閏 閏

閏 閏 爲一六 閏 爲二二 【睡虎地秦簡文字編】

閏 是遊月—之勿行(甲3-21) ☐☐神則—四☐(乙7-17) 【長沙子彈庫帛書文字編】

閏 趙閏私印 【漢印文字徵】

閏 袁安碑 閏月庚午葬 譌王爲生 【石刻篆文編】

閏出楊氏阡銘　閏【汗簡】

楊氏阡銘　義雲章【古文四聲韻】

◉許　慎　閏餘分之月。五歲再閏。告朔之禮。天子居宗廟。閏月居門中。从王在門中。周禮曰。閏月王居門中。終月也。如順切。【說文解字卷一】

◉王國維　閏注古路寢明堂太廟異名而實一也。古者明堂宗廟路寢制度略同。故可通稱。閏字見於堯典。然龜板文有十三月。是閏法起於周之證。【劉盼遂記說文練習筆記　國學論叢第一卷第二號】

◉馬叙倫　黄生曰。閏月居門。因字形與禮文偶合。傅會爲說。且置閏始黄帝。何因得有王稱。閏字當从玉。古玉字三畫而無點。門聲。玉之温潤也。後因閏月義專。温潤字遂借潤下之潤而本義亡矣。鈕樹玉曰。韵會引終作無。非。沈濤曰。玉篇引作周禮云閏月詔王居門終月。與今周禮合。蓋古本如是。今本傳寫奪誤。倫按黄說是也。當入玉部。說解捝失。但存校語。周禮以下爲校語甚明也。【說文解字六書疏證卷一】

◉唐桂馨　此字當是从壬从門。壬亦聲。壬象人懷妊之形。工象人。中一畫略長。象腹大。門中有妊人。有添丁進口之意。有閏餘之意。古聖造歷。積餘分之月爲閏月。遂取閏字以名之。造歷造字皆遠在唐虞之前。其時尚無王之名稱。朱駿聲氏主此說。其時亦必無閏月。王居門中之制度。周禮所傳。在造歷造字之後。寧有制度興而後有閏字之理乎。則知門中之字絶非王字也。許氏不察。望文生義。殊可嘆已。朱駿聲亦知許說不安。謂此字从三。三年一閏也。从丨猶一也。指事。門省聲。其說亦支離不可從。【說文識小录　古學叢刊五期】

◉嚴一萍　商氏隸定作𣉻，讀「月𣉻之勿行」。並說：「勿爲勿之省略。字書有从曰之曶，與从日之曶，形小異而意義不同。此爲从日之曶而增攴旁，其字又可作昒。說文：『昒，尚冥也。』玉篇訓『旦明』。漢書郊祀志上『昒爽』注：『師古曰：昒爽，謂日尚冥，蓋未明之時也。』此意謂正當月冥未明之時，不宜有所舉動，如祭祀種種。」案字作「」甚清晰。商釋誤也。李棪齋先生釋「閏」，可信。【楚繒書新考　中國文字第二十六册】

◉黄錫全　閏出楊氏阡銘　長沙楚帛書閏作，書言府弩機銘變作，此形類同。

閏　鄭珍云：「下仍从王，仿古文玉書作，上王部『閏』亦然，非也。此又小誤，夏作，尤非。」【汗簡注釋卷一】

皇 皇

皇令簋 䵼鼎 召卣 弔皮父簋 師嫠簋 㫃簋 史獸鼎 伯椃簋 作冊大鼎 大作大仲簋 競卣 弔噩父簋 追簋 兮仲鐘 仲辛父簋 仲㪟父簋二 散車父壺 師望鼎 善鼎 買簋 𣄰伯簋 虢弔鐘 士父鐘 師臾鐘 井人妄鐘 匽弔多父盤 函皇父簋 頌鼎 頌壺 禹鼎 善夫克鼎 𣲺伯簋 毛公𢉛鼎 不𣪕簋 曾伯𠤳 鄀公鼎 函皇父鼎 諆鼎 畢鮮簋 杜伯盨 弔角父簋 秦公鎛 五年師旋簋 彔伯簋 仲師父鼎 弔向簋 封仲簋 蔡姞簋 伯㪤父簋 豐兮簋 㝬鐘 函皇父匜 函皇父盤 番生簋 魯司徒仲齊簋 齊鞄氏鐘 邻王義楚耑 王子午鼎 蔡侯殘鐘 𥃝鎛 沇兒鐘 王孫鐘 曾侯乙鐘坪皇 𧻚鼎 申簋 曾仲大父𣪕簋 吳𢒼父簋 無㠱簋 秦公簋 邾公華鐘 禾簋 陳𣄰簋 中山王𩜁壺 中山王𩜁鼎 借作況而皇在於𡥀君虖 鄘侯簋 陳侯午錞 陳侯因資錞 齊陳曼𠤳 □作𠂤皇考尊 欒書缶

假生為皇 闕卣作皇考日辛𨽾𢍰 生字重見 【金文編】

5·386 秦詔版殘存「廿六年皇帝盡并兼」八字 5·398 秦詔版「廿六年皇帝盡并兼天下諸侯……」共四十字 秦1550 秦詔版殘存「黔首大安立號為皇帝」九字 5·387 秦詔版殘存「廿六年皇帝盡并兼」八字 3·914 獨字 鐵雲25:2 同上 瓦簠5:23 登皇 說文云皇大也从自王按从自王之皇始見于秦始皇廿六年詔版之秦篆皇字初見于西周金文矢令𣪕作彔伯㦰𣪕作沇兒鐘作王孫鐘作等形有關皇字本義學者據金文考之有王冠說日光說生字訛變說等今以陶文皇字諸形驗之以王冠說近於事實禮王制鄭注皇冕屬即其

本義从自大之皇乃其訛變【古陶文字徵】

一五六：二四　二十一例　宗盟類序篇　皇君晉公　委質類皇君之所　一五六：二二　六例　一八：五　二例　【侯馬盟書字表】

266　266【包山楚簡文字編】

皇　日甲一〇一　二例　【睡虎地秦簡文字編】

1282　1283　與鄀公華鐘皇字同　1284【古璽文編】

皇帝信璽　皇宣　張皇印信　皇建　皇遂　皇喜　皇尊【漢印文字徵】

袁安碑　孝和皇帝加元服　石經君奭　格于皇天　無逸　不皇暇食今本作遑　開母廟石闕　皇極正而降休

詔權　立號爲皇帝【石刻篆文編】

皇見尚書【汗簡】

古尚書　崔希裕纂古【古文四聲韻】

◉許　慎　大也。从自。自。始也。始皇者。三皇大君也。自讀若鼻。今俗以始生子爲鼻子。胡光切。【説文解字卷一】

◉吳大澂　大也。日出土則光大。日爲君象。故三皇稱皇。頌敦。【説文古籀補】

◉劉心源　皇即暀。俗省作旺。詩楚茨箋。皇。暀也。泮水箋。皇皇當作暀暀。攷説文。暀。光美也。从日。㞷聲。徃俗省作往。徃从彳。㞷聲。㞷。艸木妄生也。从之。即之字。在土上。讀若皇。封古文亦作㞷。詳康侯鼎。是㞷爲發㞷字即發皇發旺字也。凡皇祖皇考用皇字爲偁美之文。人人知之。而陳逆敦云作爲㞷。古刻祖字从示。从助。詳友敦。大宗敦即皇祖二字。或釋封祖。非也。陳逆簠㞷亦之蝕　㞷之蝕古文祇字也　㞷考省　㞷母。乃㞷祖㞷祇㞷考㞷母。即皇祖皇妣皇考皇母也。阮氏不知𡈼皇同字。遂使文不可讀。蓋古刻皇作皇。从⊖即日。从𡈼即𡈼。合之實暀字。此銘作皇益明顯。它器作皇叔角父敢皇宗周鐘皇豐兮尸敢皇仲師父鼎皇陳侯因脊敢。繁省雖異。皆不从自王。鄭曰皇爲暀。蓋深悉古文原流矣。許叔重謂皇从自王。說文王部作皇。云从王从自。自。始也。始王者。三皇大君也。自讀若鼻。據會稽繹山刻石。皇帝字作皇。从白。許云白亦自字。李斯諂事始皇。篆从白王。許承其謬。幸有鄭説與古刻互參。即知从自从白皆非三代六書之舊也。皇帝本無專字。假皇大字爲之耳。帝亦𢂛之古文。又叔家父簠孫子之𩰫。即詩繼序其皇之義。𩰫亦皇亦暀也。弡仲簠其元其𡈼。三體石經考黄作𡈼。古文四聲韻㠯𡈼爲光。實皆從𡈼省耳。

皇兄猶皇考。周㠯上凡光大之詞多稱皇。無所避忌。廣疋釋詁皇大也是也。【奇觚室吉金文述】

◉林義光　説文云。皇大也。从自。自始也。始王者三皇。大君也。自讀若鼻。今俗以始生子爲鼻子是。按古作皇。不𣄰敦。作皇。虢叔編鐘。作皇。函皇父匜。象日光芒出地形。日出地視之若大。皇大也。或作皇。叔𩇯父敦。白即𡆣之變。或作皇。陳侯因脊敦。从古王。亦後世先人爲老。追來爲歸之類。【文源】

◉高田忠周　按此劉心源説不爲無理。然字元作皇，爲正形者从白自顯。又異文作皇作皇作皇作皇。不得爲从𡈼者也。要此皇借爲暀。故殊从日。以變其形。而亦皇字。非暀字也。金文往往有此例矣。但如此篆。上作小。與他篆作皇。皇日合體者自别。此小即山省火字也。然此作皇即从煌从日。實亦煌字。而與暀通用已。煌暀義尤近。而煌皇亦通矣。【古籀篇二十三】

◉王國維　注引九皇六十四民。此倒叙句也。或謂民當作氏非也。山海凡云某某之民皆古部落酋長之稱。盼遂謹案。尚書吕刑苗民弗用靈。此民亦君稱也。

皇字金文作皇。上象日光放射之形。引申有大義。如大父亦曰皇父。大帝亦曰皇帝。以皇爲帝王之稱。疑自秦代始。

【劉盼遂記説文練習筆記　國學論叢第二卷第二號】

◉孫海波　皇象王者箸冕之形，从𡆣，象冕形，王亦聲。禮記王制：「有虞氏皇而祭。」引申之訓大、訓美。【甲骨金文研究中國大學講義】

◉汪榮寶　説文：「皇，大也。从自，自，始也；始王者，三皇，大君也，會意。自，讀若『鼻』，今俗以『始生子』爲『鼻子』是。」按，此據小篆形體生義。今以鐘鼎欵識所見古文皇字校之，形義全不相合；頗疑「始王大君」之語乃秦人變更古文以後俗學相傳之繆，未可以爲造文之本恉也。

古鐘鼎彝器皇字屢見，大抵作□，上形作□，絶與古文「自」字不類，有省□之中注作□（虢叔編鐘），或增多上畫作□作□（並豐兮即敦），或變形作□（陳侯敦）者，並可證明其必非「自」字，亦有一二器作□作□（邢節每鐘）作□，其上形略近「自」之省體□及其或體□，然此乃就□形齊整改易爲之，不可認爲从「自」；其下形之土，法得謂爲「王」省，然古文「王」多作□，今所見古文皇字下皆作土，或作□（豐兮即敦），無作□者，意二字淵源既殊，故分理自別。昔朱駿聲嘗以「王」字之起當於夏時，而「三皇」字及堯典「『閏』月」字並已从「王」爲學者一大疑。以余所見，則皇之从「王」本非古文之舊（「王居門中爲閏」，義本周禮，必非始制文字時所有。堯時雖已置閏，未必即爲制字，或假借他字爲之。「閏」之爲後起字，無所疑也）；惟伯和尊，追敦，周公華鐘數器皇字作□作□作□，乃書體之變，乖於常行，小篆之从「自」从「王」，即由此種或體蜕化而出，所謂「从古文之象」，不可以爲从「自王」會意也。

今按王制云：「有虞氏皇而祭，深衣而養老；夏后氏收而祭，燕衣而養老；殷人冔而祭，縞衣而養老；周人冕而祭，玄衣而養老。」內則文同。然則皇者舜時宗廟之冠，與夏之收，殷之冔，周之冕相當。舜推循堯道，無所改作；皇之爲服，必三五以來相沿之舊制，古文皇字即象其形，□象冠卷，□象冠飾，土象其架，與「主」之从「土」爲象鐙足之形同例。鄭注王制云：「皇，冕屬，畫羽飾焉。」畫羽，謂染羽五采。鄭讀「皇」爲「鳳皇」，故以采羽爲説，與其注周禮「皇邸」「皇舞」持義相同。余考古文「弁」作□，上形作□，與古文皇上形極似，明其同出一源，則皇之訓冕正其本義，不煩破字。若「皇邸」「皇舞」，依先鄭説，並「翌」字之假借，與冕屬之皇自是兩事。

皇之形制，經傳無徵，據字形推之，疑冠飾必丵嶽並出，略如外國Couronne之狀；試以豐兮即敦皇字上形之□與歐洲古代Couronne之圖作□形者相校，猶表之與景也。蓋Couronne字之本義謂以花或葉環繞於首以爲飾，其後象之以制冠，因謂冠爲Couronne。夫初民之俗，萬國所同，皇爲中國最古之冠（冕始黃帝，而三皇稱「皇」，明皇先於冕。皮弁雖至質之冠，乃後王所制以象上古，禮稱「三王共皮弁素積」，則是唐虞以上未有矣），其取法所自，正與Couronne不甚相遠，形之偶似，良無足怪。

□字許書列之「皃」部，云，「从皃，象形。」段注以爲篆體之□象皮弁之縫中。余謂縫中傳著弁體，不得聳擢頭上，□字當是从□从□省會意，非从□从□象形；籀文作□，明是以□代□，以□代□，此正與古文□之从□从土其理相同，□與□並象實物，□所以持之，土所以尊閣之也。

夫皇之本義爲冠，天子服之，因以爲天子之稱，猶「卒」之本義爲有題識之衣，隸人給事者之所服，因以爲隸人之稱也。皇之訓爲「大」，爲「美」，爲「煌」，爲「中」，爲「光」，爲「宏」者，則又从「天子」之義展轉紬繹以爲形容者也。自書傳習皇爲「大」而皇之本義晦，自小篆書皇作「自王」而皇之本形亦失。

許書「古」篆下有古文□，前人皆不知其所从，據號叔編鐘皇字作□，則此字从「冖」从「皇」从「十」从「口」，蓋三皇無文，冣其事之十口所傳者而識之，所以爲古，此正黄帝史官之所有事。□字之爲倉頡時書，較然可信；然使無古文皇以爲之證，則形義無由考見，鮮不以爲奇事而疑之矣。【釋皇　國學季刊一卷二號】

◉顧　實　説文：「皇大也，从自，自始也。始皇者三皇，大君也。」然金文作□皇頌敦□龐姞敦□師龢父敦□陳侯因脊敦□齊子仲姜鎛□王孫鐘。吴大澂曰：「古文作□，从日有光，日出土上，則光大，火在地中，則氣盛，皇王二字取義亦相類。」字説。吴説皇字从日有光，是也。而謂以土，則非也，金文作□从土者，仍即从王之省變，已見龜甲文王字。況金文復作□，明有不省者在，則皇當爲从日上出光，王聲，可訂許説之訛。蓋金文日字本有作□日寅父癸彝□日父乙彝者，象日光四射。且□篆文作□，象日上下發光。□字从日不从白。則□从日，象上發光無疑矣。金文復變形多端，作□□□，上有短横畫者，正猶王字从火，上有横畫，殆指其光燄横射也。孟子曰「天無二日，民無二王」。萬章篇。古固擬王於日矣。尸子曰「日五色，陽之精，君德也」。汪輯本。禮統曰「日者實也，形體充實，人君之象」。御覽卷三。是不益可證王从火炎上放光，爲帝王之專字。而皇爲王之後起字，更从日放光，殆以顯著其爲君之無上尊號哉！易曰「離爲日」，説卦傳。虞翻注，於未濟六五及夬彖傳竝云「離爲光」。於需彖辭則曰「離爲日爲光」。是日光義得相通。故文選張孟陽七哀注曰「朱光日也」。陸士衡演連珠注曰「重光日也」。詞賦家以日爲光，本經義也。故詩曰「既見君子，爲龍爲光」。詩小雅蓼蕭篇。案爲龍猶孔子見老子而興猶龍之歎。毛傳詁龍爲寵非也。龍光皆君象也。龍君象。見賈子容經篇。是益可明皇字从日而又象其放光。光，亦君象耳。自許書誤解於前，而近見汪榮寶君又因緣時會，釋金文皇字，以爲上象王冠也，土所以尊閣之，□猶歐洲古代之Couronne云，見北京大學國學季刊第二號華國第二期。説益乖戾。況土以尊閣之，不戴皇天而履后土，冠履同處，尊於何有，不亦太嫌滑稽矣乎？【釋王皇𡈼　國學輯林第一期】

◉徐中舒　汪榮寶先生有釋皇一文，載於北京大學國學季刊第一卷第二期中。其説據禮記王制及内則「有虞氏皇而祭」之文，以爲皇之訓冕（本於鄭注），正其本義，小篆弁作□（説文弁冕也），上形作□，與古文皇上形極相似（按尤與師嫠毁形同），明其同出一源。汪氏此説，大致可信。

漢畫中多繪有周公輔成王圖，玆選載其較明晰者一幀（插圖略），其中成王之冠作□形，正象銅器皇字向上三出之形。汪氏以外國Couronne之狀，比擬皇之形制，似猶不及此處能近取譬之更爲可信也。蓋舊籍所載禮制，天子之冠，就形式言，未必即與臣庶有如何差别。如冕爲大夫以上之冠（見説文），皮弁爲諸侯視朝之常服（見詩鳲鳩正義），即爲王制内則所載冕屬之皇，亦僅爲士之祭服。余意皇與弁，在形制上似無若何差別。說文謂弁從皃（貌）以皇所象之形擬之，其說亦不可信。□之上半□，與皇同，下象人形，與士同意。皁與弁之不同者，以王者著之，則爲皇，常人著之，則爲弁矣。【士王皇三字之探原　歷史語言研究所集刊第四本第四分】

◉徐中舒　它它熙熙又有變言皇皇熙熙者（皇或作諻皝敱，熙或作趣）：

皇皇熙熙，眉壽無異。——沇兒鐘

諻諻熙熙，眉壽無諆。——徐王子旃鐘

皝皝趣趣，萬年無諆。——王孫遺者鐘

敱敱趣趣，萬年無諆，眉壽毋已。——許子𥂴師鐘

此皇皇熙熙仍爲形容無期之辭。變它它言皇皇者，皇大也，美也。古以皇爲至尊之稱，帝曰皇帝，父曰皇考，祖曰皇祖，詩「有皇上帝」，「皇矣上帝」，「上帝是皇」，「先祖是皇」，「皇皇后帝」，凡帝與祖皆以皇形容之。蔡邕獨斷上「皇帝至尊之稱，皇者煌也，盛德煌煌，無所不照」。蓋它它言其無窮極，皇皇言其至美大也。如以地域言之，「它它熙熙」爲黄河流域，尤其齊東通行之語，「皇熙熙」則淮汝之間所盛行也。【金文嘏辭釋例　歷史語言研究所集刊第六本第二分】

◉劉　節　皇之古訓甚多。有訓爲大，爲美，爲光，爲宏，爲盛者，皆一意之引申。又有訓爲匡，爲况；又假借爲煌，爲遑（例詳經籍纂詁七陽皇字下，不具引），皆以形容詞爲多。又有訓爲君，爲王者，乃作名詞用，其義非古。仁和汪衮甫先生著釋皇篇（見北京大學國學季刊一卷第二號），駁許君始王大君之義，非造字之本怡，不可以从自王爲會意，是矣。又據王制鄭注。以皇訓冕，猶可說也；而云三皇之說先於冕義，出自上古，則不可信。海甯王先生云：（說文講義）「三皇五帝之稱頗晚，乃戰國時後起之義，皇祖、皇考之稱，亦大義。銅器中皇字有作□，作□，作□者，其上出爲光芒，與王之從火同爲大義。汪榮寶著釋皇篇，以皇字上形爲冠形。按古冠多作□，冕亦平頂，此說不確。」今因王先生之說而衍之，以見洪範皇之訓君，非古。金文中皇字有作□（毛公鼎），有作□（叔皮父敢），有作□（彔伯敢），有作□（郘王義楚耑），有作□（叔角父敢）。可見上既非自，下亦非王。其意當象日在地上，□（象日光之說出吳大澂）表美大之形。且金文中王與皇絶無同用。皇祖、皇考、皇父、皇母，觸目皆是；此爲頌揚之稱，與言文祖、烈祖、烈伯、惠叔、龔叔、文叔、龔始，聖叔之稱同，且多用于頌揚已過之人。此外「皇天、皇休」（毛公鼎。與皇祖、皇考同意），「寶皇萬年永用」（叔皮父敢。此作盛大之義，乃叠用形容詞），「隹皇上帝」（宗周鐘，此皇亦大也），皆作頌辭用；隹皇上帝者，即詩於皇上帝之義也。惟陳貯敢蓋曰「孝於叔皇」，鄭伯匜曰「叔皇作般匜」，此二皇字似作一名詞用；

然叔皇實不辭，當爲皇叔之倒文，與皇父、皇考同義。再考之詩三百篇中，凡皇字經毛傳鄭箋訓爲君，爲天，爲王，而須辨釋者有五：小雅楚茨「皇尸載起」，傳訓大，箋訓君，傳言差合，其實皇者煌也。禮記曲禮下「諸侯皇皇」疏曰：「皇皇，色華美也」；詩大雅假樂「穆穆皇皇」，後漢書班固傳引作「穆穆煌煌」：皇尸載起者，煌尸載起也。又小雅十月「有皇上帝」，傳訓「皇，君也」亦誤；此有皇上帝與大雅瞻卬「上帝是皇」之意同。上帝是皇之皇，傳訓美也。當作皇，大也。又大雅文王之什「思皇多士」，傳言「皇，天也」，周頌載見「思皇多祜」，箋訓「皇，君也。思語辭。」思既爲語辭，皇決非訓君。思皇，與大雅思齊之「思齊大任，思媚周姜」同意。皇亦多也，盛也。又周頌桓「皇以間之」，傳訓「皇，君也」，不可解。何謂君以間之？此皇當爲遑之假借字。遑，暇也。皇以間之者，暇以間之也。詩云：「於昭於天，皇以間之！」蓋言不暇以間之也。此反詰之語，意甚順，與谷風「遑恤我後」同意。又小雅漸漸之石：「不皇朝矣！」傳訓皇，王也。亦不可解。下章云：「不皇他矣！不皇出矣！」皆疊言之。如訓爲王，則爲不王朝矣！不王出矣！不王他矣！如何可通。由是知亦遑之假借字。不遑朝者，不暇朝或不及朝之意也。下二章爲不暇出矣，不暇他矣，皆可通。皇之爲遑，其例甚多。谷風「遑恤我後」，禮記表記，左襄二十五年傳，皆引作皇恤我後。書無逸「則皇自敬德」，鄭注作遑。此外非關于皇字訓君、訓王之義者，不復贅述。在春秋、戰國以前，皇決無訓王、訓君。今洪範云「惟皇作極」，「皇則受之」，皆作王字解，其非古義必矣。戰國時皇有作王字用者，如莊子天運篇「是謂上皇」，離騷「詔西皇使涉予」，九調東皇太一「穆將愉兮上皇」，可證洪範非春秋以前之作矣。皇作王用，由皇祖、皇考之用變來；故白虎通云：「皇者，何謂也，亦號也；皇，君也，美也，大也。」【釋皇篇補義　國學月報二卷十一號】

◉馬叙倫　錢坫曰。韻會引作从自王。以三皇大君爲徐鍇說。而不及始皇者以下云云。或並皆鍇說。爲鉉誤入。王國維曰。皇字金文作皇。上象日光放射之形。引申有大義。汪榮寶曰。此即王制有虞氏皇而祭之皇。形當如金文作皇。⊖象冠卷。小象冠飾。土象其架。與歐洲古代之Couronne圖作□者相似。皇之本義爲冠。天子服之。因以爲天子之稱。猶卒之本義爲隸人給事者之服。因以爲隸人之稱也。倫按金文諸皇字。無一从自者。秦以辠字似皇。故以罪爲辠。然秦權。皇帝兼并天下。字从白。金文秦公𣪕亦作皇。王孫鐘作皇。師嫠𣪕作皇。邾公華鐘作皇。□□□□皆即日光之白字。非白亦自字之白。皇爲白之轉注字。白聲魚類。皇聲陽類。魚陽對轉也。从白。王聲。有作皇者。从白在土上。會意。或王省也。詩烈文。繼序其皇之。楚茨。先祖是皇。采芑。朱芾斯皇。皆光輝之義。風俗通皇霸篇曰。皇。光也。皇霸對言。霸爲月始生霸然也。則皇霸者以日月光之大小爲喻耳。光也即皇之本義至塙矣。以爲帝皇之義所專。遂增火傍。而皇之本義幾亡矣。大也乃引申義。當入白部。說解本作从自王聲。始皇者以下校語。字見急就篇。【說文解字六書疏證卷一】

◉于省吾　競卣。白犀父皇競各于官。郭沫若云。皇字在此當是動詞。以文義及聲類推之。當即假爲衡。謂提舉也。大系考釋六六。按郭説非是。皇當係嘉美之義。詩烈文。繼序其皇之傳。皇美也。執競。上帝是皇傳。皇美也。爾雅釋詁。皇皇美也。官宮古字通。古籍習見。戒鬲。戒作葊官明尊彝。葊官即葊宮。此言白犀父嘉美競而格于其宮也。櫨侯方毁。用永皇方身。皇字與皇競之皇用法正同。【釋皇　雙劍誃古文雜釋】

◉郭沫若　「盾生皇畫內」:「盾」字在彝銘中第一次出現。「生皇」二字頗費解,初疑假爲笙簧。然所叙乃戰事,所賜乃武器,説爲笙簧,殊不類。因思,此必爲盾上之文飾。查《周禮·春官》樂師有「皇舞」。鄭司農云:「皇舞者,以羽冒覆頭上,衣飾翡翠之羽。」鄭玄云:「皇,雜五采羽,如鳳皇色,持以舞。」即此處皇字義,謂盾上飾以「雜采羽,如鳳皇色」。古時盾上有飾,各種原始民族之盾亦多飾以羽毛。如干字古本作丫,即古盾之象形,體圓,上有羽飾而下有鐓。《詩·秦風·小戎》「蒙伐有苑」。毛傳云「蒙,討羽也。伐,中干也。苑,文貌。」鄭箋云:「蒙,厖也。討,雜也。畫雜羽之文於伐,故曰厖伐。」今案蒙當是動詞,猶冒也。飾雜羽於盾上,故爲「蒙伐」。盾上且有畫文也。又《禮記·王制》「有虞氏皇而祭」,注云「皇,冕屬也,畫羽飾焉」。我意畫羽飾之冕亦是後起之事,古人當即插羽於頭上而謂之皇。原始民族之酋長頭飾亦多如此。故於此可得皇字之初義,即是有羽飾的王冠。我現在略案時代先後,且舉幾個金文皇字的例子在下邊。

這不很明顯地表示着在國王頭上頂着一頂有裝飾的帽子嗎?這裝飾,在初顯然就是羽毛,其後人文進化,可能用別的金玉之類的東西來代替了。故皇字的本義原爲插有五采羽的王冠,其特證(徵)在有五采羽,故五采羽即謂之皇。後由實物的羽毛變而爲畫文,亦相沿而謂之皇。引伸之,遂有輝煌、壯美、崇高、偉大、尊嚴、嚴正、閑暇(做王的人不做事)等義。到秦始皇而固定成爲帝王之最高稱號。這是皇字的一部變遷史。【長安張家坡西周銅器群銘文匯釋　考古學報一九六二年第一期】

◉嚴一萍　皇字説文謂「从自」「自讀若鼻」。今兩周銅器銘文所見,其上之形,絶不與自字相類。初形當如□作㲋皇考尊作㞢,較王字上畫代表冠形者，略有增飾以象皇冠之上有三歧，亦僅示簡單之冠形，其後增繁作[glyph][glyph][glyph][glyph]諸形。而訛變者，更加橫畫如[glyph][glyph]諸形。說文之从自，殆自[glyph]（邾公華鐘）[glyph]（齊鎛）等或體訛變而來。汪榮寶氏以爲「不可認爲从自」是也。字爲王者戴冕垂裳端拱而坐之象形，馬氏疏證以爲「从白，王聲」者亦非。【王皇士集釋　中國文字第七期】

◉朱芳圃　說文王部：「皇，大也。从自；自，始也。始皇者三皇，大君也。自讀若鼻。今俗以始生子爲鼻子。」吳大澂曰：「皇，古文作[glyph]，从日有光。日出土上則光大，火在地中則氣盛。皇、王二字取義亦相類。」字說三。汪榮寶曰：「桉王制云『有虞氏皇而祭，深衣而養老。夏后氏收而祭，燕衣而養老。殷人冔而祭，縞衣而養老。周人冕而祭，玄衣而養老。』內則文同。然則皇者，舜時宗廟之冠，與夏之收，殷之冔，周之冕相當。舜推循堯道，無所改作。皇之爲服，必三五以來相沿之舊制。古文皇字即象其形。[glyph]象冠卷，小象冠飾，土象其架，與主之从土爲象鐙足之形同例。」釋皇。桉吳、汪二說非也。皇即煌之本字，說文火部：「煌，煌煇也。从火，皇聲。」其字下作[glyph]，即鐙之初文，焚膏照夜之器也。上作小若卝，象鐙光參差上出之形。孳乳爲暀，說文日部：「暀，光美皃也。从日，往聲」。爲韡，說文𠌶部：「韡，華榮也。从𠌶，㞷聲。讀若皇。爾雅曰『韡，華也。』『蘳，韡或从艸、皇。」

爾雅釋詁：「皇，君也。」獨斷上：「皇帝至尊之稱。皇者煌也，盛德煌煌無所不照。」桉皇爲宰制者之稱，義與王、白及帝相同。

說文丶部：「主，鐙中火主也。从[glyph]，象形。从丶，丶亦聲。」王筠曰：「其下爲鐙檠，上曲者鐙盌，丶則鐙炷矣。」桉皇與主結構相同，惟一象鐙光煇煌，一象鐙中火主；又[glyph]、[glyph]皆象鐙缸，一作俯視形，一作側視形，是其異也。【殷周文字釋叢卷上】

◉嚴一萍　[glyph]皇　王孫鐘作[glyph]，繒書於冠飾雖略有譌變，皇字無疑。女皇即女媧。路史後紀太昊紀下女皇氏注引盧仝云：「女媧本是伏羲婦。」【楚繒書新考　中國文字第二十六册】

◉于省吾　甲骨文「往來」之「往」作[glyph]（往从彳乃後起字，始見於東周器吳王光鑑），从止[glyph]（王）聲。這和甲骨文的「前」字作[glyph]，从止凡聲（詳《甲骨文字釋林·釋[glyph]》），都是上形下聲的形聲字。㞷之从止乃表示行動之義。古文字从止（趾）與从㞢（之）迥然有別。甲骨文第五期的「㞷」字有的作[glyph]（前二·二〇·三）。周初器[glyph]伯卣的「[glyph]」字从㞷作[glyph]，猶與契文銜接。又周初器媓觥的「媓」字从皇作[glyph]，下从王作[glyph]，與契文早期王字相仿。值得我們注意的是，周初器□作乎皇考尊的「皇」字作[glyph]。此字是由甲骨文晚期的[glyph]形遞嬗而來，乃㞷字演化爲皇的樞紐，所謂「中流失船，一壺千金」。周代金文諸皇字的上部變化繁多。總起來說，前引尊銘的皇字，已由契文㞷字開始變作[glyph]，再變則作[glyph]或[glyph]，三變則作[glyph]、[glyph]或[glyph]、[glyph]，四變則省作[glyph]或[glyph]（以上凡未注明器名，均見《金文編》）。至於皇字的下部作[glyph]或王，皆用「王」字作爲音符。依據上述，由㞷字孳乳爲皇，其上部變動不居，已與𡉚字顯然分化。至於秦器的「皇」字皆作皇，已爲《説文》皇字譌作「从自王」的由來。

𡉚字孳乳爲皇，爲什麼東周陳逆簠的「皇」字仍然作「𡉚」(上部已譌變爲从「之」)？我的答復是，後期古文字還保存着前期的構形者，數見不鮮。例如：伯作蔡姬尊的「世」字(世字本由止字孳乳爲止或止，乃指事字)作止；東周器子禾子釜的歲作戉(與契文形同)，這樣例子時有所見。

在此附帶説明「皇、帝」二字的稱號。前引汪氏《釋皇》謂：「皇之爲服，必三五以來相沿之舊制。」按「三五」是指「三皇五帝」爲言。甲骨文無「皇」字，也無以𡉚爲皇之例。周代金文稱「天」爲「皇天」者屢見。宗周鐘稱「天」之主宰爲「皇上帝」，師詢簋稱之爲「皇帝」。矢令簋稱「王」爲「皇王」，善鼎稱「王」爲「皇天子」。以上諸「皇」字皆作形容詞用，乃輝煌光大之義，商周時代的最高統治階級均稱王而不稱皇或帝。甲骨文後期雖然稱「祖甲」爲「帝甲」，稱「文丁」爲「文武帝」，但均非生稱，是指已故的先王言之。《史記・秦始皇本紀》：「采上古帝位號，號曰皇帝。」後世簡稱爲「秦始皇」(按秦器銘文均作「始皇帝」，從無例外)。《説文》於皇字下，謂「始王者三皇」。又《説文》：「帝，諦也，王天下之號也。」按《説文》既謂皇爲「始王者三皇」，又謂帝爲「王天下之號」，則帝指五帝言之甚明。其實，「三皇五帝」乃後世演義神話中的稱號，因爲舊石器晚期和新石器時代既没有「皇」與「帝」二字的出現，當然也不會有後世皇與帝的概念，這是可以斷定的。【釋皇　吉林大學社會科學學報一九八二年第二期】

◉李孝定　皇之初誼，説者各殊，難爲定論，亦與王字相同。竊謂以象日出土上及王著冠冕二説，較爲近理。惟皇字金文習見，其上所从，象「日」者少，是則汪氏之説，獨爲切近，而又蔽於金文王多作王，皇不从此，遂謂下爲帽架，所以尊閣之，爲小疵耳。徐氏从汪説，而説皇下所从爲「王」字，最爲通達。金文王多作王，取其茂美，非諸王字皆如此也。(請參看甲骨文字集釋王字條下鄙説。)張氏謂金文中皇王分用劃然，遂謂皇王無涉。考殷周王爲有天下之號，當時語言如此，故不更用皇字，此語言之習慣，不能證其遂無關係，且金文用皇多有光大之義，正由王義所引申也。【金文詁林讀後記卷一】

◉李國正　「皇」字下部的「王」，就目前所見的金文形體，不外寫作這樣三種類型：

A、土或土　如作册大鼎作皇、令簋作皇；

B、土或土　如杜伯盨作皇，弔皮父簋作皇；

C、王或王　如禾簋作皇，王孫鐘作皇。

A、C兩種類型在獨體的甲文「土」的寫法中，能找到它們的來源。A類寫法顯然是由土(甲二四三)、土(甲三三五八反)演化而來的；C類寫法基本上是王(前五・一五・五)、王(前一・二〇・七)的繼承。惟B類寫法獨體甲文未見，但「王」寫作

「土」當是由𡈼↓土↓土的簡化所致。甲文㞷(往)的聲符就有這三種寫法：㞷(佚一一五)、㞷(京津五二八四)、㞷(林二·一八·一五)。「皇」之金文下部亦復如是：周初器媓觚的「媓」，其聲旁「皇」作皇，作册大鼎作皇，杜伯盨作皇。這些不同的寫法保留了作爲構形元素的「王」在不同歷史階段的演化軌跡。尤其是「王」寫作「土」這種情況只在上形下聲的形聲字裏才會出現，這就有力地證明了「皇」下之「王」是聲符，不是意符。

在討論「白」的構形依據之前，必須充分重視鄭玄對「皇」字的有關意見。《周禮·春官·樂師》郑玄注：「故書皇作翌。」《地官·舞師》注：「鄭司農云：『皇舞蒙羽舞書或爲翌或爲義。』。玄謂皇析五彩羽爲之，亦如帗。翌音皇。」

鄭玄這兩條注文明確地指出了以下三點：

A、「翌」是「皇」較古的書面形體；

B、「翌」與「皇」同音；

C、「翌」、「皇」義與「五彩羽」有關。

西周早期，「鳳」尾的凵狀物雖已冒頭，但遠未普遍化(甲文50例中僅9例作凵、凵)，長尾羽仍是鳳皇的主要特征，這就是標示鳳皇長尾羽的「㞷」、「翌」產生的特定條件。「㞷」的意符「屮」，在結構上與甲文「鳳」字尾端的「屮」格局一樣，不過結體方整些，描畫更形象些。「翌」字的意符「羽」，依《説文》爲「鳥長毛」，這正是鳳皇尾巴的顯著特點。随着鳳鳥的尾巴普遍綴上圈狀裝飾物，能形象反映这一特征的後起字「皇」便應运而生了。「皇」字一方面承接了「㞷」、「翌」的聲符及其意符所表示的意義，另一方面又在文字形體上借鑒了甲文「鳳」字尾端的凵形而作凵，更加突出了鳳鳥尾翎在新時代的顯著特點。于此可見，金文「皇」在形音義三方面都是有歷史繼承性的。由於「皇」字的廣泛流行，「㞷」、「翌」實際上就被排斥開去，只是作爲歷史的陳跡遺留下來。

總而言之，「皇」，从「白」象形，从「王」得聲，其原始意義是孔雀尾翎。尾翎稱皇，則綴有這種尾翎的神鳥也叫做皇(在此之前稱鳳不稱皇)。執皇而舞，是謂皇舞。因尾翎色彩絢麗而又不易得，故後來凡色彩絢麗的羽毛及人工染制的五彩羽都稱皇。原始部落的人們將皇插在頭上爲飾，逐漸演化爲冠，這種羽冠也就謂之皇。文明進化，冠的式樣多起來，爲與其他形制的冠相區别，而僅把其上繪有羽飾的冠稱爲皇；即鄭玄所謂冕屬，畫羽飾焉者也。然「冕」並非「皇」之本義。而僅僅是本義的引申。這種舜時祭祀之冠，漸爲王者所獨用，後世最高統治者因之稱皇。「皇」之訓「大」，殆始於彼時。至「美」、「煌」諸義，則由皇之形象色彩引申而來。【皇字新解　語言研究一九八六年第二期】

◉杜金鵬　近年來一系列的考古發現，證明以羽毛爲飾的冠冕，在中國古代曾是身分與地位的標志，與古文皇字有比較明顯的源流關係。

以前在良渚文化玉器上常可見到圖案化了的所謂「獸面紋」，其形態令人頗費琢磨，近年在浙江餘杭縣反山、瑤山兩處遺址出土的良渚文化玉器上，發現未經簡化的較爲完整的同類圖像（圖略），即神人與神獸（鳥？）合二爲一的「神徽」，神人頭戴大羽冠，冠上有羽毛，編結精細。這種神徽應是良渚文化居民所崇拜的神靈形像，其大羽冠絶非普通人所能佩戴。我們注意到，羽冠正視作倒梯形，上插羽毛，正與古文皇字上半部相象。

餘姚河姆渡遺址出土的陶片上曾發現刻劃圖案（圖略），極可能也是當時高層統治者的羽冠圖形，依其年代應是良渚文化羽冠之祖型，與古文皇字亦形義吻合。

良渚文化中有一種很重要的玉器，即所謂「冠狀飾」。在近年發掘的大型墓葬中有較多發現，僅反山、瑤山就出土20件，均放置在死者頭部，絶大多數雕有神徽，下均有短榫，榫上鑽銷孔，器高3～10釐米。根據其形制特徵和在墓中的位置，以及出土時的某些跡象，筆者推測應是嵌冠頂上的飾件，更確切地説應是冠上的徽識。它們取形於良渚文化「神徽」中神人頭上的大羽冠，其上往往又雕「神徽」，所以它們實際上就是神人乃至整個神徽的象徵。其形制變化主要在于上緣中部和下緣兩端。通常是上緣正中凸突，下緣齊平（圖略）；有的則上緣中部凹下，凹下部分正中復又尖凸（圖略）；有的下緣兩端弧缺（圖略）。但無論怎樣變化，均突出表現神人羽冠，與古文皇字義形基本吻合。

良渚文化三叉形玉飾，目前僅見于反山、瑤山等部分高等級大墓中（圖略），一律出土于死者頭部，並與錐狀玉器共存，其中叉之上往往與一玉管相接，筆者推測應是懸于冠（或髮）上飾物，頭動輒擺。其産生，似脱胎于上緣凹下的那類玉冠徽（圖略），它在冠上的地位雖不及玉冠徽重要，但有三叉玉飾的冠冕，顯然規格更高。三叉玉飾與古文皇字非常近似，故任式楠先生説它「與『皇』義形對照，正相暗合」。

大汶口文化中有一種形體碩大的陶尊，被認爲是禮器，其上往往發現有「刻畫符號」，可分三類，第一類是族徽（圖略），第二類是禮兵（圖略），第三類是羽冠或冠徽形象（圖略）。關于第三類符號，李學勤先生已指出「顯然是象形的，所象的可能是一種飾有羽毛的冠」，極是。它們與良渚文化的羽冠、冠徽有着密切的關係。如圖五：5應是圖四：1的變體，唯前者窄高，後者寬扁，結構基本相同；圖五：6亦與良渚文化玉冠徽形似，只有省略了榫部；圖五：4則在上端中央添加一束羽毛，似意在強調是羽冠；圖五：7上半部表現的是頂部中央有冠徽、兩側有羽翎的羽冠，經刻出輪廓後填朱色，下半部用朱紅塗成呈內弧邊倒梯形，可認爲是神人面龐的輪廓。瑤山玉琮（M12：1）神人臉龐亦僅雕出弧邊倒梯形，唯其羽冠無冠徽（圖略）。我們注意到，良渚文化玉器上刻畫了許多神人羽冠，但無一例有冠狀玉冠徽。大汶口文化陶尊上的羽冠圖像，對研究反山、瑤山良渚大墓墓主所戴冠冕的形制有所啟迪。有趣的是，在南京北陰陽營遺址良渚文化層出土的一件陶尊上，也刻有類似符號。

我們試把這些陶器符號與古文皇字相比較，其間存在密切聯繫是很清楚的，故李學勤先生説「原始的『皇』或許就是一種用羽毛裝飾的冠」，而圖五：7便「象這一類冠」。大汶口文化陶器上的符號具備了早期漢字的基本要素，故有學者已把那些族徽、禮兵類符號隸定爲文字。那麼，羽冠類符號是否也是原始漢字，甚或與皇字的初文有關，值得研究。【説皇 文物一九九四年第七期】

◉戴家祥 説文一篇「皇大也，从自。自始也。始皇者，三皇大君也。自讀若鼻，今俗以始生子爲鼻子」。按許説大誤，皇字未見于卜辭，傳世金文作□□，或作□□，上半□□象烈日光芒高射形。蓋日之繁縟文，未嘗見其作自者。下半从王或从土，土，亦火也，非土地字。許氏蓋本嬴政改制，李斯同文之後，俗儒曲説之謬。而不自知其謬。今以形聲求之，皇即煌之初文，十篇火部「煌煌，煇也。从火皇聲」。玉篇三零四旺訓「日暈」，暈煇表義更旁字也。暈，光也。似即現代天文學者所謂日冕。小雅鹿鳴「皇皇者華」。毛傳「皇猶煌也」。采芑「朱芾斯皇」。毛傳「皇，猶煌也」。書帝命驗皇者，煌煌也。古書徵引。

皇之本字爲王，王本从火，皇爲王之加旁字，从日與从火同義，故皇王字通。周書洪範「曰皇極之敷言」，史記宋微子世家作「王極之傳言」。小雅漸漸之石「不皇朝矣」，鄭箋「皇王也」。儀禮聘禮「賓入門皇」。鄭玄注「古文皇皆作王」。莊子天運篇「夫立三王五霸之治天下」。殷敬順釋文「王，本或作皇」。洪範五行傳「建用王極」注云「王極或爲皇極」，是王皇古本一字之證。

注音更旁皇又作暀：小雅楚茨「先祖是皇」，鄭箋「皇暀也」。魯頌泮水「烝烝皇皇」，鄭箋「皇皇當作暀暀」。由是而知皇之本字爲王，其後形聲相益則爲皇、爲旺、爲暀，皆一字之滋生而寖多也。朱芳圃謂皇字下半作□，即鐙之初文，上半作□，若□，象燈光參差上出之形。殷周文字釋叢四八葉皇。徐中舒謂其「象王著冠冕形」。中央研究院歷史語言集刊第六本一分册金文嘏辭釋例。皆主觀臆説，未可輕信。【金文大字典中】

◉秦建明 本文認爲「皇」就是孔雀（或古人理想中的鳳皇），帶有美麗彩斑的羽毛，皇字就是這種羽毛的象形，其證頗多。

首先是青銅器花紋。

1983年，陝西省文物管理委員會于長安縣鬥門鄉花園村西周墓中，發掘出一件青銅盉，此盉由器蓋二部分組成，蓋作鳥形，長頸勾喙，尾微上翹，雙翅欲展，形象頗爲生動寫實。鳥身飾有陰綫花紋，身頸處飾有鱗狀羽。背尾部飾類似孔雀尾羽狀花紋八個，分爲四縱行，兩兩相連，如孔雀尾屏狀。鳥頭上羽冠高聳，羽冠上亦飾刻一與尾羽上相同之花紋。以上特徵，很象鳥類裏孔雀的形象，當爲古人心目中的鳳鳥。

日本京都泉屋博物館藏有西周中期邢季㚤卣一器。器身、蓋亦飾以鳳鳥紋，器身鳳鳥羽冠前垂，上有羽斑兩處，尾下垂，上有五連羽斑，器蓋相同，此處鳳鳥羽冠及尾翎上的花紋與前叙鳥盉上相同，皆如鳳鳥之五彩帶色斑之尾羽。

這些尾羽在青銅器上的造形呈形，如果聯想到中國古文字是由象形文字發展而來的這一情況，我們立即能想到漢字中的「皇」字。可以在對比中發現，金文甲骨文中的皇字形體與這些銅器上鳥類尾羽上的花紋是一樣的！

這二件青銅器均爲周代之器，雖與孔雀形近，但商周時代人視鳳鳥爲祥瑞之物，故器上鳥形當是古人心目中的鳳皇無疑。可以説明的一點是：古人所繪鳳皇之尾羽與孔雀尾羽是非常一致的。

我們再將以上兩種尾羽與古文字中的皇字對比研究。《甲骨文編》中未收皇字，我們先看《金文編》中的皇字。金文皇字形體多變，有十餘種形態。所有皇字，無例外都有一圓形部分，此即爲圈中的色斑。圈上有幾豎，即有人稱爲「光芒」者，是細羽毛的象形，所以其數量或三或五有多少不同的變化。圓下一直豎爲羽脊的形象，其旁出横劃就是脊上的細羽。如《士父鐘》上的皇字，横劃兩端尚有仿細羽上翹之形，或多或少，與實物十分相象。在這裏青銅器上的紋飾可以作爲我們認識皇字和羽毛關係的中介橋梁。

《甲骨文編》中雖未列皇字，卻有不少鳳字，這些字的形狀非常生動。通常用一高冠之鳥，拖有帶色圈的長尾，旁加注聲符凡構成。這種鳥就是古人所稱的鳳皇，那些帶色圈的尾羽表示方法與金文相近，這可以説明皇字形體多變的原因。鳳之所以稱爲鳳皇（後世書「鳳凰」）恐與這種皇形尾羽有關。【釋皇　考古一九九五年第五期】

玉

粹一二　古代玉或貝皆一系貫五枚。此象貫玉之形。卜辭云庚午貞蘁于帝五丰臣。郭沫若釋丰　甲三六四二　乙一一四四　乙二三二七　乙二七一六　乙二九二二　乙三四八六　乙四五〇二　乙七七九九　乙七八〇八　前六・六五・二　後一・二六・一五　京津一〇三二　京津一三四三　京津一五七四　庫二一一　佚七〇四　佚七八三　簠人四一【甲骨文編】

乙1144　2327　2716　2922　4502　7799　7808　佚704　783　徵4・42　粹12　新1070　1343【續甲骨文編】

玉 鳥且癸簋　乙亥簋　玉十丰　穆公鼎　縣妃簋　番生簋　毛公曆鼎　洹子孟姜壺

邵鐘　魚顛匕　【金文編】

5·461獨字　藏考　說文玉古文玉　【古陶文字徵】

〔三六〕　〔二五〕　〔六八〕　〔二八〕　【先秦貨幣文編】

九二：四七　二例　宗盟類參盟人名　【侯馬盟書字表】

3　25　【包山楚簡文字編】

玉　法一四〇　四例　法二〇三　三例　【睡虎地秦簡文字編】

玉智　【漢印文字徵】

王君神道闕　禪國山碑　玉瓚　詛楚文　敢用吉玉宣璧　【石刻篆文編】

玉見說文　【汗簡】

古老子　雲臺碑　汗簡　竝崔希裕纂古　【古文四聲韻】

◉許　慎　王石之美。有五德。潤澤以溫。仁之方也。䚡理自外。可以知中。義之方也。其聲舒揚。專以遠聞。智之方也。不橈而折。勇之方也。銳廉而不忮。絜之方也。象三玉之連。丨其貫也。凡玉之屬皆从玉。陽冰曰。三畫正均如貫玉也。魚欲切。𤣡古文玉。【說文解字卷一】

◉羅振玉　說文解字。王。象三玉之連。丨其貫也。古文作𤣡。卜辭亦作丰。丨或露其兩端也。知丰即玉者。卜辭地名有瑨字。从王。或从丰。又玨字从王。亦从丰。作丰丰。又豐字从玨。亦从丰丰。其證矣。至古金文皆作王。無作𤣡者。【增訂殷虛書契考釋】

◉高田忠周　蓋玉之用。主於佩玉。故字依佩玉以爲此形也。珩爲佩上玉。詩毛傳曰。襍佩者。珩璜琚瑀衝之類。韓傳曰。佩玉上有蔥衡。下有雙璜。衝牙蠙珠。以納其閒。然則佩玉之數。貫于組者。不止于三。而借記數之三爲之者。亦多略不過三之意也。禮記曲禮。君無故。玉不去身。疏。佩也。虞書曰。五玉。鄭注。執之曰瑞。陳列曰玉。周禮玉府。王齊則共食玉。注。玉是陽精之純者。食之以禦水氣。皆其本義也。但佩玉之制。亦古哉。字形可證矣。【古籀篇七】

◉孫海波　按甲骨文作丰。象三玉之連。古者以一系貫五玉。一系曰玉。二玉曰朋。【甲骨金文研究　中國大學講義】

◉商承祚　𤣩　説文玉。古文玉。案甲骨文作王。同篆文。又作丰丰丰。珏从此。金文毛公鼎作王。乙亥殷作丰。从丨者。象絲組貫玉後露其兩端。从丫者。則結其緒也。𤣩乃玊或玊之寫誤。古文字上下向背可任意爲之。則丰丰自可作玊玊矣。汗簡引説文作𤣩。【説文中之古文考】

◉郭沫若　「帝五丰臣」或省作「帝五丰」。其文云「癸酉貞帝五丰，其三牢」。後・上廿六・一五。以其字形及日辰觀之。與此乃一時所卜。丰字羅振玉釋玉，以乙亥殷「玉十丰」爲証。實則彼殷玉字作王，與丰字不同。金文从玉之字頗多，無一从丰作者。且此如讀爲「帝五玉臣」亦大不辭。故丰絶非玉字。余意當即小篆丯字。讀介。秦誓「若有一介臣」。據禮・大學引。公羊傳文十二年引作「惟一介」，猶此「五丰」臣「亦省稱「五丰」也。介今作个，故「帝五丰臣」又省稱作「帝五臣」。見下片。帝自上帝。五臣不知何所指。史記封禪書關于天界之小神有「九臣，十四臣」，舊亦不詳其説。【殷契粹編考釋】

◉馬叙倫　鈕樹玉曰。集韵引専作專。類編技作枝。譌。嚴可均曰。事類賦注引作石之美者。此捝者字。技字蓋譌。玉賦注引作不劌。倫按玉从三◎而丨連之。◎即璧之初文。詳璧字下。丨其貫也。玉有體質。本可象形。然圖畫之。天然之玉與石不殊。則疑於石也。古以玉爲貨。故筭字从玉。詳筭字下。璧蓋本以石爲貨時代之錢幣。取石之美者琢而穿之。聯之以系。以便佩攜。後世之錢有孔而以若干錢爲一貫者。即其遺俗也。周禮太宰典瑞並言大喪贈玉。鄭注蓋璧也。則如今之助喪以貨幣矣。可證也。及易玉以貝以金。乃以璧爲享聘之用。猶後世之以金獻遺也。玉字之形。初當爲◎◎◎。或爲◎◎◎。此作王。甲文則作丰。甲文於方圓之形每變而爲一。俯視與側視之殊也。此及甲文之丰皆側視一形。玉爲一璧以上相連貫。實即玨之初文。玨下曰。二玉相合爲一玨。淮南原道訓。玄玉百工。工非工巧之工。即二玉相合之玨。後世以玉爲石之美者。而工之形又疑於工巧之工。故造二玉之玨。以甲文禮字作豊或作豊金文召伯殷璧字作璧證之。玉工一字也。玉玨雖有見疑二紐之殊。然皆舌根音。玨之重文作瑴。从玉。㱿聲。則玉玨一字也。王國維謂甲文丰丰皆古玨字。是也。瑴者。今俗言一套之套本字。二玉以上相連貫爲玉。正與今言一套之義合。然則玉之本義二玉爲玨也。借以爲石之美者之名。及玉爲石之美者之義所專有。而玨字作矣。石之美有五德至絜之方也校語。本訓捝矣。本部屬字璧。瑗。環。璜四字从本義之玉。餘均从借爲美石之義之玉。字見急就篇。毛公鼎作王。乙亥𣪘作丰。甲文作王丰𡴀。指事。

王徐鍇曰。丨象系。商承祚曰。甲骨作王丰𡴀。金文毛公鼎作王。乙亥𣪘作丰。从一者。象絲組貫玉。露其貫之兩端。从屮者。則結其緒也。王乃丰或丰之譌。汗簡引説文作玊。倫按秦詛楚文作王。【説文解字六書疏證卷一】

◉楊樹達　前編一卷十三葉之三云：「庚申，卜，賓貞：南庚，玉屮又𩰲。」樹達按：古人以玉事神，書金縢篇記周公植璧秉珪告大王王季文王，左傳襄公十八年記中行獻子以朱絲係玉二瑴禱於河，周禮春官大宗伯記：「以玉作六器以禮天地四方。」皆可與卜辭互證。豐字甲文作𧯛，王静安謂象二玉在器之形，其説甚是。若然，以玉事神，自造字時已然矣。【卜辭求義】

◉李孝定　玉象佩玉之形，數未必三，所貫亦未必是璧，説者勿泥可也。隸楷加點者，所以別於「王」字，非如高氏所説繫端之遺痕也。【金文詁林讀後記卷一】

◉連劭名　甲骨文中有一個寫作「玨」的字，還可以寫作：

玨《前》5.4.7　玨《乙》6738　玨《粹》441　玨《鄴》3下45.4

郭沫若先生在《釋朋》一文中説：「骨文朋字更有連其下作環形，如《前》6.26.3 此更顯而易見也。」按甲骨文朋字作玨玨，與玨的寫法明顯不同，郭沫若先生釋「玨」爲朋，實際上並没有舉出什麼有力的證據。《甲骨文編》將此字收于「朋」字條下。

卜辭中用朋爲貝的計量單位：

「庚戌(卜)、□貞：易多女屮貝朋？」《後》下8.5

「……𣅀不𡧊，易貝二朋？」《南坊》3.81

「叀貝朋？」《甲》777

上引卜辭中的朋字都寫作玨或玨，與金文朋字的寫法一樣。中國古代貝以朋記，檢查所有甲骨文和金文的朋字，從未發現「有連其下作環形」的。所以説，「玨」絶不是朋字。

甲骨文中从玨的字有𡨦，又作𡨦，釋爲寶。王國維説：「殷墟卜辭有𡨦及𡨦字，皆从宀从玉从貝而闕其聲。」「王」是「玨」的簡化；甲骨文示字作丅，又作丅；𠱠又作𠱠，其簡省規律完全一樣。《説文解字》宀部：「寶，珍也。从宀，从貝，从玉，缶聲。」所以，玨應當釋爲「玉」字。

甲骨文寶字又作[glyph]，武丁時代的賓組記事刻辭有「婦寶」：

「甲寅：婦[glyph]示三屯，岳。」《南，南》2.20

「壬寅：婦[glyph]示三屯，岳。」《粹》1489

「[glyph]」應當是「[glyph]」的别體，這個寫法對於了解玉字的來源很有幫助，因爲它極象商代那種被稱爲柄形器的玉器，説明玉字本來是一個象形字。許慎説玉「象三玉之連，丨其貫也。」是没道理的。

賓組卜辭有：

「甲申卜，争貞：燎於王亥，其玉？甲申卜，争貞：勿玉？」《乙》6738

這是一組對卜的卜辭，從正反兩個方面卜問燎祭王亥時是否使用玉爲祭品。燎祭用玉，見於文獻記載：

《呂氏春秋・季冬》高誘注：「燎者，積柴薪，置璧與牲於上而燎之，升其烟氣。」

《公羊傳・僖公卅一年》何休注：「燎者，取俎之七體與其珪寶在辨中，置於柴上燒之。」

歷組中見有「父乙」稱謂的那一類卜辭記載了對於祖乙的一次盛大祭祀，現在可以發現圍繞此事進行占卜的牛胛骨共六版，依干支相排，從丙寅歷丁卯、戊辰、庚午至甲戌共九日，可編排如下：

「丙寅貞：王其爯玉，乙亥燎三小牢，卯三大牢？」《鄴》3.45.5

「□寅貞：…尸酌…牛……玉…卯三……」《粹》441

「丁卯貞：王其爯玉𢀛燎三宰，卯三大牢？……用又父乙？」《明後》2544

「于大乙陟？丁卯貞：王其爯玉，燎三宰，卯(三大)牢，且乙？戊辰貞，酌[glyph]歲，乙亥？」《明後》2485

「庚午貞：王其爯玉于且乙，燎三小宰，卯(三大牢)，乙亥？」《鄴》3.45.12

「庚午貞：王其爯(玉)於且乙，燎三宰，(卯三大牢)，乙亥酌？□□(貞)：(王其)爯玉於且乙：燎三小宰，卯三大(牢)？甲戌卜：隹燎於且乙？」《京津》4001

有一片賓組字體的卜辭與上一組卜辭的內容相似：

「貞：……王攸且……玉，燎小宰卯三大牢？」《庫》177

下一版可能與《庫》177是同時的：

「……攸用玉……？」《前》6.26.7

「爯」即「稱」字，訓爲舉。根據上一組卜辭的記載，在燎祭時，由商王親自將玉奉上，《禮記・郊特牲》孔穎達疏引《韓詩内傳》：「天子奉玉升柴，加於牲上。」與商代祭祀的儀式一樣，《韓詩內傳》早已亡佚于兩宋之際，但僥幸保存下來的這一條佚文，真有如吉光片羽，令人倍覺可珍。【甲骨文「玉」及相關問題　出土文獻研究】

◉徐寶貴　玽，《古璽匯編》一〇八頁。釋文作「肖□」。

王陳，《古璽匯編》一五五頁。釋文作「陳□」。

玊陳，《古璽匯編》一五六頁。釋文作「陳□」。

此二字該書釋文均以□代之，以爲不識之字。丁佛言《說文古籀補補》釋第二例爲「陳玉」，是非常正確的，只是没有得到根據進行論證，所以没有得到學者們的承認。

案玉字甲骨文作丰（《粹》一二片）丰（《佚》七八三片）形，商金文乙亥鼎作𡗗，與甲骨文相同，象三玉相連於丨之形。周金文毛公鼎作王，齊侯壺作王，侯馬盟書作王，均與篆文同。戰國時期的玉字除侯馬盟書外，還有些變體，如江陵出土的戰國楚簡作玊，信陽出土的戰國楚簡作玊，此形與《古璽匯編》一五六頁的姓名私璽「陳玊」的玊字完全相同。由此可以證明古璽文的玊字確實是玉字。古璽楚簡从玉的字，也往往有作此形的，如古璽文璋字作𤥕，江陵楚簡的環字作𤩇，所从的玉字亦均與古璽文玊字相近。信陽楚簡從玉的琦字作琦形，所从的形符玉作王，與璽文的王字完全相同，有此楚簡琦字所从的玉字作證明，古璽文的王字也確實是玉字了。王，筆畫填實，玊，筆畫虛廓。古文字的筆畫填實與虛廓是没有區别的，所以此二字均當釋爲玉字。《易・鼎》「鼎玉鉉」，疏：「玉者，堅剛而有潤色者也。」《禮記・曲禮下》「君無故玉不去身」，疏：「玉謂佩也。」《左傳・成公二年》「將授玉」，疏：「玉，謂所執之圭也。」《左傳・定公十五年》「邾子執玉」，高注：「玉，朝者之贄。」《白虎通・瑞贄》：「公侯以玉爲贄者，玉取其燥不輕，濕不重，明公侯之德全也。」古璽以之爲名，以上三方古璽，前一方當釋作「肖玉」，讀爲「趙玉」。後二方釋文當作「陳玉」。此古璽文玉字的兩個形體，《漢語古文字字形表》、《古文字類編》均未收入，是不應該的。【戰國古璽文考釋五則　松遼學刊一九八八年第二期】

◉劉　釗　《漢徵》附録五第一欄有字作「玊」、「王」，《漢徵》不釋。按此即玉字。漢印玉字作「王」、「玊」，一點乃飾筆，以區别于「王」字，或作「玊」，飾筆寫成二點，與「玊」字同。【璽印文字釋叢（一）　考古與文物一九九〇年第二期】

◉黃錫全　𤣩　玉見說文　詛楚文玉作玊，仰天湖楚簡作玊，《說文》古文變作𤣩。

𤣩　王出華岳碑　鄭珍云：「此與士字並仿古文玉加，謬。」魯峻碑王作王，孔宙碑作王，樊安碑作玉，王君神道闕作𤣩。

闕其變化，當是由王（姑馮句鑃）、王（璽彙0570—0589）譌變。即由王變作玉、再變作玉，而其形遂與古玉相似。【汗簡注釋卷一】

◉戴家祥 說文一篇「玉石之美有五德」，又云：「象三玉之連，丨其貫也。」按謂玉有「五德」之說，乃漢代後起之義。玉初義即如許慎下文所釋「象三玉之連」，甲骨文有作丰，丰丰者，象貫玉絲帶，而兩端露緒。金文多作王而不露緒。亦間或作丰，玉既象貫玉，自然並非玉石之玉。高田忠周謂「主於佩玉，故字依佩玉以爲此形也」，此可備一說。或貫玉作爲貨幣交換手段。甲骨文朋字作拜，金文作拜、拜，均象兩系玉。且作爲貨幣單位用。據靜安先生考證，「古者五貝一系，二系一朋。」詳見朋字條。是玉爲貨幣之證，珷且丁毁「玉十丰」，後玉作丰狀，即爲量詞，意一系玉，爲朋之半。从人類社會發展看，玉當首先應用於經濟領域，作爲貨幣流通手段。以後，富貴之家爲表示身份起見，乃作爲佩玉，黄金亦首先作爲貨幣而後再用作飾物。【金文大字典中】

◉許　慎　璙玉也。从玉。尞聲。洛蕭切。【說文解字卷一】

◉許　慎　瓘玉也。从玉。雚聲。春秋傳曰瓘斚。工玩切。【說文解字卷一】

◉馬叙倫　左昭十七年傳。裨竈曰。若我用瓘斚玉瓚。鄭不必火。此引經不具其辭。明校語也。就其記憶所及注之。以備攷也。傳寫譌入正文矣。【說文解字六書疏證卷一】

◉許　慎　璥玉也。从玉。敬聲。居領切。【說文解字卷一】

◉許　慎　琠玉也。从玉。典聲。多殄切。【說文解字卷一】

◉馬叙倫　鈕樹玉曰。韻會引作玉名。玉篇凡玉也並作玉名。倫按許作玉也。上文璙玉也。詩瞻彼洛矣釋文引同。可證。作玉名者字林訓。廣韻引字林。璥。玉名。艸部凡艸也字林作艸名者。亦有證也。玉篇作玉名者。盖本字林。晉書音義引字

林。琠。玉也。盖本許訓而曰字林者。即字林中之許訓也。【説文解字六書疏證卷一】

瓔 □

◉許　慎　瓔玉也。从玉。夒聲。讀若柔。耳由切。【説文解字卷一】

◉馬叙倫　桂馥曰。讀若柔者。昭二十九年左傳。乃擾畜龍。應劭音柔。史記夏本紀。擾而毅。徐廣曰。擾。一作柔。管子地員篇。其木宜櫌。桑。謂柔桑也。倫按夒音泥紐。柔音日紐。古讀歸日泥。故瓔讀若柔。【説文解字六書疏證卷一】

◉周名煇　頁部□古項字。項□簋。吴氏定爲項字古文。今考定爲瓔字古文。

名煇案。此簋銘亦見於筠清館金文卷三第十四葉。吴榮光識爲項字。吴清卿則承用其説。然寀其文。實从王从□。而□字从□。乃首字古文。□則象兩手相交形。□則足形也。其从王从夒。分明爲瓔字。説文玉部云瓔玉也。从玉夒聲。讀若柔。又□部云。夒貪獸也。一曰母猴似人。从頁。已止夊其手足。今考説文□，古金文或作□者。則伯致𣪘。致字作□。可證也。殷虚卜辭夒字作□。書契後編卷下第十四葉。作□。書契菁華第十葉。其从頁从□、从□。與此文更可質證。惟卜辭説文字从頁。此文从首者。頁首古文同用也。説文頁部云。頁頭也。从百从儿。古文䭫首字如此。固可證通。無滯義矣。此文次序當在卩部之前，弟九篇之下脱寫附此後當移正。【新定説文古籀考】

◉朱芳圃　□瓔鬉盨　上揭奇字，林義光釋項，謂「象奉玉謹慤見於顔面之形」。文源六·三七。容庚金文編九·二從之。桉林、容二説非也。字當釋瓔。説文玉部：「瓔，玉也。从玉，夒聲。讀若柔。」【殷周文字釋叢卷上】

◉李孝定　字从□，乃夒字，孫詒讓氏説是也；金文从「頁」者多見，未見有繁作「夒」者，此字當以釋瓔爲是。字在本銘爲人名，無義可求。【金文詁林讀后記卷九】

⿱毄玉 ⿰王毄

◉許　慎　⿰王毄玉也。从玉。毄聲。讀若鬲。郎擊切。【説文解字卷一】

◉馬叙倫　沈濤曰。廣韻二十三錫引作玉名。玉篇亦云玉名。又以上璙瓘璥琠瓔五篆。篇韻皆作玉名。陳奐曰。以木不稱木名艸不稱艸名例之。當作玉也。不作玉名爲是。惠棟曰。古擊字皆讀爲搹。宋保曰。毄鬲聲轉。虎部。⿰毄虎。虎聲也。从虎。毄聲。讀若鬲。衣部。䙘。衺裏也。从衺。鬲聲。讀若擊。書益稷。戛擊鳴球。漢書揚雄傳下注引作拮鬲鳴球。劉秀生曰。毄聲在見紐。鬲聲之字如槅隔皆在見紐。盖鬲之本音今讀來紐者。乃重文歷字之音。故⿰王毄从毄聲讀若鬲也。倫按⿰王毄音來紐。瓔音日紐。皆鼻加摩擦次濁音。古讀並歸於泥。則⿰王毄瓔爲轉注字。錢大昕謂瓔⿰王毄即書戛擊鳴球之戛擊。正瓔⿰王毄連

文也。【説文解字六書疏證卷一】

璠 璠

璠【汗簡】

◉許　慎　璠。璵璠。魯之寶玉。从玉。番聲。孔子曰。美哉璵璠。遠而望之奐若也。近而視之瑟若也。一則理勝。二則孚勝。附遠切。【説文解字卷一】

◉馬叙倫　鈕樹玉曰。説文無璵。嚴可均曰。事類賦注引作逸論語曰。不云説文。其實引説文也。逸論語三字當在孔子上。此及璪下瑩下所引。皆出齊論問玉篇。東漢時齊論傳授不絶。則逸字校者輒加之。沈濤曰。文選潘尼贈陸機出爲吳王郎中令詩注引作璵璠美玉也。左定五年傳正義引同此。倫按以下文瑾瑜美玉例之。疑本作美玉也三字。今挩失。僅存璵璠魯之寶玉。本書無璵字。蓋此六字及孔子曰以下皆校語也。又疑此字出字林。【説文解字六書疏證卷一】

◉黄錫全　璠《説文》審字古文作，釆字古文作。此字右旁同古文釆。師旂鼎敿字作。鄭珍認爲此形是「更篆，从古文釆，省田不合」。【汗簡注釋一】

璵 璵

◉許　慎　璵璵璠也。从玉。與聲。以諸切。【説文解字卷一】

瑾 瑾

瑾　不从玉　頌鼎　堇字重見【金文編】

◉許　慎　瑾。瑾瑜。美玉也。从玉。堇聲。居隱切。【説文解字卷一】

◉馬叙倫　沈濤曰。文選琴賦注引。墐。玉名。而初學記寶器部引。瑾。美玉也。蓋古本作瑾。美玉也。瑜。美玉也。皆無瑾瑜二字。左傳定五年正義引瑜美玉可證。許書之例以二名爲一物者。如玫瑰珊瑚之類。則以二名連稱。再爲釋義。而下文則曰瑰玫瑰珊瑚珊瑚也。不復釋義。而瑾瑜則各爲一物。二名不應連稱。是以各以美玉釋之。否則瑜字解不應有美玉二字矣。今本之誤衍顯然。倫按許蓋本訓玉也。今挩。但存校語耳。又疑瑾瑜二字皆出字林。王筠據鍇本篆作瑾。【説文解字六書疏證卷一】

瑜 瑜

◉許　慎　瑜。瑾瑜。美玉也。从玉。俞聲。羊朱切。【說文解字卷一】

◉馬叙倫　桂馥曰。左傳正義引無瑾瑜二字。禮記聘義。瑕不掩瑜。鄭注。瑜。其中美者。亦不曰瑾瑜。山海經。瘞用百瑜。郭注。瑜。美玉名。續漢書應珣字季瑜。然則連瑾言之曰瑾瑜。單舉曰瑜。則玉之美者爾。王筠曰。文選琴賦注引上文云。瑾。玉名。左定五年傳疏引本文云。瑜。美玉也。然則瑾瑜兩字各自爲義。廣韻亦分爲二。倫按許本訓玉也。今捝。但存校語耳。【說文解字六書疏證卷一】

玒 玒

◉許　慎　玒。玉也。从玉。工聲。户工切。【說文解字卷一】

◉馬叙倫　錢大昕曰。玒即拱璧之拱。承培元曰。當依韻會作大璧也。倫按大璧也蓋字林文。【說文解字六書疏證卷一】

琜 琜

琜 守宮盤【金文編】

謝琜印信【漢印文字徵】

◉許　慎　琜。琜瓄。玉也。从玉。來聲。落哀切。【說文解字卷一】

◉郭沫若　琜，說文「琜瓄，玉也」，稱朋，則所謂琲貝矣。【守宮尊　兩周金文辭大系攷釋】

◉馬叙倫　鈕樹玉曰。玉篇注。玉屬也。廣韻引無琜字。說文無瓄。倫按本書無瓄字。此校者加之。許止訓玉也。又疑此字出字林。【說文解字六書疏證卷一】

瓊 瓊

瓊　法二〇二【睡虎地秦簡文字編】

劉瓊【漢印文字徵】

瓊【汗簡】

碧落文　璚　琁　瓗　瓊　並崔希裕纂古【古文四聲韻】

◉許　慎　瓊赤玉也。从玉。夐聲。渠營切。璚瓊。或从矞。瓗瓊。或从巂。琁瓊。或从旋省。臣鉉等曰。今與璿同。【說文解字卷一】

◉馬叙倫　段玉裁曰。赤當作亦。說文時有言亦者。如李賢引謬亦視也。鳥部。鸞。亦神靈之精也。此上下文皆云玉也。則瓊亦當爲玉名。倘是赤玉。當厠瑞瑕閒矣。桂馥曰。赤玉乃⿱亦玉字誤分。又譌來爲赤也。瓊即⿱亦玉也。王筠曰。赤玉也當依毛傳作美玉也。赤古作夫。美字爛捝上半。即似之矣。倫按許本訓玉也。校者依詩傳加美字。桂說無徵。如段說則是校語。然本義爲何耶。或此字出字林。

璚　段玉裁曰。矞聲也。矞爲夐之入聲。角部。觼。或作鐍。此十四部與十五部合音之理。宋保曰。走部。趨。从走。夐聲。讀若繘。亦其證。倫按夐音曉紐。矞音喻四。同爲摩擦次清音。故瓊轉注作璚。角部觼或作鐍。與此同。

瓗　段玉裁曰。巂聲也。此十四部與十六部合音之理。虫部。蠵。亦作蝮。倫按巂亦从冏得聲。夐从旻得聲。冏旻聲皆脂類。故瓊轉注爲瓗。瓗璚則皆得聲於冏也。故璚瓗亦爲轉注字。

琁　徐鉉曰。今與璿同。席世昌曰。瓊與琁古書多不通。疑是兩字。玉篇。璇。似宣切。美石次玉亦作琁。而上文瓊字重文只有璚瓗二字。是說文琁上當脫去璇字正文。而徐氏於琁字注中誤增一瓊字。遂以琁爲亦瓊字重文也。當依玉篇補璇字。沈濤曰。文選顏延年陶徵士誄注引琁亦璿字。則琁乃璿之重文。古璿琁通用。書堯典。在璿璣玉衡。史記作旋機。尚書大傳作琁機。太玄經作璇璣。爾雅釋詁釋文。璿。又作璇。山海大荒西經。西有王母之山。爰有璇瑰瑤碧。注。璇瑰亦玉名。穆天子傳曰。枝斯璿瑰。㭒回二音。文選注引此經作璿瑰。引郭注作旋回兩音。正與穆傳注合。惟荀子賦篇注引說文云。琁。赤玉。音瓊。似楊氏所據本已爲瓊之重文。則其誤在有唐中葉以後矣。玉篇瓊之重文亦無琁字。桂馥曰。文選顏延年陶徵士誄注。說文曰。琁亦璿字。是李所據說文琁爲璿之重文。今本爲人所亂明矣。王筠曰。不言聲者。說文於或體字多不詳。其爲許略之。或後人妄刪。未可知也。然此省法大謬。說文从省者多有。然必既省之後仍復成字。未有草率割裂者。旋字从㫃从疋。去方留疋。豈復成字。且㫃字以石鼓文作𠂉爲是也。說文之形即已不類。若省爲疋。是必但識楷書有所爲也。馮桂芬曰。璇爲瓊之重文。段玉裁疑之。徐鍇篆韻譜璇字亦别見。信段說之可從。倫按琁从旋省得聲。旋與璿音同邪紐。則琁爲璿重文較當矣。席說亦通。然爾雅釋草。葍。藑。茅。郭璞陸璣諸家皆以葍藑爲一物。而本草旋花。蜀本注曰。旋葍花也。郝懿行亦曰。旋即藑。漢孟孝琚碑。孝琚名琁。蓋即琁字。下琚字解曰。瓊琚。則孝琚名琁。即瓊也。瓊琁聲同元類。則琁亦得爲瓊之重文。古書璇機作璿機者。或雙聲通借也。朱駿聲亦謂璿讀如璇者誤以瓊字之音

也。既讀如瓊。故字亦或作璇。或作琁。琁者。瓊之或體也。【説文解字六書疏證卷一】

◉黃錫全 𤩟 瓊 今存碑文作瓊，即《説文》瓊，正篆作瓊，讀若柔。鄭珍云：「陳帷玉本借以書柔，其文元多假借。鄭承規釋瓊，郭依之誤。碑文無端加六點，亦非。」郭變玉从部首，右旁下部乁乃戈誤，𦣻似睿變。金文一盨銘作瓊，孫詒讓、朱芳圃、周名輝等釋爲瓊。見金詁卷九瓊字條。【汗簡注釋卷一】

珦

◉許 慎 珦玉也。从玉。向聲。許亮切。【説文解字卷一】

瑓

◉許 慎 瑓玉也。从玉。刺聲。盧達切。【説文解字卷一】

珣

◉許 慎 珣醫無閭珣玗琪。周書所謂夷玉也。从玉。旬聲。一曰器。讀若宣。相倫切。【説文解字卷一】

◉馬叙倫 鈕樹玉曰。書顧命釋文引作夷玉。即珣玗琪。玗譌。桂馥曰。本書無琪字。類篇引作瑧。一曰器者。謂璧。釋器。璧大六寸謂之宣。秦詛楚文有秦嗣王用吉玉宣璧。王筠曰。琪。鮑本作瑧。翟云升曰。凡讀若某讀如某讀與某同。與聲相配以定字者。猶今之反切也。然其中有不可盡信者。古韻發明曰。讀如某乃許氏就後漢本地土音。與某聲往往不相符。愚謂與某聲不相符者有三。土音容有之一也。爲後人變亂二也。兼通韻叶韻者三也。欲辨其孰爲土音。孰爲變亂。則不可以形義求。不可以經書證。茫然無所依據。若孰爲兼通韻叶韻者。則具見韻證通韻叶韻兩部所引説文形聲。王廷鼎曰。類篇引琪作瑧。周官弁師瑧。釋文本作琪。是琪即瑧之重文瑧也。張楚曰。爾雅釋器。璧大六寸謂之宣。漢書郊祀志。有司奉瑄玉。孟康曰。璧大六寸謂之瑄。是一曰即瑄字義。瑄从宣得聲。故曰讀若宣。疑説文無瑄字。後人因附其義於珣下耳。劉秀生曰。旬聲古在心紐。宣聲亦心紐。故珣从旬聲得讀若宣。爾雅釋器。璧大六寸謂之宣。宣盖珣之借。漢書郊祀志。有司奉瑄玉。瑄則珣之後起字。倫按醫無閭珣玗琪周書所謂夷玉也。明是校語。本訓挩矣。一曰器亦校語。校者以珣讀若宣。而釋器璧大六寸謂之宣。史記孝武紀作瑄。本書無瑄。謂瑄即珣也。故旁注之。傳寫譌入正文矣。讀若宣者。珣从旬得聲。旬音邪紐。宣音心紐。同爲舌尖前摩擦音也。旬从勻得聲。勻音喻四。喻四與心又同摩擦次清音也。此

字或出字林。【説文解字六書疏證卷一】

◉許　慎　璐玉也。从玉。路聲。洛故切。【説文解字卷一】

 作瓚印信　【漢印文字徵】

◉許　慎　瓚三玉二石也。从玉。贊聲。禮。天子用全。純玉也。上公用駹。四玉一石。侯用瓚。伯用埒。玉石半相埒也。徂贊切。【説文解字卷一】

◉郭沫若　瓚字亦見史獸鼎，彼銘云：「尹令史獸立工于成周。十又一月癸未，史獸獻工于尹，咸獻工。尹賞史獸，錫方鼎一，爵一。」（「善齋」二・七九。又見萬諆尊，云「其則此酓，用盜室人。」（「集古遺文」續・中・九。王國維于史獸鼎釋爲勞，謂象以手持爵勞遠人。羅振玉初襲其説，「遺文」三・廿九。後于萬諆尊文又釋爲爵。案釋爵于史獸鼎文難通。釋勞于庚嬴鼎文不諧，二釋均非也。手所持之物固與爵形相似，然亦有迥然不同之處。由其形象占之，余謂乃古瓚字也。周禮典瑞「裸圭有瓚，以肆先王，以祼賓客」。鄭司農云「于圭頭爲器，可以挹鬯裸祭謂之瓚，故詩曰『卹彼玉瓚，黃流在中』，國語謂之鬯圭。」鄭玄云「漢禮，瓚槃大五升，口徑八寸，下有槃，口徑一尺」。又考工記玉人「裸圭尺有二寸，有瓚，以祀廟」，玄云「瓚如盤，其柄用圭，有流前注」。又「大璋中璋九寸，邊璋七寸，射四寸，厚寸，黃金勺，青金外，朱中，鼻寸，衡四寸」，玄云「鼻勺流也，凡流皆爲龍口也，衡古文橫，假借字也。衡謂勺徑也。三璋之勺，形如圭瓚」。據此可知瓚之爲物乃有柄之盤。盤中有勺，勺前有流，盤柄以圭爲之者謂之圭瓚，以半圭爲之者謂之璋瓚。令觀史獸鼎文，上端有流，與爵字之流形相同，流下示有重盤，一側視，一平視，平視之下盤復有柄，此非瓚形而何耶？而庚嬴鼎文于𢑴下更綴以丮字，字从章聲，叚爲璋，𢑴丮卽瓚璋矣。知此爲瓚字則毓且丁卣之「歸玗我多高」，亞形若𠁁之「二不」，均從此作，卜辭中尤多見，均當釋爲裸若灌。不乃𣓁字，讀爲獻也。毓且丁卣見「集古遺文」續中・廿二・若𠁁見「善齋」三・卅九。【庚嬴鼎　兩周金文辭大系攷釋】

◉馬叙倫　錢大昕曰。凡字从贊者皆非一之詞。故叢木爲欑。車衡三束爲欑。以羹澆飯爲饡。王紹蘭曰。許偁禮。用禮説也。倫按从贊得聲之字多有穇聚之義。語原然也。衣部。䙡。五彩相合。此語原也。三玉二石疑校語。或侯用瓚下文校者

迻之。本訓捝矣。禮字以下校者加之。或此字出字林。【說文解字六書疏證卷一】

◉黄然偉 𢍜，郭沫若謂乃古瓚字。周禮典瑞曰：「祼圭有瓚，以肆上帝，以祼室家。」鄭司農云：「於圭頭爲器，可以挹鬯祼祭謂之瓚。」瓚之爲物，乃有柄之盤，盤中有勺，勺前有流，盤柄以圭爲之者，謂之圭瓚，以半圭爲之者，謂之璋瓚（大系四四頁）。𢍜䡅，卯𣪘作𢍜章；瓚璋爲挹鬯之器，其與圭瓚之別在于柄爲璋（半圭）而已。

𢍜，郭沫若謂古甗字，假爲圭瓚之瓚（考古學報一九五六・一：八二；又叢攷一三五頁）。瓚爲挹鬯之器，以玉爲柄。銘文又有稱圭𢍜者，即圭瓚。禮記明堂位曰：「灌用玉瓚大圭。」注：「瓚形如槃，容五斗，以大圭爲柄，是謂圭瓚。」據周禮春官小宗伯注：「天子圭瓚，諸侯璋瓚。」是圭瓚爲天子之用器，而諸侯用以挹鬯者爲璋瓚，二者有別。今案此乃后世禮家之言，銘文記王賜圭𢍜（瓚），則王臣亦得用圭瓚矣，非天子所專用者也。圭瓚爲祭祀盛挹鬯酒之器，其與鬯之關係至爲密切；禮記王制曰：「賜圭瓚然後爲鬯，未賜圭瓚，則資鬯于天子。」故詩大雅江漢云：「釐爾圭瓚，秬鬯一卣」，周宣王賜召穆公以祭神鬯酒，又賜以挹鬯之圭瓚，此與師訇𣪘記周宣王（本郭沫若説）賜師訇「𩰫鬯一卣，圭𢍜」相同。【殷周青銅器賞賜銘文研究】

◉王慎行 典籍中恆見之「瓚」字，在西周金文中作□（《戈父辛鼎》）、□（《小盂鼎》）、□（《毛公鼎》）諸形，古文字學者均隸定爲「𢍜」，迄無異辭。郭沫若先生曾將此字釋爲「甗」而讀作「瓚」，謂「𢍜乃古甗字，象形」，「圭𢍜連文得言圭瓚也」（郭沫若《金文叢考》第267頁。又見《兩周金文辭大系考釋・敔簋》）。今案郭説誠是，甗之爲物，上下兩層，下層爲鬲，上層爲甑。《説文》訓「甗」爲「甑屬」，故此「𢍜」字即于鬲上再著一層以象之，可見釋「甗」與字形極合。近年來，又發現商代的彝銘上亦有與此極相似之字：

商代玉器《小臣□玉》銘有□字（陳邦懷《記商小臣□玉》，《天津社會科學》1984年第2期第72頁）；

商末金文《乙卯尊》銘有□字（王慎行《乙卯尊銘文通釋譯論》，《古文字研究》第13輯待刊，中華書局1985年6月版）。

它們的形體結構與西周金文「𢍜」字下部所从全同，上部雖稍有變異，但于鬲上再著一層的基本形體卻未變。故上揭商器的兩個難字，似應爲「𢍜」字的兩種異構（王慎行《乙卯尊銘文通釋譯論》，《古文字研究》第13輯待刊，中華書局1985年6月版）。

郭老在考釋中，雖未明言「甗」何以讀爲「瓚」？筆者揆度其意，當是以「甗」、「瓚」同屬元部字而通假使然。「𢍜」在商周金文中，多被用爲賞賜之物，兹條舉其辭例如下：

《小盂鼎》「即立，𢍜賓」（《三代》4.44—45）

《卯簋》「易女𢍜章三」（《三代》9.37.2）

《師詢簋》「易女秬鬯一卣，圭鬲」（《大系》録132考139）

《敔簋》「使尹氏受贅敔圭鬲」（《大系》圖98録92）

《毛公鼎》「易女秬鬯一卣，鄭圭鬲寶」（《窓齋》4.2）

《宜侯夨簋》「易𩰫鬯一卣，商鬲一」（《文參》1955:5:60）

《多友鼎》「易女圭鬲一，湯鐘一𦉢」（《人文雜志》1981：4：116）

《小臣𪇰玉銘》「王易小臣𪇰鬲，在太室」（《天津社會科學》1984：2：72）

《乙卯尊》「王賞子：黄瓚一，貝百朋」（《古文字研究》第十三輯待刊）

上揭諸例，除《小盂鼎》銘，字當假爲獻納之「獻」外，餘皆讀作「瓚」；其用多與「圭」、「璋」連文，且與「秬鬯」同錫，而《毛公鼎》又稱之爲「寶」，此必爲典籍中恆見之「圭瓚」無疑。《詩・大雅・江河》「釐爾圭瓚，秬鬯一卣」，《尚書・文侯之命・序》「平王錫晉文侯秬鬯圭瓚，作文侯之命」，《禮記・王制》亦云「諸侯賜圭瓚，然後爲鬯，未賜圭瓚，則資鬯于天子」，此皆典籍中圭瓚與秬鬯相將，王賞秬鬯必賜圭瓚之證。今以典籍和金文交相互驗，益知讀「圭鬲」爲「圭瓚」者，信而有徵。

何謂之「瓚」？《周禮・春官大宗伯・典瑞》：「祼圭有瓚，以肆先王，以祼賓客。」鄭司農云「于圭頭爲器，可以挹鬯祼祭，謂之瓚」；又《鬱人》「掌祼器」《鄭注》「祼器謂彝及舟與瓚」，孫詒讓《正義》云：「此皆盛鬯及酌祼之器，通謂之祼器……故知祼器中有瓚。」《禮記・郊特牲》《鄭注》「灌謂以圭瓚酌鬯始獻神也」，《孔疏》引王肅云：「瓚所以斞鬯也。」《尚書・洛誥》「王入太室祼」，《孔疏》云：「王以圭瓚酌鬱鬯之酒以獻尸。」據以上典籍所載可知，「瓚」是古代舉行灌祭和祼禮時，祀享先王、宴飲賓客所用的舀取鬱鬯香酒之玉具。

關于「瓚」的形制，漢儒解經雖各異其説，但若排比箋注的共同之處，亦可考其大概。《周禮・春官大宗伯・典瑞》《鄭注》引《漢禮》云：「瓚，槃大五升，口徑八寸，下有槃，口徑一尺。」《周禮・考工記・玉人》「祼圭尺有二寸，有瓚，以祀廟」《鄭注》云：「瓚如盤，其柄用圭，有流前注。」《詩・大雅・旱麓》《鄭箋》云：「圭瓚之狀，以圭爲柄，黄金爲勺，青金爲外，朱中央矣。」《孔疏》亦謂：「瓚者，器名。以圭爲柄……據成器謂之圭瓚。」互校以上經傳箋疏，可知「瓚」之爲物，係指鑲有玉柄的銅勺，其勺形如盤，勺前有流，下爲盤以承之。可見「瓚」就是這樣一種下有承盤托附的挹鬯玉具。

《禮記・郊特牲》《孔疏》引王肅云：「以圭璋爲瓚之柄也」；又《禮器》《孔疏》「圭璋，玉中之貴也」，《説文・玉部》「璋」下云「剡上爲圭，半圭爲璋」。故「瓚」又以其玉柄形制之不同而異名：勺柄以大圭爲之者，謂之「圭瓚」；以半圭爲之者，謂之「璋瓚」。上文征引之典籍所云，皆屬「圭瓚」，其柄之圭，長一尺二寸。至于「璋瓚」之形制，《周禮・考工記・玉人》：「大璋中璋九寸，邊璋七寸，射四寸，厚寸。黄金勺，青金外，朱中，鼻寸，衡四寸。」《鄭注》云：「鼻，勺流也，凡流皆有龍口也。衡，古文横，假借字也，衡謂勺徑也。三璋之勺，形如圭瓚。天子巡守，有事山川，則用灌焉。于大山川，則用大璋，加文飾也；于中山川，用中璋，殺文飾也；于小山川，用邊璋，半文飾也。」《賈疏》解經謂：「三璋據爲勺柄，黄金勺以下據爲勺頭。」據此可知，勺柄之玉爲半圭，長度在九寸以下者，均爲「璋瓚」之屬；且因天子祭祀山川，所用不同，又以玉柄之長短、文飾之繁簡，分「璋瓚」爲大、中、邊三種。上文已考知「圭瓚」之制：盤(即勺)大五升，口徑八寸。而「璋瓚」之勺徑僅有四寸，小「圭瓚」一半，明所容亦少。足以證明「璋瓚」和「圭瓚」形制相似，亦即玉柄銅勺，惟玉柄長短寬窄、銅勺容量大小不同而已。故鄭玄在解釋「璋瓚」之勺時謂「形如圭瓚」。

至于「圭瓚」和「璋瓚」之用，唐以後諸儒解經，多謂「王用圭瓚，諸侯用璋瓚」(《詩・大雅・旱麓》《孔疏》云：「天子之瓚，其柄之圭，長尺有二寸，其賜諸侯蓋九寸以下」)。此説不盡可信，上揭金文中王册命、嘉獎諸侯和臣下，多以「圭瓚」相賜，可見「圭瓚」並非天子專用，而諸侯臣工亦可用于祭祀和祼禮。今徵之商周彝銘，足證上引典籍《詩・江漢》、《書・文侯之命》和《禮記・王制》中，王賜諸侯、臣工以「圭瓚」的記載是可信的；而後人解經，將「圭瓚」、「璋瓚」之用，按王、后、侯之爵位分得何等嚴格(《周禮・玉人》孫詒讓《正義》云：「凡祭祀、賓客之祼，后佐王亞祼，並用璋瓚。」又《周禮・典瑞》《正義》亦云：「所謂天子圭瓚也，王后及諸侯並用璋瓚」)，這完全出自後世的等級觀念和特權思想，殊不可據。

關于「瓚」勺的構造，《周禮・考工記・玉人》僅統而言之「黄金勺，青金外，朱中」。而鄭玄爲《詩・大雅・旱麓》作《箋》時亦承襲經説，謂「黄金爲勺，青金爲外，朱中央矣」。今案《爾雅・釋器》云「黄金謂之璗，其美者謂之鏐」；《説文・金部》云「鉛，青金也」。以黄金爲勺，則不宜以鉛飾其外。筆者以爲，古時通以銅爲金，《尚書・禹貢》「揚州貢金三品」《孔疏》引鄭康成《注》云：「金三品者，銅三色也。」則此之黄金、青金當即謂以銅二品爲「瓚」之勺，也就是用銅、錫合金，即青銅冶鑄而制成。云「朱中」者，當是于黄金勺之中，用紅漆彩繪以爲裝飾。

「瓚」何以要做成這種玉柄銅勺的形制呢？《禮記・郊特牲》云「灌以圭璋，用玉氣也」，這與先秦時代人們對金玉的理解以及固有的道德觀念、標準有關。《白虎通・考黜篇》云：「圭瓚秬鬯，宗廟之盛禮；玉以象德，金以配情，芬香條鬯以通神靈。玉飾其本，君子之性，金飾其中，君子之道，君子有黄中通理之道。美素德金者，精和之至也，玉者，德美之至也，鬯者，芬芳之至也。君子有玉瓚秬鬯者，以配通德也，其至矣。」因漢儒去古未遠，立説當有所本，他們對「瓚」之形制由來的這種解釋，似應可信。

「瓚」在典籍中尤有種種異名：或稱爲「祼圭」，《周禮・典瑞》「祼圭有瓚，以肆先王，以祼賓客」；或稱爲「鬯圭」，《國語・魯語上》「魯饑，臧文仲以鬯圭與玉磬，如齊告糴」，《韋注》云「鬯圭，祼鬯之圭，長尺二寸，有瓚，以禮廟」，因用以祼鬯而故名；或稱爲「瑒圭」，《説文・玉部》云：「瑒圭，尺二寸，有瓚，以祠宗廟者也」；或稱爲「玉鬯」，《國語・周語上》「有神降于莘，王使太宰忌父，帥傅氏及祝史，奉犧牲玉鬯往獻焉」，《韋注》云「玉鬯，鬯酒之圭，長尺二寸，有瓚，所以灌地降神之器也」；或稱爲「祼玉」，《周禮・春官大宗伯・鬱人》「凡祼玉，濯之陳之，以贊祼事」，《鄭注》云「祼玉，謂圭瓚、璋瓚」，《正義》亦云「瓚勺以金爲之，不用玉；因其以圭、璋爲柄，故通謂之祼玉」；或稱爲「玉瓚」，《禮記・明堂位》「灌用玉瓚大圭」，《詩・大雅・旱麓》《孔疏》亦云「瓚者，器名。以圭爲柄，圭以玉爲之，指其體謂之玉瓚」；或稱爲「同」，《尚書・康王之誥》「太保承介圭，上宗奉同瑁」又云「乃受同瑁……太保受同降……授宗人同」，《僞孔傳》「同，爵名」，《孔疏》引鄭康成云「同，酒杯」。《傳》、《注》之釋「同」，均不可據，惟清代學者江聲、王鳴盛、孫星衍諸家並謂：「同，即圭瓚璋瓚」（江聲《尚書集注音疏》，王鳴盛《尚書後案》，孫星衍《尚書今古文注疏》）。今案清儒之説誠不可易，《尚書・康王之誥》之「同」，《白虎通・爵篇》引别本作「銅」，此古時同、銅相通之佳證。因「瓚」勺以銅爲之，銅即金也，故以其勺之質地而稱名爲「同」。綜上所考，可知「瓚」在典籍中有「祼圭」、「鬯圭」、「瑒圭」、「玉鬯」、「祼玉」、「玉瓚」、「同」這七種稱名。

上揭商末彝銘《乙卯尊》，又稱之爲「黄瓚」。「瓚」的這一稱謂典籍雖未見記載，然而《詩・大雅・旱麓》「卹彼玉瓚，黄流在中」之句，正是「瓚」又名「黄瓚」的絶好注腳。《毛傳》云「玉瓚，圭瓚也，黄金所以飾流鬯也」；《孔疏》亦云「乃彼圭玉之瓚，而以黄金爲之勺，令得流而前注，其秬鬯之酒，爲金所照，又色黄而流在于其中也……以器是黄金，照酒亦黄，故謂之黄流也」。由此可見，典籍中「瓚」的種種稱謂，多以其用途和勺柄之玉而得名；惟《尚書・康王之誥》之「同」及金文《乙卯尊》銘之「黄瓚」，却是以「瓚」勺的質地和色澤而稱名。《毛傳》和《孔疏》的解《詩》訓誼，即「瓚」又名「黄瓚」的佳證。《詩・旱麓》「玉瓚」、「黄流」舊詁與尊銘「黄瓚」之稱，正可參互證繹，以發經傳之淵奥，補典籍之遺闕。

上揭金文中，《乙卯尊》銘之「黄瓚一」與《宜侯夨簋》銘之「商瓚一」，文例近似，惟定語不同而已。陳夢家先生認爲「商瓚是商的挹鬯玉具」（陳夢家《西周銅器斷代》（一），《考古學報》1955年第9册第175頁），但卻無佐證。今案上揭商代的《小臣鷹玉銘》，係六十年前出土于殷墟安陽，玉之一面鐫鏤銘文兩行，記載王賞小臣圭瓚之事。一九八四年十月，筆者在文物出版社協助審定馬承源先生主編的《商周青銅器銘文選》書稿時，曾與高明先生的高足——國家文物局古文獻研究室的連劭名同志，探討過此玉銘。我們認爲就圖版來看，此玉形狀頗似圭形，故疑此玉器即「瓚」之玉柄。不然，何以要將王賜小臣圭瓚之事銘諸其上呢？此其證一；商末之器《乙卯尊》銘中「瓚」字之再現，此其證二；《詩・旱麓》之「玉瓚」《毛傳》云「九命然後錫以秬鬯圭瓚」，《鄭箋》亦謂「殷王帝乙之時，王季爲西伯，以功德受此賜」，此其證三。茲以金文、典籍與實物之三證交相互驗，足可證成陳説。這就充分説明「瓚」之爲物，商代末期業已出現，到了西周時代，隨着社會生産的發展，祭祀和禮制因之日繁，「瓚」之用場增多，故其形制才逐漸完善而定型，稱名亦更加瑣細而繁縟。【瓚之形制與称名考　考古與文物一九八六年第二期】

◉劉宗漢　瓚，原篆作□，其所从之□又見于《乙卯尊》（王慎行等：《乙卯尊通釋譯論》，刊《古文字研究》十三輯）、《宜侯夨簋》（江蘇省文物管理委員會：《江蘇丹徒县煙墩山出土的古代青銅器》，《文參》五五年五期）、《毛公鼎》（《三代》四・四六—四九）、《師訇簋》（《大系・録》一三二）、《卯簋》（《三代》九・三七・二）、《敔簋》（《大系・録》九二）、《多友鼎》（田醒農等：《多友鼎的發現及其銘文試釋》，《人文雜志》八一年四期），經徐同柏（《從古堂款識學》卷十六）、郭沫若（《金文叢考・毛公鼎之年代》）、陳夢家（《西周銅器斷代・宜侯夨設》，刊《考古學報》？？年？期）及日人白川静（《金文通釋》第十輯《宜侯夨設》）等人的考釋，認爲即《周禮・春官・典瑞》「祼圭有瓚，以肆先王，以祼賓客」、《考工記・玉人》「祼圭尺有二寸，有瓚，以祀廟」的「瓚」。細按金文義，其説可信。然釋□爲瓚只是對比金文與文獻文例而得，尚缺乏形、音上的根據。今按：本銘中□的爿顯然是□的聲符。爿，《説文》未收，内府本《刊謬補闕切韻》作七良切。七，清母，爿亦當爲清母。从爿得聲之字多爲精、清、從母等齒頭音。瓚，《廣韻》作藏旱切，爲從母字。是□與瓚爲雙聲。這就爲釋□爲瓚提供了讀音上的根據。據文獻，祼圭因有瓚，故又稱圭瓚，是進行祼的祭器。「凡宗廟之祭，迎尸入户，坐於主北。王以圭瓚酌鬱鬯以獻尸，尸得之瀝地」謂祼（《周禮・春官・大宗伯》「以肆獻祼享先生」鄭《注》「灌以鬱鬯，謂始獻尸求神時也」賈《疏》）。「王以圭瓚酌鬱鬯以獻尸」的雙手奉獻之狀，與本銘□从□者正合。我們認爲，□是□的繁構，□是□的簡化，爿標明□之讀音，□標明奉獻的動作。從形、音兩方面説，舊釋□爲瓚是正確的。

《周禮・春官・鬱人》：「凡祭祀，賓客之祼事，和鬱鬯以實彝而陳之。」傳世的所謂「方彝」是沿習宋人的定名，本器既自言與瓚有關，雖不能肯定即是古文獻之「彝」，但其爲盛鬯之具則應無問題。據文獻所載，祼時以瓚自彝中酌鬯以獻，本銘所謂「余其萬年瓚」者，系謂：我將永遠地用瓚在本器酌鬯進行祼祭。瓚在此已轉化爲動詞使用，指以瓚自彝中酌鬯獻尸的動作。《曆鼎》「其用夙夕鬻亯」（《三代》六・四五・一）辭例與此略同，所别者此獻鬯，彼獻祭肉耳。【《□（頌）方彝》考釋　古文字研究第十四輯】

瑛　璑　琄

◉許　慎　瑛玉光也。从玉。英聲。於京切。【説文解字卷一】

◉馬叙倫　瑛疑是璑之魚陽對轉轉注字。玉光也非本訓。【説文解字六書疏證卷一】

◉許　慎　璑三采玉也。从玉。無聲。武扶切。【説文解字卷一】

◉孫詒讓　金文師奎父鼎□字从大从玉。字書並未見。今以形義攷之。當即璑字之省。曶鼎云。井叔易錫曶赤金𨥉。其字从林从大从玉。阮文達釋爲璑。攷説文玉部。璑三采玉也。从玉。𣞤聲。又林部云。𣞤。豐也。从林奭。奭或説規模字。从大卌。數之積也。林者。木之多也。是璑字本从𣞤得聲。曶鼎省卌爲𨥉。此鼎作奎。又省林。實一字也。古从無聲之字與大義多通。如爾雅釋詁云。幠。大也。儀禮公食大夫禮。庶羞皆有大。鄭注云。大以肥美者特爲臠所以祭也。魚或謂之膴。膴。大也。有司徹云。侑主人皆一魚加膴祭於其上。膴即所謂大也。又禮有大尊亦曰甒。故燕禮云君尊瓦大。禮記禮器則云。君尊瓦甒。是古从無字與大互通之證。故璑亦可作奎。从大。金文與經義正合。特因展轉省變。讀者遂眩瞀不能辨耳。【名原】

◉馬叙倫　徐鍇曰。按鄭玄周禮注。璑亦惡玉也。三采有三色也。許槤曰。惡玉即次玉也。易繫辭。而不可惡也。釋文。荀惡作亞。次也。書大傳。鐘鼓惡。注。惡當作亞。亞。次也。倫按本訓玉也。三采玉也校語。【説文解字六書疏證卷一】

王　秦1420　咸禾里王　段注。説文玉部。王朽玉也。从王有點。讀若畜牧之畜。按各家皆以玉石字點在三横之側。高其點在二横之側者意為朽玉。【古陶文字徵】

◉許　慎　琄朽玉也。从玉。有聲。讀若畜牧之畜。許救切。【説文解字卷一】

◉馬叙倫　段玉裁曰。篆當作王。不作琄。史記公玉帶。索隱曰。三輔決録注云。杜林有玉氏。音肅。説文以爲从王。音畜牧之畜。此可證唐本但作王。不作琄。廣韵一屋云。王。音肅。朽玉。此説文本字。四十九宥云。琄。音齅。此從俗字。玉篇。玉。欣救思六二切。此説文本字。琄。許救切。引説文。朽玉也。此後人據俗本説文增。佩觿曰。玉有欣救魚録息足相逐四翻。俗别爲玉。郭云俗别爲玉者。謂玉石字點在三畫之側。欣救息足相逐三切點在二畫之側也。蓋後人以朽玉字爲玉石字。以别於帝王字。復高其點爲朽王王姓字。以别於玉石字。或又改説文从王加點爲从王有聲。作琄。亦以别於玉石字也。朽玉者。謂玉有瑕玷。故从王加點以象形。淮南書云。夏后之璜。不能無考。考、朽古音同。錢大昭曰。決録注有玉氏者。蓋誤析琇爲有玉二字。鈕樹玉曰。篇韻并作琇。當本説文。則摯氏引譌。廣韻云。玉。説文本作王。隸加點以別王字。是也。徐承慶曰。段説雖辯。然不思玉字説文作王。隸乃加點。廣韵二沃云。隸加點以別王字。佩觿云。玉有欣救魚録息足相逐四翻。俗別爲王。即指篇韻所載王玉兩字。一點在三畫之側一點在二畫之側而言。是郭忠恕明謂玉字音隨義異。俗乃以點之上下別之。且王字古文作𤣩。下畫之上左右兩筆。非右旁加點。朽玉必非瑕玷之謂。段氏臆造从王有點之文。徐灝曰。朽玉爲王。明是後人所爲。三輔決録注引説文未可深信。篇韻諸書不言説文。安知其孰爲説文本字孰爲俗字。劉秀生曰。有聲古在影紐。畜音曉紐。影曉皆喉音。故琇从有聲得讀若畜。莊子人閒世。是以人惡有其美也。釋文。崔本有作育。老子。亭之毒之。釋文。毒。今作育。本書土部。堣。从土。㝵聲。讀若毒。牛部。犑。从牛。㝵聲。讀若糗糧之糗。臭部。齅。从鼻。臭聲。讀若畜牧之畜。有聲如育。育聲如毒。毒聲如㝵。㝵聲如臭。臭聲如畜。是其證。倫按本部重文十七。今祗十六。阮元謂毛詩玉字皆金玉之王。惟民勞王欲玉女王。是加點之玉。玉女者。畜女也。然則琇下或有重文作王。或如段説作王。琇是重文也。然檢索隱引説文以為从玉。不言説文作玉。蓋謂決録注言有玉氏者。説文正是琇字。从王有聲。非有王也。決録之有王氏。實是琇氏誤分爲有王。如錢説也。夫説文無王字。固可以廣韻及郭忠恕説證明之。即篇韻之玉亦是俗字。王爲套之本字。瑴之初文。即曰本部字多从玉之借為金玉之玉者。然如段説。則玉爲指事之文。而指事之文。多从象形之文。加以符號式之簡單標記。未有於从假借之字而加以指事之標記者也。是段説之不足立明矣。徐謂琇必非朽玉之義。然不能舉證也。倫謂以字次而言。琇自非朽玉。琇為朽玉。古亦無證。段舉淮南爲證。考朽皆从丂得聲。斠有據矣。其實朽玉即王有瑕疵。本字合是瑕字。瑕从叚得聲。叚考音同見紐。故淮南借考字爲之耳。此朽玉也本是玉也。朽字乃校者注以釋琇字之音者也。傳寫譌入正文耳。讀若畜牧之畜者。又後之校者所加。上文櫜下數祭也讀若春麥爲櫜之櫜正同此例。詩之玉女仍是玉石之玉。玉古音本如畜或育也。琇得音肅者。畜音曉紐。肅音心紐。同為摩擦次清音也。古讀肅蓋如繡。詩揚之水。素衣朱繡。禮記郊特牲作朱綃。是其證也。禮記大學。與其有聚斂之臣。寧有盜臣。皇侃論語義疏及唐書食貨志引有作畜。琇从有得聲。有音喻三。古蓋讀如酉。轉入喻四。故可與畜通。劉盼遂謂東京初葉詩文尚未讀入幽部。知之部字之讀入他部者。蓋始於和殤安之世矣。倫謂此亦讀若後人加之之證也。【説文解字六書疏證卷一】

璿【汗簡】

古尚書

竝崔希裕纂古【古文四聲韻】

◉許　慎　璚美玉也。从玉。睿聲。春秋傳曰。璿弁玉纓。似沿切。璚古文璿。壡。籀文璿。【説文解字卷一】

◉王國維　壡　説文解字玉部。璿。美玉也。从玉。睿聲。壡。从小徐本。大徐作叡。籀文璿。案。壡从玉。叡聲。是籀文固應有叡字。及睿字。乃𣦼部叡下出古文睿。籀文壡。蓋史篇壡字雖从叡作。而於當用叡字處。又用壡字。亦从叡作而無叡字。蓋古人字書亦多異文。非若後世之謹嚴矣。【史籀篇疏證　王國維遺書第六册】

◉商承祚　璚説文「璿。古文璿。」案以玉之古文作𤣩。則凡玉字偏旁不當與篆文同。【説文中之古文攷】

◉馬叙倫　段玉裁曰。鍇本弁作冠者。以弁乃李昪嫌名耳。倫按許本訓玉也。校者加美字。或字林訓也。春秋以下亦校語。

璚劉台拱曰。从口者篆文。从目者古文。此互譌。商承祚曰。以玉之古文作𤣩。則凡古文从玉之字。偏傍皆當作𤣩。

壡王念孫曰。叡。繫傳作壡。从玉。當從之。玉篇廣韻並作壡。今作叡非。叡即聰明睿智之睿。沈濤曰。今篆譌奪玉字。吳錦章曰。叡係睿之篆文。與从玉之義無涉。宜删。倫按王沈説是。

倫按璿从睿得聲。睿古文叡也。从日。叡省聲。詳叡字下。璿从睿得聲。睿亦从叡省聲。故璿轉注爲璿。【説文解字六書疏證卷一】

禪國山碑　太尉璆【石刻篆文編】

◉許　慎　球玉聲也。从玉。求聲。巨鳩切。【説文解字卷一】

◉馬叙倫　鈕樹玉曰。韻會無聲字。書顧命。天球。釋文引馬云。玉磬。聲字恐譌。嚴可均曰。集韻引作玉聲也。一曰美玉。韻會引作玉也。一曰玉磬。集韻聲字即磬字之誤。釋器長發傳皆云。玉也。鄭孔注益稷馬注顧命韋注晉語皆云。玉磬。鄭注玉藻禹貢高注淮南墜形皆云。美玉。以上下篆校之。此當言美玉也。一曰。玉磬。翟云升曰。書顧命馬注玉磬者。以球之成器者言也。倫按嚴説長。當依韻會引。一曰四字校語。或字林訓。

璆宋保曰。翏聲。翏聲求聲同部通用。倫按璆球聲同幽類轉注字。【説文解字六書疏證卷一】

◉戴家祥　⿱宀球从宀，从球，字書未見。按古文从宀與否，並不定型。古文四聲韻上聲三十二皓引古尚書寶作琁，穆天子傳「百姓寶

琳 琳　璧 璧

富」，寶亦作瑹。玉篇一三八宷，古文寶，加旁从宀。史記秦始皇本紀「親巡遠方」，泰山刻石作「親𨋏遠黎」，親作寴。易豐之上六云「豐其屋」，說文七篇引作「寷其屋」，加旁从宀。集韻上聲三十八梗「省通作眚」。以此例推，𤥐當釋球。說文一篇「球玉聲也。从玉，求聲。璆，球或从翏」。尚書禹貢「厥貢惟球琳琅玕」，鄭玄注「球，美玉也。」唐韻球讀「巨鳩切」音求，郡母幽部。

【金文大字典上】

◎許　慎　琳美玉也。从玉。林聲。力尋切。【說文解字卷一】

◎馬叙倫　田吳炤曰。小徐本琳次部末靈篆下。按爾雅。西北之美者。有崑崙之璆琳琅玕。尚書禹貢同。是球琳二字宜連綴之。舊次如是。小徐部次多亂。故綴在部末。倫按琳爲璆之轉注字。音同來紐。美字後人加之。或字林訓也。【說文解字六書疏證卷一】

璧　洹子孟姜壺

召伯簋　【金文編】

禪國山碑　璧流離

詛楚文　敢用吉玉宣璧　【石刻篆文編】

璧　【汗簡】

李商隱字略　【古文四聲韻】

◎許　慎　璧　瑞玉圜也。从玉。辟聲。比激切。【說文解字卷一】

◎劉心源　璧廱。今省作辟雝。白虎通。辟者。璧也。象璧圓。又以灋天也。雝。壅水。象教化流行也。此璧从𠂤不可曉。廱。从水。从口。即邕字。从皿。蓋合雝字為之。五經異義引韓詩說。璧廱者。天子之學。所以春射秋饗尊事三老五更也。【古文審八卷卷三】

◎高田忠周　說文。璧　瑞玉環也。从玉辟聲。爾雅。肉倍好謂之璧。好即孔也。今存古玉璧形。與此說合。此篆所从○是也。元當作◎而省略耳。然則璧字元象形。从辟為聲。辟即說文訓法辟字。璧制有法度。从辟兼意。其後从玉辟聲作辟。象形變爲會意。又或作璧。○玉重複。蓋緐文異體。況俗亦从玉辟聲作璧。辟實璧古文也。辟之○與辟之口。自有

瑗 

別矣。古今文字變易。往往有此類。學者不可辨矣。【古籀篇七】

◉馬叙倫　嚴可均曰。御覽八百二引作瑞玉環也。桂馥曰。范應元老子注引無圜字。王筠曰。華嚴經音義引。璧。瑞圭。丁福保曰。慧琳音義一及廿二皆引説文。瑞玉也。今本作瑞玉圜也。此二義也。即瑞玉也圜也。倫按齊侯壺璧字作璧。亦作璧。甲文有𡰥字。羅振玉以爲从辛从人。此辟法也之辟字。而辟字增○於辟。乃璧瑞玉也之本字。从○。辟聲。倫謂羅説是也。然○即璧之初文。丁師卣。子賜𠭯𩁹玗一。即賜𠭯𩁹玗璧一也。是其證。因疑於方圓之○。乃增辟聲耳。齊侯壺之璧。爲辟之異文。从玉。辟聲。而璧則後起字也。圜也是本義。瑞玉也校者加之。圜擬其形言之。即圜錢之圜。或本如御覽引作環。故璧之轉注字作瑗環。非復瑞玉。可知非本義也。字見急就篇。【説文解字六書疏證卷一】

◉高鴻縉　按段氏曰。瑞以玉爲信也。爾雅。釋器。肉倍好謂之璧。郭注。肉邊。好孔。好倍肉謂之瑗。郭注。孔大而邊小。肉好若一謂之環。郭注。邊孔適等。是知璧者。小孔之環也。玉質扁平。形圜而孔圜。古人以爲瑞信。亦用如貨幣。左傳晉公子重耳出亡。過曹。僖負覊餽盤飧。置璧焉。公子受飧反璧。璧者。貨幣也。周人有以銅仿璧形製之者。今考古家稱之爲圜錢。⊘金文前二形◎古匋。吴大澂誤以爲回字。⊖師害簋辟偏旁全爲象形。後改爲形聲字以玉爲意符。以辟爲聲符。作璧。此形篆隸楷俱沿之。金文之作璧者。則璧之省○(原始字)者也。【中國字例二篇】

◉李裕民　璧　《侯馬盟書》宗盟類四之一六：一三。

此字上部爲辟，辟的左右兩部分互换了位置。古璽臂字作𦡱(《徵》四·二)，所从之辟寫法與此正同。下部為玉。字應釋璧。《説文》：「璧，瑞玉圜也。从玉，辟聲。」此係參盟人名。【侯馬盟書疑難字考　古文字研究第五輯】

古陶38【古陶文字徵】

5【包山楚簡文字編】

籀韻【古文四聲韻】

◉許　慎　瑗大孔璧。人君上除陛以相引。从玉。爰聲。爾雅曰。好倍肉謂之瑗。肉倍好謂之璧。王眷切。【説文解字卷一】

環

◉余永梁 殷虛書契卷六十葉 王先生云。此乃瑗之本字。説文「瑗大孔璧。人君上除陛以相引。」此从爪。正象相引也。象形。下缺其一。蓋古制如此。左氏傳「宣子有環。其一在鄭商。」莊子「連環可解也。」知古環之非一玉。上虞羅氏藏一環。其制正非一玉所成也。【殷虛文字續考 國學論叢一卷四號】

◉王國維 吳氏古玉圖考所收瑗形略如今之環。説文人君上陛除以相引。故瑗之言援也。古文爰作。龜板文有。疑皆瑗之本字。盼遂向著九錫考一文。粗足發明此指。【劉盼遂記説文練習筆記 國學論叢第二卷第二號】

◉葉玉森 余永梁氏曰。王先生國維云此乃瑗之本字。説文。瑗。大孔璧。人君上除陛以相引。此从爪正象相引也。象形。下缺其一。蓋古制如此。左氏傳。宣子有環。在鄭商。莊子。連環可解也。知古環之非一玉。上虞羅氏藏一環。其制正非一玉所成也。殷虛文字續考。森按。辭曰。「章」。章下一字或二字。依辭例爲國名。他辭云「辛丑卜。戋貞。苦方于土。章。允其章。三月。」徵文地望第五十九版。亦曰章。可證。再按影本之右下隅似有淡痕。其字實作。竝非缺其一面。王氏釋瑗。仍待商榷。【殷虛書契前編集釋卷六】

◉馬叙倫 沈濤曰。荀子大略篇注引作瑗者。大孔璧也。是古本有也字。王筠曰。𠬪部。爰。引也。此言人君上除陛以相引。則从爰爰亦聲。張文虎曰。荀子大略篇。聘人以珪。召人以瑗。疑人君即召人之倒誤。王國維曰。古玉圖考收瑗。形如今之環。龜甲文有。古文爰作。疑皆瑗之本字。倫按蓋从爪○聲。爲爰引之爰初文。瑗爲璧之轉注字。璧音封紐。然即貨幣之幣本字。幣音並紐。並爲雙脣濁破裂音。讀入奉紐爲脣齒音。則與瑗音喻三者同爲摩擦次濁音也。説解本作璧也。大孔璧以下十一字校者所注也。爾雅曰以下亦校者所增。許書與爾雅同爲字書。且許時爾雅未見尊於諸字書。自不須引以爲證。況如用以證字。則當總引於璧下。或分列各字之下。今璧下不引而此又徒引二句。環下引一句。復無爾雅曰。以是知之。釋文引倉頡。瑗。玉佩名。【説文解字六書疏證卷一】

環 不从玉 番生簋 睘字重見 師遽方彝 毛公厝鼎 【金文編】

181 190 213 213 214 【包山楚簡文字編】

環 法一〇二 五例 通還虎一雜二五 日甲七七背 四例 日乙一〇四 二例 【睡虎地秦簡文字編】

環 環武【漢印文字徵】

◉許　慎　環 璧也。肉好若一謂之環。从玉。睘聲。户關切。【説文解字卷一】

◉高田忠周　按環从睘聲。睘从袁聲。故此篆直从袁爲聲。此亦爲省文。圜字或作袁亦同一例證耳。朱氏駿聲云。環字亦作寰。穀梁隱元傳。寰內諸侯。注天子畿內。大夫有采地者。然寰即圜異文。與袁皆同。但圜訓天體。天體渾圓。與環圍正圓。義亦相近。而聲亦同。穀梁用圜爲環也。注元云。寰古縣字亦非。又按𡿪上作中。此作止者。形似通借。【古籀篇七】

◉王國維　環玦　古環玦多由摺扇面式之玉片合成。今京師不少見。【劉盼遂記説文練習筆記　國學論叢第一卷第二號】

◉商承祚　□□□羅振玉先生疑爲宮字之省。非也。案金文每見此字。如伯俗父鼎「錫赤∞市」。豆閉毁「錫女戠衣∞市縊旂」。望毁「錫女赤∞市」。免毁「錫女赤∞市用事」。利鼎「錫女赤∞市縊旂用事」。以文義及字形觀之。必環字也。金文中除「赤∞市」外。又有「赤市」(如趞鼎頌毁師酉毁等)。「幽市」(𤼈侯鼎作幽夫。夫當即市)。「叔市」(師嫠毁克鼎等)諸文。市上一文爲色彩字。則「赤∞市」。必織赤環以爲飾者也。環爲圓形。卜辭作方者。刀筆之便也。【甲骨文字研究下編】

◉郭沫若　⿰王袁即環字。「⿰王袁章」當即瓚璋，用以灌鬯。【師遽彝　兩周金文辭大系攷釋】

◉馬叙倫　吳錦章曰。下當有∞古文環。許遺之歟。倫按伯父鼎赤∞。吳式芬釋赤環。□毁有∞字。吳大澂釋環。檢璧之初文爲○。則∞爲二璧相貫。乃連環之環本字。而非環璧之環也。自∞字廢而借環爲∞耳。本書無∞。而∞字實从之。雖廢而猶存也。環爲瑗之轉注字。環音匣紐。與瑗音喻三。同爲摩擦次清音也。漢書五行志。宮門銅瑗。即銅環也。春秋襄十九年。齊侯環。公羊作瑗。是其證。肉好以下八字校者加之。且初亦無此分别。古以玉爲幣。當量材而琢。故隨其材以爲肉好之準。吳大澂古玉圖考所收瑗形如環。可以明之矣。○璧之初文。音匣紐。○圜之初文。音喻三。同爲摩擦次清濁音。語原同也。字見急就篇。毛公鼎作□。師遽尊作□。【説文解字六書疏證卷一】

◉楊樹達　愙齋集古録第拾叁册玖葉上載師遽方尊，銘文有云：「王乎宰利錫師遽瑂圭一，⿰王袁章四。」吳大澂方濬益及近日吳闓生並釋⿰王袁爲環。二吳無説，方氏説之云：「環璋當是璋之有邸者。」綴遺齋彝器考釋拾捌卷廿肆葉下。余謂⿰王袁字作□，左旁从玉，右旁上从止，與説文辵部遠字古文作□形从止者同，金文他器如晉姜鼎克鼎番生毁諸器皆有遠字，所从之袁上皆从止，則此銘□字當釋⿰王袁，不當釋環。説文睘字从目袁聲，此字从袁，不从睘也。方氏疑環璋爲璋之有邸者，稽之古書，略無文證。余以聲求之，疑⿰王袁當讀爲瑑也。説文玉部云：「瑑，圭璧上起兆瑑也，从玉，彖聲。」周禮春官典瑞云：「瑑圭璋璧琮，繅皆二采一就以頫聘。」鄭司農云：「瑑，有圻堮瑑起。」考工記玉人云：「瑑圭璋八寸，璧琮八寸，以頫聘。」鄭注云：「瑑，文飾也。」典瑞又云：「牙璋以起軍旅，以治兵守。」鄭司農云：「牙璋，瑑以爲牙。」此皆古有瑑璋之證也。說文袁从叀省聲，叀象古聲近，故得假瑗爲瑑矣。【師遽彝跋　積微居金文説卷五】

◉饒宗頤　字，商氏釋爰(見殷虛文字類編)。竊謂○即環，此益爪旁，仍讀爲環。甘肅有環河，源出環縣，南注涇水，或其舊地。此言於土(方)敦伐環，環與杜地正相邇。【殷代貞卜人物通考卷六】

◉戴家祥　金文環或省玉作睘番生毁。或右旁作師遽彝。楊樹達釋瑗是矣。説文睘，从目袁聲。此省目。瑗爲環之別體。【金文大字典中】

璜

 璜　不从玉　縣妃簋　黄字重見　 召伯簋二　【金文編】

 璜【汗簡】

 趙琬璋古字略　【古文四聲韻】

◉許　慎　璜，半璧也。从玉。黄聲。户光切。【説文解字卷一】

◉馬叙倫　桂馥曰。文選思玄賦舊注引字林。半璧曰璜。倫按半璧爲璜。而音在匣紐。則與環雙聲。蓋語原同也。然此字林訓。許本訓璧也。或此字出字林。召伯虎毁作。【説文解字六書疏證卷一】

◉戴家祥　説文一篇「璜，半璧也。从玉黄聲。」按許慎所釋爲是。段氏注説文，在璜字下按：「大戴禮佩玉下有雙璜，皆半規似璜而小。」詩鄭風女曰雞鳴「雜佩以贈之」，傳「雜佩，珩、璜、琚、瑀、衝牙之類。」釋文：「半璧曰璜，佩上有衡，下有二璜作牙形，於其中，以前衡之，使關而相擊也。璜爲佩下之飾，有穿孔，罥系之處。」此言二璜連系作爲「雜佩」之用的古裝飾。黄字爲飾物象形。由璜半規玉片和束絲組成。故璜黄不同義，金文璜或作人名，參見黄部黄字。【金文大字典中】

琮

◉許　慎　琮，瑞玉。大八寸。似車釭。从玉。宗聲。藏宗切。【説文解字卷一】

◉王國維　大琮八方之徑八寸。大八寸非就徑言。古玉圖考琮皆爲筒形。兩口突出一寸。形外方中圓。或謂琮古人以爲束錦

琥

之用未確。蓋爲行禮之器。秦權有八角而中空者。殆古琮之遺制與。【劉盼遂記説文練習筆記　國學論叢第二卷第二號】

◉馬叙倫　沈濤曰。御覽八百七引玉下有也字。倫按大八寸似車釭校語。知者。惟周禮考工記玉人。瑑琮八寸。餘不然也。且玉人言琬圭九寸。而此琬下無文。諸圭皆有尺度。而此或言或不言。知校者隨其所記注之耳。瑞玉當作瑞也。亦疑此字出字林。【説文解字六書疏證卷一】

 218 【包山楚簡文字編】

◉許　慎　琥發兵瑞玉。爲虎文。从玉。从虎。虎亦聲。春秋傳曰。賜子家雙琥。呼古切。【説文解字卷一】

◉王國維　戰國時已有虎符。古玉圖考收琥種類甚多。實非虎符。但雜佩式劍璏之類耳。吳以其有虎頭而徑入之。予藏琥之拓本。虎狀長大。略如吳圖之瓏。殆真發兵符矣。【劉盼遂記説文練習筆記　國學論叢第二卷第二號】

◉馬叙倫　鈕樹玉曰。韻會作从玉虎聲。嚴章福曰。本作从玉虎聲。後人改之也。後凡非部首而言亦聲者皆然。孫詒讓曰。許君説瑞玉名義。咸本禮經。於周禮大宗伯典瑞玉人六玉六瑞之等捃摭無遺。惟琥瓏二文相連。説解特爲詭異。琥注云。發兵瑞玉也。爲虎文。瓏注云。禱旱玉也。爲龍文。則三禮經注咸無是義。琥爲大宗伯禮天覲禮方明六玉之一。非發兵所用。三禮圖引鄭康成禮圖云。白琥爲伏虎形。孔巽軒謂琥當爲琮之半。琮圓有觚棱。故半之爲琥。有如伏虎形。其説最塙。則是類虎而實非爲虎文也。至瓏爲龍文。則絶無徵驗。惟御覽珍寶部引呂氏春秋云。戰鬥用琥。與發兵瑞玉義似相近。又云。成功用璋。大喪用琮。檢今本呂覽悉無此文。酉陽雜俎云。安平用璧。興事用圭。成功用璋。邊戍用珩。當爲六玉之璜，璜珩聲相近。戰鬥用璩。當爲琥。城圍用環。災亂用雋。疑瓗之誤。大旱用龍。當爲瓏。大喪用琮。其文較詳而不著所出。殆全本呂覽。其璋琮二句。與御覽引呂書亦正同。以二書互證。知許書琥瓏二字自據呂覽爲釋。今本呂覽殘缺。治許學者如段嚴諸家遂未有能通其説矣。王國維曰。戰國時已有虎符。古玉圖考收琥種類極多。實非虎符。但雜佩式劍璏之類。吳以其有虎頭而徑入之。予藏琥之拓本。虎狀長大。略如吳圖之瓏。殆真發兵符歟。倫按據孫説。則周禮之琥从玉虎聲。爲形聲字。如王説。則六國時別有虎符。此説解當作瑞也。玉也。發兵符也。後二義蓋校者加之。春秋傳以下鍇本末有是字。鍇本引經下每有是字。或是也二字。此凡皆校者所加。非原有之證也。爲虎文亦校語。从玉。虎聲。又疑此字出字林。【説文解字六書疏證卷一】

瓏

◉許　慎　瓏禱旱玉。龍文。从玉。从龍。龍亦聲。力鍾切。【説文解字卷一】

◉馬叙倫　鈕樹玉曰。韵會引文作也。桂馥曰。宋祁揚雄傳校本引字林。禱旱玉爲瓏。嚴可均曰。左傳昭廿九年疏引作禱旱玉也。爲龍文。此脱爲字。錢大昭曰。山海經。應龍在地下故數旱。旱而爲應龍狀。乃得大雨。禱旱之玉爲龍文即此意。倫按爲龍文亦校語耳。若是會意。則字起於以龍祈雨之後。春秋繁露有土龍禱雨法。疑此字出字林。或此是左昭廿九年傳公使公衍獻龍輔之字。从玉。龍聲。説解本作玉也。禱旱玉。字林訓。此字蓋出字林。【説文解字六書疏證卷一】

琬

◉許　慎　琬圭有琬者。从玉。宛聲。於阮切。【説文解字卷一】

◉馬叙倫　段玉裁曰。圭有琬者。當作圭首宛宛者。轉寫譌脱也。琬宛叠韵。先鄭云。琬圭無鋒芒。故以治德結好。後鄭云。琬猶圜也。王使之瑞節也。倫按周禮考工記玉人。琬圭九寸。注。琬猶圜也。然則琬者上圜者也。説解本作圜也。或宛也。以聲爲訓。今挩。但存校語。又有譌耳。或字出字林也。【説文解字六書疏證卷一】

璋

 璋　不从玉　㒼簋　章字重見　 子璋鐘　 楚王酓璋戈　酓璋即楚惠王熊章　【金文編】

 3·118　繇衢東匋里璋　 3·119　同上　【古陶文字徵】

 1640　 0232　【古璽文編】

 李璋印信　【漢印文字徵】

◉許　慎　璋剡上爲圭。半圭爲璋。从玉。章聲。禮。六幣。圭以馬。璋以皮。璧以帛。琮以錦。琥以繡。璜以黼。諸良切。【説文解字卷一】

◉馬叙倫　鈕樹玉曰。韵會引二爲字並作曰。倫按説解本作圭也。今脱。但存校語耳。禮六幣以下爲校者所加甚明。若許引以證義。則璋以皮乃以幣言。若引以證字。則經有明文如圭璋特達者。亦不須用小行人文也。自是校者引以自考。故六幣具言之矣。嚴可均以爲轉寫挩周字非也。子璋鐘作。子璋編鐘作。【説文解字六書疏證卷一】

◉戴家祥　璋，説文一篇云：「炎上爲圭，半圭爲璋。」按金文玉璋之璋，往往不从玉作章，如㒼毁。璋字在子璋鐘中用作人名。

琰

【金文大字典中】

◉涂白奎　商之本義即爲璋。甲文之□亦見於金文。《金文編・附録上》31頁録《父癸爵》徽銘有□字；54頁録一戈銘，作□。考古材料中尚未發現有青銅工具或武器作此形者。金文賞賜之賞，晚商作□，西周早期有作□者，更是直接證明古商章音同通作的材料。可以推定甲文與金文所描繪的正是古代玉璋之形。甲文商字作□，上象其柄和欄，下爲兩歧。

金文璋字早期作□，从辛从⊙。⊙乃璧形，在甲、金文中常作義符與其它偏旁結合成會意字。⊙或省去中點作○，在卜辭中因契刻關係往往易圓爲方，與日無別，從而造成學者的誤解。如甲文□，可隸作昜，即揚字，亦即金文對揚之揚。《説文・日部》釋昜：「開也，从日一勿。」學者或信之，以爲「日在丅，象日初升之形。」《貉子卣》揚字與甲文同，象置璧於几案之上。稍晚則加□旁作□（《大鼎》三代4・20・2）、□（《守宫鳥尊》大系附録）；又有省作□（《宜侯夨簋》録遺167）、□（《令鼎》三代4・27・17）形者。字中的⊙又可易作玉，作□（《省卣》三代13・28・2）、□（《肄簋》三代8・49・1）。可見⊙與玉意近相通。此外金文瑴字作□，玗字作□，都説明⊙可會玉字之義。知此，則知金文璋字从辛从⊙，辛乃璋形，⊙則明其質爲玉。【璋之名實考　考古與文物一九九六年第一期】

◉許　慎　琰璧上起美色也。从玉。炎聲。以冉切。【説文解字卷一】

◉王國維　尚書顧命陳寶大訓弘璧琬琰。琬琰爲二物。段合爲一非也。又云顧命之陳寶亦玉名。史記封禪書秦得陳寶若石是也。廣雅謂爲刀名失之。【劉盼遂記説文練習筆記　國學論叢第二卷第二號】

◉馬叙倫　丁福保曰。慧琳音義九十二引玉圭長九寸。執以爲信。以征不義也。正與周禮考工記玉人文及注合。宜補。倫按上下文皆言圭。此訓璧上起美色也。爲失次。段玉裁謂璧當爲圭。説解當作圭剡上起美飾者。然則本訓圭也。剡上起美飾者校語也。慧琳所引亦校者據玉人注加。又有捝譌耳。【説文解字六書疏證卷一】

◉蕭　璋　琰。璧上起美色也。从玉炎聲（以冉切）。璧字段氏以爲當作圭也。甚是。考工記玉人：「琰圭九寸。剡規，以除慝，以易行。」鄭注：「凡圭剡上寸半，琰圭剡半以上。又半爲瑑飾。」（按二剡字，本作剡，今本均作琰。阮校記以爲作剡是也。）是琰有剡義。故鄭司農以「琰圭有鋒芒，傷害征伐誅討之象」（見春官典瑞：「琰圭。以易行。以除慝」注），尤爲明證。故琰之言剡也。而章氏以琰爲剡之孳乳（文始七陽聲羊字），以二字聲義相近，其説是也。【釋至　國立浙江大學文學院集刊第三集】

◉楊樹達　說文二篇上玉部云：「琰，璧上起美色也，从玉，炎聲。」按周禮典瑞云：「琰圭以易行，以除慝。」司農注云：「琰圭有鋒芒，傷害，征伐誅討之象。」考工記玉人云：「琰圭九寸，判規，以除慝，以易行。」後鄭注云：「琰圭剡半以上，又半爲瑑飾，諸侯有爲不義，使者征之，執以爲瑞節也。」按許君與二鄭說殊，今以琰从炎聲核之，二鄭說是，許說非也。說文十篇上炎部云：「炎，火光上也，从重火。」按火光下博而上鋭，有如正三角形，故龜甲金文火字作，肖火燄之形也。琰圭剡半以上，剡處爲三角形，形似火光，故賦名曰琰也。如許君之訓，則琰字从炎之故不明矣（徐鍇云，琰之言炎也，光炎起也。按徐以光炎起附合許起美色之訓，皮傅不切）。此一證也。古書恆以琬琰連文，典瑞云：「琬圭以治德，以結好。」與琰圭之以易行除慝者事正相反。故鄭司農云：「琬圭無鋒芒，故以治德結好。」是也。琰所以與琬爲相反之義者，本於其形，則琰所以受名之故從可知。若如許君之訓，則琬琰相反之義不可見矣：此二證也。

火光爲三角形而有鋒芒。故炎之孳乳有剡，鋭利也；有錟，長矛也；有⿱艹剡，搔馬也。至睒之訓暫視貌，䀹之訓暫見，則以火光之乍起乍滅孳乳爲義，與琰剡錟⿱艹剡諸文同源而取義異矣。

後鄭注周禮云「琰圭剡半以上」，似謂琰受義於剡。愚謂琰剡皆受義於炎，鄭說非也。【釋琰　積微居小學述林卷一】

玠

◉許　慎　玠大圭也。从玉。介聲。周書曰。稱奉介圭。古拜切。【說文解字卷一】

◉郭沫若　夽字从玉从大，疑大亦聲，蓋玠圭之玠之古字，說文「玠，大圭也。」【師夽父鼎　兩周金文辭大系攷釋】

◉馬叙倫　鈕樹玉曰。韵會引介圭作玠圭。桂馥曰。鍇本作玠圭。見韵會。倫按大圭也疑字林訓。書顧命。太保承介圭。又曰。賓稱奉圭兼幣。然則此校語也。【說文解字六書疏證卷一】

瑒

◉許　慎　瑒圭。尺二寸。有瓚。以祠宗廟者也。從玉。昜聲。丑亮切。【說文解字卷一】

◉馬叙倫　鈕樹玉曰。韵會引尺下有有字。一本韵會引祠作祀。錢坫曰。此玉鬯字。國語。奉犧牲玉鬯往獻。注。玉鬯。鬯酒之圭。長尺二寸。有瓚。所以灌地降神之器也。考工記謂之祼圭。倫按說解本作圭也。尺二寸以下十一字校語。【說文解字六書疏證卷一】

◉許　愼　瓛桓圭。公所執。從玉。獻聲。胡官切。【說文解字卷一】

◉馬叙倫　錢大昕曰。瓛即公執桓圭之桓。王筠曰。集韵引桓作瓛。倫按桓字乃校者以釋瓛音者也。圭下挩也字。公所執校語。【說文解字六書疏證卷一】

◉許　愼　珽大圭。長三尺。抒上。終葵首。從玉。廷聲。他鼎切。【說文解字卷一】

◉馬叙倫　本訓圭也。大圭以下十字校語。或字林文也。【說文解字六書疏證卷一】

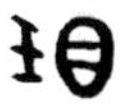 陶文编1·4　說文玥古文　瑁从目　【古陶文字徵】

 瑁　【汗簡】

 說文　 并崔希裕纂古　【古文四聲韻】

◉許　愼　瑁諸侯執圭朝天子。天子執玉以冒之。似犂冠。周禮曰。天子執瑁四寸。从玉冒。冒亦聲。莫報切。玥古文省。

【說文解字卷一】

◉吳大澂　古瑁字不从玉魯公伐郤鼎　【說文古籀補第一】

◉商承祚　玥說文瑁。「諸侯執圭朝天子。天子執玉以冒之。似犂冠。周禮曰。『天子執瑁四寸』。玥。古文省。」案段本作玥。云。「惟玉篇不誤。此蓋壁中顧命字。」从冃。是也。冃正所以冒目。从目作則無所取義。汗簡引說文作。从。乃之寫誤。是玥宋本已誤从目矣。金文公伐郤鐘作。不省。【說文中之古文攷】

◉馬叙倫　嚴可均曰。犁冠者。郭注釋樂。鬵形如犁錧。釋文引字林。錧。田器也。江南人呼犁刀爲錧。說文無錧。犁冠即犁錧矣。倫按天子執玉以冒之不可通。周禮考工記玉人。天子執冒四寸以朝諸侯。鄭注。名玉曰冒者。言德能覆蓋天下也。已強爲說矣。況曰諸侯執圭朝天子天子執玉以冒之。此冒字何解。如書大傳言圭必有冒。言下之必有冒不敢專達也。天子執玉以朝諸侯。見則覆之。然則冒爲圭之覆矣。豈以玉覆玉耶。倫謂說解本作瑁。圭也。似犁錧。周禮曰。天子執冒四寸以朝諸侯。从玉。冒聲。瑁字乃隷書複舉字也。今傳寫捝譌如今文。然疑此字出字林。

璬 璬

珇 鈕樹玉曰。玉篇作玥。是也。蓋省目。非省冃也。韻會亦作玥。宋保曰。古文作珇。冐省聲。或从目亦得聲。冃部冐字从目得聲。此其證。冐目一聲之轉，商承祚曰。汗簡引説文作玥。冃乃冃之譌。倫按如宋説。則瑁珇爲疊韻轉注字。如玉篇作玥爲省文。説解當作古文瑁。省字校者加之。轉失瑁字。【説文解字六書疏證卷一】

◉方濬益 説文。瑁。諸侯執圭朝天子。天子執玉以冒之。似犂冠。周禮曰。天子執瑁四寸。从玉冒。冒亦聲。古文从冃。作玥。段氏注曰。各本篆作珇。云古文從目。惟玉篇不誤。此蓋壁中顧命字。按。今考工記作冒。鄭注曰。名玉曰冒者。言德能覆蓋天下也。此文从冃。爲冒之省文。作側形者。冒本邪刻。左傳文公元年。天王使毛伯來錫公命。注。諸侯即位。天子賜以命圭。合瑞爲信。正義曰。冬官玉人。桓圭以下皆謂之命圭。是用之以命諸侯也。玉人又云。天子執冒四寸。以朝諸侯。其冒邪刻。其下與圭頭相合。諸侯執圭以朝天子。天子執冒以冒之。觀其相當以否。所以合瑞爲信也。【綴遺齋彝器款識考釋卷十八】

◉楊樹達 余以聲求之，疑瑁當讀爲縵也。説文糸部云：「縵，繒無文也，從糸，曼聲。」按縵爲無文之繒，引申之，凡無文者謂之縵。國語晉語云：「乘縵不舉。」韋注云：「縵，車無文也。」此車無文謂之縵也。漢書西域傳云：「以金銀爲錢，文爲騎馬，幕馬人面。」如淳云：「幕音漫。」顔師古云：「今所呼幕皮者，亦謂其平而無文也。」此錢無文謂之幕也。漫與縵音同。又食貨志上云：「一歲之收常過縵田畮一斛以上。」顔師古云：「縵田謂不爲甽者也。」不爲甽之田謂之縵田，義亦與無文近。古音面與曼同，釋名釋形體云：「面，漫也。」瑁圭蓋謂無文飾之圭，與下云瑑璋爲有文飾者義正相反。吳大澂古玉圖考載圭多品，自穀圭外皆無文飾，瑁圭殆謂此歟！【師遽彝跋 積微居金文説卷五】

◉黄錫全 玥 瑁 鄭珍云：「本作珇，古文省。此冃乃冃之誤，更從古文目，夏無。段氏玉裁注《説文》，據《玉篇》改珇作玥，是郭氏所見已是誤本。」其實，天星觀楚簡有珇，古陶文作珇（陶1.4），从目，不从冃，段氏不應輕易更改。夏韻隊韻録有此字，鄭珍失檢。【汗簡注釋卷一】

◉許 慎 璬玉佩。从玉。敫聲。古了切。【説文解字卷一】

◉馬叙倫 段玉裁曰。璬珩玦三字。鉉本在瑁下瑞上。鍇本則珩玦又綴於部末。皆非舊次。此自璬至璠九篆。皆飾之類。古者雜佩謂之佩玉。見周禮玉府大戴禮保傅篇。禮記玉藻亦謂之玉佩。見詩秦風。倫按當作珮玉名也。然疑字林訓。本訓捝矣。【説文解字六書疏證卷一】

珩 珩

◉許　慎　珩佩上玉也。所以節行止也。从玉。行聲。户庚切。【説文解字卷一】

◉馬叙倫　鈕樹玉曰。韻會引作佩上玉也。从玉行。所以節行止。桂馥曰。文選思玄賦李注引。珩。聽行也。从玉。行聲。字林曰。珩。佩玉所以節行。沈濤曰。玉篇引作佩玉所以節行步也。蓋古本如是。周語。改玉改行。韋注云。玉。玉佩。所以節行步也。正用許説。則知今本作止者誤。田吳炤曰。小徐本遺捝此字。補綴於部末靈字後。倫按周禮玉府注引詩傳曰。佩玉。上有葱衡。下有雙璜。今詩衡字作珩。然則珩璜均佩上玉。珩不必從行會意。又行之本義爲道路。珩不從行會意尤明。鍇本無聲字非是。如選注引則許訓聽行也。聽行也不可通。王筠謂聽此玉聲以爲行節也。强爲説詞耳。倫謂蓋本作璁衡也字皆譌耳。然亦非本訓。本訓早失矣。今存者字林義。【説文解字六書疏證卷一】

玦 玦

◉許　慎　玦玉佩也。从玉。夬聲。古穴切。【説文解字卷一】

◉馬叙倫　沈濤曰。御覽六百九十二引玉佩下有小注佩如環而有玦。故云玦九字。上玦字當爲缺。此説文注中語。倫按𢍜爵之〇爲初文玦字。荀子大略篇。絶人以玦。還人以環。玦環對文。明環爲◯玦爲〇也。五篇缺下曰。器破也。𡙁下曰。缺也。是古謂破者爲夬。故〇音古穴切。後起字作玦也。玉佩作珮玉。此字林訓。本訓捝矣。字見急就篇。顔師古本。皇象本作瑨。【説文解字六書疏證卷一】

瑞 瑞

22【包山楚簡文字編】

開母廟石闕　貞祥符瑞

禪國山碑　今衆瑞畢至【石刻篆文編】

◉許　慎　瑞以玉爲信也。从玉耑。徐鍇曰。耑。諦也。會意。是偽切。【説文解字卷一】

◉馬叙倫　徐鍇曰。或有聲字譌也。鈕樹玉曰。𥐽从耑聲讀若揣。則瑞從耑聲明矣。王筠曰。自璧以下十五字。惟瑗環璜因璧及之。瓏因琥及之。瑒是禮神之器。不當廁此。其餘十字説解三言瑞。他雖不言。實則瑞也。瑞是總名。當列於璧上以領之。否則列於瑁下以收之。今雜之玉佩之中。不得其次。而玉篇亦無大異。知其倒亂久矣。翟云升曰。韻會引作耑聲。丁福保曰。慧琳音義廿四及四十五及八十三引。皆作从玉耑聲。倫按瑞从耑得聲。耑音端紐。圭音見紐。十二篇圭之重文作珪者。圭璧之圭本字。倫謂瑞圭爲同清破裂音轉注字。珪爲君爵臣之信物。故此言以玉爲信也。玄應一切經音義引倉頊。瑞。信也。則此本校者所以釋信也者也。然仍非本義。或非本訓。本部字次多失羣。而説解亦多挩譌。王謂倒亂久矣。是也。【説文解字六書疏證卷一】

珥 珥

珥 法八〇 二例 【睡虎地秦簡文字編】

◉許 慎 珥 瑱也。从玉耳。耳亦聲。仍吏切。【説文解字卷一】

◉馬叙倫 玉篇。珥。冕上垂玉以塞耳。然玄應一切經音義引倉頡。珥。珠在耳也。耳璫垂珠者曰珥。倫謂珥是飾物。後世之耳環即其遺俗。非以塞耳也。是珥非從耳會意。從玉耳聲。耳亦二字校者加之。珥爲瑱之轉注字。瑱音透紐。珥音古在泥紐。同爲舌尖前音。【説文解字六書疏證卷一】

◉饒宗頤 甲申卜，穷貞：朿於東，三豕三羊，[囗]犬，卯黄牛。癸未卜。穷貞：朿犬，卯三豕三羊。（續編一、五三、一，簠室典禮一八及二二重。）

按[囗]爲圂字。此云圂犬，爲用牲名，蓋讀爲珥與衈。周禮士師：「凡刉珥則奉犬牲。」鄭注：「珥讀爲衈，釁禮之事。」圂音莫兮切，疑通作珥。（如弭之通侎，靡之通麋矣。）【殷代貞卜人物通考】

◉商承祚 ⿰耳王，字書作珥，《説文》：「珥，瑱也。」《史記·外戚世家》褚先生曰：「（武）帝譴責鉤弋夫人。夫人脱簪珥叩頭。」《漢書·東方朔傳》：「主乃下殿，去簪珥。」顔師古曰：「珥，珠玉飾耳者也。音餌。」【信陽長臺關一號楚墓竹簡第二組遣策考釋 戰國楚竹簡匯編】

◉劉 雨 2—02：「一司翻⿰耳王，一司齒⿰耳王」

「⿰耳王」即《説文》訓爲「瑱」之「珥」。《徐注》：「瑱之狀，首直而末鋭，以塞耳」。金文虢季子白盤和盂鼎之「聝」字，左旁所從之「耳」亦寫作「[古文字形]」，與此相似。

金文中玉可稱「備」，稱「嗣」，如齊医壺銘「于南宮子用璧二備，玉二嗣」；庚壺銘「商之以玉嗣」。因知，「一司翻珥，一司齒珥」是兩付塞耳玉，即一付爲「翻珥」，一付爲「齒珥」。【信陽楚簡釋文與考釋 信陽楚簡】

◉許　慎　瑱以玉充耳也。从玉。真聲。詩曰。玉之瑱兮。臣鉉等曰。今充耳字更从玉旁充。非是。他甸切。䡄瑱或从耳。【説文解字卷一】

◉郭沫若　緝疑䡄瑱之古字，象耳有充耳之形。「不緝雨」者猶它辭言「不征雨」，雨不延綿也。【殷契粹編】

◉馬叙倫　沈濤曰。文選江文通雜體詩注引田父得寶玉至尺。倫按耳音日紐。古讀歸泥。真音照紐。古讀歸端。皆舌尖前音也。珥瑱轉注字。古書或作璫。璫音當在端紐。杭縣謂物空縣者曰丁丁當當。丁真當音皆端紐。益明瑱本冕之縣飾。而珥不從耳會意矣。以玉充耳也校語。本訓捝矣。選注引者亦校語。

䡄　徐鍇曰。此以耳爲形真爲聲。倫按俗字也。【説文解字六書疏證卷一】

琫　謝琫印信【漢印文字徵】

◉許　慎　琫佩刀下飾。天子以玉。諸矦以金。从玉。奉聲。邊孔切。【説文解字卷一】

◉馬叙倫　嚴可均曰。佩刀下飾。宋本及五音韵譜集韵一董引皆如此。毛本刓改下字作上。與小徐韵會一董引合。按下文。珌。佩刀下飾。明此上飾。瞻彼洛矣傳。琫。上飾。珌。下飾。篤公劉傳。上曰琫。許用毛義也。下宜作上。任大椿曰。藝文類聚太平御覽引字林作琫。下飾。天子以玉。諸矦以金。倫按佩刀下飾者字林訓。天子以下亦字林語耳。本訓捝矣。【説文解字六書疏證卷一】

⿰王畢　珌竝見説文【汗簡】

⿰王畢　説文【古文四聲韻】

◉許　慎　珌佩刀下飾。天子以玉。从玉。必聲。卑吉切。【説文解字卷一】

◉商承祚　⿰王畢案此字今本説文所無。汗簡及古文四聲韵引珌見説文。玉篇云。珌。「古文作⿰王畢」。必畢聲通同用段氏據補。則宋以來。古文爲後人抄捝者正復不少也。【説文中之古文考】

◉馬叙倫　鈕樹玉曰。韵會引及玉篇注下作上。誤。沈濤曰。郭忠恕汗簡。⿰王畢。珌。見説文。是古本珌字有重文。从玉。从畢。玉篇亦以琿爲珌之古文。任大椿曰。藝文類聚引字林。琕。佩刀上飾。琕蓋琿之譌。桂馥曰。御覽引字林作琿。倫按珌琫雙聲轉注字。上飾下飾蓋後別之。然此乃字林訓。本訓捝矣。據類聚御覽引則珌下有古文琿。既明重文皆出字林。亦見琕字無重文也。【説文解字六書疏證卷一】

◉郭沫若　金文中兩見鞞鞍字，《番生段》云「錫、朱市、悤黄、鞞鞍、玉環、玉琫」《静段》云「王錫静鞞剢」。吴大澂僅見《静段》文，謂「鞞古鞞字，剢古遂字，鞞刀室也，遂射韝也，二物爲同類」。蓋見銘中有學射事而云然也。容庚於《番生段》文祖其説，云「鞍射韝也。《説文》所無，經典叚遂爲之」。

今案二氏之説似是而實非：蓋如鞞爲刀室鞍爲射韝，則錫射韝尚有可説，錫刀室成何體統耶？觀《番生段》文二字与悤黄蔥珩、玉環、王琫等並列，上下皆爲玉之佩飾，則此亦必相与爲類。準此余敢斷言，鞞者珌也，鞍者璏也。【釋鞞鞍　金文餘釋金文叢考】

◉黄錫全　鞞　今本《説文》脱，應據此增補。段玉裁補爲「鞞，古文珌」。按，此書以玉爲部首，部内字改從部首，應補作「琿，古文珌」，如今本璿，古文作璚，玗字古文作琝等，鄭珍在《説文逸字》中指出這一點是正確的。【汗簡注釋卷一】

璏　璏

◉許　慎　璏劍鼻玉也。从玉。彘聲。直例切。【説文解字卷一】

◉馬叙倫　嚴可均曰。篆體當作璏。此从北。誤。桂馥曰。藝文類聚引字林。璏。劍鼻也。此與漢書王莽傳作瑑者同誤。初學記。劍鼻謂之璏。注云。見字林。戚學標曰。此字據字林增。見藝文類聚六十。劍鼻即鐔。或名衛。漢書注所云標首鐔衛。用玉。上起小。瑑或即以玉瑑呼之。王莽傳進玉瑑於孔休。或讀瑑爲衛。或謂本璏字譌。皆讀書之滯。倫按璏蓋瑑之音同澄紐轉注字。字出字林。【説文解字六書疏證卷一】

◉郭沫若　璏者，《説文》云「劍鼻玉也」。《前漢書》《王莽傳》「莽疾，孔休候之。莽緣恩意，進其玉具寶劍，欲以爲好。休不肯受。莽因曰誠見君面有瘢，美玉可以滅瘢，欲獻其瑑耳。即解其瑑。」注引服虔云「瑑音衛」，蘇林云「劍鼻也」。師古自云：「瑑字本作璏，从玉彘聲，後轉寫者訛也。瑑自瑚瑑字耳，音篆也。」《玉篇》以瑑璏爲一字。案瑑字當是瑑形之訛，瑑即璏之異。古文彖彘音同而形近，《戊辰彝》「彘一」作彘，中斜畫像矢形，羅振玉説；而《周公段》「不敢彖」作彘，結構全同，蓋古本一字，入後分化者也。瑑瑑形近故致訛，瑑聲在元部，《説文》云「圭璧上起兆瑑也」，与璏判然二字。又師古謂「瑑自瑚瑑字」，則是顔本本作琢，琢与瑑亦形近而訛也。金文鞍字必係璏字無疑，字从革作，猶琫之作鞛作鞛，琿若珌之作鞞也。其或从刀作剢者，因係飾劍

璱

瑑

珇

之物故从刀。【釋韓鞈　金文餘釋　金文叢考】

◉許　慎　璱車蓋玉璱。从玉。蚤聲。側絞切。【説文解字卷一】

◉馬叙倫　當作車蓋玉也。璱字乃隸書複舉字之譌乙於下者也。然非本訓。或字出字林。【説文解字六書疏證卷一】

◉高田忠周　軗當璱字。説文。璱車蓋玉璱。从玉。蚤聲。蓋其飾用玉爲之。故字从玉。其形似叉故字从叉。叉亦聲。叉或借蚤爲之。故或从蚤聲。古文元當作玞。其物係車。字固當从車。即是軗爲璱本字。無容疑矣。然則璱字元當作玌。古字省文。叚借之例。唯當以叉爲之。或借蚤爲之。又加玉作璱。古今文字之變。率皆此類也。【古籀篇七】

◉許　慎　瑑圭璧上起兆瑑也。从玉。篆省聲。周禮曰。瑑圭璧。直戀切。【説文解字卷一】

◉馬叙倫　嚴可均曰。韵會引作彖聲。蓋小徐真本如此。大徐改爲篆省聲。不知篆亦从彖聲。鈕樹玉曰。韵會上聲又引篆省聲。翟云升曰。韵會引圭璧上有彫刻二字。非。倫按徐鍇謂瑑謂起爲壠。若篆文之形。徐承慶據以證鍇本原作篆省聲。或疑瑑若篆文之形。是从篆會意亦聲也。倫謂鍇言瑑起爲壠是也。段玉裁桂馥王筠並謂兆當爲垗。本書垗下曰。畔也。畔爲有界域。周禮春官典瑞。瑑圭璋璧琮。鄭衆曰。瑑有圻鄂瑑起。玉篇。瑑圭有圻鄂。然則瑑義與篆無涉。此从彖聲。説解蓋本作玉飾也。圭璧上起兆瑑也校者所釋也。周禮以下亦校語。【説文解字六書疏證卷一】

◉黄然偉　瑑，吴大澂隸定爲「環」(窓齋十三：九)，郭沫若从之，以爲瑑章當即瓚璋(大系八四頁)；楊樹達釋瑑，讀爲瑑(金文説一三四頁)。案考工記玉人曰：「瑑圭璋八寸，璧琮八寸，以頫聘。」鄭注：「瑑，文飾也。」——是瑑璋爲璋之有紋飾者。古祭山川之璋有大璋中璋邊璋之分，中璋而外，大璋邊璋皆有紋飾，邊璋，上半有瑑文，或即銘文之瑑璋之類。【殷周青銅器賞賜銘文研究】

◉許　慎　珇琮玉之瑑。从玉。且聲。則古切。【説文解字卷一】

◉馬叙倫　珇音精紐。然从且得聲。且俎一字。俎音照二。且爲廚之初文。廚音澄紐。然則珇古音或如廚。與瑑音同澄紐轉注字。説解當曰。瑑也。今作琮玉之瑑者。説解捝後校者據周禮考工記玉人駔琮而加之也。王筠以爲似有闕文。是也。而不明瑑珇之爲轉注字。則雖考之詳而説反支離矣。【説文解字六書疏證卷一】

璂 □

◉許　慎　璂弁飾。往往冒玉也。从玉。綦聲。渠之切。琪璂或从基。【説文解字卷一】

◉馬叙倫　鈕樹玉曰。韵會往往作行行。王筠曰。冒當依周禮弁師注作貫。注曰。皮弁之縫中每貫結五采玉十二以爲飾。是也。倫按説解當作玉飾也。今捝。存校語耳。【説文解字六書疏證卷一】

璪 □

◉許　慎　璪玉飾。如水藻之文。从玉。喿聲。虞書曰。璪火黺米。子皓切。【説文解字卷一】

◉馬叙倫　鈕樹玉曰。類篇引黺作粉。沈濤曰。初學記寶器部引作玉飾以水藻也。以乃似字之誤。蓋古本作玉飾如水藻也。玉篇引正如此。王筠曰。山海經西山經。洛水其中多藻玉。則是玉質如藻。非玉飾也。楊譽龍曰。疑從藻省聲。倫按儀禮聘禮取圭垂繅。注。今文繅作璪。聘禮記。圭與繅皆九寸。注。古文繅或作藻。然則以玉爲飾。垂之如水藻。故謂之璪。此語原然也。此言如水藻之文。明是不達禮者所加也。引經亦校語。【説文解字六書疏證卷一】

瑬 □

◉許　慎　瑬垂玉也。冕飾。从玉。流聲。力求切。【説文解字卷一】

◉馬叙倫　説解本作玉飾也。後人加冕上垂玉也。今有捝譌耳。【説文解字六書疏證卷一】

璹 □

◉許　慎　璹玉器也。从玉。𠷎聲。讀若淑。殊六切。【説文解字卷一】

◉馬叙倫　鈕樹玉曰。當从玉𠷎省聲。下放此。桂馥曰。篆當作□。劉秀生曰。𠷎聲古在定紐。淑從叔聲。古亦在定紐。故璹从𠷎聲。讀若淑。土部。壔。从土。𠷎聲。讀若毒。艸部。薵。从艸从水。毒聲。讀若督。衣部。禱。从衣。毒聲。讀若督。𠷎聲督聲古並如毒。是其證。爾雅釋器。璋大八寸謂之琡。琡即璹之後起字也。尹桐陽曰。叔𠷎疊韵。倫按本書有□□而無𠷎。𠷎即□也。詳□字下。疑此字出字林。【説文解字六書疏證卷一】

瓃 □

◉許　慎　瓃玉器也。从玉。畾聲。魯回切。【説文解字卷一】

◉馬叙倫　徐鉉曰。案靁字注象回轉之形。畾不成字。凡从畾者並當从靁省。倫按本書从畾得聲之字非一。而無畾字。靁下曰。从雨。畾象回轉形。籀文作□。古文作□。又作□。楚公鐘作□。雷甗作□。諸文相證。雷之初文从□。即電之初文。□ cc皆其變也。圅皇父毁有□字。與櫑之籀文作□者似並从雷之古文省聲。而靁則由籀文而省。所謂取史籀大篆

瑳 瑳

或頗省改者也。然靁从雨从畾。畾从四田。王筠以爲雷之古文。此言古文。王意盖謂初文。非是。盖雷不可以形象。或謂牟以ㄥ象牛鳴。半以丨象羊鳴。是古有象聲造字之例。倫謂牟半皆形聲字。詳當字下。且ㄥ丨亦不能象牛羊之聲。今畾有四田。更未可比也。或謂論衡有雷象連鼓之說。畾是其象也。倫謂此後世俗說不可據以說造字。今察雨雲電初文皆象形。雷霆震則不可象。故皆形聲。靁是从雨畾聲。畾即十四篇之厽字。故壨蘦讄鸓櫑儡纍壘勵諸字皆从畾得聲。餘詳厽下也。玉器也衍玉字。或此非本訓。【說文解字六書疏證卷一】

 瑳竝出趙琬璋字略 【汗簡】

 趙琬璋古字略 【古文四聲韻】

◉許　慎　瑳玉色鮮白。从玉。差聲。七何切。【說文解字卷一】

◉馬叙倫　桂馥曰。徐鍇本無此文。張次立據本書加之。玉色鮮白疑後人加玉字。王筠曰。詩君子偕老二章玼兮玼兮。三章瑳兮瑳兮。內司服鄭注引同。然周禮釋文。玼。劉倉我反。本亦作瑳。蓋鄭注禮據韓詩兩章並作瑳。毛詩瑳字傳箋無說。是毛詩兩章並作玼。後人改毛詩禮注使之齊同。段玉裁又删說文瑳篆。並誤。倫按白爲皃譌。餘詳玼下。【說文解字六書疏證卷一】

玼 玼

◉許　慎　玼玉色鮮也。从玉。此聲。詩曰。新臺有玼。千禮切。【說文解字卷一】

◉王國維　宜在十六部。祡或作禬其例也。故玼亦譌作瑳。若十五部則不與十七部通。【劉盼遂記說文練習筆記　國學論叢第二卷第二號】

◉馬叙倫　鈕樹玉曰。韵會引鮮下有絜字。恐非。段玉裁曰。詩音義兩引本書皆作新色鮮也。當作新玉色鮮也。宜據補新字。桂馥曰。後人加玉字。詩君子偕老釋文引字林。鮮也。沈濤曰。詩邶風新臺鄘風君子偕老釋文兩引作新色鮮也。疑傳寫譌誤。非古本如是。後漢書黄憲傳論注引作鮮色也。更爲闕奪。或古本作玉色鮮新也。今本奪一新字。傳寫釋文等書又妄删玉字耳。以上下文解例之。玉字必不可删。丁福保曰。慧琳音義八十引作新色鮮也。倫按今毛詩作泚韓詩作灌。曰。鮮貌。新鮮音同心紐。故今謂物不敝或始成曰新。或曰鮮。或曰新鮮。則雙聲連緜詞也。本字爲生。此與上文瑳爲音同清紐

璱 璱　璪 瑮　瑩 瑩　璊 璊

轉注字。玭本訓蓋作玉皃。字林則作鮮也。色字當爲皃譌。此本作玉皃鮮也。鮮也字林訓。傳寫遂誤作玉色鮮也。詩釋文引者。鮮傳寫或作新。又有譌耳。沈謂本作玉色鮮新也。鮮新連文古少其例。【說文解字六書疏證卷一】

◉許　愼　璱玉英華相帶如瑟弦。从玉。瑟聲。詩曰。瑟彼玉瓚。所櫛切。【說文解字卷一】

◉馬叙倫　朱珔曰。相帶如瑟弦。則璱因瑟得義。翟云升曰。詩旱麓疏引玉英上有瑟者二字。倫按詩旱麓箋。瑟。鮮潔皃。瑟爲璱之省借。璱音審二。瑳從差得聲。差音穿二。同爲舌尖後音。是璱乃瑳之轉注字。玉英華相帶如瑟弦者。校者加之。詩疏引上有瑟者二字可證。本訓玉皃。捝矣。【說文解字六書疏證卷一】

瑮 論瑮私印【漢印文字徵】

◉許　愼　瑮玉英華羅列秩秩。从玉。㮚聲。逸論語曰。玉粲之璱兮。其瑮猛也。力質切。【說文解字卷一】

◉馬叙倫　瑮璱聲同脂類轉注字。玉英華羅列秩秩及逸論語以下皆校者加之。許時問王知道在齊論語中。非逸篇也。本訓捝失矣。【說文解字六書疏證卷一】

瑩 禪國山碑　國史瑩覈等【石刻篆文編】

◉許　愼　瑩玉色。从玉。熒省聲。一曰石之次玉者。逸論語曰。如玉之瑩。烏定切。【說文解字卷一】

◉馬叙倫　色爲皃誤。古書瑩字皆爲光明之皃。慧苑華嚴經音義引倉頡。瑩。治也。一曰石之次玉者瑦字義。瑦瑩影紐雙聲。詩淇奧傳曰。瑩。美石。著傳曰。瑩石似玉。皆借瑩爲瑦也。一曰以下皆校語。【說文解字六書疏證卷一】

◉許　愼　璊玉䞓色也。从玉。㒼聲。禾之赤苗謂之虋。言璊玉色如之。莫奔切。玧璊或從允。莫奔切。【說文解字卷一】

◉馬叙倫　沈濤曰。詩大車釋文引作玉赬色也。禾之赤首謂之穈。玉色如之。蓋古本如是。今本衍言璊二字。赬䞓同字。穈即虋之別字。詩正義引作玉赤色。此傳寫之誤。玉篇引同今本。乃淺人以二徐本竄改。非顧氏原書如此。翟云升曰。說文無穈字。倫按十篇。䞓。赤色也。或作赬。或作𧹞。赬從貞得聲。貞音知紐。𧹞從丁得聲。丁音端紐。而䞓音則見紐。見知端皆破裂清音也。故禾之赤苗謂之虋。或作穈。穈字不見本書。然爾雅釋草。蘠蘼虋冬。郭注一名滿冬。則虋自可作穈也。穈從㒼得聲。音在明紐。本書作虋。從釁得聲。釁從頒得聲。詳釁字下。頒音封紐。封明同爲雙脣音。封端知見同爲破裂清音。故毛包如虋謂之⿰毛㒼。玉經色謂之璊。語原然也。然疑本訓玉皃。上文瑳字以下皆言玉皃。玉經色也校語。或色爲皃譌。禾之以下亦校語也。餘詳瑕下。

玧宋保曰。㒼允古音在元寒部內。璊玧古音在諄文部內。兩部音相近故也。倫按允㒼聲同真類。是璊轉注爲玧也。

【說文解字六書疏證卷一】

◉高田忠周　古籀補附録。吳云。疑瓇字省文。許氏說瓇玉也。從玉夒聲。讀若柔。此從。當即夒之省。按吳說非是。此明爲面字。而說文無琘。琘當璊字異文。說文。璊玉經色也。從玉㒼聲。禾之赤苗謂之穈。言璊玉色如之。玧或从允。即從允聲也。集韵。穈同虋。說文虋。赤苗嘉穀也。從艸釁聲。段氏說。穈即虋字之或體。艸部不言或作穈。而此見之。亦可見或字不能悉載。然則釁㒼兩聲通用顯然。方言。璺謂器破而未離者。此字義同釁而形爲璊異文也。又說文。愐勉也。从心面聲。字亦作勔僶。見爾雅釋詁及釋文。愐勉或作黽勉同。而愐或借釁爲之。又說文。忞彊也。從心文聲。亦以爲黽勉古字。而或借釁爲之。因字亦作亹。又省作亹。爾雅釋詁。亹亹勉也。是也。然則愐忞疑元同字。而璊字亦當作琘。無容疑焉。璊或變作琘。猶或變作璺。此爲同一例證耳。【古籀篇七】

瑕　瑕

 瑕丘邑令　 瑕褭　 瑕宙猜　 瑕豐之印　 瑕忠之印　【漢印文字徵】

  石經僖公公子瑕　【石刻篆文編】

 古老子　【古文四聲韻】

◉許　慎　瑕玉小赤也。从玉。叚聲。乎加切。【說文解字卷一】

◉馬叙倫　沈濤曰。文選海賦注引作玉之小赤色者也。史記相如傳索隱引作玉之小赤色。是古本尚有之色者三字。上文。瑳。玉色鮮白。玼。玉色鮮。瑩。玉色。璊。玉經色。此文次於其後。當有色字。淺人删之妄矣。任大椿曰。字林。瑕。玉小赤。丁福保曰。慧琳音義卅一引作玉之小赤色者也。與文選海賦注引正同。亦當補之色者三字之證。倫按玉小赤字林訓也。本訓玉皃。上文玼瑳瑟瑮瑩皆爲玉之美皃。瑕則玉之惡皃。故今言瑕爲玉疵也。玉之小赤者也明非許語。瑕從叚得聲。叚從反得聲。詳叚字下。反音非紐。古讀歸封。與璊同雙脣音。是瑕璊爲轉注字。此字疑出字林。【説文解字六書疏證卷一】

◉許　慎　琢治玉也。从玉。豖聲。竹角切。【説文解字卷一】

琢 㺯 琱 𤨶

 琱　不从玉　縣妃簋　周字重見　　 五年師旋簋　 訇簋　 袁盤　 師奎父鼎　 休盤　 師嫠簋　 弭伯簋　 琱伐父簋　 圅皇父簋　 召伯簋　 召伯簋二　【金文編】

◉許　慎　𤨶治玉也。一曰石似玉。从玉。周聲。都寮切。【説文解字卷一】

◉劉心源　琱。匜文作周。通雅周爲古琱。即此。【奇觚室吉金文述】

◉高田忠周　按説文。𤨶治玉也。一曰。石似玉。从玉周聲。小篆作左形右聲。古文爲上形下聲。均皆同意耳。理此之謂琱。其文即謂彫也。二字音義皆近。故兩字互通用。經傳多以彫不用琱。金文多用琱不用彫也。又畫字。金文從琱會意。孟子。必使玉人彫琢之。此以彫爲琱者也。【古籀篇七】

◉吳闓生　琱即周字。从玉。與玟珷同。尊之之意。【吉金文録卷三】

◉郭沫若　琱字原作。劉心源釋周。甚是。無叀鼎周廟字如是作。周與琱通。圅皇父段之琱娟。匜文作周娟。正其證。【縣妃毁　兩周金文辭大系攷釋】

◉馬叙倫　琢音知紐。琱音端紐。皆破裂清音。是琱琢爲轉注字。一曰之義疑璒字訓。音同端紐。此校語。袁盤作。召白毁作。師奎父鼎作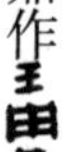。【説文解字六書疏證卷一】

◉蕭　璋　琱治玉也。从玉周聲(都僚切)。彫琢文也。从彡周聲(都僚切)。琢治玉也。从玉豖聲(竹角切)。　段氏以「琢琱字謂鐫鑿之事，如鳥之啄物」(琢字注)，其説是也。按三字爲一語之轉。琱彫之與琢，猶臀謂之豚，又謂之州。(廣雅釋親：「州，豚臀也。」王氏疏證云：「爾雅釋畜：『馬，白州，驠。』北山經：『倫山有獸焉，其州在尾上。』郭注並云：『州，竅也。』豚與州聲亦相近。」又說文：「驌，馬白州也。」段注云：「廣雅曰：『州，豚臀也。』按州豚同字。」周州古音義相通：御覽引風俗通云：「州，周也。」又春秋襄廿三年左傳：「華周。」漢書古今人表作華州。）喌喌之與朱朱也。（說文：「喌，呼鷄重言之。」御覽九百十八引風俗通曰：「呼鷄朱朱。」喌與朱音相似耳。又洛陽伽藍記卷四：「白馬寺把粟與鷄，呼朱朱。」朱豕音極近。見本篇前啄咮條。）又按刀說文訓爲兵也。唐韵都牢切。古音雖與琱彫琢不同部，然其聲義却與三字有關。是以管子七法篇之「禁雕俗」，即謂禁刁俗，亦即刀俗，而江沅所謂莊子「之調調，之刁刁。」即刀之譌體，俗以惡之小者爲刁，謂之「刁鑽」者是也（說文解字音韻表刀字注）。故釋名曰：「刀，末曰鋒，言若蠭刺之毒利也。」琱與刀之同有鑽刺義，與惆與忉之同有憂傷義一例（說文無忉。忉見詳齊風甫田：「勞心忉忉」。毛傳：「忉忉，憂勞也。」），而刀與琱之相轉，猶舠之或作刀（詩衛風河廣：「曾不容刀。」釋文及正義並云：「說文作舠」。按舠今大小徐本均未載，段氏注本據釋文正義補入舟部之末。），裯之讀若雕（說文），刀之與琢，又若招之與豕也。（說文：「豕，豕絆足行豕豕也。」段注曰：「孟子曰：『如追放豚，既入其笠，又從而招之。』趙曰：『招，罥也。』按罥之謂絆其足，經文招字與豕古音相近，招之即豕之也。」又章氏亦云：「孟子以招爲豕」，見文始六陰聲亍字。）至如追琢敦琢之與彫琢及琱琢（詩大雅棫樸：「追琢其章。」周頌有客：「敦琢其旅。」荀子富國篇作「彫琢其章。」文選南都賦：「琢琱狎獵。」），舊皆以爲一語之轉，即琱彫與敦追聲轉。（棫樸毛傳：「追，彫也。」周禮春官司几筵：「每敦一几。」鄭玄注曰：「敦讀曰燾。」大雅行葦：「敦弓既堅。」釋文云：「敦音彫。徐又都雷反。」周頌有客釋文：「敦，都回反，徐又音彫。」段氏云：「詩周禮之追，大雅之敦弓，皆與琱雙聲也。」（琱字注）又云：「詩『追琢其章。』追亦同𠂤。𠂤語之轉爲敦，如爾雅之敦丘，俗作墩，詩『敦彼獨宿』，傳以敦敦然釋之皆是也。」（𠂤字注）郝氏云：「雕者，琱之叚借也。琱通作雕，又作彫。雕敦聲相轉。」（爾雅義疏釋器：「玉謂之雕。」）又曰：「追即雕也」。（同上「玉謂之琢。」）章氏又主𦎫聲本在幽部，弴訓畫弓，亦言彫弓，音自彫轉。（文始六陰聲彔字）其論固是。實則以言追敦與琢自爲相轉而成連語亦無不可。追與敦本爲灰痕對轉，追琢即敦琢也。追之與琢，猶椎之與豛（說文：「豛椎擊物也」），𠂤隹古音極近：如士冠禮鄭注：「追猶堆也。」），唯之與獨。（廣雅釋詁：「唯，獨也。」唯獨當爲語轉，今語尚有以唯獨連用者，即其證也。蜀豕古音極近，見本篇前啄噣條。）敦之與琢，猶頓之與銖也。（淮南子齊俗訓：「其兵戈銖而無刃。」高誘注云：「楚人謂刃頓爲銖。」𦎫屯古音極近：如中庸：「肫肫其仁。」鄭玄注云：「肫讀如誨爾忳忳之忳。」今詩大雅抑作「誨爾諄諄。」釋文云：「諄字又作訰。」說文：「諄讀若庉。」「奄讀若鶉。」均其例証。朱豕音極近。見本篇前啄咮條。）【釋至　國立浙江大學文學院集刊第三集】

◉張日昇 說文云。「琱。治玉也。一曰石似玉。從玉周聲。」金文或不從玉。周字重見。吳闓生謂琱從王。與玟珷同。尊之之意。然玟珷所從下畫粗而兩端向上曲。乃王字。師嫠𣪘及師𡘇父鼎王字亦作王。與同銘琱字從王異。𠫑皇父𣪘之琱娟匜文作周娟。同音通假。非有尊之之意也。【金文詁林第一卷】

理 理

5·355 文理 【古陶文字徵】

偏將軍理軍 弟理私印 牟理 【漢印文字徵】

開母廟石闕 木連理于芊條 泰山刻石 遠近畢理 禪國山碑 殊幹連理 【石刻篆文編】

古孝經 古老子 【古文四聲韻】

◉許 慎 理 治玉也。从玉。里聲。良止切。【說文解字卷一】

◉馬叙倫 理音來紐。古讀歸泥。與端同爲舌尖前音。故琱理亦爲轉注。字見急就篇。【說文解字六書疏證卷一】

珍 玪

甲3585 珠328 續5·19·5 續5·22·5徵8·38 續5·23·2 5·29·10 續6·14·1新4796 京4·7·4 三鄴35·13 龜卜119 外105 粹1503 【續甲骨文編】

5·426 獨字 玉篇珎 珍俗體 【古陶文字徵】

涼珍 杜珍印信 【漢印文字徵】

王存乂切韻 【古文四聲韻】

◉許 慎 玪 寶也。从玉。㐱聲。陟鄰切。【說文解字卷一】

◉羅振玉 从勹貝。乃珍字也。篆文从王。此从貝者。古从玉之字或从貝。如許書玩亦作貦是其例也。勹貝爲珍。乃

會意。篆文从玉。㐱聲。則變會意爲形聲矣。【增訂殷虛書契考釋】

貦義雲章【古文四聲韻】

◉許　愼　玩弄也。从玉。元聲。五換切。貦玩或從貝。【說文解字卷一】

◉馬叙倫　桂馥曰。字林。玩。弄也。丁福保曰。慧琳音義二引作从玉从翫省聲。倫按高田忠周以抏玩爲同字。本書無抏。抏即抏也。荀子王霸。縣樂泰奢游抏之脩。游抏即後世言游玩也。倫謂玩音疑紐。弄音來紐。古讀歸泥。泥疑同爲鼻音次濁音。故玩或借爲弄也。弄奉一字。詳奉字下。國語吳語。將還玩吳國於股掌之上。淮南精神訓。玩天地於掌握之中。皆奉字義也。玩或作貦。字次珍下。當爲珍寶之義。周禮太府以供玩好之用。國語楚語。若夫白珩。先王之玩也。皆玩字本義。弄也字林訓。本訓捝矣。或此字出字林。

貦从玉之字或从貝者。太古人類居山。則采玉爲器。亦以玉爲貨。其後徙居河域。則拾貝。貨亦以貝易玉矣。玄應一切經音義引古文官書。玩貦同五喚反。此字字林依官書加之。【說文解字六書疏證卷一】

◉許　愼　玲玉聲。从玉。令聲。郎丁切。【說文解字卷一】

◉許　愼　瑲玉聲也。从玉。倉聲。詩曰。鞗革有瑲。七羊切。【說文解字卷一】

◉許　愼　玎玉聲也。从玉。丁聲。齊太公子伋謚曰玎公。當經切。【說文解字卷一】

◉馬叙倫　段玉裁曰。當云讀若齊太公子伋謚曰丁公。轉寫脱讀若二字。因改丁爲玎。沈濤曰。玉篇引作齊太子謚曰玎。蓋傳寫偶奪。倫按玎玲同舌尖前音轉注字。亦狀聲之連緜詞。似宜次玎於玲下也。齊太公以下九字校語。【說文解字六書疏證卷一】

琤 琤

◉許　慎　琤玉聲也。从玉。爭聲。楚耕切。【說文解字卷一】

◉馬叙倫　段玉裁曰。此字恐係琤之俗。倫按玎爲琤之同摩擦破裂次清音轉注字。【說文解字六書疏證卷一】

瑣 瑣

◉許　慎　瑣玉聲也。从玉。𧴪聲。蘇果切。【說文解字卷一】

◉馬叙倫　瑲音清紐。舌尖前摩擦破裂次清音。瑣音心紐。舌尖前摩擦次清音。是瑲瑣爲轉注字。字見急就篇。【說文解字六書疏證卷一】

瑝 瑝

◉許　慎　瑝玉聲也。从玉。皇聲。乎光切。【說文解字卷一】

◉馬叙倫　瑲瑝聲同陽類轉注字。【說文解字六書疏證卷一】

瑀 瑀

◉許　慎　瑀石之似玉者。从玉。禹聲。王矩切。【說文解字卷一】

◉馬叙倫　沈濤曰。詩女曰雞鳴釋文正義皆引作石次玉也。蓋古本似字作次。嚴可均曰。下文玤玪𤩼玖皆次玉。明瑀亦次玉。倫按説解疑本作玉也。以下諸文訓石之似玉者皆同。今爲校者所刪。但存校語耳。【說文解字六書疏證卷一】

玤 玤

◉許　慎　玤石之次玉者。以爲系璧。从玉。丰聲。讀若詩曰瓜瓞菶菶。一曰若盒蚌。補蠓切。【說文解字卷一】

◉王國維　殷虛出蚌璧小如康熙錢。疑古系璧。自有石蚌一二種也。【劉盼遂記說文練習筆記　國學論叢第二卷第二號】

◉馬叙倫　桂馥曰。以爲系璧當作以爲璧系。王筠曰。讀若瓜瓞菶菶一曰若盒蚌。此六朝人語。廣韻菶邊孔蒲蠓二切。玤蚌皆步項切。許君安知後人韻部乎。韻會引作讀若蚌。無詩曰十字。倫按本訓玉也。校者加石之似玉者。唐人并之耳。玤菶蚌並從丰得聲。而讀若瓜瓞菶菶又若蚌者。薛壽謂音有正轉侈歛之故。歛侈即後世所謂平側也。然如王説。可證讀若爲後人加也。【說文解字六書疏證卷一】

玪 玪

⿱勒玉 ⿱勒玉

琚 琚

璓 璓

玖 玖

◉許　慎　玪　玪⿱勒玉。石之次玉者。从玉。今聲。古函切。【説文解字卷一】

◉馬叙倫　从今得聲之吟音在疑紐。念音在泥紐。此玪⿱勒玉爲連緜詞。則古讀玪音蓋在泥或疑紐也。⿱勒玉音來紐。古讀來歸泥也。此本訓玉也。校者加玪⿱勒玉石之次玉者。唐人并之耳。【説文解字六書疏證卷一】

◉許　慎　⿱勒玉玪⿱勒玉也。从玉。勒聲。盧則切。【説文解字卷一】

◉許　慎　琚　瓊琚。从玉。居聲。詩曰。報之以瓊琚。九魚切。【説文解字卷一】

◉馬叙倫　沈濤曰。詩鄭風女曰雞鳴正義引。琚。珮玉名也。蓋古本如此。釋文亦曰。琚。珮玉名。當亦本許書。衛風木瓜釋文同。毛傳曰。琚。珮玉名也。是許正用毛義。今本乃二徐妄改。瓊與琚不同物。豈得以瓊琚釋琚乎。嚴章福曰。瓊琚二字必非無本。疑此當言瓊琚佩玉名也。校者偶挩耳。非改也。倫按許書次第以類相從。雖有傳寫錯亂。大齊固可按也。今琚次瑀玤玪⿱勒玉之下。證以詩稱瓊琚瓊瑤瓊玖。瑤爲石之美者。玖爲石之次玉者。則琚之質可知矣。毛傳曰。琚。佩玉名也。此以琚爲佩上之玉故云然。猶詩固明言佩玖矣。然則琚必爲石之次玉者。今其説解奪失。校寫者以瓊琚補之耳。詩正義釋文并引作珮玉名者。蓋字林訓。許書無珮字。字林亦每言名也。或字出字林。【説文解字六書疏證卷一】

◉許　慎　璓　璓石之次玉者。从玉。莠聲。詩曰。充耳璓瑩。息救切。【説文解字卷一】

◉馬叙倫　沈濤曰。詩都人士疏引作琇。美石次玉也。而淇奥釋文引同今本。以上下文訓詞瑀玤玖珢等例之。古本當如淇奥釋文引。都人士毛傳。璓。美石也。疏因涉此而誤。倫按據此可證凡言石之次玉者本皆訓玉也。校者加石之似玉者。【説文解字六書疏證卷一】

◉許　慎　玖　石之次玉黑色者。从玉。久聲。詩曰。貽我佩玖。讀若芑。或曰若人句脊之句。舉友切。【説文解字卷一】

◉馬叙倫　鈕樹玉曰。韻會引無色字。貽字説文無。當依詩釋文作詒。沈濤曰。詩女曰雞鳴正義引。石次玉也。乃節引。陳瑑曰。詩思文。貽我來牟。説文𪏰下引貽作詒。此貽字必是。校者誤之。不特非許書原文。并非徐氏原本也。倫按詩木瓜傳。玖。玉名。丘中有麻傳。玖。石次玉者。此上下文言石次玉者。皆不及其色。是此黑色二字又爲後人加也。本訓玉也。校者加石之次玉者。讀如芑。或曰若人句脊之句者。劉秀生曰。久聲在見紐。芑從己聲。己聲之字如記改邵改紀亦並在見紐。故玖從久聲得讀若芑。句脊之句字當作痀。音亦見紐。故玖又得讀若痀。莊子至樂。廣軦生乎九猷。釋文。九當爲久。釋名釋疾病。軌。久也。以聲訓。淮南墬形。句嬰氏。注。句嬰讀爲九嬰。本書。絇從糸。句聲。讀若鳩。久聲如九。九聲如句。是玖得讀若句之證。本書。趯。从走。瞿聲。讀若劬。朋讀若拘。瞿讀若章句之句。孟子告子。性猶杞柳也。注杞柳猶柜柳。杞盖柜之聲借。久聲如句。句聲如瞿。瞿聲如巨。巨聲如己。是玖得讀若芑之證。玉篇。玘。玉名。廣韵。玘。佩玉也。玘即玖之後起字。倫謂久己一字。詳久字下。故玖讀若芑。【説文解字六書疏證卷一】

◉丁　山　琧，從玉從亞，篆文未見。按「對揚王休」爲兩周金文術語，令毁則稱「敢揚皇王室」，室字從亞，與琧所從者相同，則亞有休音，休久古音相近。説文「玖，石之次玉，黑色者。」詩曰：「貽我佩玖」，讀爲己。琧，殆即佩玖，亞象其形。【郯其卣三器銘文考釋　中央日報文物周刊三七期】

𤦡 𤦡

◉許　慎　𤦡石之似玉者。从玉。𦣝聲。讀若貽。與之切。【説文解字卷一】

◉馬叙倫　桂馥曰。玉篇引倉頡。五色之玉也。嚴可均曰。本書無貽字。當作詒。劉秀生曰。貽盖贈之別體。從貝。台聲。台從以得聲。𦣝以古音並在影紐。故𤦡讀若貽。史記魯世家。煬公熙。索隱曰。一作怡。此𦣝台相通之例證。倫按此讀若爲校者所加之證也。𤦡玖聲同之類。疑轉注字。本訓玉也。今捝。玉篇似作次。【説文解字六書疏證卷一】

珢 珢

◉許　慎　珢石之似玉者。从玉。艮聲。語巾切。【説文解字卷一】

◉馬叙倫　王筠曰。似玉篇作次。案玖以上皆言次。𤥿以下皆言似。𤦡珢二字介其中。未詳孰是。埤蒼。瓔珢石似玉。倫按本訓玉也。校者加石之似玉者。𤥿璪璡𤩽璁瓏瓅𤪌下同。【説文解字六書疏證卷一】

𤥿 𤥿

◉許　慎　𤥿石之似玉者。从玉。曳聲。余制切。【説文解字卷一】

璅 𤥃

◉許　慎　璅石之似玉者。从玉。巢聲。子浩切。【説文解字卷一】

璡 𤦸

◉許　慎　璡石之似玉者。从玉。進聲。讀若津。將鄰切。【説文解字卷一】

◉馬叙倫　劉秀生曰。進聲精紐。津從𦘔得聲。亦在精紐。故璡讀若津。本書。𨔵。自進極也。釋名釋形體。津。進也。𨔵進津進並以聲訓。僞列子天瑞。終進乎不知也。注。進當爲盡。史記高祖紀。蕭何爲主吏。主進。顔注曰。禮會之財。字本作賮。轉聲爲進。並其例證。倫按本書津之古文作𦨈。𦨈蓋从水䧹聲。䧹即進之别體。詳進字下。此亦璡讀若津之例證。【説文解字六書疏證卷一】

璿 𤩱

◉許　慎　璿石之似玉者。从玉。朁聲。側岑切。【説文解字卷一】

璁 𤨻

◉許　慎　璁石之似玉者。从玉。悤聲。讀若蔥。倉紅切。【説文解字卷一】

琥 𤩏

◉許　慎　琥石之似玉者。从玉。號聲。讀若鎬。乎到切。【説文解字卷一】

◉馬叙倫　葉德輝曰。虍部號讀若鎬。口部唬讀若鬲。鬲鎬古音同。劉秀生曰。號聲在匣紐。鎬从高得聲。亦在匣紐。故琥讀若鎬。春秋繁露深察名號篇。謞而效天地謂之號。號之爲言謞而效也。謞號以聲爲訓。是其例證。口部唬讀若鬲。與此同。【説文解字六書疏證卷一】

𤫕 𤫕

◉許　慎　𤫕石之似玉者。从玉。䡣聲。讀若曷。胡捌切。【説文解字卷一】

◉馬叙倫　王筠曰。鮑本似作次。葉德輝曰。舛部。䡣。車軸耑健也。兩穿相背。从舛。𥃩省聲。𥃩古文偰。車部。轄。車聲也。一曰。轄鍵也。从車。害聲。是䡣轄音訓相同。詩大雅車䡣。左昭廿五年傳作車轄。轄从害得聲。害與曷通。孟子梁惠王。時日害喪。書湯誓作曷喪。⿰王舝有曷音以此。劉秀生曰。舝曷聲同匣紐。故⿰王舝从舝得聲讀若曷。【説文解字六書疏證卷一】

⿱臤玉

◉許　慎　⿱臤玉石之似玉者。从玉。臤聲。烏貫切。【説文解字卷一】

◉馬叙倫　段玉裁曰。鍇本作石之玉言次玉者。言次玉者蓋注釋語。王筠曰。蓋本作石之似玉者。故玉篇廣韵皆承之。傳寫挩耳。言次玉者蓋庾注。徐灝曰。汪本馬本繫傳皆作石之次玉者。倫按本作玉也。校者注言石之似玉者。鍇本益譌挩耳。石之似玉者上蓋皆有言字。【説文解字六書疏證卷一】

⿰王燮

◉許　慎　⿰王燮石之次玉者。从玉。燮聲。穌叶切。【説文解字卷一】

◉馬叙倫　段玉裁曰：鍇本作石之玉言次玉者。言次玉者蓋注釋語。王筠曰。蓋本作石之似玉者。故玉篇廣韵皆承之。傳寫挩耳。言次玉者蓋庾注。徐灝曰。汪本馬本繫傳皆作石之次玉者。倫按本作玉也。校者注言石之似玉者。鍇本益譌挩耳。石之似玉者上蓋皆有言字。【説文解字六書疏證卷一】

玽

◉許　慎　玽石之次玉者。从玉。句聲。讀若苟。古厚切。【説文解字卷一】

◉馬叙倫　王筠曰。繫傳作似玉。是。玉篇廣韵皆云似玉。徐灝曰鉉本多作次。鍇本多作似。以前後例之。似字優。倫按琇玖以上皆言次玉。⿰王亞瑰以下皆言似玉。而⿰王燮玽二字又言次玉。益明本作玉也。校者加石之似玉者。或石之次玉者。次似聲近或亦傳寫之譌。唐人并之。則或刪似字。或刪次字。故今本錯出耳。下文琂璶琟瑦瑂璒玜玗八字下同。【説文解字六書疏證卷一】

琂

◉許　慎　琂石之似玉者。从玉。言聲。語軒切。【説文解字卷一】

璶 琟 瑦 瑂 璒

◉許　慎　璶石之似玉者。从玉。盡聲。徐刃切。【說文解字卷一】

𤥾惟並見碧落文【汗簡】

◉許　慎　琟石之似玉者。从玉。隹聲。讀若維。以追切。【說文解字卷一】

◉黃錫全　𤥾今存碑文作琟，此玉旁改从部首。鄭承規釋惟，郭沿之。鄭珍認爲：「《說文》琟，石似玉者，讀若維，非即維字。又因語助維惟通用，遂以作惟，謬。」琟、惟皆从隹聲，此當是借琟爲惟，猶如馬王堆漢墓帛書《戰國縱橫家書》唯作雖。【汗簡注釋】

◉許　慎　瑦石之似玉者。从玉。烏聲。安古切。【說文解字卷一】

◉許　慎　瑂石之似玉者。从玉。眉聲。讀若眉。武悲切。【說文解字卷一】

◉馬叙倫　葉德輝曰。瑂从眉得聲。本同聲字。因眉古通麋。儀禮士冠禮。眉壽萬年。注。古文眉作麋。又通微。少牢饋食禮。眉壽萬年。注。古文眉爲微。明此讀眉目之眉本音。凡他讀本字所從得之聲皆此例。劉秀生曰。嚴可均曰。既云眉聲。不煩讀若眉。若非校者所加。即轉寫誤也。按嚴說非也。說文全書聲讀同字者凡四十餘見。許書大例云从某聲。所以明得聲之源。時移地異。方音流變。蓋有从某聲而不讀若某者。故又以讀若定當時之讀。聲讀同字者蓋謂此字即讀所从得聲之本音也。倫按此亦足明讀若爲後人加也。【說文解字六書疏證卷一】

◉許　慎　璒石之似玉者。从玉。登聲。都騰切。【說文解字卷一】

◉許　慎　㺨石之似玉者。从玉。厶聲。讀與私同。息夷切。【説文解字卷一】

玗　从〇　𠭰霝卣　子錫𠭰霝玗一【金文編】

◉許　慎　玗石之似玉者。从玉。于聲。羽俱切。【説文解字卷一】

◉阮　元　玗圜形當是古珠字。玗珠一者。玗一珠一也。玗。美玉。爾雅所謂醫無閭之珣玗琪。周書所謂夷玉也。古者珠玉爲上幣。故用作尊彝。紀君寵錫。【積古齋鐘鼎彝器款識卷一】

◉高田忠周　按阮云。玗珠二字。非是。此篆結體完好。是明一字。非合文也。説文。玗石之似玉者。从玉于聲。此〇即象形。與石字之〇同意。又從亏聲。與説文正相合。此爲異文也。爾雅。醫無閭之珣玗琪。許氏引如此。字亦作瑀。西山經。小華之山。其陽多瑀琈之玉。雩于古通用。【古籀篇七】

◉楊樹達　玗字於玗字下作圜形。按阮氏積古齋款識卷壹叁拾肆葉下亦載此器，云：「圜形當是古珠字，玗珠一者，玗一，珠一也。」吳式芬但釋爲圜形，不云何字。按阮吳皆以〇與玗爲二字，于思泊吉金文選下叁卷捌葉上釋爲玗，則以爲一字。按于君釋爲一字者是也。惟玗字古字書未見，余謂此即玗字也。説文一篇上玉部云：「玗，石之似玉者，从玉，于聲。羽俱切。」字下从〇者，象玉之形也。知者，𠭰方鼎云：「王窺錫𠭰方玉五瑴。」瑴字不从玉而从〇，作㱿，以〇爲玉字，是其證也。二文異者，𠭰方鼎徑以〇爲玉，此卣銘於玉外更从〇耳。孫仲容古籀餘論釋此爲子錫𠭰霝玗一，卷二、八葉。吳闓生吉金文録肆卷拾叁葉上亦云玗一，是矣，然於玗之从〇無説，故言之。【𠭰霝卣跋　積微居金文説】

◉李孝定　玗字从「〇」，無義，羅氏釋「珠」，固非，楊氏以爲象玉形，亦未安；古文字每於字之空白處，以「口」或「〇」填密之，亦猶璧若辟字，或从「〇」或否耳。【金文詁林讀後記卷一】

◉徐中舒　玗。疑是璧字，从玉从〇象璧有孔形，从于會大圓之意，如盂如迂。説見于下。【漢語古文字字形表卷一】

◉許　慎　琝玉屬。从玉。旻聲。讀若沒。莫悖切。【説文解字卷一】

◉馬叙倫　説解本作玉也。説解捝失後校者加玉屬耳。字林每言屬。或此字林文。或此字出字林也。【説文解字六書疏證】

瑎 瑎

◉許　慎　瑎黑石似玉者。从玉。皆聲。讀若諧。户皆切。【説文解字卷一】

◉馬叙倫　説解本作玉也。校者加石之似玉者。後之校者加黑字。下文。碧訓石之青美者。然玄應一切經音義及御覽引皆無青字。山海經西山經。高山。其下有青碧。明碧有青色而非皆青色者也。則青字是後人加。此黑字亦後人加益明矣。【説文解字六書疏證卷一】

碧 碧

碧 北大考古系藏　碧𢀈☒𣏌　此从𠂵與从石同意【古陶文字徵】

碧 王碧私印　碧 程碧印　碧 陳碧【漢印文字徵】

◉許　慎　碧石之青美者。从玉石。白聲。兵尺切。【説文解字卷一】

◉馬叙倫　沈濤曰。御覽八百九引作石之美者。一切經音義十一引作石之美者也。皆無青字。而篇韻所引與今本同。山海經西山經。高山。其下多青碧。淮南墬形訓。崑崙有碧樹。注。碧。青玉也。則青字不可少。御覽等書乃傳寫闕奪。非古本如是。翟云升曰。漢書司馬相如傳錫碧金銀。注。碧謂玉之青白色者也。則當从白白亦聲。丁福保曰。慧琳音義三及五引皆美上無青字。玉下有从字。倫按下文琨珉瑤三字皆石之美者。而字祇从玉。碧獨从玉石。疑本从玉白聲。後用爲琥珀字因加石字耳。或本乃珀字。後人以爲玉也。增玉字。或本是珀珀二字。誤合爲一也。説解本訓玉也。今捝。存校語耳。琨珉瑤下同。字見急就篇。【説文解字六書疏證卷一】

琨 琨

琨 □琨印信　琨 郭琨【漢印文字徵】

瓘 禪國山碑　玉瓘　説文琨或从貫【石刻篆文編】

◉許　慎　琨石之美者。从玉。昆聲。虞書曰。楊州貢瑤琨。古渾切。瓘琨或从貫。【説文解字卷一】

◉馬叙倫　倫按引經校者所加。既偁虞書。又不具文。可證也。

瓆徐鍇曰。貫聲。承培元曰。昆貫雙聲。漢書地理志正作瓆。柳榮宗曰。昆貫音近通用。詩大雅皇矣。串夷載路。箋曰。串夷即混夷。釋詁曰。串。貫。習也。釋文並音古患反。則串即貫矣。混夷即昆夷也。禮記明堂位曰。崇鼎貫鼎。鄭注。崇貫。國名。文王伐崇。古者伐國遷其重器。今以琨瓆推之。貫鼎即昆鼎也。即伐昆夷所得者。是其證。禹貢釋文。琨。馬本作瓆。倫按琨瓆音同見紐轉注字。【説文解字六書疏證卷一】

珉

珉竝出李尚隱字畧【汗簡】

李商隱字略【古文四聲韻】

◉許　慎　珉石之美者。从玉。民聲。武巾切。【説文解字卷一】

◉馬叙倫　沈濤曰。御覽八百九引作石之次玉也。蓋古本如此。文選潘尼贈陸機出爲吳王郎中令。詩注引同今本。乃淺人據今本改耳。倫按皆校語也。所據本不同耳。【説文解字六書疏證卷一】

◉黄錫全　珉並出李尚隱字畧鄭珍認爲「更篆，从古文民，當作，寫誤」。㚸䖒壺民作，三體石經古文作。夏韻真韻録作。【汗簡注釋卷一】

瑤

任瑤【漢印文字徵】

◉許　慎　瑤玉之美者。从玉。䍃聲。詩曰。報之以瓊瑤。余招切。【説文解字卷一】

◉馬叙倫　鈕樹玉曰。玉篇引者下有也字。葉鈔本作美名。譌。文選潘正叔詩李注引作玉美者。亦誤。沈濤曰。毛詩衛風木瓜釋文引云。美石。御覽八百九珍寶部引作石之美者。是古本作石不作玉。今本毛傳云。瓊瑤美玉。而正義本作美石。則玉字乃傳寫之誤，丁福保曰。慧琳音義九十八引作石之美者也。此作玉非。宜改。倫按本訓玉也。今捝石之美者也校語。【説文解字六書疏證卷一】

珠

秦1296 咸阳珠□ 【古陶文字徵】

〔三二〕 〔四三〕 〔四四〕 〔四〕 〔二三〕 〔二四〕 〔二三〕 〔二二〕 【先秦貨幣文編】

圜 重一兩十四一珠 亞六・二八 圜 重一兩十四珠 亞六・二八 圜 重一兩十二一珠 亞六・二七 圜 重一兩十二珠 亞六・二七 圜 重一兩十二一珠 典二八三頁 圜 重一兩十四珠 仝上 圜 重一兩十二珠 典二八三頁 【古幣文編】

爲三六 【睡虎地秦簡文字編】

王珠言事 【漢印文字徵】

禪國山碑 明月火珠 【石刻篆文編】

珠碧落文 【汗簡】

雲臺碑 【古文四聲韻】

◉許 慎 珠蚌之陰精。从玉。朱聲。春秋國語曰。珠以禦火災是也。章俱切。【説文解字卷一】

◉馬叙倫 沈濤曰。初學記寶器部引作蚌中陰精也。蓋古本如是。玉篇引珠下有足字。與國語合。亦今本誤奪。于鬯曰。疑珠本謂玉之圜者。故字从玉。蚌之陰精亦圜如玉珠是其假義。借義行而本義晦。故許但以蚌之陰精爲訓矣。倫按珠字以下訖玭字皆非玉也。以相似而字从玉耳。于説亦可從。引經乃校者加之。故有是也二字。字見急就篇。【説文解字六書疏證卷二】

◉黄錫全 珠碧落文 今存碑文作，鄭承規釋朱。《説文》「絑，純赤也。《虞書》『丹朱』如此」。古璽絑作、（璽文

玓 玓 瓅 瓅 玭 玭

13.1）,形與此同。以上三文郭氏誤爲從幺。【汗簡注釋卷二】

◉許　慎　玓玓瓅。明珠色。从玉。勺聲。都歷切。【説文解字卷一】

◉馬叙倫　沈濤曰。文選上林賦舞賦注引色字皆作光。倫按玓瓅疑出字林。許決不訓明珠色也。【説文解字六書疏證卷一】

◉許　慎　瓅玓瓅。从玉。樂聲。郎擊切。【説文解字卷一】

◉馬叙倫　玓瓅同爲舌尖前音亦聲同宵類連緜詞。【説文解字六書疏證卷一】

◉許　慎　玭珠也。从玉。比聲。宋弘云。淮水中出玭珠。玭。珠之有聲。步因切。蠙夏書玭从虫賓。【説文解字卷一】

◉馬叙倫　鈕樹玉曰。韻會引珠之有聲上無玭字。下有者字。桂馥曰。後漢書。宋弘。字仲子。京兆長安人。哀帝時爲侍中。建武二年爲大司空。封栒邑侯。臧禮堂曰。宏從孫登少從宏傳歐陽尚書見後漢書登傳。然則宏亦爲今文之學者。吳宗讓曰。夏書。淮夷蠙珠。鄭注。蠙珠。珠名也。是蠙爲古文。許先玭後蠙者。玭雖今文。然小篆也。宏亦爲今文尚書者。玭蛛之蛛當爲蚌。尚書釋文引韋昭曰。玭。蚌也。郭璞江賦。文魮磬鳴以孕璆。山海經。文魮之魚。音如磬石之聲。是生珠玉。蓋魮即此玭字。倫按珠音照三。古讀歸端。玭从比得聲。比音封紐。封端同爲破裂清音。轉注字也。宋宏云淮水中出玭珠者。後人加之。臧禮堂謂宏説禹貢之文。書禹貢。淮夷玭珠。馬王皆以淮夷爲二水名。宋先有是説。或宋本禹貢作玭字。故校者引之也。然玭珠之有聲者。校者以山海經説記之耳。本書大例引某人説皆作説。不作云。

蠙徐灝曰。此字當以蠙爲正。因其生珠。故又从玉。賓與比雙聲。倫按轉注字。其建類之部分固以同部爲正。亦有異部者。如越爲跋之異文。與踰爲轉注。以走亦从止也。後爲踐之異文。與躔爲轉注。以彳爲道路。道路爲步處也。但裼轉注。而但从人裼从衣。以衣爲人所被也。玭蠙亦然。以生於蚌。故蠙从虫。以色質類玉。故玭从玉。比賓雙聲。亦脂真對轉疊韵也。偁夏書則是古文。漢書地理志引禹貢正作蠙。可證也。然不曰古文玭而曰夏書玭或从虫賓。蓋又後之校者所增乎。【説文解字六書疏證卷一】

◉許慎 珕蜃屬。从玉。劦聲。禮。佩刀。士珕琫而珧珌。郎計切。【説文解字卷一】

◉馬叙倫 鈕樹玉曰。此及珧璗下並引禮。今但見詩瞻彼洛矣毛傳。王筠曰。段玉裁曰。禮下當依韻會補記曰二字。倫按徐鉉曰。劦亦音麗。故以爲聲。然本書劦。孫愐音胡頰切。張次立音羊帖反。而珕荔从劦得聲。皆郎計切。劦有麗音。徐説亦無徵。惟劦从三力實得力聲。則劦之本音在來紐也。蜃屬字不當从玉。下文。珧。蜃甲也。珧音喻四。本書劦張次立音羊帖反。音亦喻四。喻四古讀歸定。珕音來紐。古讀歸泥。定泥同爲舌尖前音。蓋轉注字。然珧蜃甲字亦不當从玉。或謂珠字以下皆以形似者相附。倫疑珕珌二字悉出字林也。不然。則今訓皆非許文。【説文解字六書疏證卷一】

◉許慎 珧蜃甲也。所以飾物也。从玉。兆聲。禮云。佩刀。天子玉琫而珧珌。余昭切。【説文解字卷一】

◉馬叙倫 王筠曰。集韵引無云字。倫按所以五字校語。珕下璗下引禮無云字。集韵引無云字。本書大例或但偁某書。或偁某書曰。此言禮云者。亦明是校語也。【説文解字六書疏證卷一】

146【包山楚簡文字編】

玟倫之印【漢印文字徵】

◉許慎 玟火齊玟瑰也。一曰石之美者。从玉。文聲。莫桮切。【説文解字卷一】

◉劉心源 玟珷皆从王。盖會意字。或云皆是玉旁。引説文玎公爲證。此似是而非。實未諳篆法也。古文王作王。本銘可證。末畫重者。李陽冰云。取王者有土之義。此二字从王。末畫皆重。碻非从玉。吾攷中鼎云。兹褱人。褱。地名。太史錫于珷王作臣。本是珷王二字。王黼誤釋琖玉。當㠯此銘訂之。【奇觚室吉金文述】

◉馬叙倫 沈濤曰。一切經音義六引作玟瑰火齊珠也。一曰石之美好曰玟。圜好曰瑰。其三又引石之美好二句。蓋古本如是。韻會瑰字注引玟瑰火齊珠。是小徐本尚不誤。桂馥曰。蒼頡篇。玟瑰。火齊珠也。蕭該晉書音義引字林同。任大椿曰。一切經音義引字林。石珠也。石之美好曰玟圓好曰瑰。王筠曰。當依韻會及玄應音義引作玟瑰火齊珠也。一曰石之美好者。一曰之義。乃後人因玟亦借爲珉。遂迻珉之説解於此也。徐灝曰。火齊者。以藥物火治之而成。故玟瑰瑠璃皆有火齊之名。藝文類聚引韵集曰。瑠璃。火齊珠。是也。丁福保曰。慧琳音義九及廿五廿七五十四皆引作火齊珠也。是此有捝文。倫按以字次言之。珠字以下皆非玉石矣。玫瑰爲連緜詞。與琅玕珊瑚同。下文有珋字。即流離也。盖皆非中國所有。乃所謂火齊珠也。然亦人造之珠。而非自然之蚌精矣。然則玫瑰非玉石也。而史記司馬相如傳。其石則赤玉玫瑰。郭璞注。玫瑰。石珠也。尋韓非外儲説。綴以珠玉。飾以玫瑰。豈周末已有火齊之玫瑰耶。抑即郭所謂石珠耶。然上文諸玉名瑾瑜瓊琚玲瑬。雖亦爲連緜詞。而古書亦不定連緜用之。則或爲轉注字而成連緜詞耳。玫瑰琅玕珊瑚流離則未有分之者。盖此本譯名也。然則一曰石之美者。王筠以爲珉之借字作玫。似是矣。禮記聘義。君子貴玉而賤碈。注。碈石似玉。或作玟。玉藻。士佩瓀玟。釋文。玟。字又作砇。周禮弁師。瑉玉之采。釋文。瑉。本又作珉。是碈即珉也。文民音同微紐。民每一字。聲同真類。故蟁之或體作蚊。書立政。其在受德暋。本書忞下引作忞。是其例證也。然倫以爲玫實石珠之名。觀一切經音義三引字林。瑰。石珠也。可證。玫音明紐。與玭音並紐。同爲雙脣音。亦可證也。或轉注字。許本訓珠也。字林訓火齊珠也。唐人删本訓耳。玫瑰二字出蒼頡篇。見文選張衡賦注引。字見急就篇。【説文解字六書疏證卷一】

瑰

瓌 壺瓌印信　瓌 召瓌印信　瓌 召瓌　【漢印文字徵】

◉許　慎　瑰玫瑰。从玉。鬼聲。一曰圜好。公回切。【説文解字卷一】

◉馬叙倫　鈕樹玉曰。韻會引玫瑰下有火齊珠三字。桂馥曰。一切經音義三引作石之美好曰玫圜好曰瑰。又引字林。瑰。石珠也。席世昌曰。玉篇引一曰珠圜好。胡玉縉曰。玄應所引檃括玫瑰二字説解。張楚曰。一曰圜好。即玫瑰之形容詞。玉篇引作珠圜好。字林。圓好曰珠。足證圜好乃形容玫瑰之詞。非别義也。倫按玫聲真類。瑰聲脂類。脂真對轉。故玫瑰爲連緜詞。然左成十六年傳。或與己瓊瑰。食之。杜注。瑰。珠也。則單名瑰亦可也。瑰音見紐。珠音照紐。古讀歸端。端見同爲破裂清音。瑰從鬼得聲。鬼聲脂類。而蒐亦从鬼得聲。聲在幽類。珠聲矦類。幽矦近轉。則瑰亦珠之轉注字。本訓珠也。字林訓石珠也。今並捝矣。玫瑰及一曰四字皆字林語。圜好下有捝文。玉篇作珠圜好。盖本是石珠也美好曰玫圜好曰瑰。傳寫譌捝耳。韻會引者盖玫下字林訓。字見急就篇。【説文解字六書疏證卷一】

璣

璣 杜璣　【漢印文字徵】

◉許　慎　璣珠不圜也。从玉。幾聲。居衣切。【說文解字卷一】

◉馬叙倫　沈濤曰。一切經音義三及六及九及十二引。璣。珠之不圜者也。蓋古本如是。今奪之者二字耳。尚書禹貢正義引。珠不圜者。釋文引。珠不圜也。後漢書賈琮傳注引。珠之不圜者。初學記同。一切經音義十六及玉篇引作珠不圜者也。皆節引也。鈕樹玉曰。一切經音義十六引圜作圓。韻會引作珠不圜者。任大椿曰。字林。璣。小珠也。丁福保曰。慧琳音義九及三十八四十六皆引作珠之不圜者也。二徐奪之者二字。宜補。倫按本訓捝矣。所存者校語。璣瑰音同見紐轉注字也。字見急就篇。【說文解字六書疏證卷一】

琅槐丞印

琅邪醫長

琅邪相印章

琅槐

臣琅　【漢印文字徵】

◉許　慎　琅琅玕。似珠者。从玉。良聲。魯當切。【說文解字卷一】

◉馬叙倫　沈濤曰。御覽八百九引琅玕。石之似玉者。玉字乃傳寫之誤。當作珠字。今本說文奪石之二字。倫按急就篇。係臂琅玕虎魄龍。顔注。琅玕。火齊珠也。一曰。石之似珠者也。倫謂顔注蓋出許書。今說解有捝譌。尋尚書禹貢。雍州。厥貢球琳琅玕。是琅玕爲雝州所出。豈彼時雍州已有火齊珠石琅玕耶。論衡。璆琅琳玕。土地所生。真玉珠也。魚蚌之珠。與禹貢琅玕。皆真珠也。山海經西山經。其上多琅玕。郭注。琅玕。石似珠者。鄭玄注。禹貢亦以珠釋琅玕。賈誼書。上有蔥珩。下有雙璜。捍珠以納其閒。段玉裁謂捍必𤥚之誤。則琅玕是石珠之證也。然則琅玕是石珠。非火齊珠也。蓋珠璣玫瑰琅玕皆石之圜好者。火齊所爲者似之。因以名耳。𤥚璣瑰音同見紐。殆轉注字。玕從干得聲。干屰羊一字。羊音日紐。古讀歸泥。屰音疑紐。琅音來紐。賈書止用𤥚字。與此下古文玕作𤥚者正同。或石珠本止名𤥚。琅乃玕之轉注字。古讀亦歸泥。泥疑同爲鼻音次濁音也。本訓珠也。一曰石之似珠者校語。字見急就篇。【說文解字六書疏證卷一】

玕【汗簡】

◉許　慎　玕琅玕也。从玉。干聲。禹貢。雝州球琳琅玕。古寒切。𤥚古文玕。【說文解字卷一】

◉商承祚　𤥚說文「𤥚。古文玕。从玉旱。」案干旱雖同聲通用。如扦忏仟攼鳱馯。亦作捍悍俘㪋鶾駻。而旱不能古于干。後人寫从旱之字。金文皆从干。毛公鼎等之攼。楚王酓忏鼎之忏。皆其證。鄭珍汗簡箋正𤥚下云。「說文正篆玕下。稱禹貢琅玕。

是真古文作玕不作琕。」斯言得之。【説文中之古文攷】

◉馬叙倫　桂馥曰。禹貢云云者後人加之。倫按本訓珠也。今捝珠字。琅玕校者加之。字見急就篇。

琕鄭珍曰。玕下引禹貢作玕。是真古文作玕不作琕也。倫按旱聲也。餘見琅下玕下。【説文解字六書疏證卷一】

◉黄錫全　琕《説文》玕字古文作琕，薛本玕作琕。段玉裁《説文解字注》：琕「蓋壁中《尚書》如此作，干聲旱聲一也。」郭見本作琕，仿《説文》古文作古。【汗簡注釋卷一】

珊

◉許　慎　珊珊瑚。色赤。生於海或生於山。从玉。删省聲。穌干切。【説文解字卷一】

◉馬叙倫　沈濤曰。玉篇引或字作亦。廣韵廿五寒引作珊瑚生海中而赤色也。御覽八百七引作珊瑚色赤生於海中或生於山也。華嚴經音義引作珊瑚色赤生於海或山中也。桂馥曰。南州異物志引作珊瑚赤色或生於海或生於山。翟云升曰。韵會引無赤色二字。倫按本部所録字。自珕珧訓蜃屬蜃甲或非本訓外。皆生山中之礦物質。無海中物。鹽鐵論。美玉珊瑚出於昆山。此珊瑚非海中珊瑚之證也。此捝本訓。存校語耳。廣韵引作生海中而色赤也者。由讀者止見海中之珊瑚。又讀郭璞司馬相如賦注而不知鹽鐵論固有生昆山之珊瑚也。删音審二。册音穿二。同爲舌尖後音。是删從册得聲。珊亦徑从册得聲可也。或珊删栅姍諸文。並从栅之初文亦即欄之本字作𠕁者得聲。𠕁即本書之侖字。音在來紐。瑚音匣紐。然得聲於古。古音見紐。見紐每與來紐相通。由古舌根音與舌尖前邊音相通。故珊瑚爲連緜詞。猶瑚璉之相通矣。【説文解字六書疏證卷一】

瑚

◉許　慎　瑚珊瑚也。从玉。胡聲。户吴切。【説文解字卷一】

珋

◉許　慎　珋石之有光。璧珋也。出西胡中。从玉。丣聲。力求切。【説文解字卷一】

◉王國維　金文畱字多從卯。不從丣。故珋亦可從卯。漢人謂劉字爲卯金刀未可遽斥爲俗。【劉盼遂記説文練習筆記　國學論叢第二卷第二號】

◉馬叙倫　沈濤曰。文選江賦注引作珋之有光者。錢坫曰。此即琉璃字也。藝文類聚引韵集。瑠璃。火齊珠也。段玉裁曰。

玪 玪

璺 璺

當作璧珋。石之有光者。璧珋即璧流離也。地理志。入海市明珠璧流離。西域傳。罽賓國出璧流離。三字爲名。胡語也。任大椿曰。晉書音義引字林。瑠璃。火齊珠也。王筠曰。班固曰。西域三十六國皆在匈奴之西。故説文謂之西胡。凡三見。王國維曰。漢人以匈奴爲胡。故葱嶺東前漢人别謂之西胡。倫按珋字盖出字林。呂忱弟静本聲類爲韵集。其訓多與字林相同。類聚引韵集。瑠璃。火齊珠。晉書音義引字林同。而上文玟字字林亦訓火齊珠。可證此亦本訓火齊珠。火齊珠者。漢人名之。胡名璧流離也。上文字皆玉石之類。乃自然之物。此是人造之珠。上文玟瑰亦有火齊珠之名者。乃借爲火齊珠之名。而其本義乃石珠。珋則别無本義。而漢書地理志西域傳皆直名曰璧流離。漢武梁祠堂畫有璧流離。吳禪國山碑亦然。可知漢時實無珋字。即有之而蒼頡及訓纂二篇尚無珋字。許亦不得而録。知二篇無珋字者。揚雄羽獵賦。椎夜光之流離。字不作珋也。璧流離爲譯名。省爲流離。詞賦中以諧音調耳。若更省爲珋。豈復成名。自是呂忱以玟瑰亦有火齊珠名而附之也。出西胡與貂下言出胡丁零國。皆一人之筆。彼文係晉人所加。則此爲呂説更明。呂作瑠璃。或此下尚有璃篆。部末文一百二十六。今百二十五。亦不足一字也。其珋作瑠者。盖後人易之。爾雅釋畜釋文。駵。字或作騮。説文字林云。赤馬黑毛尾也。今本馬部作騮。然則駵字是字林中騮之或體。或字林珋字亦有兩體。一作珋。一作瑠也。故玉篇以瑠爲珋之重文。【説文解字六書疏證卷一】

◉許　慎　玪送死口中玉也。从玉。从含。含亦聲。胡紺切。【説文解字卷一】

◉馬叙倫　沈濤曰。左傳文五年釋文御覽五百四十九引死字皆作終。玉篇亦作送終。是古本作終不作死。任大椿曰。一切經音義云。字林從玉作琀。瑚紺切。丁福保曰。慧琳音義廿五引作送終口中之玉也。今作死者非古本也。倫按送終口中之玉也。不似許訓。此字盖出字林。【説文解字六書疏證卷一】

◉許　慎　璺遺玉也。从玉。歈聲。以周切。【説文解字卷一】

◉馬叙倫　鈕樹玉曰。繫傳作[篆文]。凡从欠者並作[篆文]。歈。繫傳作歈。非。段玉裁曰。謂贈遺之玉也。蒙上送死言之。周禮太宰典瑞。皆言大喪贈玉。注。盖璧也。徐鍇以爲山海經之遺玉。則當厠於璙下十六字閒。倫按遺玉也非本訓。贈遺字借爲貽。且貽玉義亦不明。【説文解字六書疏證卷一】

璗　璗

◉許　慎　璗金之美者。與玉同色。从玉。湯聲。禮。佩刀。諸侯璗琫而璆珌。徒郎切。【説文解字卷一】

◉馬叙倫　段玉裁曰。釋器。黄金謂之璗。其美者謂之鏐。沈濤曰。廣韵三十七蕩引作金之美與玉色同者也。是古本者字在下又多一也字。爾雅釋器釋文引作金與玉同色也。則是節引。非所據本不同。倫按疑字本作鐋。譌爲璗。許時已然。故入玉部。説解捝本訓。所存者校語。其文當如廣韵所引。鍇本無禮字。禮字以下亦校者所增也。又疑玲璬璗靈四字非許原有。或有而經傳寫到亂。故失其次。并捝本訓。【説文解字六書疏證卷一】

靈　靈

靈　从示　庚壺　霝公　又从心　秦公鎛【金文編】

9·88獨字【古陶文字徵】

靈　日甲二六　同靈字【睡虎地秦簡文字編】

靈川丞印　靈閎道長　藺靈　靈定有【漢印文字徵】

開母廟石闕　神靈亯而飴格　靈支挺生　説文靈或作靈　禪國山碑　靈母　祀三公山碑　其靈尤神　詛楚文

幾靈德賜【石刻篆文編】

古老子　王庶子碑　古尚書又山海經　竝古尚書

竝崔希裕纂古【古文四聲韻】

◉許　慎　靈靈巫。以玉事神。从玉。霝聲。郎丁切。靈靈或从巫。【説文解字卷一】

◉郭沫若　又銘中數見靈字，除第二「篙武霝公」及「霝命難老」叚用霝字而外，字均有異，其形或作，「數乒靈師」鎛銘作。或作，「靈公之所」鎛銘所無。或作，「靈力若虎」鎛銘作。或作。「曰武靈成」鎛銘作。上从霝，乃聲；下从木，乃火字之變體。中所从者或説為人形，謂是巫字所从出。余意乃从龜又爪，象人執龜，一手執之，一手揜之。从火者，謂以火灼龜，使之呈兆，吉凶均有靈驗也。古者龜有靈名，爾雅釋魚「龜伏者靈」，又「二曰靈龜」。易頤初九「舍爾靈龜」，此均靈字从龜之意。【叔

珈 珈

夷鍾　兩周金文辭大系圖録攷釋】

◉馬叙倫　段玉裁曰。靈字乃複舉篆文之未删者也。鈕樹玉曰。玉篇引作以玉事神也。沈濤曰。廣韵十五青引不複靈字。蓋古本如是。楚辭注曰。靈。巫也。楚人名巫爲𤫊。則𤫊即是巫。不得以靈巫連文。倫按靈當作𤫊。蓋傳寫易之。此是隸書複舉字也。巫下捝也字。𤫊爲巫之轉注字。𤫊音來紐。古讀歸泥。巫音微紐。微泥皆鼻音次濁音也。巫從⿻工口玉。詳巫字下。正符以玉事神之訓。然此四字校語也。當入巫部。以或體爲正。【說文解字六書疏證卷一】

◉楊樹達　說文玉部有靈字，云「靈巫以玉事神」，或从巫作靈，非神靈之義。銘文⿱雨示字從示，蓋神靈之靈本字，足以補許書之缺者也。【庚壺跋　積微居金文說】

◉朱芳圃　⿱雨示庚壺⿱霝䁈齊侯鎛　說文玉部：「𤫊，巫以玉事神。從玉，霝聲。靈，或从巫。」按𤫊字見於金文者有二：一作⿱雨示，从示，霝聲。楚辭九歌東皇太一：「靈偃蹇兮姣服。」王注：「靈，謂巫也。」雲中君：「靈連蜷兮既留。」王注：「靈，巫也。楚人名巫爲靈子。」蓋巫爲女子能事無形以舞降神，是其職能爲人神之媒介，其本身具有神義，示，神事也，故从示作。一作⿱霝䁈，从䁈，霝聲。䁈，字書所無。從形義求之，當爲竈之別構。說文穴部：「竈，炊竈也。周禮：以竈祠祝融。七字今本脱佚，玆依史記孝武本紀索隱引補。从穴，鼀省聲。竈，竈不省。」金文作䁈，从火，言其用也。篆文作竈，从穴，言其體也。字之結構，與束葦以燒之之苣，經傳作炬；以火乾五穀之熬，或體作鏊相同。古人作字，自有此例，不足爲異。淮南子氾論訓：「炎帝作火官，死而爲竈神。」時則訓：「孟夏之月，其祀竈。」初民以火光象徵神靈，因有祀火之俗。後世祭竈，即其遺風。審是，⿱霝䁈从䁈作，猶从示作矣。【殷周文字釋叢卷下】

◉銀雀山漢墓竹簡整理小組　「⿱吅玉」乃「𤫊」字之簡寫，明本作「靈」。【銀雀山漢墓竹簡〔壹〕】

◉睡虎地秦墓竹簡整理小組　靈，福。《左傳》昭公三十二年：「今我欲徼福假靈于成王。」哀公二十四年：「寡君欲徼福于周公，願乞靈於臧氏。」靈與福對舉，是靈與福同義。【睡虎地秦墓竹簡】

珈　說文新附　曾侯乙鐘　【金文編】

◉徐　鉉　珈婦人首飾。从玉。加聲。詩曰。副笄六珈。古牙切。【說文解字卷一新附】

◉戴家祥　說文一篇「珈，婦人首飾」。詩衛風「副笄六珈」。毛傳「珈、笄，飾之最盛者，所以別尊卑。」曾侯乙鐘樂律體系的「珈

歸」作爲傳統階名的後綴，指某宮調主音上方三大度音。「大族之珈歸」，指「太簇」律音的上方大三度音。【金文大字典中】

璩　琖　琛　璫　琲　珂　玘

◉徐　鉉　璩環屬。从玉。豦聲。見山海經。彊魚切。【説文解字卷一新附】

◉徐　鉉　琖玉爵也。夏曰琖。殷曰斝。周曰爵。从玉。戔聲。或从皿。阻限切。【説文解字卷一新附】

◉徐　鉉　琛寶也。从玉。深省聲。丑林切。【説文解字卷一新附】

◉徐　鉉　璫華飾也。从玉。當聲。都朗切。【説文解字卷一新附】

◉徐　鉉　琲珠五百枚也。从玉。非聲。普乃切。【説文解字卷一新附】

5272【古璽文編】

◉徐　鉉　珂玉也。从玉。可聲。苦何切。【説文解字卷一新附】

◉徐　鉉　玘玉也。从玉。己聲。去里切。【説文解字卷一新附】

珝 珝　璀 璀　璨 璨　琡 琡　瑄 瑄

◉徐　鉉　珝玉也。从玉。羽聲。况主切。【説文解字卷一新附】

◉徐　鉉　璀璀璨。玉光也。从玉。崔聲。七罪切。【説文解字卷一新附】

◉徐　鉉　璨玉光也。从玉。粲聲。倉案切。【説文解字卷一新附】

◉徐　鉉　琡玉也。从玉。叔聲。昌六切。【説文解字卷一新附】

詛楚文　敢用吉玉　宣璧　古瑄不从玉【石刻篆文編】

◉徐　鉉　瑄璧六寸也。从玉。宣聲。須緣切。【説文解字卷一新附】

◉黃錫全　我們認爲，前者珽應是从玉从辵从亘的逭，即瑄字。瑄鐘即宣鐘。逭字書作𢓊，主要是刀刻不便所致。古文字中的从亘之字有下列諸形：

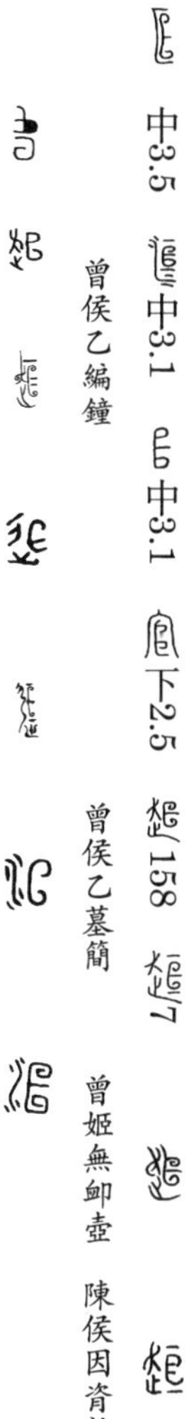

中3.5　中3.1　中3.1　下2.5　158　7

曾侯乙編鐘　曾侯乙墓簡　曾姬無卹壺　陳侯因資敦

父丁鼎　禹鼎　中山王鼎　盤㝬鼎　吳王光趄戈　伯喜父毀　洹子孟姜壺

所以，將逭字刻作𢓊是不奇怪的。【湖北出土商周文字輯證】

珙 玨

李珙之印 【漢印文字徵】

◉徐　鉉　珙玉也。从玉。共聲。拘竦切。　【説文解字卷一新附】

鐵一二七·二　古玉或貝一系五枚爲玉二王為玨或谓之朋　後二·二〇·一五　後二·二七·二　後二·四三·八

鄴三下·四二·六　京都七七五　京都二八九四　【甲骨文編】

鄴三42·6　【續甲骨文編】

85　【包山楚簡文字編】

禪國山碑　水清㲄璧　説文玨或从㱿作瑴此又从㱿省　【石刻篆文編】

玨　【汗簡】

汗簡　【古文四聲韻】

◉許　慎　玨二玉相合爲一玨。凡玨之屬皆从玨。古岳切。瑴玨或从㱿。　【説文解字卷一】

◉王國維　殷時。玉與貝皆貨幣也。商書盤庚曰。兹予有亂政同位。具乃貝玉。於文。寶字从玉从貝。缶聲。殷虚卜辭有字殷虚書契前編卷六第三十一葉及字。同上後編卷下第十八葉。皆从宀从玉从貝而闕其聲。蓋商時玉之用與貝同也。貝。玉之大者。車渠之大以爲宗器。圭璧之屬以爲瑞信。皆不以爲貨幣。其用爲貨幣及服御者。皆小玉小貝。而有物焉以系之。所系之貝玉。於玉則謂之玨。於貝則謂之朋。然二者於古實爲一字。玨字殷虚卜辭作。後編卷上第二十六葉。作。前編卷六第六十五葉。或作。後編卷下第二十及第四十三葉。金文亦作。乙亥敦云玉十。皆古玨字也。説文。玉。象三畫之連。丨其貫也。意正同。其作作者。皆象其系。如束字上下从也。古系貝之法與系玉同。故謂之朋。其字卜辭作。前編卷一第三十葉。作。卷五第十葉。金文作。遽伯寰敦。作。庚羆卣。作。且子鼎。又公中彝之貝五朋作。撫叔敦蓋之貝十朋作。戊午爵乃作。甚似玨字。而朋友之朋。卜辭作。前編卷四第三十葉。金文作。杜伯簠。或作𤦡。豐姞敦。或从玨。或从玨。知玨朋本一字。可由字形證之也。更以字音證之。玨自來讀古岳反。說文亦以瑴字爲玨之重文。是當从㱿聲。然竊意玨與瑴義同意異。古玨字當與琲同讀。說文琲讀與服同。詩與士喪禮作服。古文作𤰈。古服葡同音。玨亦同之。故琲字以之爲聲。古者玉亦以備計。即玨之假借。齊侯壺云璧二備。即二玨也。古音服備二字皆在之部。朋字在蒸部。之蒸二部陰陽對轉。故音變爲朋。音既屢變。形亦小殊。後世遂以玨專屬之玉。以朋專屬之貝。不知其本一字也。又舊說。二玉爲玨。五貝爲朋。詩小雅菁菁者義箋。然以玨玨諸字形觀之。則一玨之玉。一朋之貝。至少當有六枚。余意古制貝玉皆五枚爲一系。合二系爲一玨。若一朋。釋器。玉十謂之區。區瑴雙聲。且同在侯部。知區即瑴矣。知區之即瑴。則知區之即爲玨矣。貝制雖不可考。然古文朋字確象二系。康成云。五貝爲朋。五貝不能分爲二系。蓋緣古者五貝一系。二系一朋。後失其傳。遂誤謂五貝一朋耳。觀玨玨二字。若止一系三枚。不具五者。古者三以上之數。亦以三象之。如手指之列五。而字作𠂇。許君所謂指之列不過三也。余目驗古貝。其長不過寸許。必如余說。五貝一系。二系一朋。乃成制度。古文字之學。足以考證古制者如此。【釋玨朋　觀堂集林第二册】

◉王國維　玨與瑴非同字。古玉或貝皆以一貫五枚。二貫爲一玨。故龜板文作玨。就其枚言之。則曰玨朋區。就其貫言之則曰工曰玨。爾雅至十謂之區。區卽瑴之借。【劉盼遂記説文練習筆記　國學論叢第二卷第二號】

◉商承祚　玨後編下第四十三葉　以玉作丰丰徵之。則此當爲珏字。【殷虛文字類編】

◉郭沫若　「瑴二」即玉一瑴之意，古以雙玉爲瑴，字亦作玨。【卯𣪘　兩周金文辭大系圖録考釋】

◉馬叙倫　鈕樹玉曰。釋器釋文引無字。玉篇引作二玉爲一玨。王樹枏曰。二玉相合。所謂比類也。會意。劉秀生曰。玨从二玉。玉亦聲。重文作瑴。从玉。㱿聲。可證也。倫按二玉相合爲一玨。下依大例當有从二玉三字。此玉之異文。借玉爲金玉之玉。乃作此字也。然亦疑挩本訓及从二玉三字。唐人删本書。以二玉相合爲一玨可以盡字義與字形。故獨存此耳。不知此乃校者之詞也。左莊十八年傳正義引倉頡㱿作玨。雙玉爲玨。故字从兩玉。甲文作玨。

鍇徐鍇曰。㱿聲。王國維曰。玨瑴非同字。古玉貝皆一貫五枚。二貫爲一玨。故龜版文作玨。就其枚言。則曰玨朋區。就其貫言之則曰工曰玨。爾雅。至十謂之區。區即瑴。倫按㱿玉皆舌根破裂音。聲亦同矦類。瑴爲玨之轉注字。據左莊十八年傳正義。引倉頡瑴爲玨。可知倉頡止有玨字。此呂忱據字書加之。餘見玉字班字下。【説文解字六書疏證卷一】

◉饒宗頤　甲申卜，爭〔貞〕：朿于王亥，其玨(玨)。甲申卜，爭貞：勿珏。(屯乙六七三八)

按玨即玨，古玨朋一字。(觀堂集林)書洛誥：「孺子其朋，其往。」孔傳訓朋爲朋黨；然此辭「其朋」，殆指用珏。

卜人有名𠷎者，向未詳爲何字。其異體有𠷎、(後編下二三、一二)、𠷎(前編六、三九、八)、𠷎(屯甲三四九三)及𠷎(林二、一〇、八)等形，象置二玉於器中，𠁁变而爲ㄓ，可知其即珏字，茲再舉證以明之。

一、卜辭言「𣲙(湡即淄)其來水，⋯⋯𠷎，舌(𦧇)。五月。」(前編四、一三、五)𠷎者續存下七二言「𠷎」，即侑珏也。此謂淄水爲災，以玉侑之，而行𦧇祭。可證𠷎即珏字。

二、卜辭言𡩜風(林二、二六、二)，即㲉風也。𡩜从珏益宀旁，此例契文常見，如福之作𥙀，説詳卜人𡦹條。

三、契文珙作𢀜(續編五、五、三)，足證○乃玉字，兩○之𠁁，自即爲珏，變而爲II矣，故𠷎亦作ㄓ𠷎。卜辭繁簡無定，時益𠷎形，或省或否，如𠷎亦作册(猶「爯册」屯乙三四一二作「爯𠷎」)，人名子弖，亦作子弓(後編下三〇、四)，可知𠷎ㄓ𠷎並即珏字之異體。

此字，陳夢家釋品，丁山讀爲𤤮，謂即展字，均未確。【殷代貞卜人物通考】

◉李孝定　説文「珏二玉相合爲一珏。凡珏之屬皆从珏。𤥗珏或从㱿。」二玉相合謂玉二系相合爲一珏也。契文正象玉二系相並之形。王氏之説是也。竊疑玉二系相合爲珏。則貝二系相合當爲賏。作朋者叚借字也。朋字許書以爲鳳之古文。叚爲朋黨字。其義與貝玉無涉。許書六下貝部「賏。頸飾也。从二貝。烏莖切」。此當爲其引申義。其本義當謂「二貝相合爲一賏」也。貝二系相合繞之於頸則爲頸飾矣。又十二下女部「嬰。繞也。各本作頸飾也。段氏據文選李注數引説文均作「繞也」改。此下説解。从女賏。賏。貝各本作「其」韻會八庚引作「貝」。連也。頸飾。頸飾二字各本無。段注移此。按此象女子繫賏爲頸飾之形。訓繞其引申義也。此下説解當如各本作「嬰。頸飾也。从女賏。賏。貝連也。一曰。繞也。」增「一曰繞也」四字。明其引申義。金文有所謂子荷貝形之文。作[glyph]父乙盤[glyph]父丁鼎[glyph]父乙簋[glyph]亞壺[glyph]解文[glyph]父辛爵[glyph]且癸爵前人不識。此實即許書之嬰。象人着頸飾之形。古文从大从女每無别也。所从之[glyph]即賏字。亦即[glyph]前五・十字。此與許書之倗當出一源。甚或即爲同字。許書八上人部「倗。輔也。从人。朋聲。讀若陪位。」其金文作[glyph]王孫鐘[glyph]倗尊[glyph]杜伯盨[glyph]質叔多父盤[glyph]倗卣[glyph]芾伯簋[glyph]叔𡛢簋[glyph]趞曹鼎[glyph]克簋[glyph]伯康簋[glyph]倗仲鼎[glyph]魚父簋[glyph]倗史車鑾以爲倗友字。上引子荷貝形諸文與此諸倗字並象人頸飾貝若玉二系之形。其始當爲同字。許書訓輔。當亦爲珏賏之義所引申。至經典朋貝字均作朋者。徐灝説文段注箋賏下云。「貝鐘鼎文作[glyph]。小篆變爲貝。重之爲賏。貝之古文亦作[glyph]。重之爲[glyph]。隸變作朋。遂截然爲二字。音義各殊。不知其異派同源也。人部『倗輔也。讀若陪位。』漢書王尊傳『羣盜傰宗等』。蘇林曰『傰音朋』。晉灼曰『音陪』。蓋朋由貝變。故傰有倍音。朋之聲轉爲陪。其清聲如崩。故左氏僖九年傳『齊隰朋』。史記齊世家徐廣注『朋或作崩』。又易復卦『朋來』。漢五行志下引京房易傳作『崩來』。因之又聲轉爲嬰也。凡从賏之字，有相比對義。如譻爲相應荅之聲。罌爲一儋兩罌是也。」徐氏説賏朋二字形音混淆變易之跡殊爲審諦。王氏謂古玨字當與瑴同讀。其音如服。竊謂讀與服同者當亦賏之初古音。王謂玨朋古爲一字。實當謂玨賏古爲一字。朋貝之朋則賏之叚借字也。叚借字專行而賏遂爲頸飾之專字矣。【甲骨文字集釋卷一】

◉周名煇　口部𣪊鄂侯鼎强氏定爲㱿字。今考定乃瑴字古文。當入玉部玨篆下。

名煇案。説文口部云。㱿歐貌。从口㱿聲。春秋傳曰。君將㱿之。尋鄂侯鼎銘云。王寴親易錫駿馭方□玉五𣪊。馬三四匹。矢五□十。與口部㱿。歐貌之義。渺不相及。而與春秋莊公十八年傳云。虢公晉侯朝王。王饗醴。命之[古文]宥。皆賜玉五瑴。馬三三乃亖字之譌。王引之有説。見經義述聞匹之義。若合符節。則此文乃瑴字古文明甚。説文玨部云。玨二玉相合爲一玨。或从㱿作瑴。是此文从○。即玉。而與ㅂ字有別。强氏不辨。故誤以爲口部之㱿字矣。復次。此文丁書附録弟三葉。已疑爲瑴字矣。然余謂从○即玉者。何以證之。尋殷虚卜辭。辟字作[古文]。書契前編卷二弟二十三葉。羅振玉謂从辛人。辟法也。人有辛則加之以法也。古金文作[古文]盂鼎。增○。乃璧之本字。从○辛聲。而借爲訓法之辟。許書从口。乃由从○而譌也。羅説甚是。以辟璧例㱿。則○爲玉之象形明矣。説文玉部云。環璧也。肉好若一謂之環。从玉睘聲。而古金文免毁銘作[古文]。从兩○形。益可爲羅説作佳證。至玨字詳義。則王國維釋朋玨篇論之甚精。余已録之於周金文正讀疏矣。【新定説文古籀考卷下】

◉徐中舒　王國維曰：「殷時玉與貝皆貨幣也……其用爲貨幣及服御者皆小玉小貝而有物焉以繫之。所繫之貝玉，於玉則謂之玨，於貝則謂之朋，然二者於古實爲一字。玨字殷虚卜辭作丰、作丰，或作丰丰，金文亦作丰，皆古玨字也。」觀堂集林卷三説玨朋。證以考古發掘，如周原周墓葬即有[古文]狀物出土，故王説可從。

計玉之量詞，二玉相合爲一玨。【甲骨文字典卷一】

◉戴家祥　玨字象二玉相合，在六書爲象形，瑴字从玉，㱿聲。唐韻㱿讀「苦角切」溪母，侯部，玨讀「古岳切」，見母，侯部，韻同聲近。在六書爲形聲，以象形而爲形聲，猶説文三篇鬲之或體作䰛，七篇市之篆文作韍也。同聲通假，字亦通葡，齊侯壺云「璧二葡」即二珏也。説文瑴以玨爲聲，讀與服同。【金文大字典上】

班 班

 班 班簋  弭弔盨  邾公孫班鎛 【金文編】

 班氏空丞印  班明印信 【漢印文字徵】

 班出楊氏阡銘 【汗簡】

 楊氏阡銘  王存乂切韻 【古文四聲韻】

◉許慎 班。分瑞玉。从玨。从刀。布還切。【説文解字卷一】

◉林義光 説文云。班。分瑞玉也。从玨刀。按象刀分二玉形。古作公孫班鎛同。【文源】

◉馬叙倫 鈕樹玉曰。玉篇引作分瑞也。當非脱。蓋瑞訓以玉爲信。不必更加玉字矣。倫按朱駿聲以爲从分省會意。翟云升以爲从分省分亦聲。獨張文虎以周禮太宰。匪頒之式。鄭司農讀頒爲班布之班。證班當作从玨分省聲。似矣。倫謂玉爲二玉以上相合。王玨一字。轉注字作瑴。故爾雅釋器郭注左莊十八年傳杜注皆謂雙玉爲瑴也。雙玉爲瑴。一瑴猶今言一套。爲欲其合。故立此名。左傳莊十八年傳。賜玉五瑴。僖三十年傳。納玉於王與晉侯皆十瑴。襄十八年傳。獻子以朱絲係玉二瑴。國語魯語。行玉二十瑴。穆天子傳。載玉萬瑴。皆以合者言之。今班之義爲分瑞玉。瑞玉者。本書。圭。瑞玉也。是瑞玉爲圭。當作珪。詳圭字下。非凡玉也。周禮大宗伯。以玉作六瑞。以等邦國。聘禮記。所以朝天子。圭與繅皆九寸。注曰。圭。所執以爲瑞節也。春秋文元年。天王使毛伯來錫公命。杜注。諸侯即位。天子賜以命圭。合瑞爲信。漢書司馬相如傳。析圭而爵。如淳曰。析。中分也。白藏天子。青在諸侯也。據此諸説。明析玉而各執其一以爲信。謂之瑞。似班从分从二王會意。不从玨也。然分爲别之轉注字。从刀。八聲。爲形聲字。會意字無从形聲字會意者。如謂从刀則又不必从二玉。且瑞玉必以半青半白之玉爲之。亦無經傳明文可證。分瑞爲班。此班義如今言頒賜。故經傳皆以賜訓班。而班賜之班本書爲賦爲賓。詳賓字下。然則班實从刀玨聲。亦分之轉注字。玨音見紐。班音封紐。同爲破裂清音。故班得以玨爲聲。此與⿲王車王从玨得聲讀與服同者同。十一篇魵魚即後漢書東夷傳濊國海出班魚皮之班魚也。是其例證。分瑞玉者。附會从刀玨及析圭而爵之意。非本義也。或非本訓。説解當曰。分也。从刀。玨聲。當入刀部。邾公孫班鐘作。【説文解字六書疏證卷一】

◉黄錫全 班出楊氏阡銘 班𣪘班作，邾公孫班鎛作，《説文》正篆作班。此形所从之刀移上作，玨同部首。【汗簡注釋】

琫 琫

琫父目切出張揖集古文【汗簡】

張揖集【古文四聲韻】

◉許 慎 琫車笭閒皮篋。古者使奉玉以藏之。从車珏。讀與服同。房六切。【說文解字卷一】

◉王國維 琫字會意。許君蓋望文生訓。【劉盼遂記說文練習筆記 國學論叢第二卷第二號】

◉馬叙倫 鈕樹玉曰。韵會引珏下有聲字。沈濤曰。玉篇引作古者使奉玉所以盛之。盖古本如是。今本有奪誤。又文選東京賦注引作車蘭閒皮筐以安其弩也。以安其弩句。乃李善釋賦琫弩。非許文。桂馥曰。增韵引作古使者當從之。臧。玉篇類篇集韵篇海並引作盛。翟云升曰。从珏。珏亦聲。周雲青曰。唐寫本唐韻一屋引作車笭閒皮筐。劉秀生曰。从珏。从車。珏亦聲。珏或从㱿得聲。而轂从㱿得聲。讀若箏。是古讀㱿有脣音。故琫从珏聲得讀与服同也。倫按琫之義爲車笭閒皮篋。故从車。車笭閒皮篋不專爲盛玉。从珏爲無義。自从珏得聲。王國維謂珏字當與琫同讀。琫讀與服同。服葡古音同。齊侯壺。璧二備。即二珏也。倫謂珏之轉注字作瑴。瑴从㱿得聲。㱿音溪紐。而从㱿得聲之轂讀若箏。轉入敷紐。古讀敷歸滂。滂溪同爲破裂次清音也。㱿从肖得聲。肖从丰得聲。詳肖字下。丰音匣紐。服音奉紐。奉匣皆摩擦次濁音。故琫讀与服同。此琫从珏得聲之證。當入車部。然説解挩本訓。車笭以下十三字皆校語。【說文解字六書疏證卷一】

◉黄錫全 琫父目切出張揖集古文《説文》琫字正篆作琫，此形車在上，並横書，珏从部首。【汗簡注釋卷一】

气

前七・三六・二 于省吾釋乞云卜辭气字用法有三 一爲乞求之乞 一讀迄至之迄 一讀爲終止之訖 此辭云貞今日其雨王固曰侯茲乞雨之日允雨 乞當是乞求

後二・一六・二　戩二二・九　粹 五二四　粹七七一　前二・二八・二 气令擊田于先侯 乞訓迄至

前七・九・三　菁一・一 乞至五日丁酉　菁二・一 乞至九日辛卯　前七・三一・三 之日乞有來嬉 乞訓訖終

甲八七〇 朱書　甲二一〇三反　甲二八三三　明藏一二　燕四〇三　燕一九七　佚六

○ 佚八九四 通別二·三A 陳一三三 存一四八三 京都九四九【甲骨文編】

甲2103 珠328 603 佚60 894 續432·1 續432·5徵4·111 卜530 2·58

8·38 古2·6 2·9 京3·5·1 3·13·4 龜卜20 粹1250 新1248【續甲骨文編】

气 隸變作乞 天亡簋 不克乞衣王祀 洹子孟姜壺 洹子孟姜用乞嘉命【金文編】

法一一五 二例【睡虎地秦簡文字編】

祀三公山碑 和氣不臻【石刻篆文編】

气見說文 气出碧落文【汗簡】

◉許　慎　雲气也。象形。凡气之屬皆从气。去既切。【說文解字卷一】

◉林義光　說文云。雲气氣也。象形。按古作。洹子器。【文源】

◉高田忠周　說文。雲气也。象形。隸楷多省作乞。字亦作炁。周禮眂祲注。煇謂日光炁也是也。經傳皆借廩氣之氣爲之。乞字却爲轉義與叚借義所奪。蒼頡篇。乞謂行匄也。廣雅釋詁。乞。求也。春秋僖八鄭伯乞盟。此皆叚借爲匄也。匄气古音同部。【古籀篇一】

◉徐中舒　金文气，用與旂匄同，惟兩見：

用鑄爾羞銅，用御天子之吏(使)洹子孟姜用气嘉命，用旂眉壽萬年無疆，用御爾吏(使)。—洹子孟姜壺。

上鄀雝公諴作尊鼎，用追孝于皇祖考，用气眉壽萬年無疆。—雝公諴鼎。

洹子孟姜壺气旂對文，气亦求也。【金文嘏辭釋例　歷史語言研究所集刊第六本一分册】

◉郭沫若　不克下一字。原銘作。與上三方三字有別。彼三劃等長。此中劃特短。陳夢家釋爲乞。可从。乞讀爲訖。謂終止也。【大豐毀　兩周金文辭大系圖録考釋】

◉馬叙倫　鈕樹玉曰。繫傳韵會气作氣。繫傳脱象形二字。徐灝曰。古盖作气。象形。倫按本作氣也。以假借字釋本字也。雲初文作云。云气異篆。亦非可以雲概气也。自是校者加之。玄應一切經音義引倉頡。乞謂行乞也。齊侯壺洹子孟姜用气嘉命。【説文解字六書疏證卷一】

◉于省吾　甲骨文三字習見。商承祚同志釋爲三（類編一・六），容庚同志疑彡字（燕釋一九七甲），甲骨文編列入彡字。郭沫若同志謂：「三字習見，舊均釋三。案釋三無義，且中畫特短，字亦非三。余謂當是川之古文，从川之侃字，𢽤狄鐘作侃，兮仲鐘作侃，三畫均直而横作，蓋古川字如是，後嫌與三字易（原誤作異）混，乃曲筆而縱書之也。川雨者蓋謂大雨，言雨至如川也。」（通考三八〇）按釋三釋彡釋川，既背于形，復乖于義。

甲骨文之三即今气字，俗作乞。説文：「气，雲气也。」石鼓文迄字从气作气，其三畫均邪作，爲説文所本。气字，周初器天亡毁作三，矢令毁作三，猶存初形。東周器齊侯壺作气、气。晚周行気玉銘有気字，从气作气，晚周陶文有旣字，从气作气（匋文録附二四）。此例晚周古文常見，不備引。就東周以來之气字加以推考，以其與三字易混，故一變作气；取其左右對稱，故再變作气。

甲骨文之三即气字，已如上述。气字之用法有三：一爲气求之气，二爲迄至之迄，三爲終止之訖。气訓气求，典籍常見。气字孳乳爲迄或訖，二字典籍每互用無別。爾雅釋詁：「迄，至也。」又：「訖，止也。」詩生民之「以迄於今」，毛傳：「迄，至也。」書秦誓之「民訖自若是多盤」，孔疏：「訖，盡也。」訖之訓止訓盡，與終義相因。

一，甲骨文之气訓气求。例如：「貞，今日其□雨。王固曰，□（疑），兹气雨。之日允雨。三月。」（前七・三六・二）按今日其雨之其應讀作「該」（詳釋其）。今日該雨，則信否尚未可知也，故以疑爲言。下言兹气雨，但气雨亦未知其能否降雨？是日允雨而後驗也。「气酘暨自上甲衣至于多毓。」（粹八五）「气令伐呂。」（戩一二・九）「气朿于𢀛。」（佚八五五）以上各條气字均應訓气求。

二，甲骨文之气訓至。例如：「王固曰，㞢（有）𠦪，其㞢來婧（艱）。气至五日丁酉，允㞢來婧。」（菁一）「王固曰，㞢𠦪，其有來婧。气至九日辛卯，允㞢來婧自北。」（菁二）「甲辰卜，亘貞，今三月，光乎來。王固曰，其乎來，气至隹乙。旬㞢二日乙卯，允㞢來自光。」（通別二・二）按气至五日丁酉，即迄至五日丁酉；气至九日辛卯，即迄至九日辛卯；气至隹乙，即迄至惟乙。甲骨文又稱：「丙寅气壬申，☐戊㒸，气丁酉，气辛☐。」（粹一二五〇）郭沫若同志謂：「此例頗特異，爲自來所未見。」按气通迄，丙寅迄壬申，即由丙寅至壬申，迄丁酉，即至丁酉。此辭雖殘，然文例固一貫也。

三，甲骨文之气訓終。例如：「之日气㞢來嬉。」（前七・三一・三）气讀訖訓終。言是日終有來艱也。甲骨文又稱：「貞，隹我气㞢不若。」（明二三二二）「丙戌，㝵隹我气㞢不若。」（明二三二四）若訓爲順利。以上兩段是貞問我歸終有無順利之義。此外，周初器天亡毁，有「不（丕，語詞）克三衣（讀殷）王祀」之語。陳夢家引余説釋三爲气。並謂「可有兩種解釋」：一爲「終其天命」，一爲「繼續殷王的祭祀」（西周銅器斷代一）。按陳氏前一解釋得之。气應讀訖訓終。書多士言「殷命終于帝」，邢侯毁言「帝無終命于有周」。上述兩語，以反正爲義。而「殷命終于帝」與「丕克訖殷王祀」，可以互相驗證。

總之，甲骨文气字作三，自東周以來，爲了易于辨別，故一變作乞，再變作气。但其横畫皆平，中畫皆短，其嬗演之跡，固相銜也。气訓乞求、迄至、訖終，驗之于文義詞例，無不脗合。【釋气　甲骨文字釋林】

◉丁　山　骨面刻辭常見：

辛丑，三自嵒人。　庫方，1635.

丁丑，三于𠣫，廿夕。　汅。　前，6. 27. 4.

□亥，三自橐，十。　甲編，2103.甲裏.

這類句子，也時見于臼辭：

丙戌，婦妻氏□夕。亘。自𠣫三　明，2339.

乙酉，妻氏二夕。古。自𠣫三。　明，2341.

丁卯，妻氏二夕。自古三。小寢。　徵，典禮，46.

壬寅，三自雩，十夕。寢。　珠，458.

丁亥，三自雩，十夕，㚸氏。　金璋氏，521.

丁亥，三自雩，十夕，㚸氏。寢。　珠，328.

丁亥，三自雩，十夕，㚸氏。率。　續5，22，5.

自宜。己未，婦嫚氏一夕，寢。　前6，28，5.

這類辭句，在甲冉、背甲，也時有所見，如上簡表所列。三字，于省吾先生釋乞，甚碻！于氏謂：「卜辭所見乞字，其用法有三：一爲乞求之乞，一讀爲迄至之迄，一讀爲終止之訖。」言而有徵，無待繁引。（詳殷虚駢枝釋乞）若臼辭的「乞自某」，我認爲當釋迄至，「乞自雩」，猶言至自雩；「自𠣫乞」，「自古乞」，猶言自𠣫至，自古至。這些乞字，讀與書禹貢「聲教訖于四海」相同。

氛

易井：「汔至，亦未繘井。」汔至，正是甲骨文所見乞字的本誼。那末，春秋所書：

公至自瓦。定公八年

公至自晉。文公四年

公至自楚。襄公廿九年

公至自乾侯。昭公廿九年

這類句子，顯然是沿襲甲骨文「乞自某」的慣法。「乞自某」，也即是「自某乞」。臼辭所謂「乙酉，妻氏二夕，古，自𠂤乞」，當是「自𠂤至妻氏二夕」的倒文；所謂「自宜，己未，婦嬗氏一夕」，也該讀爲「己未，自宙至婦嬗氏一夕」了。【甲骨文所見氏族及其制度】

◉高鴻縉　説文。气雲气也。象形。去既切。

饒炯曰。山川初出者爲气。升於天者爲云(雲)。

按本一物而有二名。气只象形而已。後通叚以代請。(陰陽對轉)故有求請意。久而(周秦間)省其一畫作乞以爲別。戰國秦所遺石鼓文迄字偏旁猶作气。可證也。後人用字又以氣字代气。日久而气字幾廢。其實氣。餽客芻米也。从米气聲。故曰廩氣。自通叚氣以代气。久而不返。乃另造廩氣字作槩。又作餼。而水气字作汽。皆晚出。【中國字例第二篇】

◉徐中舒　象河床涸竭之形，二象河之兩岸，加一于其中表示水流已盡。即汔之本字。《説文》：「汔，水涸也。」又孳乳爲訖，《説文》：「訖，止也。」引伸爲盡。小篆譌作气，借爲雲气之气。又省作乞，從乞之字多保留气字初義。【甲骨文字典卷一】

[seal] 气郭顯卿字指【汗簡】

◉許慎　氛祥气也。从气。分聲。符分切。雰氛或从雨。【説文解字卷一】

◉馬叙倫　鈕樹玉曰。繫傳韵會气作氣。倫按書傳言氛。皆謂惡气。則此祥字借爲殃也。倫疑此字不出許書。

雰此雨雪雰雰之雰。與氛異字。段玉裁説是也。今以爲氛之或體者。玄應一切經音義引衛宏古文官書。氛。古文作雰。尋孫詒讓謂衛宏乃衛恒之譌。恒所作乃本於魏正始石經及汲冢竹書古文而郭顯卿有雜字指又有古文奇字。汗簡引字指有气字作[char]者。倫謂气當爲氛。[glyph]即雰也。郭書盖本於衛書。隋書經籍志謂郭後漢人。然志謂古文官書爲後漢議郎衛敬仲譔者誤。則此亦不足據。則此字出官書而呂忱依以增入。雰是古文官書中以爲氛字。而非氛之或體，本作古文氛。今作氛或从雨者。蓋傳寫捝失後校者補之。後文多有其例。【説文解字六書疏證卷一】

◉黄錫全 气郭顯卿字指 鄭珍云：「雰字也，更篆，从古雨。《説文》氛或从雨，釋气誤。此書每部中列字，其形體偏旁有不必盡合部首而不應入當部者，不可枚舉。雖從《説文》分部，義法不似許君之純，如此雰字形不从气，宜入雨部，因其正文作氛，本欲録从气之氛，而轉載此。」《説文》：「氛，祥气也。」典籍氛多訓气。此以氛爲气，如同本書以(行)爲道，以(全)爲完，乃義近互訓。【汗簡注釋卷一】

士 士

甲3913 【續甲骨文編】

士 貉子卣 王令士道歸貉子鹿三 臣辰卣 王令士上眔史寅殷子成周 䱷尊 王錫䱷士卿貝朋 趞簋 商叡簋 士父鐘 䞣簋 克鐘 多友鼎 師寰簋 魯士匜 秦公鎛 秦公簋 晉公盦 邾公華鐘 邾公牼鐘 子璋鐘 沇兒鐘 郐諎尹鉦 尹氏弔緐匜 吳王御士 从才 中山王礜壺 使得賢士良佐 忨從士大夫 【金文編】

秦433 獨字 秦486 □氏居貲公士富 5·362 □陰居貲北游公士滕 【古陶文字徵】

〔二〕 〔六七〕 〔六八〕 〔六七〕 〔六八〕 〔六八〕 〔七四〕 〔六八〕 【先秦貨幣文編】

布空大 豫伊 仝上 【古幣文編】

80 166 【包山楚簡文字編】

士 秦一五五 十九例 士字重見 通仕 欲——之 爲二〇 雜二 四例 封七三 五例 封六 十八例

日甲五背 【睡虎地秦簡文字編】

4734 4733 4731 4681 4581 4634 4633 4877 0165 0166

4876 4821 4820 4826璽文「王之上士」士字如此。【古璽文編】

奮武中士印 司馬右前士 毛博士印 【漢印文字徵】

鄭季宣碑額 詛楚文 奮士威師 【石刻篆文編】

士 士 華嶽碑 【汗簡】

汗簡 古孝經 古老子 裴光遠集綴 華嶽碑 【古文四聲韻】

◉許慎 士事也。數始於一。終於十。从一从十。孔子曰。推十合一爲士。凡士之屬皆从士。鉏里切。【説文解字卷一】

◉林義光 説文云。士事也。數始於。。終於十。孔子曰。推十合一爲士。按推十合一無義理。恐非孔子語。古十作丨。士作。邾公牼鐘。作。克鐘。無作者，明非从十。士象構作之形。與工同意。詩勿士行枚。東山。論語雖執鞭之士。孟子不能治士。士皆訓事。今作事。假史字爲之。見事字條。【文源】

◉王國維 易云老婦得其士夫。老夫將其女妻。是士爲少年未娶之稱。龜板文牡字作从士。推十合一爲後起義。【劉盼遂記説文練習筆記 國學論叢第二卷第二號】

◉郭沫若 土、且、士實同爲牡器之象形。士字古金文作，卜辭作，與且字形近。由音而言，土、且復同在魚部，而土爲古社字，祀於內者爲祖，祀於外者爲社，祖與社二而一者也。此於下尚有説。士字卜辭未見，从士之字如吉，於作形後上十九葉四片之外，多作後下九葉一片，林二卷十葉一至四片，前五、十六葉四片，同上。同上一片諸形，是士字古亦作若矣。金文吉字有作旂鼎若奢毁者，與卜辭之从作者同。此由形而言與土、且實無二致。士音古雖在之部，然每與魚部字爲韻，如射義禮記引詩「曾孫侯氏」八句以舉、士、處、所、射、譽爲韻，詩常武首章以士、祖、父、武爲韻，武本作「戎」，據江有誥校

改，士字段玉裁王念孫入韻江不入韻，以射義按之，當以入韻爲長。是士字古本有魚部音讀也。【釋祖妣　甲骨文字研究】

◉徐中舒　士王皇三字均象人端拱而坐之形，其不同者：王字所象之人，較之士字，其首特巨，而皇字則更於首上著冠形。此三字舊説均失其解，兹舉四證以明之。

第一證　漢畫象中象士字之人及象皇字之冠。

山東濟甯文廟戟門郭泰碑陰畫象之右半刻一室，室中上層，三人端拱而坐，形與士字無殊，此即士之原始象形字。

士象人形，故古代以爲男子之通稱。如詩、易多稱士女，士女猶今之男女。又詩稱庶士，易稱士夫，庶士士夫，亦指男子言。

甲骨文王字有下列諸體（據瞿潤緡殷栔卜辭文編選録）：

據董彦堂先生研究，謂□乃甲骨中最早期之書體，□□次之，最晚乃與小篆或今隸同。甲骨中之□字，實與士字形同。甲骨文由刀筆刻畫而成，不便作肥筆，故□兩横畫中間，乃以∧筆爲之。如作肥筆，則當如上列第五字例作□，其形即與士字無別。古士字上下兩横，原無長短之別，小篆及今隸士字下一畫略短者，蓋以別於土字；然此種分別，在甲骨文及銅器中則不需，因甲骨文土作□，銅器作□，皆與士截然有別。臣辰盉士作□，下畫且較長，其形尤與甲骨文之□字相似。古代士庶對稱，士爲官長，庶爲編氓；又治獄之官稱士，左氏僖二十年傳「士榮爲大士」，杜注「士治獄官也」；又獄官之長亦稱士，漢書百官公卿表上「咎繇作士」，注引應劭曰：「士獄官之長」；蓋王爲帝王，士爲官長，故並象其端拱而坐之形。

晚期甲骨文王作□或王者，上一横乃象其首形。蓋王與士既並象人端拱而坐之形，而後人乃特將王字之首增巨以爲分別。此猶如大之與天，同象人形，而天字所象之首形亦特巨。此種分別，在初造文字時或不甚顯著。如古文中天大二字多互用，如周書之天邑商，甲骨文或作大邑，或作天邑，是。因此吾人亦可推想古代階級觀念，當不如後代之甚，故王與士得同象人端拱而坐之形。【士王皇三字之探原　歷史語言研究所集刊第四本四分册】

◉吳其昌

1奢敦　愙齋册八頁十三

2臣辰盉　貞松堂卷八頁四十三

3矢彝（器）　貞松堂卷五頁五十

4嗀尊　貞松堂卷七頁十八
5旂鼎　殷文存卷上頁八
6師寰𣪘　周金卷三頁十六
7克鐘　周金卷一頁二十六
8沇兒鐘　周金卷一頁二十一

第一字爲奢𣪘「初吉」之「吉」字所從之「士」字。第二字臣辰盉云：「王命士上眔史寅。」此「士上」之名，與下克鐘「士曶」之名正同。第三字矢彝云：「眔百工」，乃「工」字；此爲金文「士」「工」一字之碻證。第四字嗀尊云：「王錫嗀士：卿（饗），貝朋」。「敱士」即「士敱」之倒文（金文倒文例，多至不可勝舉），與「士上」「士曶」，正同例也。第五字，又爲旂鼎「初吉」之「吉」字所從之「士」字。第六字：師寰𣪘云「孚（俘）士女牛羊。」第七字，克鐘云：「王乎（呼）士曶。」第八字，沇兒鐘云：「……及我父𠑇（兄）庶士。」觀於諸字順次之演化，則知「士」之最初本義，亦爲斧形，不煩詮疏，甚爲明白。且最異者矢彝一器，器蓋異其字體，在蓋銘作「眔百工」者，其字作丄；而器銘則作「眔百士」，其字作士。尤足證原始「士」「工」之無別。工義爲斧，已如上述；士義亦斧，甚爲連貫矣。

伐木之斧爲「工」，是先民原始之工作也。亦得爲「士」，是先民原始之事業也。有斧於斯，乃有所事事也。故「士」即「事」，論語「雖執鞭之士」，鹽鐵論貧富引作「雖執鞭之事」。又彝器中毛公鼎番生敦，矢彝，小子𧯞𣪘之「卿事」，在經典中如牧誓，洪範，十月，假樂，常武，長發，皆作「卿士」。皆古初「士」「事」一義之證也。（詳矢彝考釋卿士寮節疏）。此第一引伸之義也。有斧于斯，斯足以抵抗強敵；有斧如斯，斯足以征伐他族。抵抗強敵，征伐他族，是「軍士」也。故士爲「斧」，亦爲「兵」，由武器義轉爲武人；鄭康成箋詩采芑云：「士，軍士也。」高誘注呂覽簡選（「銳卒千人」）淮南覽冥（「質壯輕足爲甲卒」）本經（「武王甲卒三千」）修務（「不過一卒之才」）並云：「在車曰士。」（「步曰卒」）又文選東京賦「戎士介而揚徽」，薛綜注：「士，士卒也」，又荀子王霸「霸者富士」，楊倞注：「士，卒伍也。」又老子「善爲士者」，王弼注：「士，卒之帥也」。皆其證也。此第二引伸之義也。又刑人者必以斧，斧示刑具，故士又爲主刑獄之官。堯典「汝作士」，馬融注：「士，獄官之長」。孟子告子下「舉於士」，趙岐注：「士，獄官也。」周禮大司徒「其附于刑者歸于士」，鄭玄注：「士，謂主斷刑之官」。皆其證也。此第三引伸之義也。

於是由「武士」而更引伸之，則士爲男子之大稱。（詩都人士，干旄等疏）由「理官」而更引伸之，則士爲「守道」「有才智」者。（賈子道術，後漢書仲長統傳。）於是去本義愈遠，幾不可究詰矣。【金文名象疏證　武大文哲季刊五卷三期】

◉馬叙倫　鈕樹玉曰。韻會六書故引及玉篇注並作推一合十爲士。當不誤。宋薛據纂孔子集語亦作推一合十。蓋即聞一知十之義。倫按事也以聲訓。士爲大之譌字。本部所屬壻壯壿三字皆於數義無涉。齊太宰歸父盤大字作大。邾公華鐘作大。平其下遂爲士。猶在从古而今篆作土矣。甲文有𤕫字。高田忠周釋奘。謂子與士同意。亦可參證。大音定紐。破裂濁音。士音牀二。古讀歸定。大聲脂類，士聲之類。亦得通轉。故大轉爲士耳。數始八字盖校者加之。孔子説出緯書。亦校者加之。字見急就篇。秦公殷作士。師寰殷作士。【説文解字六書疏證卷一】

◉楊樹達　歙縣亡友吴承仕字檢齋，嘗爲余説士字之聲義，精確不可易，今記之。其説曰：説文：「士，事也。」士鉏里切，事鉏吏切，並從母字。士古以稱男子，事謂耕作也。知事爲耕作者，釋名釋言語云：「事，傳也，傳，立也，青徐人言立曰傳。」禮記郊特牲云：「信事人也。」注：「事猶立也。」漢書蒯通傳曰：「不敢事刃於公之腹者。」李奇注曰：「東方人以物臿地中爲事。」事字又作菑。考工記輪人云：「察其菑爪不齵。」先鄭注云：「菑讀如雜厠之厠，謂建輻也。」泰山平原所樹立物爲菑，聲如胾，博立梟棊亦爲菑。」後鄭云：「菑謂轂入輻中者也。」史記河渠書云：「頹竹林兮楗石菑」，漢書溝洫志注云：「菑亦臿也。」又張安世傳注曰：「續漢書云：彫朱輪輿菑矛戟幢也，菑，插也。」蓋耕作始於立苗，所謂插物地中也。士事菑古音並同，男字從力田，依形得義，士則以聲得義也。事今爲職事事業之義者，人生莫大於食，事莫重於耕，故臿物地中之事引申爲一切之事也。檢齋之説如此。樹達按士字甲文作丄，一象地，丨象苗插入地中之形，檢齋之説與古文字形亦相吻合也。【釋士　積微居小學述林卷三】

◉高鴻縉　按士即筮之初文。周初始造。象筮籌縱横之形。故託以寄筮占之意。動詞。後借爲(一)武士。(二)男子。(三)小官員。(四)法官。(五)讀書人等。乃另造筮字。以還其原。筮从竹巫會意。仍存竹籌占卦之意。後筮行而士之本意亡。而筮後改用蓍艸以代竹籌。周初筮字作𥳑者。用商文竹巫二字。巫原作士也。增艸者以巫善爲人謀也。三體石經作𥳑。後世省去艸。【中國字例第二篇】

◉屈萬里　丄當是[羊土]牡等字偏旁所從之丄，而筆畫偶未連屬。按丄當是士字，亦即故書習見作男陰解之勢字。士人之士初義殆爲男性之人，義與[羊土]牡等實一致也。【殷虚文字甲編考釋三五〇七片釋文】

◉嚴一萍　甲骨文中之士字見於侯家莊出土大龜七版之一，現編録於小屯甲編三九一三。此爲第三期廩辛康丁時之卜辭。據彦堂先生手摹本並釋文，全辭「壬戌卜，狄貞亞旅，士貝聶」，以亞旅士並稱，殆即書牧誓「亞旅師氏」之義，皆官名。知周禮之士，原本殷制。（見民國二十五年田野考古報告第一册彦堂先生安陽侯家莊出土之甲骨文字）

士字臣辰卣作士，觚尊作士，散盤吉字上半作士，皆與甲骨文科頭之士字無殊，足見其同出一源，甲骨文之士字作𠀀，銅器銘作⊥與士字分別甚明，故趞簋之士，下畫且較長如土字。古者士爲官長之通稱。周禮：「其附於刑者歸於士」。注：「士謂主斷刑之官」。左氏僖二十八年傳：「士榮爲大士」。杜注：「大士治獄官也」。禮記曲禮：「列國之大夫入天子之國曰某士」。詩文王：「殷士膚敏」傳：「殷侯也」。儀禮喪服傳：「公卿大夫室老士貴臣」注：「士邑宰也」，漢書食貨志：「學以居位曰士」。注引應劭曰：「士，獄官之長」故與王字並象端拱而坐之形。昔人解以「从十从一爲會意」。林義光文源則謂「士象構作之形，與工同意」。馬氏疏證又謂「士爲人之譌字」，皆非也。

1 士 臣辰卣　2 士 敡尊　3 士 克鐘　4 士 晉公盦　5 士 秦公簋　6 士 散簋吉（吉）之上半　7 士 遣簋

自秦漢以來，小篆隸楷，皆短其下畫作士，以別於「土」字。徐楷曰：「今書之異於土者，短其下畫，其義大殊」，殆已積非成是矣，然漢隸所見，仍有作土形者，如禮器碑石門頌等是，其有二畫中間更增一短畫或向兩邊歧出者，其訛變正與王字同，唐宋以來今楷草書則至今並無變化。

士 說文小篆　士 曹全碑　士 禮器碑　士 石門頌　士 魯峻碑　士 譙敏碑　士 李壽石刻　士 鬱單越經　士 孫過庭　士 述聖頌

總上所見列士字總表，自兩周以來共分三欄，如左。

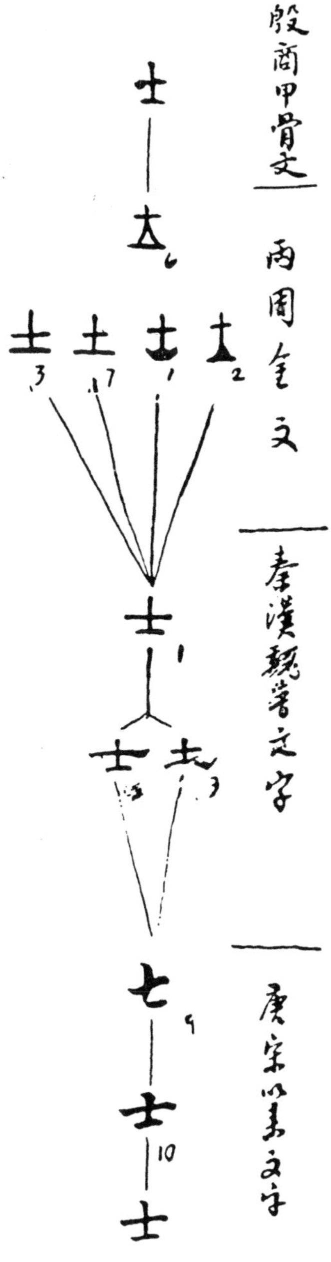

【王皇士集釋　中國文字第七期】

◉李孝定　按說文「士。事也。數始於一。終於十。从一从十。孔子曰『推十合一爲士』。凡士之屬皆從士」。徐氏謂士與王皇意近。前已辨其非。郭馬謂士象牡器。是也。惟馬氏未見卜辭⊥字。故虛構一[glyph]形之字。謂士乃了之誤。說不可從。屈氏釋此爲士。至確。辭云「貞王夢虫𢦏𠨘十。由士不隹□」。屈氏云「此言王夢有被擊之𠨘凡十。皆牡者也」。其説是也。士字在此辭中義與牡同。或竟借爲牡字。栔文畜父之字皆从士。士亦聲。例得通假也。至小篆變作士者。垂直長畫增一横畫。爲古文衍變通例。固不如郭氏之言增之横畫以爲文飾也。【甲骨文字集釋卷一】

◉黄錫全　𡗗鄭珍云：「仿古文玉加，夏以爲裴光遠《集綴》士，郭所本」。夏韻止韻録《汗簡》士作士，《古孝經》作士，《古老子》作𡗗，裴光遠《集綴》作𡗗。此形同《古老子》，如依夏韻，原本作士。漢唐君房碑士作𡗗，李壽石刻作𡗗，鮮于璜碑作圭，並與此形類同。

仕鄭珍云：「移篆，以仕爲士也。」古璽仕作仕（璽彙1463），仕斤戈作仕。此以仕爲士，與雲夢秦簡、馬王堆漢墓帛書《經法》假仕爲士類同。《禮記·曲禮》：「前有士師。」注：「士或爲仕」。夏韻止韻録《華嶽碑》作仕。【汗簡注釋卷一】

◉何琳儀　《璽彙》○一四六著録一方楚系官璽，其文爲：

士尹之鉨

首字編者釋「上」。按，戰國文字「上」作「上」、「上」、「上」等形，均與「士」有别。

檢楚系文字「吉」有下列異體：

吉（其次句鑃）　吉（姑馮句鑃）

吉（郘𪒠尹𦪇鼎）　吉（郘調尹征城）

其所从「士」均作「士」，與上揭楚璽文字「士」吻合無間。而郘調尹征城「士余是尚」，舊讀「士余是尚」，亦「士」應釋「士」之確證。另外，戰國文字「士」或作「土」形。例如《中山》「在」作「在」（二三），「壯」作「壯」（三一）等。與之相應，楚系文字「士」亦或作「士」形。例如二十八星宿漆書「奎」作「奎」，者旨於睗戈「𢦏」作「𢦏」等，均可資旁證。

「士尹」爲楚官，見《呂覽·招類》「士尹池爲荆使於宋，司城子罕觴之。」有些學者根據《太平御覽》四百十九引《呂覽》作「工尹他」爲證，認爲「士」乃「工」之譌。固然《左傳·文公十年》有「工尹」，但不能成爲否定「士尹」的理由。楚璽文字證明「士尹」確爲楚官，今本《呂覽》不誤。至於《御覽》所引《呂覽》乃淺人所改，《文選·張景陽雜詩》注引《呂覽》作「士尹陁」尚且不誤。

楚官往往以「尹」爲名，楚系文字材料中，除「士尹」之外，尚有「命（令）尹」、「攻（工）尹」、「連尹」、「𪒠（郊）尹」、「調（莠？）尹」等，凡此多可與典籍相互印證。【古璽雜識續　古文字研究第十九輯】

爲二三 二例 爲一九 【睡虎地秦簡文字編】

◉許 慎 壻夫也。从士。胥聲。詩曰。女也不爽。士貳其行。士者。夫也。讀與細同。穌計切。婿壻或从女。【説文解字卷一】

◉馬叙倫 嚴可均曰。釋親疏引作女之夫也。疑用李陽冰刊定本。鈕樹玉曰。韻會無聲字。倫按壻从大胥聲。故東齊謂壻爲倩。从大从人一也。或謂易言。老婦得其士夫。荀子非相。婦人莫不願得以爲夫。處女願得以爲士。可證士爲男子未取者之偁。故壻从士。不悟易之士夫猶言壯夫。管子小問。苗。始其少也。眴眴乎何其孺子也。至其壯也。莊莊乎何其士也。士與孺子對文。明士即大也。禮記曲禮。三十曰壯。下文壯字从士。皆可證也。荀子之士爲壻之借。士音牀二。壻从胥得聲。胥从疋得聲。疋音審二。皆舌尖後音也。其實士爲大譌。大夫一字。詳夫字下。壻訓夫也。即夫之轉注字。夫壻同爲摩擦次清音也。後世乃以爲女子配耦者之偁。故士得借爲壻。讀與細同者。壻細音同心紐也。今浙東永嘉紹興浙西餘杭諸縣謂壻猶曰細也。詩曰以下皆校語。以引詩至二句明之。

婿倫按古鉨作[glyph]。【説文解字六書疏證卷一】

壯 中山王礨鼎 今余方壯 【金文編】

5·60 咸鄘里壯 5·121咸沙□壯 【古陶文字徵】

秦一九〇 二例 爲三三 二例 【睡虎地秦簡文字編】

公孫壯 徐壯之印 周壯 【漢印文字徵】

壯張廷珪劍銘 【汗簡】

竝古老子 張庭珪劍銘 崔希裕纂古 【古文四聲韻】

◉許 慎 壯大也。从士。爿聲。側亮切。【説文解字卷一】

壿 □

◉柯昌濟　卜詞曰。貞令□侯歸。又□侯豹云云。案其士所从即亼字。象屋形。卜詞俞字或作□。上所从與此字同。可證。下从□。其字當从爿聲。如壯戕字。金文趞亥鼎有□字。从爿从口。與此少類。其文曰。宋□公之孫趞亥。以音求之。□公當即莊公無疑。又號季子盤□武于戎工。舊釋庸。案从爿聲。从□。疑與趞亥鼎字爲一字。或爲壯字。鼎文叚之爲莊。皆可與此字互證。【殷虚書契補釋】

◉馬叙倫　从大爿聲。今本書無爿篆而有片篆。偏傍有爿。蓋即牀之初文。方言一。秦晉之閒。凡人之大謂之奘。或謂之壯。奘即壯之後起字。今通語謂人體強大亦曰壯。亦明士即大字。甲文有□。倫謂从□爿聲。即壯之異文。故壯从士也。牀音照二。亦舌尖後音。故士轉注爲壯。故管子曰。莊莊乎何其士也。古鉩作□。【説文解字六書疏證卷一】

◉黄錫全　□壯張庭珪劒銘　中山王鼎壯作□，江陵望山楚簡作□。夏韻漾韻録張庭珪劒銘作□，此變士形从部首。【汗簡注釋卷一】

□ 壿王維畫記　【汗簡】

◉許　慎　壿舞也。从士。尊聲。詩曰。壿壿舞我。慈損切。【説文解字卷一】

◉馬叙倫　王念孫曰。繫傳作壿舞也。注云。臣鍇按周禮舞者皆士也。經典釋文引作士舞也。按壿爲士舞。故从士。今但云舞也。則从士之義不明。當從釋文作士舞也。繫傳。壿。舞也。疑是士舞也之誤。倫按當從鍇本作壿舞也。壿字乃隸書複舉之未刪者也。舞也非本訓。蓋校者加之。壿壯同爲摩擦破裂濁音。壿爲壯之轉注字耳。詩之壿壿。今本作蹲。爲夋之借。舞皃字以夋爲正。【説文解字六書疏證卷一】

◉黄錫全　□壿王維畫記　夏韻魂韻録作□，右形同古尊。如召仲鬲尊作□，曾姬無卹壺作□等。夏韻是，此寫誤。《説文》：「壿，舞也。」正篆作壿。【汗簡注釋卷一】

丨 丨

丨 丨【汗簡】

丨 汗簡 【古文四聲韻】

◉許　慎　丨上下通也。引而上行讀若囟。引而下行讀若逷。凡丨之屬皆从丨。古本切。

◉楊樹達　說文一篇上丨部云：「丨，上下通也。引而上行讀若囟，引而下行讀若退。」按此字爲囟退二字之初文，其以引而上行讀若囟孳乳者皆有上義，以引而下行讀若退孳乳者皆有下義。今分別言之。

說文十篇下囟部云：「囟，頭會𡿺盖也。象形。」按釋名釋形體云：「囟，峻也，所生高峻也。」是囟在上之説也。古人名動相因，在上爲囟，向上陟高亦爲囟，故囟孳乳爲䙴。三篇上舁部云：「䙴，升高也。从舁，囟聲。」或从卩作䙳。又孳乳爲遷：二篇下辵部云：「遷，登也。从辵，䙴聲。」按二篇上癶部云：「登，上車也。」又孳乳爲僊：八篇上人部云：「僊，長生僊去。从人䙴，䙴亦聲。」史記封禪書記黄帝僊去，乘龍上天，是長生僊去者必升高，此僊从䙴聲之説也。囟古音在真，䙴遷僊古音在寒，部居雖異，然䙴从囟聲，其爲囟之孳乳字無疑。僊還真又孳乳爲真：八篇上匕部云：「真，僊人變形而登天也。」从真聲類孳乳之字有顛：九篇上頁部云：「顛，頂也。从頁，真聲。」顛又孳乳爲槇：六篇上木部云：「槇，木頂也。从木，真聲。」按囟爲頭會𡿺盖，顛爲頂，義相近。僊爲長生僊去，真爲僊人變形而登天，義又相同。古字義訓之交流互映有如此者。

其以引而下行讀若退孳乳者，丨孳乳爲𢓴：二篇下彳部云：「𢓴，卻也。从彳日夊。」或作衲，又或作退。又孳乳爲隊䃎隤雇：十四篇下𨸏部云：「隊，从高隊也。从𨸏，㒸聲。」九篇下石部云：「䃎，隊也。从石，㒸聲。」又𨸏部云：「隤，下隊也。从𨸏，貴聲。」九篇下广部云：「雇，屋从上傾下也。从广，隹聲。」十四篇上金部云：「鐜，下垂也。」从敦聲而讀音在微，此皆引而下行之義也。又人體最下者爲脽，故丨又孳乳爲脽：四篇下肉部云：「脽，𡱂也。从肉，隹聲。」體之在最下者爲脽，猶體之在最上者爲囟矣。十四篇下金部又有鐓，云：「矛戟柲下銅鐏也，从敦聲而讀音亦在微，亦以在下義受名。脽對轉痕孳乳爲𡱂：八篇上尸部云：「𡱂，髀也。从尸下丌尻几。」或作脾，又或作臀。對轉痕又孳乳爲頓：九篇上頁部云：「頓，下首也。从頁，屯聲」。其在痕部而聲變不在舌音者有隕磒二文：十四篇下𨸏部云：「隕，从高下也。从𨸏，員聲。」九篇下石部云：「磒，落也。从石，員聲。」

丨本義爲下上通，故丨又孳乳爲縋：十三篇上糸部云：「縋，以繩有所縣也。从糸，追聲。引春秋傳曰：夜縋納師。」縋者懸繩以下，亦懸繩以上，與下上通義合。其以下上通之上義孳乳者有𠂤崖睢蜼諸文：九篇下屵部云：「崖，高也。从屵，隹聲。」十四篇上𠂤部云：「𠂤，小𨸏也。」此物之高上者也。四篇下目部云：「睢，仰目也。从目，隹聲。」十三篇上虫部云：「蜼，如母猴，印鼻，長尾。从虫，隹聲。」按隹爲短尾鳥，蜼爲長尾，可以反義受名，然或亦受義於印鼻，與隹本字無涉。或曰：讀若退者本引而下行，高仰諸字乃反義孳乳也。緣章君説丨之孳乳廣及抎損𩁹虧壞毀垝諸文，其失既在濫，又不及雇鐜鐓脽𡱂縋脽雇蜼諸

文，復嫌於漏，故復理董言之。【説丨　增訂積微居小學金石論叢卷二】

◉馬叙倫　徐鍇曰。此二字同用一文。皆從所在而知之。囟音信。今人音進。引而下行音退。又音衮。席世昌曰。此一字兼二形二聲例。按注上行下行爲兩字也。今概作古本切非。王廷鼎曰。丨爲今棍棒字。倫按王説是。象形。故有古本切之音。此音必有由來也。中㫃二字皆从丨。即丨爲棍棒字初文之證。疑上下通也爲中字下説解中校語。今中下曰上下通。是其證。蓋此部傳寫有奪誤。丨下失其説解。而校者以中字从此。謬補此解。觀中字之訓或作和或作肉或作而。即由失其本訓。所存或字林訓。或校者以經傳訓詁補之耳。引而上行讀若囟引而下行讀若退。似可爲進退之初文作丨之證。然丨既無以表進退之義。且本書無从丨得義者。引从丨得聲。即古本切之丨也。許書亦别無此例。當是校語。【説文解字六書疏證卷一】

中

甲三九八　甲五四七　乙七七四一　前一・六・一　前四・二七・五　前四・二七・六　前六・二・三　前七・七・二　前七・二二・一　王叀立中若　後二・四〇・一一　後一・二六・三　燕三四七　佚二五二　掇二・一三二　粹五九七　王作三師右中左　明藏二三二　續四・七・一　粹一二一八　京都二六九　京都七二三　安九・三　菁三・一　甲一八七　中丁　甲六二四　甲一二六四　中宗　甲二五六二貞人名　中彔卜　甲二六三六　朱書　甲三〇三八　乙八八一四　中母　乙八八九七　中妣　乙九〇七八　中商　掇二・七八反　朱書　明藏一九七　中子　甲一五八一中丁　見合文三　乙四五〇七中母己　見合文一四　後一・八・五中己　見合文三〇　河三三九中子　見合文一一　乙八八六二中母　見合文一五【甲骨文編】

甲547　624　1561　2052　3570　乙5276　7741　卜25　佚100　252　佚874續1・45・5　續4・4・5徵1・9　續4・7・1徵1・5　續5・15・8　徵11・73　續6・19・12徵11・27

掇394 徵1·10 京2·20·3 4·3·1 録432 鄴三45·8 續存22 348 591

粹398 411 597 682 719 811 814 935 粹1218新1607 新492

【續甲骨文編】

中 凡中正字皆从○从[?]伯仲字皆作中無斿形 史字所从之中作[?]羅振玉説 中鉦 中爵 中作且癸鼎 中簋

何尊 趞曹鼎 師旂鼎 休盤 同簋 伊簋 伯中父簋 師晨鼎 師虎簋

師酉簋 諫簋 師楘簋 克鼎 頌簋 頌鼎 無叀鼎 中伯盨 中伯壺

辛仲姬鼎 寰盤 元年師兑簋 中子化盤 沇兒鐘 王孫鐘 蔡侯[?]鐘 子禾子釜

鄂君啟車節 中盉 中父辛爵 卯簋 中友父簋 盂鼎二 𠍮中且觶 中昬鼎

中山王嚳鼎 中山王嚳壺 中山王嚳兆域圖 中山侯恣鉞 中婦鼎 𠦪卣 作妣己觶

金文以爲仲字 令鼎 仲姞鬲 衛鼎 仲師父鼎 仲義父鼎 仲其父匜 散盤 兮仲簋

兮吉父簋 宗仲匜 子仲匜 弔汝簋 魯司徒仲齊簋 𩰫鎛 陳公子仲慶匿 鄦侯簋

曾侯仲子斿父鼎 曾仲斿父簠 仲斿父鼎 簷平鐘 中都戈 中山王嚳壺 仲父 【金文編】

1·46 中 曰惠多咸友 惠 1·68 獨字 6·17 中官 3·282 中蒦圆里人萏 3·285 中蒦圆里匋[?]

3·288 中蒦圆里[?] 3·284 中蒦圆里匋賀 3·472 中里[?] 3·109 繇衢中匋里僕 9·100 中□ 1·69

獨字 1·21 中十[?]目 5·126 咸中原穎 秦1462 中廄 3·815 [?]中 古璽文中或作[?]與此相近 【古陶文字徵】

〔四七〕 〔四七〕 〔七四〕 〔九〕 〔四〕 〔三二〕 〔三九〕 〔二〇〕 〔四二〕
〔一九〕 〔二五〕 〔二〇〕 〔一九〕 〔四〕 〔三八〕 〔三二〕 〔一九〕 〔二八〕
〔三六〕 〔一八〕 〔二八〕 〔二八〕 〔二〇〕 〔二〇〕 〔五〇〕 〔一九〕 〔三九〕
〔三六〕 〔二〕 〔五〇〕 〔三七〕 〔四〕 〔二〕 〔五五〕 〔三六〕 【先秦貨幣文編】

布尖 中陽 晉原 布方 中都 晉芮 仝上 布尖 中陽 晉高 仝上 布方 中都 晉芮
布方 中都 晉襄 仝上 晉高 仝上 仝上 仝上 仝上 布方 中都 晉祁 仝上
仝上 仝上 仝上 仝上 仝上 仝上 仝上 仝上 仝上 仝上 晉浮
仝上 布方中高 晉高 刀弧背 冀滄 仝上、丁中 布方 中都 亞四・四四 布尖 中陽 典三七
一 布方 中都 典三二 布方 中都 展拾玖 布方 都中反書 典三〇 仝上 中都 典三三 布方 中
都 亞四・四三 仝上 都中 【古幣文編】

一五六：二〇 晉邦之中 二十七例 委質類地名中都 詛咒類人名中行寅 一五六：一九 三例 一九五：八 一
五六：二五 【侯馬盟書字表】

35 138 140 269 【包山楚簡文字編】

中 秦一九七 九十例 通忠 —信敬上 爲七 日 甲九八背 二例 日 甲九二背 【睡虎地秦簡文字編】

2110 璽文中字有斿形與金文同。 2697 4639 2681 2694 2688 2689 4648

4643　4646　2684　2685　2698　2707　3091　2580　3296　4649

4642　4647　4650　2700　2699　2687　4638　2696　0047　4651

3158　2701　2703　5207　5208　4653　3363　2702【古璽文編】

中山司空　中壘左執姦　集降尹中後候　關中侯印　周翁中　張中孺　許中信　閔中

劉中　程中私印　臣中【漢印文字徵】

謝君神道闕陽識　石碣吳人　中囿孔□　金文作　石經無逸　自朝至于日中昃　甲骨文作　蘇君神道

闕　漢甘泉山題字　漢袁敞碑　除郎中　漢鄭固碑領　禪國山碑　中書　天璽紀功碑　才仁中平　詛

楚文　寘諸冥室櫝棺之中　漢延光殘碑【石刻篆文編】

中見尚書　上同　上同說文　上同衞宏字說【汗簡】

古孝經　道德經　古尚書　說文　同上　衞宏字說　立雲臺碑【古文四聲韻】

◉許慎　中内也。从口丨。上下通。陟弓切。古文中。籀文中。【說文解字卷一】

◉孫詒讓　龜文自有「中」字，如云：「内□立貝叁□介日中二月」八十二(四一)之四、「辛□卜出貝其不□□陳□中于且乙」百三十九之一、「戊申卜□弗其□我中女癸」。二百之三，又九十三之二亦有中字，上下文闕。此云「中于且乙」、「我中女癸」者，「中」當訓爲得，謂得神之心。《呂氏春秋・行論篇》云：「禹爲司空以通水潦，顔色黎黑，步不相過，竅氣不通，以中帝心」。高誘注云「中猶得」。此義與彼同。又作「」，如云：「□□□□□奴二日」五之(四二)二。《說文》中部：「中，内也。从口丨，上下通也。」此文與小篆同。金文頌敢中作、卯敢作、中父丁壺作，此別體作，亦其證也。【契文舉例卷上】

◉羅振玉　說文解字中古文作。籀文作。古金文及卜辭皆作。或作。斿或在左。或在右。斿蓋因風而左右偃也。無作者。斿不能同時既偃於左。又偃於右矣。又卜辭凡中正字皆作。从口从。伯仲字作。無斿形。㫃字所从之

中作𠁩。三形判然不淆混。惟中丁之中曾見作𠁩者。乃偶用假字也。【增訂殷虛書契考釋】

◉王國維　說文解字丨部。中。和也。从口丨。上下通。𠁩籀文中。案此字殷虛卜辭作𠁩。殷虛書契卷六第四十九葉。作𠁩。同上第十七葉。及卷四第三十七葉。作𠁩。同上卷七第二十二葉卯敦同。頌鼎作𠁩。小盂鼎作𠁩。其上下或一斿。或二斿。或三斿。其斿或在左。或在右。無如𠁩字作者。田齊時之子禾子釜作𠁩。其斿略直。與籀文相似。而上下四斿亦皆在右。羅參事殷虛書契考釋云。古中字斿或在左。或在右。象因風而或左或右也。無作𠁩者。蓋斿不能同時既偃於左。又偃於右。其說至精。然則此字當爲傳寫之譌矣。【史籀篇疏證　王國維遺書第六册】

◉林義光　說文云。中和也。从口丨。下上通也。按古作𠁩。沇兒鐘。本義當爲射中的之中。〇象正鵠。見正字侯字條。𠁩象矢有繳形。省作中。散氏器。丨但象矢。【文源】

◉商承祚　說文中，「和也。从口，丨，上下通也。𠁩古文中」。丨穿其中，所以示中正之處。金文齊鎛作中，子仲匜作中。【甲骨文字研究下編】

◉商承祚　說文「𠁩。古文中。」甲骨文金文作𠁩𠁩𠁩。上下有斿。象因風左右偃也。㫃旂宜正。故从丨在〇中間以見義。甲骨文金文伯仲字皆作中。中正字則作𠁩。以有斿無斿別之。仲在伯叔之間。故曰中也。石經古文中仲皆作𠁩。此𠁩屈其末。則無以表其中正。故段氏「疑淺人誤以屈中之虫入此」。殆是也。【說文中之古文攷】

◉吳其昌　至於「□」字之本義，蓋亦狀雙手奉有流之禮器。故其字或作□，燕二六三。或作□，林・一・一・一九・六。或作□，續・一・一二・二。或作□。林・一・一九・一〇。會意之誼，顯然昭揭。其下所从，偶或作中作□作□，而作中者爲最多。但其字本非「中」字。然古有盛筭具之器。厥名爲「中」。又疑其器與此□形相似。特□有流耳。按周禮大史：「凡射事，飾中，舍筭。」儀禮大射禮：「司射命設中。……小臣師執中。」禮記投壺：「司射奉中。」鄭司農周禮注云：「中，所以盛筭也。」投壺正義亦云：「中，謂受筭之器。」至其狀，則鄉射記云：「君，……虎中，大夫，兕中，士，鹿中。」又云：「鹿中，髹，前足跪，鑿背，容八筭。……奉之，先首。」獨王先生曰：「周時中制，皆作獸形，……殊與中字形不類。疑中作獸形者，乃周末彌文之制。」集林・六・釋史。按先師所疑是也。最初盛筭之「中」，或竟與盛酒醴之□相似，度當皆似尊罍之屬矣。高頸之尊，正適於盛筭。其後「中」變爲鹿中、兕中，正猶尊變爲犧尊、兕尊矣。此□狀禮器可資旁證之推勘也。

羅氏釋𠁩字所從爲斿形，及中中𠁩三形之別皆是也。惟以𠁩爲假用字，則非也。𠁩實其最初之本字矣。長干舞斿，立於廣場中心，以集民庶，以勅軍旅；惟此干斿𠁩之狀，爲正中之標揭，故誼爲正中也。從質實之中心，轉而爲抽象之中間，則又爲伯、孟、叔、季之介之「仲」矣。執此旂斿之竿者，則爲「吏」爲「事」矣。詳矢彝考釋及金文名象疏證。此飄斿之長干，或作中形，本片。或作中形，矢彝史字所从。或作㫃形，妣己觶。固不必作定形矣。故知中中中三形，顯別昭然者，乃其流也，其源則又未嘗有別矣。【殷虛書契解詁】

◉唐　蘭　右中字，舊歧爲三，以㫃形爲㫃，以中爲仲，以中中爲中，今正。

㫃形習見金文。薛氏款識卷十六中甗云「漢㫃州」，薛釋爲「漢中州」。㫃婦鬲鼎，攈古錄金六·十六·四以爲立旂形。丁佛言說文古籀補游字下，據柯昌泗說，以㫃爲九游之游。㫃字見續殷文存下六三·三㫃觶。容庚金文編則收㫃㫃二形入附錄，亡釋。卜辭之㫃字，羅振玉云：「象四游之形，疑亦㫃字。」考釋原本四七後人多從之。今按此字當依薛尚功釋中，漢㫃州者漢中州，㫃婦鬲者中婦鬲也。中婦猶言中宗，中父，中匕，中子。卜辭言「㫃不雉衆」者，余覩此片，恍然悟㫃必中字，蓋自上讀之，凡存五辭，一、三、五辭同，二曰「𠂇不鷄衆」，四曰「㫃不鷄衆」，五辭下缺，以意度之，當有第六辭，曰「右不鷄衆」，無疑。左中右三者相次也。繼又見簠室所藏骨云「……㫃，亡雈風」，與別辭云「立中，允亡雈」者吻合，尤確信㫃即中字矣。王襄於編類纂時尚存羅氏之誤，列「㫃亡雈」一辭於㫃下，作徵文時已改釋爲中，而云「中鳳均有缺畫」，是不知㫃即中字，而誤以爲偶然之缺筆也。

金文中中之用有別，故吳大澂曰：「中正也。兩旗之中，立必正也。」又曰：「伯仲之仲，古作中。」羅振玉承吳說，謂「卜辭，凡中正字皆作中，從○從㫃。伯仲字皆作中，無斿形。史字所從之中作中。三形判然，不相淆混。惟中丁之中，曾見作中者，乃偶用叚字也」。又於中下云：「此伯仲之仲，古伯仲但作白中，然與中正之中非一字。後人加人以示別，許書列之人部者，非初形矣。」學者翕然宗其說，而卜辭中與中，遂亦確分爲二字。然考之實證，則得其反。中丁之或作中，固已知羅氏所舉。「中宗且乙」之中，「中商」之中，「中且」之中，並不能讀爲仲，而卜辭皆作中，可見中中固不能確分也。且卜辭用中字，多非伯仲之義，蓋中字之範圍甚廣，有上下之中，有左右或四方之中，有大小之中，其義殆難縷舉。商時以中爲人稱者，實取大少之一義。故中宗者承大宗而言。（中且承大且而言，與此同例。）中丁者承大乙、大丁、大甲、大庚、大戊而言。卜辭習見中子，前人多以爲人名，或誤釋爲仲巳，不知中子者乃對大子小子而言，故卜辭有中子子辟，金文也有中子日乙毁與中子異弜觥也。續殷文存上四三·六，下六九·四。羅氏所藏三戈於「大父日癸，大父日癸」下，承以「中父日癸」，然後承以「父日癸，父日辛，父日己」，秩次最爲井然，大子中子之別，當亦猶是也。由此言之，有大且當有中且，有大匕當有中匕，有大母當有中母，有大婦當有中婦，而卜辭有中匕，金文有㫃婦，見上文。亦正合符。然則以中字施於稱謂，本取義於大小之中，而其字體無別，中宗、中父、中子，作

□，中匕作□，中婦作□，而中丁兼作中□二形，皆可證。殷以後始以□專屬中正，而中專屬稱謂，與伯叔相次而爲白中□，然六國以後，又復不分，及小篆起，遂别造仲字爲白中之專字矣。諸家分□中爲兩字，蓋徒拘於一時之用法。羅氏未能細按卜辭，而遽嚴分别，不能謂非疏失也。余以此説語於思泊先生，承告去歲廠肆以三古器售諸西人，得資巨萬，三器皆商製，各有一字，即□、中、又也。中字只作中可謂余説之證。

□□中三者既爲一字，則其字形之演變，可得而言，今表之如次：

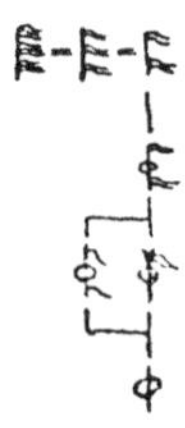

*凡斿向左或右不拘

然則中本斿旗之類也。

以字形言之，中與㫃相近而實異。蓋㫃形見古文者作□□□□□□等形，上有一斿，斿下爲旗形。中字則作□者象九斿，作□者象六斿，作□者象四斿，均只有斿而已。

考工記輈人：「龍旂九斿，以象大火也。鳥旟七斿，以象鶉火也。熊旗六斿，以象伐也。龜旐四斿，以象營室也」。旐原誤蛇，依王引之説正。龍旂，熊旗，龜旐，殆由□□□蜕化而來，本皆中也，其七斿之鳥旟，則其後起者耳。然中雖有九斿六斿四斿之異，當以四斿者爲最古，春官司常：「王建大常，諸侯建旂，孤卿建旜，大夫士建物，師都建旗，州里建旟，縣鄙建旐」。夏官大司馬：「王載大常，諸侯載旂，軍吏載旗，師都載旜，鄉遂載物，郊野載旐，百官載旟」。旐爲縣鄙所建，郊野所載者，卑之。所以卑者，斿只四斿而最簡樸，適只以表其爲縣鄙郊野耳。由四斿而增之，爲六斿，九斿，周時乃並有十二斿，王之大常也，而其變又有七斿五斿之常。

中以四斿爲最夙，故其字亦以□爲最古。凡垂直之線，中間恆加一點，雙鈎寫之，因爲□眔□形，而□形盛行，由以省變，遂爲中形矣。説文作□□□三形，□即中之小變，□爲中之譌，□爲□之譌。許説中「从口，丨上下通」，近世學者多説爲象矢貫的，此外臆説尚多有之，皆由不知古文本作□也。

中爲斿旗旐之屬，何由得爲中間之義乎？吴大澂謂「兩旗之中立必正」，亦嚮壁之語，篆形既未顯兩旗，又何由知其立必正也。余謂中者最初爲氏族社會中之徽幟，周禮司常所謂：「皆畫其象焉，官府各象其事，州里各象其名，家各象其號」，顯爲皇古圖騰制度之孑遺。周禮九旗以日月，交龍，熊虎，鳥隼，龜蛇等畫之，亦皆由圖騰蜕變而來。此其徽幟，古時用以集衆，周禮大司馬教大閲，建旗以致民，民至，仆之，誅後至者，亦古之遺制也。蓋古者有大事，聚衆於曠地，先建中焉，羣衆望見中而趨附，羣衆來自四方，則建中之地爲中央矣。列衆爲陳，建中之酋長或貴族，恆居中央，而羣衆左之右之望見中之所在，即知爲中央矣。若爲三軍，則中軍也。然則中本徽幟，而其所立之地，恆爲中央，遂引申爲中央之義，因更引申爲一切之中。如上下之中，前後之中，大小之中等。後人既習用中央等引申之義，而中之本義晦。徽幟之稱，乃假常以稱之，周禮記常有十二斿、九斿、七斿、五斿：明即中。中常聲相轉也。而其分別，則十二斿爲常，九斿爲旂，七斿爲旟，六斿爲旗，四斿爲旐，而中字遂無用爲徽幟之義矣。【釋𠂤𠂤 殷虛文字記】

◉郭沫若　凡金文中仲二字有別。中字竪畫上下有同數之斿，或一或三，乃指事字，與本末同意，謂中央之圓適當正中也。仲則作中，上下無斿。此是中的之中，會意。中直象矢，腰環象的。【中子化盤　兩周金文辭大系圖録考釋】

◉強運開　中羅振玉云。金文凡中正字皆从口从㫃。伯仲字皆作中。無斿形。史字所从之中作中。許書中正之中作中。殆傳寫之譌等語。運開按。令鼎作中。仲師父鼎作中。子仲匜作中。皆叚作伯仲字。又頌鼎吳彝師酉敢等。凡云立中廷者。皆作中。與鼓文同。是羅氏之説爲可信。至於中爲古文中。段氏即謂此字可疑。以爲淺人誤以屈中之虫入此。又徐鼎臣以中爲籀文中。亦無佐證。殆由中字傳寫之誤耳。【癸鼓　石鼓釋文】

◉馬叙倫　鈕樹玉曰。集韵類篇韵會引皆作和也。韵會引通下有也字。桂馥曰。鼂説之曰。林罕謂从囗。象四方上下通中也。説文徐本皆作口。殆誤也。嚴章福曰。宋麻沙本而也作肉也。皆内之誤。鍇本作和。内與和形聲不類。何由而誤。禾下曰。得時之中。故謂之禾。疑此和也二字。本中下別義。轉寫脱正義耳。王筠曰。鐘鼎文皆作中。倫按而肉皆爲譌字。顯然無疑。内也之訓。古雖有徵。然非本義。蓋呂忱所加。唐寫本切韻殘卷一東引作和也。與鍇本同。蓋亦字林訓。字林列訓非一也。亦或校者加之。倫謂丨下曰上下通。此亦曰上下通。蓋本訓通也。通以聲訓。上下通也。校者據字形以説之。傳寫捝本訓。而上下通或譌乙於下。或譌入丨字下矣。知在此下者。丨貫於口中。故可曰上下通。若丨字何指而言上下通乎。若謂上天下地而丨在中。此離字形字義而虛構其説。不可據也。字从丨口其中。金甲文中中異用。伯仲字並作中。惟般仲盤作中。或泐文也。林罕謂从口與秉仲鼎文同。此作中與甲文中之中旁同。顧實釋中爲中己之合文。然甲文中字亦如金文。顧據王襄所録。王書實多僞物。恐此字不可據。惟兮仲毁格仲尊中字皆作中。形在中中之閒。或由中小篆爲中。又譌爲中耳。字盖从丨而口其中。指事。口非字。以此爲識察而見意而已。或如以中之口。乃繩縛丨之中央以會意。要之意轉不易顯。或謂从丨。〇聲。〇爲亘之初文。音轉爲庸。故中得以爲聲。此說於形聲皆通。然何以得中央之義乎。徐灝謂从口而識其適中之處。尤瑩亦謂从〇从丨者。正以一丨居中。爲指事。然此皆不悟造字本於物形。不可虛構。徐謂从口而識其適中之處。則〇是何物。尤謂以丨居中爲指事。丨〇又並是何物。其說小近理而猶不足取。若章炳麟顧實者。其說支離違曲。不立之準。無可與議矣。王國維據本書史字从又持中。謂中乃周禮太史凡射事設中舍筭之中。又據鄉射記虎中兕中鹿中之說。謂古中作獸形。惟作獸形者。乃周末文勝之制。初物當如中形。而於中之上横鑿孔以立筭。達於下。横其中央一直。乃所以持之。倫謂王以此釋史所以从中。則即謂中爲器名。然史爲書之初文。謝彦華謂从又持筆。是也。不从中。惟王謂中象設中之中形。可從。故其形或作中。或作中。或作中。而金甲文所以中𠁩異用耶。父癸爵有[glyph]。从二獸。从中。舊釋兩虎。近是。蓋即虎中或兕中也。中之爲器。本止作〇。所以盛筭。或加丨丨作中。蓋所謂筭籌也。或加矢作[glyph]。見東鼎。皆爲〇之後起異文。蓋以篆文捉於他字。故爲別之。史記封禪書集解徐廣引倉頡。中。得也。中之爲得。義生於射矣。餘詳𠁩下。字見急就篇。

[glyph]段玉裁曰。此字可疑。豈淺人誤以屈中之虫入此歟。王筠曰。金文借爲伯仲者。皆作中。其中央字有[glyph][glyph][glyph][glyph]四形。作中者偶見。未有[glyph][glyph]之形。李杲曰。疑傳寫之譌。倫按汗簡引衛宏字說中作[glyph]。衛宏字說者。孫詒讓考定當爲衛恆古文官書。然則此或本作[glyph]。乃呂忱依官書加之。傳寫譌耶。

[glyph]王紹蘭曰。漢蔡湛頌劉修碑夏承碑仲字偏傍皆作[glyph]。羅振玉曰。古金文及卜辭皆作[glyph]。或作[glyph]。斿或在左或在右。蓋斿因風而左右偃也。無作[glyph]者。斿不能同時既偃於左又偃於右也。倫按鍇本[glyph]字爲張次立所補。許書蓋衹一重文作[glyph]。傳寫譌爲[glyph]耳。[glyph]當依金文作[glyph]。頌𣪘[glyph]盂鼎。[glyph]即周禮考工記所謂熊旗六游也。本書。旗熊旗六游以象伐星。士卒以爲期。蓋[glyph]从[glyph]而〇之。即爲什伍集中之義。什伍環旗而旗在其中。故有中央之義。上下通者。依中形爲說耳。指事。又疑从[glyph]〇聲。爲形聲字。義亦爲什伍集中。沇兒鐘作[glyph]。中子化盤作[glyph]。卯𣪘作[glyph]。【説文解字六書疏證卷二】

◉馬叙倫　[glyph][glyph][glyph][glyph][glyph]倫按此盖文，器無[glyph]形。舊釋爲横戈形。釋[glyph]爲中。金文中[glyph]實異字。中用爲伯仲字。其義則鄉射禮所謂虎中兕中鹿中者也。[glyph]從[glyph]而〇其中。盂鼎作[glyph]。倫謂鼎文爲正。從[glyph]。即周禮考工記所謂熊旗六游者也。説文。旗。熊旗六游以象罰星。士卒以爲期。周禮大司徒。方軍旅大田役以旗致萬民。注。徽衆刻日樹旗。期於其下。則[glyph]爲旗之初文而亦省變者也。故僅具六游耳。中聲。[glyph]爲什伍集中之義。故引申爲中央。金文每言[glyph]廷也。此[glyph]

盖人名。而[?]其族徽。金文每有作横戈者。未審與戈如何分别。【讀金器刻詞卷中】

◉朱德熙　裘錫圭　簡文凡七字(見附圖)

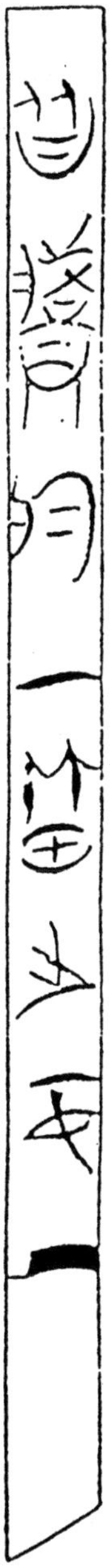

第七字李釋中李學勤《談近年來新發現的幾種戰國文字資料》,《文物參考資料》1956第1期,可從。戰國印文中字或作以下諸形:

[?] [?] 《古璽文字徵》1・1下—1・2上

與簡文中字相同。

綜上所説,可知簡文當讀爲:

皆藏於一匣之中

這顯然是一段文字的末一句,前面的文字當是列舉藏於匣中的各種器物的名稱的。【仰天湖楚簡第十二號考釋　考古學報一九七二年第二期】

◉于省吾　甲骨文的中宗祖乙是常見的,而中宗祖丁(摹本)還是初次見到。我認爲,中宗祖丁即中丁,乃大戊之子,中宗祖乙之父。陳夢家謂先王廟號的區别,「大小之間可以稱中」,並列舉「大丁—中丁—小丁(祖丁),大乙—中宗祖乙—小乙」爲證(綜述四四一)。按陳氏謂大小之間可以稱中,是只看表面現象而未明其實質意義,乃似是而非的解釋。古文字的通例,伯仲之仲作中,中間之中作𠁩。後世則以仲代中,以中代𠁩,中行而𠁩廢。今將甲骨文和商代金文有關中和𠁩的詞例,分别擇録于下:

甲,中

一、大子,中子,小子(甲骨文編合文一一)。

二、大父,中父,父(商器三戈之　的銘文,代一九・二〇)。

乙,𠁩

三、義京——右(續一・五二・二),義京——𠁩(前六・二・三),義京—左(前六・二・二)。

四、戠馬:左、右、𠁩人三百(前三・三一・二)。

五、王作三𠂤(師)：右、𠁧、左(粹五九七)。

六、左、𠁧、右(商器三个盉的銘文,青山莊清賞二·五·七)。

以上所列甲類的大中小即大仲小。第一條的大子、中子、小子,和第二條的大父、中父、父可以互證。至於第二條以大父、中父和父爲言,次序井然,父上没有再加小字的必要。大中小是縱列的,大爲第一位,中爲第二位,小爲第三位。這是對先輩排列的順序稱謂。大中小之中與後世伯仲之仲同義,但與𠁧間之𠁧有別。大仲小猶記數字之有一二三,前後是順序的。乙類的右𠁧左是横列的,以中爲主,左右爲輔,與伯仲之仲不同。第四條的戠馬,以左右𠁧人三百爲言,把𠁧字列於左右之下,而不列於左右之間,正是𠁧和左右有主輔之别的明徵。第五條的三師而分稱右𠁧左,也顯然是以𠁧師爲主而左右師爲輔。第六條的三盉銘文,以左𠁧右爲識别。盉爲盛酒之器,用以宴享或祭祀,在陳設時自然是横列——一盉在𠁧,兩盉分列左右。

中與𠁧既然有别,則中丁、中宗祖丁、中宗祖乙之中均應讀作伯仲之仲。甲骨文中丁之中偶有作𠁧者(後下四〇·一一),羅振玉謂爲「偶用假字」(增考中一四)。至於中宗祖丁和中宗祖乙之中則從無作𠁧者。【釋中宗祖丁和中宗祖乙　甲骨文字釋林卷中】

◉李　圃　𠁧,以造字的聯想規定性例之,當爲古代之測天儀。實物當作垂直長桿形丨,飾以飄帶以觀風向(𠁧),架以方框以觀日影(中)。此字中的幾根飄帶總是飄向同一個方向的,在甲骨文中或右向作𠁧,或左向作𠁧,未出現上左下右或上右下左的現象,可證其爲測風儀。卜辭文例亦有明證:「立中,允亡風。」(《殷虚書契續編》四·四·五,《選讀》二一〇)「囗立中,亡風。」(《簠室殷契徵文》天象十,《選讀》二一二)此字既有一長桿,儘可測日影之移動了,又何必加用方框?這卻正是古人的精細處。蓋上下各爲三點成一綫,中則一以貫之,用以觀日影,較之單竪一直桿就精密得多了。居於中心之義,以及「中行」、「立中」之「中」,當爲引伸義。【甲骨文選讀】

◉王毓彤　1979年夏,湖北荆州博物館收購到江陵縣揀選的一件青銅戈。⊘陰鑄銘文秼秼中三字。前兩字識爲秼,後一字識爲中(仲)。

按照我們的理解,戈銘「秼秼中」三字,前一字代表國别或地名,後二字應爲人名。

此戈从形制、紋飾特征看,似屬春秋中、晚期兵器。【江陵發現一件春秋帶銘夔紋戈　文物一九八三年第五期】

◉姜亮夫　甲文之𠁧當爲省形,而兩斿之𠁧當爲全像。下邊之斿,上形所投之影,故下形筆畫之多少,筆勢之抑揚屈信,必與上形相應，決無例外。

○若ㅂ形者，即斿柄在日中時所投之正影。○者正象形，ㅂ者刀契所施，不無圭角也。蓋古之造曆者，候日晷進退，以驗陰陽消息之機。後世法漸密，則設水準繩墨，以度中晷。上古樸質，立木以爲表，取表端日光之面，以定正昃。即於表上建旂，以爲一族指撝之用，於事既便，於理亦最簡，此氏族社會之常例。元時郭守敬以銅爲表，高三十六尺，端挾兩旄，舉一横梁，下至圭面，共四十八尺。蓋表若短，則尺寸之下，所立分秒太少，未易分别；表長則分寸亦長，易於籌算，此亦術近於自然者也。古者天子之杠高九仞，諸侯七仞，卿大夫五仞，士三仞。見《周官·司常》疏。而斿旆之長，亦與杠爲比例。天子之斿至地，諸侯至軫，卿大夫至軹，士至肩。詳《廣雅·釋天》王疏，此國人文飾之説。故得寫影至於與地比也。古人日晷，即使不若後世分别之細，而宵旦晨昏中正之别不明，當亦作息交往所最不便。而一日之間，所最不易判明者，亦爲日中，則立旗爲表，以度日晷，亦人情古初之自然要求矣。

此非余向壁所造之語。試徵之舊説。《太元》「周植中樞」，注「中正午爲中」，是其證。《書·盤庚》：「汝分猷念以相從，各設中於乃心。」猶言各設表於乃心，亦以斿喻心之相向，即《左氏傳》所謂佩衷之旗也。以旗喻衷，意象全同。《禮記》：「質明而行事，日幾中而後禮成。」《史記·封禪書》：「平又言：『臣侯日再中』，頃之，日卻復中。」《淮南子》曰：「日出暘谷，至衡陽，日禺中。」注：「正午也。」又曰：「日至於昆吾是謂正中。」《易·豐卦》：「勿憂宜日中。」《象》曰：「宜日中，宜照天下也。日中則昃。」又曰：「日中見沬，折其右肱。」又《蒙卦·彖》曰：「蒙亨，以亨行，時中也。」《詩》：「日之方中，在前止處。」《洪範·五行傳》：「日之中。」注：「隅中至日跌爲日之中。」《墨經》曰：「日中缶南也。」皆是。其證尚多，不及備録。引而申之，凡一切時限之中，皆可曰中。蓋曆法至於日，日一事正，則其餘可握。程明道語。如晝夜時晷相等曰日中。《尚書·堯典》「日中星鳥」，左氏莊二十年《傳》曰「日中而出」，皆是。夜半亦謂之中，見《洪範·五行傳》。月半亦謂之中，見《素問·六節藏象論》「表正於中」注及《書·洪範》疏、左氏僖五年《傳》疏。五六七八四月爲一歲之中，見《洪範·五行傳》。推其原義，實皆本於一日之中而中之者也。《左氏傳》「先王之正時，履端於始，舉正於中，歸餘於終」云云，亦以中正喻歲時。

【「中」形形體及其語音演變之研究　杭州大學學報一九八四年增刊】

◉晁福林　甲骨文「三」(下文中「三」皆爲「三」替代)字，習見於一、二期卜辭，亦偶見於三、四期。商承祚釋其爲三(《殷虚文字類編》，一卷6頁)；容庚釋爲彡(《殷虚卜辭》197片考釋)；郭沫若釋爲川(《卜辭通纂》380片考釋)；金祖同讀若將(《殷契遺珠》10片考釋)。這四説由於證據不足，所以信之者頗少。于省吾先生把這個字釋爲乞以後，研討古文字者多從之，因此于説影響很大。

被于先生所釋爲「乞」字的甲骨文「三」，我以爲即另一類「中」字，爲上、中、下之「中」。許慎謂「指事者，視可識，察而見意，上下是也」（《説文》卷十五），段玉裁改上下爲「二 二」，與甲骨文上下字完全吻合，獨具卓識，令人嘆服。二、二的短劃分別指示在「一」之上若下，故爲上下字，確是典型的指事字。甲骨文的上下合文作□、□、□、□等，亦指事之例。甲骨文「三」的短劃表示上、下之間，與「□」相似而有別。上下之間者，中也。因此「三」當爲「中」字的異文。

古人之造字者非一人，造字的途徑亦非一條，所以古文字裏異形同字的情況多有所見，非獨「中」字爲然。甲骨文「□」等與「三」均爲中字。前者本謂旗幟，後來引申指地域中央，可謂是左中右之「中」，東西南北之「中」；後者从中間取義，可謂是上中下之「中」。爲了書寫方便，我們可以將前者楷爲□；後者楷爲中。在卜辭裏□（□）與三（中）的用法有些是相同的，如：

①叀日□（□）又（有）大雨。（合集29789）

②丙申卜，□貞翌丁酉叀日三（中）歲，用。三月。（合集15464）

③乙亥卜，今日至于□（□）录，吉。（屯南2529）

④王其涉東□（岸）田三（中）录瀧。（屯南2116）

上引②爲一期卜辭，餘皆三期卜辭。①辭貞問「日□（□）」是否有大雨。②辭貞問第二天丁酉日是否於「日三（中）」舉行歲祭。一期卜辭裏還有殘辭「晨…三（中）尞于岳」（合集14451），由文義看原文當爲「晨［至日］三（中）尞于岳」，指早晨至日中尞祭於岳。此殘辭與②辭類似。①②辭相比可知「日□（□）」與「日三（中）」是相同的，「□」與「三」相當。③辭貞問今日是否至於「□（□）录」。④辭貞問王是否渡河到東岸的「三（中）录」獵虎。辭中的「□」，諸家多有相互歧異的釋解，我以爲是岸字初文，説容另詳。「□录」和「三录」是相同的。從以上兩組辭例的對比情況看，「三」與□同爲中字，殆無可疑。

考察甲骨文「中」字在卜辭裏的使用情況，應當考慮到殷人方言的特點。今豫北、豫東地區是殷人長期聚居的根據地。這些地區慣以「中」表示然諾的語言。時至今日，河南省廣大地區的方言裏仍然極常見「中」的使用。「中」表示可以、行等義；「不中」則表示不可以、不行。在卜辭裏，「中」字也常有這種用法，如：

⑤既宗卯，□（□）。（合集34061）

⑥庚申貞，王令𠬝，□。（合集32846）

⑦壬戌卜，爭貞，三(中)令𡕲田于[glyph]侯，十月。（合集10923）

⑧辛卯卜，㱿貞，三(中)乎酌河，不潛正。（合集14536）

上引前兩例是四期卜辭，後兩例是一期卜辭。⑤辭貞問到宗廟卯殺犧牲中不中，猶言這樣做行不行。⑥辭貞問王令名𠂤者中不中，猶言令𠂤行不行。卜辭裏有些十分簡短的貞問，如「弜中」(合集40797)「不中」(合集35246)「其中」(合集31963)均爲貞問行不行的意思。⑦辭貞問可否命令名𡕲者到[glyph]侯之地田獵。⑧辭貞問可否命令酌祭於河。和這條卜辭相類似的有「王三(中)正河」(合集16242、16243)，意謂可否正祭於河。

有些比較特殊的卜辭裏的「中」，也表示行否之義，如：

⑨丙寅三(中)、壬申三(中)、戊子三(中)、丁酉三(中)、辛……。（粹編1250）

⑩甲午卜，穷貞，令周三(中)牛多。（合集4884）

這兩例都是一期卜辭。關於⑨辭，郭沫若《粹編》考釋説：「此例頗特異，爲自來所未見。」衹要知道了「三(中)」的含義，那么⑨辭便可通讀了。這條卜辭貞問丙寅日行嗎？壬申日行嗎？戊子日行嗎？丁酉日行嗎？是選擇日期的占卜之辭。⑩辭的詞序排列特異，「令周三(中)牛多」即「三(中)令周多牛」，云是否以多牛賜周。

在卜辭裏，「三(中)」用在動詞前多表示「可以」的意思，上引⑦⑧即此例。又如「𠂤三(中)步伐吾」(合集6292)，即名𠂤者可以步伐吾方；「王三(中)氏人狩」(合集1023)，即王可以召致人狩獵；「三(中)酌魯于上甲」(合集25940)，即可以酌協祭於上甲；「王三(中)令𠂤」(合集4036)，即王可以命令名𠂤者。「三」亦偶有用在動詞之後也表示「可以」之義者，如：「我收人三(中)在黍」(合集795)，即「我三(中)在黍收人」，謂我可在黍征集人員。卜辭裏的能願動詞極罕見，如果我們關於「三」的考釋不誤的話，那麼用在動詞之前的「三」就是一個可以確定的能願動詞。

在習見的四期刻辭成語裏，也有用「三(中)」之例。這裏的「三(中)」有行、完成之義，如：

⑪乙未[glyph]三(中)冎六自正。（屯南3028）

⑫辛酉[glyph]三(中)冎八。（合集35201）

關於這類刻辭，郭沫若説是「治作龜骨之紀録」(粹編1534片考釋)，甚確，但又謂「三」爲數字，則可商榷。《屯南》131片考釋指出，「三」「三」都作三，如果是數字，不會都是三」。這個説法是正確的。這類刻辭的「[glyph]三(中)」，猶「[glyph]行」，謂卜骨鑽鑿完畢。「冎」疑讀若差，用如擇。⑪辭謂乙未日已經把从「正」地送詣的卜骨鑽鑿完畢，並選擇六塊備用。⑫辭謂辛酉日鑽鑿卜骨完畢之後在其中選擇八塊備用。

總之，卜辭裏的「中」字的使用頗具特色。通過以上的相關辭例的分析，我們可以説，現今河南省方言裏的「中」可以追溯到殷商時代。

除了方言特點以外，卜辭裏的「中」字常有「得到」之義。這種情況在古代文獻裏亦然。《周禮·地官·師氏》：「掌國中失之事以教國子弟。」注：「故書『中』爲『得』。杜子春云：當爲『得』。記君得失，若《春秋》是也。」「杜音得。」得，古音在職部；中，在侵部。職侵兩部古音相近，可以通轉，如職部的「極」就與侵部的「窮」相通，猶「中」之通「得」然。「中」讀若得，不僅从古音上看是可以的，而且从含義上看兩者也相通。「中」常有合適、符合之義，這種情況下若以「得」釋之便十分通暢。《左傳》成公二年：「克於先大夫，無能爲役。」杜注：「不中爲之役使。」「不中」猶「不得」。《史記·秦始皇本紀》：「吾前收天下書，不中用者盡去之。」「不中用」即不合用，不得用。總之，从古音和古義兩方面看，「中」讀若「得」應當是可以的。請看卜辭裏的例子：

⑬甲申卜，其三(中)□。(屯南225)

⑭庚戌三(中)冎于□。(屯南638)

⑮丁亥，三(中)自雩十屯，□示。(合集39514臼)

⑯帚⿱竹女示二屯，自三(得)匿。(合集17542臼)

⑰乙亥，三(中)二十屯兕五。(合集9461反面)

上引前兩例屬四期，餘皆屬一期。⑬辭的□字不識，舊説將它混同於朋字，疑非是。這條卜辭貞問能否得到□。⑭辭謂庚戌日从□地得到卜骨。象⑮⑯這樣的刻辭，習見於一期骨臼，其中用「示」、「屯」字很多。關於這兩個字的解釋，諸家頗歧異，我以爲這裏的示當讀若「氏」，屯當讀若純，用如捆，説容另詳。⑮辭謂丁亥日得到珍氏从雩地進獻的卜骨十捆。⑯辭謂帚⿱竹女氏的兩捆卜骨是从匿地得到的。《屯南》2330片是卜骨反面拓片，上有記事刻辭「癸卯三(中)」，謂此卜骨是癸卯日得到的。這和⑮⑯辭一樣，是相同類型的刻辭。⑰辭的「屯」和兕並列，其詞性當一樣，疑讀若豚，指小豬。這條刻辭記載，乙亥日得到二十只豚，五只兕。

卜辭裏的「三(中)」偶而也有用作中等或中間之義者，如：

⑱貞，今日其(雨)。王占曰：疑茲三(中)雨。之日允雨。三月。(合集12532)

⑲三(中)日酌。

于日衰酌。(屯南2366)

⑳癸巳卜，㱿貞，旬亡囚。王占曰：㞢(有)希，其㞢(又)來艱，三(中)至五日丁酉允㞢來艱自西。(合集6057)

上引⑲爲四期卜辭，餘皆一期卜辭。⑱辭的「三(中)雨」當介於卜辭習見的「大雨」「小雨」之間，「三(中)」指中等規模。如果把這裏的「三(中)」理解爲「日三(中)」之省，説亦可通。⑲辭的「衰」原作[glyph]，我以爲是衰字初文，説容另詳。「三(中)日」即日正午時候；「日衰」即太陽由盛而衰，指日過午時候。這條卜辭是關於選擇酒祭時間的貞問。⑳是一期卜辭裏習見的卜旬辭例。「三(中)至五日」即這旬中間的第五日。這類辭例裏「三(中)至」後邊的最多日期爲九日(合集6057反)，可見「三(中)」指一旬之中。

我們應當討論一下《天亡簋》裏的「三」字。

關於殷周之際的變革，周人的基本觀點是「革殷受天明命」(《逸周書・克殷解》)。所謂「殪戎殷，誕受厥命」(《尚書・康誥》)、「天命靡常」(《詩經・文王》)、「聞於上帝，惟時受有殷命」(《尚書・君奭》)等均其義。「革殷受天明命」的結果，周人認爲並不是終結了「衣(殷)王祀」，而是得到了，或者説是繼承了「衣(殷)王祀」。从治理殷遺民和爭取殷的舊屬國的策略出發，周人屢次頌揚除帝辛以外的殷王，説「自成湯咸至於帝乙，成王畏相」(《尚書・酒誥》)，「我時其惟殷先哲王德」，「紹聞衣德言，往敷求於殷先哲王」(《尚書・康誥》)。不僅如此，而且在周初還繼續采用殷曆記時並以殷禮進行祭祀。《尚書・洛誥》云：「王肇稱殷禮，祀於新邑，咸秩無文。」偽孔傳：「言王當始舉殷家祭祀，以禮典祀於新邑。」這樣做是爲了向殷人及其舊屬國表示，周是在繼承殷人對天的祭祀。康叔受封時，成王囑咐他説：「往哉封！勿替敬典，聽朕告汝，乃以殷民世享。」從周人一再申明的言論看，「不(丕)克三衣(殷)王祀」絶非終結「衣(殷)王祀」之義。通過我們對甲骨文「三(中)」的考釋，可以説《天亡簋》裏的「三」亦中字。它和卜辭裏的許多「三(中)」字一樣用如「得」。「不(丕)三(中)衣(殷)王祀」，即能夠得到「衣(殷)王祀」，意爲能夠繼續進行殷人對天的祭祀。這樣釋解，不僅和周人「受有殷命」、「肇稱殷禮」的思想若合符節，而且和整篇銘文的意義也是十分融洽的。陳夢家所指出的《天亡簋》這句話的另一種解釋，謂「繼續殷王的祭祀」。【甲骨文「中」字説　殷都學刊一九八七年第三期】

◉劉彬徽等　审，簡文作[glyph]。卜筮祭禱簡「期中」之「中」與簡文相同。「中」寫作[glyph]是楚國文字特有的寫法。「中昜」亦見於湖南省桃源縣三元村一號楚墓出的銅鼎銘。(參閱《桃源三元村一號楚墓》，《湖南考古輯刊4》)【包山楚簡】

◉田樹生　[glyph]上的斿是附加物，而非主體，因爲後來省作中或[glyph]。如果〇是次要成分，理應省去而存主體。當然斿也有其一定意義，這點，我們下面還要談到。甲文和金文的中，口或〇是主體，決不可省的，因爲那是建鼓的象形。凡是中的中間部分決不出兩種類型，口象鼓的側面，〇則象其正面，𠁩（《粹》一二一八）不只畫出側面，且用兩畫標志出鼓面。𠁩（中父辛爵）僅畫出正面外形，沒有畫出藏在鼓身裏面的一段木桿。可見把中看是建鼓的象形，對於中的各種形體都可以得到圓滿解釋。僅把它當作旌旗之屬所遇到的困難迎刃而解。𠁩作人名就省去了上面的飄帶寫作中。這是字義的分化導致字形的分化。至於保留斿和旃的，如「仲丁」作𠁩，則爲數甚微，是過渡形態。

建鼓古已有之。《儀禮・大射》：「建鼓在阼階西南鼓。」注云：「建猶樹也，以木貫而載之，樹之跗也，南鼓謂所伐面也。」建鼓又稱楹鼓，盛行在殷代。《禮記・明堂位》：「夏后氏之鼓足，殷楹鼓，周懸鼓。」注云：「足謂四足也。楹謂之柱，貫中上出也。……《殷頌》曰：『植式鼗鼓。』《周頌》曰：『應懸輔鼓。』」建鼓木製，埋藏地下，易於腐朽，殷代遺存難以見到。不過，戰國墓中存在較爲完好的遺型，1978年湖北隨縣曾侯乙墓出土的建鼓，鼓身長1米，鼓面直徑爲0.8米，用一根長桿穿過鼓身，將鼓樹立在青銅跗上。在有水陸交戰的銅器圖飾上我們還能見到建鼓的圖象。如在1935年河南汲縣山彪鎮琉璃閣一號墓出土的兩件水陸攻戰圖鑒，1965年在成都百花潭中學十號墓出土的嵌錯圖象銅壺，故宮博物院收藏的宴樂銅壺，都有建鼓圖象，上爲插羽之斿，豎畫爲木桿，中爲鼓身，下爲鼓跗，跗有丁寧。上述諸器雖爲戰國時物，但其圖象爲建鼓則是沒有問題的。𠁩正是與這種圖象吻合的。那麼，作爲建鼓跟「中」的意義有什麼關係呢？

「中」有多種義項，最主要的是中心。《說文》：「中，內也。」「中」爲什麼有「內」的意義？于省吾先生云：「商代甲骨文每有『王立𠁩，亡無風』之卜，……商王有事，時常立𠁩以召集士衆（士謂『士卒』，衆謂『衆人』）而命令之。」唐蘭先生云：「蓋有大事，聚衆於曠地，是建中焉，羣衆望見中而趨附。羣衆來自四方，則建中之地爲中央矣。列衆爲陣，建中之酋長或貴族恆居中央，而羣衆左之右之望見中之所在，即知爲中央矣。」又說「其所立之地恆爲中央，遂引申爲中央之義，因更引申爲一切之中。」二位先生心目中的「中」是旌旗之屬。旌旗是視覺信號，它可以標明空間。集衆就需要有個集合地點。但是還須有個時間信號。古人傳遞時間信號的手段是鼓而非旗幟。具有斿的建鼓恰好即可以用來標明地點，又可爲跨越空間傳遞信息、時間等聽覺信號。「幽王爲烽燧大鼓，有寇至則舉烽火。」《太平御覽》記載周王室住地「近戎人。與諸侯約，爲高堡，置鼓其上，遠近相聞。戎寇至，傳鼓相告，諸侯之兵皆至，救天子。褒姒大悅，笑之。王欲褒姒之笑也，因數擊鼓，諸侯兵數至而無寇。後戎寇真至，幽王擊鼓，諸侯兵不至」。上述記載說明鼓是統治中心和周圍四方羣衆聯繫的手段，關係到王室的安危。如失去或濫用它，在特定條件下，會導致災難性的後果。那麼，鼓在人們的心中居一種什麼樣的位置，就不難想象了。在古代社會，通訊手段不太發達的情況下，用鼓來集衆，傳遞信息具有普遍性，《周禮》記載：「鼓人掌教六鼓四金之音聲，以節聲樂，以和軍旅，以正田役。」這是對鼓的作用的概括。《禮記・文王世子》：「天子視學，大聽鼓徵，所以警衆也。」注云：「早昧爽擊鼓以召衆也。」《通典》記載一段「自云其先本漢人」「莊蹻之餘種」的「松外諸蠻」，「其俗有盜竊、殺人、淫穢之事，酋即立一長木爲擊鼓警衆，共會其下。强盜者，衆共殺之。若賊家富强，但燒其屋宅，奪其田業而已。」「立一長木爲擊鼓警衆」就很像建鼓，或者説這些晚於殷代的事與殷代無涉。這種説法忽略了擊鼓警衆的共同性和歷史繼承性。《太平御覽》引《通禮義纂》的一段話可以回答上述疑難，「建鼓，大鼓也，少昊氏作焉，爲樂之節。夏加四足，謂之節鼓；商人掛而貫之，謂之楹鼓；周人懸而擊之，謂之懸鼓。近代相承，植而建之，謂之建鼓。本出於商制也，唐禮設於四隅。」在亞洲南部的多雨地帶，革面鼓又發展爲銅鼓。《隋書・地理志》記岑南諸獠「鑄銅爲大鼓，……欲相攻則鳴此鼓，到者如雲。有鼓者號爲都老，羣情推服。」談遷在《國榷》中也説過類似情況。我們綜合起來考察，在羣衆集合地點的中心有兩個標志，一是作爲視覺信號的旍旗□，一是發聽覺信號的建鼓□，于是出現了兩個當「中」講的異體字。□既然兼有二者的作用，于是就流行而用。旗鼓同時出現，而又作指揮手段，在殷代以後關於軍陣的記載中有不少這方面的情況。

另外，各本《説文》都載有「□，古文中。」王筠在《説文句讀》中無注，頗爲謹慎。桂馥的《説文解字義證》認爲是「與屯同意，言通之難。」段玉裁和朱駿聲則懷疑是漢時俗書「屈中之虫」。我們認爲這些説法都是猜測。□既不是「通之難」，也非「屈中之

（四）

虫」的象形，而是一種曲柄提鼓的象形。它不但毫不費解，反而給我們中是建鼓象形的説法以極好的例證。這樣一種穿透鼓幫的曲柄提鼓古人干脆管它叫「提」。《周禮・夏官・大司馬》：「師帥執提。」注云：「謂馬上鼓，有曲木，提持鼓立馬上者，故謂之提。」也就是「與大鼓爲節」的小鼓鼙。許慎謂之爲「騎鼓」。《説文・鼓部》：「鼙，騎鼓也。」執掌大鼓的當是「詔贊王鼓」、「傳王命於陣中」的「戒右」，這與王親掌大鼓的辦法相比，恐怕是個變通的方法。至於怎樣擊車上的大鼓，後世是留下痕跡的。（圖四）

如果我們上述的从形和義兩方面結合史實和早期社會情況來論證「中」是建鼓象形能夠成立的話，那麼「中」字讀音是否同鼓聲有關？因爲古無舌上音，「中」和「冬」的讀音是很相近的。而「冬」的聲音和鼓聲是相近的。

甲骨文「中」等形，一象旌旗，一象建鼓，都是指揮和號令的工具。建鼓有斿，且可以「節音聲」、「和軍旅」、「正田役」，「中」的基本意義與旌鼓，尤其與鼓有關。【釋中　殷都學刊一九九一年第二期】

◉胡念耕　口實爲鼓形。古有杆上安鼓之旗。1935年河南汲縣山彪鎮戰國墓出土之水陸攻戰紋銅鑒上鑄有一幅精美生動的古代攻戰圖，圖中有擊鼓形：

兩圖旗杆中部安的都是鼓，橫置之鼓形及旁立持枹作敲擊狀者可證。甲骨「中」或作[illegible]（《殷虚書契前編》六・二・三），正

與銅鑒右圖旗鼓形吻合。形之鑿鑿，確可信據。

口之爲鼓，又有音訓可考。中，上古音系端（知）紐，冬韻，與冬字音同。後世之象聲詞冬冬（鼕鼕）即狀鼓聲，可知「中」音實擬鼓聲無疑。

鼓置木柱上之構造方式，殷時已有。《詩經·周頌·有瞽》：「應田縣鼓」。田，《詩毛氏傳疏》云：「盖田即《儀禮》之建鼓也。……鄭注云：建鼓，建猶樹也，以木貫而載之，樹之跗也。賈疏云：今之建鼓，則殷法也。又謂之楹鼓。《明堂位》殷楹鼓。鄭注云：楹，謂之柱，貫中上出也。則田即殷人楹鼓也」。建鼓之稱，見於古籍者，前如《儀禮·大射儀》「建鼓在阼階西」，又如《莊子》「負建鼓而求亡子」。可見戰國銅鑒圖之置鼓形制實由來已久，甲骨「中」字正是早期寫照。

不過，最初致民時，可能旗鼓分置，後來製作工藝改進，才置鼓於旗杆上。明確這一點很有必要。有人疑曰：「□……與□爲同字，按依古文字通例，古文字字形必然凸顯其特征，才能作爲文字識別之准繩。□字若象建鼓，鼓則爲其重要特征，依理鼓形不當省略。□字用法（在卜辭）雖與□相同，可判定其爲□字另一形，但此爲不尋常之例，並非常例」。我們説，最早「中」義是由「旗以致民」的作用派生出來的，那時還不能置鼓於杆上，旗就意味着「中」；後來旗鼓一體，文字表達也逐漸精密清晰，用以表「中」義者使用旗鼓形（如《漢語大字典》選録的九個甲、金「中」字均爲旗鼓形），逐漸淘汰旗形。這種現象在古文字中是很常見的：一個字有其本義，後來有了引申義，而字形未變，因兼表幾種意義，使用起來易生淆亂，于是變動原字，另出一字，以示別義。試看由□而□的演變就是這樣的。這個演變當然有一個過程，所以有時言「中」仍用旗形，如中婦鼎之□。旗與旗鼓形兩種字必定有一個同時存在都可使用的階段，只是到後來兩者才分道揚鑣而專由旗鼓形來表示。

再，旗游數的多寡是建旗者爵位高低的標志，各級集衆的指揮中心其建旗游數都不同。不過，多也是中，少也是中，只有杆與鼓从不變動，是其凸顯之特征、識別之准繩，故「中」字省文作□（《殷虛文字甲編》三九八）、□（兮仲簋）、□（散盤）而延傳至今。小篆□已銷盡旗形，古人未見甲骨，鼎彝所見甚少，已不識口、丨爲何物，故釋中多憑臆想。許慎《説文解字》曰：「內也，从口、丨、上下通」。下雖言「□，籀文中」而仍未解真形。王筠《文字蒙求》曰：「中，以口象四方，以丨界其中央」，屬合體指事字。所言俱未中肯綮。如循許、王之説，不獨旗形無从得解，就是旗鼓形亦難得貫通。如説口象四方，□象插旗於四方之內，似乎通順，但口下又有游如□者則絶難理解，況且「□」形又作何解釋呢？康殷先生疑口爲指事符號顯然也未脱許、王窠臼。

總之，釋口爲鼓，則中字之種種形體都能作合理詮釋，而由此，中字之本義也更爲顯明，且益證唐蘭先生所言不謬。【唐

蘭釋「中」補苴　安徽師大學報一九九一年第二期】

◉陳偉武　中《文字徵》第86頁「巨」字下：「……□3.763，巨𨜒。……」今按，巨字作□僅見於金文鄦侯簋。《古幣文編》第28頁「中」字下録晉地方形布幣「中都」，「中」均作□。疑陶文𨜒爲都之假，「中𨜒」即中都，春秋魯邑名而延至戰國，地在今山東，非晉地中都。【《古陶文字徵》訂補　中山大學學報一九九五年第一期】

◉姚孝遂　□合集一五七七一辭云：「……巳卜……立□……」；懷一六三六辭云：「壬午卜，貞，以□立于河」，「立中」爲卜辭恆語，此當爲「中」字之異構。【甲骨文字詁林】

◉戴家祥　羅振玉云：説文解字中古文作□，籀文作□。金文及卜辭皆作□，或作□，斿或在左，或在右，斿蓋因風而左右偃也，無作□者。斿不能同時既偃於左，又偃於右矣。又卜辭凡中正字皆作□，从○从□，伯仲字作□，無斿形。史字所从之中作□，三形判不淆混。惟中丁之中曾見作□者，乃偶用假字也。殷虚書契考釋中第十四葉按墨子經上「中，同長也」。卜辭作□，金文作□，象斿桿之同長處，設一圓環，爲射者之壿的，即所謂正鵠也。儀禮鄉射「司射先立於所設中之西南，東面」。又曰，「君國中射，則皮樹中，以翿旌獲，白羽與朱羽糅。於郊則閭中，以旌獲。於竟則虎中，龍旜；大夫兕中，各以其物獲，士鹿中，翿旌以獲。唯君有射于國中，其餘，否」。以是而知□字上下所以有斿者，殆即禮之所謂旌獲也，旌爲旂飾。

金文以□爲仲，中仲聲同。堯典「以殷仲春」，「以正仲夏」，「以殷仲秋」，「以正仲冬」。史記五帝本紀仲皆作中。爾雅釋樂「其中謂之仲」。一切經音義九引韓詩曰「仲，中也。」言位居中也。字之上下無斿者，所以區別於壿的之中也。

史字所从之中，殆爲史官日常植簡之特定用器，秋官鄉士「掌國中」，「獄訟成，士師受中」。鄭衆注「中，所以盛筭也。」蓋簡爲一簡，積衆簡而爲簿書，編而後成册。以是知中之本義，猶司法工作者所謂民刑訴訟之案卷歸宗也。【金文大字典中】

□ 𠁿

◉許　慎　𠁿旌旗杠皃。从丨。从㫃。㫃亦聲。丑善切。【説文解字卷一】

◉馬叙倫　翟云升曰。宜屬㫃部。倫按㫃字甲文作□。金文偏傍作□。□即𠁿所从之㫃。所以載旗者也。𠁿訓旌旗杠皃。六篇。杠。牀前横木也。則不當从丨。段玉裁謂杠謂旗之竿。詩謂之干。則借杠爲竿旗之竿。即□。此作𠁿。終近於俗。經傳亦不見𠁿字。詩作干即竿之省。五篇。竿。竹梃也。旗竿用竹梃。今猶有然。𠁿即旗竿之竿象形字。由

而譌。之象縣旗之竿。則所以縣旗者及升降之繩也。清代官署門前旗竿正作此形。【說文解字六書疏證卷二】

粹一九三 屮用爲在 京都二〇三七 佚八四 京津四〇〇七 陳四四 父屮 【甲骨文編】

○屮 屮盉 作父戊簋 【金文編】

1·51獨字 1·50同上 1·52同上 3·627丘齊衢匋里屮 4·84匋工屮 【古陶文字徵】

〔六七〕 〔六七〕 〔一九〕 〔六七〕 〔六七〕 〔七〕 〔三六〕 〔二三〕 〔六七〕 〔六二〕 〔三六〕 〔六七〕 【先秦貨幣文編】

刀大安昜之夻化背屮 魯濟 刀大齊夻化背屮 魯濟 仝上 魯廣 仝上 魯濟 仝上 刀大安昜之夻化背屮 魯海 刀弧背左屮 冀靈 刀大齊夻化背屮 典九二七 仝上 典九二八 仝上 典九二九 刀大齊夻化背·屮 典九三〇 【古幣文編】

屮丑列切 【汗簡】

汗簡 【古文四聲韻】

◉許 慎 屮艸木初生也。象丨出形。有枝莖也。古文或以爲艸字。讀若徹。凡屮之屬皆从屮。尹彤說。臣鉉等曰。丨上下通也。象艸木萌芽。通徹地上也。丑列切。【說文解字卷一】

◉馬 昂

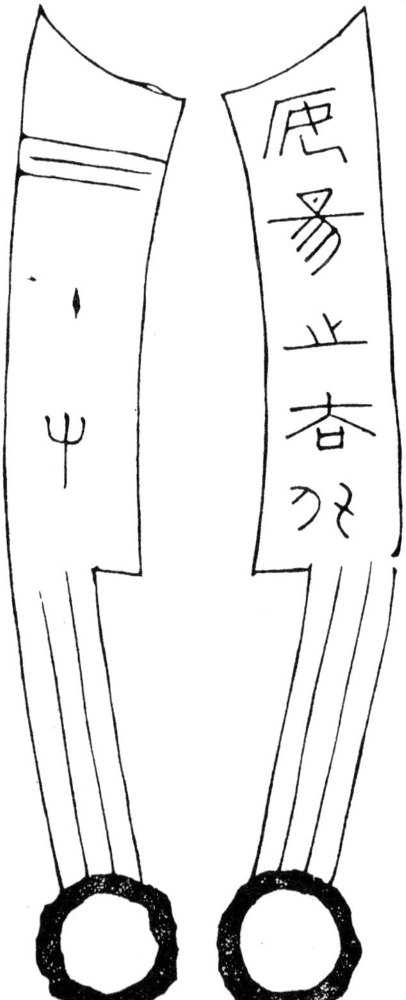

又背文一字曰屮。

按屮通艸。荀子刺屮殖穀。楊注屮爲古艸字。非是。乃省通艸也。曰屮者。蓋言財貨之興如艸生之茂。是商人之吉利語也。【貨幣文字攷卷一】

●商承祚 屮 說文屮。「古文或以爲艸字。尹彤説」。尹彤説三字。後人誤到寫在「凡屮之屬皆从屮」下。石經春秋經。「隕霜不殺艸」。艸之古文作□。案屮艸本一字。初生爲屮。蔓延爲艸。象叢生形。甲骨文从艸之字。又或从茻。形雖不同。誼則一也。【説文中之古文考】

●馬叙倫 段玉裁曰。尹彤説三字當在凡屮之屬皆从屮上。轉寫者倒之。王筠曰。集韻引無文字。屮乃象形字。不得从他字。當作象出形有枝莖也。又艸字兩屮。卉字三屮。則屮當專屬艸。且其説又曰古文或以爲艸字。尤可見不兼謂木也。然知木字非後人加者。木下云。从屮。足以明之。此自許君誤耳。木字全體象形，苟分上半爲屮。亦將分下半爲巾乎。倫按韻會引作象屮出形。蓋本鍇本。當從之。然象形之文。純爲畫成其物。視而可識。不須説明。疑説解本如气下曰。象形。今曰象屮出形。乃校者所改也。諸象形下皆同。屮之形蓋本作□。純象艸形。篆乃政齊之耳。屮艸一字。艸音清紐。而本書妻字鍇本作屮聲。妻音亦清紐。可證。特古文經傳艸字或作屮。或仍作艸。尚書洪範。庶艸蕃蕪。古文作屮。漢書多用古文。故多作屮字。本書屮艸各爲部首。蓋以屯每毒芬諸文皆从屮也。然則何煩復出古文以爲艸字。若屮艸非一字者。倫謂

屯

此校者之詞。校者不審乎中艸之爲一字。而以爲古文以中爲艸。故注之也。後凡古文以爲者亦皆校語。尹彤讀若徹者。尹彤者未詳。中即艸字。艸聲幽類。徹字鍇本作育聲。亦幽類也。說解本作艸也象形。艸也者以今釋古。今爲校者所改耳。【說文解字六書疏證卷二】

◉高鴻縉 字象形。作艸者應是複體。故中與艸一字。金文無艸字。即偏旁草頭亦無一見。知金文艸頭只作屮耳。說文中艸頭之字猶留有芬字苤字未改从複體。漢人著書亦有以中爲艸者。如漢書叙傳作中木。又曰天造中昧。是也。商代有从艸之字。如庚辰卜。爭婦來。(院乙六七一六)又院乙二八二片有字。似即蓐。如此。則甲文有艸頭作艸也。艸。周人復加早爲聲作草。草字通行而艸與中浸廢。秦漢以後。俗或稱櫟實爲草斗。草斗字又變爲皁。爲皂。【中國字例第二篇】

◉徐中舒 國族名。 自中十(合三〇二二反)【甲骨文字典卷一】

甲二八一五 于省吾釋屯卜辭用屯爲純卜辭常見婦某幾屯其意猶言舍賜帛幾純 乙三四四二反 多屯 乙四一一九 貞王多屯若于下乙 掇一·三八五 甲四七六 甲二八三三 甲二九九三 甲三五八八 乙二〇四七 河六四九 河九〇〇 鐵四四·四 前七·七·二 後二·一五·一〇 後二·二八·四 後二·三三·一〇 佚一六〇 佚三七九 燕八五 後二·二七·一〇 林一·一九·一 福三一 福三六 乙四八八八 佚七九一 【甲骨文編】

甲476 281·5 2833 乙4119 6750 7128 7164 7797 8460 珠426

458 福31 佚23 160 866 998 續3·34·1 4·28·1 4·28·7

5·4·6 5·11·3 5·11·7 5·12·4 5·20·9 5·22·5 5·25·7 6·9·3

6·10·10 徵4·41 8·37 8·38 8·39 8·40 8·41 8·42 8·44

8·45 8·46 8·47 8·48 8·49 京1·16·2 1·39·3 3·20·1

4·6·2 4·9·4 凡8·1 10·4 14·3 天42 續存62 78 83 粹1480

1490 新1333 2498 【續甲骨文編】

屯 孳乳爲純 䍮盤 師𩛥鼎 士父鐘 虢弔鐘 井人妄鐘 頌簋 頌鼎 善夫克鼎

克鐘 克鼎 善鼎 𥝩伯簋 㝬弔多父盤 𦬊伯簋 屯鼎 命瓜君壺

師望鼎 不㝬簋 秦公鎛 遲盨 用祈眉壽屯魯 廣雅釋詁純緣也 師𩛥鼎 錫女玄衮黹純 師𡘇父

鼎 休盤 頌鼎 頌簋 頌壺 無叀鼎 袁盤 輔師嫠簋 𣪘簋 趞鼎

善夫山鼎 此鼎 弭伯簋 訇簋 離騷屯余車其千乘注陳也 鄂君啟舟節 屯三舟爲一舿 【金文編】

〔五三〕 〔四〕 〔二四〕 〔四二〕 〔三五〕 〔三六〕 〔一〕 〔四二〕 〔五〇〕

〔一九〕 〔四〕 〔一九〕 〔一九〕 〔五〇〕 〔一九〕 〔四二〕 〔三六〕 〔二七〕

〔一〕 〔二五〕 〔二〕 〔三六〕 〔三六〕 〔四二〕 【先秦貨幣文編】

布方屯留 晉高 仝上 仝上 布方屯留 晉祁 仝上 仝上 仝上 仝上 仝

上 仝上 仝上 仝上 仝上 仝上 仝上 仝上 仝上 布方屯

留 晉祁 仝上 仝上 布方屯留 典五五 仝上 典五六 仝上 典五八 仝上 典五九

仝上　展版拾玖　圜共屯赤金　展版肆壹　仝上　典上二四一頁　仝上【古幣文編】

147【包山楚簡文字編】

2617　3104【古璽文編】

屯留丞印　屯留　屯田司馬　屯田丞印【漢印文字徵】

◉許慎　難也。象屮木之初生。屯然而難。从屮貫一。一。地也。尾曲。易曰。屯。剛柔始交而難生。陟倫切。【說文解字卷一】

◉徐同柏　按遲簋純魯。純作。作。周公望鐘。𠭯其純于穌。純作。即古。象回繞形。即屯字。又之變也。純訓專。訓一。訓大。訓美。訓善。訓文。與屯右屯字从一者訓固訓厚有別。黹純猶云黼純。元衣黹純。即詩采菽所云元衮及黼也。【從古堂款識學卷二】

◉劉心源　純𠭯屯爲之。弟一器作，蓋作。弟三器作。舊釋作帶，非。攸遲簋用祈眉壽嘏，遲敦作，邾公望鐘𠭯其于，竝屯字用爲純。此云帶屯，即帶純，亦即帶緣也。緣者衣之緣邊也。書禮多叚純爲緣。寰盤玄衣帶，無叀鼎玄衣帶，頌鼎玄衣帶，頌壺作。解者率讀爲束，古籀補不之信而釋作裳。若非𠭯純嘏純于字證之，又孰知其謬哉。【古文審卷七】

◉劉心源　邾公望鐘𠭯其于穌作。即錞于也。周禮鼓人注。錞于。圜如椎頭。大上小下。樂作鳴之。與鼓相和。蓋屯字用爲錞耳。此作正與彼合。是屯字也。凡寰盤黹。阮書如此。攈古録作。師奎父鼎黹。頌鼎黹。頌壺黹。視此矣。若依舊釋束。其如邾公望鐘屯于何哉。又攸徲簋用蘄眉壽魯亦屯字多一橫筆。而害敦黹又一敦作。又一敦作亦如此作。是無論多一橫少一橫。皆屯字矣。凡黹屯讀純。宋人釋束。近人釋裳。皆非。書禮𠭯純爲緣。黹純者。黼緣也。說文。緣。衣純也。廣雅釋詁二。純。緣也。案緣者。領也。【奇觚室吉金文述】

◉林義光　說文云。難也。屯象屮木之初生。屯然而難。从屮貫一。一地也。按古作克鐘。作陳猷釜純字偏旁。作頌敦。作徲盨。皆象種。或變作師望鼎。从一。【文源】

◉郭沫若　舊釋屯，讀爲純。吳大澂釋裳，以小雅九罭「衮衣繡裳」爲証。案以釋純爲近是，遲盨「純魯」字作，與此正爲一

字。釋裳，文雖可通而字形無説。【無叀鼎　兩周金文辭大系圖録攷釋】

◉唐　蘭　[字形]鐵一五一·二片　前一·四六·四片　續三·三六·一片

丙戌卜，今屯方其大出。五月。

[字形]鐵一八四·三片

戊寅卜，今屯方其出。

右屯字，卜辭習見。上二辭外，如：

□丑卜，于屯酌𢦏。鐵一八一·二片

甲寅卜，今屯……　拾七·二片

屯　[字形]　拾十二·六片

屰　[字形]　于屯　羊十　拾十二·十片

丁巳卜，今屯方其大出。四月　後上·二九·十片

□亥卜，今屯方其大出。福三片

戊午……來屯……甲……　契七〇六片

字形均畧同。孫詒讓釋禾，契文舉例下十二非是。卜辭禾字作[字形]若[字形]，與此迥異。葉玉森釋春，殷契鉤沈董作賓承其説，卜辭中所見之殷厤按葉氏釋字，往往馮肊妄測，此釋雖近似，亦不甚碻也。此作[字形]形者，實即屯字，金文屯字多作[字形]，或變作[字形]；考文字增繁之例，於垂筆恒增一點，點恒引爲畫，如—變爲[字形]，再變爲[字形]；詳余古文字學導論下四六則屯之一字，其演變當如下圖：

[字形]—[字形]—[字形]—[字形]

魏石經春字古文作[字形]，其所從屯旁，亦正相近也。説文：「屯難也。象屮木之初生，屯然而難，从屮貫一，一，地也，尾曲。易曰：屯，剛柔始交而難生。」按許説多誤。屮既爲艸，詎能生於地下，況更尾曲？蓋許氏不知[字形]之上畫，僅爲增繁，曲尾僅爲篆勢耳。且屯字本非从屮，卜辭或作[字形]形，尤可證。余謂屯本作[字形]若[字形]者，實象杶形。説文杶古文作[字形]，小徐以爲从丑，昔儒紛紛議之，不知作[字形]仍是从屯也。[字形]字變爲[字形]，正猶[字形]字變爲[字形]耳。説文杶或爲櫄，顔注急就篇椿字或作櫄，蓋説文無椿字，杶即椿字也。中山經：「成侯之山，其上多櫄木」，注：「似樗，材中車輮」，按樗乃今之臭椿，椿本作杶

者，當即今之香椿也。屮字正象椿木枝條虬曲之狀，作朩則並象其根矣。然則屯字本象杶形，後世誤析爲屯杶二字，屯字遂浸失其本義矣。

以卜辭之詞例考之，曰「今屯」，曰「來屯」，皆紀時之辭。蓋叚借爲旾若萅也。卜辭紀辭時，以朩與𦯔爲最緐，余既考知𦯔爲龜字，假爲秋，則朩之當讀屯，假爲旾，更得一重要之旁證矣。薛氏款識卷一有所謂商鐘者四，其三同銘，容庚考爲越王器是也。有萅字，作萅。而第四銘之春吉，其作屯字，蓋亦假屯爲旾也。春夏秋冬，本俱叚借，後世增以日旁，故屯字爲旾，从日屯聲也。更進而爲萅字，从艸旾聲也。爲𦺇字，即春，从収旾聲也。葉氏謂「屯本非聲」，董氏謂「春字所从之木，實即叒木，也就是桑木」，胥失之矣。

卜辭叚屯爲春，雖是紀時，然非後世四時之春。其云：「今屯」「來屯」，正猶「今年」「來年」，與「今兹」「來兹」耳。後文之「今龜」秋「來龜」秋亦同。今世猶以「千春」「千秋」代千年，猶上古之遺意也。四時之分後起，取春秋二名，而又益以夏冬，於是春秋之古誼晦，近人以四時説殷制，宜其扞格而不能通也。【釋屯旾　殷虛文字記】

◉唐　蘭　第一葉後十四行　按許説多誤，屮既爲艸，詎能生於地下，況更尾曲？蓋許氏不知屯之上畫，僅爲增繁，曲尾僅爲篆勢耳。且屯字本非从屮，卜辭或作朩形，尤可證。余謂屯本作屮若朩者，實象杶形。……屮字正象椿木枝條虬曲之狀，作朩則並象其根矣。然則屯字本象杶形，後世誤析爲屯杶二字，屯字遂浸失其本義矣。

正曰：前説誤。屯屮當是一字而歧出者，故聲相近。屮在徹母，屯在知母。屮本作丫，象艸木形，其變體爲屮，或增點作屯，遂變爲屯字耳。按𢦏字卜辭作𢦏，或作𢦏，𢦏本从屮聲，屮又變爲才，詳釋才。若字作𦱤，或作𦱤，老字作耂，或作耂，敖字作𢼸，或作𢼸，每字作𣫭，从每之敏字或作𢼸，皆可爲屮即屮字之證，然則屮不象杶形也。葉玉森謂朩「象方春之木，枝條抽發，阿儺無力之狀。下从口，即从日。卜辭又作朩，消日，再消作屮，似許書屮字，訓草木初生，仍春象也。」其説多誤，獨云「似許書屮字」，畧見髣髴，然不能考實也。

屮即屮字，而或作朩者，朩即木字，亦即木字也。卜辭㫗或作㫗戩十三·三片从朩，其顯證也。古屮木字往往通用，如莫𦯔等字或從林，𣏒字或木從皆是。丫既得爲木，則屮得爲朩若木，無疑。古屮字亦通𡳿，故夆字作𡕒，亦作𡕒，卜辭別有𣏒前四·三·三·五片前人未識，以今考之，當即夆之別構，蓋丫變爲朩也。

若干文字，推之愈古，愈見其紛亂，如屮與木之通用是也，屮木本爲象形，而其引申有枝葉萌生之義，其後遂以屮朩之形專屬引申之義，又後則木形被淘汰而屮變爲屯，遂爲屯字。説文屯解雖多誤，其謂「象艸木之初生」，固猶近本義也。【殷

虛文字記補正】

◉徐中舒　金文言屯者，曰得屯，曰永屯，曰屯德，曰屯魯，曰屯叚，曰屯右，舊或以經傳之純釋之。案此諸仂語辭類各異。屯有厚意。國語晉語云「屯者厚也」，齊夷鎛云：「余用登屯厚乃命」，登屯厚三字同訓厚，猶秦公鐘㲋嚴龏夤三字同訓敬也。經傳屯作純者，純亦有厚意。晉語載范文子曰：「吾聞之惟厚德者能受多福」。又載趙襄子曰：「吾聞之德不純而福禄並至謂之幸，夫幸非福」。此兩説辭若相反，而意實同：上言厚德，下言德不純，純即厚也。純又有大意。詩言「純嘏」，「純熙」，「文王之德之純」，毛鄭傳箋皆釋爲大。純又作醇。書君奭「天惟純佑命」，樊毅修華山廟碑「天惟醇佑，萬國以康」，即用其文。廣雅釋詁「醇厚也」，王念孫疏證云：「凡厚與大義相近：厚謂之敦，猶大謂之敦也；厚謂之醇，猶大謂之純也；厚謂之醲，猶大謂之將也」。純又有全意。儀禮少牢饋食禮及鄉射禮注：「純猶全也」，考工記玉人「天子用全」注：「全純玉也」，蓋純有專一不雜之意，引伸之則爲全也。曰厚，曰大，曰全，皆静詞。但古語簡質，有時亦逕用爲名詞，如考工記玉人注則以全爲純玉是。此得屯永屯之屯，亦屯德之省文也。

金文言得屯者：

肆克智于皇天，口于上下，得屯亡敃，錫釐無疆。——大克鼎

不顯皇考宄公穆穆克盟氒心，悊氒德，用辟于先王，得屯亡敃。——師望鼎

不顯皇考惠叔，穆穆秉元明德，御于氒辟，得屯亡敃。——虢旅鐘

顆盄文祖皇考克哲氒德，得屯用魯，永冬于吉。——井仁妄鐘

得屯之得，或釋爲德，言德純美。案金文德得各别，此所引四器，有三器皆德得並見，絶不相混。得屯者猶言得全也。史記田完世家載淳于髡曰：「得全全昌，失全全亡」；漢書枚乘傳云：「臣聞得全者全昌，失全者全亡」；文選載乘此文，作「得全者昌，失全者亡」。此語與金文言得屯則亡敃，則永終于吉，義實相當。金文敃同愍，憂也。兮甲盤有「休亡敃」語，得屯與休並列，休慶也，喜也，亦與昌義相當。又尚書中言純者如：

妹土嗣爾股肱純，其藝黍稷，奔走事厥考厥長。——酒誥

惟天不畀純，乃惟以爾多方之義民，不克永于多享。——多方

嗚呼，閔予小子嗣，造天丕愆，殄資澤於下民，侵戎我國家純，即我御事，罔或耆壽，俊在厥服。——文侯之命

此之言純，亦可與上述諸語互證。酒誥「妹土嗣爾股肱純者」，妹牧聲同，牧即殷舊都牧野之牧，爾周公命康叔之辭。此語當與

多方之辭並觀。多方言「惟天不畀純」者，蓋在天言畀，在人言得，畀與得有相授受之意。天不畀殷純，故殷民不能永于多享。酒誥言今妹土之殷民，所以尚能生存，藝黍稷，奔走事厥考厥長者，乃嗣爾康叔殷肱之純，非殷純也。文侯之命「侵戎我國家純」者，侵凌也，戎大也，言我國家純大受侵凌，故下文云，我御事無有耆壽長在厥位。蓋純受侵凌，縱不即亡，亦當夭折。此意與「得全者昌，失全者亡」，文義正相協。據此知金文之言得屯，即史漢之言得全也。以辭例言之，此屯全均繫於他動詞得之下，皆當爲名詞，即純德全德之省文。古籍多見純德全德。國語鄭語云：「建九紀以立純德」，淮南原道云：「純德獨存」，莊子屢稱全德，漢書高紀三老董公遮説漢王曰：「臣聞順德者昌，逆德者亡」，此與「得全者昌，失全者亡」，並爲成語，蓋互文也。其在金文如：

承受屯德，旂無疆，至於億萬年。——嗣子壺

屯德而曰承受，與屯言得者，同爲有所稟受。是屯爲屯德之省文，在金文中並有其例證也㠱中壺「匄三壽，懿德萬年」，懿德猶屯德，懿純並可訓美也。

金文之言屯魯者：

用侃喜前文人，用匄康𢻫屯魯。——旲生鐘

隹康右屯魯，用廣啓士父身，𤔲于永命。——士父鐘

用旂眉壽屯魯。——伃盨

余其用匄屯魯，雩萬年。——善鼎

不顯皇祖其作福元孫，其萬福屯魯。——齊夷鎛

以受屯魯多釐，眉壽無疆。——秦公鐘段

顯盄文祖皇考克哲氒德，得屯用魯，永冬于吉。——井仁妄鐘

用錫康𤔲魯休，屯右眉壽，永命霝冬。——敓𧊒鼎

用旂屯彔永命魯壽。——歸夆段

就辭類言之，此屯魯字當有三種差別：一，屯魯連言者，每與眉壽萬福多釐等仂語並列，此諸仂語，其上一字爲静詞，下一字爲名詞。二，屯魯並稱，如敓𧊒鼎，歸夆段，皆爲静詞。三，屯魯並稱，如井仁妄鐘，皆爲名詞。屯之爲静詞，爲名詞，已見上釋。魯與屯連言，或並稱，則魯與屯意亦相近。士父鐘云：「降余魯多福亡疆」，井仁妄鐘云：「降余厚多福無疆」，此兩語全同，而魯厚

互見，又均爲多之副詞，則是魯即厚也。厚爲静詞，可以不論。其爲名詞者，齊夷鎛，秦公鐘毁，屯魯與萬福多釐並稱，或者鼎云：「用匃僃魯福」，此以魯福並稱。魯曰魯福，猶屯曰屯德也。猶之叔向父毁以多福繁釐並稱也。古語多複，屯魯即厚福大福全福之意。井仁妄鐘「得屯用魯」者，用猶與也，言得屯德與厚福也。同例不期毁有「用匃永屯」語，尹卣云：「受乓永魯」，永屯與永魯互見，亦言匃永屯德與永厚福也。又晉姜鼎云：「魯覃京自」，魯亦有厚福之意，言厚福延及京自也。

屯魯連言惟見於金文，其見於經典者則作純嘏。魯嘏古同在魚部，故可通用。金文稱魯休者甚多。如無惠鼎盨云：「對揚天子不顯魯休」，克鼎云：「其日用纂朕辟魯休」惟寰盤云「敢對揚天子不顯叚休命」，蓋魯猶叚也，嘏古當作叚。金文之言屯叚者僅一見：

用匃屯叚永命。——克鐘

從叚之字古多與魚部字相通，禮記表記「瑕不謂矣」，鄭注「瑕之言胡也」，瑕讀爲胡，胡與魯嘏並在魚部，是金文之屯叚，即詩之純嘏也。嘏爾雅釋詁云：「大也」，説文云：「大遠也」，詩小雅賓之初筵「錫爾純嘏」，大雅卷阿「純嘏爾常矣」，毛傳並云「大也」，純毛鄭亦並訓大，純嘏訓大大，殊不成詞，故鄭箋於卷阿曰：「予福曰嘏」，於閟宫曰：「受福曰嘏」，於載見曰「天子受福曰大嘏，辭有福祚之意」，儀禮特牲饋食禮鄭注曰：「受福曰嘏，嘏長也，大也，待尸授之以長大之福也」，綜此數義言之知毛傳訓大者，必曰「長大之福」，而後詞意始足。

金文之言屯右者：

受余通彔康夒屯右，廣啓朕身，勵于永命。——受鐘

用追孝旂匃康夒屯右，通彔永命。——頌鼎毁壺

用禪追孝于皇考惠仲，旂匃康夒屯右，通彔永命。——虢姜毁

用匃康勵屯右，眉壽永命，霝冬。——小克鼎

用錫康勵魯休，屯右眉壽，永命霝冬。——敚䜌鼎

它它受兹永命，亡彊屯右。——伯康毁

此屯右字與通彔永命眉壽霝終諸彷語並列，亦上字爲静詞，下字爲名詞。右古並與祐佑通用。詩小明鄭箋云：「神明若祐而聽之」，釋文祐本又作佑，作右。右助也，天之所助，即福也，故祐佑又並釋爲福。屯右連言，亦有厚福大福全福之意。屯右又見書君奭云：「天惟純佑命，則商實百姓王人，罔不秉德明恤……文王蔑德降于國人，亦惟純佑秉德，迪知天威」。此純佑即金文之

屯右，惟此皆用爲副詞耳。【金文嘏辭釋例　歷史語言研究所集刊第六本一分】

◉孫海波　□舊釋矛。唐蘭釋豕。于省吾曰。按□即屯之古文也。□與□互見。作□者省畫也。金文變作□□。凡古文字虛廓與實點同。至□下邪横後變爲□。在古文中彎畫横畫邪畫每無定格。如藏七·七·二作□。甲一·十八·四作□。已變邪畫爲横畫。又藏四·四·四作□。已變横畫爲彎畫。此雖不如邪畫之多。然在□字之本形中已可證明邪横彎之無别也。又如卜辭牛字作□□。余字作□□。美字作□□。商字作□□。禽字作□□。禽字從唐説。乎字作□□。于字作□□。旬字作□□。子字作□□。金文牛字作□□。告字作□□。姜字作□□。亳字作□。此例不勝繁舉。要可證古文畫之邪横彎變動不居。雖有其不變者在。然變者亦不一而足。卜辭字形之嬗衍。由武丁至末葉其變已劇。董作賓已詳言之。逮至周代。時期愈久。其變彌劇。而其滋變之由固可尋也。貞松堂集古遺文續編上·二三有□。父己鼎二器金文編附録下二摹作□□。下一字已變作横畫。續殷文存上·四六及四七有□。兄辛毁目録□寫作□誤。蓋器銘文同。以上二鼎一毁均係商器。□即卜辭之□字。了無可疑。金文編所輯諸屯字。以善鼎時期爲最早。屯字作□。中間作□向右彎。卜辭有向左彎者。亦有向右彎者。又蔡伯毁屯字作□。上點向左突出。猶存卜辭屯字作□之遺風。其餘金文編所録諸屯字多作上左曲而下右曲。姿態迴環。均在西周中葉以後。觀此一字遞嬗之迹。已可定其器銘時期之先後矣。

卜辭稱今屯來屯者。即今萅來萅也。□即旾字。其曰今□今□今□者。即今槽今蘇今芚也。均萅之異文也。至从艸从林。卜辭無别。如蒿作蘻。莫作蟇。䵩作䵩。固常例也。卜辭又有𦿐字。係地名。當即後世頓國之頓。左僖二十三年傳。城頓而還。杜注。今汝陰南頓縣。【誠齋甲骨文字考釋】

◉于省吾　卜辭習見之帚□。董作賓釋爲餽矛。見安陽發掘報告第四期帚矛説。郭沫若釋爲婦勹。謂刻辭中之若干□。即言卜骨之包裹。見古代銘刻彙考續編骨臼刻辭之一考察。唐蘭釋□爲豕形無足而倒寫者。見天壤閣甲骨文存考釋二十二葉。按矛係直兵。不應斜作。且帚歸二字卜辭有别。是董説自難成立。郭釋帚爲婦允矣。以□爲卜辭之包裹。未免隣於想像。唐釋爲豕無足而倒寫亦非。□形與矛與勹與豕實無關涉。三君之説。其不能成立。已見郭唐二君之互駁。兹不復覼縷。

按□即屯之古文也。□與□互見。作□者省畫也。金文變作□□。凡古文字虛廓與填實同。至□下邪横後變爲□。在古文字中彎畫横畫邪畫每無定格。如前七·七·二作□。甲一·十八·四作□。已變邪畫爲横畫。又藏四四·四作□。已變横畫爲彎畫。此雖不如邪畫之多。然在□字本身中已可證明邪横彎之無别也。

貞松堂集古遺文續編上二三。父己鼎二器。金文編附録下二摹作。下一字已作横畫。續殷文存上四六及四七有屯作兄辛殷。屯字器文作。目録寫作誤。蓋文作。以上二鼎一殷。均係商器。即卜辭之字。了無可疑。金文編所輯諸屯字以善鼎時期爲最早。其屯字作。中間作。向右彎。與卜辭作形者相符。又褮伯殷屯字作。上點向左突出。猶存卜辭屯字作之遺風。其餘金文編所録諸屯字多作。上左曲而下右曲。姿態迴環。均在西周中葉以後。觀此一字遞嬗之跡。已可定其器銘時期之先後矣。又如易字卜辭作。金文作。其中畫演變。若合符節。

卜辭既可塙仞爲屯字。不特婦某示若干屯及來屯今屯之義可明。即从之字亦均迎刃而解矣。在未釋若干屯爲何物之前。須先明示字之義。示寘字通。董氏已言之。玆再舉二證。以明二字之通固常例也。易坎。寘於叢棘。釋文。寘劉作示。張作置。荀子大略。示諸檃栝注。示讀爲寘。寘置古同用。不煩詳舉。置舍雙聲。二字互爲音訓。史記吳王濞傳。無有所置。正義。置放釋也。左哀十二年傳。乃舍衛侯。釋文。舍釋也。釋舍古籍通用。華嚴經音義上引廣雅。置捨也。捨舍字同。左桓二年傳。舍爵策勳焉禮也。釋文。舍置也。左昭四年傳。使杜洩舍路注。舍置也。是置舍互爲音訓之證。總之。示可讀爲置。置舍二字音義並通。金文言舍猶予也。散氏盤。夨舍散田。令鼎。余其舍汝臣卅家。居趩觑殷。君舍余三鏞。舍均謂予也。後世但知上對下言賜。遂不知周人之言舍猶賜。商人之言示猶舍也。

東周以前金文如玄衣黹純及純魯之純通作屯。春秋以後屯字閒有从糸作純者。是純乃後起字。説文。純絲也。儀禮士昏禮。純衣纁袡注。純衣絲衣。國策秦策。錦繡千純注。純束也。穆天子傳。好獻錦組百純□組三百純注。純疋端名也。史記蘇秦列傳。錦繡千純。集解。純疋端名。張儀列傳。乃以文繡千純。索隱。凡絲綿布帛等一段謂一純。綜之。絲織者曰純。絲織之一束一疋曰一純。稱純之制。由來尚矣。

示屯一類刻辭。不盡在骨臼。郭唐二君已言及之。董作賓以刻辭末字爲簽名。郭沫若以帚下一字爲殷王妃嬪之姓字。説均可从。如帚豐示二屯。言婦豐舍帛二疋也。絲織者一疋爲一純。故不須再言帛也。其小臣某示者。言小臣某所舍也。小臣非位卑者。如伊尹古亦稱小臣也。王示殼二純者。言王舍殼帛二疋也。商代蠶桑業已甚發達。故每以帛爲舍賜之物。卜辭記舍純以婦某爲最多者。蠶桑絲織之事。乃婦職也。古者王親耤田后妃親蠶桑也。胛骨卜辭有國家要事如田獵征伐祭祀册命風雨出入等。往往於其骨臼或灼面刻有示屯一類之辭。二者之關係。在乎國家有大事。而後有舍純之舉也。

字既爲屯之初文。説文。萅从艸从日。艸春時生也。屯聲。粹編一一五一。于。叀今⿱艹龜。⿰屯日即萅。⿱艹龜即穮。此問所卜之事。言於菁乎。抑維今穠乎。係菁穠對貞。既可證殷之有菁穠而無夏冬。又可證𣅀之必爲菁。龜之必爲穠矣。藏四・四稱來□。即來春也。前四・八・六稱今□。即今春也。戩二二・二稱于□。即于𣅀也。前六・三九・三稱今□。藏二二七・三稱今□。拾七・五稱今□。前七・二八・四稱今□。即今楷今菁今蘇今芚也。舊或釋爲楙。唐蘭均釋爲楙。於形既不符。於義尤不可通。𡴘从艸从林卜辭無別。如蒿作𦺔。莫作𦺏。囿作圝。固常例也。

菁十・七稱才□。係地名。蘳疑即頓。二字並諧屯聲。左僖二十三年傳。城頓而還。杜注。頓國今汝陰南頓縣。按漢書地理志。汝南郡南頓。故頓子國。姬姓。一統志。故城今項城縣北五十里。

總之。□釋爲屯。於字形。於从□之字。於詞例。於文義。無一不符。卜辭有□字。亦作□□□等形。葉玉森釋爲春。董作賓謂从叒从日。按卜辭有桑字。與此形殊。且□決非日字。故□變爲屯。其演變之迹。不相蟬聯。□乃條之初文。詳釋條。【釋屯　雙劍誃殷契駢枝】

◉于省吾　釋屯　續一・五三・三。丁酉卜。曳貞。今芚王弓黍。今芚王黍于南。五・九・三文同。今芚即今芚。今芚王弓黍與今芚王黍之黍。作動字用。謂弓種黍或種黍也。猶後下七・二。今其雨。不隹𣅀嗇。嗇作動字用。不隹嗇謂不收斂也。播種殖穀必於菁。故王弓黍王黍之上冠以今芚。是亦可證芚之必爲菁也。【雙劍誃殷契駢枝校補】

◉馬叙倫　桂馥曰。集韵引作象艸初生。屯然而難別。倫按金文諸屯字皆作□□之形。蓋屮本象艸形。屯从屮在地下。僅萌芽達於地上。會意。難也者。以疊韻爲訓。倫謂屮下艸木初生也是屯字本義。蓋本作難也。艸初生也。从屮貫一。一訓校者加之。今艸初生也譌爲屮字説解。而校語復糁其中矣。此引經乃校者所加。彼見難也之訓與經文合也。不悟非屯之本義也。屯民聲同真類。屯爲會意。民則形聲。轉注字耳。民毒一字。屯之聲轉爲民。古讀民如萌。詳氓字下。故轉注爲毒。毒萌音皆微紐。故民又轉注爲氓。爲萌。爲芒。萌聲陽類。芽聲魚類。魚陽對轉。故萌轉注爲芽。芽音疑紐。微疑同爲邊音。故萌亦轉注爲芽。出聲脂類。脂真對轉。故屯之異文作出。後起字作茁。史記高祖紀隆準。準借爲肫。服虔曰。準音拙。此亦可證屯出之音本一也。出音本在疑紐。故从出得聲之字如敖聉諸文。音皆入疑紐。蚩亦从出得聲。而入明紐。則猶萌爲出之轉注字矣。出芽則音同疑紐轉注。今出音在穿紐而从出得聲之祟入心紐正猶民音亦入心紐也頌毁作□。頌鼎作□。叔氏鐘作□。秦公毁作□。遲簋作□。或謂簋文爲每字。【説文解字六書疏證卷二】

◉屈萬里　□字或作□(前七・七・二)，或作□(藏四四・四)。王襄(簠室殷契類纂正編第三葉)、奚侗(殷虚書契前編集釋卷五第三十四葉引)、柯昌濟(殷虚書契補釋)、葉玉森(殷契鉤沈)都釋爲「茅」；葉氏又曾一度認爲是「矛」字(揅契枝譚)。董作賓先生也以爲是矛字，曾著帚矛説一文，載於安陽發掘報告第四期。後來郭某作骨臼刻辭之一考察（見古代銘刻彙考續編），釋爲勹，以爲即包字。唐蘭在他著的卜辭時代的文學和卜辭文學一文（清華學報十一卷三期）以及天壤閣甲骨文存考釋裏，都説是豕形的倒寫。又後，于省吾釋爲屯；見於他所著的雙劍誃殷契駢枝第一條。這真可以説是異説紛紜了。

我在殷虚文字甲編考釋第433條中，對於字没加解説。在同書2809條的附録裏，我雖然不相信它是包字，但我覺得它當作包字講，確比其他各家之説爲長。從字形上看，它和金文中常見的等字很相似；因而于省吾説它是屯字，本來是很好的見解。但，他把屯讀爲純，説純是「匹端名」。他説：「帚豐示二屯，言帚豐舍帛二匹也。」這説法顯然和骨臼刻辭的意義不合，因而我當時就没採用于氏之説。

現在想來，于氏釋爲屯是對的。在字形上説，釋屯比起他家之説都合理。屯和純通用，也是没問題的。金文裏常見「玄衣黹屯」之語，黹屯就是尚書顧命的黼純，是很明顯的證據。拙著釋黹屯一文（最近可以發表），對此點曾有較詳的説明。只是在骨臼刻辭裏，屯字不能講作「匹端」而已。

按：詩召南野有死麕篇：「白茅純束。」毛傳説：「純束，猶包之也。」鄭箋説：「純，讀如屯。」「純束」二字，鄭氏則解釋爲「裏束」。又，戰國策秦策：「錦繡千純。」高注説：「純，束也。」從這些證據看來，屯字有「包裹」「綑束」的意思。那麼，「三屯」就是三包或三束；「七屯又一（）」，就是七包又一片。所謂幾屯，是指幾包卜骨而言（龜背甲也有這類的記載，可知背甲也以包論）。屯字後面的零數，没有多於一的；因而郭某説每包是兩版牛骨，這話是可信的。【跋李棪齋先生綴合的兩版「用侯屯」牛骨卜辭　大陸雜誌第三十一卷第三期】

◉朱德熙　裘錫圭　信陽楚簡屯字凡二十一見，録之如次：

201……二方監，四□□，二冋監屯青黄之彖，……

205……□器□笶，屯赤綿之幗

206……四□笄，二豆笄，二笶□㕘笶屯紫緅之幗，……

209……一桊幗，一□幗，一□□之幗，二方濫屯雕裡……

211……一白，二栖白□屯□之絛紃

212□豆之器□□□屯又盍，……其木器八方□廿豆屯（下轉他簡？）

213……七見□之衣屯又常，……

214……一□坍，一迅缶一湯鼎亊又盇，二淺缶，二膚，一□之鉢鼎，二銅（？）屯又盇，……

217……其木器一□□□□屯又鐶（？）……

223……一金□□，一□□，一□窶，屯結□之純，六□窶，屯絵純，……

224□□之器二□□一□□一□□□□，屯緅幅二□，二□□屯又盇，四亯□，一□□屯又盇

225……鼎□□屯又□……其木器十□豆屯□彫□□□二歈豆一□二□屯（下轉它簡？）

226……屯□彖……

229……紫緅百□□屯緅□……

這裡有兩點值得注意：第一，屯字在簡文中出現的頻率十分高。第二，從語法位置看，都是先列舉若干器物名稱，說明其數量，然後說「屯如何如何」。

在上引簡文中，屯字有八次是在又字前頭出現的：

212　屯又盇（蓋）

213　屯又常（裳）

214　屯又盇（蓋）　（二見）

217　屯又鐶（？）

224　屯又盇（蓋）　（二見）

225　屯又□

又當讀爲有。簡文中在同樣語法位置上出現的還有一個皆字。例如：

202　……一組繻，一革皆又鉤

203　二笙，一簹竽皆又條

長沙仰天湖楚簡也有同樣的例子：

1　一新智縷一岳智縷皆又蘉疋縷

3　□箕一十二箕皆又絵縺

17　二郗釶皆又盆

我們有理由假定上引簡文的屯字也應訓爲皆。把屯訓爲皆，這二十一個屯字可以全部讀通。

訓屯爲皆，在典籍裡是有根據的。《考工記・玉人》：「諸侯純九，大夫純五」，鄭注：「純猶皆也。」《墨子・節用上》：「若純三年而字子」，孫詒讓《墨子閒詁》亦引《周禮》鄭注訓純爲皆。純从屯聲，古二字通用。《韓非子・外儲説右下》也有應訓爲皆的屯字：

秦昭王有病，百姓里買牛而家爲王禱。公孫述出見之，入賀王曰：「百姓乃皆里買牛爲王禱。」王使人問之，果有之。王曰：「訾之，人二甲。（注：訾，毀也，罰之也。）夫非令而擅禱者，是愛寡人也。夫愛寡人，寡人亦且改法而心與之相循者，是法不立，法不立，亂亡之道也。不如人罰二甲而復與爲治。一曰，秦襄王病，百姓爲之禱。病愈，殺牛塞禱。郎中閻遏、公孫衍出見之，……見王拜賀曰：「過堯舜矣。」王驚曰：「何謂也？」對曰：「堯舜其民未至爲之禱也。今王病，而民以牛禱，病愈殺牛塞禱，故臣竊以王爲過堯舜也。」王因使人問之，何里爲之，訾其里正與伍老屯二甲。

「訾其里正與伍老屯二甲」下舊注云：「屯亦罰也。」王先慎《集解》云：「屯無罰義。一切經音義一引字書云屯亦邨也。一邨之中，或里正，或伍老，量出二甲。」案屯固無罰義，然王氏以後世邨落之語訓屯，亦非是。此處屯字亦當訓皆。上文「訾之，人二甲」、「不如人罰二甲」，是説人各罰二甲，這裡「訾其里正與伍老屯二甲」，則是説里正與伍老皆罰二甲。

《左傳・襄公十一年》：「廣車軘車淳十五乘」，杜注：「淳，耦也。」案淳亦當讀爲純，訓爲皆。意思是説：廣車和軘車各皆十五乘。淳和純古音同聲同部。《周禮・天官・内宰》「出其度量淳制」，鄭注：「故書淳爲敦，杜子春讀敦爲純」。又《地官・質人》「壹其淳制」，鄭注：「杜子春云淳當爲純」。這是淳可讀純的明證。

與信陽簡同爲楚物的鄂君啓節也數見屯字：

屯三舟爲一舿〔舟節〕

女（如）馬，女（如）牛，女（如）德，屯十台（以）堂（當）一車；女（如）檐徒，屯廿=（二十）檐台（以）堂（當）一車〔車節〕

郭沫若先生訓屯爲集，文義很順，不過這些屯字如訓爲皆，似乎也講得通，疑莫能定。【信陽楚簡屯字釋義　考古學報一九七二年第二期】

◉張日昇　按説文云「屯。難也。象屮木之初生。屯然而難。从屮貫一。一。地也。尾曲。易曰。屯。剛柔始交而難生。」吳大澂謂古𡙀字。从屯省。从□。□所以障體。徐同柏釋純。□即古文□。□即屯。□即□之變。二氏所説字形。頗爲穿鑿。□盖○之變。□□□並爲屯字。攷諸金文文句。亦暢通無礙。高鴻縉謂字象草本初生根芽而孚甲未脱之形。以寄難生之意。強運開引林義光謂[glyph]之●象種子形。高強之説。並與劉心源釋屯讀作純同。于省吾謂純乃春秋以後屯之後起字。其言是也。然謂絲織者曰屯。而甲骨文[glyph]乃屯的初文。又參閱甲骨文集釋頁一八二至一八七。則尚有可商。[glyph][glyph]（[glyph]）兩形。差異最大者乃[glyph]與●（或○）。甲骨文字因用刀刻。作圓形者每改作□。如[glyph]或作[glyph]。未見作[glyph]者。故知[glyph]之初文。不可能作[glyph]。此其一也。金文屯字亶畫貫○。甲骨文[glyph]則否。此其二也。絲織者曰屯。然則[glyph][glyph]何所取象於絲織品物。此其可疑者三也。金文屯字孳乳爲純。其用主要有二端。黹純者。繡緣也。廣雅釋詁二。純緣也。劉心源之説是也。屯。厚也。厚德也。徐中舒之説是也。【金文詁林卷一】

◉陳煒湛　考屯字甲骨文多作[glyph][glyph][glyph][glyph]諸形，至金文演變爲[glyph][glyph][glyph][glyph][glyph]。異體甚多，但其中筆大都彎曲作[glyph]形，與中字之中筆直下者迥然有別。信陽楚竹簡之作[glyph]者，實由金文[glyph][glyph]變化而來，古文字中□或一演變爲「一」是習見的通例；而長沙、江陵楚竹簡則把中部兩筆相連，寫成了[glyph]形，又將一短横書于頂部，遂成[glyph]形；五里牌楚竹簡又多加一小筆作[glyph]，但遞變之迹，淵源可辨。江陵楚竹簡純亦有作[glyph]者，所從之屯作[glyph]，更可爲[glyph]即屯之確證。又三體石經《君奭》純之古文作[glyph]，其所從之[glyph]與[glyph]亦形近。

[glyph]與[glyph]皆爲屯，這種文字異形的現象在楚竹簡中相當突出，此僅一例而已。

屯字在楚竹簡中的用法大致有三種：

一、義同皆。信陽遺策中屯字凡二十餘見，或云「屯青黄之彖（緣）」、「屯紫綦之幅」，或云「屯又（有）蓋」、「屯又鐶（環）」，朱、裘訓爲皆，論之甚詳，可從。

二、地名或姓。仰天湖楚竹簡遣策「屯君之二緹衣」，屯君當爲職官名，意即屯地之君，與同批竹簡之「許陽公」等同意。古有屯姓，《通志·氏族畧》卷二十八云：「屯氏，姓苑云：『渾沌氏之後，去水爲屯，漢有泰山太守屯莫，巴都有後蜀法部尚書屯度，望氏之後也』。」商師承祚先生認爲，按當時風俗忌諱不以生人姓名入策下葬，故簡文之「許陽」、「屯」皆爲地名，「公」、「君」爲此地方官之泛稱，而非姓名。

三、通𥫱，竹器名。《説文通訓定聲》屯部：「屯，假借爲𥫱。」《説文》：「𥫱，篅也。」《急就篇》三「𥫱篅」顔師古注：「𥫱、篅，皆所以盛米穀也。以竹木簟蓆若泥塗之則爲𥫱。𥫱之言屯，物所屯聚也。織艸而爲之則曰篅，取其圓團之然也。」《淮南子·精神訓》：「守其篅𥫱。」註：「篅𥫱，受穀器也。」據此，屯即𥫱，乃竹器名，主要用以盛米穀。仰天湖竹簡所謂「皆藏於一笛之屯」，是一句總結性的話，説該一小組竹簡記載的物品都放在一個用笛做的𥫱內。笛字不識（朱、裘釋爲笲，讀作柙，是因摹本有誤，不可信)，依文例，當是屯的修飾語，可能是指其質地，而其非器物之名，實可無疑。「一笥之屯」這類結構方式，亦屢見於仰天湖及信陽的遺策，例如：純羅之繻、角金之銍、絅縞之綪、綏組之繐以上見仰天湖遺策、一涂之鉼鼎、一承燭之鎜、一䘢㝵之幅、一纅紫之寢裀、一草齊緂之斂以上見信陽遺策。其純羅、角金、絅縞：綏組、涂、承燭等皆爲繻、銍、綪、繐、鼎、鎜等的限制性修飾語。此亦可證「一笥之屯」的笥，也是屯的限制性修飾語。仰天湖遺策未見關於穀物之類的記述，也許戰國之時楚地笆亦用以放置其它物品，並不以穀物爲限。

五里牌遺策所說之「屯臧二」，亦即笆倉一座(臧同藏，此假爲倉)。望山二號墓遺策的「屯𠂹」，𠂹字未識，當亦爲笆器之一種，是以絲織品(霝桼、秦縞)緣邊或襯裏。該批遺策又有「𣏟屯」，笥爲竹質，則「𣏟」或即木質了。

楚竹簡之屯既爲屯之異體，則時代與之相若的古璽中的屯屯以及屯屯自亦以釋屯爲宜。如《古璽文字徵》卷一所引純端坉𧿒諸璽，除「屯青」疑爲姓名印外。其餘屯皆當讀爲純。純身、純士、純正亡(無)私，殆爲當時一種警句成語印。

【釋屯　中山大學學報一九八二年第二期】

◉詹鄞鑫　一日之中既有「屯日」，又有「湄日」，可知「屯日」與「湄日」都不是泛指整日、終日，而是各指某一時間。我以爲它們分別指一日的初始和昏暮。

先說「屯日」。《說文》：「屯，難也，象屮木之初生，屯然而難。」甲骨文「屯」字作屯，確實象草木初生萌芽之形。文獻裏「屯」字及音近之字，多有初始之義。如《易·序卦傳》：「屯者，物之始生也。」《易·屯卦》「天造草昧」注：「屯者，天地造始之時也。」字或从「艸」作「萅」，《集韵》：「萅，木始生貌。」又音轉爲「耑」，《說文》：「耑，物初生之題也。」《篇海》：「端，萌也，始也。」「耑」「屯」雙聲而元、文相近，經典通用。「屯」又孳乳而爲「旾」(春)，《公羊傳·隱元年》：「春者何？歲之始也。」按歲之始爲春，歲之終爲冬。卜辭裏「屯」「春」一字，「終」「冬」一字。《說文》「冬」字注云：「四時盡也。」可證「春者歲之始」說深得其源。「屯」又孳乳爲「旽」。《玉篇》：「旽，日欲出。」「旽」的異體作「暾」，《廣韵》：「暾，日始出皃。」以上皆「屯」訓爲「初始」之證。

卜辭紀時字皆从「日」，不从「日」者或另加「日」字，如一日之食時稱爲「食日」，一日之正中稱爲「中日」。由此推知，一日之初始應稱爲「屯日」。「屯日」之屯與「屯龜」(春秋)之「屯」同義，都是「初始」的意思。

必須特別指出的是，卜辭「屯日」也有合文作「旽」之例，如「于旽彫王受祐」(《戩》22,2)。這個「旽」字于省吾誤歸於「春」字。卜辭「于某彫」的句式中，「彫」前一字是紀時詞(詳《釋督》)，且卜辭中「春」字除寫作「屯」以外，所有的寫法都从「艸」或从

「林」，没有僅从「日」而不从「艸」之例，因而可以確定卜辭之「旽」非「春」字，而正是《玉篇》訓「日欲出」的「旽」字。由此更加確信「屯日」是指一日的初始。古人是以日出爲一日之始的。【卜辭訓詁四則　語言研究1984年第1期】

◉劉　雨　此字在遣册中凡二十二見。朱德熙、裘錫圭同志在《戰國文字研究六種》（《考古學報》1972年1期）一文中，對此作了詳細而正確的考證，釋「屯」爲「純」，訓爲「皆」，基本上解決了這個字的釋讀問題。這裏我們再作一點補充，遣册中有四簡涉及「皆」字：

2—02：「一組絺、一、革皆有鈎」；

2—03：「二笙、一簫（壎）竽，皆有條」；

2—019：「金□□□□綿之緣，裀若，皆緅翠」；

2—023：「一錦素檐、一寢莞、一寢筵，屯結芒之純。六籣筵，屯錦純。一柿枒，錦純，組績，有齂。緱檐枒，皆……」。

其中2—023號簡尤其值得注意，「屯」、「皆」同見一簡。所以，我們推想這兩個字除有相同情況外，在具體使用時還應當有所區别。仔細分析二十二條有「屯」之簡文就會發現，「屯」字前的物品數量較多（二十二條簡文中有三條物品數量不明，其餘十九條簡文中：有十條物品數量在十件以上，其中2—06號簡「屯」前有物品八十四件；2—029號簡「屯」前有物品一百件；剩餘九條中，七件的兩簡、六件的三簡、五件的兩簡、三件的兩簡）。而「皆」字前的物品數量却較少（2—02號簡兩件，2—03號簡三件，2—019號簡一件，2—023號簡一件）。因此，我們以爲是否可以把兩個字作這樣的區分，即「皆」相當于現代漢語的「都」、「都是」；而「屯」相當于現代漢語的「全都」、「全都是」。當然，這種分别，僅限于這批楚簡。至于它們在其他地方能否作這種區别，尚待進一步探討。【信陽楚簡釋文與考釋　信陽楚墓】

◉朱德熙　1957年河南信陽長臺關發現的戰國楚墓裡保存了一份寫在竹簡上記録墓中隨葬器物的遣册。簡文中「屯」字凡二十一見。從語法位置看，都是先列舉若干器物名稱，説明其數量，然後説「屯如何如何」。下邊摘引數例（爲便於印刷起見，以下引用古文字時，不按原字形嚴格隸定。有些假借字直接寫出被借字。關於信陽楚簡請參看河南省文物研究所《信陽楚墓》，又《中國語言學報》一九八三年第1期李家浩文）：

2—01……二方鑒，四軔□，二圓鑒，屯青黄之彖（瑑，器物的文飾）。

2—09……二方濫（鑒），屯雕裡。

2—13……七見䰟之衣，屯又常（裳）。

2—14……一汲瓶，一迅缶，一湯鼎，屯又蓋。二淺缶，二膚，一滄之鉢鼎，二鈃，屯又蓋……

2—17……其木器：一漆□，□鋪首，屯又鐶……

2—23……一寢莞(莞，蒲席)，一寢筵(筵，竹席)，屯結芒之純(純，邊緣)。六篾筵，屯錦純。

在「屯」字的21個見次裡，有8次是在「又」字前邊出現的：

屯又蓋　2—12，2—14(兩次)，2—24(兩次)

屯又常(裳)　2—13

屯又鐶　2—17

屯又鈚　2—25

這些「又」字都應讀爲「有」。簡文中在同樣語法位置上出現的還有一個「皆」字：

……一組帶，一革，皆又鉤。2—02

二笙，一□竽，皆又絲。2—03

我們有理由假定簡文裡的「屯」字也是一個總括詞，其意義與「皆」字相當。把「屯」解釋爲「皆」，這二十一個包含「屯」字的句子可以全部講通。「屯」字的這種用法也見於典籍。《韓非子·外儲説右下》説：

秦昭王有病，百姓里買牛而家爲王禱。公孫述出見之，入賀王曰：「百姓乃皆里買牛爲王禱。」王使人問之，果有之。王曰：「訾之，人二甲。(注：訾，毀也，罰之也。)夫非令而擅禱者，是愛寡人也。夫愛寡人，寡人亦且改法而心與之相循者，是法不立。法不立，亂亡之道也。不如人罰二甲而復與爲治。」一曰，秦襄王病，百姓爲之禱。病愈，殺牛塞禱。郎中閻遏、公孫衍出見之，……見王拜賀曰：「過堯舜矣。」王驚曰：「何謂也？」對曰：「堯舜其民未至爲之禱也。今王病，而民以牛禱，病愈殺牛塞禱，故臣竊以王爲過堯舜也。」王因使人問之，何里爲之，訾其里正與伍老屯二甲。

「訾其里正與伍老屯二甲」下舊注云：「屯亦罰也」。王先慎《集解》云：「屯無罰義。《一切經音義》引字書云『屯亦村也』。一村之中，或里正，或伍老，量出二甲。」「屯」固然没有罰的意義，可是王氏拿後世村落的制度來解釋「屯」字，也同樣是牽強附會。其實這裡的「屯」字也應該訓「皆」。上文「訾之，人二甲」「不如人罰二甲」，是説人各罰二甲。此處「訾其里正與伍老屯二甲」，則是説里正與伍老皆罰二甲。

用作總括詞的「屯」字又見於1978年隨縣曾侯乙墓出土的竹簡和1957年安徽壽縣出土的鄂君啓節。曾侯乙墓簡文説：

二戟，屯三果（戈），屯一翼之曾（此字原文从「羽」，下同）。二旆，屯八翼之曾。

鄂君啟節銘文說：

屯三舟爲一舸（原文从「舟」从「夸」）。（舟節）

如馬，如牛，如德（假借爲「僮」，奴隸），屯十以當一車；如擔徒，屯二十擔以當一車。（車節）

曾侯乙墓簡文的「果」是「戈」的假借字，指安在戟上的戈刃。从「羽」从「曾」之字大概是指戟柲上的一種翼狀飾物。（河南汲縣山彪鎮出土的水陸攻戰鑑和成都百花潭出土的燕射水陸攻戰壺的畫像中，戈戟的柲上都有二至三對翼狀物，又畫像中有的旗有兩條正幅，正幅兩側也有兩兩相對的翼狀物，簡文从羽从曾之字疑即指此類裝飾物。）從文義看，「屯」字很清楚是「皆」的意思。鄂君啓節的「屯」，郭沫若以爲應解釋爲聚集（《廣雅・釋詁三》：屯，聚也）。但節文的意思是說：過關卡時，水路運輸以「舸」爲計量單位，三舟當一舸。陸路運輸以車爲計量單位。馬、牛、僮都是十以當一（車），擔荷的人徒都是二十當一（車）。「屯」字似乎還是解釋爲「皆」比較合理。

我們說「屯」有「皆」義，這個說法可以在典籍裡找到根據。《考工記・玉人》「諸侯純九，大夫純五」，鄭玄注「純猶皆也」。《墨子・節用上》「若純三年而字」，孫詒讓《墨子閒詁》亦引《考工記》鄭注訓「純」爲「皆」。「純」从「屯」聲，二字古通用，所以都可以訓爲「皆」。

用爲總括詞的「屯」除了寫作「純」字外，還有寫作「淳」的。《左傳・襄公十一年》「廣車軘車淳十五乘」，杜預注「淳，耦也」，杜説未確。其實「淳」也應讀爲「純」，訓爲「皆」。意思是說：廣車和軘車各皆十五乘。「淳」和「純」古音同聲同部，可以相通。《周禮・天官・内宰》「出其度量淳制」，鄭注「故書淳爲敦，杜子春讀敦爲純」；又《地官・質人》「壹其淳制」，鄭注「杜子春云淳當爲純」，並可證。

「屯～純」雖然可以訓爲「皆」，可是跟「皆」並不完全一樣。從意義上說，「屯～純」是就全體立言，而「皆」是就個體立言，類似於英語裡all和every的區別。從語法上說，「屯～純」是實詞，而「皆」是虛詞。最足以證明這一點的是「屯～純」可以修飾名詞，而「皆」不能。綜合以上兩方面來看，「屯～純」和「皆」的分別正好跟現代漢語裡「全」跟「都」的分別相當。上文引的信陽楚簡和《山海經》裡都是「屯」和「皆」並用的。細玩文義，不難看出兩種說法的區別。

以上討論的是作總括詞用的「屯」字。現在再來說見於甲骨卜辭的「屯」字的另外兩種用法。

殷人稱卜骨或背甲一對爲「一屯（純）」。卜骨一屯指牛之左右肩胛骨各一塊。背甲一屯指背甲從中間剖開後的左半和右半。例如：

帚(婦)杞示七屯又一乚。甲骨文合集17525

古示十屯又一乚，㱿。同上17579

癸巳，帚(婦)井示一屯，亘。合130

由於零數没有超過一以上的(「一」下一字不識，當是指龜甲和卜骨的量詞)，可見一屯只有兩塊，就是一對。這個「屯」當讀爲上引《鄉射禮》「二筭爲純」的「純」。

卜辭又屢見「屯日」一語。例如：

庚申卜，王其省戈田，〔于〕辛屯日亡(無)𢦔(災)。

于壬屯日亡𢦔(災)，咏王。

⊠王其省戈田，于乙屯日亡(無)𢦔(災)，咏〔王〕。小屯南地甲骨1013

辛未卜，王其田，叀翼(翌)日壬屯日亡(無)𢦔(災)，永王。

王其田于刀(?)，屯日亡(無)𢦔(災)，永王。同上2341

□酉卜，翼(翌)日戊王其田，屯日⊠。英國所藏甲骨集2303

屯日不雨。續存上1479

姚孝遂、肖丁《小屯南地甲骨考釋》説：

「屯日亡𢦔」謂終日、整日無災。《易·序卦》：「有天地然後萬物生焉。盈天地之間者唯萬物，故受之以屯。屯者，盈也。」《廣雅·釋詁》：「屯，滿也」。「屯」有滿盈之義，「屯日」猶它辭言「湄日」，均「終日」之意。(183—184頁)

其實「屯日」就是後世口語裡習見的「鎮日」的前身。「鎮日」宋元詞曲常見。例如：

鎮日叮嚀千百遍，只將一句殷勤説。康伯可《咏杜鵑》詞

鎮日家耽酒迷花，便把文君不顧。《董西廂》四

把商代卜辭裡的「屯日」跟宋元詞曲裡的「鎮日」連繫起來，時代離得太遠，似乎難以令人置信，可是「屯」和「鎮」之間確實有密切的關係。這種關係可以通過「衠」字得到證實。「衠」字見於金韓孝彥《篇海》及其子韓道昭根據此書以三十六字母重加編排的《五音集韻》。《篇海》注云：

朱倫切，音諄。真也，正也，不雜也。

《五音集韻》「衠」字在諄韻章倫切下。注云：

正也，不雜也。

「不雜」就是純粹，下列各例中的「衠」止是純的意思：

你那裡有江湖心量，衠一片齏鹽肚腸。《王粲登樓》劇

妖嬈，滿面兒堆着俏；苗條，一團兒衠是嬌。《西廂記》一之四

我則道你是衠鋼槊，呸！原來是個鑞槍頭。《三戰呂布》劇

望夫石當過衠鋼鏨，暢好是眼黑心饞。無名氏《鴛鴦冢》劇

張相《詩詞曲語辭匯釋》說：「衠一片」猶「純一片」，「衠是」猶云「純是」，「衠鋼」即「純鋼」。因爲「純」和「全」語意相通，所以這些「衠」字也可以說是「全」的意思：「衠一片」等於說「全是一片」，「衠是」等於說「全是」，「衠鋼」等於說「全鋼」。

「衠」和「純」意義相似，讀音也很接近。《篇海》說「衠」音「諄」。「諄」和「純」都是臻攝合口三等諄韻照組字，「諄」照章母，「純」禪母。結合字音和字義看，「衠」字大概代表從「純~屯」分化出來的一個詞。這個詞還保存在現代方言裡。例如河南獲嘉、洛陽方言裡有一個讀音爲[ˌtsun˧]的副詞，用例如下：

只：~吃菜，不吃飯

~吃白麵，不吃黑麵（玉米麵、高粱麵等的統稱）

全：這裡堆的~是化肥

這一大片地種的~是玉蜀黍

前一用例的「只」義顯然是从「純」義引伸出來的。山西孝義方言有[ˌtsuŋ˩]字，用例如下：

~喫糧，不喫菜

~說好話

這也是「只」或「全」的意思。這兩個方言詞的音韻地位和意義都與「衠」字密合。

「鎮日」是「整天、全天」的意思。這個「鎮」跟「衠」顯然有密切關係，只是字音略有出入。「鎮日」的「鎮」現代字典都注去聲的音，其實《廣韻》有平聲的讀法（真韻陟鄰切），去聲大概是誤讀。其次，「鎮」字開口，「衠」字合口。可是臻攝字開合口有相混

的。北京話「胗肝」的「胗」開口。《廣韻》諄韻「章倫切」下：「肫，鳥藏(臟)」，「胗」就是「肫」，可是「肫」字合口。這跟「鎮」「衠」的情形正好平行。最後，「鎮」是知母字，「衠」是照章母字，聲母不同。不過从「屯」得聲的字裡同樣也是既有照章母字(肫、訰、杶)也有知母字(屯、迍、窀)。【說「屯(純)、鎮、衠」　中國語文一九八八年第三期】

◉白玉崢　詩野有死麕「白茅純束」注云：「純束，猶包之也」，又集韵：「純，包束也」。是駢枝釋屯即純之說，與銘刻續考及粹考釋勹即包之說無甚軒輊。惟銘刻讀考與粹考之說失之迂曲牽強，不若駢枝之說爲的。其實，駢枝釋屯即純之說，同樣亦失之迂曲。蓋就文字衍進之迹，與屯純二字之結體言：屯、宜爲純之初文，純爲後起从糸屯聲之形聲字；謂屯即純，束也，究不若直取集韵之「純，包束也」之說較爲妥適也。至一包何以僅包一牛之兩胛骨？檢儀禮士昏禮「臘一肫」注云：「肫，或作純。純、全也」。又鄉射禮「二筭爲純」注亦云：「純，全也」。又禮記投壺：「二筭爲純，一筭爲奇」，疏謂「二筭合爲一全」。是純有全之義也。集韻：「算，或作筭」。說文段氏注云：「筭法用竹，徑一分，長六寸」。則算即筭，爲計數之工具。算，蓋即筭之義也。二算既爲一全，則一牛之兩肩胛骨當可表示爲一全牛之義矣。二算爲全之說雖爲周禮，然就一牛之兩胛骨表示一全牛之義言：周禮蓋因於殷禮者也。

檢說文：「純，絲也」。又「絲，蠶所吐也」。則純爲生絲，以生絲束札一牛之胛骨，表示一頭全牛之義，貢餽王朝，不僅於禮頗隆，且亦證明殷時畜牧之事、養蠶之術、繅絲之業已非常發達。史稱黄帝元妃雷祖教民養蠶，據彦堂先生中國年曆總譜所計，自黄帝至武丁中期，已曆一千三百餘年，其養蠶繅絲之術自必非常發達。且在近世考古發掘，已證明殷世即有棉織之物。武丁時期之方國以蠶絲束紮胛骨貢獻王朝，當爲必然之事矣。惟此絲宜非蠶吐之原絲，當爲經過人工織造而成之絲製品，或爲絹帛，或爲繩索之類之物。當時既有棉織品之生產，絲織品之生產自不是問題。故用此絹帛繩索稛束胛骨，不僅整理、計數、搬運、保管等便捷，且亦隆禮實用。說文通訓定聲：「純叚借爲稛，稛或作捆」。辭云若干屯，蓋即若干稛之謂也。

至㇁文之說解，學者雖亦各皆有說，要以粹考等之釋冎即骨之說較爲有徵。惟緣僅據粹一二三一之殘辭，且爲單文孤證爲說，故不爲多數學者所同意。但㇁何以爲骨之象形，說則未詳。今兹再益三證，知㇁之釋冎即骨，宜無可疑矣。

27.妾示四屯㞢一ㄖ　㱿　（合一七六二八、林二・三〇・一二）（圖二七）

28.妾示三屯㞢一ㄖ　亘　（合一五七三四）（圖二八）

29.□示四□㞢一ㄖ　（東洋五五〇）（圖二九）

30.□㞢冎　殻　（合六八二、粹一一三二）（圖三十）

持右録四辭，與前録第一至十一辭互爲比讀，如「𡆥示十屯㞢一〉」，與「妾示四屯㞢一冎」，兩者無論辭例、辭義或句型等，盡皆相同，無稍差異。因知〉與冎爲一義，二者僅止字之構形稍有差異而已。緣其取象不同，故其結體因而殊異也。

冎釋骨，已是定論。就其結體察之，宜爲肩胛骨正面之具象，通用於任何表示「骨」義之辭例；亦即爲骨之通字通義。而〉之釋骨，就其結體推察，宜爲肩胛骨側視之象形；在骨臼刻辭中，其義與冎相同；且其字僅見於骨臼刻辭，宜爲肩胛骨之專字專義。緣其取象異於冎字，且結體至爲簡單，遂不易察知其義，因而無由識其究爲今之何字何義。于省吾氏曾釋爲今字之及，頗失之粗率，於其甲骨文字釋林中故而未予入録。丁山氏以〉與𠂇同釋爲夕，則將短短六七字的骨臼刻辭，解釋爲不知所云何事矣。禮記投壺謂：「一筭爲奇」，奇、蓋即數之奇零者。既以一牛之兩胛骨爲一稛屯，表示一頭全牛，則奇零之一枚胛骨以〉（骨臼刻辭之專字）示之，於事、於理、於𠂇字説解，辭義之通暢無礙，宜無可疑矣。且也，偏檢現時流傳之甲骨資料，骨臼刻辭〉上之數碼悉皆爲一，此徵候固可默證一稛爲一牛之左右兩胛骨，則其奇零之「㞢一〉」，當可表示爲另一枚之胛骨也。如此以釋「𡆥示十屯㞢一〉」，義爲：𡆥餽貢王朝肩胛骨十副又一隻，辭暢義達，通順無礙。而刻辭之義豁然開朗矣。

刻辭辭義既已通暢順遂，而𠂇與〉二文何以如此構形，當必有其所以然之由。玆試爲説之。就二字之構形推勘，𠂇之造形，乃象一牛左右兩胛骨，經予稛札後相合之狀。丿、取象兩胛骨相合之形；ノ、則示稛扎之繩索也。故其字似宜釋稛。于氏釋屯，未爲盡善。屯、稛、古音皆在十三部；釋稛，不僅於字之構形吻合，且合於事理。〉則僅取𠂇字之〉，表示爲一枚胛骨，亦即爲𠂇之半。一牛之左右兩胛骨稛紮後曰𠂇稛，奇零之一隻胛骨曰〉骨。故𠂇〉二文，皆取胛骨側視之狀而構形者也。

由𠂇與〉二文之確認，知骨臼刻辭之旨趣，僅在紀述王朝卜用胛骨之來源、數量、與簽收史官之署名。其間或有紀述簽收之日辰，或自某地（或人）轉徙而致者。外此，别無他義。凖此，可以察知若干僅契史官署名之骨臼，蓋乃王朝自身所生産者，故未紀其來源、數量或日辰也。至未紀任何字辭之骨臼，亦此之比也。【説𠂇與〉　中國文字新十七期】

每

粹三四〇 每母通用母己 甲一五五五 甲二三五六 甲二八一三 鐵二〇〇・三 拾三・五 多母
前一・三・四 小母 後一・六・一三 母戊 鄴三下・三七・八 河三五二 佚四〇一 存下一・七七
存下七四四三母 佚一八一 金三六一 陳五六 京都七三六 京都二〇七〇 甲三五四 每用爲
誨 王以衆弗誨 甲五七三 又用爲晦 弗晦 甲一六三〇 甲五九九 甲六四一 甲八五八 粹六五九
粹六六〇 掇四〇四 戩四〇・一 明藏六八二 佚九五一 福八 【甲骨文編】

甲354 394 573 599 615 621 653 761 858 1240 1264
1333 1486 1548 1594 1630 1850 1908 1925 3593 3935
乙8676 珠193 獸2・25・6 珠675 915 佚238 444 447 516 655
757 900 951 續3・25・1 3・28・6 3・28・7 3・29・6 5・24・8
6・20・9 掇370 401 徵2・28 録735 誠143 329 摭70 71 六中266
摭續1 118 141 197 粹495 659 661 663 664 712 923
966 974 988 991 1003 1150 1199 1543 新4542 4577
5310 【續甲骨文編】

每 杞伯簋 杞伯壺 杞伯鼎 杞伯壺 省作母 孳乳爲誨 曶鼎 曶廼誨于𨡨 孳
乳爲敏 天亡簋 敏揚王休 何尊 順我不敏 盠壺 【金文編】

 3·180蒦圖匋里每 【古陶文字徵】

 二〇〇：五八　宗盟類參盟人名每□　【侯馬盟書字表】

 每當時印　 每車賈　 每當時　【漢印文字徵】

 王庶子碑　【古文四聲韻】

◉許　慎　艸盛上出也。从中。母聲。臣鉉等案。左傳原田每每。今别作莓。非是。武罪切。【説文解字卷一】

◉林義光　説文云。。艸盛上出也。从中。母聲。按草盛也。古作。杞伯敏父鼎。作。不䀠敦誨字偏旁。象草生形。母聲。左傳原田每每。僖二十八。韓詩周原腜腜。以腜爲之。毛詩作膴。【文源】

◉胡光煒　卜辭多言其每。皆假以爲霿。每敄聲同。故爾雅言霿謂之晦。【甲骨文例卷下】

◉董作賓　每當讀晦。與啓相對。晦陰啓晴也。【新獲卜辭寫本後記】

◉葉玉森　森按。羅氏釋敏固未安。胡氏釋霿。董氏釋晦。若以讀本辭曰「王弗霿」「王弗晦」均難索解。他辭有云「王其」者。如讀「王其霿」「王其晦」亦不可通。予曩疑卜辭若字象一人跽而理髮使順形。易「有字永若」荀注「順也」。卜辭之若均含順意。説契象髮蓬亂。故須手理使順。象髮分披。上且加笄形飾物。如爲已順之象。當含順意。疑即之變體。凡卜辭云「王弗每」「其每」「王其每」「田某地每」「王田某地每」諸辭。每字讀若均無不適。姑妄言之。用備一説。【殷虚書契前編集釋卷二】

◉郭沫若　每殆假爲賄。《儀禮·聘禮記》「賄在聘於賄」，注云「古文賄皆作悔。」是賄悔可通。悔从每，則每亦可假爲賄矣。賄者謂賜予也。【殷契粹編考釋一五四三片】

◉孫海波　每蓋爲晦之假借字。晦。冥也。僖十五年春秋經。晦。震伯夷之廟。公羊傳。晦，晝冥也。爾雅。霿謂之晦。言蒙蒙不明也。詩。風雨如晦。傳。昏也。【誠齋殷虚文字考釋】

◉金祖同　每。昏也。老子。故天下每每注。猶言昏也。盂鼎。余非庸又昏。蓋古之君王戒昏。有假爲天气陰晦之晦者非。【殷契遺珠釋文】

◉馬叙倫　每與艸部之莑、菽、葆、茷、芃、蕃、茂、芇、薾、茸、薿諸字似皆轉注。莓、薾、茸、芇、薿、茂、菽皆鼻音次濁音。芃、茷音皆奉紐。摩擦次濁音。又與苺、茂、菽同爲脣音。蓁、蕃音皆封紐。亦與芃、茷、苺、茂、菽同爲脣音。然倫又疑艸盛也乃蓁菽諸字之義。上出也當作艸出也。乃苺字本義。左僖廿八年傳。原田每每。乃借每爲茂耳。每爲萌之轉注字。音同微紐。與民一字。玄應一切經音義引字林音莫致反。又引三倉有每字。餘詳民下。聃毀作□。杞伯壺作□。【説文解字六書疏證卷二】

◉王獻唐　續殷文存上，有毀銘曰，女□作毀。三代吉金文存七，亦著録，舊皆闕釋。病中偶憶君夫毀銘曰。君夫敢□揚王休，亦此字也。大豐毀，□揚王休，縣妃毀，□揚白犀父休，詞例俱同。大豐毀□，形爲每字，此與縣妃毀，亦當釋每。每揚義猶對揚，呂氏春秋貴直篇，每斮者以吾參夫二子者乎，高注，每猶當也。易象上傳，先王以茂對時育萬物，孔疏，對，當也。每猶當，而當訓對，則每揚即對揚矣。

說文每，草盛上出也。從屮，母聲。小篆作□，上從屮，與大豐毀同，非訓草木初生之屮也。字為□□省筆，女每君夫二毀銘，皆象毛羽斜插女首，乃古代飾品。晉鼎每作□，杞白毀作□，孟鼎敏作□，師嫠毀作□作□，均象毛羽下偃，由□□形出，亦或不偃，與此通爲一事。徵之卜辭，則作□，下・二六・二作□，戩四十・一乃大豐毀體所從出也。又作□，甲・二・二五・六作□，下・四二・六乃晉鼎諸體所從出也。又作□，前八八七・二作□，後上・十四・八省其上筆。復作□，前二・二三・一作□，後上・十八・十一作□，後上・十四・五首上別加一橫爲笄，與夫字例同。復作□，拾三・五作□，藏二二・十三則並毛羽亦省矣。

以毛羽飾加於女首為每，加於男首則爲美。卜辭美作□，前七・二八・二作□，前一・二九・二作□，後下・十四・九金文美爵作□，下從大爲人，上亦毛羽飾也。女飾爲單，故□□諸形，祇象一首偃仰。男飾爲雙，故□□諸形，象兩首分披，判然有別。卜辭字亦省作□，甲二・十三・九或加笄作□，前二・十八・二與每字省加者，正同條共貫。其毛羽多少偃仰，亦都相合。說文，美，甘也，從羊從大，羊在六畜主給膳也。小篆作□，上從羊，乃由□體譌變，晚周鈢文作□已然，契金固不爾也。所云大義，段王皆謂羊大則肥美，其實羔羊尤美。周禮膳夫，膳用六牲，亦無羊爲主膳之說。蓋據譌體解說，致生窒礙。商錫永謂美字□象羊角攲敧之形，殷虛書契文字類編。攲敧誠有之，但未見羊生四角，上下排列如此狀也。

每美二字，古音均隸之部，聲讀相同，乃美惡之美指事字。孟子梁惠王篇，百姓聞王車馬之音，見羽旄之美。飾於旌旗者固美，飾於冠首者亦美。女飾作每，男飾作美，制有單雙，而音義俱同。故每即美，而美亦即每，實一字異體。古文字從人者，亦每從女，從女者又每從母，例證不可枚舉也。在單雙性別限格外，復有一通體，只象人首飾插毛羽形。作父丁尊，有□字，舊亦闕釋，仍是美字。卜辭復有字，前五・十八・五亦當釋美。又有前二・四・三前四・二・六・二諸體，並見金文，皆美字也。金文如前引盂鼎師嫠毁等，敏皆从又。卜辭有前六・四七・七後下・二五・十三據知亦敏字也。大抵契金美字，就今所見，有別體二，通體一。時閱數千年，通體久廢，別體之每，亦多假爲語詞，契金或假晦假敏。只一美字，尚能保存原義而已。【釋每美　中國文字第三十五期】

◉高鴻縉　字商周作。从省。母聲。篆文變爲从屮。从華省。與从屮均得有花艸盛出之意。【中國字例第六篇】

◉屈萬里　每，讀爲悔。卜辭云：「王弗每」，言王不至有災悔也。【殷虛文字甲編考釋】

◉李孝定　説文「每。艸盛上出也。从屮。母聲。」卜辭作諸形。从女从母無別。上不从屮。葉氏以爲象笄形是也。蓋髮盛則加笄。引申以爲凡盛之稱。許訓實就經訓爲解。引申義也。訓雖訓昏並其叚借義。訓昏者蓋叚每爲晦。晦有昏義。卜辭之每或叚爲晦。或叚爲悔。或叚爲母。均未見用其本義。葉氏以爲若之變體。古文衍變未有此例。其說非也。金文作晉鼎杞伯簋杞伯鼎杞伯壺大豐毁縣妃簋君夫簋。或从母或从女。上則均象加笄形。杞伯壺叚母爲之。不然則其上當有銹蝕。【甲骨文字集釋卷一】

◉張政烺　每，讀爲謀。說文「慮難曰謀」，古文从口，每聲，此省口旁。百謀猶百慮，《易・繫辭》：「天下同歸而殊途，一致而百慮」。又「人謀鬼謀，百姓與能」，虞注：「坎爲謀」。【中山國胤嗣姧䖵壺釋文　古文字研究第一輯】

◉于省吾　說文每作，並謂「每，艸盛上出也，从中母聲。」按許說不足爲據，而自來文字學家並謂異議。甲骨文母與女互用無別。甲骨文每字作或，後來又變作。甲骨文每字既不从艸也不作艸盛用，艸盛乃後起之義。甲骨文每字多用作悔吝之悔或晦冥之晦。每字的造字本義，系於母字的上部附加一個V劃，作爲指事字的標誌，以別于母，而仍因母字以爲聲。【釋古文字中附劃因聲指事字的一例　甲骨文字釋林】

◉戴家祥　高鴻縉曰：說文「艸盛上出也。从屮，母聲。武罪切」。按字商周作，从省，母聲。篆文變爲从屮，从華省與从屮均得有花艸盛出之意。左傳「原田每每」。徐鉉曰：「每今別作莓」。非是。中國字例六篇二二六葉。按高釋可从。然徐鉉謂每別作莓，亦通，从艹草與从華省，均屬花草一類，形符可交換。金文每字多作人名，如杞伯每匕匜等，晉鼎「晉迺每于酷□」。郭沫若讀每爲誨，無釋。【金文大字典下】

毒

4·43右宮毒 【古陶文字徵】

秦五 五例 【睡虎地秦簡文字編】

毒宣私印 【漢印文字徵】

毒 【汗簡】

古老子 說文 【古文四聲韻】

◉許 慎 毒厚也。害人之艸。往往而生。从屮。从毒。徒沃切。⿱艹副古文毒。从刀䈞。【說文解字卷一】

◉商承祚 說文「⿱艹副。古文毒。从刀䈞。」案說文古文从竹之字皆作𠆢𠆢。此殆寫誤。汗簡引作。古文四聲韻作。皆誤。徐鉉本又譌爲艸。【說文中之古文考】

◉馬叙倫 王念孫曰。繫傳作从屮。毒聲。祛妄篇亦云。毒。說文从屮。毒聲。今說文無聲字者。徐鉉以李陽冰云。毒字非取毒聲。毒音烏代反。故削之也。不知毒有代音。與毒聲相近。漢書地理志多犀、象、毒冒、珠、璣。師古曰。毒音代。是也。宋保曰。毒在尤幽部內。毒在之咍部內。古音之咍與尤幽最相近。故尤幽部內字多從之。咍部內之聲如肬、默、煩、疣、就五字皆从尤聲。尤从又得聲。古音在之咍部內。秀从乃聲。汓从子聲。琦讀若畜牧之畜。有聲。鬻从又聲。育古文作毓。每聲。皆其類。爾雅釋訓自子子孫孫引無極也以下凡十五韵。內毒、告、鞠、與極、德、直、力、服、急、息、德、忒、食、則、慝爲韵。亦其證也。徐灝曰。毒之本義爲毒艸。因與篤同聲通用而訓爲厚耳。毒古音讀若娭。聲轉爲徒代切。而毒用爲聲。倫按毒爲䓯之初文。艸之有毒者多矣。自古未聞特有一艸名毒也。說解厚也非本義。蓋本作艸也。从屮。毒聲。校者加厚也。以下十字。唐人刪其本訓耳。毒讀若娭。章敦彝謂从士得聲。是也。士即大字。大音定紐。故毒以毒爲聲。應從鍇本作从屮毒聲。

⿱艹副 徐鍇曰。䈞聲也。鈕樹玉曰。玉篇有⿱艹副字。注云。古文毒。則小徐說不足據。王筠曰。朱筠本汪刻本繫傳篆同此。似當作从艸副聲。徐鍇以爲䈞聲。必以刀爲義。謂刀有毒。誰其信之。朱孔彰曰。漢隸竹作卄。與艸無別。故⿱艹副譌爲⿱𥫗副。从艸。副聲。田吳炤曰。汗簡竹部作。注。出演說文。倫按據汗簡則許書當無此字。校者增之。字从艸。副聲。副从刀。畐聲。畐士聲同之類。故毒轉注爲⿱艹副。【說文解字六書疏證卷二】

◉黄錫全 毒 今本《説文》毒字古文鉉本作𥲖，鍇本作𥳑，鄭珍認爲鍇本是。段玉裁注本作𥳑。䈞當與長沙楚帛書同，類似《説文》副字或作劅。䈞从竹聲，竹同竺、篤，與毒音義均近，《説文》並訓「厚也」。馬王堆漢墓帛書毒作竺。夏韵屋韵注「説文」。【汗簡注釋卷二】

涫于芬印【漢印文字徵】

開母廟石闕 芬茲楙于圃疇 説文岁或从艸作芬【石刻篆文編】

◉許 慎 岁艸初生其香分布。从屮。从分。分亦聲。撫文切。芬 芬或从艸。【説文解字卷一】

◉馬叙倫 沈濤曰。一切經音義七及十二、十九皆引。芬。芳也。蓋古本一曰以下之奪文。倫按今本轉寫奪芳也二字耳。玉篇曰。芬、芳。蓋即本諸許。芬从屮。分聲。芬芳雙聲。芬即芳之轉注字。芳下曰。香艸也。凡艸初生其香分布者。於事不盡可證。故知从屮。分聲。艸初生七字校語。芬急就篇。芬、薰見顔師古本。皇象本作蕡。倫謂蓋本作蕡。傳寫者易以通用字。故亦不作岁也。【説文解字六書疏證卷二】

3502【古璽文編】

◉許 慎 𡴂菌𡴂。地蕈。叢生田中。从屮。六聲。力竹切。籀文𡴂从三𡴂。【説文解字卷一】

◉王國維 説文解字屮部。𡴂。菌𡴂。地蕈。叢生田中。从屮。六聲。籀文𡴂从三𡴂。案古金文陸字多从二𡴂。𨸏部陸下云。籀文陸。是史篇皆从三𡴂矣。【史籀篇疏證 王國維遺書第六册】

◉唐 蘭 字亦卜辭習見。孫詒讓釋皋，舉例上十七。又釋臭，名原下十一葉玉森釋𡴂，前編考釋一上七一。均非。郭沫若謂金文圖形文字亦每見此字，酷肖魚脊骨之形，當是脊之初文。小篆譌爲，後人復誤讀爲𠂹，故字失傳耳。粹編考釋十。亦未碻。按卜辭此字，或作等形，其見於金文者，今集録如次。

𡴂父丁觶 殷續下六二　𡴂父乙鼎 殷續上十八　𡴂史父乙𣪘 殷上十九　𡴂卣 殷上二九

𡴂父丁鬲 殷續上二七　𡴂父乙觶 殷續下六二　𡴂鼎 殷續上九　册𡴂？ 殷續附四

此即父戊[glyph]般之一部分，為器在丁筱農家時所拓者。此拓本為徐森玉先生見假。般文存本只存文字。

覈其字形，實非郭所謂魚脊。而上所引及之父戊[glyph]盤之勹首兩目旁，有爬蟲形之增飾，一望即知與此字相類，惟自第二對足以下小有異同耳。余謂此字之原始象形，實當作[glyph]，其所象為蜥易之類。尾側有一歧者，或以區畫身尾之故，其變為[glyph]，則儼若歧尾矣。然則卜辭金文於此字之種種變形，均由蜥易形所蛻化而成，足證諸家所釋之非矣。說文：「易，蜥易蝘蜓守宮也，象形」。今以卜辭考之，則易作[glyph][glyph]等形，實不象蜥易。而此象蜥易形者，以作[glyph]形為習見，小變而為[glyph]，則即說文訓為「菌圥地蕈」之[glyph]字也。說文以圥為從屮六聲，誤。余謂圥象蜥蜴形，故古陸字作[glyph]，原為兩蜥易在阜側為高平地也。說文鼀注云「圥鼀詹諸也」，金文象詹諸之形，其上半大都與此字之作[glyph]者相似，故後世以為從圥而作鼀字，其實黽鼀一字，鼀亦作鼁可證。此尤可證蜥易形之為圥矣。方言：「守宮，秦晉西夏，或謂之蠦蠦，或謂之蜥易」。本草：「石龍子一名蜥易，一名山龍子，一名守宮，一名石蜴」。廣雅「蚵蠪蜥蜴也」。蠦龍蠪殆皆𡿺之聲轉。廣雅：「苦蠪蝦蟆也」。蝦蟆詹諸屬，則苦蠪當即鼃，可證蚵蠪之即𡿺。【天壤閣甲骨文存考釋】

◉馬叙倫　段玉裁曰。菌𡿺玉篇作圈𡿺。倫按茵當依鍇本作菌。菌𡿺疑本作𡿺菌也。𡿺乃隸書複舉字之未删盡者。爾雅釋艸。中馗菌。中馗蓋𡿺馗之誤。馗借爲逵。逵得聲於𡿺。馗亦即𡿺也。雅謂𡿺馗皆菌也。𡿺聲幽類。蕈聲侵類。幽侵對轉。是𡿺蕈爲轉注字也。地蕈以下六字校者加之。許本止訓菌也。

籀文从三𡿺者體取茂密耳。从三𡿺校語。【説文解字六書疏證卷二】

◉丁　山　，字形雖簡，其誼則殊難明。唐蘭先生古文字學導論嘗謂即字；郭沫若先生粹編考釋則謂：「酷似魚骨之形，當是脊之初文。」山按，此字見于甲骨文者頗多變化，略如：

鐵、1、1　前、1、11、5　前、7、4、4　後、下、36、3

林、1、11、7　鄴羽、三、下、39、3　粹、1237

諦審之：實象昆蟲形，惟六足四翼之蜻蛉，與此字最爲形近。此字之形變，亦惟于金文中可得其真象：

(A)卣、殷存上、29.

(B)鼎、綴遺五、11.

(C)卣、綴遺十、11.

(D)觶、綴遺廿三、13.

(E)觶、綴遺廿三、18.

(F)觶、殷存下、62.

(G)觶、綴遺廿三、18.

(H)鬲、續殷存上、27.

(I)公史作父乙毀殷存上、19.

若(A)卣銘，望而知爲蜻蛉也；若(D)觶銘則省而與甲骨文字如出一手所書矣。戰國楚策四：「莊辛謂楚襄王曰，王獨不見夫蜻蛉乎！六足四翼，飛翔乎天地之間，俛啄蚊虻而食之，仰承甘露而飲之，自以爲無患，與人無爭也。」(D)觶銘象蜻蛉之四翼；若(E)觶銘兼象其六足矣。由蜻蛉之尾部逐漸變化而爲，爲，則近説文所謂：「，土塊𡿺𡿺也。」然則，

熏 

（Ⅰ）公史作父乙毁之，決即鼀字。說文黽部：「鼀，圥鼀，詹諸也。其鳴詹諸，其皮鼀鼀，其行圥圥，从黽圥，圥亦聲。䵶，或从酉。」又曰：「䵸鼀，詹諸也。詩曰，得此䵸鼀，言其行鼀鼀。从黽，爾聲。」䵸鼀，今毛詩邶風新臺作「戚施」；故徐鉉音「鼀，七宿切」；與屮部「𡴂，菌圥，地蕈，叢生田中，从屮，六聲」，音「力竹切」者，古韻同部。是圥圥與鼀鼀，正爲一聲之轉，圥，古宜有讀若甓者，歁歠之歠，或从口作啾；見說文不獨鼀䵸音譌「戚施」之足徵也。方言十一：「蜻蛉，謂之蝍蛉。」郭璞注：「六足四翼蟲也。江東名爲狐黎，淮南人呼蛗蚸。」蛗蚸，狐黎，之與「蜻蛉」，不明其聲音蛻變之故；而蝍蛉之蝍，則與鼀䵸之鼀，歁歠之歠，正同聲紐。呂覽精諭：「海上有人好蜻者，每居海上，从蜻游。」高誘注：「蜻，蜻蜓，小蟲，細腰，四翼；一名白宿。」宿亦與鼀叠韻。要而言之：圥之爲字，本象蜻形，蜻，緩言而爲「蝍蛉」，音譌而爲「白宿」，甲骨文之形象之，許君釋爲「菌圥，地蕈」，非也。知即圥之本字，象蜻蛉形，音則讀若戚也。【甲骨文所見氏族及其制度】

熏　孳乳爲纁　爾雅釋器三染謂之纁　吳方彝　虎冟纁裏　師兌簋　毛公㾓鼎　番生簋　師克盨　纁裏　省作

東【金文編】

王存乂切韻　【古文四聲韻】

◉許　慎　熏火煙上出也。从屮。从黑。中黑。熏黑也。許云切。【說文解字卷一】

◉馬叙倫　朱駿聲曰。炎上出罒爲煙。其色黑。中亦象煙上出形。此字當隸炎部。或黑部。倫按九經字樣引火煙上出也上有象字。蓋中非中木之中。本作。象煙气。與中形近。誤爲中也。當入炎部爲指事。中黑五字校語。然倫疑火煙上出也者乃燻字義。古書以熏爲之。本書無燻字。煙即火氣上出本字。煙音影紐。熏音曉紐。古讀曉歸影。煙熏又聲同真類。故古書多以熏爲煙。今二字義分而熏爲借義所專有矣。熏。从中。黑聲。黑音曉紐。故熏亦曉紐也。熏爲薰之初文。芬之與熏同摩擦次清音又聲同真類轉注字。急就篇。芬薰脂粉膏澤篙。松江石本薰作熏。倫謂故書作熏。薰字蓋出字林。傳寫者依字林增艸耳。毛公鼎作。番生毁作。師兌毁作。【說文解字六書疏證卷二】

◉楊樹達　此字當从炎从罒从中，謂火光穿罒上出，徹達於上也。許云从中、黑，非是。炎爲主名，罒爲表所出之處名。【文字形義學】

3·1130　獨字　3·372　楚章衢關里艸　3·373　同上　3·233　蔓圞匋里人艸　陶簠6:16　獨字　陶存

4:58　同上　【古陶文字徵】

艸　【汗簡】

古老子　汗簡　【古文四聲韻】

◉許　慎　艸百芔也。从二屮。凡艸之屬皆从艸。倉老切。【説文解字卷一】

◉馬叙倫　王筠曰。釋草疏引作象野艸莽蒼之形。不似許語。倫按艸爲屮形之茂密者。仍象形。不得爲會意者。艸固不限於作屮。作艸作芔皆可也。説解當曰芔也。象形。百字校者加之。急就篇甘草字。孫星衍校本作艸。古陶文作　　。

【説文解字六書疏證卷二】

莊　从爿从曺　趞亥鼎　宋莊公之孫趞亥自作會鼎　【金文编】

5·199　莊宮　【古陶文字徵】

莊　編五　三例　【睡虎地秦簡文字編】

莊武私印　莊宣之印　莊正陽印　莊慶　莊平之印　莊遂　莊長兄　莊顺私印

莊少公印　莊惲私印　莊廣漢　莊安　莊斿之印　莊成　莊黽　莊長孫印　莊壬私印

莊春君　【漢印文字徵】

莊　莊　【汗簡】

説文　義雲章　同上　崔希裕纂古　【古文四聲韻】

◉許　慎　莊上諱。臣鉉等曰。此漢明帝名也。从艸。从壯。未詳。側羊切。□古文莊。【説文解字卷一】

◉林義光　即藏之本字。从艸壯聲。艸所以苞藏也。【文源卷十一】

◉丁佛言　□毛公鼎。□虢季子伯槃。二字原書以爲古庸字。案與召伯虎敢之□石鼓之□皆不類。當是古莊字。□其所从非用泐。莊爲敬畏。古亦作嚴。在毛鼎當讀爲唯天嚴集乃命。弟二字當讀爲弗及邦嚴。在虢槃當讀爲壯武於戎工。蓋莊古又與壯通也。【説文古籀補補卷一】

◉商承祚　□後編下第二十葉　説文莊古文作□。疑此媘。【殷虚文字考　國學叢刊第二卷第四期】

◉柯昌濟　古莊字从爿得聲。虢季子盤。□武于戎工。亦當爲壯字。【趞亥鼎　韡華閣集古録】

◉馬叙倫　徐鍇曰。後漢孝明帝諱。故許慎不説解而最在前也。鍇以爲从艸。壯聲。段玉裁曰。説解當曰。艸大也。从艸。壯聲。形聲兼會意字。壯訓大。故莊訓艸大。王紹蘭曰。管子小問説苗云。至其壯也。莊莊乎何其士也。然則莊解當曰艸壯皃。倫按玉篇曰。莊。草盛皃。必有所本。當據補。或用王説作艸壯皃。从艸。壯聲。艸壯爲莊。語原然也。字見急就篇顔師古本。

□嚴可均曰。此疑校者所加。□从□在丌上。爿聲。當是殤、傷、戕等字。段玉裁曰。□字恐後人所加。其形本非莊字。當是奘字之譌。古文士或作□。譌爲□也。莊有可曰。□蓋古文葬。朱孔彰曰。汗簡引作□。疑即大部籀文奘字之變。假奘爲莊也。商承祚曰。莊爲漢孝明帝諱。故許於莊下不列説解。而但曰上諱。何以獨填古文。然則此三字必後人加也。奘字段説至塙。汗簡引作□。亦誤。倫按鍇篆作□。甲骨有□字。王國維釋爲葬。是也。則此从□。□聲。爲奘之異文。古文經傳以爲莊字。古文莊者吕忱之文。忱晉人。故不爲漢帝諱也。此亦重文出字林之一證。【説文解字六書疏證卷二】

◉李孝定　□續·五·五·六　□後·下·十五·五　丁山曰。「□殆即走馬亥鼎□字初文。鼎銘曰。『宋□公之孫走馬亥自作膾鼎。』與牆籀文作□者形近。郭沫若讀爲宋莊公是也。詳兩周金文辭大系考釋一八四葉。山按。説文艸部莊字古文作□。象床上列殘骨之形。實葬之本字。葬者藏也。□則象以缶藏物而護以木板。正□字初寫。□讀爲莊。知□碻是莊字。莊臧音近。第二辭言『莊人』又讀爲臧人。即戰俘被繫爲奴僕者已。」見氏族及制度一二七至一二九葉。

按。説文莊及古文□並即葬之異構。莊从艸从土會意。爿聲。□从六□會意。爿聲。葬則爲純會意字。此从口爿聲。其音讀當與莊近。然但从爿从口。不足以會葬意。丁謂即莊字似有未安。辭云「□侯來」。續·五·五·六。□乃方國

之名。他辭言「𠂤人」。後・下・十五・五。即𠂤國之人。丁氏以臧獲説之。亦覺未安。【甲骨文字集釋　存疑】

◉黄錫全　□今本《説文》莊字古文鉉本作□，鍇本作□。夏韵陽韵録作□。此形寫譌。□即古葬字，甲骨文作□（後下20.6），中山王墓兆域圖作□。朱德熙、裘錫圭先生認爲「□从□，爿聲，當釋作葬」。三體石經葬字古文作□，王國維指出「《説文》艸部□，古文莊，亦即此字。疑□□二字从□在爿旁丌上，本是葬字，後乃加茻。此上从竹，亦譌」（《魏石經殘石考》）。此假□（葬）爲莊。趙亥鼎「宋莊公」之莊作□，與此有别。

□妝字古作□（京津1682）、□（無于妝匜）。中山王鼎壯作□，此爿形同。妝乃「裝飾」字，此假爲「莊大」字。雲夢秦簡裝作□，與此類似。鄭珍認爲「注莊當作糚，俗妝字」。【汗簡注釋卷二】

255　258【包山楚簡文字編】

◉許　慎　蓏在木曰果。在地曰蓏。从艸。从㼌。郎果切。【説文解字卷一】

◉馬叙倫　沈濤曰。齊民要術。御覽九百六十四引作在艸曰蓏。是古本作艸。不作地。易説卦傳。爲果蓏。宋衷注曰。木實謂之果。艸實謂之蓏。漢書食貨志。瓜瓠果蓏。注引應劭曰。木實曰果。艸實曰蓏。皆與許説相同。在地曰蓏。見儀禮既夕篇及淮南墬形訓注。是亦相傳古訓。許書列於艸部以明从艸之義。故曰在艸曰蓏。龍龕手鑑引木實曰果。艸實曰蓏。與宋應諸説同。蓋古本如是。可見古本無作地者。段玉裁曰。許注淮南作在地曰蓏。此由爲傳注者主説大義也。爲字書者主説字形。當如齊民要術所引作在艸曰蓏。翟云升曰。从㼌。㼌亦聲。徐灝曰。㼌蓏實一字。相承增艸。非會意也。㼌當讀同蓏。唐韵以主切者聲之轉。亦猶羸从㐮聲而讀若纍矣。丁福保曰。慧琳音義卅九引在地曰蓏。从艸。㼌聲。倫按徐説是也。㼌瓜亦一字。瓜象形。㼌亦象形。猶屮與艸矣。蓏爲後起字。形聲。説解在木曰果八字校語。本訓捝矣。又疑此篆出字林。或演説文。急就篇雖有蓏字。然疑故書止作㼌。校者以通用字易之。【説文解字六書疏證卷二】

◉楊樹達　蓏爲瓜瓠之屬。艸爲總名，㼌爲二瓜，特名。【文字形義學】

3749【古璽文編】

萐 莆

芝 河間武垣劉芝字伯行 【漢印文字徵】

少室石闕 【石刻篆文編】

◉許 慎 芝神艸也。从艸。从之。止而切。【說文解字卷一】

◉馬叙倫 翟云升曰。之聲。倫按古無謂芝爲神艸者。漢以芝爲瑞。則當如萐下作瑞艸。疑此校者所改。或此字出字林。从之當從鍇本作之聲。【說文解字六書疏證卷二】

◉許 慎 萐萐莆。瑞艸也。堯時生於庖廚。扇暑而涼。从艸。疌聲。士洽切。【說文解字卷一】

◉馬叙倫 萐莆連緜詞。蓋萐俗名萐莆也。俗名每爲連緜詞。堯時十字校語。【說文解字六書疏證卷二】

〔一九〕 〔三九〕 〔二〇〕 〔一〕 〔二五〕 〔一八〕 〔三六〕 〔三五〕 〔一九〕

〔一九〕 〔一九〕 〔三二〕 〔一〕【先秦貨幣文編】

布方 莆子晉祁 按通于蒲 蒲坂一釿布蒲字作 仝上 晉芮 布方 莆子晉高 仝上 晉祁 仝上 晉祁

布方 莆子晉祁 仝上 晉高 仝上 晉祁 布方 莆子晉祁 仝上 仝上 布方 莆子晉高

布方 莆子晉祁 布方 莆子晉襄 布方 莆子晉祁 仝上 仝上 布方 莆子晉浮 布方 莆子晉祁 布尖 莆子典四六〇 布方 莆子典二六三 【古幣文編】

莆 三：一四 宗盟類參盟人名 【侯馬盟書字表】

◉許 慎 莆萐莆也。从艸。甫聲。方矩切。【說文解字卷一】

◉馬叙倫 凡連緜詞其或以甲從乙。甲不必有其本字。往往其本音與乙連緜爲詞耳。或以乙从甲者。亦然。萐莆者其形如筵。故以名也。白虎通封禪。蓮莆者。樹名也。其葉大於門扇。然論衡是應作蓮脯。言廚中自生肉脯。薄如蓮形。王班同時。其傳說當由一原。然則蓮本不名蓮莆。而蓮莆亦本作蓮脯也。是莆或本無此字。或蒲之異文也。又疑蓮莆二字出字林。或演說文。【說文解字六書疏證卷一】

◉許　慎　虋赤苗嘉穀也。从艸。釁聲。莫奔切。【說文解字卷一】

◉孫詒讓　金文曾諸子鼎云：「曾者諸子[illegible],用亯口鼎。」[illegible]字詭異,古字書未見。以字形攷之,从「𦥑」从「首」从「禾」,金文多叚釁爲眉,其形或作釁,或作璺。此从首者,當即「璺」之變體,从首即从頁也。从禾者,疑虋之異文。爾雅釋艸云：「虋赤苗,芑白苗。」詩大雅生民篇「維糜維芑」,孔疏云：「糜作虋者,音同耳。」說文艸部云：「虋,赤苗嘉穀也。」虋爲嘉穀,故此變从禾,亦與糜同意。【名原卷下】

◉馬叙倫　釁从頒得聲。詳釁字下。故虋从釁得聲。讀莫奔切也。此即穈字。故訓赤苗嘉穀也。然詩生民維芑傳止訓赤苗。本書𤩝下亦止言禾之赤苗。則嘉穀二字校者加之。倫謂虋爲苗之轉注字。虋音明紐。苗音微紐。同爲邊音也。本訓苗也。赤苗嘉穀皆校者加之。又疑此字非許書本有也。詩生民釋文。糜。音門。爾雅作虋。齊民要術亦引爾雅作虋。蘴爲虋之省譌耳。二書皆不引本書。可證者一也。本書中凡非原有之字。說解每用傳注。此亦用詩毛傳爾雅。可證者二也。爾雅釋草釋文引字林。亡昆反。【說文解字六書疏證卷二】

合 荅　不从艸今經典皆作答說文所無　陳侯因資錞　答揚氒德　合字重見　【金文編】

荅 荅　秦三八　三例　【睡虎地秦簡文字編】

荅 荅拓　【漢印文字徵】

荅 荅出牧子文　荅 荅出石經　【汗簡】

荅 石經　荅　荅 竝崔希裕纂古　【古文四聲韻】

◉許　慎　荅小尗也。从艸。合聲。都合切。【說文解字卷一】

◉劉心源　（翁祖庚説）合即荅字。左傳。既合而來奔。是也。心源案。翁説是也。案。左襄十年傳。與伯輿合要。疏。使其各爲要約。言語兩相辨荅。禮喪服小記屈而反吕報之注。報。合也。史記樂書。合生氣之和。正義。合應也。皆荅字。俗吕合爲合同專字。乃吕小尗之荅爲荅應字。而又誤艸爲竹。今字書吕答爲正。荅爲俗。何不攷之甚。【奇觚室吉金文述】

◉馬叙倫　小尗者。荅之俗名也。尗音審紐。古讀歸透。荅音端紐。透端皆舌尖前破裂音。是荅音由尗而轉。語原然也。叔拾爲轉注字。其例證矣。荅或爲尗之轉注字。後凡俗名放此。小尗也非本訓。或此字出字林。【說文解字六書疏證卷二】

◉黃錫全　□荅出牧子文　夏韻合韻録此文作□，録石經荅作□，此脱一畫。□蓋合字别體，由□而變。如中山王鼎弇作□，《說文》□字古文作□，詛楚文作□等。合孳乳爲荅俗作答。如陳侯因資錞「合□□□」即「荅揚厥德」。《左氏宣二年傳》「既合而來奔」，注「合，猶荅也」。雲夢秦簡、馬王堆漢墓帛書《戰國縱横家書》等荅字並作合。豐、內、觀本《尚書》荅均作□。下□部録石經荅作□，應依夏韻正作□。【汗簡注釋卷三】

萁 萁

萁 其長壽印 【漢印文字徵】

◉許　慎　萁豆莖也。从艸。其聲。渠之切。【說文解字卷一】

◉馬叙倫　此字疑出字林。許不當先列非艸名之字也。【說文解字六書疏證卷二】

◉銀雀山漢墓竹簡整理小組　菽萁，豆稭。「萁」爲「萁」之異體。《孫子·作戰》「萁稈一石」，曹操注：「萁，豆稭也。」稾，禾、麥等的稈。【守法守令等十三篇　銀雀山漢墓竹簡（壹）】

虇 虇

莥

蓈

藿3734　藿2269　藿2266　藿2267　藿2268　【古璽文編】

藿 藿道印　藿 藿武　藿 藿高　藿 藿慶記　【漢印文字徵】

◉許　慎　藿尗之少也。从艸。靃聲。虚郭切。【説文解字卷一】

◉馬叙倫　鈕樹玉曰。釋草釋文引尗作菽。蓋從俗。沈濤曰。文選阮籍詠懷詩注引。藿。豆之葉也。蓋古本如是。儀禮公食大夫注楚辭愍命注皆云。藿。豆葉也。與許解合。詩采菽箋曰。菽。大豆也。采之者采其葉以爲藿。廣雅釋草。豆角謂之莢。其葉謂之藿。古人言藿無不以爲豆葉。尗豆一物。今本少字誤。玉篇。爾雅釋艸釋文。御覽八百四十一皆引同今本。疑淺人據今本改。倫按氾勝之書。種小豆於瓜中。其藿可賣。是藿爲豆葉。詩白駒。食我場藿。傳曰。藿。苗。是藿即今所謂豆苗。疑尗之少也當作尗之少葉也。轉寫捝葉字。上文。萁。豆莖也。下文。莥。鹿藿之實也。亦可證此當作尗之少葉也。然尗之少葉也似校語。本訓捝矣。或此字出字林。【説文解字六書疏證卷二】

◉許　慎　莥鹿藿之實名也。从艸。狃聲。敕久切。【説文解字卷一】

◉馬叙倫　沈濤曰。御覽九百九十四引。莥。鹿藿之實也。蓋古本無名字。以全書説解例之。今本名字衍。桂馥曰。名字衍。李枝青曰。説文無藿。以籱下又有篧字例之。籱下當增藿字。倫按藿爲隸省。捝本訓後校者據爾雅釋艸説之。廣韵引玉篇。莥。鹿豆也。不引本書。蓋所據捝本訓矣。又疑字出字林。字林每言名也。【説文解字六書疏證卷二】

◉許　慎　蓈禾粟之采生而不成者謂之董蓈。从艸。郎聲。魯當切。稂蓈或从禾。【説文解字卷一】

◉馬叙倫　沈濤曰。詩大田釋文引作禾粟之莠生而不成者謂之童蓈。爾雅釋艸釋文引。禾粟莠生而不成者。鈕樹玉曰。玉篇廣韵韵會引采作穗。王筠曰。詩釋文引采作莠者。漢諱秀而代以莠。似是古本。然秀采一物。可仍今本也。倫按詩下泉。浸彼苞稂。大田。不稂不莠。傳皆訓童粱。大田釋文。童粱。草也。説文作蓈。稂或字也。然則許亦本訓艸也。今捝。但存校語。故有謂之字。或此字出字林。童蓈者。蓈之俗名。【説文解字六書疏證卷二】

莠

莠

莠日甲六三背 【睡虎地秦簡文字編】

莠 武莠 【漢印文字徵】

◉許　慎　莠禾粟下生莠。从艸。秀聲。讀若酉。与久切。【説文解字卷一】

萉

◉許　慎　萉枲實也。从艸。肥聲。房未切。黂萉或从麻賁。【説文解字卷一】

◉馬叙倫　此字蓋出字林。黂王筠曰。集韵黂通作蕡。桃夭釋文。蕡。浮雲反。与肥雙聲。漢書英布傳。中大夫賁赫。注。賁音肥。朱孔彰曰。吳協心云。从麻。賁聲。倫按麻下曰。與林同。林下曰。萉之總名也。枲下曰。麻子也。故萉或从麻。肥賁皆脣音。故或从賁得聲轉注爲黂。【説文解字六書疏證卷二】

芓

◉許　慎　芓麻母也。从艸。子聲。一曰芓即枲也。疾吏切。【説文解字卷一】

◉馬叙倫　徐鍇曰。爾雅注。麻。盛子者也。田吳炤曰。小徐本誤次芓於芃蒜閒。當依大徐。張楚曰。一曰疑後人附益之語。本書。枲。麻也。蓋統言之也。若析言之。則麻與芓實異。俗謂芓麻有實者曰芓。無實者曰枲。爾雅釋艸。黂。枲實。猶言麻實也。儀禮傳曰。牡麻者。枲麻也。然則枲無實。芓乃有實。故析言則有實者稱芓。無實者稱枲。統言則皆稱枲。淺人不知以爲芓即枲。遂妄加一曰耳。倫按麻母也非本訓。或此字出字林。芓即枲也。蓋庾注。後人又加一曰二字耳。然芓枲聲同之類。本是轉注字也。後乃分別之。鈕樹玉據鍇本蓋有也字。故無校語。【説文解字六書疏證卷二】

䔞

◉許　慎　䔞芓也。从艸。異聲。羊吏切。【説文解字卷一】

◉馬叙倫　朱駿聲曰。䔞即芓之或體。田吳炤曰。大徐本與芓字相次於萉字下。小徐亦遺在後。但尚與芓字相連耳。倫按芓䔞聲同之類轉注字。此字或出字林。【説文解字六書疏證卷二】

蘇 不从艸 蘇公簋 穌字重見 寡兒鼎 【金文編】

5·357 蘇生 【古陶文字徵】

0254 不从艸，璽文假爲蘇字，與蘇公㲃蘇字同。穌字重見。 2479 2489 2487 2477 2478 2485 【古璽文編】

湻于蒲蘇 蘇未央 蘇蔓請 蘇少卿印 蘓植私印 蘇子恩 蘇南来印 蘇溺翁 蘇少史 蘇願之印 蘇壽王印 蘇游成 蘇氏 蘇步勝 蘇湯私印 【漢印文字徵】

蘇君神道闕 石經 文公及蘇子盟于汝栗 【石刻篆文編】

◉許 慎 蘇桂荏也。从艸。穌聲。素孤切。【説文解字卷一】

◉段晉齡 説文曰。蘇。桂荏也。從艸穌聲。爾雅釋艸曰。蘇。桂荏也。本艸曰。桂荏紫蘇也。明李時珍注曰。蘇。舒也。蘇性舒暢行氣和血。故謂之蘇。蘇乃荏類。而味辛如桂。故爾雅謂之桂荏。假借爲樵穌之穌。爲穌息之穌。又借爲扶疏之疏。詩鄭風山有扶蘇。傳曰。扶蘇。扶胥小木也。毛以胥釋蘇者。謂蘇即胥之叚借也。呂覽漢書皆作扶疏。呂覽曰。樹肥無使扶疏。肥而扶疏則多粃。漢書武五子傳曰。支葉扶疏。異姓不得間也。説文曰。扶疏四布也。古疏胥蘇通用。按疏胥蘇三字古音既雙聲又疊韵。疏爲正字。胥蘇則叚借字也。又借爲重言形况字。易震卦蘇蘇。王輔嗣注曰。蘇蘇。疑懼貌。按蘇蘇還音之類以聲爲用無義可説也。又借爲地名。唐林寶元和姓纂曰。顓頊之後陸終生昆吾封蘇鄴西蘇城是也。鄴今河南彰德府臨彰縣。其後子孫。因以爲氏。周初有蘇忿生。爲武王司寇。戰國時有蘇秦。漢有蘇武。皆其苗裔。穌。説文曰穌。杷取禾若也。從禾魚聲。按禾若者。禾之稿皮也。若之本訓擇菜也。擇菜者必去其邊皮。引申之凡可去之皮皆曰若。故竹皮亦曰箬。漢書印纍纍綬若若。纍纍。言重積也。若若。言如擇若之多也。杷蒲巴切取禾若者。言禾葉散亂杷而取之也。屈子離騷曰。蘇糞壤以充幃兮。謂申椒其不芳。王逸注曰。蘇。取也。漢書韓信傳曰。樵蘇後爨。師不宿飽。顔師古注曰。樵取薪也。蘇取草也。此皆假蘇爲穌。蘇行而穌廢矣。樂記曰。蟄蟲昭蘇。鄭注曰。更息曰蘇。據玉篇云。穌。息也。死而更生也。張自烈正字通梅膺祚字彙皆有甦字。乃後起之俗書也。然則顧希馮所據樂記正作穌也。穌息雙聲。古人假穌爲息耳。非穌於杷取禾若之外。又別有息義也。古以穌爲息。今以蘇爲息矣。

禾。說文曰。禾。嘉穀也。從木象其穗。王氏菉友曰。禾穗必垂。上揚者葉。下注者根。

魚。說文曰。魚。水蟲也。象形。按上象其頭之鋭。中象其腹。下象其尾之枝分也。

按穌從魚聲。今韵魚在魚韵。穌在模韵。若古韵則魚模同部。無所分別。且一母孳生之字。必歸一部。斷無分歧之理。推求古韵。其標的也。【蘇字說 國粹學報一九〇八年】

◉馬叙倫 鈕樹玉曰。韵會引同。繫傳。桂下有蘇字。非。王念孫曰。繫傳作蘇桂荏也。蘇桂荏三字乃爾雅釋艸文。蘇字非衍。不應削去。段玉裁曰。桂上鍇本有蘇字。倫按今鍇本蘇字在桂字下。段所據蓋又一本。此複寫隸字删之未盡者。王筠曰。朱筠本繫傳作桂蘇荏也。丁福保曰。慧琳音義九十六引桂荏也。从艸。穌聲。倫按許當止訓艸也。桂荏也非本訓。餘詳荏字下。寡兒鼎作蘇。金文穌字皆作穌。字見急就篇。【說文解字六書疏證卷二】

荏 荏

 荏諫之印  荏閎之印  荏況私印 【漢印文字徵】

◉許慎 荏桂荏。蘇。从艸。任聲。如甚切。【說文解字卷一】

◉馬叙倫 徐鍇曰。荏。白蘇也。桂荏。紫蘇也。桂馥曰。衍桂字。王筠曰。桂荏蘇當作蘇也。倫按桂荏蘇者。上文蘇桂荏也。然蘇桂荏本爾雅釋草。而方言曰。蘇亦荏也。關之東西或謂之蘇。或謂之荏。郭注。蘇荏類。不名桂荏。本草綱目以爲味辛似桂。故爾雅謂之桂荏。然則此實以雅文附會。不悟雅文蘇桂荏。謂蘇桂也荏也。桂蓋作柔。借柔爲荏。譌爲桂耳。此則蘇篆挩說解後。校者加爾雅全句注之。并改此下說解耳。或此乃字林之訓。校者以桂荏習見。轉删本訓。本書說解中如此例者。後文多有也。許當止訓艸也。或此字出字林。荏音日紐。古讀歸泥。蘇从穌得聲。穌从魚得聲。魚音疑紐。泥疑皆鼻音次濁音。實轉注字也。【說文解字六書疏證卷二】

◉劉樂賢 《漢印文字徵》卷一・二十一收一从艸从壬的⿱艹壬字，羅福頤先生隸定爲⿱艹壬。此字又見于《漢印文字徵補遺》卷一・六，羅先生釋爲⿱艹壬。按隸定爲⿱艹壬是對的。此字實與卷一・九之荏爲一字。⿱艹壬从艸壬聲，荏从艸任聲，而任又从壬得聲，故荏、⿱艹壬爲一字。這與紝又作絍見《說文》妊又作姙見《廣雅・釋詁》，《後漢書・章帝紀》引《說文》是同一情形。荏又作⿱艹壬，實際上是形聲字作另一個形聲字的聲符時可以省略其形符的一個例子。在印文中，茾與茌都爲姓氏，視爲一字正合適。【秦漢文字釋叢　考古與文物一九九一年六期】

⿱艹矢　⿱艹矢

◉許　慎　⿱艹矢菜也。从艸。矢聲。失匕切。【説文解字卷一】

◉馬叙倫　⿱艹矢、⿱艹⿱癶矢疑轉注字。⿱艹⿱癶矢从⿱癶矢得聲。而壬癸字小篆作癸。从矢得聲也。【説文解字六書疏證卷二】

⿱艹豈　⿱艹豈

◉許　慎　⿱艹豈菜之美者。雲夢之⿱艹豈。从艸。豈聲。驅喜切。【説文解字卷一】

◉馬叙倫　沈濤曰。玉篇引雲夢上多一有字。蓋古本如是。今奪。任大椿曰。太平御覽九百八十引字林。⿱艹豈。美菜。生雲夢。倫按説解奪菜也。但存字林説耳。或此字出字林。【説文解字六書疏證卷二】

⿱艹⿱癶矢　⿱艹⿱癶矢

葵 葵 日乙六五【睡虎地秦簡文字編】

◉許　慎　⿱艹⿱癶矢菜也。从艸。⿱癶矢聲。彊惟切。【説文解字卷一】

◉馬叙倫　急就篇作葵。蓋傳寫以通用字易之。故書當與此同也。【説文解字六書疏證卷二】

◉金祥恆　簡文从籀文癸，籀文癸从癶从矢。簡文癶者𣥠之簡，夂者矢也。敦煌出土之漢簡「癸亥」作「癸亥」，居延漢簡第八二九〇「人補死亡以癸巳盡乙丑二」（二五六、一〇）八三七八「十一月癸未除」（一四六、一五）之癸作癸、癸，均从籀文隸也。【長沙漢簡零釋　中國文字四十六册】

⿱艹彊　⿱艹彊

◉許　慎　⿱艹彊禦溼之菜也。从艸。彊聲。居良切。【説文解字卷一】

◉馬叙倫　桂馥曰。齊民要術引字林。薑。御溼之菜。倫按本作艸也。今捝。存字林訓耳。急就篇作薑。蓋字林有重文薑字。傳寫者易之。當時通用字林文也。【説文解字六書疏證卷二】

蓼

蓼　从茻从翏省　蓼古小國名皋陶之後春秋時爲楚所滅　睽土父鬲　蓼妃　【金文编】

蓼湯之印　【漢印文字徵】

◉許　慎　蓼辛菜。薔虞也。从艸。翏聲。盧鳥切。【説文解字卷一】

◉劉彬徽等　鄝，《左傳・文公五年》：「楚滅蓼」，釋文云：「字或作鄝。」《穀梁傳・宣公八年》：「楚人滅舒鄝」，釋文云：「本又作蓼」。簡文之蓼有可能位於今河南省固始縣境內。【包山楚簡】

◉戴家祥

睽土父鬲　睽土父作蓼妃尊鬲

按翏生盨翏字作，無叀鼎省作，此銘从與無叀鼎翏字相同。古文从茻與从艸同。⿱艹⿱翏廾即蓼字。説文一篇「蓼，辛菜」。本草釋名「蓼類性皆飛揚，故字从翏高飛貌」。此爲本義。蓼或作國名。左傳文公五年「楚子燮滅蓼」注，「蓼國今安豐蓼縣」。金文蓼用作人名。【金文大字典下】

䔃

◉許　慎　䔃菜也。从艸。祖聲。則古切。【説文解字卷一】

◉馬叙倫　鈕樹玉曰。玉篇無䔃。繫傳引崔豹古今注。䔃。一名蕺。按博雅。䔃。蕺也。字从租。曹音子乎反。然則䔃當爲蒩之譌。蓋後人增。【説文解字六書疏證卷二】

䕮

◉許　慎　䕮菜也。似蘇者。从艸。豦聲。彊魚切。【説文解字卷一】

◉馬叙倫　錢坫曰。今苣菜字也。倫按似蘇者校語。或字林文。艸木相類者多矣。或言似某。或不言。由校者以其所知記之。許則但訓菜也。【説文解字六書疏證卷二】

薇

◉許　慎　薇菜也。似藿。从艸。微聲。無非切。䉤籀文。薇省。【說文解字卷一】

◉王國維　䉤薇从艸散聲。許言薇省者。承篆文言之也。【史籀篇疏證　王國維遺書第六册】

◉馬叙倫　鈕樹玉曰。韵會引似藿下有菜之微者也五字。非。倫按似藿校語。韵會引下有菜之微者也。尤可爲校者所加之證。後之校者知菜之微者也非許語而删之。不敢删似藿二字。或校語本亦居中細書。傳寫有譌爲大字者。則與本文棍矣。䉤鈕樹玉曰。玉篇廣韵並無。田吴炤曰。𢼸即攴古文。與篆文不應相同。作𢼸者是。大徐往往如此作。小徐往往與𢼸同。惟豊鋭異。此小徐誤。汗簡正作𢼸。可證。王國維曰。散从艸。散聲。許言薇省者。承篆文言之也。倫按省字校者加之。汗簡引演説文薇作䉤。則字出庾儼默加也。或庾所演者説解。其篆仍吕忱字林和合之本與。【説文解字六書疏證卷二】

蓶

◉許　慎　蓶菜也。从艸。唯聲。以水切。【說文解字卷一】

菦

◉許　慎　菦菜。類蒿。从艸。近聲。周禮有菦菹。巨巾切。【說文解字卷一】

◉馬叙倫　鈕樹玉曰。醢人職作芹。釋文。説文作菦。田吴炤曰。鍇本羡是字。倫按説解本作菜也。今捝也字。類蒿校語。此葢今藥芹也。周禮以下亦校語也。故鍇本有是字。【説文解字六書疏證卷二】

⿰酉蘘

◉許　慎　⿰酉蘘菜也。从艸。釀聲。女亮切。【說文解字卷一】

莧

◉許　慎　莧莧菜也。从艸。見聲。侯澗切。【說文解字卷一】

◉馬叙倫　錢大昕曰。許但云菜也。承篆文爲句。莧字乃校者所添也。嚴章福曰。菜上衍莧字。林罕字源序曰。李陽冰就許氏説文重加刊正。展作卅卷。其時復於説文篆字下便以隸書寫之。名曰字説。開元中復隸書字統。不録篆文。據此知許書篆文下本無複舉字。今有者。唐人加也。倫按疑許書篆下本有隸書複舉字。不始李陽冰也。葢許書本以諭衆。猶史籀三倉也。漢時已行隸書。篆非通俗所諭。則不先舉隸書。讀者難遽通曉矣。且廣韵及玄應音義等引有可證者。不然。則唐前據者已有注隸書於篆文之下者矣。李放之也。然易夬釋文引宋衷云。莧。莧菜。不引本書。豈陸據本書無莧字耶。則此字蓋出字林。【説文解字六書疏證卷二】

芋

芋 6·105 芋足 【古陶文字徵】

2262　2290 【古璽文編】

□芋私印 【漢印文字徵】

◉許　慎　芌大葉。實根。駭人。故謂之芌也。从艸。亐聲。王遇切。【説文解字卷一】

◉馬叙倫　本書于字下曰。象氣之舒亐。舒者疏之借字。舒于謂疏通也。然倫證爲於邑之於。亦即於乎之於。詳于字下。是于之本義並無大或驚之意。而吁下曰。驚語也。盱下曰。張目也。有大或驚之義者。由古初於驚大之詞其聲皆爲喉音舌根音。在歌魚之類。本書猧下曰。屰惡驚詞也。少變其音曰嚄。史記武帝紀。嚄。何大姊藏之深也。驚其藏之深也。緩言之曰夥頤。史記陳涉世家。夥頤。涉之爲王沈沈者。驚其爲王之尊嚴也。聲並在歌魚之類。本書諎下曰。大聲也。聲亦魚類。浸而凡有所驚或大者之詞。其聲亦然。本書。矆。大視也。䁤。驚皃。遻。相遇驚也。各。異詞也。懼。恐也。界。目驚界然也。此由一聲爲原而流注之。最初之聲謂之語原。故驚語曰吁。而大葉實根駭人者謂之芋。从于得聲而無涉於于字之義。使芋與菸互易其字。菸可爲大葉實根駭人者之名。而芋亦可訓蔫也。又疑篆下奪菜也二字。大葉以下十五字校語。觀慧琳引益可證也。玄應音義四引聲類。大葉著根之菜。見之驚人。故曰芋。大者謂之蹲鴟。甚可蒸食也。呂忱弟静本聲類作韵集。而忱作字林。當亦有取於聲類。然則此字林之説。唐人轉删本訓。【説文解字六書疏證卷二】

◉金祥恆　亐「説文於也，象氣之舒亐，从丂从一，一者其氣平之也。今變隸作于」。案亐甲骨文已作于，非變隸作于也。

簡文「鹿肉芋白羹」者，以鹿肉與芋爲羹也。本草唐本注「芋有青芋、紫芋、白芋等凡六種……白芋等兼肉作羹大佳」。漢書翟方進傳「方進爲丞相時，奏壞鴻隙大陂，郡中追怨方之童謡『壞陂誰？翟子威，飯我豆食，羹芋魁』」。師古注「羹芋魁者，以芋根爲羹也」。蓋古以芋爲羹，至爲尋常也。【長沙漢簡零釋　中國文字第五十二册】

莒　从竹與筥爲一字　國名己姓子爵少昊之後武王封茲與期於莒鄭語滕薛鄒莒註己姓東夷之國也春秋時爲楚所滅　筥小子簋　筥字重見

【金文编】

莒常之印　莒登之印　莒壽　【漢印文字徵】

◉許　慎　齊謂芋爲莒。从艸。呂聲。居許切。【説文解字卷一】

◉馬叙倫　鈕樹玉曰。韵會引齊上有草名二字。非。王念孫曰。舊本繫傳無此字。張次立增入見部末。桂馥曰。本草圖經引作齊人謂芋爲莒。沈濤曰。齊民要術二引。齊人呼爲莒。御覽九百七十五引作齊人謂芋爲莒。倫按芋莒聲同魚類。轉注字也。易于聲而爲呂。益可證芋之从丁得聲而不兼義矣。然疑説解本作芋也。草字草書作芋。近於芋字。故誤爲草。也字又誤爲名。又字林每訓草名。或草名乃字林訓。本訓唐人删之。今本則并捝呂訓。齊謂五字校語。或亦字林説也。【説文解字六書疏證卷二】

◉張日昇　莒。莒本作筥。金文或作篖、鄘或梠。嬴姓。自紀公以下始爲己姓。始都介根。春秋初徙莒。【金文詁林】

◉許　慎　蘧麥也。从艸。遽聲。彊魚切。【説文解字卷一】

◉馬叙倫　蘧麥。俗名也。以雅釋俗。以俗釋雅。爾雅之例如此。許亦或如此。然草木蟲魚之名。雅俗類異。今察木部虫部魚部皆未嘗一一具其俗名。而魚部具俗名者尤少。豈雅俗同稱故耶。論之爾雅。則又不然。疑許於名物之詞。本止以其類名訓之。如艸名則曰艸也。木名則曰木也。虫名則曰虫也。魚名則曰魚也。變例如芺葵則曰菜也。橘柚則曰果也。果菜亦小類名也。今各部名物之詞。有既出類名。又申以俗名。或無類名而但具俗名。且有兩出俗名者。或謂許書無固例。而以俗釋雅。使人易曉。其不出俗名者。無俗名。或許所不知也。或本有之而爲校者誤刊矣。倫則謂自叙言。厥誼不昭。爰明以諭。蓋以史籒倉頡諸文字之篇。但有文字而無詮釋。故煩後人爲之訓纂。許則兼具説解。所謂説解者。説其字義。解其字形也。説其字義。則但爲名詞者。如莔蒃之但曰艸也。楷榗之但曰木也。如非名詞。則如萑菥之爲艸多。柖榣之爲樹動。隨義爲説。亦不煩費。以倉籒無訓。義及冓造。賴於口授。故曰。厥誼不昭。今具説解。故曰爰明以諭。而後之讀説文者。以倉頡故倉頡訓纂及爾雅以下諸字書所記而爲許所不録者注之。或以其時俗所偁者附之。遂如今文。況字林本附於説文。則又有字林之義糝入其閒。注文本小字居中直書。傳寫則誤爲正文。此今見於六朝唐人寫本古書者不乏可舉之例也。加以唐人習明字科者。蓋有刪節。以便誦習傳寫。而通行於時之本。如明清時代場屋所用之書然者。故今本書不勝其凌雜矣。若謂許本如是。則何以既具類名。復有俗偁。或無或有。其例不醇。而以後文當字説解與古書援引每多歧出者。校之。自見其不然矣。此蓋本訓艸也。校者以俗名加之。今爲傳寫捝本訓。或唐人刪之。此及菊字似失次。又檢爾雅釋草釋文引廣雅蘧麥。而不引本書。或本書有菊無蘧。此出字林。蓋蘧麥即菊之俗名。不必字亦从艸也。【説文解字六書疏證卷二】

菊

◉許　慎　蘜大菊。蘧麥。从艸。匊聲。居六切。【説文解字卷一】

◉馬叙倫　蘧音羣紐。菊音見紐。古讀羣歸見。則轉注字也。大菊蘧麥爾雅釋艸文。蘧麥即菊之緩言。大菊又菊之俗名。此校者以雅文加之。許盖止訓艸也。又疑此字出字林。【説文解字六書疏證卷二】

葷

◉許　慎　葷臭菜也。从艸。軍聲。許云切。【説文解字卷一】

◉馬叙倫　臭菜謂韭蒜之類。葷爲其類名也。此即今言辛辣之辛本字。一切經音義十八引蒼頡篇。葷。辛菜。凡物辛臭者皆曰葷菜也。辛音心紐。葷音曉紐。同爲摩擦次清音。又聲同真類。故古書皆以辛字爲之。假借也。疑此本訓菜也。臭菜也蓋字林文。古無謂葷爲臭菜者。【説文解字六書疏證卷二】

蘘

140反【包山楚簡文字編】

樊蘘【漢印文字徵】

◉許　慎　蘘蘘荷也。一名葍蒩。从艸。襄聲。汝羊切。【説文解字卷一】

◉馬叙倫　蘘荷即蘘之俗名。蘘荷爲魚陽對轉連緜詞。俗名每然也。此校者所加。許本止訓菜也。今捝。四民月令。九月藏茈薑蘘荷。三國志魏志倭國傳。有薑橘椒蘘荷。不知以爲滋味。後漢書馬融傳注。蘘荷。苗似薑。根色紅紫。似芙蓉。可食。是蘘荷爲菜類。故次此也。葍蒩即司馬相如傳之傳苴。漢書作巴且者也。顔師古引文穎説。巴且草一名巴焦。又引張

揖以爲蓴苴蘘荷也。則古偁蘘荷音如蓴。故後之校者加此四字。字見急就篇。【説文解字六書疏證卷二】

菁

◉許　慎　菁韭華也。从艸。青聲。子盈切。【説文解字卷一】

◉馬叙倫　徐灝曰。醢人云。非菹醢醢。又云。菁菹鹿臡。則菁菹非韭菹。當從後鄭釋作蔓菁。蔓菁一名蕪青。俗名諸葛菜。張衡賦所謂冬菁。禹貢。包匭菁茅。傳云。菁以爲菹。茅以縮酒。是也。朱駿聲曰。蕪菁即詩之葑。爾雅之須葑蓯也。呂覽本味。具區之菁。注。菜也。急就篇。老菁蘘荷冬日藏。按春菘秋韭皆有菁名。而方言蕪菁紫華者謂之蘆菔。亦得謂之菁矣。倫按以字次求之。韭華之訓不誤。然韭華是俗名。許蓋本訓菜也。今捝。但存校語耳。玄應一切經音義引三倉。韭之華曰菁也。【説文解字六書疏證卷二】

蘆

3·1268　獨字　陶文蘆字形體多變釋文亦有分歧初吳大澂釋為蘆字又釋異體為蘺丁福保釋為䔮字顧廷龍金祥恒皆从之吳振武據璽印貨幣陶文及文獻等證明上舉陶文為同字并考證即説文甾部之𠪚字證此陶文从艸盧聲原釋蘆不誤其説甚是故从之　雲鐵43·3　獨字

3·335　楚章衢蘆里昌　3·341　楚章衢蘆里䌛　3·348　楚章衢蘆里狐　3·332　楚章衢蘆里□　3·510　王鼓蘆里㝵　3·334　楚章衢蘆里□　3·350　楚章衢蘆里賸　9·45　蘆衆□陞垂鉢【古陶文字徵】

◉許　慎　蘆蘆菔也。一曰薺根。从艸。盧聲。落乎切。【説文解字卷一】

◉馬叙倫　鈕樹玉曰。宋本及繫傳韵會並作蘆。一曰薺根者。韵會引作又薺根曰蘆。任大椿曰。一切經音義引字林。似菘紫花者謂之蘆菔。王筠曰。小徐篆作蘆。是。張楚曰。本書薺訓蒺藜。非其本義。詩谷風。其甘如薺。釋文。薺。菜也。玉篇。薺。甘菜也。據詩及玉篇所云。疑薺即薺苨也。薺苨味甜。俗稱甜桔梗。根與人參及細長形盧服略相似。魏文帝有薺苨亂人參之語。復古篇。蘆服根似薺苨。是也。通俗所用之薺苨即其根。如魏文帝及復古篇所載之薺苨。皆指薺苨之根而言。是通俗所偁薺根即薺苨也。疑薺苨即苨字義。釋艸。苨。菧苨。郭云。薺苨是也。疑説文亡苨字。後人以苨蘆古音可以相通。遂誤附其義於蘆下耳。倫按據玄應引字林説。可證凡説解中言似某者出字林矣。然亦有校者加之者。蘆菔也校語。本訓菜也。今捝。一曰四字校語。蘆菔見玄應一切經音義引三倉。音羅。字見急就篇。然松江石本作盧。則蘆字爲傳寫者易之。此字或出字林。玄應引三倉者。或三倉中之滂喜耶。若出倉頡或訓纂。則字當作盧服。傳寫依俗增艸。如此者亦有證例可得也。餘詳菔下。【説文解字六書疏證卷二】

◉湯餘惠　a 〼（《舂録》1.2）

b 〼（同上）

c 〼（《璽》3755）

d 〼（《陶文編》附録第22頁）

上揭a、b两例出自齊國陶文，用爲邑里名稱，齊文字「西」多作四筆交叉。b、d兩例又旁之上加横劃，與中山方壺〼字同例，均屬繁飾。以上四例从艸（或屮）、虘聲，疑心皆「蘆」之古文。《舂録》1.2从丁佛言説，云「當是萯字，在陶文爲鄟之借字」，非是。《季木》2.1有〼字，从田與从⊗、〼者同，徐中舒先生主編《字形表》釋「蘆」（第20頁），得之。【略論戰國文字形體研究中的幾個問題　古文字研究一九八六年十五期】

◉劉　釗　《文編》附録三五第8欄有字作「〼」，从中从虘从肉，應隸作䕡，釋作蘆。从中乃从艸之省，與陶文蘆字作「〼」一樣。

《文編》一・七第2欄有字作「〼」，《文編》釋作薈，列于艸部。按字从艸从臚省，應隸作蘆，釋作蘆。戰國陶文蘆字作「〼」、「〼」、「〼」、「〼」、「〼」諸形，所从虘字形體很亂。「〼」所从之「〼」即盧字，「〼」乃虍之譌變，與上舉「〼」所从之「〼」形近，只是斜筆與直筆的不同。「〼」即「盧」所从之「田」，與上舉「〼」所从之「〼」形近。「〼」下一横乃飾筆，與「〼」所从之一横同。戰國盧字常常借虘爲之，「〼」从艸从肉从虘，可隸定爲「䕡」。上舉蘆字作「〼」，从艸櫨聲。這如同古璽焰字作「〼」，从火胎聲，均字作「〼」，从土的聲一樣，是一種聲符繁化現象。以此例推之，則「〼」可看成是从艸臚聲的形聲字，而臚又从盧得聲，故「〼」可釋爲「蘆」字。【璽印文字釋叢（一）　考古與文物一九九〇年第二期】

〼 菔

◉許　慎　菔蘆菔。似蕪菁。實如小尗者。从艸。服聲。蒲北切。【説文解字卷一】

◉馬叙倫　蘆菔者。朱駿聲以爲雙聲連語。然蘆菔非雙聲也。蘆从盧得聲。盧从虍得聲。虍音曉紐。膚从虘得聲。今音入敷紐。敷曉同爲摩擦次清音。古讀蘆音蓋如膚。則與菔爲雙聲而成連緜詞矣。蘆菔下捝也字。或本作菜也。蘆菔似蕪菁實如小尗者皆校語。方言三。蕪菁。其紫花者謂之蘆菔。故校者增此。又似蕪八字不出蘆下。更可知其爲校者詞也。【説文解字六書疏證卷二】

苹 苹安國 【漢印文字徵】

◉許　慎　苹蓱也。無根浮水而生者。从艸。平聲。符兵切。 【説文解字卷一】

◉馬叙倫　説文疑曰。浮萍非鹿所食。疑萍字注誤移於此。沈濤曰。文選高唐賦注引。苹。苹艸皃。蓋古本一曰以下之奪文。桂馥曰。無根浮水而生者。非原文。後人亂之。苹苹蒴也。本書。蒴。蒲子。可以爲平席。平當爲苹。文選秋興賦注引作華席。因苹誤爲華。廣韵。苹。一曰蒲白。又云。芪蒴。小苹小當爲水。言蒴在水中者也。禮記閒傳。苄翦不納。鄭注。苄。今之蒲苹是也。一切經音義四云。苹。無根浮水上者也。然則唐本已亂矣。蓋苹蒴生於水。原文當有根生水諸字。淺人遂以爲浮苹而改之。不知本書別有萍字也。李善注高唐賦引作草皃。未詳。王筠曰。苹下云。蓱也。蓱下曰。苹也。似是轉注。然當爲一字。苹符兵切。蓱薄經切。乃唐韵分入庚青耳。鹿鳴傳曰。苹。蓱也。箋曰。苹。藾蕭也。皆本爾疋。鄭義爲長。孔疏。蓱爲水艸。非鹿所食。是也。許意同毛。特以蓱有大篆从茻之異。故不彙於一處。若水部萍則與蓱一字。鹿鳴釋文云。蓱。本又作苹。是也。然萍字必非許君所收。沙木曰。苹生於澗瀕水際。與浮水之萍別。詩鹿鳴。食野之苹。苹根於土。萍根於水。非一物。許誤爲一。徐灝曰。釋艸云。苹蓱。其大者蘋。即許所本。與苹藾蕭異物同名。因以苹爲藾蕭之專名。又增水旁作萍。以爲浮萍。今本水部萍字乃後人所增耳。陳衍曰。當依許書通例删水部萍字。而苹下增一曰藾蕭也。萍之當删即於其入水部而疑之。而爾雅之有苹蓱而無萍。其明證也。倫按選注引作苹艸皃者。苹爲隸書複舉字也。皃爲也譌。本書多具例證。蓱也以下九字乃萍字説解中校語。蓋二篆相從。今捝萍篆。校者別據列於水部矣。玉篇。萍。萍草無根。水上浮。蓱同上。其下二字爲蒠苹。雖中閒一字。而萍苹猶相從也。此下又即茞蕢二篆。爲轉注字。蕢訓萍。皆可證也。【説文解字六書疏證卷二】

茞 茞夫人印 【漢印文字徵】

◉許　慎　茞艸也。从艸。臣聲。稹鄰切。 【説文解字卷一】

◉馬叙倫　徐灝曰。此字厠於苹蕢之閒。疑有錯亂。倫按疑茞爲蕢之轉注字。聲同真類。宜次蕢下。【説文解字六書疏證卷二】

薲

◉許　慎　大蓱也。从艸。賓聲。符真切。【説文解字卷一】

◉馬叙倫　詩于以采蘋傳。蘋。大萍也。爾雅釋艸。苹萍。其大者蘋。似許訓本毛傳而與雅文合。然王鳴盛謂詩之蘋是薲字。倫按謂苹是苹蒻。薲是蘋藻之蘋本字。許書無蘋也。苹薲既異物。不得訓大蓱。當依鍇本作萍。然諸家皆謂萍字後人加於水部。倫謂萍从艸。泙聲。爲薲後起之轉注字。見於周禮。而校者據以補入水部。附會从水之義。故曰。从水艸平亦聲。不知其不可通也。此字本訓艸也。説解捝去。校者據詩傳雅文補之。然雅言苹萍其大者蘋者。非雅誤合苹薲爲一。由古書借苹爲萍耳。雅與許書體例不同也。大蓱也校者加之。或字林文。【説文解字六書疏證卷二】

藍

秦1228　藍田　5·176　同上【古陶文字徵】

7　92【包山楚簡文字編】

藍田之印　弁藍之印【漢印文字徵】

藍【汗簡】

◉許　慎　染青艸也。从艸。監聲。魯甘切。【説文解字卷一】

◉馬叙倫　詩。終朝采藍。傳箋皆止訓染草。此蓋本作艸也。染青二字校者加之。或染青艸也字林文。【説文解字六書疏證卷二】

◉黄錫全　夏韵談韵籃下録《義雲章》作，録《演説文》作，同本書目。今本《説文》籃字古文作，从广小異。此宜注「籃」。所從是否目字，待考。【汗簡注釋卷四】

藼

◉許　慎　令人忘憂艸也。从艸。憲聲。詩曰。安得藼艸。况袁切。或从煖。或从宣。【説文解字卷一】

◉馬叙倫　鈕樹玉曰。韵會引艸上有之字。沈濤曰。詩伯兮釋文引作令人忘憂也。初學記十四御覽九百九十六皆引作忘憂草也。倫按本訓止作艸也。校者加令人忘憂四字。或此是字林文。許訓捝矣。王筠謂許説似涉附會。則未悟是也。

段玉裁曰。小徐無此字。張次立補。可删。朱珔曰。後序言重文一千一百六十三。今鉉本所載多百一十六。鍇本則丨部中字無籒文之𠁧。艸部蕿字無从煖之薆。張次立始依鉉本補之。兩本錯互。足諭後人增益。皆非原次。王筠曰。詩伯兮釋文引説文作蕿。或作藼。爾雅釋訓。萲諼。忘也。此字疑後增。倫按今詩伯兮作焉得諼艸。是古無薆字。而憲爰則聲通也。或上當有蕿字。

詩淇澳。終不可諼兮。韓詩及禮記大學引作終不可諠兮。此宣爰聲通之證。蕿薆萱聲同元類轉注字。或上當有蕿字。【説文解字六書疏證卷二】

营

◉許　慎　营藭。香艸也。从艸。宮聲。去弓切。司馬相如説。营或从弓。【説文解字卷一】

◉馬叙倫　唐寫本切韵殘卷一東藭下曰。説文作此营。香艸也者。疑本作艸也。錢大昕謂营⿱艹躳即左宣十二年傳之山鞠窮。博物志。苗曰江離。根曰芎藭。本草。其葉名靡蕪。以此知香字是校者加之。蘭下香字同。或香艸也字林文。

徐鍇曰。司馬相如續李斯倉頡篇作凡將一篇。解説文字。許慎所采。故云司馬相如説也。桂馥曰。漢書藝文志。武帝時司馬相如作凡將篇。按凡將篇散見他書。如黄潤纖美宜制襌等句。與急就篇相似。錢坫曰。此相如説。或即所箸草木書。又子虛賦有芎⿱艹躳。王筠曰。毛詩用躳宮字。皆與今東韵爲類。用弓字皆與今蒸韵爲類。判然不相入。吕部。躳有或體躬。或亦長卿作耶。宋保曰。穹與空同音。从弓聲。可證芎亦从弓聲也。古音東冬與蒸登最多關通。倫按公羊邾黑弓。左氏作黑肱。儀禮鄉射記注。今文改弓爲肱。本書鞃下曰。讀若穹。是古音弓與厷同。厷宮音同見紐。是营芎爲雙聲轉注字。司馬相如説者。凡將篇营藭字作芎也。此蓋漢書藝文志所謂凡將則頗有出矣者耶。或如錢説。乃子虛賦草木書中字。校者據以增入者也。⊘字見急就篇顔師古本。皇象本作弓。疑急就故書本作弓。傳寫者易之。或依字林增艸。【説文解字六書疏證卷二】

⿱艹躳

◉許　慎　营藭也。从艸。窮聲。渠弓切。【説文解字卷一】

◉馬叙倫　篆作⿱艹躳。則窮聲。當依鍇本作⿱艹躳聲。营⿱艹躳叠韵連緜詞。急就篇顔師古本作藭。皇象本作窮。疑急就故書本作竆。傳寫者依字林作⿱艹躳。後又易爲藭耳。然則此及上文营芎二篆皆吕忱加之。【説文解字六書疏證卷二】

蘭

蘭 蘭陵丞印 蘭 蘭干右尉 蘭 故且蘭徒丞 蘭 萬蘭 蘭 馮蘭 蘭 蘭汪私印 【漢印文字徵】

蘭 天璽紀功碑 蘭臺東觀令 蘭 漢蘭臺令史殘碑 【石刻篆文編】

蘭 王存乂切韵 【古文四聲韻】

◉許 慎 蘭香艸也。从艸。闌聲。落干切。【説文解字卷一】

◉馬叙倫 本作艸也。香字後人加之。或字林文也。本訓挩矣。字見急就篇。【説文解字六書疏證卷二】

葌

◉許 慎 葌艸。出吳林山。从艸。姦聲。古顔切。【説文解字卷一】

◉馬叙倫 鈕樹玉曰。一切經音義二及八及十二引皆云。葌。香艸也。廣韵亦訓香艸。玉篇無。戚學標曰。衆經音義引説文。葌。香艸也。以葌爲蘭。誤。丁福保曰。慧琳音義四十五。五十五皆引説文。香艸也。七十八作吳林山。據此知奪香也二字。宜補。陳衍曰。葌是否同蘭與蕑。當據山海經吳越春秋玉篇廣韵知葌之即菅。據毛傳韓詩書傳等書知蘭之即蕑。然則葌菅自爲古今字。蘭蕑亦自爲古今字。判不相涉。葌下不當補香艸也三字。倫按葌爲蘭之聲同元類轉注字。蘭者。前人以爲澤蘭。是也。玄應一切經音義二曰。葌。字書與蕑同。葌蘭也。説文。香艸也。詩溱洧。方秉蕑兮。澤陂。有蒲與蕑。毛傳。蕑。蘭也。以蘭釋蕑。即以蘭釋葌。左昭廿二年傳。大蒐于昌閒。公羊傳作昌姦。是蕑可爲葌或體之證。亦轉注也。如葌非香艸。許不次於蘭下矣。葌菅亦雙聲。故山海經借葌爲菅耳。詩澤陂。有蒲與蕑。漢書引蕑作菅。以菅爲蕑。正猶以葌爲菅也。出吳林山者。校者據山海經加之。戚學標謂葌草在處有之。不必言出吳林山。是也。又疑香艸也出吳林山皆字林文。字林多本聲類。玄應音義引聲類。葌。蘭也。【説文解字六書疏證卷二】

葰

◉許 慎 葰薑屬。可以香口。从艸。俊聲。息遺切。【説文解字卷一】

◉馬叙倫 薑屬六字校語。本訓艸也。今挩。然字林每言屬。此字或出字林。【説文解字六書疏證卷二】

芄

◉許　慎　芄芄蘭。莞也。从艸。丸聲。詩曰。芄蘭之枝。胡官切。【說文解字卷一】

◉馬叙倫　承培元曰。爾雅曰。雚。芄蘭。今云莞者。莞蓋莀之譌。本草曰。白茝名莀。一名夫蘺。正與莀篆下合。芄蘭亦香艸也。王筠曰。長言曰芄蘭。短言則莞。即符離莞。本書作莀。倫按本書莞爲可以作席之艸。故與藺蒲爲類。芄在蓤蘠之閒。明非可以作席者也。王承以爲莞當爲莀。證以本草名醫别録。别録曰。白芷一名虈。一名莞。自爲有據。然莀次莙莒之閒。與蒚並訓夫離。爾雅釋草。雚。芄蘭。莞。符離。其上蒚。是爾雅之莞。即本書之莀。郭注爾雅。今西方人呼蒲爲莞蒲蒚謂其臺首也。今江東謂之荷離。邢疏曰。某氏曰。本草云。白蒲。一名符離。楚謂之莞蒲。其臺别名蒚。然則夫離者。江東人以謂蒲。芄蘭非蒲。即非莀也。倫謂芄爲正名。長言曰芄蘭。此作莞。爾雅作雚。皆以聲同元類假借。爾雅雚芄蘭者。以正名釋假借之名。此言芄蘭莞也者。以假借之名釋正名。知莞雚爲假借之名。不煩改莞爲莀。或以雚爲水雀。附會於雀瓢矣。此類假借之名如別作一从艸與莞莀同聲之字即是或體亦轉注字矣。芄蘭爲芄之俗名。校者據雅文加之。許本訓艸也。今捝。【說文解字六書疏證卷二】

虈

◉許　慎　虈楚謂之蘺。晉謂之虈。齊謂之茝。从艸。嚻聲。許嬌切。【說文解字卷一】

◉馬叙倫　鈕樹玉曰。韵會作虈。王筠曰。此句之首當有虈蕪也句。一艸四名。當与虈篆相筦攝。否則虈篆後人增也。傅雲龍曰。茝下云。虈也。此云。齊謂之茝。是以俗語轉注也。晉謂之虈。此俗語之用本字本義者。蘺非江蘺。茝聲轉爲蘺。故楚謂之蘺。許於蘺下云。江蘺。不云虈茝者。明謂虈曰蘺之爲聲轉也。倫按楚謂之蘺上奪茝也二字。楚謂以下十二字校語。王筠據鍇本茝作茝。【說文解字六書疏證卷二】

蘺

◉許　慎　蘺江蘺。蘼蕪。从艸。離聲。吕之切。【說文解字卷一】

◉馬叙倫　嚴可均曰。蘼蕪當作蘪蕪。說文無蘼字。桂馥曰。江蘺蘼蕪者。非本書原文。蓋後人亂之。漢書司馬相如傳。江蘺蘪蕪。張揖曰。江蘺。香。艸。蘪蕪。蘄茝也。似蛇牀而香。張氏斷然以爲二物。按傳三句同韵。每句並舉二物。上文云。芎藭昌蒲。下文云。諸柘巴且。中云。江蘺蘪蕪。傳又云。揜以緑蕙。被以江蘺。糅以蘪蕪。雜以流夷。此四句各舉一草。江蘺蘪蕪非一物。又可見矣。故顏師古毛晃洪興祖皆謂蘪蕪非江蘺。直取相如文加之耳。倫按蘺音來紐。古讀歸泥。茝音穿紐。古讀歸透。泥透皆舌尖前音。又臣聲之類。蘺聲脂類。之脂通轉。故楚謂之蘺。齊謂之茝。虈音曉紐。茝從𦣞得聲。𦣞音喻四。皆摩擦次濁音。故齊謂之茝。晉謂之䕡。說解當作茝也。本書無虈字。江蘺虈蕪爲校者所加。王筠據鍇本虈作䕷。【說文解字六書疏證卷二】

茝

5·348 獨字　5·346 同上　5·347 同上　秦1217 茝陽工癸　秦1221 茝陽癸　秦1328 獨字

秦1327 同上　秦1325 同上　文考1980:1【古陶文字徵】

茝 日甲七四背　爲一一【睡虎地秦簡文字編】

茝少陽印【漢印文字徵】

◉許　慎　茝䕡也。从艸。𦣞聲。昌改切。【說文解字卷一】

◉馬叙倫　段玉裁曰。茝。本草經謂之白芷。茝芷同字。鈕樹玉曰。茝蓋即芷之正文。王筠曰。廣韵六止引字林。茝。蘪蕪別名。據此或字林始收此字。傅雲龍曰。芷與茝同。漢書芷陽。史記作茝陽。【說文解字六書疏證卷二】

蘪

◉許　慎　蘪蘪蕪也。从艸。麋聲。靡爲切。【說文解字卷一】

◉馬叙倫　長言曰蘪蕪。短言曰蘪。蘪蕪俗名也。此校者加之。本訓艸也。今捝。或如王筠說。此字出字林也。【說文解字六書疏證卷二】

薰

◉許　慎　薰香艸也。从艸。熏聲。許云切。【說文解字卷一】

◉馬叙倫　熏之後起字。香艸也非本訓。或此字出字林。【說文解字六書疏證卷二】

⿱艹⿰氵毒

◉許　慎　⿱艹⿰氵毒水萹茿。从艸。从水。毒聲。讀若督。徒沃切。【說文解字卷一】

◉馬叙倫　鈕樹玉曰。篆當作⿱艹⿰氵毒。田吳炤曰。小徐本作从水毒聲。按校勘記曰。从水水上捝艸字。盖小徐本省一從字。淺人以从艸水毒聲說解不明。并去一艸字。宜從大徐本。劉秀生曰。毒聲在沃部定紐。督从叔聲。在沃部端紐。端定皆舌音。

萹　茿　藒

故𦺗讀若督。衣部。䘞。从衣。毒聲。讀若督。與此同。倫按朱駿聲謂生於水傍曰𦺗。詩淇澳之綠竹。是也。倫檢爾雅釋草。竹。萹蓄。詩淇澳。綠竹猗猗。韓詩竹作𦺗。是雅之竹即此𦺗。雅不言水生。郭注及本草皆言生道傍。朱謂水旁亦非水生。詩釋文引韓詩。𦺗。萹茿也。然則此水字是譌羨也。𦺗爲萹茿之合音。萹古音當如楄。在並紐。與𦺗音定紐同爲破裂濁音。字本作䓯。文選西京賦李注引韓詩。綠𦺗如簀。玉篇。䓯與𦺗同。然則作𦺗者後人改之。𦺗从水者。蓋後人加之。從艸。毒聲。與毒一字。疑此字出字林。【説文解字六書疏證卷二】

萹

◉許　愼　萹茿也。从艸。扁聲。方沔切。【説文解字卷一】

茿

◉許　愼　萹茿也。从艸。筑省聲。陟玉切。【説文解字卷一】

◉馬叙倫　桂馥曰。筑省聲者。後人改之。當云巩聲。巩從工得聲。茿筑皆其入聲。徐灝曰。茿筑皆當用巩爲聲。巩居悚切。聲轉爲鞠也。倫按桂徐説是也。筑亦巩聲也。詳筑字下。萹茿爲𦺗之長言。俗名也。疑此二篆非許本有。蓋出字林。知者。爾雅釋草。竹。萹蓄。竹即詩淇澳綠竹猗猗之竹。韓詩作𦺗。則萹蓄即萹茿。爲𦺗之俗名。俗名不必有其字。故爾雅作萹蓄。其實止作扁蓄。或作篇筑。詩淇澳傳竹篇竹也。皆借字也。俗以艸名而作萹茿耳。且茿字古書無他據。蓋漢以後字。【説文解字六書疏證卷二】

藒

◉許　愼　芞輿也。从艸。楬聲。去謁切。【説文解字卷一】

◉馬叙倫　鈕樹玉曰。毛本初印本作藒。五音韵譜同。玉篇。藒。藒車。香艸也。藒同上。影鈔繫傳作。新刻誤改作。下作楬聲。皆非。韵會作揭聲。亦非。韵會引作藒車。芞輿也。王筠曰。鮑本朱筠本篆作。孫本顧本皆作。徐灝曰。各本皆無藒車二字。爾雅釋文云。本多無車字。正與此合。韵會乃據今本爾雅增之。丁福保曰。據藹葛藹竭篆文曷皆作。此作。誤。倫按芞輿俗名也。此非本訓。漢書司馬相如傳注。應劭曰。揭車。一名芞輿。香草也。許本訓艸也。今捝。鍇本或作藒。玉篇。藒。藒同上。豈藒爲重文。今失之耶。此字或出字林。【説文解字六書疏證卷二】

芞

◉許　慎　芞芞輿也。从艸。气聲。去訖切。【説文解字卷一】

◉馬叙倫　藒芞音同溪紐。聲同脂類。轉注字也。爾雅釋艸。藒車。芞輿。可證。僖九年穀梁傳。毋訖糴。即孟子之無遏糴也。亦可證。此字疑出字林。【説文解字六書疏證卷二】

苺

3·908獨字　此即苺字古女母通作【古陶文字徵】

◉許　慎　苺馬苺也。从艸。母聲。武皐切。【説文解字卷一】

◉馬叙倫　諸言牛馬者。大之之詞。言羊狗者。小之之詞。然此是俗名。蓋許本訓艸也。此校語。今捝本訓矣。或此字出字林。古鉩作。【説文解字六書疏證卷二】

茖

0045　3421【古璽文編】

張茖　陸茖【漢印文字徵】

◉許　慎　茖艸也。从艸。各聲。古額切。【説文解字卷一】

◉馬叙倫　段玉裁曰。釋草。茖。山蔥。爾雅雖有此字。然許若果用爾雅。何不云山蔥而云艸也。王筠曰。本草綱目蘇頌引茖蔥生山中。細莖。大葉。爾雅邢疏。蔥。説文云。菜名。生山中者名茖。細葉。大莖。是今本乃删削而又誤蔥爲艸耳。丁福保曰。慧琳音義四引作从艸格省聲。倫按許書之例。自當訓艸也。【説文解字六書疏證卷二】

◉蔡運章　茖,《金文编》所無,其从艸、从各,當是茖字。其構形與戰國印文茖字相同,亦可爲證。茖,通作落。《史記·酷吏列傳》:「置伯格長。」《集解》引徐廣曰:「古村落字亦作格。」《後漢書·馬融傳》李賢注:「格與茖古字通。」是其佐證。【甲骨金文與古史研究】

苷

◉許　慎　苷甘艸也。从艸。从甘。古三切。【説文解字卷一】

◉馬叙倫　甘爲含之初文。从口有所含。然口所含不限甘味。今言甘苦者。字當作香。詳香字下。當從鍇本作从艸甘聲。爲形聲字。甘艸見淮南覽冥訓。甘艸即苷艸。説解當作艸也。甘艸也或字林文。或甘字爲校者注以釋音者也。急就篇作甘草。則此字呂忱所加。字林文也。【説文解字六書疏證卷二】

◉戴家祥 説文一篇「苷，甘艸也。」金文用作人名。【金文大字典下】

苧

◉許　慎 苧艸也。从艸。予聲。可以爲繩。直呂切。【説文解字卷一】

◉馬叙倫 沈濤曰。文選南都賦注兩引此書。一云。苧。麻屬。一云。苧可以爲索。一切經音義十一引。貯。檾屬。亦艸名也。皆與今本不同。貯苧皆芧之別字。檾爲枲屬。與麻同類。古本當作芧艸也。可以爲索。一曰。麻屬。爾雅釋草。苧。麻母。此上文芧麻母。即本爾雅爲訓。爾雅釋文云。苧。説文作芧。玉篇云。芧。説文一曰芧。即枲也。苧同上。則芧之別體爲苧。不爲苧。據玄應所引則芧字本有二訓。所云檾屬。即李引之麻屬。特玄應所見作檾屬耳。王筠曰。苧即陳風可以漚紵之紵。糸部。紵。檾屬。是也。安得以芧當之。漢書相如傳。蔣芧音蘋。張楫曰。芧。三棱也。本草。三棱葉似莎草。極長。故許云。可以爲繩也。可以爲繩句當在从艸上。抑或是庾注語也。倫按爾雅釋文謂苧説文作芧者。芧蓋苧之譌。可以爲繩四字不在艸也下。校語之明證也。後凡可以爲某云云皆然。【説文解字六書疏證卷二】

藎

◉許　慎 藎艸也。从艸。盡聲。徐刃切。【説文解字卷一】

◉馬叙倫 桂馥曰。一切經音義三引字林。藎。草名也。倫按字見急就篇。【説文解字六書疏證卷二】

蒁

◉許　慎 蒁艸也。从艸。述聲。食聿切。【説文解字卷一】

荵

◉許　慎 荵荵冬艸。从艸。忍聲。而軫切。【説文解字卷一】

◉馬叙倫 桂馥曰。荵冬艸當作忍冬艸。本草。忍冬。陶注云。藤生凌冬不凋。故名忍冬。段玉裁曰。名醫別録作忍冬。今之金銀藤也。其花曰金銀花。錢坫曰。本草作忍冬。吳普云。馬韭。一名忍冬。今麥門冬也。倫按言荵冬當作忍冬者。意謂荵从艸忍忍亦聲。爲會意兼聲字。然荵冬爲同舌尖前音連緜詞。諸以連緜詞爲訓釋者。皆俗名。俗名多長言也。以俗名釋正名。取便於明瞭耳。若凌冬不凋之草而字徒從忍。不備意也。後凡如此者不復舉辯。然此本作艸也。忍冬艸校語。今作葱冬艸者。葱是隸書複舉字。唐人刪忍字耳。【說文解字六書疏證卷二】

萇 萇

◉許 慎 萇萇楚。跳弋。一名羊桃。从艸。長聲。直良切。【說文解字卷一】

◉馬叙倫 萇楚跳弋者。爾雅釋草文。萇楚連緜詞。跳弋者。萇之俗別名也。然許本作艸也。校者據雅文加之。轉寫捝本訓。萇楚已是萇之俗名。跳弋又其俗名。許書體例與雅不同。不須彙列俗名。故知此爲校者所加。羊桃即跳弋之倒文。跳桃同从兆得聲。羊弋則音同喻四也。亦萇之俗名。故曰一名羊桃。此亦校者據廣雅增也。【說文解字六書疏證卷二】

薊 薊

薊 薊丞 薊 薊令之印 薊 鮮于薊印 【漢印文字徵】

◉許 慎 薊芺也。从艸。魝聲。古詣切。【說文解字卷一】

◉劉釗 《漢印文字徵》卷十一・十七魴字最後一形體爲薊。按此字从魚从屴,屴又見于《漢印文字徵》附録四,當即艻字的簡寫。故此字與卷一・十薊字或作薊者乃同一字。【璽印文字釋叢 考古與文物一九九〇年第二期】

荲 荲

◉許 慎 荲艸也。从艸。里聲。讀若釐。里之切。【說文解字卷一】

◉馬叙倫 桂馥曰。齊民要術引字林。荲。草名。王筠曰。集韵引字林。艸名。似冬藍。烝食之。酢。又引說文。艸也。一曰羊蹄。劉秀生曰。里聲在來紐。咍部。釐从𠩺聲。亦在來紐咍部。故荲得讀若釐。本篇。萊。蔓華也。爾雅釋艸作釐蔓華。方言八。貔。陳楚江淮之閒謂之貅。關西謂之貍。里聲與釐。古並如來。是其證。倫按據集韵引。知許本訓艸也。字林訓艸名。傳寫或作草名。凡訓艸名或草名者。皆字林義。而諸書引本書作草名者。所引實字林文。而名則引本書。可知六朝至唐蓋有純爲許書而附以庾注或校語之一本。又有字林附於許書之一本。又有唐人刪節之一本。一曰羊蹄校語。今本已刪之矣。【說文解字六書疏證卷二】

藋 芨 葥

◉許　慎　藋釐艸也。一曰拜商藋。从艸。翟聲。徒弔切。【説文解字卷一】

◉馬叙倫　鈕樹玉曰。五音韵譜及繫傳韵會作堇艸也。釋草釋文引亦作堇也。則堇當不譌。商宋本及五音韵譜作啻。嚴可均曰。釐艸。釋草釋文。集韵卅四嘯。韵會十八嘯引作堇艸。上有堇篆。堇或堇之誤。下文。芨。堇艸。釋草。芨。堇艸。廣雅。堇。藋也。疑皆是堇字。文多未敢輒定。今此作釐。又涉上堇讀若釐而誤。釋草別有釐蔓華。與許書萊蔓華相當。非即藋也。一曰。拜商藋。五音韵譜商作啻。集韵引作商。嚴章福曰。釐借爲堇。桂馥曰。拜商藋者釋草文。彼作蔐。馥謂當爲商。程瑶田曰。蓋灰藋之類而非灰藋。倫按釐字嚴説是也。鍇本作堇者。涉上文堇篆下隸書複舉字而譌羡。一曰拜商藋者。長言曰拜商。短言則藋。高誘淮南注。蔐苗荻秀。楚人謂之蔐。讀如敵戰之敵。幽冀謂之荻苕之荻。倫謂拜商藋即高注幽冀謂之荻苕之荻。翟荻音同定紐。書顧命。狄設黼衣綴衣。禮記祭統狄作翟。春秋左氏。盟於狄泉。穀梁作翟。並狄翟聲通之證。本書無荻。一曰五字校者據雅文加之。其意謂此訓艸也者。即拜商也。【説文解字六書疏證卷二】

◉許　慎　芨堇艸也。从艸。及聲。讀若急。居立切。【説文解字卷一】

◉馬叙倫　桂馥曰。堇當爲堇。後人據爾雅改之也。王筠曰。嚴可均所據玉篇堇艸作堇艸。是也。此所以繼堇藋後也。若如爾雅釋艸郭注説以烏頭。則當與前篆類列矣。玉篇蒠字在藋字下。云。救力切。救蓋敕之譌。蒠下繼以堇字。云。丑力切。一名蒠。其藋蒠堇三字類聚。與説文堇藋芨三字類聚同也。蓋説文作芨。玉篇作蒠耳。及後人收雜字中又出芨字云。芨。堇艸。即烏頭也。必孫強輩所增矣。倫按堇艸之字當爲葥。葥音阻力切。在照紐。古讀歸端。芨音敕力切。在徹紐。古讀歸透。同爲舌尖前破裂音。通假也。爾雅釋草芨堇草者。借芨爲堇。音同見紐也。此蓋本作艸也。後人據雅文加堇字。若芨即是堇。草。許當作堇也矣。【説文解字六書疏證卷二】

◉許　慎　葥山苺也。从艸。歬聲。子賤切。【説文解字卷一】

◉馬叙倫　山苺也者爾雅釋草文。此校語。或字林訓。許本訓艸也。今捝。【説文解字六書疏證卷二】

⿱艹婺 ⿱艹婺

◉許　慎　⿱艹婺毒艸也。从艸。婺聲。莫候切。【説文解字卷一】

◉馬叙倫　本訓艸也。毒艸也者字林之訓。唐人轉删本訓耳。餘詳蓩下。【説文解字六書疏證卷二】

蓩 蓩

◉許　慎　蓩卷耳也。从艸。務聲。亡考切。【説文解字卷一】

◉馬叙倫　段玉裁曰。鍇本無蓩。張次立依鉉補之。攷後漢書劉聖公傳。戰於蓩鄉。注曰。蓩音莫老反。字林云。毒艸也。因以爲地名。廣韵。蓩。毒艸。武道切。又地名。據此。則毒艸之字從力不從女明矣。玉篇云。蓩。莫屋莫老二切。毒艸也。此顧野王原本。而蓩下引説文卷耳也。又出⿱艹婺字。莫候切。引説文毒艸也。此孫強陳彭年輩據俗本説文增之。卷耳果名蓩。則當與苓卷耳也同處矣。王筠曰。蓩。卷耳。諸書無此説。鍇本亦原無蓩字。張次立增之。知蓩篆既譌作⿱艹婺。始增蓩也。鉉本⿱艹婺下作務聲。不作婺聲。改篆者忘改注也。錢坫曰。繫傳無蓩字。廣韵則有蓩無⿱艹婺。疑原爲一文。後人妄加之耳。苓卷耳。在後。不應於此先見。徐灝曰。蓩疑爲⿱艹婺之重文。因後人妄增卷耳字於其下。遂致歧誤耳。玉篇即其明證。雖有竄改。尚可攷見。自古未有訓蓩爲卷耳者。其爲妄人竄改無疑。倫按以鉉本⿱艹婺下猶作務聲。而鍇本原無蓩篆。即爲許書經改竄之證。玉篇先蓩後⿱艹婺。蓩訓毒艸也。此字林義。許止訓艸也。其又引説文卷耳也者。則後人以俗本説文加之。其又出⿱艹婺字。引説文毒艸也。段謂孫陳所加。是也。若顧本有。當曰同上矣。廣韵又無⿱艹婺字。則⿱艹婺字爲後人加。然是蓩之重文。部末記曰。重三十一。舊本鍇本作三十。張次立改爲三十一。補薞一字也。然今數重文不及三十。是重文有遺也。記曰。文四百四十五。張次立曰。今文四百三十九。補遺莒蓩蔭蘱蓨萃六字。共文四百四十五。然鍇本原出苗字。而次立遺之。使復增苗字。則文爲四百四十六。然則退蓩於重文。文之都數亦合矣。【説文解字六書疏證卷二】

蓡 蓡

◉許　慎　蓡人蓡。藥艸。出上黨。从艸。濅聲。山林切。【説文解字卷一】

◉馬叙倫　嚴可均曰。篆體當作蓡。説解當作濅聲。桂馥曰。人蓡藥艸者當爲苦艸。謂苦參也。一切經音義十一。蓡。説文作蓡。苦草也。其類有多種。謂丹蔘玄蔘等也。沈濤曰。御覽九百九十一引作人蓡出上黨。無藥艸二字。一切經音義引云。苦艸也。其類有多種。謂丹蔘玄蔘等也。疑古本作蓡。苦草也。人蓡出上黨。今本有舛譌。王筠曰。若依篆體。當作濅省聲。倫按諸藥草皆不言藥。而蓡類又非僅人蓡。倫謂本作艸也。今捝。人參七字蓋字林文。藥或苦譌。【説文解字六書疏證卷二】

虊 虊

◉許慎　虊凫葵也。从艸。攣聲。洛官切。【說文解字卷一】

◉馬叙倫　钱坫曰。今蓴菜。倫按凫葵俗名也。或本作艸也。校者據廣雅釋草加凫葵。傳寫捝本訓。或唐人習字科者删之。【說文解字六書疏證卷二】

䓞 䓞

◉許慎　䓞艸也。可以染留黃。从艸。戾聲。郎計切。【說文解字卷一】

◉馬叙倫　沈濤曰。御覽九百九十七引無留字。錢坫曰。上林賦。攢戾莎。漢書作䓞。徐廣曰。可染紫。晉灼曰。可染緑。倫按十二篇。綟。帛戾艸染色。然則此可以五字爲校語也。以此塙知凡可以云云者。皆校者加之。【說文解字六書疏證卷二】

荍 荍

◉許慎　荍蚍虾也。从艸。收聲。渠遥切。【說文解字卷一】

◉馬叙倫　鈕樹玉曰。韵會引蚍上有草名二字。顧廣圻曰。爾雅用蚍蚽。釋文。蚽。本又作芣。又作虾。說文無虾。必蚽之譌。倫按蚍虾短言之即荍。乃荍之俗名也。俗名取聲同。故字作蚍虾耳。然說解本作艸也。校者據爾雅釋草加蚍虾也。傳寫捝本訓。或此字出字林。【說文解字六書疏證卷二】

⿱艹毗 ⿱艹毗

◉許慎　⿱艹毗蒿也。从艸。毗聲。房脂切。【說文解字卷一】

◉馬叙倫　疑爲荍之轉注字。荍音羣紐。⿱艹毗音奉紐。古讀歸並。並羣皆破裂濁音也。說解本作艸也。蒿也蓋字林文。或校者據切韵加之。廣韵本於切韵。其六脂曰。⿱艹毗。蒿也。習字科者又删艸也。或傳寫捝之。玄應一切經音義引三倉。⿱艹毗。艸也。其生似樹也。【說文解字六書疏證卷二】

萭 萭

◉許慎　萭艸也。从艸。禹聲。王矩切。【說文解字卷一】

荑 荑

 甚苐私印  第五建  左苐印信  苐恬  苐横  弟理私印 【漢印文字徵】

◉許慎 荑艸也。从艸。夷聲。杜兮切。【說文解字卷一】

◉馬叙倫 段玉裁曰。鍇本作荑。夷聲。鉉本作苐。今鉉本篆體作𦬁。尚未全誤。攷廣韵玉篇類篇皆本說文。云。苐。艸也。知集韵合苐荑爲一字之誤。荑見詩。茅之始生也。徐承慶曰。段改荑篆爲苐。以就艸也之訓。與玉篇合。但荑見詩。自牧歸荑。手如柔荑。不應艸部無此字。既以集韵荑苐合一爲誤。而去荑存苐。亦未允。王筠曰。此篆段所據鍇本作荑。毛本作𦬁。段改作苐。似是。特荑字見於經。而苐則不見。又鵜鶘一字。涕洟則兩字。正不知荑苐之爲一字否。玉篇艸部次序與說文乖異。然荑字在前。苐字在後。引說文。艸也。得無說文本作荑。既譌爲苐之後。孫強乃補引之耶。即今汪本從𡗝。上半是夷。下半是弟。毛本從𢎨。上半於夷弟皆不合。亦可見其譌之以漸而深矣。玄應一切經音義十四。稊又作弟。說文作荑。弟似苐之誤。是說文本作荑之證。孟子。不如荑稗。趙注以爲艸。毛傳。荑。茅之始生也。許所不用。以非茅之小時名荑也。倫按宋本此篆作荑。則篆初固未嘗譌。即玄應所見本也。經傳不見苐字。則段改篆爲苐誠無據。然莊子知北遊。在稊稗。陸德明本作弟薛。此文後次薛字。即莊子之薛字。則苐薛即下文之蕛芺。本書無稊有蕛。而蕛从禾又从艸。乃俗字。當作苐。莊子一本作苐。乃苐之俗省。如藿之作雈矣。辥失聲同脂類。可證也。然則此篆作苐亦可。故有一本作苐。玉篇所引者是也。惟弟夷實爲一字。詳弟字下。故經傳所用之字多从艸下夷。倫謂荑苐本是正重二篆。校者誤删其一。觀上文蔆薢之分爲二。則其誤非不可能。蓋校者見詩有荑字。而苐則無徵於經傳也。漢銅器苐荑同用爲次弟字。字見急就篇顔師古本。皇象本作夷。【說文解字六書疏證卷二】

◉王貴民 荑之原文作四屮中从人，古人、尸、夷爲一，四屮與艸相通，故此字爲荑。《孟子·告子》「苟爲不熟，不如荑稗。」注云「荑稗之草」，《爾雅·釋草》荑，注謂「荑(又作蕛)似稗布地生穢草」，字亦可隸定爲芿，芿在《正韵》爲「陳根草不芟，新草又生，相因仍也」。義均相近。【就甲骨文所見試説商代的王室田莊 中國史研究一九八〇年第三期】

辥 辥

 薛 方濬益謂从月从辛當是薛之古文 國名任姓侯爵黄帝之後奚仲所封戰國時爲齊所滅 薛侯匜  薛侯鼎  薛侯盤  薛侯壺  薛子仲安匿  薛仲赤匿  薛尊 【金文编】

3·694薛☒自析　薛侯盤薛字作與此同【古陶文字徵】

薛邸閣督　薛令之印　薛禁私印　薛循私印　薛崇之印　薛回之印　薛賀之印　薛王孫

薛長兄　薛譚　薛常印　薛恩　薛建成　薛章　薛廣之印　薛中儒　薛死

【漢印文字徵】

少室石闕開母廟石闕　丞零陵泉陵薛政【石刻篆文編】

◉許　慎　薛艸也。从艸。辥聲。私列切。【説文解字卷一】

◉王國維　歸安吳氏藏一鼎。其銘曰。侯□作父乙鼎。又某氏藏一匜。其銘曰。侯作□妊□媵匜。其眉壽萬年。子子孫孫永寶用。二字。舊釋爲胥爲𦙏。余謂此薛國之本字也。其字所从之。即説文㕁字。其音古讀如辥。此字从月㕁聲。與薛字从艸辥聲同。而𦙏侯匜言𦙏侯作□妊□媵匜。則𦙏爲任姓之國。其爲滕薛之薛審矣。【釋𦙏　觀堂集林二】

◉強運開　𦙏侯匜。容庚云。説文所無。經典叚薛爲之。詩閟宫箋。在薛之旁亾薛。王國維曰。㕁音古讀如辥。此字从月㕁聲。與薛字从艸辥聲同。〇今從之。

𦙏侯盤。𦙏侯亾叔妊媵盤　𦙏侯鼎。【説文古籀三補卷十四】

◉馬叙倫　經傳有薛字而無其義。史記司馬相如傳。薛莎青薠。張揖曰。薛。賴蒿也。然爾雅釋草曰。苹。藾蕭。郭注曰。今藾蒿。則藾蒿名苹不名薛。倫疑張以艾蒿釋薛耳。艾藾聲同脂類。本篇。蕭。艾蒿也。蕭薛音同心紐。則相如傳之薛爲蕭之借。然倫以爲薛爲莎之音同心紐轉注字。故相如以薛莎連文。六韜以蘘薛簦笠並引。今莎字以大篆从茻。故不類次耳。或曰。薛音心紐。荑从夷得聲。夷音喻四。同爲摩擦次清音。轉注字也。荑薛即莊子知北遊之茀薛。莊子薛字譌耳。字見急就篇。【説文解字六書疏證卷二】

◉饒宗頤　□申「卜」，亘貞：告于妣癸，𦙏王。（京都大學一九六）

按𦙏即薛字，讀爲相乂之「乂」。克鼎「諫薛王家」，毛公鼎「亦唯先正畧（襄）薛氒辟」，諸薛字并讀作「乂」。書君奭：「巫咸乂王家。」又云：「用乂厥辟。」多方：「爾曷不夾介，乂我周王。」乂即輔相之意。爾雅：「艾，相也。」卜辭言胯王，即金文之「辥王」，尚書之「乂王」。知此一語相沿，遠自殷時。【殷代貞卜人物通考】

◉戴家祥　胯侯匜作。从夕从夸。鼎盤作更旁从月。古文夕月每有混淆。師酉毀、師嫠毀、叔鄂父毀，夜作。毛公鼎、曆鼎夙作，是其證，月讀「魚厥切」，疑母祭部。說文辥，从屮辥聲。辥，从辛，㠯聲。㠯，从𠂤，屮聲，讀若臬。臬讀「魚㓶切」不但與月同部而且同母。又六篇口部嗙，讀若蘖。蘖讀「五葛切」，聲韵同月，亦同㠯，知胯爲聲符重複字也。滕薛之薛，經傳多叚薛爲之。魯頌閟宮「居常與許」，鄭玄箋：「常或作嘗，在薛之旁。春秋魯莊公三十一年築臺于薛，是爲周公有嘗邑許。」陸元朗經典釋文云薛字，又作辥「息列反」，則又讀爲心母字矣。【金文大字典下】

苦

 苦成衆印　 苦豐私印　 苦成胡傢　【漢印文字徵】

 祀三公山碑　民無疾苦　【石刻篆文編】

 古老子　 崔希裕纂古　【古文四聲韻】

◉許　慎　苦大苦。苓也。从艸。古聲。康杜切。【說文解字卷一】

◉葉玉森　孫詒讓氏釋昌。說文曰部。昌美言也。从日。从曰。一曰。日光也。籀文作。今考此字上从口。下从曰。與籀文上日下口形小異大同。今所傳古幣有作昌者。其文作。上亦从口。與此正同。栔文舉例上卅二。王國維氏曰。昌字無作之理。惟卜辭吉字或作。或作。與相似。然無由證之爲一字也。殷虛文字考釋第二十五葉。森按。卜辭之異體間作。無一作形者。吉字亦無一作形者。其非一字可以斷定。予舊釋苦。說文。舌貌。倒置之與卜辭所从之相似。从象舌。象其系。象其紋。則省。疑古象形舌字。象舌出口。乃古苦字。味苦則吐舌出口。猶甘象含一物于口以表味甘。古人由辨味始造甘苦字。其文必表象以指事。非若許君含道古聲之訓也。禹貢惟箘簵楛三邦厎貢。馬融注。言箘簵楛三邦所致貢。以箘簵楛爲三國名。核之禹貢。辭例適合。禹貢所紀各國無渾稱幾邦不舉其名者。此三國之本名疑爲困路苦。後世或因困路二國產竹可爲箭材。因繫以竹。苦國產木可爲箭幹。因繫以木。復名其所產之竹爲箘簵。故國策曰。箘簵之勁所產之木爲楛。故家語曰。楛矢。方殆即苦國。其國出矢。後編卷下第十七葉有辭云。「囗于王曰匃苦方矢。」匃。求也。苦方以矢著名。故殷求之所謂楛矢是也。荀子。窳苦不便利者弱。苦即楛。古本通叚。殷契鉤沈。近讀林義光氏之說。謂卜辭□方□方竝即鬼方。□字口上之□象土塊。亦即土字之變。與吉字口上之□□□初無大異。則□與吉其初皆爲□古字。不難以字形推知之。□方既爲□方。則古音與鬼相合。卜辭中屢見之。□方自即爲經典所恆見之鬼方矣。又云。土方亦即鬼方。土字作□。象土塊形。故□字可以土爲之。乃引卜辭受秊作受禾。及古金文爲證。謂皆一字二用。取形而遺其聲韵。□方□方不能各爲一國。卜辭云。「癸巳卜㱿貞旬亡凶王卟云有求其有來囏三至五日丁酉允有來囏自西□戫告曰土方舁于我東鄙𢦏二邑□方亦侵我西鄙田。」菁華第一葉。一辭中。前作土方。後作□方。蓋古人用字不定。曾未足異。鬼方黎國并見卜辭說。森按。□與□□□其形絕異。卜辭土字及从土之字無作□及□□□形者。林氏謂□與吉其初皆爲古字。未可遽信。至卜辭「土方舁于我東鄙𢦏二邑。□方亦侵我西鄙田」二語中之土方□方明爲二國。故□方下着一亦字。似不能強斷爲一國。猶他辭云。「壬辰卜癸巳雨五月乙巳亦雨。」殷虛文字第十五葉之七。癸巳乙巳明爲二日。亦不能強斷乙巳即癸巳也。且據安陽發掘報告。獲甲有鬼方二字。則□方非鬼方。亦非土方。可以斷定矣。【殷虛書契前編集釋卷一】

◉郭沫若　師雔父自是師雝父，唯所中戍之地，遇甗稽卣均作古，而此器作□，下彔𢦏卣作□，余初疑古「苦」字从丰，丰即草芥字，故从丰與从艸同意。今案字固是苦味之苦，然就字形而言不得說爲形聲字，蓋「古」字實即苦之初文，字本作□，象吐舌之形，味苦則吐舌也。作□若□乃其繁文，象苦丰與舌同時吐出。从艸之苦字乃「大苦」，草名，用爲苦味字，實出叚借也。【臤觶　兩周金文辭大系圖録考釋】

◉馬叙倫　桂馥曰。苓當爲蘦。本書。蘦。大苦也。釋草同。沈濤曰。文選廣絕交論注引。苦猶急也。此一曰以下之文。類篇韵會引皆有一曰急也。翟云升曰。集韵引有一曰急也。倫按爾雅釋草。蘦。大苦。然言大苦非即苦也。此說解蓋本作艸也。校者據雅文加此而唐人轉删艸也。苦即荼苦之苦。一曰急也亦校語。苦急同舌根破裂音。得通假也。【說文解字六書疏證卷二】

◉金祥恆　苦，說文：「□，大苦。苦，苓也。从艸古聲。」簡文苦作□，所从之古，與居延漢簡之「居」古作□，⊘从古之胡作胡⊘同。苦非大苦，亦非苓也，乃苦菜也。爾雅釋草「荼苦草」。郝懿行云：說文荼苦菜，經典單言荼者如「采荼薪樗」、「堇荼如飴」及「誰謂荼苦」，皆謂苦菜也。單言苦者如詩「采苦采苦」，內則「濡魚包苦實蓼」及公食大夫禮「鉶芼羊苦」亦皆謂苦菜也。詩緜正義引樊光曰「苦菜，可食者也」。爾雅釋文引本草云：「苦菜名荼草，一名選。」（名醫）別録云：「一名游冬，生山陵道旁，冬不死。」月令孟夏之月「苦菜秀」，易通卦驗云圖云「苦菜生於寒秋，經冬歷春，得夏乃成，今苦菜正如此，處處皆有，葉似苦苣，亦堪食，但苦耳」。顔氏家訓書證篇云：「葉似苦苣（賁、蕒、藘）而細，摘斷有白汁，花黄如菊。」李時珍云：「稍葉似鸛嘴，故名老鸛菜。」合顔、陸、李三説可盡荼菜之形狀。

植物名實圖考：「苦菜本經上品，釋草小記考述極詳，鋪地生，葉數十爲簇，開黄花甚小，花罷爲絮，所謂荼也。根細有鬚，味極苦，北地野菜中之先苗者，亦采食之，至苣蕒生而此菜不復入筠籃矣。」【長沙漢簡零釋　中國文字四十七册】

菩 

◉許　慎　艸也。从艸。音聲。步乃切。【説文解字卷一】

蔐 

◉許　慎　薏苢。从艸。啻聲。一曰蔐英。於力切。【説文解字卷一】

◉馬叙倫　嚴可均曰。薏苢當作蔐苢。藚。一日薏苢。放此。桂馥曰。苢當爲目。本書目下引賈侍中説。蔐目實也。一曰蔐英者。抱朴子仙藥篇。菊花與蔐花相似。直以甘苦別之耳。菊甘而薏苦。諺所謂吾如薏者也。王筠曰。薏當從玉篇作蔐。龔士珍曰。苡英一聲之轉。朱駿聲曰。薏苡雙聲連語。倫按説解本作艸也。薏苢校者加之。故字作薏苢也。唐人轉删艸也耳。苡英雙聲。一曰猶一名。非别義也。然亦是校語。【説文解字六書疏證卷二】

茅 

茅　盠壺　茅蒐狃獵【金文編】

茅　秦一九五　四例　通昴　玄戈毄—　日甲五五　日甲五七背【睡虎地秦簡文字編】

2249【古璽文編】

茅利國印　茅食私印　茅成　茅光之印　茅帶私印　茅卿信印【漢印文字徵】

祀三公山碑　元氏令茅匡【石刻篆文編】

◉許　慎　[seal]菅也。从艸。矛聲。莫交切。【説文解字卷一】

◉柯昌濟　卜詞。王氏襄釋茅。曰。周禮甸師。祭祀共蕭茅。案其説是也。卜詞中楙字作[seal]。从矛聲可證。且卜詞文。四茅帚又三茅。丁亥□反示三茅亘貞不其□。十茅。丁亥三自雩玄十茅包示。二茅。丁卯□示二茅自古三小帚。釋茅於文誼亦近。其云掃者。从又可釋掃。或帚之叚字。如云三小掃。當即釋三小帚矣。疑束茅則爲帚也。【殷虚書契補釋】

◉馬叙倫　説解蓋作艸也。菅也。菅也校者加之。慧琳引者皆字林文。字林每言名。可證也。字見急就篇。顔師古本作苗。古鉩作[seal]、[seal]。【説文解字六書疏證卷二】

◉徐中舒　伍仕謙　茅，同苗。《儀禮·士相見禮》「草茅之臣」，茅，古文作苗。茅，古幽韵，苗，古宵韵。幽宵音近，相通。《爾雅·釋天》「春獵爲蒐，夏獵爲苗」；苗蒐析言有別。通言則皆謂田獵也。【中山三器釋文及宮室圖説明　中國史研究一九七九年第四期】

◉戴家祥　好盗壺，茅蒐狃獵。按説文矛古文作[seal]，从戈，左爲矛，與此銘同。茅在銘文中表示祭名，讀爲苗。古代田獵，四時各有專名，而各書記載又不盡相同。春秋公羊傳桓公四年「春曰苗，秋曰蒐，冬曰狩」。穀梁傳「春曰田，夏曰苗，秋曰蒐，冬曰狩」。【金文大字典下】

菅

[seal] 菅矦相印　[seal] 菅譚　[seal] 菅荆私印　【漢印文字徵】

◉許　慎　[seal]茅也。从艸。官聲。古顏切。【説文解字卷一】

◉馬叙倫　菅音見紐。从官得聲。官从𠂤得聲。𠂤、自一字。自音奉紐。古讀歸並。茅音明紐。同爲雙脣音。矛自聲同幽類。故茅菅爲轉注字　【説文解字六書疏證卷二】

蘄

[seal] 蘄丞之印　【漢印文字徵】

◉許　慎　[seal]艸也。从艸。靳聲。江夏有蘄春亭。渠支切。【説文解字卷一】

◉劉心源　[seal]从旂。从單。當是戰省。蓋會意。旂字古文用爲祈。見晉姜鼎用[seal]綽綰眉壽。叔夜鼎徲簋伯矦父盤。皆云用[seal]眉壽。説文㫃部未收。而艸部作蘄。云。艸也。蓋小篆因[seal]之屮依稀改爲从艸。許亦不得其原矣。【奇觚室吉金文述卷

二】

◉馬叙倫 徐鉉曰。説文無斳字。他字書亦無。嚴可均曰。釋草釋文。蘄。古芹字。則當爲芹之重文。鼎彝器文祈借旂爲之。旂作□。又作□。此其證。漢書地理志。蘄春縣屬江夏。非亭名。今此誤分蘄、芹爲二字。而云斳聲。縣又誤作亭。必非許君原文也。嚴章福曰。本艸綱目廿六。苦蘄。一名楚葵。李時珍曰。斳當作蘄。从艸斳。後省作芹。呂氏春秋。菜之美者有雲夢之芹。雲夢楚地。楚有蘄州蘄縣。羅願爾雅翼云。地多產芹。故字从芹。據此知下文芹下當有古文芹从艸斳聲。江夏有蘄春縣。蘄篆議删。錢坫曰。本書無斳字。凡鼎彝祈皆作旟或斳。即斤之古文。沙木曰。从艸。旟省聲。旟古文祈字。王筠曰。疑蘄字本不从艸。博古圖晉姜鼎作□。伯碩父鼎作□。史頙鼎作□。叔夜鼎作□。考古圖周姜敢二器。一作□。一作□。遲父鐘作□。伯戔頖盤作□。然則此字當是从單从旂。旂亦聲。且即祈之古文。旂建於車。故從單。而諸銘則借聲爲祈字。其从□□者。即譌爲从艸之緣起。至所从之單字。有𩁹、䍜、單、䍜之四體。或从全車。或省上。或省下。或上下俱省。單字見於春秋者姓也。見於詩者蓋兵車也。當爲本義。倫按本書無斳字。斳即斬字。斬从單得聲。故金文□字從㫃。斳聲。或作□。从㫃。單聲。借爲祈字。單音端紐。祈音羣紐。古讀歸見。端見皆破裂清音也。此則从艸斳聲。或謂後有蘄字。將毋同字耶。不知蘄斬先後所造。作蘄字時。已不知斳斬一字矣。江夏有蘄春亭。校語。亭者王莽時制。或呂忱據揚雄杜林蒼頡訓纂文加也。【説文解字六書疏證卷二】

◉屈萬里 斳，亦見粹編九四五片，殆與他辭之斳爲同字；疑即蘄字也。【殷虚文字甲編考釋】

◉趙世綱等 「用□□壽」。「□」，疑即蘄字，金文中同樣語句多寫作「蘄」，蘄即祈。【王子午鼎銘文試釋 文物一九八〇年第一期】

□莞

□ 東莞左尉 □ 莞上 【漢印文字徵】

◉許 慎 □艸也。可以作席。从艸。完聲。胡官切。【説文解字卷一】

◉湖北省文物考古研究所 北京大學中文系 信陽二一三號簡有「一帰（寢）莢」，可知莢爲臥具，疑當讀爲「莞」。「关」、「完」古音相近，《汗簡》卷下之二引王存乂《切韻》「完」字作□，从「土」「关」聲。《詩·小雅·斯干》「下莞上簟」，鄭玄箋：「莞，小蒲之席也。」【望山楚簡二號墓竹簡考釋】

藺　秦一三一　通吝　西以東一　日乙一七五　日乙一七五　二例　【睡虎地秦簡文字編】

藺親　藺布　【漢印文字徵】

◉許　慎　藺莞屬。从艸。閵聲。良刃切。【説文解字卷一】

◉馬叙倫　藺爲莞之轉注字。莞从完得聲。完从元得聲。元音疑紐。藺从閵得聲。閵从門得聲。門音明紐。明疑同爲鼻音次濁音。鈕樹玉據韵會引莞屬下有可爲席三字。鈕謂恐非。是也。此字林文。字林每言屬。亦每言可以爲。蓋字林附於許書。唐人析之而有删校之漏疏也。許當訓艸也。字見急就篇。【説文解字六書疏證卷二】

◉于豪亮　2115簡：「元康元年計毋余藺席。」《説文》：「藺，莞屬，可爲席。」《急就篇》云：「奴婢私隸枕牀杠，蒲蒻藺席帳帷幢。」王國維《觀堂集林》校松江本《急就篇》云：「藺、王氏引碑本李本并與此同，顔本作萑。」《古逸叢書》仿唐石經體寫本《急就篇》亦作藺。證之此簡，當作藺爲是。藺即今之燈心草，是種在水田中的多年生草本植物，莖可編織成席，莖中的白瓤，可作燈心。一般仍稱這種席爲燈草席。【居延漢簡甲編補釋　考古一九六一年第八期】

◉許　慎　蒢黃蒢。職也。从艸。除聲。直魚切。【説文解字卷一】

◉馬叙倫　王念孫曰。舊本繫傳無蒢。倫按爾雅釋艸。蘵。黃蒢。本書無蘵。夏小正作職。倫謂蒢音澄紐。職音照三。同爲舌面前音。故夏小正借職爲蒢。爾雅作蘵。則爲蒢之轉注字矣。黃蒢者蒢之俗名。此蓋本作艸也。校者據雅文加之。彼所據雅文作職也。釋草釋文蘵又作職　今捝本訓。王筠據鍇本職作蘵。【説文解字六書疏證卷二】

蒲　秦一三一　編五　【睡虎地秦簡文字編】

蒲反丞印　湻于蒲蘇　餘蒲根印　蒲宫　蒲居　梁蒲　蒲類子羽　【漢印文字徵】

◉許　慎　蒲水艸也。可以作席。从艸。浦聲。薄胡切。【説文解字卷一】

◉馬叙倫　本作艸也。从艸。浦聲。蒻藻皆不从水。是蒲亦不必从水艸也。且艸部之字。其物生於水中者。如蕡、蘖、茆亦不从水也。水艸也可以作席字林文。本訓捝矣。字見急就篇。【説文解字六書疏證卷二】

蒻 蒻

◉許　慎　蒻蒲子。可以爲平席。从艸。弱聲。而灼切。【說文解字卷一】

◉馬叙倫　嚴可均曰。藝文類聚六十九御覽七百九引作可以爲薦。文選秋興賦注引作爲華席。蓋薦字轉寫誤分爲二。與平席華席形皆近也。沈濤曰。華當爲苹。字之誤。釋名曰。蒲苹。以蒲作之。其體平也。蓋平席義作平而字當作苹。今作平誤。倫按蒲子七字蓋字林文。本訓艸也。今捝。字見急就篇。【說文解字六書疏證卷二】

蓡 蓡

◉許　慎　蓡蒲蒻之類也。从艸。深聲。式箴切。【說文解字卷一】

◉馬叙倫　桂馥曰。周禮醢人。深蒲。鄭司農云。深蒲。蒲蒻。入水深。故曰深蒲。疑之類二字有誤。段玉裁曰。當曰从水艸㝥聲。王筠曰。本篆似後人增。而玉篇蒻蓡二文相聯。殆後作之專字。天官作深。倫按蒻音日紐。古讀歸泥。蓡音審紐。古讀歸透。皆爲舌尖前音。是蓡即蒻之異名。轉注字耳。或是蒻屬。故語原然也。然蒲蒻之類也似注文。蓋上有奪文。不然。此字後人增也。从艸。深聲。若段説則蒻當作⿱艸溺矣。知不然也。【說文解字六書疏證卷二】

[古文] 湥【汗簡】

◉黄錫全　[古文]夏韻列入「瀋」字下，鄭珍失檢。此即蓡字。深形與石鼓[古文]、陽華巖銘⿰氵罙同。此蓋因音近假蓡爲瀋，艸省從屮，與侯馬盟書茀作[古文]、古陶蒼作[古文]（陶附）類同。【汗簡注釋卷五】

蓷 蓷

◉許　慎　蓷萑也。从艸。推聲。詩曰。中谷有蓷。他回切。【說文解字卷一】

◉馬叙倫　沈濤曰。陸璣毛詩草木蟲魚疏曰。蓷似萑。方莖。白華。華生節閒。韓詩及三蒼説文毛本作説苑誤云。蓷。益母也。是古本不訓爲萑。爾雅釋草云。萑。蓷。郭注云。今茺蔚也。茺蔚即益母。而本部訓萑爲艸多皃。若訓蓷爲萑。則亦當訓萑爲蓷矣。今本蓋後人據爾雅改耳。朱駿聲曰。萑爲蓷之同聲。茺蔚者蓷之合音。承培元曰。詩毛傳。蓷。鵻也。許當與毛同。今作萑者。許蓋省鵻爲隹。而後人加艸。其誤與爾雅同。蓷草名鵻者。以其華與夫不鳥羽色同也。至萑許訓艸多皃。非蓷名也。小徐本萑與茸葦相次。許舊本也。大徐迻與蓷相次。失之矣。倫按本訓艸也。吕忱或校者據爾雅加鵻也。傳寫爲萑。今捝本訓。【說文解字六書疏證卷二】

河七四六　从茻

存下五二七　或从林

摭續三〇九　或从棥

珠九〇五

燕四八八背

燕四九一

【甲骨文編】

◉許　慎　萑艸多皃。从艸。隹聲。職追切。【説文解字卷一】

◉葉玉森　□□殷虚卜辭第二千一百八十八版。「缺虎缺□」。□字右下竝不完。當作□。即古萑字。又同書第一千九百十三版。「缺寅卜王缺在□」。□从森。與从茻同字。如□麓亦作□可證。契文之萑爲地名。【説契　學衡一九二四年第三十一期】

◉馬叙倫　唐寫本切韵殘卷六脂引作草名皃。名爲多譌。鍇本此篆在茸葏之閒。是也。鉉以蓷訓萑也。故移諸此。然蓷萑本爾雅釋草。雅文多假借。蓷从推得聲。推、萑並从隹得聲。同音相假。而蓷非萑。萑。義爲艸多。本部菥、兹、蔇、薋、薈、蓆諸文。並爲艸多。萋、菶、蕤、芃、茂、藹、蓁、蒼、萃、蘨、葆、葏，並爲艸盛。薿蕃並訓茂也。亦爲艸盛。蔭有覆蔽之義。亦爲艸盛。芼訓艸覆。亦然。菽、薄爲艸叢生。䕺爲艸䕺生皃。茸爲艸茸茸皃。茸、䕺並得聲於耳。蓴爲叢艸。凡叢亦盛。盛即多也。則是此廿七字實一義之轉注字。今尋兹、津音同精紐。萑、蓁音同照紐。精、照同爲摩擦破裂清音。萋、蒼音同清紐。薋、萃、䕺、蓴音同從紐。精清從同爲舌前尖摩擦破裂音。蓆音邪紐。爲舌尖前摩擦音。菶从奉得聲。菶音奉紐。芃音亦奉紐。邪奉同爲摩擦次濁音。蕃音非紐。非奉同爲脣齒摩擦音。蘨音喻四。非與喻四同爲摩擦次清音。菶、葆音同封紐。薄音並紐。菽、芼、茂音同明紐。封、並明同爲雙脣破裂音。薿、菥音同疑紐。蕤、茸音同日紐。古讀日歸泥。明泥疑同爲鼻音次濁音。蔭、薈音同影紐。蔇音見紐。見影同爲破裂清音。萑、萋、薿、蕤、蔇、薋、薈、萃聲同脂類。菥、蓁、葏聲同真類。脂真則對轉也。茸、菶、䕺聲同東類。茸、兹聲同之類。蘨、茂、葆聲同幽類。蔭、芃聲同侵類。幽侵亦對轉也。芼聲宵類。幽宵則近轉也。蓆、薄聲同魚類。藹、蒼聲同陽類。魚陽亦對轉也。增韵引鬱也者校語。且不見他書引。古書亦無此義。恐誤引也。【説文解字六書疏證卷二】

茥中卿

茥晨印信　【漢印文字徵】

◉許　慎　茥缺盆也。从艸。圭聲。苦圭切。【説文解字卷一】

◉馬叙倫　缺盆爲茥之俗名。茥从圭聲。圭音見紐。缺从夬得聲。夬音亦見紐。今則茥、缺皆溪紐也。盆从分得聲。分音非紐。古讀歸封。封、見皆清破裂音。故缺盆爲連緜詞。此及莙、蓈、蒚、苢疑本訓皆作艸也。今捝。所存者校語。【説文解字六書疏證卷二】

莙

莙【汗簡】

【古文四聲韻】

◉許　慎　莙井藻也。从艸。君聲。讀若威。渠殞切。【説文解字卷一】

◉馬叙倫　鈕樹玉曰。五音韵譜繫傳及玉篇廣韵並作牛藻也。嚴可均曰。井字誤。王筠曰。易革卦上六象傳蔚與君爲韵。蔚即威之去聲。王莽之威斗。蓋即尉斗之異名。而吾鄉諺語呼爲運斗。則與君協矣。本書威下引漢律威姑。即爾雅釋親之君姑。劉秀生曰。君聲在痕部。威聲在灰部。灰痕對轉。故莙从君聲得讀若威。尹桐陽曰。墨子明鬼。不能敬莙以取祥祐。莙借爲威。畏也。莙威雙聲。倫按顔氏家訓書證篇引作牛藻也。則井字誤。牛藻者。大藻也。莙之俗名。君音見紐。威音影紐。皆清破裂音。故莙讀若威矣。【説文解字六書疏證卷二】

◉商承祚　莙，《説文》：「从艸，君聲，讀若威。」錢坫《説文解字斠詮》：「莙讀爲威者。君姑謂之威姑，古聲相近也。」是莙通作威。《甘泉賦》「昭華覆之威威」，注：「威，猶威蕤也。」《東京賦》「羽蓋威蕤」，《景福殿賦》「流羽毛之威蕤」，《子虛賦》「錯翡翠之威蕤」。或作葳，《南都賦》「望翠華兮葳蕤」。注釋者多謂威蕤是以羽毛爲飾，其狀華麗光采貌，故莙亦含其義。裒莙是羽毛爲飾的重衣。綮，即緅。《説文・新附》：「緅，帛青赤色。」《玉篇》卷二十七：「緅，青赤色。」褱，即襡，亦見仰天湖遺策第一七簡偃字所从。《廣雅・釋器》：「襡，長襦也。」或作襹。《釋名・釋衣服》：「襹，屬也，衣裳上下相聯屬也。荆州謂襌衣曰布襹。」襡，楚語。緅襡，青赤色的長襦。此處之皆字可釋爲同，後作偕義，《小爾雅・廣言》：「皆，同也。」《儀禮・聘禮》：「三揖皆行，至於階。」注：「皆，猶並也。」裒莙皆綮褱即裍威同緅襡。【信陽長臺關一號楚墓竹簡第二組遺策考釋　戰國楚竹簡匯編】

⿱艹睆 ⿱艹睆

◉許　慎　⿱艹睆夫蘺也。从艸。睆聲。胡官切。【説文解字卷一】

◉馬叙倫　本書無睆字。詳睅睍字下。而此訓夫離。爾雅則作莞。釋艸釋文引字林。莞音緩。而此上文莞訓艸也。廣韵無⿱艹睆。玉篇莞⿱艹睆相次。莞下曰。似藺而圓。可爲席。詩曰。上莞下簟。⿱艹睆下曰。爾雅。莞。夫蘺。其上蒚。倫疑莞⿱艹睆本爲正重文。莞下艸也之訓是本訓。艸也下夫蘺也尚有似藺可爲席詩曰上莞下簟。此皆字林文。字林之例每然也。傳寫離爲二字。梁時此本已亂。故顧不引字林。亦不引本書。今本莞字移諸藺上。蓋校者以其似藺故耶。不知始於何時。夫蘺。莞之俗名。

【説文解字六書疏證卷二】

蒚 蒚

◉許　慎　蒚夫蘺上也。从艸。鬲聲。力的切。【説文解字卷一】

◉馬叙倫　夫蘺上也非本訓。或此字出字林。【説文解字六書疏證卷二】

苢 苢

◉許　慎　苢芣苢。一名馬舄。其實如李。令人宜子。从艸。㠯聲。周書所説。羊止切。【説文解字卷一】

◉馬叙倫　鈕樹玉曰。韻會名作曰。釋艸釋文引作馬扁也。蓋譌。韻會李作麥。無令人宜子句。惠棟曰。今周書作桴苡。徐松曰。周書所説四字宜在从艸㠯聲之上。翟云升曰。詩芣苢釋文山海經及周書王會皆云。芣苢。木也。實似李。食之宜子。出於西戎。衛氏傳及許慎皆同爾雅釋草疏。王肅引周書王會云。芣苢如李。出於西戎。王基駁云。王會所説雜物奇獸。皆四夷遠國各齎土地異物以爲貢贄。非周南婦人所得采。是芣苢爲馬舄之艸。非西戎之木也。蓋芣苢有艸木二種。木則實如李。艸則實如麥。馬扁者。馬舄之譌。當參合作芣苢一名馬舄。其實如麥。令人宜子。一曰木也。其實如李。食之宜子。出於西戎。周書所説。從艸。㠯聲。王筠曰。朱文藻本周下衍禮字。倫按芣苢爲連緜詞者。苡音喻四。芣从不得聲。不音非紐。皆摩擦次清音也。馬舄者，芣苡之俗名也。苡从以得聲。古讀以如似。音在邪紐。舄音清紐。同爲舌尖前音。故俗呼苡爲舄。馬者大之之詞。一名馬舄以下十二字及周書所説四字皆校語。校者不知艸木皆有芣苢之名。而皆食之宜子。故譌爲一而加此也。本訓艸也。校者明其爲芣苢而加此二字。唐人轉删艸也矣。【説文解字六書疏證卷二】

蕁

◉許　慎　蕁。芜藩也。从艸。尋聲。徒含切。蕁或从爻。【說文解字卷一】

◉馬叙倫　段玉裁曰。芜當是本作尢。俗加艸。本艸作沈燔。桂馥曰。本書無尋字。嚴章福曰。蕁、鄩、襑、潯四字皆㝷省聲。王筠曰。五音韻譜篆作蕁。他書皆少彡。從得之字亦或少彡。良由隸變爲尋。遂放隸作篆耳。徐灝曰。蕁者。芜藩之合聲。倫按芜藩也疑本作艸也。或芜也。今捝。但存校語耳。餘詳尋下芜下。蕁沈濤曰。爾雅釋草釋文。蕁。孫云。古潭字。徒南切。說文云。或作蕁字。疑元朗所見本蕁爲正字。蕁爲或體。今本傳寫互易耳。【說文解字六書疏證卷二】

⿱艹毄

◉許　慎　⿱艹毄艸也。从艸。毄聲。古歷切。【說文解字卷一】

蓲

◉許　慎　蓲艸也。从艸。區聲。去鳩切。【說文解字卷一】

◉馬叙倫　沈濤曰。爾雅釋草釋文引艸也下有烏蓲二字。蓋古本如是。玉篇云。蓲。烏蓲也。廣韵。烏蓲。草名。皆本說文。則今本漏奪可知。倫按蔬下不曰夫離艸也。蕁下不曰芜藩艸也。則爾雅釋文引有烏蓲二字者。蓋校者所加。烏蓲者蓲之俗名。廣韵作烏蓲草名。蓋本字林。然則釋文引有烏蓲二字。蓋亦字林文耳。【說文解字六書疏證卷二】

⿱艹固

◉許　慎　⿱艹固艸也。从艸。固聲。古慕切。【說文解字卷一】

⿱艹榦

◉許　慎　⿱艹榦艸也。从艸。榦聲。古案切。【說文解字卷一】

◉馬叙倫　王筠曰。繫傳引本草⿱艹榦珠字如此。而無下文⿱艹贛字。張次立補之。且有繫傳曰。本草薏苡一名⿱艹贛米。玉篇⿱艹贛蓄類聚。而不收⿱艹榦。廣韵二十八翰不收⿱艹榦。四十八感一送皆收⿱艹贛。集韵則翰部收⿱艹榦。感送二部收⿱艹贛。案⿱艹榦⿱艹贛雙聲。說文自作⿱艹榦。音變而形亦變。故玉篇作⿱艹贛而廣韵沿之。至宋不復知爲一字。故張次立以大徐誤增之字羼入小徐本。今當删⿱艹贛。【說文解字六書疏證卷二】

藷 藷　蔗 蔗　⿱艹㲉 ⿱艹㲉　⿱艹賜 ⿱艹賜　⿱艹中 ⿱艹中

裴光遠集綴　【古文四聲韻】

◉許　慎　藷諸蔗也。从艸。諸聲。章魚切。【説文解字卷一】

◉馬叙倫　沈濤曰。齊民要術十藝文類聚八十七御覽九百七十四引皆不重藷字。蓋古本如此。言蔗可以該藷。言藷不可以該蔗。故下文曰。蔗。藷蔗也。此注不應重藷字。倫按藷蔗爲音同照紐聲同魚類連緜詞。故亦可單稱蔗。藷蔗爲俗名。藷本無正字。如藘之爲烏藘。而烏字不作蔦也。此類字疑非許書本有。或藷蔗二字皆出字林。【説文解字六書疏證卷二】

◉許　慎　蔗藷蔗也。从艸。庶聲。之夜切。【説文解字卷一】

◉馬叙倫　本訓艸也。藷蔗也。蓋字林文。【説文解字六書疏證卷二】

◉許　慎　⿱艹㲉牂⿱艹㲉。可以作縻綆。从艸。㲉聲。女庚切。【説文解字卷一】

◉馬叙倫　牂⿱艹㲉俗名。然許本作艸也。此及可以五字皆字林文。【説文解字六書疏證卷二】

◉許　慎　⿱艹賜艸也。从艸。賜聲。斯義切。【説文解字卷一】

⿱艹中　从茻國名⿱艹中侯簋　
克鼎　【金文編】

⿱艹中閔之印　
⿱艹中禹之印　【漢印文字徵】

◉許　慎　⿱艹中艸也。从艸。中聲。陟宫切。【説文解字卷一】

◉馬叙倫　⿱艹中侯作𣪘𣪘作⿱艹中。【説文解字六書疏證卷二】

◉戴家祥　字从茻从中，金文或作方國名。柯昌濟曰：漢印亦有⿱艹中姓，殆即此茻字之或體也。韡華閣集古録跋尾一六五葉茻侯敢。説文「⿱艹中，艸也。」大克鼎：「參冋⿱艹中悤。」冋即絅省，悤即總省。⿱艹中與參皆爲冋、悤的修飾語。羅叔言金文跋尾讀茻爲草，謂黑色

也，高田忠周从之。詳見古籀篇七十九第二七葉。【金文大字典下】

萯

◉許　慎　萯王萯也。从艸。負聲。房九切。【説文解字卷一】

◉馬叙倫　本訓艸也。王萯也。字林文。【説文解字六書疏證卷二】

芺

◉許　慎　芺艸也。味苦。江南食以下气。从艸。夭聲。烏皓切。【説文解字卷一】

◉馬叙倫　鈕樹玉曰。繫傳气作氣。玉篇引食下有之字。沈濤曰。爾雅釋草釋文江南作江東。蓋古本如是。今本作江南者誤。古之江東即今之江南。古之江南則在今豫章長沙等處。翟云升曰。集韵引亦作江南。倫按本書有夭無夭。此當作芺。本草苦芺。蜀本圖經曰。子若貓薊。莖圓無刺。五月采苗。堪生噉。所在下溼地有之。則江南字不誤。玉篇及爾雅釋草疏引亦作江南。然味苦以下八字校語。以蔞下有劉向説此味苦，而苦蔞字當作芺。故加之也。【説文解字六書疏證卷二】

⿱艹弦

◉許　慎　⿱艹弦。艸也。从艸。弦聲。胡田切。【説文解字卷一】

◉馬叙倫　沈濤曰。玉篇引云。艸名。以全書通例言之。當作也。不作名。鈕樹玉曰。玉篇引作草名。倫按此字林文也。【説文解字六書疏證卷二】

⿱艹𡈈

◉許　慎　⿱艹𡈈艸也。从艸。𡈈聲。𡈈。籀文囿。于救切。【説文解字卷一】

◉馬叙倫　王念孫曰。𡈈籀文囿四字。繫傳無之。徐鉉所加。王筠曰。繫傳曰。𡈈古囿字。大徐以爲許説。大謬。凡此類皆讀説文者箋記語。况此固冠以臣鍇曰乎。嚴可均曰。校語也。【説文解字六書疏證卷二】

莩

◉許　慎　莩艸也。从艸。孚聲。芳無切。【説文解字卷一】

◉馬叙倫　嚴可均曰。韵會七虞六書故廿四引艸也下有一曰葭中白皮。倫按校語。【説文解字六書疏證卷二】

蔩　荓　蕕　荌　藄

蔩黄【汗簡】

裴光遠集綴【古文四聲韻】

◉許　慎　蔩兎苽也。从艸。寅聲。翼真切。【説文解字卷一】

◉黄錫全　蔩黄　从艸。从古寅。説詳寅字。【汗簡注釋卷一】

◉許　慎　荓馬帚也。从艸。并聲。薄經切。【説文解字卷一】

◉馬叙倫　馬帚俗名。許本訓艸也。此校語。【説文解字六書疏證卷二】

◉許　慎　蕕水邊艸也。从艸。猶聲。以周切。【説文解字卷一】

◉馬叙倫　桂馥曰。爾雅釋艸。莤。蔓于。郭注。多生水中。一名軒于。江東呼莤。孫炎注。帝登蔨山。遭蕕芋草毒。將死。得蒜囓之乃解。是蕕即蔓于。丁福保曰。慧琳音義九十七引。臭艸也。二徐作水邊艸也。考音義八十六引左傳杜注。蕕。臭艸也。水邊細艸也。據此知許書原有二訓。二徐本奪臭艸也句。宜補。倫按本作艸也。水邊臭艸也蓋字林文。【説文解字六書疏證卷二】

◉許　慎　荌艸也。从艸。安聲。烏旰切。【説文解字卷一】

◉許　慎　藄綦。月爾也。从艸。綦聲。渠之切。【説文解字卷一】

◉馬叙倫　嚴可均曰。釋草釋文引作土夫也。蓋許讀爾雅以藄字上屬。校者依郭本改爲月爾也。又於月上衍藄字。嚴章福曰。釋草。芏。夫王。藄。月爾。疏。芏草一名夫王。藄一名月爾。據知大徐不誤。惟説解衍藄字。釋草釋文引作土夫也。蓋誤。校議謂許讀爾雅以藄字上屬。余謂爾雅芏句夫王句。若以藄字上屬。亦不當。芏夫連文。倫按自釋草釋文引作土夫也。於是姚文田嚴可均段玉裁惠棟沈濤程琰錢大昭皆欲據釋文以改本文。嚴章福錢坫徐承慶徐灝皆以釋文爲誤。錢大昭謂爾雅土夫王藄月爾一物三名。郭璞以芏夫王爲一物。藄月爾爲一物。鈕樹玉疑爾雅芏夫王藄月爾六字本是一物。郭璞誤分爲兩條。倫謂釋草芏夫王藄月爾，上文枹霍首素華軌鬷。似一物多名。可佐錢鈕爲證。然爾雅通例以今釋古。以俗釋正。今芏夫王藄月爾。明以夫王釋芏。月爾釋藄。與上文薜山麻。下文葴馬藍者一例。郭於上文枹霍首素華軌鬷注皆未詳。於芏夫王藄月爾皆有注釋。則郭未必誤讀。且俗名與正類由方俗聲讀之殊。即往往爲雙聲叠韵之連緜詞。倫謂芏夫王者王當作土。夫土之合音爲芏。是夫土爲芏之俗名無疑。月爾之合音爲藄。是月爾爲藄之俗名亦無疑。以此明之。芏藄異物。郭謂藄即紫藄。似蕨可食。今杭縣春時生艸。初出上紫色拳如小兒手。可食。其根亦可取粉爲食。俗呼藍藄。然無夫土或芏之名也。郭注芏字曰。芏草生海邊。似莞蔺。今南方越人采以爲席。釋文曰。今南人以此草作席。呼爲芏。然則陸固未嘗以土夫讀絶。郝懿行以土燈一聲之轉。證芏草即燈草。其草圓細似莞。則芏藄異物尤明。今本釋文非陸氏原本。而傳寫尤多譌謬。不得據誤以改許文。宜删説解中藄字。乃隸書複舉之未删盡者。然月爾亦校者據雅文加之。許本訓艸也。【説文解字六書疏證卷二】

莃

莃【汗簡】

◉許　慎　莃兎葵也。从艸。稀省聲。香衣切。【説文解字卷一】

◉馬叙倫　王念孫曰。説文稀字注曰。疏也。从禾。希聲。徐鍇辯之曰。當言从禾爻巾。無聲字。後人加之。莃晞皆从稀省聲。按徐鉉以鍇説改此注作从艸稀省聲。今考説文莃晞睎郗稀俙欷豨絺十字。並从希聲。又昕字注曰。讀若希。則本書原有希字明甚。倫按本書無希字。以倉頡及訓纂二篇中無其字也。錢大昕謂希爲絺之初文。倫謂从巾爻省聲。从巾猶从糸。綌之重文作㠽。是其例證。然即以本書無希字。而从希得聲之字固可曰希聲也。稀省聲者校者改之。兎葵俗名。此校語。本訓艸也。【説文解字六書疏證卷二】

蘉

◉許　慎　蘉灌渝。从艸。夢聲。讀若萌。莫中切。【説文解字卷一】

◉馬叙倫　劉秀生曰。夢聲在明紐。萌从明聲亦在明紐。故蘉从夢聲得讀若萌。周禮秋官薙氏。春始生而萌之。注。故書萌作甍。杜子春云。甍當爲萌。書亦或爲萌。甍亦从夢省得聲。是其證。倫按。爾雅釋艸。蒹薕葭蘆菼亂。其萌虇蕍。郭注誤讀彏字止句是蒹葭菼之萌爲虇蕍也。虇蕍即此彏渝。呂氏春秋任地篇。子能使雚夷無淫乎。雚夷亦即灌渝。灌渝者，蓼之俗名。玉篇廣韵皆言蓼草可爲帚。王筠謂蓋生而如帚。故名曰灌渝。猶爾雅木族生爲灌。夏小正啟灌藍蓼也。其説亦似得之。許次蓼於荼蕧閒。必爲艸名。今杭縣埽帚有以陸生似葦而花者爲之。名其草正曰蓼。此作蓼灌渝者。蓋字林訓。以蓼即爾雅其萌彏蕍之萌。故即依雅文爲釋。而讀若萌。或字出字林。【説文解字六書疏證卷二】

蕧

◉許　慎　蕧盜庚也。从艸。復聲。房六切。【説文解字卷一】

◉馬叙倫　鈕樹玉曰。篆當作蕧。倫按盜庚者蕧之俗名。此校者據爾雅文加之。許本訓艸也。【説文解字六書疏證卷二】

苓

雲臺碑【古文四聲韻】

◉許　慎　苓卷耳也。从艸。令聲。郎丁切。【説文解字卷一】

◉馬叙倫　卷耳者。苓之俗名。此校語。段玉裁據韵會引也字作艸。則本訓艸也。字見急就篇。顔師古本作軨。蓋本是笭。草書竹艸不別也。【説文解字六書疏證卷二】

蘔

◉許　慎　蘔艸也。从艸。贛聲。一曰薏苜。古送切。又古禫切。【説文解字卷一】

◉馬叙倫　徐鍇曰。本艸薏苡一名贛米。王念孫曰。舊本繫傳無蘔字。張次立增入。倫按一曰猶一名也。本草薏苡仁一名蘔。陶注曰。出交阯者子最大。彼土呼爲蘇珠。蘇蘔雙聲。是蘇珠即蘔米。而蘔爲交阯名薏苡之稱。薏音影紐。蘔音見紐。喉與舌根最近。又同爲破裂清音也。然此校者因本草加也。【説文解字六書疏證卷二】

藑

古尚書【古文四聲韻】

◉許　慎　藑茅葍也。一名蕣。从艸。夐聲。渠營切。【説文解字卷一】

◉馬叙倫　桂馥曰。蕣當爲舜。本書。舜。艸也。楚謂之葍。秦謂之藑。王筠曰。一名蕣。當作一曰舜。倫按爾雅釋艸。葍。藑茅。郭注。葍華有赤者爲藑。是葍藑各爲一物。雅謂葍藑皆茅也。此言藑茅葍也。似藑爲茅葍。蓋本作茅也葍也。

挩一也字耳。茅也校者加之。或本是蕌字訓也。藑从夐得聲。夐从旻得聲。詳夐字下。旻从攴得聲。詳旻字下。攴與茅葍並爲脣音。夐音曉紐。葍音非紐。同爲摩擦次清音。是藑、葍、茅三物。其音同一語原。故雅以茅訓藑葍也。可證此茅葍不當連讀。一名蕣者。校者以舜下有楚謂之葍、秦謂之藑而加之。故字作蕣。用當時字也。其實舜下楚謂之葍秦謂之藑。亦先校者加之也。緣蕣即蕣字。蕣音審紐。藑从夐得聲。夐音曉紐。同爲摩擦次清音。得相借也。【說文解字六書疏證卷二】

蕌

◉許　慎　葍也。从艸。富聲。方布切。【說文解字卷一】

葍

◉許　慎　蕌也。从艸。畐聲。方六切。【說文解字卷一】

◉馬叙倫　翟云升曰。爾雅釋草釋文引有亦名舜三字。太平御覽百卉部引作藑茅也。朱駿聲曰。葍即蕌之或體。倫按富亦从畐聲。則葍即蕌之省文。倫疑蕌下本訓茅也。葍則蕌之重文。傳寫茅也譌入藑下。而葍譌爲正文。校者乃以葍也訓蕌字矣。觀爾雅釋文及御覽引可證也。【說文解字六書疏證卷二】

蓨

2641【古璽文編】

蓨郛【漢印文字徵】

◉許　慎　苗也。从艸。脩聲。徒聊切。又湯雕切。【說文解字卷一】

苗

◉許　慎　蓨也。从艸。由聲。徒歷切。又他六切。【說文解字卷一】

◉馬叙倫　鈕樹玉曰。説文無由。倫按鍇本於苐下重出苗字。音田溺反。張次立曰。前已有。此重出。王筠以爲鍇本苗字本次苐下。葛上之苗乃前乎次立者依大徐本增之。故音切尚仍鉉舊。其説是也。本書無由字。而从由得聲者。有苗迪徆詘粤笛柚邮甹宙胄舳岫鼬怞油妯紬軸十九字。且許書本倉頡。而急就皆倉頡中正字。急就有由廣國。則是本書當有由字也。王國維謂由即本書甾字。甾下曰。東楚名缶曰甾。象形。象形者謂此字古文本作由。隸書變爲甾。遂與側詞切之字混。方言五曰。岳。罌也。淮汝之閒謂之岳。郭注音由。曹憲廣雅音同。淮汝之閒地鄰東楚。則許說即本方言。是也。由古音與甹同。本書甹下曰。商書曰。若顛本之有甹枿。今書作由枿。是其證。甹音以周切。在喻四。故孟子萬章篇。由由然不忍去。韓詩外傳作愉愉。今苗音徒歷切。或他六切者。喻四古隸定紐也。由定轉入透。故又他六切。蓨苗音同定紐聲同幽類轉注字。【說文解字六書疏證卷二】

𦸗

●許慎 𦸗艸。枝枝相值。葉葉相當。从艸。昜聲。褚羊切。【說文解字卷一】

●馬叙倫 徐鍇曰。爾雅。蓫薚。馬尾。又艸枝枝相值葉葉相當。唯甘草耳。段玉裁曰。艸下當補也字。桂馥曰。吳普本草。烏頭一名莨。葉四四相當。𦸗莨聲近。又黄芩葉兩兩四四相值。亦見吳本草。倫按本書。當。田相值也。此言艸枝枝相值葉葉相當。似爲草枝枝相值葉葉相當而造𦸗字。恐非。倫謂許本止訓艸也。今捝也字。𦸗蓋即莨也。枝枝八字校語耳。【說文解字六書疏證卷二】

薁

●許慎 薁嬰薁也。从艸。奥聲。於六切。【說文解字卷一】

●馬叙倫 鈕樹玉曰。繫傳作嬰莫也。誤。齊民要術引作櫻薁也。王筠曰。此篆中央从釆。各本誤从米。倫按嬰薁音同影紐連緜詞。薁之俗名。然此蓋校語。許本訓艸也。【說文解字六書疏證卷二】

葴

●許慎 葴馬藍也。从艸。咸聲。職深切。【說文解字卷一】

●馬叙倫 藍爲染青艸。此訓馬藍者。俗謂葴爲馬藍也。葴从咸得聲。藍从監得聲。咸監聲同侵類。故俗名葴爲藍。馬者大之也。此校語。本訓艸也或菜也。字似失次。【說文解字六書疏證卷二】

𦾰

●許慎 𦾰艸也。可以束。从艸。魯聲。郎古切。蓾𦾰或从鹵。【說文解字卷一】

●馬叙倫 蓾宋保曰。魯鹵同部。櫓。魯聲。重文作樐。鹵聲。是其例。倫按魯鹵音同來紐。是𦾰蓾爲雙聲兼疊韵轉注字。【說文解字六書疏證卷二】

蒯

蒯明私印　蒯堯私印　王蒯　蒯琁印信　蒯琁　【漢印文字徵】

◎許慎　𦽍艸也。从艸。叡聲。臣鉉等案。說文無叡字。當是叡字之省。而聲不相近。未詳。苦怪切　【說文解字卷一】

◎馬叙倫　徐鉉曰。說文無叡字。王煦曰。爾雅釋詁釋文云。字林以叡為喟。玉篇廣韵俱訓為太息。依六書。从𣦼。巜聲。巜古文澮字。鄭珍曰。叡从攴从八。白作霖曰。从攴从八。亦从攴聲。倫按本書。𨛜。从邑。叡省聲。聵之重文作聲。从耳。叡聲。是當有叡字。爾雅釋詁。叡。息也。桂馥以為即喟字義。喟之重文作嘳。則爾雅借叡為嘳。猶聵之重文作𦗔矣。諸說叡字者於六書不剴切。惟王煦為當。會聲之字與貴聲之字古多通假。禮記玉藻。緇布冠繢緌。注。繢或為繪。是其例證。則叡自从𣦼、巜聲。其義亡矣。叡誤則為蒯。故左成九年傳。無棄菅蒯玉篇引如此今作菅蒯矣。【說文解字六書疏證卷二】

蔞

蔞猛　毋蔞印　【漢印文字徵】

◎許慎　蔞艸也。可以亨魚。从艸。婁聲。力朱切。【說文解字卷一】

藟

◎許慎　藟艸也。从艸。畾聲。詩曰。莫莫葛藟。一曰。秬鬯也。力軌切。【說文解字卷一】

◎馬叙倫　朱士端曰。秬鬯疑即巨荒二字形聲相近之譌。易困於葛藟。釋文引毛詩草木疏云。藟。一名巨荒。當即本說文。又王逸注九歎云。藟。葛荒也。一注云。藟。巨荒也。是其證。倫按詩曰以下校語。【說文解字六書疏證卷二】

蒬

◎許慎　蒬棘蒬也。从艸。冤聲。於元切。【說文解字卷一】

◎馬叙倫　棘蒬。蒬之俗名。此校語。本訓艸也。【說文解字六書疏證卷二】

茈

258　【包山楚簡文字編】

3142　【古璽文編】

茈 茈箕光印 【漢印文字徵】

◉許　慎　茈 茈艸也。从艸。此聲。將此切。【説文解字卷一】

◉馬叙倫　沈濤曰。御覽九百九十六引。茈藐紫草。蓋古本如此。爾雅。藐茈草。郭注。可以染紫。一名茈莨。蓋茈一名藐。爲染紫之艸。故許解之如此。今本云云。乃涉下文藐注而誤。倫按茈字隸書複舉之未删盡者也。御覽所引乃校語。字見急就篇。【説文解字六書疏證卷二】

◉張　標　馬王堆帛書《五十二病方》「痈」條下368行云：

痈首，取茈半斗，細劃，而以善截六斗……斗……

整理者謂「茈，即柴胡。」(《五十二病方》，文物出版社1979年113頁。)

謹案，柴胡見于《流沙墜簡》作茈胡，見于《武威漢代醫簡》第3簡，'79櫝亦作此，未見省作「茈」者。又《神農本草經》稱柴胡「味苦平，主心腹，去腸胃中結氣，飲食積聚，寒熱邪氣，推陳致新」，似與痈症不甚相合。

竊以爲茈殆紫之假。段玉裁在此篆下注「茈紫同音」；《廣雅疏正》「茈與紫同」；《山海經・南山經》「其中多茈贏」，郭注「紫色贏也」，郝懿行曰「古字通以茈爲紫」；《史記・司馬相如列傳》「茈薑蘘荷」，索隱引《四人月令》云：「生薑謂之茈薑，音紫。」武威醫櫝80甲有「茈宛七束」，整理認爲即紫苑。《説文》：「茈，茈草也」，「藐，茈草也」。《山海經・西山經》「北五十里曰勞山，多茈草」，吴任臣《山海經廣注》云「即紫草」。紫草又名紫莨，《廣雅・釋草》「紫莨，茈草也」。《神農本草經》又稱其爲紫丹、紫夫。

《神農本草經》未言紫草主痈，然《本草綱目》云其「治惡瘡瘑癬」。【漢簡帛筆記三則　考古與文物一九八七年第五期】

藐 藐置其　藐 藐鐵公　藐 藐延年印 【漢印文字徵】

◉許　慎　藐 茈艸也。从艸。須聲。莫覺切。【説文解字卷一】

◉馬叙倫　翟云升曰。凡正文重文許注及諸書所引有兩用者。如藐之从須。須或文皃。貌籀文皃。止是一字。不以異論。倫按茈从此得聲。此从匕得聲。藐从須得聲。匕須皆脣音。故茈轉注爲藐。説解羨艸字。由茈下本作艸也。此下本作茈也。傳寫皆作茈艸耳。或此乃校者依爾雅釋草文改。又疑此文乃字林據爾雅加之。【説文解字六書疏證卷二】

萴

萴【汗簡】

◉許　慎　萴烏喙也。从艸。則聲。阻力切。【説文解字卷一】

◉馬叙倫　沈濤曰。御覽九百九十引。萴烏頭也。蓋古本如此。本草曰烏頭。一名烏喙。一名萴。烏頭烏喙本是一物。然御覽引於烏頭條下。則唐以前本必作烏頭。不作烏喙矣。許槤曰。今本草皆云側子。不言萴子。段玉裁疑前後皆染艸。不應閒以毒草。蓋此字係後人羼入。非許書原有。故失其次也。倫按烏喙。萴之俗名也。此校語。本訓艸也。【説文解字六書疏證卷二】

蒐

蒐　从茻　盗壺【金文編】

六七：二八　宗盟内室類參盟人名　八五：一〇【侯馬盟書字表】

蒐　雜七【睡虎地秦簡文字編】

◉許　慎　茅蒐。茹藘。人血所生。可以染絳。从艸。从鬼。所鳩切。【説文解字卷一】

◉馬叙倫　鈕樹玉曰。集韵引藘作慮。當不誤。説文無藘。嚴可均曰。説文無藘。字當作蘆。御覽九百九十六引作茹蘆。唐石經爾雅初刻作茹蘆。周禮掌染草注作橐蘆。茹橐同聲也。人血諸引皆同。惟一切經音義十四引作地血。廣雅及陸璣疏亦作地血。疑地字爲長。沈濤曰。一切經音義十四引作茅蒐。地血所生。十五引作茅蒐也。人血所生。可以染絳。字从西聲。兩引皆在茜字下。又十九倩草下又云。一名茈莀。一名茅蒐。可以染絳。人血所生。似玄應所據本人血所生八字在茜篆茅蒐也之下。今本誤移於蒐字下。古本蒐下止作茅蒐茹蘆也五字。御覽所引乃兩字訓移并一條。茹蘆下有也字。未誤。玉篇茜字注引説文曰。茅蒐可以染緋。可證六朝本茜篆下有此訓。桂馥曰。人血所生可以染絳。當在茜下。从鬼者當云鬼聲。宋保曰。从艸。鬼聲。今音蒐。作所留反。乃孫叔然所切。漢以後之轉音。而非古音。何以言之。詩大雅。瞻彼洛矣。疏引鄭駁異義云。韎。艸名。齊魯之閒言韎韐聲如茅蒐。左傳疏引韋昭云。茅蒐。今絳艸也。急疾呼茅蒐成韎。若據所留反。安得謂言韎韐聲如茅蒐。又豈能急疾呼茅蒐成韎。必音許歸反。乃得與韎同部音近。當與嵬从山鬼聲一例。徐氏不解古音。故以爲非聲。而妄刪聲字。倫按鬼西聲同脂類。故蒐之轉注爲茜。則蒐从鬼得聲無疑。人血所生可以染絳八

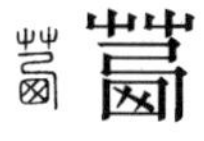

字。玄應引在茜下。尤足以明蒐非从鬼矣。鍇本作从艸鬼。捝聲字耳。茅蒐者蒐之俗名。茹蘆者亦蒐之異名。此校者據爾雅釋草所加也。然許本訓艸也。茅蒐以下十二字皆校語。今捝本訓耳。【説文解字六書疏證卷二】

◉楊樹達　茅蒐，茹蘆。人血所生，可以染絳。从艸。从鬼。所鳩切，一下艸部。按：人血所生，故从鬼。鬼爲狀名，艸爲本名。【文字形義學】

◉張政烺　嵬，从𦍌，叟聲。从𦍌與从艸同。叟旁又見于䵼鼎「社稷」之稷字凡四見，以爲聲符。説文稷从禾叟聲，古文作稷，段玉裁注：「按兒蓋即古文叟字。」《説文》叟「从田儿，从夂」，此似从女者，古文字人在下者儿或加夂形，而夂又常誤似女，如允加夂成夋，而䵼壺「允哉若言」允作夋，例正相同。蒐字見説文，自許慎以來皆不明其形義，今知是嵬之異體，本字當作蒐，形近致譌。叟古音疑與謏近，自可讀爲搜。【中山國胤嗣𧊒盗壺釋文　古文字研究第一輯】

◉戴家祥　蒐爲田獵的名稱，公羊傳桓公四年「春曰田，秋曰蒐，冬曰狩」，穀梁傳「春曰田，夏曰苗，秋曰蒐，冬曰狩」。【金文大字典】

茜【汗簡】

林罕集【古文四聲韻】

◉許　慎　茜茅蒐也。从艸。西聲。倉見切。【説文解字卷一】

◉馬叙倫　丁福保曰。慧琳音義五十八引。茅蒐也。人血所生。可以染絳。玹玄應音義十五引。茅蒐也。人血所生。可以染絳。玉篇引説文。茅蒐可以染緋。皆次於茜下。今本屬蒐下。非許書原第。宜改。倫按本草、廣雅陸璣疏皆言茜爲地血。其名必古。蓋茜根紅。故可以染絳。因名地血。俗謂人血所生。故校者載其説。非許語也。茅蒐蓋本作蒐也。校者加茅字。【説文解字六書疏證卷二】

◉黄錫全　茜　从艸，从古西，如拾13.1、晉公盞、侯馬盟書、三體石經等。莤、茜音近。《集韻》茜或作莤。鄭珍認爲「别从西聲，又更从石經古文西」。【汗簡注釋卷一】

蕼

◉許　慎　赤蕼也。从艸隸。息利切。【説文解字卷一】

◉馬叙倫　朱士端曰。當從小徐作隶聲。朱駿聲曰。莅當爲此字之或體。倫按赤蕼也校語。本訓艸也。【説文解字六書疏證卷二】

薜

薜奉　【漢印文字徵】

◉許　慎　牡贊也。从艸。辟聲。蒲計切。【説文解字卷一】

◉馬叙倫　王筠曰。本草當歸下蘓頌引説文生山中者名薜。一名山蘄。爾雅。薜。山蘄。疏引説文。蘄。草也。生山中者一名薜。一名山蘄。倫按牡贊者。薜之俗名也。朱駿聲謂飯帚曰贊。今北人束馬薙以刷鍋。則牡贊疑即薜荔。此校語。本訓艸也。本草注及雅疏所引。蓋皆蘄下校語。【説文解字六書疏證卷二】

莣

◉許　慎　杜榮也。从艸。忘聲。武方切。【説文解字卷一】

◉馬叙倫　王筠曰。杜榮也者。釋草文。然吾疑之。華嚴音義出芒草箭。而説之曰。芒草一名杜榮。其形似荻。皮重若笋。又曰。其正宜作莣也。蓋據是時爾雅本而言。然譯釋典者皆漢人。何以不作莣而作芒。且郭注亦作芒。雜事解詁。芒。杜榮。俗語劉真長織芒屩以養母。齊梁陳三書皆有芒屩。無一作莣字者。恐爾雅既誤之後。校説文者據以增入也。倫按此字疑出字林。呂所據爾雅字作莣也。【説文解字六書疏證卷二】

苞

苞　日甲五六背　【睡虎地秦簡文字編】

5493　【古璽文編】

劉苞印信　【漢印文字徵】

◉許　慎　艸也。南陽以爲麤履。从艸。包聲。布交切。【説文解字卷一】

布三孔　上芬　展啚版貳肆　从裘錫圭説芬通于艾　按下从外與刀币外䖏字同　【古幣文編】

艾安得　文艾　艾勝　【漢印文字徵】

◉許　慎　冰臺也。从艸。乂聲。五蓋切。　【説文解字卷一】

◉林義光　乂艾泰韻　説文云。从艸乂聲。芟艸也。从相交。按相交非芟艸之義。古艾字作孟鼎。作己姜艾敦。非从艸乂。艾乂當同字。孟鼎今余唯命女盂紹艾。艾即乂字。象艾二本之形。篆省作乂耳。變作。仲艾匜　【文源卷一】

◉馬叙倫　葴。香蒿也。艾似蒿而香。葴聲真類。艾聲脂類。脂真對轉。則艾葴爲轉注字。冰臺爲艾之長言。冰凝一字。凝从疑得聲。疑乂音同疑紐也。此校語。本訓艸也。字見急就篇。　【説文解字六書疏證卷二】

◉李日華　艾。亦田器之一，是什麽田器？

艾與刈通。《賈策》「若艾草菅」，注：「艾讀者刈。」《正韵》：「艾，倪制切。音刈。芟也。」又《説文》「刈、乂或从刀」，即刈爲乂之重文，而段注：「艾者乂之假借字。」由此可見：艾、乂、刈三字是同義語，實甚明顯。

《齊語》「挾其槍、刈、耨、鎛」，韋注：「刈，鐮也。」同時又謂「耒、耜、枷、芟及寒擊菒除田」，韋注：「芟，大鐮，所以芟草也。」芟既然是大鐮，那與芟同見于《齊語》的刈，亦即乂、即艾，當然都可以看作是小鐮亦即短鐮了。　【周代農業生産工具名物考　學術研究一九六三年二期】

◉裘錫圭　甲骨文裏有「䒩」字：

其每。佚七五七，存上一六五五

《甲骨文編》把它當作未識字附在艸部之末。䒩从二中从兮。兮字之音如「孽」。王國維《釋薛》下，《觀堂集林》卷六。甲骨文裏往往把兮字寫作、、等形，第一形見《甲骨文編》六八四頁。《文編》入此字于附録，實當列入「辛」字下。後二形采自从「兮」之字偏旁，看《文編》三一〇頁「䅭」字、五五四頁「辥」字、六八四頁「啇」字。下部从刀，可知「兮」本象一種刀類工具。根據它的音義推測，「兮」應是「乂」的初文。「乂」、「孽」都是疑母祭部字，古音極近。乂字繁體作「刈」(見《説文》)，《國語・齊語》韋注「刈，鐮也」，字義也與兮相合。甲骨文的啇字有寫作的，《文編》把「啇」字分列于六八四頁及九〇七頁，當合併。此處所引見九〇七頁。蔑字異體䕓有寫作或的，《文編》把「䕓」字分列于八六六頁及九四一頁，當合併。此處所引第一形見《六・清》五四(亦見《外》二三〇)，《文編》收入八六六頁，第二形見《續》一・五一・四。⿰禾𢎘字有寫作[glyph]的，見《粹》四三三，《文編》誤摹此字所从的十爲「斤」，收在三一一頁「析」字條。關于「⿰禾𢎘」字，請參看下文。所從的𢎘簡化成[glyph]、十等形。這種簡寫的𢎘，尤其是不帶「刀」形的那種寫法，只要稍加整齊化就會變成小篆的[glyph]（乂）。《文編》把甲骨文的[glyph]和[glyph]釋爲「乂」（四八六頁），丁山把甲骨文的[glyph]和[glyph]釋爲「乂」（《甲骨文所見氏族及其制度》一五二及七八頁），都缺乏根據，不可信。既知𢎘是乂的初文，就可以斷定⿱艹𢎘字應該釋作「艾」。

古書裏有兩個艾字。《説文・艸部》：「艾，冰臺也。从艸，乂聲。」這個「艾」是草名，讀「五蓋切」（今音爲ài）。《詩・周頌・臣工》「奄觀銍艾」，《釋文》「艾音刈」。《詩・周南・葛覃》「是刈是濩」，《釋文》本「刈」作「艾」，注曰：「艾本亦作刈，魚廢反，韓詩云：刈取也。」《禮記・月令》仲夏之月「命民毋艾藍以染」，《呂氏春秋・仲夏紀》艾亦作刈。這個艾字與刈字同音同義，可以看作「刈」的異體（今音爲yì）。第一個艾字是純粹的形聲字。第二個艾字則應該分析爲「从艸，从乂，乂亦聲」，是一個表意兼形聲字。⿱艹𢎘字的構造與[glyph]（芻）、[glyph]（折）等字類似，象以𢎘割艸，應該釋爲與「刈」同音義的「艾」。

甲骨文裏還有個从四「中」从「十」的字：

□□卜古鼎（貞）：[glyph]才（在）唐录（麓）。乙四九六

這個字所从的十，跟上面舉過的𢎘旁簡體非常相似。甲骨文从四「中」、从二「中」每多無別，例如「莫」和「菉」（禁）就都有从[glyph]和从艸兩種寫法。《文編》二四—二五頁及二六七頁。禁即「麓」之異體。所以這個字應該是「⿱艹𢎘」的異體。「艾在唐麓」就是在唐地山麓刈草的意思。

知道了「𢎘」是「乂」的初文，還可以糾正前人對⿰禾𢎘字的誤釋。甲骨文常見⿰禾𢎘字，作[glyph]、[glyph]等形，《文編》三一〇——三一一頁。孫詒讓誤認𢎘旁爲「乇」，釋作「秅」，《契文舉例》下一三頁。余永梁釋爲「栫」（蘖），《殷虛文字考》，《國學論叢》一卷一期。陳夢家以爲「當是蘖字……指作造酒蘖」，《殷虛卜辭綜述》五三九頁。饒宗頤讀爲「孽」，以爲「指禾害而言」，《殷代貞卜人物通考》九五頁。《甲骨文編》則仍把它當作未識字附在禾部之末。既知「𢎘」是「乂」的初文，就可以斷定「⿰禾𢎘」的本義當是刈禾。它的構造和「⿱艹𢎘」相類，應該分析爲「从禾，从𢎘，𢎘亦聲」。「⿱艹𢎘」（艾）可以看作「刈」的異體，「⿰禾𢎘」也同樣可以看作「刈」的異體。

商代人用表意字，往往比後世分得細。後世用一個表意字表示的意義，他們往往分用幾個表意字來表示。例如在商代，與大牢、小牢之別相應，牢字也有从牛與从羊二體（亦作宰），到周代就只用从牛的牢字了。刈草、刈禾在甲骨文裏各有專字，而後世只剩下一個艾字，也是由于這個緣故。前面引過《臣工》篇的「奄觀銍艾」，《毛傳》釋「銍」爲「穫」，與「銍」並提的「艾」應該當刈禾講，正相當于甲骨文的「⿰禾𢎘」。此外如《呂氏春秋・上農》「因胥歲不舉銍艾」，《荀子・王制》「使民有所耘艾」，《穀梁傳・莊公

二十八年》「一年不艾而百姓饑」，所用的艾字或應作刈禾刀講，或應作刈禾講，都跟秎字相當。

卜辭秎字看來絶大部分是用其本義的，下面把有關卜辭簡單解釋一下：

丁丑卜殻鼎(貞)：王坒(往)立(涖)秎，徃從沚戓。 柏二四，七B三三

鼎：王坒立秎黍〼。 胡厚宣先生摹本

〼立秎黍。 續五・二三・五

卜辭裏屢見「王立黍」、「王立米」之文，于省吾先生讀「立」爲「涖」，《商代的穀類作物》，《東北人大人文科學學報》一九五七年一期九〇頁。可信。 上引諸辭的立也應讀爲涖。 「王往涖秎黍」、「王往涖秎」，是王親往涖臨收刈黍子或其他作物之事的意思。

丁未卜㝎鼎(貞)：叀(惠，用法與「唯」相近)王□秎黍。 人文一四三

「王」下一字殘存右旁「丮」及左上部「才」，疑本是「𩚵」字。《說文・丮部》：「𩚵，設飪也」，在上引卜辭裏用作何義待考。 也許「𩚵秎黍」就是爲刈黍者設食的意思。

甲子卜：弜(弜)秎米。 續二・五・一，二・二三・六，戩四四・七

「禾」字舊多釋「黍」，陳夢家先生認爲「可能是粱字」，又說還可能是穈字或粟字，《綜述》五二八頁。 于省吾先生釋「齋」，以爲即「稷」之初文。《商代的穀類作物》，《東北人大人文科學學報》一九五七年一期九二—九三頁。 弜是商王統轄的一個農業區，似乎主要是種禾的，他辭或卜問「弜禾㞢(有)正雨」，《庫》三三三。「弜受禾(年)」，《粹》八九〇。 可證。 上引卜辭是卜問弜地刈禾之事的。

辛亥卜鼎(貞)：或秎來。 鐵一七七・三

或大概也是生產糧食的地區，但是也有可能是商王准備派往某地去秎來的人。 來就是《周頌・思文》「貽我來牟」的來，秎來就是刈麥。

己丑卜㝎鼎(貞)：今龝商秎。

鼎：今龝不秎。 甲二一二一

龝是表示時間的一個詞，于省吾先生讀爲「秋」。《雙劍誃殷契駢枝・釋條》。 上引卜辭大概是卜問商地在今龝能否有刈穫。

庚辰卜亘鼎(貞)：曺受年。

鼎：曺不其受年。 乙七六七二

王固曰：曺秎隹(唯)〼 乙七六七三(七六七二之背)

上面所引的是一對正反對貞的卜辭以及它們的占辭。卜辭卜問亯地能否有收成。占辭已殘，但可以看出「秎」也是當刈穫作物講的。

☐弗秎夫。佚二六〇，續六・一九・六，戩三三・八，鐵一九六・四

夫是地名，卜辭或言「〔王〕逆于夫，〔往〕來亡（無）〔災〕」（佚一八五），或言「㞢（往）夫」（乙三三三四），皆「夫」爲地名之例。「秎夫」當是在夫地刈穫的意思。

盂田禾𥟖，其印（禦），吉，秎。

弜（勿）印，吉，秎。摭續一三七

「𥟖」當指作物有病。疑「𢍰」即「罢」之初文，字亦作「罢」，金文用作「無斁」之「斁」。「𥟖」从罢聲，似可讀爲「殬」。《說文・歺部》：「殬，敗也。」又《說文・艸部》：「蘀，艸木凡皮葉落陊地爲蘀。」「𥟖」或可讀爲「蘀」，指禾葉枯落。上引兩條卜辭大概是問的這樣一件事：盂田的莊稼有了病，要想有所刈穫，究竟是舉行禦祭好，還是不舉行禦祭好。

☐小秎臣。乙五九一五

☐乎（呼）〔小〕秎臣。乙二八一三

小秎臣當是管刈穫之事的小臣。卜辭裏還有小耤臣，《前》六・一七・六，六・一七・五。是管耕耤之事的小臣。二者可以互證。這是與商代農業生産組織形式有關的重要史料。

鼎（貞）：不其秎。三月。前四・五・三

癸丑卜：秎。玆用。粹四三三

上引卜辭裏的「秎」也都可以當刈禾講。

此外，甲骨文裏還有些用秎字的卜辭，或者用法没有超出以上所説的範圍，或者由于文字殘缺過甚而辭意不明，這裏就不引了。

西周時人有以「秎」爲名的：

𥝤乍（作）父甲寶毁，邁（萬）年孫子寶。三代七・二二簋

這個字的廢棄大概是西周之後的事情。

最後附帶談談卜辭裏的「𥞫（黍）」：

壬戌卜古鼎(貞)：乎(呼)[glyph][glyph](𠭘？)黍。前五·五·三，存下六〇

王固曰：吉，其[glyph]。存下六一(六〇之背)

「[glyph]」字不識，疑從「夸」聲，在上引卜辭裏似乎也應該讀爲「刈」。「[glyph]𠭘(？)黍」可能是收刈𠭘地之黍的意思。

【甲骨文字考釋(八篇) 古文字研究第四輯】

◉高 明 曰余，不可以乍作大事，少杲其□，□龍其□，取娶女爲邦[glyph]。

[glyph]字疑爲艾字之繁，當隸定爲㑬，《爾雅·釋詁》：「艾，養也。」《詩經·小雅·小旻》：「或肅或艾」，毛傳：「艾，治也。」

【楚繒書研究 古文字研究一九八五年十二期】

蔁 [glyph]

[glyph]125【包山楚簡文字編】

◉許 慎 [glyph]艸也。从艸。章聲。諸良切。【說文解字卷一】

芹 [glyph]

[glyph]古老子【古文四聲韻】

◉許 慎 [glyph]楚葵也。从艸。斤聲。巨巾切。【說文解字卷一】

◉馬叙倫 段玉裁曰。菦下曰。菜類。蒚即今人所食芹菜。周禮音義曰。芹。說文作菦。則本書有菦無芹。此恐不知菦即芹者。妄用爾雅增之。朱駿聲曰。芹即菦之或體。倫按楚葵俗名。此字或出字林。【說文解字六書疏證卷二】

◉戴家祥 𥝌。字書不載。疑是芹之異文。古漢字重文。禾旁常可換成艸字頭。一切經音義所收這類字頗多。如稊又作荑。稂又作莨。穊又作蔇。秸又作苦等等。故𥝌亦可寫作芹，說文一篇「芹，楚葵也。从艸斤聲。」𥝌爲異文，从禾斤聲。金文作人名，無義可說。【金文大字典中】

薽 [glyph]

◉許 慎 [glyph]豕首也。从艸。甄聲。側鄰切。【說文解字卷一】

蔦

◉許　慎　寄生也。从艸。鳥聲。詩曰。蔦與女蘿。都了切。蔦或从木。【説文解字卷一】

◉馬叙倫　鈕樹玉曰。詩頍弁釋文引生下有草字。韵會引作寄生草。沈濤曰。詩頍弁釋文引作寄生艸也。爾雅釋文又引字林。寄生也。然則古本説文有艸字。字林無艸字。丁福保曰。慧琳音義九十九引。寄生艸也。考韵會及毛詩頍弁音義引皆作寄生艸。二徐本奪艸。宜補。倫按蔦爲寄生之艸。故俗名蔦爲寄生耳。許本訓艸也。寄生者字林之訓。唐人因删本訓。詩頍弁釋文引作寄生艸也。蓋本字林之訓。釋文引字林寄生也者。挩草字耳。釋文每引説文皆字林。由彼時有一本説文有字林訓而題爲説文也。又疑此字出字林。

柳榮宗曰。費鳳别碑。樢與女蘿。此用頍弁詩字作樢。與本書或體合。蓋三家詩。廣雅釋木。宛童。寄生。樢也。當本三家義。字从木者。爾雅釋木云。寓木。宛童。郭注。寄生樹。一名蔦。神農本草云。桑上寄生一名寓木。一名宛童。是蔦有木名。故爾雅列於釋木。廣雅亦側於木類。而用三家詩字。許則以其本屬艸類。故列於艸部。用毛詩爲正字。而以三家樢字爲或體。是又許於引經下列或从字爲各家經文異字之切證也。倫按樢字或如柳説。出三家詩而廣雅録之。此則呂忱或後人據漢碑或廣雅增耳。【説文解字六書疏證卷二】

芸

竝古老子【古文四聲韻】

◉許　慎　艸也。似目宿。从艸。云聲。淮南子説。芸艸可以死復生。王分切。【説文解字卷一】

◉馬叙倫　鈕樹玉曰。韵會引宿作蓿。俗。沈濤曰。廣韵二十文引淮南子作淮南王。蓋古本如此。子字乃淺人所改。本書蜩下亦云。淮南王説。桂馥曰。後漢書馬融傳注引作苜蓿。倫按淮南王者。漢書淮南、衡山、濟北王傳。孝文八年。封淮南厲王長子安爲阜陵侯。十六年。立阜陵侯安爲淮南王。安爲人好書。招致賓客方術之士數千人。作爲内書二十一篇。外書甚衆。又有中篇八卷。言神仙黄白之術。安入朝。獻所作内篇。上愛祕之。使爲離騷傳。神朔六年。以謀逆自刑。然此引爲校者所加。以廣異聞耳。以此益知凡可以爲某者。皆後人加之。此據載記。彼據傳説也。似目宿亦校語。字見急就篇。【説文解字六書疏證卷二】

◉朱德熙　p　q　r　s　t

舟節云：自鄂市，逾油（淯），上漢，適郥原文从「厂」从「止」从「肙」聲，適P陽，逾漢，適𨛜。

蔌 蔌

P舊釋「芑」。關於「芑陽」的地望，有襄陽郭沫若《關于鄂君啟節的研究》，《文物參考資料》1958年第4期、卲縣譚其驤《鄂君啟節銘文釋地》，《中華文史論叢》第二輯174頁，1962。棘陽黄盛璋《關於鄂君啟節交通路綫的復原問題》，《中華文史論叢》第五輯151頁，1964。三説。姑且撇開字形不論，僅就地理的角度考慮，也可以看出這三種説法都難以成立。1972年日本學者船越昭生指出節文之「鄂」即西鄂。今河南省南陽市北。「鄖」即《水經注·漢水注》的鄖關。今湖北省鄖縣。《關於鄂君啟節》，《東方學報》（京都）第43册。1986年陳偉《鄂君啟節之「鄂」地探討》又釋出「油」字，並認爲應讀爲「淯」今白河。《江漢考古》1986年第2期。這些意見都十分正確。上録節銘是説鄂君的府商自西鄂開始市買，經淯水，溯漢水而上，到鄖關。「適P陽」之語緊接在「上漢，適鄖」之後，説明「P陽」應在鄖縣之西的漢水上游。可見襄陽、卲縣、棘陽諸説都不可從。

現在來討論字形。我們認爲不从「巳」而从「云」。這可以從相關的字的比較中證實。q見於戰國印「q成君邑大夫俞□」。q李學勤《戰國題銘概述（中）》《文物參考資料》1959年8期認爲从「今」从「云」，釋爲「衾」，甚是。信陽楚簡2-01以「二r監鑑」與「二方監鑑」對舉。r應从裘錫圭同志釋爲「囩」《説文》：回也，从囗云聲，讀爲「圓」「云、員」音近古通。舟節下文説：

逾夏，內入s，逾江，適彭U_1，適松陽。

s與q及r所从相同，殷滌非釋「邔」，讀爲涢水之「涢」，甚是。總之，把q、r、s所从的偏旁釋爲「云」，這三個字都能得到合理的解釋。這樣看來，p所从的偏旁也是「云」字，它跟q、r、s的「云」字不同處僅在於前者用輪廓勾出圓周，後者則是填實的圓點。見於戰國印文的「沄」或寫作t古璽274，所从的「云」寫法與p同。

從字音上考察，由於「云」聲與「旬」聲古音相近，舟節銘「芸陽」可能就是位於漢水上游的郇陽。《戰國策·楚策一》：

楚地西有黔中、巫郡，東有夏州、海陽，南有洞庭、蒼梧，北有汾涇之塞、郇陽。

《漢書·地理志》漢中郡下「郇陽」作「旬陽」。《華陽國志·漢中志》作「洵陽」。故城在今陝西旬陽縣西北，位於漢水北岸旬河入口處。地理位置與舟節銘所記正合。【鄂君啟節考釋　朱德熙古文字論集】

◉許　慎　蔌艸也。从艸。欶聲。麤最切。【説文解字卷一】

葎

◉許　慎　葎艸也。从艸。律聲。呂戌切。【説文解字卷一】

茦

◉許　慎　茦莿也。从艸。朿聲。楚革切。【説文解字卷一】

◉馬叙倫　王筠曰。釋草。茦。刺。刺不从艸。郭注。草刺鍼也。然許廁之艸名中。則當是艸名。若艸木之芒自當以朿統之。特舉書未有訓爲艸名者。恐後人亂之。倫按茦爲莿之初文。詳莿字下。倫疑茦爲荆棘之棘本字。【説文解字六書疏證卷二】

萿

◉許　慎　萿苦蔞。果蓏也。从艸。昏聲。古活切。【説文解字卷一】

◉馬叙倫　萿蔞者。萿之俗名。果蓏者。萿蔞之别名。果萿蔞蓏皆雙聲也。然此皆校者所加。本訓艸也。今捝。急就篇作栝樓。則疑此字出字林也。【説文解字六書疏證卷二】

葑

◉許　慎　葑須從也。从艸。封聲。府容切。【説文解字卷一】

◉馬叙倫　鈕樹玉曰。繫傳須作蕦。桂馥曰。御覽引爾雅舊注。江東呼蕪菁爲菘。字林。葑。蕪菁苗也。乃齊魯云。張穆曰。葑須雙聲。葑蓯疊韵。短言之爲葑。長言爲須從。爾雅誤爲須葑蓯。倫按須從。葑之俗名也。此字或出字林。字林本作須從蕪菁苗也。乃齊魯語。【説文解字六書疏證卷二】

◉温少峰　袁庭棟　塊莖作物，是農作物中重要的一支。甲文中也有我國最早的有關塊莖作物的記載，這就是甲文中的丰字。

丰，在甲文中作□《甲》二九〇二、□《南》明六三三。金文中作□，康侯鼎。字象上有茂盛之草葉，下有粗大之塊根植物，乃葑之初文。《方言》訓葑爲「蕪菁」，《廣韻》訓葑爲「菰根」，均爲塊根植物之名。《禮記·坊記》注謂「蔓菁」，即《本草綱目》之「諸葛菜」，古人種葑，可作度荒之用。丰，爲葑之初文，因其枝葉茂盛而又塊根肥大，故引申有「丰盛」、「丰滿」等義。

……丰，三月。《明》一三〇一

此辭殘缺，文意不明。卜辭中其他有「丰」之辭，均借爲地名、人名或方國之名。但從《詩·邶風·谷風》：「采葑采菲」的記載來看，葑和菲（即萊菔、蘿蔔）等塊根作物在殷代已有栽培是可以肯定的。【殷墟卜辭研究——科學技術篇】

薺

9・75 練薺【古陶文字徵】

◉許　慎　蒺棃也。从艸。齊聲。詩曰。牆有薺。疾咨切。又徂礼切。【説文解字卷一】

◉馬叙倫　鈕樹玉曰。説文無蒺字。古通作疾。楊雄校獵賦。蹶松柏。掌疾棃。沈濤曰。藝文類聚八十二御覽九百八十皆引薺艸可食。與今本不同。詩谷風云。誰謂荼苦。其甘如薺。此即可食之薺。其實謂差。見爾雅釋艸。今人呼爲薺菜。蓋古本作薺艸可食。一曰蒺藜也云云。後人妄删數字。而薺之本訓失矣。又今説文薺字有二音。疾咨切。又徂禮切。疾咨切謂蒺藜之薺。徂禮切謂可食之薺。倫按如類聚引則本訓艸也。疾藜之合音爲薺。故古或借薺爲疾藜。而疾藜本字疑當爲薋。經典則省作茨。遂與茨茸字無別耳。檢此引詩鄘風。牆有薺。今毛詩作茨。傳曰。蒺藜也。爾雅釋艸。茨。蒺藜。穀梁文三年傳。茅茨盡矣。范注。茨。蒺藜。字皆作茨。詩楚茨箋曰。茨。蒺藜也。離騷。薋菉葹以盈室矣。王注。薋。蒺藜。詩曰。楚楚者薋。此王見三家詩茨字作薋。不省者也。薺薋音皆從紐。聲皆脂類。古書次聲、齊聲多通借。大戴禮采茨。玉藻作采薺。儀禮聘禮。問歲月之齎。鄭司農曰。齎或爲資。本書齎或作粢。餈或作𩝐。皆其證。然則疾黎字當爲薋。故玉篇曰。薋。蒺藜也。薺。甘菜也。今本書薋下曰艸多皃。疑爲蒫字訓。又疑疾黎乃莿字義。爾雅釋艸。茨。疾黎。注。疾黎細葉。子有三角。刺人。下文。莿。茦也。七篇。朿。木芒也。蓋莿是有朿之艸。故茦从朿得聲。語原然也。莿茨音同清紐。故爾雅以茨爲莿。茨、薺聲同脂類。故古或借薺爲莿矣。此本訓艸也。校者加一曰蒺藜。後之校者知薺之非蒺藜也。故又加可食。唐人删之如此。字見急就篇。【説文解字六書疏證卷二】

莿

◉許　慎　茦也。从艸。刺聲。七賜切。【説文解字卷一】

◉馬叙倫　段玉裁曰。方言祇作刺。即从艸當與茦篆相屬。恐後人增之。王筠曰。莿者。茦之絫增字。朱駿聲曰。莿當爲茦之或體。倫按刺亦得朿聲也。莿茦猶蔷蔷矣。字失次。或如段説也。【説文解字六書疏證卷二】

董

6・12 董昌勝　6・12董昌勝【古陶文字徵】

董駿　董脩　董可　董饘　董調　董步安　董疑　董閎私印　董强　董歸

印 董雍 董讓 董博私印 董湯 董樂哉 董宗之印 董冒 【漢印文字徵】

董見尚書 【汗簡】

雲臺碑 古尚書 【古文四聲韻】

◉許　慎 鼎董也。从艸。童聲。杜林曰。藕根。多動切。【説文解字卷一】

◉馬叙倫 鈕樹玉曰。繫傳鼎作薡。非。段玉裁曰。漢志有杜林倉頡訓纂一篇。杜林倉頡故一篇。此蓋二篇中説。藕當依後文作蕅。蕅根猶荷根也。郭璞曰。北方人以蕅爲荷。用根爲母號也。然則杜林謂蕅爲董。王紹蘭曰。爾雅釋草。荷。其根蕅。許於蕅下云。扶渠根。是蕅爲荷根。杜林説董爲蕅根。今人謂蕅末爲蕅梢其本爲蕅根。然則蕅根非荷根。杜謂蕅根爲董。非謂蕅爲董。王筠曰。杜林曰。一本鍇本作杜林説。謂其細而長而無節者也。今呼蕅帶。倫按爾雅釋草。蘱。薡董。薡董雙聲。爲蘱之俗名。此本訓艸也。校者據雅文加鼎童。唐人轉删艸也二字。然疑蘱爲⿱艹顛之譌。鼎童爲⿱艹顛之長言。本書無蘱。亦無⿱艹顛。董。即⿱艹顛也。廣雅釋草。蘱。蔽也。蘱蔽疊韵。然⿱艹顛蔽亦脂真對轉也。爾雅釋艸郭注。蘱似蒲而細。戴侗引爾雅舊注。狀似蒲而細。可爲屩。亦可爲索。本書蔽次蓍下。蓍。艸也。可以束。而文選西京賦注引聲類。蒯草中爲索。史記孟嘗君傳。馮驩有一劍蒯緱。裴駰曰。蒯。茅屬之類。可爲繩。儀禮喪服傳。藨蒯。正義謂屨者。藨蒯之菲也。蒯可爲屨。可爲繩。與爾雅舊注合。然則⿱艹顛蔽爲轉注字。杜林者。後漢書杜林傳。林字伯山。扶風茂陵人也。從張竦受學。博洽多聞。河南鄭興東海衛宏等皆長於古學。興嘗師事劉歆。林既遇之。欣然曰。林得與興等固諧矣。使宏得林。且有以益之。及宏見林。闇然而服。濟南徐巡師事宏。後更受林學。林前於西州得漆書古文尚書一卷。雖艱困握持不離身。出以示宏等曰。林流離兵亂。常恐斯經將絶。何意東海衛子濟南徐生復能傳之。是道竟得不墜於地也。於是古文遂行。林官至大司空。卒。林曰蕅根者。蕅根如王筠説。狀似董。或亦得此名耶。曰當依大例作説。説者皆謂其經説也。然此爲校者加之。字見急就篇。【説文解字六書疏證卷二】

◉黃錫全 董見尚書夏韻董韻録《古尚書》作配鈔本、羅本，从竹从重省。漢魏董字每从重形省作，如董董是洗、居延漢簡、景北海碑陰、魏馬振拜造象記等參見篆隸1.20、碑别261，郭見本蓋如此省作，以隸作古，誤艹爲𥫗。薛本作董，同《説文》正篆。鄭珍以爲「郭以肊作此」，非是。【漢簡注釋卷三】

蘻 蘻

◉許　慎　蘻狗毒也。从艸。繫聲。古詣切。【說文解字卷一】

◉馬叙倫　朱駿聲曰。與蘻同字。倫按狗。小之也。狗毒也校語。此俗名也。本訓艸也。【說文解字六書疏證卷二】

[艹嫂] [艹嫂]

◉許　慎　[艹嫂]艸也。从艸。嫂聲。蘇老切。【說文解字卷一】

苄 苄

◉許　慎　苄地黃也。从艸。下聲。禮記。鈃毛牛藿羊苄豕薇是。侯古切。【說文解字卷一】

◉馬叙倫　鈕樹玉曰。韵會引鈃作鉶。嚴可均曰。許書引儀禮單稱禮。而敘篇偁爲禮記。此所引公食大夫記也。羊苄儀禮公食大夫禮作羊苦。鄭注今文苦爲苄。許君用本字。故於禮經概引今文矣。倫按地黃俗名也。此校語。本訓捝矣。禮記十一字亦校語。然此字疑出字林。故篆作苄。【說文解字六書疏證卷二】

薟 薟

◉許　慎　薟白薟也。从艸。僉聲。良冉切。蘞薟或从斂。【說文解字卷一】

◉馬叙倫　任大椿曰。字林。薟。水中野韭。倫按白薟俗名也。此校語。本訓捝矣。此字盖出字林。蘞王筠曰。玄應曰。古文薟今作蘞。似說文本無蘞。後人因詩唐風增。倫按斂亦得僉聲。據王説亦或體爲後人增之證也。【說文解字六書疏證卷二】

菳 菳

◉許　慎　菳黃菳也。从艸。金聲。具今切。【說文解字卷一】

◉嚴一萍　菳以字形隸定，當即說文之菳字：「黃菳也，从艸金聲。」玉篇爲芩之重文。說文紟之籀文作綸，是从今之字可从金。爾雅釋天：「十二月爲涂。」郝氏義疏曰：「涂者古本作荼。」今以繒書證之，則古本爾雅之「荼」，當爲「菳」之譌。此字商氏隸定作「堇」，誤。【楚繒書新考　中國文字第二十六册】

苓 苓

◉許　慎　苓艸也。从艸。今聲。詩曰。食野之苓。巨今切。【説文解字卷一】

◉馬叙倫　沈濤曰。詩小雅釋文云。艸也。説文云蒿。引説文於艸也之下。是古本作蒿不作艸明矣。嚴章福曰。鹿鳴釋文引作蒿也。余謂鹿鳴二章。食野之蒿。三章。食野之苓。若作蒿也。則無别。段玉裁謂恐是一本作蒿屬。釋文也字或屬字之誤。疑段説是。王筠曰。詩釋文引作蒿也。以别於毛傳之艸也。然自苓以下三十二字之後。乃有自蓍至萩九字。皆訓蒿。而類聚。苓獨跳在此。豈後人以黄蒢本草作黄芩故迻之蒢下耶。承培元曰。若苓果訓蒿也。則當與菣、菻、蔚、蕭相次。陸璣詩疏。苓。草莖如釵股。葉如竹。蔓生澤中下地鹹處。牛馬喜食之。陸説字字與黄蒢合。今説文分蒢苓爲二。盖不知陸疏所言正爲黄芩。而取集韵、類篇、齊民要術以水中之銀苗菜借苓爲銀。因分爲二。元朗所引。乃苓之别義。蒿也當爲蒿屬。許盖因苹蒿苓同偁。疑皆一類。故補此一義。翟云升曰。艸也是。見詩鹿鳴傳。詩次章别有食野之蒿。釋文引誤。朱駿聲曰。字林。莕菜似蒜。生水中。倫按以字林證之。苓即銀苗菜。字别作莕。盖本有重文。今失之。若然。則釋文引作蒿也者。盖字林文。字林固列異訓也。然倫又疑苓是蒢之重文。猶蓄蓄茦莿也。故苓即在蒢下。艸也本是蒢下本訓。黄蒢也爲字林文。傳寫譌分爲二。後之校者又引詩證之。急就篇。黄芩伏苓礜茈胡。字雖作芩。然急就傳寫每以字林字易説文字。固多其證。則急就故書盖本作黄蒢。而傳寫易以芩字耳。【説文解字六書疏證卷二】

藨 藨

◉許　慎　藨鹿藿也。从艸。麃聲。讀若剽。一曰蔽屬。平表切。【説文解字卷一】

◉馬叙倫　鈕樹玉曰。韻會引鹿藿上有草名二字。錢大昕曰。釋草作藨鹿藿。藨藨二字形聲全别。然其致誤亦有由。春秋。楚子麇卒。穀梁作卷。卷麇聲相近。蓋因藨譌爲藥。又以聲轉爲藨耳。張楚曰。一曰蔽屬者。藨之本義也。喪服傳疏。屨者。藨蔽之菲也。玉篇。藨。蔽屬。可爲席。新唐書地理志。靈昌郡貢藨席。是也。蔽亦作蒯。文選南都賦注引藨蒯之屬。蒯乃蒯字傳寫之誤。是皆以藨爲蔽屬。足徵一曰即本義。鹿藿也者即藨字義。藨聲轉爲麇。麇形與麃近。遂誤爲藨。疑本書亡藨字。後人附其義於藨下耳。倫按玉篇藨次其下茁上。訓鹿豆莖。藨次蔽下。云。蔽屬。似張説是。然爾雅釋草。藨麃。郭注即莓也。淮南覽冥訓。入榛薄。食薦梅。郝懿行謂薦即藨。誤。梅爲莓借。然则本書此下盖作麃也。麃亦借爲莓。同脣音也。麃誤爲鹿。後人以鹿也爲不辭。而習聞鹿藿。因加藿字。或本作艸名。故韵會引麃上有草名二字。此字出字林。爾雅釋草釋文引字林。藨。工兆反。可證字林有此字。鹿藿也亦字林文。藨爲莓之轉注字。一曰蔽屬者。借藨爲苞。上文苞下曰。艸也。南陽以爲麤履。苞、藨同爲脣音。禮記曲禮。苞屨不入公門。即喪服傳之蔽屨。是其證。此校者

據玉篇增也。讀若剽者。藨从麃得聲。麃从㚏省聲。剽亦得㚏聲也。【説文解字六書疏證卷二】

◉許　慎　虉綬也。从艸。鷊聲。詩曰。卭有旨鷊。是。五狄切。【説文解字卷一】

◉馬叙倫　嚴可均曰。韻會十二錫引作綬艸也。毛傳同。陳瑑曰。今詩作鷊。按説文鷊爲鶃之重文。而从兒之字與从狊之字可互通。易。闃其無人。姚信本作闅。其證也。倫按綬下當依韻會引補艸字。然校語也。本訓艸也。今捝。引經所以證字。今篆作虉而經作鷊。鷊者鶃之重文。尤不相應。豈後人據詩改耶。爾雅釋草作虉。則从艸。鷊聲。檢鶃音五歷切。音在疑紐。重文作鷊者。鬲音見紐。與鶃同爲舌根音也。鬲之重文作歷。今揚州讀鬲如歷。歷音來紐。古讀歸泥。疑泥同爲鼻音次濁音也。鬲音與狊同紐。故虉从鶃聲。而詩則借鷊爲虉也。盖此乃校者以詩之鷊即此虉。故引以爲證。非原文也。【説文解字六書疏證卷二】

◉許　慎　蔆芰也。从艸。淩聲。楚謂之芰。秦謂之薢茩。力膺切。䕲司馬相如説。蔆从遴。【説文解字卷一】

◉馬叙倫　沈濤曰。齊民要術十引。薐。茨也。藝文類聚八十二引。菱。薐也。要術茨字類聚菱字皆芰字之誤。據此二引。則古本篆作薐。从陵不从淩。爾雅釋草。蔆。釋文作薐。云。字又作菱。本今作蔆。又薢茩芵光。注云。或曰薐也。釋文云。字又作菱。盖陸意以薐爲正字。菱爲别字。蔆乃當時俗字。然亦作蔆。不作蔆。廣雅釋艸云。薐芰。薢茩也。離騷王逸注。芰。薐也。爾雅釋文引字林云。楚人名薐曰芰。皆作薐。不作蔆。惟周禮籩人。蔆芡栗脯。字正作蔆。釋文。蔆音陵。余謂此字當本作薐。从陵。故陸音陵。若字本从淩。則當音淩不音陵矣。爾雅邢疏引説文此條正作薐。疑其所據非二徐本也。傅雲龍曰。此以楚人語爲轉注。芰薢聲轉。茩角雙聲。倫按楚謂以下字林文。或字出字林也。餘詳茤下。

䕲倫按从艸。遴聲。遴音來紐。蔆聲。雙聲轉注。周書作雒。乃囚蔡叔於郭淩。今書作郭鄰。史記萬石君傳。徙居陵里。徐廣曰。陵。一作鄰。是淩粦聲通之證。【説文解字六書疏證卷二】

 3·337　楚章衢蘆里芰【古陶文字徵】

◉許　慎　芰蔆也。从艸。支聲。奇記切。茤杜林説。芰从多。【説文解字卷一】

◉馬叙倫 茤周兆元曰。支聲照紐。多聲端紐。同位也。倫按芰音羣紐。古讀歸見。茤从多得聲。多音端紐。見端同爲清破裂音。故芰轉注爲茤。端泥皆舌尖前音。古讀來歸泥。故蔆茤亦得轉注。多爲閏月之閏本字。詳多字下閏音日紐。古讀亦歸於泥。則蔆茤又同紐轉注也。薢茩自爲一物。詳茩字下。【説文解字六書疏證卷二】

薢

◉許 慎 薢薢茩也。从艸。解聲。胡買切。【説文解字卷一】

茩

◉許 慎 茩薢茩也。从艸。后聲。胡口切。【説文解字卷一】

◉馬叙倫 朱駿聲曰。爾雅釋草。蔆。蕨攈。薢茩。英光。廣雅釋草。蔆芰。薢茩也。按芰即蔆。英光即草決明。古皆有薢茩之偁。截然二物。徐灝曰。自古書傳未有言蔆名英光者。故郭注爾雅以決明釋之。蓋決明有角如豆莢。因謂之蔆。而與芰同偁耳。倫按疑説解本作薢茩艸也。與营藭訓营藭艸也同例。今捝艸也二字。【説文解字六書疏證卷二】

芡

◉許 慎 芡雞頭也。从艸。欠聲。巨險切。【説文解字卷一】

蘜

◉許 慎 蘜日精也。以秋華。从艸。𥷚省聲。居六切。蘜蘜或省。【説文解字卷一】

◉馬叙倫 嚴可均曰。當作𥷚省聲。姚文田曰。玉篇作蘜。據或體作蓻。㚔部。𥷚。或作𥶍。當以玉篇爲是。鈕樹玉曰。影鈔繫傳、韻會似作以。五音韻譜及集韻類篇引並作似。玉篇廣韵引亦作似。王筠曰。篆當作蘜。篇韵引皆如此。即如此篆。亦當作蘜。倫按以秋華者。王玉樹以爲此爲月令黄華之蘜。以別於蘜之爲治牆。菊之爲大菊。蘧麥。張澍以爲即今之五月菊。形似秋華之菊也。倫謂此與麚下言以夏至解角。語例同。然實校語也。蓋以日精訓蘜。即以俗名釋雅也。自不勞再説以秋華矣。正由後人以蘜掍菊。乃如此注耳。然日精也亦校語。本訓艸也。【説文解字六書疏證卷二】

蘥

◉許　慎　蘥爵麥也。从艸。龠聲。以勺切。【説文解字卷一】

◉馬叙倫　爵麥。蘥之俗名。此校語。本訓捝矣。字見急就篇。顔師古本作虉。【説文解字六書疏證卷二】

藗

◉許　慎　藗牡茅也。从艸。遬聲。遬，籒文速。桑谷切。【説文解字卷一】

◉馬叙倫　嚴可均曰。遬籒文速校語也。倫按牡茅俗名也。此校語。本訓捝矣。【説文解字六書疏證卷二】

䒼

◉許　慎　䒼茅秀也。从艸。私聲。息夷切。【説文解字卷一】

◉馬叙倫　沈濤曰。廣韵六脂引秀作莠。蓋古本如是。桂馥曰。漢諱秀。周禮注作莠。本書亦應有借字。鈕樹玉曰。莠字非。倫按唐寫本切韵殘卷六脂引作茅秀。與此同。然茅秀也是校語。本訓艸也。或此字出字林。【説文解字六書疏證卷二】

蒹

◉許　慎　蒹雚之未秀者。从艸。兼聲。古恬切。【説文解字卷一】

◉馬叙倫　鈕樹玉曰。雚當爲萑。下同。倫按説解捝本訓。雚之未秀者校語。爾雅釋草。蒹。薕。【説文解字六書疏證卷二】

薍

◉許　慎　薍𦵹也。从艸。亂聲。八月薍爲葦也。五患切。【説文解字卷一】

◉馬叙倫　王筠曰。許説萑曰薍也。與詩七月傳薍爲萑相符。惟説菼曰。萑之初生。則葭也而混於蒹。説薍曰。八月薍爲葦。則蒹也而混於葭。吾恐當作葦之初生。八月薍爲萑也。倫按如王説。與下文𦵹一曰薍及詩傳薍爲萑相應。然倫謂八月薍爲葦也校語。薍、蒹同舌根音轉注字。从兼得聲之廉。音在來紐。薕蒹一字。薍从亂得聲。亂音亦來紐也。薍爲蘆葦之蘆本字。【説文解字六書疏證卷二】

⿱艹剡　薕　薠

◉許　慎　⿱艹剡萑之初生。一曰薍。一曰騅。从艸。剡聲。土敢切。菼⿱艹剡或从炎。【説文解字卷一】

◉馬叙倫　沈濤曰。廣韵四十九敢引同。惟萑作雈。兩曰字皆作名。蓋古本如是。後人轉寫誤雈爲萑耳。兩曰字亦當依廣韵作名。倫按⿱艹剡一名騅者。嚴可均段玉裁謂當依爾雅作騅。是也。今江寧呼葦之初生曰葦錐子。是。騅音照紐。古讀歸端。端透旁紐雙聲也。然兩一曰皆後人加之。上文薍下曰。⿱艹剡也。此何必複出一曰薍乎。騅則俗名耳。蓋説解本作薍也。萑之初生乃校語。本訓挩失後。校者據一本未挩者注之也。⿱艹剡蒹聲同談類轉注字。【説文解字六書疏證卷二】

◉徐在國　《古陶文字徵》附録307頁著録下揭齊陶文：

[字形]《陶彙》3・708

舊不識。今按此字應分析爲从「艸」从「炏」，隸作「⿱艹炏」，釋爲「⿱艹剡」。

[字形]即「火」，這是齊系文字的特有寫法，如齊系陶文中「談」字作[字形]（《陶彙》3・198），齊系璽文中「營」字作[字形]（《璽彙》3687）。「鑄」字作[字形]（《璽彙》3706），齊系铜器銘文中「堇」字作[字形]（陳曼臣），凡此均證[字形]即「火」。則此字可隸作「⿱艹剡」。「⿱艹剡」字不見于後世字書，《説文》「⿱艹剡」字或體從「炎」作[字形]，「⿱艹炏」字我們認爲應是「菼」字。它和「菼」所不同的，只是把上下結構的「炎」變爲左右并列的「炏」。古文字中有些字的邊旁位置常常變動不居，此現象在戰國文字中尤爲習見，如：「多」字小篆作[字形]，《説文》古文則作[字形]，戰國文字作[字形]（「胗」所從，《璽彙》1580）；「聖」小篆作[字形]，戰國文字則作[字形]。均屬此類現象。如上釋不誤，則此字應隸作「⿱艹炏」，釋爲「⿱艹剡」。【釋⿱艹剡、此、郤、鄡　山東古文字研究】

◉許　慎　薕蒹也。从艸。廉聲。力鹽切。【説文解字卷一】

◉馬叙倫　薕从艸廉聲。廉亦从兼得聲也。當爲蒹之重文。此字或出字林。【説文解字六書疏證卷二】

◉許　慎　薠青薠。似莎者。从艸。煩聲。附袁切。【説文解字卷一】

◉馬叙倫　鈕樹玉曰。韻會引似莎下有而大二字。玉篇訓青蘋也。似蘋而大。倫按青薠俗名也。青薠似莎者校語。本訓挩矣。玉篇作青蘋。非。本書亦無蘋字。【説文解字六書疏證卷二】

茚

◉許慎 昌蒲也。从艸。印聲。益州云。五剛切。【説文解字卷一】

◉馬叙倫 嚴可均曰。昌蒲上似脱茚茀二字。益州云。許書無此語例。假令是方言。則當曰益州語。無作云者也。毛本云字刓改作生。蓋依小徐。然不曰出益州。而云益州生。亦無此語例。恐非也。王筠曰。西山經。嬰以百珪百璧。注。嬰即古罌字。謂盂也。徐州云。以此推之。則益州呼昌蒲爲茚也。倫按據王説。則益州云是注文矣。昌蒲俗名。亦校者所加。本訓艸也。【説文解字六書疏證卷二】

⿱艹邪

◉許慎 茚茀也。从艸。邪聲。以遮切。【説文解字卷一】

◉馬叙倫 桂馥曰。茚茀也者。茚字誤。不審應作何字。茀即荼也。廣雅。蒤菽。茅穗。集韵蒤亦作茀。古作荼。馥謂茀荼聲相近。詩有女如荼。當作此。王筠曰。玉篇茚茀是兩物。廣雅。蒤菽。茅穗也。集韵蒤亦作茀。然則自蒹至茢。皆一類之物。而蕵茚二篆誤側其中也。傅雲龍曰。茚茀蓋昌蒲之聲轉。倫按茚茀爲魚陽對轉連緜詞。茚昌聲同陽類。茀蒲聲同魚類。則昌蒲爲茚茀之俗名。以上三字失次。或呂忱所加也。【説文解字六書疏證卷二】

芀

芀任私印 【漢印文字徵】

◉許慎 葦華也。从艸。刀聲。徒聊切。【説文解字卷一】

◉劉樂賢 《漢印文字徵》附録四：芀。羅先生隸定爲劳，不對。此字下部分明从刀，當隸定爲芀。古文字中屮、艸可互换，秦漢文字中也存在這種現象。例如草一般从艸，亦有作屮者（《秦漢魏晉篆隸字形表》761頁），蒯又可寫作蒯（參本文13條）。故此字與卷一・十三所收之芀實爲一字。【秦漢文字釋叢 考古與文物一九九一年六期】

茢

◉許慎 芀也。从艸。列聲。良辥切。【説文解字卷一】

◉馬叙倫 丁福保曰。列上衍从字。倫按芀音定紐。茢音來紐。古讀歸泥。定泥同爲舌尖前音。故芀茢轉注。爾雅釋魚。鮤鱴刀。是其例證。【説文解字六書疏證卷二】

菡　菡

◉許　慎　菡菡萏也。从艸。圅聲。胡感切。【説文解字卷一】

萏　萏

◉許　慎　萏菡萏。芙蓉華未發爲菡萏。已發爲芙蓉。从艸。閻聲。徒感切。【説文解字卷一】

◉馬叙倫　嚴章福曰。菡萏二字説解當互易。沈濤曰。一切經音義三引。扶渠花未發者爲菡萏。已發開者爲扶蓉。八引。扶渠花未發爲菡萏。花已發者爲芙蓉。是今本作芙蓉華。乃傳寫之誤。許解蓮爲扶渠根。則此注亦當作扶渠。不作芙蓉。芙蓉蕖皆俗字。許書所無。韻會引作芝曰菡萏。似當作水芝曰菡萏。古今注。夫容一名水芝。桂馥曰。爾雅只名夫蕖。郭注言。別名夫容。此注夫容本作夫蕖。後人妄改。倫按菡萏疊韻連緜詞。菡爲𢎘之後起字。故華未發爲菡萏也。已發者爲夫容。夫容諸家不改字者。以楚辭離騷王逸注、漢書司馬相如傳應劭注皆言夫容。蓮花也。倫謂扶容即扶渠也。容音喻四。古讀歸定。渠音羣紐。定羣皆破裂濁音也。故每爲連緜詞。莊子齊物論。庸詎知吾所謂知之非不知邪。本書。雝。雝⿰鳥渠也。庸詎雝⿰鳥渠亦爲連緜詞。是其例證。惟正當作扶渠。扶渠同破裂濁音。亦聲同魚類連緜詞。扶渠者。蓮从連得聲。連从車得聲。詳連字下。扶渠即車之長言也。故今偁扶渠爲蓮華也。此作芙蓉。皆許書所無。倫并疑菡萏二字均非許書原有。爾雅釋草釋文。萏。亦作萏。引張揖。菡萏。華未發也。已發名芙蓉。亦曰芙渠。蓋出張揖雜字。然則本書止有𢎘字。菡萏則呂忱據張揖加之。下文蓮茄荷蔤蕅下之訓亦出張揖矣。【説文解字六書疏證卷二】

蓮　蓮

蓮　蓮勺鹵鹹督印【漢印文字徵】

蓮　蓮並裴光遠集綴【汗簡】

◉許　慎　蓮芙蕖之實也。从艸。連聲。洛賢切。【説文解字卷一】

◉馬叙倫　嚴可均曰。説文無芙蕖。字當作扶渠。茄荷蔤蕅下放此。桂馥曰。一切經音義三引作扶渠。倫按鍇本作夫渠。然繫傳曰。臣鍇曰。芙蕖即芙蓉。然則二徐本皆本作芙蕖。鍇本作夫渠者。後人以本書無芙蕖而去其艸。音義引亦然也。倫謂蓮曰芙蕖實。茄曰芙蕖莖。荷曰芙蕖葉。蔤曰芙蕖本。蕅曰芙蕖根。然則芙蕖爲何物耶。檢爾雅釋艸。荷。芙蕖。其莖茄。其葉蕸。其本蔤。其華菡萏。其實蓮。其根蕅。郭注。江東呼荷。邢疏。今江東人呼荷華爲芙蓉。北方人便以藕爲荷。亦以蓮爲荷。蜀人以藕爲茄。或用其母爲華名。或用根子爲母葉號。此皆名相錯習俗傳誤。失其正體者也。倫謂菡萏乃華之未開者。亦不爲芙蕖花之專名。若芙蕖者乃俗名。故爾雅以芙蕖釋荷也。如爾雅則荷乃夫蕖莖葉本根與實之總名。而其本曰蔤不曰荷也。若本書則於蓮茄荷蔤藕下皆曰芙蕖。而芙蕖之爲俗名無可疑者。是則本書實傳寫捝蕸篆。爾雅釋文曰。其葉蕸者。衆家無此句。惟郭有。就郭本中或復無此句。亦並闕讀。臧鏞謂爾雅無此句。芙蕖葉字自當依本書作荷。倫謂雅之荷當作蓮。特古書有借荷爲蓮者。若詩澤陂。有蒲與荷。毛傳。荷。芙蕖也。鄭箋。芙蕖之莖曰荷。即不從傳。爾雅釋草。樊光注引詩有蒲與茄。錢大昭據此謂鄭本荷字作茄也。蓋蓮茄荷聲同魚類。故得通借。爾雅之作。其職本在通詁訓。即由古書字多借假。故煩通釋也。雅既以荷爲蓮。當本無其實蓮一句。郭注蓮謂房也。然今率偁載蓮華子之具似蜂窩者曰蓮房。而偁子曰蓮子。上海謂之蓮心。則蓮非芙蕖實之名也。釋艸又言。其中的。的中薏。邢疏引李巡曰。的。蓮實也。薏。中心也。郭璞注則曰。的。蓮中子也。薏。中心苦。薏自謂今蓮子中之青而苦者。則的即今所謂蓮子。爾雅釋草又曰。的。菂。郭注即蓮實。是菂爲芙蕖實之本字。而郭注謂即蓮實。則蓮非芙蕖實矣。凡草木之實。皆謂其果可食者。的可食而今所謂蓮房者不可食。則的即芙蕖實也。雅既曰其實蓮。安得復曰其中的。然以詞例言。其中的亦承荷芙蕖。而非承其實蓮。且上隔其根藕一句。更可明也。然則中指荷華之中者而言耳。亦明的即蓮子。蓮者。實芙蕖之本字。蓮从連得聲。連从車得聲。詳連字下。古書通以連爲輦。輦从扶得聲。詳輦字下。扶音在並紐。讀脣齒音入奉紐。芙音亦奉紐也。車與芙蕖聲皆魚類。然則芙蕖乃蓮長言。此蓋本訓艸也。今爲校者以雅文加之。而失其本訓矣。茄荷皆舌根音聲同歌類。而蓮聲本在魚類。歌魚近轉。蕅聲矦類。歌魚矦亦通轉。蔤音微紐。蕅音疑紐。蓮音來紐。古讀歸泥。同爲鼻音次濁音。然則凡此五名由一音轉注。或本是一義。後人別之。故江東謂芙蕖爲荷。北方以蕅爲荷。蜀人以蕅爲茄。而今通呼蓮花。或曰荷花。荷。荷聲歌類。蓮聲元類。歌元對轉也。淮南本經。益樹蓮芰。漢書司馬相如傳。蓮蕅觚盧。皆不謂芙蕖實。於文可知。詩澤陂。有蒲與蕑。爾雅釋草疏引蕑作蓮。亦不謂芙蕖實。史記龜策傳。龜千歲乃游苓葉之上。七發。蔓草芳苓。七啟。寒芳苓之巢龜。苓借爲蓮。亦不謂芙蕖實。則自古已通名芙蕖爲蓮矣。下文茄荷蔤蕅下言芙渠者。亦並校者加之。許或本訓蓮莖蓮葉蓮本蓮根也。或曰。鄭玄詩澤陂箋已云。蓮。芙蕖實。則漢時自謂芙蕖實爲蓮子。倫謂今亦謂芙蕖實爲蓮子。彼時不曰蓮子。如謂桃子曰桃耳。古匋作[illegible]。【說文解字六書疏證卷二】

茄

◉許　慎　芙蕖莖。从艸。加聲。古牙切。【說文解字卷一】

荷

◉許　慎　芙蕖葉。从艸。何聲。胡哥切。【說文解字卷一】

◉馬叙倫　字見急就篇。然松江石本作何。疑急就故書止作何也。【說文解字六書疏證卷二】

荷汀【漢印文字徵】

蔤

◉許　慎　芙蕖本。从艸。密聲。美必切。【說文解字卷一】

蕅

◉許　慎　芙蕖根。从艸水。禺聲。五厚切。【說文解字卷一】

◉馬叙倫　嚴可均曰。此篆得从渪聲。而云从艸水禺聲。蓋水部舊無渪篆。漢書地理志渪水作渠水。倫按水部無妨有渪篆。而此从渪聲。蕅爲芙蕖根。蔤爲芙蕖本。本即木根。是蔤蕅轉注。蕅音疑紐。蔤音微紐。微疑皆鼻音次濁音也。後乃別今所謂藕者爲蔤。而今所謂藕帶爲蕅。【說文解字六書疏證卷二】

蘢

◉許　慎　天蘥也。从艸。龍聲。盧紅切。【說文解字卷一】

蓍

蓍丞之印　蓍丞之印【漢印文字徵】

◉許　慎　蒿屬。生十歲百莖。易以爲數。天子蓍九尺。諸侯七尺。大夫五尺。士三尺。从艸。耆聲。式脂切。【說文解字卷一】

◉强運開　薛尚功楊升庵均作晢。未塙。運開按。此篆中从木从匕从甘。蓋爲指字。玉篇楷爲木名。又廣韻殿名。漢有柃指宮。西都賦洞柃指與天梁。集韻音旨義同。此篆从茻。當爲艸類。按蓍之古文省作⿱艹旨。此或亦爲古蓍字之緐文。但無佐證。未敢遽斷也。又按阮撫天乙閣本無重文。今據安氏十鼓齋弟一本櫨拓如上。則有重文。【石鼓釋文】

◉馬叙倫　鈕樹玉曰。韻會引蒿屬下有用之以筮四字。沈濤曰。爾雅釋草釋文曲禮正義御覽九百九十七引皆作蓍蒿屬也。是古本屬下有也字。嚴可均曰。説卦釋文釋草釋文曲禮疏釋草疏御覽九百九十七玉篇廣韵六脂引皆作生千歲三百莖。此有挩誤。倫按疑本訓艸也。蒿屬以下二十七字蓋字林文。字失次。或此字出字林。【説文解字六書疏證卷二】

◉湯餘惠　⿱艹旨40　茖·⿱艹旨(蓍)　此字下从旨，156簡詣字从旨作旨，265簡缶字作缶，可參驗。⿱艹旨即蓍字古文，見《玉篇》。簡文「～陵」爲地名，地望待考。【包山楚簡讀後記　考古與文物一九九三第二期】

菣

菣3·738　菣賈【古陶文字徵】

◉許　慎　菣香蒿也。从艸。臤聲。去刃切。⿱艹堅菣或从堅。【説文解字卷一】

◉馬叙倫　⿱艹堅。宋保曰。堅聲。王筠曰。詩鹿鳴釋文曰。菣。字林作⿱艹堅。恐此字説文本無。後人以字林補入。【説文解字六書疏證卷二】

莪

莪 莪忠印【漢印文字徵】

◉許　慎　莪蘿莪。蒿屬。从艸。我聲。五何切。【説文解字卷一】

◉馬叙倫　沈濤曰。御覽九百九十七引。莪。蒿也。與今本不同。爾雅釋草。莪。蘿。注曰。今莪蒿也。亦曰廩蒿。詩大雅菁菁者莪傳曰。莪蘿。蒿也。正義引陸疏曰。莪蒿。一名蘿莪。疑古本作莪蘿。蒿也。御覽傳寫奪蘿字。今本尤舛誤不可通。嚴章福曰。依説文大例。當作蘿也。蒿屬。下文莪蘿也轉相訓。與釋草合。然小雅菁菁者莪傳。莪蘿。蒿也。陸璣疏。莪。蒿也。一名蘿蒿也。又難據改。或曰。説文莪蘿連文。則此當作莪蘿蒿屬。轉寫倒耳。下文蘿下當作莪蘿也。挩一蘿字。亦大例如此。然與爾雅毛傳皆不合。余謂讀爾雅則爲莪蘿也。但言蘿。讀毛傳則爲莪蘿蒿也。但言蘿蒿。讀詩疏則爲莪蒿也。一名蘿蒿。統言之爲蒿。析言之亦但言蘿蒿。若然。則與説文未嘗不合。許言莪者蘿也。蒿屬。言蒿屬則不必言蘿蒿矣。今此蘿下莪字本衍在蘿上。又倒。當依前議。王筠曰。釋草。莪。蘿。釋蟲。蛾。羅。然則我羅在今音爲疊韻。在古人爲恆言。故草與蟲皆有是名。且以蘿下云莪也例推之。則莪下當云蘿也。蒿屬。不當連言莪。翟云升曰。此當言蘿也。蘿下當曰莪也。蒿屬。倫按鍇本屬下有也字。蓋本作蘿也蒿屬。莪字乃隸書複舉字之誤乙者。蒿屬則呂忱所加也。然亦疑字出字林。【說文解字六書疏證卷二】

蘿 蘿

□ 蘿 【汗簡】

□ 裴光遠集綴 【古文四聲韻】

◉許　慎　□莪也。从艸。羅聲。魯何切。【說文解字卷一】

◉馬叙倫　莪音疑紐。蘿音來紐。古讀歸泥。同爲鼻音次濁音。蘿莪又聲同歌類。轉注字也。字亦疑出字林。【說文解字六書疏證卷二】

◉黃錫全　□蘿　从艸，从古羅，《華嶽碑》羅亦作□，説詳宀部。古璽有□、□二字，《古璽文編》列入縈，但古璽索作□，與□有別。□與此字所从之□形同，區别僅僅是□形八内糸之左右多出飾筆□，而並非是□。這與古璽裹字作□，又作□，縈字作□，又作□、□、□等屬同類現象。□乃由□、□、□省。上列古璽二字就是蘿，假爲羅（詳《釋縈》古研15.138）。鄭珍誤以爲「《説文》無蘿，何有古文，古止作羅」。由此可見，該書保存的「古文」是相當可靠的。【汗簡注釋卷一】

菻 菻

◉許　慎　□蒿屬。从艸。林聲。力稔切。【說文解字卷一】

◉馬叙倫　徐鍇曰。此藁蒿字。倫按本訓艸也。今捝。蒿屬蓋字林文。或此字出字林。蘿菻雙聲。蓋轉注字。或語原然也。【說文解字六書疏證卷二】

蔚 蔚

◉許　慎　□牡蒿也。从艸。𡬝聲。於胃切。【說文解字卷一】

◉馬叙倫　沈濤曰。御覽九百九十七引。蔚。牡蒿。牡菣也。似蒿。既云牡蒿。即不應又云似蒿。蓋古本作牡菣。不作牡蒿。爾雅釋草。蔚。牡菣。詩蓼莪傳曰。蔚。牡菣也。許解正合。御覽牡蒿二字乃後人據今本竄入。而更不可通。倫按雅傳皆言蔚牡菣。明蔚爲菣之牡者。蔚聲脂類。菣聲真類。脂真對轉。亦可明蔚是牡菣非牡蒿也。然此本訓艸也。今捝。但

存校語。文選注及玄應一切經音義引倉頡。蔚。艸木盛皃也。【説文解字六書疏證卷二】

蕭中孺　蕭尊　蕭章印　蕭尚印　蕭咸　蕭廣私印　【漢印文字徵】

並南嶽碑　並崔希裕纂古【古文四聲韻】

◉許　慎　蕭艾蒿也。从艸。肅聲。蘇彫切。【説文解字卷一】

◉馬叙倫　王筠曰。詩曰。彼采蕭兮。彼采艾兮。周禮鬱人疏引王度記。士以蕭。庶人以艾。明艾蒿異物。艾爲譬況之詞。艾蒿謂香蒿耳。倫按艾爲形況詞。與牛藻馬藍牡蔹同例。艾讀盍歸我艾豭之艾。小爾雅廣詁。艾。大也。此言艾蒿猶言大蒿。即借艾爲大。聲同脂類。今北方有蒿。莖粗。科生。多者數十莖。可作燭。即蕭也。蕭蒿實聲同宵類轉注字。許本訓艸也或蒿也。今捝。但存校語耳。陸璣毛詩草木疏已引此訓。則艾蒿也蓋字林文。字林即本説文而增之。故陸以爲許慎語。字見急就篇。【説文解字六書疏證卷二】

趙萩【漢印文字徵】

◉許　慎　萩蕭也。从艸。秋聲。七由切。【説文解字卷一】

◉馬叙倫　蕭音心紐。萩音清紐。同爲舌尖前音。又聲同幽類。轉注字。【説文解字六書疏證卷二】

◉王人聰

千萩

銅質，鼻鈕，一·三×一·六，通高一·一釐米。香港中文大學文物館藏，未經著録。

璽文第二字，从艸，从秋，即萩字。《説文》云：「萩，蕭也，从艸，秋聲。」萩與秋聲同，由此璽之文義，可知此璽文萩字假借爲秋，「千萩」即係「千秋」。《古璽文編》秋字條下收有秋字之另一異體作，《古璽文編》頁一七九。《文編》於字下注云：「以文義

知爲秋字。」今由文物館所藏此璽，可知秋實爲璽文萩字之省體。【戰國璽印考釋　于省吾教授百年誕辰紀念文集】

芍

◉許　慎　芍鳧茈也。从艸。勺聲。胡了切。【說文解字卷一】

◉馬叙倫　徐灝曰。廣韵芍又市若切。聲轉爲少。故有胡了切之音。但凡从勺聲之字。未有與胡爲雙聲者。疑有譌誤。倫按勺音之若切。在照三。照禪皆舌面前音。故玉篇芍音都歷切。又音時灼切。時灼音入禪紐也。玉篇又下了切。音在匣紐。匣禪同爲摩擦次濁音。胡了切猶下了切。玉篇。下了切。鳧茈也。正與此同。鳧茈者。芍之俗名。段玉裁謂今呼葧臍即鳧茈之轉語。然許本訓艸也。今捝。但存校語耳。【說文解字六書疏證卷二】

藡

◉許　慎　藡王彗也。从艸。湔聲。昨先切。【說文解字卷一】

◉馬叙倫　爾雅釋草。葥。王蔧也。注。似藜。其樹可以爲埽蔧。江東呼之曰落帚。然則此草可以爲彗。故俗名王彗。王彗大彗也。此校語。本訓捝矣。【說文解字六書疏證卷二】

蔿

蔿 蔿翁叔【漢印文字徵】

◉許　慎　蔿艸也。从艸。爲聲。于鬼切。【說文解字卷一】

䒞

䒞 䒞　从𦬫　番生簋　金䒞二鈴【金文編】

◉許　慎　䒞艸也。从艸。冘聲。直深切。【說文解字卷一】

◉馬叙倫　王筠曰。與蕁既不類列。又不云䒞藩也。蓋非一物。釋草。葴。寒漿。䒞葴聲近。或與相當。以上文已有葴馬藍故也。倫按䒞爲蕁之轉注字。上文。蕁。䒞藩也。蕁音定紐。䒞音澄紐。皆破裂濁音。又聲同侵類也。又疑上文蕁字出字林也。或如王說。番生敢作䒞。【說文解字六書疏證卷二】

◉強運開　䒞番生敢朱旂旜金䒞二鈴。與毛公鼎金𠭯金雁朱旂二鈴句法相類。金䒞當即飾旂旜之物。說文訓䒞爲艸。乃其本義。此从𦬫。則爲大篆可知。【說文古籀三補卷一】

●高田忠周　按說文。蘜茊艸也。从艸。宄聲。爾雅釋艸。蘜茷蕃。注。生山上。葉如韭。一曰提母。此从艸。大篆也。但銘云金宄。非字本義。疑叚借爲鈫。鈫。甾也。从金宄聲。農耕具也。然依橐即戳元畨屬。後或爲武器用。鈫亦當儕武器耳。或云與紞通。然紞不得言金也。又或叚借爲膺。以金飾之。【古籀篇七十八】

鞠

◉許　慎　鞠治牆也。从艸。鞠聲。居六切。【説文解字卷一】

◉馬叙倫　錢坫曰。韵會引作萿牆也。倫按詩鞠有黄華。鄭箋。引爾雅。蘜。治蘠。郭注爾雅以爲今之秋華。張湇以爲今俗作菊者省其革也。治牆俗名。此校語。本訓捝矣。或此字出字林。【説文解字六書疏證卷二】

蘠

蘠　蘠　日甲三〇背　通牆　—垣　爲一五　蘠爲一五　二例　【睡虎地秦簡文字編】

◉許　慎　蘠蘠靡。虋冬也。从艸。牆聲。賤羊切。【説文解字卷一】

◉馬叙倫　朱駿聲曰。即今薔薇也。説者以天門冬麥門冬當之。非也。倫按蘠靡虋冬者。爾雅釋草文。此本訓艸也。校者以雅文加之。而本訓轉失矣。或字出字林也。【説文解字六書疏證卷二】

芪

◉許　慎　芪芪母也。从艸。氏聲。常之切。【説文解字卷一】

◉馬叙倫　桂馥曰。廣韵引字林。莀母即知母艸。倫按芪母俗名也。此校語。本訓捝矣。又疑芪字爲隸書複舉字。母上捝莀字。説解本作艸也莀母即知母。傳寫如今文。莀母五字字林文。【説文解字六書疏證卷二】

菀

菀　菀讓之印　【漢印文字徵】

◉許　慎　菀茈菀。出漢中房陵。从艸。宛聲。於阮切。【説文解字卷一】

◉馬叙倫　丁福保曰。慧琳音義九十九引。藥也。二徐本皆奪藥也二字。倫按玉篇。菀。茈菀。藥名。此本訓艸也。校者加茈菀藥也出漢中房陵。今捝本訓。而藥也又爲後之校者所删矣。字見急就篇。【説文解字六書疏證卷二】

莔

◉許　慎　莔貝母也。从艸。明省聲。武庚切。【說文解字卷一】

◉馬叙倫　嚴可均曰。當作囧聲。韵會八庚引作囧省聲。衍一省字。嚴章福曰。韵會引作貝母艸。療蛇毒。下三字恐出說文注。王筠曰。囧下引賈侍中説讀與明同。則从囧聲可也。况有从明不省之萌字乎。倫按貝母爲同脣音連緜詞。莔之俗名也。此校者加之。今挩本訓。【說文解字六書疏證卷二】

苿

◉許　慎　苿山薊也。从艸。朮聲。直律切。【說文解字卷一】

◉馬叙倫　山薊俗名也。盖字林文。本訓艸也。今挩。但存校語耳。【說文解字六書疏證卷二】

蓂

◉許　慎　蓂析蓂。大薺也。从艸。冥聲。莫歷切。【說文解字卷一】

◉馬叙倫　鈕樹玉曰。繫傳挩聲字。倫按析蓂大薺校者加之。本訓艸也。今挩。【說文解字六書疏證卷二】

菋

◉許　慎　菋荎藸也。从艸。味聲。無沸切。【說文解字卷一】

◉馬叙倫　荎藸也校者據爾雅加之。本訓艸也。今挩。【說文解字六書疏證卷二】

荎

◉許　慎　荎荎藸。艸也。从艸。至聲。直尼切。【說文解字卷一】

◉馬叙倫　朱駿聲曰。荎藸雙聲連語。倫按菋荎疊韵轉注字。【說文解字六書疏證卷二】

◉蕭　璋　荎，荎藸艸也。从艸，至聲。(直尼切。)按説文之訓，不見刺義。爾雅釋木有蘦荎，郭注以爲今之刺榆。王引之曰：「荎之言挃也。」廣雅曰：「挃，刺也。」故刺榆謂之荎，又謂之梗榆，梗亦刺也。方言曰：「凡草木刺人者，自關而東或謂之梗。」(見經義述聞爾雅釋木：「蘦荎」條下。又見廣雅疏證釋木：「柘榆，梗榆也。」條下。)郝懿行亦云：「挃與荎聲義同，荎之爲言刺也。」(見爾雅義疏)今按二氏均以荎挃聲義相近，固信而有徵，實則荎之聲義即謂得諸至，亦未爲不可也。【釋至　國立浙江大學文學院集刊第三集】

藸

◉許　慎　荎藸也。从艸。豬聲。直魚切。【說文解字卷一】

◉馬叙倫　王念孫曰。繫傳藸在藙下云。艸也。注云。鍇按爾雅。蒢。荎藸。念孫按徐鉉以鍇訓爲荎藸。故改入荎字下。并改艸也爲荎藸艸也。今考繫傳此字在蕮苐二字上。三字注并云艸也。則文義相承。不可更置。鉉改入荎字下非。又考玉篇藸字注云。致如切。藸葦草。又音除。爾雅。蒢。荎藸。然則藸字有二音二義。今說文但云艸也。則未知其爲荎藸與。抑藸葦與。鉉改說文艸也爲荎藸也。亦非。當以繫傳爲正。田吳炤曰。大徐以荎荎藸也。故以藸次荎下。猶萑之次蓷也。小徐次多亂。大徐是也。倫按荎下當無艸字。此當無荎藸二字。鍇本與大例合。然疑荎藸二字出字林。荎藸爲蒢之俗名。以音同澄紐連緜爲詞。本止作至豬。不必字皆从艸也。或如鍇本藸本不次荎下。乃後人加之。而荎爲蒢之轉注字。【說文解字六書疏證卷二】

葛

葛褒　葛褒私印　諸葛仁印　諸葛小孫　葛駿私印　諸葛偃【漢印文字徵】

石經僖公　介葛盧來【石刻篆文編】

葛【汗簡】

林罕集【古文四聲韻】

◉許　慎　絺綌艸也。从艸。曷聲。古達切。【說文解字卷一】

◉柯昌濟　从艸。从害省。疑古葛字。害曷古文亦通。【邢侯彝　韓華閣集古録跋尾】

◉馬叙倫　絺綌二字校者所加。絺綌爲葛所爲者之稱。而絺綌義又微異。自不得以絺綌艸爲詞而釋葛也。字見急就篇。【說文解字六書疏證卷二】

◉黃錫全　葛　古璽閭作（璽彙1206）、楬作（璽彙1046），中山王墓守丘刻石謁作，《說文》碣字古文作。此从艸从古曷，曷形稍譌。【汗簡注釋卷一】

蔓 蔓

蔓趙蔓 蔓宋蔓 蔓臣蔓請 【漢印文字徵】

◉許 慎 蔓葛屬。从艸。曼聲。無販切。【説文解字卷一】

◉馬叙倫 此及䓘下葛屬二字。皆吕忱所加。本訓艸也。今捝。【説文解字六書疏證卷二】

䓘 䓘

◉許 慎 䓘葛屬。白華。从艸。皐聲。古勞切。【説文解字卷一】

◉馬叙倫 䓘葛雙聲。䓘蔓幽宵近轉。語原同也。白華校者所加。【説文解字六書疏證卷二】

莕 莕

164【包山楚簡文字編】

莕不意 莕孫吾 【漢印文字徵】

◉許 慎 莕菨餘也。从艸。杏聲。何梗切。荇莕或从行。同。【説文解字卷一】

◉馬叙倫 莕菨音聲相遠。莕何以别名菨餘。未詳。葢許本訓艸也。今捝。此校語。或涉菨下而譌羨。亦疑字出字林也。

荇 沈濤曰。爾雅釋草釋文云。莕。本亦作荇。詩云。參差荇菜。説文作䓷。是唐以前本重文莕字从洐不从行。五經文字亦云。莕䓷並杏。王筠曰。重文無言同者。知此篆係後人據詩增。而莕則據釋草改。當據爾雅音義五經文字改爲䓷。从艸从水行聲。而删莕荇兩篆。朱孔彰曰。木部槮下引詩槮差荇菜。不作䓷。則許書本是荇字可知。倫按沈王二説是也。若作䓷亦从艸洐聲。莕音匣紐。䓷从洐得聲。洐从行得聲。行音亦匣紐。故莕得轉注爲荇。【説文解字六書疏證卷二】

菨 菨

◉許 慎 菨菨餘也。从艸。妾聲。子葉切。【説文解字卷一】

◉馬叙倫 王筠曰。關雎毛傳。荇。接余也。釋文。荇。本亦作莕。接余本或作菨荼。非。爾雅釋草。莕。接余。釋文。本亦作荇。説文作䓷。接。説文作菨。余。本作荼。非。陸釋詩以作菨之本爲非。而釋爾雅乃曰説文作菨。何其兩説不相應乎。葢毛傳有改以菨字者。故陸斥之。或有據以增於説文者。宋人見之。乃於爾雅釋文增説文作菨也。此篆當删。倫按詩爾雅並作接余。接余爲䓷之俗名。不須有正字。而接余或有作妾余者。傳寫者以其爲艸名而妄加艸頭耳。倫謂此字葢出字

林。陸引說文即字林。【說文解字六書疏證卷二】

◉黃錫全　蕢蓮並裴光遠集綴　此是蕢字。《說文》箑字或體作蕢。蓮應是萐字寫誤。【汗簡注釋卷一】

⿱艹罤

◉許　慎　⿱艹罤艸也。从艸。罤聲。古渾切。【說文解字卷一】

芫

◉許　慎　芫魚毒也。从艸。元聲。愚袁切。【說文解字卷一】

◉馬叙倫　魚毒俗名。本訓艸也。今捝。但存校語耳。字見急就篇。顏師古本。松江石本作元。疑急就故書作元。傳寫增艸爲芫。此字蓋出字林。【說文解字六書疏證卷二】

蘦

◉許　慎　蘦大苦也。从艸。霝聲。郎丁切。【說文解字卷一】

蕛

◉許　慎　蕛蕛苵也。从艸。稊聲。大兮切。【說文解字卷一】

◉馬叙倫　嚴可均曰。此篆疑後人所加。說文無稊字。釋艸釋文。蕛。本又作稊。引莊子道在稊稗。則蕛即稊字。一切經音義十四以爲說文稊作荑。不言作蕛。知六朝唐初本無蕛。莊有可曰。說文無稊。今易枯楊生稊。鄭作荑。或荑弟相似。傳寫誤又加禾也。嚴章福曰。此字从艸禾弟聲。此孟子荑稗本字。非後人所加。倫按莊子知北遊音義本作苐字。苐當是苐字之譌。猶萑之多譌爲萑也。苐即蕛之本字。此从艸又从禾。明是俗字。段玉裁謂當从艸梯聲。姑爲之說耳。其實此及苵字。乃後人不悟孟子之荑稗莊子之稊稗皆即本書之苐薛。而依爾雅釋草文加之。爾雅固多俗字也。蕛苵也當刪蕛字。爾雅釋草。蕛。苵。是以苵釋蕛。蕛苵轉注字。非雙聲連緜詞。【說文解字六書疏證卷二】

苵 [seal]

◉許　慎　[seal]蕛苵也。从艸。失聲。徒結切。【説文解字卷一】

◉馬叙倫　蕛苵雙聲轉注字。苵又薛之轉注字。辥失聲同脂類。此由後人不悟本書之苐薛即爾雅之蕛苵。故增蕛復增苵矣。當删苵字。【説文解字六書疏證卷二】

◉黄錫全　[seal]苵　班毁戥作[glyph]，戥伯鼎作[glyph]，叔夷鐘作[glyph]等，[glyph]、[glyph]即呈，後變爲[glyph]，如《説文》鐵字或作銕。或、失音近可通。《詩·巧言》：「或或大猷。」今本《毛詩》或作秩。《春秋》「戰於鐵」，《公羊傳》鐵作秩。《集韻》蕺字同苵。葵應是苵寫誤。鄭珍認爲：「《集韻》蕺同苵，注葵誤。蕺非古有，此更不體。」【汗簡注釋卷一】

艼 [seal]

◉許　慎　[seal]艼熒。朐也。从艸。丁聲。天經切。【説文解字卷一】

◉馬叙倫　桂馥曰。釋草。蔚。艼熒。山海經中山經。然耳之山有草焉。名曰葶薴。似蕪。可以毒魚。艼熒葶薴聲相近。徐灝曰。下文有葶薴聲亦相近。倫按下文葶薴艸亂皃。此即山海經之葶薴。葶薴疊韵連緜詞。説解本作艸也。艼熒朐也校者據雅文加之。【説文解字六書疏證卷二】

蔣 [seal]

[seal] 蔣延年印【漢印文字徵】

◉許　慎　[seal]苽蔣也。从艸。將聲。子良切。又即兩切。【説文解字卷一】

◉馬叙倫　鈕樹玉曰。韵會引苽作菰。非。説文無菰。沈濤曰。藝文類聚八十二御覽九百九十九皆引。蔣。菰也。盖古本無蔣字。菰當作苽。下文。苽。雕苽。一名蔣。可見蔣當訓苽。丁福保曰。慧琳音義九十九引苽也。从艸。將聲。二徐本衍一蔣字。倫按蔣盖隸書複舉字之誤乙於下者也。【説文解字六書疏證卷二】

苽 [seal]

◉許　慎　[seal]雕苽。一名蔣。从艸。瓜聲。古胡切。【説文解字卷一】

◉馬叙倫　嚴可均曰。御覽九百九十九引作雕胡。苽胡同聲。沈濤曰。古本盖作雕胡。禮内則注曰。苽。雕胡也。宋玉諷賦曰。主人之女爲炊雕胡之飯。是古皆作雕胡。王筠曰。名當作曰。倫按雕胡者。苽之俗名。雕音端紐。胡从古得聲。古音見紐。端見皆破裂清音。故雕胡爲連緜詞。古苽則音同見紐。聲同魚類。故苽之俗名爲雕胡。此及一名蔣皆校語。本訓艸

也。今挩。蔣芃魚陽對轉轉注字。【說文解字六書疏證卷二】

蒚

◉許　慎　蒚艸也。从艸。育聲。余六切。【說文解字卷一】

◉馬叙倫　桂馥曰。爾雅釋艸。蒚。蔦。藚。牛脣。文選吴都賦。異荂蓲蘛。李善注。蘛與蒚同。按本書。藚。水蔦。是釋草之蒚即本書之藚。而吴都賦借蘛爲蒚。即借爲藚也。釋草之藚則當作蒚。倫按本書藚讀若育。故爾雅以藚爲蒚。蒚音喻四。藚讀若育。故爾雅借蒚爲藚。【說文解字六書疏證卷二】

藣

◉許　慎　藣艸也。从艸。罷聲。符羈切。【說文解字卷一】

◉史樹青

一　罷　⿰彳忘　又　蔓　笄，　鈁　骨　交　　于　市。

此簡第一句罷字，疑即藣字的省文，爾雅釋器：「旄謂之藣。」周禮樂師有旄舞，鄭衆注：「旄舞者，氂牛之尾」，則旄可與氂通，但全句文意仍不能明。第二句應解釋爲有縵繒裝飾的簪笄。第三句鈁骨交下二字模糊，骨即縎字的省文，説文：「縎，結也。」楚辭九思「心結縎兮折摧」，莊子徐舞鬼篇作「頡滑」。以古字省文假借之例推測，則骨字當作結字解，骨交就是結交起來，「鈁骨交」可能就是銅鈁用絲帶纏繞起來的意思。最後二字是于市，因爲上二字不清楚，句讀難明，就使全句無法通讀了。原簡下面還有一個小字，作「□」形，第九、十、十三、十七、二十、二十五、三十、三十四、三十七、三十八各簡，同樣都有此字，字形與盂鼎的巳字相近，疑是贈物人的名字。【長沙仰天湖出土楚簡研究】

⿱艹難

◉許　慎　⿱艹難艸也。从艸。難聲。如延切。【說文解字卷一】

◉馬叙倫　朱駿聲曰。即⿱艹鷬之或體。倫按土部堇篆作𦰩。古文作𦰩。此豈从古文耶。鳥部古文難有三形。皆不从𦰩。則篆當作⿱艹難。或此字出字林。【說文解字六書疏證卷二】

莨

◉許　慎　莨艸也。从艸。良聲。魯當切。【說文解字卷一】

◉馬叙倫　莨即爾雅釋草孟狼尾之孟。孟从皿得聲。皿音微紐。莨音來紐。古讀歸泥。微泥同爲鼻音次濁音。故爾雅以孟爲莨。上文蘺音日紐。古讀歸泥。則蘺盖莨之轉注字。此不言狼尾。葽不訓狗尾。非許時無此俗名。正由校者不知。或偶失耳。【說文解字六書疏證卷二】

◉戴家祥　說文一篇「莨，艸也。从艸良聲。」司馬相如子虛賦云：「其埤濕則生藏莨蒹葭。」郭注：「藏莨，草名。中牛馬芻。」本草綱目一名天仙子，一名行唐，其子服之，令人狂浪放蕩，故名。【金文大字典下】

葽

葽 籀韻【古文四聲韻】

◉許　慎　葽艸也。从艸。要聲。詩曰。四月秀葽。劉向說。此味苦。苦葽也。於消切。【說文解字卷一】

◉馬叙倫　桂馥曰。廣雅。葽。莠也。穆天子傳。茅萯蒹葽。注。葽。莠屬。莠爲狗尾草。葽亦狗尾草也。劉向說此味苦苦葽者。上文芙下曰。味苦。江南食以下气。葽芙聲相近。劉向當謂苦芙。承培元曰。許次葽於莨下。莨爲狼尾草。葽正當爲狗尾草。劉向當說苦芙。王筠曰。殆劉向謂芙葽一物。倫按⊘詩曰以下皆校者所加。王筠據鍇本苦葽下有也字。【說文解字六書疏證卷二】

薖

◉許　慎　薖艸也。从艸。過聲。苦禾切。【說文解字卷一】

菌

◉許　慎　菌地蕈也。从艸。囷聲。渠殞切。【說文解字卷一】

◉馬叙倫　鈕樹玉曰。韵會無也字。倫按菌不盡生於地也。此校者加之。捝本訓矣。字見急就篇。【說文解字六書疏證卷二】

蕈

蕈 蕈山【漢印文字徵】

蕈 蕈

◉許慎 蕈桑䓴。从艸。覃聲。慈衽切。【說文解字卷一】

◉顧廷龍 蕈蕈。丁佛言云。當是蕈字。在匋文爲鄿之借字。周楚城遷蕈里[illegible]。蕈周楚城遷蕈里[illegible]。蕈潘王[illegible]蕈里导。蕈陶蕈衆[illegible]陞來鉢。蕈周楚城遷蕈里□。蕈潘楚城遷蕈里[illegible]。蕈潘城圖蕈里湧豆。蕈周城圖簟里𡈼。蕈潘王衣左攴[illegible]圖蕈里𡈼。蕈周。蕈潘蕈遷[illegible]里城[illegible]。陳介祺云蕈或蕈省。【古匋文孴録】

◉馬叙倫 桂馥曰。桑䓴者。爾雅釋文。今人呼菌爲蕈。葛洪字苑同。云。世作椹蕃二字。非也。字林式甚反。或云。桑䓴也。博物志。江南諸山郡中大樹斷倒者。經春夏生菌。謂之椹。馥謂椹即字苑所非者。丁福保曰。慧琳音義九十四引作桑菌也。今二徐誤菌爲䓴。且奪一字也。倫按慧琳引作桑菌者。蓋本作菌也。桑䓴也。一本說文誤并之。此則但存桑䓴也。而挩菌也矣。許當本訓菌也。屮部。𡳿。菌。𡳿爲蕈之轉注字。見𡳿字下。爾雅無蕈。𡳿即蕈也。是蕈𡳿菌一物。爾雅釋文謂今人呼菌爲蕈。今杭縣亦呼菌爲蕈。菌音羣紐。蕈从覃得聲。覃音定紐。定羣同爲破裂濁音。是轉注字也。桑䓴者校者加之。䓴下曰。木耳。木耳即木䓴。謂木上所生者也。今木耳與蕈異物而同科。云桑䓴。則謂桑生之䓴。蕈固不獨生於桑。且陸不引本書。或陸見本書無此訓。或本無此篆。字苑引世作椹蕃。皆聲同侵類字。或異體。或借字也。【說文解字六書疏證卷二】

䓴 䓴

◉許慎 䓴木耳也。从艸。耎聲。一曰萮茈。而兗切。【說文解字卷一】

◉馬叙倫 鈕樹玉曰。說文無萮。玉篇萮重文作藇。據釋草藿蕍。本書夢下作灌渝。則萮疑渝。桂馥曰。齊民要術十二引字林。木耳也。徐灝曰。蕍茈之合聲爲耳。倫按一曰猶一名。萮茈即䓴之別名。此校者所加。木耳者俗名。此字林文。本訓艸也。今挩。或此字出字林。【說文解字六書疏證卷二】

葚 葚

◉許慎 葚桑實也。从艸。甚聲。常衽切。【說文解字卷一】

◉馬叙倫 任大椿曰。字林。桑實也。倫按桑乃木也。桑實字當作椹。今本書失之。葛洪字苑以蕈字世作椹蕃二字爲非。倫謂葚實蕈之聲同侵類轉注字。椹則桑實本字耳。蓋呂忱依詩氓無食桑葚毛傳爲訓。然詩釋文。葚。本又作椹。則桑實字當作椹也。桑實與蕈不類。字亦不當側此。或此字出字林。【說文解字六書疏證卷二】

蒟

◉許　慎　蒟果也。从艸。竘聲。俱羽切。【説文解字卷一】

◉馬叙倫　錢坫曰。劉逵蜀都賦注。蒟緣樹而生。子如桑葚。熟時正青。長二三寸。以蜜藏而食之。王筠曰。蜀都賦注以蒟爲蒟醬。木部。枸。可爲醬。生蜀。正指蜀都賦而言。亦疑非此物也。段玉裁謂此物滕生緣木。故蒟从艸。枸从木。蓋許不能定而兩存之。然釋艸釋木多重出者。以其爲衆手纂記之書也。許未必然。倫按。果也不可通。或謂以聲訓。或謂當作蒟果也。今捝蒟字。蒟果俗名也。倫謂許本訓艸也。今捝。所存者校語耳。或此字出字林。【説文解字六書疏證卷二】

芘

◉許　慎　芘艸也。一曰芘茮木。从艸。比聲。房脂切。【説文解字卷一】

◉馬叙倫　王念孫曰。一曰芘尗木。鍇本同。鍇注曰。按荍蚍虾亦或作此。則一曰芘尗木五字乃是一曰芘芣之譌。詩東門之枌三章。視爾如荍。傳。荍。芘芣。是也。今本於芣字下既誤不爲尗。又衍一木字。尹桐陽曰。爾雅釋木。椵。大椒。芘尗即椵椒。因爲木類。王説誤。倫按。一曰五字校語。王筠據本繫傳芣字同此。【説文解字六書疏證卷二】

蕣

 蕣【汗簡】

 古尚書【古文四聲韻】

◉許　慎　蕣木堇。朝華暮落者。从艸。舜聲。詩曰。顔如蕣華。舒閏切。【説文解字卷一】

◉馬叙倫　鈕樹玉曰。韵會引堇作槿。嚴可均曰。堇當作菫。暮當作莫。説文無暮字。倫按。若木堇爲蕣之俗名。則木堇亦校者所加。蕣即舜下所謂蔓地連華也。若木堇爲詩所謂顔如舜華者。則爲木中之槿。是木堇二字爲槿之譌分。而許譌以槿釋蕣矣。蓋蕣槿聲同真類也。然本書無槿字。則是校者增槿朝華暮落者而本訓捝矣。或此字出字林。餘詳舜下橓下。【説文解字六書疏證卷二】

萸

◉許　慎　萸茱萸也。从艸。臾聲。羊朱切。【説文解字卷一】

茱

◉許　慎　茱茱萸。茮屬。从艸。朱聲。市朱切。【説文解字卷一】

◉馬叙倫　嚴章福曰。依説文大例。當先茱後萸。此誤寫倒耳。朱駿聲曰。茱萸疊韵連語。倫按。鍇本無茮屬二字。蓋許訓止作艸也。今挩。茱萸茮屬皆字林文也。茱萸爲聲同矦類連緜詞。字見急就篇。【説文解字六書疏證卷二】

茮

◉許　慎　茮茮莍。从艸。尗聲。子寮切。【説文解字卷一】

◉馬叙倫　桂馥曰。茮莍鍇本作茱莍。王筠曰。茮莍下當依御覽引補似茱萸出淮南。倫按。當作莍也。茮乃複舉字之未删者。又奪也字。御覽所引校語也。可證凡云似某及出某地者。皆校者加之。或字林文。急就篇。烏喙附子椒芫華。檢本書無椒。疑急就故書作茮。而椒爲字林文。傳寫急就者每以字林文易説文字也。【説文解字六書疏證卷二】

莍

◉許　慎　莍茮樧實。裏如表者。从艸。求聲。巨鳩切。【説文解字卷一】

◉馬叙倫　鈕樹玉曰。繫傳裏作衺。沈濤曰。爾雅釋木釋文引作樧椒實裹如裘也。蓋古本如是。今本表裏二字乃傳寫之誤。桂馥曰。表當爲梂。莍梂聲相近。本書。梂。櫟實。詩山有苞櫟。陸疏。椒樧之屬。其子房生爲梂。詩椒聊箋云。一梂之實。正義言一梂之實者。梂謂椒之房裹實者也。倫按。沈濤王筠謂莍从求兼義。非也。茮實有房以裹其子。如櫟實然。故桂以爲裘當作梂也。若求者。獸皮而附毛者也。既不似房。徒以裹身爲況。何必取於求乎。倫謂茮莍疊韵轉注字。茮下挩也字。以茮釋莍。此許書轉注通例。或本作艸也。今挩。茮字乃涉上文茮篆下隸書複舉字而譌衍。樧實裹如裘者。校者加之。莍爲茮之轉注字。而茮則今所謂辣椒也。樧从木。則今之花椒。非一物也。王筠據鍇本樧作椒。裹作衺。太平御覽引三倉。莍。茱萸。【説文解字六書疏證卷二】

荆

荆　説文楚木也从艸刑聲古文作⿱艸刅⿱艸刅即⿰刃丨傳寫者誤分爲二故作⿰刃刂其从艸者蒙上文小篆之荆而誤既云楚木不當从艸方濬益説　貞簋　貞從王伐荆　莊十年春秋荆敗蔡師于莘　杜云荆楚本號後改爲楚

師虎簋　左右戲緐荆

牆盤　廣㪤楚荆【金文編】

从井　過伯簋　過伯從王伐反荆

䟽馭簋　䟽馭從王南征伐楚荆

3·1146 獨字【古陶文字徵】

荆野　吳荆　郭荆之印　牟荆之印　司馬荆　齊荆之印　荆譚　潘荆　臣荆

荆勝之印　荆少史印　荆禹【漢印文字徵】

荆　荆出王庶子碑【汗簡】

古老子　古尚書　王庶子碑　崔希裕纂古【古文四聲韻】

◉許　慎　楚木也。从艸。刑聲。舉卿切。古文荆。【説文解字卷一】

◉柯昌濟　荆字舊釋梁。非。古文荆字从人。在荆棘中形。後轉从井聲。古誼泯矣。【韡華閣集古録跋尾】

◉陳　槃　昭十二年左傳。右尹子革對楚靈王曰。昔我先王熊繹。辟在荆山。荆之稱。當本此。夫楚人既不以爲諱。即亦不以爲醜。乃莊十年春秋書。荆敗蔡師于莘。公羊。荆者何。州名也。州不若國。……曷爲不言其獲。不與夷狄之獲中國也。穀梁。荆者。楚也。何爲謂之荆。狄之也。是以荆爲貶詞也。案。金文中楚亦或曰荆。貞毁。貞從王伐荆。或曰楚荆。䧹毁。伐楚荆。其自稱亦或曰楚。如中子化盤楚王領鐘等。或曰荆。莊四年左傳。楚武王爲陳兵之法曰荆尸。杜解。尸。陳也。荆亦楚也。更爲楚陳兵之法。宋丘光庭兼明書三荆敗蔡師于莘條。（荆尸）謂舉其先代之軍法也。俞樾茶香室經説十四荆尸條。荆既楚之舊號。荆尸亦必是楚之舊法。當時鬥廉之敗鄖師。莫敖屈瑕之敗絞人。各出新意。不循舊法。楚武王此年伐隨。則仍用荆之舊法。以治其行陣。故曰。楚武王荆尸。然則以荆爲春秋之貶辭者。繆也。【春秋大事表列國爵姓及存滅表譔異第二册】

◉徐中舒　銅器中有荆楚之荆字，作貞敦過伯敦䧹敦師虎敦從井從刅（或省井）。古文荆作，即形誤分爲二，象樹枝耕井田中。《説文》云：「荆，楚木也。」因用樹枝耕，故得訓為楚木。字又為㓝，《説文》「㓝，造法㓝業也」。用樹枝耕，故得爲創始之稱，稻粱之粱從刅，亦當由耕得義。【耒耜考　歷史語言研究所集刊二本一分】

◉商承祚　説文。荆。「楚木也。荆。古文荆。」金文貞毁。從王伐荆。字作。此寫者誤析爲二。復增艸。木之有刺者稱荆棘。則荆乃有刺之木。故字作刀上刺以會意。【説文中之古文考】

◉强運開　貞敢。貞從王伐。方濬益云。説文。荆。楚木也。从艸。刑聲。古文乍。即。傳寫者誤分爲二。

故乍□。其从艸者。蒙上文小篆之荆而誤。即云楚木。不當从艸。運開按。方説甚是。荆楚即荆棘。其文乍□。正象叢生有刺之形。或乍□□。盖从井得聲。小篆从刑。或謂古者刑杖以荆。故字从刑。則後人坿會之説也。【説文古籀三補】

◉馬叙倫　桂馥曰。刑聲當作荆聲。倫按。過伯𣪘𢦏𣪘伐荆字均作刱。則桂説是也。然金文刱字實即本書之刱。爲刅之轉注字。从刅。井聲。詳刱字下。金器伐刱。刱即春秋之楚國。楚刱音同穿二。楚聲魚類。刱讀若創。聲入陽類。魚陽對轉。故得相通。史記正義。秦滅楚。諱楚。改曰荆。秦襄王名楚也。盖以雙聲之刱易之。詩殷武。奮伐荆楚。𢦏𣪘。從王南征。伐楚荆。荆楚以雙聲連文。則于越之例也。然今經傳悉作荆。而淮南人間。師之所處。生以棘楚。即老子之荆棘生焉。賈誼書。蚉冒楚棘。亦謂荆棘。盖由荆从刑得聲。音轉入見紐者。猶耕从井得聲。音亦見紐。邢亦从井得聲。音入匣紐也。或曰。荆本从刱得聲。音轉爲舉卿切耳。然楚木之訓非荆本義。荆既从艸。義當是艸。而楚爲叢木。其字从林。亦非木名。今言楚木。豈謂楚地宜荆耶。倫謂本是楚也木也。一訓校者加之。楚也者以聲訓也。木也者。有木名荆。漢書郊祀志。以牡荆莖爲幡竿。晉書刑法志。陵上荆一枝。圍七寸二分者被斫。是也。盖本有从木之字。而古已失之。荆其借字也。荆當爲艸名。盖艸之蔓生者。此訓楚也木也或校者加之。本訓捝矣。字見急就篇。□朱孔彰曰。□盖井旁斜書之。方濬益曰。□即貞𣪘從王伐□之□。傳寫譌爲□。□爲楚木。不當从艸。此蒙上文小篆而譌。強運開曰。方説是也。□象荆楚棘叢生有刺之形。倫按。□爲刱之異文。此盖本作□。傳寫譌耳。【説文解字六書疏證卷二】

◉陳夢家　吳世家「太伯之犇荆蠻，自號句吳」，索隱曰「荆者楚之舊號，以州而言之曰荆；蠻者閩也，南夷之名。」穀梁莊十四、廿八「荆者楚也」，詩·漸漸之石序「荆舒不至」鄭注云「荆謂楚也」，晉語六「鄢之役，晉伐鄭，荆救之」，韋注云「荆、楚也」。説文「荆、楚木也」，廣雅·釋木「楚、荆也」。左傳昭十二載楚靈王之言曰「昔我先王熊繹，辟在荆山」，是楚得名于山。毛詩所載，采芑有蠻荆，閟宮有荆舒，殷武有荆楚。故知荆、楚、荆蠻、蠻荆所指是一，皆爲芈姓之遺。【小子生尊　西周銅器斷代】

◉朱德熙　屈栾既然是楚月名，鐘銘「刱篙」二字自當讀爲「荆曆」。荆曆猶言楚曆。《廣韻》「鬲、曆」同音，錫韻郎擊切，古音同在支部，可以通用。《史記·滑稽列傳》「銅歷爲棺」，假歷爲鬲，鐘銘則假篙爲曆。刱字从田荆聲，上引雲夢秦簡楚月名有「荆夷」，又有「夏夷」，荆夏對舉，荆讀爲荆，猶鐘銘刱讀爲荆，兩者可以互證。【刱篙屈栾解　方言一九七九年第四期】

◉商承祚　𠜴，本組簡數見，亦見於信陽長臺關楚墓出土的編鐘，其字从田，荆聲，簡作𠜴，从刄，與从刀意同。【江陵望山一號

楚墓竹簡疾病雜事札記考釋 戰國楚竹簡匯編】

◉唐 蘭 刅，荆字的本字，《説文》荆字古文作□，應爲從艸刅聲。□即刅字。本象人的手足因荆棘而被創傷，人形譌爲刀形，因而或加井形而作刱字，即創傷之創的本字，增艸而爲荆棘之荆。

□薛氏本作□，又作□，當是□字變體，筆畫小譌。□字見𣪘𣪘，即刱(荆)字，已詳前。卜辭稱國爲方，此説反荆方，還承襲殷代遺風。【論周昭王時代的青銅器銘刻 古文字研究第二輯】

◉夏 渌 李 榦 我們傾向于荆、楚本來是一物，即「叢生灌木」而異名，本來没有尊賤的特殊含義。荆、楚作爲地名與這種叢生木有關，楚人習慣以分封的楚子的「楚」自名，中原異邦人「狄之」而稱「荆」，是由于地域的偏見，强加給楚人的。正如南方民族也自稱爲苗蠻，本來没有蔑視的含義。稱荆，稱楚，本來没有褒貶之意。作爲方國或氏族集團的名稱，「荆」比「楚」還早。「楚」在被周封爲子男之國以前，在殷代的卜辭中就被稱作「荆」和「荆方」了，甲骨文也有「楚」字，却是與「三門」、「南單」並列的殷王朝治内的地名，没有作爲方國的名稱。

卜辭中的「荆方」也稱「井方」，「荆」書作：□、□，省作井，過去學者以周代的「邢丘」「邢侯」的「邢」釋之，把殷代南方大邦的「荆方」即「井方」，拉到以後周代在北方的封侯上去了，那真是差之毫釐，謬以千里。我們根據甲骨文提供的新史料，試論卜辭中的井方，即荆方，是南方的荆楚，而不是北方的「邢邱」。

甲骨文「荆」作：□（乙3025），可以理解作从艸井聲的字，也省作□（乙7767）。《説文》釋「荆」是从艸刑聲，刑，又是从刀井聲，所以形聲字从井得聲和从刑得聲是一碼事，甲骨文□即「荆」古字，卜辭中又以聲符井代表它，稱荆方爲井方。現舉有關青銅銘文和卜辭資料如下：

殷代青銅銘文《乙亥鼎》：「乙亥，王……在瀑陎，王飨酒，尹母麗唯各，賞貝用作父丁彝。唯王征井方。炳。」

丁亥卜：灤其徂荆，王惠比？（小南768）

戊戌卜寺貞：荆方丐射，唯我禍？五月。

貞：荆方丐射，不唯我禍？（乙7767）

己巳貞：執井方？（粹1163）

癸卯卜宊貞：井方于唐宗彘？（後1·8·5）

方幸井方？（燕624）

菭

勿呼从井伯?（善齋藏甲）

……眉率伐……井……?（甲308）

辛未卜：鳴……獲井鳩?

鳴不其獲井鳩?允……。（後2·5·13）

「井鳩」讀爲「荆鳩」。《事物異名録·禽鳥·祝鳩》：「山堂肆考：鳩，一名鵻，壹宿之鳥，謂壹于所宿之木也，一名荆鳩，一名楚鳩。」

過去學者把殷代方國的「井」（荆）當作周代封國姬姓的「邢侯」的「邢」，是欠妥的。陳夢家《卜辭綜述》引《殷本紀》「祖乙遷于邢」，《尚書序》作耿，《索隱》曰「今河東皮氏縣有耿鄉」，今山西河津縣。《漢書·地理志》：「皮氏，耿鄉故耿國，晉獻滅之。」河津之耿國，非祖乙所遷邢，然「邢」「耿」古通，則耿可能即卜辭的井方。（P.288）

金文《井侯簋》中的「井侯」，金文家認爲是「康王封周公子井侯的邢丘，地近周原」。地處北方的邢丘，周代封給周公子叫他爲邢侯，不知和地處南方的井方，即荆方有何必然聯繫。《殷本紀》既言「祖乙遷于邢」，邢爲商故都所在的領地，怎麼會讓敵人建立方國，從而興兵討伐征戰呢?

荆的聲符是刑，刑的聲符是井，古漢語以聲通假和甲骨文尚簡，荆方稱井方，卜辭中丼、井并存，是合乎常例的，歷史記載只有武丁時代的「撻彼殷武，奮伐荆楚。」未聞過伐刑侯、刑伯之説。近年考古既在江漢平原發現像黄陂盤龍城這樣規模的商城遺址，楚的先世在南方的「江上蠻荒之地」，建立起自己的方國，殷人稱之爲「荆方」（井方）有什麼不可能呢?殷代開拓南邦方，武丁奮伐荆楚，我們説伐的不是邢丘，而是井方，即荆方，是從卜辭提供的殷代史料實際出發的。【荆楚名原初探　中南民族學院學報一九八三年第三期】

◉戴家祥　[illegible]説文一篇「荆，楚木也，从艸刑聲，古文作[illegible]。」金文荆作爲國名多作刱，此銘从竹古文从竹與从艸可通荆省聲，从邑，表示國邑之名與用同，當即荆之異體。【金文大字典下】

◉許　慎　菭水衣。从艸。治聲。徒哀切。【説文解字卷一】

◉馬叙倫　鈕樹玉曰。韵會引作水衣也。嚴可均曰。釋草釋文引作水青衣也。諸引皆無青字。亦通。丁福保曰。慧琳音義卅一作水衣也。今奪也字。倫按。水衣俗名也。此呂忱或校者以爾雅釋艸文加之。本訓捝矣。【説文解字六書疏證卷二】

芽 芽

萌 萌

崔希裕纂古 王存乂切韻 【古文四聲韻】

◉許 慎 芽萌芽也。从艸。牙聲。五加切。【説文解字卷一】

◉馬叙倫 段玉裁曰。萌芽也本作芽萌也。後人倒之。倫按。衍芽字耳。段説亦通。芽乃隸書複舉字也。【説文解字六書疏證卷二】

後二・三・八 卜辭萌从茻。 庫一〇二五 或从二木 佚二九二 【甲骨文編】

佚292 【續甲骨文編】

文字4:5 【古陶文字徵】

王萌私印 成萌私印 王萌之印信 譚萌私印 董萌之印 【漢印文字徵】

竝崔希裕纂古 【古文四聲韻】

◉許 慎 萌艸芽也。从艸。明聲。武庚切。【説文解字卷一】

◉商承祚 此字又疑爲艸木萌芽之萌字。象日月照臨而艸木萌生。與朝誼異。朝。金文作。事族彝及中殷父彝。从二屮。是朝與萌之分在屮茻之間。而朝固無从茻之理也。釋萌于誼爲得。【殷虚文字類編卷七】

◉郭沫若 萌字羅振玉王國維均釋朝，商承祚王襄均釋萌。羅云「日已出茻中而月猶在天，是朝也。」商云「朝金文作，事族毁文。从二屮，是朝與萌之分在屮茻之間。」余案當以釋萌爲是。羅説「日已出茻中而月猶在天」乃下弦時現象，若在上弦則「月已出天而日猶在茻中」，此字不將爲莫暮耶？故羅説絶非。然商説亦未得要領。盖古金文朝字乃示日出艸間其旁有露，以盂鼎字爲最顯豁。小篆作翰，誤从舟；後人作朝，誤从月；羅則因今隸从月而誤萌爲朝耳。萌自萌之緐文，从茻明聲。【卜辭通纂】

◉馬叙倫 沈濤曰。玉篇引作草木芽也。木字今奪。倫按。萌爲莓之轉注字。每民一字。書康誥。敬明乃罰。禮記緇衣引明作民。詩蕩。天生烝民。韓詩外傳作烝明。書堯典。黎民阻飢。史記五帝紀音義。今文尚書一作黎明。是其例證。萌芽皆

鼻音次濁音魚陽對轉轉注字也。【說文解字六書疏證卷二】

◉李孝定　說文。萌。艸芽也。从艸。明聲。卜辭作□。正是从艸明聲。羅氏釋朝。謂日已出而月猶未没。是朝也。羅氏此說乃就下弦天象爲言。倘易作上弦。此字寧當釋莫乎。郭説是也。且説文朝从倝舟聲。其説必有所承。金文亦不从月。但从水作□盂鼎□先獸鼎□趠毀□仲殷父毀□克簋□事族毀□茽伯毀□陳侯因資毀三體石經古文作□。均从水作。無一从月者。可證卜辭此字之不當釋朝也。字在卜辭爲地名。

金文小篆朝均不从月。而萌字篆文則正从艸明聲。以字形言。此固當釋萌也。古文从月之字。小篆固有譌作舟者。然不能謂小篆从舟之字。古文皆當从月也。般字古文从月(凡)。即非从月。且庫一〇二五片之□字乃地名字。不可識。當爲从隹莫聲。如爲朝莫字。何不逕作□。而反从隹。唐氏舉此以証□之爲朝説。失之鑿。且如此字果是朝字。則金文中朝夕字何以不用本字之□。而必假潮汐字爲之乎。王氏謂金文淖爲潮汐字。是也。唐氏謂塱鼎非贋。朝應作□。然則金文朝夕字何以舍塱鼎外無一作□形者。竊謂此字仍以商説爲長也。【甲骨文字集釋第一】

◉許　慎　□艸初生出地皃。从艸。出聲。詩曰。彼茁者葭。鄒滑切。【說文解字卷一】

◉馬叙倫　鈕樹玉曰。韵會無出字。倫按。艸初生出地皃有校語譌入。茁爲出之後起字。詳屯字出字下。此字蓋出字林。【說文解字六書疏證卷二】

□　莖咸之印　【漢印文字徵】

◉許　慎　□枝柱也。从艸。巠聲。户耕切。【說文解字卷一】

◉馬叙倫　沈濤曰。玉篇引作草木幹也。蓋古本如是。一切經音義八引字林云。莖。枝生也。任大椿曰。枝生當爲枝柱之誤。然則後人用字林改説文耳。丁福保曰。慧琳音義五及八及十一皆引作枝主也。考字林作枝生也。倫按。此字林義。許當訓艸榦也。唐人轉删本訓矣。【說文解字六書疏證卷二】

莛

◉許　慎　莛莖也。从艸。廷聲。特丁切。【說文解字卷一】

◉馬叙倫　莖莛轉注字。聲同耕類。【說文解字六書疏證卷二】

◉戴家祥　埜湯叔盤　埜湯叔氏伯𤘈鑄其尊

字上半从林，下从。考毛公鼎「率褱不廷方」，廷作；利鼎「井伯內右利立中廷」，廷作；師酉簋「公族𤔲釐入右師酉立中廷」，廷作；字皆从乚，从。與此字下文正同，其爲𡈼字明甚。說文八篇「𡈼，善也。从人、士。士，事也。一曰：象物出挺生也。」然埜字不見於字書，以聲義審之，或即莛之别體。集韻上聲四十一迥莛梃挺俱从廷聲，音待鼎切，定母耕部。漢書・地理志膠東國有挺縣，或即埜湯叔之故地歟？【金文大字典下】

葉

葉　不从艸　拍敦蓋　枼字重見【金文編】

葉　日乙一五八　二例　通世　外鬼父—爲姓　日乙一五八

法七　【睡虎地秦簡文字編】

葉丞之印　【漢印文字徵】

詛楚文。枼萬子孫　不从艸意同世世字枼字重文【石刻篆文編】

◉許　慎　艸木之葉也。从艸。枼聲。與涉切。【說文解字卷一】

◉吳大澂　古文葉不从艸。拍盤。枼字重文。【說文古籀補卷一】

◉林義光　世葉。泰韻式害切。又葉韻。說文云。。三十年爲一世。从卅而曳長之。亦取其聲。按三十引長非三十年之義。古作。吳尊彝。當爲葉之古文。象莖及葉之形。草木之葉重累百疊。故引伸爲世代之世。字亦作葉。詩昔在中葉。長發。傳云。世也。世泰韻。葉葉韻。雙聲旁轉。葉轉爲世。猶盍葉韻。轉爲蓋。泰韻。說文盍覆也。灋葉韻。轉爲廢泰韻。諸彝器勿廢朕命皆作勿灋。矣。說文云。楄也。枼薄也。从木世聲。按古作拍彝。作。齊侯鎛。皆用爲世。當與世葉同字。从木。轉注。象形。【文源卷二】

◉郭沫若　枼即葉之初字。葉。世也。【叔夷鐘　兩周金文辭大系考釋】

◉馬叙倫　字从艸而訓艸木之葉也者。因艸及木。木葉無其字也。或許以同聲之字爲訓。今失。此校語耳。字見急就篇。

蕨 [seal form]

【説文解字六書疏證卷二】

◉朱歧祥　□　从木，上附□、□；象枝葉形。隸作葉。《説文》：「艸木之葉也。」羅振玉《增訂殷墟書契考釋》頁三十五釋爲桑，形構亦近似。第一期卜辭用爲外邦地名。

《合249》辛巳卜，㱿貞：呼雀辜□。

第三期以後併爲殷王田狩地。與潢相近，處殷西南。

《前4.41.4》辛未☐宂貞：王其往田☐□☐災。

《林2.20.9》☐在□貞：☐潢，衣☐亡災。

《後下16.13》貞：呼取般，狩□。　【殷墟甲骨文字通釋稿】

◉許　慎　蕨艸之小者。从艸。㓹聲。㓹。古文鋭字。讀若芮。居例切。【説文解字卷一】

◉馬叙倫　嚴可均曰。㓹古文鋭字。校語也。不云籒文而云古文。与冈部金部又不合。葉德輝曰。鋭芮古音同部。劉秀生曰。㓹爲籒文鋭。鋭从兑聲。兑在定紐。芮从内聲。古在泥紐。皆舌音也。故蕨从㓹得聲讀若芮。尹桐陽曰。管子地數有芮戈。即鋭戈。芮蕨鋭叠韵。倫按。㓹盖从厂剡聲。詳鋭字下。剡音喻四。然从炎得聲。炎音喻三。芮音日紐。皆舌前音。故蕨讀若芮。然艸之小者必非許文。下文芮。文選西征賦注引。芮。小皃。下文蔽。小艸也。與蕨聲皆脂類。而蕨又讀若芮。然則艸之小者盖芮或蔽字義。芮爲艸初生。引申得爲艸之小者也。蕨之本義盖亡矣。或乃芮之轉注字。本訓捝失。校者加艸之小者。此字失次。或非許書原有也。【説文解字六書疏證卷二】

芣 [seal form]

◉許　慎　芣華盛。从艸。不聲。一曰芣苢。縛牟切。【説文解字卷一】

◉馬叙倫　朱珔曰。華盛之義不見經典。徐鍇以爲許意此是棠棣之華萼芣韡韡之芣。張楚曰。華盛乃蘥字義。蘥芣聲並之類。倫按。桂馥錢坫皆從徐説。然鄭玄詩箋謂不當爲柎。柎。鄂足也。鄂足得華之光明則韡韡然盛。則華盛乃引申之義。且鄭何不謂不當爲芣。而言不當作柎。今詩作鄂不韡韡。故程瑶田王筠徐灝又均以不爲華跗本字。徐引鄭樵説不象華萼蔕之形。又引程説謂鄭箋不當作柎者。古音不柎同。鄭以柎曉人。非謂柎譌爲不。而欲改其字也。倫謂不爲飛之異文。詳不字下。鄂跗字爲帝。聲轉爲不。帝音端紐。不音非紐。古讀歸封。封端皆破裂清音。故得轉注爲芣。从艸。不聲。不聲之類。

帝聲支類。之支亦近轉也。説解盖作華柎也。盛也者蘛字義。校者加之。一曰芣莒亦校語。又疑此字出字林。【説文解字六書疏證卷二】

葩 葩

葩 蔡葩之印【漢印文字徵】

◉許　慎　葩華也。从艸。皅聲。普巴切。【説文解字卷一】

◉丁佛言　葩古鉥葩克苫集均同葩。【説文古籀補補卷一】

◉馬叙倫　戴震曰。字林音于彼切。倫按。葩爲𠌶之聲同魚類轉注字。疑此字出字林。【説文解字六書疏證卷二】

芛 芛

◉許　慎　芛艸之葟榮也。从艸。尹聲。羊捶切。【説文解字卷一】

◉馬叙倫　鈕樹玉曰。韵會引作艸之皇榮者也。五音韵譜葟作皇。非。孔廣居曰。尹。余準切。故芛諧尹聲。倫按。爾雅釋艸。芛葟華榮。諸家謂許本雅文也。倫謂雅文芛葟華榮也者。謂芛葟華皆榮也。榮即此下文之英。本書。華。榮也。榮亦借爲英。是華榮之義一也。可證非以華榮釋芛葟也。此言葟榮亦複。盖本作葟也榮也。校者增一訓。而後之校者以字从艸而改爲艸之葟榮也。則不可通矣。或本訓挩失。今所存者。盡校語也。芛音喻四。𠌶音曉紐。皆摩擦次清音。轉注字也。𠌶或作華。音轉入匣紐。葟音匣紐。亦轉注字也。喻四與影同爲喉音。故芛英亦轉注字。英音影紐也。華英則魚陽對轉轉注字。王筠據鍇本葟作皇。【説文解字六書疏證卷二】

蘳 蘳

◉許　慎　蘳黄華。从艸。黊聲。讀若壞。乎瓦切。【説文解字卷一】

◉馬叙倫　王念孫曰。鍇本作讀若墮壞。是也。言讀若墮壞之墮也。墮音呼規反。説文黊字从黄圭聲。故蘳从其聲。讀若墮。玉篇蘳呼規切。是其證。朱士端曰。墮圭聲近。壞字古音亦同列支部。小徐墮壞二字是雙聲兼疊韵。葉德輝曰。黊从圭得聲。壞从褱得聲。古音同。田吳炤曰。廣韵音壞。與大徐合。劉秀生曰。黊聲在匣紐。墮即陊之重文。陊聲亦在匣紐。故蘳从黊聲得讀若墮。倫按。讀若墮。此芛字下説解。傳寫譌入蘳下也。爾雅釋草郭注。今俗呼艸木華初生者爲芛。音䝐豬之䝐。䝐亦从隋得聲。且䝐音以水切。正與尹音同在喻四。皆可證也。鍇本作讀若墮壞者。疑此下亦有讀若壞。壞音下怪切。正與此音乎瓦切音同匣紐。然蘳从黊得聲。而黊實从圭得聲。詳黊字下。圭讀若皇。音在匣紐。故蘳音亦匣紐也。蘳爲華之音同匣紐轉注字。説解黄字盖隸書複舉字之譌衍者。古無以蘳爲黃華者。玉篇始訓黃花。盖本此譌本也。【説文解字六書疏證卷二】

◉許　慎　蔈苕之黃華也。从艸。㶾聲。一曰末也。方小切。【説文解字卷一】

◉馬叙倫　段玉裁曰。釋草。苕。陵苕。黃華蔈。白華茇。按茇下云。一曰艸之白華爲茇。不云苕之白華。則此下亦當云艸之黃華。苕字恐後人改。倫按。茇下曰。艸根也。葯下曰。茇也。則許不用雅義。其一曰艸之白華爲茇者。明是校者據雅義加之。王筠謂艸當爲苕也。茇既不用雅義。而此乃訓苕之黃華也。是本雅義也。然雅文謂苕者陵苕。其黃華者名蔈。白華者名茇。盖由方語分別。其實蔈苕聲同宵類。蔈茇則同爲雙脣音。蔈音非紐，古讀歸封。語原仍不異也。蔈茇以華色而異名。説解非謂苕之黃華爲蔈白華爲茇。而此曰苕之黃華也。亦非雅義。若如雅義。當作苕之黃華者也。倫以此知此乃校語耳。説解當訓苕也。爲苕之轉注字。聲同宵類。苕爲艿之後起字。故爾雅釋草。蔈荂荼。郭注。即艿也。上文。艿。葦華也。葦華生於葦末。故苕艿蔈之音皆取於杪標。此一曰末也。即標字之義。亦校者所加。此字失次。疑後之校者因今説解作苕之黃華。移以類聚耳。【説文解字六書疏證卷二】

英　日甲六四　五例　通殃　南遇—　日甲六四

日甲一二八　【睡虎地秦簡文字編】

王英

字英　【漢印文字徵】

◉許　慎　英艸榮而不實者。一曰黄英。从艸。央聲。於京切。【説文解字卷一】

◉馬叙倫　鈕樹玉曰。韵會引黃英下有木名二字。一曰句在央聲下。凡説文通體皆然。有不然者。疑皆後人改。桂馥曰。徐鍇曰。爾雅釋木有權黃英。按此黃英當爲薑英。倫按。英爲華之魚陽對轉轉注字。艸榮而不實者非許文。凡古書榮華字皆借榮爲英。英即華也。盖説解捝失本訓。但存校者據爾雅釋草所增之語耳。一曰黄英者。桂以薑英爲似菊之華。然薑英即薑苡之異名。此黃英非薑苡。爾雅釋木曰。權。黄英。釋草曰。權。黄華。本書。權。黄華木。檢釋木郭注曰。未詳。釋草郭注曰。今謂牛芸草爲黄華。華黄。葉似荍蓿。疏曰。説文亦云。芸艸也。似苜蓿。然則牛芸者。亦芸類也。倫謂本書以黃華釋木類之權。以黃英釋英。爾雅以黃英釋木類之權。以黃華釋草類之權。正相反。必有一誤。本書以黃英附於英下。無專字。木部權黃華木者。玉篇作黃英木。是本書華字爲誤而与釋木合矣。此下一曰黃英。豈即權字義耶。故韵會引有木名二字。然實校者所加。【説文解字六書疏證卷二】

薾

◉許　慎　薾華盛。从艸。爾聲。詩曰。彼薾惟何。兒氏切。【説文解字卷一】

◉馬叙倫　翟云升曰。詩采薇釋文引盛下有皃字。倫按。疑華爲艸誤。或校者以詩采薇毛傳文改之。或許本訓艸皃。華盛乃字林文。今捝本訓。【説文解字六書疏證卷二】

◉湯餘惠　原摹未釋，疑薾字。古璽爾作，古陶偏(你)字作，爾旁寫法相近。【包山楚簡讀後記　考古與文物一九九三年第二期】

萋

石碣霝雨　霝雨萋萋【石刻篆文編】

王存乂切韻【古文四聲韻】

◉許　慎　萋艸盛。从艸。妻聲。詩曰。菶菶萋萋。七稽切。【説文解字卷一】

◉強運開　薛尚功楊升庵均作淒。説文。淒。雨雲起也。从水。妻聲。詩曰。有渰淒淒。今詩作萋萋。則从艸。籀文从艸之字多从茻。是此篆實爲籀文萋字。按。石刻有重文。此下闕二字。【石鼓釋文】

◉馬叙倫　沈乾一曰。廣韵十二齊韵會八齊皆作草盛皃。玉篇萋萋艸茂皃。盖古本有皃字。今奪。倫按。許當訓艸皃。艸盛盖字林文。菶下亦然。餘見萑下。【説文解字六書疏證卷二】

菶

◉許　慎　菶艸盛。从艸。奉聲。補蠓切。【説文解字卷一】

◉馬叙倫　當作艸皃。餘見萑下。【説文解字六書疏證卷二】

薿

◉許　慎　薿茂也。从艸。疑聲。詩曰。黍稷薿薿。魚己切。【說文解字卷一】

蕤

◉許　慎　蕤艸木華垂皃。从艸。甤聲。儒隹切。【說文解字卷一】

◉馬叙倫　沈濤曰。文選陸機園葵詩注引云。蕤。艸木華盛皃也。江淹雜體詩注引云。芳蕤。草木華盛皃。芳乃涉正文而衍。蓋古本作盛不作垂。錢坫曰。文選注引纂要云。草木華曰蕤。丁福保曰。慧琳音義六十四引。草木盛皃也。今本誤盛爲垂。倫按。文選琴賦注引作草木花貌。此垂爲華譌。又挩盛字耳。然蕤从艸既不得兼木義。義亦本止謂草盛。爲薾薿之轉注字。今說解爲校者改之。猶芨訓艸根而玉篇作艸木根也。餘見萑下。【說文解字六書疏證卷二】

葼

◉許　慎　葼青齊沇冀謂木細枝曰葼。从艸。㚇聲。子紅切。【說文解字卷一】

◉馬叙倫　王筠曰。齊。鮑本繫傳作徐。是也。以一國名雜三州名之閒頗不詞。傅雲龍曰。此以俗語解本義。倫按。方言二。木細枝謂之杪。青齊兗冀之閒謂之葼。是葼爲杪之轉注字。本書。杪。木標末也。从木。少聲。本書。𡭔。少也。少𡭔實一字。詳𡭔字下。𡭔音子結切。本書沙之重文作𣲡。則杪之或體可爲杺。是杪葼雙聲也。然疑葼是艸名。漢官儀。葼園供染綠紋綬。注。染艸也。方言謂杪曰葼。校者因據加於此。今本訓挩失。但存校語。沇字鍇本作兗者獨顧本如此。王筠據本作沇。鈕樹玉桂馥皆不出校。【說文解字六書疏證卷二】

䔟

◉許　慎　䔟艸萎䔟。从艸。移聲。弋支切。【說文解字卷一】

◉馬叙倫　桂馥曰。萎當爲委。朱駿聲曰。萎䔟疊韵連語。倫按。本書。逶迤衺去之皃。旖。旗施旖也。旖施猶逶迤。奇委聲皆歌類也。艸委䔟義同。本書。移。禾相倚移。然移爲禾之轉注字。則禾倚移者字當作䔟。唐寫本切韵殘卷五支引作萎䔟。艸萎䔟不似本訓。此字盖出字林。【說文解字六書疏證卷二】

蒝　蒝

◉許　慎　蒝艸木形。从艸。原聲。愚袁切。【說文解字卷一】

◉馬叙倫　桂馥曰。艸木形者。疑非原文。玉篇廣韵並云。莖葉布也。本書。薄。華葉布。正同。倫按。説解有捝譌。字亦疑出字林。【説文解字六書疏證卷二】

莢　莢

◉許　慎　莢艸實。从艸。夾聲。古叶切。【說文解字卷一】

◉馬叙倫　任大椿曰。字林。莢。艸實也。倫按。周禮大司徒。其植物宜莢物。廣雅釋艸。豆角謂之莢。文子尚德。木實生於心。艸實生於莢。是莢所以褁艸實而非艸實也。盖此字林訓。本訓捝矣。字見急就篇。顔師古本。松江石本作夾。疑急就本作夾。傳寫依字林增艸。此字出字林也。【説文解字六書疏證卷二】

◉楊樹達　南方曰夾，胡君以夾輔爲釋。按原文字作夾，从儿，从夾，疑即莢之初字也。説文云：「莢，艸實也，从艸，夾聲。」甲文字从儿者，象莢之形，夾其聲也。【甲骨文中之四方風名與神名　積微居甲文説卷下】

芒　芒

芒【古璽文編】

芒 芒勝之印　芒 曹芒印　芒 胡芒【漢印文字徵】

◉許　慎　芒艸耑。从艸。亾聲。武方切。【説文解字卷一】

◉馬叙倫　沈濤曰。文選應璩與從弟君苗君冑書注引。芒。洛大皁也。疑古本一曰以下文。王筠曰。字林。芒。禾秒也。倫按。此萌之轉注字。萌芒雙聲。民之轉注字爲氓。即从亡聲。是其證也。艸耑盖非本訓。或曰。芒音武方切。即莊子人閒世之迷陽。王應麟引胡明仲曰。荆楚有艸。叢生修條。四時發穎。春夏之交。花亦繁麗。條之腴者大如巨擘。剥而食之。其味甘美。野人呼爲迷陽。其膚多刺。【説文解字六書疏證卷二】

藬　藬

◉許　慎　藬藍蓼秀。从艸。隨省聲。羊捶切。【説文解字卷一】

◉馬叙倫　鈕樹玉曰。玉篇引秀下有也字。韵會引作蓼秀也。段玉裁曰。藬芛皆切羊捶。藬盖芛之異文。且當与荂葩蘳蕓英藬相次。此非其列。疑後人所沾。王念孫曰。鍇本作隋聲。按隋音他果反。藬音悦吹反。徐鉉以爲藬不當从隋聲。故改爲隨省聲也。不知隨字亦作隋聲。凡支韵中字从隋聲者。古皆与戈歌通。若隨字古音徒禾反。隋字古音亦徒禾反。與隋音相近。故从隋聲。今改爲隨省聲。非是。錢坫曰。廣雅釋艸。蓨。蔕也。倫按。藍蓼異物。秀者禾采。豈藍之秀蓼之秀皆名蓨耶。廣雅作蔕也。蔕音端紐。蓨音古在定紐。同爲舌尖前破裂音。或轉注字。然疑此字出字林。【説文解字六書疏證卷二】

蔕 古老子 【古文四聲韻】

●許　慎　蔕瓜當也。从艸。帶聲。都計切。【説文解字卷一】

●馬叙倫　桂馥曰。文選西京賦李注引聲類。蔕。果鼻也。倫按。蔕爲帝之雙聲轉注字。瓜當俗名也。疑非本訓。【説文解字六書疏證卷二】

●許　慎　荄艸根也。从艸。亥聲。古哀切。又古諧切。【説文解字卷一】

●許　慎　苭茇也。茅根也。从艸。均聲。于敏切。【説文解字卷一】

●馬叙倫　段玉裁曰。茅根也之上當有一曰二字。此別一義。倫按。王筠據玄應音義引茅根也上有謂字。以爲此是庾注是也。苭。茇也。茇。艸根也。雖不如考老之互訓。而亦許書通例。茇下既曰艸根。則此茅根如非別義。於詞爲複舉矣。若爲別義。於上當有一曰以爲柬別。於大例亦當在从艸均聲之下。今皆不然。益知爲後人所沾。苭聲真類。茇聲脂類。脂真對轉。轉注字也。【説文解字六書疏證卷二】

茇 茇閎私印 【漢印文字徵】

●許　慎　茇艸根也。从艸。犮聲。春艸根枯。引之而發土爲撥。故謂之茇。一曰艸之白華爲茇。北末切。【説文解字卷一】

◉馬叙倫　王筠曰。許君以犮撥音近。用以爲説。然引枯根以發土無是事也。一曰艸之白華爲犮者。艸當作茇。釋艸。茇。陵苕。黄華蔈。白華茇。倫按。茇亦荄之聲同脂類轉注字。春艸以下校語。春艸根枯引之而發土爲撥。故謂之茇者。犮字義。詳犮字下。一曰艸之白華者。見蔈字下。【説文解字六書疏證卷二】

◉張連航　□字學術界一般都認爲可隸定爲𠦪字，有祈求的意義。這種看法，事實上是由辭例推勘所得出的。

爲這個字的研究打開缺口的是郭沫若。郭首先以歷史的眼光，把金文中□、□、□等形和甲骨文相對比。如《盂爵》有「隹王初□于成周」，《杜伯盨》「用□壽匄永命」。他把□釋爲𠦪，認爲「明係用爲祈祀之義」；又説：「□乃□之省，周公毁𢷎字作□、吴尊作□所從𠦪字均與此同。」這主要是由於《説文》中拜字作「𢷎」。《説文》：「𢷎，首至地也。從手𠦪聲。」𠦪字在《説文》中也是一形聲字，訓爲「疾也」。小徐本、王筠《説文句讀》解釋一樣。在金文裏，𢷎是一種禮節。如「𢦚𢷎䭫首」（《𢦚方鼎》）、「𢦚敢𢷎手䭫首」（《彔伯簋》）。寫法有□（《沈子簋》）、□（《井侯簋》）、□（《農卣》）等形，是從□從手的會意字，□形，明顯就是甲骨文中的□形。

𢷎字《説文》的解釋肯定有問題。由於秦漢簡册的出土，現在我們已能很好地掌握拜字形體演變的軌跡。

□沈子簋——□幾父壺——□小篆——□睡虎地簡——拜居延漢簡

這個字在睡虎地簡中，把篆書的圓筆變直。到了居延漢簡中，形體訛變成拜，由此演變成我們楷體的拜。在典籍中𢷎（拜）字通作拔。《詩經・甘棠》有「勿翦勿拜」句。阜陽漢簡詩經作「×諓勿𢷎」。鄭玄注詩時説「拜之言拔也」。就聲韻來説，拜、拔兩字古代同音。而聯係起其他的因素，這個字給我們很大的啓發。拔，《説文》訓爲「擢也。从手犮聲。」《爾雅・釋草》有「茇」字，義爲草根。音和拔同，在古籍中常互用。我們認爲□（或隸定爲𠦪）就是象草根之形的茇字。□形可分兩部份。上面的□是草露在地面的部份，所以可有□、□等形態。而下面的□形是指埋在地下的根鬚。事實上，草字本可寫成□形。□字本義爲草根，所以還有□部份和草形有别。另外，□從手從□，正是以手拔草根之形。訓爲拔去之擢，當然是很有道理的。《小爾雅・廣物》云「拔根曰擢」更是直接的證據。可見□即茇字。𠦪爲象形，茇則是形聲。從文字發展的源流看，像草根一類的字是有外形可象的，完全有可能用象形的方法造字的。而𢷎（即拔）是從手從𠦪的會意字，而不是《説文》所説的形聲字。這個字寫成「拔」，才由會意字變成了形聲字。還有一條間接的證據是拔字在古籍中也有訓爲「疾」的（見《史記・黥布傳》「拔興之暴」索隱）。這和𠦪在《説文》中訓爲疾同義。𠦪與拔同音又同義，可見𠦪字和從犮聲的茇、拔等字在語源上是有同

芃

䔃

蓻

源關係的。

𣎵字是芟的本字，但在甲骨文中，𣎵字用爲祭祀動詞或祭名，這其實就是「祓」字的假借。《説文》「祓，除惡祭也。从示犮聲。」祓所以是除惡之祭，可能和𣎵（拔）有擢、去的意思有關。「去惡」與「迎福」爲對，是一件事的兩面。在卜辭中𣎵雨、𣎵禾、𣎵來歲受年。都是迎福的意思，即希望有好的收成，百姓能安居樂業。【釋𣎵　第二屆國際中國古文字學研討會論文】

◉許　慎　芃艸盛也。从艸。凡聲。詩曰。芃芃黍苗。房戎切。【説文解字卷一】

◉強運開　薛尚功橅作𦬸。釋奔。楊升庵釋作華。俱誤。運開按。集韵有芃字。思晉切。音迅。藥艸莔類。小篆从艸之字。大篆則从茻。是茻即芃字也。又按。阮橅天乙閣本無重文。今據安氏十鼓齋所藏弟一本橅拓如上。則有重文。【石鼓釋文】

◉馬叙倫　鈕樹玉曰。韵會引也作貌。倫按。説解當作艸皃。一曰盛也。一曰四字校語。亦疑此字出字林。餘見萑字下。【説文解字六書疏證卷二】

◉許　慎　䔃華葉布。从艸。傅聲。讀若傅。方遇切。【説文解字卷一】

◉馬叙倫　席世昌曰。易震爲尃。干寶。花之通鋪爲花貌謂之藪。即此字。嚴可均曰。讀若傅。疑校者所加。王筠曰。釋草。傅。横目。傅即䔃之省。倫按。説解有捝譌。易之尃借爲華。古讀華如敷也。釋草之傅横目爲草名。則不當廁此。疑此字後人加之。【説文解字六書疏證卷二】

◉許　慎　蓻艸木不生也。一曰茅芽。从艸。執聲。姊入切。【説文解字卷一】

◉郭沫若　「埶王应」者謂張設王之行屋也。埶即樹蓺之蓺。【中齋二　兩周金文辭大系考釋】

◉明義士　从丮从𣎵，象人手持木形。疑爲樹蓺之蓺。【柏根氏舊藏甲骨文字考釋】

◉馬叙倫　鈕樹玉曰。不字疑衍。玉篇訓芽也。又草木生皃。蓻之上下文與艸木不生義不類。左昭十六年傳。有事于山。蓺山林也。杜注。蓺。養護令繇殖。桂馥曰。篆當作蓺。从埶。艸木不生也者。不當爲才。玉篇。蓻。子習切。草木生皃。蓺。魚制切。種蒔也。蓻蓺實一字。席世昌曰。周語。墾田若蓺。應從此解。韋昭曰。蓺猶蒔。恐非。王筠曰。不當爲才。一曰茅芽。即才生之義。翟云升曰。篆當作埶。从屮。从埶。埶亦聲。木部。槸或作檍。火部。爇。埶聲。玉篇埶。種蒔也。亦可爲埶本作埶之證。而玉篇别有藝字。訓茅芽也。又草生皃。子習切。盖隋唐閒已有書埶爲藝者。因以執爲聲。變其音切而分爲二字。後人遂專據玉篇藝字而改説文。埶字由此亡矣。張文虎曰不字當即木字之譌衍。倫按。桂翟二説是也。然倫謂藝字盖出字林。字林附於説文。校者因誤删埶篆而存藝篆。玉篇固本許吕二書也。此訓艸木生也。盖亦字林之義。本訓亡矣。埶爲蒔之轉注字。蒔聲之類。埶聲脂類。之脂通轉也。周語韋昭注。訓埶爲蒔。左傳昭十六年傳杜預注。訓埶爲養護令繁殖。知其時字猶未譌。埶爲執之後起字。一曰茅芽校語。或曰。廣韵作艸生多皃。盖本許書。以字次求之。此訓是也。盖藝埶並有其字。此字不譌。但訓説解有譌耳。倫謂此下文䓝訓艸多皃。而音與埶同紐。以此證之。則廣韵蓋並埶䓝之訓爲一。或其所據本已譌。若是許訓。止當作艸多皃矣。【説文解字六書疏證卷二】

◉袁庭棟　温少峰　甲文又有「埶」字作□，象人跽跪，雙手執禾苗或樹苗進行栽種之形。《左傳・昭公元年》「不采埶」，注：「埶，種也。」《詩・大雅・生民》「埶之荏菽」，箋：「埶，樹也。」埶字後來孳乳爲「藝」字，仍可訓栽種，如《孟子・滕文公》：「樹藝五穀。」卜辭中之埶，即有「種植」之義，如：

(160)王省田埶，入不雨？（《人》二〇四六）

(161)翌日壬，王田省噩埶，不大雨？（《佚》九〇一）

(162)貞：埶，不雨？（《甲》一九九二）

(163)王其田埶，亡災？（《甲》一九九一）

(164)丙午卜：戊王其田埶，亡𢦏（災）？（《寧》一・三六九）

以上諸辭之埶，皆訓爲「種植」即「樹藝五穀」之義。田埶之事由殷王親自過問，且多有卜問禍福之辭，可見種植穀物在殷代經濟生活中之重要。此類卜辭又常與「雨」、「不雨」之事相連，這應當表明殷人已掌握植物水分生理學知識，故而進行種藝之事，常在陰雨密布，雨意甚濃之時日進行，利用及時之雨以保證成活。

甲文中又有□字，舊無釋。字象手執「□」即禾苗栽于「□」即土中之形，應即埶之異體。卜辭云：

(165)□，不其生？（《乙》三六三四）

此辭辭意清楚，乃卜問種藝的作物是否會成活生長之辭。可證□字確爲埶字之異構。

甲文中又有□字，《甲骨文字集釋》謂：「字从収與从丮同，从木，从土，當亦□（即埶）之異構。」其説是。卜辭云：

(166)☒午卜，㞢貞：……𢦏木？（《鄴二》三八·七）

(167)……賓貞：𢦏……于家……十二月。（《前》六·一三·二）

上引之(166)辭明言「𢦏木」，而𢦏字又从木，可證這是有關植樹之事。(167)辭之「家」疑是「宮」字之訛，當是在宮廟植樹之事，因爲此辭系于十二月。十二月時不會在田地中栽種穀物的。

任乃強先生在給作者的信中指出：「蓺字是否可以釋爲移栽？移栽必先有苗圃，是農業技術一大進步。移栽必須得雨，故先卜雨。農業原始，只進行直播，固幼苗易受鳥獸害，才有苗圃與移栽之法。」此說很有道理。我們已經在前面論證了殷人已有甫即圃，蓺字又作𢦏、𢦏二形，則殷人可能在栽禾與植樹之中均已采取移栽之法。【殷墟卜辭研究——科學技術篇】

◉許　慎　⿱艹斦艸多皃。从艸。斦聲。江夏平春有⿱艹斦亭。語斤切。【說文解字卷一】

◉馬叙倫　本訓艸皃。艸多皃及江夏以下校語。餘見茬下。疑此字出字林。【說文解字六書疏證卷二】

茂

茂 茂陵尉印　茂 五茂印　茂 王茂私印　茂 李茂印信【漢印文字徵】

◉許　慎　茂艸豐盛。从艸。戊聲。莫候切。【說文解字卷一】

◉馬叙倫　嚴可均曰。韻會引作草木盛貌。疑當作艸丰盛皃。丰木形近而誤。嚴章福曰。茂義不專言艸。蕤下蔍下蓺下茲下蘀下蘢下皆艸木並舉。茷下亦然。傳寫木誤爲丰。再誤爲豐。又捝皃字。許書之面目全非矣。倫按。本書。楙。木盛也。則茂自專屬艸矣。說解本作艸皃。校者增豐也。傳寫豐或作丰。因譌爲木。傳寫又譌如今文。楙不兼言艸。本部菽亦艸盛義。亦不兼言木。而諸與茂同音同義之菶葆。亦不兼言木。故知木字必譌也。【說文解字六書疏證卷二】

◉嚴一萍　𢦏此字各家無釋。案：鄂君啓節「茂郢」之茂作𦯬，下半之戊作戊，與此字上半全同。說文：「茂，艸豐盛皃。从艸戊聲。」从艸之字可省从屮，如說文之芬作𡵂，菜作𣗥，趄征觚之征作𠈉，趄征爵文卽作𠈉。屮與屮形近易譌。疑此𢦏字爲茂之別構。【楚繒書新考　中國文字第二十六册】

[艹暘]

◉許　慎　[艹暘]艸茂也。从艸。暘聲。丑亮切。【説文解字卷一】

◉馬叙倫　艸茂也當作茂也。艸字盖譌衍。餘見萑下。【説文解字六書疏證卷二】

蔭

◉許　慎　蔭艸陰地。从艸。陰聲。於禁切。【説文解字卷一】

◉馬叙倫　鈕樹玉曰。玉篇引作艸蔭地也。蔭字譌。王筠曰。廣韵引作艸蔭地也。地即也之譌。倫按。今説解有奪譌。艸陰爲蔭之譌分。乃隸書複舉字也。蔭之本義亦艸盛。覆蔭乃引申之義。而古謂有所蔽覆曰蔭者。其本字爲侌。侌爲雲覆日也。依此語原。故水之南山之北爲陰。障蔽曰隱。象㔾曲隱蔽曰乚。詩。陰靷鋈續。錢大昕以爲車掩軓謂之陰。亦語原然也。此説解當作艸皃。今捝。餘見萑下。【説文解字六書疏證卷二】

[艹詰]

◉許　慎　[艹詰]艸皃。从艸。造聲。初救切。【説文解字卷一】

◉馬叙倫　沈濤曰。文選長笛賦注。説文簉倅字如此。又江淹雜體詩注。説文簉雜字如此。左昭十一年傳釋文。簉。副倅也。説文簉从艸。據此。與本書訓釋迥然不同。玉篇曰。草根雜也。疑本許書。三書互訂。古本當云。[艹詰]。艸根雜也。一曰。副倅也。今本經竄削矣。段玉裁曰。依文選注及左傳釋文。艸皃之下本有一曰[艹詰]雜也五字。今人言集。漢人多言襍。倫按。艸下捝多字。玉篇訓草根雜也。倫疑本作艸多皃。一曰。雜也。一曰四字校語。傳寫譌捝如今文。根盖即多皃二字之譌也。[艹詰]蓋蒼之轉注字。同爲摩擦破裂次清音也。【説文解字六書疏證卷二】

兹

鐵六九四　卜辭用丝為兹　重見丝下【甲骨文編】

丝之重文【續甲骨文編】

兹　不从艸　彔伯簋　丝字重見【金文編】

〔三六〕　〔一九〕　〔一九〕　〔三六〕　〔一八〕　〔三六〕　〔四七〕　〔一九〕　〔二一〕

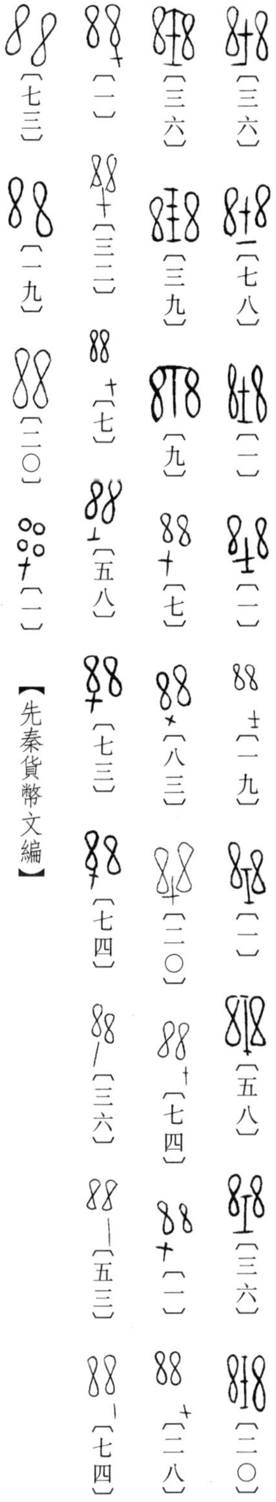

【先秦貨幣文編】

茲少儒

陰茲之印

茲瞻私印 【漢印文字徵】

開母廟石闕 芬茲林于圃疇 【石刻篆文編】

茲見尚書 【汗簡】

◉許 慎 茲艸木多益。从艸。茲省聲。子之切。【説文解字卷一】

◉吳大澂 茲説文艸部。茲。艸木多益。玄部。玆。黑也。春秋傳曰。何故使吾水玆。今經典二字多通用。石鼓。【説文古籀補卷一】

◉馬叙倫 嚴可均曰。宋本作茲聲。嚴章福曰。宋本作茲聲。毛本刓改茲作絲。韻會四支引直作丝聲。宜依改。田吳炤曰。玄部。玆，黑也。从二幺。春秋傳曰。何故使吾水玆。玆當讀若玄。非子之切。玆若作玆省聲。亦當讀若玄。不得爲子之切也。小徐原本當是丝聲。丝古文絲也。韻會引是。倫按。曶鼎。曶用絲金。絲金即茲金。明茲从丝得聲。丝絲一字。唐寫本切韻殘卷茲下曰。説文草木多益也作此茲。与此一宋本作茲聲者合。魏石經篆文亦作𦭝。然茲从艸不得并木言之。本訓艸多也。益也。益也者滋字義。此校者加之。木即艸之譌也。餘見萑下。急就篇。顔師古本。莫不滋榮。松江石本作茲。蓋故書。【説文解字六書疏證卷二】

◉楊樹達 甲文金文皆以𢆶爲茲，𢆶即絲字，古字絲茲無別。𢆶孳乳爲茲。【新識字之由來 積微居金文説】

◉陳夢家 卜辭關於事物的指稱有「茲」和「之」。羅振玉説「丝，金文用爲訓此之茲，與卜辭同」(考釋中7b)。胡厚宣以爲丝字「無一不讀爲茲此或茲今之茲」(集刊8:4:468)，他擴充羅氏訓此而爲訓今，是對的。但我們以爲卜辭「訓此」的茲有兩種詞位，一爲前述的指示代詞，一作爲指詞。作爲指詞之「兹」可分别爲二：一爲事物之指稱，訓此，爾雅・釋詁「兹，此也」；二爲時間之指稱，訓今，廣雅・釋言「兹，今也」。

作爲事物之指稱者，其例如下：

洹其乍兹邑禍　續4・28・4

我將自兹邑　善5209、6215

勿將自兹邑　善5215

今歲秋不至兹商　河687

告於兹大邑商　甲2416

其用兹卜　上15.3　兹卜不其隹㞢𢀛　乙7311

兹雨不隹𣦼　林1・25・16

畜馬才兹寫　粹1551【殷墟卜辭綜述】

◉李孝定　卜辭不从艸。𢆶字重文絜文金文訓此之兹均如此作。許書四卷𢆶讀於虯切。今觀古文假此爲兹。可證古𢆶𢆶絲𢆶𢆶爲一字。𢆶字許訓微爲絲之引申義。其音訓皆後起矣。【甲骨文字集釋第一】

◉黄錫全　芓 兹見尚書　馮本釋文爲滋，夏韻亦釋滋，九、内、豐本滋並作芓，薛本《君奭》滋作芓，《秦誓》作滋（《尚書》滋字僅兩見）。鄭珍認爲：「芓，麻母字，作兹假借，薛本兹例作𢆶，止《盤庚》用此。」是鄭珍不知此兹乃滋之寫誤。《尚書》兹、滋各别一字，《盤庚》無一芓字，鄭珍誤檢。【汗簡注卷一】

䓿

◉許慎　䓿艸旱盡也。从艸。俶聲。詩曰。䓿䓿山川。徒歷切。【説文解字卷一】

◉馬叙倫　艸旱盡也疑有校語譌入。又有挩耳。【説文解字六書疏證卷二】

藃

◉許慎　藃艸皃。从艸。歊聲。周禮曰。轂獘不藃。許嬌切。【説文解字卷一】

◉馬叙倫　䓿藃盖轉注字。䓿从俶得聲。俶音審紐。藃音曉紐。同爲摩擦次清音。䓿聲幽類。藃聲宵類。古讀歸幽也。玉篇訓秏也縮也。則義當爲艸枯也。此二字失次。【説文解字六書疏證卷二】

蔇　薋　蓁　莦　芮

◉許　慎　蔇艸多皃。从艸。既聲。居味切。【説文解字卷一】

◉馬叙倫　見萑下矣。艸多皃校語。本訓當作艸皃。【説文解字六書疏證卷二】

◉許　慎　薋艸多皃。从艸。資聲。疾玆切。【説文解字卷一】

◉馬叙倫　沈濤曰。廣韵。薋。蒺藜。詩作茨。説文又作薺。復連次薺字於下。注云。上同。疑陸所據本此字爲薺字重文。其訓當云一曰艸多皃。今本爲後人竄易。玉篇薋下亦云。蒺藜也。倫按。艸多皃唐寫本切韻殘卷六脂引同。蓋校語。本訓當作艸皃。餘見萑下薺下。【説文解字六書疏證卷二】

◉許　慎　蓁艸盛皃。从艸。秦聲。側詵切。【説文解字卷一】

◉馬叙倫　見萑下矣。艸盛皃校語。本訓當作艸皃。【説文解字六書疏證卷二】

◉許　慎　莦惡艸皃。从艸。肖聲。所交切。【説文解字卷一】

◉馬叙倫　沈濤曰。龍龕手鑑作惡艸也。蓋古本如是。錢坫曰。玉篇。草根。廣韵。艸名。倫按。以三書相證。知今説解有捝譌。廣韵訓艸名疑本字林。或此字出字林也。【説文解字六書疏證卷二】

 芮　不从艸　詩大明虞芮質厥成國名周同姓　芮伯壺　內字重見　【金文編】

 5·119咸芮里喜　 秦1422　同上　【古陶文字徵】

 芮杜　 芮輔私印　 臣芮　【漢印文字徵】

◉許　慎　芮芮芮。艸生皃。从艸。內聲。讀若汭。而鋭切。【説文解字卷一】

◉馬叙倫　鈕樹玉曰。玉篇注中止一芮字。蓋連上讀。沈濤曰。文選西征賦注引曰。芮。小皃。陳徵君奂曰。古本當作芮芮小皃。與蔽蔽小皃同一句法。今本作生皃。當是傳寫之誤。翟云升曰芮無小義。而左昭七年傳。蕞爾國。注。蕞。小皃。

茌 茌　　薈 薈　　䓮 䓮

疑選注説文爲左注之譌。芮爲蕞之譌也。彼釋賦之蕞字也。倫按。如陳説。則爲蒳之轉注字。倫謂説解本作艸皃。一曰小皃。芮爲茁之聲同脂類轉注字。一曰小皃。乃校者所加。此蒳字義。蒳讀若芮也。玉篇作芮艸生皃。芮字乃隸書複舉字也。後人又加芮字。以爲形容詞而重之也。【説文解字六書疏證卷二】

◉張日昇　芮，金文作內。《詩·大雅·緜》云：「虞芮質厥成。」雷學淇《竹書義證》云：「蓋周之芮在同，殷之芮在解。」是芮本舊國。或謂其于殷者姜姓。《春秋大事表譔異》云：「芮伯萬之母稱芮姜。桓三年左傳。此芮姜，當是芮之舊族。殷商所封之芮。姜姓者之女，與姬姓之芮伯通婚，故曰芮伯萬之母芮姜也。」姜氏之女嫁於芮伯，固無可疑者，然猶不足以証明此姜女乃殷芮之舊族。金文芮公鬲云：「芮公乍鑄京氏婦叔姬朕鬲。」此姬姓之芮也。【金文詁林一】

茌

茌□丞□【漢印文字徵】

◉許　慎　茌艸皃。从艸。在聲。濟北有茌平縣。仕甾切。【説文解字卷一】

◉馬叙倫　濟北有茌平縣校語。【説文解字六書疏證卷二】

1954【古璽文編】

◉許　慎　薈艸多皃。从艸。會聲。詩曰。薈兮蔚兮。烏外切。【説文解字卷一】

◉馬叙倫　桂馥曰。本書嬒下引詩作嬒。此引詩疑後人加之。倫按。艸多皃校語。本訓當作艸皃。餘見萑下矣。【説文解字六書疏證卷二】

◉許　慎　䓮細艸叢生也。从艸。敄聲。莫候切。【説文解字卷一】

◉馬叙倫　疑本訓挩失。所存校語也。廣雅釋艸。䓮䓮。茂也。餘見萑下。【説文解字六書疏證卷二】

芼　蒼

籀韻【古文四聲韻】

◉許　慎　芼艸覆蔓。从艸。毛聲。詩曰。左右芼之。莫抱切。【説文解字卷一】

◉馬叙倫　艸覆蔓疑非許文。盖説解有捝失矣。餘見萑下。【説文解字六書疏證卷二】

5·484 獨字　9·76 胡蒼　9·89 季蒼　秦1198 美陽工蒼【古陶文字徵】

【包山楚簡文字編】

0967 汗簡倉作𠇾，蒼作荅，與璽文類似。　3996　4023　2245【古璽文編】

蒼梧侯丞　宗蒼之印　陳蒼　黄蒼　李蒼　諸蒼　諫蒼印信　韓蒼　宗蒼之印

臣蒼　沈蒼私印　丁蒼之印　韓蒼　鹿蒼【漢印文字徵】

品式石經咎繇謨　至於海隅蒼生　説文仝奇字倉　玉篇同【石刻篆文編】

蒼【汗簡】

林罕集　籀韻【古文四聲韻】

◉許　慎　蒼艸色也。从艸。倉聲。七岡切。【説文解字卷一】

◉馬叙倫　鈕樹玉曰。繫傳作艸覆也。譌。倫按。艸色非本義。莊子逍遥遊。蒼蒼者其正色耶。蒼借爲青。呂氏春秋離俗。自投於蒼領之淵。注。蒼領。或作青令。是其例證。艸色皆青。則謂蒼爲草色。亦青之借。蒼蓋萋之轉注字。詩蒹葭。蒹葭蒼蒼。毛傳。蒼蒼。盛也。廣雅釋訓。蒼蒼。茂也。是其證。艸色也蓋校者加之。本訓捝矣。或色爲皃字之譌。也上有捝字。乃校語。餘見萑下。字見急就篇。古鉩作蒼。【説文解字六書疏證卷二】

◉湯餘惠　晚周陶文有如下各字：

a （《鐵雲》90・3）

b （《季木》51・2）

（《季木》5・9）

（《鐵雲》88・1）

（《鐵雲》123・2）

按《漢簡》倉字引《古老子》作，又蒼字引《林罕集》作，例a當即古文蒼字省體，可隸定爲「[屮/仓]」，戰國文字艸旁每省作「屮」。蔵字作、茀字作（矛，《三代》20・41・4）均是。全即（帛書）、（陽城陶文）的省訛。例b均从刀，當是創字。《六書通》下平聲「陽」部引古文滄字作，又引《古尚書》作，可見从倉聲與从蒼聲無別。【略論戰國文字形體研究中的幾個問題　古文字研究第十五輯】

葻

◉許　慎　艸得風皃。从艸風。讀若婪。盧含切。【説文解字卷一】

◉馬叙倫　王念孫曰。當從鍇本作風亦聲。鉉以爲葻與風聲不相近而削之也。不知風字古音孚凡反。與葻聲相近。詩何人斯四章。彼何人斯。其爲飄風。胡不自北。胡不自南。釋名。風。兖豫司横口含脣言之。風。氾也。説文。風。从虫。凡聲。皆其證。故葻从風聲。宋保曰。風古音在侵韵。與婪同部。劉秀生曰。風聲林聲同部。詩晨風。鴥彼晨風。鬱彼北林。楚詞九章涉江。乘鄂渚而反顧兮。欸秋冬之緒風。步余馬兮蘭皋。邸余車兮芳林。淮南説林訓。有山無林。有谷無風。皆以風林爲韵。是其證。倫按。艸得風皃乃附會篆形爲説耳。此字不見經記。或芃之俗字也。不然。則是从艸風聲。其義亡矣。字或出字林也。【説文解字六書疏證卷二】

萃

萃　郾王職戈　从衣　郾王職戟　【金文編】

6・68　君萃　【古陶文字徵】

0293　與郾王戠戈萃字同。【古璽文編】

蒔

趙萃　繇萃　【漢印文字徵】

◉許　慎　艸皃。从艸。卒聲。讀若瘁。秦醉切。【說文解字卷一】

◉劉心源　萃从炊。从艸。合萃焠二字爲之。【奇觚室吉金文述】

◉丁佛言　古鉨曰。庚都萃車馬。字見原書。未知與此是否出同一鉨。案。萃當爲倅之借字。王棻友云。長笛賦李注引箋倅字如此。說文無倅。當作萃。夏官射人乘王之倅車注。戎車之副也。【說文古籀補補卷一】

◉高田忠周　易序卦傳。萃者聚也。左昭七年傳。萃淵藪。孟子。拔乎其萃。詩墓門。有鴞萃止。字亦作稡。爾雅序。會稡舊說。是也。其實稡即粹字。用爲萃也。字亦作倅。實以頓爲之。玉篇倅下引周禮戎僕。掌王倅車之政。今本作萃。是也。或云副倅義聚倅義。皆卒字轉義。【古籀篇七十八】

◉于省吾　《周禮·春官》「車僕掌戎路之萃，廣車之萃，闕車之萃，苹車之萃，輕車之萃。」注「萃猶副也。」此五車皆兵車，所謂五戎也。戎路王在軍所乘也。《夏官》「戎僕掌馭戎車，掌王倅車之政。」注「倅，副也。」倅萃古通。嘗見古鉨一方文爲王之萃車，蓋掌王戎車之副車者，燕兵稱萃鋸者甚多。又有稱萃鍨鉘者。貞十一·三二著録一戈銘爲「郾王職作王萃」，萃下省器名，此古兵之常例也。王萃者，戎車之副也。【郾王職戟　雙劍誃吉金圖録下】

◉馬叙倫　桂馥曰。本書無瘁字。悴下云。讀與易萃卦同。劉秀生曰。本書。顇。顦顇也。瘁即顇之別體。倫按。萃蓋蒼薈之轉注字。讀若瘁校語。本書無瘁。或此字出字林也。餘見萑下。【說文解字六書疏證卷二】

◉許　慎　更別穜。从艸。時聲。時吏切。【說文解字卷一】

◉馬叙倫　鈕樹玉曰。韵會引穜作種。桂馥曰。更別穜者。李善注秋興賦引字林同。方言。蒔。更也。注。謂更種也。古文苑僮約。別茄披蔥。四民月令。三月別小蔥。六月別大蔥。倫按。更別穜者字林訓。然當作更也別也穜也。或作更也別穜也。別穜如今所謂分秧。許當訓穜也。蒔爲穜之轉注字。時音禪紐。穜音照三。同爲舌面前音也。【說文解字六書疏證卷二】

苗

苗 秦一四四 【睡虎地秦簡文字編】

苗乘之印 苗廣 【漢印文字徵】

◉許 慎 苗艸生於田者。从艸。从田。武鑣切。【説文解字卷一】

◉高田忠周 銘云。𢾊作父辛旅彝。此字明人名也。今審篆形。从四中从田。葊疑苗字籀文。从攴必有會意。苗字轉義與獠字相近。爾雅。夏獵爲苗。从攴。獲得之意也。猶畋字从田从攴也。畋字。説文訓平田也。非本義。韓詩内傳。春曰畋。文選畋臘題注引禮記王制馬注。取獸曰畋。此字本義也。然畋亦古作田。易師。田有禽。穀梁桓四傳。春曰田。夏曰苗。即知田苗本皆不从攴。後人泥轉義。田苗共从攴。而畋字獨存。𢾊字亡佚。【古籀篇七十八】

◉葉玉森 此正象苗生田中形。卜辭从田之字。每變而作曰。如䨻之作𩃬。䖵之作𦍩。疑是前二辭中之臬苗。甾苗。及他辭之闉苗。同卷第五十七葉之六。羊苗。後下第二十四葉之十一。犬苗。甲骨文字二第十七葉之二。鼠苗。拾遺第五葉之六。爲苗之六種。【殷墟書契前編集釋卷六】

◉馬叙倫 鈕樹玉曰。韵會作从艸田。段玉裁曰。艸生於田者皮傅字形爲説。王筠曰。苗以田爲主。當隸田部。曰从田。艸聲。倫按。説解艸生於田者坿會篆形爲之。蓋奪本義後校者所加也。玄應一切經音義一引蒼頡篇。禾之未秀者曰苗。與論語苗而不秀者有矣夫義合。當是本義。然何以不从禾而从田。若苗是通名。故从艸。則艸豈必生於田中。疑从艸畱省聲。畱音來紐。古讀歸泥。微泥同爲鼻音次濁音。故苗音入微紐。畱苗則幽宥近轉也。苗爲萌之轉注字。音同微紐。淮南原道。神農之播穀也。因苗以爲教。謂神農教民觀艸之及時而萌芽。因以播穀也。可證苗是艸芽而非禾也。禾之未秀者引申義。字見急就篇。皇象本作茅。【説文解字六書疏證卷二】

苛

苛 會志鼎 但勺 【金文編】

【包山楚簡文字編】

苛 爲三九 二例 【睡虎地秦簡文字編】

 2256　與盦忈鼎苛字同。 2258　 2257　【古璽文編】

 苛畐　 苛先印信　【漢印文字徵】

◉許　慎　苛小艸也。从艸。可聲。乎哥切。【說文解字卷一】

◉馬叙倫　鈕樹玉曰。後漢書宣秉傳注引小作細。韵會引鍇曰以細草喻細政。似本亦作細。沈濤曰。蓋古本作細艸也。苛為細艸。故引申之凡事皆瑣碎者皆可曰苛細。今本作小艸誤。光武紀注引仍作小艸。蓋淺人據今本改之。一切經音義一及十二引作尤劇也。又煩擾也尅急也。禮記。苛政猛于虎。是也。是古本有一曰尤劇也五字。其又煩以下則未必許文矣。翟云升曰。集韵引有一曰急也。丁福保曰。慧琳音義四十二及七十五引作尤劇也煩擾也尅急也。今本作小艸也。存疑。倫按。細小雙聲。小艸即細艸。然以字次及音求之。乃蕪之轉注字。苛聲歌類。蕪聲魚類。歌魚近轉也。細艸也非本義。蓋校者加之。玄應慧琳所引皆不合从艸之義。蓋亦校語。本書無劇字而有勮字。剋亦勊之俗。勮勊固轉注字。與苛則同舌根音。古書或借苛為勮為勊。今言苛刻乃勊字之引申義。煩擾亦勮勊之引申義也。古鉩作苛苛。【說文解字六書疏證卷二】

◉黃錫全　古璽有岢字，《文編》列入山部，隸作岢；顯然，《文編》以為上从山。究竟岢是什麼字，《文編》沒有注明。這方印是：

岢（《彙編》三二三〇）。

按此字下从可是正確的，如蔡太師鼎可作可，侯馬盟書作可（198:3），古璽作可（《彙編》二六三二）、可（《彙編》三二一二）等。上从山與古璽山作山不同，而是從屮。古文字中从艸之字可以省从屮，如侯馬盟書茀字作茀。《汗簡》可部録郭顯卿字指訶作岢，山乃屮訛，後人誤以為止句為苟（見《說文·叙》）。《汗簡》誓作𣥂，而散盤本作𣥂，山顯係屮訛。走字作走（今鼎），奔字作奔（中山王鼎），止又訛从屮。因此，《汗簡》之岢，原當作岢，與古璽形體類同，均應釋為苛，為苛（盦忈鼎），苛（《彙編》二二五七）之省。顯卿字指假為訶，與典籍多借苛為訶同。

古有苛姓，如《正字通》：「漢苛異。」【利用《汗簡》考釋古文字　古文字研究第十五輯】

 道德經　【古文四聲韻】

◉許　慎　蕪薉也。从艸。無聲。武扶切。【說文解字卷一】

薉

討薉辨軍印　薉憙【漢印文字徵】

◉許慎　薉蕪也。从艸。歲聲。於廢切。【説文解字卷一】

◉馬叙倫　廣雅釋詁。荒。薉也。薉音影紐。荒音曉紐。古讀曉歸影。故荒薉爲轉注字。【説文解字六書疏證卷二】

荒

荒　中山王嚳壺【金文編】

祀三公山碑　民流道荒　禪國山碑　幽荒百蠻　石經無逸　不敢荒寧【石刻篆文編】

荒出尚書【汗簡】

古老子　古尚書　籀韻　崔希裕纂古【古文四聲韻】

◉許慎　荒蕪也。从艸。巟聲。一曰艸淹地也。呼光切。【説文解字卷一】

◉郭沫若　「厌氏毋瘩毋□」：第六字前人或釋癘(積古，攈古)，或釋痏，以爲厭字(奇觚室)，寶蘊近亦採取後説。案此字固不從萬，然亦不從肙。古金文從肙之字信如寶蘊所舉，毛公鼎猒字作□，商獻毀作□，所從肙字與此所從者頗近似，然僅近似而已。肙本從口肉，然□之下體則絶非肉字。故釋癘釋痏均與實際不符。余謂此所從者乃兄字。矢令毀父兄字作□，般作兄癸斝作□，卜辭兄字亦有如是作者。字乃以兄爲聲，以聲類求之殆荒字也。「毋疣」猶唐風蟋蟀云：「好樂無荒」。【國差𦉜韻讀　殷周青銅器銘文研究】

◉馬叙倫　鈕樹玉曰。集韻類篇引淹作掩。段玉裁曰。小徐本雖作掩。而注云。謂艸雜水淹地也。則其本亦作淹。承培元曰。一曰五字。韵會引無。張楚曰。艸淹地也與蕪也實一義。倫按。荒从巟得聲。巟从亡得聲。亡橆雙聲。故荒蕪轉注。一曰六字校語。艸字涉上文而誤羡。或水字之譌。乃巟字義。韵會引無此六字。或因鍇語謂艸雜水淹地也而誤。羡。傳寫因加於鉉本。【説文解字六書疏證卷二】

薴

◉許　慎　艸亂也。从艸。寍聲。杜林説。艸䔳薴皃。女庚切。【説文解字卷一】

◉馬叙倫　嚴可均曰。依説文大例。當先䔳後薴。䔳下當云。䔳薴。艸皃。薴下當云。䔳薴也。段玉裁曰。杜林説蓋出蒼頡訓纂蒼頡故。王筠曰。艸䔳薴皃當作䔳薴艸皃。玉篇亦曰。薴。艸亂也。知艸亂之訓不連䔳言之。杜林乃合䔳薴言之。其所謂艸皃者。蓋謂争高競長。猶之崝嶸。非亂皃也。是以䔳字在薴字之後。但承艸皃一義。不承艸亂也。今皆以䔳薴爲艸亂。故段玉裁乙轉之。其實非也。倫按。艸亂也疑字林訓。杜林説亦字林引之。本訓捝矣。【説文解字六書疏證卷二】

䔳

◉許　慎　䔳薴皃。从艸。爭聲。側莖切。【説文解字卷一】

◉馬叙倫　桂馥曰。當云。艸䔳薴皃。王筠曰。皃當作也。倫按。䔳薴聲同耕類。單言曰薴。複言曰䔳薴。皃當作也。【説文解字六書疏證卷二】

落

落林罕集字【汗簡】

古老子　林罕集　同上【古文四聲韻】

◉許　慎　凡艸曰零。木曰落。从艸。洛聲。盧各切。【説文解字卷一】

◉馬叙倫　沈濤曰。禮王制爾雅釋詁釋文皆引作艸曰苓木曰落。是古本作苓不作零。桂馥曰。爾雅疏引草曰霝。木曰落。丁福保曰。慧琳音義六引作草木凋衰也。从艸。洛聲。存疑備考。倫按。落爲蘀之聲同魚類轉注字。説解當曰。艸葉隊也。慧琳引作艸木凋衰也及此凡艸七字皆校語。蓋本訓捝後。校者依經傳故訓加之。字見急就篇。【説文解字六書疏證卷二】

◉黄錫全　落林罕集字　《爾雅·釋詁》「落，死也」。釋文「落，本作㱓」。落爲「零落」字，㱓爲「死㱓」字，二字音近假借。夏韻鐸韻録作、，一从歹，一从死，从歹之字或从死，如《説文》殂字古文作、殪字古文作等。【汗簡注釋卷二】

蔽

◉許　慎　蔽蔽。小艸也。从艸。敝聲。必袂切。【説文解字卷一】

◉阮　元　蔽　散邑者。斷其田境也。左昭十四年傳。叔魚蔽罪邢侯。哀十八年傳引書。惟能蔽老。蔽皆訓爲斷。【散氏盤　積古齋鐘鼎彝器款識】

◉馬叙倫　段玉裁曰。也當作皃。詩召南。蔽芾甘棠。毛云。蔽芾。小皃。此小艸皃之引申也。桂馥曰。蔽蔽疑當作蔽芾。詩甘棠傳。蔽芾。小皃。丁福保曰。慧琳音義一又四及四十九皆引作小艸皃。是蔽蔽二字衍也。倫按。蔽蔽小艸也或小艸皃疑皆非本義。然未能詳也。蔽蔽二字一爲隷書複舉字。一爲後人以爲形容詞而加之也。字見急就篇。【説文解字六書疏證卷二】

蘀

蘀【汗簡】

裴光遠集綴【古文四聲韻】

◉許　慎　蘀艸木凡皮葉落陊地爲蘀。从艸。擇聲。詩曰。十月隕蘀。它各切。【説文解字卷一】

◉馬叙倫　桂馥曰。類篇集韵引無落字。鈕樹玉曰。韵會陊作墮。倫按。艸落爲蘀。木落爲梟。木落自有梟字。蘀止爲艸落字。當次蔽上。本部字失次者多。説解亦捝本訓。但存校語艸木以下十字。或此字出字林。【説文解字六書疏證卷二】

◉黄錫全　蘀《集篆古文韻海·鐸韻》蘀作，从艸从色，此形寫誤。色、睪音近可通。説詳木部𣝗、水部澤。《玉篇》蘀，又作蘎。【汗簡注釋卷一】

薀

◉許　慎　薀積也。从艸。温聲。春秋傳曰。薀利生孽。於粉切。【説文解字卷一】

◉馬叙倫　桂馥曰。一切經音義廿三引字林。蘊。積也。倫按。積也非本義。此字林訓。本訓捝矣。或此字出字林也。或曰。蘊即蘋蘩蘊藻之蘊。亦非也。蘊藻者字借爲莙。此蓋爲蔫菸之轉注字。【説文解字六書疏證卷二】

蔫

◉許　慎　蔫菸也。从艸。焉聲。於乾切。【説文解字卷一】

菸

◉許慎　菸鬱也。从艸。於聲。一曰[歹委]也。央居切。【説文解字卷一】

◉馬叙倫　沈濤曰。一切經音義十二引。鬱[歹委]也。乃傳寫脱菸字也字。段玉裁曰。蔫菸菸[歹委]並雙聲。倫按。鬱以雙聲借爲蘊。詩雲漢。蘊隆蟲蟲。釋文引韓詩作鬱隆烔烔。是其例證。鬱也者非本訓。一曰[歹委]也者。本書。[歹委]。病也。人病爲[歹委]。艸病爲菸。語原同也。[歹委]也乃本義。[歹委]借爲菸。此校者記異本。【説文解字六書疏證卷二】

[艹縈]

◉許慎　[艹縈]艸旋皃也。从艸。縈聲。詩曰。葛藟[艹縈]之。於營切。【説文解字卷一】

◉馬叙倫　今詩作縈。十三篇。縈。收韏也。然則旋卷爲縈。語原同也。艸旋皃也校語。本訓捝矣。字或出字林也。【説文解字六書疏證卷二】

蔡

戩三三・九　金文蔡字作　此與之同今定為蔡字古蔡殺通用重見殺下【甲骨文編】

蔡　魏三字石經古文作　故得定爲蔡字　書蔡仲之命傳國名文王子叔度封于上蔡姬姓侯爵平侯遷新蔡戰國初爲楚惠王所滅　蔡大師鼎　九年衛鼎　叡鐘　伯作蔡姬尊　蔡姞簋　伯蔡父簋　蔡侯鼎　蔡侯匜　蔡子匜　蔡大史鉚　蔡公子義工簠　蔡侯𬭚鐘　蔡侯𬭚鼎　蔡侯𬭚缶　蔡侯𬭚戈　蔡公子加戈　蔡公子果戈　蔡[辶圭]戈　蔡公子從劍　蔡侯産劍　从心　蔡子鼎　从邑　鄂君啓車節　下蔡【金文編】

蔡　日甲　七九背　四例　通祭　以—上上羣神鄉之　日甲三　編三三【睡虎地秦簡文字編】

蔡陽國尉　蔡勳　蔡杅私印　蔡禹私印　蔡顺　蔡小卿　蔡安　蔡忠私印　蔡中　蔡氏　蔡信印【漢印文字徵】

石經僖公蔡人 【石刻篆文編】

古尚書亦石經又古春秋 林罕集 籀韻 崔希裕纂古 【古文四聲韻】

◉許 慎 蔡艸也。从艸。祭聲。蒼大切。【説文解字卷一】

◉胡吉宣 《説文》「蔡，艸也，从艸，祭聲」。段注改説解爲艸丰也，以爲與丰之訓艸蔡也相轉注。案《玉篇》「蔡，艸芥也」，芥即丰之音近假借，與段增丰字合。然以古文攷之，蔡丰實爲一字。魏《三體石經》蔡之古文作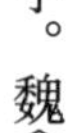，蔡大師鼎作，蔡姞敨作，蔡侯匜作。皆象艸散亂之形。小篆體取整齊，因變爲丰。丰部曰：「艸蔡也，象艸生之散亂也。」丰與祭音近，古人叚祭爲丰，復以艸名而加艸爲蔡，假之既久，遂分爲二字矣。邑部「鄒，周邑也」。案鄒亦丰之同音通假字。古者地以物名，封邑因之，故地多叢木謂之楚，地宜禾謂之秦，地多亂艸則謂之丰，借祭爲丰，以爲封邑則加邑，正與以艸名而加艸爲蔡同例。(《禹貢》之蔡蒙二山，亦當爲山生蔡生蒙得名。蔡爲周公子所封邑，故蔡山亦名周公山。)丰與介古音同部，故《説文》丰下曰讀若介，《左傳》以民爲土芥，《孟子》君之視臣如艸芥，芥即丰字，介又增艸，與祭之爲蔡亦同例也。若《慧琳一切經音義》蔡下引《説文》艸也，可食，則與大篆芥菜也溷爲一字。菜名之芥本作莽，小篆省作芥，致與艸名之芥形體全同，而其義固有別也。《書·禹貢》「二百里蔡」，馬注「法也」，鄭注「蔡之言殺，減殺其賦。」案法者等差之法，差蔡雙聲；殺者瘯之同音假借，疒部「瘯，減也」是其義。蔡又假爲𥨍，爲竄。左昭元傳，「周公殺管叔而蔡蔡叔」；説文「𥨍，塞也」，讀若《虞書》「𥨍三苗」之𥨍(《孟子》作殺)。案其義當爲竄。竄𥨍蔡古音同部相通也。又龜謂之蔡，則契字之假借也。《大雅》「愛契我龜」，契又爲挈之同聲母通假字。朱駿聲曰：「不言龜而言契，猶不言卦而言蓍也。」蔡又爲艸，《魏都賦》「蔡莽螫刺」，注引《楚辭》王注：「蔡，艸莽也。」艸蔡清紐雙聲也。

《説文》「殺，戮也，从殳，杀聲」；古文三形；籀文作。大徐曰：「説文無杀字，相傳云音察，未知所出。」錢大昕曰：「杀不成字，當从古文作，本古文肆字，肆殺雙聲。」段玉裁引五經文字云：「杀古殺字。」王引之曰：「杀蓋从×，朮聲，×，芟艸也；或作刈，《廣雅》，『刈，殺也。』」朱駿聲曰：「殺疑从殳从又會意，朮聲。」案錢氏誤認朮爲修豪之帬，反斥杀不成字，未免武斷太甚。王氏謂从×是矣；云从朮聲亦非也。朱氏謂殺从殳又；夫殳已从又，何爲更緟複从又以會意乎。是皆由不識杀字，強求其説而不得，故多穿鑿肊揣之辭也。今案杀字當爲从×刈从丰，丰亦聲。刈丰爲殺，因以爲凡殺之通偁。張參謂杀古文殺字是也，小篆又增殳耳。徐鉉謂相傳音察亦是也，丰祭古音同也，丰蔡爲一字，已如上文所述。殺之第三古文

杀，與蔡之古文杀正合，蓋爲省形存聲，以丯爲杀也。其第一古文所以从之杀，第二古文所以从之杀，亦即丯字也。依古象形文之例，筆畫增省無定，故杀杀杀杀雖繁殺不一，而其象艸散亂之形則同也。小篆譌丯爲朮，遂致迷惘。由是可知杀爲从攴，从丯，介聲，攴殳同意，丯介同聲，似古人已不識×即丯字，因又加介以爲聲也。籀文杀从殳，从杀，介丯同聲，得互易；介微變爲杀，又譌爲杀，則不可識矣。（段氏又改从朮，王氏亦承其誤。）昔人僅知蔡殺同聲通假，不知殺乃从蔡得聲義也。蓋散亂之艸須芟除，故若耒从木推丯，害从山下口从丯，㓞从刀从丯（均丯亦聲），皆取其義也。艸部「芟，刈艸也，从艸殳」。案殳艸與×丯同意，芟殺亦一聲之轉，芟殆爲杀之別構字歟。【釋蔡殺　中山大學語言歷史研究所周刊第十集第一百一十四期】

◉商承祚　杀舊釋𢦏。於形不類。證以魏三體石經蔡之古文作杀。知此亦蔡字。又説文殺之古文一作杀。與此亦同。左昭元年傳。周公殺管叔而蔡蔡叔。釋文引説文蔡作𥼞。今本寫挩。其字上从殺。則有殺義。是杀本蔡字。借用爲殺耳。【蔡子佗匜　十二家吉金圖録】

◉強運開　杀蔡大師鼎。魏三字石經。古文蔡字乍杀。運開按。説文古文殺乍杀形。正相同。古蔡殺蓋同字。左昭元年周公殺管叔而蔡蔡叔。釋文曰。上蔡字音素葛反。説文乍𥼞。正義曰。説文𥼞爲放散之義。故訓爲放𥼞。亦省乍殺。齊民要術凡云殺米者。皆𥼞米也。孟子。殺三苗於三危。即𥼞三苗也。又書禹貢。二百里蔡鄭。注云。蔡之言殺。減殺其賦也。皆可爲古蔡殺同字之證。實則同音相叚借也。【説文古籀三補卷一】

◉馬叙倫　丁福保曰。慧琳音義八十引作艸也。可食。从艸。祭聲。倫按。段玉裁據本書丯下曰。艸蔡也。謂此艸也當作艸丯也。使無丯字。當作艸名。不廁於此矣。桂馥亦據丯字説解。謂艸下有挩文。倫謂四篇之丯。乃書栔之栔初文。象形。詳丯字下。蔡者。艸丯之丯本字。義爲艸之散亂。故次蘽下。玉篇。蔡。艸芥也。丯。艸莽也。桂馥謂芥乃莽之譌。莽正作茻。本書。茻。衆艸也，艸衆則散亂。左傳蔡蔡叔。借蔡爲𥼞。亦散意。倫檢文選魏都賦注引楚詞注。蔡。艸莽也。實借蔡爲茻。蓋古書以艸芥連文。其義爲散亂者。當作艸蔡。芥以聲同脂類相借也。以草芥連文。其義謂艸茻者。如孟子離婁。君之視臣如草芥。則臣視君如寇讎。以草芥與寇讎對文。此草芥讀如字。楚詞注。蔡。草莽也者。借蔡爲茻。古讀茻如蒼。與草音同。清紐。茻艸固一字也。詳茻字下。蔡音亦清紐。故得借蔡爲茻。蔡芥又得相通借。故玉篇蔡訓艸芥。丯訓艸莽。其實蔡既非芥。亦非茻。丯亦非茻也。若蔡蔡叔者。魏石經古文作杀。而蔡大師鼎作杀。蔡子□匜作杀。蔡姞𣪘作杀。伯尊作杀。䣄編鐘作杀。倫謂此械之初文。从[glyph]桎其足也。書借蔡爲[glyph]耳。周公殺管叔。囚蔡叔。降霍叔於庶人。明蔡非放散之義。乃囚梏之也。此説解艸下有㪅字。慧琳引可食二字疑涉菜下校語而譌羨。字見急就篇。【説文解字六書疏證卷二】

◉馬叙倫　蔡姞敢之[glyph]蔡子□匜之[glyph]戲編鐘之[glyph]。昔人釋蔡。是也。然非即蔡字也。其字从大而械其足。玄應一切經音義引通俗文。穿木加足曰械。[glyph][glyph]則械其足者。[glyph][glyph]實一字也。後漢書吳祐傳注。在手曰械。甲文有[glyph]。與金文尹卣之[glyph]同字。則械其手者。[glyph][glyph]亦實一字。夏則手足竝械者也。左襄六年傳疏。桎梏俱名爲械。械當爲夏。傳言蔡蔡叔者。借蔡爲夏。文選魏都賦注引楚詞注。蔡。草莽也。蓋借蔡爲茻。茻爲艸莽之莽本字。莽乃从犬茻聲。爲猛之轉注字也。艸茻實一字。竝詳疏證。古蓋讀茻如蒼。故論語以草創連文。而傳言草莽之臣。實艸茻之臣。皆以音同清紐連緜爲詞。而後乃別艸茻爲二音二義。水經夏水注引劉澄之永初山川記。夏水古以爲滄浪。漁父所歌也。則古讀夏蔡音近。蔡茻則音同清紐也。是蔡蔡叔者借蔡爲夏。猶蔡叔金文作[glyph]叔也。周公殺管叔。囚蔡叔。降霍叔於庶人。明蔡非放散之義。乃梏而囚之也。【父癸彝　讀金器刻詞】

◉智　龕　上海博物館藏有春秋器蔡公子果戈一具，全長23.9厘米，高10.1厘米，援長16.5厘米，内長7.4厘米。内部前後都有陰綫紋飾，胡部有鳥篆書銘文六字：「蔡公子果之用」。

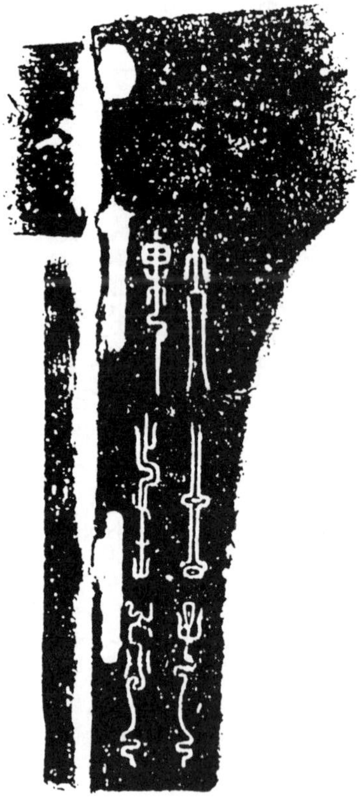

蔡公子果銘文拓片(原大)

蔡公子果戈見于著録者有二：

茷　菜

一、《三代吉金文存》卷19第46頁後有一戈，內、援均殘失，胡部有銘六字與此戈同。但其末一字甚爲模糊，據此戈可知其亦是用字。《周金文存》卷六有「大公子果戈」；《安徽通志稿金石古物考》同樣著録一戈，云出壽縣。經研究這兩戈即是《三代吉金文存》的一器。

二、《三代吉金文存》卷19第38頁有一戈，署名「鳥篆戈——四」，有銘文兩字可見。援尖殘去，內部有陰綫紋飾，與上海博物館藏戈比較，其紋飾形制全部相同，因知此戈亦是蔡公子果戈。

以上兩戈和上海博物館藏戈一起，存世的蔡公子果戈，共爲三具。其出土地點，據記載是安徽壽縣。

三戈的蔡字均作，這是蔡字的正體；傳世蔡器銘文大都作，魏三體石經古文蔡作，這是蔡字的簡體。其簡化的形迹是：→→

蔡字作正體的蔡器此外尚有「蔡公子從劍」、「蔡侯産劍」、「蔡侯産戈」、「蔡侯申叔劍」。

【蔡公子果戈　文物一九六四年第七期】

◉許　慎　艸葉多。从艸。伐聲。春秋傳曰。晉糴茷。符發切。【説文解字卷一】

◉馬叙倫　艸葉多當作艸多皃。廣韵。茷。茂貌。則亦莑之音同奉紐轉注字。或字出字林也。【説文解字六書疏證卷二】

菜【汗簡】

義雲章【古文四聲韻】

◉許　慎　艸之可食者。从艸。采聲。蒼代切。【説文解字卷一】

◉丁佛言　同格伯敢。錢獻之以爲菜字。【説文古籀補補卷一】

◉馬叙倫　段玉裁曰。菜字當冠於芑葵等字之上。王筠曰。菜字見於經者。惟士昏禮婦入三月乃奠菜。乃周時書。其見於禮記者皆秦漢時書也。倫按。爾雅釋菜謂之蔬。本書無蔬。菜即蔬也。今言蔬菜者。乃艸類可食者之總名。非一艸之可食者。此訓艸之可食者。則嫌於蔥芥薤菦之類。而蔥芥薤菦皆訓菜也。似皆爲轉注字矣。以薤菦蔥芥之訓菜。知菜是艸類可食者之通名。非一艸之可食者。然則此説解挩本訓。所存者校語。且字亦失次也。字見急就篇。格伯𣪘字錢坫釋。

【說文解字六書疏證卷二】

◉劉　釗　《文編》一、七第6欄有字作「□」，《文編》釋作⿱艹⿱采土，列于艸部。按字从艸从土从采，應隸作⿱艹⿱采土，釋作菜。戰國文字常常增加土旁以爲繁飾，如陵字作「□」(《文編》十四、四第9欄)；阿字作「□」(《文編》十四、五第7欄)，防字作「□」(《文編》十四、五第8欄)，陳字作「□」(《文編》十四、五第9欄)，中山王壺蒿字作「□」等皆其證。古璽用作姓氏的采字也加土旁作「□」(《文編》三、九第9欄)，由此可以證明「□」字所从的土旁也是一種繁化，故「□」字可釋爲「菜」。【璽印文字釋叢　考古與文物一九九〇年第二期】

◉黃錫全　□菜　菜本从艸，此从∧∧即古竹。鄭珍認爲此形是「移篆，艸改从竹謬」。南宮中鼎采作□，《說文》菜字正篆作□。格伯𣪕有□□等字，或釋菜。艸、竹義近，流傳「古文」蓋有从竹之菜，猶如葦字作⿱竹韋(銀雀山漢墓竹簡)、藉作籍(雲夢秦簡)、蓆作⿱竹席(曾侯乙墓竹簡)等。【汗簡注釋卷三】

荋　荋

◉許　慎　荋艸多葉皃。从艸。而聲。沛城父有楊荋亭。如之切。【說文解字卷一】

◉馬叙倫　沛城七字校語。荋訓艸多葉。與茸音同日紐。是語原同也。或本訓艸多皃。則爲茸之轉注字。字或出字林。【說文解字六書疏證卷二】

⿱艹乏　⿱艹乏

◉許　慎　⿱艹乏艸浮水中皃。从艸。乏聲。匹凡切。【說文解字卷一】

◉馬叙倫　十一篇。泛浮也。此从乏得聲。而訓艸浮水中皃。是語原同也。然艸浮水中皃不似本訓。【說文解字六書疏證卷二】

薄　薄

□ 薄丞之印　□ 薄戎奴　【漢印文字徵】

□ 薄竝林罕集字　□ 薄王庶子碑一家以爲簿字　【汗簡】

□ 古老子　□　□ 竝同上　□ 王庶子碑　□ 崔希裕纂古　【古文四聲韻】

◉許　慎　□林薄也。一曰蠶薄。从艸。溥聲。旁各切。【説文解字卷一】

◉馬叙倫　任大椿曰。字林。薄。叢生也。張楚曰。一曰蠶薄。即苗字義。本書。苗。蠶薄也。倫按。林薄也不可通。疑非本訓。廣雅釋草。草藂生爲薄。然則薄茷爲轉注字。亦疑與薄一字。一曰蠶薄者。張説是也。方言。薄。宋衛陳楚江淮之閒謂之苗。苗音溪紐。薄从溥得聲。溥音滂紐。溪滂皆破裂次清音。故薄可借爲苗。莊子達生。隨其曲傳。曲傳連文。可爲例證。然此校者所加。餘見萑下。字見急就篇。顔師古本作䪍者。傳寫增革旁耳。又有薄廬。顔本作欂櫨。【説文解字六書疏證卷二】

◉朱芳圃　□静毁　□静卣　□卯毁　□史懋壺　□遹毁　□召伯毁　□井鼎

按上揭奇字，从茻，从△，方聲，當爲薄之初文。《説文》艸部：「薄，林薄也。一曰，蠶薄。从艸，溥聲。」徐鍇曰：「木曰林，艸曰薄，故云叢薄。」《廣雅·釋草》：「草藂生爲薄。」是雜草叢生謂之薄，與□从茻，从△，形義恰相符合。从音理言之，方讀幫聲陽韻，薄讀滂聲鐸韻。旁紐雙聲，陽入對轉。形義既符，音亦切合。□爲薄之初文，可無疑矣。

古音薄與亳通，《吕氏春秋·具備篇》「湯嘗約於郼薄矣」，高注：「薄，或作亳。」《孟子·滕文公下》「湯居亳」，《漢書·地理志》：「山陽郡薄。臣瓚曰，湯所都。」是其證也。

薄又與鎬若鑣通，《山海經·北山經》「蟲尾之山，……薄水出焉」，郭注：「《淮南子》曰：薄水出鮮于山。」按：今本《淮南子·墬形訓》作「鎬出鮮于」，此薄與鎬相通之證也。《國語·周語》：「杜伯射王于鄗。」鄗，《墨子·明鬼篇》作圃田。按：田爲衍文，圃即鄗之音假，亦其一證。《墨子·非攻下》云「天乃命湯於鑣宫」，繼之曰「湯奉桀衆以克有夏屬諸侯於薄」，鑣與薄蓋一地，天命湯始於鑣宫，湯乃於薄以應之。《禮記·祭義》「君蒿悽愴」，鄭注：「蒿，或爲藨。」《爾雅·釋草》「藨麃」，釋文：「藨，謝，蒲苗反。……字林工兆反。」此薄與鑣相通之證也。蓋古音薄讀kuàk b'uàk，鑣讀kâu b'âu，係同一語根之分化，故亳、薄、鎬、鑣，可互相通。

或曰：「湯都亳，武王都鎬，東西異地，不能混爲一談。」余謂古人用字尚音。《説文》高部：「亳，京兆杜陵亭也。从高省，乇聲。」金部：「鎬，昷器也。从金，高聲。武王所都，在長安西上林苑中，字亦如此。」考《國語·周語》云：「杜伯射王于鄗。」而《漢書·郊祀志》載杜主祠在杜陵，可證亳鎬實爲一地。是鎬之爲□，猶亳之爲薄矣。又亳與郭同音。《吕氏春秋·簡選篇》「西至酆郭。」高注：「酆郭在長安西南。」按：酆郭即酆鄗，亦其一證。

自來治金文者於□京訖無定釋，惟吳大澂、羅振玉皆謂□京即鎬京，極具卓識。吳大澂曰：「豐多豐草，鎬多林木，故从茻,从㝵,它邑不得稱京,其爲鎬京無疑。」《說文古籀補》附録一一。羅振玉曰:「葊京疑即鎬京。竹書紀年周紀沈約注:『周德既隆,草木茂盛,蒿堪爲宮室,因名蒿室。既有天下,遂都于鎬。』葊字从茻,象草木茂盛,殆即鎬京之初字歟?」《遼居乙稿》二七余受二説啓示,悟葊即薄之初文,展轉互證,葊鎬相通之故,豁然大明。【殷周文字釋叢卷下】

◉黄錫全 𣏟薄王庶子碑一家以爲薄字 鄭珍云:「薄省作蒪,是《楚詞》『蒪苴』字,此因俗専與尃同作尃,遂以尃形作尃,而又以屮倒書作𠂆,謬。郭氏收入車部,直不識其形之詭變。王庶子碑如此,又一家見其形上从从,謂是竹之古文,不知是艸之變,又以作簙字,益謬。古無簙字,《說文》竹部『節,兩爰也』,即『簙書』正文,亦借作薄。《孟子》『簙正祭器』,孫奭《音義》『本作薄』。以此形作簙,猶作薄也。」按尃字古本作尃(𩞂匜)、尃(克鼎)、尃(王孫鐘)等,變作尃(蔡侯𩰤鐘)、尃(三體石經古文)。此形所从之𣏟即尃譌。以蒪或簙爲薄、簙,類似毛公鼎以尃爲敷、番生毁以尃爲溥、𣪕鼎以尃爲蒲等。【汗簡注釋卷六】

苑 苑

〔七九〕 〔四〕 〔二〕【先秦貨幣文編】

苑 秦一九〇 六例 秦一九三 三例 效五五 秦一一七 三例【睡虎地秦簡文字編】

右泉苑監 苑勝 苑光 苑恁私印 苑賞之印 苑廣【漢印文字徵】

◉許 慎 苑所以養禽獸也。从艸。夗聲。於阮切。【說文解字卷一】

◉丁佛言 苑古鉢苑贏【說文古籀補補卷一】

◉馬叙倫 朱駿聲曰。三蒼養牛馬林木曰苑。字林。有垣曰苑。丁福保曰。慧琳音義四十五苑注引作養禽獸所也。其三十引蒼頡篇。養牛馬曰囿。養禽獸曰苑。倫按。説解疑有譌捝。此似注文。苑如今所謂牧場。囿下曰。苑有垣也。雖字林訓然可證苑爲無垣。故字从艸。朱引字林有垣曰苑。有似當爲無。【說文解字六書疏證卷二】

藪 藪

◉許 慎 藪大澤也。从艸。數聲。九州之藪。楊州具區。荆州雲夢。豫州甫田。青州孟諸。沇州大野。雝州弦圃。幽州奚養。冀州楊紆。并州昭餘祁。是也。蘇后切。【說文解字卷一】

◉馬叙倫　鈕樹玉曰。韵會引楊字皆作揚。無是也二字。嚴可均曰。小徐諸作豬。倫按。大澤之義字何以从艸。此非本義。或非本訓。廣雅釋藪。池也。池借爲澤。周禮大宰注。澤無水曰藪。地官叙官注。澤。水所鍾也。水希曰藪。國語周語韋注呂氏春秋仲冬紀高注皆曰澤無水曰藪。惟禮記月令注。大澤曰藪。與此訓同。倫謂藪當以穆天子傳注澤中有草者爲藪爲本義。故字从艸而次苑下也。九州以卜校語。嚴可均王筠據鍇本楊皆作揚。【説文解字六書疏證卷二】

菑 3·687 菑亭　菑 3·688 臨菑亭久　菑 3·689 臨菑【古陶文字徵】

菑 菑川王璽　菑 臨菑丞相　菑 臨菑　菑 臨菑邸閣督印【漢印文字徵】

◉許　慎　菑不耕田也。从艸甾。易曰。不菑畬。徐鍇曰。當言从艸。从巛。从田。田不耕則艸塞之。故从巛。巛音災。若从甾。則下有甾缶字相亂。側詞切。甾菑或省艸。【説文解字卷一】

◉孫詒讓　「辛酉卜𢦏貝殳乎□子佳敼甾□雨□」，五十九之三。「貝其自南之敼」，百十五之三。「癸丑卜出貝它之象自甾來敼」，百八十二之三。此「甾」當是「甾」字。《説文·艸部》：「菑，不耕田也，從艸，甾聲，或省艸作甾。」此與彼或體略同，「敼」即「喜」古文。詳《釋文字篇》。「甾」、「敼」蓋皆地名。「南」疑即南方，詳後。故云「自甾來敼」又云「自南之敼」也。又云：「佳帝𦘔甾。」八十七之四。「佳甾□□」百卅三之二。「貝㐱于甾」，百卅九之四。「甾」、「甾」、「甾」字並與前同，唯篆勢小異，宲校文義當爲「𢦏」之借字。「甾」、「𢦏」聲相近，古可通用。「𦘔」讀爲讉，詳《釋文字篇》。「讉甾」猶云降災，「貝㐱于甾」亦即貞診于𢦏，與地名異也。【契文舉例卷上】

◉林義光　卜辭災字又作巛。説者以爲象水流氾濫。即巛字變形。字亦作巛。與川相似。余謂川壅乃爲災。若去其壅則災害之義不見。卜辭災字亦或作巛。與篆文合。至於巛則疑非巛。字當爲菑之古文。始耕之田也。爾雅田一歲曰菑。二歲曰新田。三歲曰畬。凡一歲敷菑之田。疆畎不治。巛字即肖其形。或作巛者。畝有南東故菑有縱横也。經典作菑乃後出字。詩俶載南畝。則假載字爲之。其初字並當作巛。

說文云。昔。乾肉也。从殘肉。日以晞之。金文作昔作昔。卜辭作昔作昔。皆從菑日。而非殘肉之形。蓋昔本爲會意字。凡田皆始於菑。菑有始義。甾爲治田之始。猶栽爲作室之始。裁爲製衣之始。𢦏爲割牲之始。𢦏今字以宰爲之。昔從菑日。猶言始日耳。此亦可見巛爲菑字也。【國學叢編第三册】

◉馬叙倫　鈕樹玉曰。甾即甾缶字。宁部𡬳字可證。玉篇甾爲甴之今文。其菑下無重文。甾。廣韻重文甾。注云。東楚名缶曰甾。甴之爲甾。篆隸之變。故其音不殊。不當別出甾字。沈濤曰。廣韻七之引不畊田也。又説文曰。東楚名缶曰甾。是廣韻以不畊之田東楚之缶合爲一字。楚金亦有若从甾則下有甾缶字相亂。然今觀説文篆體。二字絶不相同。此下據楚金謂舊解从艸甾聲。蓋从古文得聲也。桂馥王念孫曰。不爲才之譌也。从艸甾者。徐鉉謂舊解从艸甾聲。傳寫誤以巛田合爲甾也。合無聲字。鍇謂傳寫誤以巛田合爲甾。是也。謂誤加聲字。非也。蓋説文本从艸田巛聲。傳寫誤以田巛二字上下倒置合爲一字耳。王筠曰。甾字當入田部。而説之曰。从田。巛聲。而以菑爲重文。今先菑後甾。菑下乃曰从艸甾。苟非先有甾字。則菑安得从之。乃甾下又云。菑或省艸。苟非先有菑字。則甾又何由省之。故知爲傳習者所竄易矣。翟云升曰。六書故引作不耕也。二歲田也。有挩譌。當作才耕也。一歲田也。徐灝曰。不耕田謂不耕治之田。爾雅曰。田一歲曰菑。二歲曰新田。三歲曰畬。菑者初墾闢之謂也。黄以周曰。本書。畬。二歲治田也。此據易釋文所引校坊記注。一歲曰菑。二歲曰畬。三歲田曰新田。與説文合。今爾雅及毛傳新畬互易。所據本各異也。以治釋畬。明菑爲田之未治。故曰不耕田。不耕田者。明一歲田秖殺艸。尚未耕治也。故其字與艸盛之蘙除艸之薙相次。倫按。菑爲甾之後起字。甾从田巛聲。猶畬从田余聲也。後人以甾篆形疑於甾缶之甾。而菑爲一歲初墾之田。詩皇矣釋文引韓詩。反草也。故加草以別之。淮南泰族。后稷墾草發菑。墾草與發菑對文。發菑即反艸也。廣雅釋地。䅘。耕也。朱琦謂䅘即菑之或體。是也。字从耒訓耕。則非不耕田明矣。不字自譌。或本訓挩失。所存者校語耳。六書故引有二歲田也。二當爲一。傳寫之譌。才字乃校者注以釋菑字之音者。耕也者校者據廣雅加之。或才耕田也校者所以釋一歲田也。

甾桂馥曰。六書故引唐本作古文。倫按蓺下曰。藕或省。則此艸字校者加之。【説文解字六書疏證卷二】

◉羅福頤　《漢書》卷二八上《地理志》齊郡屬有臨淄縣。《後漢書》卷三二《郡國志》青州齊國屬有臨菑。注：本齊刺史治。《晉書》卷一五《地理志》青州下齊國屬有臨淄縣。《宋書》卷三六《州郡書》青州齊郡太守下有臨淄令，漢舊縣。《南齊書》卷一四《州郡志》青州下有齊郡臨淄縣。《魏書》卷一〇六《地形志》同。由上可見歷來史書地志菑多作淄，僅《後漢書》作臨菑。今徵之封泥，臨菑丞相外，如臨菑司馬、臨菑左尉，以至如菑川王璽、菑川內史、菑川丞相，諸菑字均不作淄。考《説文解字》有菑字，注或省艸作甾，而水部無淄字。可證臨菑、菑川皆應作菑，史書作淄，乃其借字爾。【封泥證史舉隅　文物一九八二年第三期】

◉袁庭棟　温少峰　甲文中有𠙹字，當即𠙹之異體，應釋爲甾(或寫作甾)，可讀爲菑。菑，《説文》訓：「不耕田也。」所謂「不耕田」，就是在未開墾過之生荒地上斬伐草木，迨其干枯之後，放火燒殺草木，然後點種。在已開墾之地上，由于肥力不足，古人多實行休閑耕作制，《爾雅·釋地》之「田一歲曰菑，二歲曰新田，三歲曰畬，」郭注：「今江東呼初耕地反草爲菑。」菑就是已經休耕，田中長滿雜草，當年「初耕反草」之田。而所以名「菑」者，黄以周謂：「以燒雉殺草爲本義，孫炎注《爾雅》云『菑，始災殺其草木』是也。以耕田反草爲後義，鄭箋《良耜》讀俶載爲熾菑，云『農以利善之耜熾菑南畝』是也」（《儆季雜著·羣經説四·釋菑》）。這就是説，在古代農耕中，無論是開墾生荒，還是休耕制中開「初耕」之地，均要「燒雉殺草」，這就是「菑」的本義。

卜辭云：

(105)乙酉卜，賓貞：乎(呼)卒攸(共)于𡿧𠙵(菑)？《柏》二七

此辭之「𡿧」字象手執耒掘土之形，當爲耤(耤)之省文。此辭乃卜問呼令卒(人名)召集進行耕地燒草之事。

(106)戊子卜，㱿貞：王弜(勿)𠙵(菑)𣅀，往出？《遺》四〇三

(107)貞：王弜(勿)往出𠙵(菑)𣅀？《人》一三四

此二辭之「菑𣅀」，乃謂燒雉殺草，然後劦力耕地之事。卜問王是否「往出」，乃謂殷王親自督耕也。

(108)貞：弜(勿)商𢀛𠙵(菑)戠？《掇二》四八三

(109)乙亥卜，争貞：戠𠙵(菑)？⊠月。《乙》三〇二五

(110)癸亥卜，賓貞：今𡳿(春)商𢀛舟𠙵(菑)？《存》二、二八六

以上辭中之「戠菑」或「菑戠」，當讀爲「炽(熾)菑」。《詩·周頌》中的《載芟》與《良耜》并見「俶載南畝」，鄭箋并讀「俶載」爲「熾菑」。孔疏：「謂耜之熾而入地，以菑殺其草，故《方言》『入地曰熾，反草曰菑』也。」卜辭之「戠𠙵」，即「熾菑」。上引卜辭中「商」、「𢀛」、「舟」皆地名。(110)辭之「菑」當即「戠菑」之省。故知三辭皆爲卜問燒殺草木，耕地反草之農事。【殷墟卜辭研究——科學技術篇】

◉許　慎　蘨艸盛皃。从艸。繇聲。夏書曰。厥艸惟蘨。余招切。【説文解字卷一】

◉馬叙倫　鈕樹玉曰。韻會引作蘨。汪亦作繇聲。説文無繇。玉篇亦作蘨。繫傳惟蘨作惟繇。嚴章福曰。毛本改繇聲爲繇聲。惟蘨爲惟蘨。與篆體合。倫按。此篆與鍇本同。而繇聲則作繇聲。惟蘨又作惟蘨。然則此篆本作繇。鉉或校者改之。未改説解耳。韻會引可證也。韻會多本鍇本。若此亦據鍇本。則二徐本初無不同。今作蘨者。後人以説文無繇字而改之。然鈕據鍇本惟蘨字仍作繇也。倫謂此字非許書原有。故字次此也。餘見萑下。【説文解字六書疏證卷二】

薙

◉許　慎　薙除艸也。明堂月令曰。季夏燒薙。从艸。雉聲。他計切。【説文解字卷一】

◉馬叙倫　段玉裁曰。周禮雉氏掌殺艸。字不从艸。蓋許書本無薙字。倫按。段説王紹蘭徐承慶皆非之。然下文芟訓刈艸。説解異詞。又不類列。可疑。如是許文。明堂以下校者加之。【説文解字六書疏證卷二】

莱

◉許　慎　莱耕多艸。从艸耒。耒亦聲。盧對切。【説文解字卷一】

◉馬叙倫　朱駿聲曰。从艸。耒聲。承培元曰。莱。耕名。即孟子梁惠王深耕易耨之耨。用耨以薅田曰莱。耨器名。莱事名。如使不得耕耨。亦當作莱。倫按。耕多艸於辭不明。下文茀下曰。道多艸不可行。疑與此並有奪誤。鍇本作耕名。承以孟子爲證。然玉篇亦訓耕多艸。廣韵同。則鍇本耕名疑後人以耕多艸不可通。意多字爲名字之誤。因改爲名而去艸字。或本訓艸多也。校者加耕名。傳寫如今文。又字林每用名字。或此本訓耕名。乃字林訓。字亦出字林。非本書原有也。【説文解字六書疏證卷二】

⿱艹致

◉許　慎　⿱艹致艸大也。从艸。致聲。陟利切。【説文解字卷一】

◉馬叙倫　嚴可均曰。篆體當作菿。説解當作到聲。經典菿誤从竹。倬彼甫田釋文引韓詩作箌。釋詁。箌。大也。釋文及疏並引説文云。艸大也。廣韵四覺引作菿艸大也。音到。則⿱艹致即菿之誤。二徐於部末復出菿艸木倒。分爲二字。非。段玉裁曰。玉篇廣韵皆無⿱艹致字。菿之誤也。後人檢菿字不得。則於艸部末綴菿篆。訓曰艸木倒。語不可通。桂馥曰。廣韵玉篇並無⿱艹致字。廣韵菿字明引説文。玉篇菿字在蕇蓄莱三字之閒。次序與本書同。然則⿱艹致本菿字。傳寫誤也。本書又有菿字云。艸木倒。後人加之。倫按。艸大也。大也。也乃校者據爾雅釋詁加之。艸下有挩文矣。到金文作□。致金文作□。實一字。餘詳到下。【説文解字六書疏證卷二】

蔪

◉許　慎　蔪艸相蔪苞也。从艸。斬聲。書曰。艸木蔪苞。慈冉切。⿱艹槧蔪或从槧。【説文解字卷一】

◉馬叙倫　鈕樹玉曰。韻會無也字。桂馥曰。書禹貢釋文引字林。蔪。草之相包裹也。倫按。艸相蔪苞也者。當作艸之相包裹也。乃字林訓。蔪字乃隸書複舉者。傳寫誤乙於下。包誤爲苞。鍇本不譌。又挩之裹二字。此字蓋非許書原有。【説文解字六書疏證卷二】

茀

一・九一宗盟類參盟人名 【侯馬盟書字表】

茀定之印　茀堪之印　茀通 【漢印文字徵】

◉許　慎　茀道多艸。不可行。从艸。弗聲。分勿切。【説文解字卷一】

◉王國維　弼爲茀之本字。當如此鼎作弻。从因。弜聲。因。古文席字。説文席之古文作㢒。豐姞敦宿作㝛。从人在宀下席上。其誼爲宿。是席亦作因。廣雅釋器。㢒。席也。説文。因。一曰竹上皮。蓋蓆以竹皮爲之。因謂竹上皮爲因。然則因本席字。由因囦而譌爲囦。又譌爲丙。宿弼二字同也。弼與席皆以簟爲之。故字从因。詩衛風齊風小雅作茀。周禮巾車既夕。禮記作蔽。亦同音假借字也。【毛公鼎銘考釋　王國維遺書第六册】

◉馬叙倫　道多艸不可行。似附會國語周語道茀不可行也爲之詞。且必非本訓。詩生民茀厥豐草。傳。茀治也。茀盖薙之疊韵轉注字。茀音非紐。薙从雉得聲。雉从矢得聲。矢音審紐。非審又同爲摩擦次清音也。茀字説解今捝本訓。或此字非許書原有也。【説文解字六書疏證卷二】

◉郭沫若　A「□□卜弗貞……亡田。貞……」　B「……廿……」　弗作[glyph]，至特異。案此可徵弗字之本義，字與弔同意，弔者隿之繳也，契文作[glyph]若[glyph]，象其形。準此，則弗當是茀矢之茀。《周禮》司弓矢「矰矢茀矢用諸弋射」。《考工記》「矢人爲矢，鍭矢參分，茀矢參分」。鄭玄於司弓矢注云：「結繳於矢謂之矰，矰，高也，茀矢象焉。茀之言刜也。二者皆可以弋飛鳥、刜羅之也。」今得此弗字，不啻爲鄭説作圖繪矣。故茀矢當以弗爲本字，茀實借字。字又作第，《廣雅・釋器》云「第，箭也」。但本片弗字乃卜人名。【殷契粹編考釋】

苾

苾榮 【漢印文字徵】

◉許　慎　苾馨香也。从艸。必聲。毗必切。【説文解字卷一】

◉馬叙倫　沈濤曰。廣韻引馨香也下有詩曰苾苾芬芬。古本當有詩曰六字。倫按。馨香也當作馨也香也。一訓校者加之。然下文䔢芳皆訓艸香。此亦當然。一切經音義五引埤蒼艸木香也。可證。廣韻引詩曰六字。校者加之。故今本删之矣。【説文解字六書疏證卷二】

蔎 

◉許 慎 蔎香艸也。从艸。設聲。識列切。【説文解字卷一】

◉馬叙倫 段玉裁曰。香艸當作艸香。前文營藭已下十二文皆説香艸。蔎芳不與同列。而廁苾下。是非艸名可知也。【説文解字六書疏證卷二】

芳 

 芳【汗簡】

 王庶子碑  崔希裕纂古【古文四聲韻】

◉許 慎 芳香艸也。从艸。方聲。敷方切。【説文解字卷一】

◉郭沫若 ⿱芳廾乃芳之繁文，此叚爲枋，枋者柄之異。《特牲饋食禮》注「縮加匕東枋」，《釋文》「枋，本亦作柄。」⿱芳廾當與金字連文。金⿱芳廾者金柄。金柄者殆言朱旂之杠以金色之錦韜之也。《爾雅》云「素錦綢杠」，彼以素，此以黄耳。如爲金，屬之杠則不易舉，故知其非是。【金文餘釋 金文叢考】

◉馬叙倫 段玉裁曰。香艸當作艸香。倫按。芳爲香臭之香本字。香乃甘苦之甘本字也。詳香字下。芳苾同脣齒摩擦次清音轉注字。蔎音審紐。苾音非紐。芳音敷紐。同爲摩擦次清音轉注字。苾蔎又聲同脂類轉注字也。字見急就篇。【説文解字六書疏證卷二】

蕡 

◉許 慎 蕡雜香艸。从艸。賁聲。浮分切。【説文解字卷一】

◉馬叙倫 段玉裁曰。雜香艸當作雜艸香。朱駿聲曰。方言三。蘇亦荏也。周鄭之閒謂之公蕡。疑許意本楊。徐灝曰。今俗語猶言蕡香。讀扶問切之重音。倫按。蕡亦芬芳之轉注字。同爲脣音也。説解本作雜也艸香也。雜也者校者以易賁卦爲不純而注之也。字見急就篇。【説文解字六書疏證卷二】

藥 

 藥 藥鼎【金文編】

 1384从中、中與艸通，説文：中，或以為艸字。【古璽文編】

藥 藥府臧印　藥始光　藥嬰　藥野　【漢印文字徵】

◉許　慎　藥治病艸。从艸。樂聲。以勺切。【説文解字卷一】

◉丁佛言　藥作寶鼎。劉幼丹謂樂从倒絲。案。藥字未必晚出。不妨作本字解。【説文古籀補補附録】

◉馬叙倫　沈濤曰。玉篇引作治病之草總名。盖古本如此。廣韻引同今本。乃陸孫輩所節引。而後人即據以改説文。廣韻下有禮曰醫不三世不服其藥。當亦許引而今本奪之。倫按。艸下捝也字。玉篇所引乃字林訓字林每言總名也本訓捝矣。字見急就篇。然倫疑篇本作樂。校者以藥字音之。傳寫者復易之也。【説文解字六書疏證卷二】

◉温少峰　袁庭棟　甲文有[glyph]字。字像病人倚于床，其旁放一束草藥之形。我們認爲此字是會意字，字像以草藥治療病人，當是「藥」字初文。《説文》「藥，治病草，从草樂聲。」此字从疒从木，正會「治病之草木」意。藥是[glyph]字的後起形聲字。《史記·三皇本紀》：「神農氏……嘗百草，始有醫藥。」故甲文以「[glyph]」表示「治病草」之義（古文字偏旁中木艸通用）。卜辭云：

（202）貞：㞢（有）藥，龍（寵）？（《乙》六四一二）

（203）……不其藥？（《乙》六三二一）

以上二辭，爲殷人用藥治病之記録。（202）辭卜問有了藥物，病情會好轉嗎？（203）辭已殘，當爲卜問不用藥物進行治療是否合適之辭。【殷墟卜辭研究——科學技術篇】

◉許　慎　䕻艸木相附䕻土而生。从艸。麗聲。易曰。百穀艸木䕻於地。呂支切。【説文解字卷一】

◉馬叙倫　鈕樹玉曰。類篇引作麗乎土。玉篇引於作乎。徐灝曰。䕻寷二字殊可疑。因艸木麗於地而於麗上加艸。已非法。若豐其屋於豐上加宀。更爲紕繆。然則豐其沛豐其蔀又將何以加之乎。此皆嚮壁虚造妄人所爲。不但周易無此。即許書亦非原本也。倫按。説解奪失後僅存校語耳。或此字非許書原有。乃出字林。易離釋文引説文作䕻者。實字林也。【説文解字六書疏證卷二】

蓆【汗簡】

◉許　慎　蓆廣多也。从艸。席聲。祥易切。【説文解字卷一】

◉馬叙倫　朱駿聲曰。艸多也。倫按。廣多見詩緇衣釋文引。然當作廣也艸多也。廣也即大也。爾雅釋詁。蓆。大也。此訓校者所加。或廣乃席字之譌。席爲隸書複舉字。傳寫譌爲廣。又捝艸字耳。失次。席从庶得聲。庶爲宁之轉注字。詳庶字下。故有衆義。此訓艸多。語原同也。【説文解字六書疏證卷二】

◉黃錫全　□蓆《説文》有蓆無⿱竹席。古文字蓆多从竹作，如曾侯乙墓竹簡⿱竹席作□、□等。此字所从之□即□形稍譌。夏韻昔韻録《古孝經》席作□，从因，石聲，猶存古形。《説文》席字古文省作□。石形省作□或□，類似碣字，本書石部録《義雲章》作□，而《説文》古文省作□；子仲匜礪作□，五祀衛鼎作□，散伯毁作□；九祀衛鼎席字从巾省作□；《説文》底字或體作砥等。竹、艸形符義同，如雲夢秦簡、馬王堆漢墓帛書《經法》藉作籍，銀雀山漢墓竹簡《孫子兵法》葦作筆等。因此，蓆、⿱竹席可視爲一字。鄭珍認爲「更篆，从古文席，當作□，寫誤」。又，楚簡□、□等蓆字，从艸與从竹同。【汗簡注釋卷一】

芟

◉許　慎　芟刈艸也。从艸。从殳。所銜切。【説文解字卷一】

◉馬叙倫　鈕樹玉曰。韵會引作殳聲。惠棟曰。當作从艸殳聲。木部楈从木胥聲。讀若芟刈之芟。則芟音近胥。宋保曰。芟古音讀如殳。故楈讀若芟。若依今音所銜切。則楈字不得讀若芟。徐鉉紐於今音。故删聲字。苗夔曰。芟當从艸殳聲。詩。載芟載柞。芟與柞爲本句韵也。丁福保曰。慧琳音義五十一引作从艸殳聲。倫按。楈从胥得聲。胥音心紐。芟音審紐。同爲摩擦次清音也。芟从殳得聲者。殳音禪紐。古讀歸定。芟音審紐。古讀歸透。是以同舌尖前破裂音爲聲也。芟爲薙之轉注字。薙古讀如鬀小兒頭之鬀。音在透紐。【説文解字六書疏證卷二】

◉王　顯　⿱屮戈(⿱艸戈、⿱木戈)不是形聲字，所以它的結構只能解釋爲：从戈，从屮(卄、木)，會意，意思是用戈這種工具把草叢荆棘去掉。試拿「芟」字來作比較。《説文》：「芟，刈艸也。从艸、从殳。」「⿱屮戈」字所从的「屮」跟「芟」字所从的「艸」是同意的；「⿱屮戈」字所从的「戈」跟「芟」字所从的「殳」也是同意的，可以認爲它們本是一個字。甲文只有「⿱屮戈」，没有「芟」；秦統一文字後，又只有「芟」，没有「⿱屮戈」。這種先後互補的關繫，可以認爲原是不同時期的寫法，即早先寫作「⿱屮戈」，往後才寫作「芟」。

說「⿱屮戈」是「芟」字的古體，不但在字形的解釋上能夠圓通無礙，而且在語法、語義、語音上也都通得過。

語法上，「芟」字可以直接帶賓語，例如《淮南子·本經》的「芟野莢」，《漢書·叙傳》的「夷險芟荒」，《文選·東京賦》的「若薙氏之芟草」以及《檄吳將校部曲文》的「芟敵搴旗」，都是。「芟」的古體既然作「⿱屮戈」，那末甲文的「⿱屮戈戈方」，金文的「⿱屮戈毁」，便是合乎規律，源流有自的。

語義上，古籍中單個的「芟」表示軍事進攻的，現能看到的材料，還只有上引《文選》的「芟敵」一例。但是由「芟」所構成的詞組，大都含有這個意思，例如「芟除寇賊」、「芟夷遺寇」、「芟去無道」、「芟討暴虐」、「芟刈小民」等等。這些詞組所含有的軍事進攻的意義，當有一部分是从「芟」字那裏來的。由此可知，單個的「芟」也當有「征伐」、「征服」之類的意思。試用「征伐」、「征服」的意義去讀《説𢦏》所列舉的文句，如卜辭(乙4069)的「王固曰吉，𢦏(征伐)。之日允𢦏(征服)戋方」，𤔲鼎的「征伐東𡰥丰白專古，咸𢦏(被征服)」，史牆盤和瘐鐘丙組的「既𢦏(征服)殷」，以及𤔲鼎的「王令趞𢧵(征伐)東反𡰥」，都能文从字順，沒有窒礙。應當指出，讀「𢦏」爲「捷」，在解釋𤔲鼎的銘文上是有困難的。因爲「王令趞𢧵東反𡰥」是叙述事實，不是記録原話。盡管發布命令時國王對趞可能説了只許打勝的話，但這一句並不是命令中的話，不是原話的記録。所以這一句只能解釋爲國王命令趞去征伐東邊造反的夷人，不能解釋爲國王命令趞去戰勝東邊造反的夷人。

語音上，「芟」字是會意，不受聲符的束縛，所以古體「𢦏(𢦏𢦏)」以及从「𢦏」得聲的「𢧵」、从「𢦏」得聲的「𢧵」，按照「芟」字所構擬的古音來讀，都是沒有問題的。只有「𢧵」字，魏三字石經曾用它去替代了今本《左傳》的「捷」，需要多説幾句。異文的替代，情況多種多樣，要作具體分析。魏石經所有的替代，雖然基本上都是異體，但並沒排除假借。還是以《左傳》爲例，如《僖公二十八年傳》「如會」的「如」，石經作「女」；「元咺」的「咺」，石經作「𩒨」(垣)；「狩于河陽」的「狩」，石經作「獸」；《僖公三十二年傳》「鄭伯捷」的「鄭伯」，石經作「奠白」；「重耳」的「重」，石經作「童」；《文公元年傳》「公孫敖」的「敖」，石經作「㪇」。很顯然，「如」和「女」、「咺」和「垣」、「狩」和「獸」、「鄭」和「奠」、「伯」和「白」、「重」和「童」、「敖」和「㪇」，是不同的字，決不能因爲它們互相替代而就認爲是一個字。對于它和「捷」的替代，也應當這樣來看，即看作是音近通假。「𢧵」从「𢦏」聲，即从古「芟」字得聲，是古韻談部齒音字。在聲母上「𢦏(芟)」跟「捷」字同部位，在韻母上「𢧵(芟)」跟「捷」字同主元音(談部跟盍部是相配的，主元音相同，不同的是前者收-m，後者收-p而已)，所以从「𢦏(芟)」聲的「𢧵」字可以跟「捷」字通假。【讀了《説𢦏》以後　中國語文一九八〇年第二期】

◉裘錫圭　甲骨文有「[glyph]」字：

☐白☐[glyph]☐田弗☐　六・中一〇八

《甲骨文編》把它當作未識字收在附録裏。

這個字所从的[glyph]應該是「殳」的異體。甲骨文[glyph](殳)字所从的[glyph]也可以寫作[glyph]，例如[glyph]字有時就寫作[glyph]。[glyph]和[glyph]，《甲骨文編》分列兩處，其實也是一個字。从又和从収，在古文字裏更是常常不加區別。例如甲骨文叀(專)字也作叀，𠬪(舩)

字也作般，𣪊字也作𣪊，𤔲字也作𤔲，金文𢿙(對)字也作𡭊，僕(僕)字也作僕，𦍌(羞)字也作義。其例不勝枚舉。《甲骨文編》把叙和𢿟，𢿟和𢿟，𢼄和𢼄，都分别爲两字，其實它們都是一字的異體。圖式族名金文裏屢見𢼄字，就是甲骨文和族名金文裏常見的𢻮字的異體。《金文編》把它拆成羊、𢻮二字，也是由于忽略了古文字又、収相通的特點。根據以上所述，可以肯定𢼄就是「殳」的異體。𢼄字像以殳除草，應該釋作「芟」。《説文・艸部》：「芟，刈艸也。」

上引有芟字的殘辭裏還有田字。這條卜辭大概是卜問芟除田中草萊之事的。【甲骨文字考釋　古文字研究第四輯】

◉裘錫圭　有一條第一期殘辭裏有𢼄字：

□白□𢼄□田弗□合10571

拙文《甲骨文字考釋(八篇)》已將此字釋爲「芟」(《古文字研究》第四輯157—158頁)。上引殘辭中有「田」字，原辭當是卜問芟草除田之事的。《説文》訓「芟」爲刈草。但是从甲骨文的字形看，「芟」字並不像用刀鐮一類工具刈草，而像用殳杖一類東西擊草。在冬季草枯的時候，是可以用擊草的辦法來除田的。《國語・齊語》「今夫農羣萃而州處，察其四時，權節其用，耒、耜、枷、芟，及寒擊槁除田，以待時耕」，韋注：「枷，拂也，所以擊草也。芟，大鐮所以芟草也。寒，謂冬季大寒之時也。槁，枯草也。」「芟」字所像的，顯然是擊草除田而不是刈草。上引韋注把「枷、芟」的「芟」解釋爲芟草用的大鐮。如果「芟」的本義確是擊草的話，作爲除草工具名稱的「芟」，最初很可能也是指擊草用的殳杖一類東西而言的。需要擊槁除田的土地，很可能是休耕地或撂荒地。【甲骨文中所見的商代農業　全國商史學術討論會論文集】

𦱤　荐

𦱤 籀韻【古文四聲韻】

◉許　慎　𦱤薦席也。从艸。存聲。在甸切。【説文解字卷一】

◉馬叙倫　鈕樹玉曰。韵會引荐作席。當不誤。倫按。薦荐也當作薦也席也。此訓校者加之。或薦乃校者注以釋音者也。荐藉音同從紐轉注字。又疑爲薦之轉注字。詩雲漢。饑饉薦臻。春秋繁露郊祀作荐臻。易坎。水洊至。本書。瀳。水至也。是其證。存音從紐。薦音精紐。皆舌尖前摩擦破裂音也。亦席之同舌尖前音聲同魚類轉注字。儀禮士虞禮注。古文藉爲席。【説文解字六書疏證卷二】

◉魯實先　卜辭有𦱤字，高田忠周釋𦱤，見《古籀篇》十七卷十七葉。其説非是。郭沫若釋𦱤，見《粹考》。其説得之，惟未悉其義也，以

藉 䕉

愚考之，編於卜辭作，見《粹編》四九六。與𦌿之上體相同，則𦌿之爲字當爲从編从薦省，薦亦聲，乃荐之初文，《説文》艸部云「荐薦席也从艸存聲」廌部云「薦獸之所食艸从廌艸」是𦌿之構體乃示編艸以爲藉席之義。薦荐於古音同屬㬎攝，故金文及經傳並假薦爲之。而《説文》亦以薦訓荐，若荐之从存聲則不足示編艸爲席之義矣，編義爲次簡，而簡與册同義，是以卜辭之編字从册作，篆文乃从扁聲作編，則編義爲署門户之文，斯不足示次簡之義，此可知篆文之荐與編乃𦌿與𦁣之後起俗字也。卜辭之𦌿義如《儀禮》「薦脯醢」「薦歲事」之薦謂進獻祭品與祭儀也。其云「二𦌿眔王受又」《後》下二三·一六者，眔乃肆之初文，謂二薦肆解之牲體以祭也，其云「比又中宗三又祖乙」《粹》二四七者，比即庀之初文。又義如《少牢饋食禮》「尸又食」之又亦如上辭之二，乃卜具再薦之禮也。所謂「中宗三𦌿」者，乃卜於中宗祖乙之廟行三薦之禮也。其云「貞矢三𦌿」《粹》一五九〇者，矢義如《逸周書世俘篇》「矢珪矢憲」之矢，乃卜陳三薦之禮也。其云「五𦌿卯叀牛王𡆧」《粹》一五八九者，卯爲劉之本字，其義爲殺，叀爲惠之初文，其義爲飾，此乃卜行五薦之禮殺所飾之牛爲牲也，攷之周制，改祭先公有七獻之禮。夫獻薦同義，是以卜辭有五薦之文，據此則𦌿爲薦之初文，亦即荐之本字，審之字形，證之辭義俱可融通無礙，斷無可疑者矣。【殷栔新詮之三】

 傳藉  王藉  藉莫武印  藉賜私印 【漢印文字徵】

◉許　慎　䕉祭藉也。一曰艸不編狼藉。从艸。耤聲。慈夜切。又秦昔切。【説文解字卷一】

◉馬叙倫　翟云升曰。文選七命注引無不字。脱。丁福保曰。慧琳音義二引作祭藉薦也。盖藉祭薦也之譌。即其七十二引作祭也。止第一義。倫按。慧琳引止祭也者。盖奪藉字。祭藉也者。許以禮言藉爲祭祀之用者耳。其實藉葅同舌根前音聲同魚類轉注字。或祭藉也非本訓。慧琳引荐也者。本作荐也。乃本訓也。一曰艸不編狼藉者。以字从艸耳。其實當曰册不編曰𦊆籍。𦊆字本書。不録。毛公鼎。𦊆𦊆四方大從不靖。借爲𢿘。則从册𠭥聲也。狼𠭥音同來紐。故此借狼爲之。藉以同从耤得聲借爲籍。木書。籍。簿書也。實當作簿也書版也。書版即笰。簿借爲笰也。書版者。未入册者也。未編爲籍。故曰册不編曰𦊆籍。然此校者所增也。【説文解字六書疏證卷二】

◉裘錫圭　「藉」字本像以耒發土，所以藉應該是指耕田而言的。有人認爲藉指鋤地，非是。

一期卜辭屢次卜問呼人藉于某地是否受年，如：

□午卜𣪊貞：呼□藉□　合9508正

丙子卜：呼□藉，受年。前7・15・3

□雷籍在名，受有年。乙3290

還有一條卜辭卜問「衆作藉」會不會有喪亡：

[□□]卜貞：衆作籍，不喪□　合8

當時曾設立小藉臣之職：

己亥卜貞：令吳小藉臣。前6・17・6(參前6・17・5)

「令吳小藉臣」應該就是命吳爲小藉臣的意思。這當是總管耕藉之事的官。跟卜問任命小藉臣同時，還卜問了商王親自觀籍的事：

己亥卜貞：王往萑籍，延往。甲3420

可見商王對藉這件事很重視。

卜辭裏所說的藉，有一些好像是包括耕和種而言的。例如有的卜辭卜問「呼藉」後是否能「生」：

甲申卜賓貞：呼藉，生。

貞：不其生。丙233

「丙其雨，生」是王占兆之後的判斷之辭，意思大概是說，如在甲申日叫人藉田，到第三天丙日就會下雨，種的東西將能夠生長出來。可見這裏所說的藉是包括耕和種而言的。在下引的成套卜辭裏，「藉」跟「秜」可以相代：

丁酉卜争貞：呼甫秜于姐，受有年。一。

甫籍于姐，受年。一二三。

王占曰：受[年]。乙3213

「甫」是人名。「秜」當指種秜(參看第一節第5小節)。可見這裏所說的籍也是包括種的。【甲骨文中所見的商代農業　全國商史學術討論會論文集】

◉劉　釗　《漢印文字徵》(以下簡稱《漢徵》)附録九第3欄有字作「⿱艹⿰辛昔」，《漢徵》不釋。按字从艸从「⿰辛昔」，「⿰辛昔」从辛从昔。从辛乃从「耒」之譌。因形近而混。字應釋「籍」。查康熙字典藉字下收有藉字古文作「藉」，从亲作。从亲乃由从辛譌變而成。《漢印文字徵補遺》(以下簡稱《漢徵補》)一、五第7欄有字作「⿱艹⿰耒昔」，《漢徵補》釋籍，不誤。【璽印文字釋叢　考古與文物一九九〇

蒩　蕝　茨　葺

年第二期】

◉許　慎　蒩茅藉也。从艸。租聲。禮曰。封諸侯以土。蒩以白茅。子余切。【説文解字卷一】

◉馬叙倫　鈕樹玉曰。禮曰云云三禮無此文。倫按。此校語。茅字亦依禮爲説耳。或後人加之。字蓋出字林。【説文解字六書疏證卷二】

◉許　慎　蕝朝會束茅表位曰蕝。从艸。絶聲。春秋國語曰。致茅蕝表坐。子説切。【説文解字卷一】

◉馬叙倫　王筠曰。致茅蕝表位者。今本作置茅蕝設望表。漢書叔孫通傳如淳注。亦作置。至於表坐則非設望表之譌。直緣許説束茅表位。率增二字耳。倫按。朝會束茅表位曰蕝者。許本其師賈逵之説。賈説見史記叔孫通傳索隱引。乃賈説經或説事之義。非蕝字本訓也。其實蕝蒩爲音同精紐轉注字。亦爲荐藉之同舌尖前摩擦破裂音轉注字。亦茵之脂真對轉轉注字。簀之同清破裂摩擦音轉注字。簀音照三也。或此非本訓。校者加之。引經校者加之。字或出字林。【説文解字六書疏證卷二】

 茨順【漢印文字徵】

◉許　慎　茨以茅葦蓋屋。从艸。次聲。疾兹切。【説文解字卷一】

◉丁佛言　茨古鉥王茨。許氏説以茅葦蓋屋。案。左下从巿省。義取巿徧也。【説文古籀補補卷一】

◉馬叙倫　嚴可均曰。文選東京賦注引作茅茨盖屋也。韵會四支引作茨茅盖屋。則葦字誤。翟云升曰。文選頭陀寺碑文注引作盖也。丁福保曰。慧琳音義九十七引作茅覆屋也。倫按。以茅茨盖屋校語。知者。許不兼言茅葦也。本訓盖也。今捝矣。【説文解字六書疏證卷二】

◉許　慎　葺茨也。从艸。咠聲。七入切。【説文解字卷一】

◉馬叙倫　沈濤曰。一切經音義十九引茨也。謂以草盖屋爲葺。謂以以下乃庾注語。倫按。葺茨同舌尖前音轉注字。【説文

葢

解字六書疏證卷二】

葢 不从艸 酓忎鼎葢 盇字重見 秦公簋 【金文編】

葢 日乙二三 九例 秦一〇 三例 秦一九五 日甲一背 日甲三三 二例 日甲一一七 【睡虎地秦簡文字編】

2743 不从艸，与酓忎鼎葢字同，盇字重见。 2738 3055 【古璽文編】

葢賜之印 王葢宗印 許葢之 葢齊 楊葢之 葢丘 趙葢 孫葢之印 葢乘

任葢都印 趙葢宗印 葢延壽印 葢成 兹葢 【漢印文字徵】

古老子 崔希裕纂古 【古文四聲韻】

◉許 慎 葢苫也。从艸。盇聲。古太切。【說文解字卷一】

◉高田忠周 說文。葢苫也。从艸。盇聲。爾雅釋器李注曰。編菅茅以覆屋曰苫。左襄十四年傳。被苫葢。注。葢，苫之別名。葢，覆屋曰葢。覆器皿曰盇。音義元當同。故經傳盇字多借葢爲之。小爾雅廣詁。葢。覆也。爾雅釋言。弇。葢也。亦皆謂爲盇字也。【古籀篇七十九】

◉馬叙倫 茨葢薖聲同脂類轉注字。茸葢亦聲同談類轉注字。盇聲當在談類也。字見急就篇。【說文解字六書疏證卷二】

◉商承祚 盇，爲葢之初字。有葢器時見簡文，如第三三簡之鼎、盌、缶等，皆言有葢。【江陵望山二號楚墓竹簡遺策考釋 戰國楚竹簡匯編】

苫

◉許　慎　苫蓋也。从艸。占聲。失廉切。【說文解字卷一】

◉馬叙倫　桂馥曰。一切經音義六引字林。苫。茅苫也。玉篇同。苗夔曰。豐部豔疒部㿕俱从盍聲。㿕讀若掩。爾雅。弇。蓋也。以疊韵爲訓。故商奄亦呼商蓋。墨子。周公旦非關叔。辭三公。東處於商蓋。韓非子。周公旦將攻商蓋。即商奄也。在淮北。左傳所謂因商奄之民以封魯。是也。合之目部睒讀若苫。知古蓋與苫同音也。蓋。苫也。苫。蓋也。以同部字爲轉注。玉篇。蓋。胡獵切。類篇。轄臘谷盍二切。猶知蓋爲侵覃部中之字。至大徐用孫愐唐韵古太切。朱翱用李舟切韻溝艾切。亦皆承玉篇古害切類篇居太居曷二切之誤者也。倫按。苫聲侵類。盖聲談類。侵談近轉轉注字也。【說文解字六書疏證卷二】

藹

◉許　慎　藹蓋也。从艸。渴聲。於蓋切。【說文解字卷一】

◉馬叙倫　藹蓋轉注字也。藹从渴得聲。渴从曷得聲。曷从匄得聲。匄音在見紐。與蓋雙聲。蓋音見紐。藹音影紐。亦同清破裂音也。古書以蓋爲語詞者。皆借爲曷。是其例證。【說文解字六書疏證卷二】

䓛

䓛 日甲六六背【睡虎地秦簡文字編】

◉許　慎　䓛刷也。从艸。屈聲。區勿切。【說文解字卷一】

◉馬叙倫　朱駿聲曰。字林。䓛。刷也。倫按。此字疑出字林。【說文解字六書疏證卷二】

藩

藩彭祖印　藩息　藩世之印【漢印文字徵】

◉許　慎　藩屏也。从艸。潘聲。甫煩切。【說文解字卷一】

◉馬叙倫　桂馥曰。蒼頡篇。藩。蔽也。朱駿聲曰。藩即棥字之異文。倫按。艸不可以爲屏蔽。周禮司險。國有故則藩塞阻路而止行者。又土方氏注。爲之藩羅。疏。謂若掌舍設梐枑之時。然則藩正棥之借字。古書多借藩爲棥。而藩之本義失矣。失次。【說文解字六書疏證卷二】

菹 菹

菹遂　菹不敬【漢印文字徵】

◉許　慎　菹酢菜也。从艸。沮聲。側魚切。䔾或从皿。蕰或从缶。【説文解字卷一】

◉羅振玉　从茻。䖒聲。䖒即且。殆即孟子驅蛇龍而放之菹之菹。【增訂殷虚書契考釋】

◉馬叙倫　桂馥曰。聲類。菹。藏菜也。

䔾蕰鈕樹玉曰。玉篇廣韵並無此二字。血部有䖑。重文作蘁。與此相近。疑後人不察。復增於此。段玉裁曰。李燾本注或从血。玉篇血部有䖑蘁二字。此艸部二字。盖後人增之。桂馥曰。血部之䖑醬也。鄭氏謂作醢。塗置瓶中。百日則成。故又从缶。至若菹之或體既从皿矣。又从缶。缶非皿乎。盖血部二字闌入於此。改从皿耳。倫按。釋名曰。菹。阻也。生釀之。遂使阻於寒温之閒。不得爛也。此今北方所謂酸菜。故説解曰。酢菜也。周禮醢人掌共七菹。醢人注曰。七菹。韭菁茆葵芹箈筍菹。皆菜屬也。菹置器中。故或从皿作䔾。盖後起字。蘁則俗字。由血部䖑之重文作蘁而譌增也。然檢周禮醢人掌四豆之實。朝事之豆。其實。韭菹醓醢。昌本麋臡。菁菹鹿臡。茆菹麋臡。饋食之豆。其實。葵菹蠃醢。加豆之實。芹菹兔醢。深蒲醓醢。箈菹鴈醢。筍菹魚醢。然則菹醢不同物。菹以伴醢。故古書或以菹爲醢。如莊子盜跖。身菹於衛東門之上。猶麋鹿爲臡。而少儀曰。麋鹿爲菹也。菹醢既别。而本書。䖑。醢也。䖑字不見經傳。以菹爲醢。亦無具證。醢皆以骨肉。血不可醢。而字乃从血。則䖑爲流俗因菹而妄增之字。蘁又䖑之增纍俗字。鈕段諸家顧皆以此爲後增。是也。謂改血爲皿。非也。【説文解字六書疏證卷二】

荃 荃

◉許　慎　荃芥脃也。从艸。全聲。此緣切。【説文解字卷一】

◉馬叙倫　鈕樹玉曰。韵會脃作脆。桂馥曰。芥脃也者。本書。纂。讀若以芥爲齏名曰芥荃也。王筠曰。脃當爲荃。説文本無脃字。錢坫曰。荃即蓀字。漢書。荃葛。服虔音蓀。楚詞。荃蕙。一本作蓀蕙。朱駿聲曰。全物曰菹。細切曰荃。倫按。淹荃即周禮醢人以五齊七醢七菹三臡實之之齊本字。齊音從紐。荃从全得聲。全音亦從紐也。故周禮借齊爲之。通俗文。淹韭曰齏。亦借字。芥脃非本訓。周禮五齊。昌本脾析蜃豚柏深蒲也。而無芥。可證也。芥可以爲齊者。今俗猶然。此盖校者以時以芥爲荃言之。許之本訓捝矣。脃者爲荃。芥脃即芥荃。脃即肉部之臇。與荃音同清紐。或曰。芥脃即儀禮公食大夫禮之芥醬。鄭注。芥。實醬也。倫謂。芥醬猶今之芥末。盖醬皆腐爛之者也。【説文解字六書疏證卷二】

⿱艹酤 ⿱艹酤

◉許　慎　⿱艹酤韭鬱也。从艸。酤聲。苦步切。【說文解字卷一】

◉馬叙倫　蒼頡解詁。酤。酢菹也。然則⿱艹酤亦菹也。盖聲同魚類轉注字。韭鬱即韭淹耳。然非本訓。【說文解字六書疏證卷二】

蘫 蘫

◉許　慎　蘫瓜菹也。从艸。監聲。魯甘切。【說文解字卷一】

◉馬叙倫　張次立曰。前已有藍。注云。染青艸也。此當作蘫。从艸。濫聲。傳寫之誤也。沈濤曰。御覽八百五十六引同。而篆作蘫。小注云。蘫。力甘切。非誤字易字。乃御覽所據本篆文如此。廣韵二十三談云。蘫。瓜菹。又五十四闞云。蘫。瓜菹也。出說文。若如今本。則與染青之字無别矣。桂馥曰。篆文捝水旁。濫聲因譌監聲矣。李燾本注云。類篇集韵从艸从水。倫按。瓜菹也疑非本訓。詩信南山。疆埸有瓜。是剥是菹。毛傳。剥。瓜爲菹也。是瓜可爲菹。而蘫非必以瓜爲之也。釋名。釋飲食。菹。阻也。生釀之。遂使阻於寒温之閒不得爛也。桃濫。水漬而藏之。朱駿聲謂濫即蘫也。於此可知菹蘫之别。菹如今之淹菜。蘫即今之醬也。禮記内則。濫。注。以諸和水也。釋文乾桃乾梅皆曰諸。王筠謂以周禮六飲校之。則濫即涼。紀莒之閒名諸爲濫。疑内則之濫即蘫也。倫謂桃梅皆可爲蘫。則蘫必非僅以瓜爲之矣。瓜果雙聲。在木曰果。在艸曰瓜。語原同也。瓜菹當爲果菹。然蘫非菹。釋名謂桃濫水漬而藏之。此如今之桃醬。則蘫類菹而和以水使爛者也。蘫之得名由於爛矣。周禮六飲之涼。倫以爲是今所謂酪也。詳酏字下。禮注謂濫以諸和水也者。諸菹音同照紐。方語借諸爲菹。益可知蘫之異於菹矣。【說文解字六書疏證卷二】

⿱艹泜 ⿱艹泜

◉許　慎　⿱艹泜菹也。从艸。泜聲。直宜切。⿱泜皿⿱艹泜或从皿。皿。器也。【說文解字卷一】

◉馬叙倫　⿱艹泜音澄紐。然从泜得聲。泜从氐得聲。氐音端紐。菹音照紐。古讀歸端。是⿱艹泜爲菹之轉注字。⿱泜皿嚴可均曰。皿器也三字是校語。倫按。⿱艹泜之義爲酢菜。而字从皿泜聲。於義不顯。疑或體本作⿱艹⿱泜皿。猶菹之或从皿作蕰。傳寫誤爲⿱泜皿。不然。則借⿱氐皿爲⿱艹泜。甲文有[illegible]字。蓋即⿱氐皿。从皿氐聲。當爲器名。然此字後人妄增也。【說文解字六書疏證卷二】

蘔

◉許　慎　蘔乾梅之屬。从艸。橑聲。周禮曰。饋食之籩。其實乾蘔。後漢長沙王始煑艸爲蘔。盧皓切。蘔或从潦。【説文解字卷一】

◉馬叙倫　鈕樹玉曰。韵會引無之字。嚴可均曰。後漢以下十字當是校語。東漢人不自偁後漢也。王筠曰。後字承周禮言之。後漢不連讀。言此者。其字从艸。適有煑艸者。故言之。倫按。乾梅之屬必非許文。周禮以下皆校語。知者。周禮籩人饋食之籩。其實棗栗桃乾蘔榛實。注。乾蘔。乾梅也。有桃諸梅諸。然則經文桃乾二字。涉注乾梅桃諸而譌羨。饋食之籩所實者棗栗蘔榛實。而蘔則有梅乾桃乾也。此校者據周禮譌文。又以鄭注而訓之曰乾梅之屬。本訓捝失矣。蘔濫音同來紐。蓋轉注字。【説文解字六書疏證卷二】

蘈

蘈　蘈竟之印　【漢印文字徵】

◉許　慎　蘈煎茱萸。从艸。頪聲。漢律。會稽獻蘈一斗。魚既切。【説文解字卷一】

◉馬叙倫　趙宧光曰。煎茱萸者。今偁茱萸醬。倫按。煎茱萸疑非本訓。蘈䔽聲同脂類轉注字。漢律以下校語。知者。律令中字既不勝引。且漢律若是許引。漢令亦當然。四篇殊下引漢令蠻夷長有罪當殊之。漢令殊字本借爲誅。殊爲死之轉注字。詳殊字下。若引以證字。經典非無殊字。若引以證死義。莊子淮南亦並有之。今皆不然。尋風俗通義偁漢令蠻夷戎狄有罪當殊。應劭謂殊之者死也。尋史言殊死。借殊爲斷。謂斬首也。故漢舊儀踐祚改元立皇后太子。赦天下。每赦自殊死以下。若謂殊爲死。則殊死爲死死。不可通矣。若以死之通義釋漢令之殊。則令何不徑言死之乎。倫謂漢令蠻夷長有罪當討治之。或當斬之。故應謂殊之者死也。釋令意謂當斬之耳。以此知校者據風俗通增。則此亦然矣。禮記內則三牲用蘈。鄭注。蘈。煎茱萸也。漢律會稽獻焉。倫謂此煎茱萸及漢律以下皆校者據禮注而增。本訓捝矣。又疑上文之蘔及此與下䔽字均非許書本有。或出字林也。【説文解字六書疏證卷二】

䔽

◉許　慎　䔽羹菜也。从艸。宰聲。阻史切。【説文解字卷一】

◉馬叙倫　錢坫曰。今吳俗以蔬菜和肉爲羹。命之曰䔽頭。倫謂羹菜也。疑非本訓。字見急就篇。然顏師古本作滓。蓋校讀者以此音之。傳寫者易之。此字或不出説文也。【説文解字六書疏證卷二】

甲二〇五 象人跪跽而两手扶其首有巽順義 與說文訓擇菜之若偏旁不同 甲四一一 甲八九六 甲九六八 甲一一五三 甲一一六四 甲一二三七 甲二四四三 甲二五〇四 甲二九〇五 甲二九九二 鐵六一・四 拾七・一一 前四・一一・三 前五・二〇・五 前七・三八・一 後二・二一・一四 佚七四五 存下四〇二 掇二・三九五 甲一〇三二 乙四〇三五 甲二八〇五 金六二〇 鐵五一・三 鐵一二五・三 前五・三〇・一 後二・七・八 後二・二〇・一〇 後二・二八・一七 佚八一九 佚九二七 乙三四〇〇甲橋朱書 乙七六六 【甲骨文編】

甲411 896 968 1032 1153 1164 1237 1343 1978 2443 2563 2805 2992 乙474 549 692 3307 4548 4617 6377 6533 6697 6750 6819 7122 7142 7307 7311 7367 7762 7771 7797 7809 7818 7819 7826 7894 7953 8862 珠62 168 475 620 694 1426 1427 零23 佚70 75 116 373 374 745 926 927 續1・46・3 3・3・2 4・9・2 4・33・5 4・34・8 4・35・3 5・34・4 掇432 徵4・87 8・35 9・15 9・16 9・25 10・66 10・121 10・124 11・53 京2・28・1 3・28・2 3・29・3 3・30・4 3・31・3 3・32・3 凡47・4 古2・8 録366 636 650 龜卜6 107 1448 續

存687 742 摭續78 粹31 142 234 364 542 1084 1113 1119

1178 新3957 4299 【續甲骨文編】

若 从艸从又唐蘭謂說文訓擇菜殆即詩芣苢薄言有之之有後世誤若爲□而若之音義俱晦 散盤 【金文編】

5·98咸商里若 【古陶文字徵】

15 70 70 155 【包山楚簡文字編】

若 法三六 三十例 通箬 以—便轂之 日甲四八背 秦一七一 二十四例 【睡虎地秦簡文字編】

丁若延印 王繹若 【漢印文字徵】

石經多士王若曰 魏若字殘石 【石刻篆文編】

若 【汗簡】

古孝經 竝古老子 古尚書 □竝崔希裕纂古 【古文四聲韻】

◉許 慎 擇菜也。从艸右。右。手也。一曰杜若。香艸。而灼切。【說文解字卷一】

◉薛尚功 若癸鼎

癸丁

亞形中若父甲

祉乙丁

右鼎銘於亞形中。上作一若字。銘其作器之人也。旁作旗旆之勢于左。旌其位也。又作兩手互執物狀于右。以著薦獻之象。而且昭其獲助也。四隅作癸丁甲乙。雜然陳布者。紀其日也。【歷代鐘鼎彝器款識法帖卷二】

●張燕昌　薛郭作籀文若。鄭作箬。【石鼓文釋存】

●阮　元　說文若字从艸。从右。此作芆。又。古右字。【散氏盤　積古齋鐘鼎彝器款識卷八】

●吳大澂　華之茂者。枝葉緐生。舂字从此。後人以若爲芏。非。盂鼎。散氏盤芏如此。【說文古籀補卷一】

●劉心源　若即諾之古文。既从口。又从言。於義爲贅。知諾爲後出字也。【奇觚室吉金文述】

●王國維　若。順也。古若諾一字。曶鼎以若爲唯諾字。【戩壽堂所藏殷墟文字考釋】

●王國維　《說文解字》叒部:「叒,日初出東方湯穀所登榑桑,叒木也,象也。𠭥,籀文。」案殷虛卜辭若字作、作,古金文作(盂鼎)或加口作(曶鼎),此篆文之叒,即古字之訛變,籀文之𠭥,又古字之譌變。《離騷》「折若木以拂日」,乃借唯諾字爲之,許君以若木之若爲正字,又以爲桑字从此,皆失之,艸部:「若,擇菜也,从艸,右,右,手也,一曰杜若,香艸。」此又是一字,羅參事謂若與諾一字,象人舉手跽足巽順之狀,故若訓順,余案羅說是也。【古籀疏證】

●王　襄　古若字。盂鼎若作與此同。文見存疑三篇。華石斧先生目爲古列字。文見存疑七〔字。古與諾通。諾字重文。【簠室殷契類纂】

●丁佛言　文母敦　毛公鼎　若義爲順。象人席坐。兩手理髮之形。取其順也。師虎敦　古鉢孫若　【說文古籀補補卷一】

●葉玉森　契文若字。竝象一人跽而理髮使順形。易有孚永若。荀注。若。順也。卜辭之若。均含順意。許君右手擇菜之說非朔誼。亞形母癸敦有字。舊釋母。當即古文若。因亦象跽而理髮形也。【說契】

●高田忠周　說文。。擇菜也。从艸。从右。右。手也。即知芆爲古文。若爲後出字。而芆若作字之恉無異也。因謂初有芆𦬓二字。如字。从口。𦬓聲。後芆變作若。亦變作諾。从言。若爲聲。但依鐘鼎古文。凡爲如義之若字。皆作。無一用若字者。葢古文借諾爲如也。秦漢以後寫經傳者。以相似。悉改爲若。字遂隱矣。如許書。元當作芆。擇菜也。从艸。从又。又。手也。。篆文芆。又。應也。从言若聲。古文諾。許氏叒下卻收字爲籀文。似不知其爲叚借字者。誠可謂千慮一失哉。【古籀篇七十九】

●商承祚　金文作(亞若癸毁毛公鼎)。《爾雅·釋言》「若,順也。」此象跽人舉手而順髮,故有順誼。敬諾之時必巽順,故

又引申而爲犕諸之諸，从言乃後起。《説文》「擇菜」之訓，非其朔也。【甲骨文字研究下編】

◉郭沫若　「若兹不雨，帝隹兹邑寵」，乃求晴之卜也，「若」用爲虚擬之詞，此例僅見。【卜辭通纂】

◉吴其昌　「若」者，「土」之子也。「土」，土之神也；「若」，海之神也。「相土生昌若」，即父爲土之神，子爲海之神之謂也。换言之：即土之神生海之神之謂也。更换言之，即大地生海，地爲母，海爲子也。此吾初民有系統之神話也。故甲骨文字「若」皆作，數十百見，無一例外，像跪坐于地，雙手濯髮之狀。欲象海神之特徵，宜莫若狀其常跪海濱，雙手濯髮矣。「與女沐于九河，晞汝髮兮陽之阿」是湘神河伯等之特徵，則雙手濯髮，宜爲海神之特徵矣。《莊子·秋水篇》「望洋向若而嘆」，釋文引司馬彪注：「若，海神。」《文選·西京賦》：「海若遊於元渚。」薛綜注：「海若，海神。」是「若」爲海神之明證也。【卜辭所見殷先公先王三續考　燕京學報第十四期】

◉葉玉森　羅振玉氏曰。説文解字。敏。疾也。从攴。每聲。叔龢父敦作又。杞伯鼎聃敦均省又。與卜辭同。書契考釋。胡光煒氏曰。其每之每。叚以爲霧。每敄聲同。故爾雅言霧謂之晦。甲骨文例。董作賓氏曰。每當讀晦。與啓相對。晦夳啓殅也。寫本後記。森按。羅氏釋敏固未安。胡氏釋霧。董氏釋晦。若以讀本辭曰王弗霧。王弗晦。均難索解。他辭有云王其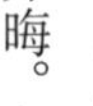者。如讀王其霧。王其晦。亦不可通。予曩疑卜辭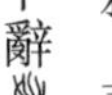若字。象一人跽而理髮使順形。易有孚永若。荀注。若。順也。卜辭之若均含順意。故須手理始順。説契。象髮蓬亂。象髮分披上。且加笄形飾物。如丅。爲已順之象。當仍含順意。疑即之變體。卷五第十八葉五版甲乙二辭内一作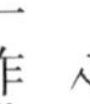。一作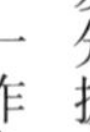。演變之跡顯然。凡卜辭云「王弗每」「其每」「王其每」「田某地每」「王田某地每」諸辭每字。讀若均無不適。姑妄言之。用備一説。予竝釋妻。與非一字。【殷虚書契前編集釋卷二】

◉郭沫若　「告余先王若德」：若字舊多訓爲順。今案：當訓爲其。《書·召誥》「我亦惟兹二國命，嗣若功」，王念孫云：「若猶其也。嗣其功者，嗣二國之功也。」《經傳釋詞》卷七引。今此「告余先王若德」亦謂以先王之德告余。若説爲順德，則是斥其先王有順德亦有敗德，語殊不恭，非原銘之意。【毛公鼎　兩周金文辭大系考釋】

◉馬叙倫　鈕樹玉曰。宋本作从艸左。誤。桂馥曰。擇菜也者。關雎。左右芼之。傳。芼。擇菜也。釋言。芼。搴也。郭注。擇菜也。馥按。若从右。即詩左右之意。王筠曰。擇菜也者。玉篇廣韵並無此訓。國語晉語。吾將誰使。若夫二公子而立之。若可訓爲擇。然菜字無徵。本書禾部兩言禾若。亦蓋借義。疑若與叒部叒本是一字。小篆分爲二。許即各爲之説。吴大澂曰。从口。叒聲。諾之本字。从言後人所加。林義光曰。若師虎敦作。从口。叒聲。實爲助語之詞。倫按。

金文若字盂鼎作[illegible]。毛公鼎作[illegible]。散盤作[illegible]。即本書六篇之叒字。叒篆由傳寫而誤。叒爲桑之初文。詳叒字下。若字以師虎𣪘及石鼓文箬字作[illegible]證之。自如吳說。曶鼎。[illegible]命曰若。强運開謂即復命曰諾。毛公鼎。䣄許上下若否。若否即諾否。詩烝民。邦國若否。箋訓若爲順。引申義也。並其證。金甲文借叒爲之。叒聲陽類。魚陽對轉。故若聲入魚類。晉語若字借爲有。此訓擇菜也。當爲擇也采也。一訓校者加之。此亦有字義。或菜字涉上文葦下說解而譌衍。杜若香艸者。謂杜若香艸名也。此校語。當入口部。餘詳有下。字見急就篇。【說文解字六書疏證卷二】

◉胡厚宣 「若」者猶天問「后帝不若」，左氏傳「不逢不若」之「若」，王注杜注皆曰「若，順也」。本辭之「若」，用爲動詞，言王田狩，下乙不使之順若也。【卜辭下乙說 國立北京大學四十周年紀念論文集】

◉楊樹達 藏龜六一葉之四云：「丙子，卜，𡧊貞，帝弗[illegible]？」又二四四葉之二云：「丁酉，卜，亩王正𠳋方，下上[illegible]，△△又？貞勿正𠳋方，下上弗[illegible]，不我其受又？」孫詒讓云：說文叒部「叒，日初出東方湯谷所登榑桑。叒木也，象形。」即此字。金文皆借爲若曰之若，如毛公鼎盂鼎作[illegible]，並與此同。[illegible]若古通。爾雅釋詁：「若，善也。」釋言：「若，順也。」舉例上十四。

戩壽十七葉十四片云：「今日卯，其雨？」又云：「若。」王國維云：此辭先卜今日卯其雨，占之而從，故復刻一若字。若，順也。古若諾一字，曶鼎以若爲唯諾字。戩釋三三。前編七卷三八葉之一云：「我其巳穷，乍帝降若；我勿巳穷，乍帝降不若？」郭沫若云：若者，順也；不若，不順也。楚辭天問何獻蒸肉之膏而后帝不若。通纂三之七六。

藏龜五二葉之四云：「貞翊甲△㞢[illegible]于若？」徵文雜事九九版云：「甲戌卜，王弜令皃戠于若？」葉玉森云：疑若即殷先公昌若。集釋一之十。【卜辭求義】

◉陳夢家 天問「而后帝不若」，與「帝弗若」相當。若是允諾，王之作邑與出征，都要得到帝的允諾。允諾之權，除帝以外亦操之於先王先公。【殷虚卜辭綜述】

◉屈萬里 卜辭「□□□，𡧊貞：來乙亥，𨒙其，王若？九月。」（《甲編》二九〇五）若，讀爲諾；謂許可也。【殷虚文字甲編考釋】

◉平 心 [illegible]字卜辭習見，彝銘也偶見。甲骨文金文學者舊釋芻，不確。此字分明从艸从又，當釋艾。釋爲芻，非但字形不類，許多含有此字的契文和銘文，也無法讀通。惟唐蘭先生釋[illegible]爲若之本字，謂「若字《說文》訓擇菜，殆即《詩》『薄言有之』之『有』」（見容庚先生著《金文編》引文），他的考釋給了我們以很大啓發。

唐蘭先生雖正確地將[illegible]字解爲擇菜之若，但卜辭中艾的義訓卻未予以揭出。此字我考得相當於《書·梓材》「殺人歷人宥」之宥和《蔡簋銘》「庆（庆）又入告」之又（説詳《卜辭金文中所見社會經濟史實續考》），本義爲俘虜奴隸，與人歷（磿、鬲）爲同類。古有（又）或二字相通，故艾與馘字同源。卜辭屢云「告艾」，卽《禮記・王制》「以訊馘告」；云「來艾陟於西示」，卽以俘馘獻祭於西宗；云「國艾」，卽馘（動詞）俘，與《逸周書・世俘》「馘磿」義同；云「氏□」□字舊釋羌，非是。我釋蹇，象雙足跛蹇不平。其上所从雙角，與萑、雚、节、莧等字所从𦫳相同，𦫳亦聲。𦫳卽雚之本字，對轉入歌部，讀工瓦切。敬字左旁□，从口□聲，爲訓吃之謇字的初文。敬實从謇、蹇得聲，讀若虔，轉入耕部。□方卽姺邳，亦卽夏之觀扈。姺在真部，與元部通。別有專考艾五十」，卽是獻來姺族俘虜五十名。艾有時用作動詞。卜辭云「大艾」，卽是有大俘獲；云「艾于」某地，卽是在某地俘獲敵馘。艾在金文作又或宥，在古籍作宥或賄。《蔡簋》「母（毋）敢庆又入告」，與《兮甲盤》「母（毋）敢或入蠻妄賓」文例相同，庆卽庆字，爲捕之古文；入讀納，謂收留；又卽艾，與告（造）、蠻、貯同爲奴虜名。這是嚴禁私人擅自掠奪徒隸和收留異族俘虜爲奴隸之令文。《諫簋》云「先王既命女（汝，指諫）𤔲𤔔王宥」，猶《伊簋》云「命伊𤔲官𤔔康宮王臣妾百工」，《頌鼎》云「命女（指頌）官𤔔成周賓二十家」，是説先王曾命諫管理王家徒隸。《梓材》云「殺人歷人宥……戕敗人宥」，是説屠殺俘虜奴隸。《逸周書・允文》云「收戎釋賄，無遷厥里」，是説收容俘馘，解放奴虜，而不遷徙他們的居里，與《諫簋》銘文義可互證；宥正相當於他器之又和卜辭之艾。【艾、又、宥、賄等字義訓考釋　中華文史論叢　第二輯】

◉考古所　若：祭名。《廣蒼》「若，踏足皃」，在此可能爲獻無之祭。【小屯南地甲骨】

◉單周堯　此字象俘虜散髮舉手之狀，故凡事巽順，無不應諾也。甲骨文有□續L・16・1字，象人舉手跽足與□同，惟頭上有□與童、妾等字同，殆卽郭沫若所謂「古人於異族之俘虜或同族中之有罪而不至於死者，每黥其額而奴使之」者也。又甲骨文有□乙3307字，象人散髮形，與□略同，其上有□拘持之，蓋亦降服之意，與𠬝字作□甲1020者意略同。又□字音若，與虜、奴二字鐸魚對轉（若字日紐鐸部，虜字來紐魚部，奴字泥紐魚部。日古歸泥，則若、奴二字古音尤近），與臧字鐸陽對轉（臧字精紐陽部），與獲字則同屬鐸部（獲字匣紐鐸部）。臧獲者，被虜獲爲奴隸者之稱也。又若與臧同有善意，《爾雅・釋詁》曰：「……若……臧……善也」。于省吾（1896—　）曰：「施威武以征服臣妾，自爲得意之舉，故引伸有臧善之義。」是則稽之字形，覈之音韻，驗諸古籍，皆以□象俘虜散髮舉手之狀爲勝。【讀王筠《説文釋例・同部重文篇》札記　古文字研究第十七輯】

◉臧克和　甲骨文「若」字作〔1〕（字形見文後附表）或〔2〕等構形，根據「偏旁字素離析」與「歷史比較」的考證，實則「若」爲「然諾」之「諾」的初文；甲骨文中「若」的形體，流動至西周金文已孳乳「口」形作〔3〕（毛公鼎），而西周初期彝器（昌鼎）銘文「諾」字即作〔4〕。在殷人占卜過程中，上帝祖先神對巫祝者的卜問、祈求等作的答覆爲「若」（諾）、「弗若」（弗諾），也即是殷墟卜辭裏幾乎每一條全辭上都必定要出現的結果之一：「若」(諾)、「帝若」(帝諾)、「帝降若」(帝降諾)等辭例：

〈1〉二月貞：卜子亡若。二月卜又若。

〈2〉貞勿正〔5〕方，下上弗若。不我其受又。

〈3〉貞其〔6〕〔7〕，不若。

〈4〉㱿貞。我勿已〔8〕，乍帝降不若，卜㱿貞我其已〔8〕，乍帝降若。

「若」爲殷人與上帝祖先神之間信息溝通符號。我們根據「離析偏旁」進行比較的方法再來考察巫祝事神祭祀的取象。甲骨文祝主要有下列「同義異構」：〔9〕、〔10〕、〔11〕，前兩異構从示从人，後者則孳乳口形；但事神者的形象，均以突出兩手動作爲特徵，這與上述甲骨文中的「若」字構形同致。我們可以發現，「若」在初取象，爲巫者兩手向空中舞動(甚且披頭散髮)，以傳達進入降神，神我爲一，施行巫術活動的狀態，由是以「事無形」。我們看《説文解字》所收巫字的古文形〔12〕，也正是突出了〔13〕這一特徵。由施行巫術活動的情態，到獲得結果「若」(諾)，方向相反相違，而同在事神者一人之身。

从「歷史比較」的角度來看，「若」字形體流變異構會更清楚地讓我們看到上述特徵。周初金文有的「若」作〔3〕，已孳乳增加字素「口」，更清楚地傳達出施巫降神者，不但是手在舞動，口中也許還要念念有辭：傳達上帝「然諾」之詞當然也要有待乎口授。而後世「諾」字在「若」上再增字素「言」，純係重疊架構，从「同義異構」的角度來説，古文字中从言與从口不別。

謀：古陶作〔14〕，从言某聲，《説文解字》古文作〔15〕，从口母聲；又謨：《説文解字》作从言莫聲，所收古文作〔16〕，从口莫聲；又訊：甲骨文从口作〔17〕，《説文解字》古文从言作〔18〕；又信：金文作〔19〕，从人从口，亦可異構作〔20〕从言；又咏：《説文解字》从言永聲，金文則作〔21〕，又从口，與《説文解字》所收古文同致；又訧：《説文解字》从言尤聲，《三體石經・君奭》作〔22〕，从口尤聲。女曰巫，男曰覡，而施行「若」的巫術活動的，恐怕還當得是以女巫身份居多，「三體石經・多士」所見「若」作〔23〕，从女以明確其內涵。但上部从手舞動的特徵，在流動過程中已無法辨識，于是「若」訛變而爲从〔24〕(草)，从言之「諾」，正是在「若」形體發生訛變之後，無从窺見「若」在初取象及涵義，反忘了本原，衹好再增字素「言」，以明確之。古文字的孳乳流動，這便是一個重要的內在原因。但不管怎麼訛變，从「手」的主體特徵，則是一脈相沿，衹有量的區別：有時手多，有時手少而已：最少也保留一隻，即後來寫的「若」；最多則可有三隻，詳下文所考。其實，從上古語音系統來看，若係日母，諸係泥母，同在鐸部，而「娘日歸泥」，差不多已爲各家所論定，因而，「若」也就是「諾」，不啻同源。當「若」之初，即有「諾」之用。

根據「異源字」的説法：「最初用來表達某種語言的某個詞，又用來表達另一語言的意義上相應的詞」，對于後者來説，這個詞義的載體——文字符號，便是所謂「異源字」。我們可以找到日本語這個絶好的參照系，日本語言中大量使用漢字這種「異源字」，即不止是借用漢字的形體，而且連其較古的字義也一塊借過去。「湯」字就是一個簡單的例子：「湯」字日本語借過去之後，至今日本的國語辭典仍列「熱水」爲第一個常用義項；相反地，漢語中由于詞義的引申發展，早就看不到這個較古的字義，只有在古代語言資料還可以見到這個講法。同樣，「若」字日本語借過去之後，本指「年輕的」情態；又「若衆」也即「若者」，在日語中，則是「司掌祭禮的年輕人」；又「若衆」的形象，即未加冠而豎着長長前髮的青年；而「若宮」，就是祭神的「神社」等等。鄰壁之光，適堪借照，與我們上面對「若」最初取象的考察是可以參互比較，相互印證的。

上面的考察，从我國出土文獻，古代典籍、神話傳説中找到大量的資料，擇其大要如次：

其一、「若」實爲神名之稱謂。

按殷墟卜辭，首先值得注意的是，「若」在殷代人那裏，已作爲事神所祀對象之一：

于〔25〕，祀若，（燕，一一八）

貞，翌甲申，〔6〕〔26〕于若。（鐵，五二，四）

己酉卜，王曰，貞，〔27〕尤自取祖乙，〔28〕于若。（燕，二一五）

庚午，子卜貞，弜酒于之若。（續，四・三四・一〇）

弜巳，〔29〕于之若。（粹，三三五）

弜祭于之若，又正，三匚二示卯，王祭于之若，又正。（粹。五四二）

癸……弜〔30〕之若。其〔30〕又正。弜〔30〕。（粹，一〇六二）

弜〔31〕于之若。（粹，一一九七）

貞，若〔32〕。五月。（續，一・五二・五）

以上辭例，「若」、「之若」爲殷人祭祀對象，其祀典有〔28〕、〔29〕、〔32〕等。殷人所祀之神「若」或「之若」，可以與古代典籍及神話相印證：《史記・殷本紀》記載曹圉之父名昌若，昌若即「之若」，據丁山所考，「蓋昌、止（按即『之』）古音同爲端紐。昌若應是止若的語訛。止若，即《莊子・秋水篇》所謂『北海若』。」海若既即「之若」。那麼，也即甲骨文中的「若」，因爲「若」在神話中亦可單獨指稱海若。《楚辭・遠游》：「使湘靈鼓瑟兮，令海若舞馮夷。」「靈」、「若」對文，若亦即神，因爲「靈」在《楚辭》中即神。王逸注：「海若，海神名。」洪興祖《楚辭補注》：「海若，《莊子》所稱北海若也。」而《莊子・秋水》「河伯……順流而東行，至于北海，……望洋向若而嘆」，這個「若」即北海之神若。

其二，「若」或「若木」爲與太陽神大有關係的神木。

這一點見于神話傳説，尤爲繁夥。《山海經・大荒北經》：「大荒之中，有……灰野之山，上有赤樹，青葉、赤華，名曰若木。」郭璞注：「生昆侖西，附西極，其華光亦照下地。」又《淮南子・墬形訓》：「若木在建木西，末有十日，其華下照地。」高誘注：「若木端有十日，狀如蓮花，光照其下。」至于單稱「若」，則見於《楚辭・天問》：「羲和之未揚，若華何光？」

其三，「若」、「若木」或稱「叒」、「扶桑」；或爲神名，或與巫術活動大有聯繫。

按《説文解字》釋作「擇菜」之「若」，與「若木」之「若」本兩字，後者《説文解字》六作叒：「日初出東方暘谷，所登榑桑；叒，木也，象形。」據《説文解字》的説解，叒桑本一字，而叒即若。从字源形體關係來看，甲骨文若本作〔1〕，金文亦同致，爲〔33〕，其形體均肖三隻手，故而「若」便訛變而作「叒」，也就是《説文解字》爲何釋叒（音若）爲桑木，且爲象形；在此基礎上，再孳乳字素木，遂使「若」神之象，物化一變而爲「桑」木。但《説文解字》等因形近所生訛變，基本上還能反映出「若」从手的字源特徵，至後世如《類篇》等字書所收「若」字將上部「三又」再訛而爲「三〔34〕」作〔35〕，「若」（叒）遂又由木再變而爲从〔24〕（草），原來的「手」一隻也不見了，祇好另添字素「又」了。

由是，對我國神話傳説中何以有那麽多「桑」，以及有關「桑」、「扶桑」與「若」、「若木」的關係便容易解釋了，自然對《淮南子・説林訓》「桑林生臂手」的高誘注「桑林」爲神名，也易於闡釋了：首先值得注意的是「桑林」之神的特異之處在於「生臂手」。這個特徵之所以引起人們的注意，無非有兩種原因：一是本不該有「臂手」而竟然「生臂手」；一是所生「臂手」超過了正常人的「臂手」。這主要也不外上文對甲骨文、金文等「若」字形體流變考察過程所分析到的「桑」字本「叒」字，「叒」字又即「若」字，「若」字取象原本神異。因而「桑林」之神，作爲一個符號概括作「叒」，「叒」字適从「三又」（即三手），正傳達出所生手臂之多。因爲按原始思維特徵，「三」即表示多數；即按正常人體結構而言，這裏至少有一隻「臂手」係多餘的。故而在後來人們眼裏看來是生了多餘的臂手。如此看來，令人費解的深層内涵倒不在乎「桑林」所長的「臂手」，因爲初民也不過是按照自身來爲諸神造型設計；只是「桑林」過多地生出了「臂手」。《山海經》所載諸神，大都是按了後者的模式（諸如「三目」、「三頭」、「三臂」，等等，不一而足）採造型的。殊不知，這神奇的體態、異常的形象，乃不過是對「若」所傳達的巫術活動的概括、描摹而已。

「若」字取象神異，也就是事神；「若」之爲「諾」，一身兼職，一形兩邊，完成神人之際溝通。有的論者在闡釋上古以媚神、娛神爲目的的巫舞考察各地巖畫後指出：有一個明顯的特點，「即舞者將自身扮成被崇拜的對象」。其實，這種提挈尚不夠；應該説事神者，也即所降之神，即既是動機，又是結果；故擬稱爲「雙向巫術活動」。這類情形，在我國古代典籍中是可以找到大量資料的。就以《詩經》爲例，《楚茨》一詩可考古代祭祖事神之情狀：「先祖是皇，神保是享。」也就是「若」字所傳達出的既爲事神者，又爲神的附麗、代言人的這類關係。

【釋若　殷都學刊一九九〇年第一期】

◉戴家祥　若即諾的古體。《説文》一篇「若，擇菜也。从艸右，右手也。一曰杜若香艸。」按：金文有芓字，當爲「擇菜」義。若从口芓聲，當爲諾之古字。《爾雅·釋詁》「若，善也」。《漢書·禮樂志》集注韋玉成傳「若，猶然也」。均爲應諾之諾的意思。金文若用作應答詞，如曶鼎等，或用作順的意思，如毛公鼎簫大史申鼎。【金文大字典】

蓴

◉許　慎　蓴蒲叢也。从艸。專聲。常倫切。【説文解字卷一】

◉馬叙倫　鈕樹玉曰。繫傳脱聲字。段玉裁曰。廣雅釋艸。蒲穗謂之蓴。王筠曰。常倫切者。與蒓通之蓴之音也。廣雅於蒓菜祇有⿱艹攣茀二名。與説文同。曹憲廣雅音曰。蓴。大丸。則集韻二十六桓蓴徒官切。是也。翟云升曰。專聲是。倫按。玉篇訓蓴菜。廣韵訓蒲秀。蒲秀即蒲穗。然則蒲叢字疑譌。廣雅釋詁。蓴。聚也。則是蒲穗也叢也。二義。今譌併之。然倫謂此字非本書原有也。【説文解字六書疏證卷二】

茜

◉許　慎　茜以艸補缺。从艸。丙聲。讀若陸。或以爲綴。一曰約空也。直例切。【説文解字卷一】

◉馬叙倫　鈕樹玉曰。繫傳讀若下空作俠。按丙讀若導。導从首得聲。與陸相近。陸从坴聲。陸讀若逐也。桂馥曰。或以爲綴者。綴當爲輟。本書。輟。車小缺復合者。戚學標曰。茜諧丙齊。此作讀若陸。小徐作讀若俠。二讀皆不合。原文當是讀若陜隘。刻本漫漶。陸者隘之似。俠亦陜之譌。朱文藻曰。讀若陸。郁本繫傳作讀若埶。與直例反合。王筠曰。或以爲綴一句。玉篇在以艸補缺句下。乃説義。非説音也。張文虎曰。茜从西聲。與埶音陸音俠音俱遠。疑當作讀若陜。西讀若導。又讀若沾。皆同部。張楚曰。一曰約空。與本義實一義。約空即所以補缺也。倫按廣雅釋詁。茜。補也。此訓以艸補缺。必非許文。蓋校語也。今杭縣紹興謂以泥和艸補牆缺曰搪。音與茜近。然徒艸不能補缺也。而字从艸爲不備。疑茜爲苫之聲同侵類轉注字。借爲補缺字。茜音直例切。在澄紐。古讀澄歸定。西讀若導。導音定紐也。陸音來紐。古讀歸泥。定泥同爲舌尖前音。導陸又聲同幽類也。覃宍爲幽侵對轉轉注字。而蕈禫同从覃得聲。禫讀若三年導服之導。可參證也。鍇本作俠者。戚謂俠爲陜譌。是也。陜又爲陸之譌。郁本鍇本作埶。亦陸之譌。或以爲綴者。綴音知紐。知澄同爲舌面前音。蓋又後之校者所加。由已轉入澄紐。乃後世之音也。一曰約空也者。張説是。讀若以下皆校者所加。字失次。或非本書原有也。【説文解字六書疏證卷二】

蓴 [篆]

◉許　慎　[篆]蓴。叢艸也。从艸。尊聲。慈損切。【説文解字卷一】

◉馬叙倫　翟云升曰。文選魏都賦注引作艸茂盛皃。盖各有捝文。當作叢艸茂盛皃。倫按蓴爲叢之雙聲轉注字。説解本作叢也。艸茂盛皃校語。字失次。【説文解字六書疏證卷二】

莜 [篆]

[古文] 2289【古璽文編】

[古文] 裴光遠集綴【古文四聲韻】

◉許　慎　[篆]艸田器。从艸。條省声。論語曰。以杖荷莜。【説文解字卷一】

◉馬叙倫　鈕樹玉曰。韻會引作芸田器。非。玉篇作艸器名。嚴可均曰。條省聲當作攸聲。沙木曰。本書。匧。田器也。疑莜匧一物。翟云升曰。芸田器也。是。見。廣韵。倫按莜匧一字。以艸爲之故从艸。以爲器故从匸。艸田器者。當作艸器也。田器也。一訓校者加之。引經亦校者加之。又疑莜爲蓨之省文。本訓艸也。校者以論語莜義爲田器而加田器二字。不悟論語莜字借爲匧也。或此字出字林。【説文解字六書疏證卷二】

萆

萆　中山王嚳兆域圖　萆棺　借作椑【金文編】

◉許　愼　萆雨衣。一曰衰衣。从艸。卑聲。一曰萆藨。似烏韭。扶歷切。【說文解字卷一】

◉馬叙倫　桂馥曰。一曰萆藨似烏韭者。徐鍇本作萆歷。馥謂即萆荔。西山經。小華之山。其草有萆荔。狀如烏韭。而生於石上。亦緣木而生。食之已心痛。郭注。萆荔。香艸也。戚學標曰。本書。藨。雚也。一曰。蔽屬。玉篇云。蒯屬。可爲席。蒯蔽同字。爾雅。藨。鼠莞。莞草可爲席。藨即萆。與藨一類。爾雅。雚。山韭。此物狀似烏韭。故又得鹿雚名。沈濤曰。史記淮陰侯傳索隱引說文云。萆。蔽也。是古本作萆蔽也。無雨衣二字。衰衣即雨衣。今本之竄誤顯然。張楚曰。古無以萆爲雨衣者。疑雨衣者製字義也。左傳。齊師遇雨。陳成子衣製杖戈。注。製。雨衣。此製爲雨衣之證。後人以製爲裁衣之義。因萆製音近。遂以雨衣之訓爲萆字義矣。一曰衰衣者。後人既誤以雨衣訓萆。復因衰下曰艸雨衣。秦謂之萆。故增此文。而又衍衰字。玉篇作一曰衰。無衣字可證也。一曰萆歷似烏韭者。萆之本義也。倫按索隱引蔽也者。實箄字義。蓋古或借萆爲箄。因有此訓。字林録之。唐人刪之矣。萆藨同爲脣音。或爲轉注字。此本訓藨也。傳寫挩失。校者據一本未挩者加之。鍇本作萆歷。藨歷形近。或傳寫之譌。若如桂說。則本作萆歷。傳寫譌爲萆藨。然萆歷爲俗名。校者加之。本訓艸也。一曰衰衣與雨衣是一義。即衰字義也。衰音心紐。萆音奉紐。然从卑得聲。卑从攴得聲。攴从卜得聲。卜音對紐。讀脣齒音入非紐。非心同爲摩擦次清音。故秦謂衰爲萆。左傳則借製爲衰。製音照三。衰音轉如殺。入審三。同爲舌面前音也。雨衣乃校語。字次或本不在此。本訓挩失後。校者以雨衣故逡次於此。一曰衰衣者。又後之校者注以釋雨衣也。似烏韭亦校語。疑此字非許本有。蓋出字林。【說文解字六書疏證卷二】

萛

◉許　愼　萛艸也。从艸。是聲。是支切。【說文解字卷一】

◉馬叙倫　錢坫曰。玉篇以爲芪母字。廣韵云。字出字林。此恐後人以字林譌入也。段玉裁曰。芪母已見前。此非芪母艸名之字。亦不當廁此。倫按唐寫本切韻殘卷五支。萛。草也。出說文。則長孫訥言時說文中已有字林字。亦明字林本就許書而增之也。【說文解字六書疏證卷二】

苴 苴 ⿱艹麤 ⿱艹麤 蕢 蕢

後一・一八・九 从𦥑从𠭥 金四九三从艸 【甲骨文編】

後上18・9 【續甲骨文編】

苴晏私印 鞠苴之印 【漢印文字徵】

◉許 慎 苴履中艸。从艸。且聲。子余切。【説文解字卷一】

◉羅振玉 从𦥑。𠭥聲。𠭥即且。殆即孟子驅龍蛇而放之菹之菹。【殷虛文字類編第一】

◉郭沫若 ⿱艹𠭥即苴之緐文，謂苴布也。【兩周金文辭大系考釋】

◉馬叙倫 段玉裁曰。艸似當作薦。倫按漢書賈誼傳。冠雖敝。不以苴履。新序刺奢。履決不苴。苴爲履中之藉。則與藉義無不同。而字从艸且聲。不見履中之義。又與葅字同得且聲。盖本一字。履中艸亦不似許文。後人加此篆。或出字林也。甲文作。从𠭥。【説文解字六書疏證卷二】

◉許 慎 ⿱艹麤艸履也。从艸。麤聲。倉胡切。【説文解字卷一】

◉馬叙倫 王筠曰。方言廣雅釋名急就篇皆作麤。上文苞下南陽以爲麤履。亦作麤。倫按此即儀禮喪服傳疏履字也。然疑此篆出字林。【説文解字六書疏證卷二】

1733 0410 1078 【古璽文編】

蕢它 蕢猛 【漢印文字徵】

汗簡 唐韻 【古文四聲韻】

◉許 慎 蕢艸器也。从艸。貴聲。求位切。臾古文蕢。象形。論語曰。有荷臾而過孔氏之門。【説文解字卷一】

◉馬叙倫 孔廣居曰。貴从貝臾聲。而臾之篆文乃从艸貴聲。是子反生母也。案爾雅。蕢。赤莧。盖赤莧是蕢之正義。艸器是臾之正義。二字本不相通。或者漢季隸書盛行。因艸器之臾與須臾之臾易溷。故借用赤莧之蕢。未必臾即蕢之古文。蕢即臾之篆文也。承培元曰。蕢之義兩見禮記。明堂禮運鄭注皆云。蕢當爲凷。聲之誤也。以蕢爲艸器。始於孟子趙注。蓋因履而傅會之。其實蕢即古戲擊壤之壤。以壤形似履。見周處風土記。故孟子言之。論語之荷蕢。蓋即爲擊壤戲之老人。唯擊壤故能知磬。此後以蕢爲艸器者。皆沿趙注之譌。疑許書無蕢字。倫按孔説可從。子反生母之說非是。後起字每然也。承謂許無蕢字亦是。然其謂臾即擊壤之壤。非也。若然。不徒聲遠。形亦難通。且荀子大略。流九止於甌臾。甌臾並舉。必同是器。壤形雖似於履。而不與甌爲類也。蕢或爲臾之後起字。或爲赤莧之名。然許自無此篆。蓋若是赤莧。不當廁此。且赤莧見爾雅。爾雅中字。許未録者固多。蓋許書本於倉頡及訓纂。二書。無此字。故前文莱類不録蕢字。此與古文並列。又引論語荷臾爲證。蓋由校者見古文論語作臾。而今書作蕢。孟子亦作蕢。故以蕢爲篆文。而訓爲艸器。列臾爲古文耳。倫疑此二篆皆出字林。

臾鈕樹玉曰。五音韻譜作臾。韵會引作臾。玉篇廣韵亦同。則作臾非。朱孔彰曰。南宮中鼎借臾爲貴。李杲曰。古鉨吳貴作□。从□。疑古舉字。誤爲臾。許因論語而曲爲之說。倫按臾若是艸器。則作臾是。依大例。象形以下校語。當自爲部。【說文解字六書疏證卷二】

◉嚴一萍　此□字中間之□，與干支之午相同，或亦填實作□。古鉨吳貴之貴作□，其上半猶承甲骨之遺，故知□即說文蕢之古文臾。

說文曰：「蕢，艸器也。从艸貴聲。臾，古文蕢。象形，論語曰有荷蕢而過孔氏之門。」貴字曰：「物不賤也，从貝貴聲。臾古文蕢。」(鍇本無此四字)

「臾古文蕢」自來異説紛歧，學者多疑之，盖皆不知臾之初形爲□。說文訓蕢爲艸器，字雖後起，頗存朔誼。論語憲問皇疏曰：「織艸爲器，可以貯物。」據此知蕢乃貯物之艸器，又可以肩荷者。字亦作簣从竹。廣雅釋器：「簣，籠也。」論語子罕：「未成一簣。」集解引包曰：「簣，土籠也。」鄭注：「盛土籠也。」集循曰：「簣與蕢通，艸器盖即盛土之籠，於臾之象，可知其狀矣。」然以盛土之籠釋甲骨之□，其狀不甚相近。說文疑疑曰：「原象形之始本作□，□象臾所繫以儋何者，若今筐筥之提梁也。」此乃懸測之詞，與甲骨之形，相去更遠。余以爲契文所象者乃一長囊，貯物兩端，可以置諸肩頭，前後下垂，負荷行遠者。今西北之人，出門遠行，猶攜此物，行者荷之騎者懸擱騾馬之背。甲骨文作□或□形，誠寫實也。旁加兩手以奉之，有持贈之義。因所貯之物爲財貨，故加貝字以增意，如古鉨之□。馬夷初謂「貴字盖有□□□三形，實轉注字。物不賤也，非本訓。以貧賤爲小貝推之，疑貴是大貝。」按物不賤非貴之本訓甚是，以貴爲大貝則非。□爲□所訛變，□則小篆。器以艸類編織，後人復加艸作蕢。揆諸文字演變之序，𦥑爲初文，貴爲後起，蕢則更晚無疑。其朔誼當是貯物之艸器，可以奉之以饋人，故賸送从𦥑，而饋遺从貴，皆有贈與之義也。

說文女部於妻字古文曰：「𡛷古文妻，从𡿺女，𡿺，古文貴字。」汗簡引作肖。朱駿聲通訓定聲據補於貴字之下，而云「未詳其誼」。説文釋例則曰：「𡿺之所以爲貴字者，皆不可以六書求其故。」而疑爲傳訛，或係今本説文之誤。今按𡿺𡿺確爲貴所訛變。馬氏六書疏證曰：「詛楚文數字作𢿙，其妻字偏旁上臾與貴字所從之臾同。𡿺與此篆所从之𡿺之下部相同，然則妻盖从女𡿺聲，𡿺即貴之異文。盖本作𡿺，誤爲𡿺，又誤爲𡿺耳。」䋣知楊樹達據此貴之訛體𡿺，以證甲骨之𦥑即爲貴字，誠不足論矣。【釋𦥑　中國文字第十八册】

𦽒

◉許　慎　𦽒覆也。从艸。侵省聲。七朕切。【説文解字卷一】

◉馬叙倫　嚴章福曰。下文蓡从艸侵聲。疑與此爲重文。徐灝曰。上下文皆艸器之屬。此覆下疑奪席字。繫傳作艸覆地。亦非也。𦽒蓡本一字。喪服覆席也。倫按下文。蓡。喪藉也。錢大昕以爲即禮記檀弓寢苫之苫。段玉裁亦謂蓡音失廉切。則與苫音義同。苫固兇服覆席也。𦽒蓡一字。盖傳寫有奪譌。讀者爲之校補。因而蓡次於蘳下矣。當移蓡於此而删𦽒字。𦽒苫聲同侵類轉注字。然覆也乃引申義。疑非本訓。又疑此字非許書原有也。【説文解字六書疏證卷二】

茵

◉許　慎　茵車重席。从艸。因聲。於真切。鞇司馬相如說。茵从革。【説文解字卷一】

◉王國維　虎𠬪熏裏　𠬪吳中丞从阮太傅舊説釋爲鞎。案。此上下皆車上物。不得有鞎。疑即秦風之文茵。毛傳。文茵虎皮也。釋名。文鞇車中所坐者也。用虎皮有文采。【毛公鼎銘考釋】

◉馬叙倫　鈕樹玉曰。廣韵韵會引作車重席也。一切經音義三及廿一皆引作車中重席也。丁福保曰。慧琳音義九及廿八皆引作車中重席也。七十八引作重席也。文選西征賦五臣注作車中席。今本有奪字。宜補。倫按因之後起字。車重席非本訓。字見急就篇。顔師古本作鞇也。餘詳因字下。

鞇桂馥曰。茵从革者。釋名。文鞇。車中所坐者也。用虎皮。有文采。因與下輿相連箸也。【説文解字六書疏證卷二】

芻

甲九九〇 乙六三四三 乙六八九六 乙七一三七 前一・一一・五 前四・五三・二 後一・九・九 後二・二・一二 菁五・一 戩三六・一四 河六一六 林二・二二・五 京都二八九 佚六八三或从二木 燕七一七 乙四六九二 【甲骨文編】

甲206 990 3022 3070 乙513 528 775 808 965 1052 1088 1668 1945 5026 5224 6092 6343 6404 6896 6988 7119 7137 7168 7299 7955 8392 8671 珠620 882 佚570 683 910 985 續1・29・1 5・19・3 616 839 天36 東六20 外279 粹427 918 【續甲骨文編】

95 183 【包山楚簡文字編】

芻 秦一七四 十八例 日甲七六背 【睡虎地秦簡文字編】

3213 0234 0570 【古璽文編】

芻長壽印 芻惲 【漢印文字徵】

道德經 【古文四聲韻】

◉許　慎　刈艸也。象包束艸之形。叉愚切。【說文解字卷一】

◉羅振玉　从又持斷草。是芻也。散盤有字與此同。古陶文芻字从。漢騶四朱小方錢騶字亦从。均尚存古文遺意矣。【增訂殷虛書契考釋】

◉葉玉森　□孫詒讓氏釋若。引散氏盤若母鐸爲證。契文舉例上十四。⊘森按羅氏釋芻是也。本辭之意。似貞問于昊行率祭用罝地之芻也。【殷墟書契前編集釋】

◉馬叙倫　倫按詩綢繆釋文引作刈草也。象苞束草之形。甲骨文有□□□諸形者。孫詒讓釋若。羅振玉釋爲芻。羅又據陶文騶字芻旁作□。漢騶四朱小方錢騶字芻旁作□。謂从又持斷艸是芻也。倫謂艸不可包。王筠謂从兩勹字。非也。疑原文本作从艸。□象束艸之形。傳寫捝失倒誤。又改勹爲包。或淺人改勹爲包。又乙轉之也。□象束艸之形。非字。當爲指事。如羅所舉□形。則似从刀斷艸。與刈艸義合。然訓刈艸。則爲動詞。而芻音穿二。艸音清紐。同爲摩擦破裂次清音。艸聲幽類。芻聲矦類。幽矦近轉。則芻从刀艸聲。形聲字也。左昭十三年傳。淫芻蕘者。正謂淫刈艸者耳。至春秋曹伯負芻。史記有楚王負芻。皆借芻爲蕘也。下文。蕘。薪也。今采薪者尚束而負之。均可證。散盤有□字。形與甲骨文同。諸家並釋爲若。然金文王若曰字多作□。則□□實非一字。□是芻字。甲文有□。金文有□。皆即本書之媰字。尤可證也。以羅所舉陶錢之文。及公芻權□字證之。蓋非从刀。而从□或从爪。艸聲也。芻爲采薪。故聲即得於艸。當入又部。或爪部。左傳釋文引者。蓋字林訓。孟子疏引者。校語。字見急就篇。顔師古本。皇象本作蒭。然顔注曰。字本作芻。謂芻藁字本作芻也。則顔本亦作蒭。本書無蒭。蓋急就故書自作芻。傳寫謬增艸也。【説文解字六書疏證卷二】

◉唐　蘭　□字羅振玉釋芻，余昔釋爲㕛，漢印有□，昔人誤釋爲艾字。艾當从艸又聲，即説文訓「擇菜也从艸右聲」之若字。詩「薄言有之」，有當作㕛或若，擇之也。余説詳唐氏説文注稿，容庚采用於金文編。至經傳通用之若字及説文从若之字，並當於説文之叒及叒，甲金文之□或□，蓋由隸誤爲从右聲之若，而篆文亦受其影響耳。三體石經已誤以□當古文之□。甲骨文編以□當説文之若，而以□爲芻，注曰「唐蘭以爲若也」，孫氏蓋未解余意。

今按，□亦即芻字，羅説不誤，但與余各得其半耳。□象以手取艸，可訓爲擇菜，亦可解爲芻蕘之芻，古文聲系訓爲牧也，大誤。由象意聲化之例，爲从艸又聲，聲轉爲芻，猶又之即寸字也。□形變而爲□，又誤爲□，説文訓爲刈艸也象包束艸之形，非是。【天壤閣甲骨文存考釋】

◉胡厚宣　芻是一種畜牧奴隸。《説文》：「芻，刈艸也。」段玉裁注：「謂可飼牛馬者。」《周禮・充人》鄭玄注：「養牛羊曰芻。」《孟子・梁惠王》下趙歧注：「芻蕘者，取蕘薪之賤人也。」《漢書・賈山傳》：「芻刈艸也，蕘草薪也，言執賤役者也。」所以，芻乃是一種刈草飼養牲畜的奴隸。【甲骨文所見殷代奴隸的反壓迫鬥争　考古學報一九六六年一期】

◉李孝定　説文。芻。刈艸也。象包束艸之形。唐氏謂。許書訓擇菜也。之若其初文當作㕛。其説是也。然則契文此字釋

□。於字形亦無不合。惟衡之卜辭詞例。仍以釋芻爲是。如。甲午卜。㞢貞。在□國芻乎□。前二・六五。貞于𦎫。大芻。前四・三五・一。甲戌卜。☐曰□角取逆芻。前四・五三・二。癸丑卜旁貞旬亡𡆥。禍。王固曰㞢。有。求其㞢□。甲寅允有來嬉。𡣍。左告曰。有往芻自□。𥁕。十人有二。菁五・一。上舉諸芻字。或爲名辭。或爲動詞。倘釋爲□。則辭意難安矣。散氏盤有兩□字。一云封于芻逨。一云封日芻道。均爲地名。舊釋若亦可通。小篆譌變爲□。許君遂訓爲象包當作勹束之形。【甲骨文字集釋第一】

◉張秉權　卜辭中「挈芻」的芻是名詞，這一版上的「芻于某」的芻是動詞，與説文「芻，刈草也」的意思相合，也就是孟子梁惠王「芻蕘者往焉」的芻的意思。名詞的芻，有時也可以數計，例如：

己丑卜，㱿貞：卽挈芻其五百隹六？

貞：卽挈芻不其五百隹六？丙編三九八

芻是用來飼養牲畜，和祭祀時候薦牲的，卜辭中屢言「挈芻」，是與祭祀之繁和牲畜之多，有着密切的關係，因爲王室需要大量的「芻」來飼養成千萬的犧牲和連續不斷的祭祀，勢必向四方徵取草料，饒宗頤説：「呂覽季夏紀，是月也，令四監大夫，合百縣之秩芻，以養犧牲，『氏芻』(秉權按挈饒氏从于唐二氏之説，釋氐)卽『致芻』」(貞卜人物通考・一〇二)可見挈芻的風俗，源遠流長。

从這一版上的卜辭看來，挈芻之芻，恐怕下祇指芻草而言，卜辭中常常提到挈芻之事，但很少説到它的數目多少，在第(一)(二)兩辭裏卻説了「五百惟六」，而反面的(卽下一圖版)第(一)辭又説：「乎取牛百，挈？王固〔曰〕：告，挈其至。」所謂「挈其至」很明白的是指牛而言的，那末挈芻之芻，也可能指的是芻豢之芻，而不是芻草之芻了，孟子告子篇説：「猶芻豢之悦我口」，趙岐注「草生曰芻，穀養曰豢」，孟子正義：「説文云：牛馬曰芻，犬豕曰豢，是其解也。」雖則段玉裁説：「今説文無此語。」(見説文二上犓字段注)但从孟子的語氣上看來，芻豢指的是牛馬犬豕，似乎不成問題，而禮記月令「共寢廟之芻豢」也是指牛羊而言。國語楚語的「芻豢幾何」，韋昭注：「草食曰芻，穀食曰豢。」都是以芻爲吃草的牲畜來講的。我們如果把反面的第(2)辭也放在一起來看，就不難推想當時大概爲了要征伐巴方，而在籌措糧食。於此可見，王室在用兵的時候，不但要各部族供給人力，而且還得供給物力，來支持戰爭。【殷虚文字丙編考釋】

◉于省吾　羅振玉釋□□爲芻，並謂「从又持斷草是芻也」(增考中三六)。按羅説是對的。説文：「芻，刈艸也，象包束艸之形。」許説據已譌之小篆，以包束爲言，殊誤。甲骨文芻字有的从木作□、□，从木與从艸古無別。甲骨文芻字作名詞或動詞用，多爲舊所不解，今特分別加以闡述。

甲，芻指刈草言之，例如：

一、貞，于𦎫大芻（前四・三五・一）。

二、貞，叀令芻（粹九二〇）。

三、戊戌卜，雀芻于效（甲二〇六）。

四、貞，朕芻于門（乙六九八八）。

詩板毛傳：「芻蕘薪采者。」孔疏：「芻者飼馬牛之草。」今只從甲骨文祭祀方面來看，用牛羊爲牲，多至不可勝數，則刈草作爲飼料是需要的。

乙，芻指牲畜言之，例如：

一、貞，臭率氏冕芻（前一・一一・五）。

二、☐來芻，陟于西示（前七・三二・四）。

三、庚申卜，乎取豝芻（甲三〇七〇）。

四、弜乎取豝芻（甲三〇二二）。

五、貞，乎取羞芻（乙五〇二六）。

六、庚午卜，㝑貞，戉氏尉芻（乙七二九九）。

七、之日㣇至告，㠯來氏羌芻（庫一七九四反）。

八、……氏羌芻五十（珠六二〇）。

九、己丑卜，㱿貞，即氏芻其五百隹六〇貞，即氏芻不其五百隹六（丙三九八）。

以上各條的芻字，均應讀作牲畜之畜，芻與畜爲幽侯通諧，故借用。國語楚語的「芻豢幾何」，韋注謂「草食曰芻」。說文訓嘼爲牲，以嘼爲牲畜之畜，乃後起字。甲骨文有畜字，但是不作牲畜用，以畜爲牲畜也是後起字。甲骨文的「畜馬在茲寓」（粹一五五一），寓即馬牢之牢字。畜馬之畜應訓爲飼養。秦公鐘的「咸畜百辟胤士」，畜爲養育之義。書盤庚的「用奉畜汝衆」，僞傳訓畜爲畜養。甲骨文以从單嘼之獸爲狩獵之狩，金文又以嘼爲狩或守，但從不用作牲畜之畜。

前文所列第一條的臭率氏冕芻，氏應讀爲致，冕芻謂用獸網網得的畜。因此可知，甲骨文以芻爲畜，並非以家畜爲限，野獸也叫作畜。第二條的〼來芻，陟于西示，是説某來畜，升祭于西示。第三、四兩條的𧱁芻即牝畜。第五至八條的芻上一字係地名或方國名。第八條的氐羌芻五十，第九條的即氐芻其五百隹六，芻下均有紀數字，更足以説明芻之應讀爲畜。

丙，芻讀作畜，訓爲好，例如：

一、父乙芻〼（乙三二〇〇）。

二、父乙芻于王（乙五五五四）。

三、父乙大芻于王（乙五二二八）。

四、丙戌，子卜貞，方不芻我（乙六〇九二）。

五、□亥卜，方來人，隹芻我（前八・四・五）。

芻既通畜，畜與好疊韻，故典籍每釋畜爲好，以音爲訓。説文謂「㜅，好也」。按典籍㜅皆作畜。孟子梁惠王：「畜君何尤，畜君者好君也。」趙注：「言臣説（悦）君謂之好君。」呂氏春秋適威：「民善之則畜也，不善則讎也。」高注訓畜爲好。詩彤弓：「中心好之。」毛傳：「好，説也。」好與悦義相函。

上引前三條屬于第一期。父乙指小乙言之。父乙芻于王和父乙大芻于王，芻均應讀作畜訓爲好。這是説，王被父乙所喜悦或大喜悦。商代的統治階級媚神獲悦，企圖得到佑助。第四、五兩條係非王卜辭。辭中的方乃商之隣國。這是占卜隣國能否與我修好之義。

在上述三項之外，甲骨文也以鶵爲雛。甲骨文稱：「乎取生鶵〇弓取生鶵。」（乙一〇五二。舊誤釋鶵爲芻鳥二字）鶵即古雛字。爾雅釋鳥的「生噣啄鶵」，釋文：「鳥子生而能自啄者。」説文：「雛，雞子也，从隹芻聲。鶵，籀文雛从鳥。」按前者是廣義的，後者是狹義的。甲骨文的生鶵當指雞子言之。近年來安陽小屯曾發現「罐中有鷄蛋，殼尚完整」。可見商人已經用鷄蛋爲食品。生雛是活的雞子。甲骨文有「其獲生鹿」（粹九五一），周初器中鼎有「生鳳」，可以互參。

總之，甲骨文的芻字訓爲刈草，人所易知。至于牲畜之畜本應作芻，以及芻之讀畜訓好，从鳥芻聲的鶵爲鷄子，均爲舊所不解，故特爲之論證如上。【甲骨文字釋林・釋芻】

◉羅　琨　武丁卜辭曾見「〼來芻陟于西示」（前七・三二・四），陟在卜辭中常用作祭名，如「貞陟于丁用」（安明七二），「勿祥陟用于下乙，丁未允用」（合集一六六七），因此這是來芻用于祭祀的占卜。過去學者們多據文獻譯芻爲飼養牲畜或祭祀時薦牲的草，引申爲吃草的家畜。但在卜辭中見有芻逃亡的內容。如：「有告曰：有亡芻自益十人有二」（菁三），「𪚴芻亡自爻圉六人」

（前三・一三・三十契一二四）。亡字甲骨文作[glyph]，从止足趾从幸。或體作[glyph]，从立幸字一半，幸是枷鎖的象形，這個字作足趾脱離枷鎖之狀，特指奴隸的逃亡，偶借爲往。有人認爲，這個字在卜辭中均作「前進」解，然而據卜辭文例但見往于某地或來自某方，絶不見「往自」連言的，明確表示前往意思的如「往田」、「往伐」，都用从止从王的「[glyph]」字。可知上兩例記載的都是關於芻逃亡的內容，辭中明言亡芻若干人，可證這裏的芻絶非牲畜和牧草，而是某種身分的人。以畜爲牲僅見此條占卜。當是極少見的現象。【商代人祭及相關問題　甲骨探史録】

◉趙　誠　甲骨文有一個[glyph]，从又从斷草，象以手將草折斷之形，即芻字。或寫作[glyph]，从斷木與从斷草同。其本義近似于現代口語裏所説的「打草」，因爲打來的草用于喂豬，所以又可稱之爲「打豬草」。現在所説的「打草」包括手抓、刀割，可能刀割者多。商代的「打草」則可能以刀割者少，用手抓拿者多，所得之草可能不限于喂豬，很可能主要還是用來喂牛、羊。卜辭的芻作爲動詞，其用義之一即爲「打草」，當即用其本義，如：

于𦎫大芻（前四・三五・一）。

有人把這種用法釋爲「割草」，所指應該相同。但「割草」這一説法給人的印象是全用刀割而排斥用手抓拿，可能與當時的實際情況不完全吻合。

「打草」用來喂牲畜，後代把牲畜叫做芻，應該是由此發展而來。當是本義之引申。但是，這種引申義和一般的引申義不完全一樣，可能是適應于早期詞義的籠統性。卜辭的芻也有這種用義。如：

勿取芻于隹（鐵二六一・四）。

庚子卜，亘貞，乎（呼）取吾芻氏（金五六七）。

芻的這種意義爲名詞，與「打草」之本義不能説毫無引申關係，但卻頗爲勉強。既無具體義和抽象義之間的關係，也無詞義擴大和縮小之間的聯係，更談不上什麽意義上的層次。卜辭的芻作爲動詞另有一種意義，即是將牲畜趕去吃草，當是所謂的放牧。如：

芻于兹声（乙三三三一）。

芻于卓（佚九一〇）。

打草叫作芻，打草喂牲畜叫芻，把牲畜趕去吃草也叫芻，這三種意義之間的引申關係比較正常，層次也很分明。如果這一點而論，應該歸入詞義的多層次性。但是有了把牲畜叫做芻這一義，就只能歸入詞義的籠統性。卜辭的芻作爲動詞還有這樣一種用義，如：

父乙大㚸于王(乙五二八)。

父乙㚸于王(乙五五四)。

「㚸」在這兩條辭裏是撫佑子孫之義，按照詞義籠統性這一特點來理解，當由打草飼養牲畜之義發展而來。把死去的長輩看成是神聖、尊貴而威嚴的，把活在世上的後代子孫看作牲畜，看來起源很古，並非產生于封建社會。把這種社會的血緣的觀念加入到詞義中去，使得詞義的發展和聯繫不完全是內部的，大概也是造成詞義籠統性的原因之一。【甲骨文行爲動詞探索(一) 殷都學刊一九八七年三期】

茭

 茭光之印【漢印文字徵】

◉許　慎　茭乾芻。从艸。交聲。一曰牛蘄艸。古肴切。【說文解字卷一】

◉馬叙倫　王筠曰。一曰者。釋草文。然此句乃後人增也。釋草。薜。山蘄。薜。白蘄。蘄。茝。蘪蕪。及此文。凡四見蘄字。而許說蘄字曰。艸也。即許說薜字亦不用薜山蘄。疑蘄字亦後人增也。朱駿聲曰。一曰牛蘄艸。是本義。爾雅。茭。牛蘄。注。今馬蘄。此艸馬牛喜食。故凡芻以爲茭名。書費誓。峙乃芻茭。史記河渠書。民茭牧其中。倫按爾雅之茭牛蘄。豈即今所謂茭白耶。此訓乾芻。乃已刈之草。則蕘字義也。蕘茭聲同宵類。然則茭本草名。乾芻乃蕘字義。且非本訓也。知者。芻爲刈艸。不可言乾芻。自是後人借芻爲蕘。如史記之茭牧。亦借茭爲芻也。故此作乾芻矣。疑此字出字林。非許書原有也。太平御覽七百六十九引聲類。茭。乾芻也。則呂忱據聲類加之。【說文解字六書疏證卷二】

荹

◉許　慎　荹亂艸。从艸。步聲。薄故切。【說文解字卷一】

◉馬叙倫　沈濤曰。廣韵十一暮。荹。亂艸。說文曰。亂稾也。引說文於亂艸訓下。則古本作稾不作艸。今本乃後人據廣韵改耳。玉篇亦云亂稾。倫按亂艸蓋本作亂草。字林訓耳。【說文解字六書疏證卷二】

茹

◉許　慎　茹飤馬也。从艸。如聲。人庶切。【說文解字卷一】

◉馬叙倫　王筠曰。小徐茹在莝下。大徐易其先後。非也。倫按飤馬也。非本義。或非本訓。茹爲如之後起字。女部。如。從隨也。乃旖字義。如从口女聲。即茹之初文。當訓飤也。【說文解字六書疏證卷二】

莝

◉許　慎　莝斬芻。从艸。坐聲。麤臥切。【說文解字卷一】

◉馬叙倫　徐鍇曰。詩曰秣之剉之。則此莝字。桂馥曰。詩。鴛鴦。摧之秣之。箋。摧。今莝字也。王筠曰。莝本静字。詩以爲動字也。倫按莝爲芻之後起字。芻音穿紐。莝音清紐。清穿同爲摩擦破裂次清音。此訓斬芻。借芻爲蒭。蓋非本訓。或曰。莝爲薪之轉注字。斬蒭者。芻字義。古或借莝爲芻。字見急就篇。【說文解字六書疏證卷二】

萎

◉許　慎　萎食牛也。从艸。委聲。於僞切。【說文解字卷一】

◉馬叙倫　唐寫本切韵殘卷五支引。食牛也。與此同。爾雅釋艸釋文引字林。痺也。蓋痿字訓。萎爲茹之轉注字。萎从委得聲。詳委字下茹委皆得聲於女也。食牛也非本義。或非本訓。【說文解字六書疏證卷二】

蔌

◉許　慎　蔌以穀萎馬。置莝中。从艸。敕聲。楚革切。【說文解字卷一】

◉馬叙倫　錢大昕曰。蔌即左成十六年傳馬不食粟之粟。倫按蔌音穿紐。則亦莝之轉注字也。說解挩本訓。但存校語耳。此字不見經典傳記。【說文解字六書疏證卷二】

苖

◉許　慎　苖蠶薄也。从艸。曲聲。丘玉切。【說文解字卷一】

◉馬叙倫　嚴可均曰。漢書周勃傳注引許曰。葦薄爲曲也。疑是淮南注。嚴章福曰。篆當从𠙹。此从曲。與說解不合。倫按十二篇𠙹下曰。或說。𠙹。蠶薄也。即此字義。此字盖出字林。【說文解字六書疏證卷二】

蔟

◉許　慎　蔟行蠶蓐。从艸。族聲。千木切。【説文解字卷一】

◉馬叙倫　倫按蔟茧聲同侯類。故茧轉注爲蔟。説解當曰。茧也。今挩。所存者校語。【説文解字六書疏證卷二】

苣

甲598　626　788　2262　2418　乙29　123　188　194　233　389

誠488　摭續121　粹1248　粹1559新4493　新4478　4492【續甲骨文編】

◉許　慎　苣束葦燒。从艸。巨聲。其呂切。【説文解字卷一】

◉馬叙倫　沈濤曰。華嚴音義引。炬。謂束薪而灼之。謂大燭也。珠叢曰。苣謂苣苣。束草爇火以照之也。苣即古之炬字。據此。則慧苑所引説文本亦作苣。其作炬者。傳寫涉經文而誤耳。陳潮謂説文有或體作炬。恐非。後漢書皇甫嵩傳注引作束葦燒之。今奪之字。丁福保曰。慧琳音義七引作束竹葦以燒之。二徐本奪竹以之三字。宜補。商承祚曰。甲文象人執炬火。爲木省。象火焰上騰。當是炬之本字。苣當是萵苣字。倫按甲文之即父字。其所从之。爲炬之本字。苣爲蒙之音同見紐聲同魚類轉注字。束葦燒或束竹葦以燒之皆校語。本訓挩矣。疑此篆出字林。【説文解字六書疏證卷二】

蕘

蕘竝林罕集字【汗簡】

林罕集【古文四聲韻】

◉許　慎　蕘薪也。从艸。堯聲。如昭切。【説文解字卷一】

◉馬叙倫　沈濤曰。詩板釋文文選長楊賦注龍龕手鑑皆引云。蕘。草薪也。是古本薪上有草字。詩板正義引作蕘即薪也。即乃草之譌。左昭十三年正義引同今本。嚴可均曰。加艸者。以別於楸梡梱之爲木薪。倫按艸薪也盖字林訓。言薪則必不言草矣。蕘薪轉注字。蕘音日紐。然燒亦从堯得聲。而入審三。曉亦从堯得聲而入曉紐。薪音心紐。心與審曉同爲摩擦次清音。蕘之音當得於燒。故轉注字作薪矣。【説文解字六書疏證卷二】

薪 薪 秦八八 二例 薪 雜五 四例 薪 法一一二 薪 法一一三 四例 薪 法一九三 【睡虎地秦簡文字編】

薪 薪中酒單 【漢印文字徵】

薪 【汗簡】

薪 汗簡 【古文四聲韻】

◉許　慎　薪蕘也。从艸。新聲。息鄰切。【說文解字卷一】

◉馬叙倫　薪蕘或轉注字。蕘音清紐。薪音心紐。同爲舌尖前音也。字見急就篇。【說文解字六書疏證卷二】

◉詹鄞鑫　甲文V象無柄鑿，如果把這種鑿用于劈析木柴，即今人所謂「楔子」。閩方言稱爲「柴尖」，尖即□字。甲骨文□字象木上插着楔尖，因知亲是薪字初文。……既知亲即薪字初文，則新字本義也昭然若畫了。新字甲文作□或□，象手持斧斤砍斫薪柴之形。説文「新，取木也」，正保留了這種古義。詩七月的「采荼薪樗」，棫樸的「薪之槱之」，大東的「薪是穫薪」的前一薪字，都應讀爲新，訓爲取木。【釋辛及與辛有關的幾個字　中國語文一九八三年五期】

蒸 蒸 【汗簡】

蒸 義雲章 【古文四聲韻】

◉許　慎　蒸折麻中榦也。从艸。烝聲。煮仍切。𦼮蒸或省火。【説文解字卷一】

◉郭沫若　鬻字从䰜从米从匕，巳當是聲。巳聲在之部，與蒸部爲對轉，此實蒸之古字也。舊釋爲羹，非是；蓋鬳甑非調羹之器，而稻粱亦非作羹之材，字形不合，尚其餘事。【兩周金文辭大系考釋】

◉馬叙倫　桂馥曰。廣韵引作析麻中榦也。此誤作折。倫按析麻中榦也校語。本訓菆也。或作麻榦也。菆蒸轉注字。而菆从取得聲。取聲侯類。則語原與芻同也。

𦼮宋保曰。丞聲。王筠曰。𦼮下云。蒸省聲。不云𦼮聲。恐此篆後人附益。【説文解字六書疏證卷二】

◉吴其昌　蒸者，冬祭之名，進新禾之祭也。卜辭中變狀亦夥，作□鐵·二三〇·一　□前·二·一六·四　□佚·五六八，亦有增从「禾」作□前·四·二〇·二 □林·一·八·二 □前·四·二〇·四 □前·四·二〇·八 □前·四·二〇·三 □前·四·二〇·七 □前·四·二〇·五 □本片諸形。象豆中實米，雙手捧豆之形。其注「禾」字於其下，或其上者，明此細粒之□，乃禾實，非菽麥稷秫耳。米實于豆，是登也。升也。故「烝」之義爲升。書多方「不蠲烝」馬注「烝，升也。」宣十六年左傳「殽烝」杜注等並同。雙手捧豆是進也。故「烝」之義又爲進。詩甫田「烝我髦士」毛傳「烝，進也。」豐年「烝畀烈祖」鄭箋等並同。豆中豐實禾粒，而雙手捧之以進，是祭亯之狀也。故「烝」之義又爲祭，爲亯。信南山之詩云「是烝是亯」，而尒疋釋詁云：「烝，祭也。」所進者爲禾稻是薦新禾之祭也。新禾於秋末而畢收，則其薦新之祭，其時宜已在冬矣。故「烝」之義又爲冬祭。是故禮記祭統，爾雅釋天，説苑修文……等並曰：「冬祭曰烝。」春秋桓公八年公羊傳，禮記王制，春秋緐露四祭，又深察名號，白虎通宗廟……等並曰：「冬曰烝。」其餘訓烝爲冬祭者，故書繁不勝舉，且別無異説。董氏緐露之説云：「畢熟故烝。……」祭義。云：「……烝者，以十月進初稻也。」四祭。尤爲精碻扼要。今更以春秋以前之史實證之：在殷代者，如卜辭云：「……貞衆敂庚，……在十月。」佚·五六八。是冬祭也。在殷周之際者，如洛誥云：「王在新邑，烝，祭歲。隹十又二月。……隹七年。」亦冬祭也。在宗周者，如康王時之畢毀云：「隹王十又三祀，十又一月，丁卯，王鼒畢，□。……」愙齋·一一·一九。亦冬祭也。是知春秋以前，初未嘗有違例之烝祭，至春秋以後而烝祭之時始亂，如桓公八年「春正月己卯烝」，「夏五月丁丑烝」，襄公十六年「春正月晉烝于曲沃」。然亦仍有碻守冬祭之故例者。昭公元年「十二月晉既烝」，「甲辰朔，烝于温。」據正義：甲辰，十二月朔。前十二月，實十一月。此「烝」祭之史，自殷代發生之始，迄東周逐漸消滅之源委本末也。【殷虚書契解詁】

◉黄錫全 □蒸 此即《説文》□字，古作□（佚663）、□（盂鼎）、□（大師虘豆），从米，从豆，从収。《説文》誤米爲采，此不誤。夏韻蒸韻録《義雲章》作□。□、□即□形寫誤。王國維認爲「□从米在豆中，以手収之，與𢍁字同意。𢍁祀疑即蒸祀也」（《觀堂集林·盂鼎銘考釋》）。高明先生説：「《説文》作□，誤米爲采，謂豆屬。甲骨、金文均作奉米之形，即蒸之本字（類編p327）。」【汗簡注釋】

蕉 □

□汗簡【古文四聲韻】

◉許　慎　□生枲也。从艸。焦聲。即息切。【説文解字卷一】

◉馬叙倫　倫按以蒸字訓析麻中榦而類列。其實仍失次。或出字林。非許本有也。【説文解字六書疏證卷二】

𦳊 𦳊

乙937 珠114 405 佚745 續存177 新2728 【續甲骨文編】

◉許　慎　𦳊糞也。从艸。胃省。式視切。【説文解字卷一】

◉馬叙倫　周伯琦曰。从艸。図象形。王筠曰。菡字見淮南子。人不食艸。安得糞中有艸。此借艸以會意。徐灝曰。糞下曰。似米而非米者矢字。謂𠂉也。與図中之※形近。盖即此字省體。胃省當爲胃聲。胃聲矢聲同部。高田忠周曰。図爲胃之最古文。倫按莊有可謂図即古胃字。盖本是圖畫性之象形文。傳寫爲篆文。故爲図耳。菡盖即糞田之糞本字。以艸爲糞。今所謂肥料。故訓糞也。以假借字釋本字也。糞音非紐。菡音審紐。同爲摩擦次清音也。聲轉爲式視切耳。【説文解字六書疏證卷二】

◉李孝定　按雷浚説文外編云「説文無屎字。辵部徙。古文𡳐。屎即𡳐之變。大雅『民之方殿屎』。毛傳『殿屎呻吟也』。説文『吚逗唸吚逗呻也』。唸下引詩『民之方唸吚』。此殿屎之正字。至以屎爲糞。其正字當作菡。説文『菡。糞也。从艸。胃省。式視切。是也』。亦通作矢。文公十八年左傳『殺而埋之馬矢之中』。」雷氏殆謂訓糞之字其正字當作菡。至作屎作矢者。皆假借也。屎乃𡳐徙之異體。其説宜若可信。惟證以卜辭字。則屎當爲訓糞之初文。字正象人遺屎形。契文育亦作。象育子之形。正與屎之構造法同。从⺈若⺀乃象所遺屎形。非少若小也。契文尿字作。象人遺溺形。與此同意。【甲骨文字集釋第八】

薶 薶

前一・三二・六　羅振玉説周禮大宗伯以薶沈祭山林川澤此字象掘地及泉實牛于中當為薶之本字　卜辭云𡚤于㳄一牢薶二牢　後一・二三・一二　粹三八　甲八九〇　簠典五一　甲三五二三　此象薶羊　鐵一七五・三　乙三五五八　叀薶　前七・三・三　薶三犬五豕卯四牛　此象薶犬　續二・一八・八　後二・四・四　此象薶豕　鐵一〇七・三　此象薶芘　乙四八八二　前六・四二・一　明藏一九九　乙二二三五　此象薶麑　摭續一二五　乙二八九一　此象薶鹿　前六・四一・四【甲骨文編】

甲890　2955　3116　3482　乙2235　2891　2948　5403　5408　7680　7750　8716　8859　8860　珠34　佚64　136　365　485　715　續2·15·5　2·18·8　3·45·6　徵8·51　京1·33·2　3·20·2　3·22·2　4·12·3　中六110　續存735　736　摭續103　125　粹42　新1426　【續甲骨文編】

◉許　慎　薶瘞也。从艸。貍聲。莫皆切。【說文解字卷一】

◉羅振玉　周禮大宗伯：「以貍沈祭山林川澤。」此字象掘地及泉。實牛於中。當爲貍之本字。貍爲借字。或又从犬。卜辭云：「三犬。尞五犬五豕。卯四牛。貍牛曰。」而之本字廢。【增訂殷虛書契考釋中】

◉王　襄　說文解字：「薶，瘞也，从艸貍聲。」周禮大宗伯：「以貍沉祭山林川澤。」契文作或。象掘地爲坎實牲其中之形，內之點爲水或土，乃薶之本字。又沈，作，……諸形，象投牲于水之形。契文薶、沈字亦爲祭名，所从之牲有牛、羊、犬、豕之異，每當定形，盖爲當時用牲之紀實，用羊則寫羊，用豕則寫豕，若薶之从、作，沈之从……作，偏旁有繁簡，則其流變。【古文流變臆說】

◉馬叙倫　羅謂爲沈貍之貍本字是也。謂象掘地及泉非也。皆即本書之凶字。詳凶字下。即坎之初文。掘土爲坎而埋牲其中。於六書爲會意。然字形與臽之異文甲文作金文作者同其構造法。盖臽所以謪禽獸。而爲獵防止猛獸及弋獵野獸之用。故字或从虎或从鹿。而埋沈之禮乃以牲。故字从牛犬。此所以爲異者耳。若薶字者。从艸。貍聲。不見瘞義。疑爲艸名。今失其義。或附會葬字爲之。然葬實从茻得聲也。釋名釋喪制葬不如禮曰埋。埋。痗也。趨使腐朽而已。然則薶瘞之字漢作埋也。此字疑出字林。【說文解字六書疏證卷二】

◉屈萬里　等字，羅振玉釋貍，是也。本辭之，亦當是貍字。茲从通行書體寫作埋。埋，埋牲之祭也。【殷墟文字甲編考釋】

◉丁　驌　薶，契文瘞牛爲薶。羅振玉云：「象掘地及泉實牛於中」，與字字字或且同義。按契文諸形，並可釋阱（井）（參後釋阱字節），亦有沉陷之義。其中小點未必便是水跡，或只示獸陷穽中跳躍揚塵之狀。安得便直是薶字？且中不只陷獸，亦有在其中之文，「共儒」視之如獲至寶，謂爲殉葬矣。其不可通之甚也。

此凵形象下陷之地可，又用爲皿之象形。乙二八〇三「貞令[glyph][glyph]三百射」者定非埋羊。似爲烹羊於皿中也，字與乙八九三五「甲子卜𦉥羊□」同意而省。故[glyph][glyph]之類實於皿中，有或無水點，大都是烹字之意，亦有只烹獸首者，如[glyph]字，故未必皆是埋也。且[glyph]釋鬲，又釋皿，故羊在皿上亦可能成羞字矣。

[glyph]，出象足在户外或應指在户內，凵實象門檻（坎），是斷非埋足也。諸从人女母之字，最多只是失足跌傷之類，釋之爲埋，便成奴隸矣。故乙八八六〇「丁丑卜子啓[glyph]亡禍」，只是貞問子啓跌傷禍福而已。又或釋爲子啓誤落獸阱，當更爲嚴重。釋葬釋埋跡近牽附。遺珠三四「丙申卜王貞勿祥[glyph]于門，辛丑用」，此顯爲出門不利也。反證余説，此不可能是「埋」字也。

由上所述从凵之字，當個別釋訓：野獸形文下有凵者當釋阱；家畜之有凵形者，殺牲爲祭，或可謂是埋祭；人而下有凵者，應作失足論。[glyph]既釋臽，則凡从[glyph]从[glyph]等均釋臽爲佳。【契文獸類及獸形字釋 中國文字第廿一册】

◉饒宗頤 癸巳卜，㱿貞：旬〔亡囚〕。王固曰：虫〕帬！若𠭁（扔）。甲午，……馬𢦏，貍（貍）王〔車〕。……癸未卜，㱿貞：乃丝虫帬。……（嚴一萍藏骨。寧滬二、二四，拾掇四五四，續存上九七二，外編四六二俱重。）背云：「癸亥卜，㱿貞：旬亡囚。王固曰：虫帬！……五日丁卯，子[glyph]……（寧滬二、二五，拾掇四五四背，續存上九七三，外編四六三俱重。菁華四文略同。）

按他辭云：「……水其貍丝邑。」（屯乙三一六二）知貍讀爲埋，與此「埋王車」義同。埋于水與土中俱曰貍，集韻十六怪，貍薶一字。引周禮「貍沈山林川澤」，卽瘞埋之埋（非禦字），説詳卜辭義證。【殷代貞卜人物通考】

◉裘錫圭 甲骨文埋牲字作[glyph]、[glyph]等形。羅振玉釋此字爲薶埋，《甲骨文編》从之。釋此字爲埋，从卜辭文義看是合理的，但是在文字學上缺乏根據。

此字所从之凵是「坎」的初文。《説文·凵部》「凵，張口也，象形」，其讀音與「坎」至近。楊樹達認爲「凵象坎陷之形，乃坎之初文」，顯然比《説文》的解釋合理。古漢語名動相因，坎字除名詞用法外還有動詞用法，掘地爲坎或是掘地而埋物其中都可以叫「坎」。《左傳·僖公二十五年》「宵坎血加書，僞與子儀、子邊盟者」，杜注：「掘地爲坎以埋盟之餘血，加盟書其上。」《周禮·秋官·司盟》鄭玄注：「盟者書其辭於策，殺牲取血，坎其牲，加書於上而埋之。」《左傳》襄公二十六年、昭公六年都有「坎用牲」之語（襄二十六年原文作「欿用牲」，欿、坎音近通用）。甲骨文𠙹、凶等字从凵（坎），象埋牲于坎之形，應即「坎血」、「坎其牲」之「坎」的專字。最初𠙹大概就可以代表「坎牛」兩個詞，凶大概就可以代表「坎犬」兩個詞，隨着一字一音節原則的嚴格化，它們就成爲坎字用作動詞的異體字了。

甲骨文田獵卜辭裏常見一種叫做𣪠的田獵方法，這個字有時也寫作𪊁或𠚣。羅振玉釋𣪠爲阱，《甲骨文編》則把𣪠、𪊁、𠚣都當作𡧻字的異體(二一二頁)。从有關卜辭可以清楚地看出來，𠙹、𠚕指埋牲于坎以祭鬼神，𪊨、𪋃、𠀠則指用陷阱捕獸，《文編》把它們看作一個字是不妥當的。𪊨等字的構造與象人落入陷阱的「臽」字同意。胡厚宣先生認爲此字「象挖地爲阬坎，以陷麋鹿之狀」，應讀爲「陷」，這比羅氏釋阱的說法合理。「臽」、「坎」意義相近，字音也極其接近，「臽」應該就是从「坎」分化出來的一個詞。《殷虚書契》四・四・二：「壬子卜㱿鼎(貞)：㞢罕(擒)𪊨(麋)。丙子𪊨，允罕二百㞢(又)九。」《卜辭通纂》收此片爲第二十三片，《考釋》認爲𪊨「當是穽麋二字之合文，知者以下言允畢二百又九，不復言麋也」。此說極爲有理，不過「穽麋」應改釋爲「陷麋」。卜辭裏後面不跟獸名的𪊨、𪋃、𠀠諸字，大概多數應該分別讀爲「陷麋」、「陷鹿」、「陷𪊨(麋)」。卜辭裏個別𠚕字後面不跟犧牲名。可能也應該讀爲「坎犬」。

《殷契遺珠》三四：「丙申卜王鼎貞：弓勿𩵋𠚕于門。辛丑用。十二月。」《發凡》說：「古有祀門之祭……𠚕讀若𡧻，用女俘也。」于省吾先生改釋此字爲「臽」。从文義看，此字當與𠙹、𠚕等字爲一類，應爲動詞「坎」的異體，在上引卜辭裏也可能應讀爲「坎女」或「坎奴」(女、奴古音極近)。【甲骨文字考釋八篇　古文字研究第四輯】

葠

◉許　慎　葠喪藉也。从艸。侵聲。失廉切。【說文解字卷一】

◉馬叙倫　段玉裁曰。此字可疑。蔓。覆也。从艸。侵省聲。安得一省一不省劃爲二字。且葠音失廉切。與苫同音。苫固凶服覆苫也。字亦失次。倫按喪藉也校語。本訓挩矣。盖寢苫枕凷即以蓋屋築牆之物爲寢枕之具耳。初非特有其物也。【說文解字六書疏證卷二】

𣂚

前四・八・六　唐蘭釋折　京津二七三七　京都三一三一【甲骨文編】

新1565　2737【續甲骨文編】

折　盂鼎二　不䢅簋　不䢅簋二　兮甲盤　師寰簋　多友鼎　虢季子白盤　㝬生

遹　折觥　毛公厝鼎　師同鼎　拏乳爲誓　洹子孟姜壺　誓于大司命【金文編】

折 法七五 九例 日乙二五五 三例 日甲六七背 雜三六 秦一二七 【睡虎地秦簡文字編】

—欶(丙10：2-1) 【長沙子彈庫帛書文字編】

4299 【古璽文編】

折衝猥千人 【漢印文字徵】

折 【汗簡】

義雲章 【古文四聲韻】

◉許慎 斷也。从斤斷艸。譚長説。食列切。籀文折。从艸。在仌中。仌寒。故折。篆文折。从手。【説文解字卷一】

◉吳大澂 象杙之折。許氏説从斤斷艸。毛公鼎。師寰敦折首執訊。折从二中。與小篆同。【説文古籀補】

◉孫詒讓 説文艸部。。斷也。从斤斷艸。譚長説。。籀文折。从艸在仌中。仌寒。故折。折。篆文。从手。此銘作。知爲折字者。吳録叔家父簠。悊德不亾。悊作。从。爲聲。【毛公鼎 古籀拾遺】

◉郭沫若 邦殆斯折字異文。叚爲誓。洹子孟姜壺司誓作斸斯。此之司誓盖周禮秋官司約司盟之類。【兩周金文辭大系考釋】

◉馬叙倫 李賡芸曰。折从手斤聲。禮檀弓。吉事欲其折折爾。注。折。安舒皃。詩云。好人提提。釋文。折。大兮反。斤聲故轉爲大兮反。倫按艸爲物脜脃易斷。何取於斤。倫謂李説是也。斤聲真類。故折聲入脂類。脂真對轉也。又近亦从斤得聲。而音在羣紐。折音牀三。古讀歸定。定羣同爲破裂濁音。亦可證也。此从兩手。非从艸也。盖初文从兩手象折物形。與爲類。甲文折字作。其猶存其遺跡。折物者以兩手持物。掌著而手背向上。及折物而掌向上矣。故爲兩手相背之形。及變爲篆文。疑於他字。乃增斤爲聲。而篆形轉寫。手譌爲屮。與艸木字同形。又或以與兵字形似。故虢季子盤兮甲盤及此篆並作矣。抑金文書多率意位置。此或本於金器也。本書引譚長説凡七。而本書無譚字。徐鉉謂當作鄲。然急就篇有譚平定。而漢人以譚字爲名者。如王譚桓譚。未必名鄲也。疑本書挩譚字。此書引譚長説者皆後人加之。

或出字林。折字或亦出字林。呂以字作𣂪而附艸部之末。又不明非从艸也。不得其解。則取譚長从斤斷艸之説耳。不嬰𣪘作𣂪。兮甲盤作𣂪。毛公鼎作𣂪。

𣂪王筠曰。説解以爲从仌似非。若从斤仌二字爲義。則艸之折也。斤斷之耶。仌摧之耶。義無統屬。是謂雜亂。且論字形。是仌在艸中。而云艸在仌中。亦非。齊侯罍有此字。亦作𣂪。王國維曰。齊侯壺作𣂪𣂪二形。僞隸古定尚書誓字作𣂪。皆與此同。𣂪亦从斤斷艸。二屮之間之二。表其斷處也。許云从仌。殆不然與。倫按折从手斤聲。此从折二聲。折二聲同脂類。豈轉注字耶。然此字見齊器。乃晚周文字。晚周文字多肊改。或當時折篆已譌。故俗書遂增二於中。以示艸斷。或金器文乃誓之省。二爲言之省耶。从艸以下校語。齊侯壺。誓于大嗣命。作𣂪。

𣂪鈕樹玉曰。九經字樣云。説文作𣂪。隸省作折。玉篇云。今作折。則折非篆文。疑後人增。王筠曰。折盖寫𣂪字者誤連之。因譌爲手。校者增入耳。倫按从𣂪之字。今皆作折。【説文解字六書疏證卷二】

◉唐　蘭　卜辭𣂪或作𣂪，可證𣂪即𣂪字。

𣂪金文折或作𣂪，疑此亦𣂪字。【古文字學導論】

◉高田忠周　説文。𣂪斷也。从斤斷艸。譚長説。籀文作𣂪。从艸在仌中。仌寒。故折。篆文作𣂪。从手。从斤。然斷艸爲字本義也。轉爲斷木之謂。詩將中子。無折我樹杞。是也。又按。許氏説籀文形恐有誤也。當謂仌在艸中。而仌寒。故折。亦非其理。證于下文。从艸从二。二以分斷。即指事也。【古籀篇七十九】

◉李孝定　卜辭「折」字有作𣂪者(新二七三七)象斷木形，實爲金文篆文从屮屮所自昉，然則當以斷木爲本義，斷艸安所用斤乎？【金文詁林讀後記】

◉金祥恆　𣂪字，从手持斤以斷草也。説文：「𣂪，斷也，从斤斷艸，譚長説。𣂪籀文折，从艸在仌中，仌寒，故折。」⊘其，𣂪與説文合，象以斧斤斷艸形。甲骨文折爲地名，其地望不詳，其字或作𣂪，𣂪⊘𠄌或象艸木之枝，以斧斤斷之狀，故𣂪𣂪殆爲折字。【釋𣂪𣂪　中國文字第五册】

◉唐　蘭　折字原作𣂪。按折字本作𣂪，以斤折艸，毛公鼎作𣂪，可見从卜(𠄌)與从中同，从中與从屮屮同，甲骨文也有㪿字。【略論西周微史家族窖藏銅器羣的重要意義　文物一九七八年第三期】

◉饒宗頤　卜辭𣂪字唐蘭釋折，字凡四見，二爲地名：辭云「在𣂪」(京都三一三一，京津一五六五)。在𣂪即在菥，菥即蓍。尚書大傳「文王出則克耆」。周本紀「明年敗耆國」，正義謂即「黎國」，當即其地。𣂪如即耆國，則菥正爲蓍字。巫咸作筮，故甲文之菥字，非蓍莫屬。晉以來傳本，歸藏中有本蓍篇，其殘文云：「蓍二千歲而三百莖，其本以老故知吉凶。」卜辭中有𣂪字（加拿大多倫多安大略博物館藏），从倒屮从斤，金文祈字从斤，字亦作斱聲，可爲𣂪字釋菥即蓍之佐證。以上祇是聯係甲骨文對易緯菥字作些訓釋，限於材料，聊備一說而已。【殷代易卦及有關占卜諸問題　文史第二十輯】

◉伍仕謙　甲骨文中有𢀛、才、𢦏、𢦔等字，甲骨文編均釋爲𢦏，與災害之𡿧字同意。羅振玉、董作賓等俱無異說。今細審例句，𢀛、才二形實非一字。𢀛爲方國名，或災害之災，而才、𢦏、𢦔、𢦔諸形，則應釋爲折。𢀛與𡿧、𡿧、𡿧等字之例句：

1. 丁未卜貞王往于田亾𡿧（甲二一二三）
2. 乙未卜行貞王其田亾𡿧在二月，在慶。（後上一一·三）
3. 丁卯卜貞翌日戊王其田亾𡿧（甲一九四二）
4. 貞王其田亾𡿧（佚一九七）
5. □子卜貞王其田往來亾𡿧。（甲二七一八）
6. 庚午卜王曰貞翌辛未其田往來亾𡿧，不冓咼，茲用。（京三四五四）
7. 乙丑卜卬貞王其田，往來亾𡿧。（京四五二九）
8. 王其田埶，亾才。（京四二一〇）
9. 壬午卜㸚貞王其田，往來亾𢀛。（合四）
   戊辰卜㸚貞王其田，往來亾𡿧。（合二四）
10. 王固曰叀既三日戊子允既𢦏、𢀛方。（乙四七〇一）
11. 王固曰吉才之日，允才𢀛方，十月。（合一一八）

从以上11例可以看出𡿧𡿧𢀛等字俱可通用，俱爲災害之意。羅振玉以爲「𢦏，傷也，从戈才聲。」董作賓謂「𢦏字从戈从中，戈乃兵器足以傷人，又加中聲爲之，當爲𡿧之後起字」。至于才、𢦏、𢦔、𢦔、等字，羅振玉仍以爲「从𢦏从中，乃古文在字」，甲骨文編因之。但從以下例句觀察，卻與𢀛𡿧字含意不同。例：

1. 貞戉弗其才湏方（續四、二九、一）
2. 辛丑卜賓貞叀羽令以戈人伐𢀛方，𢦏。十三月。（金五二二一）
3. 辛酉卜㱿貞……疋尼才𢍏。（乙四三二七）

4. 壬辰卜㱿貞雀□祭(乙三五一七)
壬辰卜㱿貞雀弗其□祭三月(乙三五一七)
5. 貞雀□祭方(南誠三〇)
6. 壬子卜□貞自今日我□酉(丙一)
貞自五日我弗其□酉(丙一)
7. 癸亥卜㱿貞我使□缶(丙一)
癸亥卜㱿貞我使女其□缶(丙一)
8. 癸未卜丙貞子商弗其□□方缶(合一七八)
癸未卜丙貞子商□□方缶(合一七八)
9. 辛丑卜㱿貞今日子商其□方缶，□。五月(乙六六九二)
壬寅卜㱿貞自今日至于甲辰子商弗其□□方。五月(乙六六九二)
10. 从兄告乎往有□(甲一九五一)
11. 癸巳卜王其令五医戍□……伐，□。(粹一一四九)
12. ……叀□犬□从亾□畢(粹一五六一)

此外還有□、□、□、等字，或釋爲戈，孫海波釋爲𢦏之異文，他說：「聲符□倒書，舊釋戈，非是。」我們認爲此字不是𢦏之異文，而與□同爲一字。例：

13. ……王□猶十二月。(粹一一七七)
14. 辛酉卜王曌壬戌□。十二月。(寧三·四·三〇)
15. 癸丑卜王𦎫猶，□。十二月。(鄴三·四〇·五)
16. 癸亥卜今夕𦎫猶，□。(後下四二·四)
17. 甲辰卜雀□□医。(佚六〇四)
18. 甲子卜王从東戈，□医□。
乙亥卜王从南戈，□医□。(甲六二一二)

卉

丙寅卜王从西戈，□厌□。

丁卯卜王从北戈，□厌□。

19. 癸卯卜其克，□周。（掇二・一六四）

20. ……方出，从北土，弗□北土。（粹三六六）

从以上20個例句分析，釋成災害，似乎不如釋「折」之義爲長。折，古訓有多種意義，言傷害也，斷也，截也，死也；《鄭風・將仲子》「毋折我樹杞」，《箋》：「折，言傷害也。」《禮記・祭法》：「萬物死者皆曰折。」《漢書・五行志》：「傷草木曰折。」《儀禮・特牲饋食禮》注：「折俎，節解者皆曰折。」又有曲義或屈義。《禮・玉藻》「折還中矩」，注：折，曲也。《前漢書・伍被傳》「折節下士」折之爲言屈也。故折有傷害，斷截，死亡，曲，屈諸義，孟子「爲長者折枝」言爲長者曲其肢，行一禮也。引申之則爲屈服之意。以此諸義詮釋上面的例句，都能解釋得很通暢。如以上各句，釋爲災害，都不如釋爲屈服確切。同時，我們檢查卜辭中，「往來亾災」的句子中，从來没有用□或□字的。這是从字義方面考察。

再从字形方面去探討。

甲骨文中有□字，例：

(1) 在□（人三一三一）

(2) ……□量（前四・八・六）

按《説文》「折，斷也，从斤斷草。□籀文折。」金文中之折字，皆作「折首」之折。如《小盂鼎》「□嘼」。《不嬰簋》「□首執訊」。《兮甲盤》「□首執訊」皆是。説文籀文之□，應即承金文之折。以斤斷草爲折，以其他武器斷草，亦爲折，如甲文□（人三〇四三）亦折也。以戈斷草亦折也。□，存其所斷之草之上部□、□，存斷草之下部，皆爲折字之異文。【甲骨文考釋六則　古文字研究論文集】

□ 卉木亡尚　乙一・三二　□ 卉木民人　乙五・二六　【長沙楚帛書文字編】

□ 崔希裕纂古　【古文四聲韻】

艽

蒜

◉許　慎　芔艸之總名也。从艸屮。許偉切。【説文解字卷一】

◉馬叙倫　章炳麟曰。从三屮。倫按方言曰。卉。草也。東越揚州之間曰卉。書禹貢。島夷卉服。鄭注。草服。詩出車。卉木萋萋。四月。百卉具腓。傳並云。卉。草也。爾雅釋草曰。卉。草。是卉者畫艸之形而更茂密者也。因古今之音變。方俗之偁殊。故中艸卉之讀遂異。後世又因其形之緐簡而歧其義。中芔聲同脂類。故東越揚州之間謂艸爲芔。芔仍象形。説解本作艸也。此乃字林訓。【説文解字六書疏證卷二】

◉李　零　卉木亡常，卉，也就是艸，《説文》别艸、芔、茻爲三字（草、卉、莽），但根據較早的文字材料，這三個字本來却是同源的，只是繁簡不同，後來才漸漸分化開來。《方言》：「卉、莽，草也。東越、揚州之間曰卉，南楚曰莽。」《文選》卷五左太沖《吴都賦》「卉木跃蔓」，劉良注：「卉，百草總名，楚人語也。」皆楚人用卉爲草之證（東越、揚州亦楚地）。【長沙子彈庫戰國楚帛書研究】

 0677【古璽文編】

◉許　慎　艽遠荒也。从艸。九聲。詩曰。至于艽野。巨鳩切。【説文解字卷一】

◉郭沫若　，古文艽。淮南道應訓：「禽獸有艽，人民有室。」又脩務訓：「野彘有艽莦槎櫛堀虚連比以像宫室。」从宫省，勼聲。【麥彝　兩周金文辭大系考釋】

◉馬叙倫　詩小明。至于艽野。傳曰。艽野。遠荒之地。然宋翔鳳謂即鬼方。倫謂此訓遠荒。即本毛傳。然謂邊遠荒服。不得从艸。如謂荒薉。義亦不倫。淮南原道訓。禽獸有艽。人民有室。脩務訓。虎豹有茂草。野彘有艽莦槎櫛。窟虚連比。以象宫室。艽莦連偁。上文莦惡艸皃。則艽亦艸也。大觀本草。秦艽。蕭炳曰。圖經云。秦艽。根土黄色。而相交糾。長一尺已來。枝幹高五六寸。葉婆娑。連根莖。俱青色。如萵苣葉。開花紫。似葛花。艽豈即秦艽耶。遠荒非本義。廣韵引埤蒼。艽。遠荒。不引本書。則此字蓋出字林。【説文解字六書疏證卷二】

◉許　慎　蒜葷菜。从艸。祘聲。蘇貫切。【説文解字卷一】

◉馬叙倫　沈濤曰。齊民要術十御覽九百七十七皆引菜之美者。雲夢之葷菜。爾雅釋草釋文。蒜。説文云。葷菜也。一本云。菜之美者。雲夢之葷菜。是元朗所見之本。已與今本不異。其云一本。與賈氏所引同。可見叔重之書。爲後人竄節。

已非一日。此六朝之本所以尤勝於唐本也。文選養生論注引云。蒜。葷菜也。與元朗所見不同。嚴可均曰。依説文大例。則卉篆當在部末。今卉後復有芄蒜。及左文。必舊本脱落。校者據多本補收也。王筠曰。本草綱目保昇引菜之美者雲夢之葷菜。衍生山中者名萮。釋草疏引亦有生山中者名萮一句。菜之美者兩句。與䔯下説相似。倫按葷菜當作菜也。葷字校者加之。菜下挩也字。菜之九字校語。故陸見一本有。一本無。無者未譌入正文。後之校者删之也。蒜字疑本在前。傳寫挩失。校者據别本補收於後耳。字見急就篇。【説文解字六書疏證卷二】

芥

芥 秦一二六 通介 及不—車 【睡虎地秦簡文字編】

芥説之印　芥家□印　芥勝 【漢印文字徵】

芥【汗簡】

義雲章【古文四聲韻】

◉許　慎　芥菜也。从艸。介聲。古拜切。【説文解字卷一】

◉馬叙倫　桂馥曰。一切經音義六引字林。芥。辛菜也。字見急就篇顔師古本。皇象本作介。【説文解字六書疏證卷二】

◉陳夢家　⿱艹⿱害廾字是芥之繁文，《説文》芥的籀文从茻，與此同从。《方言》三「蘇，介草也。……自關而西……或曰芥；……沅湘之南或謂之⿱艹害」，注云「音車轄」。此處當作動詞，假介爲匄。《詩七月》「以介眉壽」，金文作「用匄眉壽」，《廣雅釋詁》三「匄，予也」；《詩既醉》「介爾景福」，《酌》「是用大介」，介並訓爲賜予。【井侯毁　西周銅器斷代】

◉于省吾　第五期甲骨文地名的⿱艹⿱害廾字作□(京津五二八三)，只一見。甲骨文編附録于艸部，並謂「説文所無」。按⿱艹⿱害廾字从口作∪，也如唐字作□(甲一一三二)，又金文周字从口作∪者屢見，不備引。周器井侯簋的「⿱艹⿱害廾井侯服」，⿱艹⿱害廾字作□，與甲骨文形同。楊樹達積微居金文説：「⿱艹⿱害廾字从艸害聲，當讀爲匄。廣雅釋詁三云：匄，與也。……⿱艹⿱害廾井侯服者，服通訓事，謂與井侯以職事也。」按楊説可從。⿱艹⿱害廾字典籍均作⿱艹害，古文字从茻與从艸無别。方言三：「蘇，芥草也。江淮南楚之間曰蘇，自關而西或曰草，或曰芥，……沅湘之間或謂之⿱艹害。」郭注：「今長沙呼野蘇爲⿱艹害。」芥从介聲，⿱艹害从害聲，古字通。説文：「芥，菜也，从艸介聲。」大徐本説文，謂芥字大篆作□。總之，⿱艹⿱害廾爲芥之初文，□與芥爲後起字。【釋⿱艹⿱害廾　甲骨文字釋林】

◉黄錫全　古璽芥作□(字表1.13)。信陽楚簡芥作□，同芥。夏韻怪韻録作□是，竹形同石經，此介形脱一畫。鄭珍認爲「廾變从古竹」，恐非是。【汗簡注釋】

蔥 □

□ 蔥　不从艸　毛公厝鼎　悤字重見　【金文編】

□ 蔥　説文所無　秦一七九　【睡虎地秦簡文字編】

◉許　慎　□菜也。从艸。悤聲。倉紅切。【説文解字卷一】

◉劉心源　□與本句□異。案。毛公鼎。朱市□衡。碻是蔥字。近人謂象蔥形。是已。又宗周鐘。倉倉□□。亦是鎗鎗鏓鏓。阮釋它。非。此銘則用爲聰也。【奇觚室吉金文述】

◉高田忠周　吳氏大澂云。此古蔥字。象形。禮三命。赤韍蔥衡。青謂之蔥也。許氏説。繱帛青色。从糸。後人所加。按。吳攷爲是。孫詒讓云。阮款識宗周鐘。倉倉它它。作□。與此正同。蓋孫氏説多爲妥當。而此攷未矣。説文。□蔥菜也。从艸。悤聲。大篆从茻。作□。爾雅釋艸。茖山蔥。注細莖大葉。北山經。邊春山。其艸多蔥韭。蓋蔥之爲物。與韭同類。葉大。根亦肥如球。此篆實象其形。又轉義爲爾雅釋器青謂之蔥。詩采芑傳蒼也。是也。【古籀篇七十九】

◉馬叙倫　倫按古鉩有□字。蔥字見急就篇。【説文解字六書疏證卷二】

◉郭沫若　悤字原作□，彝銘悤黄字均如是作，余意此卽蔥之象形文，象蔥由球根迸出之形。本銘當讀爲冲。【大克鼎　兩周金文辭大系考釋】

萑 □

◉許　慎　□艸也。从艸。隹聲。詩曰。食鬱及萑。余六切。【説文解字卷一】

◉馬叙倫　嚴可均曰。爾雅釋草疏爾雅翼一引韓詩如此。王筠曰。爾雅疏韓詩云。六月食鬱及萑。然此引不應截去六月二字。倫按鍇本無詩曰六字。此校語也。【説文解字六書疏證卷二】

蕇 苟 蕨 莎

蕇 兼并州陽河蕇督 【漢印文字徵】

◉許　慎　蕇亭歷也。从艸。單聲。多殄切。【説文解字卷一】

◉馬叙倫　亭歷俗名。校者所加。本訓草也。今捝。或此字出字林。【説文解字六書疏證卷二】

苟 4·174苟事　此用作敬苟事即敬事 【古陶文字徵】

◉許　慎　苟艸也。从艸。句聲。古厚切。【説文解字卷一】

蕨 李商隱字略　**蕨** 同上 【古文四聲韻】

◉許　慎　蕨鼈也。从艸。厥聲。居月切。【説文解字卷一】

◉馬叙倫　徐灝曰。此即上文之藄月爾也。倫按藄蕨爲音同見紐轉注字。今訓鼈者。本爾雅釋草文。厥鼈聲同脂類。鼈俗名也。爾雅釋草注。江西謂之鼈。然此校者以雅文加之。本訓艸也。今捝。或此字出字林。【説文解字六書疏證卷二】

莎 莎　日甲六五背 【睡虎地秦簡文字編】

◉許　慎　莎鎬侯也。从艸。沙聲。蘇禾切。【説文解字卷一】

◉馬叙倫　徐鍇曰。爾雅釋草。莎。　名鎬。一名侯莎。倫按爾雅釋草。鎬。侯。莎。此以鎬侯訓莎。與漢書司馬相如傳張楫注同。然廣雅不引鎬侯之名。但云。地毛莎蓨臍也。莎臍即夏小正之莎蓨。夏小正。薃也者。莎蓨也。則鎬即薃。而鎬侯又不連文。玉篇。薃。一名莎侯。然則雅文本謂鎬與侯皆莎也。鎬莎聲同宵類。或借鎬爲莎。或別作薃字。許不録薃。殆以不見於蒼頡訓纂二篇中耳。侯則侯宵通轉。亦通借也。然則以鎬侯或侯莎連讀者皆失之。此亦校者誤讀雅文而加之。許本訓艸也。或此篆出字林。非許書原有也。【説文解字六書疏證卷二】

蓱

◉許　慎　蓱苹也。从艸。洴聲。薄經切。【説文解字卷一】

◉馬叙倫　嚴可均曰。本書無洴字。釋草釋文。萍。本或作蓱。則蓱即萍字。得在水部。从水。苹聲。爲萍之重文。今在艸部。云。洴聲。明是校者所加也。桂馥曰。苹也當作艸也。徐鍇韻譜。蓱。艸也。文選謝靈運詩。自從食蓱來。李善注引毛詩食野之苹。後人多用蓱爲浮萍字。王筠曰。當作从艸。从水。并聲。倫按本書有苹蓱萍三字。經典多通用。桂馥以苹爲苹蒻字。苹蒻可爲席者。萍爲浮萍字。浮萍無根浮水上者也。此爲苹藾蕭字。蓱鹿所食者。嚴章福謂水部萍下曰。苹也。水艸也。从水苹。苹亦聲。本或作从水草。苹亦聲。宋本同。毛刻本刓改草爲苹。而艸部苹下曰。無根浮水而生者。苹不从水。何以言浮水而生。萍从水从苹。誰不知之。宋本及毛初印本何以言从水草苹亦聲。説文無洴字。何以蓱从洴聲。疑説文萍字本屬艸部云。水艸也。無根浮水而生者。从艸。从水。平聲。或从水。洴聲。玉篇廣韻皆云。萍蓱同字。又出苹篆云。苹。苹艸皃。文選高唐賦注引如此。今艸部挩萍篆。校者以苹字當之。又將蓱篆歸於左文。補萍篆於水部末。非是。王廷鼎謂水部無洴。爾雅釋文萍或作蓱。則苹當作萍。蓱即萍而萍从水苹聲。則蓱亦从水幷聲。周秦時始有洴。故蓱篆从洴。疑亦非古有之字也。倫謂嚴謂苹下有萍字。解語。水部萍字爲校者所補。是也。謂萍蓱一字。或未致塙。桂以蓱爲小雅鹿鳴食野之苹之苹字。最塙。詩借苹爲蓱。故毛傳曰。苹。蓱也。箋曰。苹。藾蕭也。爾雅釋艸。苹。藾蕭。郭注。今藾蒿也。然則此説解當曰。艸也。許誤以苹蓱爲一物。故苹下曰。蓱也。此下曰。苹也。似轉注矣。或此下本如韻譜作艸也。轉寫改艸爲草。而校者見苹下曰蓱也。因改草爲苹歟。洴字見莊子逍遥遊篇。雖不見於本書正篆。然如嚴説。則爲屬於水義之字。非艸名矣。【説文解字六書疏證卷二】

蓳

◉許　慎　蓳艸也。根如薺。葉如細柳。蒸食之。甘。从艸。堇聲。居隱切。【説文解字卷一】

◉馬叙倫　嚴可均曰。蒸當作烝。鈕樹玉曰。宋本柳作桺。此注與上下文全不類。疑經後人改。玉篇艸部無蓳。倫按根如以下十一字校語。【説文解字六書疏證卷二】

菲

◉許　慎　菲芴也。从艸。非聲。芳尾切。【説文解字卷一】

◉馬叙倫　菲芴爲同脣齒音轉注字。菲音非紐。芴音微紐也。【説文解字六書疏證卷二】

芴

◉許　慎　芴菲也。从艸。勿聲。文弗切。【說文解字卷一】

虉

◉許　慎　虉艸也。从艸。鷊聲。呼旰切。【說文解字卷一】

◉馬叙倫　嚴段桂諸家並謂上文已有虉字。鳥部鷊難一字。此重出。【說文解字六書疏證卷二】

萑

珠905

摭續309【續甲骨文編】

◉許　慎　萑薍也。从艸。萑聲。胡官切。【說文解字卷一】

◉馬叙倫　萑从萑得聲。萑聲歌類。薍聲元類。歌元對轉。萑薍爲轉注字也。字見急就篇。【說文解字六書疏證卷二】

葦

葦　日甲三九背　三例【睡虎地秦簡文字編】

◉許　慎　葦大葭也。从艸。韋聲。于鬼切。【說文解字卷一】

◉馬叙倫　萑音匣紐。葦音喻三。皆摩擦次濁音。轉注字也。大葭也大字疑校者加之。字見急就篇。【說文解字六書疏證卷二】

葭

葭萌長印【漢印文字徵】

◉許　慎　葭葦之未秀者。从艸。叚聲。古牙切。【說文解字卷一】

◉馬叙倫　沈濤曰。御覽一千引葭灰以候律管。今奪。倫按蒹葭音同見紐轉注字。葭萑同舌根音轉注字。葦之未秀者校語。本訓挩矣。御覽所引者亦校語。【說文解字六書疏證卷二】

萊

東萊太守章 東萊魁陬叔孫□□□ 萊守 【漢印文字徵】

◉許 慎 蔓華也。从艸。來聲。洛哀切。【説文解字卷一】

◉馬叙倫 鈕樹玉曰。韻會引華作草。非。錢大昕曰。即釋草之釐蔓華。倫按錢説是也。此校者以雅文加之。許本訓艸也。今挩。【説文解字六書疏證卷二】

茘

茘 秦四 【睡虎地秦簡文字編】

◉許 慎 艸也。似蒲而小。根可作㕁。从艸。劦聲。郎計切。【説文解字卷一】

◉馬叙倫 鈕樹玉曰。韻會引作草名。玉篇韻會引作字作爲。沈濤曰。顏氏家訓書證御覽一千引皆作爲。許書多言可爲。作字疑後人改。倫按草名者。字林訓。似蒲八字校語。或此字出字林也。【説文解字六書疏證卷二】

蒙

乙1986 3284 6686 珠461 零21 佚23續3·12·5 續3·12·4 徵9·34 續存626 627 【續甲骨文編】

蒙 中山王嚳壺 身蒙幸胄 【金文編】

蒙陰宰之印 蘇蒙 李蒙私印 黄蒙之印 □蒙之印 肱蒙私印 【漢印文字徵】

禪國山碑 旃蒙協洽之歲 【石刻篆文編】

朱育集字 古尚書 竝古文 【古文四聲韻】

◉許 慎 王女也。从艸。冡聲。莫紅切。【説文解字卷一】

◉葉玉森 予曩疑卜辭之方方與爲一國。从苗从人。或古雲夢之夢。殷契鉤沈。丁山氏謂予説近是。⊘森于舊説仍未敢自信。諦察爲形。即帽之初文。冒爲準初文。其上之爲帽飾。猶子上之。亦帽飾也。即篆文

□之旁从□所由孳。篆文蒙下从豕。卜辭□□下則从人。疑即蒙字。猶卜辭□□从大象人形。而篆文則譌變从犬。□覆人首曰蒙。易明夷。以蒙大難。釋文。蒙冒也。□□與□殆非一字。蒙方故都或即丁氏所謂之大蒙城歟。【殷虛書契前編集釋卷四】

◉馬叙倫　鈕樹玉曰。類篇引作玉女。邵瑛曰。王女。爾雅釋草作玉女。唐石經作王女。石刻不誤也。陸佃爾雅新義曰。凡大稱王。王筠曰。鮑本繫傳亦作玉。朱駿聲曰。宋本説文作玉女。非是。錢辛楣師曰。女蘿之大者名王女。猶王彗王芻也。按凡物之大者或稱王。或稱馬牛。倫按唐寫本切韻殘卷一東蒙下曰。玉女草。説文从目。似陸據本篆作莔也。然本部别有莔字。王女也校語。本訓捝矣。字見急就篇。【説文解字六書疏證卷二】

◉朱德熙　裘錫圭　「考釋」162號簡釋文作「蘩蒙四」。從此簡照片看，第一字的中間部分與296號簡「如」字同形，應該釋作「蕠」，在此當讀爲「絮」(帤)。

《周禮・天官・玉府》「掌王之燕衣服」，鄭注：「燕衣服者，巾絮寢衣袍襗之屬。」王念孫云：

絮與帤通，帤亦巾也。《説文》：「帤，巾帤也。」巾帤即巾絮也。《方言》「幏，巾也。大巾謂之帉，嵩嶽之南、陳潁之間謂之帤」，郭璞音奴豬反。《漢書・周勃傳》「太后以冒絮提文帝」，應劭注曰「陌額絮也」，晉灼曰「《巴蜀異物志》謂頭上巾爲冒絮」。《説苑・正諫篇》「吴王蒙絮覆面而自刎」，謂以巾絮覆面也。亦通作挐，《風俗通義・怪神篇》「以挐巾結兩足幘冠之」，是也。(《經義述聞》卷八「巾絮」條)

案「巾絮」又見衛宏《漢舊儀》：「凡蠶絲絮，織室以作祭服……皇帝得以作縷縫衣，皇后得以作巾絮而已。」總之，「絮」(帤)是漢代人極常用的一個詞。

簡文「蒙」當讀爲「幏」，字亦作「幪」。《方言》四：「幏，巾也。」《尚書大傳》「下刑墨幪」，鄭注「幪，巾也，使不得冠飾」(陳壽祺輯本卷一下)。《太平御覽》六四五引《慎子》：「有虞之誅，以幪巾當墨。」

幪多用于蒙頭，簡文的「蕠蒙」(絮幪)很可能是指頭巾，與《周勃傳》的「冒絮」同意(「蒙」、「冒」雙聲，義亦相近。《周禮・夏官・方相氏》「掌蒙熊皮」，鄭注「蒙，冒也」。《淮南子・氾論》「蒙死亡之罪」，高注亦訓蒙爲冒)。《説苑・正諫》「蒙絮覆面」，可能是以絮蒙頭使之下垂以覆面的意思。也可能「蒙絮」是「蕠蒙」的另一種説法，「蒙絮覆面」是用蒙絮來覆面的意思。

簡文云「蕠蒙四」，與「緒巾一」(249號)、「麻巾一」(250號)等簡辭例相同。從這一點也可以看出絮蒙是器服的名稱，而不是「考釋」所説的「植物名」。「考釋」把這一簡排在「黄卷」簡之後，與「緒巾」、「麻巾」等簡相隔很遠，顯然不合于遣策原來的排列次

序。【馬王堆一號漢墓遣軍考釋補正　文史第十輯】

◉戴家祥　國語晉語「閈蒙甲胄」注「蒙被也，被介在甲胄之間」，按蒙當讀爲冡，説文七篇「冡，覆也」。【金文大字典下】

藻　藻

◉許　慎　藻水艸也。从艸。从水。巢聲。詩曰。于以采藻。子皓切。藻藻或从澡。【説文解字卷一】

◉馬叙倫　鈕樹玉曰。繫傳韻會水上無从字。藻作藻。倫按儀禮華采之字古文用繅。今文用藻。璪。本書無澡。藻字亦不見經記。疑篆本作藻。从艸。繅聲。傳寫譌爲藻耳。説解水艸也。水字亦後人加之。或此字出字林。

藻宋保曰。喿聲。倫按从艸澡聲。澡音心紐。藻音精紐。同舌尖前音。又聲同宵類。故藻轉注爲藻。儀禮聘禮。取圭乘繅。注。今文繅作璪。聘禮記。圭與繅皆九寸。注。古文繅或作藻。是其例證。【説文解字六書疏證卷二】

菉　菉

◉許　慎　菉王芻也。从艸。录聲。詩曰。菉竹猗猗。力玉切。【説文解字卷一】

◉馬叙倫　鈕樹玉曰。韻會無也字。倫按王芻菉之俗名。非謂菉即刈草之芻也。此校語。本訓捝矣。【説文解字六書疏證卷二】

蓸　蓸

◉許　慎　蓸艸也。从艸。曹聲。昨牢切。【説文解字卷一】

𦳝　𦳝

◉許　慎　𦳝艸也。从艸。卣聲。以周切。【説文解字卷一】

苕　苕

◉許　慎　苕艸也。从艸。沼聲。昨焦切。【説文解字卷一】

䓊

◉許　慎　䓊艸也。从艸。吾聲。楚詞有䓊蕭艸。吾乎切。【說文解字卷一】

◉馬叙倫　鈕樹玉曰。今楚詞無此文。顧廣圻曰。楚詞有䓊蕭艸者。今九辨之梧楸也。倫按此校語。【說文解字六書疏證卷二】

范

9·85　范舍【古陶文字徵】

范信私印　范鮪私印　范杲【漢印文字徵】

演說文【古文四聲韻】

◉許　慎　范艸也。从艸。氾聲。房𢀹切。【說文解字卷一】

艿

續三·二八·六　摭續一〇六　京都二八九四或从茻【甲骨文編】

艿　从茻　師旂鼎　伯艿簋　姬艿母鬲　散盤【金文編】

◉許　慎　艿艸也。从艸。乃聲。如乘切。【說文解字卷一】

◉丁佛言　說文。茻。艸之相丩者。从茻。从丩。散氏盤茻。阮相國說。借茻爲糾。說文艸部後有大篆从茻之字五十三。艿字下云。白苗嘉穀。大篆當作艿。亦與此敀艿字相似。或云即艿字。从艸乃聲。大篆从茻。了即乃。【伯𦬊敀　丁佛言手批愙齋集古録九册】

◉劉心源　艿或釋萁字。从了。不从巳。當釋艿。孔睓軒云。說文从艹之字大篆多从茻。此艿从茻。當如孔說。【奇觚室吉金文述】

◉馬叙倫　鈕樹玉曰。繫傳篆作艿。韻會引挩聲字。沈濤曰。玉篇引曰。舊草不芟。新草又生曰艿。蓋古本如此。列子黃帝篇作芿。乃別體。丁福保曰。慧琳音義九十九引作草密也。从艸。仍聲。是今本奪一密字。慧琳先引攷聲。草密不剪也。可互證。倫按字見散盤。作艿。伯艿毁作艿。姬艿母鬲作艿。玉篇引者校語。餘詳蓐下。【說文解字六書疏證】

卷二】

◉高田忠周　按銘義蓋爲地名。阮氏以爲𦱤字云。説文。𦱤艸之相糾者。此借爲糾。此説誤甚。ㄐ古文。篆文作𠄎作𠃎。與𠄎迥異。此𠄎即乃。甚明晳者。金石萃編云。此艿字。説文从艸之字。大篆多从茻。吳云芥。樊云承。江云菉。並誤。王氏攷得正鵠。説文。艿艸也。从艸乃聲。而在大篆从二艸之例中。可證也。【新定説文古籀篇七十九】

◉周名煇　ㄐ部𦱤。許氏説。𦱤。艸之相ㄐ者。从艸。从ㄐ。散氏盤。𦱤淮。阮相國説借𦱤爲糾。𦳓或从皿。静𣪘。𦱤𠂤邦周。當讀作糾𠂤。𦳓伯𦳓𣪘。吳氏定爲𦱤字。今考定爲艿字籀文。

名煇案。ㄐ字篆文作𠄎。與以上三文作从𠄎或从𠄎者異撰。説文乃字作𠄎。古金文作𠄎。師奎父鼎。或作𠄎。君夫𣪘。與以上三文所从正同。説文艸部云。艿。艸也。从艸。乃聲。大篆从茻。是此上三文皆从茻。即艿字大篆之明證矣。散氏盤銘文虡𦳓。静𣪘銘之𤔲蓋𠂤。及伯𦳓𣪘之伯𦳓。皆人名也。【新定説文古籀考卷上】

◉嚴一萍　綜諸家所論，似皆未諦。案字當釋艿，孫氏隸定不誤。然非地名若國族之名。説文：「艿，艸也。」玉篇引作：「舊草不除，新艸復生。」廣韻曰：「陳根草不除，新艸又生相因仍，所謂燒火艿。」此實有關農耕之字，證諸卜辭，其義至顯。摭續一〇六版曰：

己卯貞：在囧晏來告艿，王弜黍。

王弜黍

王其黍

庚辰卜，在囧晏來告艿，王弜黍。

此卜王擬在囧地植黍，而晏之報告云該地舊草不除，新艸又生，故王不能植黍。此艿即艿之一證也。乙編八五〇二版曰：

乙丑王□艿方

乙丑王方蓐艿

己巳卜王方圍

壬辰卜王咡紖㞢

此是文武丁時代卜辭，可注意者蓐艿二字之連用。蓐，説文訓：「耕也。」漢書食貨志：「闢土殖穀曰農。」「農艿」於此，猶言耕種舊草不除，新艸復生之地。此爲王貞方國農耕之事。艿或即所謂「燒火艿」。列子黄帝篇曰：「趙襄子狩於中山，藉芿燔林，扇赫百里。」此版己巳卜一辭有「圍」字，則與田獵亦不無關係。此芀之又一證也。有此二證，知𦬁乃芀字無疑。𠃉字不識，而「芀方」乃「方芀」之倒文，倘據此而認「芀」爲方國則誤矣。又據本版卜辭之「𢆉品」「𢆉芀」連用，可證屯甲二三七八屯乙三九四版之「𢆉品」，屯甲二三六四之「𢆉芀」，皆爲𢆉之省。【釋𢆉 中國文字第十六册】

◉裘錫圭 上文講「黍」字時引用過的《摭續》一〇六(合三三二二五)有以下諸辭：

己卯貞：在冏𠧟來告芀王。

王弜(勿)黍。

壬辰貞：在冏𠧟來告芀。

王其黍(此三字也可能應與上一條接讀)。

王弜黍。

這些是因爲在同地的𠧟這個人來「告芀」而貞問王是否在同地種黍的卜辭。冏地有商王親耕之田，上文已經提到過了。

《説文》：「芀，草也。」《玉篇》引《説文》作「舊草不芟新草又生曰芀」。《廣韵・平聲・蒸韵》：芀，草名，謂陳根草不芟，新草又生相因芀(仍)也，所謂燒火芀者也。」《列子・黄帝》：「趙襄子率徒十萬狩于中山，藉芿燔林，扇赫百里。」此處「芿」字應該看作「芀」的異體。「藉扇燔林」與《廣韵》「燒火芿」之説可相印證。

嚴一萍《釋芀》指出「芀」是「有關農耕之字」，并解釋上引卜辭説：「此卜王擬在冏𠧟地種黍而晏(嚴氏釋「𠧟」爲「晏」)之報告云該地舊草不除，新草又生，故王不能植黍。」(《中國文字》十六期)嚴氏指出「芀」與農耕有關很正確，但是對這幾條卜辭的解釋卻有問題。

告芀應是報告撂荒地上已長滿草萊。古代撂荒地上的草萊，是主要的肥料來源。這種土地長滿草萊後，經過芟夷、火燒等手續，等季節一到，就可以下種了。《鹽鐵論・通有》所説的「燔萊而播粟」，指的就是這種情況。所以當時在接到「告芀」的報告後，要卜問王是否在冏地種黍。殷人迷信，幾乎事事都要卜問。并非一定要冏地種黍。從冏地準備給王親耕的田地都還采用撂荒制來看，在商代，年年連續耕種的土地即使存在，爲數也一定極少。

還有一條第五期卜辭説：

丁酉卜在□□芀弗每□(續三・二八・六)

「芀」上一字似是「黍」字而左下角又旁注一「余」字。這條卜辭顯然也是跟農業有關的，可惜殘缺太甚，原意已不可知。

卜辭裏還有一個从「草」或「林」，从「入」的字，多用爲地名。我們在講「柞」的時候，用過關于艿方的卜辭。這個字所从的「入」顯然不是「乃」字，很多人把這個字跟「艿」字混爲一談是不對的。【甲骨文中所見的商代農業　全國商史學術討論會論文集】

⿱艹血

◉許　慎　⿱艹血艸也。从艸。血聲。呼決切。【説文解字卷一】

萄

◉許　慎　萄艸也。从艸。匋聲。徒刀切。【説文解字卷一】

芑

芑 芑□　芑 芑當之印　芑 李芑言事　【漢印文字徵】

◉許　慎　芑白苗嘉穀。从艸。己聲。驅里切。【説文解字卷一】

◉馬叙倫　白苗嘉穀者。字林訓。或校者加之。本訓苗也。芑爲虋之轉注字。芑音溪紐。虋从釁得聲。釁音曉紐。同爲舌根音也。餘見虋下。字失次。或白赤苗嘉穀者。字借爲虋。詩文王有聲。豐水有芑。毛傳。草也。或此本訓艸也。校者以詩生民毛傳訓白苗。加白苗嘉穀四字。以嘉穀釋白苗也。傳寫挩本訓矣。【説文解字六書疏證卷二】

藚

◉許　慎　藚水舄也。从艸。賣聲。詩曰。言采其藚。似足切。【説文解字卷一】

◉馬叙倫　段玉裁曰。詩彼汾沮如釋文引説文其或反。倫按水舄校者加之。本訓艸也。【説文解字六書疏證卷二】

苳

◉許　慎　苳艸也。从艸。冬聲。都宗切。【説文解字卷一】

◉許　慎　薔薔虞蓼。从艸。嗇聲。所力切。【說文解字卷一】

◉馬叙倫　嚴章福曰。虞上衍薔字。蓼下當補也字。釋草釋文。薔。說文作薔。云。虞蓼也。按虞蓼一名薔。與辛菜之蓼當別一物。校者於蓼下增薔虞二字。又於此補薔字。謬矣。爾雅郭注邢疏皆虞蓼爲句。顏注急就篇。虞蓼。一名薔。叔重云。蓼。一名薔虞。則顏所見已非原本。王筠曰。必當從許讀。爾雅郭注。虞蓼。澤蓼。盖附會地官澤虞也。然豈無山虞乎。若謂薔虞不見他書。豈薔見他書。抑虞蓼見他書乎。倫按慧琳音義引蓼字注曰。辛菜也。無薔虞二字。爾雅釋文引此無薔字。玉篇亦曰。薔。虞蓼也。且澤虞聲同魚類。或虞蓼是澤蓼之異名。則嚴說爲長矣。然薔字盖隸書複舉字也。本訓艸也。今挩。此存校語耳。【說文解字六書疏證卷二】

◉許　慎　苕艸也。从艸。召聲。徒聊切。【說文解字卷一】

◉馬叙倫　苕盖芀之後起字。爾雅釋草。葦。醜芀。釋文。芀。又作苕。【說文解字六書疏證卷二】

◉許　慎　⿱艹楙艸也。从艸。楙聲。莫厚切。【說文解字卷一】

◉許　慎　萺艸也。从艸。冒聲。莫報切。【說文解字卷一】

◉馬叙倫　鈕樹玉曰。玉篇無。倫按⿱艹楙萺疑雙聲轉注字。又疑⿱艹楙爲菽之重文。萺亦芼之轉注字。【說文解字六書疏證卷二】

茆壽貴印【漢印文字徵】

◉許　慎　茆鳧葵也。从艸。丣聲。詩曰。言采其茆。力久切。【說文解字卷一】

◉馬叙倫　鈕樹玉曰。韻會引丣聲作卯聲。言作薄。玉篇。茆。閭酉切。茂盛皃。又鳧葵也。詩云。言采其茆。或亡絞切。重文作茆。注云。出說文。按玉篇引詩同說文。其重文疑後人增。茆與柳音本近。疑說文本作茆。後人因聲而改从丣。今詩泮水作薄采其茆。釋文。茆。音卯。徐音柳。韋昭萌藻反。音不同而字並作茆。桂馥曰。丣聲者。當爲卯聲。非从古文酉也。惠棟曰。汗簡古文尚書縮作茒。按丣爲古文酉。是茒即莤也。説文酉部有莤字。而艸部又有茒字。以爲鳧葵。此必茆字之譌。周禮醢人有茆菹。詩。薄采其茆。皆从卯。馥按文選藉田賦。思樂甸畿。薄采其茅。大君戾止。言藉其農。周禮醢人茆菹。注云。鄭大夫讀茆爲茅。茅菹茅初生。或曰。茆。水草。杜子春讀茆爲茅。玄謂茆鳧葵也。栁榮宗曰。茒从古文酉得聲。當讀栁。今詩作茆。讀卯者誤也。釋文云。茆。音卯。徐音栁。戼丣字形相似。故从戼从丣之字易混。玉篇云。茆。閭酉切。或亡絞切。又茒云。同上。出説文。是顧所見詩已作茆。而以茒爲出説文。然尚承舊音。讀以亡絞。爲或讀。至釋文卯音行。而字之形聲俱非矣。倫按十四篇。丣。古文酉從卯。然酉丣實異字。詳丣字下。左僖廿四年傳。凡蔣邢茅胙祭。潛夫論五德。志茅作茆。春秋成元年經。王師敗績於茅戎。公穀茅作貿。周禮茆菹字。鄭大夫杜子春並讀爲茅。詩泮水以茒葉醜。又與酒韻。可爲茒从丣得聲之證。玉篇引作茒。不譌。其正文作茆者。疑本字林。字林多收説文之異體。郭沫若據甲文干支字卯有作卯者。謂古文酉作丣者。即卯之譌變。王國維據甲文卯幾牛與烄幾牛薶幾牛沈幾牛同爲用牲之名。而古音卯丣同部。栁畱等字篆文从丣者。古文皆从卯。謂卯幾牛之卯。借爲劉。然則卯丣一字。又不足辯矣。茒蘬音同來紐。蓋轉注字。鳧葵也當作蘬也。或作艸也。今挩。此校語耳。【説文解字六書疏證卷二】

荼　荼

荼　荼承私印　【漢印文字徵】

◉許　慎　荼苦荼也。从艸。余聲。同都切。臣鉉等曰。此即今之茶字。【説文解字卷一】

◉孫詒讓　金文毛公鼎「玉環玉⿰余王」，⿰余王字奇古難識，諦宷字形，从玉从⿱余余，蓋瑹之反文。鼎文余字亦作⿱余余，可證。説文八部「⿱余余，二余也，讀與余同」。玉瑹當爲玉笏之荼，荀子大略篇「天子御珽，諸侯御荼。」楊倞注云：「荼，古舒字，玉之上圓下方者也。」⿰余王，蓋玉笏之正字，今經典皆借荼爲之，其正字遂隱没不傳。説文玉部無⿰余王字，此可以補其闕。毛公唇，諸侯。故錫以玉笏之⿰余王，與禮亦正相應也。【名原】

◉馬叙倫　本訓艸也。今挩。苦荼也校語字。見急就篇。顔師古本作斜。【説文解字六書疏證卷二】

蘩 从茻 蘩作且己罍 【金文編】

蘩市 蘩延壽 蘩□私印 【漢印文字徵】

◉許 慎 蘩白蒿也。从艸。緐聲。附袁切。【説文解字卷一】

◉馬叙倫 嚴可均曰。繁聲當作緐聲。鈕樹玉曰。韻會作从艸緐。倫按本訓艸也。今捝。白蒿也校語。【説文解字六書疏證卷二】

蒿

甲三九四〇 地名 鹿頭骨刻辭 菁一〇・一〇 或从茻 掇二・二四 【甲骨文編】

甲3940 【續甲骨文編】

蒿 从茻 德方鼎 征珷福自蒿 郭沫若云通鎬即鎬京 曾姬無卹壺 【金文編】

木季1:45 【古陶文字徵】

227 【包山楚簡文字編】

1374 【古璽文編】

翟蒿之印 【漢印文字徵】

◉許 慎 蒿菣也。从艸。高聲。呼毛切。【説文解字卷一】

◉馬叙倫 菣下曰。香蒿也。菣音溪紐。蒿音曉紐。皆舌根音。是蒿菣爲轉注字。左桓十五年。公會齊侯于艾。穀梁艾作蒿。艾音疑紐。亦舌根音。則亦轉注字也。【説文解字六書疏證卷二】

◉郭沫若 蒿地名，當是蒿之緐文，字亦作⿱茻高。菁十・九 此字羅釋稾，非是。猶萁之作⿱其林、蕣之作⿰林舜也。【卜辭通纂】

◉楊樹達 余疑蒿當讀爲稾。説文七篇上禾部云：「稾，稈也，稈，禾莖也。」周禮夏官序官稾人注引鄭司農云：「箭幹謂之稾。」

考工記矢人云「以其笴厚爲之羽深」，鄭注云「笴讀爲稾，謂矢幹」，蓋稾爲禾莖，箭榦亦莖也，故稾引申有箭幹之義也。開疑當讀爲榦。釋名釋兵云：「矢，其體曰榦，言挺榦也。」周禮注先後二鄭皆訓稾爲矢榦，知稾榦義同，故此銘假蒿開爲稾榦而以二字爲連文，蒿與稾聲類同，開榦爲同音字，故得相通假也。【曾姬無卹壺跋 積微居金文説(增訂本)】

◉朱歧祥 [glyph][glyph]从林高聲。隸作蒿。《説文》：「菣也。從艸高聲。」段注：「籀文作藁。」《詩經·鹿鳴》：「食野之蒿。」文獻用爲草名；卜辭殘簡，有言「蒿田」，或借爲膏，肥也；澤也。施肥以增地力也。

《掇2.24》☐酉卜，王曰貞：其[glyph]田☐。

《甲3940》戊戌王[glyph]☐文武丁衎☐王來征。

字屬動詞，見第五期卜辭。殷人重農，由早期的逐水土遷移、焚田以至蒿田，可見殷人對於土地地力的注重和農耕方法的改進。

李孝定先生《甲骨文字集釋》頁二二七釋蒿爲地名，不確。【殷墟甲骨文字通釋稿】

◉劉彬徽等 蒿，借作郊，郊祭。【包山楚簡】

◉裘錫圭等 一一七號簡説：「王之北子各冢冢酉酒飤食，唐之。」案「唐」字原文殘泐，從殘畫看，其上从「艸」，其下从「口」，釋文與考釋將其隸定作「唐」，讀爲「薦」，是有問題的。包山二號墓卜筮類簡有與此文例相同的文字，例如二四三號簡「舉禱東陵連囂冢冢酉酒飤食，蒿之」；二一一號等簡「賽禱東陵連囂冢豕酉酒飤食，蒿之」。將望山一一七號簡文字與包山二四三號、二一一號等簡文字對照，「飤」下殘文似可定爲「蒿」字。《左傳》僖公二六年「公使展禽犒師」，孔穎達疏：「犒者，以酒食餉饋軍師之名也。服虔云『以師枯槁，故饋之飲食』。」《公羊傳》莊公四年《經》「王二月，夫人姜氏饗齊侯于祝丘」，何休注：「牛酒曰犒，加飯羹曰饗。」《淮南子·氾論》「鄭賈人弦高……乃矯鄭伯之命犒以十二牛」，高誘注「酒肉曰享，牛羊曰犒。」疑古代以酒食饋鬼神亦可曰犒，簡文「蒿」字當讀爲「犒」。【望山楚簡】

蓬 [glyph]

[glyph] 蓬吉 [glyph] 蓬廣 【漢印文字徵】

[glyph] 籀韻 【古文四聲韻】

◉許慎 [glyph]蒿也。从艸。逢聲。薄紅切。[glyph]籀文蓬省。【説文解字卷一】

◉馬叙倫 蓬蘱雙聲轉注字。蓬从逢得聲。逢从夆得聲。夆音敷紐。敷曉同爲摩擦次清音。則蓬蒿語原同也。

莑段玉裁曰。籒文當作古文。䖵部𧒒。古文作螽。可比例也。王國維曰。此字从艸夆聲。許云蓬省。亦承篆文言之。段玉裁以大篆即籒文。大篆籒文不當互異。故欲改籒文爲古文。不知此五十三文不出史籒篇中。而采自漢書藝文志所謂八體六技中。許君謂秦書八體。一曰大篆。則八體六技中自有大篆矣。故稱曰大篆。以史籒篇中字有與之異者。故重以籒文耳。倫按莑从夆聲耳。非省也。此省字後之校者加之。【説文解字六書疏證卷二】

藜 藜

◉許　慎　藜艸也。从艸。黎聲。郎奚切。【説文解字卷一】

◉馬叙倫　字見急就篇。然松江石本作梨。倫謂急就故書蓋作黎。傳寫譌爲梨。一本則以詞義言艸而加艸爲藜。然則此字蓋出字林矣。【説文解字六書疏證卷二】

蘬 蘬

◉許　慎　蘬薺實也。从艸。歸聲。驅歸切。【説文解字卷一】

◉馬叙倫　徐鍇曰。爾雅。紅。蘢古。其大者蘬。下句蒫。薺實。若非許慎時以蒫字連上句。則是寫説文者相承誤差字也。鈕樹玉曰。繫傳作薺食實也。非。姚文田曰。爾雅。紅。蘢古。其大者蘬。蒫。薺實。許郭異讀。故許以蘬爲薺實也。錢大昕曰。吾友江叔澐篤信許氏。亦疑此條有譌。余謂爾雅蘬蒫之文。上下相承。許所見本當是蒫在蘬上。蘬爲薺實。則蒫爲蘢古之大者矣。蒫即差字。蘢古莖大下垂。有參差之象。戚學標曰。爾雅。紅。蘢古。其大者蘬。蒫。薺實。文不連。疑有誤。張文虎曰。爾雅。紅。蘢古。其大者蘬。注云。俗呼紅草爲蘢鼓。語轉耳。又蒫。薺寶。注云。薺子味甘。玉篇。蘬。大蘢古也。蒫。薺實也。廣韵亦曰。蘢古。大者曰蘬。蒫。薺實也。蘬非薺實。蒫是薺實。顯然易見。蓋釋草此二文相連。許書蘬蒫二篆亦相連。而傳本蘬下失説解。又失蒫篆。遂以蒫下説解系之蘬篆。自二徐時已誤。楚金固疑之矣。倫按鈕引鍇本作薺食實也。食爲差之譌。蓋本作蒫薺實也。故鍇引雅文而説之曰。若非許慎時以蒫字連上句。則是寫説文者承誤差字也。益明許本有蘬蒫二篆如張説也。然蘬蒫二篆下皆本作艸也。今捝本訓。存校語耳。【説文解字六書疏證卷二】

葆

葆 秦八九 五例 法一〇七 三例 【睡虎地秦簡文字編】

杜葆之印 東里葆 【漢印文字徵】

◉許 慎 葆艸盛皃。从艸。保聲。博袌切。【説文解字卷一】

◉銀雀山漢墓竹簡整理小組 ……三某 宋本作「大農、大工、大商，謂之三寶」。「某」即「葆」字簡體。「葆」、「寶」二字古通。【銀雀山漢墓竹簡(壹)】

蕃

蕃 蔡侯龖盤 蔡侯龖尊 【金文編】

蕃 秦一二七 通藩 車— 【睡虎地秦簡文字編】

蕃令之印 蕃丞之印 蕃貴 蕃翊 蕃拾 【漢印文字徵】

◉許 慎 蕃艸茂也。从艸。番聲。甫煩切。【説文解字卷一】

◉馬叙倫 艸茂也當作茂也。餘見萑下。字見急就篇。松江石本作番。則寫急就者易之。【説文解字六書疏證卷二】

茸

◉許 慎 茸艸茸茸皃。从艸。聰省聲。而容切。【説文解字卷一】

◉馬叙倫 段玉裁曰。从艸。耳聲。此取雙聲不取疊韻者。今作聰省聲。淺人所改也。沈濤曰。一切經音義十六引茸。草茸也。又亂皃。蓋古本作艸茸茸也。一曰亂皃。王煦曰。耳古有仍音。晉灼漢書惠帝紀注。耳孫。元孫之曾孫也。顔師古曰。爾雅仍孫。從己而數。是爲八葉。與晉説同。仍耳聲相近。集韻云。關東河中讀耳作仍。是耳本有仍音。茸从耳得聲無疑。倫按耳音日紐。茸从耳得聲。故亦日紐。艸茸茸皃。本作艸皃。艸皃見文選湖中瞻眺詩注引倉頡。茸茸二字。其一乃隸書複舉字之誤乙於下者。其一則校者加之。亂皃者校語。字見急就篇。顔師古本作䩨者。蓋傳寫加革旁。或本書䩨字出字林。傳寫者以時通用字易之。【説文解字六書疏證卷二】

◉許　慎　⿱艹津艸皃。从艸。津聲。子僊切。【説文解字卷一】

5·274　左叢　秦1184　獨字　【古陶文字徵】

叢宗印　【漢印文字徵】

◉許　慎　䕺艸叢生皃。从艸。叢聲。徂紅切。【説文解字卷一】

◉馬叙倫　沙木曰。叢本从丵。丵。叢生艸也。復加艸。贅。倫按叢下曰。聚也。从丵。取聲。丵下曰。叢生艸也。䕺爲叢俗字。疑爲後人加入。【説文解字六書疏證卷二】

草　法二一〇　八例　【睡虎地秦簡文字編】

石碣乍遵　説文草斗也櫟實一曰象斗从艸早聲　此字後世以皁皂代用　【石刻篆文編】

◉許　慎　草草斗。櫟實也。一曰象斗子。从艸。早聲。自保切。【説文解字卷一】

◉馬叙倫　鈕樹玉曰。玉篇引同繫傳。而橡作樣。是也。説文無橡。沈濤曰。玉篇引作草斗櫟實。一曰。様斗。蓋古本作様。不作象。木部。栩。柔也。其實皁。一曰樣。又曰。樣。栩實。陸璣草木疏。栩。今作櫟也。今京洛及河内多言杼汁。或云橡斗。橡即樣之俗。傳寫又誤爲象耳。子字亦衍。王筠曰。韻會引無一曰句。疑此句出字林。唐之試明字科者。合二書爲一。以便於誦讀。故有一義而分兩説者。而字林之亡。即以既經合併。故無傳述者耳。倫按草斗蓋俗名。乃校者加之。一曰象斗者。即樣字義。亦校語。或如王説也。字見急就篇。石鼓作。【説文解字六書疏證卷二】

0549　【古璽文編】

⿱艹敢憙私印　⿱艹敢朔　⿱艹敢常樂　⿱艹敢忠之印　【漢印文字徵】

少室石闕【石刻篆文編】

◉許　慎　菆麻蒸也。从艸。取聲。一曰蓐也。側鳩切。【說文解字卷一】

◉馬叙倫　桂馥曰。徐鍇韻譜。菆。麻莖。一曰蓐也者。本書。蓐。蔟也。蔟。行蠶蓐。廣雅。蓐謂之菆。倫按麻爲黀之爛文。黀蒸也當作黀也蒸也。黀也校者加之。菆爲蒸之音同照紐轉注字。蒸音照三。菆音照二。古讀皆歸於端也。一曰蓐者。以聲同侯類借爲蓐也。【說文解字六書疏證卷二】

蓄

◉許　慎　蓄積也。从艸。畜聲。丑六切。【說文解字卷一】

◉馬叙倫　俞先生樾謂蓄爲畜之或體。詳畜字下。倫疑此字出字林。【說文解字六書疏證卷二】

◉唐　蘭　自𤲸　𤲸作[ ]作[ ]，所從的[ ]，疑從廾從畜，即蓄字。【論周昭王時代的青銅器銘刻　古文字研究第一輯】

萅

粹一一五一　于省吾釋萅　于萅　鐵二二七·三或从林與萬莫等字同例　拾七·五　前六·三九·三　七W·九

明一五五八　庫一七〇八　戩二二·二　省艸作旾與三字石經古文同　乙五三二九　今萅省日作芚　乙五九一九

存下二八六　从楙　菁一〇七　佚七八四　从艸　甲一一三四　从二木　前七·二八·四　佚四七三

天六二　甲二八三八【甲骨文編】

甲167　2121　乙1490　1687　2067　2662　2700　3324　6700　6748

7348　7818　珠174　183　957　1204　福3　佚20续2·31·2　佚533

佚979徵9·26　續2·9·8凡17·3　續2·21·5　3·8·9　續3·9·1徵9·24　9·35　續3·10·1

3·11·2　3·11·3　續3·11·4徵9·28　續3·11·5　續3·12·1徵9·25　續3·12·2

續3·12·4徵9·37 續3·36·3 續5·14·4徵10·1 續6·17·6 掇91 286 徵10·3
京4·13·1 録756 鄴32·4 天63 95 凡17·1 續存94 505 623 624
627 外427 粹1053 1108 1109 1128 1143 新1199 3117 【續甲骨文編】

春 欒書缶 正月季春 蔡侯𪓸殘鐘 【金文編】

200 203 206 240 【包山楚簡文字編】

春 日甲八七 二例 日乙二五二 十八例 日乙二〇二 二例 【睡虎地秦簡文字編】

—頭昧各(甲1-3) 秉司—(丙3:目3) 【長沙子彈庫帛書文字編】

2415 不从艸，與春平疾相邦劍春字同。 0005 【古璽文編】

宜春丞禁 建春門候 宜春左園 宜春鄉印 李春私印 所春 莊春君 杌春 吳春私印 譚春余 衛春之印 張春 【漢印文字徵】

石經文公元年萅 汗簡引作隸續誤爲敦煌尚書作旾 【石刻篆文編】

春 【汗簡】

古孝經 竝石經 雲臺碑 蔡邕石經 竝籀韻 竝王存乂切韻 【古文四聲韻】

◉許　慎　萅推也。从艸。从日。艸春時生也。屯聲。昌純切。【說文解字卷一】

◉高田忠周　愚謂春之从屯。形聲而會意也。屯下曰。象艸木之初生屯然而難。難者難出也。陽氣未舒。陰氣尚強。故中艸欲生而不能出。屯然而屈。及春陽舒暢。於是屯然中艸生出也。春字从艸屯从日。其會意自顯矣。字亦作芚。爲同意。【古籀篇七十九】

◉董作賓　清于鬯《說文職墨》說萅字與若字同例，證明萅字上半所从爲木形，深合于卜辭，且爲繁體春字的最好注脚。録其說于下：

艸部，「萅，从艸从日，艸春日生也，屯聲。」按此篆盖体變，當作□，上从□，即叒字也。叒部，叒之籀文作𣎵，𣎵實即若字，而《石鼓文》箬字作□，則𣎵亦当作□。王筠《句讀》曰「从口□聲」是也。𣎵之當作□，此明徵矣。

徐灝《說文解字注箋》引戴侗說，也以爲叒是「象木而三其枝」。其說曰：

□，象木而三其枝，訛爲三又。古鐘鼎文作□。籀文𣎵，乃□之訛。若从艸从右，則又自籀而訛也。

《說文》：「叒，日初出東方湯谷，所登榑桑叒木也。象形。」所謂象形，必是象榑桑叒木之形。于戴兩家之說甚是。

由此更可知春字所从之木實即叒木，也就是桑木。春字从桑从日，意是桑抽柔條之日，也就是說可以采桑之日。這裏還有三個證據：一，文證；二，物證；三，事證。

一，文證。金文叒字，卜辭桑字，皆類似春字所从。試比較于次：

叒　□師嫠簋　□　毛公鼎　□　盂鼎

桑　□　後編上・十一葉　□　前編一・六葉　□　前編四・四十一葉

春　□　前編六・四十三葉　□　前編六・四十三葉　□　前編四・三葉

金文借叒爲若，卜辭中則若另是一字。卜辭中桑字如曰「桑貞」，曰「在桑」，曰「田桑」，皆地名。商有桑林，相傳是成湯祈禱旱災之所。觀上所舉，可見叒音同弱，表示桑枝柔弱之義。卜辭桑字，幾與金文叒字全同。春字所从，即是桑字，不過更象其嫩條初生，阿儺無力之狀而已。

二，物證。桑之爲木，枝條柔弱，且爲春日常見之物，采桑詩歌，即可爲證。茲録見于《詩經》者四則：

春日載陽，有鳴倉庚。女執懿筐，遵彼微行，爰求柔桑。（《豳風・七月》）

蠶月條桑，取彼斧斨。以伐遠揚，猗彼女桑。（同上）

菀彼桑柔，其下侯句，捋采其劉。（《大雅·桑柔》）

隰桑有阿，其葉有難。（《小雅·隰》）

所謂「柔桑」，「條桑」，「桑柔」，「阿難」，皆可見桑之爲物，枝條柔弱之狀，與春字所從之形正合。不然，別的樹木如松柏桐梓之類，雖春日也有嫩枝新條，但決非如此形狀了。

三，事證。蠶桑事業的發明，相傳始于黄帝的元妃嫘祖。這話雖然荒誕，但至少在商代早有了蠶桑事業，那是無疑義的。新石器時代的西陰村（與仰韶文化同時在商以前），已有了半個「經過人工的割裂」的繭殼（詳李濟先生所著《西陰村史前的遺存》第22頁）。甲骨文字中有从糸之字及帛巾等物，又有蠶祇之祀⊘。桑字之出現，更是不用説了。古代農桑耕織並重，蠶桑事業早已盛行于商代。故特借此最有用之桑木爲春日樹木之代表，因爲造爲春字。【卜辭中所見之殷曆】

◉葉玉森 □之異體作□□□□□□□□等形。其上多冠。以今字依卜辭今月今日辭例。今下一字當紀時。孫詒讓氏釋香禾。契文舉例之十二。考卜辭禾作□□。季之偏旁作□□□。無作□□□□等形者。卜辭當象方春之木枝條抽發阿儺無力之狀。下从□。即日。爲紀時標識。紬繹其誼。當爲春字。説文萅。推也。从艸。从日。屯聲。古孝經。春作□。石經作□。竝省艸。與卜辭近似。盖屯本非聲。加艸更贅。萅乃後起字。卜辭又省日。作□。再省作□。似許書屮字。狀艸木初生。仍春象也。又。本編卷六第四十三葉三版「□龍」。疑即春龍。又同葉四版。貞□俘□不囚。疑即俘春。乃春地名之俘也。□□竝□之繁文。卷四第五葉二版三月丙寅卜□□。辭中兩象形文。疑爲春燕。□象春木枝條抽發形。乃□之省變。殷契鉤沈。董作賓氏引申予説。於卜辭中推證春之演變。謂一爲□。二爲□。三爲□。四爲□。五爲□。六爲□。春字在甲骨文中變省之例。或省日。如二六兩體。而繁體一三亦可謂篆文。从艸从屯从日之萅所由孳。甲骨文中之若字。象人披髮舉手承諾巽順之狀。篆文變兩手爲艸。髮變爲又。即爲一例。又。石經春字與五形爲近。後世沿用。諸異體如芚屯之類。亦由此系統化分。若逐一比較之。一等于𦹏。孔謙碑萅。説文通訓定聲所舉大篆从艸中。皆木枝之譌變。二等于芚。類篇。木始生貌。通訓定聲。今隸作春。亦作芚。三等于萅。篆文。旾見集韻。四五等于旾。石經古文。六等于屯。草生之難也。中草木初生也。按。屮中皆春之省文形。誼沿爲中。音沿爲屯。實即一字。𦹏。萅。萅。旾。自一三四五等形演變至爲顯著。中與春爲雙聲。屯芚與春爲同音。其形亦二六兩形演變。屯中一横畫。則又爲木枝下垂之形所譌變。其誼。中訓艸。木初生。屯訓艸。生之難。芚則木始生貌。猶皆保持幾分春色。由此可知文字演化。在複雜譌誤狀態中。仍有其相當之系統。可于流傳之形體中求得其跡。董氏復引于鬯氏萅若同例。及戴侗氏叒象木而三其枝兩説。斷定叒象叒木形。即桒。春字从桒从日。意謂桒抽條之日。亦即采桒之日。更舉金文若字。卜辭桒字與萅字所从之桒形。相互證明。至爲塙鑿。卜辭中所見之殷曆。【殷墟書契前編集釋卷一】

◉郭沫若　右三例□字。葉玉森釋春⊘。今案釋春於辭例頗合，如第三四片辭末繫有「三月」，尤覺相宜。然謂「从□即从日」則非也。殷周古文日字及从日之字至多，絶無如是作者，說爲象盆中艸木欣欣向榮之形，較覺妥善，小篆及《石經》古文从日，蓋後來之譌變也。唯有可疑者，金文無紀時之例，春字及从春之字均未見。殷時曆法如已有四季之分，則此紀時之例之中斷，苦難說明；故□之是否卽春，尚當存疑也。【卜辭通纂】

◉馬叙倫　鈕樹玉曰。韻會作从日艸屯。屯亦聲。繫傳同鉉本。然鍇曰。故云亦聲。似鍇本有亦字。王筠曰。䖵部䗼之古文作𧒒。說解但言从𢦏。則是旾聲不改也。今人皆謂旾即萅。盖是。萅下當補或體旾。倫按。甲文有□□□□□□□□諸形。葉玉森以卜辭辭例推知當是春字。又有□□□三字。葉亦以爲是春字。董作賓且爲比較於篆隸。而引于𣅀說。謂萅若同例。萅篆當作□。上从□即叒字。春从叒者。謂桒抽條之日也。葉亦謂□象春木枝條抽發形。倫謂甲文夏字作□。秋字作□。鉩文作□□。本書冬之古文作□。从日。□聲。魏石經夏字作□。从日。疋聲。若□。則从日。枒聲。□。从日。秋聲。皆形聲字。即□亦秋字所从得聲之龜也。非龜鼈字。乃䖵之初文。借爲四時之偁耳。盖四時之偁。惟有以形聲之法可以造字。在形聲造字法未發明以前。則用假借。六書之假借。非鄭玄所謂假借。即以屯爲春。枒爲夏。龜爲秋。□爲冬。甲文即以□爲冬。□爲秋。則亦可以屯爲春。枒爲夏。是則甲文之□□□□□皆即屯字。□□□□□□□皆即春字也。屯爲艸初生。故象其拳曲也。郝敬以屯爲春之古文。猶未悟此乃未造旾字時之叚借字也。屯才一字。屯之本義自爲艸初生。初借屯爲旾。後造形聲之旾字。即以屯爲聲。此類例證甚多。正足以明假借及形聲字之後作也。然倫又疑□□□爲屯之異文。而□爲椿之初文。故爾得借以爲春也。倉頡及訓纂二篇中無旾而有萅。故許録萅字。艸春時生也校語。从艸从日屯聲。當作从艸旾聲。盖屯之後起字也。急就篇。春草雞翹鳧翁濯。不知本作誰字。疑本作□。篆變爲萅也。【說文解字六書疏證卷二】

◉陳夢家　春字作萅，于省吾以爲春字（駢枝I:1—4），或作屯旾櫏㯯蘚萅等形。以上的秋字作龜，唐蘭以爲秋字（殷虚文字記：5—8），或从火。這兩個考釋是對的。康丁卜辭云：

叀今秋—于春　粹1151

卜辭近稱的紀時之前加虛字「叀」，遠稱者加虛字「于」。「叀」「于」是相對的，秋春是相對的。由此可證卜辭只有春秋兩季而無

冬夏。【殷墟卜辭綜述】

◉嚴一萍　汗簡作旾。鄭珍箋正曰：「石經春秋古文作□，□蓋屯之變，省艸，此形郭氏所改，與説文𦺇下古文□所从旾形合。」案説文：「春从日从艸屯聲。」蔡侯殘鐘之□與説文同。繒書之□則省艸而於屯下加ノ，猶古文風所从之凡加ノ作□，蓋皆譌變。【楚繒書新考】

◉于省吾　甲骨文春秋之春作□、□、□、□、□、□、□、□、□等形，舊誤釋爲楙或𣘻。甲骨文今屯、來屯屢見，是有時亦以屯爲春。説文：「萅，推也，从艸从日，艸春時生也，屯聲。」萅字隸變作春。【釋屯、萅　甲骨文字釋林卷上】

◉丁　驌　契之春字，作□、□、□等形。此字本釋条。于省吾以□字爲春，故釋条爲秋。李孝定从之曰：「於字形辭例兩皆可通。按□：从林从屯。可以屯聲而假借爲春。条字則難爲音假。故釋者以爲其狀樹木葉落殆盡之狀，遂謂之爲秋也。陳夢家从于説以杶爲春，又从唐蘭以穐爲秋。故對此□形之文，隸之爲世、枼、䓔不一，謂「似有年歲之義」（綜述二二六—八頁）。按从木从屯之字，契文亦繁簡俱備。或从三木，或加日，簡者竟从草。最簡者爲□。島邦男録有此字之卜辭共二九辭，記月者二。一爲十月，一爲十三月。余見二「九月」者。此字亦爲地名。見續三·三〇·四，菁九·七，屬一期。庫一六七二則屬五期。五期又有人名曰「□□疾弓」（前四·三七·五）。余以爲此字仍當釋屯乃屯田之屯。字从屯在林木荆棘之間，殆開墾屯田之制之初文。契文之楚字亦如此構造。

余以爲春字當即于、李二氏之条字，陳之所謂世。島邦男列此字之卜辭有一二〇条之多。幾全部爲征伐卜辭，均言「今春」如何。辭之多，因征伐之際，卜問頻仍而已。僅有一辭與征伐無關。辭曰：「乙卯卜貞：今春泉來水沱？」（存下一五四）。沱：疑借用爲虚字之「乎」。各辭常有記月者。已見者有三、四、五、十一、十二、十三等月。是適在先一年尾及於次年之五月。先後七閲月。

□：唐蘭以爲秋字。各家無異言。字似五期適用。辭有告秋、秋告、寧秋、今秋、來秋、帝秋，亦與征伐、農事有關。記月者少。亦有二、四、六、七、十等月。此字如龜之形。三期貞辭中字下加火，乃後世穐字之源。既有此「秋」字，則「条」之不成「秋」可知，以条爲春，猶文賦之「柔條於芳春」同意耳。【契之春秋字　中國文字新十五期】

◉李孝定　欒書缶春字从月，亦偏旁通用之證。【金文詁林讀後記卷一】

◉夏　渌　甲骨文「春」，以楊柳在春天發出的柔枝嫩緑，婀娜多姿的形象來表示。本來是原始的象形表意文字，以後在金文中才發展，出現从日屯聲的形聲字。卜辭：

「今春王登人五千征土方，受有佑？三月。」(後1·31·6)「今春方其大出？」(福3)有關征伐、戰爭的不下百例，說明冬季不便，開春後始作大規模行動。他如「今春泉來水羨？」(存2·154)「今春商刈？」(甲2121)等都與春季物候相應。此字葉玉森、董作賓、唐蘭諸家皆釋春，于省吾釋「条」，因所附月次有三、四、五及十一、十二諸月，認爲釋「春」不妥，有改釋「載」「世」和「者」的。但是卜辭「于春祼」「自春」「不春雨」等文例，讀載、世、者都不通。月分與季節矛盾，不限于春天一季，前舉「冬八月」與「今牙(夏)受年？」後書九月、十月，無論釋夏、釋春，均不可通，釋「牙」爲「春」，不因有九月、十月否定商人確知春秋兩季，爲什麼冬、夏附記月份不對，就加以否定呢？

我們從種黍有關卜辭所記月份中，發現有十二、十三和一、二、三、四、五月，暑天種黍的季節當然不會拉長到八個月份，我們對這一問題，只有從實際出發，認爲商人歷法：日以十干的旬計，每日指地球自轉一次；月以盈縮、朔望一次計，指月繞地球一周，一月接一月計算；季節以天象、物候和測日影變化掌握，春夏秋冬一終始指地球繞太陽一周，各自終而復始，旬、月、季之間無必然聯係，各行其是，一並寫入卜辭。以後曆法發展進步，才置閏調劑陰陽合曆的矛盾，使季節與月份的關係趨向固定。卜辭因而亦多月份與季節名相合的例子。商曆本身有發展變化，未可一概而論。【釋甲骨文春夏秋冬——商代必知四季說 武漢大學學報一九八五年五期】

◉莊淑慧　1號簡：「大莫𡢃(敖)旟喙適豧之春。」簡文「春」字形構爲「𦶎」，與金文、小篆「春」字寫法--「萅」互異。此種變化偏旁位置之異體字，何琳儀(1989)將之歸入「異化」類中之「方位互作」。所謂「方位互作」，係指文字之形體方向與偏旁位置之變異，簡文「春」字應是屬於「上下互作」類型之異體字，與「春」字相類者尚有「新」字，其形構爲「𣂺」，左邊偏旁亦因上下互換而形成異體字。【曾侯乙墓出土竹簡考】

菰 菰

◉許　慎　菰艸多皃。从艸。狐聲。江夏平春有菰亭。古狐切。【說文解字卷一】

◉馬叙倫　嚴可均曰。前有菥篆。與此說解全同。菥菰形近。因重出耳。廣韵十七真廿一欣菥字兩見。云。亭名。在江夏。而無菰字。亦其證。倫按鈕樹玉錢坫亦以玉篇廣韵並無此字。謂即菥之譌字。倫謂此恐後人據誤本增之。故篇韻不載也。江夏平春有菰亭者。今作鄂。狐鄂疊韵。故俗又作菰。菰亦同舌根音也。【說文解字六書疏證卷二】

菿 𦽘

◉許　慎　𦽘艸木倒。从艸。到聲。都盜切。【説文解字卷一】

◉馬叙倫　姚文田曰。倬彼甫田之倬。韓詩作菿。卓到古音同類。爾雅傳寫誤从竹。許書無倒字。徐本此注後人妄加。嚴可均曰。前有䓢。艸大也。當作此菿字。此注應删。倫按此篆後人加之。【説文解字六書疏證卷二】

芙 𦬙

79【包山楚簡文字编】

◉徐　鉉　𦬙芙蓉也。从艸。夫聲。方無切。【説文解字卷一新附】

蓉 蓉

◉徐　鉉　蓉芙蓉也。从艸。容聲。余封切。【説文解字卷一新附】

薳 薳

◉徐　鉉　薳艸也。左氏傳。楚大夫薳子馮。从艸。遠聲。韋委切。【説文解字卷一新附】

荀 荀

◉徐　鉉　荀艸也。从艸。旬聲。臣鉉等案。今人姓荀。氏本郇侯之後。宜用郇字。相倫切。【説文解字卷一新附】

荀光

荀延私印【漢印文字徵】

莋 莋

◉徐　鉉　莋越嶲縣名。見史記。从艸。作聲。在各切。【説文解字卷一新附】

蓀 蓀

◉徐　鉉　蓀香艸也。从艸。孫聲。思渾切。【説文解字卷一新附】

蔬 芊 茗 薌 藏

◉徐鉉 菜也。从艸。疏聲。所菹切。【説文解字卷一新附】

◉徐鉉 艸盛也。从艸。千聲。倉先切。【説文解字卷一新附】

◉徐鉉 荼芽也。从艸。名聲。莫迥切。【説文解字卷一新附】

◉徐鉉 穀氣也。从艸。鄉聲。許良切。【説文解字卷一新附】

中山王䜌兆域圖 其一從其一藏廥【金文編】

古孝經  古老子【古文四聲韻】

◉徐鉉 匿也。臣鉉等案。漢書通用臧字。从艸後人所加。昨郎切。【説文解字卷一新附】

◉商承祚 皆贜於一笛之屯。有編組刻口。

贜从貝臧聲。臧从口，與金文鉨文同，漢以來易口爲臣作臧而臧廢。臧訓善，故从口。贜从貝，有藏貝意，爲藏之初體。笛，因中部筆畫在照片上不甚明顯，各本皆誤摹爲笛，而在簡上可辨。朱德熙將此字輾轉解釋爲押或匣，不可信。【長沙仰天湖二五號楚墓竹簡遺策考釋 戰國竹簡匯編】

◉徐　鉉　左氏傳。以蕆陳事。杜預注云。蕆。敕也。从艸。未詳。丑善切。【説文解字卷一新附】

◉徐　鉉　以物没水也。此蓋俗語。从艸。未詳。斬陷切。【説文解字卷一新附】

乙八五〇二　甲二七四　前五・四八・二　或从二木　乙二八二　寧滬二・二九　甲一九七八　或从阜

師友一・一二四　【甲骨文編】

蓐　【汗簡】

汗簡　【古文四聲韻】

◉許　慎　陳艸復生也。从艸。辱聲。一曰蔟也。凡蓐之屬皆从蓐。而蜀切。籀文蓐从茻。【説文解字卷一】

◉馬叙倫　鈕樹玉曰。韻會艸作草。無也字。玉篇引有也字。艸亦作草。倫按陳艸復生也者。艿字義。上文。艿。艸也。慧琳音義引作艸密也。又引聲攷。草密不剪也。玉篇艿下引本書。舊草不芟新草又生曰艿。倫謂草密與草盛無異。不見舊草不芟新草又生之義。聲攷作草密不剪。亦不明新生之義。然此訓陳草復生。意雖可通。而詞亦未安。廣韵艿下曰。陳根草不芟。新草又生。義雖尠完。而詞似校語。盖本訓失矣。艿蓐音同日紐。而薅从蓐。訓拔去田艸。而蓐字之義亦失。校者以艿下今訓艸也。而艿蓐音近。故以艿字之原義補訓於蓐下。而於薅字从蓐之義亦可通。然以音求之。艿是陳草復生之義。蓐薅實一字。詳薅字下。一曰蔟也者。蔟蓐聲同矦類。借蓐爲蔟。上文蔟行蠶蓐。亦借蓐爲蔟。此校語。

鈕樹玉曰。玉篇廣韵並無。倫按从茻校者加之。鍇本从茻下有同字。而篇韻無此篆。校者增之。【説文解字六書疏證卷二】

◉温少峰　袁庭棟　甲文又有字，象以手持表耨草之形，即「蓐」字，亦即「薅」之初文。《説文》：「薅，拔去田草也」，亦即「中耕除草」之意。卜辭云：

(171)辛未貞：今日蓐田？(《甲》一九七八)

(172)……田蓐……(《前》五・四八・二)

媷田即中耕除草，是田間管理的重要環節。《齊民要術・種穀》：「苗出壟則深鋤，鋤不厭數，周而復始，勿以無草而暫停。春鋤起地，夏爲除草。」最初爲手執蜃殼除草碎土，其後在蜃殼上加個短柄，就叫「耨」。《説文》：「耨，媷器也。」《呂氏春秋・任地篇》：「耨柄尺，……其耨六寸。」再後來短柄改爲長柄，人們就可以站着除草，這就叫「鋤」，《説文》：「鋤，立媷也。」【殷墟卜辭研究——科學技術篇】

◉徐中舒 從艸從辰從又，或作林，同。象手持辰除艸之形。辰爲農具，即蚌鐮。見卷十四辰部辰字説解。蓐爲媷、農之初文。【甲骨文字典卷一】

◉孫 淼 甲骨文有蓐字，字形如下：

(前五・四八・二)

(乙二八二)

(乙八五〇二)

(甲二七四)

此字所从之、即辰字。郭沫若説：

辰實古之耕器，其作貝殼形者，蓋蜃器也。

又説：

辰本耕器，故農、辱、蓐、耨諸字均从辰。

這個見解是十分深刻的。「辰」爲農具，可能即古之蚌鏟、蚌鐮、蚌刀一類工具。上述蓐字，正象手持蚌鏟進行鋤草之形。……甲骨文還有以下辭例：

……有僕在受，宰在□，其□蕿……。

僕和宰都是奴隸的名稱，受是地名，「宰在」後面所缺的字，也是地名，蕿即蓐字。蕿的前面所缺的字應爲動詞，從文義推測，這個字的含義應與《詩・周頌・良耜》中「以薅荼蓼」的薅字相當。

説文云：「薅，披田草也。」段玉裁注：「披者，迫地削去之也。」薅(蕿)即除草。奴隸們在田間除田草，當然是爲了便于農作物的生長。從文意來看，這種鋤草勞動，不是爲了開荒拓土，而是屬于耘田時的清除雜草。據此可知，在商代的農業生產中，除草已經是很普通的勞動了。【夏商史稿】

薅 薅

薅 孫彊集 薅 薅 竝同上【古文四聲韻】

◉許　慎　薅拔去田艸也。从蓐。好省聲。呼毛切。薅籀文薅省。茠薅或从休。詩曰。既茠荼蓼。【説文解字卷一】

◉馬叙倫　鈕樹玉曰。繫傳作拔田草也。拔字譌。詩良耜釋文韻會引及玉篇注。並作拔田草也。沈濤曰。詩良耜釋文作拔田艸也。蓋古本無去字。五經文字亦云。拔田艸也。是今本有去字者誤。一切經音義十一引陳田艸曰茠也。嚴可均曰。小徐作拔田艸也。王念孫曰。繫傳無去字。玉篇經典釋文五經文字注竝同。當從之。王筠曰。朱本繫傳拔作拔。倫按蓐爲部首者。以有薅字屬之也。然蓐薅槈辱皆辰之後起字。辰爲治田之器。引申有拔田艸之義。後乃加艸爲蓐。以爲專字。周書大開武解。若農之服田。務耕而不槈。維草其宅之。槈即本書之槈。務耕而不槈。謂耕而不拔其草。故草宅之。晉語。冀缺槈。韋注曰。薅。拔田草。韋以冀缺拔田草。而拔田草之字。韋時已作薅。故曰。薅。拔田草。而晉語則以槈爲之也。是其證。蓐音日紐。古讀歸泥。女音娘紐。娘泥皆鼻音次濁音。是蓐可轉注从女得聲作薅也。今許作好省聲者。好从女孔省聲。孔爲乳之省文。詳好字孔字下。乳音亦日紐也。又辱聲侯類。好聲幽類。乳从孚得聲。詳乳字下。孚聲亦幽類也。侯幽近轉。以此相證。益明辱蓐薅之爲一字轉注矣。拔去田艸不似許文。蓋校者加之。本訓捝矣。餘詳耒下。

薅桂馥曰。籀當爲古。前言左文五十三。大篆从茻。蒝从艸。故知非籀文。倫按此承篆文而言。故曰省也。然省字後人加之。其實辱爲辰之後起字。詳辱字下。辰農亦一字。詳晨字下。農之古文亦作莀。此从莀女聲。

茠沈濤曰。爾雅釋草釋文云。説文茠或作薅字。一似以茠爲正薅爲或者。乃傳寫誤倒。倫按休聲也。休音曉紐。聲亦幽類。故薅轉注爲茠。引詩後之校者加之。重文下例無引經也。或重文亦非一人所加。此字後之校者據詩加之。故引詩爲證也。【説文解字六書疏證卷二】

◉屈萬里　疑即周頌良耜以薅荼蓼之薅。説文云。拔拔字从段氏説。田艸也。薅所从之女字。疑𠂤之譌變。説文所謂从蓐好省聲者。恐不然也。【殷虚文字甲編考】

◉李孝定　屈氏釋𡨦爲薅，是也，在契文與𡨦當爲一字，及後孳乳爲二：一作薅，説文云：「薅，拔田艸也，从蓐，好省聲。薅，籀文嫭省，𦾔，嫭或从休。詩曰：『既茠荼蓼。』」一作薅，説文云：「薅，陳艸復生也，从艸，辱聲。一曰蔟也，𧄍，籀文薅从茻。」薅訓陳艸復生，嫭訓披田艸，義亦相因，艸復生，故須披去之也；就字形言，小篆之别，在於有女無女，古文蓋當有作𡟰者，古文偏旁，从人从女無别，人形偏旁，又往往與手形脱離而另置一側，⊘又往往省去人形而但存手形，於是遂有薅嫭之别矣。辰爲農器。郭沫若説，見甲研下册釋干支二四至二六葉。以手執農器而除艸，嫭之義也；至契文从𠂤，即𠂤字，許訓小𨸏，乃象壠形，嫭字全形乃象以手執辰，披去壠上艸，此程瑶田通藝録所稱：「耨壠艸，隤其土於甽以附根，則甽浸高，壠浸下，㞄隤㞄附，壠與甽平，故曰壠盡而根深也」之事也。嫭艸之事，主於辱即蓐字。艸，壠形之𠂤，可从省略，故篆變作薅，或增之女形，實當云保留女形偏旁。則作嫭，其始一也，後漸衍爲二字，其始義本相因者，既衍爲二字，遂亦各據一義，且各爲之音讀矣。許謂「好省聲」者，乃就嫭字晚出之音讀而爲之説，此字从女固非聲也，凡所謂省聲者，必有不省之字，始得云「从某省」或「某省聲」，然而實無「嫭」字也，屈氏疑之是也。【讀契識小録　歷史語言研究所集刊三十五本】

◉黄錫全　[古文]嫭火刀切　甲骨文薅作[古文]（乙8502）、[古文]（甲274）《説文》籀文作[古文]。《説文》嫭字籀文作[古文]。鄭珍説爲「此更从古女，復易左右」。注文應正作嫭。

[古文]上同《説文》正篆作[古文]，此从中，與侯馬盟書茀作[古文]同，从[古文]與从[古文]同。女形在右，與上字同。

[古文]上同並孫強集字　與籀文[古文]同，惟艸省从中。鄭珍認爲：「今《玉篇》皆無，殆非孫強《集字》。」【汗簡注釋卷六】

茻 [篆文]

[古文]茻莫朗切【汗簡】

◉許　慎　[篆文]衆艸也。从四中。凡茻之屬皆从茻。讀與冈同。模朗切。【説文解字卷一】

◉馬叙倫　鈕樹玉曰。繫傳冈作罔。翟云升曰。一切經音義十一引作衆艸曰莽。王筠曰。茻莽蓋一字。莽下説乃以字从犬難解。故云然耳。説文韵譜謂莽同茻。蓋不誣也。朱本作讀若與罔同。劉秀生曰。茻爲莽所从之聲。在明紐唐部。冈爲网之隸省。小徐作罔。即網之或體。网聲古亦明紐唐部。故茻讀與冈同。倫按説解本作艸也。校者注以衆艸曰茻。後人删如今文。中艸茻茻一字異文。艸之爲物。固不限於以一中象形也。艸音轉爲茻者。倫謂古讀茻蓋如創。古書多艸莽連文。莽从茻得聲。艸莽既非雙聲。亦非疊韻。是違古文連緜詞例也。若茻讀如創。創音穿紐。艸音清紐。同爲摩擦次清音。創从倉得聲。倉音亦清紐也。莊子逍遥遊。莽蒼之野。蓋以同摩擦次清音兼聲同陽類爲連緜詞也。此讀若冈者。疑乃六朝之音。

本草。莽艸。一名罔艸。玄應一切經音義七。茵蕖。正言蕣草。蓋六朝言蕣如罔。今上海市紹興縣皆謂網聲如莽。此讀若後人以其時音讀而加之。且罔字亦本書所無也。【説文解字六書疏證卷二】

甲二〇三四　乙八七九五　拾一·一五　戩一〇·一二　後一·一四·六　後二·二·五　續四·二一·四　粹三七〇　粹六八二　粹六九五　寧滬一·三七〇　佚八五一　京都二〇三九　京都二〇七四　存一九三八或从桒　寧滬二·一〇七　京都二七八A　前四·九·二　存一九七三或从屮　甲一二八〇或从艸　甲一四一〇　甲二六八七　後一·五·一二　粹二六三　粹二六四　粹三一七　粹三九四　鄴初下·四〇·九　誠一六二　京津四〇五七　京津四二一四　京津四三〇〇　京津四六〇八　後一·五·一二　珠六二七　佚七九　佚二七九　佚三〇五　甲一七六三或从二木　甲二五九五　戩一三·九　金三八五　京都一八八七　【甲骨文編】

甲1763　2034　2595　2687　乙8795　佚851　續3·15·5　4·21·4　徵4·26　凡23·1　鄴40·9　鄴三41·7　續存1937　粹370　682　695　697　新4057　4061　4116　【續甲骨文編】

莫　父乙乍莫觚　散盤　晉公盞　工𫻂太子劍　中山王嚳壺　从艸　夆莫父卣　【金文編】

3·47陳華句莫廩☐亳釜　【古陶文字徵】

117　【包山楚簡文字編】

□ 語三　七例　通暮　夙—　秦一八五　□ 日甲一〇〇背　□ 秦一八四　十例　【睡虎地秦簡文字編】

□ 殘　倉—旻(丙7:目2)　【長沙子彈庫帛書文字編】

□1187　□0554　□1390　□1387　□2339　□3047　□0164　□1699　【古璽文編】

□ 蘇莫如印　□ 莫賢　□ 甄莫如　□ 横野大将軍莫府卒史張林印　□ 田莫如　□ 衣莫　□ 程莫當　□ 御史

莫　【漢印文字徵】

□ 莫　【汗簡】

□ 古孝經　□ 裴光遠集綴　【古文四聲韻】

◉許　慎　□日且冥也。从日在茻中。莫故切。又慕各切。　【説文解字卷一】

◉羅振玉　从日在林中。从林與許書从茻同。卜辭从茻从林多不別。如囿字作□。亦作□矣。　【增訂殷虛書契考釋】

◉王　襄　説文解字：「莫，日且冥也。从日在茻中。」契文之□與散盤之□、小篆之□均同，或从□、从□、从□。按屮、茻、林、森古皆相通。許書屮部芥字以下五十三名，小篆从屮，大篆从茻，契文萌作□、苴作□，芇侯敦芇作□、師旂鼎艿作□，亦皆从茻作，是屮與茻通。契文農或从林作□、或从屮作□，農敦之農作□，从茻，是林與屮茻相通。契文楙作□、或作□，麓作□，或作□、作□，是林與森與屮相通。契文㯻作□，「北征薹葡」作□，是森與茻相通。歷舉各文，明其通例。攷金文無从森之字，許書亦無之，僅林部存森而已。若□爲茻之異體，□即林之繁文，爲當時文字流變之特徵，日或作口，爲日之省。【古文流變臆説】

◉孫海波　説文云：「日且冥也，从日在茻中」。按引申之義爲有無之無。　【甲骨金文研究　中國大學講義(内刊)】

◉商承祚　金文作□。(晉邦盦散氏盤)。説文莫。「日且冥也。从日在茻中」。甲骨文或从日在林中。从林與从茻意同。古文屮林同用。　【甲骨文字研究(下編)】

◉馬叙倫　鈕樹玉曰。廣韻引且作旦。惠棟曰。當從小徐作茻亦聲。沈濤曰。九經字樣亦有茻亦聲三字。翟云升曰。九經字樣引無且字。集韻引無日字。倫按从日茻聲。或曰。甲文有□字。即□字。可證莽从日在茻中。茻亦聲。倫謂日入固似在茻中。日出不亦似从茻中出耶。故知茻聲耳。説解本作冥也。莫冥雙聲轉注字。校者改如今文。當入日部。字見急就篇。顔師古本。散盤作□。甲文作□。□。【説文解字六書疏證卷二】

◉丁　山　□　象月出林中，即是暮字别體，而□象日没林下，月出林表，暮夜之情尤顯。【甲骨文所見氏族及其制度】

◉郭沫若　「莫于日□廼往，不雨。」

莫乃古暮字，在此疑假爲暮。【殷契粹編】

◉嚴一萍　殷契粹編一二七三版(一)爲一牛胛骨之碎片，如圖(一)

一

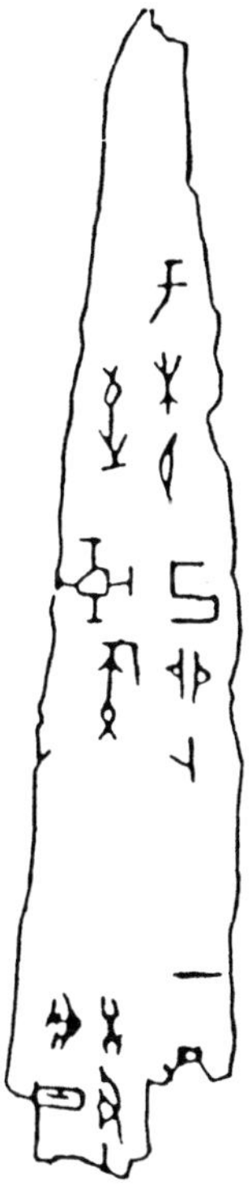

考釋云：

癸丑卜，易日。

己卯卜，□侯于來月至。

來字當作□，此作□，缺刻二筆，並非木字。

案「□□」二字又見於《京都大學人字科學研究所藏甲骨》文字者二版B二三九一(二)B二五二〇(三)皆牛胛骨殘片，如圖(二)(三)：

二

三

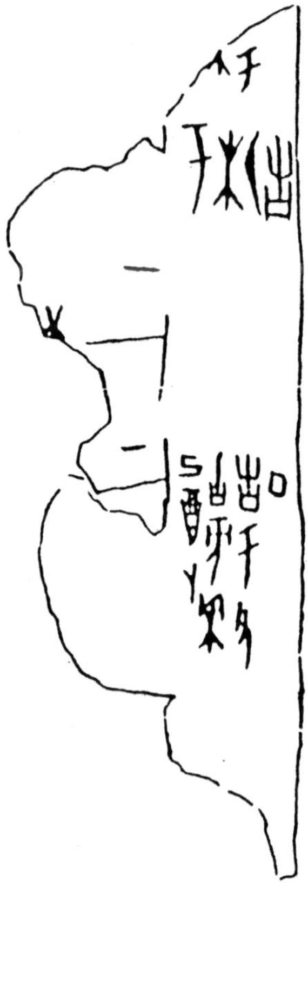

貝塚茂樹氏釋文皆作「木夕」，未有説解。又有B二三〇八(四)一版，則釋「林夕」，謂林爲國名。原版亦爲牛胛骨殘片。如圖(四)：

四

以上四版，以風格論，皆武乙時卜辭。且圖(三)有「告于父丁」語，正指康丁無疑。郭釋「來月」缺刻，似通而實非。貝塚釋「木夕」「林夕」尤誤。此實一字之析書，並非二字。武乙時書風每喜作長體，京都B二五一・八(圖五)，亦武乙時卜辭，曰：「乙卯卜，丙步」。

五

其「步」字即佔兩字地位。以此例之，則無論作「□」或「□」與「□」，皆爲一字，而象月在林中，與「莫」字之作□（甲二五九五）□（新四一一六）□（續六・二一・七）象落日在林中者，取義相同；落日與新月見於林中，皆在薄莫之時，故此「□」「□」與「□」，余謂即「莫」字之別體。以此釋上列諸辭，並皆通順可讀，蓋「莫」爲時間之詞也。

（一）己卯卜，□侯于莫至。

（二）己丑卜，莫雨。

（三）己酉卜，旨方來，告於父丁。

于莫告。

（四）己丑貞：于莫酢。

「莫雨」「莫酢」並見于三期卜辭中。粹六九五四：

六

王其田

其冓雨？

其莫不冓雨。

此第三期卜辭已有「莫雨」之貞。又粹三一七版與《戰後京津新獲甲骨集》四〇六一版乃同文異版，亦第三期牛胛骨卜辭。

粹三一七版曰：

馭釐。

其又父己，叀𦫳𨟭，王受又。

☐庚☐(王受)又。

七

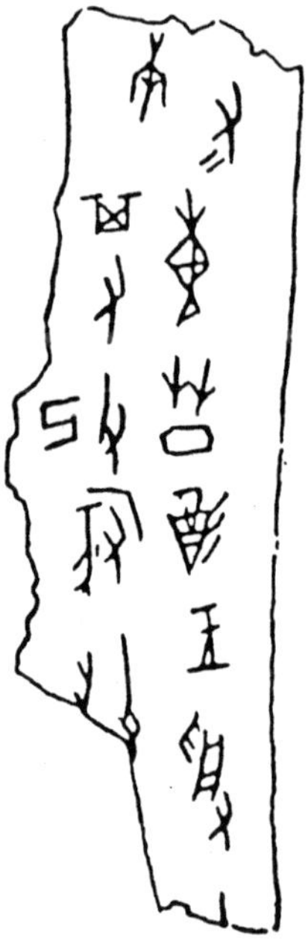

新四〇六一版曰：

馭(釐)。

其又父己，叀莫𨟭。王受又。

☐自丁𨟭(王受)又。

八

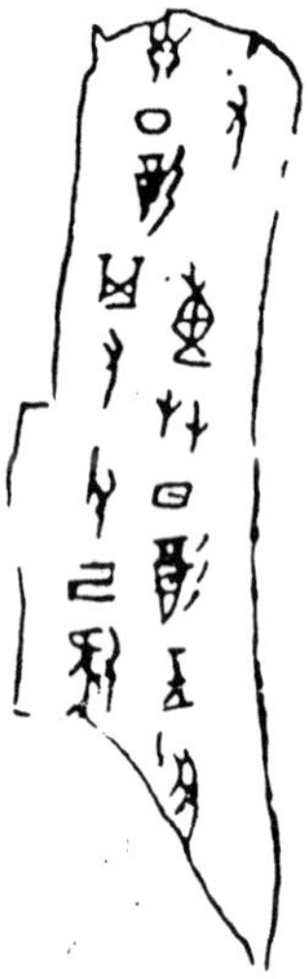

《粹編》考釋於𦫳字不敢認，故隸定爲𦫳。證以新四〇六一之「𦫳𨟭」則爲莫字無疑。兩版皆三期卜辭。是「𦫳𨟭」與「𦫳𨟭」皆「𦫳𨟭」之别寫，乃於薄莫時行𨟭祭先祖之祀典。特武乙時書「莫」字，以新月易落日爲異耳。【釋木月　中國文字第三册】

◉田倩君　余前「釋朝」字曾引彥堂師説：「中國造字地域當在黄河流域的大平原上」。先民因見太陽从東方屮中升起，又降落於西方屮茻之中故後人多注意从屮之莫。但京都S二七八a片中之莫字却是从日从木似日落於樹林之中見圖片

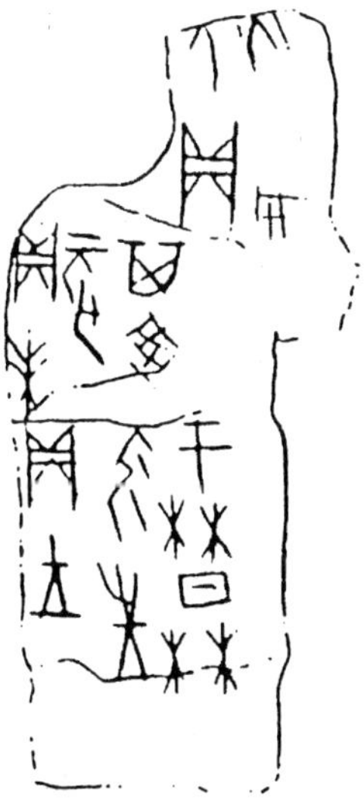

S278a

京都

貞王勿往于莫

貞求元亾其衣

若果造字是在雲貴等省多山地區，定造成从山之莫，由東山升起，没入西山如埃及文朝□字和麼些文朝莫□□二字此可證明文字的制作受環境影響力之大也。

莫爲會意字，（許説）日和茻二字之合體意謂幾近黄昏之時。

又形聲字。日爲形，茻爲聲，段氏曰「茻亦聲」。

其音讀，去聲ㄇㄨˋ，音慕。入聲ㄇㄛˋ，音墨。

讀莫（慕）音者本音也。由本音所生之意爲日落，黄昏之時，又有晚季之義。

此後即見加有偏傍之暮，則謬矣。

《文字源流》謂：「莫，俗再加日作暮ㄇㄨˋ，贅。」

經典中均作莫，但一般通用及今字書均將莫暮分作兩部，原義則用作引申意讀莫（墨），至於日落之莫（慕）字反用後加日字之俗暮致令人不知所從故不考源流，則莫能通古今之變。【釋莫　中國文字第七册】

◉白玉崢　□字，孫海波氏甲骨文編作□形而入於附録（第十五頁），列爲難識之字。⊘玉崢嘗以此意請益於夫子；曰：「本片重見於京都第八十一版，其片清晰可觀，孫海波氏之摹不誤。其字當从□，象二木。从□（月），今隸作莫；與□字同。」又曰：「殷契粹編一一七三版有□字；考釋作來月，並云：『來字當作□，此作□，缺刻二筆，並非木字』。此字又見京都B二三九一版，字與粹編同；又見於京都B二五二〇版，字作□；貝塚茂樹氏釋文皆作『木夕』，未有説解。又京都B二三〇八版

有⿰林☽字，則釋『林夕』，並謂：林爲國名。余謂：即莫字之別體；以此釋諸版卜辭，並皆通順可讀。蓋莫爲時間之詞也。」詳見中國文字三册。⿰林☾字，从林从☾，象新月在林中之形，與作⿰木☾、作⿰林☾、或⿰林☽者，取義相同；其所以作⿰林☾者，揣其初誼，或取叢林灌木，橫直成長之誼歟？然觀之於林木實際之狀，就其側面觀之，林木互爲交叉形者，固亦有之。古人造字時之取象，固亦深刻如此也。新月見於林中，乃薄莫之時也；字當釋莫，爲莫字之異構。以之釋藏龜四二·二版之卜辭，則辭通義順；其辭曰：

癸卯卜，㱿：于翌莫酌，衣？

又莫字之別構，有作⿱艸⿰日隹者，見於南北輔八五版；又有作⿱艸⿰日隹者，見於佚九〇一版；蓋乃莫字之鳥書也。又或作⿰林☽者，見於乙編八五〇二版；或作⿰艸日，見於佚七九版；蓋皆莫字之別構也。【契文舉例校讀 中國文字第三十四册】

◉金祥恆 甲骨文⿲禾日禾字如殷契粹編第三〇〇片：

丙寅卜，行貞：羽丁卯父丁⿲禾日禾歲，宰。在三月在雇卜。

己巳卜，行貞：羽庚午歲，其祉于羌甲奭匕庚。

郭鼎堂僅隸定爲⿳禾日禾，未加考釋。殷契佚存第八七八片：

貞：于毓匕。

貞：匕庚歲，竝酌。

貞：弜竝酌。

貞：庚歲叀⿲禾日禾酌，先日。

商錫永考釋將⿲禾日禾隸定爲禾日利三字，亦未加考釋，⿲禾日禾今尚見於其他甲骨卜辭如：

□□□旅貞：□□卯，其又⿲禾日禾歲于父丁，□二月。 録三二七

□辰卜，□貞：羽丁巳父丁⿲禾日禾歲牛。 後上二五一四

乙丑卜，旅貞：羽丁未父丁⿲禾日禾歲其匄牛

□□卜，旅圓囫丁未父丁⿲禾日禾歲其牡在十一月 金七六

貞□

在𠂤

□申卜，□貞：羽团圉父丁⿱禾⿱日禾□工宔。　新三二八三

蓋⿱禾⿱日禾从日从二禾，異常明顯，無庸置喙。故郭氏隷定爲㮸，則是。而商氏離析爲禾日利則非。然郭氏所隷定者，不見於字書，亦不知爲何義，今以甲骨文例推校之，乃爲莫字無疑。甲骨卜辭中「莫歲」「莫酉彡」之辭，屢見不尠。莫酉彡如：

馭圂。

其又父己，叀莫酉彡，王受□？

自丁酉彡……又。　新四〇六一

馭嫠。

其又父己，叀莫酉彡，王受又？

庚……冬。　粹三一七

叀莫酉彡。

叀……日。　新四二一四　續存一九三七

貞：叀莫酉彡？　佚二七九

莫歲如：

卜，且丁莫歲，二牢，王受図？　粹二六四

□卯卜，且丁莫歲，二牢？　粹二六五

二牢，王受又？

莫歲，三牢，王受又？

五牢，王受又？

□又莫歲。　珠六二七

莫歲，匕庚王受図？　粹三九四

莫歲，王受図？　新四三〇〇

貞于且丁，莫□，唐。

既。　甲一二八〇

其莫字作□或□，从艸从日，象日落草莽之中。說文：「䒌，日且冥也从日在茻中。」此从艸，乃茻之省。如甲編二〇三四：

貞：王其每从田。

貞：从吕習其每。

貞：其莫，亡𡿧？

蓋莫从茻作□。

王其。

其菁雨？

其莫，不菁雨！　粹六九五

莫于日中廼𡳿（往），不雨　粹六八二

郭氏考釋云：「莫乃古暮字，在此疑假爲幕。」恐非。卜辭「莫于日中廼往」者，「于日中至莫廼往」之倒句也。

莫……不。

王其𠭯入。不菁雨。

王夕入於止（此），不雨。　粹六九七

莫作□，正是□之簡省。

叀今夕。

于翊日莫。　續六・二一七

莫作□正是□之省。然莫亦有从𣏟作□者，如續存一九三八：

其䔿。

蓋象夕陽西下，日落林中，薄暮之時也。粹編一二七・三：

癸丑卜易日。

己卯卜，□矦于□（莫）至。

考釋□誤釋爲來月。

己丑卜，弜□从（從）雨。　京都大學所藏甲骨B二三九一

己酉卜，〔甲骨文〕方來告于父丁
于〔甲骨文〕告。 B二五二〇
貝塚茂樹將〔甲骨文〕〔甲骨文〕，皆釋爲「木夕」
己丑貞：于〔甲骨文〕酌？ B二三〇八
貝塚茂樹將〔甲骨文〕釋爲「林夕」。郭氏將〔甲骨文〕釋爲來月，貝塚茂樹釋爲木夕並非。經嚴一萍先生訂正爲莫，詳見中國文字第三册釋〔甲骨文〕，不再贅述。唯有一例可補，徵諸信也。新三九七四
癸亥卜冓酌𠂤伐又大乙
甲子卜，又大乙。
甲子，又〔甲骨文〕自上甲。
丁巳卜，于〔甲骨文〕酌𠂤。
丁巳卜，叀今夕酌，𠂤。
丁巳卜，于〔甲骨文〕酌，𠂤。
丁巳卜，叀今夕酌，𠂤。
丁巳卜，叀𠂤，酌。
「夕酌」與「莫酌」對文。卜辭「夕酌」之例，如：
于翊夕酌。 粹四三五
叀翊日酌。
叀今夕酌？
于翊夕酌？ 粹四三七
乙酉卜貞：末乙未酌𩰫于且乙，十二月。
丙申卜，貞：告今丙申夕酌，〔甲骨文〕（報）于□（祊）。十二月。 獸骨文字二・二・一
乙卯卜，亙貞：今日王至于章夕酌，子央出于父乙。 龜一九六一
夕酌與莫酌之別，在乎時間之早晚，⊘夕酌與莫酌猶卜辭莫歲與夕歲也。

莫歲或作杏歲，如

□父杏歲，既且□　甲三六二九

考釋將杏釋爲木丁然以卜辭：

牛

癸酉卜，杏，叀羊！

叀丙珊用。　粹四七二

父甲一宰？

二宰？

三宰，丝用。

杏，牛。　粹七五一

郭氏考釋將杏隸定爲杏。

叀杏？　甲八五〇

丙子卜，福杏，一宰？

三宰，丝用。

弜秦宗于匕庚？　甲五七一

弜，又戠。

丁未卜，其又杏于父丁福一宰？

二宰，丝用。　珠六三七

一宰？

于福丝用。

癸巳卜，福杏，宰。

宰又一牛？

囚，福，又牛。　珠六三五

□□卜，先于父乙，福杳？
于宗昇禾？
□牛，丝圃。　佚五六三
丙午卜，福杳，一牢
二牢？
□牢，丝用。　前四一六三
丙……取福……叀□
叀夫巳，丝用。
癸卯卜，□□杳……牢　戬四二·六　續二·二二·四
福杳，三牢？　戬四四·一二
己亥卜，杳，匄。
弜匄，　新四三一二
于宗，丝用。
□卜……杳　新四三一四
杳……父……
丝用。　新四三一三

觀之杳當爲从木从日爲莫。蓋⿱林日之省。殆與⿰林月或作⿰木月同例。甲三六二九「□父杳歲既且囚」之杳歲，與粹二六五「□卯卜，且丁莫歲，二牢」等同。甲五七二「丙子卜，福杳，一牢」。珠六三五「癸巳卜，福杳，牢」佚五六三「□□卜，先于父乙；福杳」前四·一六三「丙午卜，福杳，一牢」。戬四四·一二「福杳，三牢」之「福杳」乃莫福之倒文。如寧滬一〇七「⿲禾日禾福」珠六三七「丁未卜其又杳于父丁福，一牢」也。釋杳爲杏或木丁並非。

莫歲之莫，一作⿱艸日或⿱林日，一作⿲禾日禾。⿲禾日禾从二禾者，象日在禾中，猶日在林中，與艸中同意。續存一九三七：

叀⿳屮日屮⿰酉彡。

莫作⿳屮日屮，从日在艸中，甲骨文从二不與林相通者如埜字：

貞：[glyph]焚？

叀今……丑……河。 前一·三三·一

其琵舁。

弜琵舁。 後下一一四

金文亦然，唯莫作[glyph]爲第二期祖甲卜辭，而作[glyph]者爲第三期廩辛卜辭，莫酌之莫作[glyph][glyph][glyph]或[glyph]者爲第四期武乙卜辭，其字則一，書法各期不同。由此可知文字在殷商甲骨文演變之跡耳。【釋[glyph][glyph] 中國文字第十一册】

◉陳邦懷 三、莫夕

二三八三號 ⿱莫鳥出夕入，□菁雨。

⿱莫鳥字从莫、从鳥。莫即暮之本字。从鳥者，許君所説「日在西方而鳥棲」，是其義也。卜辭「⿱莫鳥出夕入」爲對文。然成語「朝暮」爲對文，「朝夕」亦爲對文。綜合觀之，暮與夕在時間上是有區别的。今觀卜辭先言暮出，後言夕入，其有先後之分，極爲明顯。説文解字茻部：「莫，日且冥也。」日且冥，謂日將冥爲暮，又，夕部：「夕，莫也。」夕義爲暮，謂日已冥爲夕也。【小屯南地甲骨中所發現的若干重要史料 歷史研究一九八二年第一期】

◉黄錫全 夆莫父卣莫字省作[glyph]，敦本《尚書》莫作中。《字彙補》⿱艹示，古文莫字，見《古孝經注》。鄭珍認爲「此蓋蒜之省，以爲莫無義」。此形究竟如何解釋，存以待考。《武威簡·燕禮》三一之「采⿱艹示」，今本「⿱艹示」作「蘩」（篆隸1652）。【汗簡注釋卷一】

◉徐中舒 甲骨文從艸茻從林林無别，字形多有繁簡增省，或從隹，象鳥歸林以會日暮之意。【甲骨文字典卷一】

◉戴家祥 説文一篇下茻部「莫，日且冥也，从日在茻中」。是定莫爲會意字。今按唐韻「茻」讀模朗切，「莫」讀莫故切，又讀慕故切，茻之與莫，其聲都在明母，其韻爲魚陽對轉，蓋會意兼形聲字，今改隸日部，从其聲也。

又亞父乙彝萁字从口从廾，疑亦莫字之省變，金文䄅伯器，䄅字作[glyph]寡兒鼎冥字作[glyph]並从口不从日，可證。【金文大字典中】

莽 封二二 【睡虎地秦簡文字編】

楊莽

張莽私印

郭莽

姚莽私印

趙莽之印

莽胥 【漢印文字徵】

莽 說文 莽 崔希裕纂古 【古文四聲韻】

◉許　慎　莽南昌謂犬善逐菟艸中爲莽。从犬。从茻。茻亦聲。謀朗切。【說文解字卷一】

◉馬叙倫　鈕樹玉曰。玉篇廣韵韵會引菟作兔。是也。說文無菟。段玉裁曰。此字从犬在茻中。故偁南昌方言。說其會意之恉也。王筠曰。南昌謂犬善逐兔艸中爲莽。何不隸諸犬部。且造字者豈訪南昌一土語而造此字乎。蓋艸莽其本義。而从犬難解。故以方言證明之。倫按如王說。當从茻猛省聲。父辛卣有字。則从犬莫聲。或釋爲獏。倫謂此猛之轉注字。莽亦从犬茻聲。爲猛⿱莫犬之轉注字。故莊子德充符。莽眇之鳥。崔譔本作猛眇。許因从茻而入之茻部。其曰南昌謂犬善逐兔艸中爲莽。正是猛義。當入犬部。說曰。猛也。从犬茻聲。犬之爲猛。豈止逐兔艸中耶。故知茻聲。猶⿱莫犬从莫聲。朱駿聲謂莽有莫音是也。今捝本訓。存者盖字林文。或校語。字見急就篇。顏師古本作莫。【說文解字六書疏證卷二】

◉于省吾　甲骨文⿲木犬木字作⿲木犬木（續存下四九五），只一見，原辭已殘。甲骨文編謂⿲木犬木字爲「說文所無」。按⿲木犬木即莽字的初文。早期古文字的偏旁，艸、木無别，單複也無别。例如：甲骨文的萅、莫、蒿、萑、蔽等字，有的从艸或从茻，有的从木从林从森或从㭘。說文的艸、木二字既然有别，又區劃中艸茻爲三個字，這是後來的分别文。說文：「莽，南昌謂犬善逐兔艸中爲莽，从犬从茻，茻亦聲。」按西周後期器齊莽史喜鼎的莽字作，从艸不从茻，乃會意字。這可以糾正說文莽从茻聲之誤。以从艸从林無别驗之，則甲骨文的⿲木犬木即西周金文的字。總之，甲骨文的⿲木犬木字和金文的莽字，均爲莽字的初文，是没有疑問的。【甲骨文字釋林下卷】

◉朱德熙　帛書C12云：

曰余。《爾雅・釋天》：「四月爲余。」不可以乍（作）大事。少（小）旱。此字舊釋「杲」。其□□龍其□取（娶）女爲邦。

我們要討論的是最後一個字。此字从艸从犬，犬字的寫法與望山一號墓竹簡「白犬」的犬字相同：

（119號簡）

從字形上看，這個字應該釋作笑字。秦漢簡帛文字的笑字都从艸从犬，如：

馬王堆帛書《老子》乙本178下　又《縱横家書》271

可是釋笑無法讀通帛書文字。我們認爲帛書此字是莽字的異體。从艸與从茻相通，金文从茻的字或寫作从艸就是例子。莽字《廣韻》有「莫補切」一讀，先秦時期也常與魚部字叶韻，例如《離騷》：

汩余若將不及兮，恐年歲之不我與。朝搴阰之木蘭兮，夕攬洲之宿莽。日月忽其不淹兮，春與秋其代序。

與莽字相叶的與和序都是魚部字。《莊子·則陽》「君爲政焉勿鹵莽，治民焉勿滅裂」。鹵、莽疊韻，滅、裂疊韻。可見鹵莽的莽也讀如魚部字。根據這一點，我們認爲帛書莽字當讀爲墓。「邦墓」見於《周禮·墓大夫》：

掌凡邦墓之地域爲之圖。令國民族葬而掌其禁令，正其位，掌其度數，使皆有私地域。凡爭墓地者，聽其獄訟，帥其屬而巡墓厲，居其中之室而守之。

【朱德熙古文字論集 長沙帛書考釋（五篇）】

◉徐中舒 一期 存一·一四四〇 一期 存二·四九五

從林林從犬，林或作森。甲骨文從艸、林、茻、森每可通，故此字當釋莽，象犬在林莽中形。【甲骨文字典卷一補遺】

乙1178 8998 六清126外240 外419 甲944 3516 乙2813 續存22 粹1582

乙4761 佚641 續5·4·3 徵4·55 京3·31·1 粹1213 新1698 1699 新2811 【續甲骨文編】

葬 从屮爿聲 中山王譻兆域圖 【金文編】

葬 日乙一七 五例 日甲三四 二例 法七七 三例 法六八 日甲四二 二例 【睡虎地秦簡文字編】

袁安碑 閏月庚午葬 袁敞碑 其辛酉葬 石經僖公 癸巳葬晉文公 【石刻篆文編】

葬見石經 葬王庶子碑 【汗簡】

石經 王庶子碑 【古文四聲韻】

◉許 慎 葬藏也。从死在茻中。一其中。所以薦之。易曰。古之葬者。厚衣之以薪。則浪切。【說文解字卷一】

◉商承祚 。象埋奴骨于土中。疑即葬字篆文。从茻从死。此从凵从歺。其義實同。前編卷六第四十一頁二版亦有此字

作⿵冂肉。惜皆殘泐。文意不可尋矣。【殷契佚存考釋】

◉馬叙倫　嚴可均曰。說文無藏字。當作臧。王念孫曰。小徐有茻亦聲三字。大徐削去。非是。翟云升曰。六書故引所以薦之作象所以薦尸。倫按甲文有⿰爿𣦵字。王國維釋葬。盖从歺爿聲。然是後起形聲字。葬从死在茻地上。會生則居穴室。死則委之茻中。上古無墓之俗然也。然倫謂葬亦後起字。初文盖作歺。从歺在一上。會意。夫死不擇時。而茻非常有。則生居室而死委之野。於古俗爲近。今失其字者。由後人加茻爲之聲。故其字遂廢耳。盖歺之形。篆文頗疑於立故也。歺變爲𠕒。故茻亦變爲葬矣。或曰。易傳明言古之葬者厚衣之以薪。薪爲乾艸。則無時而不有。是从茻亦會意也。倫謂孟子滕文公言。上世嘗有不葬其親者。其親死。則舉而委之於壑。此實原始社會之俗也。諸記葬俗者。以時異。亦以地異。厚衣之以薪者。固於古亦不能盡諭也。則易傳之說。亦起於後世。坿會字形爲之。且此引亦校者所加。以證从茻爲義耳。故倫以葬爲後起字。从𠕒。茻聲。別體作𣨻。爿聲。【說文解字六書疏證卷二】

◉李孝定　王國維曰「⿰爿𣦵與說文莊之古文𡍮形近。但省八耳。疑即葬之古初文。」

按。說文。「葬。藏也。从死在茻中。一其中。所以薦之。易曰『古之葬者。厚衣之以薪』。」死者屍之借字。漢碑多如此。許君以於文死屍在茻中爲葬。難以索解。故引經以證之也。實則葬之古文作⿰爿𣦵。王說是也。字乃从歺。死从此。从爿。爿在古文偏旁中多爲牀之象形。𠨳从人臥牀上爲會意。⿰爿𣦵則象殘骨置牀上。會意也。爿亦聲。莊之古文作𡍮。从丌與爿同意。篆从茻者。盖爿丌之形譌也。許君以字从茻無義。故引易以說之。實則厚衣之以薪。古或偶有之。非常法也。古人制字當於經見之文物制度中取象。必不以偶有之現象爲造字之本也。又許書以𡍮爲莊之古文。莊許君以上諱無解。段注云「當曰艸大也」是也。玉篇「莊草盛皃」可證。草盛字从歺从爿無義。疑當爲葬之古文。誤廁於莊下耳。辭云「癸𡆥貞不⿰爿𣦵」釋葬可通。卜辭又有⿴囗⿰爿𣦵字。疑亦葬之異構。【甲骨文字集釋第一】

◉李孝定　⿴囗⿰爿𣦵粹、一二一三

此文从⿴囗𣦵。即死字。說見四卷。爿聲。當即葬之初文。篆文易形聲爲會意耳。辭云。「乙亥卜。爭貞：甫邑。並令葬我於㞢自。一月。」粹・一二一三。「丙子卜。穷貞。令尖葬我於㞢自冎告不死。」續・五・四・三。「□卯𡆥。葬□我于㞢自𡆥。」新・一六九八。諸辭疑皆時王有疾而自卜葬地者。弟二辭下言「不死」。義亦相屬。予爲此說。未敢自信。附此俟考。【甲骨文字集釋存疑】

◉朱德熙　裘錫圭　(九)王后堂説明云：

王后堂方二百乇(尺)，其□眡(視)忩后。

「其」下一字从「歺」「爿」聲，當釋作「葬」。【平山中山王墓銅器銘文的初步研究　文物一九七九年一期】

◉裘錫圭　丙子卜賓貞：令冎□我于㞢自，𡆥告不𢦔。　續5.4.3

丙子貞：王叀(與「唯」略同)冎令囚我。　粹1247(人文2537同文)

上引兩辭卜日干支相同。歷組一辭內容較略，但所卜之事與賓組一辭顯然相同。二者當是在同一天爲同一事而占卜的。□象人埋坑中而有「爿」薦之。囚象殘骨埋於坑中，應爲一字異體，或釋「葬」，似可从。【論「歷組卜辭」的時代　古文字研究第六輯】

◉丁　驌　葬字可確信者有□(粹一五八二)，□(金四六六)。二文尤以後一文从死从艸，殆今葬字之下部。前一文則又爲今字之上部。金四六六之文曰「葬□史人千　九月」似殉葬之卜。此皆僅見者，無可多説也。

常見之葬字爲人在框中側卧於床上之狀，□同文之辭亦作□。續五・四・三曰：

「丙子卜㱿貞令𠀠葬□我于有自，㕯。告。不□(死)」

粹一二四七作「丙子貞王叀□令□我……」(人二五三七重)不惟葬字有異，即所令之人名寫法亦不同。不知何故。歺：字枯骨也。故謂□爲葬，應可。惟□顯非普通之棺。字狀人在坑墓之中，卧於床上。是則阬內有坑，屍置坑上之家。因悟□者，墓之室，非棺木也。□即墓中土坑，此與發掘殷墓所見相符。後世用棺槨，故此字即廢矣。【東薇堂讀契記　中國文字新十二期】

◉蔡哲茂　河北平山一號墓出土的戰國中山國兆域圖銘文有「王后堂二百乇(尺)其□眡忩后」「□」字，朱德熙、裘錫圭氏以爲「字从歺爿聲，當釋作葬。」□即歺字，由兆域圖「死亡若」之死作「□」和平山三器、圓壺𦎫字作「□」右旁□即説文死字古文，上半的□與□相同可知。【説甲骨文葬字及其相關問題　第二届國際中國文字學研討會論文集】

◉黄錫全　□葬見石經　出土三體石經葬字古文作□，《隸續》録石經有□□二形。鄭珍認爲「當本作□，蓋从古文死，而增爿聲，今《隸續》二體皆誤上艸爲竹，又一脱爿旁，一少中横，郭氏此體亦脱爿而少中一，竝由石本剥缺不明致然。下《王庶子碑》體即出石經，亦少中一」。甲骨文有□(後下20.6)字。中山王墓兆域圖作□，朱德熙、裘錫圭先生認爲「从歺，爿聲，當釋作葬」(文物1979.1)。雲夢秦簡葬作□，馬王堆漢墓帛書《戰國縱横家書》作□，漢司徒袁安碑作□，劉寬碑作□等，蓋古葬字有从艸从竹之作者。石經古文亦有不盡相同之例，如保字古文有□□二形。此蓋石經又一古體。夏韻宕韻録石經作□，此寫脱一横。

□葬王庶子碑　馮本作□，此脱一横，説見前葬字。【汗簡注釋卷一】

◉湯餘惠　一九八七年山東省鄒城市文管處在嶧山鎮張莊村征集到兩塊戰國銘文磚。磚文有□字，凡四見，寫法大體相同（參看文後摹本）。研究者或釋爲「疾」，或釋爲「瘦」，迄無定論。關於張莊磚文已有三篇專文發表，刊載在《中國文物報》上，請參看一九九四年六月十九日第三版，又八月十四日第三版，一九八六年一月二十八日第三版。此字在磚文中是一個比較關鍵的字，對弄清磚文的內容和性質頗爲重要，有必要再做一番深入地探討。

應該説，這個字在後世傳承古文資料中是有線索可尋的。筆者曾注意到，魏三體石經和《汗簡》一書所引録的古文「葬」字，有的寫作：

□石經・文公　□《汗簡》引《王庶子碑》

□去聲漾韻引《書學》

構形與上揭磚文很相近，前者字下不从艸，應是省形。後世古文字書《六書通》有葬字寫作：

□

字下亦不从艸，與磚文同。

此字上方或从竹、或从艸，在湖北雲夢睡虎地秦簡中可以找到同樣的例子：

□日甲四二　□法六八　□日乙一七　□日甲三四

兩體互見，不妨爲一個字。大徐本《説文》一篇下：

𦱥，藏也。从死在茻中，一其中，所以薦之。《易》曰：古之葬者厚衣之以薪。

以表意解之，不曾説到聲旁。但茻、葬古韻同部，故小徐《繫傳》及清代學者又多主張「茻亦聲」，看成是表意兼表音的字。不管怎麼説，葬字是从茻的，與「竹」無涉。因此，所謂从竹一體，祗能是艸形的訛誤。清代《説文》大家王筠曾論及三體石經古文葬字，他説：

𦱥，三體石經作□，案此形甚好，上艸下覆，下艸上薦，故上艸變爲竹字形，與□之左人从匕同法，變文見意之妙也。从□聲，故曰葬者藏也。石經又一字作□，則爿省矣，而加一與《説文》同。《説文釋例》卷十五。

王氏用「變文見意」解釋从竹一體，不免求之過深，未必允當，但謂字从爿聲，卻卓有見地。字中之「爿」，與「疒」形混同，但不可視爲从疒，因爲在古文字中，尤其是晚周古文中，二者混用不別的情況正不在少數。《古璽彙編》〇〇九五「瘠軍之鉨」瘠字作□；《包

小

山楚簡》病字異體作疠(二〇七、二一八簡)、又瘥字異體作瘢(二四二、二四七簡)等等，均是爿、疒混用不別的例證。「爿」與「葬」上古均屬精紐、陽部字。从爿得聲的形聲字古音亦在陽部。可以斷言，葬字古文从爿者，均屬增附聲旁字。

討論至此，磚文𦵯字的形體結構就比較明瞭了。其字从死，死字多爲左右結構，此形易爲上下結構。《説文》古文死作𣦸，又殪字古文从死作𣧑，可供參照。从茻(省下存上訛誤爲竹)，茻、爿均具表音作用，係表意兼聲字。

戰國時期，不同地域文字寫法往往存在差異。前文談到了雲夢秦簡中的葬字，該是秦系文字的寫法；張莊磚文出土於邾國故城城内，無疑是齊系文字的寫法；此外，在以往出土的戰國文字資料中，還看到楚系文字作「𦵯」。𦵯字見《包山楚簡》九一號，又省體作𦵯(九一號)、[illegible](一五五號)。三晉系文字作「𣦸」。𣦸字見中山王墓出土兆域圖版。充分體現出戰國「文字異形」的時代特徵。

附：鄭建芳同志磚文摹本

A正　A背

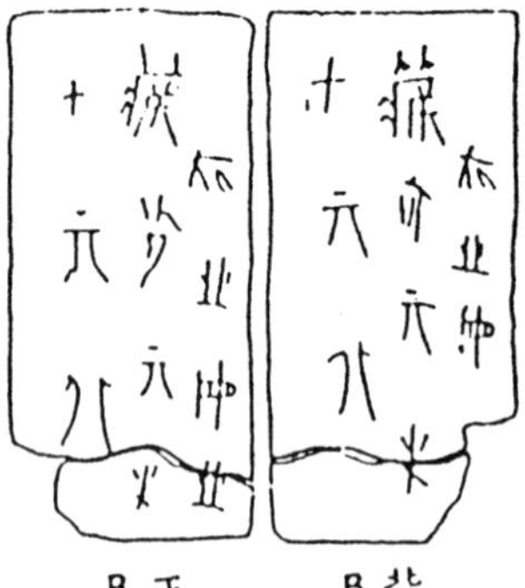

B正　B背

【釋𦵯　于省吾教授百年誕辰紀念文集】

甲六三〇　甲五三八　鐵一〇一・三　前一・六・六　前一・六・七　前一・二四・三　後一・一八・六　後一・二八・八　後二・九・一三　佚四〇七　佚四二六　佚五一八　坊間一・一〇　林一・二六・四　乙四一二小甲見合文五　甲三七九小乙見合文五　甲六〇八小丁見合文五　前一・一六・六小辛見合文五　乙五二三六小己見合文五　林二・二五・一小癸見合文五　戩五・一〇小祖乙見合文五　河二〇四小王見合文一一

甲六二四小臣見合文一一　明藏六三二小父見合文一一　乙三四一一小子見合文一一　乙八七一四小母見合文一五

乙八五〇五小方見合文一六　甲一三九四小牢見合文二〇　福二九小馬牢見合文二〇　師友一・二〇三小叀見合文二二

金五七七小𡩜見合文二三　續三・二二・一〇小淮見合文二三　存下一六小䂗見合文二三　甲三一六小𡦹見合文二三

甲一四一五小雨見合文二五　乙一九四小風見合文二五　乙一三六小采見合文二五　甲一一五小告見合文二六

後二・二一・四小旬見合文二九　京津二〇四一小魚見合文二二　存二二四四小配見合文二三　京都二一九八小帝見合文三〇

【甲骨文編】

乙2908　6419　7488　8809　8858　佚3　131　733　續2・18・1　掇210

458　463　徵4・3　4・4　8・93　12・10　六清57外356　京3・20・1　新1169

【續甲骨文編】

小　盂鼎　㓝沚簋　小臣鼎　睘卣　令鼎　嬴霝德鼎　氏樊尹鼎　靜簋　宅簋

趞弔簋　遣小子簋　易鼎　𣄰伯簋　師望鼎　衛鼎　弔趯父卣　師嫠簋　散盤

⋇小集母乙觶　趞簋　小大二字合文　儹匜　駒父盨　毛公厝鼎　小夫卣　小夫二字合文　小子

尌簋　小子二字合文　小子母己卣　小子父己卣　小子省卣　𠫑卣　小子射鼎　𠨘小子鼎

何尊　五祀衛鼎　九年衛鼎　師𩛥鼎　弔趯父卣　師望壺　弔向簋　單伯鐘　㝬

鐘　㝬簋　散盤　毛公厝鼎　不𡢁簋　鄭大師甗　秦公鎛　秦公簋　晉公𥂴

中山王礨鼎　事孚如張事愚如智　孚與張對舉可知孚讀爲少長之少　矢方彝　小牛二字合文　矢尊　小臣系卣　小臣二字合文　觫尊　小臣邑斝　小臣父乙簋　缶鼎　小臣單觶　小臣豐卣　辰父辛尊　小臣逋簋　傳卣　易𡘋簋　師晨鼎　克鼎　守簋　㡀生鼎　【金文編】

5·71咸酃小穎　5·229小厩　5·72咸酃小有　秦398小㢸　秦397小㢸　洛陽中州路圖12·4　【古陶文字徵】

〔六八〕　〔六八〕　〔六八〕　〔二〕　〔一九〕　〔五〇〕　〔五三〕　〔六八〕　〔二五〕　〔一九〕　【先秦貨幣文編】

布大　大小卜㈢伞　豫洛　仝上　小匕尚𡉀　仝上　小卜尚𡉀　仝上　𠤎壬小匕　布大　𢆉米小匕　典七九六　仝上　小匕宗夆　亞二·一一八　仝上　小匕尚米　【古幣文編】

小　秦六一　三十一例　通少　—孤　日乙二四三　秦九四　八例　日乙二二　七例　【睡虎地秦簡文字編】

新前胡小長　勃小府　呂小伯　李小叔印　小但　曹小　高小奴　孫小卿　蔡小卿　宋小青　高小叔　公乘小孫　諸葛小孫　【漢印文字徵】

漢譙敏碑領　石經君奭　在今予小子　今本子下有旦字　古文借乚爲小　【石刻篆文編】

小【汗簡】

古孝經　汗簡　竝古老子　【古文四聲韻】

◉許　慎　小物之微也。从八丨。見而分之。凡小之屬皆从小。私兆切。【説文解字卷二】

◉王　襄　小古小字。【簠室殷契類纂】

◉林義光　説文云。小物之微也。从八丨。見而八分之。按古作小静敦。作小盂鼎。象物少之形。小與少古同字。故師嫠敦以小輔爲少傅。年稚謂之少。實亦小義也。亦作小。使曾鼎。【文源卷三】

◉商承祚　小。卜辭作三點。示微小之意。與古金文同。許君訓从八丨見而八分之。殆非初誼矣。【殷虚文字類編卷二】

◉葉玉森　説文「小，物之微也。从八丨見而八分之。」按栔文作小。蓋象細小如雨點形。故亦借作省文雨。如甲骨文字一卷十葉「缺日允小小」。即雨之省文。辭言某日允雨也。又有作小者，前編四卷四二葉「雨小」，又五五葉「牛小」，羅振玉釋少，王襄釋雹。予按殷虚卜辭四〇一版「己巳卜亡小臣其斧」。又小臣之小。正作小。知小小同字。上舉二辭固言雨小。牛小也。篆文之小。即由小變。寰盤形沙之沙作沙。仍从小。知古本無少字。【説契】

◉王國維　龜板銅器小皆作小。象物瑣碎之形。【劉盼遂記説文練習筆記　國學論叢第二卷第二號】

◉高田忠周　説文。小物之散也。从八丨見而八分之。此字造法爲叚借。夫物之大。莫如天地者。而爲天爲地。不可象也。故取天大地大人亦大之理。借人形以見其意。是象形叚借也。夫物之散小莫細於艸木之始。故先借丨出之。丨爲細散意。八以分別之。細又愈細。散小之意。可由以觀也。是會意叚借也。聖人造字之散意可察可見矣。然則小字所从丨與中字所从丨同意。【古籀篇十九】

◉馬叙倫　鈕樹玉曰。韻會引而下有八字。沈濤曰。六書故云。唐本从八見而八分之。蓋古本如是。八訓爲別。別分者。猶言分別也。今本奪八字。誤。小徐本亦有八字。王筠曰。有下八字者非也。見以説丨。分以説八。不得但出一八字也。⊘倫按大小之形皆不可爲象。故借大爲大小之大。則謂小爲象物小之形不可也。如許説。當从棍棒之棍初文作丨者。八本臂之初文。臂丨爲小。不可通也。或謂古未造分字即借八爲分。此从八之假借義。八丨爲小。則屬會意。説解當曰。从丨而八之。倫謂小即沙之初文。沙。从水。少聲。少小固一字也。戰國策一。謀之暉臺之下。少海之上。吴師道謂少當作沙。其實小即沙字。沙之爲物聚而後見。故以三點象之。少。甲文作小。盖小少既爲沙之初文。固不限於三點也。借以爲大小字。猶舄本棲宿字而借以爲東西字。小子師𣪘作小。毛公鼎作小。字見急就篇。【説文解字六書疏證卷三】

◉李孝定　説文。小。物之微也。从八丨。見而八分之。凡小之屬皆从小。卜辭作上出諸形。本象物微細之形。篆文之小即由小形衍變。許君之説係就篆體爲言。故有丨見而八分之之語。實則此字固不从丨八也。後世解説文者亦囿於許説。均

就—八會意爲訓。非古誼也。古文小少每不分。以其形近義復相因也。【甲骨文字集釋】

◉于省吾　說文：「小，物之微也，从八丨，見而分之。」又：「少，不多也，从小丿聲。」又：「𡭔，少也，从小乀聲，讀若輟。」按許氏釋小少𡭔三字並誤。甲骨文小與少同用，後世分化爲二字。甲骨文小字作小，既不从八也不从丨。小字作三小點以表示物之微小。甲骨文少字作𡭕，無从丿者。果如許説，則小爲會意字，少與𡭔爲形聲字，均背於初文。少字，春秋時金文鄦侯簋作少，弓鎛作𡭔，蔡侯鐘作少，都是後起的變形。其中少字作𡭔，本來反正無別。本諸上述，則少字的造字本義，係於小字下部附加一個小點，作爲指事字的標志，以別於小，而仍因小字以爲聲。【釋古文字中附劃因聲指事字的一例　甲骨文字釋林】

少

乙一六卜辭少小通用少雨即小雨　乙一八九　拾七·一五　前四·五五·三　坊間四·二二八　甲二九〇　四少臣即小臣【甲骨文編】

甲2904　乙16　8516　續4·6·1徵1·90　續5·26·8　續存1454　粹816　新2908【續甲骨文編】

少　鄦侯簋　封孫宅盤　蔡侯䌛鐘　哀成弔鼎　吉日壬午劍　陳逆固　中山王譽兆域圖　會志盤【金文編】

5·117咸少原龍　5·122咸少原角　5·123咸少原豫　5·125咸少原嬰【古陶文字徵】

〔七九〕　〔三〕　〔三二〕　〔二〕　〔六二〕【先秦貨幣文編】

布空大　少匕南與小字通小字另見　亞二·一一八　布空大少西反書亞二·一一九　布空大中少典七九九七【古幣文編】

少 九八：二一 宗盟類參盟人名 【侯馬盟書字表】

3 10 207 231 265 【包山楚簡文字編】

少 效五 四十三例 通小 —顉是胃—楮 日甲一三〇 日乙一五九 三例 【睡虎地秦簡文字編】

—又☐(甲12—30)—杲亓☐(丙4:1—9) 【長沙子彈庫帛書文字編】

1862 【古璽文編】

少內 少府丞印 少府丞印 少曲況印 許少卿印 馮少公 尹少孺 肊少孺

夏少公印 趙少 吕少猜印 袁少生印 田少孺印 王少君印 【漢印文字徵】

少室石 【石刻篆文編】

竝古孝經 古老子 【古文四聲韻】

◉許 慎 不多也。从小。丿聲。書沼切。【説文解字卷二】

◉羅振玉 寰盤沙字作。从。與此同。【增訂殷虚書契考釋】

◉商承祚 説文少：「不多也，从小，丿聲。」金文寰盤沙字从，與此正同。鄦侯毁作，已變同小篆矣。【甲骨文字研究(下編)】

◉林義光 説文云。不多也。从小丿聲。丿非聲。古作。據古録卷三之七鄦侯敦。象物少形。抽去之。見乙字條。則尤少也。説文云。少也。从小。乀聲。讀若輟。按。即少之反文。少宵韻。泰韻。亦雙聲旁轉。當與少同字。【文源卷三】

◉高鴻縉 字原从丨。丨非文字。亦非物形。乃所以示少之意象。而以爲聲。在字之上部。故少屬下形上聲。狀詞。【中國字例五篇】

◉楊樹達　説文二篇上小部云：「少，不多也。从小，丿聲。」按少字从小，故有小義，韋昭注國語高誘注國策呂覽應劭注漢書皆釋少爲小，是也。緣是少聲之字皆含小義。説文六篇上木部云：「杪，木標末也。从木，少聲。」方言二云：「杪，小也，木細枝謂之杪。」此一事也。説文七篇上禾部云：「秒，禾芒也。从禾，少聲。」此二事也。又四篇上目部云：「眇，一目小也。从目，从少，少亦聲。」此三事也。又五篇上竹部云：「篎，小管謂之篎。从竹，眇聲。」此四事也。又四篇上鳥部云：「䳂，鷦䳂也。从鳥，眇聲。」段君謂鷦䳂謂其小，是也。此五事也。此皆从少聲之字也。然字有不从少聲，而以與少古音相近，亦含小義者，如刀聲兆聲盜聲諸字是也。詩衛風河廣篇云：「誰謂河廣？曾不容刀。」鄭箋云：「小船曰刀。」此一事也。史記李將軍傳云：「不擊刁斗以自衛。」索隱引荀悦云：「刁斗，小鈴，如宮中傳夜鈴也。」按刀即刁字，俗書作刁，刁斗方言十三即作刀斗，郭璞注亦云：「刀斗謂小鈴也。」此二事也。説文十四篇上車部云：「軺，小車也。从車，召聲。」此三事也。一切經音義二十三二十五並引説文云：「沼，小池也。」今本説文脱小字。此四事也。禮記中庸篇云：「今夫天，斯昭昭之多。」鄭注云：「昭昭猶耿耿，小明也。」疏云：「昭昭，狹小之貌。」淮南子繆稱篇云：「昭昭乎小哉。」此五事也。爾雅釋魚云：「魾小者鮡。」説文十一篇上魚部説同。此六事也。又云：「蜃小者珧。」此七事也。説文四篇上羊部云：「䍦，羊未卒歲也。从羊，兆聲。」此八事也。周禮夏官校人鄭衆注云：「馬二歲曰駒，三歲曰駣。」説文十篇上馬部説同。此九事也。詩周頌有瞽篇云：「鞉磬柷圉。」毛傳云：「鞉，小鼓也。」此十事也。爾雅釋鳥云：「桃蟲，鷦。」詩周頌小毖傳同。文選鷦鷯賦注引毛詩義疏云：「桃蟲今鷦鷯，微小黃雀也。」此十一事也。漢書五行志云：「小者不窕。」注云：「窕，輕小也。」此十二事也。詩小雅巧言篇云：「君子信盜。」箋云：「盜，小人也。」列子周穆王篇云：「盜驪之馬。」廣雅釋獸作駣⿰馬犁，荀子性惡篇國策秦策作纖離。郭璞注穆天子傳云：「爲馬細頸。」此十三事也。夫鳥名鷦䳂，又名桃蟲，鷦䳂與桃皆以小爲義，余向謂字義同則其組織往往相同，此又其一證矣。

按甲文小字或作小，由此字變易而爲少，二文本一字，故少聲之字皆有小義。此文云少字从小故有小義，尚未窺見本原。故兼士先生序余書，意在糾正余説，其意是也。此文本應删汰，以删汰則讀兼士先生序文者將致疑不解，又欲存亡友攻錯之美，仍存之不删云。【增訂積微居小學金石論叢卷第二】

◉馬叙倫　徐灝曰。多少老少今分上去二音。然老少之義因乎多少。如言某少於某若干歲。是也。丿舊音房密切。其聲不諧。繫傳曰。音夭。按丿訓右戾豈讀爲拗戾之拗而用爲聲乎。吴大澂曰。古文少小爲一字。倫按不多也盖校語。本訓捝矣。鄘侯𣪘作少。字見急就篇。【説文解字六書疏證卷三】

◉李孝定　説文。少。不多也。从小。丿聲。卜辭作上出諸形。與小同。意古文少小互訓。通用不多。則小義亦相因也。許

𡭔

君以爲形聲，丿讀房密。匹蔑二切。於少聲不諧。蓋緣此字本非形聲。許君誤據篆文立説。故致扞格耳。金文作𡭔吉日壬午劍。𡭔楚王酓忎盤。𡭔鄘侯簋。𡭔齊侯鎛。具見由小至𡭔遞嬗之跡。

小少爲抽象之象形。説見下八字注。其所象不一物。王氏舉雹雲二字之契文古文爲例。謂可婿雨。𡭔亦不當釋雹説詳雨部。按此二字省雨而其形已具。雹字省雨則混於晶。星之古文。如省作小則所象何物實難確指。何以知其必爲雹字。且如王氏言字如不省。則於契文當作雨。又與雨字何異乎。王説非也。【甲骨文字集釋第二】

◉張政烺　少，金文常見，舊以爲小子二字之合文，此句及下文「事少如長」皆是單音。知當爲少長之少字，蓋从子小，小亦聲。【中山王𠑹壺及鼎銘考釋　古文字研究第一輯】

◉徐中舒　象散落細微之點。自來古文字學家皆以从三點之小爲小，以从四點之少爲少，甲文中二字構形實同，應爲一字。在合文中小字則由小形整齊之而爲小，如小甲作小甲粹一一二，小祖乙作小祖乙拾一、一四【甲骨文字典卷二】

𡭔 開母廟石闕　九域𡭔其脩治　説文𡭔少也讀若輟　𡭔 石經君奭小字重文【石刻篆文編】

◉許　慎　𡭔少也。从小。乀聲。讀若輟。【説文解字卷二】

◉馬叙倫　錢大昕曰。𡭔即孟子告子。力不能勝一匹雛之匹。段玉裁曰。方言。𡭔。杪。小也。孟子趙注訓𡭔爲小。與方言同。作匹者非。邵瑛曰。孟子音義。匹。張如字。丁作疋。云。案注云。疋雛。小雛也。方言。𡭔。小也。蓋與疋字相似。後人傳寫誤耳。瑛按𡭔訓小。非特方言。廣雅玉篇皆然。則説文以𡭔爲少。實恐係小字。錢坫曰。方言。𡭔。小也。又策。小也。燕之北鄙朝鮮洌水之閒謂之策。策與𡭔同聲。今吳人語少云。一策策。王筠曰。沙亦作沚。是𡭔與少同義。開母石闕銘直以𡭔爲少字。博古圖齊侯鎛鐘𡭔臣。齊侯鐘作少臣。直是小臣矣。方言廣雅皆曰。𡭔。小也。徐灝曰。凡反體字其義多與正文相反。惟此爲異。葉德輝曰。本書。鉤。逆者謂之亅。讀若橜。𠃌从反亅。讀若捕鳥罬。疑古少𡭔皆从亅𠃌。而小篆變从丿乀。倫按小、少、𡭔三字義實無別。魏石經左傳小字古文作𡭔。本書沙字重文作沚。譚長説。沙或从𡭔。易需。需于沙。鄭玄本作沚。漢書地理志芝口縣。段玉裁謂芝爲芀譌。芀即莎字。更證以金石之文。則少𡭔同字。甲文有小字。證以寰盤沙字作沙。是小字之形亦作小。而少、𡭔皆小之篆變。且許言少。从小。丿聲。𡭔。从小。乀聲。丿乀兩字雖見於本書十二篇。訓左右戾。然經典中殊無其字。他字亦無从丿乀得聲者。丿部所屬惟乂弗刈三字。乂象刈艸之器。今土木工所用剪。形猶如此。弗从乂。不从丿乀也。小㣺皆舌尖前音。小少同屬宵類。至讀若輟者。輟音知紐。少音審三。同爲舌面前音。是由少而轉。方音之變也。方言。策。小也。燕之北鄙、朝鮮洌水之閒謂之策。策音穿紐。古與審紐同歸於透。蓋策即㣺字之音。可證。【說文解字六書疏證卷三】

八

甲二九七　甲三一一三　甲三九一八　乙一三〇　鐵一四五・四　前二・三二・四　前二・四三・二　前四・六・四　前七・二九・四　後二・四一・一二　菁四・一　粹六七　拾八・七　京津三二五六　掇二・四〇一　墨書　福三一　後一・一一・一一　八桒見合文一六　明藏七八七　八十　見合文一六　粹一〇七九　八百　見合文一七　粹一一九　八千　見合文一七　鐵一〇六・二　八月　見合文二八【甲骨文編】

甲297　2813　珠746　748　佚51・2　續1・47・2　徵5・24　續3・24・2　3・31・6　掇420　徵2・33　10・100【續甲骨文編】

八　矢方彝　小臣⿺辶虘簋　靜簋　旂鼎　伯晨鼎　曶壺　善夫克鼎　函皇父簋　禹鼎　戈弔鼎　歸父盤　鄧伯氏鼎　都公鼎　寡兒鼎　郘鐘　鄦侯簋　盠方彝　八自二字合文【金文編】

秦1499獨字　秦1159同上　5・495同上　5・496獨字　4・3十八年十二月右匋君　5・230左廄容八斗　6・230獨字【古陶文字徵】

〔七九〕　〔六八〕　〔二〕　〔六八〕　〔三六〕　〔三六〕　〔六八〕　〔四七〕　〔三六〕

〔三五〕 〔二〕 〔四七〕 〔一九〕 〔一九〕 〔四〕 〔三二〕 〔四〕 〔三六〕

〔六七〕 〔六七〕 〔六七〕 〔六七〕 〔三六〕 〔二〇〕 【先秦貨幣文編】

布空大豫伊 布尖武安背 晉高 布空大 晉矦 布空大豫伊 布尖閔半背 晉原 刀直甘丹背冀靈

布尖 郛背 晉高 布方中都背 晉祁 刀弧背右八 晉原 刀弧背左八 冀靈 仝上 八 【古幣文編】

19 25 36 【包山楚簡文字編】

八 秦三 七十七例 效三 六例 法一三七 【睡虎地秦簡文字編】

第八封完 廿八日騎舍印 八千万 日利八千万 【漢印文字徵】

禪國山碑 六百八十有三 天璽紀功碑 八月一日 甘泉山題字 博塞 日晷 春秋

介鐘右八磬 袁安碑十七年八月 羣臣上醻題字 袁敞碑 十年八月 【石刻篆文編】

八 【汗簡】

汗簡 【古文四聲韻】

◉許 慎 八別也。象分別相背之形。凡八之屬皆从八。博拔切。【說文解字卷二】

◉潘祖蔭 張孝達說。……八非七八字。當訓別。八古音正讀如別。義取分背。乃別本字。重之則爲北。从刀則爲分耳。【邵鍾 攀古樓彝器款識一冊】

◉林義光 說文云。八別也。象分別相背之形。按古作八。旂尊彝乙。作八。邾公敦。說文平下𡯁下夰下並云八分也。八微韻。分文韻。雙聲對轉。實本同字。【文源卷三】

◉高田忠周 按說文。八別也。象分別相背之形。葢八字形出于乂字。析乂即爲八也。說見一下。又按。八字有別體。从丿乀以會意。丿右戾也。从反乀。乀左戾也。从反丿。丿乀爲轉注。弗字从丿乀。或亦从八。以爲反戾意耶。凡篆文作)(作八作)(者。皆是也。要从丿乀者。爲後出異文耳。又按凡事物之理。一治一亂。究而後通。亦是自然之理也。夫五者午屰也。即亂屰也。午屰之極。必亦解兑。即治也。故造字者析五字爲八字。以爲大別之名。蓋八之言𠧧也。又發也。分開之義也。又發者撥也。撥者治也。故古發聲八聲。得通用也。又八字形分。故借爲背違之象。【古籀篇十八】

◉王國維　背出於北北出於八。

八本象形字。說文云然。後人多誤釋爲指事字。釆字亦然。疑說文中指事自爲一種。非如後人所論者也。【劉盼遂記說文練習筆記　國學論叢第二卷第二號】

◉商承祚　金文𩑛矦鼎作)(。馭八卣作)(。𢦏叔鼎作八。鄘矦段作八。說文八。別也。象分別相背之形。【甲骨文字研究下編】

◉馬叙倫　段玉裁曰。此以雙聲疊韻說其義。王筠曰。此象人意中之形。非目中之形。凡非物而說解云象形者。皆然。龔橙曰。八爲股古文。部中字無从八者。王國維曰。八本象形。說文云。然後人多誤釋爲指事字。釆字亦然。疑說文中指事自爲一種。非如後人所論者也。倫按本書全部象形之文。無不描寫實物。原象形之文出於圖畫。圖畫皆描寫實物。人意中之形如喜怒者亦必形於面而後可圖畫之。如在象形之文中復加符號式之形象者。則於六書爲指事。非象形矣。指事固在象形系統之中。然必有實物之象形文爲其基本。而後描寫其物所發生之現象。若八者謂之象形。則象何物之形耶。本部所屬凡分尒曾尚㒸詹介𠔁公必余𥝢十二字。然尒曾尚詹余五字屬於語气之詞。其八與只字兮字乎字所从之八。雖或正倒有殊。而實一字。以乎字金甲文作丷丷證之。實即气之異文。許自將尒曾尚詹余等訓語詞之字論入此部耳。倫謂八爲臂之初文。埃及古象形文臂字作ル。與𢦏叔鼎作八。歸父盤作八者同。然其始作必圖畫兩臂作八。此八字蓋與之同。本書肩篆作𦙄。以石鼓文𤔲字所从之肩作𦙄證之。𦙄殆其初文。象鎖骨臂首肩胛骨。唯由圖畫性之象形文寫作篆文。已失其原始之形耳。八亦當然。臂八音同封紐。尤其明證。以臂分布於身之兩旁。故未造分別字時。即借爲分別之字。故亦爲分別之初文。今上海杭縣謂分開曰八開。音轉如拍耳。甲文作)(。【說文解字六書疏證卷三】

◉高鴻縉　八之本意爲分。取假象分背之形。指事字。動詞。後世(殷代已然)借用爲數目八九之八。久而不返。乃加刀爲意符。(言刀所以分也)作分。以還其原。殷以來兩字分行。鮮知其本爲一字矣。說文又載八八字。訓別。殆八之複體。【中國字例三篇】

 分

◉張秉權 「八(八)」字，在許慎所釋的紀數字中，各家最没有異議的，要算這個「八」字了。那是因爲他並未摻雜陰陽五行的說法，只說它「象分别相背之形」。但分别相背衹是一種抽象的意念，無形可象。因此，這個字只能算是指事或象意字。但許氏卻說它是象形。那末這個字的起源，當與具體物象有關，它可能是象兩臂斜伸之形，或者是象分伸拇指與食指之形。「分别相背」可能是從這個形象裏引申出來的意義。【甲骨文中所見的「數」 歷史語言研究所集刊第四十六本】

◉李孝定 說文。八。别也。象分别相背之形。凡八之屬皆从八。栔文金文並同。許云象分别相背之形者乃抽象之象形。其分别相背者。可以爲人。可以爲物。可以爲一切分别相背者之象。馬氏謂是畫成兩臂。說失之泥。此蓋與小少之象形同意。王筠說文釋例云「八下云象分别相背之形。案指事字。而云象形者。避不成詞也。事必有意。意中有形。此象人意中之形。非象人目中之形也。凡非物而說解云象形者。皆然。」其說是也。【甲骨文字集釋第二】

◉于省吾 說文所釋紀數字以八字爲近是。甲骨文八字作八或)(，周代金文同。小篆作)(，已稍有變化。說文：「八，别也，象分别相背之形。」就形言之，許說與初文之義當不相違。【釋一至十之數字 甲骨文字釋林】

◉李孝定 高田氏謂「析五爲八」，說殊穿鑿。林氏謂「八分雙聲對轉。實本同字」。以訓詁家言證文字原始，亦覺未安。馬叙倫氏謂八象兩臂之形，見馬氏論文集三十八頁。亦失之泥。許書訓八爲别，謂象分别相背之形，其說可从。分别相背者，可以爲人，可以爲物，可以爲一切分别相背者之象，乃抽象之象形。【金文詁林讀後記】

◉徐中舒 甲骨文乃以二畫相背，分向張開，以表示分别之義。卜辭中借用爲紀數之詞。【甲骨文字典卷二】

◉戴家祥 說文二篇「八，别也，象分别相背之形。博拔切」，又「分，别也，从八从刀，刀以分别物也。甫文切」。八、分轉注字，意義完全相同。古無輕脣音，八分古聲亦同，實本一字。八字與數字八易混，爲了表示區别、添加分物的工具刀作爲偏旁，寫作分。如集韻絶或作[illegible]，拘或作[illegible]，冎或作剮皆屬此例。說文二篇「仌，分也，从重八。八别也，亦聲，兵列切」。八與仌聲義全同，仌是八的古籀偏旁重絫字。【金文大字典上】

 鐵三八·四  前五·四五·七  續六·二五·九  中大四三 甲申卜貞我弗其受分 分疑年字刻譌 【甲骨文編】

 甲2124 【續甲骨文編】

分 盨父甲觶 己侯貉子簋 鬲攸比鼎 邾公牼鐘 梁鼎 大梁鼎 四分鼎 【金文編】

3·291東蔓圖匋分 3·319蔓圖魚里分步 【古陶文字徵】

〔五四〕 〔四二〕 〔三九〕 〔一九〕 〔三六〕 〔一八〕 〔三九〕 〔三九〕 〔一九〕 〔七八〕 〔十〕 【先秦貨幣文編】

布尖 晉昜分借爲半 晉原 布尖 虜虒分 晉高 布尖 茲氏分 晉盂 仝上 布方 分布 倒書 典一五 四 【古幣文編】

47 【包山楚簡文字編】

分 效二五 十二例 效七 十二例 秦一六七 二例 【睡虎地秦簡文字編】

耐分 李分瞥 【漢印文字徵】

泰山刻石 貴賤分明 【石刻篆文編】

雲臺碑 汗簡 【古文四聲韻】

◉許 慎 从別也。从八。从刀。刀以分別物也。甫文切。【說文解字卷二】

◉高田忠周 說文。从別也。从八从刀。刀以分別物也。蓋字入八部。八者分別之象。汎義也。从刀亦爲叚借。此字似會意而實叚借也。與令从亼卩同意。【古籀篇十八】

◉馬叙倫 翟云升曰。當入刀部。吳善述曰。分上之八即古分字。鄭業斅曰。說文八分二字同訓別。知古篆分衹作八。其後加刀爲分。丁福保曰。慧琳音義五十七引作从八。从刀。以別物也。盖古本如是。二徐本衍刀字。分字宜删。林義光曰。

八分雙聲。實本同字。倫按从刀。八聲。此別之初文。別也者以異文相釋。當入刀部。刀以分別物也校語。己疾毀作𠔁。甲文作𠔁𠔁。字見急就篇。【說文解字六書疏證卷三】

◉劉 恆 續存1.506：

貞：方不允出分。

案方乃西北方之部族，此辭貞問方人是否果然从分地出兵內侵。分地可以與下述地名聯繫：

辛卯卜……方其出唐。（甲2924）

貞：方不出於𠂤。十一月。（前6.35.4；菁9.8）

貞：方至涂，涂爲商地，故卜辭說「至涂」。他辭說：「丁未卜，争，貞：勿復先氏歲改，才（在）塗」，可以爲證。冓。（續5.4.3）

陳夢家先生考證說：「方所出之地曰唐曰𠂤曰涂，皆在今山西中部或南部。據左傳昭元大夏、唐是晉唐叔虞的封地，定四稱之爲夏虛，晉世家說唐在河汾之東，今安邑一帶。𠂤疑即榆，左傳昭八之魏榆，今榆次縣。涂水疑即左傳昭廿八分祁氏之田以爲七縣，涂水是其一，杜注云『涂水，太原榆次縣。』」

案古代方國部族活動範圍甚有限，方之所在既可由其對商的入侵地點（唐、𠂤、涂）求之，則分地亦必與唐、𠂤、涂相距不遠。上引《晉世家》說「唐在河汾之東」，是唐與汾至近，其實分、邠、汾皆是一地。

《說文》六篇下邑部：「邠，周大王國，在右扶風美陽，从邑，分聲。豳，美陽亭即豳也，民俗以夜市，有豳山。从山，从豩，闕。」段玉裁在注中提出五點疑問，特別是他根據《漢書·地理志》、《毛詩箋》、《後漢書·郡國志》等，認爲豳不在美陽而應在右扶風的漆和栒邑一帶。陳夢家對邠地作了進一步的考證，指出《詩·公劉》的京與豳「在漢之臨汾，今新絳縣東北廿五里」。「豳、邠古今字，皆得名於汾。」（《殷虛卜辭綜述》292頁）案汾之得名甚古，《左傳昭公元年》說古時候台駘被封於汾川之事，可以爲證。《逸周書·度邑篇》：「乃陟汾之阜，以望商邑」，可證其地有山（陳氏在《綜述》中也指出介山即汾山）。《淮南子·地形》「汾出燕京」，高誘注：「燕京，山名，在太原汾陽」。且汾水與涂水至近，涂水即流入汾水。因此，我們認爲卜辭之分，也就在漢臨汾一帶的是汾。【古代文字研究 内蒙古大學學報一九八〇年第四期】

尒

尔 中山王譽鼎 毋忘尔邦 【金文編】

◉許 慎 尒詞之必然也。从入—八。八象气之分散。兒氏切。【説文解字卷二】

◉馬叙倫 嚴可均曰。韻會四紙引作从—八。象气之分散。入聲。按入尒聲之轉。故籀从爾聲。苗夔曰。八象口鼻出气形。與余只等字同意。倫按許書大例凡言从者。皆先部首。蓋義所生也。此説解鉉本作从入—。八。固非。韻會引多據鍇本。然作从—八。亦非。—必非上下通之—。不成字。不當在八上。倫謂尒字金甲文中頗不見。古璽字多作鉩。其右方木字即爾字。然形狀至夥。又多六國時書。不可爲定據。今據許書所載作尒。从八之義。因曾尚諸字可以碻定。入聲亦可從雙聲而得之。从—何字何義。不可解也。倫以爲實从气形似八之八。矢省聲。矢爾聲皆脂類也。當入气部。説解盖本作詞也。詞之必然也校語。曾下余下同。从八以下亦校者改之。【説文解字六書疏證卷三】

曾

甲895 乙8810 續2·24·4徵10·68 【續甲骨文編】

曾 孳乳爲鄫 易鼎 曾子仲宣鼎 曾子斿鼎 曾伯文簠 曾伯陭壺 曾大保盆 弔姬匠 曾仲斿父簠 曾子遇匠 曾孟姬諫盆 曾伯霥匠 曾姬兒鐘 曾子匠 曾者鼎 酓章作曾侯乙鎛 曾侯乙鐘 曾姬無卹壺 中山王譽壺 曾亡𩁹夫之栽 義如則 孳乳爲贈 段簋 孳乳爲增 益也 輔師嫠簋 余增乃令 【金文編】

3·359楚𠭯衢𣎳里曾 滕鄒3·20 【古陶文字徵】

任曾 郭曾 曾勝之印 曾子賓 山曾 曾勢 【漢印文字徵】

石碣吳人□曾受其𦎫 【石刻篆文編】

汗簡 【古文四聲韻】

◉許　慎　曾詞之舒也。从八。从曰。囪聲。昨稜切。【説文解字卷二】

◉馬叙倫　鈕樹玉曰。文選長楊賦李注引。詞作辭。王筠曰。詞上當依登樓賦注引增謂字。當是庾注。許説盖本作詞也。朱駿聲曰。窗曾一聲之轉。此以雙聲得聲。倫按从气形似八之八。然从八又从甘爲複矣。豈本有从八囪聲之㒶。及从甘囪聲之罾二字。而誤合之耶。或㘝爲囟之異文。此从曰囟聲耶。甲文有䜌字。即鬸鼎之䜌。臣爲𠂤之譌。囟爲甾之異文。从自。囟聲。囟即本書囟之古文作甶者也。囟音心紐。故曾从之得聲音入從紐。皆舌尖前音也。當入曰部。叔姬簠作曾。吕伯孫毁作曾。字見急就篇。顏師古本作增。【説文解字六書疏證卷三】

◉林義光　説文云。曾詞之舒也。从八从曰。囪聲。按窗字作囪。未可據。窗又非聲。曾爲詞亦無分散之義。古作曾。段敦。當爲贈之古文。以物分人也。从口轉注。从八田。八分也。見八字條。或作曾。曾伯霥匿【文源卷三】

◉高田忠周　説文。曾詞之舒也。从八从曰。囪聲。囪古文窗字也。方言。曾何也。廣雅釋言。曾是也。論語。曾是以爲孝乎。鄭注則也。孟子。爾何曾比予于管仲。注何曾猶何乃也。曾亦與層增通用。按鐘鼎古文。曰作甘不作曰。即甘字。而經傳曾嘗兩字。並爲語詞字。嘗本訓口味之也。轉義。小爾雅廣言。嘗試也。史記五帝紀余嘗西至空峒。正義曾也。嘗曾音近通用。又義尚訓曾也。从八向聲。嘗从尚爲聲。即知尚嘗與曾似有形相關者也。然則曾字元非从曰。而从嘗省。故此明爲甘字形乎。唯金刻文字。形相似者。並爲通用。此或以甘爲曰。未可識矣。姑从許説收于本部。不敢妄斷肊定云。【古籀篇十九】

◉郭沫若　曾。殆贈之省文。周官男巫冬堂贈。杜子春云。堂贈謂逐疫也。鄭玄云。冬。歲終。以禮送不祥及惡夢。【段毁兩周金文辭大系圖録考釋】

◉楊樹達　説文二篇上八部云：「曾，語之舒也。从八，从曰，囪聲。」樹達按曾爲會意字，當云：从曰，从囪，从八。按曾字當以曰字爲主，實當入曰部，不當在八部。从曰者，五篇上曰部云：「曰，詞也。从口，乙象口气出形。」从囪者，十篇下囪部云：「囪，在牆曰牖，在屋曰囪。」或作囪，又或作窗。从八者，八部尒下云：「八象氣之分散。」五篇上兮部兮下云：「八象气越于。」曾从曰从囪从八，蓋謂口气上出穿囪而散越也。十篇上黑部云：「黑，火所熏之色也。从炎上出囪。」曾爲口气上穿囪，猶黑之炎上出囪矣。口气上出穿囪而散越，故訓爲語之舒。引申之，則義爲高舉。楚辭東君云：「翾飛兮翠曾。」王注云：「曾，舉也。」淮南子覽冥篇云：「鳳皇曾逝萬仞之上。」高注云：「曾猶高也。」其北地高樓無屋謂之增，説文十篇下立部。矢繳射高謂之矰，周禮夏官司弓矢注史記留侯世家注。魚網置木上者謂之罾，楚辭九歌云。罾何爲兮木上。聚薪柴人居其上謂之橧，禮記禮運注。皆曾高義之引伸也。

【釋曾　積微居小學金石論叢卷第一】

◉吳其昌　曾地在徐方境內。爲淮夷心腹肘腋。説文。鄫。姒姓國。在東海。漢書地理志。東海郡云。繒故國。禹後。一統志。故城今在嶧縣東八十里。此當是曾國東境之邑也。左氏襄公元年傳。次于鄫。杜注。鄭地。其地在今河南歸德府睢州南。此當是曾國西境之邑也。史旟與簻。同屬溓公部下。任戰於河南方面。員又爲史旟之部將。則所克之曾。殆爲左襄元年所次之鄫也。此以後。曾遂助周人以抗淮夷。故鄫世爲淮夷病。左傳僖十六年注。故至宣王伐淮夷時。曾伯霥遂爲主力軍之一。【金文厤朔疏證卷一】

◉陳　槃　古彝器中復有姬姓之曾。鄫。劉節曰。若曾伯陭壺。曾大保盆。曾子仲宣鼎。曾諸子鼎。皆無直接證據可斷定爲姒姓之國。反之。若曾伯霥簠。槃案。此曾嘗是姒姓。屈萬里先生説。若曾侯簠。其與楚國之關係。則顯而易見。此在河南者。附庸於鄭之曾也。水經洧水注。鄫人者。鄭人也。左氏襄公元年傳。次於鄫。杜氏注曰。鄭地。在陳留襄邑縣東南。江永曰。襄邑。今歸德睢州。故鄫城在州南。余以爲此即姬姓之曾。……故徐鍇説文繫傳引杜預曰。鄫。姬姓。徐氏曰。與説文同。或寫作姒姓者誤。而杜氏於左傳僖公三十一年注又曰。鄫。姒姓。韋昭國語注亦云。鄫。姒姓。可見有姬姓之鄫。又有姒姓之鄫。在齊者姒姓。在鄭者姬姓也。詳楚器圖釋葉一三。唐蘭曰。曾侯簠云。叔姬霝乍黄邦。曾侯乍叔姬邛嬶賸器。……則是姬姓之曾。而楚王酓章鐘之曾侯。案銘文有云。楚王酓章作曾侯乙宗彝。則又似楚之宗族。疑曾本漢陽諸姬之一。及楚惠王時。已爲楚所滅。轉以封其宗族。故鐘銘有曾侯乙矣。壽縣所出銅器考略。

案。楚器曾姬無卹壺云。隹王廿又六年。聖趄之夫人曾姬無卹。望安玆漾陲……小校四、九二等。此曾姬即姬姓曾國之女而爲聖趄之夫人者。曾國姬姓而其女稱曾姬。猶杜國祁姓。其女則稱杜祁。偪國姞姓。其女則稱偪姞矣。並文六年左傳。曾國有姬姓者。此亦其一證矣。

羅泌亦分鄫爲二。一姒姓之鄫。一鄭國之鄫。路史國名紀己鄫下曰。鄭地。今滎陽有鄫水城。鄫水。溱也。而故鄫城在襄邑東南。有故城。襄元年次鄫者。非姒姓鄫。故晉志有二鄫國。葉四二下—四三上。

案。鄭國主川曰潧。曰洧。潧。通作溱。詳上柒鄭都。鄭之有鄫城。蓋由潧水而得名。羅氏以晉志有二鄫國。因謂鄫國其一姒姓。其一鄭地之鄫。是謂鄭地之鄫亦是一國。而與姒姓之鄫有別。劉節則謂鄫之在鄭地者姬姓。唐氏則以爲在漢水之陽。水北曰陽。案此姬姓之鄫。地望無可考。以爲在鄭地者。蓋誤。姒姓之鄫。厥初蓋亦居河南南部。其居山東。由於遷徙。詳下都。鄭地之鄫。蓋即其舊居之跡也。【春秋大事表列國爵姓及存滅表譔異四册】

◉于省吾　栔文畄字作（古文字形）等形。葉玉森云。說文。苗艸生於田者。从艸从田。此正象苗生田中形。卜辭从田之字。每變而作曰。如（古文字形）之作（古文字形）。（古文字形）之作（古文字形）。胥是。前二辭中之喿苗𦥑苗及他辭之闟苗羊苗犬苗鼠苗爲苗之六種。集釋六·四九按葉說殊誤。栔文从艸之字習見。無作八𠔁者。畄即金文曾之初文。玆條述於左。

一畄爲曾之初文。說文。曾詞之舒也。从八从曰。㓙聲。按古文曾字無从㓙从曰者。許說失之。金文曾字。曾𡩜伯鼎作（古文字形）。段毁作（古文字形）。曾子中宣鼎作（古文字形）。曾大保盆作（古文字形）。栔文畄字與曾𡩜伯鼎曾字上从（古文字形）形同。是曾字初文上兩畫與田形相連。積漸孳化。離析爲二。栔文从）（亦从𠔁者。猶（古文字形）之或作（古文字形）。其从田亦作曰者。乃省畫。猶（古文字形）或作（古文字形）是也。栔文作畄而金文作（古文字形）者。古文从口與否每無別。如栔文周字作（古文字形）。金文或作（古文字形）。栔文（古文字形）亦作（古文字形）。冏亦作商。金文吕亦作台。此例不勝繁舉。續三·二四·五。田於（古文字形）。（古文字形）字金文（古文字形）鼎作（古文字形）。右从疊體之畄與从曾一也。古文複體單體每無別。（古文字形）與（古文字形）自係同字。然則畄爲曾之初文。斷可識矣。

一畄爲地名。前六·五七·六。令門（古文字形）。文已殘。續三·二四·五。田于（古文字形）。（古文字形）爲地名。未詳所在。簠游六八。王𡿺于畄。西乎（古文字形）𠂹。畄亦當爲地名。中甗。王命中先省南或。國。貫行𢦏应。在（古文字形）。與栔文之（古文字形）自係同地。

一畄爲祭名　前六·五四·二。首用。後下十二·十三。牧氏羌。征于□祊。首用。二四·十一。允征羌。畄大□。林二·十七·二。犬畄用自大示。栔六一八。𢎘畄用。殷虚卜辭七零七。咸奏示畄左（古文字形）。畄均當爲祭名。段毁。王鼒畢𠩆。戊辰曾。曾亦爲祭名。曾當讀爲贈。周禮占夢。乃舍萌於四方以贈惡夢注。贈送也。欲以新善去故惡。男巫。冬堂贈無方無筭注。故書贈爲矰。杜子春云。矰當爲贈。堂贈謂逐疫也。無方四方爲可也。無筭道里無數。遠益善也。玄謂冬歲終以禮送不祥及惡夢皆是也。其行必由堂始。按栔文言畄。金文言曾。周禮言贈。此殷禮周禮可資互證者也。

綜之。栔文畄字乃曾之初文。从口爲後起字。其以爲地名者。即中甗在畄之畄也。其以爲祭名者。即周禮堂贈之贈也。【雙劍誃殷栔駢枝三編】

◉高鴻縉　）（非文字。象氣越于形。益之以曰。从（古文字形）。故有言詞意。（古文字形）聲。形聲穿合。語首助詞。段氏曰。（古文字形）。囱古文。（古文字形）諧曾聲。亦猶之參加之參之于參商之參也。今按囱形古實作田作⊗。【中國字例五篇】

◉金祖同　（古文字形）　吾友陳德鉅釋曾。通增。「（古文字形）我在囗」。謂增我囗也。可信。【殷契遺珠釋文】

◉朱芳圃　說文八部：「曾，詞之舒也。从八，从曰，㓙聲。」林義光曰：「按囪字作㓙未可據，囪又非聲。曾爲詞，亦無分散之義。古作（古文字形），當爲贈之古文，以物分人也。从口，轉注。从八，田。八，分也。」文源一〇、一九。楊樹達曰：「按曾爲會意兼聲字，當云从曰，从囟，从八，囟亦聲。从曰者，五篇上曰部云『曰，詞也。从口，乙，象口气出形』。从囟者，十篇下囟部云『囟在牆曰牖，在屋曰囪』。或作囟，又或作窗。从八者，八部尒下云『八象气之分散』。五篇上兮部兮下云『八象气越亏』。曾从曰，从囟，从八，蓋謂口气上出穿囟而散越也。……口气上出穿囟而散越，故訓爲語之舒」。小學金石論叢補遺一。按，林、楊二説非也。曾即鬵若甑之初文。象形。説文鬲部：「鬵，鬵屬。从鬲，曾聲。」又瓦部：「甑，甗也。从瓦，曾聲。」爾雅釋器：「鬵謂之鬵。」釋文：「鬵，本或作甑。」方言五：「甑，自關而東謂之甗，或謂之鬵。」是甑即鬵之重文，鬵與鬵一音之轉，鬵與甗同實而異名。説文鬲部：「鬵，大釜也。一曰，鼎大上小下若甑曰鬵。从鬲，兓聲。讀若岑。」又瓦部：「甗，甑也。一穿也。从瓦，鬳聲。讀若言。」考工記：「陶人爲甗，實二鬴，厚半寸，脣寸。……甑實二鬴，厚半寸，脣寸，七穿」。鄭注：「量六斗四升曰鬴。鄭司農云：『甗無底甑。』」从文字考之，形制如左：

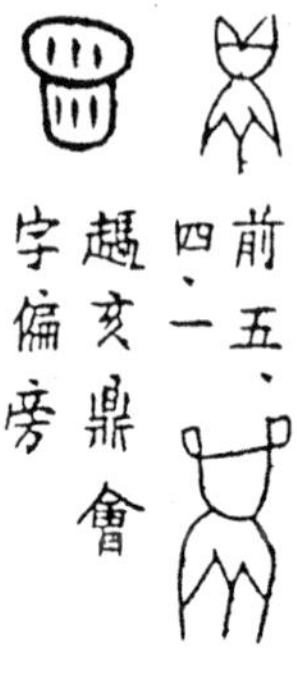
前五、四一
前七、三七、二
越亥鼎會字偏旁

上形如鼎，下形如鬲，中僅一穿者甗也。上大下小，中有七穿者甑也。儀禮少牢饋食禮：「雍氏摡鼎匕俎於雍爨。……廩人摡甑甗匕與敦于廩爨。」蓋甑甗以炊飯，與鼎以烹肉同。其器下體承水，上體盛飯，中設一箅。金文曾字从□，即象其形。説文竹部：「箅，蔽也。所以蔽甑底。从竹，畀聲。」段玉裁曰：「甑者蒸飯之器，底有七穿，必以竹席蔽之，米乃不漏。」其説是也。箅爲甑之特徵，故造字取以爲象。下从凵，所以承之。上从八，與凵从八作□相同，變更詞性之形符也。【殷周文字釋叢中卷】

◉王讚源　凿季：凿，曾的初文。曾其姓，季其名。

□，容庚、楊樹達並解作鬳，不對。字於卜辭作□、□、□、□、□，金文或作□、□、□、□等形。於卜辭，高田忠周釋爲甗（古籀篇九三卷卅五葉），孫詒讓釋爲豊（契文舉例），羅振玉釋爲匜（殷虚文字待問篇，商承祚同羅説），郭某釋爲蝕（甲骨文字研究），唐蘭釋爲良（殷虚文字記），饒宗頤釋爲壹（貞人人物通考），魯實先先生釋爲囪或凿，凿即曾的初文。比較諸説，以魯先生之説最近理。

依字形看，説文囪的古文正作□，説文：「囪，在牆曰牖，在屋曰囪，象形，凡囪之屬皆从囪。□，古文。」甲骨、金文有作甾的，上爲網格之物，下爲直立之幹，象煙囪之形，當以煙囪爲本義。許書古文作囪，乃省其下體。卜辭作甾或省作凷，象煙上出之形。本器作甑，正象煙囪上出煙之形。取其中空能通氣，故在牆曰牖，在屋曰囪。而窗則爲囪的後起字，說文無收。依字例看，黑，說文曰：「䙝，从炎上出囪。」曾，說文曰：「曾，詞之舒也，从八从曰，㘡聲。」詞之舒，即其氣能通，曾字从㘡聲，形聲字以聲符爲初文，故魯先生以𠀁爲曾的初文。𠀁，即凷或囪的隸定。又蔥从囪聲，其物中空；聰从囪聲，有耳順之義。這些都可證明囪是中空能通氣的東西，故囪的本義就是煙囪。从字義上看，卜辭囪字應隸定作𠀁，是曾的初文。曾於卜辭都作烝、蒸的假借字，因此含有四義：第一是祭名；第二是紀氣候之名；第三是用牲之名；第四是方名。今分述如左：

第一，曾於卜辭作祭名用，猶禮記：「冬祭曰烝」的烝，曾烝同爲段表第六部，二字通假。說文：「烝，火氣上行也。」其例如：

①貞乎帚甾于父乙宰𠕋三宰㞢⍁（乙編八四六二片。乎，評的初文，召也。帚，歸的初文，方名。卜辭大宰牛牲，小宰羊牲，故宰可从羊作宰。𠕋，册告也，古者册告祭犧牲於上天。）

②庚辰卜丙貞其甾菁（續編六、二二、四片。菁，方名。此卜是否于菁方行曾祭。曾，烝的借字。）

③甲申⍁爭貞勿凷⍁（契卜六一八片）

第二，曾於卜辭作紀氣候之名，猶素問所謂「溽蒸」、「鬱蒸」的蒸，即指悶熱，其例如：

①⍁丑卜㱿貞夕甾丁丑雨（佚存二五片。廣雅疏證：「夕，西、斜。」夕曾，傍晚天氣悶熱。丁丑雨，丁丑日是否下雨。）

②七月己未甾庚申月有食（庫方一五九五片。食，蝕。）

③七月己巳夕甾㞢新大星竝火（後下九、一片。㞢，侑祭。此卜七月己巳日傍晚鬱蒸，是否侑祭新大星及火星。）

第三，曾於卜辭作用（殺）牲之名，如國語周語：「禘郊之事則有全蒸，親戚燕饗則有房蒸」的蒸。全蒸，蒸全牲，河南博物館藏有函牛之鼎。房蒸，支解其體。另外有餚蒸，即切碎蒸。其例如：

①壬子卜犬貞𠦪季于丁⍁甾七勿牛𠕋百勿牛（續編一四、四、四片。𠦪季，即求年。季，从禾千聲，周朝重農，禾一年一熟，故以季作年。勿牛，犂牛。此卜是否殺犂牛以祈求年收。）

②丙午卜宊貞甾八羊眔酌卅牛八月（京都八三片。宊，賓的古文。眔，說文：「眔，目相及也，从目隶省聲，讀若與隸同。」是眔義爲及或與。酌，即詩：「薪之槱之」的槱，祭名，積木尞之而祭。）

③貞邲于父乙甾三羊𠕋卅伐宰（佚存八八九片。卯，祭名。伐，用牲之法，斬首也，宰，此或專供伐祭之羊。）

④□二牛十宰又九羌五（殷契遺珠三九五片。九，九物，羌五，五位羌人。）

第四，曾於卜辭作爲方名，例如：

①☒爭貞今萅王伐□方受☒（續編三、一四、四一片。今萅，今春，即今年。）

②癸丑卜子□子韋（後下一八、二片。子□，曾方子爵。子韋，韋方子爵。）

③壬寅卜爭貞今萅王伐□方受㞢又（續存上六二七片。受㞢又，受有祐。此卜今年王攻伐曾方是否受祐有年。）

金文爲曾方或曾氏所作之器如：

①□鼎（三代二卷七葉）

②□父丁鼎（三代二卷廿三葉）

③□父癸鼎（三代二卷卅葉）

④□彝（三代六卷一葉。从人表姓氏）【周金文釋例】

◉李孝定　說文。曾。詞之舒也。从八。从曰。㕯聲。卜辭之□□□。于氏釋曾謂除。地名一義外其作祭名者當讀爲贈。丁氏考曾之地望。又解曾爲層。說並可從。金文作□曾伯霥簠□余義編鐘□易鼎□弔姬簠□段簠□曾子中宣鼎□曾天保盆□曾子簠□曾諸鼎□曾姬無卹壺□曾子簠均从口或曰。从曰乃由口形所繁衍。其上與栔文同。古文从口與否每無別也。

【甲骨文字集釋第二】

◉劉　恆　甲骨文□（甲二五五〇），或作□（乙七六八）、□（菁二、一）諸形。我以爲此當是曾之初文。觀金文會字有兩形，一作□（蔡子匜）；一作□（鄶始鬲）□（趙亥鼎），朱芳圃指出：「字中作□，象甑；一作□，象箅；箅，甑之特征也」（殷周文字釋叢一〇四頁），說甚確。蓋會所从之□或□，同爲甑之象形，特□爲俯視形，□則爲剖面形。□即會字所从□之初形，字象一容器中有格橫之，此橫格就是箅。說文五篇下：「會，合也。从亼，从曾省。」乃根據隸定字形爲說，當易「从曾省」爲「从曾」。

正因爲曾象甑中之箅將器隔爲兩重，故从曾之字多有重義。爾雅·釋親：「王父之考爲曾祖，孫之子爲曾孫。」郭注：「曾猶重也。」說文八篇上尸部：「層，重屋也。从尸，曾聲。」段注：「曾之言重也，曾祖曾孫皆是也，故从曾之層爲重屋。考工記：四阿重屋，注曰重屋，複笮也。後人因之作樓，木部曰：樓，重屋也。引申爲凡重疊之偁，古亦假增爲之。」說甚是。

古文字形、義密合，由此可以理解曾之本義。若卜辭別有□字，即金文□、□之初文，也是曾字（見于省吾：甲骨文字釋林二七、二八頁)。殆後起取代田字而出現的,似不可據此𠀠而否定田之爲曾。猶之卜辭既有又、復有㞢,異形而同字。

在甲骨卜辭中,田爲一字多義,有數種用法。玆舉例説明之:

一、用爲甑。

貞:㞢二田不隹若,七月。(燕六三八)

字即曾之初文,而用作炊具之甑。「二曾」,即二甑,當是用甑來盛烝好的食物做祭祀供品的。

二、用曾(甑)爲烝。如:

(一)貞:今夕田其靁。(乙八三五二)

(二)乙巳卜,㝱,貞:今夕田不靁。(乙八四一四)

(三)貞:帝於東,凶田犬,尞三宰,卯黄牛。(南北、師友二、五)

(四)庚戌卜,爭,貞:尞于西,田一犬一壴,尞四旻(即「豭」,唐蘭説)四羊壴二,卯十牛壴一。(庫方一九八七)

(五)甲申卜,㝱,貞:尞于東三豕三羊,田犬,卯黄牛。(簠典六)

(六)癸卯卜,爭,貞:王,三百射,弗告于示,王田隹之。

貞:王田不隹之,弗告三百射。(綴合二六四正)

(七)田,不隹㞢巷。(乙四〇三三)

……卬(御)王田……。(乙六六一一)

不備舉。田既爲曾之初文,甑之象形,自可讀爲烝。因爲,甑是古代炊器,是用來烝食物的。説文十二篇下瓦部:「甑,甗也。从瓦,曾聲。鬵,籀文甑从㽁。」段注:「考工記陶人爲甑,實二鬴,厚半寸,脣寸七穿。按甑所以炊烝米爲飯者,其底七穿,故必以箅蔽甑底,而加米於上而餴之而餾之。」方言卷五:「甑,自關而東謂之甗,或謂之鬵,或謂之酢餾。」而餾亦有烝義,説文:「餾,飯气烝。」爾雅·釋言:「饙餾稔也。」孫炎注:「烝之曰饙,均之曰餾。」郭璞注:「今呼餈飯爲饙,饙熟爲餾。」詩·大雅·生民:「烝之浮浮。」疏:「炊於甑爨而烝之。」而从曾聲字亦有烝義。説文十篇上:「䰝,置魚箅中炙也。从火,曾聲。」段注:「箅,斷竹也,置魚箅中而乾炙之,事與烝相類。」故儀禮少牢,鄭注:「古文甑爲烝。」是甑、曾可假爲烝之明證。

烝是古代的祭名。禮記·祭統:「冬祭曰烝。」(爾雅·釋天同)書·洛誥:「戊辰,王在新邑,烝祭歲,文王騂牛一,武王騂牛一。」可知作爲冬祭的烝也要用牲。典籍中所記之周禮實因於殷。卜辭之烝祭,乃烝犬與壴(即㱿,此指犬之小者用唐蘭説,詳見天壤閣甲骨文存六三片考釋。），且常與尞、卯並提，似尚未形成冬祭之定義。所謂「王田」，説明也是王親臨行祭的。國語・周語：「禘郊之事，則有全烝。」韋昭注：「全烝，全其牲體而陞之也」，當與卜辭烝祭相同。

三、用曾爲增

卜辭説：

隹囚。

収人。

貞：𢀛方出，不隹⿱冊田我才(在)囚。（合集六〇八八）

甲申卜，□，貞：興方來，隹田余才(在)囚。

興方來，不隹田余才囚。（合集六五三〇）

辭中的「我」、「余」乃指王而言，「曾」當讀增。孟子・告子下：「曾益其所不能。」孫奭音義：「曾，當讀爲增。」這兩條卜辭分别貞問，𢀛方的出動和興方的來伐，是否會增加王的災禍。

四、假曾爲憎

卜辭説：

貞：隹父乙田王。

貞：不隹父乙田王。（綴合二八六）

按此貞問父乙是否憎惡我王。詩・小雅・正月：「有皇上帝，伊誰云憎。」大雅・皇矣：「上帝耆之，憎其式廓。」上帝於人可言憎，則先王亦可。説文五篇下會字，段注：「是則曾者，增之假借字」，馬王堆漢墓帛書戰國策十六章：「夫增韓，不愛安陵氏，可也。」「增韓」即「憎韓」。增既可讀憎，則曾自可讀憎，增、憎皆从曾聲可通。説文十篇下心部：「憎，惡也」，是其義。

最後，再就烝祭談一點看法。甲骨卜辭還透露出有關烝祭的一些情况，如：

（一）王自癸巳田，隹㞢⿱◇凵。（乙三八二三）

（二）貞：田⿰雨疒（「雨疒」二字合文）。（乙二八一四）

（三）貞：王田其⿰雨疒。（七丁一六）

（四）……王田雨疒。（鐵六四、一）

(五)貞，婦好田，大疒征壴𡆥。(綴合七四)

(六)貞：子漁田，隹母庚壱。(庫四八一)

(七)貞：卬(御)王田于羌甲。(乙八四二)

(八)弓卬王田于匕癸。

卬王田匕癸。(乙七七八一)

(九)……母庚卬帚好田。(乙六四二五)

看來，烝祭有時不衹舉行一天(一)；有時又與乞雨相關(二至四)；有王婦與子也去行祭(五、六)。而所謂「御王田」、「御婦好田」於祖妣，就是專爲御除王和婦好的災殃(大概主要是疾病)而舉行的烝祭。【甲骨文考釋　學習與探索一九八七年第六期】

◉李孝定　曾字說文謂从八、从日，囪聲，許意殆爲「詞之舒也」立說，然語詞皆借字，則从日从八無義；然則曾之本義果何居乎？各家所引曾字諸義，皆訓詁家言。惟朱芳圃氏說曾爲䰝若甑之初文，說似近之，惟卜辭曾字作田，下不从日，於形又覺不合，終覺疑未能明也。【金文詁林讀後記】

◉黄錫全　曾曾　見夏韻登韻，今本《汗簡》無。曾子固曾作曾，曾侯乙鐘作曾，石鼓文作曾，《說文》正篆變作曾。【汗簡注釋補遺】

◉徐中舒　田本應爲圓形作⊕，象釜鬲之箅，丷象蒸氣之逸出，故田象蒸熟食物之具，即甑之初文。【甲骨文字典卷二】

◉徐中舒　田　二期　京四八九五　字形與田曾近，疑爲田之異體。疑爲人名。【甲骨文字典卷十三】

◉戴家祥　說文二篇八部「曾，詞之舒也。从八从日，囪聲。」按許說大誤，曾爲甑之本字，在六書爲象形，表義加旁則寫作甑，說文十二篇「甑，甗也。从瓦曾聲，籀文甑从鬲。」考工記陶人「甑實二鬴，厚半寸，脣寸，七穿。」曾字下文爲承水之釜，籀文作䰝，从鬲，與从釜同義。囪象鍋體之有七穿。穿者通也。所以通蒸氣也，其上八象陞氣之上出，其器猶近代之蒸鍋，其語義取諸於蒸，蒸曾古音同部，孟子公孫丑上「許子以釜甑爨，以鐵耕乎？」趙岐注「爨，炊也。」唐韻爨讀七亂切，清母元部，炊讀昌垂切，穿母歌部，歌元韻近，知甑之用爲炊飯器也。方言五甑「自關而東謂之甗，或謂之鬵。」言一物而多名也。許云「甑，甗也。」又曰「甗，甑也。」其根據即在乎此。同聲通假，義或訓「嘗」、訓「經」、訓「則」、訓「乃」、訓「仍」、訓「重」，即叔重所謂「詞之舒也」。其在金文則爲地名，鄫之省。說文六篇「鄫，姒姓國在東海。」左傳僖公十六年冬「十二月，會於淮，謀鄫，且東略也。」又襄公四年「冬十月，邾人，莒人伐鄅，臧紇救鄅，敗於狐駘。」通志氏族略云：「夏少康封少子曲烈於鄅。」此姒姓之鄅也。又有姬姓之鄅，經傳極少言及，惟徐鍇説文繫傳引杜元凱曰鄅姬姓：在鄭之南部，東周中葉以迄戰國晚期，活動之迹北起鄭郊，南及光州，西至南陽，東抵瞧州，江淮間諸小國互通婚媾，而與楚之王族交往尤深，今湖北隨縣曾侯乙墓之發現，是其確證。【金文大字典中】

尚

尚 尚鼎 尚觶 戜方鼎 仲伐父甗 㫚鼎 弔䞭父卣 孳乳爲常 詩閟宫魯邦是常箋守也説文常下帬也或从衣作裳是常乃衣裳本字經典以常爲尚以裳爲常 陳公子甗 子孫是尚 爲甫人盨 萬歲用尚 喪叏賓鉼 永寶是尚 陳侯因資錞 永爲典尚 中山王嚳壺 可灋可尚 【金文編】

3·673右攴衢尚畢里季踞 3·674同上 秦634右司空尚 秦635同上 秦642右尚 秦639同上 秦464獨字 【古陶文字徵】

〔六八〕 〔二四〕 〔一九〕 〔三二〕 〔一九〕 〔五三〕 〔三二〕 〔五四〕 〔一九〕 〔二五〕 〔七八〕 〔六八〕 〔六八〕 〔五四〕 〔三六〕 【先秦貨幣文編】

布方梁正尚全當寽 按三體石經作、古鉨作、楚帛書作 鄂天 布空大 按侯馬盟書有、字用作倘字 豫伊 布方梁正尚全寽 按此類幣文中用作當字 金文中多用作典常字 鄂天 布方梁正尚全當寽 典二一八 仝上 典二一九 仝上 典二二〇 布方梁正尚全當寽展啚版拾柒7 布方小 梁斗尚二全當寽 仝上6 布方梁正尚全當寽史第十一啚3 布空大典七〇二 仝上 典七〇三 仝上 亞二·一〇二 布方梁正尚全當寽 亞四·六三 仝上 仝上 【古幣文編】

六七：三　二十六例　通倘內室類而尚敢或內室者　六七：一三例　【侯馬盟書字表】

221　226　【包山楚簡文字編】

尚　雜三五　三例　封八九　【睡虎地秦簡文字編】

讀爲常　□又□又—（甲1-20）卉水亡—（甲2-1）㠯□四淺之—（甲6-1）、亡又—死（甲8-9）、㠯𤔲（？）天—（甲8-34）　【長沙子彈庫帛書文字編】

3076　5065　5067　5073　5075　0328　5058　5059　5060　5061

3328　5063　2375　3285　5071　5072　5070　5397　0491　0121

5527　【古璽文編】

尚宮南浴　尚浴　尚嘉之印信　尚聖之印　尹尚私印　王尚　【漢印文字徵】

漢尚君殘碑領　禪國山碑　尚書　【石刻篆文編】

古老子　【古文四聲韻】

◉許　慎　尚曾也。庶幾也。从八。向聲。時亮切。【說文解字卷二】

◉方濬益　子子孫孫是尚與辥氏款識台仲考父壺銘子子孫孫永寶是尚語同。陳侯因資錞銘亦曰永爲典尚。經傳皆作常。國語越語無忘國常注曰。常。典法也。詩閟宮魯邦是常箋曰。常。守也。蓋取典守之義。說文常下常也。或从衣爲裳。是常乃衣裳本字。彝器銘典常字但作尚。經傳作常者。通叚字也。【綴遺齋彝器款識考釋卷九】

◉高田忠周　按尚或从小。非大小字。小八同意。亦猶乎字元作乎又或作乎耳。或云。向元从口。與此等諸篆从口不同。尚爲詞義。从口从八向省聲。【古籀篇十八】

◉林義光　按庶幾之義不得从八。古作尙。陳公子甗。當爲賞之古文。以物分人也。从口轉注从八宀。與曾同意。宀爲宅。所以分人也。變作尙智鼎作尙陳侯因資敦。凡贈賞者以自有之物增加於他人所有之物。故曾古層字增字尚皆可訓爲加。曾尚亦一聲之轉。故曾爲詞與嘗尚聲同義。説文云。商從外知内也。从冏章省聲。按商从内其義不顯。古以商賣爲賞字。作册般尊彝已王商作册般貝。小臣傳器甲伯𠕁父賣小臣傳。商本義當爲賞。與尚同字。从言。轉注。从八宀。人即八之變。古作商。商尊彝丁。作商。商丘叔匿。【文源】

◉馬叙倫　尙王筠曰。庶幾也一句盖後人以釋言增。朱駿聲曰。八象气之分散。非七八九字。倫按从气形似八之八。曾从囟得聲。尚从向得聲。囟音心紐。向音曉紐。同爲摩擦次清音。故曾尚爲轉注字。玄應一切經音義引倉頡。尚。上也。智鼎作尙。陳矦因資毁作尙。字見急就篇。【説文解字六書疏證卷三】

◉楊樹達　尚與曾字同从八，尚从向，與曾从囪同。尚訓曾，二字構造同，故義同也。【積微居小學述林卷五】

◉楊樹達　尚爲會意兼聲字，當云：从八，从向，向亦聲。七篇下宀部云：「向，北出牖也。」尚从八从向，謂气散越達於牖外也。尚曾二字義同，故其組織亦同矣。尚有高上之義，猶曾之引申爲高也。一篇下中部云：「熏，火煙上出也。从中，从黑。中黑，熏象也。」今按从中黑實當云从炎从囪从中。説文中讀若徹，蓋謂炎上出囪而通徹也。國語魯語云：「焚煙徹于上」，可證熏字从中之義。按熏字當以炎爲主，當入炎部，不當在中部。炎上出囪而通徹，與曾爲口气上出穿囪而散越意同。【增訂積微居小學金石論叢卷一】

◉高鴻縉　尚之从八。亦猶之。曾之从八。从曰也。皆有言詞及氣出越于之意。而非文字。向聲。尚爲副詞。【中國字例五篇】

◉李孝定　林氏以爲賞之古文。騐之銘辭，賞多作商，未見用尚者，説似可商。説文謂尚从八、向聲，陳公子甗、喪𡚬賓鉼、陳侯因資錞諸尚字亦然，構字之意不明。【金文詁林讀後記】

◉饒宗頤　最末一句「經天嘗和」，紝是奇字，疑即經。𠀘形同於石經古文的天字。空海「篆隸萬象」卷一天字古文有𠘽、𠘿諸形（高野山印本）。嘗字從尚聲從音，從音與從口同意，當是尚字的同文異構。如曾侯乙墓器之持字，作峕，本爲詩字而讀作持。彝銘屢見以尚爲常，字不從巾。這句言衆星宿經天，常得其和。《天官書》「……其出也不經天，天下革政」，「經天」是天官的習語。楚帛書「日月則経（盈）絀、不𢓊其𡪞（常）」。春夏秋冬，又口又尚（常）」，周原小字卜辭「自三月至三月二，隹五月，𢍁（惠）亡尚（常）」（《人民畫報》一九七八、八），都以尚爲常。《管子・五行篇》「有常而有經」，這一類語可以參證。

曾侯乙墓匫器之銘辭有二，一書二十八宿圍繞着北斗。又一書寫這二十個字，兩器意義必有關聯。《史記・天官書》：「二十八舍主十二州，斗秉兼之。」斗秉即是斗柄。星占家以二十八宿經天各得其所爲吉，故曰「經天常和」。《論語》云：「爲政以德，譬如北辰，居其所而衆星共之。」亦以此相比方。古人認天樞是北斗，匫器繪有青龍白虎代表東西的方位，書寫二十八宿名以環拱一斗字，正是衆星拱辰之狀。【曾侯乙墓匫器漆書文字初釋　古文字研究第十輯】

◉張亞初　□、□（《綜類》278頁）

島邦男把這兩個字看作一個字，是對的。吅省變爲ㅡㅡ與□、□省變爲□情況是相類似的（《綜類》288、289、458頁）。雍己合文口也往往省爲點。這兩種形體是一個字，這是没有疑問的。問題在于這是甚麼字。我們認爲這是尚字初文。尚字發展的序列如下：

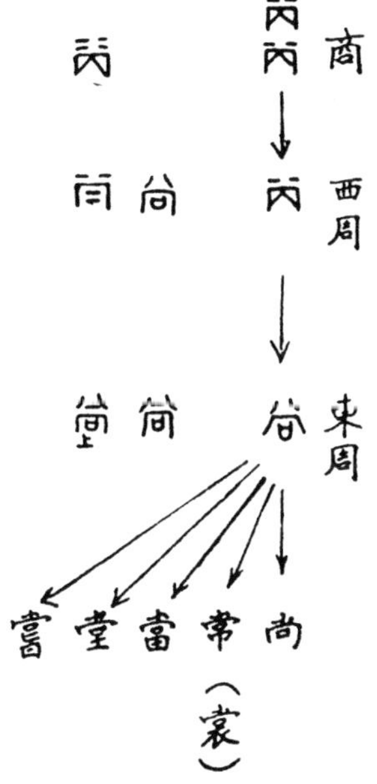

卜辭之□□，金文之□，從吅（ㅡㅡ）、從□（□）。□、□爲□、□（商）字之省。尚字以商省得聲。《竹書紀年》周顯王二十八年秦封商鞅于鄔（於），改名曰尚。尚即商，故商於又作尚鄔。金文賞賜之賞或借商爲賞（《金文編》102頁），或從貝從尚作□、□（同上343頁）。商與從尚聲的常字音義也相通。從文獻與金文商賞這兩個字的字形與用法可知：①商尚音近字通，尚是商字的孳乳字；②從口不從口均可（甲骨文商字也是從口不從口互作）。卜辭的初文尚字都不從口，到西周才出現從口的尚。但西周時左右兩斜劃已省略。從商省得聲的尚字後來分化出从尚的堂（尚爲上字的標音符號）、從田從尚的當、從戈從尚的戠（擋）、從土從尚的堂、從尚從巾的常和從尚從旨的嘗。卜辭之尚爲地名。【古文字分類考釋論稿　古文字研究第十七輯】

◉戴家祥　說文二篇八部「尚，曾也。庶幾也。从八向聲」。又七篇巾部「常，下帬也，从巾，尚聲」。或體从衣作裳。金文多假尚

㒸

爲常。豐車父𣪘「子孫是尚」，陳公子甗「子子孫孫是尚」，喪史鈃召仲考父壺「子子孫孫永寶是尚」，應如讀商頌殷武「曰商是常」魯頌閟宮「魯邦是常」之常。鄭箋「常，守也」。陳侯因資錞「永爲典尚」應讀如易繫辭「既有典常」之常。左傳襄公廿三年「欲廢國常」，管子四稱篇「不修先故，變易國常」，典常指國之典章制度也。【金文大字典上】

乙七六七四【甲骨文編】

甲2040　2415　乙7631　7674　卜22　佚668　續3·40·1　4·28·3　6·7·7　6·12·4　徵11·114　11·115　11·116　京2·21·4　天8【續甲骨文編】

家　孳乳爲隊　井侯簋　不敢家　趩簋　彔伯簋　𤔲盤　克鐘　師寰簋　毛公𢆶鼎　女毋敢家　秦公鎛　邾公華鐘　不家于氒身　孳乳爲遂　𤔲盤　遂尹啬疆　師望鼎　不敢不遂不妻【金文編】

4·173家寅　5·252右家【古陶文字徵】

164【包山楚簡文字編】

◉許　慎　㒸从意也。从八。豕聲。徐醉切。【説文解字卷二】

◉吳大澂　女毋敢家。隊省。説文。隊從高隊也。今俗作墜。【毛公鼎釋文】

◉劉心源　晉姜鼎不隊字作。即家字。此从。即。小篆變爲八。此用爲遂。古籀補引儀禮大射袒洩遂注。遂射韝也。目朱韋爲之。箸左臂。所目遂弦也是也。或曰。家亦可讀燧。内則左佩金燧右佩木燧。與韝皆佩物。或曰。家亦可讀璲。詩佩璲傳瑞也。亦佩物。説皆通。【古文審八卷】

◉孫詒讓　「癸未卜兄貝父□日㭬」。四十之四。此當是「家」字。《説文·八部》：「家，从意也。从八、豕聲。」此下从，亦象形豕字，頭尾咸具，較前尤爲緐縟。「家」當爲「隊」之叚借字。「家㭬」謂臽㭬也。【契文舉例卷下】

◉方濬益　隊從高隊也。从自家聲。觀此銘是古文但作家。篆文始从自。而以家爲從意之專字。後世混家遂爲一。復分隊墜

爲二。學者知墜之爲俗字。而知隊之古作㒸者蓋寡矣。【綴遺齋彝器款識考釋卷十八】

◉葉玉森 □孫詒讓氏釋㒸。説文八部。㒸从意也。从八豖聲。此當爲隊。叚借字。栔文舉例。王襄氏釋八虎。徵文考釋。森桉。此爲一字。如𩵋例非八虎合文。但□亦非豖形。孫釋仍未諦也。【殷虛書契前編集釋卷七】

◉林義光 㒸爲從。則不得从八。㒸即墜之本字。凡下墜者絶於上而趨下。有分離之象。从八。八分也。豖聲。諸彝器如邾公華鐘不㒸于厥身。毛公鼎女毋敢㒸。師寰敦虔不㒸。皆借豖字爲之。豖㒸古同音。【文源卷十一】

◉高田忠周 不隊之隊。概如此作。或有作□□□□□者皆同。劉心源云以㒸爲之。余亦初謂真如劉説。然細審之。篆形斷非从八者。鐘鼎豖字最古者作□□。後作□□。又啄字所从豕形或作□。即知此下作□。與下文作□。並爲□字。實豖字也。豖希同字。……又彝字所从彑形。即彖之頭。而金文作□□□□□□□諸形。然則此篆爲彖字。實彖字也。彖彖亦元同字。……但依銘意用彖爲㒸。實爲隊字。㒸彖古音通用也。即依十七部説。二字在同部。故金文多借彖爲隊耳。説文彖豖也。从彑从豖。讀若弛。【古籀篇八十九】

◉馬叙倫 鈕樹玉曰。玉篇作從意也。王筠曰。聲類。從意也。朱駿聲曰。八象气之舒散。龔橙曰。㒸即□。從意是遂義。王國維曰。詞意有餘而言不足也。倫按㒸字經典無用之者。承培元以爲即易大壯不能遂之遂。金文遂字隊字皆作㒸。然其形毛公鼎作□。周公毁作□。不與此同。惟師望鼎之□。與此同。而从八訓從意。義不可知。章炳麟謂詩芄蘭。容兮遂兮。毛傳。容儀遂遂然有安舒意。從意故安舒。説文。曾。詞之舒。余。語之舒。可見从八有安舒宣達義。倫謂從意王筠説猶言縱意。蓋從即縱之省文。然從意之訓。終嫌未顯。高田忠周引作从詞也。未審所據。然可證本作詞也。从意也。本書説解中言意者。見部最多。皆非本訓。則此亦或然。文選閒居賦李注引聲類。遂。從意也。鍇本从字作從。則此是字林之訓。字林之訓多本聲類。固有證也。龔謂㒸即豖字。可從。毛公鼎作□。趩尊作□。師望鼎作□。可證也。朱公華鐘。不□于毕身。強運開釋。【説文解字六書疏證卷三】

◉郭沫若 卜辭每見有豖形文，腹中横貫以矢者，羅振玉釋彘。戊辰彝「遘玕匕戊武乙奭□一」亦彘一，文與此同。但此讀爲㒸，疑古㒸彘本一字也。【周公毁釋文 金文叢考】

◉高鴻縉 吳清卿曰。□隊省。説文。隊。從高隊也。今俗作墜。縉按□不即爲㒸。不得爲墜。秦公鐘有此字。文曰不□在上。嚴恭寅天命。晉姜鼎亦有此字。文曰。虔不□。字皆從豖箸矢形。甲文彘字作□作□作□。皆从豖加矢爲聲。乃彘字也。是金文此字乃甲文之後起甚明。依音當可通叚爲失。秦公鼎可讀爲不失於上。嚴恭寅天命晉姜鼎讀爲虔不失。本

鼎此處讀爲女毋敢失在乃服豩。【毛公鼎集釋】

◉朱芳圃　説文彑部：「彖，豕也。从彑，从豕。讀若弛。」王筠曰：「彖字疑即豕字重文，音義皆同，家之古文豪，亦可證也。」桉王説是也。金文家字作左列諸形：

頌壺　弔家匡　易𠂇人毁　寡子卣　卯毁　伯家父鬲

一从豕，一从彖，是其證矣。

毛公鼎銘云：「女毋敢彖」，井侯毁銘云：「不敢彖」，邾公華鐘銘云：「不彖于氒身」，皆假爲隊。爾雅釋詁：「隊，落也。」説文自部：「隊，从高隊也。从𠂤，㒸聲」。俗作墜，廣雅釋詁：「墜，墮也。」从音言之，彖與隊，古讀定紐雙聲，歌術對轉。

廣雅釋言：「彖，捝也。」玉篇彑部：「彖，他亂切。才也。豕走捝也。」捝，今本誤作悦。桉彖又讀透聲元韻，由陰聲轉爲陽聲，昔人所謂「音隨義異」是也。彖善逃竄，古人名動同詞，故引伸有走捝之義。對轉術，孳乳爲遂，説文辵部：「遂，亡也。从辵，㒸聲。」亡與逃義同，辵部又云：「逃，亡也。从辵，兆聲。」是也。旁轉文，孳乳爲遯，辵部：「遯，逃也。从辵，豚聲。」一作遂，書微子：「我不顧，行遯」，敦煌本遯作遂，是其證。爲遁，辵部：「遁，逃也。从辵，盾聲。」對轉脂，孳乳爲遺，辵部：「遺，亡也。从辵，貴聲。」【殷周文字釋叢】

◉唐桂馨　按此字即遂之本字。八豕爲遂。一豕之突也。所至皆辟易分崩無不从意。應作从八豕。非豕聲也。辵部有古文。其㒸作。象草木𣎆孛之形。是㒸之本意。或秦篆誤認而成此㒸字歟。【説文識小録　古學叢刊一期】

◉唐　蘭　是㒸字，通遂。古亥、豕爲一字，甲骨文亥常作。師望鼎：「不敢不不妻。」吳大澂《説文古籀補》釋遂，是對的。【唐蘭先生金文論集】

◉徐中舒　一期乙七六七四

從八從豕，當即《説文》之㒸字。【甲骨文字典卷二】

◉戴家祥　郭高二氏已引甲骨文爲證，中矢即倒地，此㒸之本誼也，後更从𠂤，以見从高隊之意。爾雅釋詁「隊，落也。」説文「隊，从高隊也。从𠂤㒸聲，俗作墜。」廣雅釋詁「墜，墮也。」【金文大字典中】

閭詹　詹翁子　成詹之印　狼詹私印　【漢印文字徵】

詹見石經　【汗簡】

石經　【古文四聲韻】

◉許　慎　詹多言也。从言。从八。从产。臣鉉等曰：产。高也。八。分也。多故可分也。職廉切。【説文解字卷二】

◉馬叙倫　段玉裁曰。此當作产聲。淺人所改也。厂部。屋。梠。秦謂之楣。齊謂之产。木部。屋櫋聯。秦謂之楣。齊謂之檐。楚謂之梠。产與檐同字同音。詹。产聲。宋保曰。詹。从言。从八。产聲。廣韵产在二十四鹽。職廉切。又云。本魚毁切。考紙、旨韵皆無产字。則音魚毁切者。陸氏已知其非也。玉篇。之嚴切。又顏監、魚軌二切。之嚴與職廉聲相同。顏監與職廉聲相近。其音魚軌切者。與魚毁切同音。不知傳譌何自。盖产音職廉切。故詹取其聲。所以有魚毁、魚軌二切者。由在高而懼爲危。危今音魚爲切。从产可讀魚爲切。則产可音魚毁魚軌切也。此其所以致譌也。廣韵載於二十四鹽。於他韵不載。可謂精審。云。本魚毁切者。仍相傳之誤也。苗夔曰。产聲。集韵产收二十四鹽。音之廉切。復收二十六嚴。音之嚴切。大徐音魚毁。小徐牛毁。皆涉下危字之音而誤。倫按本書。产。仰也。危。在高而懼也。錢坫謂产爲瞻仰之瞻字。戴侗王筠皆以爲产、危一字。倫謂产从人或从㔾。厂聲。危从㔾。产聲。實㔾之轉注字。㔾爲跽之初文。詳产危二字下。厂、屵、巖皆一字。厂音曉紐。屵、岸、巖則音入疑紐。故产本音魚毁切。而危音魚爲切也。聲轉則产有顏監切。更轉則爲之嚴職廉二切。今檢危聲之字。惟頠在疑紐。跪在溪紐。祪詭觤桅恑姽垝⿰金危皆在見紐。跪爲跽之轉注字。跽之初文爲己。即戊己之己。詳己字下。己音見紐。則跪、跽之本音皆在見紐。見、疑皆舌根音。故祪、詭諸字皆見紐也。見端同爲破裂清音。古讀照歸端。之嚴、職廉二切音皆照紐。是其轉變之迹可尋也。詹。从气。然从八又从言。謂其會意。則會意字皆合象形或指事字爲之。而義各有取。此从八从言。於義似複。而言復爲形聲字。是可疑也。疑詹本作⿱产八。从八。产聲。或作⿱产言。从言产聲。誤并之耳。碧蟄二字其例也。或从八。⿱产言聲。今失⿱产言字。詹與讋讘讋謵詀並聲同談類轉注字。【説文解字六書疏證卷三】

◉楊樹達　按詹字以言爲主。當入言部，亦不當在八部。从产者，产从人在厂上，本危險之危初字。在此字蓋假爲棟上義之危。禮記喪大記云：「中屋履危。」鄭注云：「危，棟上也。」从八之義，徐鉉以爲言多故可分，段氏從之，其説非是。夫言語豈可分之物耶！

今謂从八亦象口气之散越，詹从言从八从产，謂言多口气散越，上達於棟上，猶詩人之云發言盈庭，小雅小旻篇。管子之云言於室滿於室也。詹與曾尚二文異義，特其字之構造與二文略同，故並及之。【增訂積微居小學金石論叢卷第一】

介

鐵八〇・二　鐵一七七・一　拾二・一五　前一・四五・六　前一・四六・三　存一〇〇八　甲一二一或从八八　乙九三七　乙三四六八　後一・七・一三　佚五七五　佚七九七　佚九五一　掇二・二七八　河五八一　粹二五七　前一・四三・四　【甲骨文編】

甲111　乙2040　7593　佚575　録581　續存1008　【續甲骨文編】

介　法二〇七　五例　法二〇六　【睡虎地秦簡文字編】

石經僖公　介葛盧來　詛楚文　礼使介老　魏古文一體　介來殘石　介鐘右八磬　【石刻篆文編】

汗簡　古老子　【古文四聲韻】

◉許　慎　畫也。从八。从人。人各有介。古拜切。【説文解字卷二】

◉羅振玉　象人着介形。介聯革爲之。或从八八者。象聯革形。【增訂殷虚書契考釋】

◉王國維　龜板文中有字。疑即介之古文。介與甲同。用甲三重以護肩身膝。故介从象之。小篆媘文。【劉盼遂記説文練習筆記　國學論叢第二卷第二號】

◉陳獨秀　介　今動物學，介即硬殼物，分屬三類：一屬軟體動物，如蜃、蚌等之兩貝類及螺、蝸牛等之卷貝類；二屬節肢動物之甲殼類，如蟹、蝦等；三屬脊椎動物中之爬蟲類如龜、鼈及脊椎動物中之硬鱗類如骨魚、鰭魚、鱣魚等。硬鱗類學名Ganoidei；古代極盛後漸稀少。上列三種，爲今日僅存者；其特徵爲皮面有五縱列硬鱗如板狀，表面被以琺瑯質，頭向下曲，狹義之介，即專指此類。爾雅郭注云：鱣，大魚，似鱏而短，鼻口在頷下，體有斜行甲；詩碩人疏引陸機謂：鱣身形似龍，鋭頭，口在頷下，背上腹下皆有甲；字林亦謂鱣爲長鼻魚，甲骨文介字作或，正象曲首、長鼻、縱列板鱗之形，篆文作，亦如甲骨文而小變，非説文所云介从八从人也。鄭注月令曰：介，甲也；高注月令亦曰：介，甲也；此皆以介爲甲，乃謂廣義之介，介本謂介類之硬鱗或硬殼，人身自衛之介，即倣于此，故被甲之人稱价人，詩大雅价人維藩，鄭箋云：介，甲也。被甲之人謂卿士掌軍事者。胄介字即由此引伸，甲亦如此，故介胄或云甲胄。从手訓括之扴，謂以手持介而刮也。从石之砎，謂以介刮石也。古時字少，未有扴、砎，以介刮石亦謂之介，易豫卦「介于石」是也。馬本作扴于石，鄭本作砎，注云：砎，謂磨砎也。介爲介甲，説文介訓畫，非本義也明矣。介縱列之硬鱗相比次，故用爲疆介，介畫字，後加田作界。相比次必有間，故又用爲間介、媒介、紹介字。介爲板硬之物，故用爲狷介、耿介字。孟子：一介不以與人，乃芥之假借。詩：以介眉壽，乃匄之假借。古金器文正作用匄眉壽。【小學識字教本】

◉楊樹達　按人各有介之説意指不明，介用爲畫義，古書亦罕見，殆非正義也。近人有易許説者，謂字象人著介形。按八不類介甲形，説亦非是。愚謂：介，閒也，从人在八之閒。左傳襄公九年云：「天禍鄭國，使介居二大國之閒。」又襄公三十年云：「政多門以介於大國。」又襄公三十一年云：「以敝邑褊小，介於大國。」史記十二諸侯年表云：「楚介江淮。」漢書鄒陽傳云：「陽介於羊勝公孫詭之閒。」皆用介字本義者也。【釋介　增訂積微居小學金石論叢卷一】

◉馬叙倫　沈乾一曰。廣韵十六怪引説文。分畫也。畫乃畫之誤。蓋古本如是。分畫也即分也、畫也二義。今挩其一。倫按介字甲文作□。或作□。羅振玉謂象人着介。八八象聯革形。漢書五行志。介者甲。甲。兵象也。左昭五年傳。或夢伯有介而行。注。介。甲也。史記衛世家。太子與五人介。費逵曰。介。被兵也。並介爲人着甲之義。龜鼈之屬謂之介物。蓋亦以心背負甲故。似可爲羅説左證。然介甲者介即甲也。甲者。金文作□。从衣。十聲。其戴於首者。甲文作□。从冃。十聲。若从人被甲。則是人着甲而非甲矣。字當从人。八聲。或从人。八八聲。八八音封紐。介音見紐。同爲破裂清音。聲亦同脂類也。介之本義亡矣。或爲夰之初文也。畫也者界字義。人各有介校語也。廣韵引分畫也者。分爲介誤。隸書二字相似。古書多其例證。介爲隸書複舉字也。以此證知許書原本篆下自有一隸字。所以曉讀者。故字林仍之。不始唐人也。字見急就篇。顔師古本作芥。【説文解字六書疏證卷三】

◉馬叙倫　个　倫按吴式芬據王引之説。个即介字。謂據此知是古文。故古經介多作个。倫謂介个金甲文皆絶異。且亦無个字。經傳之个。或借爲箇。禮記之一个臣。左傳之又弱一个焉。个實介之隸省。王引之王紹蘭王筠皆主此説。是也。故禮記一个臣。書本作一介臣。國語。一介嫡男。一介嫡女。亦即一箇嫡男一箇嫡女也。箇介音同見紐。故得通用。或借爲冓。冓爲閒架之架本字。介架亦見紐雙聲。故禮左个右个。王筠以爲个猶三閒五架之閒。其實閒架皆當作冓也。此器僅此

一文。則既非箇之借字。亦非冓之意義。倫以爲此寔鏃之象形文。故矢字從此。作此器者。盖以造鏃爲業者也。【讀金器刻詞卷中】

◉楊樹達　説文二篇上八部介訓畫，謂字从八从人，人各有介，余昔非之，謂字从人在八之閒，當以介在介閒爲義矣。見小學金石論叢補遺。由此孳乳，田境介在田閒，故謂之界；門闕介在闑閒，故謂之閅；褁衸在褁之中，故衸謂之衸。物相界接者往往相摩切，故齒相切謂之齘，刮謂之扴，搔謂之疥。人相接者往往相嫉忌，故妬謂之妎。今語恆云磨擦，嫉妬正磨擦之一事也。諸从介之字以介在介閒之義説之，則豁然通解，以許君之訓説之，則義不可通：此又可反證許君立訓之未審矣。【再釋介　積微居小學述林卷一】

◉饒宗頤　甲子卜，大貞：告於父丁，叀今日⿱尒皿酢。〔甲子〕卜大〔貞：羽〕乙丑，……彡于……告。（佚存八八一）

按⿱尒皿即介之繁形，从介益皿旁，猶齊之作齍，卣之作盄（續編二、二四、三）矣。介，訓助，詩：「以介眉壽。」箋云：「介，助也。」故⿱尒皿酢謂助祭之事。【殷代貞卜人物通考】

◉朱芳圃　字象人身上著毛，當爲彪之初文。説文鬼部：「彪，老物精也。从鬼，彡；彡，鬼毛。魅，或从未聲。⿱由尒，古文。⿱彑尒，籀文。从彖首，从尾省聲。」古籀二字互誤，兹依段王校改。蓋尒爲本字，古文作⿱由尒，从鬼首，籀文作⿱彑尒，从彖首，乃附加之形符。篆文作彪，或體作魅，皆後起字也。論衡訂鬼篇：「鬼者，老物精也。夫物之老者，其精爲人。」物老成精，其形爲人，然究與人異，故作尒以象之。左傳文公十八年：「以禦螭魅，」服注：「螭魅，人面，獸身，四足，好惑人。山林異氣所生，以爲人害。」史記五帝本紀集解引。一作袜，山海經海内北經：「袜，其爲物，人身，黑首，從目。」蓋魅原無實物，其形狀全爲世人幻想所構成，故其説各異。

卜辭云：「貞㞢犬于多尒父。」前一、四六、三。「勿㞢于多尒父犬。」粹二五七。所謂多尒父，猶言諸老魅。後漢書陳蕃傳載黄門從官騶蹋蹴蕃曰：「死老魅，復能損我曹員數，奪我曹禀假不？」老魅，即商代遺語之流傳於後世者。卜辭又云：「㞢犬于父辛多尒子。」「于父乙多尒子㞢。」殷綴一七七。所謂多尒子，猶言一群小精怪也。【殷周文字釋叢卷中】

◉吳世昌　我以爲「介」即「个」字。在先秦古籍中「介」字和「个」字都是計量的單位副詞，也作指示代名詞用。一般説來，「介」字用以指人或代人，「个」字則用以指物。但有時此二字同義互用。最著名的例子是《尚書・秦誓》的「如有一介臣」，在《禮記・大學》中作「如有一个臣」，《釋文》：「个本作介」。錢大昕《聲類》「介爲个」條舉此作「文之異者」之例（卷三）。而《釋文》在《秦誓》中又説：「介，本作个」。可見直到唐朝，《尚書》和《禮記》中這兩个字的寫法尚未固定，互相通用。其實，「一介臣」即一个臣，古今語言不同，或同一時代的方言不同，記録時用字即不同，並無深意奧義。這類例子，即在《左傳》一書中也有：襄公八年：「君有楚命，亦不使一介行李告於寡君。」對照昭公二十八年傳：「君亦不使一个辱在寡人。」可見「一介」和「一个」其實無别。又昭公三年傳：「二惠競爽，猶可；又弱一个焉，指齊國公孫子雅之死。姜其危哉！」則指人亦可用「个」。可見《大學》之例，未必傳寫之「誤」也。

用「介」指人，男女均可，《國語·吳語》曰：「勾踐請盟：一介嫡女，執箕箒以晐姓于王宫；一介嫡男，奉槃匜以隨諸御。」《禮記·內則》：「冢婦……事必請於姑，介婦請于冢婦。舅姑使冢婦毋怠、不反、無禮於介婦。舅姑若使介婦，毋敢敵耦于冢婦」。注：「介婦，衆婦也。」按所謂衆婦，乃别于嫡冢婦，非謂「許多婦女」，猶庶子别於嫡子，「衆」「庶」均可作多數用，但用作狀詞，乃尊卑之别，非多寡之義。如諸侯之「諸」，亦有多義，而某一諸侯，則爲單數。豫讓所謂「衆人遇我」，「國士遇我」之「衆人」，作副詞用，謂用待遇普通人的禮貌待我，非謂許多人來與我會見也。故《內則》之「衆婦」亦可稱「介婦」一語，不能據以釋「介」爲「衆義」，則「多介父」之「介」亦同樣不能有衆義也。

韋注《吳語》：「一介，一人。」按當作「一个人」。後世稱「一介書生」、「一介武夫」，似乎很自負，很神氣。說穿了不過是「一个書生」，「一个武夫」而已，没有什麼了不起的意義在內。

饒君雖舉出「多介兄」，「多介子」之例，但他仍無法解釋這兩個名稱的意義，因爲他把關鍵性的「介」字錯誤地解釋爲「衆義」或「敬辭」，就無法解釋全詞了。試把他的解釋代入他所舉的例子中：

㞢于多衆兄？或

㞢于多敬兄？

㞢犬于父辛多衆子？或

㞢犬于父乙多敬子？

都講不通。可見「衆義」或「敬辭」，在卜辭中不能解釋「介」字。

卜辭中又有「多介兄」而無「多介弟」，正如有「多介父」而無「多介伯」或「多介叔」，因「父」可以概括伯叔，則「兄」亦可概括弟而言之。即如今英語中brother法語中的frère可概括兄或弟，單用時則指兄或弟，非有説明，不能知其長幼。可知卜辭之「多介兄」，殆包舉兄弟言之，故不必另立「多介弟」之名稱。後世分析親屬名稱較細，故《左傳》有「介弟」之稱。襄公二十六年傳云：「夫子爲王子圍，寡君之貴介弟也。」杜預注「介，大也」，乃沿經生家説而誤。詳下文毛《傳》「以介眉壽」諸説（「介爲敬辭」的誤會，可以溯源到杜注）。杜預在注解昭四年下文「介卿以葬」，説：「介，次也。」則説得很對，更可證明「介，大也」之説之非。「介弟」之稱，遂沿用于後世，以爲美稱。實則「介弟」乃庶弟之意，故伯州犂說到他時加「貴」字以示尊崇。這個「介弟」王子圍很壞，他要爭奪穿封戌所俘獲的鄭大皇頡，撒謊說，皇頡是他俘獲的。杜預注：「介，大也」是錯誤的。昭公四年傳，齊慶封宣佈他的另一罪狀說：「無或如楚共王之庶子圍，弒其兄之子麇而代之，以盟諸侯。」所以他是楚君的庶弟，並不是杜註所謂「大弟」，以「大」釋「介」，完全錯了。下文論「介子」即庶子，更可加強這一論證。

卜辭中多介子的解釋，亦須求之于《禮》經。小戴記《曾子問》中有一段對話頗能說明問題。

曾子問曰：「宗子爲士，庶子爲大夫，其祭也如之何？」

這個問題提得好。照宗法社會的常規，家祭應以宗子爲主。但如果宗子之弟（即庶子）在朝廷（政府）中的官職或爵位比他高，這個矛盾該如何解決？孔子回答道：

以上牲祭於宗子之家。祝曰：「孝子某爲介子某薦其常事。」若宗子有罪居于他國，庶子爲大夫，其祭也祝曰：「孝子某使介子某執其常事，……」

陳澔注云：

孝子，宗子也。介子，庶子也。不曰「庶」而曰「介」者，「庶子」卑賤之稱，「介」則副貳之義，亦貴貴之道也。

陳澔不從杜預「介，大也」之說，而以「副貳」之義釋「介」字，甚是。

「介」與「个」古語通假，故「多介父」即「多个父」或多父，諸父。但此二字之原始意義是什麼？如何轉化爲量詞？許慎解「个」爲「竹枚」之說既不足信，則其意義當求之于《說文》以前之古籍。「个」在古代是建築名稱，乃從正屋中間隔開出來的廂屋之意。證例見下：

《左傳》昭公四年：「豎牛曰：夫子疾病，不欲見人。使寘饋于个而退」。杜預注：「寘，置也。个，東西廂。」《釋文》同。

《禮記·月令》：「孟春之月……天子居青陽左个。」《釋文》：「个」，東西廂。按《月令》之說本之《呂覽》：

《呂覽·孟春》：「天子居青陽左个。」高誘注：「青陽者，明堂也……四出各有左右房，謂之『个』。个猶隔也。」

《呂覽·季春》：「天子居青陽右个」。注：「右个，南頭室也。」

按：據此說則其正殿東向，故左北而右南。

《淮南·時則》：「朝于青陽左个」注「个」，偏也。

「个」或「介」原爲宗廟中供奉神主之室或龕般先公之報甲、報乙、報丙、報丁都是「廟號」，「報」字只是一個方形的匣子，簡作コ、或匚，將甲乙等字嵌入匣中，即爲神主的名稱。報祭即後世的「祊」祭，祊讀重唇音，與報字音近。祊祭舊説爲廟門内之祭，即陳祭品于神主報匣之前之遺跡。之單位名稱。明堂四出廂房之名稱襲用「个」字，乃後世引伸用法，非其朔義。但可據以推想上世宗廟中供奉列祖神主之室，各个亦須隔開。「个」、「隔」古音相近，或可通假。高誘「个猶隔也」這一條注非常正確，也非常重要。

卜辭中還有這樣一條貞問：

貞：于甲介御帚(婦)姘？《前編》壹·四三·4

此辭中「甲介」之「介」，即青陽左个或右个之「个」。祖先神主所在之室，殷代尚稱爲「介」，後世傳寫已省作「个」。每一神主既佔一「介」，則其引伸意義自可用于後世之廂房、偏室。此又「介」、「个」二字古代通用之證，且可知「介」字早於「个」字也。

「个」或「介」既被用作每一神主的量詞，亦即最少數的單位詞，也可用以指人。上文所引《左傳》、《尚書》、《禮記》各條證例皆是。「一介」本來也只是「一个」的意思。《孟子·萬章》：「一介不以與人，一介不以取之人」，猶云：「一个也不給人，一个也不拿别人的」。自趙岐《章句》誤以爲「一介草」，焦循《正義》遂逕讀「介」爲芥，乃引《方言》「芥，草也」爲證；並謂「趙氏讀『介』爲『芥』，故以草釋之也。」實則趙岐增字訓經，誠不足取，但未嘗讀「介」爲「芥」。總之，趙、焦二説並誤。如果對勘《左傳》昭公二十八年的「一个」和襄公八年的「一介」，可知左氏用此二詞，互文並見，實無區别。

「介」字由个别引伸爲單獨之義。《左傳》襄公二十五年傳，子産對晉人問陳之罪，他説：「今陳棄我姻親，介恃楚衆以馮淩我敝邑。」「介恃」謂獨恃楚人。襄公九年傳：「天禍鄭國，使介居二大國之間。」介居猶隔居也。

既知「个」或「介」由單位詞引伸爲「个别」、孤獨之義，「介」有孤獨之義，今人仍有此用法，如云某人性耿介或狷介、孤介。則《孟子·盡心》上：「柳下惠不以三公易其介」，謂不以高官厚禄易其特立獨行之个性也。《離騷》云：「彼堯舜之耿介兮，既遵道而得路」。上句謂堯舜明顯的个性，舊注以「光大」釋「耿介」，失之。《漢書·陳餘傳》：「獨介居河北」，謂自个兒隔居河北也。臣瓚注云：「介，特也。」特居河北，失之穿鑿。故顔注非之。師古曰：「介，隔也，讀如本字。」是也。張衡《思玄賦》：「遇九皋之介鳥兮」，「介鳥」猶云「獨鶴」，乃用《小雅·鶴鳴》：「鶴鳴于九皋，聲聞於天。」選臣注：「介，大也」，失之。又云：「孑不羣而介立」。「介」作副詞，與上文「孑」字同義。「介立」猶云「獨立」。馬融《長笛賦》：「是以間介無蹊，人迹罕到」。「間介」猶云間隔。《晉書·石勒載記》：〔石〕勒徵趙彭爲魏郡太守。趙辭不事二姓曰：「若賜臣餘年，全臣一介之願者，明公大造之惠也」。（二七二〇頁）此亦謂一个之願，即个人之願也。

「介」與「个」既爲最小之單位詞，故有小義、纖義、微義。《齊策》：「孟嘗君爲相數十年，無纖介之禍者，馮諼之計也。」《易·

豫卦》:「介于石」,《繫辭》上:「憂悔吝者在乎介。」虞注並云:「介,纖也。」《一切經音義》引《易》劉瓛注:「介,微也」,《列子・楊朱》:「無介然之慮者」,注:「介,微也」。

知「介」即「个」字,則青陽左个、右个之語,即左介右介,亦即左隔右隔也。後世隔扇、窗隔之稱,亦由此衍出。介爲左右兩旁供神主之室,故有左右之義。引伸爲動詞,即甲骨文金文中之𠂇、又(左,右;佐,佑)。左介右介既爲夾輔正殿之偏房,則自有夾輔、協助之意(參看上引《曾子問》稱庶子爲介子的證例)。據此則《毛詩・小明》之「介爾景福」、《楚茨》之「以介景福」(《既醉》、《行葦》、《潛》同)、《七月》之「以介眉壽」,鄭《箋》並謂介,助也,則是;毛《傳》云:「景」、「介」皆大也,則非。若依毛《傳》,則「以介景福」意即「以大大福」,「介爾景福」意即「大爾大福」,豈非笑話?《爾雅・釋詁》:「介,大也」。即沿毛《傳》而誤。【殷墟卜辭多介父考釋 羅音室學術論著第一卷】

𠔁

𠔁 甲三四六 𠔁 戩四五・一一 𠔁 前二・四五・一 𠔁 前五・二八・一 𠔁 林二・二一・一〇 𠔁 京津四四七二 𠔁 存下九七四 【甲骨文編】

𠔁 甲346 𠔁 續4・16・11 𠔁 新4472 【續甲骨文編】

𠔁 別 𠔁 別 【汗簡】

𠔁 古孝經 𠔁𠔁引 竝崔希裕纂古 【古文四聲韻】

◉許 慎 𠔁分也。从重八。八。別也。亦聲。孝經說曰。故上下有別。兵列切。【説文解字卷二】

◉商承祚 説文解字𠔁分也。从重八。孝經說曰。故上下有別。段先生云。此即今之兆字。其作兆者。非古也。今徵之卜辭。亦有𠔁字。與許書从重八正合。卜部𠧞灼龜坼也。古文作兆。則𠔁之本誼爲分別。而𠧞則爲卜𠧞之專字。今則借兆爲𠧞。而𠧞廢矣。段先生謂𠔁爲兆之初字。以誼繩之。殆有所誤矣。【殷虛文字類編第二】

◉馬叙倫 嚴章福曰。字从重八。當在部末。上下有別之別。字當作𠔁。段玉裁謂𠔁即今兆字。蓋爲廣韵所誤。王紹蘭已辯之。席世昌曰。堯典。分兆三苗。蓋本作𠔁。今誤作北。疏引鄭注。分析流之。𠔁猶別也。是鄭注本作𠔁也。虞翻奏鄭解尚書違失事目。乃云。分北三苗。北古别字。又訓北。言北猶别也。此類可怪。則虞翻誤以𠔁爲北而妄駁也。艹部云。𠔁。古文别。鄭與許君同。蓋許從賈逵傳古文尚書。鄭亦從逵。故並同也。桂馥曰。孝經説曰。故上下有别者。别當爲𠔁。許沖表云。慎又學孝經孔氏古文説。古文孝經者。孝昭帝時魯國三老所獻。建武時議郎衛宏所校。皆口傳。官無其説。漢書藝文志。孝經長孫氏説二篇。江氏説一篇。翼氏説一篇。后氏説一篇。安昌侯説一篇。不載孔氏説。故沖云。官無其説。倫按𠔁即周禮其别六十有四之别。爲八之茂文。或由𠔁而譌。甲文作𠔁。説解从重八。當作从二八。或校者改之。八别也以下皆校語。知孝經説以下亦校語者。以自叙言孝經孔氏古文及許沖表言孝經孔氏古文説證之。若是許引。即孔氏説也。本書引經説皆箸其人名。如杜林、譚長、劉向、班固、桑欽、宋弘。皆不偁其某經説也。此何以獨曰孝經説而不曰孔安國説。且如許引經以證之。則尚書古文有分𠔁三苗。何置不引。而引經説。所引者乃官無其説之孔氏説耶。然則不引書而引此者。蓋校者以書有虞翻之駁鄭。彼識不能辨鄭、虞之是非。故置不引而引此。殆猶及見此者也。又校者以𠔁从重八。上下皆八字。而八訓别也。故引此以證。則直戲耳。且本書引經及他書及經説而箸爲某人説者。固箸書之例所得有。然倫以爲許書乃教學童之字書。非説經者也。字書之例。何必引證。史籀以下諸篇固無此例。謂許獨創。宜每字有之。必經所有者然後引經以證。然今許所録、而經及他書有其字而未嘗引證者。固倍於有引證者也。故倫疑本書一切引證之文。皆校者所加。即重文説解中言揚雄説、司馬相如説者。亦然。不然。本篆不出某説。而重文當各别箸其所出。今乃不盡然。然則其不箸某説者。將出於何人耶。倫以爲自叙言博采通人。及其偁易孟氏、書孔氏、詩毛氏、禮周官、春秋左氏、論語孝經孔氏皆古文者。非指所引某説及某經傳。而謂合於古籀者。古文乃出於此數經耳。所謂博采通人者。許沖表謂慎博問通人。考之於逵。則許於當時學者有商榷質難。而折中於逵。必非如昔人所指通人説。即所引吕不韋、淮南王、司馬相如、揚雄、班固、杜林、宋弘、王育諸人。苟然。則豈僅此數字爲不韋等異説耶。況所引班固、杜林、桑欽、宋弘等説。今頗可考證其爲固等經説。則固等經説中自此以外豈無異見耶。況如引歐陽喬説。明是尚書今文説。今古文之多異義。又豈僅今所引者數事耶。故倫以爲凡本書所引。乃許書行世後。讀者校記增之。而率多六朝人所記。彼時古書未盡亡失。故得見而記之。又疑此字非許書本有。故説解不類許書。【説文解字六書疏證卷三】

●李孝定　卜辭𠔁爲地名。如「貞乎帝妌田于𠔁」前二、四五、二「□子☒何☒貞𠔁☒」前五、二八、二「癸亥卜在戉父陳貞王旬亡禍」甲編三四六均是。其義不詳。就字形言許説是也。【甲骨文字集釋第二】

●黄錫全　𠔁别　《玉篇》八部有𠔁，古文别字。甲骨文有八八、𠔁等字，《甲骨文編》列入𠔁。内本《尚書》别作𠔁，夏韻薛韻録《古孝經》別亦作𠔁，此類同。

𠔁別 《說文》𠔁下云：「分也，从重八。八，別也，亦聲。《孝經》說曰，故上下有別。」𠔁下云：「戾也，从芇而兆，兆，古文別。」按，𠔁與𠔁應是一字，𠔁乃𠔁形稍變。至於苝字所从之𠔁，既非《說文》所謂从別，亦非段注从兆，而是从北，因與𠔁形義均近，故混同「別」。金文有苝（苝伯毁）、苝（苝叔鼎）、苝（番匊生壺）等字，或釋羌，或釋苝。此字从芇从北，釋苝可从。苝應是苝譌變。【汗簡注釋卷一】

公

甲一三七八 甲二五四六 粹五三八 前二・三・七 菁一〇・一 鄴三下・四七・四 多公 寧滬一・一四〇 京津二三一八 京津四一一一 存一八一七 存下七九一 明三七六 商公宮 金六二二 京津四一〇三 公舊釋㕣 後二・二八・一一 甲六二八 粹四〇五 侑多公歲 京津四二五四 明一三四三 庫一〇二二 多公 甲一七七八 【甲骨文編】

甲628 1778 2546 續存1817 粹405 538 新4103 4111 4254 【續甲骨文編】

公 能匋尊 臣卿簋 明公尊 宅簋 禽簋 次卣 應公鼎 伯作大公卣 賢簋 矢尊 矢方彝 令簋 作册大鼎 沈子它簋 公史簋 椃伯簋 彔簋 公貿鼎 毛公旅鼎 剌鼎 旂鼎 效卣 㦰方鼎 楚公豪鐘 延盤 盂鼎 應公方鼎 盂卣 伯作乙公簋 趞鼎 遹盂 師趛鼎 師𩛥鼎 師望鼎 伯晨鼎 師酉簋 苝伯簋 卯簋 鬲攸比鼎 畢鮮簋 番生簋 弔角父簋 毛公厝鼎 不

㝬簋　休盤　元年師兑簋　都公鼎　鄀嬰簋　秦公簋　邵鐘　寡兒鼎　陳公子仲慶匿

蔡公子義工匿　趨亥鼎　郘公釛鐘　邾公華鐘　虢文公鼎　雁公劍　穌公簋　徐公壺

蔡公子果戈　蔡公子加戈　蔡公子從劍　宋公欒戈　曹公子戈　公子二字合文　公子裹倣壺　【金文編】

3·722公釜　3·735𦬇公　5·457獨字　6·161同上　6·163公公　6·32陞公　6·35同上

6·36邾公　6·39鄀公　6·40同上　6·34同上　6·41同上　3·832𨚔公之☐☐☐豆　3·246公釜

3·720公豆　3·721同上　5·362☐陰居貲北游公士滕　秦486☐氏居貲公士富　9·18☐公席　3·623丘

齊辛里公孫𦀚　3·296東蒦圖里公孫𩟏　3·21平陵陳导立事歲𨚕公　3·1070獨字　3·1073同上　3·685　𨀠

公氏之會器　3·730彰公　3·748銁公　3·829☐公之廩　6·164獨字　6·165同上　秦956獨字

秦1495同上　【古陶文字徵】

〔一三〕　〔五〇〕　〔六八〕　〔三六〕　〔三二〕　〔一八〕　〔一九〕　〔四〕　〔七四〕

〔二五〕　〔六八〕　〔二九〕　〔六八〕　〔六八〕　〔一〕　〔六八〕　〔七三〕　〔六八〕

〔一八〕　〔六八〕　【先秦貨幣文編】

布空大　豫伊　仝上　布空大公釿　豫伊　仝上　布空大　典五六四　仝上　典五六五　刀大齊

厺化背、公典九六八　【古幣文編】

六七：五　二十一例　宗盟類序篇皇君晉公　內室類丕顯晉公大冢　六七：一　五例　一六：三　二例　【侯馬盟書字表】

22　42　227　【包山楚簡文字編】

公　秦一五五　六十六例　日乙二四九　七例　語九　二例　【睡虎地秦簡文字編】

5092　5085　5087　5089　3673　3873　3911　3885　3856　3875

4759　3920　3097　3927　3928　0264　5090　5088　1952　3884

3864　3861　3851　3859　3853　3891　3893　3894　3897　3898

3899　3900　3901　3883　3872　3869　3909　0112　或从二口，與鉌公毁公字同。【古璽文編】

公治定印　公車賞　公孫猛印　趙子公　馮少公　公孫慶印　少公　羊長公印

莊少公印　弦少公　成公右乘　王公子　公上翁叔　張幼公　公孫鄘印　公乘舜印　【漢印文字徵】

霍公神道闕陽識　祀三公山碑　以三公悳廣　詛楚文　昔我先君穆公　石碣遊水　公謂大□　石經僖公公至自圍許　上尊號碑額陽識　楊震碑額　袁安碑司徒公　三公山碑額陽識　漢馮緄碑額　【石刻篆文編】

□公【汗簡】

□古孝經 □□並道德經 □石經 □云臺碑 □王存乂切韻【古文四聲韻】

◉許　慎　□平分也。从八。从厶。音司。八猶背也。韓非曰。背厶爲公。古紅切。【説文解字卷二】

◉徐同柏　公字从八从營省。八猶背也。从營省。自營爲私。背私爲公也。【從古堂款識學卷八】

◉孫詒讓　説文公从八从厶。會意。金刻公字多作□。韓非子五蠹篇。古者倉頡之作書也。自環者謂之私。背私謂之公。故古文厶或作□。古銅印私璽有作□ホ的。此从□□者。即从厶而重之。以就繁縟。古籀偏旁多絫字。若敔作𢿌。遊作遴。悟作悊。荆作剘。敗作敗。則作劆。征作徰之類。是其例也。周蘇公敢穌公子癸父甲乍䵼敢。公字正作□。吳釋爲公而不敢決。此可以證之矣。【聘鐘　古籀拾遺上】

◉羅振玉　説文解字。公从八厶。八猶背也。此與古金文均从八。从□。【增訂殷虚書契考釋】

◉商承祚　金文毛公鼎作□。盂鼎作□。公史毀作□。秦公毀作□。説文云「平分也。从八厶。八猶背也。韓非子曰『背厶爲公』」。許君謂公从厶非是。【甲骨文字研究下篇】

◉強運開　□自環爲□即私也。此从□。仍自環之意。非从口也。盂鼎作□。毛公鼎作□。皆與鼓文同。貿鼎作□。鼄公華鐘作□。穌公敢作□。則異文也。【石鼓釋文】

◉于省吾　古鉩有寵㕣。㕣作□。舊不識。古璽文字徵入於附録。按㕣乃公之異文。穌公毀公作□。𠊧公壺公作□。是其證。【雙劍誃古文雜釋】

◉馬叙倫　鈕樹玉曰。韻會引背私上有自營爲厶四字。桂馥曰。宋景文筆記引韓非。八厶爲公。翟云升曰。六書故引作平也。是。倫按唐寫本切韻殘卷一東引作从厶八。金文公字多形與甲文似。皆作□。或□或□。無作□者。蓋从八从口。八爲臂之初文。□即六篇象回帀形之冂。即公私之私本字。故韓非曰。自營爲口。八口爲㕣。會意。然可疑者。八本臂之初文。借爲分別之分。口本垣之初文。借爲公私之私。以兩假借字會意。似嫌過巧。韓説雖古。未必可信。猶三女爲粲。亦載國語也。金文穌公毀作□。似从□得聲。邕字从之得聲者也。實即宮之初文。詳宮字下。倫謂□□一字。□从□得聲。爲肱之轉注字。从臂之初文之八也。此篆作□。从八。从□。□之後起字。猶厷从□復从□矣。隹部。雄。鳥父也。从隹。厷聲。今俗多謂雄爲公。是厷音轉爲公之證也。或本作㕣。隸變爲厶。由隸書口形往往作厶。私字漢印多作私。幾無作私者也。甲文或字作☐。亦作☐。則口變爲厶。其來已久。借爲公私之公。平分也者。公私之公字義。非本義。八猶背也以下校語。字見急就篇。餘詳宮下。朱公華鐘作☐。石鼓文作☐。【說文解字六書疏證卷三】

◉馬叙倫 ☐字說文作☐。引韓非說。自營爲厶。背厶爲公。然金甲文無作☐者。蓋從八從口。八爲臂之初文。詳疏證。口即說文六篇象回帀形之口。亦即公私之私本字。蓋公私字皆假借。漢印私字皆作禾旁口。可證也。口爲牆垣之垣初文。音轉爲營，復轉爲宮。宮爲呂之後起字。呂口爲異文。爾雅太山宮小山。言大山口小山也。禮記君爲廬。宮之，宮之謂口之也。論語譬諸宮牆。宮牆猶今言圍牆也。公從口得聲。鉌公敢作☐。呂即說文邕字所從得聲之呂。可證也。公蓋肱之次初文。若說文之☐。非出傳寫之譌。則從八從☐。爲厶之後起字。猶厷之於☐矣。說文。雄。鳥父也。從隹。厷聲。而今俗謂雄爲公。是厷音轉爲公之證也。韓非之說雖古而不塙。猶三女爲粲亦載國語。亦不可信也。【讀金器刻詞卷中】

◉王獻唐 銘文的公。不是五等爵號的公。只爲國君一種尊稱。猶春秋三傳淳于公的公。早期卜辭未見這種稱謂。武乙時才有。指的是殷王祖宗。方言六。凡尊老。周晉秦隴謂之公。漢書眭闳傳注。公。長老之號。公就是翁字的古文。稱公亦猶稱翁。殷王以祖宗爲公。後世也然。史記外戚世家封公昆弟。索隱。公。祖也。中國歷史傳統是尊老敬老的。因而公爲尊稱。用於祖宗。用於長老。周代早期周公召公及二王之後稱公。見周禮大宗伯注。即由此出。那時還没有這一爵號。

這一尊稱最初只屬長老。久而失其本義。或把年輕而尊貴的人。也稱爲公。過去呼少年人爲張公李公。夷然受之。若呼張翁李翁。則無不大笑。其實公翁一事。他們都忘本了。忘本不自今日。周代已然。那時一國君主是最尊貴的。也稱國君爲公。不論老幼。爾雅釋詁。公。君也。儀禮既夕禮注。公。國君也。顧炎武日知録舉出許多例子。如晉文公亦稱文君。魯昭公稱昭君。知周代君公兩名通用。通用則淳于公稱公。亦猶淳于君。可以洗清歷來春秋三傳學者的敷會。也知道這件曩器的曩公就是曩君。同時一些器銘稱公。如穌公簋鑄公簠楚公鐘等等都應當作君來解釋。他們並不是死後追稱爲公。也不是周天子的三公和所謂二王之后。更不是僭越自尊爲五等爵首。只是一國統治者的通名。他人稱公。自署亦爲公。兒子稱公子。孫子稱公孫。【黄縣曩器】

◉屈萬里 萃編五三八片有公字。同書404、405兩片並有「多公」之語。406片又有「三公」之稱。404片辭云「☐歲于多公」。萃釋以公爲台。引説文云「台山間陷泥地讀若沇州之沇」（按此本鈎沈説）。且云「在此與多后同例蓋假爲君」。按公。金文中公字多如此作。當是公字。此蓋指先公而言。單言公者蓋泛稱羣公。言多公者義亦猶是。惟三公之語未知其所指者誰何耳。

【殷墟文字甲編考釋】

◉朱芳圃　按口，象侈口深腹圜底之器，當爲瓮之初文。説文瓦部：「瓮，大罌也。大字依慧琳音義四七引增。从瓦，公聲。」一作罋，史記秦始皇本紀：「陳涉罋牖繩樞之子」，淮南子原道訓：「蓬户瓮牖」，罋牖即瓮牖也。説文缶部：「罋，汲缾也。从缶，雝聲。」隸變作甕，周禮天官膳夫「醬百二十甕」，釋文：「甕，徐、劉音瓮。」又作甕，漢婁壽碑「棬樞甕牖」，甕牖亦即瓮牖。隸變爲甕，儀禮既夕禮「甕三」，鄭注：「瓦器。其容蓋一觳。」禮記雜記「甕甒」，釋文：「甕甒，盛醯醢之器。」其演變次第：口爲象形，初文也。於象形加義符瓦爲瓮，後起之字也。其後爲罋，爲甕，隸變作甕，作甕，則純形聲字矣。至其用途，或盛或汲，先民生活簡陋，一器不妨數用也。

甲文、金文有作左列形者：

公前二、三、七　公菁一〇、一　公屯甲一七七八　公滬一・一四〇

公盂鼎　公毛公鼎　公都公鼎　公畢鮮毀　公秦公毀　公弔甬父毀　公彔毀　公邾公釛鐘　公楚公鐘　公邾公華鐘　公虢文公鼎　公鵬公劍　公剌鼎　公楇伯毀　公公史毀

口上增八，變易詞性，假作他義之形符也。

甲文又有作左列形者：

吕藏二一〇・三　吕林一・五・八　吕粹五〇二　吕粹九八四　吕佚六三二　吕録六〇八　吕續存下四五八

吕即口之繁文，[illegible]爲吕之别構，如[illegible]一作[illegible]，又作[illegible]，是其證。蓋重叠其體，固爲茂密，例與吾字，毛公鼎銘作[illegible]，室字，[illegible]鼎銘作[illegible]相同。

金文又有作左列形者：

公穌公毀　公佀公壺

吕上增八，結構與公相同。甲文吕爲口之繁文，於此又得一確證矣。

口，大罌也。象形。自後世一假爲背厶之公，再假爲尊號之名，因别造从瓦公聲之瓮以代本字。學者惑於韓非之説，深信不疑。公之初形本義，淹晦不傳者歷二千餘年，至余始發其覆，其愉快爲何如也。【殷周文字釋叢卷中】

◉高鴻縉　按八爲八。乃分之初文。口爲物之通象。物平分則爲公矣。指事字。狀詞。此字甲文金文俱不从厶，而韓非子竟有自環爲厶背厶爲公之語。則此字形體之省變。必在戰國末期。其後小篆沿之耳。【中國字例三篇】

◉李孝定　舊釋以从口作公者爲公。羅氏增考公下亦但收作公形者一文。从凵作㕣者爲㕣。如郭說。此與小篆形體固合。然究之卜辭辭例則二形皆當釋公。楊屈二氏之説是也。⊘按口凵二形本當有別。如卜辭咸作咸。咸作咸。較然明白。而公㕣不分者。蓋㕣許訓山間陷泥地字後起。殷時尚無其字。故其時史官於公字所从或作口或作凵。二者形近易混。每不經意而無慮與他字淆掍。至成咸二字則不然。二字當時即既已並行。又作書時於其所从口凵二形必刻意爲之乃得不誤。故其別較然也。金文公字多見。均从口作。如公旂鼎公盂鼎公元公鼎㕣矢尊公郱公釛鐘㕣矢簋公虢文公鼎公穌公簋均是。過多不具録。【甲骨文字集釋第二】

◉李孝定　公字卜辭作公、㕣二形，从口亦从凵，與許訓山間陷泥地之㕣字相混，須於辭意求之。金文但作公，無从凵者；或作公从○，與从口同；或作公，按乃从○○宮之本字不省爲聲，他文作公者，乃○○省聲耳，馬氏之説不誤，惟謂「口爲圍字，亦即公私之私本字……口爲牆垣之垣初文，音轉爲營，復轉爲宮」，實爲詖辭，無怪張氏評爲游移彷彿也。朱氏謂公即瓮之本字，且謂「公之初形本義，淹晦不傳者歷二千年，至余始發其覆」，未免稍涉誇誕，使公只作凵，按金文公字，無从「凵」者。則朱氏此説，或尚可言之成理，而古文公字皆从八，於是乃以變易詞性，作他義之形符，文字衍變，固無此例也。予从馬氏説此爲宮省聲，於義雖較長，惟字何以从八，仍難索解，亦守不知蓋闕之義可耳。【金文詁林讀後記】

◉徐中舒　象甕口之形，當爲甕之初文，卜辭借爲王公之公。【甲骨文字典卷二】

◉黄錫全　公公　出土三體石經公作公，《隸續》録作公，此同。夏韻東韻録石經作公，録《古孝經》作公。⊙中加點乃飾筆，如郱公華鐘公作公、古璽作公（璽彙3900）等。【汗簡注釋卷一】

 必　南宮乎鐘　 孳乳爲柲　五年師旋簋　戈琱戒𢦏必彤沙　 無叀鼎　 寰盤　 休盤　【金文編】

 3·741必紀　【古陶文字徵】

 127　 139　【包山楚簡文字編】

必　秦九八　七十七例　秦一五〇　十例　日乙一七　五十四例　日乙四二　五例　日甲一四一背　日

乙一九〇　【睡虎地秦簡文字編】

必充　必宰　必市　杜必　必庠之印　【漢印文字徵】

古孝經　【古文四聲韻】

◉許　慎　分極也。从八弋。弋亦聲。卑吉切。【說文解字卷二】

◉阮　元　錢竹汀宮詹大昕云……薛氏釋必爲縪。按攷工記。天子圭中必。鄭讀如鹿車縪之縪。是必縪古文相通。此銘亦作必。與康成注合。【積古齋鐘鼎彝器款識卷四】

◉劉心源　必。柲省。說文。柲。欑巾。俗作攢。欑。積竹杖也。案許解殳字云。殳目積竹八觚長丈二尺。建於兵車旅賁目先驅。是柲即殳也。積竹者如今軍中矛桿聚竹爲之。縛目繩韜目帛而油漆之。既堅且韌。勝於木柄易折也。此云縞柲正取純束積竹之義。近人目必爲縪。引攷工記天子圭中必鄭注必讀如鹿車縪之縪。謂必縪古文相通。心源案。鄭注云必讀如鹿車縪之縪。謂目組約其中爲執之。目備失隊。說文。⿰革必車束也。即鄭所謂縪也。鄭目圭中必之語非義。故目縪字解之。又申之曰目組約其中。是目約解縪字矣。惠士奇禮說縪猶綦也。結於轐而連於軸。通訓定聲目組約圭中目繩紩車下皆曰縪。是則縪義爲約束。本非器物。鄭目解圭中必則可。鐘鼎家取目解所錫之必吾不知所約束者何物也。於是因縪及韠叚借經兩轉而始通。亦迂曲矣。【奇觚室吉金文述】

◉林義光　說文云。必分極也。从八弋。弋亦聲。按坼裂也。弋。古杙字。杙易分裂。故从弋八。八分也。古作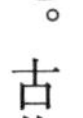。無叀鼎。【文源卷十】

◉高田忠周　劉[心源]說詳則詳矣。然未如讀爲縪實爲⿰革必之妥當也。他器往往有賜畫轉畫⿰革憂之語。⿰革憂轉皆縛束車之物。與縣⿰革必其類同一耳。又一說。縣必可讀爲鏐珌。恐亦非是。說文。。分極也。从八从弋。弋亦聲。弋者橜木也。可立以爲栞識。八者分也。分別境界也。必與介造意相似。然分極者。境界之最終。而外廓之極端也。譬如今府縣分界立標以識之。實是必字造意也。【古籀篇十八】

◉郭沫若　錢大昕曰：「考工記：『天子圭中必』，鄭注：『讀如鹿車縪之縪』。是必縪古文相通。」自錢說出，清時學者大抵祖之，

阮元積古齋鐘鼎彝器款識於釋無惠鼎銘即徵引其説，而讚之曰「精」。吴大澂説文古籀補於「必」字下注云：「考工記『天子圭中必』。錢宫詹説必通縪。小篆作『韠，韍也，所以蔽前』。」案此「小篆作韠」乃吴氏所著之蛇足。韠韍紱市本一字，伯姬鼎上文已出「赤市朱黄」（寰盤休盤與此同），則下文之「必」自不得再爲「韠」。宋人殊瞶瞶，竟以此釋之，故錢大昕乃發明以「必」爲「縪」也。錢氏之意，吴未盡曉。然釋縪亦了無意義，劉心源辨之甚詳。

劉以釋縪爲非，是也。其由縪轉韠者（案即指吴大澂），其失更不僅「迂曲」。劉則以「必」爲柲之省，曰：「説文：柲，欑也。欑，積竹杖也。」此釋較之釋韠釋縪者實大有進境，然劉之失亦不免再轉而流於「迂曲」。其由柲再轉云：「許解『殳』字云：『殳，以積竹，八觚，長丈二尺，建於兵車，旅賁以先驅。』是柲即殳也。積竹者如今軍中矛桿，聚竹爲之，縛以繩，韜以帛，而油漆之。既堅且韌，勝於木柄易折也。」然柲自柲，殳自殳，柲以積竹爲之，殳亦積竹爲之，非「柲即殳」也。

考工記：「廬人爲廬器，戈柲六尺有六寸，殳長尋有四尺，車戟常，酋矛常有四尺，夷矛三尋。」鄭注「柲猶柄也」，古人戈戟矛柄與殳均爲「廬器」，鄭云：「廬讀爲纑，謂矛戟柄竹欑柲」（見「秦無廬」下注），又云：「廬，矛戟矜柲也。」國語曰：『侏儒扶廬』。」許書作「籚」，曰：「積竹矛戟矜也。从竹盧聲。春秋國語曰：『朱儒扶籚』。」是可知戈戟矛之柄皆以積竹爲之，其法與殳同，然柲自柲而殳自殳也。更詳言之，則殳乃無刃之竹杖，柲乃戈矛之柄，何得云「柲即殳」耶？故劉釋亦未得其正解。

余謂必乃柲之本字。字乃象形，八聲。□即戈柲之象形，許書以爲從八弋者，非也。其訓「必」爲「分極」乃後起之義，從木作之柲字，則後起之字也。【戈琱戓𠄌必彤沙説　殷周青銅器銘文研究卷二】

◉馬叙倫　鈕樹玉曰。韻會作从八。弋聲。倫按當依鍇本作从八。弋聲。从叚借爲分之八。爲分之轉注字。分音非紐。弋音喻紐。四等。同爲摩擦次清音。分聲真類。必聲脂類。脂真對轉也。分極也當作分也。極也。極也校者據玉篇加之。極弋聲同之類。以聲訓也。又疑爲臂之轉注字。亦八之轉注字。無叀鼎作□。寰盤作□。字見急就篇。【説文解字六書疏證卷三】

◉于省吾　戩二五·十。其褔新鬯二□一卣于□。王國維云。□字未詳。疑古勺字。□象勺形。一其實也。習敦云。隹四月初吉丁卯。王蔑習曆。錫牛三。習既拜稽首。□于厥文祖考。彼□字與此□字正同。彼爲夏祭。當假借爲礿祭之礿。此云鬯二□一卣二。則當爲挹鬯之勺。卣所以盛鬯。勺所以挹之。故二者相將。戩考四四。葉玉森云。友敢升作□。漢臨菑鼎作□。與篆文異。前編卷四弟二十葉之□。與鼎文同。異體作□。□疑象溢米散落形。鈎沈六。按王氏誤以新爲妣辛合文。又誤仞下于字爲二。遂誤解其句。此言其褔新鬯二□一卣于某某也。□與卣並舉。當爲容器。□即今必字。

必疑應讀爲鉍或鉍。金文瓶字作鉍鉍。說文。比密也。廣雅釋詁。毖比也。周禮輪人。弓長六尺謂之庇軹注。故書庇作秘。是比必字通之證。晉𣪘[illegible]形乃升字。禦父己彝礿作[illegible][illegible]。右从勺。與升形迥別。葉誤仞𢎘爲升。惟以𢎘爲象溢米散落形近是。𢎘爲必之初文。茲分述於左。

一𢎘即必。當爲柲之初文。𢎘字作[illegible]等形。金文必字休盤作[illegible]。寰盤作[illegible]。無叀鼎作[illegible]。其遞衍之迹。爲由𢎘而[illegible]而[illegible]而[illegible]而[illegible]。說文。必分極也。从八弋聲。按从弋乃形之譌。弋與必聲韻皆不相近。段玉裁注改爲从八弋八亦聲。不知古文本不从八。契文八字作)(。从八之字分作从。與𢎘字所从之二點有別。𢎘字本義疑爲柲之初文。廣雅釋器。柲柄也。柲無以爲象。須假器物以明之。从[illegible]象某種量器。米點散落。下象斜柄。从/所以示其柄之所在。蓋指事字也。柲字从木。乃後起字。

一必亦作祕。金文作宓。均爲祀神之室。粹一五三。即大乙[illegible]。中院獸骨刻辭文武丁[illegible]。祕字从[illegible]。無左右兩點。乃省體。前一・十八・一。文武丁必。可知祕即必。均爲祀神之室。[illegible]卣。用鬻于乃姑[illegible]。言用將亯于汝之姑之神室也。子卣。子作婦姑彝。女子母庚[illegible]祀隮彝。宓祀謂於宓室祭祀也。宓从宀。其爲宮室之義尤顯。說文。宓安也。淮南子覽冥。宓穆休于太祖之下注。宓寧也。安寧義同。奉神主於深室。自有安寧之義。經傳祕宓亦作閟。詩閟宮。閟宮有侐傳。閟閉也。箋。閟神也。說文。閟閉門也。祕神也。徐鍇曰。祕不可宣也。祕之言閉也。按傳詁閟爲閉。與說文閉門之訓符。箋訓閟爲神。是讀閟爲祕也。二說雖異。義猶相近。神宮幽邃。故言閟也。說文段注謂宓經典作密。是宓密爲古今字。宓亦通冥。詩斯干。噲噲其正。噦噦其冥。傳。冥幼也。正義。爾雅亦或作窈。某氏曰。詩云噦噦其冥爲冥窈。於義實安。是也。按詩言正謂正室之前。冥謂正室後深幽之處。易繫辭。以通神明之德。九家注。隱藏謂之神。太玄文。乃窮乎神域注。神域幽冥也。古人藏神主於廟室之幽窔處。因謂其室爲宓。後世但知閟與冥爲形容宮室之閟暗冥窈。而古制湮矣。

一言必言祕之例。前一・二十・七。王其又[illegible]于武乙必。正。王受又。必即宓。謂神宮。粹三三零。兄祝才父丁必。通別二・八・六。其兄于且丁父甲。才必。輔大藏契有辭云。才必用。王受又。余所藏明義士墨本有辭云。其召于且丁必。其至於匕癸必□祊。必言才言于。尤可爲神宮之證。前一・十・四。武且乙必□祊。其牢茲用。必祊連文。猶之宗□祊連文。粹五四一。弜鄉亩。鬻隮必。亩必對文。亩古廷字。言弗饗於廷。鬻隮于必也。前四・二十・六。王室二必。㯻蒸。亡尤。以文例考之。二必疑謂二神宮。與二必一亩之二必有別。粹四一六。祉于二且。續一・四三・一。二示帚王。

祖與示可言二。猶必可言二也。

綜之。戉即必字。當爲柲之初文。从□从／。／示其柄之所在。指事字也。説文以必爲从八弋聲。誤以指事爲形聲。而聲亦不符。栔文叚必爲祀神之密室。字亦作祕。金文作宓。从宀而密室之義益顯矣。【釋必　雙劍誃殷栔駢枝三編】

◉饒宗頤　甲子卜兄：在□……（摭續一五八）

按□即必字，于氏讀爲魯頌閟宮之閟，（駢枝三編）鄭箋：閟，神也。南北輔仁七一「在必用，王受又」。語與此同。【殷代貞卜人物通考卷十四】

◉李孝定　説文「必分極也。从八弋。弋亦聲。」許君之誤于氏已言之。徐灝段注箋云。「古無謂『立表爲準而名之曰必』者。此乃弓柲本字。借爲語詞之必然耳。」徐氏未見真古文而冥與古合。精思孤詣。知此卜辭之□。于氏釋必。其説是也。葉氏釋升。陳氏從之而讀爲禰。説雖未是。而於字形差近。按金文斗作□。升作□。並與□形相近。卜辭禮字所从升字作□□。則金文斗升字但當作□□。其下復从一短横畫作□□者。蓋緣與□字形近而掍。即栔文禮字固已有从□作□徵帝一七五者矣。必即柲之本字。其義爲柄。如單象其形則與許書訓下上通也之引（作—）形相混。故叚器物之柄着一斜畫於柄上爲指事字以明之。所假器物即爲升。造字者恐與升字相掍。特於柄之下端曲折斜出。更於其曲折處着一斜畫以示必之爲必。卜辭偏旁所从升字其柄皆直。以别於升斗本字也。金文必字作□寰盤□無叀鼎□休盤。與卜辭近。【甲骨文字集釋第二】

◉于省吾　甲骨文戉字作□、□、□、□等形。王國維誤釋爲勺（戩考四四），葉玉森誤釋爲升（集釋一·二二）。按戉即必之初文，周代金文必字，休盤作□，寰盤作□，無叀鼎作□。其遞衍之迹，爲由□而□、而□、而□。説文作□，並謂：「必，分極也，从八弋聲。」按从弋乃形之譌，弋與必聲韻皆不相近。段玉裁注改爲「从八弋，八亦聲」，不知古文本不从八。必字之本義待考。

甲骨文祕亦作□，从□，左右省去兩點，但與禮之从升作□者有别。商代金文祕亦作宓，均爲祀神之室。甲骨文稱：「即大乙□。」（粹一五三）又紀事刻辭：「文武丁□。」（甲三九四〇）祕字从□，亦爲省體。甲骨文「文武丁必」之必作□（前一·一八·一），可以互證。必與祕或宓均爲祀神之室。商器頙卣：「用□于乃姑□。」言用將亯于乃姑之神室也。又子卣：「子作婦姑彝，女子母庚□祀障彝。」宓祀謂于密室祭祀也。宓从宀（金文編入於附録），其爲宮室之義尤顯。説文：「宓，安也。」淮南子覽冥之「宓穆休于太祖之下」，高注：「宓，寧也。」安與寧義同。奉神主于深室，自有安寧之義。典籍之祕與宓亦作閟。詩閟宮之「閟宮有侐」，毛傳：「閟，閉也。」鄭箋：「閟，神也。」説文：「閟，閉門也。」又：「祕，神也。」徐鍇曰：「祕不可宣也，祕之言閉也。」按毛傳訓閟爲閉，與説文「閉門」之訓符。鄭箋訓閟爲神，是讀閟爲祕也。宓、閟與閉義本相涵。神宮幽邃，故言閟也。説文段注謂「宓經典作密」，是宓密爲古今字。

甲骨文稱：「王其又ㄨ于武乙必，正（祭名），王受𠂔。」（前一・二〇・七）必即宓，謂神宮。「兄（祝），才父丁必」。（粹三三〇）「其兄于且丁父甲，才必。」（通別二・八・六）「其又伐於必。」（續存下七七二）于必言才言于，尤可爲神宮之證。「武且乙必□（祊）其牢兹用。」（前一・一〇・四）必祊連文，猶之「宗□（祊）」連文。

綜之，甲骨文灵即必字，亦作祕。甲骨文以必或祕爲祀神之室，商代金文作宓。宓爲密之初文。至于甲骨文于盛鬯之器言必言卣，必爲何器，待考。【甲骨文字釋林上卷】

◉李孝定　郭氏从劉氏説而引申之，以爲「必」即象戈戟之柲，「柲」之本字也。卜辭必作灵，于省吾氏謂灵即斗若升之象形，其下着短斜畫作灵者乃必字，是「必」爲斗若升之柄，引申以言一切之柄，於字形最切，較之郭説又轉精矣。【金文詁林讀後記卷二】

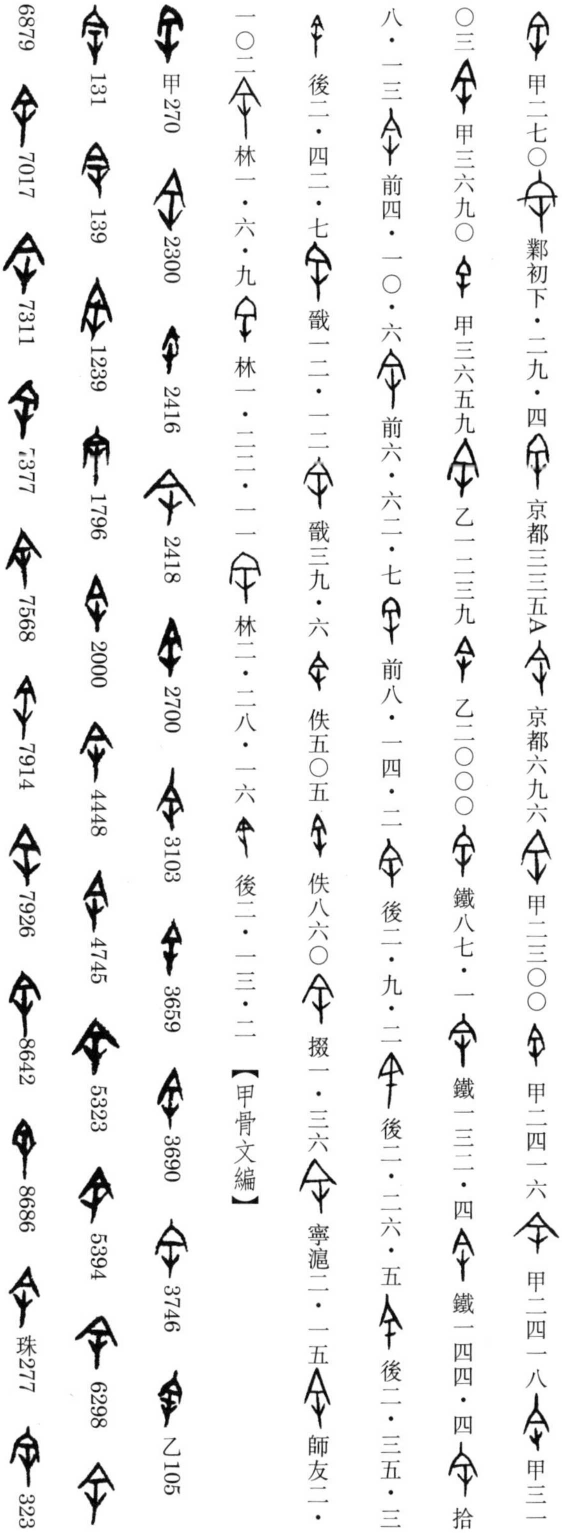

□甲二七〇　□鄴初下・二九・四　□京都三三五A　□京都六九六　□甲二三〇〇　□甲二四一六　□甲二四一八　□甲三一〇三　□甲三六九〇　□甲三六五九　□乙一一三九　□乙二〇〇〇　□鐵八七・一　□鐵一三二・四　□鐵一四四・四　□拾八・一三　□前四・一〇・六　□前六・六二・七　□前八・一四・二　□後二・九・二　□後二・二六・五　□後二・三五・三　□後二・四二・七　□戩一二・一二　□戩三九・六　□佚五〇五　□佚八六〇　□掇一・三六　□寧滬一・一五　□師友二・一〇二　□林一・六・九　□林一・二二・一二　□林二・二八・一六　□後二・一三・二【甲骨文編】

□甲270　□2300　□2416　□2418　□2700　□3103　□3659　□3690　□3746　□乙105　□131　□139　□1239　□1796　□2000　□4448　□4745　□5323　□5394　□6298　□6879　□7017　□7311　□7377　□7568　□7914　□7926　□8642　□8686　□珠277　□323

1188 1375 佚128 155 355 361 5·05 725 768 777
佚860 續2·31·3 佚954 續1·9·9 3·9·6 3·13·4 5·6·2 5·10·6 5·12·2
6·7·12 6·22·1 6·24·9 徵2·24 9·33 11·48 11·104 京1·23·1
4·11·4 録553 602 誠385 鄴29·4 40·5 東方2183 4401 六中88
六清1 續存541 653 1041 1196 摭續311 粹449 1·214 1244 新
1864 2186 2314 【續甲骨文編】

余 令爲余之古文余字从此 何尊 盂鼎 令鼎 傳卣 方彝 大簋 彔伯簋 弔趞
父卣 師訊鼎 善鼎 諫簋 舀鼎 士父鐘 弔向簋 卯簋 師克盨 召伯簋
㝬鐘 散盤 師嫠簋 師寰簋 克鼎 毛公𤔲鼎 不𡢁簋 曾伯𩁹匡
秦公鎛 吉日壬午劍 余卑盤 邾大宰匿 邾公華鐘 邾公牼鐘 洹子孟姜壺 𥎦鎛
陳昉簋 秦公簋 邵鐘 哀成弔鼎 居簋 郐王義楚耑 擇余吉金 𠈇兒鐘 郐諮尹鉦
王孫鐘 南疆鉦 蔡侯𨭚鐘 工𠤳太子劍 者沪鐘 王子午鼎 欒書缶 中山王𰯼鼎
今余方壯 中山王𰯼壺 【金文編】

4·18余某都鍴 古璽文余字多作⿱人木與此相近 4·128余氏 5·364博昌居貲□里不更余 5·375石米余 【古陶文字徵】

余〔一三〕【先秦貨幣文編】

布空大 亞二·一一九 【古幣文編】

一六：三 二例 宗盟類序篇余不敢 宗盟類參盟人名余臣 【侯馬盟書字表】

145 166 【包山楚簡文字編】

余 日乙二六 通除 正月建寅—卯 【睡虎地秦簡文字編】

—取女(丙4：目1)、—(丙4：1-2) 【長沙子彈庫帛書文字編】

2417 2270 3118 1286 1289 1288 2416 1291 1290 【古璽文編】

余蒼私印 張繇余 譚春余 余禁 【漢印文字徵】

石碣遊水害不余□ 石經多士 予其曰 說文余从八舍省聲此从舍不省余予古今字予字重文 商夭余磬 【石刻篆文編】

余 【汗簡】

◉許 慎 語之舒也。从八。舍省聲。以諸切。二余也。讀與余同。【說文解字卷二】

◉孫詒讓 「壬申卜立秅古」、十一之三。〔一三三二〕「□𣕧□」、八十七之一，同版又有「余𣕧」二字。「壬寅□立貝之于」、百四十四之四。「乙卯卜乎夏」、百四十五之一。「□卜立雀辛□出入」，二百二之一。此即「余」之省。《說文·八部》：「余，从八，舍省聲。」(一三三三)金文盂鼎余作，與此正同。【栔文舉例卷下】

◉羅振玉 說文解字。余語之舒也。从八。舍省聲。盂鼎作。與此同。【增訂殷虛書契考釋】

◉葉玉森 上从口。下从手。以手指口爲余。猶手指鼻爲自也。余引申爲舒。爲徐。余予古今字。【說契】

◉林義光 說文云。語之舒也。从八。舍省聲。按余爲語之舒，其說未聞。余本義爲賜予。即予之或體。太保彝。王衎太保。錫休余土是也。古作。邾公牼鐘。从口八。與曾贈尚賞同意。A即口之倒文。見今食僉各條。从中。中即又。象手形。以持與之變作余。太保彝。省作余。通禄鐘。作余。盂鼎。詩何福不除。天保。除盖借爲余。亦賜予之義。說文云。舍市居曰舍。从亼中口。屮象屋。○象築。按屮口不象屋與築之形。當與余同字。說文余从舍得聲。是舍與余同音。賜予也。古作舍。居趩纛。余下又从口。與令或作命同意。或作舍。毛公鼎。省八。毛公鼎。父㝠舍命。諆田鼎。余其舍女。臣十家。散氏器。矢舍散田。曶鼎。舍歠矢五束。居趩纛舍余三鏞。皆訓賜予於文義方協。左傳旅有施舍。宣十二。施舍不倦。昭十九。王氏引之並訓爲賜予。【文源卷十】

◉孫海波　舍　舍也，象屋舍之形。寖假以爲自謂發聲辭。藏八七・一　【甲骨金文研究】

◉強運開　余　按邵鐘作余。與鼓文近似。盂鼎毛公鼎又省作余。居後彝舍篆作舍。舍丁佛言云古舍字。从余。許氏於余下曰。从八从舍省聲。說殊倒置。若余果从舍省。而舍上本作余。是从八爲㕑辭。而余舍爲一字。無能定其所从矣。竊謂丁說是也。余字本有蛇音。舍字實从余省。古文不省作舍。是舍字亦實从余得聲也。古有余無佘。余之轉音爲禪遮切。音蛇。姓也。楊慎曰。今人姓有此而妄寫作佘。此不通曉說文而自作聰明者。佘字从舍省。舍與蛇近。則禪遮之切爲正音矣。五代宋初人自稱曰沙家。即余家之近聲可證。而賒字从余。亦可知也。又按斜字亦从余得聲。漢蜀地褒斜或作褒余。古書余一人余小子蓋皆讀禪遮切。自後世余讀余音。乃或假沙字爲之。俗更製咱字以爲自己之偁。於此可識古今字遞變之由來已。【石鼓釋文】

◉郭沫若　「非余」當是器物，與「金一勻」同錫。傳卣文當讀爲「師田父令小臣傳非余」。令亦錫也，與獻彝「獻伯令氒臣獻金車」、㸓毁「王令㸓在市纔芾旂」、康鼎「命女汝幽黃鋚革」等同例，非余亦是器物。二器正相爲互證。然則「非余」究爲何物耶？余謂余當即玉藻「諸侯荼，前詘後直」之荼，笏也。廣雅作瑹，集韻作⿰王余。非當是赤色之意，以非爲聲之字多含赤義，龔定菴說文段注札記於「翡赤羽雀」條下云「凡从非之字古皆有赤義，若緋之爲赤帛、琲之爲赤珠，雖許書所未收，要之古也。」此言凡、言皆，雖不免含混，要不失爲創見。近人沈兼士更推闡之，言非聲之字有分違義、飛揚義、肥義、赤義、交織義；其赤義下引菲翡痱爲證，云：

「菲，芴也。爾雅『菲，蒠菜』，郭注『菲草生下溼地，似蕪菁，華紫赤色，可食。』翡赤羽雀也。緋其後起字也。痱，風病也。今人夏日膚生瘤癧謂之『痱子』，其色赤。」「右文說推闡」，集刊外編八一九。

非字義在此可通用者唯赤義，故「非余」必爲緋⿰王余無疑，即赤笏也。古人之笏未明其色，今知有赤色者在矣。

今再就傳卣文畧加攷察。

「隹五月既望甲𢆶，王〔在𦔻〕
京，令師田父殷成周〔年〕，
師田父令小臣傳非余。傳□
□朕考𠀠。師田父令余□
□室官，白𠀠父賞，小臣傳□，
揚白休，用作朕考日甲寶□。」

此銘每行之末泐去一二字，然其意義大抵可以通曉。首行當缺「在𦔻」二字，「𦔻京」即豐京。「師田父殷成周年」與「鄦𠧟明保殷成周年」同例，年字上端尚畧有殘痕可辨。殷殆殷覜之殷。余曩說爲殷見之殷，不確。𠀠當即空字所从出，貞松堂有左𠀠矢族四，遺文一・二・二五。均有「左𠀠」二字，字與此同。又有左𥄉矢族二、右𥄉矢族五、善齋十一・四〇亦有數事，左𥄉一、右𥄉六，字均作𥄉。𠀠與𥄉當是一字。𥄉殆从目工聲，即眼空目空之空，今人稱眼孔又稱眼眶，均聲音之轉變。孔乃囟孔之孔，指事。𥄉爲形聲字，𠀠乃眼空之象形，示眼空如盂，末有孔道與腦空相連也。形變爲空，从穴工聲，由象形變爲形聲，由專字變爲公名矣。卜辭屢見「工𤔲」字。前編四・四三・四，後編上・二一・三。字又作「𠀠𤔲」若「𠀠𤔲」，通纂攷釋・六三。亦即此𠀠字之省變者也。知𠀠𥄉爲空字，則矢族文當讀爲左控右控，與矢括旁之義必有相關。說文云「控，引也。匈奴名引弓控弦」，是則諸矢族殆燕趙物，與胡接壤而習用胡言。傳卣之𠀠當讀爲事工之工，「傳□□朕考𠀠」殆言承繼其先考職，所缺二字必係動詞，設如補以「用承」或「用纂」字即能條貫。要之「傳□□朕考𠀠」必爲句因而「師田父令小臣傳非余」亦必爲句，而「令」遂不能不訓錫，「非余」遂不能不說爲緋琜矣。

再就余之字形而言，二器余字均作仐，此乃余字之最古形。卜辭余字如是作。

「屄虎，往仐不𠦪，其㕣以乃事歸」。前七・三六・一。

「丁丑卜王貞：仐勿𠬝占仐寸。」同八・一四・二。

其在金文，器屬于西周者作仐，屬于東周者始从八作余。小篆與東周文同，說文據以爲說，云「余語之舒也，从八、舍省聲」，形既非朔，說自舒遠。由余之最古形觀之，當是獨體象形之文，用爲代名詞，自出叚借。今知二器之「非余」爲緋琜，更可悟余實即琜之古文矣。古者諸侯之圭均剡上，左右各寸半，有繅藉，中有玄纁之絇組以爲繫。據聘禮。仐之上端即剡上之形，中之橫枝或上仰或下屈者即所繫之絇組。其从八作者，示有繅藉也。此與保字同意，保或省作□，實即緥之初文，示小兒下體有衣以藉之。

知余爲琜之初文，則毛公鼎之「玉□」與番生𣪘之「玉□」，均必琜字爲無疑，从玉、从余，余下有形與余相似而畧異者當是余之櫝。說文有𠎝字，云「二余也，讀與余同」。許未言其義而係在余字之次。就其形而言當即□若□之譌變，應作爲余之重文。又周初之大保𣪘有「錫休□土」語，舊釋爲余，卜辭亦有□若□，同見前二・一三。乃地名，舊亦釋爲余。今案此字从亼从木，斷非余字，當是枱字之異，說文「枱劍匣也」。【釋非余　金文餘釋之餘　金文叢考】

◉唐桂馨　□　說文。語之舒也。从八。舍省聲。

按余即除之本字。非舍省聲。語舒亦後起義。亼。合也。屮。草木也。草木合生蕃蕪。可知八之所以芟其繁使就條理。此除之義也。引伸訓則爲有餘之餘。旁通訓則爲語舒徐徐。至用爲予我之余。則通借也。舍從亼。象幬幄形。屮象屋上飾形。○象舍中形。籀文□固與舍字不相涉也。若从□則當爲餘之本字。象屮木之孛然也。【說文識小録　古學叢刊一九三九年第四期】

◉馬叙倫　沈濤曰。匡謬正俗引作詞之舒也。盖古本如此。倫按从气形似八之八。舍省聲。秦公𣪘郲公華鐘同此。毛公鼎作□。召伯𣪘作□。甲文作□□。則借舍爲余。魏石經古文作□。然倫疑□。从口余聲。爲余之後起字。又疑从八。舍聲。尒从矢得聲。舍矢音同審三。盖轉注字。說解本作詞也。今挩。詞之舒也校語。

□顧廣圻曰。𠎝當爲余之重文。玉篇余下出𠎝字。云。同上。是其證。下文云。文十二。重一。所重即此字。二徐本此字皆不出音。亦以之當重文可知。但二余也讀與余同。必非說解之舊。今無從正之耳。朱孔彰曰。𠎝即余之籀文。故記文十二。重一。龔橙曰。疑余之僞古文。故云。文十二。重一。劉心源曰。寫者余下奪𠎝。補於部末。後人不知。妄云二余也。讀與余同。而都數仍云文十二。重一。與本部不符。且二余二字亦不詞。知朱說是也。【說文解字六書疏證卷三】

◉吳其昌

□31　師𩵋尊　嘯堂册一頁二十六

□32　非余鼎　貞松補遺卷一頁十一

□33　師兑𣪘二　貞松卷六頁二十一

□34　毛公鼎　周金卷二頁一

□35　大盂鼎　周金卷二頁十

36　師嫠殷　周金卷三頁十二

37　酙从盨　澂秋册一頁二十二

38　余冉鉦　貞松卷一頁二十二

古金文通律雙鉤書與填實書，絶對無别。一矢鏃之形耳，實描之則作形，而其後演爲「午」字。虚鉤之則成形，而其後演爲「余」字。故「余」字之與「午」字，其未蜕之幼蟲，乃兄弟屬也。今請進而言「余」。

所以知「余」字之亦碻爲矢鏃形所變化者，上舉二十三矢鏃形例中，其第十三字，乃師艅段「艅」字所從之「余」字；其第十五字，乃小臣艅尊「艅」字所從之「余」字；其第三十一字，乃師艅尊「艅」字所從之「余」字。以故碻知其爲「余」字，無可游移。而其形之顯爲矢鏃之狀，亦無可猶豫。然則「余」字夙義之爲矢鏃象形，審矣。此其一。

復次，以聲類求之，則「余」與「艅」古爲同聲也。「余」，自廣韵以來讀「以諸切」，爲喻母之四等音。而古音則讀若「疏」，讀若「舒」，皆在審母。史記匈奴列傳記漢文帝六年賜單于禮物，有「比余一」，而漢書匈奴列傳上引作「比疏一」。史記集解「徐廣曰余或作疏」。漢書注「師古曰疏字或作余」。可證漢時讀「余」聲若「疏」聲。而「疏」聲正在審母(所葅切)。又爾雅釋天「四月爲余」。釋文「余本作舒」。可證當時讀「余」聲若「舒」聲。而「舒」聲又正在審母(傷魚切)。又如從「余」得聲之「舍」，亦正在審母(書冶切)。然則「余」聲之古隸審母，絶無問題；而「矢」聲亦正隸于審母，故知「余」「矢」古實同聲字也。所以同聲，則以其同賦一物之故也。此其二。

毛公鼎有「虢許上下」之語，近郭沫若氏以「虢許」謂等于淮南子道應訓之「邪許」是也。「許」，今讀如字。亦讀如「滸」。從「午」，午爲矢。詳上。從「言」；「言」與「音」古金文爲同形、同聲、同韻字，乃一字也。另有攷。謂矢射發之音，如「許」亦如「滸」也。其實不特「許」「滸」，凡「午」「矢」「余」「舍」……諸音，果何所象聲乎，皆不過模倣矢發激進之聲耳。故孟子曰「舍矢如破」，以「舍」字爲發矢之聲，其明證也。説文云：「余，語之舒也。」此殆明告我儕「余」爲一種摹擬之聲音而已。至其所摹之聲Siwo，一聞能辨其爲發矢聲也。耳辨其象發矢之聲，目識其象矢鏃之形，則「余」之本義，殆非妄人所能更曲解矣。此其三。

又貞松堂集古遺文卷三頁十二𩰬白原鼎于銘文之尾，贅之文，揆其意，蓋𩰬白原自作鼎以永念其校射獲隽之榮，故上作射狀，下作矢狀也。然矢狀之與「艅」字所從之「余」作狀者，絶無二致，亦可證「余」字本義之原爲狀矢矣。此其四。

綜此四端，「余」義已著。然古人亦以「余」義同于「我」者，則但借聲耳。古金石文及經典中，「我」，「𨑊」，「吾」，「𪉩」，「余」，「予」，……數字，皆但借聲耳，别無他義也。而此數字之聲，皆自相通；尤可爲但取通假之證。若必欲窮究其訓詁，則各自有其本義，固從未嘗統屬也。

◉聞一多　𠆢　𠆢　𠆢

𠆢之緐化，一變而爲𠓛，再變而爲余，時賢類能言之。然未有質言其本係何物者。有之，蓋自郭沫若始。郭氏以余爲瑹之初文，即玉笏郭沫若著《古代銘刻匯考續篇·釋非余》。斯説也，竊嘗疑之。

請先考𠆢與余之關係，以證𠆢之確當釋余。𠆢之狀上爲鋭角形，下有柄。从余之字多與此意相合。

《淮南子·兵略篇》「剡摲筡，奮儋钁，以當修戟強弩」，高《注》「摲筡鋭也」，《廣雅·釋詁》四「攙、捈、剡、鑯，鋭也」，《廣韻》「梌，鋭也。」（筡捈梌同。）

《廣雅·釋器》：「⿱艹斜，珽，笏也。」

《廣雅·釋草》：「斜，⿱艹私，茅穗也。」《士喪禮·既夕記》注，《吳語》並云：「荼，茅秀也。」《漢書·禮樂志》「顏如荼」，《注》曰：「荼者今俗所謂兼錐也。」（荼斜同。）

案《漢書·天文志》「有三星鋭曰罰」，《注》：「上小下大，故曰鋭。」上揭高注《淮南》釋筡，《廣雅》釋捈，《廣韻》釋梌並爲鋭。此筡（捈梌）之爲物，與𠆢之形合，一也。《廣雅》訓瑹珽爲笏。據鄭注《玉藻》，珽即大圭，杼上爲椎首，荼（瑹）圜殺其首。下爲椎頭，此特謂瑹首之角度不若珽之鋭耳。實則瑹珽雙聲，本皆圭類。《白虎通·瑞贄篇》「珪者兑（鋭）上」，《莊子·馬蹄篇》李《注》「鋭上方下曰珪」，《周禮·大宗伯》鄭《注》「圭鋭，象春物初生」。珽瑹蓋皆鋭首而略有程度之差別耳。此瑹之爲物與𠆢之形合，二也。《廣雅》訓斜爲茅穗，鄭注《禮經》，韋注《國語》並訓荼爲茅秀，秀亦穗也。顏注《漢書》謂俗呼荼爲兼錐，錐狀正合茅穗之形。此荼（斜）之爲物亦與𠆢之形合，三也。農具之筡（梌捈），禮器之荼（瑹），植物之荼（斜），其狀皆鋭首，與𠆢之形密合，而字皆从余，是學者謂𠆢爲余之初文，信而有徵矣。

然則余之本義，案指何物？觀𠆢之筆意與茅穗之形相距最遠，一望可知。茅穗稱荼，但以其形相仿佛，而余之本義不指茅穗，蓋可斷言。故欲求余之本義，植物之荼，可置勿論。所爭者惟在農具之筡（梌）與禮器之瑹，孰近本真耳。

禮儀之飾器無不起源於實用之工具，此器物演化之通例也。準此言之，禮器之瑹決不能早於農具之筡。然《淮南》所説農具之筡，似仍非此物之最初形態。《兵略篇》説陳勝舉兵「伐棥棗而爲矜，周錐鑿而爲刃，剡摲筡，奮儋钁，以當修戟強弩」，高《注》不釋筡義。《廣韻》：「篨竹名，又杖也。」《集韻》篨本作筡，是筡蓋竹杖，削其端爲鋭鋒，可以刺物者也。此其形雖與𠆢之鋭首相仿，然論其全形猶未切合。竊謂余之本義當指畬刀。元稹《酬樂天得微之詩知通州事因成四首》詩曰：「田仰畬刀少用牛。」古未有犁時，以刀耕，其刀即余也。以余耕田謂之畬，故畬田之刀謂之畬刀。畬字之最早見於記載者皆作動詞用，義爲發土除草。

《周頌・臣工》：「嗟嗟保介，維莫之春，亦又何求？如何新畬？」《傳》「田二歲曰新，三歲曰畬」，鄭釋「如何新畬」爲「如新田畬田何」？案《詩》曰「如何新畬」，如何疑問副詞，則新畬必係動詞。毛鄭不諳文法，其誤甚明。新與畬皆動詞也。《說文》曰「新，取木也」，《小雅・大東》「薪是穫薪」，新薪同。殺草與殺木皆曰新，新畬之新謂殺草也。新爲殺草，則畬義可知。

《易・無妄》六二：「不耕穫，不菑畬。」馬鄭《注》以畬爲三歲田，虞又以爲二歲田，均誤以爲名詞。實則耕穫菑畬四字皆動詞。董云「菑，反草也」，亦是。董遇《注》曰：「悉耨曰畬。」案《說文》「薅，拔去田草也」，籀文作茠，《廣雅・釋詁》三「林，除也」，耨薅茠林並同。董以耨訓畬，張以除訓林，是畬之言猶除也。除訓治，《說文》「畬，三歲治田也」，「治田」之義最古，「三歲」者後儒緣飾經書之曲說。《詩・采芑》「薄言采芑，于彼新田，于此菑畝」，此新田菑畝自是田名。昔儒徒以《工臣》「如何新畬」之新同於《采芑》「新田」之新，遂亦讀新畬爲名詞，而強分菑、新田、畬爲一二三歲之田，其說甚爲無謂。

知畬本訓除草，則余之本義亦可知。上文云古未有犁時，以刀耕，而其刀即余。然則余殆即犁之前身歟？試觀[字形][字形][字形]諸字，無不與犁之形制吻合。[字形]之形無論矣。[字形]長其豎畫以入△中，象木柄入鑿處也。發土除草之具，其柄宜曲，曲則用力少而功多，[字形]之豎畫引而左折，象其柄曲也。由此又進一步，柄之曲由一曲變爲二曲：[字形] 余之發展殆已達到其最高階段。至此，再益以衡軛而以牛負而引之，即爲犁矣。元詩「田仰畬刀少用牛」，用牛謂以牛犁之。畬刀與牛對舉，可證畬刀之用同於犁。《廣雅》攙捈並訓銳，《廣韻》「鑱，吴人謂犁鐵也」，鑱攙通，犁鐵謂之攙，亦可謂之捈矣。

在人類未知使用金屬之先，余必係石制。石制之余，即琜之濫觴矣。《禮記・玉藻》記琜之型類曰：天子搢珽，方正於天下也。諸侯荼(琜)前詘後直，讓於天子也。大夫前詘後詘，無所不讓也。疑珽當余中之[字形]，荼前詘後直，當余中之[字形]。所謂「前詘後詘」者亦荼也，不言荼者省文，此當余之二曲其柄者，如上圖，後世之如意，蓋亦出於此。鄭注云鄭云：「珽之言挺然無所詘也。或謂之大圭。長三尺，於杼上又廣其首方如椎頭，後則恒直。荼讀爲舒遲之舒，舒懦者，所畏在前也。詘謂圜殺其首，不爲椎頭，諸侯唯天子詘焉，是以謂笏爲舒。大夫奉君命出入者也，上有天子，下有己君，又殺其下而圜。」與經文不合，蓋瞽說也。【釋余　聞一多全集語言文字編】

◉徐中舒　余，甲骨作[字形]，金文作[字形][字形][字形]；舍，金文作[字形]，或从余作[字形]。舍與余不同處，僅有[字形]與無[字形]爲異。說文，舍，市居也，舍爲市居，爲人所止宿處，以舍之義訓，定余所象爲屋頂及梁柱形，當無大誤。【黃河流域穴居遺俗考　中國文化研究彙

刊】

◉高鴻縉　亇茅舍之本字。从屮亼會意。(屮同艸。亼屋宇也。象形。音集。)余。語之舒也。从八(口气越于形)。亇聲。亇與余古音均與我字近。我國第一人稱代名詞最初用我。殷末及西周時間亦通叚用亇。春秋中葉以後又通叚用余。漢以後始通用予。此皆可由甲金文證明之也。【散盤集釋】

◉李平心　卜辭常見下○(○或作○)，是與殷商經常交戰之國，舊或釋下旨、下危均不足信。聞一多先生在《釋余》一文中考定余余實即亇字之繁變。並説亇象農具之𣘻(梌)，亦即畬刀。我因受到他的暗示，久疑○即余之初文的倒書。後來又得到一些旁證，遂寫定初步考釋。

○或作亇亇，與「師艅𣪘銘」的艅之古籀舲所从之亇完全一樣。這也足證○即余的倒文。卜辭有一則云：

「丁未顯貞：亇方𠕋，雚妣辛家，今秋王其从□。」

亇方又作○方，見《南北・明》六六九。自是下余。亇方𠕋即征伐下余。

下余當即余無之戎。《後漢書・西羌傳》注引《竹書紀年》：

「大丁四年，周人伐余無之戎，克之，周王季命爲殷牧師。」

余無之戎，我以爲就是周之徐蒲。

《鄭語》：

「北有衛、燕、狄、鮮虞、潞、洛、泉、徐蒲。」

韋注：「潞、洛、泉、徐蒲皆赤狄。隗姓也。」

余無(徐蒲)即徐夷生息于北方的一部分，古有徐無山，在今河北玉田縣，此山當由余無之戎(徐蒲)定居而得名。後漢末田疇曾率宗族入徐無山。《三國志・魏志・田疇傳》。他是無終人，與徐無山近，終與徐余古爲雙聲，無終恐是余無的倒稱，周之無終之戎疑即余無之戎的苗裔。徐與秦、梁、葛、譚、江、黄等均嬴(盈)姓之國，古實赤狄，亦即隗姓，亦即鬼方，也就是史伯所謂「戎狄之人」。史伯爲周太史，見《鄭語》。他們原住西北。其後徐、淮、譚、江、黄等向東向南遷徙，無終之戎則向東北遷徙。徐譚和秦、葛、梁等國都與諸夏通婚，在社會、經濟、文物、風俗、語言各方面也逐漸與華夏同化，它們都是所謂夷夏混血之族。而徐蒲即余無之戎，與潞、洛、泉則停留在比較原始的生活狀況，並保留隗姓。

徐與邳(㚶)古本一族，故地望亦相近，徐邳與徐蒲、余無爲一聲之轉。

春秋，鄭有徐吾犯，徐吾即余無，是以部族爲姓；又晉頃公時有知徐吾（荅之曾孫），則是以戎族爲名。

余無、徐吾、徐蒲、徐邳，又聲轉爲修魚，《路史·國名記》作蕭魚。《秦本紀》末太史公曰：「秦之先爲嬴姓，其後分封，以國爲姓，有徐氏、郯氏、莒氏、終黎氏、運奄氏、菟裘氏、將梁氏、黄氏、江氏、修魚氏、白冥氏、蜚廉氏、秦氏。」可見修魚爲嬴姓。在《秦本紀》中，徐氏與修魚氏並見，並不妨礙他們爲一族，正和《潛夫論·志氏姓》羌氏羌憲氏爲一族是一樣的。古代同一部族分化爲若干分族，它們所用的氏名國名聲音仍極相近，這種例證在《潛夫論》、《路史》等書可以找到不少。

《左傳》定公四年：「殷民六族：條氏、徐氏、蕭氏、索氏、長勺氏、尾勺氏。」條、徐、蕭、索、勺古音皆相近，它們本爲同一部族所分。《逸周書·商誓解》列舉商之舊姓，有幾、耿、肅、執，當即耆（黎）、井（邢）、蕭、摯，而肅、蕭也就是徐，正如肅魚即是修魚。徐本爲殷商部族聯盟（子姓）之一員。

徐族一部分南遷，至遲當在商代。卜辭常見的攸，我以爲就是徐的同宗，攸與徐對文則異，散文則通，攸與修爲同聲之字，攸即修魚，亦即徐邳（妚），它與北方的余無之戎（徐蒲）爲同族，正如周代南方之吳與北方之虞爲同族。

《孟子·滕文公》引《逸書》云：

「有攸不惟臣，東征，綏厥士女，匪厥玄黄，紹我周王見休，惟臣附于大邑周。」

就文法來説，有攸明爲主辭，實即徐方，自來注疏家均訓有所，大謬。

上引《逸書》宋儒以爲是《武成》之文，這是據梅氏《僞古文尚書》爲説。就辭義推考，我以爲是《成王征》之遺文。《書序》：「成王東伐淮夷，遂踐奄，作《成王征》。」淮夷與徐方並爲一系。《費誓》所謂「淮夷徐戎並興」，《大雅》所謂「輔敦淮濆」、「濯征徐國」，都足證明淮徐同族。嬴姓諸國以鳥爲圖騰，淮夷即隹夷，亦即鳥夷，也是奉鳥圖騰之族。卜辭常見來屯與戠多屯用屯侯之文，乂字于省吾先生釋屯，甚確。屯我以爲即是被俘的淮夷。即淮浮淮酋獻祭在當時是很尋常的事。屯淮古爲同聲之字，與徐攸爲雙聲。古所謂東夷乃是並指徐方淮夷而言。孟子以周成王東征與商湯十一征同爲「吊民伐罪」之「義戰」，故二事連類並舉，並以成王征伐徐淮來比擬成湯征伐葛、韋、顧、昆吾夏后等國。所謂「有攸不惟臣」，即指「淮夷徐戎並興」，興即是舋，應訓寇擾。爲了鎮壓叛周的淮夷，成王周公大舉東征。這在西周彝器銘文中也可找到確證，説詳陳夢家先生著《西周銅器斷代》與拙著《甲骨文金文中所見方國考》。《逸書》云「綏厥士女，匪厥玄黄」，正如《師寰𣪘銘》云「毆俘士女羊牛」，《書序》云「俘厥寶玉」。《孟子》所謂「其君子實玄黄于匪以迎其君子，其小人簞食壺漿以迎其小人」，完全是對書義的誤解。孟子于史事古文穿鑿附會之説甚多，其書又爲孟氏之儒的後學所記，難保不錯。僞古文尚書作者把《孟子》所引《逸書》之文略加改竄，抄入僞《武成》

一篇中，後儒遂沿其謬，宋儒更大上其當。

有攸即條族。我們在前面説過，無終之戎就是余無（徐蒲）之戎，而無終與古之鳴條恰好是一聲之轉，鳴條與攸、蕭、徐、索、勺正是一族，也就是余無、徐蒲的倒稱，古音條與余徐鳴與無蒲並爲雙聲。

古邽戎所居之地分置上邽下邽二縣，⿰女丕（邳）族所居之地分名上邳下邳二城；余無之戎稱下余，情況與此略似。卜辭中有地名上⿱余皀，⿱余皀從皀聲，古讀如胥，與余、徐音近，疑即徐族所居而臣服于周者。上⿱余皀與下余正是對名。【釋下余　李平心史論集】

◉高鴻縉　按八非分開之分。亦非七八之八。乃象氣越于之形。故得語舒之意。[字形]聲。徐灝曰。舍古音讀若庶。故余以爲聲。舒緩也。語舒曰余。行舒曰徐。均副詞。

又按舍今有二義。一爲茅舍。名詞。一爲施舍。動詞。茅舍之舍原作[字形]。从[字形]。从亼。（屋極之象形文）會意。或作[字形]。从木。从亼。會意。皆謂草木房舍也。施舍之舍作[字形]。从口。口以命之也。[字形]聲。後人用字率皆通叚。施舍字兼代茅[字形]字。久之而[字形]字廢。

我國文字原無代名詞。皆叚借他字爲之。叚借之後更有不用叚借字而用同音之通叚字代之者。如第一人稱代名詞單數。本無專字。初借鋸之初字[字形]爲之。後遂用其同音字余吾予台卬㠯等字。周初通叚[字形]字。春秋末葉。始叚[字形]字爲之。皆因與我同音故也。【中國字例五篇】

◉李孝定　説文「余語之舒也。从八。舍省聲。⿱余余二余也。讀與余同」。絜文上似从亼。許訓集之亼。下似从中。或从木。其義不詳。而于卜辭則用爲余我字。絜文無从八者。許君以爲从八舍省聲。非。又説文余下出⿱余余一篆。以爲余之重文。鈕樹玉説文校録嘗疑之。沈濤古本考引玉篇謂。⿱余余即余字古本。余下當有重文。⿱余余注云「或从二余」。竊疑⿱余余爲余之籀文。段氏云。易困九四「來徐徐」。子夏作「荼荼」。王肅作「余余」。皆舒意也。是謂⿱余余乃余余二字。恐未然也。【甲骨文字集釋第二】

◉李孝定　金文用「余」爲第一人稱代詞，自爲假借；其本義殊未易言，衡之諸説，聞説於義較長。【金文詁林讀後記卷二】

◉朱歧祥　[字形][字形]　象矛戟之器，長幹矢鋒，示王者之威武。隸作余，我也。卜辭借用爲殷王自稱。卜辭又習言「王余」叠稱。殷文主詞用余；賓詞多用朕。【殷墟甲骨文字通釋稿】

◉黄錫全　[字形]余　此形同口部石經予，説見前。夏韻魚韻録《道德經》餘形同此。【汗簡注釋卷二】

◉戴家祥　說文二篇八部「余，語之舒也。从八，舍省聲。」三體石經多士「予其曰」。古文予作㑹，从舍，不省。古音予、余不但同部，而且同母。禮記曲禮下「予一人」。鄭注「予、余古今字。」按从余得聲諸字古書都與余字通借。易困之九四「來徐徐」。王肅本作「余余」，魯頌閟宮「荆舒是懲」。漢書建元以來侯者年表作「荆荼是徵」。左傳襄公廿三年「范鞅逆魏舒」。史記魏世家索隱引世本「舒」作荼」。鄭玄注考工記「荼，讀爲舒」。說文四篇予部「舒，伸也」。予聲同余，舍亦讀余，聲符重複。故舒，亦讀徐。說文二篇彳部「徐，安行也」。八篇人部「徐，緩也」。徐徐形義更旁字也。大雅常武「王舒保作」。毛傳「舒，徐也」。爾雅釋天「四月爲余」，釋文餘、舒二音。孫作舒。詩小明正義引李巡曰：「四月，萬物皆生枝葉，故曰余。余，舒也。」釋名釋州國「徐州。徐，舒也。土氣舒緩也」。戰國策齊策「楚威王戰勝于徐州」。高誘注「徐州，舒州」。召南野有死麕「舒而脱兮」。毛傳「舒，徐也。」說文六篇邑部「郐，讀若塗」。說文無塗字，段玉裁云「當作涂」。涂从余聲加旁从土，猶陳之别體作「塦」，畂之别體作「坔」是也。喻母四等歸入定紐，已爲曾君運乾證實。故郐、荼又可讀「同都切」。

金文「僕兒鐘」銘云：「曾孫僕兒余迭斯于之孫，據編鐘。余玆辂之元子。曰：於嘑！敬哉。余義楚之良臣，而迭之字父余邁迖兒，得其吉金鎛鋁，台鑄龢鐘，以追孝先祖」，阮元積古齋鐘鼎款識卷三第五葉。名之曰「楚良臣余義鐘」。孫詒讓踵其誤云：此鐘爲楚人僕兒作以祭其祖者。名原下第十四葉。後江西省高安縣出土古酒觶兩件，其一銘曰「郐王義楚詈其吉金作祭鍴」，其一曰「義楚之祭耑」。按左傳昭公六年秋七月「徐儀楚聘于楚。楚子執之。逃歸。懼其叛也，使薳洩伐徐。吳人救之。令尹子蕩帥師伐吳，師敗于豫章而次于乾谿。吳人敗其師于房鐘獲宮廄尹棄疾。子蕩歸罪于薳洩，而弑之。」是「僕兒鐘」作者爲徐儀楚之良臣，而非楚之良臣「余義」。徐儀楚爲徐國王，杜元顗左傳注謂「儀楚，徐大夫」。殊誤。

金文中有許多加口部形符而意義不變的字，如鼓作䵻，豐作豊，今作含等等。此舍和舍字，從銘文內容看當是余字。【金文大字典上】

 粹一一二郭沫若釋采文云乙未酌䜌品上甲十匚三丙三示壬三示癸三大乙十大丁十大甲十大庚十采三□□□三祖乙□□　 甲八七五朱書

 陳九八【甲骨文編】

 乙6390【續甲骨文編】

釆 釆盉作父乙卣 釆 釆卣【金文編】

◉許　慎　釆辨別也。象獸指爪分別也。凡釆之屬皆从釆。讀若辨。蒲莧切。乎古文釆。【說文解字卷二】

◉阮　元　案古文番作𠬢。見說文。此點畫同而少變。詩小雅采菽。平平左右。左襄十一年傳引作便蕃左右。蓋釆釆與平字形俱相近也。或釋作釆。非是。此作器者名。詩十月之交。番維司徒。豈即是人與。【積古齋鐘鼎彝器款識卷五】

◉林義光　按象獸足之形。丨象其掌。八象其爪。當即蹯之本字。古作釆。魯侯鬲番字偏旁。說文云。番獸足謂之番。从釆。田象其掌。按古作番。魯侯鬲。釆已掌指爪。其下不當復象掌形。从田者獸足所踐處也。與疃字从田同意。說文云。疃。禽獸所踐處也。番實與釆同字。【文源】

◉王　襄　釆古釆字。許說辨別也。【簠室殷契類纂】

◉高田忠周　此字从八。以平為象形也。古文未从八耳。又番。獸足也。从釆。田象掌形。然則獸足為番。番跡有痕。可見以分仌。此謂之釆。釆番轉注字也。書堯典。平章百姓。史記作便章。平即平之誤。又或作辨章。【古籀篇十九】

◉郭沫若　釆字七見，即說文「釆辨別也，讀若辨」之釆字，此假為燔。【卜辭通纂】

◉商承祚　案金文从釆之字如番與小篆同。則釆亦古文。平其省也。書堯典「平章百姓」鄭本作辨。案平古文作乎。與釆形近而誤改之。【說文中之古文考】

◉馬叙倫　沈濤曰。五經文字作象獸指爪之形。蓋古本如此。此正象形字。王筠曰。辨字句絶。謂其通用也。釆象形。與番一字。當以獸爪為正義。此云。象獸指爪分別也。番下云。獸足謂之番。足以明之。宷之重文作審。亦可證。番下云。田象其掌。田非字。蓋後增。徐灝曰。釆番古今字。⊕象獸掌。其形與土田字相溷。故又从釆建類。番以田象掌。本作⊕象形。中虛點白者。即其指爪。十其分理。與釆之四點八及丨同。古文作𠬢亦同。番古音重脣。讀若潘。與釆聲近。輕脣讀若翻。故又作蹞。朱孔彰曰。漢司農劉夫人碑有甄釆字。今作甄別。劉秀生曰。番聲辡聲古皆在並紐。故釆得讀若辨。詩小雅巷伯。捷捷幡幡。傳曰。幡幡猶翩翩也。儀禮鄉飲酒禮。衆賓辯有脯醢。注。今文辯皆作偏。是其證。倫按爾雅釋獸。狐狸貛貉醜。其足蹞。其迹厹。此下文番獸足謂之番。番或作蹞。然豈為獸足而造此字耶。若然。何以不為鳥亦造一專字耶。倫謂釆為掌之轉注字。𠬢音奉紐。掌从尚得聲。尚音禪紐。奉禪同為摩擦次濁音也。散盤敽字。吳式芬釋敵。是也。从支。釆聲。釆即𠬢也。𠬢。从𠬢。仌聲。仌音如別。別音並紐。故釆音轉入奉紐。釆則从又。仌聲。左文元年熊蹯字作蹯。後人加足旁也。服虔左傳注，蹯。熊掌。後人以熊是獸。獸有足無手。故廣雅訓蹯為足。而此亦以獸足為番。若爾雅多借字。其足蹞者。蹞謂其般曲。乃借字。猶其迹厹。厹為蹂之借字也。厹蹂異字。詳厹字下。釆中之𠂇即由甲文字作而變也。今杭縣謂手掌。正曰手底班兒。班即番也。番者。合釆而一之。猶厶為古文肱。本象肱形。今又加旁。蓋後起字。辨別也者。當作辨也。別也。古書以釆為辨。書堯典。平章百姓。大傳平作辨。白虎通引作釆。辨辯聲同。是其證。故許訓辨也。別也校者加之。或讀者校注辨字於釆下。謂讀與辨同。今本誤入正文耳。又疑說解本作番象形。今本為校者所改耳。或曰。辨別也者。宷字義。國語吳語。審物則可以戰乎。韋注。曰。辨。別也。是其證。讀若辨者。惠棟以古文作者。即尚書平章字。鄭本作辯章。史記五帝紀作便章。索隱曰。今文作辯章。古讀釆重脣音。故與辨同。卜辭。于岳亡从在雨。葉玉森釋為釆。謂借為膰。又貞邑□。蓋亦釆字。从。八聲。甚明也。急就篇。遠取財物主平均。皇象本平作辨。蓋故書作釆。傳寫易為。譌為平。校者以辨字音之也。釆盉卣作。

惠棟曰。古文尚書平章百姓。平𩛥東作。皆从此。偽孔傳作平章。乃字之譌。鄭氏尚書作辯章。云。辯別也。音誼與此合。倫按从又。八聲。【說文解字六書疏證卷三】

◉李孝定　卜辭作。與小篆形近。疑與番為一字。並象蹏远之迹。葉郭釋釆謂段為燔。其說可从。辭云。丙寅貞釆三小宰卯牛于□。丁卯貞于庚午酒釆于。己巳貞庚午酒釆于。庚午釆于岳又从才雨。釆于岳亡从才雨。癸酉卜又釆于六云六豕卯羊六。卜通二五九。其義為祭名。或言釆三小宰與卯對舉為用牲之事。蓋即周禮春官大宗伯「以禋祀祀昊天上帝以實柴祀日月星辰以槱燎祀司中司命飄師雨師」之義。鄭注云。禋之言煙。周人尚臭煙氣之臭。聞者槱積也。詩曰「芃芃棫樸薪之槱之」之祀皆積柴實牲體焉。或有玉帛燔燎而升煙所以報陽也。鄭司農云。實柴實牛柴上也。故書實柴或為賓柴。賈疏中之云。此司中司命等言槱燎則亦用煙也。於日月言實牲。至昊天上帝言禋祀。則三祀互相備矣。但先積柴。次實牲。後取煙。事列於卑祀義全於昊天作文之意也。所謂釆三小宰者。當讀為燔。蓋實三小宰於積柴之上燔之以祭也。二鄭所說雖為周禮。殷禮蓋已然矣。金文作。盉父乙卣。。釆卣。小篆中畫上端右屈。此則屈下端。並與栔文相近。【甲骨文字集釋第二】

◉劉釗　甲骨文有字作「」(《粹》一二二)、(《甲》八七五),郭沫若釋「釆」。後經學者研究為「小甲」合文,已成定論,郭說不駁自倒。

按甲骨文確有釆字,舊不識。其形如下:

其中間之「V」由兩筆構成，並各向上方斜出。釆卣釆字作「」，猶近初形，但中間筆劃已由兩筆改為一筆。金文釆字又作「」，或增田旁作「」、「」、「」（蕃所从），中間一筆已拉直。釆番本一字，番从田乃後所孳乳。學者多謂釆為番之省，實乃本末倒置。

甲骨文還有字作下揭形：

（《前》六・一二・三）　（《林》二一九九）

舊不識。按字从釆从攴，應釋為「敽」，即「播」字。《說文》播字古文作「」，即从攴作。金文播字作「」、「」，與甲文同。甲文釆字用作人名或方國名。敽字用為動詞，其義不詳。【甲骨文字考釋　古文字研究十九輯】

番

番　孳乳為潘魯侯鬲　番匊生壺　番生簋　番君鬲　番君匜　番君召鼎　番□白者君鼎　番□白者君盤　番□白者君匜　白者君盤　【金文編】

3・749　□番　番君鬲番字與此同　【古陶文字徵】

52　186　【包山楚簡文字編】

1658　1656　1655　1657　1659　【古璽文編】

番後私印　番忘之印　【漢印文字徵】

天璽紀功碑　尉番約等十二人　【石刻篆文編】

番　番　【汗簡】

說文　籀韻　【古文四聲韻】

◉許　慎　番獸足謂之番。从釆。田象其掌。附袁切。番或从足从煩。古文番。【說文解字卷二】

◉阮　元　案番古潘字。國名。路史。潘故縣屬上谷。有虞氏之後。【積古齋鐘鼎彝器款識卷一】

◉林義光　□采番寒韻音蹯　説文云。□辨别也。象獸指爪分别也。讀若辨。按象獸足之形。□象其掌。□象其爪。當即蹯之本字。古作□。魯侯鬲番字偏旁。説文云。番獸足謂之番。从采。田象其掌。按古作□魯侯鬲。□已掌指爪。其下不當復象掌形。从田者。獸足所踐處也。與疃字从田同意。説文云。疃。禽獸所踐處也。番實與釆同字。【文源卷一】

◉高田忠周　字亦作蹯。爾雅釋獸。貍狐貒貈醜其足蹯。左宣六年傳。宰夫胹熊蹯不熟。蓋謂丒爲播古文。將播種粒在于手也。丒與丑同。丷象形也。楚辭九歌。□芳椒兮成堂。此爲正字正用。而播番同音。故借□爲番。許氏未詳。【古籀篇十九】

◉葉玉森　□即番，疑並叚爲燔柴之燔。……疑□仍米之變體，或番與覔義本相同。□米形亦相近，故古人通用之歟？【殷虚書契鉤沈】

◉郭沫若　□即《説文》「釆，辨别也」之釆字，此叚爲燔。【卜辭通纂】

◉商承祚　丒　案此與叉義同。屈原九歌。「□芳椒兮成堂。」漢幽州刺史朱君碑。「□芳馨。」魏横海將軍吕君碑。「遂□聲兮方表。」皆叚古文番爲播。【説文中之古文考】

◉馬叙倫　丁福保曰。慧琳音義八十九引作从田。釆聲。象獸掌文。與今本異。存疑備參。倫按。獸足謂之番。校語也。當逸於釆下。而改此説解爲釆或作番。盖□、番皆釆之異文。如今篆。當爲从丒。釆聲。餘見釆下。字見急就篇。顔師古本作蕃。盖急就故書作釆。傳寫者易之。寫急就者每以本書重文易故書字也。魯矦鬲作□。番君鬲作□。□。

□　段玉裁曰。此形聲也。宋保曰。煩聲。番煩同部聲相近。倫按此以同脣音諧聲也。爲釆之轉注字。【説文解字六書疏證卷二】

◉楊樹達　釆番一字，一有掌，一無掌耳。許分爲二字，非也。釆□番丒皆象形，蹯从煩聲。釆番煩古音同在寒部，爲同音字。【文字形義學】

◉高鴻縉　按此左傳熊蹯之初字。田象形。釆聲。番蹯蹞皆一字。丁福保曰。案慧琳音義八十九卷十三頁。番注引説文。从田釆聲。象獸掌文。與今本異。存疑備參。今按慧琳引本較正確。今本當據正。【中國字例五篇】

◉李孝定　高田氏以説文番之古文丒，爲播之正字，謂「將播種，粒在于手也」。可从。【金文詁林讀後記卷二】

◉黄錫全　□番　鄭珍云：「《説文》部首釆古文爲□，郭氏此部元本其古文釆。此□係古文番，與下竝。」□番鄭珍云：「當

宷

作，與部首互易。」【汗簡注釋卷一】

◉戴家祥　高鴻縉所釋可備一説，林義光謂釆番同字，高田忠周謂播之古文，均無確據，有待再考。

説文二篇「番，獸足謂之番，从釆田，象其掌，蹞番或从足从煩，古文番」，按番字从釆，象獸爪分別之形，从田爲獸足所踐處也。玉篇五零三番或作蹯，加足旁以彰釆爲獸足。金文番皆用作地名或人名。【金文大字典上】

白者君匜　番仲𢦚匜　番伯酓匜　潘又从邑省　鄱伯酓匜　宷　説文篆文作審韻寶作寀五祀衛鼎　余寀貯田五田【金文編】

宷　效五〇　八例　説文審篆文宷从番　簡文从沯　法四七　十九例【睡虎地秦簡文字編】

審禮都印　審長私印　審小孺　啟審　審福【漢印文字徵】

石經顧命　兹予審訓命汝　説文宷篆文作審【石刻篆文編】

審　審　上同竝見義雲章【汗簡】

説文　竝義雲章　宷古文【古文四聲韻】

◉許　慎　宷悉也。知宷諦也。从宀。从釆。徐鍇曰。宀。覆也。釆。別也。包覆而深別之。宷。悉也。式荏切。審篆文宷。从番。【説文解字卷二】

◉林義光　宀者深象。辨宀爲審。釆番皆辨之聲借。【文源卷十】

◉商承祚　宷説文「審。篆文从番。」則宷乃古文。【説文中之古文考】

◉馬叙倫　鈕樹玉曰。韵會作从宀釆。沈濤曰。廣韵四十七寑引諦作諟。玉篇亦云。知宷諟也。王筠曰。知宷諦也蓋庚注。若是許説。則既云悉也。悉篆即在下文。不必諄復也。嚴可均曰。釆番聲在元類。奥从𢍶聲。古文𡩟作。蓋从古文釆聲。則轉入幽類。幽侵對轉。是宷从釆審从番亦聲也。幽通賦。遠、玷、協音。此元侵通也。商承祚曰。審爲篆文。則此是古文也。倫按采爲掌之轉注字。無辨別義。許言从宀采。盖奪聲字。采音並紐。審之古音蓋如潘。莊子應帝王。鯢桓之審爲淵。俞先生樾謂審借爲瀋。司馬彪注。審當爲蟠。崔譔本作潘。是其證。廣雅釋言。審。並也。此以聲訓。亦可爲宷从采得聲之證。潘音滂紐。古讀審歸透。滂透皆破裂次清音。故轉爲式荏切耳。宷之从宀。猶察之从宀矣。實爲奧之異文。悉也盖即下文悉字義。悉亦从采得聲也。知宷諦也校語。當入宀部。

審倫按急就多倉頡中正字。而急就有審無宷。豈彼本作宷而傳寫從通用字改之耶。抑漢書藝文志。倉頡文字多取史籀篇。而篆體復異。所謂秦篆者也。則籀篇雖於建武中已亡其九。特原本殘失。其字固在倉頡中也。許本倉頡及揚雄訓纂而作此書。書以秦篆爲主。以其與籀篇及古文經傳中篆體不同。故參考古籀以定其體。詳自叙下。安得復出篆文。且如羑下曰。小篆。已於例不符。□字玉篇以爲播文。夫古籀奇或皆爲吕忱所加。則是重文盡出於吕氏矣。此許書本無重文之證。疑本書所載重文中之篆文。爲庾儼默或校者所增。彼時倉頡未亡。倉頡有復字。見於漢志。此盖即倉頡中復字。許所刊落。而庾或校者不諦其恉。復拾而録之。以倉頡詞義而知其爲復字。故列爲重文。而名曰篆文。是以丽麗巜畎厹蹂義實非一。而亦列爲重文。不然。何據而以形義絶異之字斷其爲重文乎。不然。則校者取於石經。二之篆文作丄。固見於正始石經也。石經以而爲麗。畎爲巜。蹂爲厹。故據以爲重文耳。【説文解字六書疏證卷三】

◉銀雀山漢墓竹簡整理小組　吏宷從事不免於罪臣主俱困而無所辟患……明本「卑亦有罪」下作「甚于夏殷之王，民力殫乏矣而不免於罪，嬰恐國之流失而公不得享也……」，與簡本出入較大。《説文》以「宷」「審」爲一字，簡文「宷」字从「心」从「宷」，當是「審」之别體。【銀雀山漢墓竹簡壹】

◉黄錫全　宷審　夏韻中此字與上列番字並注出《説文》，此脱注。今本《説文》宷字正篆作宷，下又出「審」，篆文宷，从采」。胡光煒、商承祚先生列《説文》宷爲審字古文。鄭珍認爲「更篆，从古文采」。【汗簡注釋卷一】

宷審　鄭珍云：「宷从宀从采，審之正體。此从冂从米非。」按金文采字作采（盉作父乙卣）、采（采卣），番字作番（番匊生壺）、番（番君鬲），宷字作宷（五祀衛鼎），並从米或米，似「米」，此「米」形類同。巖、小、豐、内本《尚書》審作宷。

宷上同並見義雲章　五祀衛鼎審作宷，古璽作審（《古籀彙編》2.7），此形類同（夏韻寢韻録作宷）。秦漢簡牘變作審、審等（篆隸2.3），漢印作審、審（漢印徵2.2）。从曰變从日，類似否字作否（晉公簋）、又作否，舌字作舌（姑馮句鑃）、又作舌（説文古文）等。【汗簡注釋卷三】

悉 □

□ 悉 說文所無 爲四 【睡虎地秦簡文字編】

□ 詛楚文 今又悉興其衆 【石刻篆文編】

□ 悉 【汗簡】

□ 古尚書 息 忎 □ □ □ 竝崔希裕纂古 【古文四聲韻】

◉許 慎 □詳盡也。从心。从采。息七切。□古文悉。【說文解字卷二】

◉商承祚 □說文「恖。古文悉。」案囟。離婁闓明也。明于心也。是悉之義也。【說文中之古文考】

◉馬叙倫 鈕樹玉曰。韻會作从心采。桂馥曰。詳盡也者。當是詳也。盡也。通鑑臧質復魏主書。省示具悉姦懷。注云。詳也。盡也。釋詁。悉。盡也。尚書大傳。悉。盡也。莊二十九穀梁傳。以其用民力爲已悉矣。注。悉。盡也。王筠曰。玉篇。悉。盡也。詳也。倫按詳也者。詳借爲識。即識字義。詳識字下。盡也是本義。悉爲務之異字。以心言故从心。以力言故从力。穀梁廿九年傳。以其用民力爲已悉矣。可證也。从心。采聲。鍇本作从心采。蓋捝聲字。亦或爲不審音者所妄刪也。采聲並紐。故重文作□。从心。囟聲。囟讀若明。音在明紐。並明皆雙脣音也。采聲之字。可轉入敷紐。瀌字是也。敷心同爲摩擦次清音。故悉音息七切矣。此與宷从采得聲而音入審紐同也。【說文解字六書疏證卷三】

◉黄錫全 □悉《說文》悉字古文作□，所从之□與《說文》睦字古文□、省字古文□等字所从之□形近而字有別，舒連景認爲「殆自之譌，从自从心，古文息字也」(《說文古文疏證》)。再證以此文，□應是□譌。古璽鼻字有作□(字表4.4)，□即自，知舒說甚是。悉屬心母質部，息屬心母職部，二字音近，是六國古文假息爲悉。薛本作恖，依《說文》古文隸作，嚴本作悉，九本作□(悉寫譌)，與詛楚文□、《說文》正篆□類同。郭見本當作恖，以隸作古。夏韻質韻録作□，與今本《說文》古文類同。【汗簡注釋卷四】

釋 □

□ □石經君奭 天弗庸釋于文王受命 古文借澤爲釋 【石刻篆文編】

□釋立出義雲章 □釋 【汗簡】

■義雲章 ■古老子 【古文四聲韻】

◉許　慎　釋解也。从采。采取其分別物也。从睪聲。賞職切。【説文解字卷二】

◉馬叙倫　王筠曰。从采下采字似衍文。又似即睪字之譌。蓋此句本在从睪下也。嚴章福曰。説文大例當但言睪聲。倫按許書説解中重出及迂回者。或書經缺奪而後人妄爲補綴。或是校語譌入也。許書大例。但爲聲者。上無从字。此言从睪聲。明有奪譌而經補綴矣。字在采部而言采取其分別物也。亦非許文。王筠疑之。是也。倫謂解也者。譯字之訓。三篇。譯。傳譯四夷之言者。非本訓。然傳譯四夷之言。正謂能解四夷之言耳。是譯當訓解也。國語吳語。乃使行人奚斯釋言于齊。釋言謂解釋。正譯字義。可證也。又經傳釋字爲舍字義者。即借爲捨。爲赦字義者。即借爲赦。然則釋之本義亡矣。或从睪采聲。與審从采得聲同。爲睪之轉注字。睪音喻四。審與喻四皆摩擦次清音也。或爲釋之譌。詩生民。釋之叟叟。爾雅樊光注引釋作淅。正釋字義也。疑此字出字林。【説文解字六書疏證卷三】

◉黄錫全　■釋並出義雲章　夏韻昔韻録作■，■同石經米，此形脱筆。三體石經釋字古文作■，借澤爲釋。古璽釋作■（璽彙1873）。釋釋二字音義同，《説文》今列二部。鄭珍云：「注當作釋。」【汗簡注釋卷二】

■半　秦公簋　【金文編】

〔一九〕〔五六〕〔二五〕〔五一〕〔一二〕〔一九〕〔六九〕〔四〕〔四〇〕

〔五三〕〔五二〕〔七九〕〔七九〕〔七八〕〔十〕〔一〕〔八〕〔七九〕

〔七八〕〔七八〕〔七八〕〔四〕〔七九〕〔八〕〔八〕〔五二〕〔二〕

〔四〕〔四〕〔二〕〔七〕〔四〕〔八〕〔二五〕〔一二〕〔四七〕〔一二〕

〔二五〕〔四七〕〔三六〕〔四七〕〔三六〕〔三六〕〔七〕〔三六〕〔三一〕

〔一二〕〔二五〕〔三六〕〔七四〕〔二五〕〔三六〕〔一二〕〔三六〕〔五一〕

【先秦貨幣文編】

 圜半睘　展版肆貳　 仝上　典上編二二七頁　 仝上　 仝上　 仝上　【古幣文編】

 半　秦一七九　三十二例通畔　頃——法六四　 效六　二例　 法八八　 法六四　【睡虎地秦簡文字編】

 1272　 1270　 1276　 3431从八从斗，郯布半字作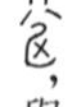，與璽文同。【古璽文編】

 半　【汗簡】

 汗簡　【古文四聲韻】

◉許　慎　半物中分也。从八。从牛。牛爲物大。可以分也。凡半之屬皆从半。博慢切。【説文解字卷二】

◉馬叙倫　朱駿聲曰。此實即判之本字。或曰。即胖之古文。故从牛。倫按朱前説是也。四篇。判。分也。判亦八借爲分之後起字。八判同雙脣破裂音。半爲分之轉注字。判爲半之後起字。副剖辦劈剥。又分之轉注字。半从八。牛聲。凡牛羊犬馬皆因其鳴聲而名之。牛部。牟。牛鳴也。則古讀牛當如牟。史記律書。牛者。冒也。周書周祝解牛與茅協。皆足證古讀如牟。後以同鼻音次濁音轉入疑紐耳。牟音明紐。是半可从牛得聲也。左傳。在軍。熟食者分而後敢食。説苑分作半。公羊莊四年傳。師喪分焉。何休訓分爲半。是半爲分之轉注字。小即借八爲分之轉注字也。鍇本作从八牛。盖捝聲字。或校者不知半爲从牛得聲。故删聲字。而注之曰。牛爲物大可以分也。本訓分也。物中分也校語。秦公𣪘作□。字見急就篇。【説文解字六書疏證卷三】

◉李先登　按「□」字，从斗从半省，即半字。《廣韵》「□」字注：「五升。」過去在戰國陶文中很少發現有半斗者。而「□」字在戰國金文中卻是常見的。【河南登封陽城遺址出土陶文簡釋　古文字研究第七輯】

◉黄錫全　□半　鄭珍云：「《説文》半次釆後，此與目録竝然。」秦公𣪘半作□，古璽作□、□（璽文2.2）《説文》正篆作□。【汗簡注釋卷二】

◉許　慎　□半體肉也。一曰廣肉。从半。从肉。半亦聲。普半切。【説文解字卷二】

◉馬叙倫　嚴可均曰。韻會十五翰引作从肉从半。沈濤曰。一切經音義二引。胖。半體也。周禮腊人注。杜子春云。禮家以胖爲半體。正與許合。今本肉字衍。洪頤煊曰。周禮腊人。薦脯膴胖。鄭注。鄭司農云。膴。膺肉。杜子春又云。膴胖謂夾脊肉。又云。禮家以胖爲半體。胖膴同物。廣肉當是膺肉之譌。王筠曰。當依玄應引删肉字。廣字不知爲何字之譌。若謂肥也。則古無謂肥爲胖者。玉篇廣韵皆不引此句。集韻始引之。知爲唐以後所附益。翟云升曰。當入肉部。倫按夾脊肉者。本書。胂。夾脊肉也。是字當爲胂。其初文爲寅。詳寅字下。又膴下曰。無骨腊也。則鄭司農謂膴膺肉者。膴从無得聲。無半並屬脣音。借膴爲胖耶。倫謂腊人薦脯膴胖者。脯謂乾肉。膴謂無骨腊。則胖亦其類也。惟胖爲何肉不可得證。禮家以胖爲半體。特禮家之一説。亦未可以爲本義也。然字从肉。半聲。當入肉部。本訓半也。以聲訓也。校者以其从肉。乃因禮家説而增半體也。一曰。廣肉。又後校者詞。此字或出字林。【説文解字六書疏證卷三】

◉許　慎　□半也。从半。反聲。薄半切。【説文解字卷二】

◉馬叙倫　叛爲半之轉注字。半反皆脣音也。吕氏春秋尊師。説義不稱師。命之曰叛。淮南齊俗。談語而不稱師。是返也。返即叛之借字。御覽引作叛。是叛从反得聲之證。段玉裁以爲半亦聲。非是。叛字見倉頡篇。見顔氏家訓引。【説文解字

牛

六書疏證卷三】

甲五二五 甲六九五 甲七九五 甲二二六七 甲二九一六 甲三四二二 乙三二一九 乙三三三一 拾一・一四 戩二・二 戩七・八 戩二四・五 前六・一四・七 後一・五・八 後一・二七・七 粹三九 佚四六 佚六六九 明藏四三二 明藏四七〇 寧滬一・二五〇 乙六九六四貞聿乂弗其來牛 後二・二一・一〇黃牛見合文二二 乙九〇七一𢆶牛見合文二二 【甲骨文編】

甲2 85 125 196 202 244 373 377 525 2356 3622 乙161 412 5393 5701 6223 6399 6469 6583 6715 6738 6964 7061 7094 7261 7295 7544 7767 7781 7955 8024 8406 8421 8424 8461 8660 8672 9008 9071 9087 9093 珠25 152 308 341 726 1011 1099 乚43 64 福18 佚146 153 154 382 387 401 669 873 884 889 續1・27・1 1・30・5 1・46・10 1・53・2 2・15・2 4・25・4 掇461 徵2・20 2・32 3・4 3・8 3・13 3・40 4・4 4・5 4・6 4・30 8・15 8・18 8・20 8・50 8・52 8・53 8・72 8・86 京1・32・4 京1・36・2 1・36・3 1・18・2 凡2・2 10・1 録307 龜乚47 48 粹342 新2134 【續甲

骨文編】

牛叔卣 召鼎 卯簋 師袁簋 友簋 鄂君啟 車節 鄂君啟 舟節 【金文編】

3·1155獨字 4·107匋攻牛 5·127咸☐阝宁牛 【古陶文字徵】

〔三六〕 〔六二〕 〔三六〕 【先秦貨幣文編】

刀大齊夻化背 亞六·七頁 刀尖典一一六四 【古幣文編】

一：四六 宗盟類參盟人名區牛 【侯馬盟書字表】

125 200 203 246 【包山楚簡文字編】

牛 日乙七〇 四十九例 效四四 十六例 【睡虎地秦簡文字編】

1206 3927 1205 1209 1210 1212 1215 4744 4746 4910 【古璽文編】

牛鞸長印 封多牛 牛牢賀印 牛禹 牛郎私印 牛樂之印 牛長子 【漢印文字徵】

禪國山碑 顯箸汁牛 【石刻篆文編】

牛 【汗簡】

汗簡 【古文四聲韻】

◉許 慎 大牲也。牛。件也。件。事理也。象頭三封尻之形。凡牛之屬皆从牛。徐鍇曰。件若言物。一件二件也。封。高起也。語求切。【說文解字卷二】

◉孫詒讓 《説文·牛部》：「牛，事也，理也，象角頭三、封尾之形也。」《羊部》：「羊，祥也，從𦍌，象四足尾之形。」《豕部》：「豕，彘也。竭其尾，故謂之豕。象毛足而後有尾。古文作□。」是三字本皆屬象形，唯小篆皆整齊以就篆法，故僅約略形似，周代金文已然。龜甲文「牛」亦多作「□」，與《説文》略同。「羊」多作「□」，散趨簡易而大致亦同。唯「豕」字則皆象形作。其「牛」、「羊」二字亦間有象形者，則並與小篆絶異，足見契之初軌。但牲獸形狀多相類，不易識別，今就三文遺見者合校之，庶得其正也。【契文舉例卷下】

◉羅振玉 卜辭中牛字或从二。或从乚。乃象箸横木之形。其文曰十牛。曰□牛。知亦爲牛字矣。【增訂殷虚書契考釋】

◉高田忠周 葢牛之用。主于牲。故先云大牲。牛件也。件事理也。疑注家説。轉寫者誤爲本文耳。説文無件字。或云。許氏元作牛事理也。件也件三字爲後人竄入。牛與事理皆疊韻也。事即使理即治。亦通矣。又篆形。∪爲兩角。丨爲頭及頸骨。一以指封隆之處。非尾也。卜辭羊字作□。亦同意耳。【古籀篇八十九】

◉孫海波 卜辭又作□者，象牛角箸横木，説文告下云：「牛觸人，角横木，所以告人也。」【甲骨金文研究】

◉商承祚 其作□□形者。以文誼觀之。亦是牛字。考説文告。「牛觸人。角著横木。所以告人也。」即此意。金文舀鼎夘毀作□。師袁毀友毀作□。【甲骨文字研究（下編）】

◉葉玉森 □羅振玉氏曰。説文解字屰不順也。从干。下凵屰之也。□爲到人形。示人自外入之狀。與逆同字同意。商承祚氏曰。秦繹山石刻逆字从□。尚存古誼。後世小篆移一于中間。形益晦矣。森桉。□乃牛字。【殷墟書契前編集釋卷六】

◉王　襄 説文解字：「牛，事也，理也，角頭三封尾之形也。」（依段氏本）契文之牛上象二角，下象封與尾之形，角上或著木。又告字下云：「牛觸人，角箸横木，所以告人也。」契文牛之或體作□、□，爲箸木形，與許説合。而篆文告所从牛字無著木之形，此亦字形與説不合者。按卜辭所見家畜野獸名皆爲象形字。惟牛字不然，其初文象形字至殷已亡或不習用，□、□、□皆後者也。然父癸尊之□、牛觚之□，皆爲牛之象形字，牛首鼎之□爲牛首形，以羊首爲羊字之例相證，應是牛字。許書羊字下引孔子曰：牛羊之字以形舉也，東周之季象形牛字尚存，故孔子云然，而契文無之，其故難説。【古文流變臆説】

◉馬叙倫 段玉裁曰。今説解非許文。本作事也。理也。與羊祥也馬怒也武也一例。淺人不知此義。乃改之云。大牲也。牛件也。件事理也。嚴可均曰。件當作侔。集韻十八尤韻會十一尤皆云。侔或作件。知件即侔之隸省。大徐誤讀其聱切。以爲新修十九文之一。角頭韻會引作頭角。徐承慶曰。件。事理也。句。尋其文義。疑非本文。當是後人爲牛件也之注語。王筠曰。牛件也。件事理也二句。支離。蓋後人增也。師袁毀牛字。蓋器並作□。倫按本草綱目引許慎曰。牛。件也。牛爲大牲。可以件分事理也。其文象角頭三封及尾之形。與今本不甚同。未詳所據。説解蓋本作侔也。以聲訓也。牛則隸書複舉字也。侔誤爲件。讀者遂增大牲也一句。復不敢删牛件也之句。因增件事理也以解之。傳寫遂成今文。象角頭三封尾之形者。本作象形。者。从後視之之形。校者乃加角頭等六字。甲文作。曶鼎作。友設作。字見急就篇。【説文解字六書疏證卷三】

◉高鴻縉 按代二12鼎有字。又同頁鼎有字。俱象正面牛頭及其兩角兩耳之形。並無封尾。甲文牛字正由此簡化。名詞。牛乃反芻偶蹄類。原爲野生。後變爲家畜。體大力強。堪爲人役。牝牡皆有角。

鈕樹玉新附攷。經典及漢碑並無件字。玉篇雖有件。而在人部末俗字中。所引説文云云。則後人本新附增也。……説文當是牛牽也。牽。事理也。今作件者。蓋後人改。……則牽正與事理合。故疑件爲牽之俗字。牛字注中。斷非原文【中國字例二篇】

◉李孝定 説文「牛。事也理也。各本作『大牲也。牛。件也。件。事理也。』此據段注改。定按。各本牛下説解固覺不辭。段氏所改亦未愜人意。以意度之。當以作『大牲也』三字爲是。象頭角三封尾之形。凡牛之屬皆从牛。」絜文作。徐戴二氏以爲只象頭角形。其説是也。羅氏增考牛下並收諸形。孫海波文編从之。按此數形。嚴一萍分釋爲犻犙犑等字。其説是也。金文牛作曶鼎卯盦師寰簋友簋。其下均作橫畫。與小篆同。【甲骨文字集釋第二】

◉戴家祥 牛在銘刻圖騰中有作等形，皆象正面牛頭及其兩角耳之形，並無封尾。金文牛作，當由此簡化。象牛頭角之形。【金文大字典中】

牡

甲六三六　乙二三七三　前一・二九・五　前一・二〇・五　後一・二五・一〇　戩二三・一〇　粹三〇八　粹三九六　拾一・四　粹五五三　京津三一三一　寧滬一・二二六　甲二四八　或从羊　甲三八七　乙八六九三　乙八八五七　粹三九六　佚一八〇　存下・七九七　前一・二八・五　林二・一三・四　滬寧一・四六　燕六五五　河二六三　鄴三下三四・六　乙一七六四　或从豖　乙八八八一

○ 乙八九〇七 乙九〇三七 無想二四三 前六四七・四 戩四二・九 乙四六〇三 前七・一

七・四 或从鹿【甲骨文編】

甲248 387 636 1272 2386 3005 3069 乙983 1764 2373

2854 2854 3684 3890 4508 4544 4603 5312 5328 7261

8693 8857 8895 8907 9037 佚180 181 569 986 續1・15・7

1・16・2 2・2・6 2・22・3 2・22・9 2・23・3 2・23・9 徵11・122 京

1・32・2 凡11・2 録236 333 369 504 鄴三34・5 誠152 六束82 續

存1502 1612 粹79 251 308 329 336 396 396 552 553

新1124 2943 3131【續甲骨文編】

牡 从土 剌鼎 盠壺 从馬不从牛 四駄汸：詩烝民作四牡彭彭【金文編】

牡 日甲一一背 九例 日甲六六背【睡虎地秦簡文字編】

古老子 崔希裕纂古【古文四聲韻】

◉許 慎 牡畜父也。从牛。土聲。莫厚切。【説文解字卷二】

◉羅振玉 説文解字。牡。畜父也。从牛土聲。此或从羊或从犬或从鹿。牡既爲畜父。則从牛从羊从犬从鹿。得任所施。牡或从鹿作麀。猶牝或从鹿作麀矣。又牡字从丄。—即古文十。乃推十合一之士。非从土地之土。古者士與女對稱。故畜之牡亦从士。【增訂殷虚書契考釋中】

◉王國維 牡，案説文云。畜父也。从牛土聲。然詩三百篇。牡在尤韻。不與土同部。卜辭牡字皆从丄。丄古士字。孔士云。推十合一爲士。士字正丨(卜辭十字)一兩字之合也。古者士在之部。牡在尤部。之尤二部音最相近。牡从士聲。形聲兼會意也。士者男子之稱。古多以十女連言。牡之从士與牝之从匕同意。匕者妣也。【戩壽堂所藏殷虚文字考釋】

◉林義光 按土非聲。古作□(剌𪒆彝)。从牛从士。即事之本字。(見士字條。)牡者任事。故从士。【文源】

◉葉玉森 森按契文牡作□□□。从牛羊豕不同。惟从丄則一。丄字是否爲土。於契文上頗有疑問。契文土作□□□□□等形。从土之字如□壆□𦬅□坴□(疑與上爲同字□𨑒等。)竝作□□□。無別構作丄者。至林王二氏从士之說。予亦懷疑。固古以士女連言。無連言士妣者。考契文王一作丄(前編卷三第二十四葉)。□(牡□對二字之偏旁亦作丄。)卜辭以王賓與匕某對稱。古或以王與匕二字表陰陽二性。故通用於獸畜。畜父从王。畜母从匕。厥後誤丄爲丁。(契文丂字。嗣土敢亦以爲考字。)乃孳乳考字歟。【說契 學衡三十一期】

◉王國維 龜板文有麈字。亦牡字也。又段謂从土取土爲水牡之意其說非也。段引或說土當作士。士者夫也。其說則是。【劉盼遂記說文練習筆記 國學論叢一卷二號】

◉商承祚 說文牡。「畜父也。从牛土聲」。此或从羊、或从犬、或从鹿。牡既爲畜父。故得任所施也。案許君以爲土,王林二氏以爲从士,葉氏以爲从王(𤝛對二字亻从王,誤),皆未確當。牡从丄牝从□,乃雌雄體之象形文也。【甲骨文字研究(下編)】

◉郭沫若 然則祖妣之朔爲何耶?曰祖妣者牡牝之初字也。卜辭牡牝字無定形,牛羊犬豕馬鹿均隨類賦形,而不盡从牛作。其字之存者今表列之如次:

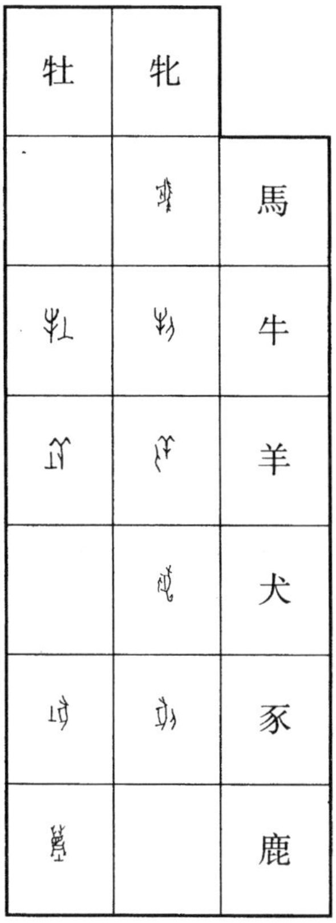

〔備考〕鹿之牝爲麀，石鼓文丙鼓有此字作麀，亦从匕，迺僅存之古字而卜辭適缺，則所缺之牡馬、牡犬字亦所應有者矣。統觀上表所列，均从丄匕象形。丄匕爲何？丄匕即祖妣之省也。古文祖不从示，妣不从女。其在卜辭祖妣字有下列諸形：

祖　□前一卷一葉。　□同九葉。　□同葉。　□同十一葉。

妣　□前一卷卅七葉。　□同卅二葉。　□同葉。　□同卅八葉。

是則且實牡器之象形。故可省爲丄；匕迺匕柶字之引伸，蓋以牝器似匕，故以匕爲妣若牝也。

余案「匕者比也」迺後起之說，其在母權時代，牡猶不足以比牝，遑論牝比於牡。「推十合一」之說亦必非士之初意。孔子之意殆謂士君子之道由博返約，然士爲士女之士實遠在士君子之士以前。故此與「一貫三爲王」之說，實不免同爲望文生義之解釋，丄若果爲十與一之合，則土亦何不可爲十與一之合耶？據余所見土、且、士，實同爲牡器之象形。土字古金文作□，卜辭作□，與且字形近。由音而言，土、且復同在魚部，而土爲古社字，祀於內者爲祖，祀於外者爲社，祖與社二而一者也。此於下尚有說。士字卜辭未見，从士之字如吉，於作□形後上十九葉四片之外，多作□後下九葉一片林二卷十葉一至四片□前五·十六葉四片□同上　□同上一片諸形，是士字古亦作□□□若□矣。金文吉字有作□旂鼎若□𠥎殷者，與卜辭之从□作者同。此由形而言與土、且實無二致。士音古雖在之部，然每與魚部字爲韻。如射義禮論引詩「曾孫侯氏」八句以舉、士、處、所、射、譽爲韻，詩常武首章以士、祖、父、武爲韻，武本作「戎」，據江有誥校改，士字段玉裁王念孫入韻江不入韻，以射義按之，當以入韻爲長。是士字古本有魚部音讀也。又今人之所謂古音實僅依據周、秦、漢人文之韻讀以爲說者，周以前之音，茫無可考。周秦以後音有變，則周以前之音，至周亦必有變。余謂其變且必甚劇烈，蓋殷周之際禮制之因革頗彰，而文字之損益亦甚著，則如士字蓋古本讀魚部音而轉入之部者，未可知也。牡从土聲而讀在尤部者，亦同此說。尤魚二部亦有爲韻之例，如民勞二章以怓韻休、逑、憂、休者，是也。是故士女對言，實同牡牝、祖妣。而殷人之男名「祖某」，女名「妣某」，殆以表示性別而已。【釋祖妣　甲骨文字研究】

◉馬叙倫　沈濤曰。一切經音義九引。牡。畜父也。雄也。詩云。駉駉牡馬。牝。畜母也。雌也。蓋古本如是。又玄應書十六引。牝。畜母也。雌也。牡。畜父也。雄也。二十二引。牝。畜母也。雌也。十九及二十四引。牝。畜母也。雌曰牝。五引皆同。則今本實有缺奪。不得疑玄應誤引他書也。又徐鍇云。解經者多言飛者曰雌雄。走者曰牝牡。以字體言之。則然。然據爾疋釋鳥。鷯鶉。其雄鶛牝庳。春秋左傳云。龍一雌死。雌雄牝牡之類不可一概而不分。又不得偏滯而拘執云云。似小徐所見本。亦有雌雄二義。故解釋之如此。今小徐本無者。當是後人據大徐本妄刪耳。丁福保曰。慧琳音義四十六牡牝。注。引説文。牡。畜父也。雄也。牝。畜母也。雌也。沈乾一曰。牡。古音冒。詩並驅從兩牡兮。諧道好韻。王國維曰。牡。古音在尤部。與土聲遠。卜辭牡字皆从⊥。⊥古士字。孔子曰。推十合一爲士。⊥正丨古文十字一之合矣。士音古在之部牡音尤部。音最相近。牡。从牛。士聲。羅振玉曰。甲文牡字有作□□者。或从羊。或从犬。或从鹿。牡既爲畜父。則从牛从羊从犬得任所施矣。倫按士爲大之譌字。不从十一。見士下矣。郭沫若謂土士且王皆牡器之象形。倫謂郭説似是而非。甲文牡字从⊥。當从之。⊥即牡之初文。本書也訓女陰。也聲歌類。今俗謂女生殖器聲在皮、比之閒。皮聲固歌類也。而皮、比之發音機關爲脣。此下文牝爲畜母。而音在明紐。雙脣音也。皮音在並紐。亦雙脣音也。从匕得聲。而匕音在封紐。亦雙脣音也。倫以爲八篇之匕訓相與比敘者。實比字義。匕从反人。固無比敘之義。蓋□爲象形之文。象形字而以異其地位表示意思者。亦必視而可識。若反人爲匕。而義爲相與比敘。視之而未能即辨也。倫謂匕實與也一字。原爲象形之文。而篆變爲□。爲□。省爲□。譌爲□。或□。又譌爲□耳。後乃加女爲妣。以名人類之陰性者。加牛爲牝。以名獸類之陰性者。加鳥爲雌。見甲文本書作雌。以名禽類之陰性者。以此相例。男性之生殖器。亦必有其象形之文。倫謂其初文蓋作□。甲文有□□。衛聚賢謂此乃男女二生殖器之合形。蓋爲祖妣之合文。□之省變爲□。⊥音讀如牡。今讀牡聲近冒。而聲在幽類。元人小説中罵人語曰鳥。今江、浙人罵人鄙語曰卵。聲在鸞亂之閒。而今杭縣紹興呼男生殖器聲近鳥。亦近弔。鳥弔聲亦幽類。本書茆、虊皆訓鳧葵。茆虊音皆來紐。則轉注字也。茆聲亦幽類。而茆从丣得聲。丣卯實一字。見茆字下。卯、冒音皆明紐。古讀來歸泥。明泥同爲鼻音。則其聲轉入鸞、亂之閒矣。北方呼男生殖器曰雞巴。巴音封紐。封明同爲雙脣音。則其語亦猶一也。本書十四篇之□。即□之到文。詳□字下。然則其字固在。⊥加牛爲牡。正與匕加牛爲牝同。牡音明紐。牝音並紐。同爲雙脣音。牡聲古當在之類。而牝之音轉爲母。母聲亦在之類。又轉音爲媽。聲入魚類。牡聲亦轉入魚類。復轉爲父聲。亦入魚類。疑初謂生殖器止一音。後以男女而小異之。□變爲⊥。形與甲文之□或作⊥者。同。故剌鼎牡字及此皆作从牛土聲之字矣。玄應引雄也。校語也。牝下亦然。字見急就篇。【説文解字六書疏證卷三】

◉馬叙倫　又如他(指王國維)説牡字，根據了甲文裏寫做□和□，他以爲是从士得聲，他説：「古音士在之部，牡在尤部，之尤二部音最相近，牡从士聲，形聲兼會意也。士者，男子之稱，古多以士女連言，牡从士與牝从匕同。匕者比也，比於牡也。」這是他不滿意於説文裏説的「从牛，土聲」，他以爲土是士的錯誤。其實牝牡的初文是匕士，匕士又是也□的寫誤。(也是「女陰」，説文裏説得對的，「清朝人有死争它不是「女陰」，説它是匜字的，這都因爲女陰是很褻瀆的字面，其實造字的哪管這些事。」

「了」字説做「尥也」，就不曉得説到哪裡去了。這定不是許慎的原文。連這部也怕不是許慎原本有的。「了」字當是的變誤，象男性的生殖器，甲文裡牡字寫做，裡面的丄字就是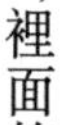的省寫，正和「存」「在」本是一個字，「在」字裡的土字是字的變誤一樣。）也了本是男女生殖器的象形字，男性牛就加一個了字，女性牛就加上一個也字，做他們的名稱，因爲金甲文裡土字寫來和丄字一樣，所以説文裡會變做土，其實既不从土，也不从士，況且士是大的變誤。詳在疏證裡。大和人是一個字，（古書士女連説的，是借士做男，士字的發音在牀紐，古音牀紐歸在定紐裡的，男从田得聲，田的發音也在定紐。）怎樣可以人和牛會意做牡字？【中國文字之源流與研究方法之新傾向　馬叙倫學術論文集】

◉楊樹達　甲文有⿰羊土麈字，羅振玉云：「説文：牡，畜父也，从牛，土聲。此或从羊，或从犬，或从鹿。牡既爲畜父，則从牛从羊从犬从鹿得任所施。牡或从鹿作麈，猶牝或从鹿作麀矣。」又有⿰羊匕⿰豕匕⿰馬匕諸字，羅氏又云：「説文：牝，畜母也，从牛，匕聲。母畜對牡而稱牝，殆猶母對父而稱匕。羊豕犬亦有牝，故或从羊，或从豕，或从犬，或从馬。詩麀鹿之麀，乃牝之从鹿者，與⿰羊匕⿰豕匕⿰犬匕⿰馬匕諸字同，乃諸字皆廢而麀僅存，後人不識爲牝之異體而別構音讀，蓋失之矣。」並見增訂殷虚書契考釋中卷廿柒下。樹達按：自羅氏爲此説，治甲文者靡然從之，略無異議。余於一九四零年夏重讀甲文諸書，心竊疑焉。蓋以爾雅釋獸釋畜及説文牛部馬部諸文觀之，物色形狀，辨析綦詳，事偶不同，別爲一字。蓋畜牧時代之殘遺也。假令牛羊鹿犬種類各殊，祇以牝牡相符，即爲一字，以此校彼，詳略懸殊，揆之事情，殆不當爾。況母牛爲牝，母鹿爲麀，牝麀既不同文，牡⿰豕匕麈⿰犬土安能爲一字？羅氏不據牝麀之不同，推求諸文之異字，乃反疑麀別爲音讀之非，幾於欲以一手掩天下之目矣。故余據爾雅釋獸「鹿牡麚」之文釋麈爲麚，據「豕牝豝」之文釋⿰豕匕爲豝，據釋畜「牡曰騭，牝曰騇」之文，釋⿰馬土爲騭，⿰馬匕爲騇，據「羊牡羒牝牂」之文，釋⿰羊土爲羒，⿰羊匕爲牂，嘗以其説書告郭君沫若，郭君復書深然余説。然余當時但據理推論，無確證也。近讀胡厚宣商史論叢殷代婚姻考，引卜辭一則云：「辛巳，貞其𠦪生于妣庚妣丙，牡，⿰羊匕，白豕？」又一則云：「△△貞△𠦪生于妣庚妣丙，△牝，⿰羊匕，⿰豕匕？」原文拾柒頁下，今見粹編叁玖陸片。一以牡⿰羊土連言，又其一以牝⿰羊匕⿰豕匕連言，若如羅説，文乃絕不可通，二辭不啻爲吾説作確切之證明，羅氏之言，不待攻而自破矣。

文成後，得讀殷契卜辭載瞿潤緡説云：「⿰豕匕牝⿰馬匕⿰犬匕⿰虎匕麀雖皆從匕，而種類各異，不必爲一字。今⿰豕匕⿰馬匕⿰虎匕⿰犬匕諸字不見於字書，然牝麀尚異其音讀。」釋文六葉。知於羅説持異議者固有人也。【釋麈⿰羊土⿰羊匕⿰豕匕⿰馬匕　積微居甲文説】

◉朱芳圃　土聲固非，如改爲士，亦牽附難通。余謂丄即矛之異文，金文懋字有作左列形者：

宅毁　召尊　小臣遯毁　帥鼎　史懋壺

其所从之矛作丄，是其明證。牡从丄，聲諧同音也。【殷周文字釋叢卷上】

◉高鴻縉　按字意當爲公牛。从⊥牛。會意。順成名詞。⊥字意爲雄。周時改从士牛。會意。从士爲雄。亦猶詩以士女對稱也。秦漢改从土聲。牡後世用爲雄獸之通稱。如牡羊牡馬。間亦借以代大字。如牡丹牡蠣牡齒。【中國字例四篇】

◉李孝定　按説文。「牡。畜父也。从牛土聲。」又「牝。畜母也。从牛匕聲。易曰。『畜牝牛吉。』」許君之意牝牡實該他畜言之。蓋通偁也。故牝下引易以明其義。如牝但言牛母。則牝牛爲不辭矣。又許書「特朴特牛父也。」此據大徐本説解。小徐本作「特牛也」。則牛父偁特。不偁牡也。羅氏於栔文牡𦍩𧱏塵諸文悉釋牡。牝𦍒𤜣𩡧𧱎𧆞麀諸文悉釋牝。按之許書之例殆無可議。許書省麀字。訓牝鹿當别論。然就栔文立説。則楊氏之言是也。蓋通言則同。析言則别。許書之牝牡通言之也。栔文之牡𦍩𧱏塵牝𦍒𤜣𩡧𧱎𧆞麀則析言之也。卜辭諸文降及漢代殆已無傳。故許書不録。至爾雅之麌豝騭騇羒牂諸文。蓋爲後起。爾雅一書爲後世經生解經之作。其成不自一人一代。説文亦兼録諸文。唯無騇字。其義與爾雅亦大同小異。羊部「羒牂羊也」。段注改牡羊也。「牂牡羊也」。段注改牝羊也。豕部「豝牝豕也。一曰二歲能相把拏也。詩曰『一發五豝』」。馬部「騭牡馬也」。鹿部「麌牡鹿」。楊氏以此諸文分當栔文諸字。其意極是。唯謂塵即麌。𤜣即豝。𦍒即牂。𦍩即羒。𩡧即騇。則仍未安。蓋釋古文字當於形音義三者求之。今塵𧱎𦍩𦍒𩡧之與麌豝羒牂騇。其義固相同。其形殊不相涉。而卜辭諸文之音復渺不可求。固不能僅執其義類相同一點遽仞爲一字。而置形音於不顧也。栔文諸字其用有别。誠如楊氏之言。本書爲甲骨文字典。自當以卜辭義例爲主。謹師楊氏之意。除牝牡二文收爲牝牡外。其餘諸形分收於羊豕犬馬虎鹿諸部之末。以爲説文所無字。栔文牡字蓋从牛士。會意。士亦聲。郭説是也。馬氏謂从⊥爲∩之省寫。匕士爲也了之誤。更不惜虚構一∩形之了字以實其説。迂曲無徵。説不可從。金文作牡刺鼎。與小篆同。【甲骨文字集釋第二】

◉聞　宥　我們但看爾雅、廣雅等所記：同樣是「去勢」，對馬稱騬，對牛稱犗，對羊稱羯，對豕稱豶，對犬稱猗；甚至同樣是對牛，用椎的稱劅，用刀的稱劇。又看同樣是雄性，牛稱牡，羊稱羒，鹿稱麌，馬稱騭。這些文字雖然後起，但這些詞語必是早有的。所以在甲文的時代，同樣是𧱿沈，對牛、羊、犬、豕等等不可能都讀𧱿；或者更可能都不讀𧱿。同樣是雄性，對牛、豕、鹿，也不可能都讀牡。高本漢在漢字諧聲譜新編裏否定了牡的「土聲」是正確的。但他認爲，在卜辭裏，从牛有時也可以从羊或从鹿，都讀爲mog，則仍是爲王國維的説法所誤。【釋年　社會科學戰綫一九八一年一期】

◉李孝定　説文謂牡从土聲，而古文牡不从「土」；王國維氏謂从士、士亦聲，乃形聲兼會意也，於説爲長。朱氏謂⊥爲矛之或體，説似未安。屈翼鵬氏以⊥爲勢，説亦可通。銘云：「用牡于大室」，祭祀用牲，卜其牝牡，爲卜辭恆例，金文則僅一見，代異則禮殊，可于此覘之；卜辭於諸牲之性别、毛色、年歲，各有專字，而金文少見，亦可略窺社會風習之轉移矣。【金文詁林讀後

記】

◉徐中舒　⊥用以表示雄性家畜或獸類，結合不同獸類的形符，分別爲雄性之牛、羊、豕、馬等之專名，楊樹達謂當爲麌、爲驚、爲羒……各有專名，區分明確，後於農業社會中如此區別已無必要，漸爲死字，乃以從牛之牡爲雄畜之通稱。【甲骨文字典卷二】

◉戴家祥　䭾乃牡之別構。說文二篇「牡，畜父也。从牛土聲」。牛馬均是牲畜，故可作形符交換。如牢之爲窂，逐之爲遯等。此从馬土聲，蓋指雄馬。【金文大字典中】

犅　犅

前二·七·一　前二·一七·六　前二·一七·七　前二·一七·八　前二·一八·一　前二·一八·二　前二·一八·三　後一·二三·二　林二·二三·九　林二·二一·二　簠地八　寧滬二·一四七　寧滬二·一四八　燕四二六　【甲骨文編】

續3·29·1　徵2·8　【續甲骨文編】

犅　从牛从剛省靜簋　大作大仲簋　犅刦尊从羊　【金文編】

◉許　慎　犅特牛也。从牛。岡聲。古郎切。【說文解字卷二】

◉孫詒讓　金文大鼎云：「王召走趣馬雁命取卅匹，易錫大。」二字皆說文所無，以形聲求之，次字从馬从岡，當與「犅」聲義略同。說文牛部「犅，特牛也。从牛，岡聲」。特，牛父也。犅即公羊文十三年傳之騂「犅」，毛詩魯頌閟宮作「騂剛」。金文靜敢有字，从牛从剛省，亦即犅之變體也。「[illegible][illegible]」者，即驪白雜毛之牡馬。以其方偁馬，故易牛而以「馬」注其旁矣。此例形聲變易金文甚多，今不悉箸。【名原卷下】

◉羅振玉　說文解字。犅。特牛也。从牛。岡聲。此从剛省聲。靜敢亦有字。與卜辭正同。大中敢羊犅字又作。卜辭又有作者。【增訂殷虛書契考釋中】

◉王　襄　古犅字，。剛字重文。【簠室殷契類纂】

◉高田忠周　犅即特牲也。吳氏古籀補云。此从牛从剛省。當即古犅。此敓爲至當。王以吳邑之黍與呂邑之犅。行饗攽之禮也。詩閟宮。白牡騂剛。最古文唯用剛。後从牛作犅。岡固剛省也。劉氏古文審云。即割字。从牛从刀。从。即鬲字。乃其聲也。王以吳乘鬴割饗者。乘者登也。以其臣名吳者。登之鬴鬴。而割牲以饗禮。食三老五更于大學。天子袒而割牲。是也。此爲失敓。今正云。【古籀篇八十九】

◉葉玉森　古鉢文亦作。【殷虛書契前編集釋卷二】

◉孫海波　。前二・七・一。說文。犅。特牲也。从牛。岡聲。經典皆以剛爲之。此从剛。與金文同。卜辭用爲地名。癸丑卜。在犅貞。王旬亡𡆥。【甲骨文編】

◉郭沫若　䭾當與犅同意。犅爲特牛。則䭾當牡馬。【大鼎　兩周金文辭大系攷釋】

◉馬叙倫　沈濤曰。詩閟宮正義引作特也。蓋挩牛字。初學記御覽引同此。段玉裁曰。當依正義無牛字。嚴章福曰。犅特連文。特下曰。朴特。牛父也。御覽八百九十八引作犅特。余謂此引犅特者。犅下文。非特下文。今此犅下當言。犅。特。牛父也。特下當言。犅特也。蓋許書大例如此。倫按犅爲牛父。則犅即牡之轉注字。牡音明紐。犅从岡得聲。岡音微紐。同爲鼻音次濁音也。說解本作特也。或牡牛也。牛父也校語。或字林訓。甲文作。静𣪘作。【說文解字六書疏證卷三】

◉林潔明　按䭾字說文所無。當爲从馬岡聲之字。孫詒讓郭沫若並以爲與犅字聲義畧同。則以䭾爲牡馬。高田忠周氏謂字从馬。从馬蹄在山上。以爲驚字異文。按字从岡作甚顯明。高田忠周之說殊覺牽附。非是。當以孫郭二說近是。【金文詁林】

◉高鴻縉　按刀部剛字下考知，网與岡剛同音。則此處知剛與犅同字。【中國字例五篇】

◉李孝定　說文：「犅，特牛也。从牛，岡聲。」此从牛剛省聲。羅釋犅。可从。孫謂通剛者，實假剛爲犅也。卜辭犅爲地名。金文作静簋大簋，與絜文同。【甲骨文字集釋第二】

◉戴家祥　說文五篇「觲」字注引詩曰「觲觲角弓」，今本毛詩小雅作「騂騂角弓」。集韻下平十四清觲觪同字，垶垶同字，是𣪘銘「易芻羊犅」，即騂犅。公羊傳文公十三年「周公用白牲，魯公用騂犅」，何休注「白牲，殷牲也。騂犅赤脊，周牲也。」高田氏闡伸吳大澂說是也。静𣪘吳、呂犅應依容庚、楊樹達作人名解。唐韻犅讀「古郎切」，見母陽部。【金文大字典中】

特

[篆]石碣避車避敺其特【石刻篆文編】

[古文]特　[古文]特【汗簡】

[古文]義雲章　[古文]汗簡【古文四聲韻】

◉許　慎　[篆]朴特。牛父也。从牛。寺聲。徒得切。【説文解字卷二】

◉強運開　[篆]此字薛鄭皆作孫。施宿以爲時字。潘迪音訓與施宿同。楊升庵吳玉搢俱作畤。並誤。趙古則作特。是也。張德容云。今宗視石本。右下作寸甚明。必非孫字。但時字文義亦不甚明了。恐當是特字。説文特。特。牛也。小徐作朴特牛父也。楚詞天問。焉得夫朴牛。王逸張楫皆云大也。玉篇廣韻俱作犦。下文有避敺其樸句。朱竹垞云。樸雖从木。疑古與犦通。容按當即朴字。説文朴。木皮也。樸。木素也。古朴樸通用。漢書以敦朴爲天下先可證。若據楚詞作牛訓。則兩敺其文義顯然並可。無疑於樸之从木矣。運開按。張氏此説頗精。當从之。【石鼓釋文】

◉馬叙倫　鈕樹玉曰。韻會作特牛也。嚴可均曰。朴特。禦覽八百九十八引作犅特。王筠曰。禦覽朴字作犅。非。吾鄉呼牡牛曰朴牯。承培元曰。繫傳作特牛也。鉉加父字。以與下文牝畜父也爲對。朴字義不可通。按初學記引説文特牛下有⿰牛莫牛。⿰牛莫盖犦之譌。舊許書特下當有犦篆。鄭珍曰。以初學記所引推之。雖節録。可見許書舊當如此。盖犅訓特牛。即次特。訓犦牛。又次犦。訓牛父三文遞訓。其皆爲牡牛互明。傳寫初誤犦作樸。繼又省樸作朴。犦既希見。誤即茫然。俗因删特注朴牛。而以朴父也一篆一訓移作特注。又增一朴字。作朴特。遂如今本。繫傳特訓特牛也。止誤犦作特。犦字或原有。俗從鉉删。鄭知同曰。洪氏楚詞補注偁説文。特。牛。牛父也。言其朴特。以意增改。尤不可通。楚詞天問。焉得夫朴牛。據北山經。敦薨之山多旄牛。郭注。或作犦牛。犦牛見離騷。則楚詞古本作犦。當是許君所采。其改犦作朴。正與説文同。徐灝曰。疑説文本有犦篆。訓爲特牛。故玉篇因之。而特本訓牡牛。傳寫譌捝。後人又加之竄改。遂不可讀耳。張行孚曰。鄭説非也。朴謂質朴未離。牛之未犗者。朴同樸。廣韻云。犦牛未劇。玉篇云。劇同犍。犗也。論衡量知篇。無刀斧之斵者謂之朴。此其證也。凡牛馬之未犗者皆曰朴。荀子臣道。若馭朴馬。是也。若謂楚詞之朴牛與説文之朴特皆當作犦。則荀子之朴馬亦當作驜乎。初學記之犢字乃樸之譌。倫按本書。墣。重文作圤。是朴犦聲通之證。此朴特二字當删。朴者犦下之音。校者所旁注。而誤入正文者也。特者隸書複舉字之未删者也。觀禦覽引作犅特。可知。承鄭之説不

牝

誤。樸从菐得聲。菐音並紐。特音定紐。同爲破裂濁音。是轉注字也。亦牡之轉注字。牡音明紐。明並同爲雙脣音也。樸自爲牛父。非未犗牛也。廣韵之説蓋附會朴字爲之。荀子之朴馬。自爲未經訓練之馬。義各有指。語各有原。不可相牽引也。然樸字蓋字林文。故今本不存也。鍇本作特牛也。玉篇作牡牛也。鍇本特字。亦隸書複舉字。牛上則捝牡字。牛父也疑校語。或字林訓。字見急就篇。【説文解字六書疏證卷三】

◉朱歧祥　象牛首身尾之形。長其體，示大牛也。相當《説文》特字。卜辭有「黄特」，爲殷祭牲。【殷虚甲骨文字通釋稿】

◉黄錫全　特義雲切韻　鄭珍云：「直从古目當作，《禮記》特多从直，蓋秦漢閒別體。」夏韻德韻録此字作，是。恆𣪘直作，侯馬盟書作、。《爾雅・釋水》「士特舟」，釋文「特，本或作犆」。馬王堆漢墓帛書《經法》特作直。

特　石鼓文特作，此寺形同石經，説見前侍字。鄭珍認爲「更篆，從石經寺，下兩文同」。夏韻德韻注出《汗簡》，知此文下早已脱注。【汗簡注釋卷一】

後一・二五・一〇　匕形誤為刀　前五・四三・五　戬二三・一〇　餘四・二　乙五三八六　乙五三九四

佚二二一　粹一六三　前一・三三・七　牝牡見合文二二　前五・四三・六　或从羊　前五・四四・一

甲八七五　甲二四八九　佚六七八　粹三九六　寧滬一・二八一　明藏五六一　或從彳　乙四六〇三

鐵一五・一　或从豕　前四・一一・五　後二・三六・七　菁一一・五　戬四三・五　甲二八〇

甲二三二三　甲三〇二二　甲三〇七〇　後一・二五・一二　乙五六八九　寧滬一・二八二　陳一三

後二・五・一〇　或从犬　前六・四六・六　或从馬　甲二四〇　或从虎　拾一三・一〇　乙五五八九

佚六六四　乙一九四三或从廌　前六・四六・七　不知所从何獸　【甲骨文編】

甲248　280　2323　2489　2956　3022　3070　3508　乙1943　2833

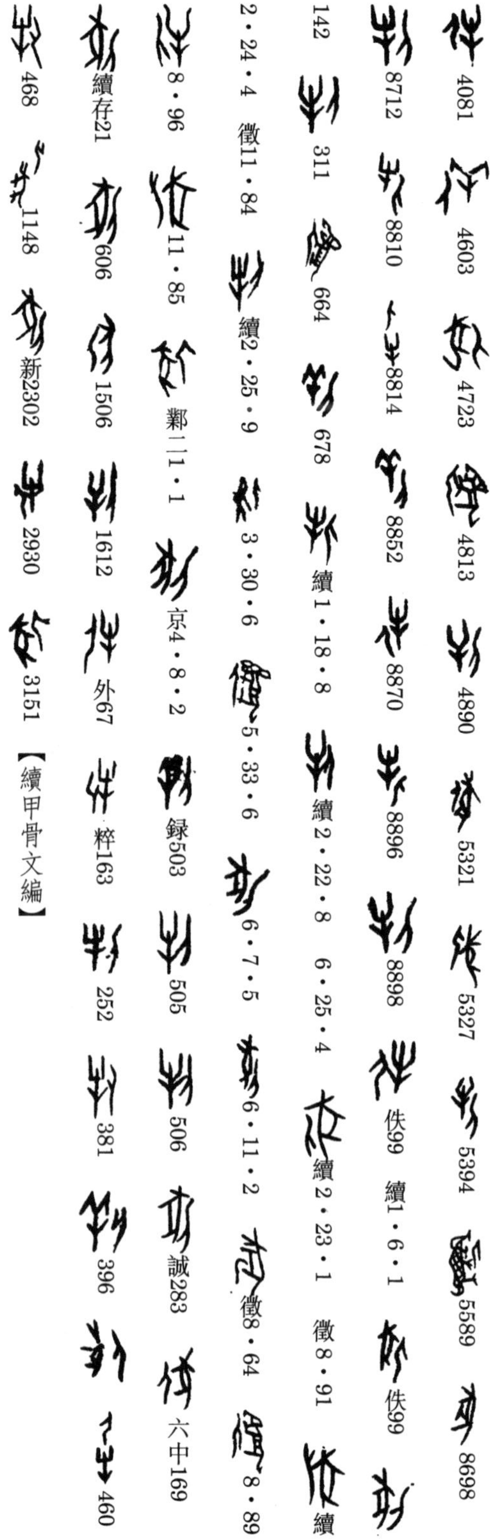

4081 4603 4723 4813 4890 5321 5327 5394 5589 8698
8712 8810 8814 8852 8870 8896 8898 佚99 續1·6·1 佚99
142 311 664 678 續1·18·8 續2·22·8 6·25·4 續2·23·1 徵8·91 續
2·24·4 徵11·84 續2·25·9 3·30·6 5·33·6 6·7·5 6·11·2 徵8·64 8·89
8·96 11·85 鄴三1·1 京4·8·2 録503 505 506 誠283 六中169
續存21 606 1506 1612 外67 粹163 252 381 396 460
468 1148 新2302 2930 3151

【續甲骨文編】

牝　雜三二　七例　封二二　二例　【睡虎地秦簡文字編】

◉許　慎　畜母也。从牛。匕聲。易曰。畜牝牛吉。毗忍切。【説文解字卷二】

◉羅振玉　卜辭中有牝牡二字合書作者。似卜兼用牝牡。或仍是牝字。疑不能明也。母畜對牡而稱牝。殆猶母對父而稱匕。羊豕犬亦有牝。故或从羊。或从豕。或从犬。或从馬。詩麀鹿之麀乃牝之从鹿者。與羒豝犯駜諸字同。乃諸字皆廢而麀僅存。後人不識爲牝之異體。而別搆音讀。蓋失之矣。【增訂殷虛書契考釋】

◉王　襄　古牝字。牝或从豕。从犬。从羊。从虎。从馬。無一定。羅叔言先生云。麀亦牝之異體。後人別構音讀。失之。【簠室殷契類纂】

◉葉玉森　牝之異體作諸形。羅氏疑仍是牝字。非也。當爲牝牡合文。殆卜兼用牝牡。如卜辭云「□□卜貞☐之于高妣☐牡牝」。殷虛文字第二十三葉之十。亦兼卜牝牡者。卜辭中牝字有从牛羊犬豕馬五形。疑从牛即言牛之牝。从羊即言羊之牝。从犬从豕亦然。用牲之禮如是。故分別書之。从馬二形卜辭殘缺。後一駜字上亦微損。【殷虛書契前編集釋】

◉商承祚　説文牝，「畜母也，从牛，匕聲。」此或从羊，或从犬，或从豕，或从馬，或从隹。牝牡不限于牛，凡動物皆有牝牡也。又

有牝牡二字合書者，疑殷禮用牲牝牡不合用，此作□者，兼之也。【甲骨文文字研究(下編)】

◉強運開 □此篆阮橅天乙閣本作□。蓋誤。薛尚功作扯。楊升庵吳玉搢作桒。潘迪作識。王述庵以爲石本尚存半字作騂。張德容云。諦視石本。左邊爲馬爲音俱未可定。右邊上半確是作□。非丠。王氏誤也。今據安氏十鼓齋所藏弟一本橅拓如上。確係作□。運開按。弟一鼓麀篆下羅振玉云。説文麀。牝鹿也。从鹿。牝省。不言其聲。後世讀呦。案麀即牝字古文。牝字見商人卜辭者。或从牛作牝。或从羊作羝。或从犬作犯。或从豕作豝。或从馬作馲。牝爲畜母本不限以何畜。此麀字从鹿。蓋與从牛从羊等同例。其字从匕从鹿。匕亦聲。段先生謂牝本从匕聲。麀音蓋本同。其説甚確。又按。段注並云。左傳思其麀牡。曲禮父子聚麀。皆謂即牝字也。據此則此篆作□。正與卜辭古牝字从馬从匕者同。當即指牝馬而言。定爲古牝字之異文可以無疑矣。【石鼓釋文】

◉馬叙倫 王筠曰。小徐無此篆。張次立補之。羅振玉曰。母畜對牡而稱牝。殆猶母對父而稱匕。羊豕亦有牝。故甲文或从羊作□。或从豕作□。或从犬作□。或从馬作□。詩麀鹿之麀。乃牝之从鹿者。與羝豝犯諸字同。因諸字皆廢。而麀僅存。後人不識爲牝之異文。而別構音讀。失之矣。倫按古稱女性者曰妣。甲文亦作妣。因而於畜母則曰牝。老子。是謂玄牝。釋文。牝。頻忍反。舊云。扶比反。是古讀牝音如妣。鳥母則曰雌。雌从此得聲。此亦从匕得聲。則匕爲語原矣。餘見牡下。字見急就篇。【説文解字六書疏證卷三】

◉張秉權 像這種牝牡之字，有時也分開來寫成二個字的，例如第(25)辭中的牝字，便是寫成匕牛二字的(丙編一五三)。這和標志毛色的黎字一樣，有時分開來寫作□牛二字，有時合書作□，有時則省掉牛字而僅作□，如第(18)例中的二條卜辭，一作黎牛，一作黎(續一・三一・二)，就可以知道卜辭中通常所見的那個□字，實在就是黎牛二字的合書。至于牝牡黎黄各種的牛，是否有特定規格的用法，在卜辭中，一時還很難加以十分肯定的判斷，不過，大致説來，對于男性先祖的祭祀，很少看到用特別注明的牝牲的，而對于女性先妣的祭祀，則以用牝牲的居多，但也常常可以看到用牡牲的卜辭。【祭祀卜辭中的犧牲　歷史語言研究所集刊第三十八本】

◉金祥恆 甲骨文牡作□，牝作□。牡所从之土，郭鼎堂謂土士且王皆牡器之象形，原始民族祖先崇拜之男根。牝所从之匕，馬氏謂與也一字，説文也，訓女陰也。故後加女爲妣以名人類之陰性者，加牛爲牝，以名獸類之陰性者，牛加土以名獸類之陽性者。从土之字，今見於甲骨文者有牛、羊、豕、鹿，从匕者有馬牛羊犬豕鹿虎隹□。羅叔言先生於殷虚書契考釋云：「卜辭中有牝牡二字合書作□者，似卜兼用牝牡，或仍是牝字，疑不能明也。母畜對牡而稱牝殆猶母對父而稱匕。羊豕犬亦有牝故或从羊、或从豕、或从犬、或从馬，詩麀鹿之麀乃牝之从鹿者，與⿰羊匕⿰豕匕⿰犭匕⿰馬匕諸字同。乃諸字廢而麀僅存，後人不識爲牝之異體而別構音讀，蓋失之矣。」今考爾雅釋獸「馬牝曰騇牡曰騭」，甲骨文有[illegible]爲騇之本字，而騇乃後起之形聲字从舍或从草作騲，廣雅「牝馬曰騲」。顔氏家訓書證十七「詩云駉駉牡馬……何限騲騭乎」，「騲騭」蓋其證也。魏志杜畿傳：「杜畿爲河東太守課民畜牸牛草馬。」晉書涼武昭王傳：「家有騧草馬生白額駒。」草馬者騲馬也，蓋不从馬，僅其音也。

从羊之⿰羊匕，爾雅釋獸云：「羊牝牂。」説文同。如詩苕之華「牂羊墳首」，鄭注「牂牝羊也」。甲骨文作[illegible]，乃牂之本字矣。从豕之⿰豕匕乃豝之本字，説文「牝豕也。从豕巴聲」，詩召南「一發五豝」，爾雅釋獸「豕牝豝」。从隹之⿰隹匕乃雌之本字，説文云「鳥母也。从隹比聲」，甲骨文作[illegible]。至如从犬之⿰犭匕，从虎之⿸虎匕，从[illegible]之[illegible]，不見於今日之字書經籍，亦不見記載，或嘗以雌、母名之故也。

从土之⿰羊土，爾雅釋獸「羊牡，羒」。則⿰羊土爲羒之本字，説文又云：「羝，牡羊也。」漢書蘇武傳：「使牧羝，羝乳乃得歸。」顔注「羝，牡羊也。」蓋異音同義。至如从鹿之塵（與説文「鹿行揚土也，从麤从土」異），甲骨文作[illegible]，不見於字書，然从匕之麀尚見於詩大雅靈臺：「麀鹿攸伏，麀鹿濯濯。」蓋从土之塵與从匕之麀，其造字之法則同，一存一亡而已。从土之⿰豕土（與集韻豕發土也異），今亦不見經籍或字書，蓋以公名之矣。殷商甲骨文字分別飛禽走獸之牡牝雄雌，既然各有其本字，如後表：

	牝	牡
馬	[illegible]	
馬	驛	隲
牛	[illegible]	[illegible]
牛	牝	牡
羊	[illegible]	[illegible]
羊	牂	羒
犬	[illegible]	
犬		
豕	[illegible]	[illegible]
豕		豝
鹿		[illegible]
鹿	麀	
虎	[illegible]	
虎		
	[illegible]	
隹	[illegible]	
隹	雌	雄

然後世或以牝牡概言之，或以雌雄概言之，或以公母概言之，如

詩鄘風定之方中：「騋牝三千。」

易坤卦：「牝馬地類。」不以騇名之而言牝。

詩齊風還：「四牡有驕。」不以騭名之而言牡。

尚書牧誓：「牡雞無晨牝雞之晨惟家之索。」

爾雅釋鳥：「鷯鶉其雄鵲，牝庳。」不以雌名之而言牝。

詩邶風匏有苦葉：「雉鳴求其牡。」不以雄名之而言牡。

周禮庖人：「庖人掌其六畜六獸六禽，辨其名物。」疏云：「爾雅飛曰雄雌，走曰牝牡，亦是對文，案詩云：雄狐綏綏，走亦曰雄。」蓋雄不僅名飛禽也，隨文互用，不書其本字，僅以公母牝牡雌雄陰陽梘之。甲骨文亦然，如乙編四五・九〇（原號三八九〇誤）

翌乙巳㞢且乙宰㞢牝。

貞：勿㞢牝叀牡。

甲編二三八六

乙未又歲于且乙，牡四十宰隹舊歲。

牡四十宰者，羊比（羒）羊八十也。一宰二羊也，胡厚宣釋宰已詳言之矣。乙編四〇七「癸卯卜：自貞：克妾宰」，从二羊蓋其證也。羊稱宰牛稱牢，或曰小宰大牢卜辭之通例也。與大戴記「牛曰大牢，羊曰少牢」合。然卜辭以从牛之牝名羊，不以羊匕（牂）名之者，蓋混言之也。乙編九八三

叀豼羊

豼羊者羊比（羒）羊也，以豕之豼（豝）名羊，亦混言之也。

徐楚金說文繫傳云：「解經傳者多言飛者曰雌雄走者曰牝牡，以字體言之則然。據爾雅釋鳥，鷯鶉其雄鵲，牝庳。春秋左傳云龍一雌死。至草木無足致義，則方牝麻牡荆，未嘗言雌雄，……雌雄牝牡之類，不可一概而不分，又不得偏滯而拘執。」其通言也。牝牡、雌雄、公母本爲專名，名牛名隹名人也，但其意義代表陰陽男女之性，故後世以公母名牛，以雌雄名龍名虎，以牝名雞，其由來遠矣。【釋牝牡　中國文字九期】

◉李孝定　徐灝段注箋牝下引戴侗說：「牝字牛也。象牛下有犢。與麀同。」徐戊復申之曰：「牝與麀皆象獸乳子。故作重文。爲小牛小鹿。非匕聲也。凡重文有作二者。如重子爲子=。重大爲大=。重人爲人=是也。有作匕者。牝與麀是也。漢碑兩字連用多作重點。即古之遺法也。」按金文之例重文作＝。如子＝孫＝數＝熊＝（唐蘭釋羹）之類。栔文每有此例。如習見之「王受㞢又」。或作「王受又=」。即「受又又」上又與㞢通下又則祐也是也。然卜辭金文均未見重文作匕者。惟今時行艸之法有之。即篆文亦無此例。其說雖新奇可喜。然不可據以說文字也。【甲骨文字集釋第二】

◉于省吾　甲骨文牝字習見。說文：「牝，畜母也，从牛匕聲。」牝爲形聲字，自來並無疑問。但是，牝字的初文本作匕，後來加上

形符的牛字，遂成爲从牛匕聲的形聲字。就一時所知，甲骨文匕牛二字分作兩行者凡三見，今録之于下：

一、乙卯卜，甹，先匕]牛(乙八七二八，加]以示分行。又乙八八一四，文同上，但已模糊。以上匕牛兩見，均屬第一期)。

二、己酉卜，用匕]牛彡〇弜用匕]牛(外六七，第四期)。

凡是古文字由兩個偏旁所組成的合體字，從無分列在兩行的例子。據此，則第一條的匕牛，當然是兩個字。第二條由于第一段已分匕牛爲兩個字，則第二段縱列的匕牛，也當然是兩個字。此外，甲骨文匕牛二字作縱列者屢見(乙六四六九，粹四六〇，南北明五二五，庫一〇九七，七W二七)，雖然都缺乏對貞辭，但是如果認爲是牝字的縱列，則牟字筆劃很少，不應均佔兩個字的地位；而且，匕與牛的中間都有一定的距離，其爲匕牛二字是顯而易見的。

依據上述，則甲骨文本來先有匕牛二字，後來演化爲从牛匕聲的牝字。至于牡以及从士的羘豭麈等字，均从士作⊥(非从土聲)，則不能以牝字爲例。【釋牝 甲骨文字釋林卷下】

◉徐中舒 𠤎用以表示雌性家畜或獸類，結合不同獸畜之形符，表示雌性之牛、羊、豕、犬、馬、虎、鹿等之專名，《爾雅》有麀、豝、牂、駘等爲雌獸之專名，後世乃以牝爲雌獸之通稱。【甲骨文字典卷二】

犢 

 王犢  杌犢  孙犢私印  臣犢 【漢印文字徵】

 犢裴光遠集綴 【汗簡】

 裴光遠集綴 【古文四聲韻】

◉許 慎 犢牛子也。从牛。瀆省聲。徒谷切。【説文解字卷二】

◉馬叙倫 鈕樹玉曰。韻會引作从牛。賣聲。王煦曰。瀆省之文。後人所竄也。鄭玄考工記輪人注。槷讀若涅。从木。熱省聲。竊謂槷自以埶爲聲。而鄭氏云然。則説文中不須省聲之字。不盡是唐宋人改竄矣。倫按據王説。亦明讀若之非許本有矣。或謂鄭注必本許書。因前無此例。且鄭固當引許書者也。倫謂漢人引書。轉不如後世學者之謹嚴。觀應劭亦引許書。可證也。且許書鄭時方行世。固不如科律之必從。惟許書言省聲者不止一二數。倫謂惟省所從得聲字之聲。而但存其形者。必有省字。若此自不必有省字。以从賣得聲之字。未必聲無轉迻。豈能一一明其爲某省聲。何獨於少數字而特書某省耶。此是後人見賣讀若育。則不如瀆聲之近耳。猶鄭以槷讀若涅。則不如熱聲爲近。故以爲熱省聲。鄭解經須通訓詁。故有是説。許不必然。字見急就篇。【説文解字六書疏證卷三】

◉朱德熙　戰國文字裡有一個从牛的字，或獨立，或作偏旁，摘舉數例如次：

（1）[glyph]録遺五七四　[glyph]簠五一下

（2）[glyph]簠四八上

（3）[glyph]尊二・三

（4）[glyph]徵附九上　[glyph]同上

（5）[glyph]尊一・三

這個字上端作[glyph]，就是《説文・目部》睦字的古文[glyph]。賣字從此得聲。裘錫圭同志告訴我，甲骨[glyph]字所从可能就是𡿧字，此説如成立，則𡿧字本从禾。（編按：上引甲文右旁實從首，是否𡿧之初文，待考。）古文字裏，[glyph]、直、告三字相似而不同。比較：

[glyph]　㽙鼎　[glyph]　君夫簋

[glyph]　秦公簋　[glyph]　王孫鐘

[glyph]　小子省卣　[glyph]鬲攸比鼎

（a）[glyph]字上端豎筆斜曳，跟直字告字之作直筆者不同；（b）直字横畫平出，跟[glyph]和告之作曲筆者不同。

上引（1）—（5）諸字目字上豎筆左折，跟㽙鼎賣字、君夫簋儥字相同。由此可知這個字从牛从[glyph]，就是犢字。小篆犢字从牛賣聲，璽印文字的「⿰牛𡿧」字，可以看作从牛𡿧聲，也可以看作从牛賣省聲。

《尊》二・五著録一私名印，文曰「長⿸厂緊⿰牛𡿧」。

⿸厂緊當讀爲掔，掔與牽音同字通。《春秋・定公十四年》「公會齊侯衛侯于牽」，《公羊》牽作堅，《釋文》「本又作掔，音牽」。《左傳・宣公十二年》「鄭公肉袒牽羊」，《史記・鄭世家》作「鄭襄公肉袒掔羊以迎」。璽文「長⿸厂緊⿰牛𡿧」當讀爲「張牽犢」。從這個名字的含義也可以看出釋⿰牛𡿧爲犢是正確的。

我們既然知道（1）是犢字，那末（2）應釋爲瀆，（3）應釋爲續。（4）从邑从賣，（5）从月从賣，並今字所無。璽印文字月字與[glyph]形近。

鄭、瀆、續在璽印裡都用爲姓氏字。鄭當即賣姓之賣。瀆和續也是古姓，均見於漢印（瀆漢印作瀆）。

犢字有時省去目字上邊的，例如：

簠四六下　　簠十二下

「句犢」疑當讀爲句瀆。《左傳·桓公十二年》「囚王豹于句瀆之丘」，杜注「即穀丘」。【古文字考釋四篇　古文字研究第八輯】

◉裘錫圭　居延簡所記與弓有密切關係的器物有犢丸。28·19(甲217)「出弓櫝丸(原誤釋『横內』)七」，87·12(甲492)：「弓一、櫝丸一、矢十二」，346·2也提到「櫝丸」(原誤釋「櫝充」)。此簡「弓」下一字，據殘存筆畫看應即「櫝」字，其下本當有「丸」字，惜已殘去。

弓櫝丸是藏弓之器。《方言·九》：「所以藏箭弩謂之箙，弓謂之鞬，或謂之皾丸。」《儀禮·士冠禮》鄭玄注：「今時藏弓矢者謂之皾丸也。」「櫝丸」、「皾丸」、「韇丸」是一名的異寫。《詩·鄭風·大叔于田》《釋文》引馬融注、《正義》引《左傳》服虔注、《左傳·昭公二十五年》杜預注、《正義》引賈逵注，都曾提到這種器物，字作「犢丸」或「櫝丸」(各書宋本多作「犢」)。上引馬融等注以「犢丸」稱藏矢之器，《廣雅·釋器》也把「皾殎」解釋爲「矢藏」。可見在漢代確如鄭玄所説，藏弓和藏矢之器都有櫝丸之稱。

在草率的隸書裏，「木」旁「牛」旁容易相混。上引居延簡諸「犢」字，其左旁與居延簡「牝」、「牡」等字「牛」旁並無若何不同，就是釋作「犢」也沒有什麼不可以。古書中「櫝丸」、「犢丸」兩種寫法並見是有來由的。【居延漢簡甲乙編釋文商榷(1)　人文雜志一九八二年第二期】

◉曹錦炎　戰國印文裏有一個寫作、等形的字：

(1) 長縣　彙0860

(2) □　彙 3461

(3) 君(？)　彙3264

(4) 梁　彙1703

羅福頤先生主編的《古璽文編》均入于附録。按這個字可以分析成上下兩部分：上部从()，下部从牛。从牛之字，牛旁往往都作爲形符，所以，把這個字看成是从牛、聲的字，是可以的。

金文中有「𧶠」及从𧶠的「儥」字：

曶鼎

𤘯

君夫簋

㕣鼎的賫字，舊釋爲賣買之賣，劉心源始改釋爲賫，他說：「賫舊釋賣，非。賣从出買作𧶠，賫从貝𡕥作𧷏，……此作，即賫，篆法賣不得从目也。」此説甚確，從古文字看，賫字中从目，賣字中从网，兩字區别甚顯，而楷書兩字無别，所以从賫之字今都从賣作，遂使賫、賣相溷。

《説文》：「價，見也，从人，賣聲」；「賣，衒也，从貝𡕥聲。𡕥，古文睦，讀若育。」根據許慎的分析，賫是一個從貝、𡕥聲的形聲字。我們如將金文中的賫及價所从的𡕥與上引古印諸字的聲符作比較，不難發現兩者是十分相似的，特别是君夫簋的價字所从，更是如此。再者，傳世的漢印中，有不少从賫之字，除了常見作𧶠形外，還有作下列形的：

徵2.3　徵2.3　徵7.18　徵7.18

所從賫字的聲符𡕥，除了目字豎寫外，與古印字的上半是完全相同的。

根據上面的分析，上引古印的字，没有問題是一個从牛𡕥聲的字，隸定作𤛑。

在先秦古文字裏，有許多形聲字，它們的聲旁往往與小篆有繁簡的不同，如時字，古印作旹（文7.1），小篆作時；璽字，古印作坾（文13.7），小篆作璽；䜌字，《説文》古文作𢇁，小篆作䜌。所以，我們認爲，古印的𤛑字，應該就是後世犢字的初文。【釋𤛑　史學集刊一九八三年第三期】

◉黄錫全　犢　裴光遠集綴　犢或从犢之字古作（侯盟）、（璽文附四）、（曾侯乙墓簡）等，从牛从𡕥。朱德熙先生（古研8）、曹錦炎同志（史學集刊1983.3）釋爲犢。《説文》犢字正篆作。此形从牛，从《説文》續字古文。古文字與字書中不見犢字。鄭珍認爲是「更篆」，是「改賣聲爲續聲以當古文」。【汗簡注釋卷一】

◉許　慎　𤘯二歲牛。从牛。市聲。博蓋切。【説文解字卷二】

◉馬叙倫　嚴章福曰。釋畜。牛體長。㸬。此言二歲牛。疑校者誤以犕下説解移此。段玉裁曰。犙字从參故爲三歲牛。牭字从四。故爲四歲牛。則犕字从貳。當爲兩歲牛矣。其證甚塙。㸬下説解余未敢定。次當與犕篆互易。犕下當云。二歲牛。从牛。貳聲。按四歲牛不當从貳。貳非籀文四也。小徐犕下有仁至反三字。與二下同。是朱翱不謂犕即牭。而謂犕乃二歲牛之正字。據此知小徐原本不誤。後人以大徐改之。未删朱氏音切耳。倫按㸬犙牭犕字次與此同。㸬下曰。牛體長。又二歲牛。牛體長。似本爾雅。二歲牛似本諸此。然犙牭犕三字。疑非許書本有。㸬若訓牛體長。亦不當厠此。且二歲牛以羊部犳、羔等字説解例之。當爲字林訓。則犻犙牭⿰牛貳四字實出字林。而犻⿰牛貳二字次當互易。如嚴説也。字林字多取諸爾雅等書。牛體長用雅文。特字林本附許書。其書傳寫譌迻。故以二歲牛訓犻。⿰牛貳轉爲牭之籀文。今本許書本是曾經合字林而一之者也。玉篇本許書。則其譌久矣。字見急就篇。【説文解字六書疏證卷三】

◉嚴一萍 説文解字牛部,紀牛齡者三字:

犻 二歲牛,从牛,市聲。博蓋切。

犙 三歲牛,从牛,參聲。穌含切。

牭 四歲牛,从牛从四,四亦聲。息利切。⿰牛貳,籀文牭从貳。

鍇本繫傳⿰牛貳下有「仁至反」三字。清苗夔説文繫傳校勘記曰:

許書重文無音,此有音而並不與牭同。疑⿰牛貳本訓二歲牛,與犙从參同例。自鉉本誤以二歲牛入犻下,以⿰牛貳爲牭之重文,後人依鉉改鍇,遂移許書體長爲鍇説。又妄增犢字。幸其音尚存可藉見許書之舊。

段玉裁説文解字注曰:

按鍇本此下有「仁至反」三字,與十三篇二字反語同,是朱翺不謂⿰牛貳即牭字,而謂⿰牛貳乃二歲牛之正字也。疑鍇本本不誤,後人用鉉本改之,未删朱氏切音耳。

王筠説文句讀曰:

小徐本有「仁至反」,二部亦曰「仁至反」,是不謂與牭同字也。初學記於本部自牡至⿰牛嬰皆引之,獨無此字,惟玉篇與説文同。

三家據小徐本「仁至反」三字而知⿰牛貳之非牭,蓋由説文解字之體例悟出,故段氏於犻下曰:

犻字見爾雅釋畜:「牛體長也。」許氏則曰二歲牛。按犙字從參,故爲三歲牛,牭字從四,故爲四歲牛。則⿰牛貳字從貳,當爲二歲牛矣。而謂⿰牛貳爲籀文牭字,二四既不同數,且四之籀文作亖,則牭之籀文當作⿰牛亖。凡此乖剌,當由轉寫脱謬。宜易之曰:「犻,牛體長也。⿰牛貳,二歲牛。犙,三歲牛。牭,四歲牛。⿰牛亖,籀文牭。」則可讀矣。而非可無徵專輒也。

段氏此論,雖自謙無徵,實爲卓識。

王[國維]先生據金文以證⿰牛貳爲説文之正字,知段説之可徵己。今若上溯甲骨,則説文所著牛齡之字,皆遠有所本,卜辭曰:

一、貞我囚用〓囚令囚吉

告囚于丁囚〓　　藏一二・七

二、告囚一牛

二牛

三〓　　戩二四・八

三、貞：𡦹于河氐〓

囚河勿氐〓囚示　　乙七二八四

四、□□㘥，王貞：氐其十〓　　前五・四六一

五、囚亩〓　　前五・四六二

六、囚隹〓囚　　京津二二二

七、㞢犬于黄奭卯〓

亩豕卯〓　　乙四五一八、四三七三合

八、囚于㞢夒㞢羊卯〓　　掇二〇二

孫海波輯甲骨文編收鐵雲藏龜之〓戩壽堂之〓及前編之〓〓均入牛部，並謂「説文告，告，牛觸人，角著横木，所以告人也。此从乚象角著横木之形。」果如此論，則當釋告，然甲骨别有告字甚明，而此牛角上所著者一二三三均有；不僅乚而已，決非角著横木之形，余謂即牛齡之標識，亦即説文訓二歲牛，三歲牛，四歲牛之初文。此點可以卜辭自證之。乙五三一七版有一辭曰：

貞于王吴乎雀用〓二牛。

此〓字用於「二牛」之前，其非牛之通名而爲牛之專名可知。蓋卜所用者爲三歲之牛二隻也。説文犙非牛齡之字，當據爾雅爲訓，然則殷人於犕犙牭三字之外，尚有「从牛从一」訓一歲牛之「𰀀」字，及加牛齡而兼明性别如〓〓諸字，皆爲説文所未收，儻非牛部有捝佚，即亡於説文之前而爲許君所不及見也。【説文犕犙牭犕四字辨源　中國文字第二期】

◉李孝定　説文「犕。二歲牛。从牛市聲。」「犙。三歲牛。从牛參聲。」「牭。四歲牛。从牛。从四。四亦聲。犕。籀文牭。从貳。」以犙牭二字例之。則二歲牛字當作犕。今本犕下解云。二歲牛。而以犕當牭之籀文。乃轉寫脱繆耳。苗段王諸家之説

是也。至⿰牛貳犙兩字之興。當在大寫數字流行之後。友人周君法高云。至於後代所謂數目字的大寫。自秦漢已開其端。宋程大昌演繁露卷三十數改用多畫字條云。「今官府文書凡其記數皆取聲同而點畫多者改易用之。於是壹貳叁肆之類本皆非數。直是取同聲之字借以爲用。貴點畫多不可改換爲姦耳。本無義理可以與之相更也。」見所著中國古代語法稱代篇二六〇頁。秦權量刻辭及諸山刻石。一字多已改用壹字。此習蓋由來已久。牛齡之字雖不慮人之變易爲姦。而篆文不从二三亖作牛二牛三牛亖者。蓋一則以大寫數字沿用既久。一則以二三亖筆畫過簡。用爲偏旁則兩側不易匀稱完美耳。四字已爲假借。且筆畫已多。故不須更用大寫肆字。然許書紀畜齡之字猶省從簡體數字者。如馬部「⿻馬一。馬一歲也。从馬。一絆其足。讀若弦。一曰若環。」「馴。馬八歲也。从馬从八。」⿻馬一下說解「从馬一絆其足。」與馬一歲之義無涉。此殆沿豕下說解云「豕絆足行豕。豕从豕繫二足」之說而譌。竊疑豕亦當訓豕一歲。按此當解云。「⿻馬一。馬一歲。从馬从一」。至所从「一」字橫貫馬之四足。亦猶⿻牛一⿻牛二⿻牛三⿻牛亖之橫着牛角。蓋隨宜措置。本無羈絆或警告之義。羅說之誤。亦猶許君「一絆其足」之說也。嚴氏釋栔文之⿻牛二⿻牛三⿻牛亖爲⿰牛貳犙牭。並謂當更有牜及加牛齡而兼明性別之⿰牛二⿰牛三字。其說至確。【甲骨文字集釋第二】

犙

◉許　愼　犙三歲牛。从牛。參聲。穌含切。【說文解字卷二】

◉馬叙倫　參爲星名。與數名之三音近通假。然造字無借同音字會意者。段玉裁謂犙从參。故爲三歲牛。蓋欲以⿰牛貳爲二歲牛而見四歲牛之名復從四也。倫謂名三歲牛曰犙四歲牛曰牭。此本俗名。其意自在以參四會意。然衡以六書大例。則不可通。參本星也。數名之四亦應作亖。四者。涕泗之泗本字。詳泗字下。非數名也。參四均非數名也。犙牭不得从參四會意矣。爾雅無犙牭字。則俗人所作明矣。字見急就篇。疑急就本止作參。傳寫加牛旁。【說文解字六書疏證卷三】

◉李孝定　說文「犙。三歲牛。从牛參聲。」此以參代三。當云。从牛。从參。參亦聲。【甲骨文字集釋第三】

牭

◉許　愼　牭四歲牛。从牛。从四。四亦聲。息利切。⿰牛貳籀文牭。从貳。【說文解字卷二】

◉王國維　說文解字牛部。牭。四歲牛。从牛。从四。四亦聲。⿰牛貳。籀文牭。从貳。段氏說文注曰。犙字从參。故爲三歲牛。牭字从四。故爲四歲牛。則⿰牛貳字从貳。當爲二歲牛矣。而謂⿰牛貳爲籀文牭字。當由轉寫脫繆。又曰。鍇本⿰牛貳下有仁至反三字。與十三篇二字反語同。是朱翺不謂⿰牛貳即牭字。而謂⿰牛貳乃二歲牛之正字也。疑鍇本本不誤。後人用鉉本改之。未刪朱氏切音耳。案段說是也。如此則⿰牛貳字當爲說文正字。未必遽爲籀文。其字从貳。貝部云。貳。副益也。从貝。弍聲。弍古文二。二部亦云弍古文二。然召伯虎敦云。公宕其參。女則宕其賢。公宕其賢。女則宕其一。則二均作賢。惟从戉。不从弋。與此字所从及貳弍二字異。【史籀篇疏證　王國維遺書第六册】

◉馬叙倫　桂馥曰。四亦聲當爲四聲。倫按从牛。四聲。四爲數名。乃借字也。然此俗字。則勿論矣。餘見犙下。

⿰牜貳　宋保曰。貳聲。四貳同部聲相近。王筠曰。許書重文無音。此字鍇本有仁至反。不與牭同。初學記於本部自牡至犪皆引之。獨無此字。惟玉篇與説文同。疑⿰牜貳本訓牛也。與犙从參同例。自鉉本誤以二歲牛入牬下。以⿰牜貳爲牭重文。後人依鉉改。鍇遂移許書體長爲鍇説。幸其音尚存。可藉見許書之舊。倫按貳者。六篇貳。副益也。亦非數名。不得會意爲二歲牛。然犙爲三歲牛。牭爲四歲牛。苟非别有本義。是俗字也。則俗字二歲牛自可作⿰牜貳。惟玉篇已以⿰牜貳爲牭籀文。豈本書之譌奪已久耶。且説解止當言籀文牭。今言从貳亦校語也。籀文即大篆。小篆省改大篆。不過形體繁簡之殊。安得篆文从四而籀文从貳耶。可知本非牭之籀文。疑牭下本爲牬篆。而牬有籀文。今失之耳。【説文解字六書疏證卷二】

犗【汗簡】

牧子文【古文四聲韻】

◉許　慎　犗騬牛也。从牛。害聲。古拜切。【説文解字卷二】

◉馬叙倫　沈濤曰。初學記獸部引作騰。騬牛也。傳寫衍騰字。倫按玉篇。犗。騄牛也。騰也。騄爲騬譌。然則初學記引此騰下捝也字。乃校者據玉篇增之。馬部。騬。犗馬也。騰爲騬之借字。字見急就篇【説文解字六書疏證卷三】

◉黄錫全　犗鄭珍認爲「从古文奇字倉，是搶字，見《玉篇》，釋犗非，夏沿之。」師害毁害作，伯家父毁作，石鼓文作，毛公厝鼎作。曾侯乙編鐘割字作、，也省作、（音樂研究1981.1），三體石經古文省變作。石經割字所从之與此形所从類同，而與《説文》倉字古文形同字别。此字來源應有根據。【汗簡注釋卷一】

◉許　慎　牻白黑雜毛牛。从牛。尨聲。莫江切。【説文解字卷二】

◉馬叙倫　桂馥曰。一切經音義十一引。白黑雜毛牛曰牻也。類篇集韻引作牛白黑雜毛。段玉裁曰。古讀雜色不純爲尨。此以形聲包會意。倫按尨爲犬毛雜色者。哤爲雜語。駹爲馬面顙皆白。面顙皆白者。江沅謂言他處不白也。爾疋故有惟字。

駁爲馬色不純。駁音封紐。尨哤駹音皆明紐。同爲雙脣音。然則尨是語原。哤不从尨兼意。駁可别从爻得聲。則牻駹亦是形聲。不包會意也。故犉訓牻而字从牛京聲。白黑雜毛牛似校語。本訓捝矣。疑許於牻下至犡諸文。止訓牛也。今存者皆字林文。特字可證。【説文解字六書疏證卷三】

犉

◉許　慎　犉牻牛也。从牛。京聲。春秋傳曰。牻犉。呂張切。【説文解字卷二】

◉馬叙倫　嚴可均曰。引傳校者依篆改。今傳作尨涼。倫按牻犉轉注。牻从尨得聲。左襄四年傳。尨圉。史記夏本紀正義作龍圉。詩野有死麕。無使尨也吠。太平御覽六百九十六引無使龎也吠。周禮巾車。駹車雚蔽。注。故書駹作龍。均可證。古讀尨如龍。龍音來紐。與犉雙聲。今牻音明紐。犉音來紐。古讀來歸泥。明泥皆鼻音次濁音也。説解牛字羨。【説文解字六書疏證卷三】

犡

◉許　慎　犡牛白脊也。从牛。厲聲。洛帶切。【説文解字卷二】

◉馬叙倫　犡謂牛之脊色白者。其他不白也。則亦毛色不純者。犡音來紐。則語原與牻犉同也。【説文解字六書疏證卷三】

𤘺

◉許　慎　𤘺黃牛虎文。从牛。余聲。讀若塗。同都切。【説文解字卷二】

◉馬叙倫　嚴可均曰。塗當作涂。説文無塗字。王筠曰。左傳。楚謂虎於菟。菟𤘺同音。此虎文之所由得此名也。爾雅。蒤。虎杖。蓋亦猶此。徐灝曰。黃牛虎文。蓋黃而有黑駁文者。爾雅釋鳥。郭注。鵌似鵽而小黃黑色。與此同聲同義。倫按𤘺从余得聲。余聲魚類。京聲陽類。魚陽對轉也。如王徐所證。可見由一語原而孳乳轉變之跡矣。黃牛虎文校語。本訓捝矣。讀若塗者。後人加之之證也。【説文解字六書疏證卷三】

犖

犖禹之印【漢印文字徵】

◉許　慎　犖駁牛也。从牛，勞省聲。呂角切。【説文解字卷二】

◉馬叙倫　段玉裁曰。馬色不純曰駁。駁犖同部疊韻。翟云升曰。初學記廿一引無牛字。非。徐灝曰。一切經音義十七引通俗文云。黃白雜謂之駁犖。倫按犖音來紐。則亦與犡同一語原矣。勞省聲者。實當爲𤇾聲。𤇾者。封𣪘卯𣪘盂鼎作□。舊釋爲艾。孫詒讓釋爲熒省。其實乃□之省譌。□爲燎之初文。亦即本書之爇字。爇亦譌文也。【說文解字六書疏證卷三】

◉許　慎　⿰牛寽牛白脊也。从牛。寽聲。力輟切。【說文解字卷二】

◉馬叙倫　王筠曰。此字不與犡字相繼。且白脊亦不必有兩名。廣韵曰。⿰牛寽。牛白脊也。出字林。案厲寽同部。恐本係一字。疑說文作犡。字林作⿰牛寽。校者以入說文。宋人又據說文入玉篇。故兩書次序同。張文虎曰。犡⿰牛寽皆牛白脊。又同部聲近。疑本一字。廣韵云。出字林。則是後人竄入許書。倫按犡⿰牛寽爲雙聲兼疊韻轉注字。凡轉注字或古今音移或方音遷變。故一義而數字。牛白脊不妨有兩名。特⿰牛寽字既字序間隔。而廣韵證其出於字林。則非許書原文。或本書奪㹂字。後人補此以合四十五文之數歟。【說文解字六書疏證卷三】

◉許　慎　⿰牛平牛駁如星。从牛。平聲。普耕切。【說文解字卷二】

◉馬叙倫　鈕樹玉曰。繫傳駁作駮。非。沈濤曰。御覽八百九十七引⿰牛平。牛文駁如星也。盖古本如是。今文奪文字也字。詞義未完矣。陳奐曰。⿰牛平牛文駁如星。與文如鼉魚曰驒色如鰕魚曰騢。句法相同。倫按⿰牛平音滂紐。與牻爲同雙脣音。則其語原同也。牛駁如星校語。本訓捝矣。或此字出字林。【說文解字六書疏證卷三】

◉許　慎　犥牛黃白色。从牛。麃聲。補嬌切。【說文解字卷二】

◉馬叙倫　桂馥曰。五音集韻作牛白蒼色。玉篇作牛色不美澤。周禮內饔注。犥。牛色不美。澤也。段玉裁曰。黃馬發白色曰驃。票麃同聲。然則犥者黃牛發白色也。倫按犥音封紐。與牻⿰牛平為同雙脣音。語原同也。牛黃白色亦疑校語。本訓捝矣。【說文解字六書疏證卷三】

犉　犉

臣犉　【漢印文字徵】

◉許　慎　犉黄牛黑脣也。从牛。𦎫聲。詩曰。九十其犉。如均切。【説文解字卷二】

◉馬叙倫　桂馥曰。釋畜黑脣。犉。詩良耜毛傳。黄牛黑脣曰犉。倫按犉音日紐。古讀歸泥。則亦與㹁犡犖爲同語原矣。【説文解字六書疏證卷三】

◉朱歧祥　　从羊牛，隸作𦍋。卜辭用爲祭牲，疑即《説文》犉字。【殷虚甲骨文字通釋稿】

㹕　㹕

◉許　慎　㹕白牛也。从牛。隺聲。五角切。【説文解字卷二】

◉馬叙倫　桂馥曰。白牛也者。疑白領牛。本書。騅。馬白領。倫按本書。皠。鳥之白也。然其字實从白隺聲。蓋即皓之轉注字。詳皠字下。鳥白者。本書翯下曰。白鳥肥澤也。詩曰。白鳥翯翯。今詩作鶴鶴。可證也。由此可知謂白爲隺。亦語原也。然牛白領者。明其他處不白。是亦色不純矣。㹕犖疊韻。又㹕音疑紐。犖音來紐。古讀歸泥。同爲鼻音次濁音。則㹕犖語原同也。【説文解字六書疏證卷三】

㹔　㹔

◉許　慎　㹔牛長脊也。从牛。畺聲。居良切。【説文解字卷二】

◉馬叙倫　段玉裁曰。廣韵。㹔。牛長脊。一曰。白脊牛。一曰五字疑亦出説文。王筠曰。玉篇但云。白牛也。亦可證。倫按白脊牛即牛白脊。蓋㹔㹁爲轉注字。聲同陽類也。牛長脊與爾雅牛體長犕者同義。犕音封紐。㹔音見紐。同爲破裂清音。牛長脊蓋犕字義。古或借㹔爲犕耳。【説文解字六書疏證卷三】

𤘴　𤘴

◉許　慎　𤘴牛徐行也。从牛。攴聲。讀若滔。土刀切。【説文解字卷二】

◉馬叙倫　段玉裁曰。舀聲字周時在尤幽部。漢時已入蕭豪部。故許云。𤘴讀若滔也。徐灝曰。馬部。騊。馬行皃。與此音義相近。劉秀生曰。攴聲舀聲並在透紐。故𤘴從攴得聲。得讀若滔。莊子徐無鬼。從説之則以金板六弢。釋文。本又作六韜。是其證。倫按石鼓文。其來遺遺。遺聲亦幽類。通言曰遺。屬牛曰𤘴。屬馬曰騊。語原同也。説解蓋本作牛行皃。今捝。存校語耳。【説文解字六書疏證卷三】

犨 犨

◉許　慎　犨牛息聲。从牛。雔聲。一曰牛名。赤周切。【說文解字卷二】

3065 3064 2891 0929【古璽文編】

◉馬叙倫　鈕樹玉曰。廣韵引作牛息聲也。玉篇正作犨。訓牛息聲。又牛名。又出也。五經文字犨注云。作犫譌。見春秋傳。沈濤曰。經典釋文唐石經亦作犨。是古本説文皆作从牛雔聲。桂馥曰。一曰牛名者。初學記太平御覽並引作牛鳴。晉竇犨字鳴犢。張楚曰。晉竇犨字鳴犢。則牛名當作牛鳴。牛鳴者牟字義。疑後人誤將下文牟字義移於犨下。而又誤鳴爲名耳。倫按牟犨聲同幽類。爲轉注字。説解當作牛鳴也。牛息聲者。挩本訓。後校者據玉篇加之。或出字林也。一曰牛名者。廣韵。犨。白色牛。此語校者據玉篇加之。或出字林也。【説文解字六書疏證卷三】

牟 牟

牟右尉印 東牟丞印 東牟丞印 尹牟 牟寬 牟涂之印 牟冬古 牟都 牟中翁

牟荆之印 牟遂 牟遂之印 牟信私印 牟忠之印 牟丙印 高牟 牟君 牟明

友印【漢印文字徵】

◉許　慎　牟牛鳴也。从牛。象其聲氣从口出。莫浮切。【説文解字卷二】

◉馬叙倫　徐鍇曰。指事也。嚴可均曰。从口出當作從口出。嚴章福曰。从通用。惟从某之从當依小徐作從。蓋六朝唐人書引説文無作从者。沈濤曰。一切經音義二引作牛聲也。聲字誤。廣韵引作牛鳴。倫按从牛。从古文厷得聲。牟聲今在幽類。然古牛牟音同。故牛下曰。件也。牛聲之類。厶聲蒸類。之蒸對轉。故牟以爲聲。之幽通轉。故尤聲入之類。而从𠅘得聲之字多入幽類。【説文解字六書疏證卷三】

◉楊樹達　牟以牛爲基字，厶表牛出氣之事。【文字形義學】

◉王　輝　𤘵字見《篇海類編》:「胡故切，音護，臾也。」其實𤘵即牟字。《漢印文字徵》卷二牛部收有「牟右尉印」、「東牟丞印」，牟字即作𤘵，又牟寬印牟字作𤘵。【秦銅器銘文編年集釋】

犝　犝

◉許　慎　犝畜牷也。从牛。産聲。所簡切。【説文解字卷二】

◉馬叙倫　錢坫曰。畜當爲嘼。嘼下曰。犝也。桂馥曰。牲當爲生。本書。嘼。犝也。乳下曰。人及鳥生子曰乳。獸曰産。王筠曰。畜嘼一字。畜牲也。畜字當絶句。倫按畜字或爲校者注以釋犝字之音者。或借爲育。育也牲也二義。一訓校者加之。犝牲音同審紐轉注字。猶生轉注爲産也。犝謂牛生子而義則通謂獸生子。人曰育。植物曰生。或曰産。動物曰牲。或曰犝。育音喻四。與審同爲摩擦次清音。語原同也。今浙東猶有謂畜牲曰畜犝者。【説文解字六書疏證卷三】

牲　牲

天五二　牲或从羊【甲骨文編】

牲　夨方彝　　夨尊　　盂鼎二【金文編】

牲　秦一五一　通生　百姓有母及同—爲隸妾【睡虎地秦簡文字編】

石經僖公乃免牲　　詛楚文　初之以圭玉犧牲【石刻篆文編】

◉許　慎　牲牛完全。从牛。生聲。所庚切。【説文解字卷二】

◉方濬益　「攈古録」釋爲牡。按牡右从土。當作牡。土之中畫不應上曲。此疑是牲字。右从生。中畫未明晰之故耳。【綴遺齋彝器考釋卷三】

◉馬叙倫　王筠曰。他書未有如此解者。倫按牛完全不可通。牛豈有不完全者。且七篇。全。完也。全即完義。何必完全疊舉。倫謂此牷下説解傳寫譌入牲下。轉捝牲字本訓。盂鼎作牲。【説文解字六書疏證卷三】

◉徐中舒　此字從羊羊從生生，應即牲字，甲骨文從牛從羊每無別。《周禮·庖人注》：「始養之曰畜，將用之曰牲。」卜辭用法略同。【甲骨文字典卷二】

◉戴家祥　按方濬益所釋是矣。説文二篇「牲，牛完全，从牛生聲。」周禮庖人注「始養之曰畜，將用之曰牲。」書微子「今殷民乃攘竊神祇之犧牷牲用。」傳曰：「牛羊豕曰牲。」此爲牲之本義，並非許氏所謂「牛完全」也。【金文大字典中】

 牷 日甲九一背 通全 生子不— 【睡虎地秦簡文字編】

◉許　慎　牷牛純色。从牛。全聲。疾緣切。【説文解字卷二】

◉馬叙倫　嚴可均曰。韻會引色下有禮祭祀牷牲。翟云升曰。繫傳牛上有牷字。衍。倫按上文牲下説解牛完全三字。當在此下。牛全二字乃牷字之譌分。實隸書複舉字。鍇本牷字亦然也。完下挩也字。乃此字本訓。猶全亦訓完矣。然非本義。故校者注牛純色以釋之。【説文解字六書疏證卷三】

 日甲五五　四例  日甲五二　字从亵，非牽字，观辭例當釋爲牽【睡虎地秦簡文字編】

 牽出尚書【汗簡】

 説文  籀韻   竝崔希裕纂古  張揖集【古文四聲韻】

◉許　慎　牽引前也。从牛。象引牛之縻也。玄聲。苦堅切。【説文解字卷二】

◉林義光　牽象繩有所縻以牽牛。【文源卷六】

◉馬叙倫　鈕樹玉曰。韻會引作引而前也。从牛、冂。冂象引牛之縻也。沈濤曰。一切經音義八引。牽。引也。廣雅釋詁。牽。引也。當本説文。言引即有前意。不必更有前字。桂馥曰。鍇本象上有冂字。畢以珣曰。玄當作叀。叀从𢆶。古文叀作𢆶。又疐礙不行也。从叀从止。引而止之也。與牽同意。是叀、疐从篆文叀。而中有冂。牽从古文𢆶。而中亦有冂也。王筠曰。玄聲誤也。从叀之古文作𢆶。非从玄黄之玄。𢆶牛會意。𢆶亦聲。冂則象繩形。故徐鍇槩之以指事也。叀下曰。叀者如叀牛之鼻。此與牽同意。據此。知牽从𢆶。今作玄聲。殆校者忘𢆶字改爲玄聲耳。篆亦當作牽。洪頤煊曰。叀。古文作𢆶。孫愐音職緣切。此牽字玄聲乃叀之古文𢆶。非玄黄之玄。龔橙曰。古文當作。後加牛。丁福保曰。慧琳音義五十五引。引前也。从冂。象引牛之縻也。从牛。玄聲。倫按王筠據鍇本从牛亦在玄聲上。洪、王皆謂玄爲古文叀。是也。叀即穿鑿之穿本字。此爲叀之後起字。从牛。叀聲。本訓引也。引而前也校語。字見急就篇。【説文解字六書疏證卷三】

◉楊樹達　冂象引牛之縻，牛爲義旁，玄爲聲旁。【文字形義學】

◉黄錫全　□牽出尚書內本牽作□，豐本作掔，並掔字譌誤。雲本作掔，同此。鄭珍視薛本爲郭氏所據唯一藍本，因薛本無掔字，便誤以爲「郭氏誤『史書』爲《尚書》」。此形同《說文》正篆。掔與牽古字通。如鄭珍所引《史記·鄭世家》「肉袒掔羊」之掔即牽。《一切經音義十三》引《三蒼》「掔，亦牽字」。《易夬》「牽羊」之牽，釋文云「子夏作掔」。《公羊傳》僖公二年「牽馬而至」，釋文牽，「本又作掔，音同」。是郭見本作掔，以隸作古。【汗簡注釋卷五】

◉宋鎮豪　殷墟甲骨文有字寫作□，見《殷契佚存》第九十六片，金陵大學中國文化研究所叢刊甲種，一九三三年十月。又日本東京影印本，一九六六年。（以下簡稱《佚》）也寫作□、□見《明義士收藏甲骨》（*The Menzies Collection of Shang Dynasty Oracle Bone*）第二三九五片。加拿大多倫多皇家安大略博物館（*The Royal Ontario Museum, Toronto, Canada*），一九七二年。（以下簡稱《安明》）□見《安明》第二三九六片□、見《甲骨文合集》第四册第一八四七五片，北京中華書局，一九七九年八月。（以下簡稱《合集》）□見《懷特氏等收藏甲骨文集》（*Oracle Bones from the White and other Collections*）第一五六片，字的左上角已殘泐不清。加拿大多倫多皇家安大略博物館（*The Royal Ontario Museum Toronto, Canada*），一九七九年。（以下簡稱《懷特》）

商承祚先生認爲，此字「牛作□與羊之作□意同」。見《殷契佚存考釋》第一九頁上。許進雄氏釋爲縻見《懷特氏收藏甲骨文集·釋文篇》第九頁，同注（五）。近閱許進雄《皇家安大略博物館收藏甲骨文字索引（三）》，該字仍作原形而不再寫作縻，是知已放棄舊釋。（見《中國文字》新五期一四四頁，一九八一年十二月。）李孝定氏《甲骨文字集釋》把此字收入「存疑」，謂「此字與縻之作□者結構法相同，縱其事即令與牛有關，與牛字本義當有別」，並自注云：「《說文》縻訓牛轡，此字之意或當與之相近」。見《甲骨文字集釋》存疑第二第四四六一頁，臺灣中研院歷史語言研究所專刊之五十，一九六五年六月。又再版本，一九七〇年十月。

今案李氏說此字與牛的本義不同，含有「縻訓牛轡」的意思，這一推測很有見地。許氏釋縻，但沒有詳細的說明，他或許本之於李氏，那麽恐怕是誤解了李氏的原意，並且與此字的字形也不合，不免有草率的感覺。

分析此字，實由三形構成，從牛從□從□。牛寫作□，而在此字中，又寫作□、□、□，均是牛字的變形。如甲骨文牢字，可寫成□，見《殷虚文字甲編》第五六九片，商務印書館，一九四八年四月。（以下簡稱《甲》）牡字可寫成□，見《戰後京津新獲甲骨集》第三一三一片，上海羣聯出版社，一九五四年三月。是知牛字中間一豎的上端可以不寫出頭。而□的右上邊多了一小畫，其意義可能是表示牛的數目，也可能是指牛的齒齡，我比較傾向於後者，即嚴一萍氏所謂一歲牛。參見嚴一萍《說文特牬犙牭犕四字辨源》，刊《中國文字》第二册，一九六一年一月。又收入嚴一萍《甲骨學》下册，台北藝文印書館，一九七八年二月。至於□，僅一見，當是□的形譌。□字從牛，應與牛相關，故甲骨文云：

……□……二牛……見《懷特》。

辭雖殘，卻可看出此字既然同牛一辭，就決然不會指牛本身而言，肯定另有所指，同時還應與牛有聯繫。

此字從牛，從□亦声。□也可寫作□（?）、□，當即糸字。《說文解字》第十三篇上云：「糸，細絲也，像束絲之形，凡糸之屬皆從糸，讀若硯。□，古文糸。」甲骨文糸與《說文解字》糸的古文形同。從牛從糸，有縻的意義。《玉篇》卷二十七糸部云：「縻，牛轡也，從糸，麻聲」，段玉裁注：「轡本馬轡也，大車駕牛者，則曰牛轡，是爲縻。潘岳賦曰：『洪縻在手』。凡言羈縻勿絶，謂如馬牛然也。」又《說文解字》第十三篇上絲部云：「轡，馬轡也，從絲從叀，與連同意，詩曰：『六轡如絲』」。段玉裁注：「《廣韻》六至轡下云：『《說文》作轡。』此蓋陸法言、孫愐所見《說文》而僅存焉。以絲運車猶以扶輓車，故曰轡與連同意，祇應從車，不煩從叀也，今據以正誤。」段說至碻。然則，縻就是牛轡，也稱爲牛縻，是牛駕大車而以糸運車的意思。甲骨文□字，因其從牛，故與牛相關，又因其從糸，與《詩·小雅·皇皇者華》「六轡如絲」暗合，故又寓牛轡、牛縻之意。

此字又從囗。據《說文解字》第六篇下口部云：「口，回也，像回帀之形」，段玉裁注：「回，轉也，按圍繞周圍字當用此，圍行而□廢矣。帀，周也。」是囗本義指圍繞周帀。甲骨文□字從囗，應取圍而縛之之義。據《說文解字》第六篇下束部云：「束，縛也，從囗木。」段玉裁注：「囗音韋，回也。」又據《玉篇》卷二十九束部云：「束，舒愁切，束縛也，從囗木。」囗正像繩圍而束縛之形。《爾雅·釋器》云「繩之謂之縮之」，郭璞注「縮者約束之」，即是其意。

綜上，甲骨文□字從牛從囗從糸亦聲，字與牛相關，其牛則以繩縛而約束之，字又寓以糸運車之義。此字當即牽的本字。

據《說文解字》第二篇上牛部六：「牽，引而前也，從牛冂，像引牛之縻。元聲，苦堅切。」字義正與甲骨文□義密合。又□從糸聲，糸與牽古韻同屬元部。牽字從牛從糸從冂，冂無義，當即囗的形變，開囗與不開囗，意義一樣，猶□訓作回，其古文寫作囘。後世把□寫作冂的例了不少。如《說文解字》有橐字，《廣韻》寫作槖，《玉篇》云「橐，說文槖」，可見□與冂，後世常常相混用。牽字本當從囗。

又據孫機同志研究，殷代的車制，畜力有牛有馬，採用的是胸式繫駕法。參見孫機《從胸式系駕法到鞍套式系駕法》，刊《文物》一九八〇年第五期，四四八—四五〇頁。甲骨文牽字從囗，乃取繩縛束牛之意，此或即胸式繫駕法的表徵。

總之，甲骨文□字與後世的牽字，無論從字義字音，還是字形上看，都相密合。

【甲骨文牽字說　甲骨文與殷商史二輯】

牿

◉于豪亮 「亡(無)有𩍐息」之𩍐字，右偏旁作𦥑，當爲牽之異體字，牽又作㨫，故𩍐從㨫聲。《詩・狼跋》「赤舄幾幾」，《説文・手部》引作「赤舄㨫㨫」，是知㨫以真脂對轉讀爲幾，幾通譏，《説文・豈部》：「譏，𢽰也。訖事之樂也。」故「亡(無)有𩍐息」即「無有止息」。【中山三器銘文考釋・于豪亮學術文存】

◉魯實先 卜辭一見𡍬字，其辭曰「比芻于𡍬」，案𡍬隸定之爲𡍬。説文經傳並無其字。以愚考之，所從之自即鼻之象形文。所從之叀猶疐之從叀，所以示叀牛之鼻也。然則𡍬當爲牽之古文。案叀之古文作𠀬，正與玄及玄之古文作𢆯者相近，亦與糸及糸之古文作𢆯者相同。是以𡍬之從叀，牽之從玄與紖縻之從糸，皆所以象其可資持引之繩。夫以繩叀鼻。則𡍬必爲牽字無疑矣。……所謂「比芻于𡍬」者，𡍬爲方名，當爲春秋時衛之牽邑，即今河南濬縣，密邇殷虛，實爲殷人芻牧之地。【殷栔新詮之一】

◉許 慎 牿牛馬牢也。从牛。告聲。周書曰。今惟牿牛馬。古屋切。【説文解字卷二】

◉馬叙倫 嚴可均曰。韻會引惟作唯。雷浚曰。牿爲告俗字。徐灝曰。告即古牿字。牿繫牛馬。而訓爲牢者。用牢之引申義也。倫按牿牢疊韻。牿爲告後起字。此由不知牿爲告之後起字者而以爲閑牢義。故列牢前而訓曰牛馬牢也。淮南齊俗訓牿服馬牛以爲牢。牿服馬牛。明施羈絡然後可以爲之牢閑。是牿非牢也。史記魯世家。無敢傷牿。馬牛其風。正義。牿。牛馬牢也。令臣無傷其牢。恐牛馬逸。蓋即本此訓。然無敢傷牿亦謂無傷羈梏馬牛之具。傷之則馬牛放逸耳。此均牿爲告俗字而非閑牢義之證。蓋此字非許書原有。蓋出字林也。【説文解字六書疏證卷三】

牢

甲三九二　甲五四〇　甲五四六　甲三五八九　戩二一・四　戩六・一三　粹五七五　佚二一二

佚二四三　甲二〇一二　甲二〇三五　拾一四・一九　燕二六四　燕三五四　甲三五七六　前四・一六・四

前八・八・四　前三・二四・一　前一・一〇・二　前一・一〇・三　前一・一二・七　前一・一七・五

燕三四九　文管一三四　安三・八　摭續九〇不從牛　京都二三二四　乙一九八三或从

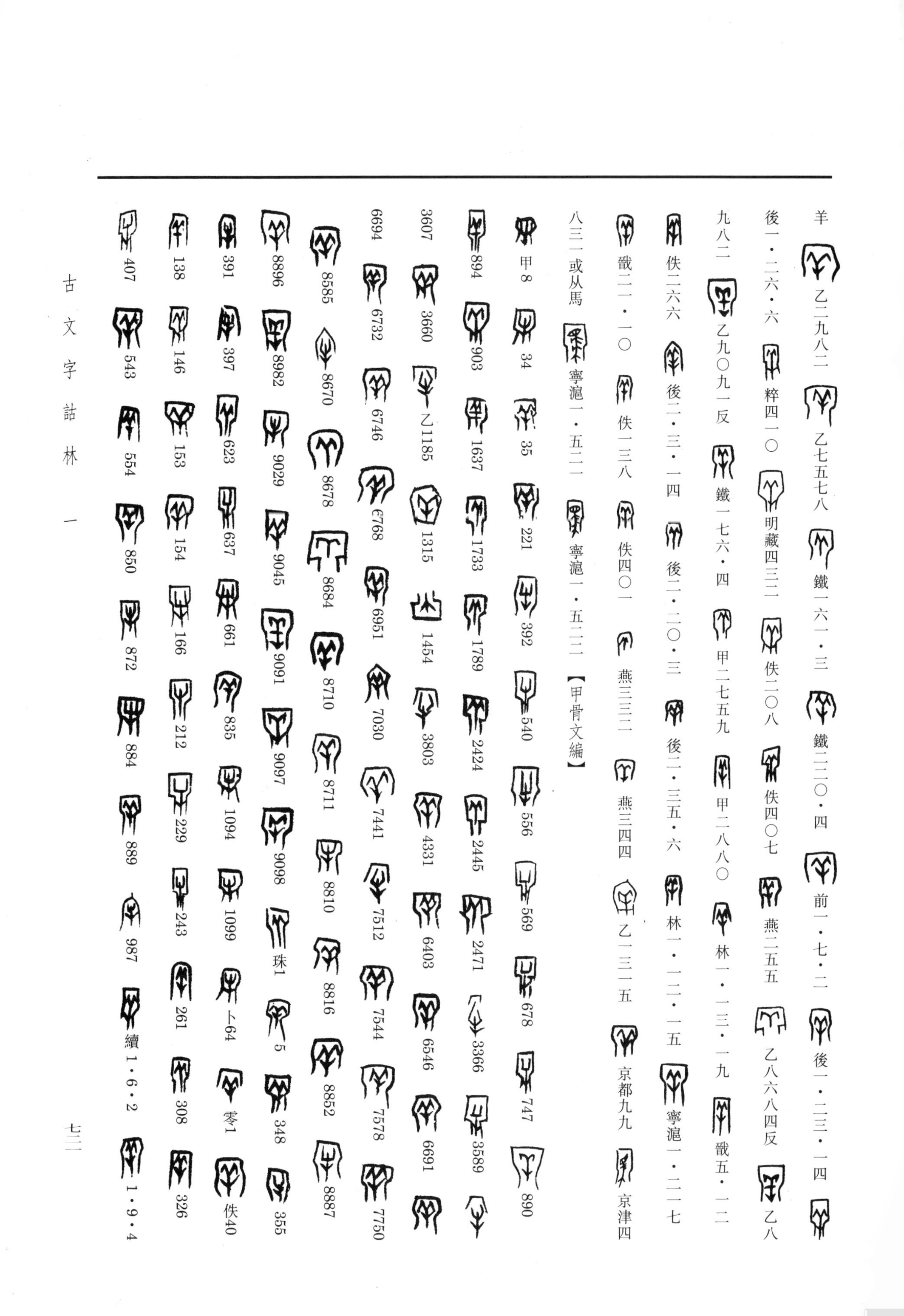

羊 乙二九八二 乙七五七八 鐵一六一・三 鐵二二〇・四 前一・七・二 後一・二三・一四

後一・二六・六 粹四一〇 明藏四三二 佚二〇八 佚四〇七 燕二五五 乙八六八四反 乙八

九八二 乙九〇九一反 鐵一七六・四 甲二七五九 甲二八八〇 林一・一三・一九 戩五・一二

佚二六六 後二・三・一四 後二・二〇・三 後二・三五・六 林一・二・一五 寧滬一・二一七

戩二一・一〇 佚一三八 佚四〇一 燕三三二 燕三四四 乙一三一五 京都九九 京津四

八三一 或从馬 寧滬一・五二一 寧滬一・五二二 【甲骨文編】

甲8 34 35 221 392 540 556 569 678 747 890

894 903 1637 1733 1789 2424 2445 2471 3366 3589

3607 3660 乙1185 1315 1454 3803 4331 6403 6546 6691

6694 6732 6746 6768 6951 7030 7441 7512 7544 7578 7750

8585 8670 8678 8684 8710 8711 8810 8816 8852 8887

8896 8982 9029 9045 9091 9097 9098 珠1 5 348 355

391 397 623 637 661 835 1094 1099 厶64 零1 佚40

138 146 153 154 166 212 229 243 261 308 326

407 543 554 850 872 884 889 987 續1・6・2 1・9・4

1·24·9 1·26·4 1·32·3 2·15·5 2·25·11 徵3·4 3·8 3·26
3·91 3·92 3·111 3·131 3·132 3·186 3·204 4·3 8·51
8·72 8·93 8·94 京1·4·3 1·22·1 1·33·2 1·33·3 凡3·1
11·1 録275 453 天48 龜卜30 46 48 摭續2 90 粹26 33
318 新5032 5041 乙407 【續甲骨文編】

牢 貉子卣 爵文 从羊與卜辭同 【金文編】

關中上 1·65真上牢 【古陶文字徵】

〔五二〕 〔二三〕 〔八三〕 〔一四〕 【先秦貨幣文編】

99 156 【包山楚簡文字編】

牢 日甲一〇三 四例 日甲六五背 【睡虎地秦簡文字編】

2386 【古璽文編】

牛牢賀印 【漢印文字徵】

◉許 慎 閑。養牛馬圈也。从牛。冬省。取其四周帀也。魯刀切。 【説文解字卷二】

◉孫詒讓 龜文自「□牢」外,紀牲牢者甚多,「牢」字皆作「」,八十之三。而作「」者尤多,十四之三、廿四之四。或作「」,四十二之二,七十八之二。又作「」、六十四之二。作「」。百七十五之三。《説文·牛部》「」,閑養牛、馬圈也。从牛冬省,取其四周帀」,金文貉子卣作,此省作「」與彼同。从羊者文之變也。考《説文·仌部》「,古文冬字」,依小篆,牢字則是从古文冬字,殆無所省。而説解云取四周帀,則又是象形,與冬古文殊不相涉。兩誼舛馳不能並立。況金文、龜文牢字咸無下横畫,而金文井人鐘、頌鼎、頌啟霝冬字又皆作∩，下復不相連，許説究不可通。竊謂古文牢字止取周帀形，故或丫或∪惟變所適，固不必四合，亦非于冬得形也。龜文説「牢」者或箸數，或否，如云：「辛□幼水于且牢」、十四之三。「且之牢酒羊」、廿四之四。「乙亥卜且丁十五牢」、卅三之一〔一八八〕。「甲申□雀父□羌□一牢」、卅五之四，一字上有闕畫，下方別有標識「三・二」兩小字，不屬正文。「卯三□牢三□」、四十二之二。「求人大甲牢」、六十四之二。「二牢」、五十九之四。「百牛冊牢」、六十五之一。「丁卯卜□立□□乙㕣羊冊□牢」、六十七之二。「□丁貝用牢牛」、六十八之二。「貝之于□庚卅小牢」、七十二之一〔一八九〕。「甲寅卜且乙五牢用」、七十八之二。「□女庚之于牢□」、八十之三。「□乙□之且乙二牢用」、八十四之三。「貝之于父辛牢」、九十五之二。「貝参羞于女丙之□牢」、九十七之二〔一九〇〕。「丁酉□𣪊今日参禾牢」、九十八之一。「貝于兄丁小牢」、百一之三。「壬一牢」、百六十一之三。「乙二牢」、百六十六之四。「辛卯卜禾牢□季」、百七十五之三。「貝䶂辛未其之于盇室三大牢七月」、百七十六之四。「壬白十牢□」、百八十四之二。「□寅卜之且□三牢冊十牢之虫□」、二百十九之四。「父三牢」、二百廿之四。「冊□牢」。二百五十一之三〔一九一〕。此云「大牢」、「小牢」即《禮經》之大牢少牢，其數之多者有「二牢」、「三牢」、「三大牢」、「五牢」、「十牢」、「十五牢」、「卅小牢」，皆與禮不合。考《禮經》大祭皆止用大牢，《國語・楚語》云：「天子舉以大牢，祀以會」，韋注云「會，三太牢也」。是王祭以三太牢爲最多，不得有五牢以上。惟王禮大會同合諸侯，五等咸在，則饗用十有二牢。見《周禮・秋官・掌客》。此乃有「十五牢」、「卅小牢」、「百牛」等，其侈甚矣，此必殷末瀆神踰禮乃有此制，不爲典要者也。

或偁「牛、羊、豕」，如云「貝之于女□牛三羊三豕□卯」，百五十之一。是即三大牢也。或用「牛、羊」，如云「卜立貝求大甲三羊一牛求正」百七十五之四是也。或用「牛、豕」。如云「日卜丙寅二豕求二牛」、七十三之四。「幼人辛于□豕一牛一□」、二百四之二，末文似「牢」字是也。或用「羊、豕」，如云「卜丁酉舁突羊豕弗其□才」、百卅八之三。「禾于東□羊三豕三」、百四十二之二。「帝𣪊于豕二羊□」、百七十八之四。「□幼羊豕」，百七十九之一。則即《禮經》之少牢也。又有唯用「牛」者，如云「戊卜𣪊貝田□五牛」、九之四。「□漫闕，似「吿」又似「喜」。貝其登于且甲□卯一牛」、四十八之四。「庚□卜𣪊貝禾牛三」，百卅三之三。「一牛」即《禮》之特牛，餘「五牛」、「三牛」數較多未詳其用。又有用特豕者，如云「癸亥一豕」。二百十二之四。文中唯云牛羊及象形豕字者甚多。並詳《釋文字篇》，兹不悉舉。〔一九二〕是即《禮經》之特豕也。【契文舉例上卷】

◉孫詒讓　古文冬字。依文則牢從⿱宀廾即古文冬。不必云省。依説解云。四周帀則自是象形。與古文冬字形義復不相涉。兩義舛牾不合。金文井人鐘云永冬。頌鼎頌啟皆云霝冬。并借冬爲終也。其字皆作∩。作∩。則古文冬字下畫亦不相連屬。小篆乃變爲一横，畫連屬之。此猶廿字。金文作∪∪篆文亦變作廿。皆失其本形者也。竊疑當以許君後一義爲正。金文貉子卣牢字作⿵冂牛。無下横畫。

即其證也。【名原上】

◉羅振玉　牢爲獸闌。不限牛。故其字或从羊。冂或變作冂。或變作宀。遂與今隸同矣。其从冂者亦見禡子卣。【增訂殷虛書契考釋】

◉柯昌濟　牢字从牛在牢形。與卜詞字同。可證小篆从宀之非古誼。【韡華閣集古録跋尾】

◉王國維　宰，即牢，小牢即少牢矣。【戩壽堂所藏殷墟文字考釋】

◉王國維　𠕁⊘宂之冂宀也。一象衡檻。【劉盼遂記説文練習筆記　國學論叢二卷二號】

◉林義光　按古作𠕁，貉子尊彝癸。不从夂象牛在牢中形。【文源】

◉王　襄　契文之牢象養獸之閑，所養者若牛若羊不定，故字或从牛或从羊。貉子卣作𠕁，从牛，牢爵作𠕁，从羊，例同，冂意是象閑形，開其一面，以利出入。契文與小篆所從之一是横木，防獸之逸走，與閑字從廾象植兩木形以稽人之出入同誼，非冬省也。冬之形誼與牢無關，或从宀、冂爲冂、宀之變體，象交覆深屋之形，益可證宂非冬省。【古文流變臆説】

◉高田忠周　此説解有誤。馬當作羊。牢爲養牲之圈。故字从牛或从羊。又宂即冂之小變。此唯象畜牲之圈。非冬省也。

【古籀篇八十九】

◉葉玉森　𠕁𠕁諸家釋牢其字或从牛或从羊。王國維氏于殷虛文字考釋中書作牢宰二體。似已懷疑。予觀卜辭言小宰凡數十見。而宰竝從羊。古泉匯録商宰幣乃一宰合文。釋宰誤。王氏殷虛文字考釋第五葉三小宰之宰从牛乃誤書。影本原作宰。又藏龜第百七十八葉三大宰之宰從羊。當從牛。乃契刻偶誤。與大戴禮牛曰大牢羊曰少牢之説正合。韋注晉語。凡牲一爲特。二爲牢。是稱牢當非一牲。殷世或即以二牲爲牢。惟犬與豕必在大牢小牢之外。故卜辭云。「羊一小宰俎」。殷虛文字第一葉之一。明小宰專指羊也。又辭云「貞三羊卯三牢」。又第二十三葉之六。別乎羊以言牢。則牢指牛。即大牢之省稱。又云「□□卜貞三小宰卯三牛」。第二十六葉之一。「三小宰卯二牛沈十牛」。同卷七第二十五葉之一。別乎牛以言小宰。則小宰亦專指羊。或云。「三小宰卯三宰」。卷七第二十六葉之一。宰竝从羊。則小宰與宰亦竝指羊曰宰。即小宰之省稱也。説詳揅契枝譚。【殷虛書契前編集釋一卷】

◉翟潤緡　宰。諸家以爲牢字。未諦從牛與從羊不同。從羊者大概皆爲小宰，而小宰之宰未有從牛者。知宰牢有別。猶𧱏牝䮂𧆞麀確皆從匕，而種類各異，不必爲一字，今𧱏䮂𧆞𤜣諸字不見於字書。然牝麀尚異其音讀，則宰牢之音讀或亦不同，未可知也。【殷虚卜辭考釋】

◉吴其昌　「宰」者，象欄內或屋下，着有畜類之意也。此所着之畜類，或爲「牛」，則字爲「牢」；或爲「羊」，則字爲「宰」；或爲「豕」，則字爲「家」矣。羅振玉曰：「牢爲獸欄，不限牛，故其字或從羊。」意是而語有病。其所用以限庇畜類之具，或作[illegible]狀，[illegible]狀，則象圈闌之形。或作冂狀，前·四·一六·五。宀狀，後·二·三·一四。宀狀，燕·二六四。則象宇庇之形，亦即説文之部首「宀」字矣。故此字溯其源而言其廣義，則「牢」「宰」「家」三字，但一諦耳。不特此也，貉子卣云：「王牢于㡿。……王命士衜歸貉子鹿三。」建牢於㡿，而取于牢以歸貉子者，乃爲鹿三，明「牢」亦可爲獸欄之共名，並可以兼鹿而言矣。

若分疏其流别而各詳其專誼，則雖牢宰亦自有顯别：牛謂之牢，羊謂之宰。施及後世，則牢謂之大牢，宰謂之少牢矣。詳下九九片。「叀九宰」「叀十宰㞢五」者，謂𩰫戮少宰九，及十又五也。㞢，又也。詳前第一片疏。葉玉森曰：「……他辭云：『十宰㞢五』林·二·二七·一六、『𠕋十宰㞢九』鐵·五·二一九·四、『十牛㞢五』明·一九·二六，句法並同。」按葉説是也。

卜辭通例：牛稱「大牢」，羊稱「小宰」。「牢」上不必盡冠以「大」字，而凡戴有「大」字者必作「牢」。「宰」上不必盡冠以「小」字，而凡戴有「小」字者必作「宰」。此蓋數十餘見而未甞紊，厪有一處偶誤而已。舉「大牢」之例而言之，如云：「庚戌貞，辛亥又侑[illegible]。𡧊大牢，圂大牢，兹用。」後·一·二二·七。又云「叀大牢。」佚·二四八。「圂大牢」。佚·四〇七……等是也。此外則凡「其牢兹用」之「牢」字，不翅數百餘見，無不並同，絶無一次自紊而作「宰」者。至于卜辭中「小宰」之例，尤見頻數。如云「貞于宗，酒，卅小宰。九月」、後·一·二〇·八。「貞𡧊于土，三小宰，卯二牛，沈十牛」、前·一·二四·三。「癸酉卜貞𡧊于夒，三小宰，卯三宰。丙子卜貞酒夒，三小宰，卯三宰」、前·七·二五·三。「□□卜㱿貞，𡧊于夒，小宰」、續·一·四九·二。「癸亥貞，其又侑[illegible]于示壬，𡧊三小宰」、續·一·六·二。「求年于㖵，□羊，𡧊小宰，卯一牛」、續·一·四一·六。「㘢□卜[illegible]圓，王穵大丁夾𡆥㘢，戠小宰。亡尤」、續·一·九·四。「……求年于大甲，十宰。且乙，十小宰」、後·一·二七·六。「㞢于南庚，叀小宰」、本片。「□□因㱿貞今日酒，小宰，于父乙。小乙」、續·二·二一·五。「貞于兄丁，小丁。小宰」、鐵·一〇一·三。「癸酉卜貞𡧊于丁，五小宰，卯五牛」、前·二·二一·四。「丁未卜□，𡧊于丁，少小宰，卯十□」、燕·二四三。「貞御子弓大已小宰。十月。」前·四·一六·六……等，可見上自「土」相土起，下訖武丁之世，子弓或以謂武丁子。其祭亯也，率皆可以小宰矣。此外或刑小宰以禱雨，如云「……叀小宰，又有大雨」、前·四·四二·六。「叀小宰，又有雨」、佚·六五一·又·八〇四·兩見。「叀小宰」、戩·二三·一二。「叀小宰」、戩·二三·一三。其「叀小宰」之語，且與本片同文。

或刑小宰而不知所亯，如云「□□卜貞，柰三小宰」、林·一·一八·一三。「叀牛。叀小宰」、續·二·一六·八。「……戠小宰十五，又伐……」、佚·七八。「戠小宰」、新·二六一。「𠕋小宰，今日酒」、燕·二八八。此外尚有數處見「小宰」字，如前·六·二九·

八、後・一・二六・六、燕・三四一、又・三四五、續・二・一九・二、又・二・二五・七等，總之，其「宰」字無一不從「羊」也。惟有一片，文云：「貞翌辛未，其出于血室，三大宰。九月。」鐵・一七六・四。此「三大宰」，非「三大牢」之誤文，即「三小宰」之誤文，此但偶然微誤耳，要不足以破兹通例也。蓋殷人見羊小於牛，故目牛以「大牢」，而呼羊爲「小宰」，乃最順自然之常情矣。以此常情自然之古義，衡以秦漢以後經訓家之詮詁，則多見其嚮壁虛造耳。惟儀禮少牢饋食禮賈疏引鄭玄儀禮目録云：「羊，豕，曰少牢。」此爲最近古義矣。其餘如桓公八年公羊傳何休解詁云：「牛，羊，豕，凡三牲，曰太牢。羊，豕，凡二牲，曰少牢。」郭璞本之，注山海經西山經云：「牛，羊，豕，爲太牢。」「羊，豬，爲少牢也。」不以牢之大小當「太」「少」，而計牲之多寡解「太」「少」，知其於古義直無所得耳。自檜以下，魏高誘注吕覽仲夏「以太牢祀于高禖」，注淮南脩務「如饗太牢」，並云：「三牲具，曰太牢。」晉杜預注桓公六年左氏傳云：「太牢，牛羊，豕也。」亦無譏焉爾。吾曹所應注意者，卜辭記牲牷種類，武丁以上，先王之祭犧，宰多而牢少，無慮三與一之比率。自帝乙，帝辛之時，每祭先王，殆無不曰「其牢兹用，」以是「宰」幾不復再見。而厖然大牢，或犛，騂。或物，雜色牛。又無不求其精好，中葉與叔世，敦樸與靡奢之相去，蓋于此亦可睹其消息也。【殷墟書契解詁】

◉孫海波　説文：「牢，閑養牛馬圈也。」牢爲獸闌，不限牛，故其字或从羊。卜辭大牢作牢，小牢作宰。乙一九八三，或从羊。。京津四八三一，或从馬。【甲骨文編卷二】

◉商承祚　牢爲獸闌。不限牛也。故或从羊。金文貉子卣作。小篆多下一筆。有無誼皆顯白。説文謂牢「从牛。冬省。取其四周帀。」則望文生訓矣。【甲骨文字研究下編】

◉郭沫若　凡小牢字均作宰，从羊，此獨从牛作。然足證牢宰實一字。【殷契粹編考釋】

◉楊樹達　徐灝曰：「象圈形，與柙之古文同意。許云从冬省，非也」。樹達按：徐説是也。象圈，外形。牛所以實圈，內形。【文字形義學】

◉唐蘭　宰當即庠。舊釋牢爲是。其本義爲少牢。【天壤閣甲骨文存考釋】

◉胡厚宣　「牢」即一牢，此由成語言「牢又一牛」，又言「一牢一牛」可證。「牢㞢一牛」即「牢又一牛」，「㞢」之義在此與「又」同，他辭言「旬㞢二日」，「九旬㞢一日」，「俘人十㞢五八……俘人十㞢六人」，「㞢(有)往芻自益，十人㞢二」，「㲋(禽)鹿五十㞢六」，「㲋二百㞢九」，皆其例也。「大牢一牛」與「一牢一牛」，其「又」字皆省。言「大牢」者，與「牢」同。蓋卜辭通例：牛稱「牢」，又稱「大牢」；羊稱「宰」，又稱「小宰」。「牢」上不必盡冠以「大」字，而凡戴有「大」字者，必作「牢」；卜辭中間有作「大宰」者，僅藏176・3及佚308二列，乃字之誤也。看拙著卜辭雜例誤字例，刊本集刊八本三分。「宰」上不必盡冠以「小」字，而凡戴有「小」字者，必作「宰」，與大戴記「牛曰大牢，羊曰少牢」之説合。知「牢」「宰」有别，而「牢」與「大牢」皆謂牛，義實不異。故「牢㞢一牛」，「牢又一牛」，「大牢一牛」，「一牢一牛」，皆謂一牢另一牛也。

「牢」字舊注或以爲牛羊豕：

周禮天官宰夫：「以牢禮之灋。」鄭注：「三牲牛羊豕具爲一牢。」

國語周語：「饋九牢。」韋注：「牛羊豕爲一牢。」

又齊語：「環山於有牢。」韋注：「牢，牛羊豕也。」

或以爲羊豕：

儀禮少牢饋食禮：「佐食上利升牢。」鄭注：「牢，羊豕也。」

又：「佐食取牢。」鄭注：「牢，羊豕也。」

或以牛羊豕爲大牢：

山海經西山經：「大牢。」郭注：「牛羊豕爲大牢。」

呂氏春秋仲夏紀：「以大牢祀于高禖。」高注：「三牲具曰大牢。」

淮南子脩務訓：「如饗大牢。」高注：「三牲具曰大牢。」

今案其説皆秦漢以來之禮制，非朔義也。

卜辭言「牢又一牛」，絶無言「牢又一羊」或「牢又一豕」者，則「牢」者必只爲牛也可知。且卜辭言「牢又一牛」，又言「大牢一牛」，「牢」與「大牢」之義同，字從牛，舊籍謂「牛曰大牢」，亦可證其必爲牛之專稱。

又卜辭只言「牢又一牛」，絶無言「牢又二牛」者，則「牢」者決不能過於二牛。又卜辭特言「牢又一牛」，而不稱之爲「二牢」或「二牛」，則「牢」者亦決不能即爲一牛。國語晉語曰：「子爲我具特羊之饗」。韋注曰：

凡牲一爲特，二爲牢。

以二牲爲「牢」，於卜辭最可通。疑其説必有依據而言者。卜辭中卜用牲之以次遞增者，或「牢」與「牢又一牛」並舉：

(33) 癸巳，于滴杏牢。

牢又一牛。（佚167）

此稟辛康丁時卜辭。

(34) 丙子卜，貞武丁回其牢。一

其牢又一牛。二

(35) 癸卯卜，貞□□回其牢。一。

其牢又一牛。兹用。二

(36) 甲辰卜，貞□□宗日其牢。兹用。一

其牢又一牛。二

(37) □□卜，貞□□日其牢。一

其牢又一牛。二

(38) 癸巳卜，貞且甲日其牢。一

其牢又一牛。二

(39) 甲午卜，貞□□宗日其牢。一

其牢又一牛。兹用。二

(40) □□卜，貞□丁日其牢。幽用。一

其牢又一牛。二(通64)

(41) 其牢。

其牢又一牛。(契360)

此帝乙帝辛時卜辭。「牢」即二牛，「牢又一牛」即三牛也。或「牢一牛」與「二牢」並舉：

(42) 牢一牛。

二牢。(粹567)

此武乙文丁時卜辭。「牢一牛」即三牛，「二牢」即四牛也。或「牛」，「牢」，「牢又一牛」，「二牢」並舉：

(43) 匕癸歲，叀牛。

牢。

牢又一牛。

二牢。大吉。（明義士藏）據董彦堂先生摹寫本。

此亦武乙文丁時卜辭。「歲」，祭名，「叀」爲用牲之法，義爲斷首，「叀牲」與「伐人」之「伐」略同。看余永梁殷虚文字續考，刊清華研究院國學論叢一卷四號。又吴其昌殷虚書契解詁第三七片，武漢大學文哲季刊三卷四號六四七頁。此卜歲祭於妣癸，叀牲，用牛乎？用牢乎？用牢又一牛乎？用二牢乎？及得兆之後，惟「二牢」爲大吉，或即從而用之。看拙著釋丝用丝御。其牲數亦以次遞增，而「牛」即一牛，「牢」即二牛，「牢又一牛」即三牛，「二牢」即四牛也。凡此皆可證「牢」之必爲二牛，而韋氏「二爲牢」之説爲不誤。

然武乙文丁時卜辭又曰：

(44) 其𢍏新鬯二牛用，卯。

叀牢用。（粹910）

以「牢」與「二牛」對舉，則兩者仍當有别。疑「牢」者當專指一牡牛與一牝牛而言，故與普通之二牛異也。

據余所統計，卜辭中以牛祭者，十牛以上，或十五牛，或廿牛，或卅牛，卅三牛，或卌牛。或五十牛，或百牛，或三百牛，或四百牛。最多者或至五百牛。以牢祭者，十牢以上，或十五牢，或廿牢，或卅牢，或五十牢，或五十五牢，或百牢，最多者或至三百牢。詳另文。以「二爲牢」之例推之，則「三百牢」者當爲六百牛，殷人祭祖，至於用牛六百，此其規模，已良可觀矣。【釋牢　歷史語言研究所集刊第八本第二分】

◉馬叙倫　徐鍇曰。指事。嚴可均曰。小徐作冬省聲。余謂當作□聲。□古終字。翟云升曰。御覽一百九十七居處部引圈作園。集韵引冬作舟。沈濤曰。御覽一百九十七引作牢閑養牛馬園也。園乃圈之譌。王筠曰。閑字、句絶。朱駿聲曰。□象周帀形。一以閑之。非冬省。孫詒讓曰。□象牢形。非冬省。羅振玉曰。甲文牢字有□、□、□、□、□、□諸形。盖牢爲獸闌。不限於牛故其字或从羊。林義光曰。貉子尊作□。不从夂。象牛在牢中形。倫朱孫之説是也。貉子卣作□。與甲文同。明非冬省。亦非古文終字。當作閑也。从牛。象形。指事。今閑下挩也字。養牛馬圈也及取其四周帀也乃校者加之。字見急就篇。然疑本以□象形。後以别於同形之字而加牛。【説文解字六書疏證卷三】

◉陳夢家　卜辭牢、宰、寓並泉、𢍏皆从□，象平地上以圈栅爲欄。説文「牢，閑養牛馬圈也」，「圈，養畜之閑也」，「檻，一曰圈也」。牢、圈、檻、閑爲畜養之所，同時亦爲監獄之名。養豕於廁，所以晉語「少溲於豕牢」，韋注云「豕牢，廁也」。此等畜養之處，後世是築室爲之，在古代亦有利用山谷洞穴之處：説文「阹，依山谷爲牛馬圈也」，蕭該漢書揚雄傳音義引三蒼云「因山谷爲牛馬圈謂之阹」，集韻「𥂕，山旁穴」。卜辭寓疑是廌字，廣雅釋宫「廌，庵也」，「庵，庼，舍也」；廣韻又有寫、窂二字，集韻以窂

爲牢。【殷墟卜辭綜述】

◉高鴻縉　按甲文此字原意為牛或羊之圈養者。字倚牛或羊畫圈養之形。由文牛或羊生意。名詞。後世借用爲禁牢。故説解曰牢閑養牛馬圈也。實則本意不然。小篆□與□偏旁相似。故説解曰冬省。實則初形亦不然也。甲文亦稱□為小□(小牢)。謂羊小於牛也。後人稱圈養牛曰大牢。稱圈養羊曰少牢。意亦相貫。【中國字例二篇】

◉張秉權　牢或宰是祭祀中的犧牲,是没有問題的,但這究竟是些什麽樣的犧牲?卻須再加檢討,根據傳統的説法,大牢是指牛羊豕三牲具備而言的,少牢即小牢是指羊豕二牲合備而言的。如:

周禮天官宰夫:「以牢禮之法」。鄭注「三牲牛羊豕具爲一牢」。

國語周語:「饋九牢」。韋注:「牛羊豕爲一牢。」

國語齊語:「環山於有牢」。韋注:「牢,牛羊豕也」。

國語越語:「天子舉以大牢」。韋注:「大牢,牛羊豕也」。

山海經西山經:「大牢」。郭注:「牛羊豕爲大牢」。

淮南子脩務訓:「如饗大牢」。高注:「三牲具曰大牢」。

儀禮少牢饋食禮:「少牢饋食之禮」。鄭注:「禮將祭祀,必先擇牲,繫于牢而芻之,羊豕曰少牢,卿大夫祭宗廟之牲」。

又:「佐食上利升牢」。鄭注:「牢,羊豕也」。

又:「佐食取牢」。鄭注:「牢,羊豕也」。

在上列的那些文獻中:有單稱「牢」的,有稱「大牢」的,也有稱「少牢」的,而注疏家們,對于單稱「牢」的那些材料:有時把它解説成包括牛羊豕的大牢,有時又把它解説成包括羊豕的少牢。可見牢字有時可指大牢而言;有時亦可指少牢而言。所以牢字之前,如果没有「大」或「少」等形容辭加以指明時,它的意義就不十分清楚了。因爲它可以指牛羊豕而言,也可以指羊豕而言,在解説的時候,就不免要用望文生義的辦法,來指定它所含的成分了。以牛羊豕爲大牢;以羊豕爲少牢,原是秦漢以來的一種説法。能否適合于卜辭時代的殷商禮制,原是一大問題。因此,近人胡厚宣氏認爲牢是專指一牡牛與一牝牛而言的。

胡氏的説法,看起來是很可以講得通的。所以也有不少的人,是信從他的。但是細細地推究起來,也還有不少問題。他引證韋氏國語晉語注的「凡牲一爲特,二爲牢」,來支持他的牢爲二牛的説法,可是韋氏在同書的齊語、周語和越語注中一則説「牢,牛羊豕也」,再則説「牛羊豕爲一牢」,那末韋氏所説的「凡牲一爲特,二爲牢」,恐怕是指牲的種類一爲特,二爲牢,而不是指一頭牛或一只羊爲特；二頭牛或二頭羊爲牢的吧。況且胡氏以齊語和周語中的韋注爲「秦漢以來的禮制」，而「非朔義」。卻又認爲晉語中的韋注「必有依據」，取捨之間，未免有些成見。自然，在他看來，這個「依據」是在卜辭中可以找出來的。那末且看他對卜辭中的「牢」的解説，他首先從「卜辭言：『牢又一牛』；絶無言『牢又一羊』或『牢又一豕』者」，來推斷「牢」必爲「牛」，再從「卜辭只言：『牢又一牛』，絶無言『牢又二牛』者」，來推斷「『牢』者決不能過于二牛」，又從「卜辭特言『牢又一牛』，而不稱之爲『二牢』或『二牛』」，來推斷「『牢』者亦決不能即爲一牛」。這樣地層層推論，可以説是很聰明的，而胡氏對于卜辭材料的熟悉，又是人所共知的，所以此説一出，信者極多。其實，他的説法，最主要的依據，是在卜辭「牢又一牛」那句話上。如果卜辭中「牢又一牛」的情形，並不像他所説的那樣簡單，那末他的立論基礎，豈不失去了依據？現在再看卜辭的實際情形。誠如胡氏所説，卜辭中没有見過「牢又一羊」或「牢又一豕」的句子，但這並不能證明「牢」必爲「牛」；更不能證明必爲二牛，而且是一牡一牝。因爲卜辭中還有着「牢㞢一牛㞢青」（見上，例329）、「三牢又戠二」（見上，例382）、「宰又𠬝」（見上，例350、377）、「宰又一牛」（見上，例332）、「宰㞢牝」（見上，例340）、「二牢亦二羊」「三牢亦三羊」（見上，例372）、「二牛二宰」（見上，例362）等等的句子，其中任何一條卜辭，都足以否定胡氏的説法。他説卜辭中没有「牢又一羊」，但是現在卻有「二牢亦二羊」「三牢亦三羊」，而且相反地更有「宰又一牛」、「宰㞢牝」、「宰甾黎牡」、「宰日黎」、「二牛二宰」。他説卜辭只有「牢又一牛」，但是事實上卜辭中還有「牢㞢一牛㞢青」、「三牢又戠二」、「宰又𠬝」等等。他説卜辭中的「大牢」和「牢」没有分别，「牢」就是「大牢」之省；「小宰」和「宰」没有分别，「宰」就是「小宰」之省。但是事實上，卜辭中不但有被他列入誤字例中的「大宰」（見上，例335和例369），而且還有「小牢」（見上，例336和例337）。這些例子雖不太多，如果盡以「誤刻」來作解説，似乎也不太妥當。何況卜辭中更有「宰」與「小宰」同見一辭（見上，例376），如果没有分别，爲什麽一作「宰」，另一卻作「小宰」，而且在它的對貞卜辭中，情形亦覆如此。這些，都是胡氏的説法，在卜辭中遭遇到的困窘。再就理論上説，他説「牢」是「二牛」，而且是「專指一牡牛與一牝牛而言」；「牢又一牛」是三牛。但是卜辭中卻有牝牡的合文（見上，例27），爲什麽不稱之爲「牢」？此外，卜辭中用「二牛」「三牛」之辭很多，難道這些都是牡的或者牝的？況且卜辭中用四牛以上，如「十牛」「廿牛」「卅牛」「卌牛」「五十牛」「百牛」「三百牛」乃至「千牛」的例子，多不胜举，难道那麽多的牛群中，就没有一对牡牛与牝牛？如果有，又爲什麽不稱之爲「牢」呢？因此，牢爲專指一牡牛與一牝牛的説法，在情理上，也是説不過去的。所以胡氏之説，似乎還有重行考慮的必要。那末卜辭中的「大牢」「小牢」或「大宰」「小宰」，是不是像秦漢以来的傳統説法那樣以牛羊豕爲大牢；以羊豕爲小牢的呢？按照卜辭中的材料看來，也是有問題的，譬如上舉例26、30、及38，以牛羊豕並舉，而不稱之爲大牢或大宰；又如例179、191、198、259等辭中，以羊豕並舉，而不稱之爲小牢或小宰。那末這二個字，究竟應該怎樣解釋，才合于卜辭中的意義呢？從字形上看，牢字從牛，宰字從羊，它們的原始意義，「牢」字是牢中養着的牛，「宰」字是牢中養着的羊，應該是没有問題的。但甲骨文和造字的時代，已經有了一段距離，而且，這二個字的用法，雖則大致上還有分別，不過在有些地方，也不免相混，譬如上舉的例416中，即以「一牛」和「宰」對貞，在那二條對貞的命辭之中，自「㞢」字以下，除了一作「一牛」，一作「宰」以外，其餘的文字，完全相同。這似乎顯出「宰」的意義，已經和「一牛」相當的了。很可能這個「宰」字，已經混用作那個「牢」字。正因這二個字，在甲骨文時代，已經有了相互混用的現象，所以才有「大」和「小」形容詞来指定它們。此外，如「宰」和「小宰」二名同見于一辭之中，那個「宰」字，恐怕也與「牢」字相混了，它和「小宰」應該是有分别的，並非一般人所説的「宰」就是「小宰」之省。不過，從一般的情形看來，牢指牛，宰指羊，大致上還可以説得過去。至于牢和牛或宰和羊的分别，恐怕不在于數目上或種類上的不同，而是牢或宰中特意護養着的牛或羊，是專門爲了供作祭祀之用的，所以稱之爲「牢」或「宰」。而卜辭中稱爲「牛」或「羊」的那些，可能並不是專門爲了祭祀之用而經過一番特意護養着的牛羊，它們可能就是普通牧放中的牛羊，也可能是臨時征收來的。【祭祀卜辭中的犧牲　歷史語言研究所集刊第三十八本】

◉李孝定　説文「牢，閑養牛馬圈也。从牛冬省。取其四周帀也」。契文大牢作，小牢作。如諸家言，其義則為用牲之名。其形則如許説，蓋許説字之本義。卜辭牲名之義，乃由本義所引申。所謂从冬省者。實象牢形。即許言「取其四周帀」者。是也。冬省説，非。卜辭言牢若宰。必兼他牲言之，殷虛文字第一頁一版「羊一小宰俎」，羊與小宰並言，足證宰非特羊。簠徵典禮八〇「犁☒其□又□牢□一牛其□又……。」上卜牛色，下卜牢，抑乎一牛也。亦牛牢對舉。足證牢非特牛也。周禮大行人「禮九牢」。注「三牲備為一牢」，呂覽仲夏「以太牢祀於高禖」。注「三牲具曰太牢」。儀禮少牢饋食禮鄭目録云「羊豕曰少牢」。賈疏「云羊豕曰少牢者，對三牲具為大牢，若然，豕亦有牢稱。故詩公劉云「執豕於牢」。下經云「上利升牢心舌」。注云「牢羊豕也」。是豕亦稱牢也。但非一牲即得牢稱，一牲即不得牢名，故郊特牲與士特牲皆不言牢也。」據此，則牢為牛羊豕三牲具也。國語越語「天子舉以大牢。」韋注「大牢，牛羊豕也」。亦與鄭説同。金文牢作貉子卣爵文古鉩「旅牢」。前二者與契文同，鉩文則同於今隸矣。牢之本義爲養畜之圈，不限牛馬。詩公劉「執豕於牢」，漢書東夷傳「王令置於豕牢」，楚策「亡羊而補牢」可證卜辭牢、宰於用牲之義有別。至宰之音讀，則不可知。【甲骨文字集釋】

◉李孝定　从宀从羊，説文所無。諸家謂即後世之庠，以文字衍變之情形言自有可能，然卜辭用「宰」之義則爲小牢，與庠義無關，不能遥釋爲庠也。陳夢家又釋爲庠。綜述五一三。亦非。【甲骨文字集釋】

◉嚴一萍　牢之本義，指養牲之所，晏子春秋上諫篇所謂「牛馬老于欄牢」者是也。

羅氏謂冂象獸闌之形則甚塙。充人鄭注曰：「牢，閑也，必有閑者，防禽獸觸齧。」賈公彥疏曰：「防所繫之禽獸，自相觸齧也。」儀禮少牢饋食禮曰：「禮將祭祀，必先擇牲繫於牢而芻之。」至祭享之時，則「視其身體具無災害。」公羊宣三年何注。倘在芻三月期內，有自相觸齧者，當有損傷，即不能供祭享之用，故必繫之牢，以分隔之。甲骨有□字，（乙四〇七圖四）正像分隔繫牲之形，作二牢猶說文八部之𠔁從二余，與余同。其从二牢者，亦牢字無疑也。

牢之本義，既爲繫牲之獸闌，惟卜辭所見諸牢字，皆作祭祀之牲名，乃引申義。因牢有从牛从羊兩體，於是考釋者多異說焉。

據此以觀，卜辭所用牛羊犬豕，皆爲天子敬祀天帝山川鬼神所犓豢之牲，悉繫諸牢。不得謂爲臨時取之於「牧人」。則牢與牛，宰與羊之別，決不在「殊養」與尋常放牧之異。且墨子天志下曰：「踰人之欄牢，竊人之牛馬。」是馬亦繫之欄牢。而契文有从冂从馬之□，正象馬在牢中。

爰得其結論曰：

一、卜辭之牢，从牛與从羊爲一字，其含義爲一牛一羊，曰：「牢㞢一牛」者，爲二牛一羊。

二、大牢當如舊說爲一牛一羊一豕之共名。

三、少牢亦當如舊說爲一羊一豕之共名。

四、羊豕犬等單名者，當如逸周書世俘所稱，爲「小牲」，與牢異。

五、用牢即不與他牲相共，如與他牲見於同一條卜辭內者，其用牲之方法，必不同。

六、羊豕同用不稱少牢，牛羊豕同用不稱太牢者，因陳牲之位置及排列分組等，與牢有不同之故。

明乎此，不特牢、太牢、少牢之義，釐然可辨；殷禮之有條理可尋，將不僅五種祀典而已也。【牢字新義　中國文字第三十八冊】

◉白玉崢　吳（其昌）氏謂：凡大牢，字必作牢；小宰，字必作宰。然徵之卜辭，未必爲然。如鐵一七六·四，佚二〇八，掇二·一二五等，其大牢字皆从羊作宰；又如粹八二八，甲三八九，乙四五〇七，四六〇三，京五二四等，其小宰字皆从牛作牢。吳氏之說，無異閉門造車矣。【契文舉例校讀　中國文字第五十二冊】

◉姚孝遂　「牢」專指牛，「宰」專指羊，但又有別于一般的牛或羊。然則，它究竟應如何正確地加以理解？

陳夢家先生在《卜辭綜述》中曾提到：「甲骨文中有牢、宰、寓，前兩者是牲品，乃指一種豢養的牛羊。」556。盡管說得不夠

明確，也缺乏任何例證，但是已接近于正確的理解。鄭玄早就曾經指出：「繫養者曰牢。」（見《詩・瓠葉序箋》）

《說文》：「牢，閑，養牛馬圈也。从牛、冬省，取其四周帀也。」（據大徐本）

徐慎的説解，得「牢」字之本義，但釋其形謂从冬省，則非是。徐鍇《繫傳》謂从冬省聲，不可據。王筠《釋例》以爲：「从冬省者，牛冬乃入牢，若夏日有汗入牢，則毛盡禿矣。」其所以从牛者，「牛于六畜中最畏冷。」王筠的這種説法，可以説是極牽強比傅之能事。段玉裁謂「冬取完固之意」，亦想當然之詞。唯朱駿聲《通訓定聲》謂「外象匍帀堅固形，一以閑之……，非冬省也」，實得「牢」字之本形。林義光《文源》據《貉子卣》「」字以爲「象牛在牢中形」是對的。

卜辭所有「牢」或「宰」字，不是用「牢閑」之本義，而是用其引申義，指繫于牢閑之牛羊而言。

《周禮・牧人》：「凡祭祀，共其犧牲，以授充人繫之。」鄭《注》：「授充人者，當殊養之。」賈《疏》：「牧人養牲，臨祭前三月，授與充人繫養之。」

又《牛人》：「凡祭祀共其享牛、求牛，以授職人而芻之。」鄭玄謂「享，獻也，獻神之牛，謂所以祭者也。求，終也，終事之牛，謂所以繹者也」。鄭衆則謂「求牛，禱于鬼神祈求福之牛也」。

又《充人》：「掌繫祭祀之牲牷，祀五帝，則繫于牢，芻之三月，享先王亦如之。凡散祭祀之牲，繫于國門，使養之。」

《公羊傳》宣公三年：「帝牲在于滌，三月。」何休《注》：「滌，宮名，養帝牲三牢之處。」

基于上述，可見凡是用于祭祀之犧牲，必繫之于牢，經過特殊之飼養，所謂「衣以文繡，食有芻菽。」一般是十天到三個月。

《國語・楚語》楚昭王問于觀射父：「芻豢幾何？」對曰：「遠不過三月，近不過浹旬。」

古代祭祀，對于圈養之牛與非圈養之牛區分甚嚴：

《春秋》宣公三年：「春王正月，郊牛之口傷，改卜牛，牛死，乃不郊。」《左傳》以爲「不郊而望，皆非禮也。」孔《疏》：「牛死在正月，郊當用三月，其間足得養牛，牛雖一傷一死，當更改卜，取其吉者。郊天之禮不可廢也。牛死而遂不郊，非禮也。」

郊祭之牛，必須用經過特殊圈養之牛，而且還得通過「卜吉」的儀式，這種專供祭祀之用的牛，如果或死或傷，甚至可以作爲停止祭祀的藉口。所以《春秋》僖卅一年有「四卜郊，不从，乃免牲」；成七年有「鼷鼠食郊牛角，改卜牛，鼷鼠又食其角，乃免牛。」這在我們今天是不可思議的事情，而在古人則是鄭重其事的。

根據卜辭所反映的情況，殷人稱普通的牛爲「牛」：

「其見牛？」《京津》3133

「追弗其氏牛？」《後下》40.7

「乎共牛？」《乙》7955

羊的情況也相同，不贅述。牛經過特殊飼養之後，則稱爲「牢」。作爲祭牲，用「牢」要比用「牛」隆重：

「王其又于匣三牛，王受又？

五牛？

其牢？」《小南》2617

此可以説明，一牢是較五牛爲隆重。

「己酉貞，𢀛以牛其用自匣，汎大示叀牛？

己酉貞，𢀛以牛其用自匣，三牢汎？

己酉貞：…以牛其(用)自匣五牢，汎大示五牢？」《小南》9

牛是由「𢀛」貢獻來的，其經過特殊飼養的就稱之爲「牢」，未經過特殊飼養的仍稱之爲「牛」。此亦可以證明牢只能是牛，而不能是牛羊豕。

這種經過特殊飼養的牛羊，其大者謂之「大牢」、「大宰」；其小者謂之「小牢」、「小宰」。【牢宰考辨　古文字研究第九輯】

◉徐中舒　爲圈欄養畜之形。《説文》：「牢，閑養牛馬圈也……取其四周帀也。」古代放牧牛馬羊羣於山野中，平時並不驅趕回家，僅在需用時於住地旁樹立木樁，繞以繩索，驅趕牛羊於繩欄內收養。解放前四川阿壩地區大金縣一帶豢養之牛羊，仍以樹立木樁繞繩索作冂形爲牢，與甲骨文字形完全相同。卜辭中□牢□宰二字各有專指：「牢」爲經過專門飼養而用作祭牲之牛，「宰」爲經過專門飼養而用作祭牲之羊。舊説「牢」即包括牛羊豕之大牢，「宰」爲包括羊豕之小牢，並不符合殷代實際。

【甲骨文字典卷二】

◉徐中舒　□從馬在冂中。冂象牲畜牢圈，故此字象馬在牢圈中之形，當爲牢字異體。甲骨文牢字多從牛羊在冂中作□、□，作□者爲《説文》篆文所本。渾言之，養馬牛羊之所皆得稱牢，析言之，養馬之所爲𥨊，養牛之所爲牢，養羊之所爲宰。《説文》：「牢，閑養牛馬圈也。」蓋渾言之也。參見卷二牛部牢字説解。

養馬牢圈。即後世之廐。【甲骨文字典卷十】

◉戴家祥　羅〔振玉〕説極是。説文二篇「牢，閑養牛馬圈也。从牛冬省，取其四周帀也。」許慎訓義尚可，解字欠妥。周禮地官

「充人掌繫祭祀之牲，牷祀玉帝則繫於牢。」牢並非普通獸闌，蓋專指繫祭祀用牲之闌。禮記王制「天子社稷皆太牢，諸侯社稷皆少牢」。董作賓謂「牛爲太牢，羊爲少牢之義。从羊之宰有作𡨦者可證」。此已轉義爲具體祭法。甲骨文牢、宰甚多，金文牢字罕見，牢爵从羊，盖少牢用器。【金文大字典】

犓 

◉許　慎　犓以芻莖養牛也。从牛。芻。芻亦聲。春秋國語曰。犓豢幾何。測愚切。【説文解字卷二】

◉馬叙倫　嚴可均曰。莖當作莝。文選七發注，初學記二十九引皆作莝。嚴章福曰。七發注引作以芻莝養國牛也。本書豢下曰。以穀養圈豕也。語例當同。今豕部養圈二字誤倒耳。國即圈之誤。翟云升曰。當作以芻莝養圈牛也。倫按此芻之後起俗字。今國語楚語字作芻。養馬亦以芻。豈獨於牛乎。艸部。茹。飤馬也。萎。食牛也。茹。萎爲轉注字。茹又如之後起字。本不別人獸。以飤牛馬乃从艸作茹萎。然則養牛字作萎。更足明犓之爲俗字矣。説解本作芻也。以雅釋俗也。校者注以莝豢牛也。豢字譌爲養圈二字。然疑此字非許書原有。蓋出字林也。【説文解字六書疏證卷三】

犪 

◉許　慎　犪牛柔謹也。从牛。夒聲。而沼切。【説文解字卷二】

◉馬叙倫　任大椿曰。爾雅釋畜釋文引字林。犪。牛柔謹也。翟云升曰。六書故引牛下有羊字。羊字衍。倫按牛柔謹也字林訓。蓋本作柔也。以聲訓。或字出字林。【説文解字六書疏證卷三】

犕 

 犕　不从牛　毛公厝鼎　葡字重见　【金文編】

 犕竝牧子文　【汗簡】

 牧子文　【古文四聲韻】

◉許　慎　犕易曰。犕牛乘馬。从牛。葡聲。平祕切。【説文解字卷二】

◉劉心源　服本作箙。説文。箙弩矢箙也。又。易服牛乘馬。説文引作犕牛乘馬。知葡服通也。【奇觚室吉金文述卷二】

◉馬叙倫　鈕樹玉曰。今易作服。玉篇。服也。以鞍裝馬也。又牛八歲也。嚴可均曰。易曰上疑有闕文。初學記卷廿九引字林。牛具齒也。或舊説文亦同。段玉裁曰。此蓋與革部之鞁同義。鞁。車駕具也。故玉篇云。犕。服也。以鞍裝馬也。錢坫曰。今西北人裝馬猶曰犕馬。倫按此與鞁爲轉注字。音同滂紐也。疑犕爲初文。世本。胲作服牛。呂氏春秋勿䑀。王氷作服牛。氷爲亥之譌字。王亥爲殷之先王。然則以始作者用之於牛。故从牛也。易曰。上蓋奪駕具也三字。本書。服。一曰車右騑。騑驂旁馬。驂。駕三馬也。駕馬在輈中。犕字古書借服爲之。服爲船兩旁夾木。犕爲牛服。足明犕之當訓駕具矣。或此字出字林。今挩牛具齒也四字。【説文解字六書疏證卷三】

犛

犛 秦一六八 通㔮 萬石一積而比一之爲户 【睡虎地秦簡文字編】

沈犛長印　沈犛太守章　犂座　犂青辟　犂買　犂佞之印　犂雔　犂宮私印　犂

常生　犂常有印　犂宮　犂侵之印　犂常居　犂奉印 【漢印文字徵】

◉許　慎　犛耕也。从牛。黎聲。郎奚切。【説文解字卷二】

◉郭沫若　犛字典籍多作犂。論語雍也「犂牛之子騂且角」，犂與騂對文，正與卜辭同。皇侃注「犂音貍，貍雜文」，案犂貍古音異部，不能相通。皇説不足信。犂當説爲黧黑字，典籍多以黎爲之。黎説文謂「从黍𥝢省聲」，實則黎𥝢亦均之演化。以耕具而言故從刀從牛，以種植而言故从禾从黍，勿物犁𥝢黎犂犛一字也。𥝢之轉化爲鋭利及吉利字者，均由勿之引伸，以勿乃利器，且爲食貨之源也。庶衆稱黎民，其初當猶農夫，言操勿耕種之人也。以耕者多被日曬而黑，故黎有黑義。卜辭有𥝢而無黎，𥝢字多見于武丁時之骨臼刻辭者乃人名，其後多用爲吉利字，如云「其伐𥝢？不𥝢？」前二·三·一。以字跡判之，乃帝乙時卜辭。有駑字，通纂七三〇。佚存九七〇。亦帝乙時字跡，廣韵以爲驪之異文。驪馬之深黑者。是駑實从𥝢𥝢亦聲，𥝢已有黑義也。耕具、耕事、耕牛之黑者均謂之犁。耕具犀鋭謂之𥝢，耕事有穫亦謂之𥝢，耕民面黑則謂之黎。均由勿之一字所引伸轉化者也。

本犛之初文，而周金文所以用爲勿者，乃周人之寫別字也。勿在殷末已成古字，周人襲殷，因與習用之字相近，故致混而爲一耳。周人多寫別字，如寅字殷契多作控矢形，如，合于寅引也之古義，而周文則誤爲燕形，如、師奎父鼎。，𦨶伯毁。午字殷契作若，御字从之，本馭索之象形，而周文作賢觥若，𪓐侯鼎。缶字从之，乃成杵之初文，均其例證也。此與殷周古文辰巳之巳本作子，而秦漢以來作巳，申酉之申作𢆯，而秦漢以來誤為申者，正先後一軌。【釋勿勿 甲骨文字研究】

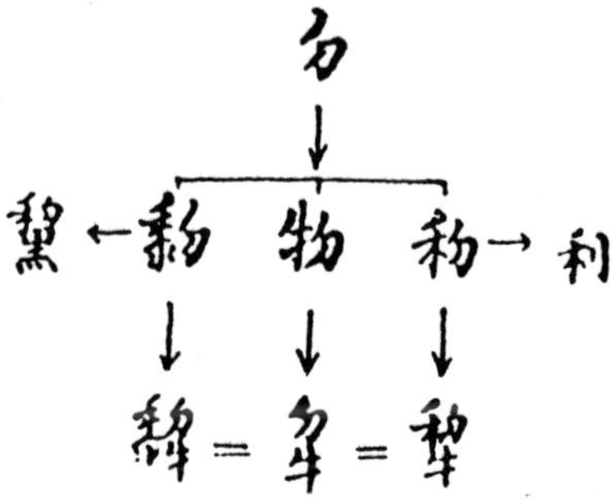

◉郭沫若 卜辭勿字作勿，勿字作勿，判然有別。勿乃笏之初文，象笏形而上有題録。勿乃犂之初文，象以犂啟土之狀。勿多假為犂牛之犂，犂之本字作物若物，舊均誤釋為物。【殷契粹編考釋】

◉馬叙倫 吳穎芳曰。以牛耕故从牛。耕具名犂。耕田亦偁犂也。段玉裁曰。耒部耕訓犂。是耕犂二字互訓。皆謂田器。今人分別。誤也。王紹蘭曰。古無偁耕為田器者。犂則有之。許耕犂互訓。是犂初亦耕種通偁。後人名犂田之器為犁耳。明犁是耕器。亦可稱耕。耕是治田。不得言器。釋名。犁。利也。利發土絶屮根也。朱駿聲曰。止觀輔行傳引。人曰耕。牛曰犁。倫按急就篇。疆畔畷陌耒犁鋤。此犁為耕具之證。然倫謂耕具之字乃耒也。其初文為力。次初文則勿也。今本書無力勿二字。而勿猶存於利字物字中。耒犁音同來紐。而犂為治田。音即得於黎。黎亦得聲於勿也。然則犂為田器者。借為耒。而犂自為耕治田之名。乃動詞也。以牛耕故字从牛耳。字見急就篇。【說文解字六書疏證卷三】

◉李孝定 說文：「犂，耕也，从牛，黎聲。」絜文勿實犂之初字，當如郭說隸定作勿，許書無此字，當於犂下別出重文作勿，云：「古文犂，象耒形。」勿犂之與耒，古韻同屬來母，古音同在十五部，據段氏六書音韻表。當是一物之異名，或方言殊異，遂別製一字，勿為象形，耒則為會意耳。此意徐中舒氏已先之，其說云：

管子乘馬篇云：「丈夫二犂，童五尺一犂。」此犂即耒之借字，犂耒古同來母。與後來所偁之犂不同。郝懿行證俗文云：「古者人耕，二犂為一耦。」故知此二犂即二耒。見耒耜考四二葉。按徐氏之意，謂假犂為耒，愚意則以為二者古蓋一物而異名，犁爲名詞，其用則爲耕，故許訓「耕也。」

□字象岐頭田器刺地啟土之形，黎則後起之形聲字。犁非牛耕之會意字，說見下。徐氏耒耜考一文，舉證甚富，徵引美備，所惜於□之一字，仍囿於舊說，遂有「利所从之□，或讀爲勿，勿利古韻脂部字，國語越語以一物失利相叶，故得相通」之誤說，按越語云：「范蠡對曰：『節事者與地，唯地能包萬物以爲一，其事不失，生萬物，容禽獸，然後受其名而兼其利。』」一物失利相叶之說，當本之朱駿聲通訓定聲，按原文以「生萬物，容禽獸」對舉，以文法言，物字以不入韻爲宜，如二句上下倒置，則以物字入韻，於文氣較適。蓋徐氏以□爲勿，故必多方尋求利勿二字聲韻相近之理，以實其說，實則金甲文利之所从者，乃古犂勽字，□即勽即犁。許書利之古文作□，各本古文作□，段注本从□作□，桂氏義證云：「□當爲□。」段桂說是。可證，然則勽自爲勽，勿自爲勿，越語一物失利相叶與否，可無庸深辨也。釋名云：

「犂，利也，利發土絕艸根也。」

利字古作□若□，即象以勽發土絕艸根之形，此亦可爲利字从勽之又一明證。徐氏又引物爲雜毛牛，犂亦訓「雜文」「牛不純色」，以證利之从勿，實則此特故訓偶同，不足以證□勿之爲一字也。契文勿字作□□□□諸形，其从兩或三斜畫，均不與中長畫相連；此與勽字作□□□□，其數斜畫中，必有一畫與中長畫相屬者，判然有別。契文勿字之義，均作否定詞用，無一與牛字連用雜文牛解者；而□字之義則反是。凡語辭皆假借字，勿之本義，當以許書之證解爲正，蓋象旗柄有三游之形，至勿與從勿之物，有雜色或雜色牛之義者，則由「雜帛，幅半異」許書勿下說解之本義所引申，周禮司常云：「通帛爲旜，雜帛爲物。」物乃勿若𣃦之假字。鄭注云：「通帛謂大赤，从周正色，無飾；雜帛者，以帛素飾其側，白、殷之正色。凡九旗之帛皆用絳。」以帛素飾其側者，即今語鑲邊之意，而許云：「幅半異。」段氏解之云：「則直謂正幅半赤半白。」釋名則云：「以雜色綴其邊爲翅尾。」語各不同，然要之勿之爲物，必非一色，其本義爲雜色旗，引申爲凡雜色之偁；物字从牛从勿，勿亦相，其本義爲雜色牛。雜色牛之義，即由勿爲雜帛旗之義所引申，王國維氏謂由雜色牛之名，因之以名雜帛，是蓋到因爲果矣。引申之「以名萬有不齊之庶物，斯文字引申之通例矣。」王氏此說則確不可易。至故訓物爲相、爲色、爲形色者，蓋物接於目而成象，象者，視之所生也，故得訓相，至形色之訓，則由雜色牛之義所引申也。至犂亦訓雜文或牛不純色者，蓋犂之本義爲刺地啟土，而土色各殊，和以艸根，龐然雜陳，故亦有雜色之義，物字从牛从勽，遂爲牛不純色之專字，卜辭用此皆與牛字連文，是用其引申義，爲形容詞，無用爲動詞之耕者，犂之訓耕，犂爲田器，爲名詞，訓耕則爲動詞，段氏謂犂耕皆謂田器，說非，王紹蘭段注訂補已駁之。義屬後起，蓋當自有牛耕之後始。徐中舒氏云：

「牛耕或用他種家畜耕，在世界農業史上都屬後起，……古謂服牛，亦僅指駕車而言，……周禮地官備載牛之用途，而獨無耕稼之事，……可見周時尚無牛耕之事，後魏賈思勰齊民要術序云：『故趙過始爲牛耕，實勝耒耜之利。』唐賈公彦周禮里宰疏也説：『周時未有牛耕，至漢時搜粟都尉趙過始教民牛耕，今鄭云「合牛偶可知者」，鄭玄注里宰語。或周末兼有牛耦，至漢趙過乃絶人耦，專用牛耦，故鄭兼云焉。』牛耕始終趙過，似覺太晚，……牛耕的開始，今唯於古代遺物中求之，如前犂館形圖，其上『黄人』或釋元二字，確是先秦以前物，此種大農具，決非人力所能勝任，故由此物即可推知先秦以前已有牛耕，但亦不得在戰國初期以前。」詳見耒耜考五五至五八葉。

徐文雖不能確言牛耕創於何人？始於何時？然就其所舉諸證觀之，牛耕之始當不甚早，則可確言；果誠如世本及山海經諸書所載，世本云：「胲作服牛。」王國維氏先公先王考謂即殷之先公王亥。則契文諸勿若物字，不應無一具有田器或牛耕之義者，此點可爲徐説一有力佐證；惜徐氏釋勿若物爲勿若物字，故慮不及此耳。卜辭物牛勿牛當以論語何注：「犂，雜文。」淮南説山高注：「牛不純色。」爲其本義，各家所以誤釋爲勿或物者，實以形相近義相同而掍耳。金文無犂及物字，而有勿及勿字，惟勿及勿二文，其義均爲語詞弗不之勿，如盂鼎云：「……王曰：『盂若敬乃正，勿灋廢朕命。』」召伯虎𣪘云：「勿敢對。」師嫠𣪘云：「敬夙夕勿灋廢朕命。」勿字均當釋爲否定詞之勿，毛公鼎、師虎𣪘勿字作勿，與契文同，蓋亦由形近義同而致掍用矣。【讀契識小録・史語所集刊第35本】

◉朱歧祥　犂　象手執勿割禾，示犂田耕種，隸作犂；即篆文𥝢字。《説文》：「耕也。从牛黎聲。」殷人以馬助耕，卜辭貞問用右馬或左馬助耕。

犂　从手持勿於土上割禾，乃犂字繁文。卜辭言「納馬」助犂耤，字見第三期卜辭。

勿　象耒形，今言犂耙，諸點或示所翻泥土。參耤字的偏旁，隸作勿。乃犂字初文，卜辭用爲狀詞，乃黧黑字。《字林》：「黧，黄黑也。」凡从黎聲多有黄黑之意，如黎民黔首皆是。《戰國策・秦策》：「面目犂黑。」《釋名》：「土青曰黎。」《爾雅》：「鵹，黄楚雀。」《説文》雗：「離黄也。从隹黎聲。一名楚雀，其色黎黑而黄。」《方言》作驪黄。今俗稱黄鶯。《戰國策・楚策》：「黧牛之黄也，似虎。」又《通俗文》：「斑黑謂之黎黖。」《淮南子》注：「犂牛，不純色。」卜辭習言「勿牛」、「勿馬」、「勿牡」、「勿牝」、「勿牢」，皆指黄黑色雜混之牲口。【殷墟甲骨文字通釋稿】

◉沈之瑜　新獲甲骨有不少大片，……第5片爲新綴合的牛胛骨，上版A爲卡内基博物館藏，摹本首見于庫一〇二五片，拓片見於合集二三一四八片，B、C未經著録，一九八〇年七月，爲上海博物館收購。三版完全可綴合一體，綴合後的骨版共得十條完整的卜辭，五條決辭。此版中「幽勿牛」與「黄勿牛」對舉，爲前所未見，這一重要的卜辭發現，徹底解決了幾十年來學術界對此詞聚訟未決的問題，學者們多釋「勿牛」爲「物」，即雜色牛。「物」既爲雜色牛，那就不應在其前冠以形容詞「幽」「黄」。可見，「勿牛」不應釋爲「物」，也非雜色牛，應是「犂」字　【甲骨卜辭新獲　上海博物館集刊第三期】

𤙺 𤙺

◉許　慎　𤙺兩壁耕也。从牛。非聲。一曰覆耕種也。讀若匪。非尾切。【說文解字卷二】

◉馬叙倫　王筠曰。未詳兩壁之義。倫按𤙺當是犁之轉注字。聲同脂類也。兩壁耕也校語。一曰。覆耕種也。未詳。廣韻但作覆耕也。似與犂一義。疑兩壁爲覆耕之譌。此亦校語。【說文解字六書疏證卷三】

𤛓 𤛓

◉許　慎　𤛓牛羊無子也。从牛。𦉢聲。讀若糗糧之糗。徒刀切。【說文解字卷二】

◉馬叙倫　承培元曰。𤛓即釋畜犑牛之犑。蓋謂犗牛也。羊之羠者曰羯。羯𤛓雙聲疊韻字。尹桐陽曰。爾雅釋畜。犑牛即犑牛。犑即𤛓也。倫按𦉢臭聲並幽類。故𤛓讀若糗。𤛓是犗牛。則牛羊無子也必是校語矣。牛無子是引申義。況兼言羊耶。𤛓讀若糗。當去九切。與犗爲同舌根破裂音轉注字。【說文解字六書疏證卷三】

牴 牴

牴　日甲五八　二例　通氐　二月奎—房大凶　日甲五一　【睡虎地秦簡文字編】

馮牴之印

臣牴

張牴　【漢印文字徵】

◉許　慎　牴觸也。从牛。氐聲。都禮切。【說文解字卷二】

◉馬叙倫　鈕樹玉曰。繫傳篆作牴。凡氐竝放此。倫按觸下曰。牴也。牴音端紐。觸音穿紐。古讀歸透。端透皆舌尖前破裂音。轉注字也。字見急就篇。【說文解字六書疏證卷三】

𤜶 𤜶

◉許　慎　𤜶牛蹏衛也。从牛。衛聲。于歲切。【說文解字卷二】

◉馬叙倫　嚴可均曰。當作牛蹏躗也。足部。躗。衛也。王筠曰。衛躗一字。倫按牴𤜶聲同脂類轉注字。本訓躗也。牛蹏𤜶也校語。【說文解字六書疏證卷三】

掔 掔

掔 魏掔 【漢印文字徵】

◉許　慎　掔牛很不從引也。从牛。从臤。臤亦聲。一曰大皃。讀若賢。喫善切。【説文解字卷二】

◉林義光　按從又持牛。从臣。轉注臣屈伏也。見臥望臨監各條牛很須體屈而後可牽也。説文云。臤堅也。从又臣聲。按掔象牛很難牽與堅意近。疑臤即掔之省。【文源卷六】

◉馬叙倫　桂馥曰。臤亦聲者。當爲臤聲。翟云升曰。類篇引作牽。倫按盖本訓很也。牛不從引也。很也以聲訓。牛不從引也校語。从牛。臤聲。從臤得聲。語原然也。此即今杭縣謂臤不從曰掔得很之掔。音近恨。一曰大者臀字義。目部臀下曰。大目也。此亦校語。【説文解字六書疏證卷三】

牼 牼

牼

牼 牼 郳宣公名見左傳公穀作瞯　郳公牼鐘　【金文編】

牼 牼 【汗簡】

牼 牧子文 【古文四聲韻】

◉許　慎　牼牛厀下骨也。从牛。巠聲。春秋傳曰。宋司馬牼字牛。口莖切。【説文解字卷二】

◉馬叙倫　嚴可均曰。宋有少司寇牼。見昭廿年傳。疑當作春秋傳有宋司寇牼字牛。段玉裁曰。仲尼弟子列傳。宋司馬耕字牛。左傳哀十四年兩書司馬牛。不稱其名。許云。司馬牼。豈即司馬耕與。外此。昭廿年廿一年宋有華牼。孟子有宋牼。皆不傳其字。倫按牛脛與人脛同。豈獨爲牛脛造字。本訓挩矣。疑耕之聲同耕類轉注字。牛厀下骨疑校語。春秋傳以下亦校語。郳公牼鐘作牼。【説文解字六書疏證卷三】

◉黄錫全　牼牼　虢季子白盤經作經，齊陳受亙作經，古陶作經（香録13.1），天星觀楚簡作經，巠字變从壬蓋始自春秋。郳公牼鐘牼作牼牼，此其變形，戰國時應有這種寫法。【汗簡注釋卷一】

◉戴家祥　按許慎所釋可从，金文作人名，無義可説。【金文大字典上】

◉許　慎　牸牛舌病也。从牛。今聲。巨禁切。【說文解字卷二】

◉馬叙倫　玉篇作犴。似得之。此字或非許書本有。即有亦非此義。字林中每有形義不相顧者。如以𠭊爲喟而婁訓痺也。疑此字林訓。【說文解字六書疏證卷二】

犀

犀，犀伯鼎【金文編】

犀　爲一七【睡虎地秦簡文字編】

2736【古璽文編】

吕犀首印【漢印文字徵】

◉許　慎　犀南徼外牛。一角在鼻。一角在頂。似豕。从牛。尾聲。先稽切。【說文解字卷二】

◉徐同柏　遲姓字作犀古省。古人姓遲者。書盤庚有遲任。【從古堂款識字卷十三】

◉吴大澂　犀當即遲之省文。說文。遲籀文作遟。仲𪀕父敦徲伯徲姬皆从辛。疑犀徲爲一字。【愙齋集古録五册】

◉徐中舒　說文「犀徼外牛……從牛尾聲」；案犀從尾聲，兼從其義。許氏說「尾，微也，從倒毛在尸後，古人或飾系尾，西南夷皆然」；從倒毛在尸後，語殊難解。銅器犀作

犀伯鼎

其尾形所從之尸正作人形。古尸與人互通。屑古文作佾，犀銅器作侔。

競卣　伯頵父鼎　犀尊　鄀公盂　王孫鐘

說文「尸，陳也，象臥之形」；亦謂人臥。尾從人，則人下所從之𠆢，即象人所飾系尾之形。甲骨文馬、豕、象諸字，其尾形分張，正與此形相似。說文謂爲毛字倒文者誤。後漢書西南夷傳：「衣服製裁，皆有尾形」；尾所以從人者，蓋人飾系尾，則尾意顯然。疑古代系尾之人，必與犀共同生存於同一地域，故犀即從尾得聲，得義。

上述古代犀既曾生存於黄河流域，則此西南夷，或即黄河流域之民族，而役屬於殷人者？【殷人服象及象之南遷　歷史語言研究所集刊第二本第一分】

牣　物

◉馬叙倫　鈕樹玉曰。韻會引作徼外獸。倫按本訓牛也。或獸也。校者加南徼外獸以下十二字。今有捝譌。此字當在部末。疑非本次。字見急就篇。甲文有。葉玉森釋犀。然似未塙。犀伯鼎作。【説文解字六書疏證卷三】

◉郭沫若　又其下一字吳疑是率，頗肆臆解。今案此字周金文存本較爲明晰。其形作，乃犀字之稍稍詭變者也。犀字，小篆作犀，金文犀伯鼎作，乃從牛尾聲之字，今以尸下之尾形稍移向右而已。小匡篇文於前舉小罪薄罪之上尚有重罪輕罪二項，云：「重罪入以兵甲犀脅二戟，輕罪入蘭盾鞈革二戟。」此言「贖以□犀」，即犀脅之謂，蓋視受賄爲重罪矣。【丘關之釜考釋　金文叢考】

◉許　慎　牣牣。滿也。从牛。刃聲。詩曰。於牣魚躍。而震切。【説文解字卷二】

◉馬叙倫　嚴可均曰。滿上衍牣字。韻會十二震引無。徐承慶曰。玉篇作滿也。牣字衍。承培元曰。牣字从牛。或本訓牛充大。而因以爲盈滿之稱。徐灝曰。許未言从牛之義。戴侗曰。牛充牣也。是也。引申爲牣滿之稱。倫按牣爲隸書複舉字也。滿也者疊韻爲訓。其本義亡矣。【説文解字六書疏證卷三】

甲五八　王國維釋物引詩無羊三十維物傳異毛色者三十也證卜辭物字為雜色牛之稱　郭沫若釋犂以所从之即犂之初文　按卜辭物字專用於祭祀之辭知物為雜色牛之專稱　文云㞢牢物　甲二八四　前六・四・五　後一・四・一五　粹三一六　粹五六一　續二・一六・二　續二・二三・七　鄴二下・四〇・一五　寧滬一・一四二　存一九一七　存二三三九　佚三一二　燕三四九　京都一九一七　陳六八　戩六・四　戩六・六　戩六・七　後一・一九・九　林二・一六・五　林二・三〇・五　前四・三五・二　卜辭用勿為物重見勿下【甲骨文編】

甲58　珠94　400　714　730　1095　1096　1097　1102　卜64

佚46　221　續1・16・2　1・28・1　1・30・6　1・30・7　1・31・2　1・40・1　2・

16·2　2·26·1　徵8·80　8·81　8·83　京1·34·1　1·36·4　1·38·4　龜卜

49　粹316　560　新5237　【續甲骨文編】

物　秦六九　八例　效三四　四例　法二三　四例　【睡虎地秦簡文字編】

◉許　慎　萬物也。牛爲大物。天地之數起於牽牛。故从牛。勿聲。文弗切。【説文解字卷二】

◉王國維　卜辭云丁酉卜即貞后祖乙古十牛四月。又云貞后祖乙古物四月。戩壽堂所藏殷虛文字第三葉。又云貞叀十勿牛。殷虛書契前編卷四第五十四葉。前云古十牛。後云古物。則物亦牛名。其云十勿牛。亦即物牛之省。説文。物。萬物也。牛爲大物。天地之數起於牽牛。故从牛。勿聲。案許君説甚迂曲。古者謂雜帛為物。蓋由物本雜色牛之名。後推之以名雜帛。詩小雅曰。三十維物。爾牲則具。傳云。異毛色者三十也。實則三十維物。與三百維羣九十其犉句法正同。謂雜色牛三十也。由雜色牛之名。因之以名雜帛。更因以名萬有不齊之庶物。斯文字引申之通例矣。【釋物　觀堂集林】

◉林義光　舉牛以包衆物，非取牽牛之象。【文源卷十一】

◉商承祚　書契卷六第四葉。第二十二葉。第五十四葉。後編上第三葉。第十九葉。龜甲獸骨文字卷一第六葉。詩小雅。三十維物。傳。齊其色而別之。凡為色三十也。今卜辭屢曰物牛。以誼考之。物當是雜色牛之名。或媘牛作勿。【殷虛文字考】

◉徐中舒　上文耤、麗、耒三字，其耒形下端皆作歧出形，又可以利、勿、方三字證之。利，甲骨文金文作

殷虛書契卷第十八葉　第三葉　同左　卷五第三一葉　同左

菁華第九頁　第十葉　後編下第十三葉　第十八葉　第五葉

師遽尊　利鼎　宗周鐘

利所從之、諸形，即力形之變，象用耒端刺田起土之形，銅器將力旁土移於禾旁，故小篆利或從刀，但古文利及從利之黎、梨、犂諸字，仍是從，可證從刀乃是省形。利來母字，自是從力得聲。刺地藝禾，故得利義。

利所從之或讀爲勿。勿、利古韻脂部字，國語越語以一、物、失、利相叶，故得相通。勿之本義當爲土色，經傳多借物爲之。

載師掌任土之灋，以物地事，授地職而待其政令。——周禮

卄人掌金玉錫石之地，而爲之厲禁以守之，則物其地，圖而授之。——周禮

草人掌土化之灋，以物地，相其宜，而爲之種。——周禮

遼師掌四方之地名，辨其丘陵墳衍遼隰之名物之可以封邑者。——周禮

縣師，凡造都邑，量其地，辨其物，而制其域。——周禮

冢人物土。——儀禮既夕

先王疆理天下，物土之宜，而布其利。——左傳成二年

士彌牟營成周……仞溝洫，物土方。——左傳昭三十二年

此諸物字，皆勿之借字。物地，物土，即相土色，相地色。各家注皆訓物爲相，惟鄭司農注周禮載師云：「物色之以知其所宜之事」；草人云「以物地占其形色」；丱人云「占其形色，知鹹啖也」。訓物爲色，爲形色，爲不誤。物訓色，自非一色，引伸之又得爲雜。説文「㫧旗也，……雜帛爲之幅，赤白半」；周禮司常「雜帛爲物」。㫧爲雜帛，則勿爲雜土，物爲雜毛牛，物訓雜毛牛，與犂訓「犂雜文」（論語何注），「牛不純色」（淮南説山高注）等義又正相應。可證從勿，從利，義本相通。甲骨文物或作勿，皆謂雜毛牛，無作否定詞用者；銅器則全作否定詞了。殷虚書契卷六第四葉　第二二葉　第五四葉　卷四第三五葉　卷五第三九葉　後編上第三葉　第十九葉　同左　龜甲獸骨卷上第六葉　第二二葉　卷七第十六葉

毛公鼎　盂鼎　召伯敦　克鼎　䡅侯鼎

量侯敦　齊鎛　余鉦　師酉敦　師嫠敦

甲骨文及銅器之方，作

殷虚書契卷二第十五葉　第十六葉　卷五第十一葉　第十三葉　第二三葉　後編下第四葉

俎子鼎　般甗　曾伯簠　兮甲盤

不嬰敦　番生敦　召尊　彔伯敦

象耒的形製，尤爲完備，故方當訓爲「一番土謂之坺」之坺，初無方圓之意（古匡即方員字）。方之象耒，上短横（如番生敦等）象柄首横木，下長横即足所蹈覆處，旁兩短畫或即飾文，小篆力作㔺，即其遺形。古者秉耒而耕，刺土曰推，起土曰方，方或借伐發墢等字爲之。【耒耜考　歷史語言研究所集刊第二本第一分】

◉楊樹達　王静安著釋物篇，見觀堂集林卷六。據殷卜辭勿牛之文及詩三十維物毛傳異毛色三十牛之訓，定物字當訓爲雜色牛，其説碻不可易矣。余讀淮南子，有足證明静安之説者，因記之。道應篇云：秦穆公謂伯樂曰：「子之年長矣，子姓有可使求馬者

乎？」對曰：「良馬者可以形容筋骨相也。相天下之馬者，若滅若失，若亡其一；若此馬者，絶塵弭轍。臣之子皆下材也，可告以良馬，而不可告以天下之馬。臣有所與共儋纆采薪者九方堙，此其於馬，非臣之下也。請見之。」穆公見之，使之求馬，三月而反。報曰：「已得馬矣！在於沙丘。」穆公曰：「何馬也？」對曰：「牡而黄。」使人往取之，牝而驪。穆公不説，召伯樂而問之，曰：「敗矣！子之所使求馬者，毛物牝牡不能知，又何馬之能知！」伯樂喟然太息，曰：「一至此乎！是乃其所以千萬臣而無數者也！若堙之所觀者，天機也，得其精而忘其粗，在其内而忘其外，見其所見，不見其所不見，視其所視，而遺其所不視。若彼之所相者，乃有貴乎馬者。」馬至而果千里之馬。故老子曰：「大直若屈，大巧若拙。」事亦見列子説符篇。按文云毛物牝牡弗能知者，毛謂純色，物謂雜色。蓋牝牡對文，毛物亦對文也。知者：文公十三年公羊傳曰：「羣公不毛。」何休解詁云：「不毛，不純色。」周禮地官牧人曰：「凡陽祀用騂牲，毛之；陰祀用黝牲，毛之；望祀各以其方之色，毛之。凡外祭毁事，用尨可也。」鄭注云：「毛之，取純色也；尨謂雜色不純也。」此毛爲純色之證也。淮南以物與毛爲對文，猶周禮以尨與毛爲對文也。

静安云：「古者謂雜帛爲物，蓋物本雜色牛之名，後推之以名雜帛。」按静安此説恐未是。知者，甲骨文有勿字見殷虚書契後編下卷廿叁葉陸版。當爲雜色帛之本字。經傳於雜色帛之義作物字者，以音同通假爲勿，非由雜色牛之義引申所致也。【釋物　積微居小學述林卷二】

◉楊樹達　戩壽三葉之七云：「貞后祖乙㕣，物？四月。貞弜勿？」王國維云：物亦牛名。他辭云：「貞尞十勿牛」，前編四卷五十四葉。勿亦物之省。説文：「物，萬物也，牛爲大物，天地之數起于牽牛，故从牛，勿聲。」案許君説甚迂曲。古者謂雜帛爲物，當由物本雜色牛之名，後推之以名雜帛。詩小雅曰：「三十維物，爾牲則具。」傳曰：「異毛色者三十也。」實則「三十維物」與「三百維羣」「九十其犉」句法正同，謂雜色牛三十也。説文：「㹊，黑白雜毛牛。」㹊物雙聲，義亦相關矣戩釋十。樹達按：王説是矣，惟謂物本雜色牛之名，推之以名雜帛，則非是。【卜辭求義】

◉馬叙倫　戴震曰。周人以斗牽牛爲紀首。命曰星紀。自周而上。日月之行不起於牽牛也。許槤曰。漢時歷數起牽牛。非可以律上下千古。鈕樹玉曰。廣韻引無萬物也三字。沈濤曰。廣韻八物引無聲字。孔廣居曰。許説牽合。六書故曰。物。牛之毛色也。故从牛。引詩。無羊。三十維物爲證。按詩注固云。齊其色而别之。凡爲色三十。然六月詩。比物四驪。注云。比物齊其力也。是物不專指牛言。亦不專指毛色言。愚謂物者牲畜之品類。推而廣之。凡天地閒形色血氣之相類者。俱謂之物。朱駿聲曰。商時冬至日躔牽牛。今時冬至日躔在箕。上溯倉頡時。日在危。此義牽合。王國維曰。卜辭。丁酉卜即貞后祖乙㞢十牛四月。又云。貞后祖乙㞢物四月。又云。貞尞十勿牛。前云㞢十牛。後云㞢物。則物亦牛名。説文物字説解甚迂曲。古者謂雜帛爲物。蓋由物本爲雜色牛之名。後推之以名雜帛。詩小雅。三十維物。爾牲則具。傳曰。異毛色者三十也。實則三十維物與三百維羣。九十其犉句法正同。謂雜色牛三十也。由雜色牛之名。因之以名雜帛。更因以名萬有不齊之庶物。倫按王所舉卜辭十牛無勿字。十勿牛則勿牛上下書之。惟〼物之物與此同。郭沫若據董作賓釋〼爲黎之初文。以爲實黎之初文。字从刀。其點乃象起土之形。其作〼者乃後起。亦即黎字从牛之意。倫謂黎是耕之轉注字。物即論語雍也。犂牛之子騂且角之犂。物爲初文耳。犂牛者雜色牛。牻之同鼻音音轉注字。論語言犂牛之子騂且角者。騂是純色牛也。言雜色牛而其子乃純色。美子也。甲文有叀〼及叀羊者。羊即騂之轉注字也。則〼爲雜色牛塙然矣。況有詩與周禮可證乎。〼。从〼。〼聲。〼字郭説爲黎之初文可從。黎音來紐。古讀歸泥。泥微同爲鼻音。故物音轉入微紐。由此言之。物下當曰。雜毛牛也。从牛。〼聲。今説解云云。由許已不知其本義。而後人更附益之。許書大例。形聲字皆曰。从某。某聲。無言故字者。如廣韻所引無聲字者。似以物字爲會意。然許例於會意曰。从某。从某。或曰。從某某。亦未有言故字者。以此知今之説解非舊文。且字亦失次。或萬物也以下皆非許文。乃傳寫捝失後。校者補篆於部末。而加其説解耳。字見急就篇。【説文解字六書疏證卷三】

◉劉節　「物」字的意義，在傳孟真先生跋陳槃氏公矢魚於棠解一文中已詳細考論過。本節大體采傳孟真先生之説。甲骨文字中物字亦从牛，又省作勿，其字作〼，又作〼，亦作〼，此於六書屬指事。〼，〼，或〼，指掌牧之事；〼即象物。从牛爲形聲後起字。其原義即同牧字。所以卜辭中屢言「物牛」，即今人言牧牛的意思。詩經小雅無羊一詩中的「三十維物」，同「三百其羣」，「九十其犉」，都是公名詞。物字犉字同羣字有同等的意思，物字並非雜色牛之稱，毛傳説齊其色而别之，是説不通的。甲骨文裏固然有牧字，但無害於物字作牧字解。因爲二字同義的例子是很多的。然則物字作圖騰的意義，是從什麽地方看出來呢？可以在下列各句中透露出來：

（一）左傳莊公三十二年：有神降於莘。王曰：如之何？內史過對曰：以其物享焉。其至之日，亦其物也。
（二）左傳定公十年：叔孫氏之甲有物，吾未敢以出。
（三）左傳哀公元年：祀夏配天，不失舊物。
（四）左傳宣公三年：鑄鼎象物。
（五）國語楚語下：民以物享，禍災不至。
（六）周禮保章氏：以五雲之物。

上述六例中的「物」字，確乎都有圖騰的意義在裏面。尤以「不失舊物」，「叔孫氏之甲有物」，「鑄鼎象物」三語爲最顯著。而且，「鑄鼎象物」同「有物有則」，真是相得益彰。物的本義是牧的意思。而上面六例中的物，卻是確指圖騰中所繪的物象。【説彝　古史考存】

◉朱芳圃　桉物从牛，从勿，勿亦聲。甲文分物犁二形，後世析爲二字。平列者爲物，讀miət。⊘直列者爲犁，讀li。今隸作犂，論語雍也篇「犂牛之子騂且角」，釋文：「牛雜文曰犂。」【殷周文字釋叢卷下】

◉裘錫圭　甲骨文中有一個當某種顔色的牛講的物字。不少人把這個字釋爲「犁」，當作商代已有牛耕的證據。這是有問題的。其實物本是「勿牛」二字的合文（參看金祥恆《釋物》，《中國文字》30期），後來演化成从「牛」勿聲的一個字。我們在《釋「勿」「发」》一文中已經指出勿肯定是「勿」字（文見《中國語文研究》第2期，香港中文大學1981年出版。我們在此文中没有指出卜辭物字本是「勿牛」合文，是一個疏失），物應該釋作「勿牛」或「物」，从王國維説解釋爲雜色牛（王説見《觀堂集林·卷六·釋物》）。把它釋作「犁」是缺乏根據的。

最近看到沈之瑜先生的《殷墟卜辭新獲》一文（中國古文字研究會第五屆年會論文），文中所摹新獲甲骨第五片之B以「幽物」與「黄勿牛」對舉，沈先生認爲這一新資料的發現可以解決關于「勿牛」的争論。他説：「學者們多釋『勿牛』爲『物』，即雜色牛。『物』既爲雜色牛，那就不應在其前冠以形容詞『幽』『黄』。可見『勿牛』不應釋爲『物』，也非雜色牛，應是『犁』字。」其實「幽物（應讀爲「勿牛」）」和「黄勿牛」，可以解釋爲以幽色爲主的雜色牛和以黄色爲主的雜色牛，其義並非不可通。卜辭裏的物很明顯地是指某種顔色的牛而言的，決不能解釋爲拉犁的牛。就是古書裏的「犁牛」，也是不能這樣解釋的。南宋時周必大曾以「孔子有犁牛之言」來證明春秋時有牛耕。《耒耜考》反駁説：「此出《論語·雍也》篇。何晏注：『犁，雜文也』，《淮南·説山訓》『髡屯犁牛，既科以橢』，高注『犁牛不純色』，雜文或不純色之牛爲犁牛，與農耕無關。」（57頁）這是正確的。

勿所从的刀明明是「刀」，有人認爲象耒形，還有人認爲象犁形，都是没有根據的。前面已經説過，物本是「勿牛」的合文，有人認爲物象牛拉犁发土之形，那就離事實更遠了。【甲骨文中所見的商代農業】

◉徐中舒　刀象耒形，勿象耒端刺田起土。一舉耒起土爲一墢，墢與勿，勿，卜辭中用爲否定詞。古音同，且勿勿形近，故勿字後世亦隸定爲勿，由起土而訓爲土色、色、形色，經傳多借「物」爲之。《左傳》成公二年：「物土之宜而布其利。」物土即相土色。鄭司農注《周禮·草人》：「以物地佔其形色。」物訓色則自非一色，引申之得爲雜。《周禮·司常》：「雜帛爲物。」甲骨文物作勿，或从牛作物，皆謂雜色牛，無作否定詞用者，西周金文則全用作否定詞，如盂鼎之「勿廢朕命」，召伯虎簋之「勿敢對」，皆是。【甲骨文字典卷二】

犧 248【包山楚簡文字編】

犧 廩犧令印 【漢印文字徵】

〔詛楚文字形〕詛楚文 初之以圭玉羲牲 古犧不从牛羲字重文 【石刻篆文編】

◉許 慎 犧 宗廟之牲也。从牛。羲聲。賈侍中說。此非古字。許羈切。【說文解字卷二】

◉葉玉森 〔甲骨文字形〕〔甲骨文字形〕 王襄氏曰。古雉字象以矢貫鳥頸之形。爲雉之初字。類纂第四第十八葉。胡光煒氏曰。國語。賓孟適郊。見雄雞自斷其尾。問之侍者。曰。憚其犧也。此象懸雉之形。予以爲即古犧字。說文古文考。【殷虛書契前編集釋】

◉方濬益 〔金文字形〕。商尊 字象牛首上設楅衡之形。中為兩目與鼻。下為牛口。即犧字也。【綴遺齋彝器款識考釋卷十二】

◉馬叙倫 沈濤曰。書序釋文引賈侍中說此犧非古字。微子正義引作宗廟牲也。段玉裁曰。他皆稱名。獨賈逵偁官者。尊其師也。桂馥曰。賈逵字景伯。扶風人。官侍中。許君受學於逵。故偁官而不名。惠棟曰。秦詛楚文犧牲字作羲。錢坫曰。古字有獻。無犧也。臧庸曰。賈逵說似古文尚書訓中說微子犧牲牷之文。王筠曰。周語犧人。薦醴。賈逵本作儀人。此引賈說以爲非古字。亦一證也。詛楚文有羲字。倫按盖本作牲也。校者加宗廟之三字。犧音曉紐。牲音審紐。同爲摩擦次清音轉注字也。盖古止作牲。秦漢始有犧字。但已見倉頡訓纂二篇中。故許録之。然亦疑此字林中字也。賈侍中說者。臧說盖是也。然非許文也。段桂諸家率以偁官而不名據爲尊師。故然。或即以爲此是考之於逵之證。然賈經說可録者。必不止本書所録之五六事。而許書本以教學僮爲指。體異倉訓耳。亦不得輒有考埘。故倫以爲許書經表上以後。讀者即有箋記之詞。而許嘗教小黄門孟喜等。盖即先見其書而加箋記以自考也。許弟子如高彪尹珍亦然。彼於師門淵源自亦當有尊異。而出喜等尤爲近之。字疑失次。【說文解字六書疏證卷三】

◉徐 鉉 犍 犗牛也。从牛。建聲。亦郡名。居言切。【說文解字卷二新附】

◉徐鉉 犝無角牛也。从牛。童聲。古通用僮。徒紅切。【說文解字卷二新附】

 5·306 犛亭  5·307 同上【古陶文字徵】

 犛丞之印【漢印文字徵】

 犛【汗簡】

 說文  汗簡  汗簡【古文四聲韻】

◉許慎 犛西南夷長髦牛也。从牛。𠩺聲。凡犛之屬皆从犛。莫交切。【說文解字卷二】

◉馬叙倫 鈕樹玉曰。一切經音義六。犛音亡交切。下引說文。又十四犛注。說文音茅。按莫交切蓋說文舊音。故大徐因之。毛本因从𠩺聲。故改爲里之切。玉篇。犛。莫交切。又力之切。已不能定其孰是。據集韻七之。犛。陵之切。牛名。黑色。出西南徼外。張揖說。則音莫交切非。孔廣居曰。犛从𠩺聲。應里之切。氂从毛。疑義兼聲。莫交切爲近。子虛賦。其獸則庸旄貘犛。沈牛麈麋。犛與麋協。故郭注犛音狸。而切韻犛字與氂字切音爲抄寫者倒轉。故師古犛字有又音茅之注。劉尾氂音力之切。與說文同。俱沿切韻之誤也。翟云升曰。書禹貢疏引髦作旄。胡玉瑨曰。說文凡从𠩺聲。俱在段氏音韻表一部。無有讀莫交切者。此讀非古也。宋育仁曰。凡部首少形聲字。立此部者。以氂斄二文从犛省也。倫按莊子逍遥游。今夫斄牛。釋文。郭呂之反。徐李音來。又音離。此借斄爲犛也。詩。貽我來牟。漢書劉向傳作釐麰。釐亦从𠩺得聲也。犛从𠩺得聲。𠩺从來得聲。詳𠩺字下。故斄可借爲犛。來可借爲𠩺。是犛應里之切也。說解本作牛也。西南夷長髦牛也。校語。【說文解字六書疏證卷三】

 氂云刀切【汗簡】

 王存乂切韻【古文四聲韻】

◉許　慎　氂犛牛尾也。从犛省。从毛。里之切。【説文解字卷二】

◉馬叙倫　鈕樹玉曰。明板五音韻譜作氂牛尾也誤。毛下當有聲字。玉篇。莫袍切。則里之切音非。段玉裁曰。周禮樂師音義。氂。舊音毛。而左傳。晏氂。外傳作晏萊。後漢書。魏郡輿人歌岑熙。狗吠不驚。足下生氂。與災時茲三字韻。則是氂省亦聲也。況祥麟曰。从尾省。毛亦聲。桂馥曰。从毛者。當云毛聲。徐灝曰。犛氂蓋本一字。倫按从犛省。毛聲。漢書律曆志豪氂字作氂。周禮樂師注。旄舞曰。氂牛之尾。是氂即犛也。故釋文曰。劉音來。沈音貍。字或作犛。禮記經解。差若毫氂。釋文。氂。徐音來。均足以明犛音未變。但加毛聲。犛音當里之切。在來紐。古讀歸泥。毛音明紐。明泥皆鼻音次濁音。故犛轉注爲氂。此當音莫交切。然非古音也。以犛尾彊屈可以箸起衣。因謂其尾曰氂。而此説解遂加尾字耳。然古書旄氂不相通假。至司馬相如子虛賦。庸旄貘犛。漢書注引張揖曰。旄。旄牛也。是借旄爲犛。或始於漢。然旄是旄牛。旄牛即犛牛。而司馬彪莊子注犛牛旄牛旄犛對舉。豈相如不謂旄爲牛耶。玄應一切經音義引三倉。氂。毛也。【説文解字六書疏證卷三】

◉楊樹達　氂為領名，毛為屬名。【文字形義學】

◉黄錫全　[古文]氂云刀切　夏韻之韻録此文作[古文]，豪韻作[古文]，《説文》正篆作氂。此形上部[古文]應是未誤，與上一字類似；下从毛而誤似水。鄭珍認爲「此不省牛而省未，又移牛在左側」，恐非是。【汗簡注釋卷一】

斄

[金文]斄　说文所無　趩鼎　朕皇考斄伯㝬姬　【金文编】

[印]斄弘之印　[印]趙斄　[印]斄樂世　[印]向滑斄　[印]庲毋方印　【漢印文字徵】

[古文]掣竝見説文　【汗簡】

◉許　慎　斄彊曲毛。可以箸起衣。从犛省。來聲。洛哀切。[古文]古文斄省。【説文解字卷二】

◉馬叙倫　沈濤曰。一切經音義二引作強屈毛也。蓋古本如是。今本誤屈爲曲。又奪也字。漢有丞相劉屈氂。可見古本作屈不作曲。段玉裁曰。箸同褚。裝衣也。王莽傳。以氂裝衣。師古曰。毛之強曲者曰氂。以裝衣令其張起。此氂字爲斄之借。翟云升曰。一切經音義二引斄作氂。強曲作強屈。氂斄音義同。禮經解。差若毫氂。釋文。氂。徐音來。倫按墨子弟子有禽滑釐。孫詒讓證為禽屈氂。是也。然氂當爲斄。來古音如釐。故墨子作釐。左襄二十三年傳。獲晏氂。國語魯語作晏萊。亦其證也。玄應一切經音義引古文官書。氂徠二形同力之反。亦其證也。犛从𠩺得聲。𠩺从來得聲。詳𠩺字下。倫謂斄為犛之後起字。犛為長毛牛。故即名氂毛爲斄耳。説解捝本訓。但存校語。然漢前書惟莊子有斄字。爾雅翼引字書。斄。彊曲尾。可以箸起衣。疑此及古文均後人加之。急就篇有斄士梁。顔師古本斄作來。

按此似非斄字。蓋古文經傳,借爲斄字。省字後人加之。【説文解字六書疏證卷三】

◉黄錫全 庲掔並見説文 今本《説文》斄字古文作庲,此注「掔」誤。夏韻之韻列入「犛」,亦誤。《説文古籀補》録一璽文作庲(2.13)。【汗簡注釋卷四】

告 告

甲一七四 甲一八六 甲六〇〇 甲六〇三 甲六九二 甲七二二 甲七五五 甲一五八一 甲一九五一 甲二四二四 甲二六七四 甲二九〇二 乙六四一七 乙六四七六 乙六九〇四 河五六五 鐵六・二 鐵九九・三 戩二一・二 戩八・一四 戩四五・一 前二・一二・一 前四・二九・五 前五・二〇・八 前五・二一・一 後二・四・一一 菁一・一 菁六・一 粹二 粹四 粹八七 粹九四 粹一四八 福七 佚三六八 佚八九〇 佚九四五 寧滬一・一七七 掇二・四五七 明藏二五八 續一・三・二 燕三八〇 京都一二二八 【甲骨文編】

甲100 174 600 755 1581 1855 2127 2260 2424 2674 2696 2902 3008 3442 3653 乙103 2871 3468 3797 4508 4957 5098 5408 5802 6265 6681 6856 7246 7307 7431 7583

7746　7975　8642　8896　9016　9073　珠61　177　179　307

340　351　355　656　840　841　1048　1182　乙360　福7　佚30

33　60　115　214　233　340　385　412　525　536　558

832　870　881　945　995　续1·6·5　1·7·3　1·28·6　1·45·6

2·7·6　3·7·4　3·12·6　4·31·1　4·33·1　5·4·6　5·18·7　掇65　218

418　455　徵2·58　3·9　3·27　3·28　3·37　3·40　3·62　3·63

3·203　3·207　3·210　4·55　8·29　9·38　京2·1·2　3·13·4　4·

23·3　凡13·3　古2·6　2·9　録532　565　608　709　769　814　天

44　60　61　62　87　摭27　東方S·14　六中248　260　260　六清31

外283佚809　外99　摭續43　106　151　粹2　4　55　88　129　148

249　250　365　366　374　376　506　507　529　533　933

935　1059　1152　1187　1325　2753　【續甲骨文編】

告　告田罍　亞中告鼎　亞中告簋　告田鼎　告田觶　田告作母辛鼎　田告父丁簋　仌

宜父戊方彝　作且乙簋　何尊　矢方彝　沈子它簋　師旂鼎　孟鼎二　班簋　曶鼎

斿伯簋　鬲攸比鼎　毛公𢉼鼎　召伯簋　召伯簋二　多友鼎　中山王響壺　蛮壺　【金

文編】

3·949獨字　此從牛省　頌簋窖字秦子戈遣字所從告均與此同　【古陶文字徵】

131 159 【包山楚簡文字編】

告　雜三三　一百零六例 爲二二　十二例 日甲一一一背　【睡虎地秦簡文字編】

箔告私印 告生翁孺 告閔　【漢印文字徵】

詛楚文　告于不顯大神巫咸  石經多士告勑于帝　【石刻篆文編】

告　【汗簡】

籀韻 汗簡　【古文四聲韻】

◉許　慎　告牛觸人。角箸橫木所以告人也。从口。从牛。易曰。僮牛之告。凡告之屬皆从告。古奧切。【說文解字卷二】

◉劉心源　案說文。告牛觸人角。箸木所吕告人也。从口。从牛。易曰。僮牛之告。九家易如是今易大畜作牿。案段注謂。許說即楅衡。牛與人口非一體。牛口爲文未見告意。且字形中無木。許曲爲之說。非字意。此字當入口部。从口牛聲。牛可入聲讀玉也。通訓定聲謂。當从口从之會意。或曰从口牢省聲。心源以爲許說固失。段朱亦未爲得。費誓今惟淫舍牿牛馬。杜乃擭。敜乃穽。無敢傷牿牿之傷汝則有常刑。牿爲牛馬牢。擭者機檻。穽者陷阬。皆所以牿牛馬也。告實牿之最初字。告已从牛。牿又从牛。爲贅。凵象檻穽形。牛陷入凵爲告。與牛在冂中爲牢同意。牢篆作牢。篆法凵字不必專指口舌之口。亦有用以象物形者。如倉舍邑谷合等篆本〇。亦从凵。詳師眘鼎。許不知告以口象形。故牽合楅衡爲訓。其實告示字乃叚借也。且如許說牛角箸木。是必從丵而後可。牛下安口何云角箸木哉。許書部首偏旁相蒙。告之从牛爲承上以告。所从之凵啓下。口部未爲不可。惟說解未當耳。【告田𣪘　奇觚室吉金文述卷三】

◉林義光　說文云。告牛觸人。角箸橫木。所以告人也。从口从牛。按牛口爲文。未見告義。古作告就戈戠字偏旁。作告宋公戈鼎字偏旁。从口业。口之所之爲告也。告中畫稍長。譌从牛告告皆有此例作告召伯虎敦。作告各呈戈戠字偏旁。【文源】

◉王襄　小告定兆坼之象。【簠室殷契徵文考釋】

◉王國維　許云角著橫木者。龜板文有牛釋爲牛字。正象角著橫木形。許君所見告字或从牛作也。【劉盼遂記說文練習筆記國學論叢第二卷第二號】

◉葉玉森　告乃告省。即告字。卜辭之告為祭名。孫詒讓氏誤釋為吉契文舉例。【殷墟書契前編集釋】

◉商承祚　「告字昔讀吉。非是。當是告字。告吉結體不同。」【福氏所藏甲骨文字釋文】

◉明義士　許訓未確，告或從牛作告，其始義爲告祭，象薦牛於器(凵 蓋象器形)以祭之形。告祭於祖先，引伸爲告訴之告。【柏根氏舊藏甲骨文字考釋】

◉高田忠周　說文。告牛觸人。角箸橫木。所以告也。从口从牛，易曰僮牛之告。許氏蓋誤。牛觸人云云。當為牿字本義。易義亦同。告字本義。當為祭告。祭必獻牛羊。又必具册詞。論語告朔之餼羊可證。告字从牛从口，會意之恉。甚顯然矣。又按說文誥告也。从言告聲。告誥古今字。猶各詻古詁咸諴合詥周調同詷之類。爾雅釋言。誥謹也。即祭告一轉之義。又釋詁。誥告也。以正字釋異文也。轉為廣雅誥教也。易姤。后以施命誥四方。書序注。誥示也。又荀子大略。誥誓不及五帝。注以言辭相誡約也之類。如列子楊朱篇注云。告上曰告。發下曰誥。後人強以分別耳。又至秦。製詔字以代誥。愈致緐褋。又誥字。叚借為嚳。史記殷本紀。帝誥書序則作帝告。亦當證告誥同字矣。告又叚借為鞫。見禮記。又按。告牿亦實古今字。已从牛口作告。又从牛。此為複而其意其聲無異。牿字最古正文作牛作牛。此為象形字。後借告為之。又別作牿。以為分別。故許氏解。亦與牿義相混耳。【古籀篇五十一】

◉吳其昌

1告　父戊爵　殷文存卷二頁十三
2告　告戈句兵　攈古卷之一頁四十八
3告　告田罍　貞松卷七頁二十一
4告　告田父丁觶　殷文存卷二頁二十九
5告　告田鷀𠂤𣪕　窓齋册七頁九
6告　小盂鼎　攈古卷三之三頁四十三
7告　毛公鼎　周金卷二頁一

 父子爵　殷文存卷二頁十二

 告田鼎　貞松堂二頁九

按「告」字之最初本義碻爲斧形，則觀于上列諸字，顯然可見，不容争訟。而如第一第二第八諸形，尤爲宛肖。其餘諸字，蓋皆源出于此三字。又第二字之告戈句兵，一面鑄一斧形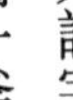，一面鑄一戈形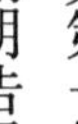，則明告吾儕此兩形皆兵器也。此亦「告」之原義爲斧形之一證。惟第四字(父丁觶)第五字(𩁹厌𣪘)第九字(鼎)並文曰「告田」，第三字(罍)則文曰「田告」，又窓齋集古録册二十頁十，又有陽識觶一，並列「告」「田」二字。(左讀，抑右讀，不可知。)「告田」「田告」何以成一連詞，則其故未詳。且𩁹侯𣪘「告田」二字，銘于文末，不與上文連屬，似爲一特别徽幟。與夨彝、夨𣪘、作册大鼎等銘末留一鳥形二册之徽幟者正同例，殆此斧形與田，乃爲金文時代某種職官之符章也。

「告」之本義爲斧，引伸之則爲刑具，易大畜：「童牛之牿。」九家易作「童牛之告。」此「告」當即爲刑牛之斧。説文𤞞云：「告，牛觸人，角着横木。」此齊説也。「告」根本不从「牛」，其形乃斧之柄，與戈形之柄作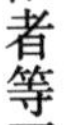者等耳。虞翻即受説文暗示，而云「告，謂以木楅其角。」其誤一也。「告」爲刑牲之具，故其後刑牲以祭曰告。如洛誥云：「王在新邑。烝祭歲。文王騂牛一，王命作册逸祝册，惟告……」謂刑騂牛以告文武也。又如夨彝夨尊云：「命𢓊告于周公宫。」亦謂用牲于周公之廟也。「告」爲斧，爲刑具，故又引伸爲慘酷之「酷」；斧類刑具，是酷物也。猶辛類刑具，令人見之爲酸辛也。(詳下)。由示告之義而更引伸之則爲誥教。蔡雎獨斷云：「告教也。」爾雅釋詁云：「誥，告也。」於是「告」之本義，遂深埋地下；非賴遺器出土，則終不復知矣。【金文名象疏證　武漢大學文史季刊六卷一號】

◉楊樹達　曶鼎銘記構訟之事，與此銘事例相同，彼此可以互證。彼文云：「曶使氒小子𩆰以限訟於井叔，我既賣贖女五夫效父，用匹馬束絲，限許曰：𤰈則俾我賞馬，效父則俾復絲束，𤰈效父廼許𩆰……」按以限訟于井叔，與此文以攸衛牧告于王句例同。此言告而彼言訟，知告亦訟也。此文之女指衛牧，知彼文之女當指限也。此文責衛牧之弗能許，彼文記限之許，知許爲訴訟之恆用語也。彼銘文又云：「昔饉歲，匡眔氒臣廿夫寇曶禾十秭，以匡季告東宮。」又云：「曶或與又同以匡季告東宮。」文再云告東宮，知告與訟同義，本可互用也。今語訴人罪者，尚云告狀，有原告被告之稱，正周代之遺語矣。【𧤼攸從鼎跋　積微居金文説】

◉馬叙倫　鈕樹玉曰。韻會引箸作著。僮作童。易大畜釋文引亦作著。無人字也字。段玉裁曰。如許説。則告即楅衡於牛之角。廌人之口。爲會意。然牛與人口非一體。牛口爲文。未見告義。且字形中無木。則告意未㬎。何以為一切告字見義

哉。愚謂此許因童牛之告而曲為之説。非字意。此字當入口部。从口。牛聲。牛可入聲讀玉也。廣韻。告上曰告。翟云升曰。當訓語也。朱駿聲曰。當訓謁白。从口。牢省聲。劉心源曰。許説固失。段朱亦未為得。告實牿之最初字。凵象檻穽形。牛陷入凵為告。與牛在牢中為牢。同意。謝彦華曰。从牛。口聲。為牿本字。王國維曰。龜版文有Ψ。正象角著横木形。許所見告字或从Ψ作也。倫按本書。衡。牛觸横大木其角。與此説解同。盖先後字也。甲文Ψ字羅振玉以為即告之初文。倫謂Ψ為指事。衡。告則形聲。謝謂从牛。口聲。是也。口聲行聲皆舌根音也。以衡字説解證此。此所以告人也五字是校語。然倫謂牛觸以下十一字皆校語。本訓捝矣。餘詳衡下。甲文作告。盂鼎作告。【説文解字六書疏證卷三】

◉饒宗頤　□申卜，㱿貞：告……乎王䇂……。乎王…(前編七、一、三)

……㱿貞：……告于……　(南北無想一四三)

按「告」即「祰」。説文：「祰，告祭也。」周禮六祈二曰造。杜子春云：「造祭于祖也。」玉篇：「祰，禱也。」告即禱告。【殷代貞卜人物通考卷五】

◉饒宗頤　按通典禮十五有「告禮」一項。周制，天子將出，類乎上帝，造乎禰，太祝告，王用牲幣。大戴禮遷廟：「凡以幣告，皆執幣而告，告畢，乃奠幣于几東，小宰升，取幣埋兩階間。」蓋巡狩、遷廟、征伐諸大事，皆告于宗廟(及百神)也。洛誥：「王入太室祼。」馬云：「太室，廟中之夾室。」王肅曰：「太室清廟中央之室。」【殷代貞卜人物通考卷十五】

◉李孝定　按説文「告牛觸人角箸横木所以告人也从口从牛易曰『僮牛之告』凡告之屬皆從告」。羅振玉於牛下收Ψ字引告下説解以為言。羅氏似以Ψ為告。而羅氏明言Ψ為牛字。其引許書此解者特以見Ψ角上箸二横畫之意耳。Ψ當釋犆已見前。卜辭告字與小篆告字全同其義亦為告語。釋告無可疑。惟告字所从之牛均作⺧。其下為一横畫或並此而省之與牛之本字作⺧者竟無一相同意者。古文於偏旁中每不拘執。故形體小譌耳。然許君解告為會意。段氏玉裁嘗疑之。謂「當入口部。从口牛聲。牛可入聲讀玉也。」徐承慶段注匡謬又痛駁其説。徐灝引戴侗説「告籠牛口勿使犯稼」。其他諸家説者紛紜。非失之迂遠。即失之牽傅。無當意者。竊意仍以段説為較長。就何以獨取牛聲。何以列為部首。終覺疑莫能明也。金文作告告田罍。告亞中告鼎。告亞中告簋。告沈子簋。告盂鼎。告父癸尊。均與栔文及小篆相同。又卜辭習見「一告」「二告」「三告」「小告」之辭告字作告，詳見文編附録合文編十九至二一頁。舊釋吉非是。

告舊釋吉。非是。釋告是也。吳氏釋告為斧之象形。皮傅之論耳。且謂Ψ象斧柄。誠如其言。則斧刃與柄成一直線是以斧為刺兵矣。所引洛誥文與騂牛有關者為歲字。告則祝告之義耳。文義明白。矢彝矢尊之告亦同。何由牽附所引父丁爵未知見於何書。意齋所收數父丁爵均無此文。□是否為告字亦不可知。未敢置評。要之告字形既與斧不類。告之為刑具文獻又無足徵。吾人研究古文字不知蓋闕可耳。無為徒逞臆説也。【甲骨文字集釋第二】

◉徐中舒　甲骨文是中國原始的古文字，造字之初，人非一人，各繪各的形，各會各的意，因而普遍産生了一字多形的現象。象形字還比較易於識别，如牛羊鹿馬，不管有多少異形，但總有他各自的特征。角內彎者為牛；角外曲者為羊，角有支者為鹿，修尾而長面者即知其為馬。可是許多指事會意字，卻不容易識别。我們應聯繫許多相關的字，和這些字的辭例進行綜合研究。如言、舌、告、音諸字，都為同義的異形字。在甲骨文中，言作□，舌作□，告作□或□。在金文中音作□。此四字小篆作□、□、□、□，字形都象張口伸舌之形，舌在口中不能静止不動，言、告、音三字之上部，即舌在口中運動之形。何以知道這是舌的運動之形呢？甲骨文中有一□字，象人在酒樽上張口伸舌飲酒之形，即飲字的原始象形字。將其上部倒轉，即為□字。言、告、舌三字在甲骨文的辭例中，都可以訓為告。例：

貞□疾于祖乙（京1650）

貞王有□祖丁正（乙4708）

貞王□父乙（合148）

在金文中言告亦通用。如：

衛從邦君厲□于井白……（五祀衛鼎）

用□王出入使人（伯矩鼎）

《説文》謂告「牛觸人角箸横木所以告人也」。《説文》言字「直言曰言，……从口辛聲」，這是望文生義。告不是从牛；言也不是从辛，音字為後起字，蓋从言孳乳而來。把這些相關的字，聯繫起來，並考察其辭例，就可以知道他們是同一個字的異體字。【怎樣考釋古文字　古文字學論集初篇】

◉姚孝遂　肖丁　卜辭「告」之內容大體可為二類：一為祭告，其對象為神祖，如「告疾于且丁」（《前》1.12.5）、「于大甲告□方出」（《後上》29.14）、「告秋于河」（《佚》525）等等。一為臣屬之報告，如「戓其來告」（《乙》4578）、「翌辛丑出告麥」（《前》4.40.7）、「犬中告麋」（《粹》935）等等。臣屬之報告內容多為有關田獵之情報及敵警等。凡稱「告曰」者，均為臣屬之報告，無例外。【小屯南地甲骨考釋】

◉徐中舒　甲骨文告、舌、言均象仰置之鈴，下象鈴身，上象鈴舌，本以突出鈴舌會意為舌，古代酋人講話之先，必搖動木鐸以聚衆，然後將鐸倒置始發言，故告、舌、言實同出一源，卜辭中每多通用，後漸分化，各專一義。金文作□矢方彝、□毛公鼎，與甲骨文形義俱同。又甲骨文曰字亦象倒置之木鐸形，今字象順置之木鐸形，與告、舌、言亦應同源。【甲骨文字典卷二】

嚳 嚳

◉許　慎　嚳急告之甚也。从告。學省聲。苦沃切。【説文解字卷二】

◉林義光　急或謂之酷。嚳字以聲類推之。可訓爲急。以字从告故增爲急告耳。白虎通云。何以謂之帝嚳也。嚳者極也。言其能施行窮極道德也。極之韻急緝韻嚳幽韻皆雙聲旁轉。然並無告義。告學皆聲也。告學古同音。帝嚳史記作帝俈。其爲告聲益信。【文源卷十二】

◉馬叙倫　沈濤曰。一切經音義三曰。酷又作嚳俈二形。同口斛反。説文。嚳。急也。甚也。亦暴虐也。四曰。酷。古文俈嚳二形。同口篤反。説文。酷。急也。亦暴虐也。十曰。酷古文俈嚳焅三形。今作酷。同口梏反。説文。酷急也。苦之甚曰酷。亦暴虐也。十一曰。酷古文嚳焅俈三形。同口木反。説文。酷急也。甚也。謂暴虐也。十二曰。酷。口篤反。説文。酷。急也。酷之甚也。暴虐也。十五曰。酷。古文俈嚳焅三形。同若篤反。説文。嚳。急也。酷之甚也。謂暴虐。二十二曰。酷。古文嚳焅俈三形。同口木反。説文。酷。急也。甚也。謂暴虐。二十三曰。酷。古文嚳焅俈三形。今作酷。同口木反。説文。酷。急也。甚也。亦暴虐也。二十五曰。酷。口木反。謂暴虐也。説文。酷。急也。甚也。合觀諸引。蓋古本作嚳。急也。告之甚矣。一曰。暴虐也。今本急下奪一也字。又删去一解耳。白虎通嚳者。極也。極與急音相近。兼有甚義。經籍中酷烈酷虐字皆嚳之假借。酷之本訓為酒味厚。玄應所引酷字。皆嚳字傳寫之譌。卷三及十五正引作嚳。可證。沈乾一曰。唐寫本玉篇引作急也。告之甚也。倫按王筠謂此嚴酷之正字。故以急説之。嚴下曰。教命急也。亦説之以急。告亦聲。故借酷爲嚳。詩。有覺德行。禮記緇衣引作有梏德行。史記五帝紀。帝嚳。帝王世紀作帝俈。釋名釋形體。覺。告也。則學告一聲也。倫謂嚳急以雙聲爲訓。嚳爲告之轉注字。同爲舌根破裂音也。告非告白義。乃桎梏義。告之初文爲□。虞翻所謂繩縛小木横箸牛角。推之以木桎人爲梏也。引申則爲嚴酷。爲暴虐。故曰。告之甚也。然本訓急也。告之甚也乃校語。傳寫奪一也字。【説文解字六書疏證卷三】